COORDENADORES

Fabiana Rodrigues BARLETTA
Vitor ALMEIDA

20
23

VULNERABILIDADES
E SUAS DIMENSÕES JURÍDICAS

Adriano Marteleto Godinho · **Amanda** Guedes Ferreira · **Ana Carla** Harmatiuk Matos · **Ana Paula** Barbosa-Fohrmann · **Anderson** Schreiber · **Andréia** Fernandes de Almeida Rangel · **Bruno Henrique** da Silva Chaves · **Caitlin** Mulholland · **Carlos Henrique** Félix Dantas · **Carlos Nelson** Konder · **Carolina** Silvino de Sá Palmeira · **Cíntia** Muniz de Souza Konder · **Claudia** Lima Marques · **Daniela** Corrêa Jacques Brauner · **Daniela** Silva Fontoura de Barcellos · **Deborah** Pereira Pinto dos Santos · **Elisa** Cruz · **Fabiana** Rodrigues Barletta · **Fabíola** Albuquerque Lobo · **Fernanda** Nunes Barbosa · **Fernando** Rodrigues Martins · **Flávia** Albaine Farias da Costa · **Flavia** Zangerolame · **Flávio** Bellini de Oliveira Salles · **Flávio Henrique** Silva Ferreira · **Francielle Elisabet** Nogueira Lima · **Gabriel** Schulman · **Giselda Maria** Fernandes Novaes Hironaka · **Guilherme** Calmon Nogueira da Gama · **Guilherme** Domingos Wodtke · **Guilherme** Mucelin · **Gustavo** Cardoso Cilva · **Gustavo Henrique** Baptista Andrade · **Heloisa Helena** Barboza · **Henrique** Rodrigues Meireles Matos · **Igor** Alves Pinto · **Ingrid** Januzzi Ferreira Gomes · **Joanna** Dhália · **João Victor** Ferreira Ximenes · **José Luiz** de Moura Faleiros Júnior · **Káren Rick** Danilevicz Bertoncello · **Keila** Pacheco Ferreira · **Kelly Cristine** Baião Sampaio · **Lúcia** Souza d'Aquino · **Luciano** Campos de Albuquerque · **Manuel** Camelo Ferreira da Silva Netto · **Marcelo** Junqueira Calixto · **Marcos** Ehrhardt Júnior · **Maria Stella** Gregori · **Mário** Gamaliel Guazzeli de Freitas · **Matheus** Prestes Tavares Duarte · **Maurílio** Casas Maia · **Milena** Donato Oliva · **Nelson** Rosenvald · **Paulo Emílio** Vauthier Borges de Macedo · **Paulo** Lôbo · **Pedro** Gueiros · **Pedro Marcos** Nunes Barbosa · **Rachel** Saab · **Rafael** Mansur · **Ramon** Silva Costa · **Raquel** Bellini de Oliveira Salles · **Renata** Pozzi Kretzmann · **Ricardo** Calderón · **Roberta Mauro** Medina Maia · **Robson** Martins · **Rodrigo** Versiani · **Thiago** Ferreira Cardoso Neves · **Thiago** Junqueira · **Vanessa** Ribeiro Corrêa Sampaio Souza · **Vitor** Almeida · **Vitor Hugo** do Amaral Ferreira

Dados Internacionais de Catalogação na Publicação (CIP) de acordo com ISBD

V991

Vulnerabilidades e suas dimensões jurídicas / coordenado por Fabiana Rodrigues Barletta, Vitor Almeida. - Indaiatuba, SP : Editora Foco, 2023.

789 p. ; 17cm x 24cm.

Inclui bibliografia e índice.

ISBN: 978-65-5515-666-9

1. Direito. 2. Vulnerabilidades. 3. Dimensões jurídicas. I. Barletta, Fabiana Rodrigues. II. Almeida, Vitor. III. Título.

2022-3550

CDD 340 CDU 34

Elaborado por Vagner Rodolfo da Silva - CRB-8/9410
Índices para Catálogo Sistemático:

1. Direito 340

2. Direito 34

COORDENADORES

Fabiana Rodrigues
BARLETTA

Vitor
ALMEIDA

VULNERABILIDADES
E SUAS **DIMENSÕES JURÍDICAS**

Adriano Marteleto Godinho · **Amanda** Guedes Ferreira · **Ana Carla** Harmatiuk Matos · **Ana Paula** Barbosa-Fohrmann · **Anderson** Schreiber · **Andréia** Fernandes de Almeida Rangel · **Bruno Henrique** da Silva Chaves · **Caitlin** Mulholland · **Carlos Henrique** Félix Dantas · **Carlos Nelson** Konder · **Carolina** Silvino de Sá Palmeira · **Cíntia** Muniz de Souza Konder · **Claudia** Lima Marques · **Daniela** Corrêa Jacques Brauner · **Daniela** Silva Fontoura de Barcellos · **Deborah** Pereira Pinto dos Santos · **Elisa** Cruz · **Fabiana** Rodrigues Barletta · **Fabíola** Albuquerque Lobo · **Fernanda** Nunes Barbosa · **Fernando** Rodrigues Martins · **Flávia** Albaine Farias da Costa · **Flavia** Zangerolame · **Flávio** Bellini de Oliveira Salles · **Flávio Henrique** Silva Ferreira · **Francielle Elisabet** Nogueira Lima · **Gabriel** Schulman · **Giselda Maria** Fernandes Novaes Hironaka · **Guilherme** Calmon Nogueira da Gama · **Guilherme** Domingos Wedtke · **Guilherme** Mucelin · **Gustavo** Cardoso Silva · **Gustavo Henrique** Daptista Andrade · **Heloísa Helena** Barboza · **Henrique** Rodrigues Meireles Matos · **Igor** Alves Pinto · **Ingrid** Januzzi Ferreira Gomes · **Joanna** Dhália · **João Victor** Ferreira Ximenes · **José Luiz** de Moura Faleiros Júnior · **Káren Rick** Danilevicz Bertoncello · **Keila** Pacheco Ferreira · **Kelly Cristine** Baião Sampaio · **Lúcia** Souza d'Aquino · **Luciano** Campos de Albuquerque · **Manuel** Camelo Ferreira da Silva Netto · **Marcelo** Junqueira Calixto · **Marcos** Ehrhardt Júnior · **Maria Stella** Gregori · **Mário** Gamaliel Guazzeli de Freitas · **Matheus** Prestes Tavares Duarte · **Maurilio** Casas Maia · **Milena** Donato Oliva · **Nelson** Rosenvald · **Paulo Emílio** Vauthier Borges de Macedo · **Paulo** Lôbo · **Pedro** Gueiros · **Pedro Marcos** Nunes Barbosa · **Rachel** Saab · **Rafael** Mansur · **Ramon** Silva Costa · **Raquel** Bellini de Oliveira Salles · **Renata** Pozzi Kretzmann · **Ricardo** Calderón · **Roberta** Mauro Medina Maia · **Robson** Martins · **Rodrigo** Versiani · **Thiago** Ferreira Cardoso Neves · **Thiago** Junqueira · **Vanessa** Ribeiro Corrêa Sampaio Souza · **Vitor** Almeida · **Vitor Hugo** do Amaral Ferreira

2023 © Editora Foco

Coordenadores: Fabiana Rodrigues Barletta e Vitor Almeida

Autores: Adriano Marteleto Godinho, Amanda Guedes Ferreira, Ana Carla Harmatiuk Matos, Ana Paula Barbosa-Fohrmann, Anderson Schreiber, Andréia Fernandes de Almeida Rangel, Bruno Henrique da Silva Chaves, Caitlin Mulholland, Carlos Henrique Félix Dantas, Carlos Nelson Konder, Carolina Silvino de Sá Palmeira, Cíntia Muniz de Souza Konder, Claudia Lima Marques, Daniela Corrêa Jacques Brauner, Daniela Silva Fontoura de Barcellos, Deborah Pereira Pinto dos Santos, Elisa Cruz, Fabiana Rodrigues Barletta, Fabíola Albuquerque Lobo, Fernanda Nunes Barbosa, Fernando Rodrigues Martins, Flávia Albaine Farias da Costa, Flavia Zangerolame, Flávio Bellini de Oliveira Salles, Flávio Henrique Silva Ferreira, Francielle Elisabet Nogueira Lima, Gabriel Schulman, Giselda Maria Fernandes Novaes Hironaka, Guilherme Calmon Nogueira da Gama, Guilherme Domingos Wodtke, Guilherme Mucelin, Gustavo Cardoso Silva, Gustavo Henrique Baptista Andrade, Heloisa Helena Barboza, Henrique Rodrigues Meireles Matos, Igor Alves Pinto, Ingrid Januzzi Ferreira Gomes, Joanna Dhália, João Victor Ferreira Ximenes, José Luiz de Moura Faleiros Júnior, Káren Rick Danilevicz Bertoncello, Keila Pacheco Ferreira, Kelly Cristine Baião Sampaio, Lúcia Souza d'Aquino, Luciano Campos de Albuquerque, Manuel Camelo Ferreira da Silva Netto, Marcelo Junqueira Calixto, Marcos Ehrhardt Júnior, Maria Stella Gregori, Mário Gamaliel Guazzeli de Freitas, Matheus Prestes Tavares Duarte, Maurilio Casas Maia, Milena Donato Oliva, Nelson Rosenvald, Paulo Emílio Vauthier Borges de Macedo, Paulo Lôbo, Pedro Gueiros, Pedro Marcos Nunes Barbosa, Rachel Saab, Rafael Mansur, Ramon Silva Costa, Raquel Bellini de Oliveira Salles, Renata Pozzi Kretzmann, Ricardo Calderón, Roberta Mauro Medina Maia, Robson Martins, Rodrigo Versiani, Thiago Ferreira Cardoso Neves, Thiago Junqueira, Vanessa Ribeiro Corrêa Sampaio Souza, Vitor Almeida e Vitor Hugo do Amaral Ferreira

Diretor Acadêmico: Leonardo Pereira
Editor: Roberta Densa
Assistente Editorial: Paula Morishita
Revisora Sênior: Georgia Renata Dias
Revisora: Simone Dias
Capa Criação: Leonardo Hermano
Diagramação: Ladislau Lima e Aparecida Lima
Impressão miolo e capa: FORMA CERTA GRÁFICA DIGITAL

DIREITOS AUTORAIS: É proibida a reprodução parcial ou total desta publicação, por qualquer forma ou meio, sem a prévia autorização da Editora FOCO, com exceção do teor das questões de concursos públicos que, por serem atos oficiais, não são protegidas como Direitos Autorais, na forma do Artigo 8º, IV, da Lei 9.610/1998. Referida vedação se estende às características gráficas da obra e sua editoração. A punição para a violação dos Direitos Autorais é crime previsto no Artigo 184 do Código Penal e as sanções civis às violações dos Direitos Autorais estão previstas nos Artigos 101 a 110 da Lei 9.610/1998. Os comentários das questões são de responsabilidade dos autores.

NOTAS DA EDITORA:

Atualizações e erratas: A presente obra é vendida como está, atualizada até a data do seu fechamento, informação que consta na página II do livro. Havendo a publicação de legislação de suma relevância, a editora, de forma discricionária, se empenhará em disponibilizar atualização futura.

Erratas: A Editora se compromete a disponibilizar no site www.editorafoco.com.br, na seção Atualizações, eventuais erratas por razões de erros técnicos ou de conteúdo. Solicitamos, outrossim, que o leitor faça a gentileza de colaborar com a perfeição da obra, comunicando eventual erro encontrado por meio de mensagem para contato@editorafoco.com.br. O acesso será disponibilizado durante a vigência da edição da obra.

Impresso no Brasil (11.2022) – Data de Fechamento (11.2022)

2023
Todos os direitos reservados à
Editora Foco Jurídico Ltda.
Avenida Itororó, 348 – Sala 05 – Cidade Nova
CEP 13334-050 – Indaiatuba – SP

E-mail: contato@editorafoco.com.br
www.editorafoco.com.br

UMA BREVE INTRODUÇÃO: VULNERABILIDADES EM CAMADAS

Nunca esteve tão em voga e na moda tratar das *vulnerabilidades* no direito brasileiro. O termo, antes reservado ao âmbito do direito do consumidor e expressamente reconhecido no art. 4º, inciso I, da Lei 8.078/90 (Código de Defesa do Consumidor), hoje se espraia nos mais diferentes campos jurídicos e com sentidos variados, o que dificulta uma compreensão sistemática a respeito do seu alcance e das suas aplicações em prol de uma efetiva tutela dos vulneráveis na ordem jurídica nacional. Depois de uma longa trajetória de construção de um Direito neutro e asséptico, indiferente e infenso às estruturas de opressão social, econômica, cultural, entre outros, bem como à margem das peculiaridades e contingencialidades que determinadas pessoas se encontram envolvidas no complexo emaranhado social, é indiscutível o potencial transformador que a válvula do reconhecimento das vulnerabilidades encontra no contexto de um Direito promocional e emancipatório.

Por meio da identificação dos sujeitos vulneráveis e dos mecanismos de tutela, por força do comando da isonomia substancial acalentado no desenho solidarista constitucional que marca o atual estágio democrático do Estado brasileiro, vivencia-se um período sem precedentes de humanização do Direito e da concreta percepção de suas novas funções. Um ordenamento jurídico que não tem por fim o reforço e manutenção do sistema de dominação social, racial e de gênero e preservação do *status quo* do poder estabelecido, mas atento à realidade de desigualdades e voltado ao efetivo enfrentamento das relações assimétricas que permitem a subordinação e a subjugação dos grupos vulneráveis.

Se, por um lado, os ventos são alvissareiros e permitem vislumbrar rupturas importantes orientadas na proteção da dignidade das pessoas mais sujeitas à uma vida precária e sob múltiplos vieses de discriminação que impedem o acesso em igualdade de oportunidade com as demais pessoas no tecido social; por outro, o recurso desmedido, decorativo e banalizado do termo "vulnerabilidade" tende a enfraquecer seu potencial de redefinir o tratamento jurídico de inúmeros temas candentes e carentes de uma visão conectada aos reais anseios de uma sociedade plural, igualitária e sem discriminação. A polissemia da expressão, natural do seu vasto campo de incidência, aliada ao uso pouco técnico e baseado no senso comum, promete (se não já é) ser um dos grandes desafios contemporâneos da doutrina e dos tribunais, de modo a evitar um esvaziamento e, por conseguinte, a inutilidade do termo. De raízes bioéticas, com especial aplicação no contexto específico da saúde, com posterior absorção pelo Direito, é inegável que a vulnerabilidade é um termo que suscita diferentes reflexões e conceitos. Daí a necessidade de pensar nos contornos do termo em si, enquanto categoria jurídica, mas igualmente abordar suas aplicações em algumas situações, contextos e condições em que o ser humano é exposto a ponto de exigir uma resposta jurídica concreta e específica.

A rigor, a dificuldade de unidade conceitual não impede uma compreensão sistemática e harmônica em torno da construção do tratamento das vulnerabilidades no cenário jurídico brasileiro. A base constitucional da tutela das vulnerabilidades é patente e se justifica em diversos princípios da Lei Maior. Em suma, a tutela das vulnerabilidades é marca indelével da identidade constitucional, eis que promover a dignidade da pessoa humana em sua dimensão social, de modo a combater todas as formas de discriminação, garantir a igualdade substancial e a busca da construção de uma sociedade justa, igualitária e plural são objetivos da República Federativa do Brasil.

Sublinhe-se, ainda, que a proteção dos vulneráveis encontra respaldo não apenas em sua dimensão coletiva, em relação à grupos socialmente marginalizados, mas igualmente direciona-se em relação às pessoas humanas em si consideradas, em especial por meio do dever de cuidado que impera nas relações pessoais, mormente nas familiares, mas que também é observado em situações entre médicos, pacientes, entre outras relações nas quais o binômio autoridade-vulnerabilidade exige atenção redobrada na personalização da tutela incidente, de modo a humanizar relações antes calcadas em pura abstração e formalismo.

Além disso, fruto da indiscutível contribuição do discurso do feminismo negro, não basta atentar-se apenas para a vulnerabilidade de forma isolada, mas sim encontrar as interseções entre as mais variadas opressões, fontes inesgotáveis de discriminações diretas, indiretas e múltiplas, que caracterizam a sociedade hodierna. Desse modo, as interseccionalidades não constituem apenas um mero somatório de vulnerabilidades, mas uma especial conformação de diferentes fatores subalternizantes a infligir uma determinada pessoa por motivos ligados ao gênero, raça, funcionalidades, nível de escolaridade, classe social, entre outros.

Como se depreende, torna-se imperativo construir parâmetros seguros de aplicação de normas protetivas em relação às pessoas vulneráveis, de modo a efetivamente direcionar o arsenal jurídico a quem realmente precisa e na medida das suas necessidades. A trajetória é longa e não teve início recente. É de bom alvitre relembrar que na escalada da promulgação dos Estatutos de proteção impulsionados no Brasil por força da Constituição tem sido fundamental o papel da doutrina e dos tribunais na busca por uma justa tutela dos desiguais na medida do *discrímen* que os inferioriza. Nessa linha, a presente obra almeja contribuir, por meio de uma perspectiva plural, na análise da vulnerabilidade como categoria jurídica autônoma e maleável, cujo fundamento reside na promoção dos princípios da isonomia substancial, da não-discriminação e da solidariedade constitucional, todos de inegável índole constitucional.

A obra conta com pouco mais de 70 autores, entre os quais praticamente metade são mulheres, o que reflete a imperativa necessidade da paridade de gênero nas coletâneas atuais. Além disso, mirou-se igualmente na diversidade ao igualmente contar com autores de orientação sexual diversa da heteronormativa. Buscou-se também autoras e autores de diferentes lugares do país, de modo a permitir um olhar plural a partir de diferentes realidades. O livro foi dividido em oito eixos temáticos, de modo a permitir uma melhor compreensão das diversas aplicações das vulnerabilidades nos campos jurídicos, a saber: (i) *vulnerabilidades, campo de aplicação e novas fronteiras*; (ii) *vulnerabilidades em perspectiva de gênero*; (iii) *vulnerabilidades, envelhecimento e deficiências*; (iv) *vulnerabilidades e proteção do consumidor*; (v) *vulnerabilidades das pessoas em desenvolvimento*; (vi) *vulnerabilidade digital e proteção de dados pessoais*; (vii) *vulnerabilidades nas relações patrimoniais*; (viii) *vulnerabilidades nas relações familiares e as repercussões sobre a legítima*. A presente empreitada não seria possível sem o auxílio precioso do mestrando Pedro Gueiros, a quem agradecemos penhoradamente.

Percorrer os diferentes sentidos das vulnerabilidades e o alcance da sua tutela redimensiona e impacta o próprio papel do Estado e das funções do Direito. É emblemática a publicação da presente coletânea em tempos fraturados, nos quais o temor pelos retrocessos sociais não são meros devaneios e a desarticulação das políticas públicas algo incontestável. Por isso, um Direito que não seja apenas repressivo, mas voltado à promoção de valores democraticamente eleitos e garantidos e visando à emancipação de todas as pessoas humanas é um caminho que não deve admitir recuos, eis que atenta os objetivos da República e o atual estágio civilizatório da humanidade de inclusão de todos sem distinção com igual liberdade e participação de todas as pessoas, cuja proteção de sua intrínseca dignidade realiza o primado da ordem constitucional pátria.

Outono de 2022.

Fabiana Rodrigues Barletta
Vitor Almeida

SOBRE OS AUTORES

Adriano Marteleto Godinho
Professor do curso de graduação e do Programa de Pós-Graduação (Mestrado e Doutorado) da Universidade Federal da Paraíba. Pós-doutorando em Direito Civil pela Universidade de Coimbra. Doutor em Ciências Jurídicas pela Universidade de Lisboa. Mestre em Direito Civil pela Universidade Federal de Minas Gerais. Membro fundador do Instituto Brasileiro de Estudos de Responsabilidade Civil (IBERC) e do Instituto de Direito Civil-Constitucional (IDCC). E-mail: adrgodinho@hotmail.com.

Amanda Guedes Ferreira
Mestranda em Direito pela Universidade Estácio de Sá. Professora de Direito Civil da Universidade Estácio de Sá. Advogada.

Ana Carla Harmatiuk Matos
Doutora e Mestre em Direito pela Universidade Federal do Paraná e Mestre em Derecho Humano pela Universidad Internacional de Andalucía. Tutora in Diritto na Universidade di Pisa-Italia. Professora na graduação, mestrado e doutorado em Direito da Universidade Federal do Paraná. Vice-Presidente do IBDCivil. Diretora Regional-Sul do IBDFAM. Advogada militante em Curitiba. Conselheira Estadual da OAB-PR.

Ana Paula Barbosa-Fohrmann
Doutora em Filosofia pelo Programa de Pós-graduação em Filosofia da Universidade Federal do Rio de Janeiro (UFRJ). Doutora e Pós-Doutora em Direito pela Ruprecht-Karls-Universität Heidelberg. Professora Adjunta da Faculdade Nacional de Direito da UFRJ (FND/UFRJ). Professora Permanente do Programa de Pós-graduação em Direito da UFRJ (PPGD/UFRJ). Coordenadora do Núcleo de Pesquisa sobre Teoria dos Direitos Humanos (NTDH), vinculado à FND/UFRJ e ao PPGD/UFRJ. E-mail: anapbarbosa@direito.ufrj.br.

Anderson Schreiber
Professor Titular de Direito Civil da Universidade do Estado do Rio de Janeiro – UERJ. Professor Permanente do Programa de Pós-Graduação Stricto Sensu (Mestrado e Doutorado) da UERJ. Professor da Fundação Getúlio Vargas – FGV. Membro da Academia Internacional de Direito Comparado. Pesquisador Visitante do *Max Planck Institut für ausländisches und internationales Privatrecht* (Alemanha). Procurador do Estado do Rio de Janeiro.

Andréia Fernandes de Almeida Rangel
Pós-doutoranda na Universidade Federal do Rio Grande do Sul (UFRGS) sob a orientação da Profa. Dra. D. h. c. Claudia Lima Marques. Doutora em Direito e Sociologia pela Universidade Federal Fluminense – UFF. Mestre em Direito pela Universidade Federal Fluminense (UFF). Pós-graduada em Direito Privado pela Universidade Federal Fluminense (UFF). Professora Adjunta do Departamento de Direito Civil da Faculdade Nacional de Direito (FND/UFRJ). Membro do Núcleo Docente Estruturante da Faculdade Nacional de Direito (FND/UFRJ). Líder do Grupo de Pesquisa A SIMBIOSE ENTRE O PÚBLICO E O PRIVADO: os limites da ingerência estatal no âmbito das relações privadas (FND/UFRJ). Pesquisadora no grupo de pesquisa CNPq Mercosul, Direito do Consumidor e Globalização liderado pela Profa. Dra. Dr. h. c. Claudia Lima Marques. Avaliadora de Curso Superior (INEP - MEC). Associada Titular do Instituto Brasileiro de Estudos de Responsabilidade Civil (IBERC). Associada do Instituto Brasileiro de Política e Direito do Consumidor - BRASILCON. E-mail: andreiafalmeida@yahoo.com.br.

Bruno Henrique da Silva Chaves
Advogado especializado em direito de família, graduado em Direito pela UFRJ.

Caitlin Mulholland
Doutorado e Mestrado em direito civil, pela Universidade do Estado do Rio de Janeiro, 2006 e 2002 É professora-associada de direito civil do Departamento de Direito da Pontifícia Universidade Católica do Rio de Janeiro (PUC-Rio), onde atualmente exerce o cargo de Diretora do Departamento de Direito. É professora do programa de pós-graduação em Direito Constitucional e Teoria do Estado da PUC-Rio. É coordenadora do Núcleo Legalite PUC-Rio. É autora dos livros "A responsabilidade civil por presunção de causalidade" e "Internet e Contratação: panorama das relações contratuais eletrônicas de consumo". É atualizadora e colaboradora da obra "Instituições de Direito Civil", volume III, de Caio Mário da Silva Pereira. Coordenadora dos livros: "LGPD e novo marco normativo brasileiro" e "Inteligência Artificial e Direito: ética, regulação e responsabilidade". Conselheira suplente do CNPD (Conselho Nacional de Proteção de Dados Pessoais e da Privacidade), conselho consultivo da ANPD. Membro da Comissão de Direito Civil da OAB, Seccional Rio de Janeiro. Membro da Comissão Especial de Proteção de Dados do Conselho Federal da Ordem dos Advogados do Brasil. Associada ao Instituto

Brasileiro de Direito Civil - IBDCivil e à Association Henri Capitant des Amis de la Culture Juridique Française. Associada Fundadora do Instituto Avançado de Proteção de Dados (IAPD). Associada Fundadora do Instituto Brasileiro de Estudos em Responsabilidade Civil (IBERC). Integra a Rede Proprietas, hoje INCT - Instituto Nacional de Ciência e Tecnologia, projeto internacional: História Social das Propriedades e Direitos de Acesso (Disponível em: www.proprietas.com.br).

Carlos Henrique Félix Dantas

Doutorando em Direito Civil pela Universidade do Estado do Rio de Janeiro (UERJ). Mestre em Direito Privado pela Universidade Federal de Pernambuco (FDR/UFPE). Bacharel em Direito pela Universidade Católica de Pernambuco (UNICAP). Pesquisador da Coordenação de Aperfeiçoamento de Pessoal de Nível Superior. Pesquisador dos Grupos Constitucionalização das Relações Privadas (CONREP/CNPq/UFPE) e Cebid Jusbiomed (CNPq/UNEB). Associado ao Instituto Brasileiro de Direito de Família (IBDFAM). Advogado. E-mail: carloshenriquefd@hotmail.com.

Carlos Nelson Konder

Professor do Departamento de Direito Civil da Universidade do Estado do Rio de Janeiro (UERJ) e do Departamento de Direito da Pontifícia Universidade Católica do Rio de Janeiro (PUC-Rio). Doutor e mestre em direito civil pela UERJ. Especialista em direito civil pela Universidade de Camerino (Itália). Advogado.

Carolina Silvino de Sá Palmeira

Mestranda em Teorias Jurídicas Contemporâneas pela UFRJ. Especialista em Direito Público e Privado pela Escola da Magistratura do Estado do Rio de Janeiro (EMERJ). Residente Jurídico na Procuradoria Geral do Estado do Rio de Janeiro (PGE-RJ). Advogada.

Cíntia Muniz de Souza Konder

Doutora em Direito Civil pela UERJ, Mestre em Direito e Sociologia pela UFF. Professora do Departamento de Direito Civil da Faculdade de Direito da UFRJ. Professora do curso de Pós-graduação lato sensu em Direito Civil Constitucional da UERJ.

Claudia Lima Marques

Professora Titular e Diretora da Faculdade de Direito da Universidade Federal do Rio Grande do Sul, Doutora em Direito e pós-doutora pela Universidade de Heidelberg, Pesquisadora com Bolsa de Produtividade 1 A CNPq, Ex-Presidente do Brasilcon, Presidente do Comitê de Proteção Internacional dos Consumidores da International Law Association, Londres. E-mail: dirinter@ufrgs.br.

Daniela Corrêa Jacques Brauner

Doutora e Mestre em Direito pela UFRGS. Professora de Direito Civil, Direito Internacional e Direitos Humanos na IMED/Porto Alegre. Defensora Pública Federal.

Daniela Silva Fontoura de Barcellos

Professora adjunta do Programa de Pós-Graduação em Direito da Universidade Federal do Rio de Janeiro, coordenadora adjunta do PPGD/UFRJ. Membro efetivo do Instituto dos Advogados Brasileiros (IAB), membro fundador do Instituto Brasileiro de Estudos em Responsabilidade Civil (IBERC). Líder do Grupo de Pesquisa "Grupos Vulneráveis no Direito Privado: identidade, representação e judicialização". E-mail: barcellosdanielasdf@gmail.com.

Deborah Pereira Pinto dos Santos

Doutora e Mestre em Direito Civil pela Universidade do Estado do Rio de Janeiro (UERJ). Master of Law pela Universidade de Harvard (LLM 18'). Procuradora do Município do Rio de Janeiro (PGM-RJ). Advogada.

Elisa Costa Cruz

Doutora e Mestra em Direito Civil pela UERJ. Professora. Defensora Pública no Rio de Janeiro.

Fabiana Rodrigues Barletta

Professora-Associada IV da UFRJ. Parecerista. Possui Pós-Doutorado em Direito do Consumidor pela UFRGS. Doutora em Direito Constitucional e Teoria do Estado pela PUC-Rio. Mestre em Direito Civil pela UERJ. E-mail: fabianabarletta2@gmail.com.

Fabíola Albuquerque Lobo

Professora Titular de Direito Civil da Faculdade de Direito da UFPE, Dra. em Direito Privado, pela UFPE. Professora dos Cursos de Mestrado e Doutorado em Direito da UFPE, Colíder do Grupo de Pesquisa Constitucionalização das Relações Privadas (UFPE/CNPq), Membro do IBDFAM, IBDCivil e do IBERC.

Fernanda Nunes Barbosa

Doutora em Direito pela Universidade do Estado do Rio de Janeiro (UERJ). Mestre em Direito pela Universidade Federal do Rio Grande do Sul (UFRGS). Professora da Graduação e do Mestrado em Direitos Humanos da UniRitter. Advogada. Editora da Série Pautas em Direito da Arquipélago Editorial. Diretora do Brasilcon.

Fernando Rodrigues Martins

Doutor e Mestre em Direito das Relações Sociais pela Pontifícia Universidade Católica de São Paulo. Investigador do Instituto Max Planck Institute for Comparative and International Private Law. Professor de Direito da

Pós-Graduação e Graduação da Faculdade de Direito da Universidade Federal de Uberlândia. Presidente do Instituto Brasileiro de Política e Direito do Consumidor. Promotor de Justiça em Minas Gerais. frodriguesmartins@icloud.com.

Flávia Albaine Farias da Costa

Defensora Pública do Estado de Rondônia. Mestra em Direitos Humanos pela Universidade Federal de Rondônia. Coordenadora da Comissão dos Direitos das Pessoas com Deficiência da Associação Nacional das Defensoras e Defensores Públicos. Professora de Direito das Pessoas com Deficiência. Conselheira Nacional do Onda Autismo. Colaboradora do Conselho Estadual da Pessoa com Deficiência de Rondônia. Fundadora e Coordenadora do Projeto Juntos pela Inclusão Social em prol de Pessoas com Deficiência.

Flavia Zangerolame

Mestre em Direito Civil pela Universidade do Estado do Rio de Janeiro (UERJ). Professora-assistente de Direito Civil e Direito do Consumidor na Faculdade de Direito do IBMEC-RJ. Professora de Direito Civil da pós-graduação da PUC-Rio, CEPED/ITS-Rio, EMERJ e Direito do Consumidor no CEPED-UERJ. Pesquisadora do Tribunal de Justiça do Estado do Rio de Janeiro e Líder do Grupo de pesquisa CNPQ-CAPES "Tutela das Famílias, Criança e Adolescente: Estudos na perspectiva Civil-Constitucional".

Flávio Bellini de Oliveira Salles

Doutor, Mestre e Especialista em Direito do Trabalho pela Universidade de São Paulo (USP). Professor-Associado IV da Faculdade de Direito da Universidade Federal de Juiz de Fora (UFJF). Advogado.

Flávio Henrique Silva Ferreira

Possui graduação em Direito pela Universidade Federal de Minas Gerais (2001), mestrado e doutorado em Direito, (2004) e (2009) respectivamente, pela Universidade Federal de Minas Gerais. Atualmente é professor-associado da Universidade Federal de Juiz de Fora, atuando principalmente nos seguintes temas: fundamentos econômicos do direito privado (contratos, responsabilidade civil, enriquecimento sem causa, propriedade), história do direito privado e direito privado comparado.

Francielle Elisabet Nogueira Lima

Doutoranda em Direito das Relações Sociais no PPGD-UFPR e Mestra em Direitos Humanos e Democracia pelo mesmo programa e instituição. Especialista em Direito das Famílias e Sucessões pela ABDConst, bem como em Direito Homoafetivo e Gênero pela Unisanta. Advogada membra da ANAJUDH-LGBTI. Professora universitária.

Gabriel Schulman

Advogado. Doutor em Direito pela Universidade do Estado do Rio de Janeiro (UERJ). Mestre em Direito Civil pela Universidade Federal do Paraná (UFPR). Especialista em Direito da Medicina pela Universidade de Coimbra. Integra a Comissão de Saúde da OAB/PR. Membro do Instituto Brasileiro de Estudos de Responsabilidade Civil (IBERC). Membro do Instituto Brasileiro de Estudos de Responsabilidade Civil (IBERC). Membro do Instituto Brasileiro de Direito Contratual (IBDCont). Professor da Universidade Positivo na Graduação e Mestrado. E-mail: gabriel@schulman.com.br.

Giselda Hironaka

Professora Titular do Departamento de Direito Civil da Faculdade de Direito da USP. Doutora e Livre-Docente pela mesma Faculdade de Direito da USP. Ex-Procuradora Federal. Advogada, consultora e parecerista jurídica. Fundadora e Diretora Nacional (região Sudeste) do Instituto Brasileiro de Direito de Família e Sucessões – IBDFAM. Diretora Nacional (região Sudeste) do Instituto Brasileiro de Direito Civil. Membro do Instituto Brasileiro de Estudos da Responsabilidade Civil.

Guilherme Antônio Balczarek Mucelin

Doutorando, com período sanduíche na Universidade Nova de Lisboa (Bolsista CAPES/PDSE), e Mestre pela Universidade Federal do Rio Grande do Sul (UFRGS). Especialista em Direito do Consumidor pela Universidade de Coimbra. Especialista em Droit comparé et européen des contrats et de la consommation pela Université de Savoie Mont-Blanc e UFRGS. Especialista em Direito do Consumidor pela Universidade de Coimbra. Membro associado do BRASILCON. Bolsista CAPES/DS. E-mail: mucelin27@gmail.com.

Guilherme Calmon Nogueira da Gama

Desembargador e Vice-Presidente do Tribunal Regional Federal da 2ª Região (RJ-ES). Professor Titular de Direito Civil da UERJ, da UNESA e do IBMEC/RJ. Juiz de Enlace para a Conferência da Haia de Direito Internacional Privado. Membro da ABDC (Academia Brasileira de Direito Civil) e do IBERC (Instituto Brasileiro de Responsabilidade Civil).

Guilherme Domingos Wodtke

Mestrando em Direito pela Universidade Federal de Santa Catarina. Especialista em Direito do Consumidor pela Universidade de Coimbra. Especialista em Processo Civil pela Fundação Escola Superior do Ministério Público. Especialista em Direito do Consumidor e Direitos Fundamentais pela Universidade Federal do Rio Grande do Sul. Bolsista CAPES. E-mail: guilhermedgw@gmail.com.

Gustavo Cardoso Silva

Mestrando em Direito pelo Programa de Pós-graduação da Universidade Federal do Rio de Janeiro (UFRJ). Membro do Núcleo de Pesquisa sobre Teoria dos Direitos Humanos (NTDH), vinculado à FND/UFRJ e ao PPGD/UFRJ. E-mail: ggustavocardosoo@ufrj.br.

Gustavo Henrique Baptista Andrade

Pós-doutorado em Direito Civil pela UERJ, com imersão de pesquisa no Instituto Max Planck de Hamburgo, Alemanha. Mestrado e Doutorado em Direito Civil pela UFPE. Professor do curso de graduação em Direito da Faculdade Frassinetti do Recife-FAFIRE e dos cursos de pós-graduação da UNICAP e da UFPE. Procurador Judicial do Município do Recife. Pesquisador do Grupo Constitucionalização das Relações Privadas (CONREP-UFPE). Pesquisador do Grupo Historicidade e Relatividade do Direito Civil (UERJ). Presidente do Instituto Brasileiro de Direito de Família – Seção Pernambuco (IBDFAM-PE). E-mail: gustavo@gustavoandrade.adv.br.

Heloisa Helena Barboza

Professora Titular de Direito Civil da Faculdade de Direito da Universidade do Estado do Rio de Janeiro (UERJ). Diretora da Faculdade de Direito da Universidade do Estado do Rio de Janeiro (UERJ). Doutora em Direito pela UERJ e em Ciências pela ENSP/FIOCRUZ. Especialista em Ética e Bioética pelo IFF/FIOCRUZ. Procuradora de Justiça do Estado do Rio de Janeiro (aposentada). Parecerista e advogada.

Henrique Rodrigues Meireles Matos

Graduado em Direito pela UniRitter. Advogado.

Igor Alves Pinto

Doutorando pela UFRJ, Membro do IBDFAM e Consultor da Comissão Especial de Direito Civil da OAB Nacional (2020-2022). Professor Substituto de Direito Civil pela UFRJ (2019-2021).

Ingrid Januzzi Ferreira Gomes

Bacharela em Direito pela Universidade Federal de Juiz de Fora.

Joanna Dhália

Mestranda em Direito pelo Programa de Pós-Graduação em Direito Público (PPGDP) na Universidade Federal de Alagoas (Ufal). Advogada. Professora de Direito Civil do Grupo Ser Educacional – Uninassau. Bacharel em Direito pela Faculdade de Direito de Alagoas (FDA) na Universidade Federal de Alagoas (Ufal). E-mail: joannadamg@gmail.com.

João Victor Ferreira Ximenes

Graduando em Direito pela Universidade Federal Fluminense.

José Luiz de Moura Faleiros Júnior

Doutorando em Direito Civil pela Universidade de São Paulo – USP/Largo de São Francisco. Doutorando em Direito, na área de estudo 'Direito, Tecnologia e Inovação', pela Universidade Federal de Minas Gerais – UFMG. Mestre e Bacharel em Direito pela Universidade Federal de Uberlândia – UFU. Especialista em Direito Digital. Especialista em Direito Civil e Empresarial. Associado do Instituto Avançado de Proteção de Dados – IAPD e do Instituto Brasileiro de Estudos de Responsabilidade Civil – IBERC. Advogado.

Karen Rick Danilevicz Bertoncello

Juíza de Direito do TJRS, com designação para fase judicial dos processos por superendividamento do consumidor. Professora do IMED, Porto Alegre. Doutora e mestre em Direito pela UFRGS. Diplome d´Université USMB-UFRGS em Direito dos Contratos Europeus de Consumo. Vice-Presidente Social da AJURIS. Diretora do Observatório do Crédito e Superendividamento da UFRGS. Krdb@tjrs.jus.br.

Keila Pacheco Ferreira

Doutora em Direito pela USP. Mestre em Direito pela PUC-SP. Professora de Direito Civil da Universidade Federal de Uberlândia. Professora de Pós-graduação em Direito da Universidade Federal de Uberlândia. Coordenadora do Programa de Mestrado em direito da Universidade Federal de Uberlândia. keilapacheco@ufu.br.

Kelly Cristine Baião Sampaio

Doutora em Direito Civil pela Universidade do Estado do Rio de Janeiro. Professora-Associada II da Faculdade de Direito da Universidade Federal de Juiz de Fora.

Lúcia Souza d'Aquino

Doutora e Mestra em Direito pela Universidade Federal do Rio Grande do Sul. Diretora do Instituto de Direitos Humanos do Mato Grosso do Sul - José do Nascimento. Professora Adjunta na Universidade Federal Fluminense - Campus de Macaé. Líder do Grupo de Pesquisa CNPq "Vulnerabilidades no Novo Direito Privado".

Luciano Campos de Albuquerque

Juiz de Direito do Estado do Paraná, Especialista em Direito Processual Civil pelo IBEJ, Mestre em Ciências Jurídicas pela Faculdade de Direito da Universidade de Lisboa. lcae@tjpr.jus.br.

Manuel Camelo Ferreira da Silva Netto

Doutorando em Direito Civil pela Universidade do Estado do Rio de Janeiro (UERJ). Mestre em Direito Privado pela Universidade Federal de Pernambuco (UFPE). Bacharel em Direito pela Universidade Católica de Pernambuco (UNICAP). Pesquisador da Coordenação de Aperfeiçoamento de Pessoal de Nível Superior. Membro da Comissão de Diversidade Sexual e de Gênero da OAB/PE. Associado ao Instituto Brasileiro de Direito de Família (IBDFAM). Advogado. Mediador Humanista. E-mail: manuelcamelo2012@hotmail.com.

Marcelo Junqueira Calixto

Doutor e Mestre em Direito Civil (UERJ). Professor Adjunto da PUC-Rio e dos cursos de Pós-Graduação da FGV, UERJ e EMERJ. Membro do BRASILCON, do IBDCivil, IBERC, IBDCont e IAB. Advogado (contato: mcalixto@centroin.com.br).

Marcos Ehrhardt Júnior

Doutor em Direito pela Universidade Federal de Pernambuco (UFPE). Advogado. Professor de Direito Civil da Universidade Federal de Alagoas (Ufal) e do Centro Universitário Cesmac. Vice-Presidente do Instituto Brasileiro de Direito Civil (IBDCIVIL). Presidente da Comissão de Enunciados do Instituto Brasileiro de Direito de Família (IBDFAM). E-mail: contato@marcosehrhardt.com.br.

Maria Stella Gregori

Advogada. Mestre em Direito das Relações Sociais pela PUC/SP. Professora de Direito do Consumidor da PUC/SP. Diretora do Brasilcon. Foi Diretora da Agência Nacional de Saúde Suplementar – ANS e Assistente de Direção do Procon/SP.

Mário Guazzeli

Mestre em Direito Civil e Bacharel em Direito pela Universidade de São Paulo (USP). Professor universitário. Advogado em São Paulo. Membro do Instituto de Direito Privado (IDiP) e da Comissão Especial de Direito Civil da OAB/SP.

Matheus Prestes Tavares Duarte

Mestrando em Direito pela Universidade do Estado do Rio de Janeiro (UERJ). Especialista em Direito Constitucional pela Damásio Educacional (IBMEC-SP). Advogado.

Maurilio Casas Maia

Doutorando em Direito Constitucional e Teoria Política (UNIFOR) e Mestre em Ciências Jurídicas (UFPB). Pós-graduado lato senso em "Direitos Civil e Processual Civil" e em "Direito Público: Constitucional e Administrativo" (CIESA). Professor da Faculdade de Direito da Universidade Federal do Amazonas (UFAM) e Defensor Público (AM). Associado ao BRASILCON. Membro do Instituto Brasileiro de Direito Processual (IBDP), da Associação Norte-Nordeste de Professores de Processo (ANNEP) e da Associação Brasileira de Direito Processual (ABDPro). E-mail: mauriliomaia@gmail.com.

Milena Donato Oliva

Professora da Faculdade de Direito da Universidade do Estado do Rio de Janeiro – UERJ. Sócia do Escritório Gustavo Tepedino Advogados – GTA.

Nelson Rosenvald

Procurador de Justiça do Ministério Público de Minas Gerais. Pós-Doutor em Direito Civil na Università Roma Tre (IT-2011). Pós-Doutor em Direito Societário na Universidade de Coimbra (PO-2017). Visiting Academic, Oxford University (UK-2016/17). Professor Visitante na Universidade Carlos III (ES-2018). Doutor e Mestre em Direito Civil pela Pontifícia Universidade Católica de São Paulo – PUC/SP. Presidente do Instituto Brasileiro de Estudos de Responsabilidade Civil – IBERC. Professor do corpo permanente do Doutorado e Mestrado do IDP/DF.

Paulo Emílio Vauthier Borges de Macedo

Professor titular do IBMEC, vice-coordenador do PPGD/UERJ. E-mail: borgesmacedo@hotmail.com.

Paulo Lôbo

Doutor em Direito Civil, pela Universidade de São Paulo. Mestre em Direito Privado pela Universidade Federal de Pernambuco. Professor Emérito da Universidade Federal de Alagoas. Advogado. Foi Conselheiro do Conselho Nacional de Justiça e do Conselho Federal da OAB. Atua na área de Direito, com obras publicadas principalmente em Direito Civil. Líder do Grupo de Pesquisa "Constitucionalizações das Relações Privadas".

Pedro Gueiros

Mestrando em Direito Civil pela PUC-Rio. Advogado. Pesquisador de Direito e Tecnologia no ITS-Rio. Bolsista da Fundação Konrad Adenauer. Integrante do Núcleo Legalite da PUC-Rio. Graduado em Direito pelo Ibmec-RJ.

Pedro Marcos Nunes Barbosa

Vascaíno, Músico Amador, Sócio de Denis Borges Barbosa Advogados (pedromarcos@dbba.com.br) e Professor do Departamento de Direito da PUC-Rio.

Rachel Saab

Doutoranda em Direito Civil pela Universidade de Coimbra. Mestre em Direito Civil pela Universidade do Estado do Rio de Janeiro. Advogada. Professora.

Rafael Mansur

Mestre em Direito Civil pela Universidade do Estado do Rio de Janeiro – UERJ. Pós-graduado pela Escola da Magistratura do Estado do Rio de Janeiro – EMERJ. Advogado.

Ramon Silva Costa

Doutorando em Direito pela Pontifícia Universidade Católica do Rio de Janeiro (PUC-Rio). Advogado de Conformidade e Proteção de Dados do NIC.br e CGI.br. Gerente de Proteção de Dados Pessoais da ONG TODXS, voltada para a proteção e desenvolvimento da população LGBTI+ no Brasil. Pesquisador do Legalite, núcleo multidisciplinar de ensino, pesquisa e inovação em Legal Informatics da PUC-Rio.

Raquel Bellini de Oliveira Salles

Professora-Associada de Direito Civil da Faculdade de Direito da Universidade Federal de Juiz de Fora. Mestre e Doutora em Direito Civil pela Universidade do Estado do Rio de Janeiro. Especialista em Direito Civil pela Università di Camerino – Itália. Coordenadora do projeto de extensão "Núcleo de Direitos das Pessoas com Deficiência". Advogada. E-mail: raquel.bellini@ufjf.edu.br.

Renata Pozzi Kretzmann

Mestre em Direito com ênfase em Direito do Consumidor e Concorrencial pela UFRGS. Especialista em Direito dos Contratos e Responsabilidade Civil pela UNISINOS. Editora da Revista da Faculdade de Direito da UFRGS. Pesquisadora vinculada aos grupos de Pesquisa Direito Privado e Acesso ao Mercado (UFRGS) e Pesquisas em Direito do Consumidor (PUCRS). Advogada. E-mail: renatakretzmann@gmail.com.

Ricardo Calderón

Doutor e Mestre em Direito Civil pela Universidade Federal do Paraná-UFPR. Diretor Nacional do Instituto Brasileiro de Direito de Família-IBDFam. Coordenador da especialização em Direito das Famílias e Sucessões da Academia Brasileira de Direito Constitucional-ABDConst. Professor de diversos cursos de pós-graduação. Pesquisador do grupo de estudos "Virada de Copérnico", vinculado ao PPGD-UFPR. Vice-presidente da Comissão de Direito de Família da OAB-PR. Advogado em Curitiba. Sócio do escritório Calderón Advogados. calderon@calderonadvogados.com.br.

Roberta Mauro Medina Maia

Doutora e Mestre em Direito Civil pela Universidade do Estado do Rio de Janeiro (UERJ). Professora dos Cursos de Graduação e Pós-Graduação em Direito da Pontifícia Universidade Católica do Rio de Janeiro (PUC-Rio). Advogada.

Robson Martins

Doutorando em Direito da Cidade pela UERJ e Direito Constitucional pela ITE. Mestre em Direito pela UFRJ e Universidade Paranaense. Especialista em Direito Civil, Notarial e Registral pela Universidade Anhanguera. Professor da Universidade Paranaense e ESMPU. Procurador da República. Promotor de Justiça entre 1999 e 2002. Técnico da Justiça Federal entre 1993 e 1999.

Rodrigo Versiani

Mestre em Direito na linha de pesquisa "Direitos Fundamentais, Sociedade e Sustentabilidade" pela Universidade Federal de Uberlândia-UFU. Pós-graduado em Direito Civil e Empresarial pela Faculdade Damásio de Jesus. Advogado. Professor no Centro Universitário de Patos de Minas-UNIPAM.

Thiago Ferreira Cardoso Neves

Mestre e doutorando em Direito Civil pela Universidade do Estado do Rio de Janeiro – UERJ. Professor dos cursos de pós-graduação da Escola da Magistratura do Estado do Rio de Janeiro – EMERJ, da Pontifícia Universidade Católica do Rio de Janeiro – PUC-Rio e do Centro de Estudos e Pesquisas no Ensino do Direito da UERJ. Vice-Presidente Administrativo da Academia Brasileira de Direito Civil – ABDC. Advogado.

Thiago Junqueira

Doutor em Direito Civil pela Universidade do Estado do Rio de Janeiro. Mestre em Ciências Jurídico-Civilísticas pela Universidade de Coimbra. Professor da FGV Direito Rio, da FGV Conhecimento e da Escola de Negócios e Seguros. Diretor de Relações Internacionais da Academia Brasileira de Direito Civil. Advogado, Sócio de Chalfin, Goldberg & Vainboim Advogados Associados.

Vanessa Ribeiro Corrêa Sampaio Souza

Doutora em Direito Civil pela UERJ. Professora-Associada de Direito Civil da UFRRJ– ITR.

Vitor Almeida

Doutor e Mestre em Direito Civil pela Universidade do Estado do Rio de Janeiro (UERJ). Professor Adjunto de Direito Civil da Universidade Federal Rural do Rio de Janeiro (UFRRJ). Professor de Direito Civil do Departamento de Direito da PUC-Rio. Pós-doutorando em Direito Civil pela Universidade do Estado do Rio de Janeiro (UERJ). Advogado. E-mail: almeida.vitor@yahoo.com.br

Vitor Hugo do Amaral Ferreira

Doutor em Direito, pela Universidade Federal do Rio Grande do Sul, com ênfase em direito do consumidor e concorrencial. Docente do Curso de Direito da Universidade Franciscana (UFN).

SUMÁRIO

UMA BREVE INTRODUÇÃO: VULNERABILIDADES EM CAMADAS
Vitor Almeida V

SOBRE OS AUTORES IX

EIXO I
VULNERABILIDADES, CAMPO DE APLICAÇÃO E NOVAS FRONTEIRAS

A TUTELA DAS VULNERABILIDADES NA LEGALIDADE CONSTITUCIONAL: OS DESAFIOS DA FUNÇÃO PROTETIVA EM FACE DA AUTODETERMINAÇÃO
Heloisa Helena Barboza e Vitor Almeida.. 3

A DISTINÇÃO ENTRE VULNERABILIDADE PATRIMONIAL E VULNERABILIDADE EXISTENCIAL
Carlos Nelson Konder.. 19

CAPACIDADE CIVIL, VULNERABILIDADE E EMPODERAMENTO: RELEITURA DAS INCAPACIDADES À LUZ DA VULNERABILIDADE
Gabriel Schulman... 31

A VULNERABILIDADE COMO ELEMENTO DE CONEXÃO E INTEGRAÇÃO NO DIREITO INTERNACIONAL PRIVADO. DESIGUALDADE E INVISIBILIDADE. UMA PERSPECTIVA DO SISTEMA RESPONSIVO NO ÂMBITO DO MERCOSUL
Fernando Rodrigues Martins e Keila Pacheco Ferreira................................ 43

VULNERABILIDADE E TRANSUMANISMO: O ACESSO À TECNOLOGIA COMO PRIVILÉGIO E A RUPTURA DO PRINCÍPIO BIOÉTICO DA JUSTIÇA
Adriano Marteleto Godinho... 57

EIXO II
VULNERABILIDADES EM PERSPECTIVA DE GÊNERO

REPENSANDO A APLICAÇÃO DA GUARDA COMPARTILHADA ENQUANTO REGRA GERAL: REFLEXÕES A PARTIR DE CONTEXTOS DE VIOLÊNCIA DOMÉSTICA E DO PROTOCOLO PARA JULGAMENTO COM PERSPECTIVA DE GÊNERO (2021)
Ana Carla Harmatiuk Matos e Francielle Elisabet Nogueira Lima 69

VULNERABILIDADE NO AMBIENTE FAMILIAR: A SIMBIÓTICA LEI MARIA DA PENHA (LEI 11.340/06) E O ALARGAMENTO DA SUA PROTEÇÃO
Andréia Fernandes de Almeida Rangel 83

VULNERABILIDADE DA MULHER, AUTONOMIA PRIVADA E O EXERCÍCIO DE DIREITOS REPRODUTIVOS E SEXUAIS
Fabiana Rodrigues Barletta e Carolina Silvino de Sá Palmeira 97

DIVERSIDADE DE GÊNERO E VULNERABILIDADE: ASPECTOS JURÍDICOS E SOCIOLÓGICOS DO ESTUPRO NA SOCIEDADE BRASILEIRA CONTEMPORÂNEA
Kelly Cristine Baião Sampaio e Ingrid Januzzi Ferreira Gomes............................ 111

CORPOS DISSIDENTES DE UM MUNDO DIVIDIDO EM AZUL E ROSA: UM OLHAR SOBRE O SEXO BIOLÓGICO E A PERFORMATIVIDADE DE GÊNERO NA CONSTRUÇÃO DA VULNERABILIDADE PESSOAS TRANS, NÃO BINÁRIES E INTERSEXO NAS RELAÇÕES PRIVADAS
Manuel Camelo Ferreira da Silva Netto e Carlos Henrique Félix Dantas................. 125

EIXO III
VULNERABILIDADES, ENVELHECIMENTO E DEFICIÊNCIAS

AS VULNERABILIDADES DA PESSOA IDOSA COM DEFICIÊNCIA: POR UMA ÉTICA DO CUIDADO EMPÁTICA E RESPONSÁVEL
Ana Paula Barbosa-Fohrmann e Gustavo Cardoso Silva....................................... 145

O MODELO DE INTERNALIZAÇÃO DA CONVENÇÃO INTERNACIONAL SOBRE OS DIREITOS DAS PESSOAS COM DEFICIÊNCIA NO DIREITO BRASILEIRO
Daniela Silva Fontoura de Barcellos e Paulo Emílio Vauthier Borges de Macedo........... 157

REVISÃO GERAL DO REGIME DAS INCAPACIDADES POR MEIO DO PARADIGMA DA VULNERABILIDADE: CONCRETIZANDO O PRINCÍPIO DA IGUALDADE
Daniela Corrêa Jacques Brauner 173

A RESPONSABILIDADE CIVIL DAS PESSOAS COM DEFICIÊNCIA E DOS CURADORES APÓS A LEI BRASILEIRA DE INCLUSÃO
Raquel Bellini de Oliveira Salles 185

DA AUTODETERMINAÇÃO À EFETIVIDADE DOS DIREITOS: IMPACTOS DO NOVO REGIME DAS INCAPACIDADES SOBRE A PRESCRIÇÃO
Rachel Saab 201

A IMPORTÂNCIA DA REDUÇÃO DAS BARREIRAS SOCIAIS PARA A AUTONOMIA DAS PESSOAS COM DEFICIÊNCIAS INTELECTUAIS
Joanna Dhália e Marcos Ehrhardt Júnior 215

A DEFENSORIA PÚBLICA ENQUANTO AGENTE FACILITADOR DA ELIMINAÇÃO DA VULNERABILIDADE DE PESSOAS COM DEFICIÊNCIA
Flávia Albaine Farias da Costa 225

EIXO IV
VULNERABILIDADES E PROTEÇÃO DO CONSUMIDOR

NOVOS CONTORNOS DA VULNERABILIDADE NO DIREITO DO CONSUMIDOR
Marcelo Junqueira Calixto 243

VULNERABILIDADE DO CONSUMIDOR E DEVER DE RENEGOCIAR
Anderson Schreiber e Rafael Mansur 253

A VULNERABILIDADE DO CONSUMIDOR NO ASSÉDIO DE CONSUMO: A PROBLEMÁTICA DAS CHAMADAS ROBOTIZADAS
Fernanda Nunes Barbosa e Henrique Rodrigues Meireles Matos 263

A IMPORTÂNCIA DA INFORMAÇÃO ADEQUADA COMO INSTRUMENTO DE PROTEÇÃO DOS VULNERÁVEIS: O EXEMPLO DO CRÉDITO CONSIGNADO E DO CARTÃO DE CRÉDITO CONSIGNADO
Cíntia Muniz de Souza Konder 275

VULNERABILIDADE DO CONSUMIDOR EM MEIO DIGITAL – EQUIVALÊNCIA DE PROTEÇÃO E VEDAÇÃO DE PROTEÇÃO INSUFICIENTE
Guilherme Mucelin e Guilherme Domingos Wodtke 287

VULNERABILIDADE DO CONSUMIDOR DE PLANOS DE SAÚDE
Maria Stella Gregori 303

VULNERABILIDADE INFORMACIONAL NAS RELAÇÕES DE CONSUMO ATUAIS: A ESSENCIALIDADE DO BEM INFORMAR
Renata Pozzi Kretzmann 317

OS NECESSITADOS CONSTITUCIONAIS E A TUTELA COLETIVA VIA DEFENSORIA PÚBLICA: A AMPLIAÇÃO DA PROTEÇÃO DOS VULNERÁVEIS POR MEIO DO CONCEITO DE COLETIVIDADE CONSUMIDORA
Fabiana Rodrigues Barletta e Maurilio Casas Maia 333

AVANÇOS DA ATUAÇÃO DOS NÚCLEOS DE MEDIAÇÃO NAS SITUAÇÕES DE SUPERENDIVIDAMENTO DO CONSUMIDOR
Káren Rick Danilevicz Bertoncello 351

VULNERABILIDADES E GERAÇÃO DE PRODUTOS ELETRÔNICOS: PERSPECTIVAS DO DIREITO AO REPARO
Flavia Zangerolame e Pedro Gueiros 367

A VULNERABILIDADE DO CONSUMIDOR E A OBSOLESCÊNCIA PROGRAMADA
Robson Martins 381

ENSAIO PARA UMA TEORIA GERAL DA VULNERABILIDADE NAS RELAÇÕES DE CONSUMO: PREMISSAS ENTRE A VULNERABILIDADE DIGITAL E TECNOLÓGICA
Vitor Hugo do Amaral Ferreira 393

ASSÉDIO DE CONSUMO E VULNERABILIDADE: A CONTRIBUIÇÃO DA LEI 14.181/2021 PARA A SANÇÃO DE INEXISTÊNCIA DA CONTRATAÇÃO EM ASSÉDIO PELO ART. 46 DO CDC
Claudia Lima Marques.. 409

EIXO V
VULNERABILIDADES DAS PESSOAS EM DESENVOLVIMENTO

A VULNERABILIDADE DE CRIANÇAS E ADOLESCENTES: PROPOSTAS DE TRATAMENTO JURÍDICO

Elisa Cruz 429

A CRIANÇA CONSUMIDORA SOB A PERSPECTIVA DO SUPERIOR TRIBUNAL DE JUSTIÇA: VULNERABILIDADE E PROTEÇÃO

Lúcia Souza D'Aquino, Rodrigo Versiani e João Victor Ferreira Ximenes 439

A VULNERABILIDADE DA CRIANÇA E DO ADOLESCENTE NO MERCADO DE TRABALHO BRASILEIRO

Flávio Bellini de Oliveira Salles e Matheus Prestes Tavares Duarte 451

A PROTEÇÃO CONTRATUAL DO VULNERÁVEIS: AS CONTRATAÇÕES CELEBRADAS PESSOALMENTE POR CRIANÇAS, ADOLESCENTES E PESSOAS COM DEFICIÊNCIA

Luciano Campos de Albuquerque 463

EIXO VI
VULNERABILIDADES NAS RELAÇÕES PATRIMONIAIS

VULNERABILIDADE DO CONTRATANTE ENTRE O MERCADO E O ESTADO SOCIAL

Paulo Lôbo 479

CAMINHOS ALTERNATIVOS PARA A PROTEÇÃO DOS VULNERÁVEIS: UMA ANÁLISE A PARTIR DOS VÍCIOS DO CONSENTIMENTO

Flávio Henrique Silva Ferreira 493

O FAVORECIMENTO DO DEVEDOR VULNERÁVEL

Gustavo Henrique Baptista Andrade 515

ASSIMETRIA DE PODER NEGOCIAL NA CONTRATAÇÃO POR ADESÃO

Deborah Pereira Pinto dos Santos 529

NOTAS SOBRE A DISCRIMINAÇÃO NAS RELAÇÕES CONTRATUAIS ENTRE PARTICULARES

Thiago Junqueira 547

A VULNERABILIDADE DO LOCATÁRIO NA LOCAÇÃO DE IMÓVEL URBANO

Thiago Ferreira Cardoso Neves 561

TITULARIDADE E CONTROLE DAS PATENTES NA SEARA DA SAÚDE

Pedro Marcos Nunes Barbosa 577

USUCAPIÃO FAMILIAR, COMPOSSE E CONDOMÍNIO: UM COTEJO INDISPENSÁVEL

Roberta Mauro Medina Maia 587

O *TRUST* COMO INSTRUMENTO DE PROTEÇÃO ÀS PESSOAS VULNERÁVEIS

Milena Donato Oliva 603

EIXO VII
VULNERABILIDADE DIGITAL E PROTEÇÃO DE DADOS PESSOAIS

VULNERABILIDADE DIGITAL E RESPONSABILIDADE

Nelson Rosenvald e José Luiz de Moura Faleiros Júnior 621

DADOS PESSOAIS SENSÍVEIS E A TUTELA DE DIREITOS FUNDAMENTAIS: UMA ANÁLISE À LUZ DA LEI GERAL DE PROTEÇÃO DE DADOS (LEI 13.709/2018)

Caitlin Mulholland 645

PROTEÇÃO DE DADOS SENSÍVEIS DE PESSOAS LGBTI+: PERSPECTIVAS SOBRE PERSONALIDADE, VULNERABILIDADE E NÃO DISCRIMINAÇÃO

Ramon Silva Costa 659

EIXO VIII
VULNERABILIDADES NAS RELAÇÕES FAMILIARES E AS REPERCUSSÕES SOBRE A LEGÍTIMA

A INTRÍNSECA RELAÇÃO ENTRE A MONOPARENTALIDADE FEMININA E VULNERABILIDADE

Fabíola Albuquerque Lobo 675

VULNERABILIDADE, INTELIGÊNCIA ARTIFICIAL E REPRODUÇÃO ASSISTIDA HETERÓLOGA

Guilherme Calmon Nogueira da Gama e Amanda Guedes Ferreira 685

FILIAÇÃO E MULTIPARENTALIDADE NO DIREITO DE FAMÍLIA BRASILEIRO: RESSIGNIFICAÇÃO A PARTIR DA AFETIVIDADE
Ricardo Calderón 705

VULNERABILIDADES PELA POLIGAMIA: UM ESTUDO A PARTIR DO PLURALISMO E DAS PRÁTICAS ENTRE INDÍGENAS E "TRISAIS"
Igor Alves Pinto e Bruno Henrique da Silva Chaves 719

A LEGÍTIMA NO DIREITO BRASILEIRO E SUA NECESSÁRIA REVISÃO
Giselda Maria Fernandes Novaes Hironaka e Mário Gamaliel Guazzeli de Freitas..... 733

LEGÍTIMA, LIBERDADE TESTAMENTÁRIA E VULNERABILIDADES
Vanessa Ribeiro Corrêa Sampaio Souza e Vitor Almeida............................ 745

EIXO I
VULNERABILIDADES, CAMPO DE APLICAÇÃO E NOVAS FRONTEIRAS

A TUTELA DAS VULNERABILIDADES NA LEGALIDADE CONSTITUCIONAL: OS DESAFIOS DA FUNÇÃO PROTETIVA EM FACE DA AUTODETERMINAÇÃO[1]

Heloisa Helena Barboza

Vitor Almeida

Sumário: 1. Notas introdutórias – 2. Vulnerabilidade: noção jurídica – 3. A necessária preservação da autonomia dos vulneráveis – 4. Instrumentos de tutela das vulnerabilidades: o exemplo dos mecanismos de apoio ao exercício da capacidade da pessoa com deficiência – 5. Considerações finais.

1. NOTAS INTRODUTÓRIAS

Embora durante tempo considerável a vulnerabilidade tenha sido um conceito preterido pelo direito, crescente é o interesse por sua melhor compreensão e estudo de seu âmbito de aplicação e efeitos. Em razão de sua importância social, outro não poderia ser o rumo tomado pelo direito civil constitucional, que tem como núcleo de suas preocupações a proteção da pessoa humana em sua dignidade, uma vez que, tanto quanto a própria dignidade, a vulnerabilidade lhe é inerente. A partir de suas múltiplas projeções, indispensável percorrer a sua necessária função protetiva, sem descurar da promoção da autodeterminação dos sujeitos vulneráveis, em especial na seara existencial.

O presente trabalho se propõe a apresentar, ainda que de modo sucinto, o conceito de vulnerabilidade e seu alcance, particularmente no campo jurídico. Do mesmo modo serão abordados alguns pontos da complexa questão relativa à proteção dos vulneráveis em face da indeclinável preservação de sua autonomia. Para tanto, devem ser analisadas, ainda que brevemente, algumas situações de vulnerabilidade e suas peculiaridades, as quais exigem tutelas diferenciadas, bem como seus respectivos instrumentos de efetivação.

---

1. Originalmente publicado em BARBOZA, Heloisa Helena; ALMEIDA, Vitor. A tutela das vulnerabilidades na legalidade constitucional. In: TEPEDINO, Gustavo; TEIXEIRA, Ana Carolina Brochado; ALMEIDA, Vitor (Org.). *Da dogmática à efetividade do Direito Civil*: Anais do Congresso Internacional de Direito Civil Constitucional – IV Congresso do IBDCIVIL. Belo Horizonte, MG: Fórum, 2017, p. 37-50. Para a presente publicação o texto foi atualizado e acrescido.

2. VULNERABILIDADE: NOÇÃO JURÍDICA

Como ressaltou Miguel Reale,[2] é preciso recolocar o direito no "mundo social", ou seja, que se volte para as pessoas reais existentes no mundo dos fatos, e não mais sujeitos ideais, titulares abstratos de direitos equitativamente atribuídos e assegurados, com base numa igualdade formal.

Nesse sentido caminha a Constituição da República de 1988, desde a sua promulgação, ao consagrar a cidadania e a dignidade da pessoa humana entre seus fundamentos. A pessoa mencionada na Constituição não é o sujeito de direito formal, mas um indivíduo real, existente no mundo dos fatos, um ser humano que necessita de proteção, em razão da vulnerabilidade que lhe é inerente. Nesta perspectiva focada no mundo dos fatos, identificou o constituinte a existência de diferentes vulnerabilidades, às quais dedicou dispositivos específicos e instrumentos de proteção especiais.

Emerge, em consequência, já na década de 1990, o tema da vulnerabilidade, como noção jurídica, contemplada expressamente ou não, nos textos infraconstitucionais. É o que se constata do Estatuto da Criança e do Adolescente – ECA, Lei 8.069, de 13.7.1990, que em seu art. 1º dispõe sobre a proteção integral à criança e ao adolescente, por reconhecer sua condição peculiar como pessoas em desenvolvimento (art. 6º). Meses depois, a Lei 8.078, de 11.9.1990, destinada especificamente à proteção e defesa do consumidor, elege como um de seus princípios o reconhecimento da vulnerabilidade do consumidor no mercado de consumo (art. 4º, I).

Vislumbram-se em tais dispositivos faces diversas da vulnerabilidade, que requerem, assim, a mais ampla compreensão de seu conceito, de modo a possibilitar a aplicação jurídica mais adequada para fins de atendimento das peculiaridades de cada grupo de vulneráveis e, em particular, daqueles que já estão de algum modo vulnerados.

O conceito de vulnerabilidade (do latim *vulnerabilis*, "que pode ser ferido", de *vulnerare*, "ferir", de *vulnus*, "ferida") refere-se a qualquer ser vivo, sem distinção, o qual pode, em situações contingenciais, ser "vulnerado". Trata-se, portanto, de característica ontológica de todos os seres vivos. Determinados seres humanos são circunstancialmente afetados, fragilizados, desamparados ou *vulnerados*. O significado desses termos é bem esclarecido por Fermin Roland Schramm, que afirma:

> Historicamente, um princípio moral de proteção está implícito nas obrigações do Estado, que deve proteger seus cidadãos contra calamidades, guerras etc., chamado também de Estado mínimo. Entretanto, poderia muito bem ser chamado de Estado protetor, pois parece intuitivamente compreensível que todos os cidadãos não conseguem se proteger sozinhos contra tudo e todos, podendo tornar-se suscetíveis e até vulnerados em determinadas circunstâncias. Mas, neste caso, devemos distinguir a mera vulnerabilidade – condição ontológica de qualquer ser vivo e, portanto, característica universal que não pode ser protegida – da suscetibilidade ou vulnerabilidade secundária (por oposição à *vulnerabilidade primária* ou *vulnerabilidade* em geral). Ademais, os suscetíveis podem tornar-se vulnerados, ou seja, diretamente afetados, estando na condição existencial de não poderem exercer

---

2. REALE, Miguel. *Nova fase do direito moderno*. São Paulo: Saraiva, 1990. p. 59-69.

suas potencialidades (*capabilities*) para ter uma vida digna e de qualidade. Portanto, dever-se-ia distinguir graus de proteção de acordo com a condição existencial de vulnerabilidade, suscetibilidade e vulneração, o que pode ser objeto de discussões infindáveis sobre como quantificar e qualificar tais estados existenciais.[3]

De acordo com Fermin Roland Schramm, deve-se indagar quem são de fato os suscetíveis ou vulnerados, uma vez que a tendência dominante é definir a pessoa a partir de seu pertencimento geográfico ou cultural. Nesses casos, conforme alerta o autor, os riscos de estigmatização, paternalismo e autoritarismo são grandes. Além disso, grande também é a possibilidade de se preterir "as diferenças, o multiculturalismo e a pluralidade moral das sociedades complexas contemporâneas". A questão, sob esse aspecto, reside em como fazer para focalizar os indivíduos vulnerados e lhes fornecer a proteção necessária para desenvolver suas potencialidades e sair da condição de vulneração e, paralelamente, respeitar a diversidade de culturas, as visões de mundo, os hábitos e as moralidades diferentes que integram suas vidas.[4]

Já se afirmou com propriedade que a dignidade da pessoa humana se concretiza na cláusula geral de tutela da pessoa humana.[5] Contudo essa tutela somente será efetiva e adequada se for considerada a vulnerabilidade inerente às pessoas humanas e as diferenças existente entre elas, para que se possa obter, o quanto possível, a igualdade substancial.[6] A proteção que lhes é assegurada deve dar-se integralmente, em todas as situações, existenciais ou patrimoniais, de modo a contemplar todas e cada uma de suas manifestações.[7]

Observe-se que, além de a complexidade do processo de vida expor, com frequência e de modo geral, o ser humano à vulneração, há um grande número de pessoas que já se encontram, quando já não nascem, vulneradas, atingidas em sua dignidade, em razão de condições adversas de ordem psicofísica, social e/ou econômica. Não há para tais pessoas possibilidade de exercer seus direitos, por vezes sequer de ter acesso a eles, em igualdade de condições, sendo necessário que o direito lhes propicie, o tanto quanto possível, os meios para tanto.

Necessária, por conseguinte, a existência simultânea de uma *tutela geral* (abstrata) da pessoa humana, ontologicamente vulnerável, não só nas relações econômicas, como

---

3. SCHRAMM, Fermin Roland. Bioética da proteção: ferramenta válida para enfrentar problemas morais na era da globalização. *Revista Bioética*, v. 16, n. 1. p. 20.
4. SCHRAMM, Fermin Roland. Bioética da proteção: ferramenta válida para enfrentar problemas morais na era da globalização. *Revista Bioética*, v. 16, n. 1. p. 20.
5. MORAES, Maria Celina Bodin de. *Danos à pessoa humana*: uma leitura civil-constitucional dos danos morais. Rio de Janeiro: Renovar, 2009. p. 117-128.
6. Para Maria Celina Bodin de Moraes, a igualdade é a manifestação primeira da dignidade; deve ser considerada, contudo, não em sua formulação inicial, traduzida na afirmativa "todos são iguais perante a lei", mas em sua forma mais avançada, denominada "igualdade substancial", que leva em conta as desigualdades de fato existentes entre as pessoas, em decorrência de suas distintas condições psicofísicas, sociais e econômicas (MORAES, Maria Celina Bodin de. *Danos à pessoa humana*: uma leitura civil-constitucional dos danos morais. Rio de Janeiro: Renovar, 2009. p. 81-115).
7. TEPEDINO, Gustavo. A tutela da personalidade no ordenamento civil-constitucional brasileiro. In: TEPEDINO, Gustavo. *Temas de direito civil*. 4. ed. rev. e atual. Rio de Janeiro: Renovar, 2008. p. 25-62.

as de consumo, mas em todas as suas relações, especialmente as de natureza existencial, e a *tutela específica* (concreta), de todos os que se encontrem em situação de desigualdade, por força de circunstâncias que potencializem sua vulnerabilidade, ou já os tenham vulnerado, como forma de assegurar a igualdade e a liberdade, expressões por excelência da dignidade humana. Neste contexto, impõe-se indagar quais as características mínimas que podem ser consideradas para fazer a distinção entre os *vulneráveis* e os *vulnerados*, noções que permitem a diferenciação do tipo de tutela a ser conferida. Como alerta boa doutrina:

> [se] os conceitos não forem precisos não se pode saber que tipo de tutela deve ser dado aos indivíduos ou populações que mais necessitam de amparo, questão que precisa ser equacionada mediante uma correta relação entre o universalismo dos princípios (ao qual se refere implicitamente o conceito de vulnerabilidade) e a focalização das ações, que pode infringir os deveres *prima facie* relativos aos princípios com pretensão de validez universal, devido às situações substanciais específicas. Em suma, o conceito de vulnerabilidade, ao aplicar-se a qualquer situação, independentemente das características específicas desta, acaba não podendo aplicar-se a nenhuma situação particular.[8]

Se todas as pessoas são vulneráveis, é preciso estar atento a situações substanciais específicas, para que se identifique a tutela concreta a ser aplicada. Não basta em muitos casos invocar a tutela geral, implícita na Constituição da República, que protege todas as pessoas humanas em sua inerente vulnerabilidade. É indispensável verificar as peculiaridades das diferentes situações de cada grupo, como vem sendo feito com as crianças e adolescentes, com os consumidores e com a pessoa idosa. Registre-se que muitas pessoas, como os integrantes do grupo LGBTT, ainda não mereceram estudo adequado das peculiaridades de seu modo de vida e aguardam, há muito tempo, a edição de normas aptas a proteger sua dignidade.

O estudo do conceito de vulnerabilidade, no campo do direito, tem sido feito quase que exclusivamente na área das relações de consumo, em que há referência, em geral, a três espécies: vulnerabilidade técnica, contábil e fática ou socioeconômica.[9] Há divergência quanto à distinção entre vulnerabilidade e hipossuficiência,[10] embora parte da doutrina, contrariamente, entenda terem as expressões igual significado.

---

8. SCHRAMM, Fermin Roland. Bioética, vulnerabilidade de pessoas portadoras de deficiências e políticas de proteção [Mimeo]. *Fórum social mundial, seminário bioética e vulnerabilidades*. Porto Alegre, 2005. p. 4.
9. CALIXTO, Marcelo Junqueira. O princípio da vulnerabilidade do consumidor. In: MORAES, Maria Celina Bodin de (Org.). *Princípios do direito civil contemporâneo*. Rio de Janeiro: Renovar, 2006. p. 323-324. v. 1. Recentemente, a doutrina consumerista tem identificado uma quarta espécie denominada de vulnerabilidade informacional, que "é a vulnerabilidade básica do consumidor, intrínseca e característica deste papel na sociedade. Hoje merece ela uma menção especial, pois na sociedade atual são de grande importância a aparência, a confiança, a comunicação e a informação. Nosso mundo de consumo é cada vez mais visual, rápido e de risco, daí a importância da informação. Efetivamente, o que caracteriza o consumidor é justamente seu déficit informacional, pelo que não seria necessário aqui frisar este *minus* como uma espécie nova de vulnerabilidade, uma vez que já estaria englobada como espécie de vulnerabilidade técnica. Hoje, porém, a informação não falta, ela é abundante, manipulada, controlada e, quando fornecida, no mais das vezes, desnecessária" (BENJAMIN, Antonio Herman V.; MARQUES, Claudia Lima; BESSA, Leonardo Roscoe. *Manual de direito do consumidor*. 6. ed. rev., atual. e ampl. São Paulo: Ed. RT, 2014. p. 112).
10. Segundo uma corrente, os conceitos são distintos, sendo a vulnerabilidade uma "qualidade intrínseca, ingênita, peculiar, imanente e indissociável de todos que se colocam na posição de consumidor, em face do conceito legal,

O melhor entendimento parece ser o que considera não haver diferença ontológica entre vulnerabilidade e hipossuficiência. Estão compreendidas neste último conceito certas categorias de consumidores, como idosos, crianças, doentes, que estão a merecer tratamento diferenciado na própria Lei de Consumo, a exemplo da inversão do ônus da prova já prevista na Lei de Consumo. A vulnerabilidade é característica de todo consumidor.[11] Por conseguinte, todo consumidor é presumivelmente vulnerável (art. 4º, I, do CDC), mas alguns grupos têm "vulnerabilidade potencializada" por sua situação fática e técnica, pois é "um leigo frente a um especialista organizado em cadeia de fornecimento de serviços, um leigo que necessita dos serviços [...] que não entende [por exemplo] a complexa técnica atual dos contratos cativos de longa duração [...]".[12]

A noção de vulnerabilidade[13] não consta expressamente dos dicionários de filosofia, embora impregne o espírito dos filósofos, preocupados com a fraqueza e mortalidade humanas. Como visto, vulnerabilidade é característica do que é *vulnerável*, adjetivo que significa passível de ser ferido, e por consequência morto. Vulnerabilidade e mortalidade não são, porém, expressões sinônimas. A definição remete à ideia de risco e de sofrimento:[14]

> O sofrimento nos ameaça de três lados: dentro de nosso próprio corpo que, destinado ao envelhecimento e à dissolução, não pode sequer se abster dos sinais de alarme que constituem a dor e a angústia;

---

pouco importando sua condição social, cultural ou econômica, quer se trate de consumidor pessoa jurídica ou consumidor pessoa física", enquanto a hipossuficiência "é característica restrita aos consumidores que além de presumivelmente vulneráveis vem-se agravados nessa situação por sua individual condição de carência natural, material ou, como ocorre com frequência, ambas" (MARINS, James. *Responsabilidade da empresa pelo fato do produto*: os acidentes de consumo no Código de Proteção e Defesa do Consumidor. São Paulo: Revista dos Tribunais, 1993. p. 38-39). "A doutrina brasileira defende, igualmente, que os consumidores desfavorecidos (ou pobres) podem ser chamados de hipossuficientes, criando assim uma graduação (econômica) da vulnerabilidade em direito material. A jurisprudência brasileira reconhece a hipervulnerabilidade de alguns consumidores, por idade (idosos, crianças, bebês, jovens), condições especiais de saúde (doentes, contaminados com o vírus HIV, e necessidades especiais, como especificam os arts. 37, § 2º e 39, IV, do CDC" (BENJAMIN, Antonio Herman V.; MARQUES, Claudia Lima; BESSA, Leonardo Roscoe. *Manual de direito do consumidor*. 6. ed. rev., atual. e ampl. São Paulo: Ed. RT, 2014. p. 111).

11. CALIXTO, Marcelo Junqueira. O princípio da vulnerabilidade do consumidor. In: MORAES, Maria Celina Bodin de (Org.). *Princípios do direito civil contemporâneo*. Rio de Janeiro: Renovar, 2006. p. 325-329. v. 1.
12. MARQUES, Claudia Lima. Solidariedade na doença e na morte. Sobre a necessidade de "ações afirmativas" em contratos de plano de saúde e de planos funerários frente ao consumidor idoso. *Revista Trimestral de Direito Civil*, v. 8. p. 313, Rio de Janeiro, 2001.
13. AYRES, José Ricardo de Carvalho Mesquita et al. O conceito de vulnerabilidade e as práticas de saúde: novas perspectivas e desafios. In: CZERESNIA, Dina; FREITAS, Carlos Machado de (Org.). *Promoção da saúde*: conceito, reflexões, tendências. 2. ed. rev. e ampl. Rio de Janeiro: Editora Fiocruz, 2009. p. 122. Informam os autores que o termo teve origem na "área da advocacia internacional pelos Direitos Universais do Homem", para designar grupos ou indivíduos fragilizados, jurídica ou politicamente, na promoção ou garantia de seus direitos de cidadania. A noção de pessoa vulnerável para os autores apareceu no direito positivo francês, na lei penal, para indicar certas vulnerabilidades, que constituíam elemento da infração, uma circunstância agravante, ou que deviam ser observadas na aplicação da pena. Considerava-se para tal fim a debilidade decorrente da idade, de uma doença, de uma enfermidade, de uma deficiência física ou do estado de gravidez. Todos os casos são objetivos, não dependentes de avaliação pelo juiz.
14. FIECHTER-BOULVARD, Frédérique. La notion de vulnérabilité et a consecration par le droit. In: COHET-CORDEY, Frédérique (Coord.). *Vulnérabilité et droit*: le développement de la vulnérabilité et ses enjeux em droit. Grenoble: Presses Universitaires, 2000. p. 14.

do lado do mundo exterior, o qual dispõe de forças invencíveis e inexoráveis que nos atacam e nos abatem; o terceiro enfim que provem de nossas relações com os outros seres humanos. O sofrimento que provem dessa origem nos é talvez mais duro que qualquer outro [...].[15]

Sob essa perspectiva, a vulnerabilidade é um dom que resulta necessariamente da condição de ser humano, e que pode ser estendido a todo organismo vivo. É um perigo eventual, mais ou menos previsível, e um fim inexorável, o primeiro surgido das relações que os homens mantêm entre si, e o segundo sendo a expressão da natureza humana. Não é a vida em sociedade que dá origem à vulnerabilidade, porque esta preexiste às relações humanas, mas a vida em grupo favorece a expressão da vulnerabilidade em suas diferentes formas: o risco de ser ferido é uma forte probabilidade na coexistência humana. A convivência pode aumentar a vulnerabilidade, mas não é a sua fonte.[16]

Este último aspecto é que faz a diferença entre vulnerabilidade e desigualdade, noções que não devem ser confundidas. A primeira é carregada de subjetivismo, enquanto a segunda é objetiva. A desigualdade aparece em contraposição à igualdade, que implica divisão, partilha. A vulnerabilidade não supõe necessariamente uma análise comparativa, é um estado em si. A desigualdade, ao contrário, somente aparece quando há comparação.[17]

A noção de pessoa vulnerável remete à de vítima. Há, contudo, uma diferença de grau no surgimento do dano: a vítima já sofreu um prejuízo material ou moral, enquanto a pessoa vulnerável está exposta a um risco; o vulnerável é suscetível de ser atingido, a vítima já o foi. O dano pode fazer aparecer, retroativamente, a vulnerabilidade, mas não atinge necessariamente pessoa vulnerável. Segundo Frédérique Fiechter-Boulvard, a existência de regras que se limitam a enunciar disposições protetoras não evita a superveniência do dano. Para o autor há duas categorias de regras, que apreciam a vulnerabilidade *a priori* ou a *posteriori*.

No primeiro caso, a pessoa vulnerável é uma vítima em potencial, pois se encontra especialmente exposta ao risco, em razão de seu estado, de sua fraqueza. Estão neste caso os incapazes, em razão da idade ou de outra causa particular, como as pessoas que, por causa transitória ou permanente, não podem exprimir sua vontade (CC art. 4º, III). As disposições legais devem procurar diminuir o risco a que tais pessoas estão expostas por sua natureza. As incapacidades aparecem como a tradução jurídica de uma vulnerabilidade antecipadamente apreendida pelo direito.[18] Há outras categorias

---

15. FREUD, S. Malaise dans la civilization *apud* FIECHTER-BOULVARD, Frédérique. La notion de vulnérabilité et a consecration par le droit. In: COHET-CORDEY, Frédérique (Coord.). *Vulnérabilité et droit*: le dévelopement de la vulnérabilité et ses enjeux em droit. Grenoble: Presses Universitaires, 2000. p. 14. Tradução livre.
16. FIECHTER-BOULVARD, Frédérique. La notion de vulnérabilité et a consecration par le droit. In: COHET-CORDEY, Frédérique (Coord.). *Vulnérabilité et droit*: le dévelopement de la vulnérabilité et ses enjeux em droit. Grenoble: Presses Universitaires, 2000. p. 15.
17. FIECHTER-BOULVARD, Frédérique. La notion de vulnérabilité et a consecration par le droit. In: COHET-CORDEY, Frédérique (Coord.). *Vulnérabilité et droit*: le dévelopement de la vulnérabilité et ses enjeux em droit. Grenoble: Presses Universitaires, 2000. p. 15.
18. FIECHTER-BOULVARD, Frédérique. La notion de vulnérabilité et a consecration par le droit. In: COHET-CORDEY, Frédérique (Coord.). *Vulnérabilité et droit*: le dévelopement de la vulnérabilité et ses enjeux em droit. Grenoble: Presses Universitaires, 2000. p. 19.

de pessoas que têm seu estado de vulnerabilidade presumido, como os consumidores, as crianças e os idosos.

A apreciação da vulnerabilidade *a posteriori* ocorre após a verificação do elemento constitutivo da vulnerabilidade – o risco. O dano sofrido faz aparecer o estado de vulnerabilidade da pessoa, quando fragilizada por um estado particular. Pode, ao contrário, tratar-se de uma situação de vulnerabilidade geral, a "vulnerabilidade certa" que põe, em dado momento, todo indivíduo em risco.[19]

Frédérique Fiechter-Boulvard analisa ainda em seu trabalho se a vulnerabilidade merece ser acrescida à classe (*rang*) dos conceitos jurídicos, já que se refere a certas vulnerabilidades que aparecem por vezes de forma implícita. Haveria dificuldade em perceber a emergência dessa nova noção. Além disso, se possível formar seu conceito, seria possível duvidar de sua utilidade: o direito parece ter regras suficientes para assegurar a proteção das pessoas particularmente vulneráveis.[20]

Cumpre observar que tais considerações não são compatíveis com o direito brasileiro. A cláusula geral de tutela da pessoa humana é suficiente para proteção de todos os seres humanos em sua vulnerabilidade, que o autor indica como certa, por atingir qualquer indivíduo. Em consequência, a pessoa vulnerável como todos, mas que em razão de suas contingências pessoais está impedida ou tem diminuída a possibilidade de exercer seus direitos, ou se encontra em situação em que há maior probabilidade de se tornar uma vítima, necessita de proteção especial. As pessoas nestas condições já estão vulneradas, pois têm sua vulnerabilidade potencializada. Encontram-se, portanto em situação de desigualdade, e a proteção constitucional há de ser diferenciada, mediante *tutela específica* (concreta).

A noção de vulnerabilidade é utilizada na área da saúde pública, na qual passou a ser adotada após o advento da Aids, a partir da década de noventa, ganhando aí feições particulares, que também se revelam úteis para a compreensão jurídica da vulnerabilidade. Segundo José Ricardo de Carvalho Mesquita Ayres, o conceito de vulnerabilidade, numa percepção ampla e reflexiva, representa um importante passo na produção de um conhecimento interdisciplinar e "da construção de intervenções dinâmicas e produtivas". A importância do conceito de vulnerabilidade no âmbito da Aids se deve ao fato de se ter constatado que a epidemia respondia a determinantes que iam além da ação do vírus que causa a doença. Em outras palavras, a noção de vulnerabilidade permitia a identificação das razões últimas da epidemia, encontradas em aspectos comportamentais, culturais, econômicos e políticos.[21]

---

19. FIECHTER-BOULVARD, Frédérique. La notion de vulnérabilité et a consecration par le droit. In: COHET--CORDEY, Frédérique (Coord.). *Vulnérabilité et droit*: le dévelopement de la vulnérabilité et ses enjeux em droit. Grenoble: Presses Universitaires, 2000. p. 20-21.
20. FIECHTER-BOULVARD, Frédérique. La notion de vulnérabilité et a consecration par le droit. In: COHET--CORDEY, Frédérique (Coord.). *Vulnérabilité et droit*: le dévelopement de la vulnérabilité et ses enjeux em droit. Grenoble: Presses Universitaires, 2000. p. 28-32.
21. AYRES, José Ricardo de Carvalho Mesquita et al. O conceito de vulnerabilidade e as práticas de saúde: novas perspectivas e desafios. In: CZERESNIA, Dina; FREITAS, Carlos Machado de (Org.). *Promoção da saúde*: conceito, reflexões, tendências. 2. ed. rev. e ampl. Rio de Janeiro: Editora Fiocruz, 2009. p. 117-119.

A ampliação da discussão da vulnerabilidade aproximou seu conceito do debate em torno dos direitos humanos. Esta aproximação foi de todo importante, uma vez que o surgimento dos "grupos de risco" tornou-se o centro de contradições e conflitos, na medida em que gerou a estigmatização dos seus integrantes. De forma inaudita, a noção de grupo de risco difundiu-se amplamente, através da mídia, deixando de ser uma categoria analítica abstrata, para constituir uma categoria ontológica, uma identidade concreta.[22]

As estratégias de prevenção e combate à epidemia com base nos grupos de risco mostraram-se equivocadas e ineficazes, do ponto de vista epidemiológico. Contudo geraram, de modo eficaz, profundos preconceitos e iniquidades para os chamados quatro Hs (homossexuais, hemofílicos, haitianos e heroíno-adictos), que sofreram nos Estados Unidos os efeitos adversos das referidas estratégias, que acabaram por ceder lugar a outras, orientadas para a redução do risco. Não obstante, a epidemia atinge até o momento os setores socialmente mais enfraquecidos: os mais pobres, as mulheres, os negros e os jovens, independentemente de limites geográficos, sexo ou orientação sexual.[23] Constata-se que os mais atingidos são, nos termos acima, os vulnerados.

Verifica-se, por outro lado, o perigo que podem representar categorizações feitas sem maior análise dos fatores que as informam. Mesmo que tenham por fim a proteção dos envolvidos, podem acabar por fomentar preconceitos e discriminações. Nesse sentido, diversas denominações têm sido atribuídas à população pobre, como grupo de "carentes", de "pessoas de baixa renda", que acabam se tornando discriminatórias, na medida em que rotulam um *status* social menor, que dentro de um processo de desmerecimento do outro, que ocorre com lamentável frequência, "justifica" um tratamento diferenciado, ou seja, pior. Como observa Suely F. Deslandes, "de cidadão, o sujeito pobre é reduzido à condição de 'carente', cujos direitos de atendimento digno são reinterpretados como benesse ou esforço pessoal do profissional [...] que se espera, em contrapartida, imediata gratidão".[24]

Fato é que na sociedade atual em que se multiplicam os fatores de risco e se aprofundam as diferenças sociais, não obstante os esforços para reduzi-las, deve ser mantida atenção frequente sobre as pessoas expostas a esses fatores e diferenças, para se verificar se houve agravamento de sua vulnerabilidade. Não raro, os próprios grupos que se encontram em tais situações clamam por auxílio, mas nem sempre são atendidos, sequer ouvidos. Surge em relação a essas pessoas um "estado de invisibilidade", por parte da sociedade e do Estado, que têm consciência do problema e nada fazem, mesmo em situações de vulneração antiga e inata.

---

22. AYRES, José Ricardo de Carvalho Mesquita et al. O conceito de vulnerabilidade e as práticas de saúde: novas perspectivas e desafios. In: CZERESNIA, Dina; FREITAS, Carlos Machado de (Org.). *Promoção da saúde*: conceito, reflexões, tendências. 2. ed. rev. e ampl. Rio de Janeiro: Editora Fiocruz, 2009. p. 120.
23. AYRES, José Ricardo de Carvalho Mesquita et al. O conceito de vulnerabilidade e as práticas de saúde: novas perspectivas e desafios. In: CZERESNIA, Dina; FREITAS, Carlos Machado de (Org.). *Promoção da saúde*: conceito, reflexões, tendências. 2. ed. rev. e ampl. Rio de Janeiro: Editora Fiocruz, 2009. p. 121.
24. DESLANDES, Suely F. O cuidado humanizado como valor e *ethos* da prática em saúde. In: PINHEIRO, Roseni et al. (Org.). *Razões públicas para a integralidade em saúde*: o cuidado como valor. Rio de Janeiro: IMS/UERJ/Abrasco, 2007. p. 390.

Dois grupos servem de exemplo do citado "estado de invisibilidade": os idosos e as pessoas com deficiência. Não obstante a Constituição da República já estabelecesse o dever da sociedade, em particular dos filhos, e do Estado de amparar as pessoas idosas, para lhes assegurar participação na comunidade, defender sua dignidade e bem-estar e garantir-lhes o direito à vida (arts. 229 e 230), somente em 1º.10.2003 veio a ser editado o Estatuto do Idoso (Lei 10.741/2003). Durante mais de uma década, na verdade uma década e meia, permaneceram os idosos sem a *tutela concreta ou especial* que lhes era devida, a qual certamente em muito facilitou a efetivação da proteção que a Constituição da República lhes atribuiu.

O caso das pessoas com deficiência parece mais grave, não apenas por se encontrarem em estado de invisibilidade, gerador de discriminação inclusive legal, como também por serem maiores as peculiaridades dos grupos que constituem essa população, em relação a qual os direitos fundamentais, com frequência, somente eram efetivados através de decisão judicial. Somente em 6.7.2015, portanto vinte e sete anos após a promulgação da Constituição da República, foi sancionada a Lei 13.146, que institui a chamada Lei Brasileira de Inclusão da Pessoa com Deficiência.[25] Destinada a assegurar e a promover, em condições de igualdade, o exercício dos direitos e das liberdades fundamentais por pessoa com deficiência, visando à sua inclusão social e à cidadania, a recente lei instrumentalizou a Convenção Internacional sobre os Direitos das Pessoas com Deficiência (CDPD), assinada pelo Brasil em 2007,[26] conferindo às pessoas com deficiência a tão aguardada *tutela concreta ou especial*.

3. A NECESSÁRIA PRESERVAÇÃO DA AUTONOMIA DOS VULNERÁVEIS

Os dois exemplos acima são bastante expressivos para a abordagem de importante questão que se apresenta, quando se atribui proteção especial a determinado grupo de vulneráveis. Trata-se da preservação da autonomia das pessoas protegidas.

Necessário lembrar que o conceito de autonomia ainda se apresenta tormentoso para o direito,[27] embora haja forte tendência para entendê-la como expressão da liberdade, para fins de conceituação jurídica. A liberdade é um valor, conteúdo de igual princípio jurídico, que enseja uma pluralidade de significados. Liberdade implica autonomia, ausência de vínculos, pressões ou coações externas, sendo denominada, sob essa ótica, liberdade negativa, enquanto supõe a garantia de não ingerência de poderes ou forças estranhas ao sujeito no desenvolvimento de sua atividade.[28]

---

25. Também denominada de Estatuto da Pessoa com Deficiência (EPD). Neste trabalho, serão utilizados indiscriminadamente ambos os termos e suas siglas.
26. A denominada Convenção de Nova York foi assinada pelo Brasil em 30.3.2007 e ratificada em 1º.08.2007. Foi promulgada pelo Decreto 6.949, de 25.8.200 e entrou em vigor para o Brasil, no plano jurídico externo, em 31.8.2008 (BRASIL. Decreto 6.949, de 25 de agosto de 2009. Disponível em: http://www.planalto.gov.br/ccivil_03/_ato2007-2010/2009/decreto/d6949.htm. Acesso em: 1º jun. 2017).
27. Sobre o tema ver BARBOZA, Heloisa Helena. Reflexões sobre a autonomia negocial. In: TEPEDINO, Gustavo; FACHIN, Luiz Edson (Org.). *O direito e o tempo*: embates jurídicos e utopias contemporâneas. Rio de Janeiro: Renovar, 2008. p. 407-423.
28. PÉREZ LUÑO, Antonio-Enrique. *Teoria del derecho*. 5. ed. Madrid: Tecnos, 2006. p. 225.

Entende Pietro Perlingieri que a garantia e a realização da pessoa humana estão igualmente confiadas à liberdade fundamental expressa na Constituição. Segundo o autor a definição de liberdade é influenciada de modo decisivo pelo contexto cultural, antropológico e ideológico e pela concepção previamente acolhida pelo direito. Não é mais como no passado, uma liberdade natural, originária do indivíduo, como esfera de sua discricionariedade, limitada excepcionalmente pela lei, em razão de excepcional interesse do Estado. Nem tampouco é mais um "âmbito de independência" concedido pelo Estado, liberdade negativa (*liberdade da*) que corresponde à limitação da soberania do Estado nos confrontos com o indivíduo, ao qual são conferidos direitos: liberdade de pensar, de circular, de associar-se. Esse tipo de liberdade convive no sistema constitucional italiano, como no brasileiro, com a *liberdade de*, que se traduz em situações subjetivas ativas, na maioria de natureza existencial. Como esclarece Pietro Perlingieri, a introdução dessas liberdades revela o "diverso e fundamental papel assumido pela pessoa humana", e por meio delas o valor da pessoa rompe os esquemas privatísticos nos quais esteve contido, para liberar (*sprigionare*) suas potencialidades em todos os setores da vida social, incluída a esfera pública da qual era excluído.[29]

A influência decisiva do contexto cultural, antropológico e ideológico na definição jurídica de liberdade indicada por Pietro Perlingieri ratifica o alerta dado por Fermin Roland Schramm, acima mencionado, quanto aos riscos de estigmatização, paternalismo e autoritarismo, decorrentes da tendência dominante de definir a pessoa a partir de seu pertencimento geográfico ou cultural, bem como quanto à possibilidade de se preterir "as diferenças, o multiculturalismo e a pluralidade moral das sociedades complexas contemporâneas".[30] Como antes salientado, essas categorizações feitas sem maior análise dos fatores que as informam podem gerar preconceitos e discriminações, como no exemplo citado dos denominados "grupos de risco", no caso da Aids e dos "pobres" ou "carentes", em relação às "pessoas de baixa renda".

À luz desses esclarecimentos, é possível reconhecer que autonomia e vulnerabilidade são pilares que funcionam em articulação, devendo a autonomia ser pensada em função da vulnerabilidade, como seu componente indispensável, sendo esta entendida como pedido de apoio ou de suporte.

Nessa linha, o respeito pelo princípio da autonomia das pessoas não pode se limitar a situações de não invasão da autonomia do outro, mas como fator que determina o apoio necessário para enfrentar insuficiências e construir e/ou consubstanciar essa mesma autonomia.

A relação entre autonomia e vulnerabilidade é tema complexo que enseja, não raras vezes, difíceis e delicadas ponderações, como as que vêm sendo provocadas pela afirmação da plena capacidade civil das pessoas com deficiência, especialmente no que tange às relações existenciais.

---

29. PERLINGIERI, Pietro. *Manuale di diritto civille*. 3. ed. Napoli: Edizioni Scientifiche Italiane, 2002. p. 160.
30. SCHRAMM, Fermin Roland. Bioética da proteção: ferramenta válida para enfrentar problemas morais na era da globalização. *Revista Bioética*, v. 16, n. 1. p. 20.

De acordo com a Lei 13.146/2015,[31] a deficiência não afeta a plena capacidade civil da pessoa, inclusive para: casar-se e constituir união estável; exercer direitos sexuais e reprodutivos; exercer o direito de decidir sobre o número de filhos e de ter acesso a informações adequadas sobre reprodução e planejamento familiar; conservar sua fertilidade, sendo vedada a esterilização compulsória; exercer o direito à família e à convivência familiar e comunitária; e exercer o direito à guarda, à tutela, à curatela e à adoção, como adotante ou adotando, em igualdade de oportunidades com as demais pessoas (art. 6º).

O dispositivo mencionado tem provocado fortes reações que ensejaram inclusive proposta de lei[32] para alteração do Estatuto da Pessoa com Deficiência, em franco retrocesso em relação às conquistas decorrentes da Convenção Internacional sobre os Direitos das Pessoas com Deficiência (CDPD), incorporada ao ordenamento brasileiro com força e hierarquia constitucionais.

Na verdade, à luz dos princípios da dignidade da pessoa humana e da liberdade, nada autoriza a restrição dos direitos existenciais das pessoas com deficiência, salvo quando e na estrita medida do necessário para protegê-las.

O exame das disposições legais existentes para outros grupos de vulneráveis revela franca tendência ao fortalecimento da sua autonomia, tanto para atos patrimoniais, como existenciais, por meio de instrumentos adequados para tanto. Nenhuma razão existe, por conseguinte, para que o mesmo não ocorra em relação às pessoas com deficiência, exceção feita, permita-se a insistência, para seu benefício e proteção.

4. INSTRUMENTOS DE TUTELA DAS VULNERABILIDADES: O EXEMPLO DOS MECANISMOS DE APOIO AO EXERCÍCIO DA CAPACIDADE DA PESSOA COM DEFICIÊNCIA

Na trajetória das desigualdades no mundo social, a compreensão das vulnerabilidades requer um exame de suas múltiplas dimensões, derivadas em razão da origem, raça, sexo, cor, idade ou algum "impedimento de longo prazo de natureza física, mental, intelectual ou sensorial, o qual, em interação com uma ou mais barreiras, pode obstruir sua participação plena e efetiva na sociedade em igualdade de condições com as demais pessoas" (art. 2º, EPD), entre outras formas constatadas. Emerge, desse modo, a especial vulnerabilidade das pessoas com deficiência, que vivenciam situações de descaso, discriminação e exclusão de toda sorte ao longo da história, como já visto.

A promulgação do Estatuto da Pessoa com Deficiência (EPD), expressão legal da Convenção dos Direitos da Pessoa com Deficiência acolhida como emenda cons-

---

31. Institui a Lei Brasileira de Inclusão da Pessoa com Deficiência (Estatuto da Pessoa com Deficiência).
32. PLS 757/2015: "Dá nova redação ao art. 1.772 do CC (sobre limites da curatela): [...]
    §2º Excepcionalmente, o juiz poderá estender os limites da curatela para atos de caráter não patrimonial, inclusive para efeito de casamento, quando constatar que a pessoa não tiver discernimento suficiente para a prática autônoma desses atos.
    §3º Na hipótese do § 2º deste artigo, o juiz poderá condicionar a prática de determinados atos não patrimoniais a uma prévia autorização judicial, que levará em conta o melhor interesse do curatelado".

titucional em nosso ordenamento, desafia uma cultura ainda vigente no país que é a *invisibilidade*, na medida em que essas pessoas têm seus direitos sistematicamente desrespeitados, inclusive pelo próprio Poder Público, que num círculo vicioso de omissão insiste em manter esse grupo vulnerado à margem da proteção legalmente estabelecida.

Diante desse quadro, realça-se a função promocional[33] do EPD e da Convenção, na medida em que a promulgação de uma lei geral sobre os direitos da pessoa com deficiência, que reflete normas constitucionais incorporadas após a internalização do CPDP, desafia intérpretes e operadores do direito, bem como as instituições competentes, a transformarem a atual "cultura de indiferença" causada pela invisibilidade e exclusão das pessoas com deficiência em nossa sociedade. Para tanto, é preciso celebrar as diferenças e valorizar a diversidade humana, de modo a beneficiar toda a sociedade que passa a conviver com diferentes visões de mundo.[34]

Nesse sentido, indispensável promover a autonomia da pessoa com deficiência para decidir sobre sua própria vida e, para isso, se centrar na eliminação de qualquer tipo de barreira, para que haja uma adequada equiparação de oportunidades. Isso provoca o empoderamento da pessoa com deficiência que passa a tomar suas próprias decisões e assumir o controle do seu projeto de vida.

Entretanto, para que essa independência seja viável e real, é imprescindível a implementação de políticas públicas, programas sociais e serviços adaptados que permitam a superação das barreiras, mas que, em muitos casos, encontrará limite na reserva do possível em razão da necessidade do aporte de recursos financeiros para a efetiva e plena fruição dos direitos assegurados às pessoas com deficiência, como a adaptação arquitetônica de imóveis, adaptação de veículos utilizados no transporte coletivo, adaptação de material didático nas escolas, contratação de intérpretes de Libras (língua brasileira de sinais), entre outros. Tal cenário, contudo, não pode ser, mais uma vez, fator para a perpetuação da indiferença e inobservância dos direitos conquistados.

Nesse sentido, indispensável que a sociedade reconheça as pessoas com deficiência como iguais em respeito e consideração, sujeitos independentes e com voz para interação com outros parceiros na sociedade, em simetria de oportunidade, para alcançar a estima social desejada e desenvolver livremente sua personalidade de acordo com seu projeto pessoal de plena realização existencial.

O Estatuto se destina a assegurar e a promover, em condições de igualdade, o exercício dos direitos e das liberdades fundamentais por pessoa com deficiência, visando a sua inclusão social. A lei protetiva constitui medida eficiente para que as pessoas com deficiência obtenham os instrumentos necessários para ter uma vida digna, a exemplo da curatela e da tomada de decisão apoiada, que agora visam à promoção da autonomia da pessoa com deficiência.

---

33. Cf. BOBBIO, Norberto. *Da estrutura à função*: novos estudos de teoria do direito. Barueri: Manole, 2007, passim.
34. Cf. BARBOZA, Heloisa Helena; ALMEIDA, Vitor. Reconhecimento e inclusão das pessoas com deficiência. *Revista Brasileira de Direito Civil*, v. 13, p. 17-37, 2017.

A Lei Brasileira de Inclusão afirma a capacidade civil das pessoas com deficiência e o resguardo de seus direitos, sobretudo os de natureza existencial, cruciais para uma vida com dignidade (art. 6º).[35] Ao tratar do reconhecimento igual perante a lei, o estatuto reafirma a plena capacidade da pessoa com deficiência e assegura, ainda uma vez, seu "direito ao exercício de sua capacidade legal em igualdade de condições com as demais pessoas" (art. 84). Quer o legislador resguardar-lhes o direito de decidir sobre sua pessoa e bens, na medida de sua autonomia. Não foram desconsideradas, porém, as situações em que o exercício pessoal dos direitos assegurados, mesmo que superadas as barreiras e feitas as adaptações razoáveis, não é cômodo ou exige sacrifício e/ou sofrimento evitável para a pessoa com deficiência, ou, ainda, não é efetivamente possível, sem prejuízo dos interesses da própria pessoa, como acontece em casos de deficiências físicas e mentais graves. Prevê a lei instrumentos para ambas as hipóteses.

No primeiro caso, é facultada à pessoa com deficiência a adoção de processo de "tomada de decisão apoiada", no qual a pessoa com deficiência elege pelo menos 2 (duas) pessoas idôneas, para prestar-lhe apoio na tomada de decisão sobre atos da vida civil, fornecendo-lhes elementos e informações necessários para que possa exercer sua capacidade.

A tomada de decisão apoiada serve, portanto, para apoiar as pessoas com deficiência na conservação de sua plena capacidade de fato, logo, promover a autonomia e a dignidade, sendo que os apoiadores funcionam como coadjuvantes do processo de tomada de decisões a respeito das escolhas de vida da pessoa com deficiência. Em outros termos, os apoiadores atuam ao lado e como auxiliares da pessoa com deficiência, que será a verdadeira responsável pela tomada de decisão.

Destaque-se, portanto, que a tomada de decisão apoiada já nasce vocacionada à preservação da autodeterminação da pessoa com deficiência, com fins de manutenção do seu pleno estado de capacidade de agir, sendo, inclusive, um remédio plasmado prioritariamente para apoio das situações existenciais, ainda que os apoiadores tenham como principal papel o auxílio às relações negociais travadas pela pessoa deficiente apoiada. Trata-se, permita-se repisar, de instituto promotor de autonomia e dignidade da pessoa com deficiência, sem amputar ou restringir demasiadamente sua vontade e escolhas existenciais e patrimoniais.[36]

Para os casos graves, nos quais a pessoa com deficiência não apresenta condições físicas ou mentais de exercer seus direitos pessoalmente, admite o Estatuto a submissão da pessoa à curatela, "conforme a lei" (art. 84, § 1º). Embora o texto legal utilize o verbo "submeter", a curatela prevista no estatuto tem características que a distinguem do

---

35. Permita-se remeter a BARBOZA, Heloisa Helena; ALMEIDA JUNIOR, Vitor de Azevedo. A capacidade civil à luz do Estatuto da Pessoa com Deficiência. In: MENEZES, Joyceane Bezerra de (Org.). *Direito das pessoas com deficiência psíquica e intelectual nas relações privadas* – Convenção sobre os direitos da pessoa com deficiência e Lei Brasileira de Inclusão. Rio de Janeiro: Processo, 2016. p. 249-274.
36. Cf. ALMEIDA, Vitor. Autonomia da pessoa com deficiência e tomada de decisão apoiada: alcance, efeitos e fins. In: TEPEDINO, Gustavo; MENEZES, Joyceane Bezerra de (Org.). *Autonomia privada, liberdade existencial e direitos fundamentais*. Belo Horizonte, MG: Fórum, 2019, p. 435-448.

instituto tradicional, a saber: (a) sua admissão é feita "quando necessário", o que deve ser entendido como "for necessário para atender o melhor interesse da pessoa com deficiência" e não outro qualquer (art. 84, § 1º); (b) constitui medida protetiva extraordinária, que deve ser proporcional às necessidades e às circunstâncias de cada caso, e durar o menor tempo possível (art. 84, § 3º); (c) afeta tão somente os atos relacionados aos direitos de natureza patrimonial e negocial (art. 85); e (d) não alcança o direito ao próprio corpo, à sexualidade, ao matrimônio, à privacidade, à educação, à saúde, ao trabalho e ao voto (art. 85, § 1º).

Reafirma-se na última característica a preservação da plena capacidade civil da pessoa com deficiência, no que diz respeito a seus interesses existenciais, como prevê o art. 6º do estatuto, salvo quando as restrições se fizerem necessárias em benefício e para a proteção do curatelando nas questões existenciais. À evidência, a definição da curatela, isto é, dos poderes do curador e das restrições impostas ao curatelado, deve ser feita diante de cada caso concreto, uma vez que a curatela constitui medida extraordinária, devendo constar da sentença as razões de sua definição, preservados os interesses do curatelado (art. 85, § 2º).[37]

Dúvida consiste em saber se, com a afirmação da plena capacidade no art. 6º do EPD, nos casos em que a pessoa puder ser submetida à curatela ela permanece capaz ou poderá ser declarada relativamente incapaz. É oportuno lembrar, a rigor, que poderá ser considerada relativamente incapaz toda e qualquer pessoa que, "por causa transitória ou permanente", não puder exprimir sua vontade, nos termos da nova redação atribuída pelo estatuto ao inc. III, do art. 4º, do Código Civil. Certo é que, a partir da entrada em vigor da nova redação do citado art. 4º, a existência de deficiência física, mental, intelectual ou sensorial – por si só – não mais poderá ser indicada como causa da incapacidade, visto que a incapacidade somente resultará da impossibilidade de a pessoa exprimir sua vontade, por causa – qualquer que seja – transitória ou permanente, vale dizer, permita-se a insistência, seja a pessoa deficiente ou não. Enquanto a pessoa tiver competência para explicitar sua vontade, seja por meio de adequações razoáveis, intérpretes (caso da língua dos sinais utilizada pelos surdos) ou de apoiadores, em princípio, não tem cabimento a incapacidade relativa. A pessoa que se encontre nas condições previstas no inc. III, do art. 4º, poderá ser declarada incapaz relativamente aos atos indicados na respectiva sentença de interdição, que terá o alcance estabelecido pelo estatuto.

Nesse sentido, o reconhecimento da incapacidade relativa de uma pessoa e a consequente decretação de sua interdição é medida extraordinária e se legitima apenas como medida de proteção, como deixa claro o Estatuto (art. 84, §3º). Se tem cabimento, portanto, quando insuficientes ou inexistentes os meios de proteção dos interesses da pessoa que será curatelada. É importante observar que deve se deferida de modo "proporcional às necessidades e às circunstâncias de cada caso", de acordo com o mesmo dispositivo.

---

37. Cf. ALMEIDA, Vitor. *A capacidade civil das pessoas com deficiência e os perfis da curatela*. 2. ed. Belo Horizonte: Fórum, 2021.

Por conseguinte, não serão razoáveis decisões genéricas, que confiram amplos poderes de disposição ou comprometimento de bens para pessoa de patrimônio diminuto.

O mesmo deve-se dizer em relação às pessoas que se encontrem impedidas de exprimir sua vontade, em situações sabidamente temporárias, como as que decorrem de tratamento médico ou cirúrgico. É de todo indispensável observar com minúcia as circunstâncias e necessidades de cada caso, para que se encontre a proporção que atenda ao melhor interesse do curatelado e preserve, ao máximo, sua autonomia.

Indispensável, portanto, que diante das vulnerabilidades presentes no "mundo social" o direito desempenhe papel relevante na busca por instrumentos para reequilibrar as relações jurídicas, sobretudo em questões sensíveis como as existenciais, de modo a preservar a necessária autonomia dos sujeitos vulneráveis, a exemplo das pessoas com deficiência, crianças, adolescentes, pessoas idosas, entre outros.

5. CONSIDERAÇÕES FINAIS

Se a vulnerabilidade é certa e atinge todos os seres humanos, sob esse aspecto todos são iguais. Toda matéria jurídica já estaria por ela impregnada. Caberia, por conseguinte, indagar se a noção de vulnerabilidade apresenta algum interesse jurídico. Tal visão é exagerada, na medida em que a vulnerabilidade apresenta gradações. Trata-se de "uma certa vulnerabilidade e não mais de uma vulnerabilidade certa" que interessa ao jurista, ainda que o direito tenha normas que a consagrem de modo geral.[38] A diversidade de formas de vulnerabilidade explica a existência de diferentes mecanismos de proteção. A maioria das manifestações da vulnerabilidade se encontra implícita, sendo mais rara sua referência direta e explícita.

Por força da cláusula geral da dignidade da pessoa humana, imantada pela Constituição, é imprescindível sua proteção integral, bem como, por questão da isonomia substancial, que as vulnerabilidades específicas imponham tutelas mais enérgicas em prol desse grupo. Na legalidade constitucional, não só a tutela genérica da pessoa humana é imperiosa, mas também a tutela específica das vulnerabilidades na medida de suas necessidades.

Autonomia e vulnerabilidade são chaves indispensáveis para a concretização da dignidade da pessoa humana, uma vez que aquela deve ser, sempre que possível, preservada a fim de promover a liberdade e as decisões pessoais, sobretudo as de cunho existencial, e essa merece ser tutelada, a partir de suas especificidades, na exata medida para promover a necessária autonomia. A tutela das vulnerabilidades na legalidade constitucional é uma questão de afirmação da igualdade substancial e respeito à dignidade humana.

---

38. PERLINGIERI, Pietro. *Manuale di diritto civile*. 3. ed. Napoli: Edizioni Scientifiche Italiane, 2002. p. 16.

A DISTINÇÃO ENTRE VULNERABILIDADE PATRIMONIAL E VULNERABILIDADE EXISTENCIAL

Carlos Nelson Konder

> **Sumário:** 1. Introdução – 2. Fundamentos do conceito de vulnerabilidade – 3. Equilíbrio econômico e vulnerabilidade patrimonial – 4. A autonomia normativa da vulnerabilidade existencial – 5. Normas aplicáveis à vulnerabilidade existencial – 6. Considerações finais.

1. INTRODUÇÃO

O conceito de vulnerabilidade ganhou protagonismo nos anos, inserindo-se em um nicho de grande relevância nos mais diversos debates, dentro e fora do plano do direito. Com sua ascensão meteórica, também se levantou pertinente preocupação com eventual banalização do seu uso, arriscando padecer do mesmo mal que atingiu o conceito de que se originou, a dignidade da pessoa humana. No âmbito dessa reflexão e com o objetivo de evitar esse triste fim para categoria com tamanho potencial, há quase uma década publiquei artigo defendendo um sistema diferenciador entre vulnerabilidade patrimonial e vulnerabilidade existencial.[1] Agora cabe revisitar o tema, que parece continuar relevante, tendo recebido novos influxos da doutrina, da jurisprudência e até mesmo do legislador.

2. FUNDAMENTOS DO CONCEITO DE VULNERABILIDADE

A expressão vulnerabilidade foi cunhada originalmente no âmbito da saúde pública, para se referir a pessoas ou grupos fragilizados.[2] Vulnerável é aquele mais suscetível de ser ferido. Trata-se, portanto, de conceito intrinsecamente ligado à integridade psicofísica da pessoa humana, refletindo uma preocupação especial com sua saúde e a imposição à coletividade de um dever mais intenso de cuidado e assistência para com aquele sujeito, imposto pela exigência de solidariedade. Esse é o contexto do desenvolvimento da categoria da vulnerabilidade:

> Todos os humanos são, por natureza, vulneráveis, visto que todos os seres humanos são passíveis de serem feridos, atingidos em seu complexo psicofísico. Mas nem todos serão atingidos do mesmo modo, ainda que se encontrem em situações idênticas, em razão de circunstâncias pessoais, que

---

1. KONDER, Carlos Nelson. Vulnerabilidade patrimonial e vulnerabilidade existencial: por um sistema diferenciador. *Revista de Direito do Consumidor*, v. 99, p. 101-123, 2015.
2. BARBOZA, Heloísa Helena. Vulnerabilidade e cuidado: aspectos jurídicos. In: PEREIRA, T. S., OLIVEIRA, G. (Coord.). *Cuidado e vulnerabilidade*. São Paulo: Atlas, 2009, p. 114.

agravam o estado de suscetibilidade que lhe é inerente. Embora em princípio iguais, os humanos se revelam diferentes no que respeita à vulnerabilidade.[3]

O termo, contudo, passou a ser utilizado nas mais diversas searas, para se referir a qualquer posição de inferioridade nas relações jurídicas, ainda que puramente contratual. Essa ampliação do conceito se deu especialmente a partir de seu uso, pelo legislador, para caracterizar todo e qualquer consumidor.[4] Em 1990, a promulgação do CDC firmou uma presunção absoluta de vulnerabilidade de todos os consumidores. Reconhecendo a inevitável inferioridade de uma das partes nas relações de consumo, utilizou-se o termo "vulnerabilidade" para fazer referência a essa condição. Assim, a partir de então, no nosso ordenamento, todo consumidor é vulnerável.[5] A presunção é absoluta porque não há a possibilidade, sob esse regime, de um consumidor não vulnerável; o que pode ocorrer em concreto é que ele não seja consumidor.[6] Ilustra-se em doutrina referindo-se a diversos tipos de vulnerabilidade: informacional, técnica, jurídica, fática, política, psíquica, ambiental,[7] mas trata-se de exemplificação, eis que a verificação concreta da ocorrência de alguma delas não é necessária, pois a prevalece a presunção legal.

Entretanto, acredita-se que a vulnerabilidade que acomete todo e qualquer consumidor não é necessariamente o mesmo conceito ao qual se referiam originalmente as ciências da saúde e, consequentemente, não atrai a incidência das mesmas normas no plano do direito. Vale, portanto, iniciar pelo modo como o conceito de vulnerabilidade vem sendo empregado nas relações contratuais para questões puramente econômicas: o que se pretende referir por vulnerabilidade patrimonial.

3. EQUILÍBRIO ECONÔMICO E VULNERABILIDADE PATRIMONIAL

No âmbito das relações contratuais – inclusive no Código de Defesa do Consumidor – se encontra a vulnerabilidade dita patrimonial, referente a uma posição negocial de inferioridade por razões essencialmente econômicas. Ela se equipara ao que por vezes se refere como assimetria, posição de inferioridade ou, ainda, situação de hipossuficiência.[8]

---

3. BARBOZA, Heloísa Helena. Vulnerabilidade e cuidado: aspectos jurídicos. In: PEREIRA, T. S., OLIVEIRA, G. (Coord.). *Cuidado e vulnerabilidade*. São Paulo: Atlas, 2009, p. 107.
4. LÔBO, Paulo Luiz Netto. Contratante vulnerável e autonomia privada. *RIBD – Revista do Instituto Brasileiro de Direito*, n. 10. p. 6189. Lisboa, 2012.
5. NISHIYAMA, Adolfo Mamoru, e DENSA, Roberta. A proteção dos consumidores hipervulneráveis: os portadores de deficiência, os idosos, as crianças e os adolescentes. *Revista de Direito do Consumidor*, v. 76. p. 13 e ss. São Paulo, out. 2010.
6. LÔBO, Paulo Luiz Netto. Contratante vulnerável e autonomia privada. *RIBD – Revista do Instituto Brasileiro de Direito*, n. 10. p. 6189, Lisboa, 2012. Disponível em: http://migre.me/ll3c0. Acesso em: 29 ago. 2014.
7. SCHMITT, Cristiano Heineck. *Consumidores hipervulneráveis*: a proteção do idoso no mercado de consumo. São Paulo: Atlas, 2014, p. 207-210.
8. Parte da doutrina consumerista defendeu a distinção entre os conceitos na esfera do consumo: já que a vulnerabilidade presumida para todos os consumidores, a hipossuficiência somente para aqueles que em concreto se verificarem em condições de inferioridade (MARQUES, Claudia Lima e MIRAGEM, Bruno. *O novo direito privado e a proteção dos vulneráveis*. São Paulo: Ed. RT, 2012, p. 161).

Essa inferioridade contratual justifica a intervenção reequilibradora do ordenamento, no sentido de, para além da igualdade formal, realizar efetivamente uma igualdade substancial.⁹ Como parte de uma política legislativa – portanto histórica e geograficamente situada –, o ordenamento seleciona as desigualdades fáticas que reputa injustas e as quais visa compensar no plano jurídico, atribuindo proteção contratual à parte mais fraca.

Afirma-se que, em contraposição ao modelo do Estado liberal do século XIX, que privilegiava a igualdade formal e a abordagem individualista,¹⁰ a ascensão do Estado do Bem-Estar Social no século XX, ampliou as hipóteses de intervenção jurídica reequilibradora, em nome da igualdade substancial.¹¹ O Código Civil perde seu *status* de "Constituição do direito privado" e a garantia de estabilidade e abstração das normas é relativizada para o alcance de objetivos sociais e econômicos do Estado, viabilizada especialmente por meio da legislação extravagante.¹²

Reconheceu-se a insuficiência do paradigma voluntarista da liberdade formal, eis que contratantes em posição de inferioridade econômica, premidos por suas necessidades, eram levados a celebrar contratos desvantajosos, cabendo ao ordenamento, independente ou mesmo contra a vontade das partes, intervir para proteger a parte mais fraca da relação.¹³ A regulamentação do contrato de trabalho é ilustrativa dessa transformação.¹⁴

No cenário brasileiro, é ilustrativa desse processo a revogação parcial e paulatina do Código Civil de 1916 por diplomas que vão desde a Lei da Usura (D. 22.626/33) até a Lei de crimes contra a economia popular (Lei 1.521/51) e o Estatuto da Terra (Lei 4504/64).¹⁵ Também é significativa a inserção no Código Civil vigente dos vícios da lesão e do estado de perigo, assim como a resolução do contrato por onerosidade excessiva, casos em que a intervenção se dá fundada essencialmente no desequilíbrio econômico do negócio.¹⁶

Esta ampliação das hipóteses de intervenção para garantir igualdade não apenas formal, mas também substancial, por meio do reequilíbrio econômico das relações,

---

9. MARQUES Cláudia Lima. Solidariedade na doença e na morte: Sobre a necessidade de "ações afirmativas" em contratos de planos de saúde e de planos funerários frente ao consumidor idoso. *Revista trimestral de direito civil*, v. 8. p. 7. Rio de Janeiro: out/dez. 2001.
10. MARQUES, Claudia Lima e MIRAGEM, Bruno. *O novo direito privado e a proteção dos vulneráveis*. São Paulo: Ed. RT, 2012, p. 22.
11. WIEACKER, Franz. *História do direito privado moderno*. 3. ed. Lisboa: Fundação Calouste Gulbenkian, 2004, p. 630 e ss.
12. TEPEDINO, Gustavo. Premissas metodológicas para a constitucionalização do direito civil. *Temas de direito civil*. 4. ed. Rio de Janeiro: Renovar, 2008, p. 7-8.
13. MORAES, Maria Celina Bodin de. A caminho de um direito civil-constitucional. *Na medida da pessoa humana*. Rio de Janeiro: Renovar, 2010, p. 7.
14. RUZYK, Carlos Eduardo Pianovski. Relações privadas, dirigismo contratual e relações trabalhistas. In: TEPEDINO, G. et al (Coord.). *Diálogos entre o direito do trabalho e o direito civil*. São Paulo: Ed. RT, 2013, p. 98-99.
15. LÔBO, Paulo Luiz Netto. Contratante vulnerável e autonomia privada. *RIBD – Revista do Instituto Brasileiro de Direito*, n. 10. Lisboa, 2012, p. 6184-6185. Disponível em http://migre.me/ll3c0. Acesso em: 29 ago. 2014.
16. LÔBO, Paulo Luiz Netto. Contratante vulnerável e autonomia privada. *RIBD – Revista do Instituto Brasileiro de Direito*, n. 10. p. 6199, Lisboa, 2012. Disponível em: http://migre.me/ll3c0. Acesso em: 29 ago. 2014.

ainda está em andamento. Também foi um passo importante, nessa linha, o reconhecimento da prerrogativa judicial de revisão do contrato desequilibrado e a afirmação de sua prevalência em abstrato sobre a drástica sanção de resolução, em atendimento ao princípio da conservação dos negócios jurídicos.[17]

Já se destaca em doutrina que a previsão da lesão e da onerosidade excessiva no Código Civil não exaure as potencialidades de um princípio contratual de equilíbrio econômico, que poderia atuar de forma autônoma a justificar a intervenção reequilibradora do juiz mesmo quando não estiverem presentes os requisitos subjetivos exigidos pelo legislador para aquelas hipóteses (necessidade ou inexperiência e imprevisibilidade).[18]

Todavia, é necessário reconhecer que estas intervenções são estritamente patrimoniais, isto é, destinam-se, em primeira instância, a garantir a proteção do patrimônio do particular em situação de inferioridade negocial. É claro, não se pode deixar de admitir, que ao fazer isso pode atuar indiretamente sobre a dignidade do sujeito, garantindo-lhe o patrimônio mínimo necessário à sua subsistência.[19] No entanto, este efeito, embora desejado, é ainda indireto.

Esses instrumentos de intervenção jurídica reequilibradora, portanto, implicam uma fundamental superação do caráter individualista e formalista do direito civil clássico, mas só representam uma despatrimonialização do direito civil de forma indireta. Em sua maior parte, ainda se guiam pela lógica e pelos mecanismos das relações jurídicas de caráter econômico. Significativamente, os instrumentos de tutela utilizados em tais exemplos são a invalidade e a responsabilidade, tradicionalmente infensos às situações patrimoniais.

O que se pretende destacar é que, nas últimas décadas, outras formas de intervenção reequilibradora tem ocorrido, que se pautam por uma lógica um pouco diversa e que, ainda que de forma incipiente, vem se valendo de outros instrumentos. Reduzir ambas à mesma categoria pode prejudicar as potencialidades desse segundo modelo de tutela, limitando ou mesmo esvaziando suas perspectivas transformadoras. Para fazer a distinção, todavia, é necessário abordar a tortuosa, mas fundamental, distinção entre situações patrimoniais e situações existenciais.

4. A AUTONOMIA NORMATIVA DA VULNERABILIDADE EXISTENCIAL

Em contraposição – ou em complementação – à vulnerabilidade patrimonial, encontramos a categoria da vulnerabilidade existencial, que pode ser entendida como

---

17. CARDOSO, Vladimir Mucury. *Revisão contratual e lesão*. Rio de Janeiro: Renovar, 2008, p. 427; POTTER, Nelly. *Revisão e resolução dos contratos no Código Civil*. Rio de Janeiro: Lumen Juris, 2009, p. 198.
18. É o que enfatiza SCHREIBER, Anderson. O princípio do equilíbrio das prestações e o instituto da lesão. *Direito civil e Constituição*. São Paulo: Atlas, 2013, p. 120: "Ora, ou o princípio do equilíbrio das prestações tem aplicações que ultrapassam esses institutos regulados pelo legislador ou não é efetivamente um princípio e deve, nesse caso, deixar de ser apresentado como tal".
19. Sobre o tema, v. FACHIN, Luiz Edson. *O estatuto jurídico do patrimônio mínimo*. Rio de Janeiro: Renovar, 2001, passim.

a situação jurídica subjetiva em que o titular se encontra sob maior suscetibilidade de ser lesionado na sua esfera extrapatrimonial, impondo a aplicação de normas jurídicas de tutela diferenciada para a satisfação do princípio da dignidade da pessoa humana.[20]

Costumam ser aduzidos, como exemplos, a situação de crianças, idosos e pessoa com deficiência. No caso da criança, a vulnerabilidade existencial se associa à sua personalidade ainda em desenvolvimento, conforme reconhecido na Constituição Federal, no seu artigo 227, junto com o Estatuto da Criança e do Adolescente (Lei 8.069/90).[21] Desde o seu nascimento, a criança demanda amparo material, para a sua sobrevivência, e amparo afetivo, para a construção de personalidade de forma sadia e sociável.[22]

No caso do idoso, a vulnerabilidade – também prevista na Constituição Federal, no art. 230, e objeto do Estatuto do Idoso (Lei 10.741/2003) – se coloca, em um primeiro plano, associada à queda das condições de saúde decorrente do envelhecimento.[23] Todavia, não há como deixar de reconhecer que essa vulnerabilidade se acentua na sociedade contemporânea, centrada na produtividade.[24]

No tocante às pessoas com deficiência, a previsão constitucional somada à internalização da Convenção Internacional sobre os Direitos das Pessoas com Deficiência, pelo Decreto 6.949/09, foi enfim regulamentada pelo Estatuto das Pessoas com Deficiência (Lei 13.146/2015). O EPD trouxe numerosos instrumentos voltados a compatibilizar proteção e autonomia das pessoas com deficiência, mas sua maior conquista parece ter sido consolidar o modelo social, segundo o qual a deficiência decorre na realidade das barreiras sociais e ambientais, e não das pessoas em si consideradas.[25]

---

20. KONDER, Carlos Nelson. Vulnerabilidade patrimonial e vulnerabilidade existencial: por um sistema diferenciador. *Revista de Direito do Consumidor*, v. 99, p. 111, 2015.
21. "Como ensina von Hippel, a criança é um exemplo de vulnerável, desde o seu nascimento até mesmo durante o seu desenvolvimento necessita de ajuda e cuidados para sobreviver. No caso da criança, a vulnerabilidade é um estado *a priori*, considerando que vulnerabilidade é justamente o estado daquele que pode ter um ponto fraco, uma ferida (*vulnus*), aquele que pode ser 'ferido' (*vulnerare*) ou é vítima facilmente" (MARQUES, Claudia Lima e MIRAGEM, Bruno. *O novo direito privado e a proteção dos vulneráveis*. São Paulo: Ed. RT, 2012, p. 129). Sobre o tema, v. TEIXEIRA, Ana Carolina Brochado e PENALVA, Luciana Dadalto. Autoridade parental, incapacidade e melhor interesse da criança: uma reflexão sobre o caso Ashley. *Revista de Informação Legislativa*, n. 180. p. 293-304, Brasília: out./dez. 2008; e GIRARDI, Viviane. O direito fundamental da criança e do adolescente à convivência familiar, o cuidado como valor jurídico e a adoção por homossexuais. *Revista do Advogado*. p. 116-123. São Paulo: dez. 2008.
22. IENCARELLI, Ana Maria. Quem cuida ama – sobre a importância do cuidado e do afeto no desenvolvimento e na saúde da criança. In: PEREIRA, T. S., OLIVEIRA, G. (Coord.). *Cuidado e vulnerabilidade*. São Paulo: Atlas, 2009, p. 163.
23. Sobre o tema, entre tantos, v. BARLETTA, Fabiana Rodrigues. *O direito à saúde da pessoa idosa*. São Paulo: Saraiva, 2010; SCHMITT, Cristiano Heineck. *Consumidores hipervulneráveis: a proteção do idoso no mercado de consumo*. São Paulo: Atlas, 2014; BARBOZA, Heloísa Helena. O melhor interesse do idoso. In: PEREIRA, T. S. e OLIVEIRA, G. (Coord.). *O cuidado como valor jurídico*. Rio de Janeiro: Forense, 2008; e TEIXEIRA, Ana Carolina Brochado, e RIBEIRO, Gustavo Pereira Lei. Procurador para cuidados de saúde do idoso. In: PEREIRA, T. S., OLIVEIRA, G. (Coord.). *Cuidado e vulnerabilidade*. São Paulo: Atlas, 2009, p. 2.
24. MARQUES, Claudia Lima e MIRAGEM, Bruno. *O novo direito privado e a proteção dos vulneráveis*. São Paulo: Ed. RT, 2012, p. 145.
25. BARBOZA, Heloísa Helena; ALMEIDA, Vitor. Reconhecimento inclusão e autonomia da pessoa com deficiência: novos rumos na proteção dos vulneráveis. In: BARBOZA, H. H.; MENDONÇA, B. L.; ALMEIDA JR., V. A. (Coord.). *O Código Civil e o Estatuto da Pessoa com Deficiência*. Rio de Janeiro: Processo, 2017, p. 14-15;

Deve-se reconhecer que diversas outras categorias poderiam ser indicadas como hipóteses de vulnerabilidade existencial.[26] Da mesma forma, é possível a sobreposição de condições ensejadoras de vulnerabilidade existencial. Assim, por exemplo, as mulheres poderiam ser reputadas um grupo sob vulnerabilidade, em razão não de condições biológicas, mas por conta da opressão masculina, cultural e social, historicamente consolidada.[27] Nesta linha, por exemplo, se fundaria o tempo reduzido de contribuição para aposentadoria, reconhecendo a dupla jornada de trabalho que normalmente lhes é imposta. Mas entre elas, as mulheres vítimas de violência doméstica são um grupo ainda mais vulnerado em sua existência digna, pois são atingidas por agressão justamente no ambiente que seria de afeto e segurança, e sofrem em especial por conta da cultura ainda predominante machista, que lhes imputa a culpa pelo insucesso do relacionamento e vergonha pela exposição das dificuldades conjugais. Daí a constitucionalidade da Lei Maria da Penha (Lei 11.340/2006), a determinar um tratamento diferenciado a essas vítimas.[28]

Da mesma forma, pode-se afirmar que todo paciente médico se encontra em situação de vulnerabilidade. A doença, por si só, remete à fragilidade do corpo humano, vulnerabilidade que fica agravada pelo paradigma paternalista ainda dominante na relação entre médico e paciente, no qual aquele, em razão de seu saber técnico, é reputado autoridade e toma as decisões sem franquear voz e poder de decisão ao paciente, que perde a autonomia sobre o próprio corpo.[29] Mas dentre o grupo dos enfermos, os pacientes terminais se encontram em situação mais agravada, uma vez que confrontados com a iminência da morte, razão pela qual seu tratamento deve ser objeto de um cuidado ainda mais especial.[30]

MENEZES, Joyceane Bezerra de. O direito protetivo no Brasil após a convenção sobre a proteção da pessoa com deficiência: impactos do novo CPC e do estatuto da pessoa com deficiência. *Civilistica.com*. Rio de Janeiro, a. 4, n. 1, jan./jun. 2015.

26. Indica-se também como vulneráveis os indígenas, como destaca XAUD, Geysa Maria Brasil. Indígenas: dificuldades de aplicação do ECA a curumins e cunhatãs no tocante aos costumes (infanticídio, acasalamento precoce – ela diferença de abuso sexual; banimento de adolescente infrator). In: PEREIRA, Tania da Silva e OLIVEIRA, Guilherme (Coord.). *Cuidado e vulnerabilidade*. São Paulo: Atlas, 2009, p. 119-137.
27. Sobre o tema, v. LIMA, Fausto R.; SANTOS, Claudiene (Coord.). *Violência doméstica*: vulnerabilidades e desafios na intervenção criminal e multidisciplinar. 2. ed. Rio de Janeiro: Lumen Juris, 2010; OLIVEIRA, Adriana Vidal. *Constituição e direitos das mulheres*. Curitiba: Juruá, 2015, passim; e BARTLETT, Katharine. Feminist legal methods. *Harvard Law review*, n. 108. p. 829-888. Boston: Feb. 1990.
28. Sobre o tema, v. MORAES, Maria Celina Bodin de. Vulnerabilidades nas relações de família: o problema da desigualdade de gênero. *Cadernos da Escola Judicial do TRT da 4ª Região*, n. 3. Porto Alegre, 2010. Disponível em: http://migre.me/lgzrI. Acesso em: 27 ago. 2014.
29. MEIRELLES, Jussara Maria Leal de e TEIXEIRA, Eduardo Didonet. Consentimento livre, dignidade e saúde pública: o paciente hipossuficiente. In: RAMOS, C. L. S. (Org.) et al. *Diálogos sobre direito civil*. Rio de Janeiro: Renovar, 2002; p. 347-377. Sobre autonomia corporal e direito à saúde, v. TEIXEIRA, Ana Carolina Brochado. *Saúde, corpo e autonomia privada*. Rio de Janeiro: Renovar, 2010.
30. BURLÁ, Claudia, AZEVEDO, Daniel Lima, PY, Ligia. Cuidados Paliativos. In: TEIXEIRA, A. C. B. e DADALTO, L. (Coord.). *Dos hospitais aos tribunais*. Belo Horizonte: Del Rey, 2013, p. 297-312; MENEZES, Rachel Aisengart. Autonomia e decisões ao final da vida: notas sobre o debate internacional contemporâneo. In: PEREIRA, T. S. et al. (Coord.). *Vida, morte e dignidade humana*. Rio de Janeiro: GZ, 2010, p. 9-30; MAIA, Maurilio Casas. O paciente hipervulnerável e o princípio da confiança informada na relação médica de consumo. *Revista de Direito do Consumidor*, v. 86. p. 203, São Paulo: mar. 2013, referindo-se à jurisprudência, indica ainda a hipótese dos enfermos em vulnerabilidade por outro fator, como: "(a) grupo indígena carente de assistência médico-odon-

Isso permite constatar que a criação de categorias, embora possa ser útil em alguns casos, é prescindível. A vulnerabilidade existencial prescinde de qualquer tipificação, eis que decorrência da aplicação direta dos princípios constitucionais da dignidade da pessoa humana e da solidariedade social, devendo sempre ser avaliada em atenção às circunstâncias do caso concreto.[31]

O mais importante é reconhecer a autonomia normativa da vulnerabilidade existencial frente à vulnerabilidade patrimonial, a impor a aplicação de normas distintas. Diferenciar as duas corresponde a atender a uma das premissas metodológicas da constitucionalização do direito civil, consistente na preeminência das situações existenciais sobre as patrimoniais. Tendo em vista a superioridade normativa da Constituição e, dentro dela, a centralidade do princípio da dignidade da pessoa humana, impõe-se a releitura de todos os institutos de direito civil reconhecendo que nosso ordenamento fez uma escolha no sentido de privilegiar o "ser" sobre o "ter".[32]

Naturalmente, uma separação absoluta entre situações patrimoniais e existenciais é inviável. São raras as situações puras, pois mesmos as situações patrimoniais costumam produzir efeitos existenciais (e vice-versa), como são também frequentes situações dúplices, nas quais se identifica na mesma situação a conjunção de funções existenciais e patrimoniais.[33]

Não obstante, é fundamental reconhecer que, quando se está diante de uma situação jurídica com função existencial, o respeito ao princípio da dignidade da pessoa humana impõe ao intérprete um tratamento diferenciado. A vedação a qualquer forma de mercantilização, combinada com a satisfação do livre desenvolvimento da personalidade, demanda que, quando estiverem em jogo aspectos da personalidade como a integridade, a identidade e a privacidade, os instrumentos e procedimentos jurídicos aplicáveis sejam de uma categoria diversa.[34]

Trata-se, como é importante observar, não apenas de uma mudança quantitativa nos mecanismos de tutela – isto é, uma proteção maior –, mas sim de uma mudança qualitativa no tratamento jurídico da questão – uma proteção por meio de instrumentos jurídicos diversos. Neste sentido, a já clássica lição de Pietro Perlingieri:

---

tológica (REsp 1.064.009/SC);12 (b) os deficientes físicos, sensoriais ou mentais (REsp 931.513/RS);13 (c) os portadores de doença celíaca, sensíveis ao glúten (REsp 586.316/MG)".

31. KONDER, Cintia Muniz de Souza. Vulnerabilidade, hipervulnerabilidade ou simplesmente dignidade da pessoa humana? Uma abordagem a partir do exemplo do consumidor superendividado. In: MONTEIRO FILHO, C. E. R. (Coord.). *Direito das relações patrimoniais*: estrutura e função na contemporaneidade. Curitiba: Juruá, 2014, p. 69-93.
32. FACHIN, Luiz Edson e RUZYK, Carlos Eduardo Pianovski. A dignidade da pessoa humana no direito contemporâneo: uma contribuição à crítica da raiz dogmática do neopositivismo constitucionalista. *Revista Trimestral de Direito Civil*, v. 35. p. 101-119. Rio de Janeiro, jul./set. 2008.
33. Sobre o tema, seja consentido remeter a TEIXEIRA, Ana Carolina Brochado e KONDER, Carlos Nelson. Situações jurídicas dúplices: controvérsias na nebulosa fronteira entre patrimonialidade e extrapatrimonialidade. In: TEPEDINO, G. e FACHIN, L. E. (Coord.). *Diálogos sobre direito civil*. Rio de Janeiro: Renovar, 2012, t. III, p. 3-24.
34. MORAES, Maria Celina Bodin de. Ampliando os direitos da personalidade. *Na medida da pessoa humana*. Rio de Janeiro: Renovar, 2010, p. 124.

> Não é suficiente, então, insistir sobre a importância dos 'interesses da personalidade no direito privado': é necessário reconstruir o Direito civil não com uma redução ou um aumento de tutela das situações patrimoniais, mas com uma tutela qualitativamente diversa.[35]

A necessidade de reconhecer uma categoria diversa, com instrumentos jurídicos próprios, quando a dignidade da pessoa humana estiver diretamente em jogo já vem sendo reconhecida por doutrina e jurisprudência, mas com o recurso à construção da criticável categoria da hipervulnerabilidade.[36] Com efeito, ao contrário do que o termo adotado induz, não se trata de uma alteração de intensidade na vulnerabilidade que atinge o sujeito nem de uma mudança puramente quantitativa da proteção oferecida.[37] Como se buscou observar, é importante reconhecer que há uma alteração qualitativa na tutela jurídica oferecida, com recurso a instrumentos distintos daqueles adotados para as situações jurídicas patrimoniais.

5. NORMAS APLICÁVEIS À VULNERABILIDADE EXISTENCIAL

Afirmar a autonomia normativa da vulnerabilidade existencial frente à vulnerabilidade patrimonial importa, portanto, identificar um conjunto de normas distintas, especificamente aplicáveis a esse tipo de posição jurídica diretamente vinculada à dignidade da pessoa humana. Trata-se do imperioso esforço de, em lugar de estender a já consolidada normativa existente para as relações patrimoniais – mas inadequada às relações existenciais – construir instrumentos apropriados para as peculiaridades da esfera extrapatrimonial. Neste sentido, é possível verificar algumas iniciativas esparsas do legislador e, do ponto de vista doutrinário, ainda pendentes de sistematização.

Assim, por exemplo, a *prioridade* é um dos mecanismos utilizado para a proteção da vulnerabilidade existencial. Diante da escassez de bens e serviços fundamentais, ou da demora no acesso aos demais bens e serviços, justifica-se o atendimento de vulneráveis em primeiro lugar, já que por vezes sua condição não lhes permite aguardar da mesma forma. O mecanismo, consolidado nas situações patrimoniais no tocante ao concurso de credores, é, doravante, ressignificado como técnica de proteção dos vulneráveis. Assim, à criança é garantida constitucionalmente prioridade absoluta, em especial no que diz respeito a socorro, atendimento nos serviços públicos, na formulação e na execução de

---

35. PERLINGIERI, Pietro. *O direito civil na legalidade constitucional.* Rio de Janeiro: Renovar, 2008, p. 122.
36. Para uma crítica à generalização do uso do termo vulnerabilidade – e a subsequente criação do termo "hipervulnerabilidade", v. KONDER, Carlos Nelson; KONDER, Cíntia Muniz de Souza. Da vulnerabilidade à hipervulnerabilidade: exame crítico de uma trajetória de generalização. *Revista Interesse Público*, v. 127, p. 53-68, 2021.
37. Nesta linha, NISHIYAMA, Adolfo Mamoru, e DENSA, Roberta. A proteção dos consumidores hipervulneráveis: os portadores de deficiência, os idosos, as crianças e os adolescentes. *Revista de Direito do Consumidor*, v. 76. p. 13 e ss., São Paulo, out. 2010, explicam: "O prefixo hiper (do grego *hypér*), designativo de alto grau ou aquilo que excede a medida normal, acrescido da palavra vulnerável, quer significar que alguns consumidores possuem vulnerabilidade maior do que a medida normal, em razão de certas características pessoais". Em crítica pioneira, KONDER, Cintia Muniz de Souza. Vulnerabilidade, hipervulnerabilidade ou simplesmente dignidade da pessoa humana? Uma abordagem a partir do exemplo do consumidor superendividado. In: MONTEIRO FILHO, C. E. R. (Coord.). *Direito das relações patrimoniais*: estrutura e função na contemporaneidade. Curitiba: Juruá, 2014, p. 69-93.

políticas públicas e destinação privilegiada de recursos.[38] Ao idoso também é oferecida, mas pela legislação ordinária, absoluta prioridade na tutela dos direitos fundamentais, o que se reflete na utilização do critério de idade para desempate em concurso público, na prioridade no desembarque e embarque de transportes e na aquisição de imóvel para moradia própria nos programas habitacionais, públicos ou subsidiados com recursos públicos.[39] Na mesma linha, o EPD assegura prioridade da pessoa com deficiência à efetivação de seus direitos em geral e, especificamente, no atendimento médico de emergência, nos programas habitacionais, no acesso ao trabalho e ao transporte coletivo.[40]

A *gratuidade* para o uso de bens e serviços relevantes é outro mecanismo a que se recorre nos casos de vulnerabilidade existencial. Dessa forma, o custo de certas atividades necessárias para o desenvolvimento da personalidade desses sujeitos é arcado pelo Poder Público e, consequentemente, diluído pela coletividade, com fundamento no princípio da solidariedade. É o exemplo da gratuidade assegurada a idosos no transporte coletivo público urbano e, com restrições, no interurbano.[41] Na mesma linha, diversos benefícios fiscais, em especial imunidades e isenções, são asseguradas aos vulneráveis, como, por exemplo, a isenção de imposto de importação e IPI de veículos adaptados para cadeirantes,[42] e a isenção de imposto de renda de proventos percebidos por deficientes mentais.[43] Pode-se aduzir ainda, sob o mesmo fundamento, a proibição de reajuste da mensalidade de plano de saúde por faixa etária, garantindo ao idoso um benefício patrimonial que se dilui nos valores pagos pelos demais segurados.[44]

Um terceiro instrumento de tutela da vulnerabilidade existencial é a *reserva de vagas*. Este instrumento pode partilhar os fundamentos da prioridade, ou seja, na impossibilidade de o vulnerável aguardar com os demais pela abertura da vaga, como ocorre na reserva de assentos em transportes coletivos, ou pela dificuldade de locomoção, como na reserva de vagas com melhor localização em estacionamentos.[45] Mas a reserva de vagas pode servir ainda, como ocorre nas ações afirmativas por política de quotas, a satisfazer um imperativo de igualdade substancial, em que a reserva visa a compensar uma desigualdade histórica de acesso àquelas possibilidades, como no caso das cotas raciais, e funda-se ainda em uma exigência de *inclusão*, como na reserva de vagas a deficientes nos concursos públicos.[46] De fato, este argumento merece destaque, como alerta,

---

38. CF, art. 227, reforçado pelo art. 4º da Lei 8.069/90.
39. Lei 10.741/2003, arts. 3º, 27, parárafo único, e 38.
40. Lei 13.146/2015, arts. 8º, 9º, § 2º, 32, 37, 48 § 2º.
41. Lei 10.741/2003, arts. 39-40.
42. Lei 4.613/65 e Lei 8.989/95.
43. Lei 8.687/93.
44. Lei 10.741/2003, art. 15, § 3º, mas é necessário reconhecer tratar-se também de uma conquista da jurisprudência: STJ, 3ª T., REsp 809.329/RJ, Rel. Ministra Nancy Andrighi, julg. 25.03.2008, publ. DJe 11.04.2008; STJ, 3ª T., AgRg no AREsp 257.898/PR, Rel. Min. Ricardo Villas Bôas Cueva, julg. 07.11.2013, DJe 25.11.2013; STJ, 3ª T., AgRg no AREsp 218.712/RS, Rel. Min. João Otávio de Noronha, julg. 03.10.2013, publ. DJe 10.10.2013.
45. Lei 10.741/2003, arts. 39 e 41; Lei 13.146/2015, art. 47.
46. Lei 8112/90, art. 5º, §2º. Sobre a questão racial, v. HOFBAUER, Andreas. O conceito de "raça" e o ideário do branqueamento no século XIX – bases ideológicas do racismo brasileiro. *Teoria e Pesquisa*, ns. 42 e 43, janeiro--julho de 2003. Disponível em: http://migre.me/llY4m. Acesso em: 29 ago. 2014, e JACCOUD, Luciana de Barros. *Desigualdades raciais no Brasil*: um balanço da intervenção governamental. Brasília: Ipea, 2002. Disponível em:

pois a categorização dos casos de vulnerabilidade existencial não pode degenerar na estigmatização. Os instrumentos utilizados devem sempre ser voltados à inclusão social e à eliminação de qualquer forma de discriminação ou preconceito, assegurando aos vulneráveis a participação na comunidade em igualdade de condições com os demais. Esta é a razão da ênfase especial dada pelos diplomas legais ao direito das pessoas com deficiência à não discriminação.[47]

O mecanismo mais recorrente, todavia, é a criação de *deveres de assistência*, impostos àqueles que cercam o vulnerável, contrapondo-se a eles a atribuição de direitos ao vulnerável de exigir tais condutas, pessoalmente ou por meio de representantes. Trata-se de exemplos claros de eficácia do princípio constitucional da solidariedade nas relações privadas.[48] Esses deveres de assistência aos existencialmente vulneráveis, a aplicação do princípio da solidariedade é reforçada pela incidência direta do princípio da dignidade da pessoa humana, eis que sua funcionalidade se dirige imediatamente à garantia do livre desenvolvimento da personalidade dos vulneráveis.

O exemplo mais recorrente desses deveres é o de assistência material, traduzido normalmente no dever de alimentos.[49] É o caso de genitores perante os filhos, assim como os filhos perante os pais idosos, mas o dever de alimentos pode se espraiar também para outros, que estejam em condições de prestar o auxílio material de que demanda o vulnerável.[50] No entanto, os deveres mais ricos e produtivos são aqueles de assistência imaterial, que garantem aos vulneráveis o direito de exigir prestações não obrigacionais, em que pese a dificuldade de definir sanções jurídicas para a sua violação. Assim, o direito à convivência é assegurado a diversos vulneráveis, em especial à criança e ao idoso, como forma de garantir a inclusão social já referida no que tange à reserva de vagas. Mais especificamente, ao idoso é garantido o direito a acompanhante no caso de internação, como convivência qualificada na situação de vulnerabilidade existencial agravada em que se encontra o idoso enfermo.[51] Na mesma linha, o dever imposto ao Poder Público, e mesmo aos particulares, de adaptação dos logradouros para garantir aos cadeirantes e demais portadores de necessidades especiais condições de *acessibilidade* também se insere nessa lógica do direito à convivência e da inclusão social, como forma de assegurar a participação dos vulneráveis na vida comunitária.[52]

---

http://migre.me/llY7s. Acesso em: 29 ago. 2014; GOMES, Joaquim B. Barbosa. Considerações sobre o instituto da ação afirmativa. *Arquivos de Direitos Humanos*. Rio de Janeiro: 2001, v. 3, p. 43-82 e ALENCASTRO, Luiz Felipe de. O pecado original da sociedade e da ordem jurídica brasileira. *Novos estudos Cebrap*, n. 87. p. 5-11. São Paulo, jul. de 2010.

47. Lei 13.146/2015, arts. 4º e ss.
48. MORAES, Maria Celina Bodin de. O princípio da solidariedade. *Na medida da pessoa humana*. Rio de Janeiro: Renovar, 2010, p. 249 e ss.
49. Sobre o tema, v. FACHIN, Rosana Amar Girardi. *Dever alimentar para um novo direito de família*. Rio de Janeiro: Renovar, 2005, *passim*.
50. CC, arts. 1694 e ss., Lei 10.741/2003, art. 11.
51. Lei 10.741/2003, art. 16.
52. CF. art. 227, § 2º; Lei 13.146/2015, art. 8º.

Podem ser mencionados ainda, entre diversos outros exemplos, o direito da criança ao conhecimento de suas origens genéticas, como meio de lhe assegurar a construção da identidade, tendo em vista sua personalidade em formação;[53] o direito do idoso ao atendimento domiciliar em caso de impossibilidade de deslocamento;[54] e as classificações indicativas de exibições e espetáculos, assim como a disciplina própria da publicidade voltada para o público infantil.[55] Mas é importante destacar que o tratamento diferenciado da vulnerabilidade existencial não depende apenas de iniciativas pontuais do legislador, pois a disciplina processual dos mecanismos de execução específica permite ao intérprete a sua adaptação às peculiaridades do caso concreto.[56]

6. CONSIDERAÇÕES FINAIS

O panorama traçado, em doutrina e jurisprudência, no tocante à invocação do conceito de vulnerabilidade revela persistir oportuno o cuidado com a sua banalização. Nesse sentido, parece adequado insistir na preocupação em distinguir entre a situação de inferioridade puramente econômica (vulnerabilidade patrimonial), com as hipóteses em que a própria dignidade da pessoa, em sua esfera existencial, está em risco (vulnerabilidade existencial). A distinção implica a incidência de normativa também diferenciada, observando-se que a modificação de tutela não é apenas um aumento quantitativo no que tange à vulnerabilidade existencial, mas de uma forma qualitativamente diversa, com instrumentos próprios e adequados.

---

53. No caso de adoção, o art. 48 do ECA é categórico no sentido de garantir o direito à informação, mas no tocante à reprodução assistida heteróloga, as normas médicas que disciplinam o temam resguardam o anonimato do doador de sêmen (Resolução CFM 2294/21, IV-2).
54. Lei 10.741/2003, art. 15, § 5º.
55. ECA arts. 74 e 81. Como destaca GONÇALVES, Tamara Amoroso. A proteção à vulnerabilidade infantil frente à comunicação mercadológica. In: PEREIRA, T. S. e OLIVEIRA, G. (Coord.). *Cuidado e vulnerabilidade*. São Paulo: Atlas, 2009, p. 23, a proteção refere-se não apenas produtos infantis, mas produtos adultos escolhidos pelas crianças.
56. Nesta linha, destaque-se o disposto no art. art. 536 do CPC: "No cumprimento de sentença que reconheça a exigibilidade de obrigação de fazer ou de não fazer, o juiz poderá, de ofício ou a requerimento, para a efetivação da tutela específica ou a obtenção de tutela pelo resultado prático equivalente, determinar as medidas necessárias à satisfação do exequente. § 1º Para atender ao disposto no *caput*, o juiz poderá determinar, entre outras medidas, a imposição de multa, a busca e apreensão, a remoção de pessoas e coisas, o desfazimento de obras e o impedimento de atividade nociva, podendo, caso necessário, requisitar o auxílio de força policial".

CAPACIDADE CIVIL, VULNERABILIDADE E EMPODERAMENTO: RELEITURA DAS INCAPACIDADES À LUZ DA VULNERABILIDADE

Gabriel Schulman

Sumário: 1. A vulnerabilidade e sua função protetiva: "todo mundo tem seu jeito singular de ser feliz, de viver e enxergar" – 2. Capacidade civil, vulnerabilidade e autodeterminação – 3. Considerações finais.

> Enquanto o tempo acelera e pede pressa, eu me recuso, faço hora, vou na valsa.[1]
>
> Os meios – e a técnica é um conceito de meios dirigidos à autoconservação da espécie humana – são fetichizados, por que os fins – uma vida humana digna – encontram-se encobertos e desconectados da consciência das pessoas.[2]

1. A VULNERABILIDADE E SUA FUNÇÃO PROTETIVA: "TODO MUNDO TEM SEU JEITO SINGULAR DE SER FELIZ, DE VIVER E ENXERGAR"[3]

A proteção da pessoa humana constitui o centro do ordenamento. Sob o prisma da efetividade, a proteção, prevenção e precaução devem ser tão mais intensas quanto os riscos que se apresentam, os danos potenciais. Nesse sentido, a vulnerabilidade, em suas múltiplas projeções,[4] apresenta-se como critério útil e essencial para enfrentar os desafios da valoração jurídica das escolhas de vida, tanto para o controle de restrições de direitos fundamentais, quanto para proteção da autodeterminação existencial.[5]

A vulnerabilidade pode decorrer de diversos fatores, e demanda uma leitura contextual. Pode estar associada a aspectos e características como como idade, gênero,[6] ex-

---

1. LENINE; FALCÃO, Dudu. *Paciência*. Álbum: Na pressão. (Música) 1999.
2. ADORNO, *Educação após Auschwitz*. Trad. Wolfgang Leo Maar. São Paulo: Paz e Terra, 2000. p. 132-133.
3. CASTRO, Vinícius; XAVIER, Adilson. *Ser diferente é normal*. (Música). 2022.
4. Cf. EHRHARDT JÚNIOR, Marcos; LOBO, Fabíola Albuquerque. (Org.). *Vulnerabilidade e sua compreensão no direito brasileiro*. Indaiatuba: Foco, 2021.
5. ALEXY, Robert. *Teoria dos Direitos Fundamentais*. Trad. Virgílio Afonso da Silva. São Paulo: Malheiros Editores, 2006, p. 298-299. Segundo Alexy, as situações de restrição de direitos fundamentais demanda assegurar o núcleo essencial dos direitos por meio de sopesamento. Em sintonia, BARROSO, Luis Roberto. *Curso de Direito Constitucional Contemporâneo*. Os conceitos fundamentais e a construção do novo modelo. São Paulo: Saraiva, 2009, p. 305. SARMENTO, Daniel. Os princípios constitucionais e a ponderação de bens. In: TORRES, Ricardo Lobo. (Org.). *Teoria dos Direitos Fundamentais*. Rio de Janeiro: Renovar, 1999. p. 35-93.
6. TEIXEIRA, Ana Carolina Brochado MENEZES, Joyceanne Bezerra de. (Org.). *Gênero, vulnerabilidade e autonomia*: repercussões jurídicas. Indaiatuba: Foco, 2020.

periência, quadro clínico ou e condições de saúde,[7] situações de poder,[8] discernimento,[9] aptidão de compreensão linguística,[10] conhecimento técnico, a situação econômica, e outros fatores. Ilustrativamente, são vulneráveis as crianças e adolescentes,[11] idosos, pacientes, vítimas de doenças graves, pessoas encarceradas, a população indígena,[12] a população em situação de rua, consumidores,[13] analfabetos, refugiados, grávidas, participantes de pesquisa.[14]

A partir da bioética, deve-se ainda observar a soma ou sobreposição de vulnerabilidades que recobrem a pessoa e multiplicam a exposição.[15] É o caso da criança de baixa renda, as mulheres refugiadas, pessoas idosas com deficiência.[16] Diferentes fatores, tornam as pessoas suscetíveis a riscos, abusos e desrespeitos a seus direitos.

---

7. Para CIOMS e Organização Mundial da Saúde: "Examples of such groups are medical and nursing students, subordinate hospital and laboratory personnel, employees of pharmaceutical companies, and members of the armed forces or police (…) Persons who have serious, potentially disabling or life-threatening diseases are highly vulnerable". Council for International Organizations of Medical Sciences (CIOMS); World Health Organization (WHO). *International Ethical Guidelines for Biomedical Research Involving Human Subjects*. Genebra: WHO, 2002. p. 65.
8. As situações de influência de autoridade podem variar, incluindo alunos, funcionários, pessoas institucionalizadas. A Resolução CNS 466/2012, do Conselho Nacional de Saúde, sobre pesquisa com seres humanos, prevê no item IV.6, item b, a necessidade de reforçar a proteção da liberdade de consentimento: "b) a liberdade do consentimento deverá ser particularmente garantida para aqueles participantes de pesquisa que, embora plenamente capazes, estejam expostos a condicionamentos específicos, ou à influência de autoridade, caracterizando situações passíveis de limitação da autonomia, como estudantes, militares, empregados, presidiários e internos em centros de readaptação, em casas-abrigo, asilos, associações religiosas e semelhantes, assegurando-lhes inteira liberdade de participar, ou não, da pesquisa, sem quaisquer represálias". BRASIL. Conselho Nacional de Saúde. Resolução CNS 466/2012.
9. BUCHANAN, Allen; BROCK, Dan. *Deciding for Others*: The Ethics of Surrogate Decision Making. Cambridge: Cambridge University Press, 1989.
10. De acordo com a Resolução CNS 466/2012, item IV.6: "Nos casos de restrição da liberdade ou do esclarecimento necessários para o adequado consentimento, deve-se, também, observar: a) em pesquisas cujos convidados sejam crianças, adolescentes, pessoas com transtorno ou doença mental ou em situação de substancial diminuição em sua capacidade de decisão, deverá haver justificativa clara de sua escolha, especificada no protocolo e aprovada pelo CEP, e pelo CONEP, quando pertinente. Nestes casos deverão ser cumpridas as etapas do esclarecimento e do consentimento livre e esclarecido, por meio dos representantes legais dos convidados a participar da pesquisa, preservado o direito de informação destes, no limite de sua capacidade".
11. "Children are assumed to be vulnerable regardless of their social conditions". Unesco *The Principle of Respect for Human Vulnerability and Personal Integrity*. Report of the International Bioethics Committee of Unesco. Unesco: Paris, 2013. Segundo Filipe Nuno Alves dos Santos Almeida sustenta que há "imaturidade biológica, reflexiva, ética, social e afetiva". ALMEIDA, Filipe Nuno Alves dos Santos. Vulnerabilidade na prática clínica da saúde da criança. *Revista Brasileira de Bioética*. v. 02. n. 02. p. 242. 2006.
12. A Resolução 466/2012 do CNS traça uma regra específica para consentimento de comunidades indígenas, dispondo, no subitem. VI.6, aliena 'e': "em comunidades cuja cultura grupal reconheça a autoridade do líder ou do coletivo sobre o indivíduo, a obtenção da autorização para a pesquisa deve respeitar tal particularidade, sem prejuízo do consentimento individual, quando possível e desejável. Quando a legislação brasileira dispuser sobre competência de órgãos governamentais, a exemplo da Fundação Nacional do Índio – FUNAI, no caso de comunidades indígenas, na tutela de tais comunidades, tais instâncias devem autorizar a pesquisa antecipadamente". BRASIL. Conselho Nacional de Saúde. Resolução CNS 466/2012.
13. MARQUES, Claudia Lima; MIRAGEM, Bruno. *O novo direito privado e a proteção dos vulneráveis*. São Paulo: Ed. RT, 2012.
14. PEREIRA, Paula Moura Francesconi Lemos. *A responsabilidade civil nos ensaios clínicos*. São Paulo: Foco, 2019.
15. LUNA, Florencia. Vulnerabilidad: la metáfora de las capas. *Jurisprudencia Argentina*, (IV), p. 60-67, 2008.
16. HELENA BARBOZA, HELOISA (Org.); ALMEIDA, Vitor (Org.). *Comentários ao Estatuto da Pessoa com Deficiência à luz da Constituição da República*. 2. ed. Belo Horizonte: Fórum, 2021.

A expressão "vulnerabilidade" costuma ser associada determinados grupos com maior propensão a violações, ou que já sofreram violações, assim como uma restrição a aptidão de proteção dos próprios interesses.[17] Nessa toada, a Bioética de Proteção[18] acrescenta uma nova função ou camada à bioética, que para além das reflexões e dilemas sobre a vida, enfoca a proteção dos vulneráveis. Essa linha da bioética adota a distinção da vulneração em relação à vulnerabilidade.[19] O termo *vulnerabilidade* assume então uma acepção de potencialidade, e assinala aqueles mais suscetíveis de serem feridos.[20] *Vulneração*, por outro lado, representa situações fáticas concretas que concretizam essa potencial vulnerabilidade em alguns indivíduos devido a algumas características que possuem.[21]

Sob uma perspectiva funcional, a partir da identificação de fatores de vulnerabilidade, deve-se promover o "empoderamento" das pessoas, em consonância com uma visão emancipatória de sua situação particular.[22] Desse modo, a vulnerabilidade se desdobra em uma perspectiva de proteção e atuação concreta na promoção da pessoa,[23] de modo que as medidas adotadas "não agravem a vulnerabilidade humana,

---

17. "Vulnerable persons are those who are relatively (or absolutely) incapable of protecting their own interests". Council for International Organizations of Medical Sciences (CIOMS); World Health Organization (WHO). *International Ethical Guidelines for Biomedical Research Involving Human Subjects*. Genebra: WHO, 2002. p. 64. Disponível em: http://www.cioms.ch/publications/layout_guide2002.pdf.
18. Confira-se SCHRAMM, Fermin Roland. A bioética de proteção é pertinente e legítima? *Revista Bioética*. 2011; v. 19, n. 3, p. 713-724. SCHRAMM, Fermin Roland. Bioética sem universalidade? Justificação de uma bioética latino-americana e caribenha de proteção. In: GARRAFA, Volnei; KOTTOW, Miguel; SAADA, Alya (Org.). *Bases conceituais da Bioética*: enfoque latino-americano. São Paulo: Gaia, 2006. p. 143-157. SCHRAMM, Fermin Roland. Información y manipulación: como proteger los seres vivos vulnerados? La propuesta de la Bioética de la Protección. *Revista Brasileira de Bioética*. v. 01. n. 01. p. 18-27. 2005.
19. KOTTOW M. H. The vulnerable and the susceptible. *Bioethics* 2003; v. 17(5-6), p. 460-471. Miguel Kottow propõe a distinção entre a vulnerabilidade – característica de todos os seres humanos – e a susceptibilidade – como sendo própria de alguns grupos devido a situações específicas de privação (condição social, doença, hipossuficiência econômica). Os vulneráveis seriam destinatários de proteção estatal de modo geral, como ocorre com os direitos humanos. Os suscetíveis, por seu turno, demandam uma maior atenção e ações estatais prestacionais mais intensas para suprir a situação de disparidade.
20. "O termo *vulnerabilidade* tem sua origem etimológica no latim, *vulnus*, que significa ferida. Logo, vulnerabilidade é a susceptibilidade que o indivíduo tem de ser ferido. NEVES, M. Patrão. Sentidos da vulnerabilidade: característica, condição, princípio. *Revista Brasileira de Bioética*. v. 02. n. 02. p. 158. 2006. De modo similar: ANJOS, Márcio Fabri dos. A vulnerabilidade como parceira da autonomia. *Revista Brasileira de Bioética*. v. 02. n. 02. p. 181. 2006.
21. Na Declaração Universal sobre Bioética e Direitos Humanos, adotada por aclamação no dia 19 de Outubro de 2005 pela 33ª sessão da Conferência Geral da Unesco, art. 8º Respeito pela vulnerabilidade humana e integridade pessoal "Na aplicação e no avanço dos conhecimentos científicos, da prática médica e das tecnologias que lhes estão associadas, deve ser tomada em consideração a vulnerabilidade humana. Os indivíduos e grupos particularmente vulneráveis devem ser protegidos, e deve ser respeitada a integridade pessoal dos indivíduos em causa". UNESCO. *Declaração Universal sobre Bioética e Direitos Humanos*. Organização das Nações Unidas para a Educação, Ciência e Cultura. Unesco Portugal, 2005.
22. SCHRAMM, Fermin Roland. Información y manipulación: como proteger los seres vivos vulnerados? La propuesta de la Bioética de la Protección. *Revista Brasileira de Bioética*. v. 01. n. 01. p. 18-27. p. 25. 2005.
23. "Vulnerability expresses two basic ideas. (a) It expresses the finitude and fragility of life which, in those capable of autonomy, grounds the possibility and necessity for all morality. (b) Vulnerability is the object of a moral principle requiring care for the vulnerable. The vulnerable are those whose autonomy or dignity or integrity are capable of being threatened. As such all beings who have dignity are protected by this principle. But the principle also specifically requires not merely noninterference with the autonomy, dignity or integrity of beings,

mas, antes, procurem eliminá-la na medida do possível e respeitar no que escapa ao seu alcance".[24]

Cuidar é, desse modo, promover a autonomia, empoderar e não o contrário.[25] A corroborar essa compreensão, apresenta-se a acepção substantiva do termo vulnerabilidade. Nesse sentido, Hans Jonas[26] enxerga a vulnerabilidade como própria de todo ser humano enquanto condição de sua existência. Toda pessoa é então – substantivamente – vulnerável pelo simples fato de sua existência, e isso implicaria no reforço da não discriminação de indivíduos ou grupos de indivíduos por características particulares:

> A vulnerabilidade é pois, agora, reconhecida como constitutiva do humano (e até mesmo do existente). Deste modo, a noção de vulnerabilidade surge sempre como substantivo e nunca como adjetivo. Por isso não pode ser compreendida ou utilizada como um fator de diferenciação entre pessoas e populações, tal como se verificava na sua acepção como característica. Assumida tacitamente como expressão de uma discriminação positiva, quando da sua introdução no discurso bioético, a classificação de vulnerável veio a ser denunciada, mais recentemente e, sobretudo, em virtude do crescimento do movimento de inclusão no âmbito dos ensaios clínicos, como uma forma de discriminação negativa. Constitutiva do humano, a vulnerabilidade é irredutível e inalienável. Por isso não pode ser ultrapassada ou eliminada e o reforço da autonomia, ao lado da crescente exigência de consentimento são, não obstante, inexoravelmente insuficientes para neutralizar os prejuízos a que cada vulnerabilidade se encontra exposta, uma vulnerabilidade que é manifesta, afinal, em todas as dimensões de expressão do humano e não restrita ao plano da experimentação humana.[27]

Em harmonia, a Resolução 466 do CNS define, em seu item II.25, vulnerabilidade como "estado de pessoas ou grupos que, por quaisquer razões ou motivos, tenham a sua capacidade de autodeterminação reduzida ou impedida, ou de qualquer forma estejam impedidos de opor resistência, sobretudo no que se refere ao consentimento livre e esclarecido".

A identificação da vulnerabilidade se por um lado é associada à fragilidade, ao risco, deve igualmente estar vinculada à promoção, proteção. É a partir desta ótica que se revisita o tema da capacidade civil para harmonizá-lo à releitura.

---

but also that they receive assistance to enable them to realize their potential. From this premise it follows that there are positive rights to integrity and autonomy which grounds the ideas of solidarity, non-discrimination and community". Barcelona Declaration on Policy Proposals to the European Commission on Basic Ethical Principles in Bioethics and Biolaw, de 1998. Disponível em: http://www1.umn.edu/humanrts/instree/barcelona.html. Acesso em: 09 jun. 2022.

24. NEVES, M. Patrão. Sentidos da vulnerabilidade: característica, condição, princípio. *Revista Brasileira de Bioética*. v. 02. n. 02. 2006.
25. SCHRAMM, Fermin Roland. A saúde é um direito ou um dever? Autocrítica da saúde pública? *Revista Brasileira de Bioética*. v. 02. n. 02. p. 194. 2006.
26. JONAS, Hans. *O Princípio Responsabilidade*: ensaios de uma ética para a civilização tecnológica. Rio de Janeiro: Contraponto; Ed. PUC-Rio, 2006.
27. NEVES, M. Patrão. Sentidos da vulnerabilidade: característica, condição, princípio. *Revista Brasileira de Bioética*. v. 02. n. 02. p. 165. 2006.

2. CAPACIDADE CIVIL, VULNERABILIDADE E AUTODETERMINAÇÃO

Uma compreensão da vulnerabilidade como condição humana, não retira a importância da proteção diferenciada[28] a certos grupos ou situações, mas permite revistar uma compreensão abstrata desta tutela, sobretudo quando se converte em argumento apenas para sufocar o espaço de autodeterminação. As incapacidades se mostram como um modelo duro, com poucas possibilidades e terminam por se estruturar em grande medida como mecanismos de exclusão.[29]

Usualmente, as incapacidades são apresentadas como um mecanismo protetivo. Nesse sentido, Caio Mário, ensina que "O instituto das incapacidades foi imaginado e construído sobre uma razão moralmente elevada, que é a proteção dos que são portadores de uma deficiência juridicamente apreciável".[30] No entanto, como adverte Foucault, por meio da interdição se promove a supressão do discurso, por meio da censura da fala de quem não adota o discurso socialmente aceito. "Desde a alta Idade Média, o louco é aquele cujo discurso não pode de circular".[31] Promove-se assim uma segregação por meio da apropriação social dos discursos".[32]

Na Modernidade, a noção abstrata de sujeito de direito restringiu a condição de pessoa a concessão de personalidade jurídica, pelo ordenamento,[33] e ao mesmo tempo, associou a personalidade à capacidade para exercício de direitos, de modo que é possível ser pessoa, sem ter sua vontade juridicamente reconhecida.[34] O regime tradicional das incapacidades opera, deste modo, com o silenciamento do incapaz, que terá sua fala ignorada para que "alguém que decida por ele, ou então decida em colaboração".[35] Promove-se então a substituição da vontade,[36] de modo que como aponta Teixeira de

---

28. RENDTORFF, Jacob Dahl. Update of European bioethics: basic ethical principles in European bioethics and biolaw. *Bioethics Update*, v. 1, n. 2, p. 113-129. 2015.
29. NUSSBAUM, Martha. *Las fronteras de la justicia*. Consideraciones sobre la exclusión. Barcelona (Espanha): Ediciones Paidós Iberica, 2007. p. 34, 38 e 68.
30. SILVA PEREIRA, Caio Mário da. *Instituições de Direito Civil*. 24. ed. Rio de Janeiro: Forense, 2011. v. 1, p. 228. De modo similar, Mota Pinto afirma: "para proteger os menores, a lei estabelece a sua incapacidade de exercício de direitos" e que "pode por isso ter-se uma medida maior ou menor de capacidade segundo certas condições ou situações". MOTA PINTO, Carlos Alberto da. *Teoria Geral do Direito Civil*. 4. ed. Coimbra (Portugal): Almedina, 2005. p. 181 e 194.
31. FOUCAULT, Michel. *A ordem do discurso*. 3. ed. São Paulo: Edições Loyola, 1996. p. 10.
32. FOUCAULT, Michel. *A ordem do discurso*. 3. ed. São Paulo: Edições Loyola, 1996. p. 43.
33. FACHIN, Luiz Edson. *Teoria Crítica do Direito Civil*. 3. ed. Rio de Janeiro: Renovar, 2012. p. 84. Essa apropriação serviu igualmente às chamadas pessoas jurídicas. LÔBO, Paulo. Função atual da pessoa jurídica. *Revista de Direito Civil, Imobiliário, Agrário e Empresarial*, ano 12, n. 46, p. 57, São Paulo: Ed. RT, 1988.
34. PALACIOS, Agustina. *El modelo social de discapacidad*: orígenes, caracterización y plasmación en la Convención Internacional sobre los Derechos de las Personas con Discapacidad. Madrid (Espanha): Cinca, 2008. p. 420.
35. DANTAS, San Tiago. *Programa de Direito Civil*. 3. ed. Rio de Janeiro: Forense, 2001. p. 136 e 138.
36. BARBOZA, Heloisa Helena; ALMEIDA, Vitor. A capacidade civil à luz do Estatuto da Pessoa com Deficiência In: MENEZES, Joyceane Bezerra de. (Org.). *Direito das pessoas com deficiência psíquica e intelectual nas relações privadas*: Convenção sobre os direitos da pessoa com deficiência e Lei Brasileira de Inclusão. Rio de Janeiro: Processo, 2016. p. 249-274. p. 269. No plano da deficiência, o percurso é da substituição ao suporte. SARMENTO, Daniel. *Dignidade da pessoa humana*. Conteúdo, trajetória, metodologia. 2. ed. Belo Horizonte: Fórum, 2016. p. 139, nota 13.

Freitas, os incapazes "não exercem atos por si, mas por êles exercem seus representantes necessários".[37]

O incapaz então tem sua participação suprimida, e sua fala é substituída por outra, como denota o próprio emprego da expressão interdição, que assinala simultaneamente o impedimento de acesso e o dizer entre, da etimologia latina *inter dicto*.[38] Portanto, na visão tradicional do regime das incapacidades, está presente a evidente contradição de afirmar a fragilidade, para em seguida reconhecer menos é ocultada sob a justificativa da proteção. Nesse sentido, a vulnerabilidade certamente apresenta contribuições úteis para uma releitura do regime das incapacidades. Entre outros aspectos, a vulnerabilidade assume um caráter contextual que não é captado pela rigidez do regime das incapacidades, mais ocupado em definir personagens cuja vontade não é adequadamente recepcionada pelo direito privado, do que em fomentar sua proteção.

Rever a incapacidade para os atos da vida civil sob as lentes da vulnerabilidade se mostra, diante deste contexto, como uma estratégia útil e necessária, eis que permite adotar a proteção como premissa concreta da aplicação do regime das incapacidades, assim como de celebração das diferenças e da pluralidade. Dessa maneira, trata-se de estratégia que apta a enfrentar alguns dos graves defeitos do regime das incapacidades, com destaque a sua abstração, rigidez, e ao próprio distanciamento de sua função declarada (protetiva), em prol da segurança.[39]

O caráter contextual da vulnerabilidade se contrapõe a percepção exageradamente abrangente da incapacidade civil que atribui uma condição de incapaz em sentido amplo, desdobrando-se para os mais variados campos. Na realidade, é natural que uma pessoa seja apta para certas atividades e não para outras, assim como, seja apta para certas decisões e não para outras, o que rompe com a visão de tudo ou nada que normalmente norteia a incapacidade civil.

Vale recordar que durante muito tempo prevaleceu a compreensão de que o regime das incapacidades se aplicaria a todas as situações. Para tanto, contribuiu inclusive a adoção da expressão "atos da vida civil" cuja vagueza favoreceu a extensão dos efeitos da incapacidade para os mais variados campos.

Essa vocação expansiva da incapacidade civil se fez acompanhar do elasticimento dos seus feitos. Dessa maneira, como um buraco negro, o regime das incapacidades é visto não apenas como o critério mais importante para avaliar a aptidão de tomada de decisão, mas como único, sugando para seu interior a complexidade. Essa perigosa simplificação, sempre se prestou a atender a desejável redução de possibilidades que

---

37. TEIXEIRA DE FREITAS, Augusto. *Código Civil dos Estados Unidos do Brasil*. São Paulo: Ministério da Justiça e Negócios Interiores: Serviço de Documentação, 1952, p. 26 – preservou-se a grafia original.
38. COUTURE, J. Eduardo. *Vocabulario Jurídico*. Con especial referencia al derecho procesal positivo vigente uruguayo. Montevideo: Facultad de Derecho y Ciencias Sociales de la Universidad de la Republica, 1960, p. 355.
39. BARBOZA, Heloisa Helena Gomes. ALMEIDA JUNIOR, Vitor de Azevedo. A (in)capacidade da pessoa com deficiência mental ou intelectual e o regime das invalidades: primeiras reflexões. In: EHRHARDT JR., Marcos (Org.). *Impactos do novo CPC e do EPD no direito civil brasileiro*. Belo Horizonte: Fórum, 2016. p. 205-228.

atende à segurança jurídica formal, mas não às pessoas. É ilustrativa da hiperfunção que se atribuiu à incapacidade civil, a seguinte manifestação do Ministério Público que em uma demanda de curatela questionou se "não é prudente a manutenção da capacidade civil do demandado para o trabalho e para o direito ao voto".[40]

Ora, como se sabe, por definição legal a incapacidade civil é restrita a projeção patrimonial. A Lei Brasileira de Inclusão define em seu art. 85 que a curatela é adstrita a atos patrimoniais e ainda reforça que "não alcança o direito ao próprio corpo, à sexualidade, ao matrimônio, à privacidade, à educação, à saúde". Além disso, a Convenção sobre os Direitos das Pessoas com Deficiência prevê a igualdade material na saúde, inclusive com a exigência do "consentimento livre", reconhecido com direito fundamental.

A expressão "incapacidade civil" durante muito tempo foi, e talvez ainda seja, relacionada a uma a vocação expansiva e, ao elasticimento indevido do seu significado. O caráter contextual da vulnerabilidade, aplicado às incapacidades permite notar requisitos específicos para determinados atos como a idade mínima de dezesseis anos para votar,[41] vinte e cinco anos para porte de arma.[42] Há também critérios específicos para esterilização,[43] para habilitação par dirigir, ou ainda para,[44] comprar álcool e tabaco.[45]

A indevida associação entre incapacidade civil e autodeterminação existencial, promove uma gravíssima inversão pela qual a vulnerabilidade termina por ser empregada como uma justificativa para invisibilizar e não para proteger. A função protetiva da vulnerabilidade exige descolar a autodeterminação existencial da incapacidade civil.

À luz de uma leitura constitucional, a incapacidade civil perde força como critério abrangente, em prol do desafio do adequado equilíbrio entre liberdade e proteção.[46] Na medida em que a incapacidade civil é limitada a atos patrimoniais, pessoas vulneráveis têm reconhecido, na máxima medida, espaços de autodeterminação. Por exemplo, o Código de Ética Médica, Resolução CFM 2217/2018, em seu art. 101, parágrafo primeiro prevê que no tratamento de crianças e adolescentes "é necessário seu assentimento livre e esclarecido na medida de sua compreensão".[47] Deste modo, atos e circunstâncias

---

40. PARANÁ. Ministério Público. Ação de interdição 0011730-62.2015.8.16.0001. Disponível em: http://www.civel.mppr.mp.br/arquivos/File/Dra_Ana_Cristina_Martins_Brandao_Parecer_Interdicao_n_00117306220158160001_Cf_Lei_13146_15.pdf. Acesso em: 10 maio 2016. Em oposição, no TJRS se decidiu: "Não há mais razão para que a curatela seja comunicada à Justiça Eleitoral. Ocorre que tal norma do Código Eleitoral é anterior ao Estatuto da Pessoa com Deficiência, o qual mantém, na plenitude, os direitos políticos do curatelado. TJRS. Apelação 70072269376, 8ª Câmara Cível, Rel.: Des. Luiz Felipe Brasil Santos, Julgado em 23.03.2017.
41. Constituição Federal, art. 14, § 1º.
42. Estatuto do Desarmamento, Lei 10.826/2003, art. 24.
43. Lei do Planejamento Familiar, Lei 9.263/1996, art. 10.
44. Código de Trânsito Brasileiro, Lei 9.503/1997, art. 140, inc. I c/c Código Penal, art. 27. Na legislação de trânsito o critério para poder dirigir consiste na realização de curso, provas e ser "penalmente imputável".
45. Estatuto da Criança e do Adolescente, Lei 8.069/1990, art. 243.
46. ALMEIDA, Vitor. *A capacidade civil das pessoas com deficiência e os perfis da curatela*. 2. ed. Belo Horizonte: Fórum, 2021.
47. Em linha com o que defende-se, "Mesmo sendo absolutamente (até os 16 anos) ou relativamente (dos 16 aos 18 anos) incapaz de exercer pessoalmente os atos da vida civil, o médico deve procurar incluir o paciente pediátrico nesse processo, à medida que ele se desenvolve e que for identificado como capaz de avaliar seu problema".

diferentes demandam requisitos e critérios distintos para avaliação da aptidão para tomada de decisão.

Além disso, a vulnerabilidade precisa estar associada a promoção e proteção, não a restrição e negação. Nessa linha, a Resolução Conanda 4/1995, do Conselho Nacional dos Direitos da Criança aprovou texto oriundo da Sociedade Brasileira de Pediatria, acerca dos Direitos da Criança e do Adolescente Hospitalizados, e reconheceu no item 12 o "Direito a não ser objeto de ensaio clínico, provas diagnósticas e terapêuticas, sem o consentimento informado de seus pais ou responsáveis e o seu próprio, quando tiver discernimento para tal".

Ao examinar a vulnerabilidade das crianças no campo da saúde, Filipe Nuno Alves dos Santos Almeida destaca:

> A criança considerada incapaz para tomar decisões, depende de seus representantes, que exercitam sua autonomia. Esse processo é fator de vulnerabilidade, sobretudo nas decisões terapêuticas, relativas a questões vitais para sua sobrevivência. Sua maior vulnerabilidade decorre da incapacidade de se autodefender, o que a torna alvo fácil de agressões à sua autonomia, à sua dignidade, à sua integridade. Vulneráveis por maior dificuldade de autoproteção das agressões afetivas, culturais, sexuais, são sempre potenciais vítimas de maus tratos. Mais vulneráveis pela confusão estabelecida entre o 'seu bem' e o 'bem' de quem os representa. Vulneráveis pelo despreparo dos representantes e profissionais de saúde no que concerne à sua individualidade e ao desenvolvimento da sua progressiva autonomia.[48]

Esta passagem permite inferir que a proteção, quando empregada como simples argumento para proteção, pode converter-se em instrumento para vulnerabilidade. Sob a justificativa de proteger, direitos são limitados, a vontade é ignorada, e a decisão é silenciada. Confrontar a capacidade civil com a vulnerabilidade, permite, deste modo, enfrentar a perigosa desfuncionalização do regime das incapacidades. A incapacidade civil não pode mais ser admitida como uma justificativa para negar, de forma irrestrita, as escolhas pessoais. O próprio o Estatuto da Juventude (Lei 12.852/2013) determina estabelece como princípio a "promoção da autonomia e emancipação dos jovens" (art. 2º, inc. I).

Outro aspecto importante, já destacado, é a especialização do exame da aptidão para exprimir a vontade. A doutrina já está atenta a superação da capacidade civil como critério para atos existenciais; na realidade, deve ser tomada de modo cada vez mais restrito, limitado em especial aos atos negociais.[49]

HIRSCHHEIMER, Mário Roberto; CONSTANTINO, Clóvis Francisco; OSELKA, Gabriel Wolf. Consentimento informado no atendimento pediátrico. *Revista Paulista de Pediatria*, v. 28, n. 2, p. 128. São Paulo, jun. 2010.

48. ALMEIDA, Filipe Nuno Alves dos Santos. Vulnerabilidade na prática clínica da saúde da criança. *Revista Brasileira de Bioética*. v. 02. n. 02. p. 244. 2006.

49. Nesse sentido, entre outros: SÁ, Maria de Fátima Freire de; LIMA, Taisa Maria Macena de. Autonomia Privada e Internação não Consentida. *Revista Brasileira de Estudos Políticos*, v. 99, p. 93, 2009; MARTINS-COSTA, Judith. Capacidade para consentir e esterilização de mulheres tornadas incapazes pelo uso de drogas: notas para uma aproximação entre a técnica e a reflexão bioética. In: MARTINS COSTA, Judith; MOLLER, Letícia Ludwig. (Org.). *Bioética e Responsabilidade*. Rio de Janeiro: Forense, 2009. p. 299-346. p. 320); MATOS, Mafalda Francisco. *O problema da (ir)relevância do consentimento dos menores em sede de cuidados médicos terapêuticos (uma perspectiva jurídico-penal)*. Coimbra Editora. jul. 2013. p. 120.

A capacidade civil define o parâmetro para os atos da vida civil, sem constituir critério hábil, ou ao menos suficiente aos atos existenciais. Indo mais além, é preciso ressaltar que embora a capacidade civil tenha sido adotada como um parâmetro amplo, estendida equivocadamente para vasto números de setores.

No Código de Processo Civil, art. 749, diferencia-se a capacidade para "administrar seus bens" e "praticar atos da vida civil". A Lei de Doação de Órgãos (Lei 9.434/1997) não adota o regime das incapacidades como critério, mas apenas a exigência de 16 anos completos.[50] De modo similar, a Resolução 466/2012 do CNS (Conselho Nacional de Saúde), que regulamenta a pesquisa com seres humanos usa a redação "incapacidade legal" para tratar do consentimento.

Igualmente, vale confrontar a Lei Geral de Proteção de Dados Pessoais, LGPD, diferencia o consentimento de crianças e adolescentes para as escolhas pessoais sobre o tratamento de dados pessoais,[51] distanciando-se do antiquado critério da capacidade civil.[52] Nessa linha, dispõe a LGPD:

> Art. 14. O tratamento de dados pessoais de crianças e de adolescentes deverá ser realizado em seu melhor interesse, nos termos deste artigo e da legislação pertinente.
>
> § 1º O tratamento de dados pessoais de crianças deverá ser realizado com o consentimento específico e em destaque dado por pelo menos um dos pais ou pelo responsável legal.
>
> § 2º No tratamento de dados de que trata o § 1º deste artigo, os controladores deverão manter pública a informação sobre os tipos de dados coletados, a forma de sua utilização e os procedimentos para o exercício dos direitos a que se refere o art. 18 desta Lei.
>
> § 3º Poderão ser coletados dados pessoais de crianças sem o consentimento a que se refere o § 1º deste artigo quando a coleta for necessária para contatar os pais ou o responsável legal, utilizados uma única vez e sem armazenamento, ou para sua proteção, e em nenhum caso poderão ser repassados a terceiro sem o consentimento de que trata o § 1º deste artigo.
>
> § 4º Os controladores não deverão condicionar a participação dos titulares de que trata o § 1º deste artigo em jogos, aplicações de internet ou outras atividades ao fornecimento de informações pessoais além das estritamente necessárias à atividade.
>
> § 5º O controlador deve realizar todos os esforços razoáveis para verificar que o consentimento a que se refere o § 1º deste artigo foi dado pelo responsável pela criança, consideradas as tecnologias disponíveis.
>
> § 6º As informações sobre o tratamento de dados referidas neste artigo deverão ser fornecidas de maneira simples, clara e acessível, consideradas as características físico-motoras, perceptivas, sensoriais, intelectuais e mentais do usuário, com uso de recursos audiovisuais quando adequado,

---

50. A Lei de Doação de órgãos "não distingue as incapacidades relativas das absolutas". GEDIEL, José Antônio Peres. *Os transplantes de órgãos e a invenção moderna do corpo*. Curitiba: Moinho do Verbo, 2000, p. 181-182. NEVARES, Ana Luiza Maia. Tudo por um filho. *Civilistica.com*. Rio de Janeiro, a. 1, n. 2, p. 4, jul./dez. 2012. Disponível em: http://civilistica.com/wp-content/uploads/2015/02/Nevares-civilistica.com-a.1.n.2.2012.pdf. Acesso em: 22 maio 2015.
51. TEFFÉ, Chiara Spadaccini. *Dados pessoais sensíveis*: qualificação, tratamento e boas práticas. São Paulo: Editora Foco, 2022 (Prelo).
52. SCHULMAN, Gabriel; SCHIRRU, Luca. Pequenos titulares e grandes desafios, a proteção de dados pessoais de crianças e adolescentes: um debate sobre melhor interesse, (des)equilíbrios, e LGPD a partir do episódio "arkangel" da série black mirror. *Revista do Tribunal de Justiça do Estado do Paraná*, set. 2020.

de forma a proporcionar a informação necessária aos pais ou ao responsável legal e adequada ao entendimento da criança.

Como se observar em múltiplos exemplos na legislação, há progressivamente uma especialização dos pressupostos para manifestação de interesses e tomada de decisão em detrimento a um modelo generalizante da incapacidade civil.

3. CONSIDERAÇÕES FINAIS

A compreensão contemporânea da vulnerabilidade e da capacidade, forçada pela Convenção de Proteção da Pessoa com Deficiência recepcionada no ordenamento brasileiro como emenda constitucional, promove uma grande virada na dinâmica das incapacidades. A sistemática fragilidade desconsideração da vontade e substituição cede espaço para uma perspectiva emancipatória, que busca a liberdade em sua máxima medida.

Ao invés de associar a vulnerabilidade com negação, deve-se relacioná-la com responsabilidade e ao empoderamento, proteção[53] e liberdade, promoção da pessoa e cuidado.[54] Sob a ótica da vulnerabilidade, a interferência precisa estar justificada e voltada a estabelecer condições para o exercício de direitos, como consagra a Convenção sobre os Direitos das Pessoas com Deficiência.

Na medida em que o regime de incapacidade é também um sistema de *pertencimento-exclusão*,[55] a releitura das incapacidades à luz da vulnerabilidade se volta também à ótica da inclusão. Como tivemos a oportunidade de escrevem em outro momento:

> O raciocínio que fundamenta as incapacidades pressupõe a premissa de que o incapaz preexiste e o direito comparece para socorrê-lo. A inclusão de personagens como a mulher, o indígena, o usuário de drogas e o pródigo como incapazes fragilizam sobremaneira a argumentação da função estritamente protetiva e apontam para um sistema também voltado à exclusão. Em outras palavras, não se rejeita o tratamento diferenciado a certas pessoas, entretanto, a concepção do incapaz como algo natural, exige um repensar. O que se assevera é que o raciocínio usualmente apresentado é uma inversão, tendo em conta que a figura jurídica do incapaz não existe antes do direito, é por ele estabelecido, mesmo quando haja boas intenções em tal medida. Primeiro se criam os incapazes, depois é que surge sua proteção.[56]

Deste modo, o conceito de vulnerabilidade deve ser empregado com cautela para não abrir espaço para, do mesmo modo, "classificar" pessoas, segregando-os entre os que têm e os que não têm autonomia para decidir. As pessoas são vulneráveis em vista de sua condição humana, mas isso não assinala que então devem ter suprimida sua au-

---

53. BODIN de MORAES, Maria Celina. Vulnerabilidades nas relações familiares. O problema da desigualdade de gênero. *Cadernos da Escola Judicial do TRT da 4ª Região*, v. 3, p. 26, 2010.
54. BARBOZA, Heloisa Helena Gomes. Vulnerabilidade e cuidado: aspectos jurídicos. In: PEREIRA, Tânia da Silva; OLIVEIRA, Guilherme de. (Org.). *Cuidado & Vulnerabilidade*. São Paulo: Atlas, 2009, p. 106-118. p. 118.
55. SCHULMAN, Gabriel. *Internação forçada, saúde mental e drogas*: é possível internar contra a vontade? Indaiatuba: Ed. Foco, 2020.
56. SCHULMAN, Gabriel. Internação forçada, saúde mental e drogas: é possível internar contra a vontade? Indaiatuba: Ed. Foco, 2020.

tonomia. Permita-se insistir, o que se deve realizar pelo direito é justamente o contrário, a vulnerabilidade deve ser fonte de autonomia.

A atribuição de uma finalidade puramente protetiva à incapacidade civil se prestou durante longo tempo a ocultar o sentido patrimonial em que se assenta o modelo tradicional das incapacidades. Como um mecanismo de discriminação, as incapacidades serviram para silenciar e distanciar.

A preferência pela desconsideração da vontade do incapaz em prol de uma decisão por terceiros ofende os valores constitucionais. Também não se trata de deixar a pessoa vulnerável à deriva: "não pode se abandonar as pessoas à sua autonomia, nem substituí-las por causa de sua vulnerabilidade".[57]

Não se trata de uma eleição entre liberdade e proteção, mas na busca de seu equilíbrio. Deixa-se para atrás a pretensão de completude que colocava em segundo plano o incapaz, ao mesmo tempo em que situações específicas podem receber diferentes tratamentos. Nessa caminhada rumo a concretização dos direitos fundamentais, rever o passado, para construir o presente e sedimentar um futuro consentâneo os valores constitucionais se mostra ao mesmo tempo um desafio e o único caminho possível. Com a poetisa curitibana, Marilda Confortin, em seu poema "Al dente":[58]

> Não há futuro ao ponto
> se o presente
> é mal passado

---

57. NUNES, Lucília. Usuários dos serviços de saúde e os seus direitos. Revista Brasileira de Bioética, v. 02. n. 02, p. 214-215, 2006.
58. CONFORTIN, Marilda. *Poetrix*. 2005.

A VULNERABILIDADE COMO ELEMENTO DE CONEXÃO E INTEGRAÇÃO NO DIREITO INTERNACIONAL PRIVADO. DESIGUALDADE E INVISIBILIDADE. UMA PERSPECTIVA DO SISTEMA RESPONSIVO NO ÂMBITO DO MERCOSUL

Fernando Rodrigues Martins

Keila Pacheco Ferreira

Sumário: 1. O direito internacional privado responsivo – 2. Unidade, diversidade e pessoa: três possibilidades de ordem pública – 3. Vulnerabilidade e ordem pública internacional: entre desigualdade e invisibilidade – 4. Vulnerabilidade entre integração e elemento de conexão – 5. Considerações finais.

1. O DIREITO INTERNACIONAL PRIVADO RESPONSIVO

Tal e qual quase todos os ramos do direito, o direito internacional privado passou por evoluções significativas e está, na contemporaneidade, efetivamente mais voltado à promoção da pessoa humana. Evidente que encontre, ainda assim, barreiras no mesmo plano que atua: o transfronteiriço, considerando os embaraços decorrentes da sociedade de consumo, que também é sociedade digital.[1]

A ciência jurídica internacional privada também aportou no cenário hipercomplexo. Conflitos variados extra territórios. Aumento da invisibilidade de grupos minoritários e de vulneráveis à margem de nacionalidades. Pluralismos jurídicos estatais a exigirem constantes diálogos e coordenações. Necessidade de seleção (decisão) de alternativas mais pertinentes para resolução de problemas sociais.[2]

Aqui são de preservar os interesses históricos e presentes em que se definem diferentes institutos jurídicos a serem promovidos (personalidade, contrato, propriedade, sucessão, matrimônio etc.) e, ao mesmo tempo, prescrutar novos modelos razoáveis e propositivos para soluções de conflitos característicos dos tempos atuais. Vale o destaque que ao lado de tantas possibilidades, ecoa ainda o tema da justiça formal, ou seja, a

---

1. TERCEIRO J. B. *Sociedad digital: del homo sapiens al homo digitalis*. Madrid: Alianza, 1996. Na observação de que cada era da humanidade, em termos de tecnologia, tem passado mais rapidamente do que as anteriores.
2. Canotilho, José Joaquim Gomes. *Direito Constitucional e Teoria da Constituição*. 4. ed. Coimbra: Almedina, 2000, p. 1303. Resume: "Isto conduz a crescentes graus de especialização, impessoalidade e abstração no conjunto do sistema".

segurança jurídica,[3] ponto relevante onde se situa a definição da lei em conflito espacial a ser aplicada.[4]

Neste sentido é imperioso compreender que o revigoramento do direito internacional privado expressa justamente desafios no que respeitam as grandezas físicas e naturais acolhidas outrora em diversos fatispécies (como nos casos do tempo e espaço) frente às mudanças de valores (diversidade, pluralismo, alteridade), incremento informativo (comunicação, conexão, acesso) e *status* pessoal (identidade cultural), sem desconsiderar a trilogia mercado-sociedade-Estado.[5]

O *tempo*, foi ressignificado à base da velocidade, evoluindo em ritmo acendrado quanto à rapidez dos resultados (vale dizer, quanto mais tecnologia novas tecnologias surgirão). Nunca as realizações das pretensões foram tão imediatas, instantâneas, iminentes. Encurtando o tempo, diminuem os custos.[6]

Igualmente, a amplitude dos ambientes espargidos na sociedade digital desfoca a noção de espaço e, via de consequência, o indivíduo eletrônico está em muitos lugares ao mesmo tempo, inclusive além-fronteira.[7] Trata-se da substituição do '*homo viator*' pelo '*homo circulator*'.[8]

Questões relevantes no contexto externo, tanto no cone sul como em outros blocos, colocam à prova o direito internacional privado exigindo soluções no mínimo úteis. Situações existenciais, como os direitos da personalidade frente a liberdade de expressão (notadamente nas questões políticas tão similares nos países membros do Mercosul) ou

---

3. KELSEN, Hans *Teoria pura do direito*. São Paulo: Martins Fontes, 1997, p. 372. Os embates na justificação do direito internacional (especialmente o público) são atrozes na teoria do direito. A questão da soberania sempre foi mote em não apenas separar dualistas de monistas, como também de ancoragem ao direito interno. Neste sentido: "Dizer que o Estado é soberano não significa outra coisa senão que a fixação da primeira Constituição histórica se pressupõe como fato gerador de Direito sem que a esse propósito se faça referência a uma norma do Direito internacional que institua este fato como fato produtor de Direito".
4. RAMOS, André Carvalho. Justiça sistêmica e justiça material no direito internacional privado. *Revista de direito civil contemporâneo*. São Paulo: Ed. RT, 2020, p. 225-249. Aponta: "A justiça formal (também chamada de justiça conflitual ou espacial) consagra a harmonia internacional como interesse supremo do direito internacional privado, correspondendo à ausência de decisões contraditórias nos diversos estados com pontos de contato com o fato transnacional".
5. REIS, José. Estado e mercado: Uma perspetiva institucionalista e relacional. **Revista Crítica de Ciências Sociais 95|2011.** Publicado a 1º dezembro 2012, consultado a 29 agosto 2021. URL: http://journals.openedition.org/rccs/4355; DOI: https://doi.org/10.4000/rccs.4355.
6. LORENZETTI, Ricardo Luis. *Comércio eletrônico*. Trad. Fabiano Menke. São Paulo: Ed. RT, 2004, p. 32. No aviso de que "uma das características atuais é a da aceleração do tempo [...] O tempo virtual, da mesma forma que o espaço, divorciou-se das categorias comunitárias e naturais que configuraram o tempo real".
7. SCHWAB, Klaus. *A quarta revolução industrial*. Trad. Daniel Moreira Miranda. São Paulo: Edipro, 2016, p. 13.
8. LUCCA, Newton de. Novas fronteiras dos contratos eletrônicos nos bancos. *Doutrinas essenciais de direito empresarial*. São Paulo: Ed. RT, 2010, p. 649-726. Oferece segura crítica: "Essa técnica triunfante parecia fornecer ao homem moderno uma espécie de segunda natureza, transformando-o no chamado *homo circulator*, capaz de ir a todos os lugares sem lograr, contudo, estar em parte alguma. A teoria desse *homo circulator*, em última análise, é considerar a mobilidade como um valor em si mesma e, além disso, pela abolição do espaço-tempo da modernidade e da supressão dos horizontes de deslocamento, transformar-se num valor dominante na estranha axiologia da civilização contemporânea, contribuindo *ainda mais para a desagregação da imagem do mundo que os nossos antepassados tanto lutaram para salvaguardar*".

mesmo a proteção de dados.⁹ Igualmente relações contratuais propiciadas pelo comércio eletrônico com consumidor e fornecedor em domicílios diversos.¹⁰ A inclusão e acesso das pessoas idosas ou com deficiência no mercado. Temas relativos a situações jurídicas patrimoniais, como o direito real, cotejados à luz da multipropriedade contratada no estrangeiro.¹¹

Nos propomos a compreender, dentro de uma linha de pesquisa propositadamente *responsiva*, o direito internacional privado no âmbito do Mercosul afinado a três importantes diretrizes: unidade, diversidade e pessoa, cada uma delas, ao seu modo, ligadas à ordem pública. É o que discorremos a seguir. A busca pela metodologia responsiva implica em abertura e integridade, bastante divergente do sistema repressivo (absolutismo) e do sistema autônomo (liberal), a saber:

> Uma instituição responsiva conserva a capacidade de compreender o que é essencial à sua integridade e ao mesmo tempo leva em consideração as novas forças do ambiente social. Para isso, ela se baseia nas formas pelas quais a integridade e a abertura se sustentam mutuamente, mesmo quando conflitantes. Percebe as pressões sociais como fontes de conhecimento e de oportunidades de autocorreção. Para assumir essa postura, a instituição necessita contar a diretriz de uma finalidade.¹²

2. UNIDADE, DIVERSIDADE E PESSOA: TRÊS POSSIBILIDADES DE ORDEM PÚBLICA

As relações jurídicas privadas, inclusive as mais corriqueiras, ocorridas no dia a dia (como as relações de consumo), podem ser constituídas perante ordens internacionais diferenciadas, o que equivale dizer estarem sob a apreciação de duas ou mais legislações de Estados diversos. Por essa razão, aos Estados cabem providenciar a eventualidade de aplicação da legislação estrangeira e seus respectivos efeitos. Se adotar solução única, ou seja, utilização monopolística da *lex fori* (lei do foro) para todo e qualquer conflito, certamente haverá insuficiência caracterizada pela unilateralidade.¹³

---

9. PINHEIRO, Patrícia Peck. *Cyber rights*: direitos fundamentais dos cidadãos digitais e a existência de uma ordem pública global através da Internet. *RT*, v. 971. p. 167-185. São Paulo: Ed. RT. Ao propor um 'direito internacional digital' aponta: "neste momento, que o Direito Comparado por certo desempenharia função primordial para que pudesse haver o desenvolvimento deste Direito Internacional Digital uniformizado. Pois seria na análise do contraste sobre a aplicação dos diversos valores como o da privacidade, da proteção de dados, do acesso à informação, da liberdade de expressão na internet que se poderia apontar as convergências e tratar as divergências para celebrar então esta legislação realmente da Internet".
10. CHIAPPINI, Carolina Gomes; VIEIRA, Luciane Klein. Panorama atual sobre a jurisdição competente aplicável aos contratos eletrônicos internacionais, segundo as normas de direito internacional brasileiro. In: *Doutrinas essenciais de direito internacional*. v. 5, p. 357-379. São Paulo: Ed. RT, 2012. Na conclusão do estudo, as autoras corretamente optam em caso de conflito entre o domicílio do consumidor e do fornecedor a aplicação da lei mais favorável.
11. ARÁUJO, Nádia de. Contratos internacionais e consumidores nas américas e no Mercosul: análise da proposta brasileira para uma Convenção Interamericana na CIDIP-VII. Doutrinas essenciais de direito do consumidor. v. 2. p. 1.251-1287. São Paulo: Ed. RT, 2011.
12. NONET, Philippe; SELZNICK, Philip. *Direito e sociedade*: a transição ao sistema jurídico responsivo. Trad. Vera Ribeiro. Rio de Janeiro: Revan 2010, p. 121.
13. Mazzuoli, Valerio de Oliveira *Direito internacional privado: curso elementar*. Rio de Janeiro: Forense, 2015, p. 20. Esclarece: "Se assim procedessem os Estados, as soluções para os casos concretos sub judice (presentes "elementos

O direito internacional privado, via de consequência, tem protagonismo a partir do pressuposto de conhecimento de todas as ordens possíveis que possam incidir na identificação do fato. Mas isso também importa dizer que nem sempre a *lex fori* poderá ser ultrapassada, tanto porque há limites estabelecidos de conservação mínima do *status* jurídico interno, como no caso da '*ordem pública*'.

Assim a primeira diretriz que se põe nas relações jurídicas privadas internacionais – aqui com especial atenção ao bloco do Mercosul – é prioritariamente a '*unidade*'. Vale insistir: o ordenamento jurídico de cada Estado embute nos seus cidadãos comportamentos e exigências legais que, quando atendidas, geram legítima expectativa (critério subjetivo) e abrem espaço para exigência de segurança jurídica (critério objetivo) e os efeitos disso devem ser levados em consideração nas relações jurídicas privadas.

A busca da solução mais adequada, com efeito, dependerá da análise da totalidade de ordens internacionais que se façam presentes e que importem direta e imediatamente ao caso concreto. Entretanto, considerando a cooperação dos países componentes do bloco Mercosul, essa unidade deve ser vista à luz de *integração*.

Neste sentido, a contribuição:

> Além da abolição de barreiras para a livre circulação dos fatores produtivos, esse modelo de integração exige também a criação de um quadro normativo que confira certeza jurídica aos particulares nas suas atividades econômicas transnacionais. Os Tratados fundadores do Mercosul e da Comunidade Europeia já reconheceram essa necessidade [...] De maneira similar os Estados-partes do Mercosul contraíram o compromisso de "harmonizar suas legislações, nas áreas pertinentes, para lograr o fortalecimento do processo de integração.[14]

Aqui descortina-se novo princípio do direito internacional: o princípio da integração, que tem como função precípua harmonizar as ordens jurídicas de países integrantes de comunidades e blocos.[15] É justamente o liame entre a solidariedade e harmonia que vai conferindo aos poucos a passagem do direito internacional ao direito transnacional.

Não à toa que no regime jurídico da legalidade constitucional brasileira a integração regional é princípio a ser levado a trato direto e permanente nas relações internacionais perante a comunidade latino-americana, com relevo diferenciado e propositivo não apenas para as questões econômicas, como também nos temas políticos, sociais e culturais (CF, art. 4º, parágrafo único).

---

de estraneidade" em tais relações jurídicas) poderiam ser extremamente injustas, dada a impossibilidade de se localizar o real "centro de gravidade" (ou "ponto de atração") da questão em causa, notadamente no mundo atual que visa cada vez mais garantir a diversidade cultural e os direitos das pessoas em geral".

14. Wehner, Ulrich. Contratos internacionais: proteção processual do consumidor, integração econômica e Internet. *Doutrinas essenciais de Direito Internacional*. v. 5, p. 1.131-1.156. São Paulo: Ed. RT, 2012. A integração econômica constituiu um dos objetivos do Mercosul.

15. ALENCAR, Aline Cristina Amaro de. Direito internacional – processo de integração da União europeia e do Mercosul. *Revista de direito constitucional e internacional*. v. 80, p. 253-297. São Paulo: Ed. RT, 2012. Explica: "o princípio da integração é considerado um dos mais importantes do processo integracionista europeu, previsto no art. 1º do Tratado da União Europeia, tem como objetivo o aprofundamento das relações e da solidariedade entre os Estados-membros e, assim, é necessária a criação de um poder supranacional integrado".

Enfim, a *unidade* reclama equilíbrio entre três laços: i – conhecimento e eventual aplicação das ordens internacionais; ii – obediência a patamares mínimos de preservação do sistema interno pela ordem pública; iii – integração e harmonização das legislações dos países membros.[16]

Outra situação dá conta de nova diretriz cada vez mais reconhecida nos Estados Democráticos de Direito: a *diversidade* (os outros). Enquanto a unidade e, por conseguinte, a integração expressam preceitos de confiança e segurança a nível transnacional[17] (totalmente necessários às relações privadas), a diversidade exprime *respeito* e *diálogo* com legislação estrangeira.

O *respeito* é o *'vir a ser'* da tolerância, porquanto a legislação interna muito reflete a cultura e experiência de determinada nação e de determinados povos. Evidente que a formação jurídico-legislativa de um Estado, mesmo que caracterizado pelo fenômeno da 'recepção' do direito estrangeiro (direito comparado), tem nas bases fundantes os valores subjacentes que construíram e constroem o projeto político constitucional e leis infraconstitucionais. A tolerância replica nos países em situação de conflito espacial, não apenas no modal 'dever', mas igualmente princípio jurídico,[18] revelando a conhecida abstração pela qual ao intérprete cumpre desvencilhar dos próprios preconceitos.[19]

Já o *diálogo* tem fundamento na coordenação[20] entre os tratados e convenções (ordens de fixação de normativas no âmbito internacional e transnacional) com as Constituições (ordem jurídico-política interna caracterizada pela estrutura e funcionalidade polifacética).[21] Há um equilíbrio a ser mantido com a promoção de direitos universalmente indisponíveis e globalmente conquistados.

Observe que aqui possível inserir a ordem pública, porque a diversidade remete facilmente à teoria do diálogo das fontes[22] assim como aos direitos humanos. Cada vez

---

16. ALLAND, Denis; RIALS, Stéphane. *Dicionário da cultura jurídica*. Trad. Ivone Castilho Benedetti. São Paulo: Editora WMF Martins Fontes, 2012, p. 459.
17. STELZER, Joana. O fenômeno da transnacionalização da dimensão jurídica. In: CRUZ, Paulo Márcio; STELZER, Joana. *Direito e Transnacionalidade*. Curitiba: Juruá, 2009.
18. MARQUES, Floriano Peixoto de Azevedo. O choque de direitos e o dever de tolerância: os direitos fundamentais no limiar do século XXI. *Doutrinas essenciais de direitos humanos*. v. 1. p. 323-332. São Paulo: Ed. RT, 2011. Apresenta instigante definição: "Sob o ponto de vista da política internacional, a tolerância deverá estar refletida na aceitação da alteridade por parte das grandes potências, o que implica a seu tempo, aceitar a diversidade de culturas e de povos e não subordinar a política internacional aos desígnios nacionais, instrumentalizando-as casuisticamente. A intervenção humanitária não pode ficar ao sabor das conveniências, embora a sua adoção deva se dar sempre sob o espectro da tolerância, única forma de tornar legítimas tais intervenções".
19. GADAMER, Hans-Georg. *Verdade e método*. Traços fundamentais de uma hermenêutica filosófica. Trad. Flávio Paulo Meurer. Petrópolis-RJ: Vozes. 1997. Confira: "preconceitos como condição de compreensão".
20. ERIK, Jayme. *Identité culturelle et intégration: le droit privé postmoderne*. Cours général de droit international privé. Recueil des cours, 1995, t. 251, p. 9 y ss.
21. SILVA, José Afonso. Curso de direito constitucional positivo. 19. ed. São Paulo: Malheiros, 2001, p. 44. Dentre os outros elementos estão: *i*) elementos orgânicos (estrutura do Estado e distribuição do poder); *ii*) elementos socioideológicos (indicativos de normas liberais e normas de cunho social); *iii*) elementos de estabilização constitucional (resolução de conflitos entre normas e defesa da normatividade constitucional); *iv*) elementos de eficácia (que tratam da aplicabilidade das normas constitucionais).
22. Novamente com ERIK, Jayme. *Identité culturelle et intégration*: le droit privé postmoderne. Cours général de droit international privé. Recueil des cours, 1995, t. 251.

mais percebe-se a transformação do direito internacional privado através das convenções humanitárias que trazem novas perspectivas de justiça ao caso concreto, em outras palavras: a lei do sistema interno cede espaço aos tratados internacionais de direitos humanos. Está-se diante de ordem pública de âmbito internacional que visa a proteção da diversidade, da identidade cultural e, sobretudo, do humanismo.[23]

Por fim, a *pessoa* – como diretriz de cuidado – desde o findar da segunda guerra mundial vem ocupando, mesmo com bastante dificuldade, o lugar secular exercido pela norma, essa última enquanto perspectiva kelseniana-estrutural de conhecimento epistemológico. O fundamento da dignidade da pessoa humana, de perfil acentuadamente filosófico, possibilitou a 'humanização' do sistema jurídico, até então de base acentuadamente neutra.

Para tanto, a modificação foi extremada nos ordenamentos dos Estados Democráticos,[24] na medida em que se tornou necessário o aprimoramento da ciência jurídica, inclusive com forte espaço à interdisciplinaridade. No âmbito do direito, aos poucos, o sistema evoluiu valorativamente: princípios propositivos (*teoria da norma*); direitos, deveres, garantias e liberdades fundamentais (*teoria constitucional*); efeitos e eficiência (*teoria da decisão*); efetividade e inclusão (*teoria da emancipação*).[25]

Contudo, mesmo anteriormente à virada kantiana – e a bem da verdade é dever registrar –, a Lei de Introdução às Normas do Direito Brasileiro (LINDB, art. 7º) já tratava, nos temas privados internacionais, da configuração do chamado '*estatuto pessoal*'. Tais proposições normativas (nacionalidade, personalidade, identidade, nome etc.) situam-se mais genericamente na esfera da situação jurídica existencial da pessoa.[26]

Destarte, aqui novo encontro com a ordem pública, porquanto claramente os atributos mencionados configuram em grande parte direitos fundamentais, *conforme* os

---

23. LINDGREN ALVES, José Augusto. *Os direitos humanos na pós-modernidade*. São Paulo: Perspectiva, 2005.
24. BARROSO, Luis Roberto. Fundamentos Teóricos e Filosóficos no Direito Constitucional Brasileiro. *Revista da EMERJ*, v. 4, n. 15, p. 14, 2001. Assim define no cenário brasileiro: "O discurso acerca do Estado atravessou, ao longo do século XX, três fases distintas: a Pré-Modernidade (ou Estado Liberal), a Modernidade (ou Estado Social) e a Pós-Modernidade (ou Estado Neoliberal). A constatação inevitável, desconcertante, é que o Brasil chega à Pós-Modernidade sem ter conseguido ser liberal nem moderno. Herdeiros de uma tradição autoritária e populista, elitizada e excludente, seletiva entre amigos e inimigos - e não entre certo e errado, justo ou injusto –, mansa com os ricos e dura com os pobres, chegando ao Terceiro Milênio atrasados e com pressa".
25. DIMOULIS, Dimitri. Moralismo, positivismo e pragmatismo na interpretação do direito constitucional. *RT*. v. 769. p. 11-27. São Paulo: Ed. RT, 1999. Para quem: "o pragmatismo permite, finalmente, uma discussão sobre a política do direito (Rechtspolitik), que o positivismo tradicional, com o seu dogmatismo, não alcança e o moralismo confunde com a interpretação. Nesse tipo de discussão, é inarredável o uso dos recursos da teoria da argumentação racional e sobretudo o recurso aos preceitos de "moral política" elaborados pela teoria da democracia moderna no sentido de uma teoria da emancipação".
26. Ver o nosso MARTINS, Fernando Rodrigues. In: NANNI, Giovanni Ettore (Coord.). *Comentários ao Código Civil. Direito privado contemporâneo*. São Paulo: Saraiva, 2019, p. 25. Escrevemos: "*Às situações jurídicas subjetivas existenciais a LINDB adota como standard o estatuto pessoal (normas de regência do país de origem atinentes ao começo e fim da personalidade, nome, capacidade e direitos de família). O estatuto pessoal pode valer-se tanto da nacionalidade como do domicílio. A LINDB opta pelo critério do domicílio e, excepcionalmente, adota a nacionalidade. No conflito entre lei brasileira e lei estrangeira cabe ao aplicador, para depurar o estatuto pessoal do titular do direito, investigar o respectivo domicílio (sede jurídica para efeitos de direito)*".

contornos da legalidade constitucional.[27] E em correntio, sendo a matéria respeitante aos direitos fundamentais de natureza aberta e não tipificada (trasmudando-se em cláusula geral de tutela da pessoa) tem-se descortinado algo de novo: a anterior ordem pública, clássica nos códigos oitocentistas como ponto divisor entre a liberdade civil (vontade) e os interesses sociais estratégicos (segurança), aos poucos mudou de berço, formando hoje prudente fonte jurídica: a *ordem pública constitucional*.

Ao aviso, leciona Claudia Lima Marques:[28]

> A Constituição Federal de 1988 serve, assim, de centro valorativo, centro sistemático-institucional e normativo também do direito privado (força normativa da Constituição), um novo direito privado brasileiro (garantido e moldado pela ordem pública constitucional, limitado e consubstanciado pelos direitos fundamentais aí recebidos), um direito privado coerente, com manutenção do Código de Defesa do Consumidor, em sua inteireza, mesmo depois da entrada em vigor de um Código Civil que unificou as obrigações civis e comerciais e revogou grande parte do Código Comercial de 1850).

3. VULNERABILIDADE E ORDEM PÚBLICA INTERNACIONAL: ENTRE DESIGUALDADE E INVISIBILIDADE

A vulnerabilidade é tema próprio aos direitos humanos. Surgindo basicamente na promoção dos interesses existenciais e econômicos dos consumidores, gradativamente grassou avanços e espaços normativos (e valorativos) na tutela de demais pessoas naturais, considerando peculiaridades intrínsecas e ontológicas (idade, condição psicofísica social, conhecimento, identidade racial etc.).

Valha o exemplo da ONU pela Resolução 39/248, de 10.04.1985, que reconheceu o '*desequilíbrio*' típico dos consumidores perante o mercado já nos 'considerandos' introdutórios. Observe: "recognizing that consumers often face 'imbalances' in economics terms, educational levels, and bargaining power". Com posterior atualização através da Resolução 70/186 de 22.12.2015, houve a associação definitiva entre a vulnerabilidade e às desvantagens (desequilíbrios) corriqueiramente vivenciadas.[29]

No direito interno, a vulnerabilidade suplementando corretamente o conceito excludente de capacidade (de ampla cognição apenas patrimonial), erigiu-se preceito fundamental no sistema jurídico dos Estados Democráticos de Direito justamente pelo viés 'diferenciador'. As constituiçoes (aqui compreendidos não apenas os enunciados linguísticos, mas também o âmbito normativo e a norma-decisão)[30] passaram a prever, além da igualdade substancial aliada à justiça distributiva, tutelas específicas a atores

---

27. PERLINGIERI, Pietro. *Perfis do direito civil constitucional*. Trad. Maria Cristina de Cicco. 3. ed. Rio de Janeiro: Renovar, 2007, p. 104.
28. BENJAMIN, Antonio Herman V.; MARQUES, Claudia Lima; BESSA, Leonardo Roscoe. *Manual de direito do consumidor*. São Paulo: Ed. RT, 2008, p. 25.
29. ONU. Resolução 70/186 de 22.12.2015. "IV. Principios para unas buenas prácticas comerciales.11. a. "Las empresas deben tratar de manera justa y honesta a los consumidores en todas las etapas de su relación, como parte esencial de la cultura empresarial. Las empresas deben evitar prácticas que perjudiquen a los consumidores, en particular a los consumidores en situación vulnerable y de desventaja".
30. MÜLLER, Friedrich. *Métodos de trabalho de direito constitucional*. 3. ed. Rio de Janeiro: Renovar, 2005. p. 42.

e grupos em total disparidade, assimetria e disparidade com outros agentes e setores sempre privilegiados no seio da sociedade.

Em situações tais, novamente, é possível abordar o '*dever de tolerância*' que em muito resvala na diferenciação entre '*direitos*' e '*privilégios*'. É a lição de Roberto Gargarella:[31]

> Esto es exatamente lo que ocurre en el caso de los reclamos de algunos grupos piqueteros. Los grupos en los que estoy pensando no están reclamando por ventajas impositivas que les permitan aceder a yates y autos lujosos, ni demandan por la concesión por cabe o computadoras de última generación. Ésos serían reclamos por privilegios. Los grupos em cuestión reclaman por elementos básicos, indispensables para su sobrevivência.

Na Constituição brasileira de 1988 não se contempla explicitamente a expressão 'vulnerabilidade'. Conquanto, ainda assim, a vulnerabilidade está presente de forma implícita, especificamente quando discrimina positivamente sujeitos reais de direito. É o que ocorre com os (às): consumidores (CF, art. 5º, inc. XXXII); gestantes (CF, art. 201, inc. II); crianças, adolescentes e jovens (CF, art. 227); idosos (CF, art. 230); pessoas com deficiência (CF, art. 227, § 2º); índios (CF, art. 231); analfabetos (CF, art. 214, inc. I).[32]

Assim, muito embora, a legalidade constitucional *vede a discriminação* (CF, art. 3º, inc. IV), ao mesmo tempo, *discrimina*.[33] Tudo isso só é possível porque se trata do 'mesmo texto magno', ficando claro que o vedado é a *discriminação atentatória*[34] e não a *discriminação responsiva*.

Destarte, essa discriminação positiva decorre da necessidade vinculativa e inerente aos *deveres de proteção* dos direitos fundamentais[35] em *imunizar* a extrema desigualdade[36] desses sujeitos designados constitucionalmente. Vale dizer, a desigualdade afeta a soberania (não do Estado), mas da *dignidade humana*[37] que é objeto de promoção do sistema jurídico.[38]

---

31. Ver GARGARELLA, Roberto. *Carta aberta sobre la intolerância: apuntes sobre derecho y protesta*. Buenos Aires: Siglo XXI Editores, 2006.
32. Para um argumento contrário e crítico para revelar que nesta linha haveria clara parcialidade com apenas porção da população, ver SUSTEIN, Cass. *A constituição parcial*. Belo Horizonte: Del Rey, 2008.
33. Para um argumento favorável ver RUBAJA, Nieve. HARRINGTON, Carolina. *Protección de la niñez migrante en el Mercosur. Complementariedad de las perspectivas del Derecho internacional de los Derechos Humanos y del Derecho Internacional Privado*. El derecho internacional privado del MERCOSUR: en la práctica de los tribunales internos de los Estados Partes. Luciana Scotti y Luciane Klein Vieira. Asunción: Secretaría del Tribunal Permanente de Revisión del Mercosur, 2020. p. 249. Explicam: "Padecen desigualdad jurídica: es el ámbito en que nacen y confluyen el resto de los factores de discriminación. Al extranjero se lo coloca en un estatus negativo "no nacional" o "no ciudadano" que, a veces, implica requisitos diferentes y más gravosos, condiciones especiales, relegación, sometimientos a mayores controles, una vulnerabilidad construida institucionalmente".
34. BRASIL. Constituição Federal. Art. 5º [...]: "XLI – a lei punirá qualquer discriminação atentatória dos direitos e liberdades fundamentais".
35. SILVA, Jorge Pereira da. Deveres do Estado de protecção de direitos fundamentais: fundamentação e estruturas das relações jusfundamentais triangulares. Lisboa: Universidade Católica Editora, 2015.
36. MARQUES, Claudia Lima; MIRAGEM, Bruno. *O novo direito privado e a proteção dos vulneráveis*. São Paulo: Ed. RT, 2012.
37. NABAIS, José Casalta. *Por uma liberdade com responsabilidade*. Coimbra: Coimbra Editora, 2007. p. 242.
38. OTERO, Paulo. *Direito da vida*: relatório sobre o programa conteúdos e métodos de ensino. Coimbra: Almedina, 2004, p. 81. Na frase: "a dignidade da pessoa humana é a pedra angular do sistema constitucional, assumindo-se como verdadeiro eixo de rotação dos direitos fundamentais.

Mas não só a desigualdade é a viga estrutural da vulnerabilidade. Há também a *invisibilidade* de pessoas e grupos constantemente desprezados e invisíveis. Categorias de pessoas ou comunidades inteiras secularmente tratadas com indiferença e ausentes dos debates proporcionados pelo Poder Público, pelo mercado e pela sociedade. Fortemente delineados por minorias que não têm a oportunidade de desenvolver discursos, resistências, mobilização, e, por isso, estão à margem do sistema jurídico.[39]

Na realidade, a vulnerabilidade tem excelente propósito na *vedação da invisibilização* de grupos minoritários. Minorias culturais, minorias sexuais ou mesmo minorias raciais são constantemente apagadas da esfera das decisões políticas, sociais e jurídicas porque desprovidas de representação. Na medida em que se faz aplicação do princípio da vulnerabilidade dá-se concretude ao '*direito de não ser invisível*'.[40]

Cinge no aspecto advertir quanto à edição recente da Resolução Mercosur/GMC/RES 11/21 que cria no respectivo âmbito o marco de proteção aos direitos do consumidor em situação de hipervulnerabilidade.[41]

Não há dúvidas, pois, que a vulnerabilidade e a vulnerabilidade mais severa (a agravada) compõem a *ordem pública internacional*. Contrariamente à ordem pública interna com seu efeito impugnativo, a ordem pública internacional proclama modelo injuntivo-positivo na medida objetivando...

> proteger valores que transcendem a jurisdição de um Estado, para zelar pela defesa de interesses que afetam outros povos, e às vezes o conserto das nações. Esta ordem pública é positiva porque pede às autoridades estatais que algo seja feito, visando a esses interesses maiores.[42]

4. VULNERABILIDADE ENTRE INTEGRAÇÃO E ELEMENTO DE CONEXÃO

Consoante sólida doutrina, propositivo elemento de conexão nas questões relativas aos contratos de consumo na esfera do MERCOSUL é a '*aplicação da lei mais favorável*

---

39. GARGARELLA, Roberto. *Derecho y grupos desaventajados*. Barcelona: Gedisa, 1999. p. 17.
40. Ver por todos: CORBO, Wallace. Reflexões acerca da função contramajoritária do STF na proteção de direito de minorias. *RTRJ*. v. 5. São Paulo: 2014, p. 181-212. Desenvolve com precisão: "Com efeito, determinados grupos da sociedade – notadamente grupos invisíveis, como minorias culturais ou mesmo minorias sexuais – podem ter seus interesses sub-representados e sub-protegidos na esfera pública. Neste sentido, é possível dizer que a vedação à invisibilização possui um aspecto não só igualitário – no sentido de impedir resultados injustos que decorrem da deliberação que não considera os interesses de determinados grupos –, como também democrático – no sentido de que busca permitir a própria consideração destes interesses no debate público".
41. MERCOSUR/GMC/RES. 11/21 Art. 1º – Considerar como consumidores en situación de hipervulnerabilidad a las personas físicas con vulnerabilidad agravada, desfavorecidas o en desventaja en razón de su edad, estado físico o mental, o circunstancias sociales, económicas, étnicas y/o culturales que provoquen especiales dificultades para ejercer con plenitud sus derechos como consumidores en el acto concreto de consumo que realicen.
42. DOLINGER, Jacob. A ordem pública internacional em seus diversos patamares. *Doutrinas essenciais de direito internacional*. v. 1. São Paulo: Ed. RT, 2012, p. 247-260. Para quem a ordem pública internacional pode ser fragmentada nas seguintes situações: i – ordem pública protetora de outra jurisdição; ii – respeito pela ordem pública de outra jurisdição; iii – respeito pelos atos soberanos de outros Estados; iv – direito internacional penal; v – direito econômico internacional; vi – direito ambiental internacional.

ao consumidor. Tal conexão aberta inspirada inicialmente no Tratado de Roma tem por escopo trazer confiança e segurança jurídica ao consumidor e às relações de consumo.[43]

Essa projeção está corretíssima e não carece de reparos já que em acordo com as inúmeras manifestações internacionalistas de proteção ao consumidor. Buscou-se proteger o consumidor com a legislação do seu domicílio desde que a mesma, nas interações de natureza internacional, seja a que melhor lhe proteja. Observe que nesta dimensão o direito internacional auxilia em termos de 'suficiência' os deveres fundamentais a serem promovidos e exercidos pelos países membros do bloco Mercosul que tenham tal previsão nas respectivas Constituições, como no caso a brasileira (CF, art. 5º, inc. XXXII).

Infelizmente não foi isso o que ocorreu ao longo deste ano no Brasil quando houve veto parcial na Lei 14.181/21 que dispõe sobre o crédito consignado e tratamento ao superendividamento e atualiza o CDC. Houve objeção presencial quanto ao disposto no inciso XIX do art. 51 do código do consumidor, configurando duro retrocesso em termos humanitários.[44] Contudo, *mesmo e apesar deste veto*, é possível através da teoria do diálogo das fontes trazer a hipótese da 'lei mais favorável'[45] acima aprovada no âmbito do Mercosul internalizando-a no direito interno brasileiro.

Referente à integração o escopo é harmonizar as legislações internas por meio da edição de tratados em matéria de Direito Internacional Privado. Menciona a doutrina que houve forte influência da integração europeia, adotando-se os mesmos passos para coordenação de temas em matéria transnacional:

> O processo de europeização do DIPr conta com as seguintes características: (i) aceitação do DIPr como temática submetida a normas da União Europeia (especialmente a partir Tratado de Amsterdã); (ii) uso do método do reconhecimento mútuo; (iii) finalidade de assegurar a circulação de decisões judiciais e; iv) busca adotar o princípio da proteção da parte mais fraca (faceta social da integração europeia).[46]

---

43. MARQUES, Claudia Lima. Lei mais favorável ao consumidor e o acordo do Mercosul sobre direito aplicável em matéria de contratos internacionais de consumo de 2017. Revista *de Direito do Consumidor*. v. 121. p. 419-457. São Paulo: Ed. RT, 2019. Exorta: "Justifica-se a iniciativa também em virtude da especificidade do contrato internacional de consumo (B2C) e necessidade de uma regra específica sobre o tema. A insuficiência das respostas nacionais para a proteção dos consumidores em mercados liberalizados. Os contratos e transações entre um empresário, pessoa física ou jurídica, que fornece produtos ou serviços a distância ou a turistas, e um consumidor, pessoa física com fins não profissionais, têm uma especificidade que os diferencia do comércio internacional entre profissionais (pequenos valores, contratos esporádicos, déficit de informações, informação manipulável, marketing de massas etc.) e exige do Direito Internacional Privado de hoje uma proteção da parte mais fraca ou vulnerável, o consumidor, conforme a Resolução das Nações Unidas (UN Res. 39/248, 09.04.1985, revisada em 1999 e 2015)".
44. Disponível em: https://www.migalhas.com.br/depeso/350922/os-vetos-parciais-sobre-a-lei-14-181-21. Acesso em 03 set. 2021. Anotamos no artigo: "À decisão jurídica que ostenta o veto cabia prestigiar a utilização da hermenêutica humanista relativa à 'interpretatio pro hominis' (lei mais adequada aos direitos humanos do consumidor) ou mesmo refletir quanto ao emprego do 'princípio da proteção internacional mínima do consumidor'. Não há dúvidas que a cultura humanista prevista no CDC há mais de trinta anos foi banalizada".
45. BRASIL. CDC. Art. 7º Os direitos previstos neste código não excluem outros decorrentes de tratados ou convenções internacionais de que o Brasil seja signatário, da legislação interna ordinária, de regulamentos expedidos pelas autoridades administrativas competentes, bem como dos que derivem dos princípios gerais do direito, analogia, costumes e equidade.
46. RAMOS, André Carvalho. O Direito internacional privado do Mercosul no Brasil. El derecho internacional privado del MERCOSUR: en la práctica de los tribunales internos de los Estados Partes. Luciana Scotti y Luciane Klein Vieira. Asunción: Secretaría del Tribunal Permanente de Revisión del MERCOSUR, 2020. p. 308.

Neste sentido, aos poucos a vulnerabilidade ganhou projeção como tema de respeitável destaque nas dimensões territoriais, políticas, sociais e jurídicas do Mercosul, firmando-se na integração e harmonia do bloco. Excelente referência exemplificativa pode ser reforçada diante o Acordo para a Implementação de Bases de Dados Compartilhadas de Crianças e Adolescentes em Situação de Vulnerabilidade do Mercosul e Estados Associados, bem como do Acordo entre os Estados Partes do Mercosul e Estados Associados sobre Cooperação Regional para a Proteção dos Direitos das Crianças e Adolescentes em Situação de Vulnerabilidade, ambos assinados em San Miguel de Tucumán, em 30 de junho de 2008.[47]

Agora, como visto, a Resolução o Mercosur/GMC/RES 11/21, para os significativos problemas e tensões quanto aos consumidores com vulnerabilidade agravada, internaliza no âmbito de aplicabilidade do sistema transnacional a orientação de que "cada Estado Parte deberá adoptar internamente, de manera gradual y teniendo en cuenta sus particularidades, así como las mejores prácticas internacionales".[48]

Enfim, o que antes era matéria de incipiente projeção no âmbito do Mercosul,[49] hoje se consolida, e ainda evolui, em termos de harmonia e integração.

No que concerne à vulnerabilidade como elemento de conexão,[50] anotamos que ela está adotada, *indiretamente* e *mediatamente* na conexão da '*aplicação da lei mais favorável*', isto porque a '*interpretação favorável*' é meio (objeto) para o qual se visa um *telos*: a pessoa.[51]

---

47. No Brasil PDC 846/17.
48. Em seu art. 3º, se apresentam as medidas a serem internalizadas: *a – favorecer procedimientos eficaces y expeditos para la adecuada resolución de los conflictos de los consumidores hipervulnerables; b – eliminar o mitigar obstáculos en el acceso a la justicia de los consumidores hipervulnerables; c – implementar políticas de orientación, asesoramiento, asistencia y acompañamiento a los consumidores hipervulnerables en la interposición de reclamos en el marco de las relaciones de consumo; d – adecuar los procedimientos administrativos o judiciales para el pleno ejercicio de derechos de los consumidores hipervulnerables; e – implementar acciones de educación, divulgación, información y protección diferenciada a los consumidores hipervulnerables; f – fomentar la comunicación con lenguaje claro, coloquial, expresado en sentido llano, conciso, entendible y adecuado a las condiciones de los consumidores hipervulnerables; g – promover la accesibilidad en el canal de comunicación e información al consumidor; h – promover, entre los proveedores de bienes y servicios, buenas prácticas comerciales en materia de atención, trato y protección de derechos de los consumidores hipervulnerables; i – proteger contra publicidad y ofertas engañosas o abusivas a consumidores hipervulnerables; j – promover la protección de datos e intimidad de los consumidores hipervulnerables.*
49. ZANCHET, Marília. A Vulnerabilidade e a Proteção dos Mais Fracos no Mercosul. *Cadernos do Programa de Pós-Graduação em Direito* – PPGDir./UFRGS, Porto Alegre, n. 3, set. 2014. ISSN 2317-8558. Disponível em: https://seer.ufrgs.br/ppgdir/article/view/50235. Acesso em: 03 set. 2021.
50. Já tivemos a oportunidade em escrever. MARTINS, Fernando Rodrigues. Comentários ao Código Civil. Direito privado contemporâneo. Coord. Giovanni Ettore Nanni. São Paulo: Saraiva, 2019, p. 29. Veja: "A vulnerabilidade como elemento de conexão. O automatismo das interações humanas surpreende pela evolução sem limites, o que, via de consequência, descortina a insuficiência do sistema normativo na regulação sincronizada de inúmeras situações, dentre elas as questões ligadas ao comércio eletrônico, constituídas via internet ou aos contratos de turismo. A vulnerabilidade contribuiria bastante como novo elemento de conexão, dando preferência ao foro que melhor protegesse o mais fraco".
51. MARQUES, Claudia Lima. Lei mais favorável ao consumidor e o acordo do Mercosul sobre direito aplicável em matéria de contratos internacionais de consumo de 2017. *Revista de Direito do Consumidor*. v. 121. p. 419-457. São Paulo: Ed. RT, 2019. Perceba: "Trata-se de regra de proteção em conflitos de leis (Direito Internacional Privado), que vai combater o "duplo standard" no fornecimento de produtos e serviços aos consumidores dos

Não fosse isso, como *princípio* no sistema jurídico, a vulnerabilidade pode ir além desta função única: a interpretativa (pela aplicação da lei mais favorável). Evidente que pode nos conflitos espaciais se projetar como elemento de conexão para alcançar duas outras funções: i –deontológica-sancionatória; e ii – fundante-atributiva.

Na primeira, a vulnerabilidade será *elemento de conexão*, porque enquanto princípio tem caracterização deontológica (dever-ser)[52] e enseja aplicação como espécie normativa, e, via de consequência, pode indicar a legislação internacional em conflito mais adequada ao sancionamento daquele que descumpre os deveres impostos pela ordem pública contratual. Excelente exemplo, está agora inserido no sistema jurídico brasileiro, pela Lei 14.181/21 que atualizando o Código de Defesa do Consumidor, estabelece nítidas sanções[53] aos fornecedores que descumprem os pressupostos normativos do *crédito responsável*. São eles: i – deveres de informação específicos (CDC, art. 54-B); ii – vedação de condutas de acintosas na oferta (CDC, art. 54-C); iii – requisitos da oferta (CDC, art. 54-D).

Como se trata de lei protetiva ao vulnerável, no enfrentamento entre legislações de consumo, a esfera 'adjucatória'[54] da sanção deve ser levada em consideração, já que a aplicação da pena revela, entre outras situações, a força normativa do caráter punitivo e exemplificativo. Verdadeiro modelo de respeito aos direitos fundamentais dos consumidores, porque se a vulnerabilidade é a desvantagem ou o desequilíbrio, a sanção a ser operada é forte elemento para descortinar a melhor opção protetiva.

Na segunda, a função fundante-atributiva,[55] há o efeito de *revelar* os 'invisíveis', que é o outro ponto da vulnerabilidade. Na solução dos conflitos internacionais deve ser levada como peso para solução dos impasses aquela legislação que melhor identifica as pessoas em situação de extrema injustiça, inclusive aqueles em vulnerabilidade severa.

Valemos da mesma Lei 14.181/21 para indicar novamente a presença dessa clareza de sentidos. É que enquanto o art. 54-C do CDC estabelece dentre as condutas acintosas vedadas a oferta ao crédito mediante 'assédio' quando se tratar de consumidor *idoso*, *analfabeto*, *doente* ou em *estado de vulnerabilidade agravada*, o art. 54-D considera como requisito à oferta do crédito responsável a informação e esclarecimento adequado quanto à natureza e modalidade do crédito, considerando a '*idade*' do vulnerável.

---

países da região, ao indicar a possibilidade de aplicação da "lei mais favorável" ao consumidor, de forma que esse sujeito vulnerável domiciliado na região possa se beneficiar do nível mais elevado de proteção das legislações conectadas com a sua relação de consumo internacional".

52. ALEXY, Robert. *Teoria de los derechos fundamentales*. Madri: Centro de Estudos Constitucionales, 1997. p. 147
53. BRASIL, CDC. Art. 54-D, parágrafo único. O descumprimento de qualquer dos deveres previstos no caput deste artigo e nos arts. 52 e 54-C deste Código poderá acarretar judicialmente a redução dos juros, dos encargos ou de qualquer acréscimo ao principal e a dilação do prazo de pagamento previsto no contrato original, conforme a gravidade da conduta do fornecedor e as possibilidades financeiras do consumidor, sem prejuízo de outras sanções e de indenização por perdas e danos, patrimoniais e morais, ao consumidor.
54. VIGO, Rodolfo Luis. Interpretação jurídica: do modelo juspositivista-legalista do século XIX às novas perspectivas. Trad. Suzana Elena Dalle Mura. São Paulo:Ed. RT, 2005, p. 67.
55. LORENZETTI, Ricardo Luis. *Comércio eletrônico*. Trad. Fabiano Menke. São Paulo: Ed. RT, 2004, p. 83.

A melhor legislação é a igual a luz do sol, desnuda quem de fato (e de direito) necessita de promoção.[56]

5. CONSIDERAÇÕES FINAIS

O desenvolvimento dos estudos relativos à vulnerabilidade e sua adoção nos sistemas jurídicos internos dos países propiciaram a constituição de fonte essencial ao direito internacional privado, de onde referido princípio se originou, todavia, timidamente. Agora em metafórico giro hermenêutico retorna na qualidade de ordem pública internacional.

Protegendo desiguais e aqueles em severas desvantagens, também se orienta fundamentalmente na revelação dos invisíveis, dos esquecidos, dos abonados e colocados à margem do Estado-mercado-sociedade.

A lei favorável já é compreendida corretamente como elemento de conexão na medida em que garante a lei do domicílio do consumidor em hipótese de conflito espacial, desde que seja ela a lei mais benéfica. O Mercosul prudentemente acompanhou a sábia orientação outrora já vertida pelo Tratado pelo Roma.

Contudo, tal elemento de conexão tem implícita e indiretamente na sua elaboração o conceito de vulnerabilidade (desequilíbrio, desvantagem, injustiça) e, agora, invisibilidade.

Portanto, é lícito formular e sugerir novas abrangências em decorrência da vulnerabilidade, permitindo-a mais incisiva como modelo de conexão, especialmente levando-se em consideração as funções: sanção e revelação.

---

56. Louis Brandeis (1856-1941), "a luz do sol é o melhor detergente.

VULNERABILIDADE E TRANSUMANISMO: O ACESSO À TECNOLOGIA COMO PRIVILÉGIO E A RUPTURA DO PRINCÍPIO BIOÉTICO DA JUSTIÇA

Adriano Marteleto Godinho

Sumário: 1. Notas introdutórias – 2. Transumanismo: conceito e fundamentos – 3. O acesso à tecnologia como privilégio e a ruptura do princípio bioético da justiça – 4. Considerações finais.

1. NOTAS INTRODUTÓRIAS

Dentre todas as revoluções operadas pela tecnologia ao longo das últimas décadas, nenhuma parece representar tamanha ruptura com o tempo presente que a proposta pelo fenômeno conhecido mundialmente como transumanismo, que propõe, em essência, o emprego de meios tecnológicos para aprimorar as capacidades humanas. O que se tem em pauta não é apenas colocar a tecnologia a serviço da saúde, por meio de técnicas de cunho terapêutico que permitam curar e cuidar de pessoas enfermas; muito para além disso, a proposta transumanista consiste em facultar aos seres humanos a potencialidade de atingirem patamares de inteligência, vigor e longevidade incompatíveis com a própria natureza humana. Assim, seres (trans)humanos poderiam, ao menos em tese, se tornar muito mais inteligentes que Einstein, mais fortes que Hércules e mais longevos que Noé.

O escopo deste trabalho é o de apresentar, em um primeiro momento, as bases que sustentam a filosofia transumanista.

Uma vez assentados o conceito e os fundamentos do movimento transumanista, caberá discutir, na sequência, de que modo os melhoramentos operados sobre as naturais limitações dos seres humanos podem acarretar desequilíbrios sociais capazes de romper com o princípio bioético da justiça.

Em síntese bastante apertada, são estes os propósitos das linhas que se seguem.

2. TRANSUMANISMO: CONCEITO E FUNDAMENTOS

Muito embora a revolução tecnológica tenha provocado impactos sociais outrora apenas imagináveis em obras de ficção científica, talvez a maior ruptura tecnológica esteja em vias de emergir: propõe-se, por meio do movimento conhecido como *transumanismo*, a superação dos limites físicos, morais e intelectuais dos seres humanos. O fenômeno em questão diz respeito a uma perspectiva de investimento na transformação da condição humana,[1] no sentido de promover seu aperfeiçoamento a partir do uso da ciência e da tecnologia, seja pelas vias da biotecnologia, da nanotecnologia e/ou da neurotecnologia, com fulcro no aumento da capacidade cognitiva e na superação de barreiras físicas, sensoriais e psicológicas, qualidades marcantemente humanas. A proposta do movimento transumanista tem por objetivo, portanto, empregar toda a tecnologia possível para permitir que seres humanos transcendam suas capacidades naturais, o que, em princípio, propiciará o surgimento de uma nova categoria de entes artificialmente aperfeiçoados em relação às limitações que naturalmente demarcam a condição humana. Como instância derradeira, pressupõe-se mesmo a constituição de seres *pós-humanos*, livres das amarras e dos limites que hoje nos são impostos pela própria essência humana.

O transumanismo vislumbra, em essência, o ultrapassar dos limites impostos à condição humana. Nesse sentido, Max More oferece sua definição de transumanismo. Trata-se de

> [...] uma classe de filosofias que busca nos guiar em direção a uma condição pós-humana. Transumanismo compartilha muitos elementos do humanismo, incluindo o respeito pela razão e pela ciência, um compromisso com o progresso e uma valorização da existência humana (ou transumana) 'terrena', em vez de alguma pós-vida sobrenatural. Transumanismo difere do humanismo ao reconhecer e antecipar as radicais alterações na natureza e as possibilidades de nossas vidas resultantes de várias ciências e tecnologias, tais como a neurociência e a neurofarmacologia, o prolongamento da vida, nanotecnologia, ultra inteligência artificial, combinado com uma filosofia racional e um sistema de valores.[2]

O mesmo autor, noutra obra,[3] avança em suas considerações sobre o tema:

> Transumanismo é tanto uma filosofia baseada na razão e um movimento cultural que afirma a possibilidade e o desejo de aperfeiçoar fundamentalmente a condição humana pelos meios da ciência e da tecnologia. Transumanistas buscam a continuação e a aceleração da evolução da vida inteligente para além de sua forma humana corrente e das limitações humanas por via da ciência e tecnologia, guiados por princípios e valores promotores da vida.

Max More pondera a definição do transumanismo enquanto processo contínuo de superação dos limites da condição humana através da razão científica, ancorada essencialmente nos seguintes princípios: expansão ilimitada; autotransformação; otimismo dinâmico; tecnologia inteligente; inteligência crescente; ordem espontânea; liberdade; prazer e longevidade.[4] Os meios tecnológicos disponíveis para o alcance dos propósitos transumanistas incluem, entre outros, engenharia genética, psicofarmacologia, terapias antienvelhecimento, interfaces neurais, ferramentas avançadas de gerenciamento de

---

1. VILAÇA, Murilo Mariano; DIAS, Maria Clara Marques. Transumanismo e o futuro (pós-) humano. Physis: Revista de Saúde Coletiva. v. 24, n. 2, p. 341-362. Rio de janeiro, 2014.
2. MORE, Max. *The philosophy of transhumanism*. In: MORE, Max; VITA-MORE, Natasha. The Transhumanist Reader: Classical and Contemporary Essays on the Science, Technology, and Philosophy of the Human Future. Hoboken: John Wiley & Sons, 2013.
3. MORE, Max. True transhumanism: a reply to Don Ihde. In: HANSELL, Gregory R.; GRASSIE, William. *H+*: transhumanism and its critics. Metanexus Institute, 2010, p. 137.
4. VILAÇA, Murilo Mariano; DIAS, Maria Clara Marques. Op. cit., p. 341-362.

informações, drogas que melhoram a memória, máquinas vestíveis (a exemplo dos exoesqueletos), inteligência artificial e a potencialidade de técnicas vindouras, como a nanotecnologia molecular.⁵

Nick Bostrom, figura igualmente destacada entre os transumanistas, oferece sua perspectiva acerca dos objetivos do movimento, que incluem a extensão radical da vida e da saúde, a erradicação das doenças e dos sofrimentos desnecessários e o aumento das capacidades intelectuais, físicas e emocionais dos seres humanos. A exemplo do que propagam os adeptos do transumanismo, ele também considera que a natureza humana é um trabalho em andamento, um começo incompleto que pode ser remodelado da forma como se deseje; assim, a humanidade não seria o estágio final da evolução, e o emprego responsável da tecnologia e da ciência pode nos conduzir à condição de pós-humanos, seres com capacidades muito maiores que as que possuem os atuais humanos.⁶ O autor entende, então, que um indivíduo pós-humano será aquele que apresentar ao menos uma capacidade pós-humana, tida esta como a que pode exceder enormemente a capacidade máxima geral atingível por qualquer ser humano sem o recurso a aparatos tecnológicos. Essa capacidade geral pode admitir uma perspectiva sanitária (a capacidade de o indivíduo permanecer totalmente saudável, ativo e produtivo, seja mental ou fisicamente), cognitiva (concernente a capacidades intelectuais em geral, como memória, raciocínio, atenção e capacidade de compreensão) e emotiva (a capacidade de gozar a vida e reagir afetivamente às demais pessoas).⁷ Em síntese, ao manipular a tecnologia, a promessa transumanista propõe a criação de uma espécie transumana ou pós-humana dotada de todas as nossas virtudes atuais, mas livre de nossas debilidades.

Eis o lugar que a filosofia transumanista reserva para a tecnologia e a ciência: transformar e catalisar a vivência humana no mundo contemporâneo – ainda que tal implique questionar, enfim, se os seres humanos de hoje estão *obsoletos*.⁸ A tecnologia emerge, nestas condições, como uma expressão da natureza humana e um fator que tanto a transforma como também modifica os limites do homem moderno.⁹ Nesse sentido, a felicidade decorrente do melhoramento das condições de vida em geral seria o liame da utilização dos padrões transumanos, cujo escopo moral é endossado pela proposta de "tomar o controle do nosso futuro evolutivo".¹⁰

O transumanismo, pois, propõe mais do que simplesmente usar a tecnologia para sanar deficiências humanas, mas para aperfeiçoar as capacidades das pessoas, inclusive as que sejam perfeitamente saudáveis. Há, com efeito, sensível distinção entre o uso de aparatos que visem a reparar enfermidades ou debilidades – que variam entre o uso de

---

5. BOSTROM, Nick. Transhumanist values. *Review of Contemporary Philosophy*, v. 4, issue 1-2, p. 89. 2005.
6. BOSTROM, Nick. Transhumanist values. Op. cit., p. 90.
7. BOSTROM, Nick. Why I want to be a transhumanist when I grow up. In: GORDIJN, Bert and HADWICK, Ruth C (Ed.). *Medical Enhancement and Posthumanity*. Springer, 2008, p. 107-108.
8. WINNER, Langdon. Are humans obsolete? *The Hedgehog Review*: Technology and the Human Person, v. 4, n. 3, 2002.
9. GAYOZZO, Piero. ¿*Qué es el transhumanismo?* La ampliación del bienestar a través del futuro común del hombre y de la tecnología. Instituto de Extrapolítica y Transhumanismo. Lima, Peru, abril de 2019, p. 10.
10. STOCK, G. *Redesigning Humans*: choosing our children's genes. London: Profile, 2002.

simples lentes de contato até a inserção de instrumentos como marcapassos ou próteses no corpo humano – e o emprego de meios tecnológicos para facultar a seres humanos a superação de suas limitações. Enquanto aqueles permitem a uma pessoa corrigir imperfeições e viver em paridade de condições com os demais, estes objetivam dotar indivíduos de condições sobre-humanas, naturalmente inatingíveis por qualquer pessoa.

Aí reside o núcleo da ideologia transumanista: promover, por meio da tecnologia, melhoramentos capazes de dotar os indivíduos de benefícios físicos, como a força e a resistência, e também psíquicos e intelectuais, como uma memória prodigiosa e uma inteligência capaz de processar informações tal qual uma máquina faria. Por se tratar de intervenções realizadas sobre o organismo humano, tais aprimoramentos são também denominados *biomelhoramentos*.

A propósito, a partir da análise dos possíveis biomelhoramentos que podem incidir sobre o organismo humano, e sobretudo mediante a verificação da intensidade dos respectivos efeitos, é possível identificar duas vias distintas para o transumanismo, tomada a expressão *lato sensu*: uma, de viés mais moderado, que propõe o emprego de tecnologias avançadas que visem ao aprimoramento das capacidades humanas; a outra, de caráter mais radical, sugere não apenas a superação de determinadas habilidades humanas, mas a superação da própria condição humana. No primeiro caso, fala-se em um transumanismo *stricto sensu*, que preserva a essência das características humanas, ainda que as amplie. No derradeiro, manifesta-se a perspectiva pós-humanista.

Ambos os modelos apresentados encontram correspondência com a proposta transumanista. A perspectiva transumanista em sentido estrito e o movimento pós--humanista partem das mesmas bases – a ideia de que os humanos são seres *in fieri*, que podem e devem ser aprimorados – e compartilham os mesmos meios, nomeadamente a proposta de valer-se da biotecnologia para transgredir as limitações que naturalmente demarcam a condição humana. Estas perspectivas divergem essencialmente quanto aos fins: enquanto o transumanismo de caráter moderado propõe o aperfeiçoamento dos seres humanos, em uma perspectiva (ainda) antropocêntrica, que não descaracteriza ou desnatura a essência das pessoas – embora proponha o melhoramento de suas faculdades físicas, psíquicas e intelectuais –, o pós-humanismo tem por meta a desconstrução dos seres humanos como os conhecemos, rumo a uma verdadeira "fabricação" de novos seres pós-humanos, enquanto um híbrido das antigas qualidades e capacidades humanas, agora aprimoradas, e artifícios tecnológicos como a inteligência artificial.[11] Neste sentido, a filosofia pós-humanista pode ser considerada como "pós-antropocêntrica".

Joan Albert Vicens[12] sintetiza adequadamente as distinções entre as vias transumanistas: de um lado, há um transumanismo mais moderado, que propõe a expansão das capacidades que já possuímos, sem se desgarrar do que o homem é fundamentalmente. O

---

11. UZOMAH, Michael M.; ATTOH, Undiekeye S. Transhumanism as a philosophy of material transfiguration: a critical analysis. *Social Sciences, Humanities and Education Journal (SHE Journal)*, n. 1 (3), p. 31. 2020.
12. VICENS, Joan Albert. *El transhumanismo*: una introducción. Perifèria. El transhumanisme: H? 2017, v. 4, p. 27-28.

objetivo a atingir, neste caso, é o de fazer com que as pessoas sejam mais saudáveis, mais felizes ou mais inteligentes, o que não as desnatura e tampouco contradiz as aspirações da humanidade ao largo dos séculos – pelo contrário, finalmente as consumam, ao menos segundo seu entendimento. De outro lado, figura um posicionamento mais extremo, do pós-humanismo tecnocientífico, que não pretende apenas melhorar o homem, mas transcendê-lo e substitui-lo por uma espécie superior. Enquanto o transumanismo de teor mais brando supõe não superar o homem, mas apenas livrá-lo de certas privações como a enfermidade, o pós-humanismo vislumbra um mundo povoado por híbridos, ciborgues, robôs e avatares, que ignora a essência da humanidade como ela é.

As premissas em que se baseiam as duas distintas concepções de transumanismo é que justificam a divergência radical entre seus respectivos fins: se de um lado ambos os movimentos convergem no sentido de reconhecer que o ser humano é um "ser de passagem"[13] ou uma "estação intermediária entre um ponto e outro", por outro lado se verifica que o transumanismo moderado advoga que o humano não perdeu seu significado, sua essência. O transumanismo, repita-se, conserva uma visão antropocêntrica de mundo; o pós-humanismo prega uma perspectiva antropomórfica,[14] baseada na proposta de alterações radicais sobre o ser humano – a tal ponto em que caberia questionar o quão humano ele ainda seria.

Devidamente estabelecidos o conceito e os fundamentos que sustentam o movimento transumanista, em suas vias moderada e pós-humanista, resta verificar de que modo o transumanismo pode colocar em xeque o princípio bioético da justiça.

3. O ACESSO À TECNOLOGIA COMO PRIVILÉGIO E A RUPTURA DO PRINCÍPIO BIOÉTICO DA JUSTIÇA

Em tudo aquilo que diga respeito à Bioética e ao Biodireito, impõe-se o respeito aos seus princípios mais basilares, entre os quais figura o princípio da justiça, a propor a distribuição equânime dos riscos e benefícios da vida em comunidade entre todas as pessoas. Nos domínios da seara da saúde, de forma geral, o princípio da justiça induz o ideal de que todas as pessoas devem gozar do direito fundamental à saúde e devem ter asseguradas idênticas oportunidades de acesso a cuidados e benefícios sanitários. Afinal, em sendo a saúde um direito fundamental, assegurado em cartas constitucionais como a brasileira (art. 6º: "são direitos sociais a educação, a saúde (...)"), compete ao Estado e à sociedade como um todo protegê-lo e promovê-lo, como determina a lei, em proveito efetivo de todas as pessoas.[15]

---

13. VARELA, Luca. Posthumanism: beyond humanism? *Cuadernos de Bioética*: Revista Oficial de la Asociación Española de Bioética y Ética Médica. set. 2014, p. 483.
14. FULLER, Steve; LIPINSKA, Veronika. *The proactionary imperative*: a foundation for transhumanism. Palgrave MacMillan, 2014, p. 161.
15. PEREIRA, André Gonçalo Dias Pereira; FERREIRA, Ana Elisabete. Democracia sanitária em Portugal. *Revista de Direito Médico e da Saúde*, n. 23, p. 15. maio 2021.

Transposta a questão para o âmbito das intervenções tecnológicas sobre o corpo humano, questiona-se se estariam tais tecnologias avançadas ao alcance da sociedade como um todo. Teme-se que as técnicas transumanistas dificilmente sejam colocadas isonomicamente ao dispor de todos os indivíduos, donde decorre o enorme risco de ocorrer uma grave cisão social, a permitir que apenas algumas pessoas se sobreponham física e intelectualmente sobre as demais. Ainda que esta perspectiva seja vista eventualmente com ceticismo e até mesmo tida como irrelevante, por se supor que, em termos numéricos, poucos seriam os indivíduos aprimorados,[16] não se pode desprezá-la, ainda que futuramente se verifique que a proposta transumanista nunca avançou para além de uma projeção distópica.

A objeção em apreço é levada a sério, inclusive, pelos próprios adeptos do transumanismo. Piero Gayozzo, por exemplo, define que todo biomelhoramento deva ser ético, e ele somente o será se, entre outros fatores, não prejudicar aos demais, não inserir o indivíduo em uma posição de vantagem competitiva injusta em relação aos outros e não contribuir para aumentar a desigualdade e a discriminação.[17] Nick Bostrom, por sua vez, aponta que uma das possíveis soluções para o dilema passe pelo incremento de políticas públicas de cunho social, mediante subsídios estatais que favoreçam as camadas mais pobres da população por meio de uma expansão no acesso a tecnologias.[18] Para além disso, como nem todas as pessoas terão a mesma percepção acerca dos possíveis benefícios de determinadas espécies de biomelhoramentos, uma forma de ao menos equilibrar os efeitos dos aperfeiçoamentos distintamente escolhidos pelas pessoas seria dar-lhes a mesma oportunidade de acesso aos diversos tipos de melhoramentos disponíveis.[19] Já Ray Kurzweil defende que o crescimento exponencial das tecnologias avançadas as tornará baratas o suficiente para serem acessíveis mesmo para as camadas menos abastadas.[20] Tais desideratos, todavia, são vistos com extremo ceticismo: os aprimoramentos tendem a ser ofertados individualmente, sendo muito pouco provável a criação de programas estatais que disponibilizem os aperfeiçoamentos em proveito de todos; haverá, assim, uma falsa ideia de autonomia, eis que a "livre escolha" pelos biomelhoramentos apenas estará disposta aos favorecidos que puderem financiá-la.[21]

Ainda que todas as pessoas possam, quando menos, escolher livre e igualmente a quais tipos de intervenções biotecnológicas querem ou não se sujeitar – o que parece bastante duvidoso que vá ocorrer, dadas as gritantes desigualdades sociais entre indi-

---

16. McNAMEE, M. J.; EDWARDS, S. D. Transhumanism, medical technology and slippery slopes. *Journal Med. Ethics*, n. 32, p. 515. 2006.
17. GAYOZZO, Piero. *¿Qué es el transhumanismo?* La ampliación del bienestar a través del futuro común del hombre y de la tecnología. Op. cit.., p. 18.
18. BOSTROM, Nick. Human Genetic Enhancements: A Transhumanist Perspective. *The Journal of Value Inquiry*, v. 37, p. 502. 2003.
19. MIAH, Andy. Engineering greater resilience or radical transhuman enhancement? *Studies in Ethics, Law, and Technology*, v. 2, n. 1, p. 13. 2008.
20. KURZWEIL, Ray. *A singularidade está próxima*: quando os humanos transcendem a biologia. Trad. Ana Goldberger. São Paulo: Itaú Cultural-Iluminuras, 2018, p. 740.
21. KOCH, Tom. Transhumanism, moral perfection, and those 76 trombones. *Journal of Medicine and Philosophy*, n. 45, p. 187. 2020.

víduos em todo o mundo –, de qualquer forma parece inevitável atingir um resultado de desequilíbrio: ainda que o propósito transumanista não seja o de segregar pessoas, a possibilidade de que algumas delas façam uso da prerrogativa de aperfeiçoamento e outras não criará uma discriminação em concreto entre umas e outras.[22]

Outra alternativa tendente a evitar que os melhoramentos provoquem uma ruptura grave entre os seres humanos e os transumanos seria a instituição de um "transumanismo democrático", mediante o emprego de tecnologias seguras, a serviço de todos e sujeitas a regulamentações estatais. A intervenção estatal poderia, em tese, evitar que o acesso privilegiado aos biomelhoramentos se torne uma nova forma de classismo,[23] e haveria de abarcar a oitiva de vozes as mais variadas a respeito da matéria: um verdadeiro controle democrático da tecnociência não pode se dar apenas a partir da opinião de elites tecnocráticas ou da tomada de decisões provenientes de cientistas e intelectuais, cumprindo colher também o parecer de todos aqueles a quem supostamente se pretende beneficiar – isto é, a sociedade de forma geral.[24]

A proposta de uma possível regulação da matéria passa pela estratégia de imposição de limites às possibilidades de expansão das tecnologias de biomelhoramento, a fim de impedir um estado de pós-humanidade "degradado", a resultar em verdadeiras situação de "infra-humanidade", mediante o risco de imposição de uma supremacia absoluta e tirânica dos seres pós-humanos sobre os demais.[25] Neste cenário, seres pós-humanos podem entender que os humanos são moralmente obrigados a submeter-se a eles, mediante o sacrifício de uns em benefício de outros.[26] Vislumbra-se, no extremo, o risco de um estado de singularidade terminar por se voltar contra a humanidade,[27] em decorrência da perda de uma noção fundamental de "humanidade compartilhada".[28] Teme-se que os seres pós-humanos possam afinal superar e eventualmente aniquilar os humanos, que se tornariam então meras "curiosidades do passado" ou "arquivos históricos", pois não restará muito – ou mesmo nada – da humanidade que temos e conhecemos.[29] Com efeito, é de se considerar com a devida acuidade a ameaça de a emergência de seres pós-

---

22. JOUGLEUX, Philippe. *Frankenstein and the law: some reflexions on transhumanism*. Disponível em: https://www.researchgate.net/publication/278714983_Frankenstein_and_the_law_some_reflexions_on_transhumanism. Acesso em: 28 de março de 2022, p. 5.
23. MISSERI, Lucas E. Transhumanismo y política: un argumento en favor del tecnoprogresismo. In: FERNÁNDEZ, Nahir; CRELIER, Andrés (compiladores). *La diferencia antropológica: humano, animal cyborg*. Actas de las XVI Jornadas Nacionales Agora Philosophica. Mar del Plata: Universidad Nacional de Mar del Plata, 2017, p. 165-166.
24. DIÉGUEZ, Antonio. *Biología sintética, transhumanismo y ciencia bien ordenada*. Viento Sur, n. 131, dez. 2013, p. 77.
25. VILLARROEL, Raúl. Consideraciones bioéticas y biopolíticas acerca del transhumanismo. el debate en torno a una posible experiencia posthumana. *Revista de Filosofía*, v. 71, p. 182-183. Chile, 2015.
26. HUGHES, James J. The politics of transhumanism and the techno-millennial imagination, 1626–2030. *Zygon Journal*, v. 47, n. 4, p. 771. dez. 2012.
27. CASAS, Roberto. La esperanza de liberarnos de lo que somos: una mirada cristiana sobre la ideología transhumanista. *Iglesia Viva*, n. 281, p. 39. jan./mar. 2020.
28. FUKUYAMA, Francis. *Our posthuman future (versão e-book)*. New York: Picador, 2011, p. 3684.
29. HELLSTEN, Sirkku K. "The meaning of life" during a transition from modernity to transhumanism and posthumanity. Hindawi Publishing Corporation. *Journal of Anthropology*, 2012, p. 4.

-humanos provocar uma situação de subjugação e hostilidade para com os humanos não aprimorados, o que não deixaria alternativa diversa que não seja apoiarmos a criação de uma nova raça de seres supremos ou nos tornarmos imediatamente inferiores a eles.[30]

Às preocupações baseadas no potencial desequilíbrio social provocado pela divisão entre seres humanos e pós-humanos, os bioprogressistas formulam suas respectivas objeções. Piero Gayozzo,[31] por exemplo, argumenta que ao largo da história o homem sempre atentou contra seus pares em virtude de diferentes crenças, nacionalidades e interesses os mais diversos. Para além disso, sustenta o autor que os aperfeiçoamentos transumanistas supõem uma melhora nas dimensões morais de seres humanos, o que os tornaria entes mais razoáveis que os homens comuns e, por isso, menos propensos ao enfrentamento. Tais posições, todavia, soam infundadas: em primeiro lugar, parece absurdo defender que, em virtude de já existirem atentados contra a vida desde sempre, seria legítimo criar a potencialidade de outros mais; ademais, o argumento relativo ao aperfeiçoamento moral é frágil, não apenas por ser meramente especulativo – eis que não se pode garantir que não haverá falhas neste processo de suposto melhoramento –, mas também porque, consoante já se apontou, nem todas as pessoas pretenderão se sujeitar a estas técnicas ou poderão submeter-se a elas, mesmo quando queiram.

Ismail Fagundes,[32] por sua vez, entende que o argumento de que os biomelhoramentos podem conduzir a humanidade a uma situação de injustiça não procede, sendo antes verdadeira a perspectiva oposta: tais intervenções tecnológicas seriam mecanismos de promoção da igualdade. Esta ideia encontra suporte, segundo o autor, a partir do exemplo dos melhoramentos intelectuais: elevar o nível de cognição de pessoas menos inteligentes seria uma forma de assegurar condições semelhantes a todos os indivíduos e "equilibrar as injustiças trazidas pela loteria natural". Esta seria uma oportunidade, segundo os transumanistas, para democratizar a inteligência biológica e garantir a paridade intelectual entre os nascidos biologicamente desiguais.[33] Tal proposta, entretanto, também não parece se sustentar: afinal, não há como asseverar que as pessoas menos dotadas intelectualmente terão acesso a tais tecnologias; bem ao contrário, nada impede que sejam exatamente as mais astutas que possam se servir delas e, com isso, aumentarem ainda mais suas posições de vantagem sobre as demais. Para além disso, a proposição em apreço ignora toda e qualquer perspectiva de mérito: uma pessoa de inteligência média ou mesmo elevada, mas não aprimorada, por mais se dedique aos estudos por anos a fio, não estará apta a competir com um ser pós-humano, mesmo que este nunca tenha se esforçado para adquirir cultura e conhecimento.

---

30. McINTOSH, Ross. *Beyond the human*: subjectivity at the transition of our posthuman future. Dissertação. The Glasgow School of Art, 2017, p. 16.
31. GAYOZZO, Piero. *Transhumanismo: críticas respondidas*. Instituto de Extrapolítica y Transhumanismo. Lima, Peru, dezembro de 2019, p. 6-7.
32. FAGUNDES, Ismail. *As implicações éticas do transumanismo*: uma análise a partir do melhoramento humano. Dissertação de mestrado. Programa de Pós-Graduação em Filosofia da Universidade de Caxias do Sul. 2019, p. 99-104.
33. ALONSO, Fernando H. Llano. *Homo excelsior*: los límites ético-jurídicos del transhumanismo. Valencia: Tirant lo Blanch, 2018, p. 121.

O mesmo autor apresenta outros argumentos, desta feita mais robustos: cumpriria analisar a essência dos biomelhoramentos não a partir da igualdade de acesso, mas em razão dos possíveis riscos de danos ocasionados por uma "desigualdade injusta". Assim, ainda que nem todas as pessoas tenham a idêntica oportunidade de buscarem aprimoramentos pessoais, o que interessa de fato é apurar o resultado destes aprimoramentos, de forma a evitar a afetação negativa dos demais membros da sociedade.

A partir do panorama proposto, seriam indesejáveis apenas os biomelhoramentos que pudessem não apenas provocar um benefício para alguns, mas também prejuízo para outros. Seria aceitável, então, proceder tanto com as intervenções de cunho estritamente terapêutico (eis que servem simplesmente para sanar enfermidades ou deficiências e permitir a uma pessoa que viva em condições de paridade com as demais), como também aqueles de caráter verdadeiramente melhorador, como dotar uma pessoa de uma capacidade de visão, paladar ou olfato superior à de seus pares, pois a obtenção desta vantagem, ao menos à partida, não colocaria outros indivíduos em situação de desvantagem.

Bem ponderados os argumentos, no que toca ao princípio da justiça, por um lado, o transumanismo de índole moderada pode, a bem da verdade, contribuir para igualar pessoas outrora desiguais, como no caso de pessoas com deficiências que possam superá-las com o emprego da tecnologia; de outro lado, o transumanismo de cunho pós-humanista, em especial, tenderia a acirrar ainda mais as desigualdades já existentes. Bastaria pensar, a título de exemplo, nas oportunidades de trabalho, nos certames para o provimento de cargos públicos ou em competições desportivas, apenas para ficar com algumas hipóteses: em circunstâncias tais, inevitavelmente prevalecerão os mais fortes ou mais inteligentes, a depender do caso. Uma divisão social entre seres de capacidades (e quiçá mesmo de naturezas) distintas é capaz de estabelecer diferenças ainda mais abissais que as hoje existentes em termos econômicos, sociais e políticos e, de fato, em uma sociedade composta por seres aprimorados e não aprimorados, será tarefa árdua definir quais direitos sociais, políticos e laborais caberiam aos entes trans/pós-humanos e distribuir equitativamente as responsabilidades e benefícios sociais entre todas as pessoas.[34]

4. CONSIDERAÇÕES FINAIS

Uma vez investigadas as bases do movimento transumanista, e após a constatação de que ao menos uma de suas vertentes – a do pós-humanismo, nomeadamente – defende a superação não apenas de eventuais limitações ou capacidades humanas, mas da própria *condição* humana, questionar e ponderar sobre os potenciais benefícios e riscos decorrentes dos biomelhoramentos é tarefa que se impõe, e de imediato. Afinal, dentre os diversos temores que dizem respeito às intervenções de cunho melhorador propostas pelo transumanismo, um, em particular, se revela perturbador: o de que as tecnologias

---

34. VILLARROEL, Raúl. Op. cit., p. 187.

que permitem o aprimoramento das capacidades humanas sejam disponibilizadas apenas para um seleto número de indivíduos.

É possível, de fato, que intervenções tecnológicas que tenham por objetivo sanar deficiências possam contribuir para igualar indivíduos, dotando-os das mesmas potencialidades da vida, o que corresponderia a um efeito desejado das técnicas empregadas sobre os seres humanos; ao mesmo tempo, é inegável que as intervenções de caráter estritamente melhorador, sobretudo se aplicadas em proveito de alguns indivíduos, mas não de todos, podem gerar uma grave cisão social, ao inaugurar uma divisão que segrega indivíduos aprimorados e seres "meramente" humanos.

A finalidade da intervenção, portanto, há de ser o fiel da balança, capaz de atuar em prol ou contra o princípio bioético da justiça, e talvez se faça necessária – eventualmente em tempo mais breve que se possa supor – a edição de instrumentos normativos que estabeleçam diretrizes sobre a questão, a fim de evitar que os avanços tecnológicos ocasionem males irrevogáveis à humanidade.

EIXO II
VULNERABILIDADES
EM PERSPECTIVA DE GÊNERO

REPENSANDO A APLICAÇÃO DA GUARDA COMPARTILHADA ENQUANTO REGRA GERAL: REFLEXÕES A PARTIR DE CONTEXTOS DE VIOLÊNCIA DOMÉSTICA E DO PROTOCOLO PARA JULGAMENTO COM PERSPECTIVA DE GÊNERO (2021)

Ana Carla Harmatiuk Matos

Francielle Elisabet Nogueira Lima

Sumário: 1. Notas introdutórias sobre o protocolo para julgamento com perspectiva de gênero (2021) e apresentação do problema – 2. Sobre violência de gênero institucional e poder judiciário: considerações desde o campo familiarista – 3. Breve contextualização sobre as leis que disciplinaram a guarda compartilhada no Brasil – 4. Guarda compartilhada em contextos de violência doméstica: regra geral à guisa de problematização a partir do protocolo do CNJ – 5. Considerações finais.

1. NOTAS INTRODUTÓRIAS SOBRE O PROTOCOLO PARA JULGAMENTO COM PERSPECTIVA DE GÊNERO (2021) E APRESENTAÇÃO DO PROBLEMA

Em outubro de 2021, o Conselho Nacional de Justiça (CNJ), em conjunto com a Escola Nacional de Formação e Aperfeiçoamento de Magistrados (ENFAM), lançou o Protocolo para Julgamento com Perspectiva de Gênero (2021). O documento se destina eminentemente a magistradas e magistrados de todo o Brasil, e traz orientações sobre a incorporação da categoria analítica do gênero no exame e julgamento dos litígios que são encaminhados aos mais diversos ramos do Judiciário.

A cartilha foi inspirada no *Protocolo para Juzgar con Perspectiva de Género*,[1] da Suprema Corte de Justiça do México (*Suprema Corte de Justicia de la Nación*). O Protocolo mexicano foi elaborado em 2013 para atender às determinações de reparação ordenadas pela Corte Interamericana de Direitos Humanos (CorteIDH) em casos oriundos daquele país (González e outras; Fernández Ortega e outros; Rosendo Cantú e outra, todos contra o Estado do México), ante a flagrante violência perpetrada sistematicamente contra mulheres.

---

1. MEXICO. *Protocolo para juzgar con perspectiva de género*. Ciudad de México, México: Suprema Corte de Justicia de la Nación, 2020.

No Brasil, sua realização se deu a partir do Grupo de Trabalho (GT) instituído pela Portaria 27/2021 do CNJ, formado por 21 representantes dos mais variados segmentos da Justiça (estadual, federal, trabalhista, militar e eleitoral), bem como por representantes acadêmicos(as), encontrando fundamentos em tratados e convenções internacionais de Direitos Humanos incorporados ao ordenamento jurídico pátrio, bem como na legislação e normativas nacionais. Igualmente, o instrumento se trata de uma contribuição ao cumprimento do Objetivo de Desenvolvimento Sustentável – ODS 5 da Agenda 2030 da ONU,[2] que é a igualdade de gênero.

As perspectivas nas quais se fulcram o Protocolo não se cingem somente à abordagem de gênero enquanto categoria relevante para a apreciação das demandas judiciais, mas também inserem a imprescindibilidade de um olhar crítico e considerativo a outros marcadores sociais, como raça, classe, orientação sexual, visando à Interseccionalidade.[3]

Além de elucidar conceitos como gênero, sexo, identidade de gênero e sexualidade, o instrumento problematiza a discriminação e estereótipos que são verificados em sociedade, incentivando o julgamento de processos com atenção às desigualdades "e com a finalidade de neutralizá-las, buscando o alcance de uma igualdade substantiva"[4] por meio da atuação jurisdicional.

Ao longo de seu desenvolvimento, também se inferem orientações sobre a interpretação e a aplicação do direito pelo Judiciário, que deve rechaçar a abstratalidade e a ideia mítica de neutralidade científica e judicial, objetivando que teoria e prática jurídicas estejam atentas à concretude da vida real, a qual denota desigualdades estruturais permeadas pelos marcadores sociais já citados.

Nesta toada, destaca-se a multiplicidade de nuances que a violência de gênero assume no cotidiano. Adicionalmente à tipologia sugerida pela Lei Maria da Penha (Lei 11.340/2006) no tratar da violência doméstica, como violência física, psicológica, sexual,

---

2. Os Objetivos de Desenvolvimento Sustentável (ODS) consistem em um "apelo global" para extinguir diversos problemas que assolam a humanidade, como a pobreza, devastação do meio ambiente e do clima, e desigualdades sociais (como a de gênero, encampada pelo ODS 5), garantindo que as sociedades ao redor do mundo possam desfrutar de bem-estar e condições de vidas melhores e justas (ONU BRASIL. *Sobre o nosso trabalho para alcançar os Objetivos de Desenvolvimento Sustentável no Brasil*. Disponível em: https://brasil.un.org/pt-br/sdgs. Acesso em: 12 de abril de 2022).
3. Trata-se de conceito sistematizado pela jurista norte americana Kimberlé Crenshaw e introduzido no artigo *Demarginalizing the Intersection of Race and Sex: A Black Feminist Critique of Antiracist Politics* (CRENSHAW, Kimberlé. Demarginalizing the intersection of race and sex: A black feminist critique of antidiscrimination doctrine, feminist theory and antiracist politics. u. Chi. Legal f., p. 139-167, 1989. Disponível em: https://chicagounbound.uchicago.edu/cgi/viewcontent.cgi?article=1052&context=uclf. Acesso em: 12 abr. 2022), para nomear a interseção de estruturas de poder que se verifica na experiência de mulheres negras, propondo o seu uso como metodologia. Importante ressaltar que o conceito de consubstancialidade, trabalhado por Danièle Kergoat (ver KERGOAT, Danièle. Dinâmica e consubstancialidade das relações sociais. *Novos estudos CEBRAP*, n. 86, p. 93-103, 2010), argumenta que as relações sociais (e de poder) entre classe, gênero e raça são indissociáveis (e formam uma coextensividade) e muitas vezes é utilizado como sinônimo de interseccionalidade, embora esta última autora teça críticas a noções "geométricas" como intersecção. Para os propósitos deste trabalho científico, e considerando a terminologia presente no Protocolo para Julgamento com Perspectiva de Gênero, prevalece a adoção do conceito de interseccionalidade para designar as correlações entre marcadores como gênero, raça e classe.
4. BRASIL, Conselho Nacional de Justiça. Protocolo para julgamento com perspectiva de gênero. Brasília: Conselho Nacional de Justiça – CNJ; Escola Nacional de Formação e Aperfeiçoamento de Magistrados – Enfam, 2021.

patrimonial e moral, enquanto fenômeno mais abrangente, a violência de gênero se espraia estruturalmente, atingindo ambientes institucionais, como é o caso do Judiciário, especialmente na forma velada que assola o campo familiarista.

Não à toa, o Protocolo, no âmbito da Justiça Estadual, destina um subcapítulo inteiro voltado ao Direito das Famílias e Sucessões, alertando magistradas e magistrados sobre julgamentos que se alicerçam em preconceitos e avaliações baseadas em estereótipos de gênero existentes na sociedade. No documento, dentre outros temas, realçam-se as situações que envolvem alegações de alienação parental, o estabelecimento de alimentos, bem como partilha de bens e violência patrimonial.

Neste artigo, problematizam-se as demandas que versam sobre guarda de crianças e adolescentes em contextos de violência doméstica. Portanto, indaga-se: é possível que o compartilhamento da guarda permaneça enquanto regra geral, a partir de interpretação literal dos dispositivos do Código Civil, mesmo diante de contextos de violência doméstica? Quais contributos o Protocolo para Julgamento com Perspectiva de Gênero (2021) traz a esse debate?

O texto resulta de pesquisa qualitativa de caráter bibliográfico e documental, orientada pelas experiências jurídicas das autoras como docentes, pesquisadoras e advogadas.

De início, entende-se que há uma gama expressiva de complexidades que incidem no universo das relações familiares, o qual reflete significativamente assimetrias de gênero e práticas de violências que, não raro, acabam sendo naturalizadas pelo Judiciário, traduzindo-se na violência de gênero institucional.

Em um primeiro momento, portanto, explora-se conceitualmente a noção de violência de gênero institucional em interlocução com os discursos e práticas advindos da seara familiarista. Nesse sentido, compreende-se que o conceito de violência simbólica, a partir de Pierre Bourdieu, auxilia no exercício desta construção teórica. Paralelamente, oferecem-se perspectivas a partir do campo de estudos de gênero em interlocução com o direito, objetivando-se um projeto analítico interdisciplinar.

Na sequência, contextualiza-se a leitura sobre as leis que disciplinaram a guarda compartilhada no Brasil, bem como dados e entendimentos atuais sobre sua aplicação.

Por fim, cotejam-se com a perspectiva de gênero desde as recomendações que partem do Protocolo do CNJ alguns exemplos de julgados (do TJDFT e do STJ) que aplicam a guarda compartilhada e consideram sua *obrigatoriedade* (mais do que uma regra geral, portanto, que comporta exceções) mesmo em contextos de violência doméstica, em uma tentativa de responder aos questionamentos acima.

2. SOBRE VIOLÊNCIA DE GÊNERO INSTITUCIONAL E PODER JUDICIÁRIO: CONSIDERAÇÕES DESDE O CAMPO FAMILIARISTA

Partindo-se da lição de Pierre Bourdieu, afirma-se que há instâncias e práticas –visíveis e invisíveis – que contribuem para a reprodução da hierarquia entre os gêneros,[5] por meio da chamada *violência simbólica*, que se dá no contexto das instituições "e pelos agentes que as animam e sobre a qual se apoia o exercício da autoridade,"[6] de modo que representações e ideias sociais dominantes passam a ser naturalizadas, estendendo-se, inclusive, a uma relação (inconsciente) de cumplicidade entre as(os) que sofrem essa violência e as(os) que a exercem.

Nesse contexto, em que se evoca o que é legítimo e aceitável por meio de imposições tácitas,[7] é também relacionável a ideia de dominação masculina, pela qual se ratificaria uma desigualdade apriorística entre homens e mulheres – buscando-se desde a biologia sustentar uma hierarquia entre os gêneros/sexos.[8]

A estrutura da sociedade, assim, fixa-se com a sistemática dos papéis desempenhados por homens e mulheres, revelando a construção histórica da dicotomia masculino *versus* feminino, bem como a perpetuação da rigidez de suas representações, a partir de um discurso androcêntrico (isto é, informado por uma superioridade e centralidade masculinas). Desde a primeira infância, a base da socialização das crianças apresenta, dentre seus objetivos principais, a manutenção dos tradicionais papéis de gênero dentro e fora das relações familiares, a começar pelo sistema de parentesco.

Tais desnivelamentos se tornam terreno propício para as violências pautadas no gênero, incluindo a institucional, com a persistência da não garantia efetiva de direitos às mulheres e minorias sexuais, a insuficiência de políticas públicas e serviços para o atendimento de demandas suscitadas por questões de gênero e discursos discriminatórios referendados pelo Sistema de Justiça, em suas diversas instâncias. O Protocolo para Julgamento com Perspectiva de Gênero, ao definir a violência institucional, traz exemplos desde a seara familiarista:

> Violências praticadas por instituições, como empresas (ignorar ou minimizar denúncias de assédio sexual), instituições de ensino (permitir atividades sexistas, como trotes e/ou músicas machistas), Poder Judiciário (expor ou permitir a exposição e levar em consideração a vida sexual pregressa de uma vítima de estupro, taxar uma mulher de vingativa ou ressentida em disputas envolvendo alienação parental ou divórcio).[9]

---

5. BOURDIEU, Pierre. *A dominação masculina*. Rio de Janeiro: Bertrand Brasil, 2011, p. 105.
6. VASCONCELLOS, Maria Drosila. Pierre Bourdieu: a herança sociológica. *Educação & Sociedade*, 23 (78). p. 77-87, abr. 2002.
7. Para críticas à estabilidade do discurso biológico, ver SALVINI, Leila; DE SOUZA, Juliano; MARCHI JUNIOR, Wagner. A violência simbólica e a dominação masculina no campo esportivo: algumas notas e digressões teóricas. *Revista Brasileira de Educação Física e Esporte*, v. 26, n. 3, p. 401-10, São Paulo, jul./set. 2012.
8. Não se pretende entrar no mérito das disputas sobre as distinções os significantes sexo e gênero, devido à brevidade a que se propõe o presente trabalho, de modo que os termos poderão aparecer enquanto intercambiáveis ao longo do artigo. Contudo, cabível citar Judith Butler: "se o gênero são os significados culturais assumidos pelo corpo sexuado, não se pode dizer que ele decorre de um sexo desta ou daquela maneira. Levada a seu limite lógico, a distinção sexo/gênero sugere uma descontinuidade radical entre corpos sexuados e gêneros culturalmente construídos. Supondo por um momento a estabilidade do sexo binário, não decorre daí que a construção de 'homens' se aplique exclusivamente a corpos masculinos, ou que o termo 'mulheres' interprete somente corpos femininos. Além disso, mesmo que os sexos pareçam não problematicamente binários em sua constituição (...), não há razão para supor que gêneros também devam parecer em número de dois". (*Problemas de gênero*: feminismo e subversão da identidade. Trad. Renato Aguiar. Rio de Janeiro: Editora Civilização Brasileira, 2003. p. 24).
9. BRASIL. Conselho Nacional de Justiça. Protocolo para julgamento com perspectiva de gênero. Brasília: Conselho Nacional de Justiça – CNJ; Escola Nacional de Formação e Aperfeiçoamento de Magistrados – Enfam, 2021. p. 32.

Como se sabe, o Direito das Famílias revelou grande funcionalidade para preservar uma estrutura cultural, política e economicamente sexuada, assegurando a manutenção de padrões não igualitários nas relações sociais e entre os gêneros[10]

Não obstante os necessariamente festejados avanços quanto às pautas relativas a mulheres e à diversidade, a detenção de privilégios materiais, culturais e simbólicos por homens, ainda bastante presente, marca a dominação masculina que se (re)legitima em sociedade através de um imaginário social que é frequentemente acionado, sobretudo pelo discurso jurídico.

Conforme sublinha Bourdieu, ideais convencionais de feminilidade e masculinidade são projetados de tal forma a se parecerem naturais, e passam a ser vistos como uma estrutura de relações sociais de modo a significar as relações de poder em uma determinada sociedade, refletindo-se nas mais variadas instituições: na família, no trabalho, na escola, e no próprio relacionar com outros sujeitos.[11]

No tocante às disputas familiares, observa-se que o discurso dos tribunais apreendeu em larga escala tais dinâmicas de hierarquização e dominação. Consoante assinalado no Protocolo para Julgamento com Perspectiva de Gênero (2021):

> Não se pode deixar de afirmar, outrossim, que a construção de estereótipos de gênero relacionados aos papéis e expectativas sociais reservados às mulheres como integrante da família pode levar à violação estrutural dos direitos da mulher que, não raras vezes, deixa a relação (matrimônio ou união estável) com perdas financeiras e sobrecarga de obrigações, mormente porque precisa recomeçar a vida laboral e, convivendo com dificuldades financeiras, deve destinar cuidados mais próximos aos filhos, mesmo no caso de guarda compartilhada. Ao lado do ideal romântico da figura materna, o gênero feminino, sempre que não se encaixa na expectativa social, é rotulado com estereótipos como o da vingativa, louca, aquela que aumenta ou inventa situações para tirar vantagem, ou seja, a credibilidade da palavra e intenções da mulher sempre são questionadas.[12]

Em geral, a interpretação do discurso jurídico desenvolvida pelo Poder Judiciário se mostra impregnada por estereótipos nos processos em que figuram personagens mulheres,[13] embora a legislação – ainda que mais pontualmente – e a produção científico-jurídica[14] tenha avançado em busca de construções valorativas mais equitativas em relação aos gêneros.

---

10. THURLER, Ana Liési. Outros horizontes para a paternidade brasileira no século XXI? *Soc. estudo.* v. 21, n. 3, p. 689. 2006.
11. BOURDIEU, Pierre. *A dominação masculina.* Rio de Janeiro: Bertrand Brasil, 2011. p. 73.
12. BRASIL, Conselho Nacional de Justiça. Protocolo para julgamento com perspectiva de gênero. Brasília: Conselho Nacional de Justiça – CNJ; Escola Nacional de Formação e Aperfeiçoamento de Magistrados – Enfam, 2021.
13. Nesse sentido, ver PIMENTEL, Silvia; DI GIORGI, Beatriz; PIOVESAN, Flávia. *A figura/personagem mulher em processos de família.* Porto Alegre: Sergio Fabris, 1993.
14. Há campos de reflexão teórica e prática jurídica, como o feminismo jurídico, que despontam enquanto práxis que se contrapõe ao saber/fazer jurídico hegemônico androcêntrico (SILVA, Salete Maria da. Feminismo jurídico: um campo de reflexão e ação em prol do empoderamento jurídico das mulheres. *Gênero & Direito*, v. 8, n. 3, [S. l.], 2019. DOI: 10.22478/ufpb.2179-7137.2019v8n3.46598. Disponível em: https://periodicos.ufpb.br/ojs2/index.php/ged/article/view/46598. Acesso em: 15 abr. 2022).

Tais discursos também são marcados por uma perspectiva conservadora e irrefletida sobre a concretização do melhor interesse de crianças e adolescentes, em uma ótica notadamente familista,[15] sem considerar as complexidades e as dinâmicas de gênero que dizem respeito ao cuidado (*care*), as quais, por se tratar de problemáticas sociais, extrapolam a esfera doméstica.

Isso quer dizer que eventuais quebras de expectativas quanto a papéis sociais no tocante aos gêneros, ao serem cometidas por mulheres, tendem a ser valoradas negativamente pelos tribunais. Assim, processos que correm na seara familiarista podem se tornar verdadeiros "campos de batalha", em que argumentos e fundamentações por parte dos sujeitos processuais, em grande parte, escoram-se na desqualificação de mulheres e em acepções morais sobre suas condutas, especialmente quando situações de violência doméstica e Medidas Protetivas de Urgência correm paralelamente às dissoluções de relações familiares nas Varas de Família.

Por sinal, atualmente, a conduta atrelada à má-fé processual com enfoque em questões de gênero (ofensas pessoais a mulheres, ajuizamento de ações desnecessárias, comportamento protelatório, alegações infundadas de alienação parental, disputa por guarda unilateral, recalcitrância quanto a acatar obrigação alimentar, ocultação de patrimônio, ameaças e intimidações de toda sorte) tem sido identificada como litigância abusiva.[16]

A omissão e negligência do Judiciário em não reconhecer tais práticas, além de reforçar ideias discriminatórias com base no gênero, configura-se violência institucional contra mulheres já vulnerabilizadas pelo contexto de violência doméstica enfrentado fora da seara judicial.

Em nossa ótica, as disputas judiciais pela guarda de crianças e adolescentes se afiguram centrais nos estudos sobre tais problemáticas, principalmente diante de entendimentos que prevalecem acerca da aplicação da guarda compartilhada.

3. BREVE CONTEXTUALIZAÇÃO SOBRE AS LEIS QUE DISCIPLINARAM A GUARDA COMPARTILHADA NO BRASIL

Embora seja mais frequente a referência à Lei 13.058/2014 como disciplinadora da guarda compartilhada no Brasil, importante remeter-se à Lei 11.698/2008, oriunda do Projeto de Lei 6350/2002, que acabou por instituir tal modalidade de guarda no ordenamento jurídico pátrio.

---

15. O familismo traduz-se na ideologia de que o apelo à família reduz a proteção social que caberia inicialmente ao Estado: "Tal modelo ancora-se no discurso (ideológico) recorrente de apelo ao solidarismo e ao voluntarismo do mercado, da família e da sua rede de sociabilidade, que enquanto parceiros contribuem para a "redução" do papel protetivo do Estado na garantia dos direitos sociais. E à medida que delega à família em primeira instância a proteção de todos os seus membros" (CASTILHO, Cleide de Fátima Viana; CARLOTO, Cássia Maria. O familismo na política de Assistência Social: um reforço à desigualdade de gênero? *Anais do I Simpósio sobre Estudos de Gênero e Políticas Públicas*, p. 13-19. Disponível em: http://www.uel.br/eventos/gpp/pages/arquivos/2.CleideCastilho.pdf. Acesso em: 15 abr. 2022).
16. BORGES, Lize. Litigância abusiva em ações de família: processos a serviço da violência de gênero. *Conjur*, 05 jun. 2021. Disponível em: https://www.conjur.com.br/2021-jun-05/borges-litigancia-abusiva-processos-familia-servico-violencia-genero. Acesso em: 15 abr. 2022.

Referida proposta inspirava-se na legislação de países como a Inglaterra, França, Canadá e Estados Unidos[17] e fora endossada sobretudo por alguns setores da sociedade, formados eminentemente por homens,[18] como a então chamada Associação de Pais Separados (que, posteriormente, alterou sua denominação para Associação de Pais e Mães Separados), APASE, juntamente com a ONG Movimento Paterno Brasil, o site Pai Legal e demais organizações, que iniciaram uma contumaz pressão no Congresso pela aprovação do projeto.

Com o sancionamento dessa lei em junho de 2008, foram alterados os artigos 1.583 e 1.584 do Código Civil, determinando que a guarda será unilateral ou compartilhada, definindo esta como "responsabilização conjunta e o exercício de direitos e deveres do pai e da mãe que não vivam sob o mesmo teto, concernentes ao poder familiar dos filhos comuns" (art. 1.583, § 1º).

Aos fins de 2014, sobreveio nova alteração nos supramencionados dispositivos por meio da Lei 13.058. A modificação dos artigos 1.583 e 1.584 do Código Civil acresceu à definição de guarda compartilhada que "o tempo de convívio dos filhos deve ser dividido de forma equilibrada com a mãe e com o pai, sempre tendo em vista as condições fáticas e os interesses dos filhos".

Os tribunais, então, passaram, em larga medida, a conferir a guarda compartilhada como *regra geral* na resolução de demandas, em vista notadamente da redação conferida ao § 2º do artigo 1.584, que assim dita:

> Art. 1.584, § 2º. Quando não houver acordo entre a mãe e o pai quanto à guarda do filho, encontrando-se ambos os genitores aptos a exercer o poder familiar, será aplicada a guarda compartilhada, salvo se um dos genitores declarar ao magistrado que não deseja a guarda do menor.

Tal interpretação literal do texto encontra respaldo em posicionamentos do Superior Tribunal de Justiça[19] e doutrina, a exemplo de Conrado Paulino da Rosa,[20] que trata do compartilhamento da guarda como regra geral enquanto novo paradigma, mesmo em

---

17. FREITAS, Douglas Philips. *Guarda compartilhada e as regras da perícia social, psicológica e interdisciplinar*: comentários à lei 11.698 de 13 de junho de 2008. Florianópolis: Conceito Editorial, 2009. p. 40.
18. THULER, Ana Liési et al. 15 Anos do novo Código Civil de 2002 e a garantia dos direitos das mulheres: famílias, guarda compartilhada e a síndrome da alienação parental. *Tecendo Fios das Críticas Feministas ao Direito no Brasil*. Ribeirão Preto-SP: FDRP/USP, 2019, p. 156-187.
19. Civil. Processual civil. Recurso especial. Divórcio. Adoção. Validade. Guarda compartilhada. Decretação. Possibilidades. Diploma legal incidente: Código Civil de 2002 (art. 1.584, com a redação dada pela Lei 13.058/2014). Controvérsia: dizer da validade da adoção deferida na origem e da fixação de guarda compartilhada. Inviável o recurso especial se as conclusões do Tribunal de origem foram calcadas no exame das provas postas à sua disposição, na origem. A nova redação do art. 1.584 do Código Civil irradia, com força vinculante, a peremptoriedade da guarda compartilhada. O termo "será" não deixa margem a debates periféricos, fixando a presunção – *jure tantum* – de que se houver interesse na guarda compartilhada por um dos ascendentes, será esse o sistema eleito, salvo se um dos genitores [ascendentes] declarar ao magistrado que não deseja a guarda do menor (art. 1.584, § 2º, *in fine*, do CC). V. Recurso não provido. (STJ – REsp: 1642311 RJ 2016/0261914-5, Relator: Ministra Nancy Andrighi, Data de Julgamento: 02.02.2017, T3 – Terceira Turma, Data de Publicação: DJe 10.02.2017).
20. ROSA, Conrado Paulino da. *Guarda compartilhada coativa*: a efetivação dos direitos de crianças e adolescentes. Salvador: JusPodivm, 2018. p. 83.

situações de litigiosidade e naquelas em que vigoram paralelamente medidas protetivas, pois, em seu entendimento, "um episódio de violência contra a mãe dos filhos não indica que esse agressor seja um péssimo pai".[21]

Sobre a aplicação da guarda compartilhada, segundo o Instituto Brasileira de Geografia e Estatística (IBGE), dos 146.898 casos de divórcios registrados em 2014, determinou-se a guarda compartilhada em 11.040 processos, cerca de 7,5% do total, ao passo que a guarda unilateral, em 124.951 casos, foi concedida à mãe. Já em 2019, a determinação da guarda compartilhada em processos de divórcio foi representada pelo percentual de 26,8%.[22]

Com efeito, a grande benesse do compartilhamento da guarda seria, sobretudo, reafirmar o exercício da corresponsabilidade parental, convocando os sujeitos envolvidos nas relações parentais a "pensar de forma conjugada no bem-estar dos filhos, para que possam os menores usufruírem harmonicamente da família que possuem".[23]

Para Renata Vilela Multedo, no entanto, a guarda em sua forma compartilhada, positivada como está em Código Civil, seria instituto desnecessário, tendo-se em vista que a noção de guarda não se confunde com a autoridade parental.[24] Igualmente, Ana Carolina Brochado Teixeira endossa tal opinião:

> O que se constata é a presença marcante, no conceito ora esboçado, da possibilidade do exercício conjunto da autoridade parental, como aspecto definidor da guarda compartilhada, pois que possibilita que os genitores compartilhem as decisões mais relevantes da vida dos filhos. É despiciendo tal instituto, em face do que dispõe o art. 1.632 do CCB/2002.[25]

Ainda, Multedo não deixa de reconhecer o seu louvável objetivo em assegurar o direito à convivência familiar de maneira mais equitativa, porém, questiona até que ponto se faz necessária a intervenção do Estado em certas escolhas pertinentes à esfera familiar, principalmente (e inclusive) quando há litígio entre os pais.

Observando esquemas de assimetrias de gênero nos contextos público e privado, Lígia Ziggiotti de Oliveira e Ana Carla Harmatiuk Matos destacam a necessidade de atenção às potencialidades da guarda compartilhada para desestabilizar esse acentuado quadro de desigualdades na atribuição de atividades relacionadas ao cuidado de crian-

---

21. ROSA, Conrado Paulino da. *Guarda compartilhada coativa*: a efetivação dos direitos de crianças e adolescentes. Salvador: Editora JusPodivm, 2018. p. 99.
22. IBGE. Estatísticas de Registro Civil 2019. Disponível em: https://biblioteca.ibge.gov.br/visualizacao/periodicos/135/rc_2019_v46_informativo.pdf. Acesso em: 15 abr. 2022.
23. BRASIL. Superior Tribunal de Justiça – REsp 1428596/RS – Relator: Ministra Nancy Andrighi – Terceira Turma – Data de Julgamento: 03.06.2014.
24. Diz a autora que isso se infere do art. 1.632 do Código Civil, o qual prevê que "a separação judicial, o divórcio e a dissolução da união estável não alteram as relações entre pais e filhos senão quanto ao direito, que aos primeiros cabe, de terem em sua companhia os segundos". (MULTEDO, Renata Vilela. A judicialização da família e a proteção da pessoa dos filhos. In: MATOS, Ana Carla Harmatiuk; MENEZES, Joyceane Bezerra de (Org.). *Direito das Famílias por juristas brasileiras*, p. 435).
25. TEIXEIRA, Ana Carolina Brochado. *Família, guarda e autoridade parental*. Rio de Janeiro: Renovar, 2005. p.110.

ças, as quais, tendencialmente, devido a traços culturais da sociedade, são associadas ao gênero feminino.[26]

Sinalizam as autoras, contudo, preocupações com uma imposição vertical da modalidade compartilhada, "pois a cooperação entre os pais é desejável para que a modalidade tenha sucesso"[27] e, nesse sentido, salienta-se que "a crítica de que a *preferência abstrata* a que tem se conduzido o ordenamento por um modelo específico não é acertada faz sentido".[28] Daí a proposição de utilização de formas alternativas para a resolução de conflitos familiares, baseando-se em estruturas interdisciplinares de apoio às famílias, citando o exemplo dos Planos Parentais[29] e de políticas públicas de incentivo à democratização do cuidado e de responsabilidades domésticas.[30]

Em relação a esta última observação, verifica-se, conjunturalmente, a dificuldade em superar a divisão de papéis entre os sujeitos parentais envolvidos de acordo com expectativas sociais relativas ao gênero. Embora estas estejam mitigadas na perspectiva regulatória do Direito das Famílias, em virtude da principiologia de igualdade entre os gêneros, a permanência de estereótipos sociais transcende a esfera jurídica, incidindo ainda de maneira conservadora no comportamento dos indivíduos.

Nota-se, portanto que, apesar da força motriz de corresponsabilização isonômica de afazeres preceituada pela guarda compartilhada, permanece um descompasso na atuação e representação dos sujeitos femininos e masculinos no âmbito das relações parentais concretas.

Adicionalmente, consoante se assinalou acima, como o exercício da guarda compartilhada exige um diálogo mais próximo entre pais e mães (e/ou demais cuidadores), a existência de ruídos graves de comunicação pode se tornar extremamente problemática na consecução do compartilhamento.

Este cenário se complexifica nos casos em que famílias vivenciam formas de violência doméstica e intrafamiliar, porquanto o instituto da guarda na modalidade compartilhada pode passar a ser utilizado como instrumento para uma (re)aproximação ou agressão contra mulheres.

---

26. OLIVEIRA, Lígia Ziggiotti de; MATOS, Ana Carla Harmatiuk. Guarda compartilhada e condição feminina: limites e possibilidades para a democratização dos papéis econômico e afetivo. *Revista Pensar*, v. 19, n. 3, p. 750-778, Fortaleza, set./dez. 2014.
27. OLIVEIRA, Lígia Ziggiotti de; MATOS, Ana Carla Harmatiuk. Guarda compartilhada e condição feminina: limites e possibilidades para a democratização dos papéis econômico e afetivo. *Revista Pensar*, v. 19, n. 3, p. 760, Fortaleza, set./dez. 2014.
28. OLIVEIRA, Lígia Ziggiotti de; MATOS, Ana Carla Harmatiuk. Guarda compartilhada e condição feminina: limites e possibilidades para a democratização dos papéis econômico e afetivo. *Revista Pensar*, v. 19, n. 3, p. 761, Fortaleza, set./dez. 2014.
29. Tais planos têm por objetivo evitar futuros litígios quanto a decisões relativas às mais diversas esferas da vida dos filhos (escolha do estabelecimento de ensino, tempo dispensado ao lazer, atividades culturais das quais as crianças irão participar etc.).
30. OLIVEIRA, Lígia Ziggiotti de; MATOS, Ana Carla Harmatiuk. Guarda compartilhada e condição feminina: limites e possibilidades para a democratização dos papéis econômico e afetivo. *Revista Pensar*, v. 19, n. 3, p. 765, Fortaleza, set./dez. 2014.

4. GUARDA COMPARTILHADA EM CONTEXTOS DE VIOLÊNCIA DOMÉSTICA: REGRA GERAL À GUISA DE PROBLEMATIZAÇÃO A PARTIR DO PROTOCOLO DO CNJ

Pelo que já foi exposto, observa-se que a guarda compartilhada pressupõe a viabilização de maior convívio de crianças e adolescentes com pais e mães (e/ou outros que representem as figuras parentais), possibilitando, ainda, que estes se tornem corresponsáveis ativos na vida de seus(suas) filhos(as), tomando decisões conjuntas no intuito de estabelecerem ditames para a criação e a educação de destes(as).

Ocorre que o exercício deste compartilhamento exige que os polos detentores do poder familiar estejam em condições horizontais de negociação e do exercício de suas autonomias. No plano fático, contudo, os arranjos familiares ainda são marcados por "abismos de gênero",[31] o que se verifica sobretudo em contextos de violência doméstica, em que ofensas e agressões físicas, sexuais, morais, patrimoniais e/ou psicológicas coexistem.

E é inegável que a vulnerabilidade (e hipossuficiência) de mulheres em situação de violência doméstica atinge múltiplas facetas e níveis, caracterizando-se pela redução ou até mesmo nulificação de sua autodeterminação em face dos agressores, o que não pode ser desconsiderado pelos juízos de família[32] ao apreciarem a guarda de filhos(as) comuns a tais relacionamentos disfuncionais.

Nesta toada, o Protocolo para Julgamento com Perspectiva de Gênero (2021) reconhece que há evidente desequilíbrio e assimetrias de poder na relação entre homens e mulheres mães na tramitação de processos que correm no Juízos de Família:

> Diante de uma demora em uma decisão de mérito, dificuldades surgem especialmente para as mulheres, como ficar sem renda e sem ter acesso aos bens comuns, tendo ainda que arcar com todos os cuidados dos filhos e das filhas. Além disso, as instruções processuais podem se tornar verdadeiros tribunais morais para a mulher, em que sua vida íntima é devassada e seus comportamentos pessoais são julgados, como se fossem justificativas para que seus direitos fossem invisibilizados e/ou negados. As desigualdades históricas e vulnerabilidades que existem em razão do gênero em todas as relações sociais também se projetam para as relações íntimas e familiares.[33]

Para se ilustrar as especificidades e as disparidades de gênero que acometem casos concretos como tais, traz-se à baila julgado em que o ex-cônjuge praticou crimes de ameaça e de lesão corporal contra sua ex-esposa na tentativa de forçá-la a assinar acordo de guarda compartilhada:

---

31. OLIVEIRA, Lígia Ziggiotti de; MATOS, Ana Carla Harmatiuk. Guarda compartilhada e condição feminina: limites e possibilidades para a democratização dos papéis econômico e afetivo. *Revista Pensar*, v. 19, n. 3, p. 764. Fortaleza, set./dez. 2014.
32. Questão que permeia o debate sobre o tratamento institucional da violência doméstica é a ausência de hibridização dos Juízos de Violência Doméstica e Familiar, os quais, em tese, pela dicção da Lei Maria da Penha, deveriam ser competentes para julgar demandas atinentes ao Direito das Famílias. Nesse sentido, ver: BARBOZA, Priscila da Silva. *Tensões na regulação jurídica da violência de gênero no Brasil*: Lei Maria da Penha, intimidade e reconhecimento. 2016. Tese (Doutorado em Direito). Universidade Federal do Paraná, Curitiba, 2016.
33. BRASIL, Conselho Nacional de Justiça. Protocolo para julgamento com perspectiva de gênero. Brasília: Conselho Nacional de Justiça – CNJ; Escola Nacional de Formação e Aperfeiçoamento de Magistrados – Enfam, 2021. p. 96.

Penal. Crimes de ameaça e lesões corporais contra ex-mulher. Prova satisfatória da materialidade e autoria. Sentença confirmada. 1 Réu condenado por infringir artigos 129, § 9º, e 147, do Código Penal, combinados com artigos 5º e 7º da Lei 11.340/06, por haver ameaçado de morte sua ex-mulher, provocando-lhe lesões corporais, no intuito de forçá-la a assinar um termo de acordo da guarda compartilhada do filho comum. 2 A materialidade e a autoria nos crimes de ameaça e lesões corporais são comprovadas quando o depoimento vitimário se apresenta lógico, consistente e é corroborado por outros elementos de convicção, especialmente por perícia comprobatória das lesões. 3 Apelação desprovida. (TJDFT – 20120810030458APR, Rel.: George Lopes Leite, 1ª Turma Criminal, julgado em: 05.09.2013, DJE: 18.09.2013. p. 195).

Embora não se trate de pedido de guarda compartilhada em casos de violência doméstica (isto é, não se trata de pedido analisado pelo Juízo de Família), tampouco se saiba da repercussão de tal julgado na seara familiarista, é importante se atentar à prática de violência para se fazer valer a vontade do agressor, denotando relações de poder assimétricas entre os pais no que tange ao exercício de sua autonomia.

Em Recurso Especial apreciado pelo Superior Tribunal de Justiça, estabelece-se a guarda compartilhada mesmo diante do cometimento da violência doméstica em face da mãe dos filhos comuns, pois se entendeu que, como a prática violenta não teria sido destinada contra a prole,[34] o compartilhamento não ofereceria riscos às crianças.

Trata-se de um entendimento frequentemente reprisado nas Varas de Família, em que relações parentais e conjugais são peremptoriamente separadas para se averiguar a extensão dos atos de violência doméstica.

Com efeito, em termos de expectativas sociais oriundas da disciplina legislativa, os eixos da parentalidade e da conjugalidade não podem mesmo ser confundidos, porém, não se pode olvidar que, no plano fático, sobretudo em se tratando de contextos permeados por violência doméstica, há complexidades inerentes a essas experiências que não permitem uma separação tão categórica assim. Não raro, crianças e adolescentes, por estarem inseridas em tais relações/núcleos familiares, presenciam ocorrências em que pais demonstram um comportamento agressivo em face de mulheres que, no caso, são suas mães.

A violência doméstica e familiar deveria, assim, ser encarada como um fenômeno sistêmico, não se podendo simplesmente apartar o que se pratica contra um dos membros da família – e afirmar categoricamente que essa violência se restringe a tão somente um de seus membros – sem se averiguar a reverberação de tais atos em sua totalidade.

Quando o Judiciário permite inadvertidamente o exercício da guarda compartilhada em tais situações, valendo-se do melhor interesse de crianças e adolescentes em abstrato como recurso argumentativo, tendo como base uma dinâmica familiar funcional ideal – que, muitas vezes, não guarda relação qualquer com realidades disfuncionais –,

---

34. BRASIL, Superior Tribunal de Justiça do. Guarda compartilhada pode ser instituída mesmo havendo graves desavenças entre o ex-casal. Assessoria de Comunicação do STJ (Número do recurso não divulgado em razão de segredo judicial). Disponível em: https://www.stj.jus.br/sites/portalp/Paginas/Comunicacao/Noticias-antigas/2017/2017-03-23_11-05_Guarda-compartilhada-pode-ser-instituida-mesmo-havendo-graves-desavencas-entre-o-excasal.aspx. Acesso em: 15 abr. 2022.

comunica à sociedade a inteligibilidade e aceitação de um referencial educacional que normaliza a violência de gênero.

Não obstante, poder-se-ia argumentar que, ainda que os contextos familiares desenhem graves desavenças entre os pais, e conquanto haja a prática de violência doméstica contra as mães, a guarda compartilhada impõe-se como elemento combativo a abusos de autoridade familiar, como a prática de alienação parental.

De início, é importante assinalar que, na contemporaneidade, a eficácia da Lei 12.318/2018 (Lei de Alienação Parental – LAP) e a necessidade de sua manutenção no ordenamento jurídico vêm sendo questionadas, especialmente por estimular o litígio entre os sujeitos que compõem a relação de parentalidade, e por ser instrumento, na ordem de processos que tramitam junto aos Juízos de Família, que silencia a voz de crianças e mulheres em situação de violência intrafamiliar.[35]

Ademais, mesmo que se valide o propósito da legislação em comento e sua aplicação, conforme salienta Maria Matilde Alonso Ciorciari,

> é necessário levar em consideração que o genitor que pratica violência psicológica e moral anos a fio contra a mãe, humilhando, xingando, ameaçando, a maior parte das vezes na presença dos filhos, está necessariamente praticando campanha de desqualificação da conduta da mulher, ou seja, alienação parental.[36]

A autora conclui seu raciocínio afirmando que, nesses casos, a legislação (notadamente em vista da Lei 12.318) já permite a reversão da guarda para unilateral, configurando exceção ao compartilhamento da guarda.

De igual sorte, contestando a leitura feita quanto à *obrigatoriedade* da guarda compartilhada, Ana Liési Thurler, em audiência pública da Comissão Permanente Mista de Combate à Violência contra a Mulher (CMCVM), opina que o cenário para se chancelar a guarda compartilhada é aquele em que a família já possui histórico de cuidados e responsabilidades compartilhados e há consenso em se estabelecer a guarda nessa modalidade.[37]

Extrai-se, por derradeiro, do Portal da Câmara dos Deputados o Projeto de Lei 29/20, o qual defende que, nas situações em que houver "prova ou indícios contra a vida, a saúde a integridade física ou psicológica de filho ou de um dos pais", a guarda de crianças ou adolescentes deverá ser concedida na modalidade unilateral "àquele que não seja o autor ou responsável pelos fatos". O PL visa, ainda, a modificar o Código de

---

35. Para uma investigação científica sobre a eficácia da LAP desde a Sociologia do Direito, ver SOUZA, Fábio Rocha de. *Alienação parental e violência de gênero*: uma análise sociojurídica da Lei 12.318/2010. 2021. 152f. Dissertação (Mestrado em Direito). Pontifícia Universidade Católica do Rio Grande do Sul, Porto Alegre, 2021.
36. CIORCIARI, Maria Matilde Alonso. A guarda compartilhada no contexto da violência doméstica. 2019. Trabalho de Conclusão de Curso (Pós-graduação Lato Sensu em Gênero e Direito). Escola da Magistratura do Rio de Janeiro, Rio de Janeiro, 2019. p. 9.
37. Trata-se de fala extraída de audiência pública da Comissão Permanente Mista de Combate à Violência contra a Mulher (CMCVM) (Disponível em: https://www12.senado.leg.br/noticias/materias/2018/05/09/debatedores-defendem-excecoes-a-guarda-compartilhada-em-casos-de-violencia. Acesso em: 16 abr. 2022).

Processo Civil, consignando obrigação a juízes e juízas para que, nas ações de guarda, proceda-se à prévia intimação do Ministério Público e às partes sobre situações de violência doméstica ou familiar envolvendo pais e/ou filhas(os).

5. CONSIDERAÇÕES FINAIS

O presente estudo buscou avaliar possíveis contribuições que o recém-lançado Protocolo para Julgamento com Perspectiva de Gênero (2021) traz ao debate sobre a aplicação da guarda compartilhada em contextos de violência doméstica.

Não se descura que a modalidade compartilhada da guarda possa ser instituída para amenizar as desigualdades materiais de gênero intrínsecas aos seculares papéis atribuídos culturalmente aos sujeitos em razão da divisão sexual de trabalho.

Porém, considerando que a realidade fática é permeada por experiências de assimetrias e relações de poder entre os gêneros que podem se materializar em práticas de violência doméstica e intrafamiliar, não parece que a preferência abstrata pela guarda compartilhada seja mantida, em uma interpretação literal dos artigos 1.583 e 1.584 do Código Civil. Afinal, corrobora-se o entendimento de que o desempenho conjunto da guarda exige cooperação e horizontalidade entre os detentores do poder familiar.

Tampouco parece adequado que o Judiciário, ao julgar demandas familiares que versem sobre a guarda de crianças e adolescentes, mantenha como referencial, na interpretação e aplicação do direito, um ideal abstrato de família e um discurso protetivo, moralista e familista, do melhor interesse daqueles sujeitos, que não guardam relação com experiências familiares concretas, que são permeadas de complexidades e as quais também podem ser palco para violências diversas. Da mesma forma, as(os) servidoras(es) do Judiciário, incluindo psicólogas(os) jurídicas(os) e assistentes sociais designadas(os) para a confecção de relatórios psicossocial que subsidiam tais demandas, precisam estar capacitadas(os) para compreender essas dinâmicas de opressão.

É necessário que as soluções judiciais para tais demandas sejam articuladas dentro do espaço do *possível* para cada vivência familiar e dentro dos limites de atuação da esfera jurisdicional. Portanto, o estabelecimento da guarda compartilhada em contextos de violência doméstica pode configurar, sim, medida contrária à integridade de mulheres, crianças e adolescentes sujeitas a tal violência.

O Direito das Famílias, assim, em suas perspectivas teórica e prática, precisa estar atento para não reproduzir a neutralidade jurídica que o seu potencial crítico sempre buscou combater quando confrontado com situações de desigualdade. Outrossim, imprescindível que políticas públicas de atenção a mulheres e famílias em situação de violência doméstica sejam implementadas concomitantemente à reabilitação de homens agressores para além dos âmbitos de aplicação das Medidas Protetivas, a fim de (re)construir relações e indivíduos mais funcionais.

VULNERABILIDADE NO AMBIENTE FAMILIAR: A SIMBIÓTICA LEI MARIA DA PENHA (LEI 11.340/06) E O ALARGAMENTO DA SUA PROTEÇÃO

Andréia Fernandes de Almeida Rangel

Sumário: 1. Introdução – 2. A vulnerabilidade feminina no seio familiar – 3. O enfoque simbiótico da Lei 11.340/06 – 4. A vulnerabilidade do gênero feminino: uma ampliação das relações protegidas pela Lei 11.340/06 pela recente posição do STJ – 5. Conclusão.

1. INTRODUÇÃO

A gravidade de algumas ações ocorridos no ambiente privado, têm permitido ao Poder Público adentrar nesta seara e interferir nas relações mais íntimas dos indivíduos. Aos problemas cada vez mais visíveis e crescentes, o Estado, com o escopo de responder demandas dos setores marginalizados da sociedade, aqueles mais vulneráveis, tem sido cada vez mais presente, inclusive nas relações afetivas e familiares, tendo hoje interferência direta nas relações entre pais e filhos, marido e mulher, companheiros e ex-companheiros, exemplo disto é a Lei Maria da Penha (Lei 11.340/06).

Atualmente,[1] cada vez mais mulheres têm levado a agressão sofrida dentro dos lares para uma solução estatal, diferentes núcleos e arranjos familiares ou afetivos levam este lado escuro da vida privada para o conhecimento público, a agressão caminha do lar para a praça.[2]

Dentre todas as ações estatais realizadas na seara privada, uma merece especial destaque: a Lei Maria da Penha, um diploma legal que surgiu para a proteção do gênero feminino dentro do ambiente afetivo e familiar, uma intercessão entre o público e o privado e que alterou o ditado popular: "em briga de marido e mulher o Estado não

---

1. Cabe destacar os diversos estudos e pesquisas sobre ao aumento da violência doméstica durante o período da pandemia. "Em 483 cidades houve aumento de casos de violência contra a mulher durante a covid-19, que atingiu o Brasil em fevereiro de 2020. O número equivale a 20% dos 2.383 municípios ouvidos pela nova edição da pesquisa da Confederação Nacional dos Municípios (CNM) sobre a pandemia". VALENTE, Jonas; RODRIGUES, Alex. Violência contra mulheres cresce em 20% das cidades durante pandemia. *Agência Brasil*, 13 de agosto de 2021. Disponível em: https://agenciabrasil.ebc.com.br/saude/noticia/2021-08/violencia-contra-mulheres-cresce-em-20-das-cidades-durante-pandemia. Acesso em: 10 abr. 2022.) A pesquisa completa da Confederação Nacional de Municípios (CNM) – Covid-19 – Edição 21 – de 09 a 12 ago. está disponível em: http://cnm.org.br/cms/biblioteca/Relatório_pesquisa_Relampago_Ed_21.pdf.
2. Expressão de Nelson Saldanha para fazer referência ao espaço público. (SALDANHA, Nelson. *O jardim e a praça*. Rio de Janeiro: Atlântica Editora, 2005).

mete a colher", agora o ditado é: "em briga de marido e mulher o Estado mete sim, a colher!" Este arcabouço legislativo pode ser visto como uma invasão ao jardim, expressão cunhada por Nelson Saldanha[3] para representar o vácuo de regra privada, naquelas situações que expõem o privado ao público, uma vez que fatos ocorridos dentro da casa (simbologia do privado), saíram pela porta da frente e começaram a caminhar até a praça (representando o público).[4] Desta forma, o Estado chegou ao jardim e buscou assegurar um ambiente afetivo e familiar saudável e propício à formação de seus integrantes, protegendo a mulher das agressões sofridas dentro daquela esfera privada.[5] Esta proteção decorre de todo o processo histórico e cultural de submissão e agressão sofrida, sendo um membro vulnerável e necessitado da intervenção estatal.

O estudo proposto supera as barreiras da mera aplicação da lei, buscando apresentar o quão relevante são os fatos ocorridos dentro de um ambiente estritamente particular para a sociedade, justificando assim a presença do poder público, dando especial relevo aos acontecimentos que envolvem violência física, moral e/ou psicológica sucedido no interior da entidade familiar, demonstrando o motivo pelo qual o Poder Público passou a interferir nesta relação, ultrapassando os muros, antes sólidos, da vida privada, o que representa, uma simbiose[6] entre o público e o privado no ordenamento jurídico pátrio, onde a dinâmica biológica apresentada nos sistemas simbióticos, será aplicada no âmbito desta tese. Assim como nos processos de simbiose do mundo natural, em que há "uma associação interespecífica harmônica, com benefícios mútuos",[7] as duas esferas (pública e privada) serão entendidas como agentes que podem estar intimamente associadas. O relacionamento biológico simbiótico existente entre os *seres* públicos e privados, representando uma associação benéfica na forma de trocas, onde a soma dos esforços coletivos supera os esforços individuais. Esta visão dos benefícios decorrentes de uma simbiose, já são apresentados em questões envolvendo resíduos sólidos, intitulada Simbiose Industrial.[8]

---

3. SALDANHA, Nelson. *O jardim e a praça*. Rio de Janeiro: Atlântica Editora, 2005.
4. "O viver em sociedade implica nas casas, e aqui registramos que a estrutura das cidades (as 'sociedades' são sempre *cidades* a partir de um mínimo de condições) consta de casas, e que casas formam ruas e esboçam praças." (SALDANHA, Nelson. *O jardim e a praça*. Rio de Janeiro: Atlântica Editora, 2005).
5. Artigo 226, § 8º da Constituição Federal de 1988.
6. "Simbiose é uma associação fechada de dois organismos diferentes vivendo juntos e que beneficia um ou ambos. Economicamente, o exemplo mais importante de uma simbiose animal-micro-organismo é a dos ruminantes, animais que possuem um órgão digestório denominado rúmen. Ruminantes, como bovinos e ovinos, pastam plantas ricas em celulose. As bactérias no rúmen fermentam a celulose sem compostos que são absorvidos pelo sangue do animal, para serem utilizados posteriormente como fonte de carbono e energia". CASE, Christine L.; FUNKE, Berdell R.; TORTORA, Gerard J. *Microbiologia*. 10. ed. Porto Alegre: ARTMED Editora. p. 767.
7. GLOSSÁRIO de Biologia e Ciências. *Letra S*. Só Biologia, 2008-2022. Disponível em: http://www.sobiologia.com.br/conteudos/Glossario/s.php. Acesso em: 10 abr. 2022.
8. *While these terms are highly interconnected, industrial symbiosis most closely captures the analogy to natural systems inherent to IE, and is a powerful aspect of the IE framework.1 An industrial symbiosis is defined as multiple firms from traditionally separate industries acting collectively to gain competitive advantage, typically through the physical exchange of energy and resource.* (Uma simbiose industrial é definida como várias empresas de tradicionalmente separar as indústrias agindo coletivamente a obter vantagem competitiva, normalmente através da troca física de energia e recursos) (CHERTOW, M. Industrial symbiosis. In: Cleveland, C. J (Ed.). *Encyclopedia of energy*. Oxford: Elsevier. 2004).

Como ápice do presente artigo, suplantando discussões, é trazida a recente decisão do STJ, que consolidou a aplicação da Lei Maria da Penha ao gênero feminino, onde no caso concreto levado à sua apreciação, reconheceu por unanimidade a incidência da lei 11.340/06 na relação patriarcal e misógina que o pai estabeleceu com a filha (transexual).

2. A VULNERABILIDADE FEMININA NO SEIO FAMILIAR

Em suas interações na sociedade, o homem tende a reunir-se em grupos, ou núcleos, em que satisfaz as suas necessidades básicas, de ordem pessoal ou patrimonial, assumindo relevo especial a família, local onde o homem nasce, forma sua personalidade e se mantém, dentro de uma comunidade duradoura de sentimentos e de interesses vários que unem os seus integrantes. Pode-se afirmar que é a instituição geradora e formadora de pessoas, um núcleo de grande importância para a preservação e o desenvolvimento da nação,[9] uma vez que é uma das entidades com maior relevância para a formação dos indivíduos que irão compor a sociedade e que compete ao Direito regular e organizar.

Corroborando com o exposto acima, Pietro Perlingieri traz uma definição de família muito além do seu tempo, com uma interface do direito público, fazendo valer a máxima da dignidade da pessoa humana no âmbito da entidade familiar, afirmando ser esta a responsável pela educação e promoção dos indivíduos que a elas pertencem, lugar onde o indivíduo desenvolve-se.

> A família como formação social, como sociedade natural, é garantida pela Constituição (art. 29, § 1º[10]) não como portadora de um interesse superior e superindividual, mas sim, em função da realização das exigências individuais, como lugar onde se desenvolve a pessoa (art. 2º Const.). A família é valor constitucionalmente garantido nos limites de sua conformação aos valores que caracterizam as relações civis, especialmente a dignidade humana: ainda que diversas possam ser as suas modalidades de organização, ela é finalizada à educação e à promoção daqueles que a ela pertencem.[11]

No decorrer das décadas do século XX, com a crise do Estado, as ciências sociais começaram a estudar a família como sendo um micropoder.[12] Na teoria de Talcott Par-

---

A aluna Roberta Guarany Oberlaender, defendeu a dissertação de mestrado no Programa de Pós-Graduação em Planejamento Energético – COPPE, da Universidade Federal do Rio de Janeiro – UFRJ, no ano de 2016, um trabalho sobre Simbiose Industrial, trazendo uma proposta de implementação no Complexo Petroquímico do Rio de Janeiro (COMPERJ). (OBERLAENDER, Roberta Guarany. *Análise de Desenvolvimento de Sistemas de Simbiose Industrial*: proposta de implementação a partir do Complexo Petroquímico do Rio de Janeiro (COMPERJ). 143 f. Dissertação (mestrado) – Programa de Pós-Graduação em Planejamento Energético – COPPE. Universidade Federal do Rio de Janeiro – UFRJ, 2016).

9. BITTAR, Carlos Alberto. *Direito de Família*. 2. ed. Rio de Janeiro: Forense Universitária, 2006. p. 01.
10. "Art. 29. A República reconhece os direitos da família como sociedade natural fundada no matrimônio. O matrimônio é baseado na igualdade moral jurídica dos cônjuges, com os limites determinados pela lei para a garantia da unidade familiar" (ITÁLIA. *Constituição da República italiana*. Disponível em: https://www.senato.it/sites/default/files/media-documents/COST_PORTOGHESE.pdf. Acesso em: 10 abr. 2022).
11. PERLINGIERI, Pietro. *O direito civil na legalidade constitucional*. Trad. Maria Cristina de Cicco. Rio de Janeiro: Renovar, 2008. p. 971-972.
12. SANDALOWSKI, Mari Cleise. As famílias no contexto social brasileiro. *Revista Sociais e Humanas*, v. 20, n. 2, p. 03. Rio Grande do Sul, 2007.

sons,[13] a família deve ser vista como principal instância socializadora dos indivíduos, assim como da sua personalidade, ele concebe a família como um subsistema. Para ele, a família é responsável por suas funções básicas: a socialização das crianças e a estabilização da personalidade dos adultos e, por este motivo, a família funcionaria como um instrumento capaz de garantir o bom andamento da sociedade e sua coesão. Desta forma, "propõe que os membros de uma família conjugal desempenhem papéis distintos e complementares, os quais vão influir na definição do masculino e do feminino, ou seja, dos papéis sociais que cada elemento do grupo familiar deve desempenhar na sociedade como um todo".[14]

Seguindo ainda este especial destaque da entidade familiar e o âmbito da sociologia, imperioso se faz mencionar o estudo de Durkeim[15] sobre a família, uma instituição, que na visão deste sociólogo, é fulcral para a sociedade e uma parte importante da estrutura social. Tamanha a importância denotada à mesma, que ele incluiu no seio da Sociologia Jurídica, a Sociologia da Família. Em suas obras Introdução à Sociologia da Família, de 1888;[16] A Família Conjugal, de 1892;[17] e O Divórcio por Consentimento Mútuo, de 1906,[18] pode-se verificar a preocupação com os problemas importantes da mudança na família e a perda das funções dentro dela. Para ele, um importante fator era o relacionamento das pessoas entre si e com os seus bens materiais. Ele distinguia o grupo familiar da seguinte forma: primeiro entre pessoas e bens; em seguida, entre pessoas, quais sejam, cônjuges, filhos, parentes consanguíneos e parentes de todos os graus; e finalmente, com o Estado, o qual, em certos casos, se misturava com a vida doméstica e até mesmo, com o passar do tempo, apresentando uma importância cada vez maior.[19]

Em que pese toda a importância acima apresentada da entidade familiar, forçoso se faz concluir que nem sempre a família será um terreno fértil e capaz de promover o desenvolvimentos de todos os membros que a compõem, cabendo destacar o membro do gênero feminino, a qual possui um histórico de inferioridade e submissão em relação ao homem, apresentando seus tentáculos desde a antiguidade, na obra Política do filósofo Aristóteles já havia trechos que descreviam esta relação hierarquizada, cabendo destacar o seguinte trecho: "é preciso, inicialmente, reunir as pessoas que não podem passar umas sem as outras, como o macho e a fêmea para a geração. [...] É para a mútua

---

13. PARSONS, Talcott et al. *Family*: Socialization and Interaction Process. London: Routledge & Kegan Paul, 1955.
14. SANDALOWSKI, Mari Cleise. As famílias no contexto social brasileiro. *Revista Sociais e Humanas*, v. 20, n. 2, p. 03. Rio Grande do Sul, 2007.
15. Cabe destacar os seguintes trabalhos: DURKHEIM, Émile. Introduction à la sociologie de la famille. *Anais da Faculdade de Letras de Bordeux*, 10, 1888, p. 257-282; DURKHEIM, Émile. La famille conjugale. *Revista Philosophique*, 90, p. 9-14, 1921; DURKHEIM, Émile. Le divorce par consentement mutuel. *Revista Bleue*, 44, p. 549-554, 1906.
16. DURKHEIM, Émile. Introduction à la sociologie de la famille. *Anais da Faculdade de Letras de Bordeux*, 10, p. 257-282. 1888.
17. DURKHEIM, Émile. La famille conjugale. *Revista Philosophique*, 90, p. 9-14, 1921.
18. DURKHEIM, Émile. Le divorce par consentement mutuel. *Revista Bleue*, 44, p. 549-554. 1906.
19. DURKHEIM, Émile. Introduction à la sociologie de la famille. *Anais da Faculdade de Letras de Bordeux*, 10, 1888, p. 257-282. p. 261.

conservação que a natureza deu a um o comando e impôs a submissão ao outro";[20] também na obra Antígona, de Sófocles, a personagem Ismênia representa o que é a mulher na pólis clássica grega: um ser frágil, suspeito, insignificante, cujo valor consiste em ser bonita e submissa;[21] nos escritos médicos da Idade Média, havia a representação da vagina como um falo[22] invertido, conforme descoberta de Marie Christine Pouchelle;[23] no período do Renascimento, o sexo da mulher era representado como sendo composto dos mesmos órgãos masculinos, apenas dispostos de maneira diversa;[24] no século XIX os anatomistas, ampliando os discursos moralistas, tentaram encontrar no corpo da mulher a justificativa do estatuto social que lhes era imposto[25] e, com Thomas Laqueur, a noção que o clitóris seria um pênis feminino.[26]

Como já afirmava Bourdieu em seu estudo sobre a dominação masculina, a divisão do mundo é fundada nas diferenças biológicas, aquelas que se referem à divisão sexual do trabalho, da procriação e da reprodução.[27] Em sua obra de 1988, criticou tal dominação, que obriga os homens a serem fortes, potentes e viris, ao passo que as mulheres devem ser delicadas, submissas e apagadas.[28] Ele ressalta que "a unidade doméstica é um dos lugares em que a dominação masculina se manifesta de maneira mais indiscutível" e "não só através do recurso à violência física"; por outro lado, Bourdieu acredita que o princípio de perpetuação das relações de força materiais e simbólicas que ali se exercem está "essencialmente fora daquela unidade, em instâncias como a Igreja, a Escola ou o Estado".[29]

O Ministro Marco Aurélio Bellizze em decisão proferida no Superior Tribunal de Justiça, trouxe no voto do HC 175.816 toda a visão histórica da submissão feminina, com viés antropológico e sociológico para o embasamento da sua decisão, uma fundamentação legal representa traços do direito, sociologia e antropologia, um acórdão sociojurídico, o qual cabe transcrever:

> HC 175.816 – STJ – Ministro Marco Aurélio Bellizze
>
> [...] firmar a posição de que a violência de gênero não se confunde com as demais formas de violência, porque ela caracteriza-se principalmente na cultura machista do menosprezo pela mulher, bem como na ideia de perpetuação da submissão da mulher ao mando do homem, autorizando a equivocada e nefasta disseminação da inferioridade do gênero feminino em relação ao masculino, permitindo a

---

20. ARISTÓTELES. *A política*. Santa Catarina: Repositório Institucional UFSC. Disponível em: https://repositorio.ufsc.br/handle/praxis/294. Acesso em: 10 abr. 2022.
21. SÓFOCLES. *Antígone*. Tradução de: J. B. de Mello e Souza. [S.l]: eBooksBrasil.com, 2005. Disponível em http://www.ebookshrasil.org/adobeebook/antigone.pdf. Acesso em: 06 abr. 2022.
22. ETIM lat. *phállus,i* 'figura que representava as partes sexuais do homem e que, nas festas de Baco, levava-se como símbolo da geração', do gr. *phallós,oû* 'pênis' (Dicionário Online. Falo. *Michaelis*. Disponível em: http://michaelis.uol.com.br/moderno/portugues/index.php?palavra=falo. Acesso em: 22 abr. 2022).
23. BOURDIEU, Pierre. *A dominação masculina*. Trad. Maria Helena Kühner. 2. ed. Rio de Janeiro: Bertrand Brasil, 2002. p. 23.
24. Idem.
25. Idem.
26. LAQUEUR, Thomas. *Inventando o Sexo*: corpo e gênero dos gregos a Freud. Trad. Vera Whately. Rio de Janeiro: Relume Dumará, 2001. p. 41.
27. BOURDIEU, Pierre. Op. cit., p. 14.
28. Ibidem. p. 7-8.
29. Ibidem. p. 138.

coisificação da mulher, numa afronta direta à doutrina da dignidade da pessoa humana, consolidada já na filosofia kantiana e expressamente inserida no art. 1º, inc. III, da CRF.[30]

Compreender a importância da entidade familiar, bem como a relação de poder estabelecida entre os gêneros, é a maneira de demonstrar a desigualdade existente nas relações intramuros e a necessária existência de tratamento desigual,[31] uma vez que há uma vulnerabilidade estrutural do gênero feminino.

Inserindo a violência doméstica contra o gênero mulher na atual sociedade, com todos os aspectos da modernidade,[32] com os valores de liberdade e igualdade firmando a noção de cidadania – característica das sociedades democráticas –, bem como a difusão e garantia de que "todos têm direitos humanos – assim denominados porque inerentes à condição humana – que lhes protegem contra coerções, maus-tratos e demais atos de desumanização",[33] as ações violentas ultrapassam as portas dos lares, perpassam a instância da órbita familiar/privada e adentram as instâncias públicas, dotadas de poder para resguardar os direitos fundamentais dos membros da família.

O Estado deve atuar nas relações familiares apenas para garantir direitos que possam estar sendo violados; naquelas situações em que os conflitos internos não tenham sido resolvidos pelos integrantes da família. A família é um espaço de interação entre indivíduos, os quais são dotados de sentimentos e emoções, como afeto, raiva, paixão, e ideais próprios, podendo ocorrer entre os integrantes daquele núcleo familiar, uma assimetria de interesses e de direitos, abrindo assim o espaço para que o Estado adentre e equilibre as relações conflitantes, em especial, nos casos dominados pelo autoritarismo, pela violência ou pela desigualdade. Somente em tais casos é que o ingresso do Estado se faz necessário, sempre atuando através de regulamentação normativa, para enfim, tutelar essas relações e concretizar os direitos fundamentais presentes na ordem jurídica democrática.[34]

A ideia de dignidade da pessoa humana, princípio sobre o qual se baseia todo o ordenamento brasileiro, resulta de uma convergência de diversas doutrinas e concep-

---

30. BRASIL. Superior Tribunal de Justiça. HC 175816/RS. Relator: Min. Marco Aurélio, autuado em 08.07.2010. Disponível em: https://ww2.stj.jus.br/processo/pesquisa/?termo=HC+175.816&aplicacao=processos.ea&tipoPesquisa=tipoPesquisaGenerica&chkordem=DESC&chkMorto=MORTO. Acesso em: 18 abr. 2022.
31. "Muitas vezes para proteger é realmente necessário distinguir, reconhecendo a existência da fraqueza ou de uma vulnerabilidade estrutural ou funcional, é necessário diferenciar e assegurar direitos especiais ao vulnerável: mister tratar de forma especial o mais fraco. Mas este paradigma não é sem perigo de efeitos segregatórios" (MARQUES, Claudia Lima; MIRAGEM, Bruno. *O novo direito privado e a proteção dos vulneráveis*. São Paulo: Ed. RT, 2012. p. 112).
32. "Modernidade" refere-se a estilo, costume de vida ou organização social que emergiram na Europa a partir do século XVII e que ulteriormente se tornaram mais ou menos mundiais em sua influência. (GIDDENS, Anthony. *As consequências da modernidade*. Trad. Raul Fiker. São Paulo: Editora UNESP, 1991. p. 11).
33. MORAES, Maria Celina de. Vulnerabilidade nas relações de família: o problema da desigualdade de gênero. In: DIAS, Maria Berenice (Org.). *Direito das famílias*: contributo do IBDFAM em homenagem a Rodrigo da Cunha Pereira. São Paulo: Ed. RT, 2009. p. 306.
34. RUZYK, Carlos Eduardo Pianovski. *Liberdade(s) e função*: contribuição crítica para uma nova fundamentação da dimensão funcional do Direito Civil Brasileiro. 395 f. Tese (doutorado) – Universidade Federal do Paraná. Setor de Ciências Jurídicas. Programa de Pós-Graduação em Direito, 2009. p. 361.

ções de mundo, sendo construídas desde longa data na cultura ocidental.[35] O valor que a dignidade da pessoa humana possui, deve ser harmonizado com os princípios da igualdade e da solidariedade.

Assim, o legislador ordinário, em cumprimento aos ditames constitucionais, buscou diminuir a vulnerabilidade intrafamiliar em relação à criança, ao idoso e à mulher – os membros familiares mais vulneráveis – fazendo-se necessários instrumentos protetivos específicos para cada um deste integrante, nascendo assim, o Estatuto da Criança e do Adolescente – ECA (Lei 8.069/90), o Estatuto do Idoso (Lei 10.741/03)[36] e a Lei Maria da Penha (Lei 11.340/06). Desta forma, é possível vislumbrar quão tênue é a linha que separa espaço privado e a ordem pública, uma simbiose necessária.

3. O ENFOQUE SIMBIÓTICO DA LEI 11.340/06

A Lei Maria da Penha (Lei 11.340/2006) é um diploma legal de caráter híbrido: cível, penal e processual, que tem o escopo de proteger a parte hipossuficiente e vulnerável da relação: o gênero feminino, contra a violência sexual (estupro e tentativa de estupro), a violência física (lesão corporal dolosa, homicídio doloso e tentativa de homicídio), a violência psicológica (ameaça e constrangimento ilegal), a violência moral (calúnia, injúria e difamação) e a violência patrimonial (violação de domicílio, supressão de documento e dano), para isto traz em seu bojo diversas medidas protetivas, entre elas a possibilidade do juiz decretar de ofício o afastamento do agressor (Art. 22, inciso II) e a recondução da ofendida e de seus dependentes ao lar (Art. 23, inciso II).

A lei 11.340/06 é uma demonstração da atuação efetiva no ambiente doméstico e familiar, encerrando o velho ditado popular: em briga de marido e mulher ninguém mete a colher, pois ao Estado é permitido intervir sempre que houver violência doméstica e familiar contra o gênero feminino, vulnerável e hipossuficiente naquela relação, sendo indiscutível a necessária presença do Estado nos casos em que haja violência no âmbito familiar, representando uma verdadeira mistura com a vida doméstica. Como já afirmava Durkheim: "Il y a enfin l'État qui, lui aussi, dans des cas déterminés, vient se mêler à la vie domestique et en devient même tous les jours un facteur plus

---

35. SARLET, Ingo Wolfgang. *Dignidade (da pessoa) humana e direitos fundamentais na Constituição Federal de 1988*. 10. ed. Porto Alegre: Livraria do Advogado, 2015. Nesta obra o autor traz logo no primeiro capítulo um histórico da expressão "dignidade da pessoa humana", trazendo o uso e a definição desta expressão por diversos autores, como São Tomás de Aquino, que definiu a pessoa como substância individual de natureza racional; Thomas Hobbes com a dignidade vinculada ao prestígio pessoal e dos cargos exercidos pelos indivíduos, sendo um valor atribuído pelo Estado e pelos demais membros da comunidade a alguém; Samuel Pufendorf que sustentava que o monarca deveria respeitar a dignidade da pessoa humana, considerada esta como a liberdade do ser humano de optar de acordo com sua razão e agir conforme o seu entendimento e sua opção; Kant com a afirmação de que autonomia da vontade, entendida como a faculdade de determinar a si mesmo e agir em conformidade com a representação de certas leis, é um atributo apenas encontrado nos seres racionais, constituindo-se no fundamento da dignidade da natureza humana.
36. Sobre o tema, veja-se: BARLETTA, Fabiana Rodrigues. *O direito à saúde da pessoa idosa*. São Paulo: Saraiva, 2010.

important".[37] Desta forma, vislumbra-se uma atuação eminentemente pública, em um espaço estritamente privado.

Vislumbra-se uma crescente publicização do Direito Privado e uma privatização do Direito Público; com uma nítida interferência do poder estatal em áreas que, anteriormente, eram restritas às relações entre particulares, especialmente para a proteção de partes vulneráveis. E é neste tocante que a Lei 11.340/06 entra como uma expressão da simbiose entre os dois ramos do direito, uma concretização da presença do Poder Público dentro de uma esfera eminentemente privada.

Falar desta simbiose é ir muito além da simples eliminação de barreiras, é a afirmação de que cada um destes ramos, o direito público com seu princípio do interesse público e o direito privado com seu princípio da autonomia da vontade, terão uma verdadeira associação interespecífica harmônica,[38] com benefícios mútuos e interdependência metabólica.[39] Desta forma, o Estado não é mais mero espectador da ordem privada, ao contrário, hoje ele possui uma atuação ativa e de ingresso neste reduto dos entes privados. Tal afirmativa é verificada no diploma legal objeto deste estudo, ao vislumbrar conflitos internos no ambiente privado, com a violação de direitos básicos e elementares de algum dos membros, o Estado ultrapassa limites antes intransponíveis e adentra na vida privada, trazendo normas e regras de conduta internas. Este ingresso ocorre no reduto de maior expressão da autonomia do homem, sua vida familiar e afetiva; a relevância da função familiar na sociedade, acaba dando-lhe uma proteção estatal, até mesmo para organizá-la como lhe convém,[40] sendo certo que os interesses da família e dos membros que a compõem não devem sofrer a intervenção direta e ostensiva do Estado, mas

---

37. "Finalmente, há o Estado, também, em certos casos, se mistura com a vida doméstica e até mesmo torna-se cada dia mais importante." (DURKHEIM, Émile. Introduction à la sociologie de la famille. *Anais da Faculdade de Letras de Bordeux*, 10, 1888, p. 257-282. p. 261).
38. Relações ecológicas interespecíficas são relações que ocorrem entre indivíduos de espécies diferentes, podem ser harmônicas, ou positivas, quando há benefícios para pelo menos uma das espécies; ou desarmônicas, quando há prejuízo para uma ou ambas as espécies. Relações interespecíficas harmônicas podem ser protocooperação ou mutualismo facultativo, ou inquilinismo, ou comensalismo, e por último, mutualismo obrigatório, onde ambas as espécies se beneficiam e é indispensável à sobrevivência, uma vez que pode envolver trocas de alimentos e de produtos de metabolismo. Como por exemplo liquens (associação de algas – realiza fotossíntese e produção de matéria orgânica) e fungos (absorção de água e nutrientes).
39. Metabolismo é o conjunto de transformações e reações químicas através das quais se realizam os processos de síntese degradação (ou decomposição) das células. Originado a partir do termo grego *metábole*, que significa "mudança" ou "troca", o metabolismo acontece com a ajuda de enzimas, por meio de uma cadeia de produtos intermediários. Este fenômeno está relacionado com três funções que são vitais e que ocorrem no corpo humano: nutrição (inclusão de elementos essenciais no organismo), respiração (oxidação desses elementos essenciais para produção de energia química) e síntese de moléculas estruturais (utilizando a energia produzida). O processo metabólico se divide em dois grupos denominados anabolismo (reações de síntese) e catabolismo (reações de degradação).
    Anabolismo são reações químicas construtivas, ou seja, produzem nova matéria orgânica nos seres vivos. Por exemplo, a síntese de proteínas no tecido muscular a partir de aminoácidos. Catabolismo são reações químicas destrutivas, ou seja, há uma quebra de substâncias. Por exemplo, a quebra da molécula de glicose que é transformada em energia e água. Para manter as funções vitais (respiração, batimento cardíaco, temperatura corporal, e etc.), o organismo gasta uma grande quantidade de energia. É o que se chama de metabolismo basal.
40. GLANZ, Semy. *A família mutante*: sociologia e direito comparado. Rio de Janeiro: Renovar, 2005. p. 91.

sim, ter sua presença para tutelá-los.⁴¹ Não se deve confundir, esta tutela com poder de fiscalização e controle, de forma a restringir a autonomia privada, limitando a vontade e a liberdade dos indivíduos.⁴²

A Lei 11.340/06 adentra na esfera mais íntima e privada da sociedade, os relacionamentos amorosos, as brigas conjugais ocorridas dentro do ambiente doméstico e familiar, mais do que isso, também adentra naquelas relações de afeto, as quais podem ser vistas como uma fase preliminar à constituição familiar. O fato regulado pelo direito é estritamente privado, sem nenhuma margem de dúvida, mas ainda sim, há a presença estatal de maneira imperativa trazendo ordens e limitações, tudo isto com o escopo de fazer presente a dignidade daquele membro hipossuficiente e vulnerável da relação. Tudo isto é reforçado com o reconhecimento do crime de lesão de corporal contra a mulher no ambiente doméstico, familiar e afetivo, constituindo um crime de ação penal pública incondicionada à representação, uma forte tutela estatal, uma proteção externa à um membro privado.

A apresentação da simbiose, através da Lei 11.340/06, não tem a finalidade de negar que há princípios e regras distintas para estas esferas jurídicas, nem mesmo que a clássica dicotomia não tenha sido útil, uma vez que permitiu uma sistematização dogmática, com o estabelecimento de princípios teóricos, básicos para operar as normas em cada grupo, mas, no atual contexto esta dualidade não pode mais ser vista nos moldes de Ulpiano,⁴³ pois esta distinção nos últimos anos parece ter entrado no reino da confusão.⁴⁴ Hoje, é necessária a junção entre os dois ramos para uma melhor prestação jurisdicional e para que haja uma proteção do indivíduo que é o centro do ordenamento jurídico.

Contudo, para além de entender a simbiótica proteção jurídica do gênero feminino, necessário se faz compreender as relações que estão sendo protegidas e que o Estado deverá "meter a colher",⁴⁵ e serão estes espaços, ou melhor, estes relacionamentos abordados a seguir.

4. A VULNERABILIDADE DO GÊNERO FEMININO: UMA AMPLIAÇÃO DAS RELAÇÕES PROTEGIDAS PELA LEI 11.340/06 PELA RECENTE POSIÇÃO DO STJ

Agora, quais serão os sujeitos abarcadas pela Lei Maria da Penha? Os incisos do artigo 5º, da Lei 11.340/06,⁴⁶ trazem as relações domésticas e familiares onde a lei será

---

41. PEREIRA, Caio Mário da Silva. *Instituições de direito civil*. Atual. Maria Celina Bodin de Moraes, Rio de Janeiro: Forense, 2004. v. 5. p. 3-4.
42. PEREIRA, Rodrigo da Cunha. *Princípios fundamentais e norteadores para a organização jurídica da família*. 157 f. Tese (doutorado) – Universidade Federal do Paraná, Setor de Ciências Jurídicas. Programa de Pós-Graduação em Direito, Paraná, 2004. p. 109.
43. JUSTINIANO. *Digesto de Justiano*: Liber Primus. Introdução do Direito Romano. Trad. Hélcio Maciel França Madeira. São Paulo: Revista dos Tribunais, 2012.
44. VALE, André Rufino do. *Eficácia dos direitos fundamentais nas relações privadas*. Porto Alegre: Sergio Antonio Fabris, 2004.
45. Expressão utilizada pela autora na obra: ALMEIDA, Andréia Fernandes de. *Em briga de marido e mulher o estado mete a colher*: a Lei Maria da Penha como expressão da simbiose entre o público e o privado com enfoque no Estado do Rio de Janeiro. Tese (Doutorado em Sociologia e Direito) – Faculdade de Direito, Universidade Federal Fluminense, Niterói, 2016.
46. BRASIL. Lei 11.340, de 7 de agosto de 2006. Cria mecanismos para coibir a violência doméstica e familiar contra a mulher, nos termos do § 8º do art. 226 da Constituição Federal, da Convenção sobre a Eliminação de Todas as

aplicada, quais sejam: unidade doméstica, família e relação íntima de afeto, "independem de orientação sexual",[47] dispondo ainda em seu parágrafo único que toda a proteção prevista na lei poderá ser aplicada nas relações homossexuais.

Para que seja possível identificar qual será a esfera de proteção na Lei Maria da Penha, necessário se faz tecer algumas considerações, primeiro no que tange aos atores da violência que pode ser configurada como doméstica. O sujeito ativo – ou seja, o agressor – poderá ser um homem ou também outra mulher, ao passo que o sujeito passivo – ou seja, a vítima da violência – há a exigência de uma qualidade especial: ser mulher. Assim, esta lei necessita que tenha como sujeito passivo uma vítima feminina. Neste instante, surge uma inquietação, é gênero ou sexo feminino? É aquele construído socialmente, ou seja, o gênero com o que o indivíduo se identifica ou o sexo biológico determinado pelo gameta fêmea?

Para que haja a compreensão da discussão apresentada, primeiro deve-se entender o universo que está sendo explorado, com seus termos e definições. O conceito de gênero, utilizado e difundido pela crítica feminista nascente nos EUA a partir de 1970,[48] foi formulado pela primeira vez pelo psicólogo e sexologista John Money no ano de 1955, como uma ruptura paradigmática na concepção médica norte-americana de sexo, reinante na época. Para ele, o processo de sexuação dos indivíduos pode ser dividido em duas partes: em um primeiro momento, no nascimento, onde é atribuído um sexo biológico (macho ou fêmea); em um segundo momento, após o processo de socialização e de aprendizagem de papéis, é adquirido um gênero (masculino, feminino ou neutro).[49]

Ao enfatizar o caráter fundamentalmente social das distinções baseadas no sexo, o conceito de gênero busca encontrar as maneiras pelas quais o ser humano se legitima e constrói as relações sociais.[50] Como já afirmava Bourdieu em seu estudo sobre a do-

---

Formas de Discriminação contra as Mulheres e da Convenção Interamericana para Prevenir, Punir e Erradicar a Violência contra a Mulher; dispõe sobre a criação dos Juizados de Violência Doméstica e Familiar contra a Mulher; altera o Código de Processo Penal, o Código Penal e a Lei de Execução Penal; e dá outras providências. Brasília, DF: Diário Oficial da União, 2006. Disponível em: http://www.planalto.gov.br/ccivil_03/_ato2004-2006/2006/lei/l11340.htm. Acesso em: 20 abr. 2022.

47. Art. 5º Para os efeitos desta Lei, configura violência doméstica e familiar contra a mulher qualquer ação ou omissão baseada no gênero que lhe cause morte, lesão, sofrimento físico, sexual ou psicológico e dano moral ou patrimonial:
    I – no âmbito da unidade doméstica, compreendida como o espaço de convívio permanente de pessoas, com ou sem vínculo familiar, inclusive as esporadicamente agregadas;
    II – no âmbito da família, compreendida como a comunidade formada por indivíduos que são ou se consideram aparentados, unidos por laços naturais, por afinidade ou por vontade expressa;
    III – em qualquer relação íntima de afeto, na qual o agressor conviva ou tenha convivido com a ofendida, independentemente de coabitação.
    Parágrafo único. As relações pessoais enunciadas neste artigo independem de orientação sexual.
48. SCOTT, Joan W. Gênero: uma categoria útil de análise histórica. *Educação e Realidade*. v. 20, n. 2, p. 72. Porto Alegre, jul./dez. 1995.
49. CYRINO, Rafaela. A produção discursiva e normativa em torno do transexualismo: do verdadeiro sexo ao verdadeiro gênero. *Crítica e Sociedade: revista de cultura política*, v. 3, n. 1, p. 92-108, 2013. p. 95.
50. ARAUJO, Maria de Fátima. Diferença e igualdade nas relações de gênero: revisitando o debate. *Psicologia clínica*, 2005, v. 17, n. 2, p. 41-52, 2005.

minação masculina, a divisão do mundo é fundada nas diferenças biológicas, aquelas que se referem à divisão sexual do trabalho, da procriação e da reprodução, nesta obra o autor traz a "construção social do corpo".[51] Para a ciência biológica, o que determina o sexo de uma pessoa é a divisão fundamental no tipo de gameta produzido pelo indivíduo: óvulo para as fêmeas e esperma para os machos.

Como se pode ver, o gênero é conceituado como um atributo psicológico do indivíduo, revelando as influências sociais e ambientais que ele recebe após o nascimento, é uma construção social, ao passo que sexo, coloca em questão uma concepção estritamente biológica para a diferenciação, revelando as características biológicas herdadas no nascimento. Desta forma, o gênero psicológico é uma entidade independente do sexo biológico, não determinado automaticamente pela biologia, mas se desenvolvendo fundamentalmente após o nascimento, "significa dizer que o nosso comportamento sexual não está contido nos genes".[52]

Compreendida a distinção entre sexo e gênero, pode-se entender e reconhecer a diversidade de formas de viver o gênero na sociedade. Assim, o modo como os ordenamentos jurídicos têm respondido as demandas dos "novos sujeitos de direitos"[53] está relacionada a toda uma nova concepção de tutelar os direitos fundamentais que perpassa uma discussão tríplice entre ciência, gênero e direito, quando exposta a necessidade de se unificar, juridicamente, os termos: transexual e travesti em torno do termo transgênero.

Para a doutrinadora Maria Berenice Dias, quando a lei determina que o sujeito passivo – a vítima – deva ser uma mulher, ela adota o conceito de gênero, afirmando assim que: lésbicas, transexuais, travestis e transgêneros, que tenham identidade social com o sexo feminino estão sob o manto de proteção da Lei 11.340/06.[54] Seguindo este entendimento doutrinário e toda a polêmica envolvendo a aplicação da Lei Maria da Penha no caso dos transexuais, em 2006 já era possível encontrar decisão proferida neste sentido, cabendo destacar a proferida pela Juíza de Direito Ana Cláudia Veloso Magalhães, da Comarca de Anápolis – GO.[55]

O posicionamento acima apresentado não era uníssono, diversas foram as decisões judiciais afastando a aplicação da lei quando o sujeito passivo (vítima) não fosse do sexo feminino, ou seja, limita à condição de mulher biológica o direito à proteção conferida pela Lei Maria da Penha.

---

51. BOURDIEU, Pierre. *A dominação masculina*. Trad. Maria Helena Kühner. 2. ed. Rio de Janeiro: Bertrand Brasil, 2002. p. 14.
52. CYRINO, Rafaela. A produção discursiva e normativa em torno do transexualismo: do verdadeiro sexo ao verdadeiro gênero. *Crítica e Sociedade*: revista de cultura política, v. 3, n. 1, p. 97, 2013.
53. CASTILHO, Igor Medinilla. Trans(gressão): a retificação gratuita como garantia cidadã. *Anais*: IX Agendas de Direito Civil Constitucional, 18 de setembro de 2020.
54. DIAS, Maria Berenice. *A Lei Maria da Penha na Justiça*: a efetividade da Lei 11.340/06 de combate à violência doméstica e familiar contra a mulher. 3. ed. São Paulo: Ed. RT, 2013. p. 62.
55. GOIÁS. Tribunal de Justiça. Autos Protocolizados sob o n. 201103873908. Indiciado: Carlos Eduardo Leão. Vítima: Alexandre Roberto Kley. Julgado em 23 de setembro de 2011. Disponível em: https://www.conjur.com.br/dl/homologacao-flagrante-resolucao-cnj.pdf. Acesso em: 20 abr. 2022.

Contudo, no dia 06 de abril de 2022, a Sexta Turma do Superior Tribunal de Justiça (STJ) apreciou e julgou o Recurso Especial interposto pelo Ministério Público[56] contra o acórdão proferido pelo Tribunal de Justiça de São Paulo,[57] o qual entendeu que a relação patriarcal e misógina que o pai estabeleceu com a filha (transexual), não deveria ser enquadrada na Lei Maria da Penha (Lei 11.340/06), afirmando que o caso concreto não dispõe de elementos para justificar o deferimento da medida protetiva.[58] Ao analisar o caso, a Sexta Turma do Superior Tribunal de Justiça, por unanimidade, deu provimento ao recurso especial para fixar medidas protetivas a uma mulher transexual, vítima de agressões pelo próprio pai, sendo um precedente inédito na corte.[59]

Em seu voto, o relator abordou os conceitos de sexo, gênero e identidade de gênero, com base na doutrina especializada e na Recomendação 128 do Conselho Nacional de Justiça (CNJ),[60] que adotou protocolo para julgamentos com perspectiva de gênero. Também em seu voto trouxe à baila a vulnerabilidade social que as travestis estão inseridas, "uma categoria de seres humanos que não pode ser resumida à objetividade de uma ciência exata".[61]

A decisão proferida pelo STJ suplanta discussões sobre a aplicação da Lei Maria da Penha aos transexuais, os quais devem ser considerados independentes de cirurgia de redesignação de sexo ou mesmo retificação de registro civil. O julgamento favorável da ADI 4.275 foi o responsável por positivar que, para a mudança do nome social e do sexo no Registro Civil da pessoa transgênero, a cirurgia de transgenitalização não é imprescindível[62] bem como não o é nenhuma comprovação técnica da condição de transexual do sujeito.[63] Como fixou o min. Edson Fachin como premissa de seu voto,

---

56. BRASIL. Superior Tribunal de Justiça. REsp 1977124/SP. Relator: Min. Rogerio Schietti Cruz, autuado em 07.12.2021. Disponível em: https://processo.stj.jus.br/processo/pesquisa/?src=1.1.2&aplicacao=processos.ea&tipoPesquisa=tipoPesquisaGenerica&num_registro=202103918110. Acesso em: 10 abr. 2022.
57. SANTOS. Rafa. TJ-SP debate conceito de "mulher" para negar medida protetiva a transexual. *Conjur*, 20 de maio de 2021. Disponível em: https://www.conjur.com.br/2021-mai-20/conceito-mulher-nao-cabe-interpretacao-tj-sp-negar-pedido. Acesso em: 20 abr. 2022.
58. SANTOS. Rafa. TJ-SP debate conceito de "mulher" para negar medida protetiva a transexual. *Conjur*, 20 de maio de 2021. Disponível em: https://www.conjur.com.br/2021-mai-20/conceito-mulher-nao-cabe-interpretacao-tj-sp-negar-pedido. Acesso em: 20 abr. 2022.
59. BRASIL. Superior Tribunal de Justiça. Lei Maria da Penha é aplicável à violência contra mulher trans, decide Sexta Turma. Disponível em: https://www.stj.jus.br/sites/portalp/Paginas/Comunicacao/Noticias/05042022-Lei--Maria-da-Penha-e-aplicavel-a-violencia-contra-mulher-trans--decide-Sexta-Turma.aspx. Acesso em: 20 abr. 2022.
60. BRASIL. Conselho Nacional de Justiça. Recomendação no 128, de 15 de fevereiro de 2022. Disponível em: https://atos.cnj.jus.br/files/original180637202202176200e8ead8fae2.pdf. Acesso em: 20 abr. 2022.
61. STJ: Lei Maria da Penha pode ser aplicada para mulheres transexuais. *Migalhas*, 6 de abril de 2022. Disponível em: https://www.migalhas.com.br/quentes/363262/stj-lei-maria-da-penha-pode-ser-aplicada-para-mulheres-transexuais. Acesso em: 20 abr. 2022.
62. Como argumentou o relator min. Marco Aurélio em seu voto: "Impossível, juridicamente, é impor a mutilação àqueles que, tão somente, buscam a plena fruição de direitos fundamentais, a integral proteção assegurada pela dignidade da pessoa humana".
63. Nota-se que, aqui, houve a devida ratificação de que foi o julgamento da ADI 4.275 quem positivou ser desnecessário qualquer tipo de laudo médico para a retificação. Esse apontamento deve ser elucidado em razão de que a petição inicial do processo redigida pela PGR não explicitava a possibilidade administrativa da retificação e restringia explicitamente o seu alcance ao que entendia como "pessoas transexuais", valendo-se de um espectro

"A pessoa não deve provar o que é, e o Estado não deve condicionar a expressão da identidade a qualquer tipo de modelo, ainda que meramente procedimental".[64] Assim, basta o reconhecimento da identidade de gênero das pessoas trans para que se tenha a aplicação da Lei Maria da Penha.

5. CONCLUSÃO

A Lei Maria da Penha inseriu no seu âmbito de proteção não só a mulher, mas a própria entidade familiar e toda a relação de afeto, que perpassa sua tratativa e sua constituição; com isto, ao falar da violência, não limitou à violência contra a mulher, mas sim à violência praticada contra o gênero feminino no âmbito doméstico e familiar, uma vez que a agressão ocorrida dentro desta seara privada, é capaz de lesar, simultaneamente, vários bens jurídicos[65] tutelados, como: a dignidade da pessoa humana, o respeito à vida, a integridade física, mental e moral, a solidariedade familiar, a igualdade entre os cônjuges e a especial proteção constitucional a família tem na Constituição Federal de 1988.

A Lei 11.340/06 é um sistema normativo que busca a proteção do gênero feminino no ambiente doméstico e familiar; um lei com a finalidade de proteção da família (violência doméstica contra a mulher – agressões no ambiente familiar) e dos relacionamentos afetivos, pois um ambiente privado sem agressões físicas, verbais ou psicológicas é imprescindível para o desenvolvimento dos seus membros, não sendo possível a mulher ou aos demais membros daquela comunidade afetiva conviver com histórico de violência, em qualquer das suas modalidades. A legislação em comento, além de trazer punições aos agressores (caráter repressivo), também tem tido uma função preventiva, pois antes

---

propriamente patologizante da transexualidade para diferenciá-la do travestismo ("que se (...) [caracterizaria] pela presença da ambiguidade de gênero e pela ausência do sofrimento relacionado a sua genitália" (COACCI, 2020). Em razão de a ação ter sido proposta em 2008 e ter sido julgada 10 anos depois, ela foi influenciada por uma variedade de novos conhecimentos sobre a população trans que possibilitou uma decisão mais adequada do que aquela proposta nos pedidos da inicial da PGR. O principal documento que influenciou a decisão orientada pelo voto do ministro Fachin foi o Parecer Consultivo OC-24/17, de 24.11.2017 que proclamou: "Os Estados devem garantir que as pessoas interessadas na retificação da anotação do gênero ou, se este for o caso, às menções do sexo, em mudar seu nome, adequar sua imagem nos registros e/ou nos documentos de identidade, em conformidade com a sua identidade de gênero autopercebida (...) b) baseado unicamente no consentimento livre e informado do requerente, sem exigir requisitos como certificações médicas e/ou psicológicas ou outras que possam ser irrazoáveis ou patológicas (...)" (CIDH, 2017).

64 Hoje, para realizar a inclusão do nome social no CPF, basta que a pessoa trans preencha um formulário (http://www.guiadareceitafederal.com.br/downloads/requerimento-inclusao-exclusao-nome-social cpf anexo1-norma-execucao-cocad-02-2017.pdf) e leve a uma unidade de atendimento da Receita Federal, juntamente com um documento de identidade original com foto. Já para solicitação da inclusão do nome social e do gênero com o qual a pessoa trans se identifica na certidão de nascimento ou de casamento, o indivíduo deve comparecer a um cartório, com o RG, CPF e certidão nascimento ou casamento (originais), preencher um formulário e assinar uma declaração exclusiva do cartório e aguardar análise. Após aprovação o documento oficial é emitido em até cinco dias úteis com alteração do prenome e sexo. Ainda nesse sentido, válido destacar a Resolução 73 de 2018 do CNJ, a qual formaliza as possibilidades de retificação e os documentos necessários para tal (https://www.conjur.com.br/dl/cnj-regulamenta-alteracoes-nome-sexo.pdf).

65 MORAES, Maria Celina de. Vulnerabilidade nas relações de família: o problema da desigualdade de gênero. In: DIAS, Maria Berenice (Org.). *Direito das famílias*: contributo do IBDFAM em homenagem a Rodrigo da Cunha Pereira. São Paulo: Ed. RT, 2009. p. 312.

de atirar a primeira pedra o futuro agressor sabe que existem formas de punições severa para aquela atitude repudiada pela sociedade, com tamanha reprovação social, que o Poder Público está metendo a colher.

Sob a égide deste Estado Democrático de Direito, cujo conjunto de normas se destina a proteger e a garantir os direitos individuais, a família passou a ser instrumento de realização pessoal, marcada pela solidariedade e pela liberdade, assim, deixa de ser vista apenas como uma instituição e passa a ser vista como um grupo íntimo destinado a garantir o desenvolvimento pleno de seus integrantes. Com esta visão, coube ao Estado lançar mão de novos diplomas normativos, capazes de estabelecer a democracia e a liberdade no âmbito doméstico, permitindo adentrar na autonomia familiar quando fosse necessário estabelecer o equilíbrio e garantir o espaço e o exercício das liberdades individuais. E é com este raciocínio que deve ser vista a Lei Maria da Penha e todo o seu aparato protetivo de um grupo vulnerável e é com este raciocínio que se vislumbra o ingresso do Estado nos lares brasileiros, um convidado que chega sem avisar!

Após toda a explanação da luta das mulheres por seus direitos, foi possível perceber o quão necessário se fazem os aparatos de proteção. Assim, a Lei Maria da Penha é mais uma peça nesta teia de escolta feminina e ela adentrou os lares e serviu de escudo para a parte mais vulnerável naquela relação, por isto a necessidade de um tratamento desigual com base no gênero.[66] A violência justifica a necessidade de intervenção do Estado para a proteção do gênero feminino com vista a promover a igualdade substancial no âmbito doméstico.

---

66. É por essa razão que tanto a Convenção de Belém do Pará (artigo 1º) como a Lei Maria da Penha (artigo 5º, *caput*) fazem referência ao termo "gênero" e não ao termo "sexo". Enquanto este apresenta natureza biológica e é determinado quando a pessoa nasce, aquele é definido ao longo da vida, sendo uma construção social, que identifica papéis de natureza cultural, e que levam à aquisição da masculinidade ou da feminilidade (GOMES, Alcir de Matos. *Discurso jurídico, mulher e ideologia*: uma análise da Lei Maria da Penha. São Paulo: Cristal Indústria Gráfica, 2012, p. 88).

VULNERABILIDADE DA MULHER, AUTONOMIA PRIVADA E O EXERCÍCIO DE DIREITOS REPRODUTIVOS E SEXUAIS

Fabiana Rodrigues Barletta

Carolina Silvino de Sá Palmeira

Sumário: 1. Introdução –2. Os direitos reprodutivos e sexuais. Contexto histórico e legislação internacional –3. Os direitos reprodutivos e sexuais no Brasil. Da perspectiva eugênica à regulamentação do planejamento familiar –4. Autonomia privada e exercício de direitos reprodutivos e sexuais pela mulher: o estado da arte –5. Conclusão.

1. INTRODUÇÃO

A proteção da pessoa humana passa a figurar no centro das relações internacionais, por intermédio de tratados e convenções, após o fim da Segunda Guerra Mundial. Os direitos humanos representam, nesse viés, uma resposta às violações ocorridas durante tal evento histórico, dentre as quais, as mortes ocorridas durante o regime nazista na Europa. Em um primeiro momento, porém, o Direito Internacional dos Direitos Humanos não albergou as especificidades dos sujeitos de direitos. Desse modo, o sistema global é ampliado com o advento de tratados multilaterais que albergam específicas violações de direitos direcionadas a grupos vulneráveis como mulheres e crianças.

A Constituição da República brasileira de 1988, por sua vez, inaugurou o Estado Democrático de Direito, no qual a igualdade entre homem e mulher é finalmente alçada à garantia constitucional. Nessa ocasião, o Estado brasileiro incorporou os tratados e convenções internacionais à ordem interna e estabeleceu o compromisso de tutelar os direitos de indivíduos, independentemente de sua condição ou origem. Nesse sentido, à mulher é atribuído o status de sujeito de direitos, momento em que se passa a questionar o paternalismo vigente no que tange ao exercício de direitos reprodutivos e sexuais e a institucionalização do preconceito de gênero que restringe a autonomia reprodutiva e sexual da mulher, tornando-a vulnerável frente ao Estado e à sociedade.

2. OS DIREITOS REPRODUTIVOS E SEXUAIS. CONTEXTO HISTÓRICO E LEGISLAÇÃO INTERNACIONAL

A Declaração Universal dos Direitos Humanos proclamada em 1948 inaugura a terceira fase, na qual a afirmação de direitos passa a ser universal e positiva e, por tal razão, alcança todos os homens e não mais esse ou aquele cidadão. Trata-se de um ponto de partida para uma meta progressiva, que retrata a consciência histórica dos crimes contra a humanidade perpetrados durante a Segunda Guerra Mundial.[1]

Nesse contexto, surge a vulnerabilidade, expressão que compreende no seu bojo aqueles indivíduos ou grupos que, em virtude de fraqueza que lhes é intrínseca, necessitam de tutela diferenciada sob uma perspectiva jurídica e social. O artigo 2º da Declaração Universal de 1948 estabelece o princípio da não discriminação em razão de sexo, raça, cor, religião, língua e inaugura o direito à diferença como basilar para a construção de uma sociedade mais justa e solidária. Todavia, a universalidade e generalidade proclamada pela Declaração Universal parecia insuficiente às demandas de reconhecimento da vulnerabilidade de sujeitos como a criança, o idoso e a mulher. Desse modo, a Declaração dos Direitos da Criança, de 1959, e a Declaração sobre a Eliminação da Discriminação à Mulher de 1967 inauguram uma linha de tendência conhecida como "especificação", que traz uma passagem gradual da universalidade de sujeitos de direito para uma determinação de sujeitos entendidos como merecedores de tutela especial de proteção particular.[2]

O artigo 3º da Declaração sobre a Eliminação da Discriminação à Mulher de 1967 dispõe sobre a necessidade de medidas apropriadas para a erradicação do preconceito e abolição dos costumes e de todas as outras práticas que estejam baseadas na ideia de inferioridade da mulher. Entre os artigos 4º a 10 se estabelece a necessidade de implementação de medidas para assegurar à mulher a igualdade de direitos com os homens.[3] Embora se reconheça que a referida Declaração não possui força cogente, mas apenas força moral e política, inaugura-se uma linha de raciocínio na qual se compreende que a igualdade de direitos não prescinde do reconhecimento da diversidade entre homens e mulheres, e, por consequência, da compreensão da vulnerabilidade da mulher frente à sociedade e aos Estados.[4] A vulnerabilidade feminina é reconhecida, ainda, por outros tratados internacionais, a saber, a Convenção sobre a Nacionalidade da Mulher Casada de 1957 e a Convenção sobre o Casamento por consenso, idade mínima para casamento e Registro de Casamentos (1962).[5] Em 1979, a Assembleia Geral das Nações Unidas aprovou a Convenção para a Eliminação de todas as Formas de Discriminação contra a Mulher, tida como parâmetro mínimo de ações estatais para a promoção de direitos humanos das mulheres, uma vez que estabelece o papel dos Estados-parte na eliminação dos atos discriminatórios de gênero.[6] Nos termos

---

1. BOBBIO, Norberto. *A era dos direitos*. Rio de Janeiro: Elsevier, 2004, p. 19-21.
2. Op. cit., p. 31-32.
3. ASSOCIAÇÃO PARA O PLANEAMENTO DA FAMÍLIA. Declaração sobre a Eliminação da Discriminação contra a Mulher. Disponível em: http://www.apf.pt/sites/default/files/media/2015/1967_ declaracao_ sobre_a_eliminacao_da_discriminacao_contra_as_mulheres.pdf. Acesso em: 18 fev. 2022.
4. ONU MULHERES. Convenção sobre a Eliminação de todas as formas de discriminação contra a mulher- CEDAW-1979. Disponível em: https://www.onumulheres.org.br/wp-content/uploads/2013/03/convencao_cedaw.pdf. Acesso em: 18 fev. 2022. p. 14-15.
5. Op. cit., p. 14.
6. Op. cit., p. 15-16.

do artigo 11, é assegurada a proteção da saúde da mulher por meio de medidas que incluam a salvaguarda da reprodução.[7]

A igualdade de fato e de direito entre homens e mulheres, reconhecida por convenções e tratados internacionais, é pressuposto para o reconhecimento de direitos reprodutivos e sexuais. Os direitos reprodutivos e sexuais são entendidos "como um conjunto de direitos básicos relacionados ao livre exercício da sexualidade e da reprodução humana".[8] Na esfera internacional, a proteção dos direitos reprodutivos é garantida por princípios éticos estabelecidos na Conferência do Cairo sobre População e Desenvolvimento de 1994, dentre os quais, o princípio 4 que dispõe sobre a autonomia feminina sobre o controle da própria fecundidade e o direito de decidir sobre o exercício da maternidade. A Organização Mundial da Saúde define saúde reprodutiva não apenas como ausência de doença, mas ainda como um estado completo de bem-estar físico, mental e social, no qual se pressupõe a capacidade de desfrutar de uma vida sexual segura e satisfatória e de reproduzir-se, com liberdade, mediante o direito de obtenção de informação e de acesso a métodos de planejamento familiar à escolha do indivíduo e o direito de acesso a serviços de saúde apropriados.[9] A Conferência Mundial de Beijing de 1995 reitera os conceitos de saúde reprodutiva e os princípios consagrados na Conferência do Cairo e destaca que os direitos reprodutivos e sexuais são parte inalienável dos direitos humanos universais e indivisíveis.[10]

3. OS DIREITOS REPRODUTIVOS E SEXUAIS NO BRASIL. DA PERSPECTIVA EUGÊNICA À REGULAMENTAÇÃO DO PLANEJAMENTO FAMILIAR

Na década de 50, as políticas de controle de natalidade são institucionalizadas e passam a exercer um papel fundamental na história. A esterilização surge como alternativa de método contraceptivo. Inicialmente, a prática se destinava ao tratamento de problemas de saúde, contudo, a partir dos anos 1960, se transformou em instrumento de escolha voluntária para o controle da concepção.[11] A preocupação com o crescimento populacional motivou a elaboração do Memorando 200 em 1974, que revelava a preocupação dos Estados Unidos com crescimento da população mundial, além de um possível conflito entre tal fato e os interesses econômicos de tal nação nos países em desenvolvimento. Tal documento estimulou o financiamento de práticas a serem implementadas por agências

---

7. Op. cit.
8. PIOVESAN, Flavia; PIROTTA, Wilson Ricardo Buquetti. A proteção dos direitos reprodutivos no direito internacional e no direito interno. In: PIOVESAN, Flavia. *Temas de direitos humanos*. 9.ed. São Paulo: Saraiva, 2016, p. 417-419.
9. UNFPA. Programme of Action adopted at the International Conference on Population and Develop-ment. Cairo, 5–13 September 1994. Reproductive rights and reproductive health: Basis for action. p.59. Disponível em: https://www.unfpa.org/sites/default/files/pub-pdf/programme_of_action_Web%20ENGLISH.pdf. Acesso em: 23 mar. 2022.
10. PIOVESAN, Flavia; PAROTTA, Wilson Ricardo Boquete. A proteção dos direitos reprodutivos no direito internacional e no direito interno. In: PIOVESAN, Flavia. *Temas de direitos humanos*. 9.ed. São Paulo: Saraiva, 2016, p. 423-424.
11. BUGLIONE, Samantha. Esterilização de mulheres: desenvolvimento, preservação de recursos naturais e respeito à autonomia. *Direito à reprodução e à sexualidade*: uma questão de ética e justiça. Rio de Janeiro: Lumen Juris, 2010, p. 263-265.

não governamentais que visavam reduzir a população de países em desenvolvimento. O governo militar brasileiro obteve apoio do governo dos Estados Unidos, o que motivou a elaboração de acordos de apoio econômico que estimulava políticas de controle de natalidade, as quais incluíam a esterilização cirúrgica. A ausência de legislação que tratasse do planejamento familiar como política de Estado fortalecia tais políticas.[12] A atuação de organizações sociais vinculadas aos movimentos feministas contribuiu, junto às denúncias relatadas no Relatório 2 da Comissão Parlamentar Mista de Inquérito realizada em 1993, para a promulgação da Lei 9.263 de 1996, que regulamenta planejamento familiar.[13] Em 1996, de acordo com a Pesquisa Nacional sobre Democracia e Saúde, a esterilização correspondia a 52% de todos os métodos utilizados.[14]

Apesar dos avanços, nota-se que o ordenamento jurídico brasileiro foi construído sob bases androcêntricas. A Constituição da República de 1988 estabelece, no artigo 5º, I, que homens e mulheres serão iguais em direitos e obrigações. Todavia, por longo período, a legislação não trazia a igualdade de gênero como base interpretativa. O Código Penal de 1940 empregava a expressão "mulher honesta" até 2009, ocasião em que foi promulgada a Lei 12.015 e, até 2005, o casamento extinguia a punibilidade nos crimes contra os costumes.[15] A desigualdade de gênero persistia no artigo 6º do Código Civil de 1916, que dispunha que a mulher era relativamente incapaz para o exercício de atos da vida civil e que poderia ser devolvida à família, nos casos em que o marido constatava que a mulher fora deflorada em momento anterior ao estabelecimento da sociedade conjugal.[16] Entre 1916 e 1962, a chefia do lar competia ao homem e a ele competia autorizar o exercício da profissão pela mulher bem como a residência fora do lar conjugal. Nesse sentido, concedeu-se às mulheres o direito a capacidade civil plena, nos termos da lei 4.121 de 1962 que instituiu o Estatuto da Mulher Casada.[17] Outras reivindicações se somaram, como o direito ao divórcio, que se concretizou em 1977 após uma proposta de alteração apresentada por um grupo de advogadas feministas[18] e o direito das mulheres de controlar sua sexualidade e capacidade reprodutiva, que tem por base alguns princípios éticos como a integridade corporal, a autonomia pessoal, a igualdade e a diversidade.[19]

O artigo 226, § 5º da Constituição da República de 1988 rompeu definitivamente com a autoridade legal do homem sobre a mulher, e elevou a saúde a categoria de direi-

---

12. Op. cit., p. 278.
13. ANDRADE, Denise Almeida de. *Planejamento familiar*: igualdade de gênero e corresponsabilidade. Rio de Janeiro: Lumen Juris, 2017, p. 92-94.
14. BERQUÓ, Elza; CAVENAGHI, Suzana. Direitos reprodutivos de mulheres e homens face à nova legislação brasileira sobre esterilização voluntária. *Cadernos de Saúde Pública*, v. 19, p. 442, Manguinhos, Rio de Janeiro, 2003. https://doi.org/10.1590/S0102-311X2003000800025.
15. MASSMANN, Débora. BRASIL, Patrícia. Mulher e vulnerabilidade no Direito brasileiro: uma questão de sentidos. *Mulher, sociedade e vulnerabilidade*. Erechim: Deviant, 2017, p. 48, 53-54.
16. BARBOZA, Heloisa Helena; ALMEIDA, Vitor. (Des)igualdade de gênero: a mulher como sujeito de direito. *O direito civil: entre o sujeito e a pessoa*. Belo Horizonte: Forum, 2016, p. 173.
17. BIROLI, Flávia. *Gênero e desigualdades*: os limites da democracia no Brasil. São Paulo: Boitempo, 2018, p. 120.
18. Op. cit., p.120.
19. CORRÊA, Sônia. PETCHESKY, Rosalind. Direitos sexuais e reprodutivos: uma perspectiva feminista. *Physis*: Revista de Saúde Coletiva, v. 6, n. 1-2, p. 160, 1996.

to social, nos termos do artigo 6°, *caput*. No que tange à saúde sexual e reprodutiva da mulher, a criação de um Programa de Assistência Integral à Saúde da Mulher (PAISM) representou um marco em defesa dos direitos das mulheres promovido pela articulação de grupos feministas desde a década de 70.[20] O documento que criou o programa estabeleceu diretrizes gerais de atendimento às necessidades da população feminina, com ênfase nas patologias prevalentes nesse grupo, previa atividades voltadas à regulação da fecundidade e desvinculava as atividades de planejamento familiar do caráter coercitivo,[21] que caracterizou a década anterior, na qual o exercício de direitos sexuais e reprodutivos estavam associados a práticas eugênicas de controle populacional.[22]

Os debates sobre o tema e a evolução legislativa que deles decorreram, contudo, não foram suficientes para assegurar à mulher a plena autonomia reprodutiva e sexual. A maioria das políticas públicas existentes não leva em consideração o direito ao controle sobre o próprio corpo, bem como o planejamento da vida reprodutiva pela mulher, nem tampouco considera as assimetrias existentes, permeadas pelas condições socioeconômicas.[23] A autonomia privada do indivíduo, independentemente de gênero, raça, cor e idade, foi albergada de forma ampla pelo ordenamento jurídico brasileiro. Todavia, as práticas institucionais rejeitam de forma sistemática a autonomia reprodutiva e sexual da mulher. Desse modo, parece que a reprodução institucional, embasada em costumes e na imposição social da maternidade à mulher, é a causa de tais assimetrias que evidenciam a vulnerabilidade da mulher no que tange ao exercício de direitos reprodutivos e sexuais. Compreende-se que, em condições de desigualdade, muitas escolhas são feitas por falta de recursos materiais e simbólicos, que estão em desacordo com o valor da autonomia, já que conduzem à subserviência e dependência da mulher.[24]

A Lei 9.263/96, que regulamenta o planejamento familiar, estabeleceu restrições ao procedimento de esterilização voluntária, que passa a ser permitido apenas em homens e mulheres, com capacidade civil plena e maiores de 25 anos de idade ou com dois filhos vivos ou risco à vida da mulher, nos termos do artigo 10, incisos I e II, por meio de vasectomia, laqueadura ou outro método cientificamente aceito. O parágrafo quinto do artigo 10 exige, ainda, que na vigência da sociedade conjugal, o procedimento está condicionado ao consentimento do cônjuge. As restrições legais atentam contra a autonomia corporal e o direito ao planejamento reprodutivo, o que viola a dignidade da pessoa humana e a igualdade entre homem e mulher, nos termos da Carta de 1988. Tal estado de coisas motivou o ajuizamento da ADI 5.097 pela Associação Nacional de Defensores Públicos em 2014 e da ADI 5.911 proposta pelo Partido Socialista Brasileiro em 2018, a primeira com previsão de julgamento para 09 de dezembro de 2021 (STF,

---

20. BIROLI, Flávia. *Gênero e desigualdades: os limites da democracia no Brasil*. São Paulo: Boitempo, 2018. p. 145.
21. OSIS, Maria José Martins Duarte. Paism: um marco na abordagem da saúde reprodutiva no Brasil. *Cadernos de Saúde Pública*. v. 14, p. 27. Manguinhos, Rio de Janeiro, 1998. Disponível em: https://doi.org/10.1590/S0102-311X1998000500011.
22. BIROLI, Flávia. *Gênero e desigualdades: os limites da democracia no Brasil*. São Paulo: Boitempo, 2018, p. 143- 145.
23. Op. cit., p. 135, 140-141.
24. BIROLI, Flávia. *Autonomia e desigualdades de gênero*: contribuições do feminismo para a crítica democrática. Vinhedo: Editora Horizonte, 2013, p. 44.

2018).²⁵ No Poder Legislativo, o PL 7.364 de 2014 propôs a revogação do artigo 10, § 5º, da lei 9.263 de 1996, e fora recentemente aprovado pela Câmara dos Deputados e remetido ao Senado Federal.²⁶ Entretanto, a temática ainda encontra resistência no conservadorismo religioso, cujos representantes estão presentes no Congresso Nacional e dominam atualmente as pautas de defesa da família.²⁷

Como regra, os projetos de lei em trâmite no Congresso Nacional que versam sobre direitos da mulher nem sempre tratam de temas que dialogam com o exercício da autonomia reprodutiva e sexual, conforme os parâmetros estabelecidos pela legislação internacional.²⁸ O direito à livre escolha reprodutiva pela mulher e a democratização do acesso aos métodos contraceptivos não constam expressamente da legislação vigente. As desigualdades no exercício de direitos reprodutivos e sexuais não são legalmente reconhecidas, assim como a irregularidade na oferta de métodos contraceptivos em postos de saúde,²⁹ os quais têm papel fundamental na prevenção de gravidezes não planejadas, sobretudo daquelas mulheres mais vulneráveis que dependem do Sistema Único de Saúde e que residem em regiões onde se registram os piores índices de disponibilidade de métodos contraceptivos.³⁰ Nesse sentido, a omissão estatal interfere no exercício de direitos reprodutivos e sexuais o que, por conseguinte, subtrai à mulher o poder de controle sobre o próprio corpo e o direito à autodeterminação e determina a sua vulnerabilidade frente ao poder estatal e às imposições sociais.

4. AUTONOMIA PRIVADA E EXERCÍCIO DE DIREITOS REPRODUTIVOS E SEXUAIS PELA MULHER: O ESTADO DA ARTE

A autonomia privada é o poder reconhecido a um indivíduo ou grupo de indivíduos de se autodeterminar e, assim, de regular as próprias ações.³¹ A tutela da pessoa humana possui natureza de cláusula geral, tomada como valor máximo, uma vez eleita

---

25. BRASIL. Supremo Tribunal Federal. Ação Direta de Inconstitucionalidade: ADI 5097. Brasília, DF. Relator: Ministro Celso de Mello. Disponível em: http://portal.stf.jus.br/processos/detalhe.asp? incidente=4542708. Acesso em: 28 mar. 2022.

    BRASIL. Supremo Tribunal Federal. Ação Direta de Inconstitucionalidade: ADI 5911. Brasília, DF. Relator: Ministro Celso de Mello. Disponível em: http://portal.stf.jus.br/processos/detalhe.asp?Inciden-te=5368 307. Acesso em: 28 mar. 2022.

26. CÂMARA DOS DEPUTADOS. Projeto de Lei 7.364 de 2014. Disponível em: proposicoesWeb/fichadetramitacao?idProposicao=611328. Acesso em: 28 mar. 2022.

27. BIROLI, Flávia. *Gênero e desigualdades: os limites da democracia no Brasil*. São Paulo: Boitempo, 2018, p. 150-152.

28. PIOVESAN, Flavia; PIROTTA, Wilson Ricardo Buquetti. A proteção dos direitos reprodutivos no direito internacional e no direito interno. In: PIOVESAN, Flavia. *Temas de direitos humanos*. 9. ed. São Paulo: Saraiva, 2016, p. 421-425 e 434.

29. RUIVO, Ana Carolina Oliveira et al. Disponibilidade de insumos para o planejamento reprodutivo nos três ciclos do Programa de Melhoria do Acesso e da Qualidade da Atenção Básica: 2012, 2014 e 2018. *Cadernos de Saúde Pública*, n. 37 (06), p. 05-10, jul. 2021. Disponível em: https://doi.org/10.1590/0102-311X00123220.

30. AGÊNCIA IBGE NOTÍCIAS. PNS 2019: sete em cada dez pessoas que procuram o mesmo serviço de saúde vão à rede pública. Disponível em: https://agenciadenoticias.ibge.gov.br/agencia-sala-de-imprensa/2013-agencia--de-noticias/releases/28793-pns-2019-sete-em-cada-dez-pessoas-que-procu-ram-o-mesmo-servico-de-sau-de-vao-a-rede-publica. Acesso em: 23 set. 2021.

31. PERLINGIERI, Pietro. *O direito civil na legalidade constitucional*. Rio de Janeiro: Renovar, 2008, p. 764-765.

a dignidade da pessoa humana como princípio constitucional.[32] A releitura das normas civis foi imposta pelo direito civil constitucionalizado à luz de valores constitucionais que posicionam a pessoa humana no centro da disciplina civilista. Desse modo, a autonomia como valor não apenas dignifica o ser humano, mas ainda o posiciona na condição de sujeito de direito, em oposição ao caráter patrimonialista do Código Civil de 1916, que tinha por ênfase o "ter" em detrimento do "ser".[33]

Nesse contexto, os direitos da personalidade são construídos no Código Civil de 2002 como direitos essenciais, de caráter subjetivo, que têm por fim assegurar o desenvolvimento da pessoa humana, atinentes a diversos aspectos em si mesma e às suas projeções físicas, intelectuais e psíquicas. A autonomia existencial, como espécie do gênero autonomia privada, é reconhecida como instrumento de realização de liberdades individuais e de interesses não patrimoniais, que rege situações jurídicas existenciais que geram efeitos na esfera jurídica individual ou na esfera jurídica de terceiros.[34] Desse modo, a autonomia privada se apresenta como elemento estruturante do conteúdo do direito ao corpo, na sua perspectiva existencial. Trata-se da faculdade de realizar escolhas, com base em desejos e preferências, de forma livre e incondicionada.[35] O artigo 13 do Código Civil de 2002 dispõe que são defesos os atos de disposição do próprio corpo quando importar diminuição permanente da integridade física.[36] Trata-se de um padrão mínimo de intangibilidade física, o qual, isoladamente interpretado, pode gerar controvérsias, em virtude do paternalismo nele contido.[37] Para a doutrina civil constitucional, a esterilização voluntária é manifestação de direito privado da personalidade, uma vez que o controle reprodutivo é fundamental ao exercício da autonomia.[38] Desse modo, a personalidade passa a ser modelada pela autonomia privada, dotada do atributo da elasticidade.[39] A vedação de diminuição permanente da integridade física passou a estar mais atrelada à uma questão identitária, e menos a uma questão puramente física, ou seja, se relaciona mais intimamente com as escolhas de vida e com a postura do indivíduo frente às circunstâncias que lhes são impostas.[40]

---

32. TEPEDINO, Gustavo. A tutela da personalidade no ordenamento civil-constitucional brasileiro. *Temas de Direito Civil*. 4.ed. Rio de Janeiro: Renovar, 2008, p. 54.
33. MEIRELES, Rose Melo Venceslau. *Autonomia privada e dignidade humana*. Rio de Janeiro: Renovar, 2009, p. 01-03 e 12.
34. CASTRO, Thamis Dalsenter Viveiros de. Notas sobre teoria tríplice da autonomia, paternalismo e direito de não saber na legalidade constitucional. In: HIRONAKA, Giselda Maria Fernandes Novaes e SANTOS, Romualdo Batista dos (Org). *Direito civil*: estudos – coletânea do XV Encontro dos Grupos de Pesquisa –IBDCIVIL. São Paulo: Blucher, 2018, p. 160-162.
35. SARMENTO, Daniel. *Dignidade da pessoa humana*: conteúdo, trajetórias e metodologia. Belo Horizonte: Fórum, 2016, p. 135, 155-156.
36. TEPEDINO, Gustavo. *A tutela da personalidade no ordenamento civil-constitucional brasileiro*. Temas de Direito Civil. 4.ed. Rio de Janeiro: Renovar, 2008, p. 38.
37. TEIXEIRA, Ana Carolina Brochado. *Saúde, corpo e autonomia privada*. Rio de Janeiro: Renovar, 2010, p. 269.
38. BIROLI, Flávia. *Gênero e desigualdades*: os limites da democracia no Brasil. São Paulo: Boitempo, 2018, p. 150-152.
39. TEPEDINO, Gustavo. A tutela da personalidade no ordenamento civil-constitucional brasileiro. *Temas de Direito Civil*. 4.ed. Rio de Janeiro: Renovar, 2008, p. 55.
40. TEIXEIRA, Ana Carolina Brochado. *Saúde, corpo e autonomia privada*. Rio de Janeiro: Renovar, 2010, p. 286.

Por outro lado, o artigo 21 do Código Civil de 2002 dispõe que a vida privada da pessoa natural é inviolável, resguardado ao indivíduo o direito de buscar em juízo as providências necessárias para impedir ou fazer cessar o ato. Desse dispositivo, depreende-se que as escolhas individuais são albergadas pela tutela da privacidade e da vida privada[41] e que não cabe ao Estado ou a qualquer indivíduo, numa perspectiva horizontal, indistintamente, interferir na privacidade de outrem, sob o argumento da proteção do corpo.[42]

O exercício de atos autônomos é condicionado por restrições legais e se socorre, ainda que em parâmetros distintos, dos elementos essenciais à formação do negócio jurídico, a exemplo da vontade do sujeito.[43] Essa é a razão pela qual as situações jurídicas existenciais não prescindem de agente capaz, de objeto lícito e de forma prescrita ou não defesa em lei, nos termos do artigo 104 do Código Civil de 2002. No que tange ao primeiro requisito, é necessária a aptidão para se manifestar perante as situações jurídicas que lhe são postas, em especial no que concerne às situações existenciais. Desse modo, as intervenções baseadas em beneficência, ou seja, visando a atuação de terceiros em benefício do titular de direitos, deve ser a exceção e não a regra, já que violam o conteúdo da autonomia privada, pois desrespeitam as manifestações de vontade do sujeito de direito quando capaz para o exercício de direitos.[44] Nesse sentido, por meio de um ato de autonomia, os direitos da personalidade podem sofrer limitações voluntárias, podendo o ato ser revogado a qualquer tempo, já que o consentimento decorre da autonomia do sujeito e, por conseguinte, de seu direito de autodeterminar-se em questões de saúde.[45]

No que diz respeito à integridade psicofísica, em atos que disponham sobre o corpo, é exigível a concretização do consentimento por escrito, que represente a vontade livre e esclarecida do sujeito que consente.[46] A defesa da autonomia privada coincide com o abandono do paternalismo e, por conseguinte, da inquestionabilidade dos tratamentos terapêuticos, os quais, não raro, eram impostos, sem interlocução com os interesses do paciente. Desse modo, a escolha por intervenção cirúrgica, a exemplo da esterilização voluntária, não prescinde do consentimento do paciente, que deve ser livre e esclarecido, sendo certo que incumbe ao profissional de saúde prestar todas as informações necessárias antes que seja expresso o consentimento. Uma vez prestados os esclarecimentos, e cumpridas as normativas legais, cumpre ao profissional acatar a decisão do paciente, sem interferência que venha a tolher o direito à autodeterminação.[47]

A Lei 13.146 de 2015, que traz o Estatuto da Pessoa com Deficiência, ab-rogou os dispositivos do Código Civil de 2002 que tratavam as pessoas com deficiência mental

---

41. BUCAR, Daniel; TEIXEIRA, Daniele Chaves. Autonomia e solidariedade. *O direito civil*: entre o sujeito e a pessoa. Belo Horizonte: Forum, 2016, p. 108-109.
42. TEIXEIRA, Ana Carolina Brochado. *Saúde, corpo e autonomia privada*. Rio de Janeiro: Renovar, 2010, p. 247-248.
43. MEIRELES, Rose Melo Venceslau. *Autonomia privada e dignidade humana*. Rio de Janeiro: Renovar, 2009, p. 89-90.
44. Op. cit., p. 164-165.
45. Op. cit., p. 238, 253-254.
46. Op. cit., p. 251.
47. Op. cit., 254-259.

como absolutamente incapazes. O objetivo da lei é assegurar autonomia à pessoa com deficiência, de modo a promover, em condições iguais, o exercício de direitos e liberdades fundamentais. Nesse sentido, o artigo 6º, II a IV, dispõe que a deficiência não afeta a plena capacidade civil da pessoa para exercer direitos reprodutivos e sexuais e de ter acesso a informações adequadas sobre reprodução e planejamento familiar.[48] Ora, se à pessoa com deficiência é assegurada a plena autonomia para realizar escolhas no que tange ao exercício de direitos e liberdades individuais, como se justifica a restrição às escolhas da mulher capaz no tocante à sua saúde sexual e reprodutiva?

Em 2021, alguns planos de saúde exigiram consentimento do cônjuge para inserção de dispositivo intrauterino em mulheres casadas,[49] o que representa violação frontal à autonomia reprodutiva da mulher, que é tratada como incapaz de se autodeterminar em suas próprias escolhas. Tal situação evidencia uma desigualdade no acesso a métodos contraceptivos e uma restrição sem base legal à autonomia reprodutiva e sexual da mulher.[50]

Por outro lado, a prática médica revela a existência de condutas embasadas em paternalismo, no qual reside a crença que o médico é aquele profissional que detém, de forma exclusiva, o poder de decidir sobre as escolhas do paciente. A Resolução 2.217 de 2018 do Conselho Federal de Medicina, que traz o Código de Ética Médica, dispõe, nos termos do inciso VII do capítulo I, que a profissão do médico será exercida com autonomia e que o profissional não será obrigado a prestar serviços que contrariem os ditames de sua consciência, guardadas as exceções legais.[51] Desse modo, o médico pode se recusar livremente a realizar a esterilização em mulheres e homens, se assim desejar. Reconhece-se, desse modo, um conflito entre a autonomia do médico e autonomia reprodutiva feminina, que é atribuído ao paternalismo costumeiramente encontrado na prática médica. Beauchamp e Childress reconhecem a dificuldade de distinguir um ato paternalista de um ato não paternalista, mas são capazes de fornecer alguns indícios. Para tanto, se utilizam da classificação estabelecida por Feinberg que introduziu os conceitos de paternalismo fraco e paternalismo forte. O paternalismo fraco se estabelece como uma intervenção de um agente com base nos benefícios e na concepção de não fazer o mal, de modo que a tutela se dirija apenas àquelas condutas que dizem respeito

---

48. MENEZES, Joyceane Bezerra de. O direito protetivo no Brasil após a Convenção sobre a Proteção da pessoa com deficiência: impactos do novo CPC e do Estatuto da Pessoa com Deficiência. *Civilistica.com*, a. 4, n. 1, p. 514-518 e 521-524. Rio de Janeiro, jan./jun. 2015. Disponível em: http://civilistica.com/o-direito-protetivo-no-brasil/. Acesso em: 28 mar. 2022.
49. DELAS IG. Planos de saúde exigem autorização de marido para inserir DIU em mulheres. Disponível em: https://delas.ig.com.br/comportamento/2021-08-04/planos-de-saude-exigem-autorizacao-do-marido-para-colocar-diu-em-mulheres.html. Acesso em: 23 set. 2021.
50. BARBOZA, Heloisa Helena; ALMEIDA, Vitor. (Des)igualdade de gênero: a mulher como sujeito de direito. *O direito civil*: entre o sujeito e a pessoa: Estudos em homenagem ao professor Stefano Rodotà. Belo Horizonte: Forum, 2016, p. 181-183.
51. CONSELHO FEDERAL DE MEDICINA. Resolução 2.217 de 27 de setembro de 2018. Publicação: 1º.11.2018. Edição: 211. Seção: 1. p. 179. Disponível em: https://www.in.gov.br/materia/-/asset_publisher/Kujrw0TZC2Mb/content/id/48226289/do1-2018-11-01-resolucao-n-2-217-de-27-de-setembro-de-2018-48226042. Acesso em: 05 jan. 2022.

a ações tidas como substancialmente não autônomas.[52] O paternalismo forte, ao revés, compreende a intervenção com o intento de tutelar a pessoa, a despeito de a pessoa ter sido informada a respeito dos riscos das próprias escolhas e ações, exercidas de modo voluntário e autônomo. Desse modo, a concepção forte de paternalismo sobrepõe a tutela da pessoa aos desejos autônomos, escolhas e ações do próprio indivíduo, e, com frequência, restringe o acesso à informação disponível, com o intuito de exercer o controle sobre a autonomia individual.[53] Barboza atribui tal comportamento a um mecanismo de controle do saber que se exerce sobre o corpo e que contribui para o desenvolvimento de um biopoder. Nesse sentido, o corpo da mulher, em especial, passou a ser objeto de intervenções e controle, de modo a produzir mais, ser mais útil. Desse modo, embora a Constituição da República de 1988 tenha estabelecido a igualdade entre homem e mulher e a paternidade responsável, nos termos do artigo 227, e a lei 9.263 de 1996 trate da igualdade no exercício de direitos reprodutivos e sexuais, a mulher é a única responsável pela concepção e anticoncepção, ambas guardadas pela culpa e pelos tabus inerentes à sexualidade feminina.[54] Sarmento, por sua vez, compreende o paternalismo como prática que restringe a liberdade do indivíduo e que, por estar enraizada na postura profissional do médico, infantiliza o indivíduo, razão pela qual deve ser substituída pela autonomia do paciente.[55] É fundamental, porém, que se trate de indivíduo dotado de plena capacidade para compreender a condição em que se encontra, sopesar riscos e benesses potenciais do tratamento e, por fim, deliberar sobre o tratamento mais adequado segundo as convicções do indivíduo.[56] Nesse sentido, os argumentos voltados à proteção da mulher na discussão sobre o aborto são falaciosos, já que o feto não se confunde com a pessoa da mãe e os direitos reprodutivos compõem o direito fundamental à liberdade e o princípio da autodeterminação da mulher.[57]

Reconhece-se, portanto, que intervenções como, por exemplo, a vedação à laqueadura tubária a mulheres maiores de idade, capazes de exercer suas próprias escolhas, e que consentem com a prática cirúrgica, com base em informação clara e precisa, desrespeitam o exercício da autonomia sexual e reprodutiva da mulher e violam a igualdade de tratamento, já que subentende que a mulher é incapaz de exercer escolhas a respeito de seu próprio corpo e de seu bem-estar. Tal perspectiva parte do pressuposto de que o agente interventor possui uma maior capacidade de avaliar as necessidades de indivíduos do que os próprios indivíduos, ao contrário do que pregam alguns autores que entendem que o princípio primário da ética médica é não trazer prejuízos ao paciente ou, caso seja

---

52. BEAUCHAMP, Tom L. CHILDRESS, James F. *Principles of Biomedical Ethics*. Fourth Edition. Oxford University Press, 1994, p. 277-278.
53. Op. cit., p. 277.
54. BARBOZA, Heloisa Helena. A docilização do corpo feminino. In: SILVA, Daniele Andrade da et al (Org.); *Feminilidades*: corpos e sexualidades em debate. Rio de Janeiro: EdUerj, 2013, p. 352, 360-361.
55. SARMENTO, Daniel. *Dignidade da pessoa humana*: conteúdo, trajetórias e metodologia. Belo Horizonte: Forum, 2021, p. 186-190.
56. BARLETTA, Fabiana Rodrigues. *O direito à saúde da pessoa idosa*. São Paulo: Saraiva, 2010, p. 44-45.
57. SARMENTO, Daniel. *Dignidade da pessoa humana*: conteúdo, trajetórias e metodologia. Belo Horizonte: Fórum, 2021, p. 162-163 e 193.

impossível não trazer prejuízos, que ocorra o mínimo possível de danos.[58] Outros típicos exemplos mediante os quais é defensável a restrição ao exercício da autonomia são a ameaça à saúde pública, o potencial dano a terceiros inocentes ou a ausência de recursos financeiros para a realização de procedimentos médico-cirúrgicos.[59] Todavia, o que se observa é que as cirurgias de esterilização voluntária são cobertas pelos planos privados de saúde e pela rede pública, por meio do Sistema Único de Saúde, o que demonstra que a ameaça à saúde pública não se sustenta. Por outro lado, não há nexo causal estabelecido entre a decisão da mulher, realizado o consentimento informado e atendidos os ditames legais estabelecidos, e a violação de direitos fundamentais de terceiros.[60] Diante disso, não se justifica a recusa peremptória de profissionais de saúde em realizar procedimentos de esterilização compulsória e estabelecer restrições ao uso de dispositivos contraceptivos, a exemplo da recusa de inserção de dispositivo intrauterino em mulheres casadas sem o consentimento do marido e que foi recentemente observada em planos de saúde cooperativados e que atendem vários estados brasileiros.[61] A polêmica em torno da recusa forçou um posicionamento do plano de saúde que se manifestou pela ilegalidade da conduta, uma vez que a cobertura obrigatória está prevista na Resolução Normativa ANS 465 de 2021, exigida apenas a solicitação pelo médico da beneficiária.[62]

A conduta não encontra nenhum respaldo na Lei 9.263 de 1996, nas resoluções do Conselho Federal de Medicina – a despeito da objeção de consciência ser um princípio estabelecido no Código de Ética –, no Código Civil de 2002 e nem na Constituição da República brasileira de 1988. Tal manobra sugere que persistem códigos morais encriptados, desconhecidos pelas mulheres, que não reconhecem a capacidade da mulher para se autodeterminar e realizar escolhas sobre o próprio corpo, o que viola o Código de Ética Médica no que se refere a aceitação das escolhas dos pacientes.[63] Percebe-se que a prática institucional pode ser apontada como causa da vulnerabilidade da mulher no tocante ao exercício de direitos reprodutivos e sexuais, uma vez que, tidas como incapazes de realizar escolhas de forma livre, podem ser capturadas pelo discurso da maternidade como papel de máxima realização pessoal.

A justificativa trazida pelos profissionais de saúde para a sistemática recusa da realização do procedimento é o arrependimento das mulheres e a irreversibilidade

---

58. BEAUCHAMP, Tom L. CHILDRESS, James F. *Principles of Biomedical Ethics. Fourth Edition.* Oxford University Press, 1994, p. 276-278.
59. Op. cit., p. 126.
60. Op. cit., p. 128-131.
61. FOLHA DE SÃO PAULO. Seguros de saúde exigem consentimento do marido para inserção do DIU em mulheres casadas. Publicação: 03 ago. 2021. Disponível em: https://www1.folha.uol.com.br/equili-brioesaude/2021/08/seguros-de-saude-exigem-consentimento-do-marido-para-insercao-do-diu-em-mulheres-casadas.shtml. Acesso em: 14 jan. 2022.
62. SETOR SAÚDE. ANS e Unimed do Brasil se posicionam sobre a polêmica envolvendo DIU. Publicação: 06 ago. 2021. Disponível em: https://setorsaude.com.br/ans-e-unimed-do-brasil-se-posicionam-sobre-a-polemica-envolvendo-diu/. Acesso em: 14 jan. 2022.
63. BARBOZA, Heloisa Helena. ALMEIDA, Vitor. (DES)igualdade de gênero: a mulher como sujeito de direito. *O direito civil*: entre o sujeito e a pessoa. Estudos em homenagem ao professor Stefano Rodotà. Belo Horizonte: Forum, 2016, p. 174-175 e 182-183.

que se impõe após a realização da cirurgia de esterilização voluntária. As pesquisas indicam que quanto mais jovem for a mulher na ocasião do procedimento, maior é a proporção de mulheres precocemente laqueadas que desejarão reverter a laqueadura em futuro próximo. Em 2008, apurou-se, porém, que apenas 2% a 13% das mulheres se arrependeram da realização do procedimento de laqueadura.[64] O artigo 10, inciso I, da Lei 9.263/96 estabelece que deve ser observado o prazo mínimo de sessenta dias entre a manifestação da vontade e a realização do procedimento cirúrgico. Percebe-se que o dispositivo legal permite o exercício da autodeterminação do requerente, em harmonia com a cláusula da tutela da pessoa humana estabelecida pelos direitos da personalidade.

Diante do exposto, percebe-se que a vulnerabilidade da mulher está associada à sua condição biológica de tornar-se mãe em circunstâncias adversas, nos casos em que a gravidez não é desejada ou a mulher não possui recursos financeiros e emocionais para prover o sustento de um filho. Trata-se de situação social posta, que reflete a extrema vulnerabilidade da mulher, que se sujeita à uma gravidez indesejada por pressão social e pela indisponibilidade de métodos contraceptivos eficazes que assegurem a autodeterminação da mulher sobre o próprio corpo. A vulnerabilidade da mulher é potencializada, ainda, pelo fato de a sociedade e o Estado não compreenderem que se trata de sujeito livre e capaz que, antes de qualquer gravidez ser instaurada, tem constitucionalmente assegurado, nos termos do artigo 226, § 7º da Constituição da República de 1988, o direito de exercer livremente as decisões sobre o próprio corpo, em consonância com os princípios da dignidade da pessoa humana e da paternidade responsável.

5. CONCLUSÃO

O exercício de direitos reprodutivos e sexuais depende da ruptura com o preconceito de gênero institucionalizado e com práticas socioculturais que dele decorrem, que se constituem como instrumentos de subordinação que violam a dignidade e a igualdade da mulher. A especificação de direitos reprodutivos e sexuais pelas Convenções e tratados internacionais foi o primeiro passo em direção ao pleno exercício de direitos e liberdades individuais pelas mulheres, ainda que conhecidos os obstáculos à prática de atos autônomos relativos ao próprio corpo.

O compromisso com os princípios republicanos corporificados na Constituição da República brasileira de 1988, dentre os quais a dignidade da pessoa humana e a promoção do bem de todos, sem quaisquer discriminações de origem, raça, sexo, cor e gênero deve ser assumido pela legislação que versa sobre os direitos das mulheres.

No tocante ao exercício de direitos reprodutivos e sexuais, a vulnerabilidade da mulher está associada à condição biológica de tornar-se mãe, em decorrência da realização de ato sexual, que não necessariamente está vinculado ao desejo de reproduzir-se e à impossibilidade de decidir como evitar a concepção por meio de métodos eficazes.

---

64. YAMAMOTO, Sergio Toshio. *Desencontros entre direitos e desejo da mulher e a decisão da equipe médica na prática da esterilização cirúrgica*. 2017. Tese de Doutorado. Universidade de São Paulo. p.16-19.

Como regra, a mulher é tratada como pessoa de menor estatura, não dotada de condições psicossociais para decidir livremente sobre o seu próprio corpo. Trata-se de postura social que viola o princípio da não discriminação de gênero, nos termos do artigo 3º, IV, da Constituição da República de 1988.

Por outro lado, as políticas públicas voltadas à saúde sexual e reprodutiva feminina devem refletir o grau de autonomia reprodutiva e sexual das milhares de mulheres brasileiras, sob uma perspectiva interseccional de raça, gênero e classe, por meio de conscientização da comunidade, capacitação de funcionários da saúde e regular disponibilidade de métodos contraceptivos, de modo a promover a justiça reprodutiva historicamente negada às mulheres ao longo dos séculos.

DIVERSIDADE DE GÊNERO E VULNERABILIDADE: ASPECTOS JURÍDICOS E SOCIOLÓGICOS DO ESTUPRO NA SOCIEDADE BRASILEIRA CONTEMPORÂNEA

Kelly Cristine Baião Sampaio

Ingrid Januzzi Ferreira Gomes

Sumário: 1. Introdução – 2. Dominação masculina e tutela da honra do homem – 3. Emancipação da mulher e estupro como forma de punição – 4. Reconhecimento, desconstrução e educação sobre o estupro; 4.1 Violência e estupro na sociedade e nos tribunais: exemplos emblemáticos; 4.2 Educação, engajamento: é possível a mudança? – 5. Conclusão.

1. INTRODUÇÃO

O estupro, composto por simbolismos sociais e históricos, pode ser pensado como uma forma de punir o ser feminino, repreendendo algum comportamento que ameaçou a autoridade e dominação masculina. Logo, pode-se caracterizar esse método de punição – repressão como uma forma de assegurar o controle sobre a mulher.

À vista disso, necessário o levantamento de uma abordagem jurídica e sociológica para a compreensão de como se legitima o estupro através dos elementos que diferenciam biologicamente o homem e a mulher, identificando o feminino como figura incapaz e inidônea, reduzindo-o, simbolicamente, ao papel de propriedade pertencente ao homem.

Consequentemente, elementar o desacanho das legislações do início do século XX em legitimarem o lugar do não sujeito, melhor dizendo, crucial expor como as leis instituídas nesse período deram embasamento e legitimidade para a caracterização da mulher como um ser não dotado de igualdade, de efetiva emancipação jurídico-social.

Sendo assim, elucida-se a composição e propagação da dominação masculina, determinada por elementos arraigados que se reproduzem com aparente naturalidade que induzem a sensação de independência em relação aos pensamentos e estigmas na sociedade moderna, quando na realidade configura-se na simples reprodução de um pensamento arcaico e simbólico do patriarcado patrimonialista.

Será abordado um breve desenvolvimento do punitivismo, revelando como os métodos de controle e violência contra a mulher se tornaram invisíveis ao ponto de serem continuamente validados pela sociedade, contrariando as disposições das leis para viabilizar a reprodução da ideia de mulher como ser submisso e do homem como figura de autoridade e controle.

À vista disso, torna-se mais fácil compreender a estrutura da qual se provém os aspectos constituintes do estupro e o motivo pelo qual a sociedade, assim como o próprio ordenamento jurídico, ao apreciarem veladamente a idoneidade do ser feminino nessa conjuntura, desqualificam a mulher enquanto vítima desse crime e agem com desmazelo no tangente ao ato em si.

Para tanto, o objetivo se cumpre através na análise da raiz da questão, demonstrando a complexidade que paira sobre esse assunto e a razão pela qual a sociedade contemporânea se esquiva dessa discussão e contesta rigidamente a existência de uma cultura norteando o estupro. Nessa perspectiva, primou-se por firmar o referencial teórico na concepção de dominação masculina de Pierre Bourdieu, acrescido do apanhado da teoria do ordenamento jurídico.

2. DOMINAÇÃO MASCULINA E TUTELA DA HONRA DO HOMEM

A dominação masculina, marcada pela ideia da sobreposição do homem em relação à mulher e pela presença de símbolos verificadores desse comportamento, tem por componente a visão distintiva entre a natureza biológica do homem e da mulher, concebendo ao masculino autoridade e controle.

É conferido ao homem o desempenho de um papel vigoroso e, em contrapartida, tem-se a mulher inferiorizada, cuja atribuição basicamente se traduz na função da natureza biológica do corpo feminino, ou seja, a mulher é reduzida ao papel de reprodutora.

Essas percepções relativas à mulher e ao homem se baseiam na forte influência da concepção androcêntrica, que identifica o homem como a personificação da espécie humana e, consequentemente, o elege como representante dessa espécie.

Em virtude disso, essencial se faz a compreensão acerca da dominação masculina na consolidação da visão da mulher como não sujeito e como propriedade do homem, ficando à mercê dos desígnios impostos por ele, validados legal e socialmente.

Segundo Pierre Bourdieu "a força da ordem masculina se evidencia no fato de que ela dispensa justificação; a visão androcêntrica impõe-se como neutra e não tem necessidade de se enunciar em discursos que visem a legitimá-la".[1] Assim, os vários símbolos presentes na construção da concepção androcêntrica e na incorporação da dominação masculina se perpetuam justamente por estarem intrínsecos na sociedade, de tal modo que sua reprodução é automática e vista como natural.

---

1. BOURDIEU, Pierre. Uma imagem ampliada. In: BOURDIEU, Pierre. *A dominação masculina*. 11. ed. Rio de Janeiro: Editora Bertrand Brasil S.A., 2012, p. 18.

Ao utilizar-se da dicotomia homem – mulher, a dominação masculina engendrou um ambiente tão natural de contraposição que as pessoas reproduzem essa distinção sem entender que estão difundindo relações sociais de dominação.[2]

A dominação masculina, então, encontra encaixe perfeito na visão androcêntrica, destaque para a análise de Pierre Bourdieu:

> Por conseguinte, a representação androcêntrica da reprodução biológica e da reprodução social se vê investida da objetividade do senso comum, visto como senso prático, dóxico, sobre o sentido das práticas. E as próprias mulheres aplicam a todas realidade e, particularmente, às relações de poder em que se veem envolvidas esquemas de pensamento que são produto da incorporação dessas relações de poder e que se expressam nas oposições fundantes da ordem simbólica. Por conseguinte, seus atos de conhecimento são, exatamente por isso, atos de reconhecimento prático, de adesão dóxica, crença que não tem que se pensar e se afirmar como tal e que "faz", de certo modo, a violência simbólica que ela sofre.[3]

Por decorrência da internalização da dominação masculina, a sociedade e o ordenamento jurídico instituíram suas respectivas normas baseados nessa ideia do homem como um ser dominante, pensante e legítimo, ao ponto de ser a exteriorização do sujeito de direito em si.

Essa concepção do homem como detentor dos direitos inerentes ao ser humano se verifica na elaboração de normas legais que tutelavam a honra masculina e corroboravam o lugar da mulher como figura submissa e pertencente ao homem, o que fez com que as próprias mulheres reproduzissem esse pensamento e se reconhecessem neste papel, enxergando pertencerem à parte inferior nas relações sociais, privadas e jurídicas.

O Código Civil atuou com explícita condescendência à concepção de dominação masculina ao legitimar os preceitos morais do patriarcado patrimonialista, uma vez que somente o homem obtinha o potencial de gerir situações e bens (capitalismo patriarcal burguês), o que solidificou ainda mais os desníveis entre homem e mulher, tal como os desníveis sociais.[4]

---

2. BOURDIEU, Pierre. Uma imagem ampliada. In: BOURDIEU, Pierre. *A dominação masculina*. 11. ed. Rio de Janeiro: Editora Bertrand Brasil S.A., 2012, p. 16.
3. BOURDIEU, Pierre. Uma imagem ampliada. In: BOURDIEU, Pierre. *A dominação masculina*. 11. ed. Rio de Janeiro: Editora Bertrand Brasil S.A., 2012, p. 45.
4. Para um devido enquadramento do tema, revelam-se necessárias considerações sobre a desigualdade de gêneros em sua estrutura social primária, a família. Destacam-se o patriarcado e o mito da masculinidade. Impende traçar considerações acerca do patriarcalismo afim de se entender o motivo de seu predomínio no decorrer dos tempos e sua influência sobre a ideia de monogamia.
O patriarcado deve ser entendido como mais do que uma forma de família, mas como uma estrutura na qual homens e mulheres têm o seu desenvolvimento com base no mito da masculinidade. Para Marx e Engels (PEREIRA, 1991), a divisão sexual do trabalho dava origem a uma divisão social do trabalho, levando ao aperfeiçoamento das tecnologias, originando o excedente, que seria o lucro. Esses excedentes usados como valores de troca originaram uma classe dominante que, vivendo destes excedentes, escravizou, criou a propriedade privada em detrimento da comunidade. Nessa época, o sexo feminino é dominado e reduzido ao âmbito privado, para fornecer o maior número de filhos para produzir mais, defender a terra e o Estado. A supremacia masculina surge, pois, com a cultura competitiva do excedente, em que as mulheres vão pouco a pouco sendo dominadas para que possibilitem produzir mais riqueza. Configurada a divisão sexual do trabalho, tem-se o patriarcado.
Explica Engels que a monogamia atende perfeitamente ao patriarcado, pois que se submete a mulher à supremacia do homem, que lhe dará filhos de inquestionável paternidade. A monogamia não é, portanto, fruto de amor

Como afirmam Sampaio e Siqueira "a opressão institucionalizada pela ciência jurídica burguesa transforma-se em uma violência potencialmente mais eficiente, posto que com arestas aparadas pela legalidade".[5]

O Diploma Civil de 1916 se apresenta como legítimo reprodutor da dominação masculina sobre a mulher, na medida em que a qualificou como relativamente incapaz,[6] tornando-a, consequentemente, uma extensão do patrimônio do homem, subordinada às vontades dele em razão do poder que este exerce sobre ela.

No âmbito do Direito Penal, pode-se dizer que o Código Penal de 1890 (século XIX) evidenciava claramente a discrepância entre homens e mulheres, posto que se projetou a tutelar a honra dos homens quando da previsão do crime de adultério.

Nesse sentido, explícita essa projeção, dado que adultério cometido pelos homens era passível de compreensão ao passo que o adultério feminino possuía maior teor de reprovabilidade, estando, inclusive, disposto no caput do artigo.[7]

O referido Código ainda trazia termos como "mulher honesta" e "mulher não honesta" em relação ao crime de estupro[8] para definir se a mulher vítima dessa barbárie deveria ou não receber a proteção estatal.

Posteriormente, com o advento do Código Penal de 1940, altera-se a redação dos artigos dos crimes de adultério[9] e estupro,[10] deixando a punição do primeiro crime mais

---

sexual individual, seu fundamento não está em razões naturais, mas econômicas de primazia da propriedade privada sobre a propriedade comum primitiva (OLIVEIRA, 2013).

A tradição do Direito Civil ocidental, com sua base no Direito Romano, centraliza-se no sistema patriarcal e traduziu para o direito ocidental a concepção de uma superioridade e inferioridade dos gêneros em nossos ordenamentos jurídicos. A estrutura patriarcal, no entanto, foi, paulatinamente, questionada em busca de uma igualdade entre homens e mulheres. Em nossa legislação observou-se essa tendência com a promulgação de leis como a Lei 4.121 (Estatuto da Mulher Casada), Lei 6.515 (Lei do Divórcio) e, finalmente, com a Constituição Federal de 1988 vislumbra-se a plena igualdade entre homens e mulheres, pessoas dotadas de dignidade, merecedoras de respeito às diferenças de gênero, respeito atitudinal.

A promoção da igualdade e liberdade entre homem e mulher na Constituição Federal deve ser norteadora de reflexões no sentido de se questionar a alienação vivenciada na sociedade entre pessoa, dotada de dignidade, e pessoa como bem, patrimonializada, situações estas características da sociedade capitalista e que repercutem na continuidade das diferenças de gênero.

O sentido de alienação contempla reflexões quanto à separação entre a norma constitucional e o fato social sobre a diversidade de gênero e a depreciação da condição feminina, como violência doméstica, desigual acesso a condições de trabalho, ainda vivenciadas na sociedade contemporânea.

5. SAMPAIO, Kelly Cristine Baião; SIQUEIRA, Lia Maria Manso. A necessária superação da "propriedade na pessoa" como essencial para a efetivação da democracia na diversidade de gêneros. In: DOS SANTOS, Magda Guadalupe e DE ASSIS, Zamira (Coord.). *Diversidade sexual e gênero em perspectiva*: diálogos interdisciplinares. D'Plácido, 2016, p. 59.
6. Art. 6. São incapazes, relativamente a certos atos (art. 147, n. 1), ou à maneira de os exercer: [...] II. As mulheres casadas, enquanto subsistir a sociedade conjugal.
7. Art. 279. A mulher casada que cometer adultério será punida com a pena de prisão celular por um a três anos.
8. Art. 268. Estuprar mulher virgem ou não, mas honesta: Pena: de prisão celular por um a seis anos. § 1º Se a estuprada for mulher pública ou prostituta: Pena: de prisão celular por seis meses a dois anos.
9. Art. 240. Cometer adultério: Pena: detenção, de quinze dias a seis meses (Revogado pela Lei 11.106, de 2005).
10. Art. 213. Constranger alguém, mediante violência ou grave ameaça, a ter conjunção carnal ou a praticar ou permitir que com ele se pratique outro ato libidinoso: Pena: reclusão, de 6 (seis) a 10 (dez) anos. (Redação dada pela Lei 12.015, de 2009).

branda e conferindo maior abrangência e rigor ao crime cometido contra a dignidade sexual.

Nesse cenário, se observa que a mulher encontrou duros obstáculos face ao seu reconhecimento enquanto sujeito de direito pelo ordenamento jurídico, visto que a percepção sobre ela hora diz respeito à sua incapacidade, submissão e dominação, hora evidencia a necessária comprovação de sua idoneidade quando alguma proteção ou direito lhe é conferido.

Assim, defronte da eterna presunção da honestidade e superioridade do homem e da incapacidade, submissão e necessária comprovação de idoneidade da mulher, sobrevém a demonstração do quão o ordenamento jurídico pátrio se encontrava e ainda se encontra arraigado pelas acepções da dominação masculina.

Como sequela de todo esse processo regular de autoridade, superioridade e dominação, aos homens era/é conferido o direito de aplicar punições às mulheres para que permanentemente estas se ponham no lugar de submissas, dominadas e não sujeitos.

Para a constante reafirmação da autoridade do homem e a inescusável validação da submissão da mulher, a violência para com o ser feminino se mostrou essencial forma de controle. Assim, para a manutenção da autoridade masculina e reprimenda de alguma transgressão feminina, as violências física, psicológica e sexual se compuseram com o propósito de controlar.

Da mesma maneira que a dominação masculina se reproduz de forma silenciosa devido o profundo entrelaço com os preceitos da sociedade patriarcal, a violência em suas variadas espécies também se perpetua. Nesse contexto, não se pode pensar nas punições como forma de violência simbólica pertencente à teoria da dominação masculina, a violência simbólica se encontra no plano do fictício.

Posto isto, constata-se que essa sistemática de dominação, autoridade, legitimidade e controle *versus* submissão, propriedade, incapacidade, punição e violência simbólica criaram um mecanismo no qual as mulheres são escrachadas e desacreditadas, enquanto decorre a presunção de honestidade e impunidade dos homens.

3. EMANCIPAÇÃO DA MULHER E ESTUPRO COMO FORMA DE PUNIÇÃO

A Constituição Federal de 1988 avançou ao trazer em seu texto a igualdade entre o masculino e o feminino,[11] a exigir a releitura das normas infraconstitucionais à luz da Constituição, nesse sentido, preceitos referentes ao Código Civil e ao Código Penal foram modificados ou revogados.

---

11. Art. 5º Todos são iguais perante a lei, sem distinção de qualquer natureza, garantindo-se aos brasileiros e aos estrangeiros residentes no País a inviolabilidade do direito à vida, à liberdade, à igualdade, à segurança e à propriedade, nos termos seguintes: I – homens e mulheres são iguais em direitos e obrigações, nos termos desta Constituição;

A Lei 11.106 de 2005 modificou o Código Penal de 1940 quanto à *abolitio criminis* referente ao adultério e a retirada da expressão "honesta" para a distinção da mulher digna ou indigna nos crimes de cunho sexual.

No entanto, mesmo diante de uma série de avanços nas legislações infraconstitucionais para harmonizar com a Carta Magna, a legislação criminal "falhou ao manter como objeto de proteção os costumes sociais e ao não modificar a redação dada ao artigo 213, referente ao crime de estupro, representando adequação superficial da legislação da realidade social contemporânea".[12]

A mulher, sob essa perspectiva, passa a ter reconhecimento por meio da Lei Maior e das demais normas pertencentes ao ordenamento jurídico como sujeito de direito, podendo exercer suas próprias vontades, possuindo o domínio sobre seu corpo e estando em nível de paridade com o ser masculino.

Contudo, mesmo sendo legítimas as disposições impostas pelos diplomas concernentes aos direitos e deveres da mulher, essas normas não encontraram eficácia no campo social. É possível expor, inclusive, que apesar da proteção do estado, dentro dos tribunais a visão sobre a mulher seguiu o prisma da sociedade machista patriarcal patrimonialista.

A sociedade, marcada pelo forte conservadorismo, caminhou em direção oposta ao progressismo do direito material ao reproduzir a violência simbólica com o intuito de reafirmação das relações de dominação e do papel do homem como representação da espécie.

Não bastando a rígida barreira à efetiva igualdade entre o feminino e o masculino, o homem pôs-se a continuar a punir a mulher como forma de submetê-la ao seu domínio e desqualificá-la à condição de sua propriedade.

À proporção que a figura da mulher adentrou os círculos jurídicos engendrando maior tutela dos dispositivos infraconstitucionais, as variadas formas de punição contra a mulher para garantir a sobreposição masculina se aperfeiçoaram, tornando-se mais tácitas.

Por mais que socialmente a punição seja considerada instrumento de preservação da dominação masculina e, por isso, seja vista de forma natural, a permissividade das normas jurídicas acerca dessa repressão do comportamento indesejado ficaram restritas.

O crime de estupro, tipificado no artigo 213 do Código Penal, por intermédio dos silenciosos e transgeracionais signos do patriarcado patrimonialista, possui a ideia socialmente propagada do ato em si como a mera satisfação da lascívia e da figura do estuprador como alguém desprezível e desconhecido, o que facilita a impunidade do agente.

---

12. ARAÚJO, Geórgia Oliveira. *As representações da mulher no código penal de 1940 e a tutela jurídica da sexualidade feminina*. 2018. Monografia (Bacharelado em Direito) – Faculdade de Direito, Universidade Federal do Ceará, Fortaleza, 2018, p. 28.

A visão social do estuprador enquanto alguém estranho e perturbado e do ato como a satisfação do desejo faz com que os verdadeiros simbolismos que rodeiam esse crime desapareçam. O estupro não se finda na conjunção carnal, ele ultrapassa a transgressão da liberdade sexual, resgatando as concepções que insurgem a figura feminina como ser submisso e patrimonial.

Corroborando com a ideia do estupro como forma de controle, CAMPOS sustenta que "no estupro, teríamos, então, um método de destruição do sujeito através da subalternização do seu corpo ao domínio e ao poder de um outro, geralmente, de um homem".[13]

O estupro, então, não se esculpe como uma forma de satisfação dos desejos carnais, ele representa e desempenha, indiscutivelmente, uma maneira de inferiorizar e controlar a mulher com a finalidade de afirmar o domínio que o masculino exerce sobre o feminino. Tal domínio não se exprime de maneira circunstancial, mas sim permanente, já que ficará marcado para sempre na memória da vítima.

Logo, a prática desse crime tem o condão de deslegitimar e despersonificar a mulher como sujeito, reduzindo-a e destruindo, irrealmente, o grau de paridade existente entre os gêneros, fazendo a mulher retornar compulsoriamente ao lugar do reconhecimento da inferioridade – violência simbólica.

Evidencia-se, assim, a demasiada repulsividade do ato, que além de minar a estrutura psicológica da mulher a ponto de ela identificar as invisíveis e impregnadas insígnias do patriarcado e se reconhecer na imagem de subordinada e de propriedade, consegue realizar uma inversão quase perfeita de papéis, culpabilizando a vítima e esquivando o estuprador da responsabilização.

Ao analisar o âmbito da cultura do estupro no Brasil, Campos assevera que "há uma tolerância silenciosa em torno de sua prática, com uma postura de vaidade naqueles que a cometem, já que a mesma tão somente endossa os valores machistas patriarcais dessa sociedade".[14]

A tolerância silenciosa que flutua sob o estupro como a satisfação da lascívia e do estuprador como ser desconhecido e vil compreendem uma forma de reprodução irracional do machismo patriarcal patrimonial ao passo que inverte a situação, colocando a vítima em posição evidente e questionável – a noção de mulher honesta é trazida à tona mesmo tendo sido suprimida das normas.

Por decorrência da inversão desses papéis, à vítima recai a comprovação de sua integridade e a dura reprimenda social e jurídica e, ao agente estuprador, incide o benefício da dúvida e a figura de sujeito possuidor de alguma anormalidade.

---

13. CAMPOS, Andrea Almeida. *A cultura do estupro como método perverso de controle nas sociedades patriarcais*. Revista Espaço Acadêmico, 2016, p. 10.
14. CAMPOS, Andrea Almeida. *A cultura do estupro como método perverso de controle nas sociedades patriarcais*. Revista Espaço Acadêmico, 2016, p. 11-12.

Por esse ângulo, nota-se ocorrer um processo cíclico, onde a punição da mulher age como forma de reafirmação e manutenção do homem enquanto visão androcêntrica e dos valores da sociedade patriarcal em troca da impunidade que essa sociedade lhe garante.

Assim, esses (excessivos) resquícios deixados pela pater sociedade transmitem a noção de que a prática do estupro não engloba tamanha seriedade e complexidade justamente por sustentar e propagar a concepção do corpo da mulher como extensão do patrimônio do homem.

Por conta dessa silente reprodução da moral patriarcal, a sociedade contemporânea se evade de conceber uma discussão acerca das profundas raízes desse crime hediondo, negando, inclusive, a existência da cultura do estupro – o que apresenta a real dimensão dos efeitos desse processo cíclico e da reprodução contínua dos conceitos patriarcais.

Sob essa perspectiva, impossível falar que a negação da cultura do estupro e a reprodução dos símbolos da concepção da dominação masculina não refletem dentro dos Tribunais de Justiça, afinal, por vezes repercutem nos veículos comunicativos notícias sobre casos de estupro e o desenrolar absurdo no âmbito jurídico.

A ideia da mulher honesta, superada pela norma, continua atuando como mecanismo invisível (violência simbólica) para deslegitimar o feminino e garantir impunidade ao homem. Exemplo disso é o caso Mariana Ferrer, no qual a influenciadora digital foi humilhada pelo advogado do réu que utilizou palavras pejorativas e argumentos sórdidos com a finalidade de demonstrar que a vítima era inidônea e que o réu não teve a intenção de cometer estupro de vulnerável.

Destarte, evidencia-se claramente como o sistema judiciário, independente da progressão das normas, possui enraizados os conceitos morais da sociedade patriarcal, operando a violência simbólica da dominação masculina para reprimir a mulher de forma contínua e velada, despersonificando o ser feminino.

4. RECONHECIMENTO, DESCONSTRUÇÃO E EDUCAÇÃO SOBRE O ESTUPRO

O sociólogo Pierre Bourdieu anuncia que ocorre uma construção social através de práticas inconscientes que se provém do poder (simbólico).[15] Logo, infere-se que acontece uma aceitação e reprodução tácita das condutas oriundas da violência e poder simbólicos moldados pela dominação masculina.

Nesse sentido, ao se pensar criticamente no papel exercido por cada mulher dentro da sociedade, haveria, consequentemente, o questionamento desse papel feminino

---

15. BOURDIEU, Pierre. Uma imagem ampliada. In: BOURDIEU, Pierre. *A dominação masculina*. 11. ed. Rio de Janeiro: Editora Bertrand Brasil S.A., 2012, p. 52.

difundido pela concepção da dominação masculina – ser feminino como extensão da propriedade masculina –, o que causaria abalos à ordem simbólica.

Assim, o âmago para a reestruturação da visão social acerca do papel exercido pela mulher na sociedade contemporânea se compreende por meio da indagação do factual papel pertencente a ela, desprendendo-se da noção obsoleta tradicional.

A partir do crucial questionamento, segundo a teórica da psicologia social Silvia Lane, os indivíduos poderiam compreender a reprodução dos mecanismos simbólicos que mantêm as relações de dominação de uns para com os outros. Lane, assim, acentua:

> Apenas quando formos capazes de, partindo de um questionamento deste tipo, encontrar as razões históricas da nossa sociedade e do nosso grupo social que explicam por que agimos hoje da forma como o fazemos é que estaremos desenvolvendo a consciência de nós mesmos. Deste modo entendemos que a consciência de si poderá alterar a identidade social, na medida em que, dentro dos grupos que nos definem, questionamos os papéis quanto à sua determinação e funções históricas – e, na medida em que os membros do grupo se identifiquem entre si quanto a esta determinação e constatem as relações de dominação que reproduzem uns sobre os outros, é que o grupo poderá se tornar agente de mudanças sociais. [...]. Porém este processo não é simples, pois os grupos e os papéis que os definem são cristalizados e mantidos por instituições que, pelo seu próprio caráter, estão bem aparelhadas para anular ou amenizar os questionamentos e ações de grupos, em nome da "preservação social".[16]

A teoria da psicologia social de Silvia Lane, por certo, cabe analogicamente à relação de dominância tangente ao gênero masculino para com o feminino, visto que tal teoria propõe a transformação social por meio do questionamento do papel de cada indivíduo na sociedade, desobstruindo os obstáculos que sustentam as desigualdades sociais.

Nessa lógica, o questionamento levaria à mudança na visão acerca do papel da mulher na sociedade e, assim, romperia a perpetuação da concepção da dominação masculina.

4.1 Violência e estupro na sociedade e nos tribunais: exemplos emblemáticos

Como subproduto do patriarcalismo, a cultura do machismo, disseminada muitas vezes de forma implícita ou sub-reptícia, coloca a mulher como objeto de desejo e de propriedade do homem, vulnerável a diversos tipos de violência.[17]

O mapa da violência registrou dados de 2018 sobre o índice de estupro no Brasil. Os dados são alarmantes, veiculou-se, pela mídia brasileira 32.916 casos de estupro entre os meses de janeiro e novembro de 2018.

---

16. LANE, Silvia Tatiana Maurer. *O que é psicologia social*. São Paulo: Brasiliense, 2006, p. 23.
17. CERQUEIRA, Daniel; COELHO, Danilo de Santa Cruz. *Estupro no Brasil*: uma radiografia segundo os dados da saúde (versão preliminar). Instituto de Pesquisa Econômica Aplicada, 2014, p. 02.

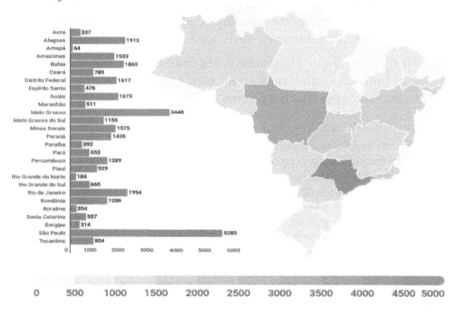

Fonte: Câmara dos Deputados (2018)

Dados estatísticos demonstram que a violência se apresenta de forma precoce, principalmente no seio familiar.

Um homem de 58 anos foi preso acusado de estuprar as filhas de 11 e 4 anos e a enteada de 16 em Juiz de Fora. A situação chegou ao conhecimento da polícia após o desabafo da menina para uma colega. A menina de 11 anos tem oito irmãos. Ela é a mais velha dos três filhos que a mãe teve com o homem preso. Segundo a delegada que acompanhou o caso, o relato da menor é de que os abusos começaram quando ela tinha três anos. Ele ia de madrugada ao quarto dela, a levava para a mesa da cozinha, onde os abusos aconteciam. Ela resistia, mas ele a forçava a fazer sexo oral. Ele dava presentes e agia como se ela fosse o mundo dele.

Conforme o depoimento da vítima, foram seis anos de abuso. "Quando ela fez nove anos, passou a não querer mais. Então ele começou a rejeitá-la, dizer que ela não era filha dele, desfazia dela e brigava com ela.

RELAÇÃO DE PROXIMIDADE E IDADE DA VÍTIMA

	MENOS DE 14 ANOS	ENTRE 15 E 18 ANOS	ENTRE 19 E 59 ANOS	MAIS DE 60 ANOS	TOTAL
PARENTE	69,6%	33,0%	20,3%	17,1%	43,7%
DESCONHECIDO	3,2%	48,2%	52,0%	78,3%	31,2%
CONHECIDO DA FAMÍLIA	16,3%	15,4%	15,2%	4,6%	15,3%
COMPANHEIRO (A) / ESPOSO (A) / NAMORADO (A)	2,5%	3,4%	12,6%	0,0%	6,1%
VIZINHO	8,5%	<0,1%	0,0%	0,0%	3,7%
TOTAL	100,0%	100,0%	100,0%	100,0%	100,0%

Fonte: Câmara dos Deputados (2018)

Os dados são significativos em demonstrar que os estupros, em percentual elevado, são cometidos por pessoas que conhecem ou interagem com a vítima. Estupro e relação familiar estão interligados, e a lógica do poder, da dominação psíquica e física têm amplo espectro, a vítima é notoriamente vulnerável, enredada numa estrutura da qual é submissa.

Vivencia-se uma busca em se legislar sobre violência doméstica, no entanto, paradoxalmente, os dados de violência de gênero se mantêm alarmantes. Dentre as inovações acerca do tema, cita-se:

> PL 510/2019 – Projeto de Lei (Apresentação 06/02/2019)
>
> Ementa
>
> Permite o divórcio ou rompimento da união estável nos casos previstos na Lei 11.340, de 7 de agosto de 2006, a pedido da ofendida.
>
> Nova Ementa da Redação
>
> NOVA EMENTA: Altera a Lei 11.340, de 7 de agosto de 2006 (Lei Maria da Penha), para atribuir aos Juizados de Violência Doméstica e Familiar contra a Mulher a competência para julgar as ações de divórcio e de dissolução de união estável, a pedido da ofendida, e a Lei 13.105, de 16 de março de 2015 (Código de Processo Civil).
>
> – Dano moral por violência doméstica: A tese foi fixada pela 3ª Seção do STJ ao julgar recursos especiais repetitivos que discutiam a possibilidade da reparação de natureza cível por meio de sentença condenatória em casos de violência doméstica. A decisão, tomada à unanimidade, passa agora a orientar os Tribunais de todo o país no julgamento de casos semelhantes.
>
> Para o relator, ministro Rogerio Schietti Cruz, "o merecimento à indenização é ínsito à própria condição de vítima de violência doméstica e familiar", e o dano é *in reipsa*.[18]

Percebe-se que no âmbito cível, tutelou-se a vítima de violência, facilitando-lhe o divórcio e a responsabilização do agressor por dano *in reipsa*.

A responsabilização do agressor na esfera cível se configura por meio da sanção patrimonial, isto é, da sanção reparatória. Diante do dano consumado, cabe à vítima lidar com a lógica da sociedade de dominação, de poder, de pertencimento do corpo e alma do "objeto" mulher.

No âmbito penal, a sociedade acompanhou, indignada, a "criação" em um julgamento de estupro de vulnerável, de um tipo penal que contraria a natureza jurídica do instituto, vulgarmente denominado "estupro culposo".

O caso Mariana Ferrer provocou a revolta da população não somente pelo desrespeito com que a vítima foi tratada, mas também pela difusão de que o réu teria sido inocentado com fundamento na tese de estupro culposo. De antemão, insta esclarecer que esse termo sequer foi usado pela defesa ou pelo magistrado em suas fundamentações, os veículos de comunicação foram responsáveis pela alusão dessa nomenclatura para que a população compreendesse mais facilmente.

---

18. PL 510/2019. Câmara dos Deputados, 2019. Disponível em: https://www.camara.leg.br/proposicoesWeb/fichadetramitacao?idProposicao=2191308. Acesso em: 22 fev. 2021.

Contudo, elementar expor que a tese da defesa se baseou na teoria do erro do tipo,[19] retratando que o réu não possuía a compreensão de estar praticando uma conduta ilícita, sendo assim, restou excluído o dolo (intenção) e, não admitindo-se punição a título de culpa no crime de estupro, inocentou-se o réu.

Nota-se, então, que quando se trata de estupro, de criminalização, vivencia-se a sociedade da culpabilização da vítima, uma sociedade alagada por preceitos machistas, que repele a mulher da condição de sujeito. À vista disso, essa mesma sociedade renega a cultura do estupro.

A negação dessa cultura é mecânica, uma vez que socialmente o imaginário do estupro é tido como mera perversão sexual, distanciando as pessoas do verdadeiro cerne da questão – estupro como meio de punição, controle e reafirmação da dominação masculina.

É importante para a dominação masculina que a noção do estupro enquanto meio punitivo e controlador permaneça enrustida, assim o campo continua fértil para a prática de mais tipos de violências simbólicas contra a mulher. Nesse contexto, Sommacal e Tagliari acentuaram:

> Vigora na sociedade um manto conservador e machista que além de resistir em aceitar a existência de uma cultura de estupro, faz notória displicência aos direitos da mulher, compactuando, assim, com a vigência do culto aos assédios sexuais e com o prosseguimento da opressão da mulher.[20]

Assim sendo, de fácil percepção que os resquícios deixados pelo sistema patriarcal patrimonial, silenciosamente, conduzem a presente sociedade a agir com hostilidade e violência em relação à mulher, negando a existência do feminino enquanto sujeito e depreciando tudo que por ele é produzido.

4.2 Educação, engajamento: é possível a mudança?

Impossível falar em mudança acerca das questões de gênero e não mencionar os movimentos que confrontam a visão da mulher como mera extensão da propriedade masculina.

O movimento feminista é por si só destaque, através desse movimento, importantes mudanças ocorreram. Sendo formado por fases que se instauraram consoante as questões políticas e sociais de cada período, essas fases, também denominadas ondas do feminismo, evidenciaram as distintas necessidades das mulheres.

Em síntese, pode-se pensar na primeira onda do feminismo como o surgimento do movimento, visando que os direitos fossem isonômicos entre homens e mulheres. Em

---

19. Art. 20. O erro sobre elemento constitutivo do tipo legal de crime exclui o dolo, mas permite a punição por crime culposo, se previsto em lei.
20. SOMMACAL, Clariana Leal; TAGLIARI, Priscila de Azambuja. *A cultura de estupro*: o arcabouço da desigualdade, da tolerância à violência, da objetificação da mulher e da culpabilização da vítima. Santa Catarina: Revista da Esmesc, 2017, p. 09.

relação à segunda onda, foram levantadas as diferenças entre os gêneros com o intuito de dirimir a opressão e a desconsideração impostas ao feminino.

No tocante à terceira onda, atualmente vivida, caracteriza-se por abarcar as noções de igualdade e diferença, com o escopo de elencar discussões tangentes às searas cultural, social e política, ultrapassando a ideia binária de gênero e o encarando como fruto das relações de poder.

Outro movimento a ser apontado, é o movimento Me Too, definido como um movimento denunciante dos abusos sexuais. Nesse movimento, encoraja-se às vítimas a quebrarem o silêncio que acoberta os abusadores, mostrando a real extensão desse tema. Conforme noticiado pela BBC News:

> Em 15 de outubro, a atriz Alyssa Milano sugeriu no Twitter que todas as mulheres que tivessem sido sexualmente assediadas ou agredidas respondessem para ela na rede social com a hashtag #MeToo ("Eu também" em tradução livre). A ideia era mostrar a dimensão do problema. Pelo menos meio milhão de mulheres enviaram suas respostas nas primeiras 24 horas. Desde então, uma enxurrada de denúncias surgiu contra homens da alta classe do entretenimento, da mídia, da política e da tecnologia.[21]

Diante desses movimentos, é possível perceber que somente através da despida exposição e do questionamento é que se pode chegar à matriz do problema. Demonstrar a dimensão dessa violência estrutural para com as mulheres é imprescindível na luta para a demolição das muralhas que reprimem e inferiorizam o ser feminino.

Partindo dessa premissa, conscientizar e educar as gerações futuras no que diz respeito a essa problemática é indispensável. Assim, servindo como exemplo, a Austrália, mais precisamente seu estado Victoria, por meio da instituição escolar, passou a integrar na grade curricular disciplina sobre estereótipos de gêneros com a finalidade de cessar a violência de gênero e diminuir a desigualdade.

5. CONCLUSÃO

Os silenciosos símbolos da dominação masculina, preservados e passados transgeracionalmente, trataram de internalizar a ideia binária de gênero, construindo um processo cíclico onde as mulheres se mantêm em posição oposta, inferior ao masculino.

Apesar de estar intrínseca social e culturalmente a acepção da mulher como propriedade, é preciso instituir uma base educacional como fonte de mudança. Importa dizer que essa mudança se dará de forma lenta e gradual, mas o que interessa é partir desse ponto estático e caminhar rumo à efetiva desconstrução da ideia binária de gênero e supressão da violência simbólica e punição contra a mulher.

---

21. *O que a campanha #MeToo conseguiu mudar de fato?*. BBC News, 2018. Disponível em: https://www.bbc.com/portuguese/geral-44164417. Acesso em: 22 mar. 2021.

CORPOS DISSIDENTES DE UM MUNDO DIVIDIDO EM AZUL E ROSA: UM OLHAR SOBRE O SEXO BIOLÓGICO E A PERFORMATIVIDADE DE GÊNERO NA CONSTRUÇÃO DA VULNERABILIDADE DE PESSOAS TRANS, NÃO BINÁRIES E INTERSEXO NAS RELAÇÕES PRIVADAS

Manuel Camelo Ferreira da Silva Netto

Carlos Henrique Félix Dantas

Sumário: 1. Introdução – 2. Sexo, gênero e performatividade: corpos que se moldam? – 3. Entre o rosa e o azul, há múltiplas vivências: a vulnerabilidade sociojurídica de pessoas trans, não bináries e intersexo – problemas atuais e futuros de um direito privado contemporâneo; 3.1 Pessoas trans: corpos que subvertem o gênero; 3.2 Pessoas não bináries: corpos que transcendem o gênero; 3.3 Pessoas Intersexo: corpos que questionam o determinismo biológico do sexo – 4. Considerações finais.

> "Entre a oração e a ereção
> Ora são, ora não são
> Unção, benção, sem nação
> Mesmo que não nasçam
> Mas vivem e vivem e vem"
> (Linn da Quebrada. *Oração*, 2019).[1]

1. INTRODUÇÃO

"Atenção! Atenção! É uma nova era no Brasil: menino veste azul e menina veste rosa", esse foi o pronunciamento, gravado e divulgado em formato de vídeo, feito, no começo do ano de 2019, pela então Ministra Damares Alves ao assumir o comando do Ministério da Mulher, da Família e dos Direitos Humanos.[2] Note-se que, embora pareça apenas a ratificação de um estereótipo aparentemente inofensivo, guarda consigo, na realidade,

---

1. Para ouvir a música, basta acessar o link: https://www.youtube.com/watch?v=y5rY2N1XuLI.
2. G1. Em vídeo, Damares diz que 'nova era' começou: 'meninos vestem azul e meninas vestem rosa', 03 jan. 2019. Disponível em: http://g1.globo.com/brasil/noticia/2012/06/numero-de-evangelicos-aumenta-61-em-10-a-nos-aponta-ibge.html. Acesso em: 10 jun. 2021.

a representação de toda uma sistemática de imposição de padrões de comportamento que constroem o modo-de-ser e agir das pessoas no meio social por elas integrado.

Fala-se aqui no chamado sistema sexo-gênero-desejo, compreendido como essa concepção que reparte toda a sociedade em duas únicas possibilidades, determinadas pelos genitais (pênis/vagina) e pelos caracteres fisiológicos de nascença, cuja observância é fundamental para a determinação do sexo (homem/mulher) e do gênero (masculino/feminino) dos indivíduos no desenvolvimento do papel afetivo-sexual, pautado num heterossexismo biologista. Logo, é graças a tal visão cindida que se teve/tem a edificação de diversos institutos jurídicos a exemplo do casamento heterossexual, da união estável entre o homem e a mulher, da paternidade, da maternidade, do tempo de contribuição previdenciário, das licenças paternidade e maternidade, do registro de nascimento, da obrigatoriedade do alistamento militar etc.

Diante disso, o trecho da canção que epigrafa este capítulo, de autoria da multiartista Linn da Quebrada, não fora escolhido por acaso, pois reflete a despersonalização sofrida por pessoas trans, mas, de forma mais ampla, o apagamento também perpassado pelos sujeitos que fogem a esse binarismo (pessoas não binárias e intersexo), no qual ainda hoje se baseia o ordenamento jurídico brasileiro.[3] Tal forma de opressão, entendida como mecanismo de poder[4] sobre esses corpos, para alguns, significaria a retirada da condição de sujeito humano pela violação cotidiana e reiterada de seus direitos fundamentais e da personalidade; criando-se, assim, uma circunstância vulnerabilizante perante o meio social e jurídico.

Nesse contexto, parte-se da seguinte problemática: *quais mecanismos de poder do sistema sexo-gênero-desejo, no Direito Privado, favorecem a deslegitimação do reconhecimento de corpos dissidentes (pessoas trans, não binárias e intersexo), na esfera pública, de modo a construir uma vulnerabilidade sociojurídica desses indivíduos?*

À vista disso, propõe-se a investigar como o sistema sexo-gênero-desejo, no direito privado, oportuniza a construção sociojurídica de vulnerabilidade para àquelas pessoas que não se enquadram na sua compreensão estritamente binária (trans, não binárias e intersexo). Para tanto, foram levantados os seguintes objetivos específicos: a) compreender de que forma o sistema sexo-gênero-desejo propõe um modelo de controle dos corpos, enquadrados em uma ótica estritamente binária, ao considerar, sobretudo, os signos gênero, sexo e identidade de gênero na perspectiva butleriana; b) entender a

---

3. Nessa passagem, pode-se dizer que a cantora revela tratar-se de uma realidade enquadrada como "sem nação", aproximando-as, em essência, da figura jusfilosófica de "vida nua" – bem trabalhada por Giorgio Agamben, em seu livro "Homo Sacer" (1995) –, caracterizando-se como àquela vida desqualificada de *status* político, podendo ser morta sem que essa conduta caracterize homicídio, pois há a separação do *corpus* para retornar a pessoa humana ao sentido natural, afastando-a do sentido de sujeito de direito (Cf. AGAMBEN, Giorgio. *Homo sacer*: o poder soberano e a vida nua. Trad. Henrique Burigo. Belo Horizonte: Editora UFMG, 2002).
4. A menção aqui feita à ideia de "poder" está relacionada à perspectiva foucaultiana da expressão, não significando propriamente um lugar de maior hierarquia ocupado por uma pessoa ou grupo numa determinada sociedade, mas sim um conjunto de relações que são exercidas, no meio social, a partir de um discurso sobre a verdade, gerando um saber que molda, constrói e categoriza os corpos que a integram (Cf. FOUCAULT, Michel. *Em defesa da sociedade*: curso no *Collège de France* (1975-1976). São Paulo: Martins Fontes, 1999, p. 28-40, passim).

vulnerabilidade sociojurídica de sujeitos cujos corpos não se enquadram nos padrões binários (mulher/vagina/heterossexual e homem/pênis/heterossexual); e, c) investigar de que maneira a atenção conferida às particularidades de vivências trans, não bináries e intersexo impactam na construção de uma tutela jurídica que reconheça e proteja suas vulnerabilidades específicas nas relações privadas.

À vista disso, utilizando-se do método de raciocínio analítico-dedutivo, com perspectiva qualitativa, foi adotada a técnica da documentação indireta, através da pesquisa bibliográfica e documental. Nesse sentido, recorreu-se a teses, dissertações, artigos científicos e livros sobre a temática, bem como ao estudo da legislação nacional, a fim de compreender em que medida a vulnerabilidade de pessoas trans, não bináries e intersexo é/pode vir a ser melhor protegida no âmbito das relações privadas.

2. SEXO, GÊNERO E PERFORMATIVIDADE: CORPOS QUE SE MOLDAM?

Nas lições de Butler,[5] sabe-se que, enquanto uma norma que se estabelece a partir de um regime de poder, a heterossexualidade compulsória, tida como uma regra natural que alinha o sexo/gênero/desejo, ao exigir determinados comportamentos, favorece a existência de certas identidades ao preço da exclusão de outras, sobretudo aquelas destoantes do binômio feminino e masculino. Por esse motivo, essas identidades "proibidas de existir" derivariam daqueles sujeitos cuja expressão de gênero destoam do sexo biológico e, ainda, aqueles que praticam o desejo (ato sexual) fora da lógica biológica esperada para o seu sexo e gênero. Dessa maneira, a heterossexualidade compulsória regula o gênero a partir de uma relação binária na qual o masculino se diferencia do feminino para impor práticas afetivo-sexuais baseadas no desejo heterossexual, de forma oposicional, resultando sempre numa coerência interna entre o sexo, o gênero e o desejo.

Contudo, segundo a filósofa americana, o gênero, construído para sustentar diferenças biológicas entre homens e mulheres, não seria um dado natural, tampouco construído culturalmente, como entendiam as autoras feministas clássicas, como Simone de Beauvoir – "*O Segundo Sexo*" (1949) –, na medida em que, na verdade, seria este performativo: focado na performance e na ação.[6] Dessa forma, para sustentar o gênero feminino ou masculino, é necessário que se assumam determinados gestos, formas adequadas de se vestir, de modo que aqueles que não condizem com o papel de gênero esperado sofram diversas formas de punições, como a violência. Por isso, o "[...] gênero é performativo no sentido de que a essência, identidade ou realidade natural que atos e gestos que indicam o gênero parecem expressar são, na verdade, fabricações, que se configuram por meio da repetição e citação de atos realizados por outros no passado".[7]

---
5. BUTLER, Judith. *Problemas de gênero*: feminismo e subversão da identidade. Trad. Renato Aguiar.
6. BUTLER, Judith. Op. cit., 2003, p. 48.
7. PIMENTEL FISCHER, Mariana. Ler Judith Butler: sujeito, desidentificação, performatividade. *Princípios*: Revista de Filosofia (UFRN), v. 27, n. 52, p. 172, 31 jan. 2020. Disponível em: https://doi.org/10.21680/1983-2109.2020v-27n52ID19317. Acesso em: 03 abr. 2022.

Tal qual o gênero, o sexo – entendido, tradicionalmente, como um elemento biológico – não seria atrelado, também, exclusivamente, à natureza, não sendo, por isso, um elemento inquestionável, pois estaria ligado às influências do meio cultural.[8] Dessa maneira, o gênero e o sexo seriam produzidos discursivamente, de modo que não são pré-existentes e anteriores ao discurso, mas, na verdade, são efeitos do próprio discurso, de forma que não seriam substância ou essência, mas uma produção ou um efeito discursivo. Nesse sentido, o discurso não produziria a diferença sexual biológica, mas sim as práticas discursivas que resultariam nas diferenças sexuais, funcionando como uma norma regulatória que se materializa nos corpos.[9] Assim, ao se colocar o sexo como natural e anterior à cultura, estar-se-ia mantendo a estabilidade interna da estrutura binária do sexo, que é um aparato das relações de poder que produzem o efeito de um sexo pré-existente, natural e artificial.[10]

À vista disso, argumenta Butler que a identidade da pessoa humana seria assegurada por conceitos estabilizadores de sexo, gênero e sexualidade, de modo que essas práticas reguladoras seriam responsáveis por construir identidades coerentes por meio de uma matriz de normas de gênero.[11]

Nesse sentido, com relação às *Identidades de Gênero* – ou seja, a forma como um indivíduo percebe-se perante suas relações sociais – tem-se que as pessoas podem ser consideradas: (a) *Cisgêneras* – aquelas que, independentemente da expressão afetivo-sexual, têm uma identidade de gênero compatível com aquela que lhes é atribuída com o seu nascimento, em razão do sexo biológico; (b) *Transgêneras* – aquelas que, independentemente da expressão afetivo-sexual, divergem do padrão de gênero o qual lhe fora convencionado a partir do seu sexo de nascimento, construindo sua forma singular de sentirem-se homens ou mulheres;[12] ou, (c) *Não Bináries*[13] *ou Genderqueers* – aquelas que, independentemente da expressão afetivo-sexual, não se identificam, necessariamente, com nenhum dos gêneros, afiguram-se com ambos ao mesmo tempo, transitam entre eles ou mesmo experienciam outras formas de vivenciá-los, ou seja, rompendo com os estereótipos binaristas de gênero socialmente impostos a toda e qualquer pessoa,

---

8. BUTLER, Judith. Op. cit., 2003, p. 26.
9. BUTLER, Judith. *Corpos que importam*: os limites discursivos do "sexo". Trad. Veronica Daminelli e Daniel Yago Françoli. São Paulo: N-1 edições; Crocodilo Edições, 2019, p. 15.
10. BUTLER, Judith. Op. cit., 2003, p. 26.
11. BUTLER, Judith. Op. cit., 2003, p. 38-39.
12. SILVA JÚNIOR, Enézio de Deus. Diversidade sexual e suas nomenclaturas. In: DIAS, Maria Berenice (Coord.). *Diversidade sexual e direito homoafetivo*. São Paulo: Ed. RT, 2011b, p. 98.
13. O uso da expressão "não bináries" aqui utilizada dá-se em razão de uma estratégia linguística de evitar a flexão da palavra no masculino (sufixo -o) ou feminino (sufixo -a), dando-se-lhe uma conotação de linguagem neutra, em respeito às performatividades de gênero especificamente desempenhadas por tais indivíduos. Sobre o tema, fala-se que essa modalidade neolinguística "[...] é uma proposta de criar e implementar uma alternativa linguística de natureza inclusiva, neutra ou sem associação com gêneros para assim incluir mulheres e pessoas não binárias/cisdissidentes" (Cf. COSTA, Regina Alice Araujo; SILVA, Mádson Francisco da; SANTOS, Eduardo José dos. O escola sem partido e as novas facetas da caçada antigênero no cenário educacional: o que há por trás das tentativas de proibição da linguagem neutra? In: COSTA, Regina Alice Araujo; SILVA NETTO, Manuel Camelo Ferreira da; JANSEN, Lucas Lima (Org.). *II Congresso brasileiro virtual de diversidade sexual e de gênero*: segurança, educação, saúde e família – debates interdisciplinares. Recife: Even3 Publicações, 2021).

permeando "[...] em diferentes formas de neutralidade, ambiguidade, multiplicidade, parcialidade, ageneridade, outrogeneridade, fluidez em suas identificações".[14]

A rigor, na visão de Judith Butler,[15] a existência de identidades subversivas, como a transgênera e a não binárie, revela que a experimentação do gênero é falsamente naturalizada como uma unidade, por meio de uma ficção reguladora de uma heterossexualidade coerente, ao invés de se considerar a desnaturalização do sexo e do gênero por meio de uma performance e repetição de atos. Nessa medida, a imitação de atos, herdada pela metafísica da substância performada, demonstra a fluidez das identidades subversivas para garantir uma abertura à ressignificação e à recontextualização, por meio de atitudes que produzem significados de gênero tido como "alheio", escapando-se da coerência culturalmente consolidada entre gênero e sexualidade.

Observe-se também que, com relação às pessoas trans, segundo Enézio de Deus, a ideia de transgeneridade, anteriormente mencionada, compreende um termo guarda-chuva, no qual se encontram diversas categorias identitárias, como a de transexuais, travestis, *crossdressers*, *drag queens*, *drag kings* etc. Considerando, portanto, a pluralidade e a multiplicidade dessas vivências, optou-se, neste artigo, por fazer referência a "pessoas trans", de modo mais genérico, a fim de englobar a diversidade das suas vivências.[16]

Cabe aqui, ainda, falar sobre as pessoas *Intersexuais*, *Intersex* ou *Intersexo*, que seriam aqueles indivíduos que nascem com órgãos reprodutivos e características anatômicas sexuais, as quais não se encaixam nas definições típicas de masculino ou feminino.[17] Tais corpos são, assim, tidos como "anormais" por destoarem anátomo-morfologicamente do padrão binarista imposto pela sociedade, o que acaba acarretando intervenções médicas, ainda na tenra infância, no intuito de adequá-los ao binômio macho-pênis/fêmea-vagina no sentido puramente biológico. Diante disso, pode-se dizer que esses corpos questionam o biologismo e a naturalidade do sexo, desmistificando a sua natureza pré-discursiva e corroborando, mais uma vez, com os apontamentos butlerianos, os quais o compreendem igualmente enquanto uma produção discursiva, tal qual o gênero.

Nesse sentido, é possível dizer que essas diferentes vivências desempenhadas por pessoas trans, não bináries e intersexo, embora diversas, carregam em si um traço de similitude particular: a dissidência do sistema sexo-gênero-desejo. Assemelham-se na

---

14. Explicam Neilton dos Reis e Raquel Pinheiro que o gênero binário apresenta-se no momento em que os corpos são colocados no binarismo nas mais diversas áreas do saber: biologia, medicina, direito, antropologia, psicologia, sociologia etc. A partir disso, os caracteres secundários desses corpos (seios, menstruação, pomo de adão, vozes graves, pelos faciais e corporais etc.) são utilizados para determinar o que é ser homem e o que é ser mulher, sendo tais construções reforçadas por diversos campos e saberes sociais (Cf. REIS, Neilton; PINHO, Raquel. Gêneros não binários: identidades, expressões e educação. *Revista Reflexão e Ação*, v. 24, n. 1, p. 10-14, Santa Cruz do Sul, 2016, passim. Disponível em: https://online.unisc.br/seer/index.php/reflex/article/view/7045/pdf. Acesso em: 27 mar. 2022).
15. BUTLER, Judith. Op. cit., 2003, 196-197.
16. Para um maior aprofundamento a respeito das diversas vivências trans, ver SILVA NETTO, Manuel Camelo Ferreira da. *Planejamento familiar nas famílias LGBT*: desafios sociais e jurídicos do recurso à reprodução humana assistida no Brasil. Belo Horizonte: Fórum, 2021.
17. PINO, Nádia. A teoria *queer* e os *intersex*: experiências invisíveis de corpos desfeitos. *Cadernos Pagu*, v. 28, p. 153, Campinas, 2007. Disponível em: http://www.scielo.br/pdf/cpa/n28/08.pdf. Acesso em: 10 mar. 2019.

ininteligibilidade das suas experiências, questionando a estabilidade do binarismo e subvertendo a normatividade hegemônica dos corpos. São o que Letícia Nascimento chama de *outsiders* do CIStema, postos à margem da recognoscibilidade das suas humanidades e responsáveis por denunciar a insuficiência do determinismo de sexo e gênero a partir de uma percepção puramente dual (homem/mulher, masculino/feminino).[18] Assim, do ponto de vista jurídico, são recortados pelo traço da vulnerabilidade que tais vivências singulares denotam, demandando uma tutela inclusiva e igualitária que reconheça suas demandas e garanta sua *Dignidade* e *Igualdade Substancial*, tema esse que será aprofundado no tópico que se segue.

3. ENTRE O ROSA E O AZUL, HÁ MÚLTIPLAS VIVÊNCIAS: A VULNERABILIDADE SOCIOJURÍDICA DE PESSOAS TRANS, NÃO BINÁRIES E INTERSEXO – PROBLEMAS ATUAIS E FUTUROS DE UM DIREITO PRIVADO CONTEMPORÂNEO

A etimologia da palavra vulnerabilidade remonta à tradição da medicina moderna, em meados do século XIX, dizendo respeito aos pacientes enfermos feridos, que necessitavam de suporte médico adequado. No entanto, esse não foi o único emprego do vocábulo, havendo, ainda, o seu sentido farmacêutico, compreendendo-o como um remédio para as feridas e doenças.[19] Diversamente, o sentido contemporâneo da palavra, por sua vez, sofreu uma metamorfose, de modo a reportar-se à "vulnerabilidade" do indivíduo enquanto pessoa humana. Dessa forma, é possível inferir que o conceito de vulnerabilidade evoluiu, ao longo da história, para entender a pessoa humana numa posição de fragilidade, apontando para a visão de que a vulnerabilidade é inerente à condição humana, sendo atributo de todas as pessoas.

Entretanto, não se pode ignorar que alguns indivíduos podem ser mais fragilizados ou desamparados do que outros, de modo a estarem mais suscetíveis a violações. Logo, explica Schramm que se deve distinguir a mera vulnerabilidade – condição ontológica de qualquer ser vivo – da suscetibilidade ou vulnerabilidade secundária, uma vez que os suscetíveis podem se tornar vulnerados, de modo a que sua condição existencial impeça o exercício de suas potencialidades para o gozo de uma vida digna e de qualidade.[20] Por isso, é importante distinguir o que seria a mera vulnerabilidade, que engloba toda e qualquer pessoa, do que significaria a ideia de vulnerados, tendo em vista que existem indivíduos que possuem especificidades que implicam em tutelas jurídicas diferenciadas para defender seus interesses a partir da efetivação de uma *Igualdade Material* ou *Substancial* na sociedade.

---

18. NASCIMENTO, Letícia Carolina Pereira do. *Transfeminismo*. São Paulo: Jandaíra, 2021, p. 55-56.
19. MELKEVIK, Bjarne. Vulnerabilidade, direito e autonomia: um ensaio sobre o sujeito de direito. Trad. Nevita Maria Pessoa de Aquino Franca Luna. *Revista da Faculdade de Direito da UFMG*, n. 71, p. 639-674, 2017, p. 643. Disponível em: https://www.direito.ufmg.br/revista/index.php/revista/article/view/1877/1779. Acesso em: 19 abr. 2020.
20. SCHRAMM, Fermin Roland. Bioética da Proteção: ferramenta válida para enfrentar problemas morais na era da globalização. *Revista Bioética*, v. 16, 1, p. 20, 2008. Disponível em: https://www.ghc.com.br/files/BIOETICA%20DE%20PROTECAO.pdf. Acesso em: 18 abr. 2020.

A esse respeito, é importante lembrar que a reflexão do sentido jurídico de vulnerabilidade, no direito brasileiro, esteve quase sempre associada às relações de consumo. Isso porque se entende que a vulnerabilidade consiste em característica de todo consumidor (art. 4º, I, do CDC),[21] existindo ainda aqueles que possuem vulnerabilidade potencializada, ao que convencionou-se chamar hipervulneráveis.[22] Nessa toada, diz-se que o Direito apropria-se das discussões em torno da vulnerabilidade e adota esse conceito para significar a suscetibilidade maior de lesão aos direitos de determinados indivíduos em suas relações jurídicas, em razão de determinadas características e/ou circunstâncias.[23]

A partir de tais perspectivas, pode-se mencionar, inclusive, as noções de vulnerabilidade patrimonial e de vulnerabilidade existencial, sendo que é nesta segunda hipótese que se encontra a modalidade de vulneração específica que tem pertinência com a presente discussão, pois trata das situações em que o titular do Direito está mais propenso a ser lesionado em sua esfera extrapatrimonial, demandando tratamento jurídico diferenciado e que se atenha à garantia do Princípio da *Dignidade Humana*.[24] Desse modo, entende Heloisa Helena Barboza que a cláusula geral de tutela da pessoa humana se apresenta sob múltiplos aspectos existenciais, sociais e econômicos; abarcando, por isso, grupos discriminados, tais quais as mulheres, pessoas com deficiência, pessoas que integram a diversidade sexual e de gênero, entre outros, em sua condição de vulneração potencializada.[25]

Diante disso, adentrando especificamente na análise da vulnerabilidade jurídica existencial enfrentada pela população LGBTQIA+, sabe-se que o estigma social consiste em forte atributo desqualificador de suas vivências, influindo, por consequência, na impossibilidade de gozo de direitos considerados fundamentais para todas as pessoas (ou, aparentemente, para quase todas elas). Afinal, como pondera Erving Goffman, a percepção de estigma, cuja essência carrega consigo o entendimento de um atributo que produz um amplo descrédito na vida do sujeito, ocasiona, para os estigmatizados, a redução de oportunidades em face da perda da identidade social e da deterioração da imagem pessoal.[26]

---

21. Código de Defesa do Consumidor: "Art. 4º A Política Nacional das Relações de Consumo tem por objetivo o atendimento das necessidades dos consumidores, o respeito à sua dignidade, saúde e segurança, a proteção de seus interesses econômicos, a melhoria da sua qualidade de vida, bem como a transparência e harmonia das relações de consumo, atendidos os seguintes princípios: [...] I – reconhecimento da vulnerabilidade do consumidor no mercado de consumo".
22. A hipervulnerabilidade, no âmbito do Direito Consumerista, de modo mais específico, representa a qualidade de maior vulneração a qual estão submetidos alguns consumidores, tais quais crianças, idosos e pessoas com deficiência (Cf. ANDRADE, Gustavo Henrique Baptista. *A vulnerabilidade e sua repercussão no superendividamento do consumidor*. 2014. 222 f. Tese (Doutorado em Direito) – Programa de Pós-Graduação em Direito/ Universidade Federal de Pernambuco, Recife, 2015, p. 68-69).
23. KONDER, Carlos Nelson. Vulnerabilidade patrimonial e existencial: por um sistema diferenciador. *Revista de Direito do Consumidor*, São Paulo, v. 99, p. 101-104, 2015.
24. KONDER, Carlos Nelson. Op. cit., 2015, p. 101-104, passim.
25. BARBOZA, Heloisa Helena. Vulnerabilidade e cuidado: aspectos jurídicos. In: PEREIRA, Tânia da Silva; OLIVEIRA, Guilherme de (Coord.). *Cuidado e Vulnerabilidade*. São Paulo: Atlas, 2009, p. 109-110.
26. Segundo lições de Goffman, o estigma seria uma relação especial entre um atributo profundamente depreciativo e um estereótipo, tendo em vista que o descrédito é muito grande (podendo ser considerado como um defeito,

Nessa toada, tem-se que a percepção desse estigma é produzida, no meio social, pela edificação de um padrão histórico de opressão, qual seja: a hetero[cis]normatividade compulsória, conforme já explicado anteriormente. Tal noção, por sua vez, no dizer de Pierre Bourdieu, causa uma forma de dominação simbólica caracterizada pela invisibilização das existências públicas e legítimas dos membros da população LGBTQIA+;[27] acarretando, por conseguinte, diversas repercussões sociais, políticas e jurídicas, ao que podem ser citadas os altos índices de homicídio contra pessoas que integram a diversidade sexual e de gênero, a falta de acolhimento na família (LGBTQIfobia intrafamiliar), a sub-representação política no contexto nacional, a falta de uma alusão específica nas diretrizes nacionais de proteção aos direitos humanos, a ausência de legislação própria voltada à proteção específica dessa população,[28] o discurso de ódio LGBTfóbico[29] etc.[30]

É diante de circunstâncias tais que se torna necessária a promoção de instrumentos de tutela específicos para a população LGBTQIA+, os quais sejam capazes de promover uma proteção que considere as suas subjetividades e particulares concretas, nos moldes defendidos por Heloisa Helena Barboza e Vitor Almeida ao afirmarem que

> [...] a pessoa vulnerável como todos, mas que em razão de suas contingências pessoais está impedida ou tem diminuída a possibilidade de exercer seus direitos, ou se encontra em situação em que há maior probabilidade de se tornar uma vítima, necessita de proteção especial [...] Encontram-se, portanto em situação de desigualdade, e a proteção constitucional há de ser diferenciada, mediante *tutela específica* (concreta)" (grifos no original).[31]

Assim sendo, não há como o Direito fechar os olhos para a realidade dos fatos e desconsiderar que existem indivíduos que não se enquadram no modelo binário de sexo/gênero/desejo socialmente imposto, uma vez que o sujeito de direito abstrato já há

---

uma fraqueza, ou uma desvantagem), de modo a constituir uma discrepância entre a identidade social virtual e a identidade social real. (GOFFMAN, Erving. *Estigma*: notas sobre a manipulação da identidade deteriorada cit., 2017, p. 12-13).

27. BOURDIEU, Pierre. *A dominação masculina*. Trad. Maria Helana Kühner. 11. ed. Rio de Janeiro: Bertland Brasil, 2012.
28. A esse respeito, explica Carlos Konder que o reconhecimento da vulnerabilidade existencial de alguns grupos sociais pelo Direito leva a que o legislador edite leis específicas para proteção desses indivíduos perante suas relações sociais gerais ou frente à determinadas situações específicas, a exemplo do que se tem com do Estatuto da Criança e do Adolescente (Lei 8.069/1990), o Estatuto da Pessoa Idosa (Lei 10.741/2003) e a Lei Maria da Penha (Lei 11.340/2006) (Cf. KONDER, Carlos Nelson. Op. cit., 2015, p. 106).
29. Sobre o tema, consultar DANTAS, Carlos Henrique Félix; SILVA NETTO, Manuel Camelo Ferreira da. Limites à liberdade de expressão e o (des)respeito à diversidade: a demarcação discursiva do discurso de ódio contra grupos socialmente estigmatizados no Brasil. In: EHRHARDT JÚNIOR, Marcos; LOBO, Fabíola Albuquerque; ANDRADE, Gustavo (Coord.). *Liberdade de expressão e relações privadas*. Belo Horizonte: Fórum, 2021, p. 277-308.
30. Para maior aprofundamento no tema, ver SILVA NETTO, Manuel Camelo Ferreira da; DANTAS, Carlos Henrique Félix. "Nossas vidas importam?" Vulnerabilidade sociojurídica da população LGBTI+ no Brasil: debates em torno do Estatuto da Diversidade Sexual e de Gênero e da sua atual pertinência. In: EHRHARDT JÚNIOR, Marcos; LÔBO, Fabíola (Org.). *Vulnerabilidade e sua compreensão no direito brasileiro*. Indaiatuba, SP: Editora Foco, 2021.
31. BARBOZA, Heloisa Helena; ALMEIDA, Vitor. A tutela das vulnerabilidades na legalidade constitucional. In: TEPEDINO, Gustavo; TEIXEIRA, Ana Carolina Brochado; ALMEIDA, Vitor (Coord.). *Da dogmática à efetividade do Direito Civil*: Anais do Congresso Internacional de Direito Civil Constitucional – IV Congresso do IBDCIVIL. Belo Horizonte: Fórum, 2017, p. 43.

muito tempo cedeu espaço para a proteção da pessoa humana em concreto.[32] Por isso, torna-se necessário refletir a respeito de uma tutela jurídica que subverta e transcenda a essas categorias tradicionais e estabilizadoras de sexo e gênero e inclua efetivamente as corporalidades trans, não bináries e intersexo, respeitando-se suas vulnerabilidades específicas dentro desse sistema, tema o qual será melhor aprofundado, com recorte específico nas relações privadas, nos subtópicos que se seguem.

3.1 Pessoas trans: corpos que subvertem o gênero

Inicia-se tal discussão a partir da tutela da vulnerabilidade das pessoas trans, a qual deve perpassar, necessariamente, pela defesa da performance das suas identidades de gênero para além de aspectos meramente biológicos/genitais. Nesse sentido, é imperioso notar que do ponto de vista jurídico, essa manifestação de atos da identidade pessoal encontra-se diretamente atrelada ao processo de autoconhecimento de uma determinada pessoa e, portanto, também à sua dimensão de autogoverno sobre o corpo. Sendo assim, decorre logicamente o fato da pessoa em questão almejar também um reconhecimento dessa sua individualidade por parte daqueles que a cercam, no meio social. Por esse motivo, em se tratando de pessoas trans, sabendo-se que a elas foi imposta, com o nascimento, uma condição a qual não se harmoniza com a construção das suas subjetividades, demandam um reconhecimento sociojurídico que se ajuste às suas identidades.

Dessa maneira, tem-se a indispensabilidade do papel do Estado nesse processo de recognição, tal qual ocorreu, em 2018, com o julgamento da ADI 4.275/DF pelo Supremo Tribunal Federal (STF), em que se reconheceu a possibilidade de alteração do registro civil das pessoas trans sem necessidade de prévia submissão a intervenções cirúrgicas e/ou hormonais;[33] o qual fora, inclusive, sucedido pela edição do Provimento 73/2018 do Conselho Nacional de Justiça (CNJ), responsável por regular a realização de tal procedimento pela via administrativa nos Cartórios de Registro Civil de Pessoas Naturais. Afinal, para que se garanta o direito ao livre desenvolvimento da personalidade dessas pessoas, é necessário que suas identidades sejam acolhidas em todas as esferas de suas vidas, não só a pessoal, mas também a vida pública, reconhecendo-se jurídica e socialmente o gênero por elas performado.

Ademais, não se pode deixar de comentar que tal reconhecimento das identidades de gênero, enquanto um direito da personalidade dos indivíduos, decorrente da sua livre construção, por sua vez, denota implicações outras em sua esfera personalista, como:

---

32. TEPEDINO, Gustavo. O papel atual da doutrina do direito civil entre o sujeito e a pessoa. In: TEPEDINO, Gustavo; TEIXEIRA, Ana Carolina Brochado; ALMEIDA, Vitor (Coord.). *O direito civil entre o sujeito e a pessoa*: estudos em homenagem ao professor Stefano Rodotà. Belo Horizonte: Fórum, 2016.
33. Frise-se que, no caso, os ministros divergiram com relação à indispensabilidade de apreciação judicial prévia no tocante à efetivação dessa modificação registral, tendo ficado estabelecido, por maioria dos votos, que a retificação poderia ser feita tanto pela via administrativa quanto judicial, ficando ao critério da pessoa interessada eleger o caminho mais apropriado, segundo seus interesses (Cf. BRASIL. Supremo Tribunal Federal. Ação direta de inconstitucionalidade 4.275/DF. Relator: Ministro Marco Aurélio Mello. Data do Julgamento: 01/03/2018. Disponível em: https://portal.stf.jus.br/processos/downloadPeca.asp?id=15339649246&ext=.pdf. Acesso em: 12 mar. 2019).

(A) o direito ao *Nome* – o qual implica o direito a ter não apenas seu nome retificado no registro civil, mas também o seu "sexo",[34] de modo à que se faça externalizar, para o meio social e jurídico, o reconhecimento de suas identidades de gênero autopercebidas. Ademais, no tocante àquelas pessoas que ainda não tiverem seu nome retificado, por inúmeros fatores – por exemplo, o fato de serem menores de idade e dependerem de assistência parental para proceder com tal alteração –, cabe-lhes igualmente a proteção ao uso do chamado *Nome Social*[35] – não apenas em vida, mas também após a sua morte[36] –, para o qual, no Brasil, ainda não se encontra qualquer legislação protetiva geral, relegando tais pessoas a proteções pontuais de alguns estados e entes públicos ou privados que possuam alguma regulamentação interna que imponha o seu respeito;

(B) o direito à *Integridade Psicofísica* – que diz respeito à tutela da preservação da intocabilidade do corpo e da mente de um indivíduo, o que, no caso das pessoas trans, desponta em duas frentes distintas e complementares: a) o da preservação da *integridade psíquica*, por meio do respeito às suas identidades de gênero, que se dá tanto no aspecto social-relacional (a exemplo do uso correto dos pronomes adequados ao gênero por eles(as) performado), quanto no reconhecimento jurídico dessa condição (por exemplo, pela autorização de modificações necessárias nos seus registros ou mesmo no reconhecimento da aplicabilidade da Lei Maria da Penha às mulheres trans[37]); e, b) o do direito à *autonomia sobre o próprio corpo*, em que se tem a possibilidade de submissão ou não a intervenções cirúrgicas e/ou a tratamentos hormonais, para os quais a autonomia existencial desses indivíduos deve ser assegurada e protegida, já que a vontade de submeter-se a eles representa escolha pessoal de cada pessoa, denotando uma liberdade morfológica; e,

(D) o direito à *Privacidade* – o qual alcança a intimidade e a vida privada, valendo enfatizar que uma tutela personalista das identidades de gênero que proteja efetivamente

---

34. Em que pese se mais adequada a utilização da palavra "gênero", optou-se aqui pela menção ao "sexo", uma vez que é dessa forma que se encontra aposto nos registros de nascimento das pessoas naturais.
35. O nome social, aqui disposto, nada mais é do que o nome através do qual a pessoa trans se vê reconhecida no âmbito social; traduzindo, portanto, a realidade da sua identidade de gênero. Importa notar, no entanto, que esse nome social nem sempre equivale ao nome civil, tendo em vista a necessidade de retificação registral, para que o prenome da pessoa trans seja alterado para que conste, em seu lugar, o nome social. Sendo assim, esse nome social irá coincidir com o nome civil apenas quando finalizado o procedimento da retificação do registro.
36. Tal demanda ganhou notoriedade, sobretudo, em razão do falecimento de Lorena Muniz, uma jovem trans pernambucana, que veio a óbito em razão de negligência médica em procedimento de colocação de prótese mamária realizado em uma clínica no estado de São Paulo. No caso em questão, Lorena ainda não havia realizado a retificação de seu registro civil, razão pela qual sua mãe fora impedida de emitir sua certidão de óbito com o nome com o qual ela identificava-se. Tal fato, inclusive, levou a que a deputada Erica Malunguinho (PSOL-SP) protocolasse projeto de Lei 97/2021 junto a Assembleia Legislativa do Estado de São Paulo (ALESP), a fim de que fosse respeitado o nome social de pessoas trans em suas lápides e também quando da emissão de suas certidões de nascimento (Cf. CAMARGO, Roberta. Projeto de lei quer garantir na certidão de óbito respeito ao nome social de pessoas trans, 01 mar. 2021. Disponível em: https://almapreta.com/sessao/politica/pl-certida-obito-trans. Acesso em: 26 mar. 2022).
37. Em sede do julgamento do Recurso Especial (REsp) 1.977.124, no dia 05.04.2022, a 6ª Turma do Superior Tribunal de Justiça (STJ), modificando acórdão proferido pelo Tribunal de Justiça de São Paulo, reconheceu a Competência dos Juizados de Violência Doméstica para julgar casos envolvendo violência doméstica e familiar contra mulheres transexuais.

a vulnerabilidade desses indivíduos deve prezar pelo sigilo em torno das condições jurídico-registrais pretéritas, cumprindo a esfera de autonomia pessoal de cada uma dessas pessoas a revelação da sua condição enquanto travesti, transexual ou transgênero.[38] Esse direito subjetivo, por sua vez, se correlaciona, ainda, com outros dois direitos da personalidade: a) o *direito à imagem*,[39] que diria respeito a não veiculação de imagem não autorizada pela pessoa humana, anterior ao processo de reconhecimento da sua identidade e subjetividade, sem o seu consentimento; e, b) o *direito à honra*, no qual projeta-se a sua proteção na intimidade e boa-fama, ao observar-se a relação da pessoa com a sociedade (honra objetiva) e da pessoa com ela mesma (honra subjetiva), no teor da sua relação consigo mesma.

Outrossim, para além dessa esfera individual-personalista, não se pode olvidar das relações interpessoais desenvolvidas por tais indivíduos, as quais, para o Direito Civil, nesse aspecto de proteção da vulnerabilidade de pessoas trans, ganha um especial contorno no âmbito do Direito das Famílias, notadamente no tocante:

(A) ao direito à *Conjugalidade* (*aqui apreendida em sentido amplo, abarcando tanto o casamento, quanto as uniões estáveis*) – o que pode ser observado: (i) no direito a terem suas uniões matrimoniais ou conviveniais reconhecidas, sejam elas heteroafetivas, sejam elas homoafetivas, não se podendo impor um critério de diversidade de "sexos", que ignore as identidades de gênero dessas pessoas; (ii) desobrigatoriedade de compartilhamento, com o(a) parceiro(a), da sua condição de pessoa trans, em razão do respeito a sua privacidade, sendo tal revelação uma escolha individual da pessoa; (iii) impossibilidade de anulação do casamento por motivos de descoberta superveniente da condição de pessoa trans e a consequente não sujeição desses indivíduos a responsabilização civil (dano moral) ou criminal (art. 236 do Código Penal, induzimento a erro essencial e ocultação de impedimento) em razão da sua suposta omissão em não contar sobre sua condição de transgeneridade; (iv) direito à submissão a procedimentos de terapia hormonal e de cirurgias de transgenitalização e à retificação de registro de nome e sexo independentemente do estado civil, não demandando uma autorização prévia do marido ou da esposa para que tal pessoa exerça o direito às averbações registrais.[40]

(B) ao direito à *Parentalidade* – o qual deve abarcar: (i) o livre exercício do planejamento familiar na concretização de projetos parentais pelas mais diversas vias, seja a reprodução humana natural, reprodução humana assistida, adoção ou alguma das demais modalidades de filiação socioafetiva; (ii) a garantia de proteção de seus direitos reprodutivos, consubstanciada na preservação das suas capacidades procriativas, através

---

38. Para maior aprofundamento no tema, permita-se remeter a SILVA NETTO, Manuel Camelo Ferreira da. A tutela jurídica das pessoas trans sob o viés da personalidade: debates acerca dos direitos à identidade, ao nome, à integridade psicofísica e à privacidade. In: EHRHARDT JÚNIOR, Marcos; LÔBO, Fabíola Albuquerque (Coord.). *Privacidade e sua compreensão no direito brasileiro*. Belo Horizonte: Fórum, 2019.
39. Sobre o tema, conferir SOUZA, Carlos Affonso. Contornos atuais do direito à imagem. *Revista trimestral de direito civil: RTDC*, n. 13, p. 33-72, Rio de Janeiro, jan./mar. 2003.
40. Para maior aprofundamento do tema, ver SILVA NETTO, Manuel Camelo Ferreira da. *Planejamento familiar nas famílias LGBT*: desafios sociais e jurídicos do recurso à reprodução humana assistida no Brasil. Belo Horizonte: Fórum, 2021.

da crioconservação de seus gametas sexuais (espermatozoides ou óvulos) ou embriões antes de sua submissão a tratamentos hormonioterápicos e/ou intervenções cirúrgicas infertilizantes; (iii) o direito de realizarem o registro civil de seus/suas filhos(as) com base em algum(s) dos critérios de estabelecimento de vínculos de parentalidade existente no ordenamento jurídico brasileiro, seja ele genético (gametas sexuais), biológico (gravidez), jurídico (presunções), socioafetivo ou volitivo (deliberação pelo uso das técnicas de reprodução assistida), sem que tal reconhecimento de filiação implique em violação à identidade de gênero por elas desempenhada; (iv) direito à retificação do seu nome também nas certidões de nascimento e demais documentos dos seus descendentes, quando tal alteração dê-se em momento posterior.[41]

Ademais, cabe aqui reportar, ainda no âmbito do Direito Privado, especificamente para o campo da Responsabilidade Civil, a discussão em torno da configuração de dano moral nos casos em que pessoas trans tenham a sua identidade de gênero desrespeitada, tal qual ocorre, por exemplo, no tocante ao acesso a banheiro compatível com a identidade de gênero, tema esse que, inclusive, teve sua repercussão geral reconhecida pelo STF nos autos do Recurso Extraordinário 855.779/SC (Tema 778 – Possibilidade de uma pessoa, considerados os direitos da personalidade e a dignidade da pessoa humana, ser tratada socialmente como se pertencesse a sexo diverso do qual se identifica e se apresenta publicamente).[42]

Nesse sentido, observa-se que o respeito à identidade de gênero de pessoas trans pelo sistema jurídico demanda, propriamente, uma adaptação e/ou releitura de alguns dos seus institutos tradicionais – seguindo uma perspectiva de tutela das vulnerabilidades existenciais específicas dessas pessoas, baseada na sua dissidência do determinismo pressuposto pelo sistema sexo-gênero-desejo, a fim conformá-los a realidade sociojurídica das transgeneridades; evitando-se, portanto, sua total exclusão ou mesmo um paradigma de mera inclusão parcial (em que são conferidos alguns direitos e negados outros), afastando-as da lógica da "anormalidade" ininteligível, para acolhê-las enquanto sujeitos de direitos dotados de *Dignidade intrínseca e extrínseca*, os quais podem construir autonomamente as suas vivências pessoais de gênero, sem que lhes sejam dispensadas quaisquer discriminações negativas em razão disso.

3.2 Pessoas não bináries: corpos que transcendem o gênero

Na esteira do que se vem trabalhando, é possível dizer que, se por um lado, a vulnerabilidade das pessoas trans está associada a sua fuga e subversão à suposta coerência entre sexo e gênero e a consequente reivindicação do reconhecimento de suas identidades

---

41. Para um maior aprofundamento sobre o tema, permita-se reportar a SILVA NETTO, Manuel Camelo Ferreira da. Op. cit., 2021; SILVA NETTO, Manuel Camelo Ferreira da. Uma (re)leitura da presunção *mater semper certa est* frente à viabilidade de gravidezes masculinas: qual a solução jurídica para atribuição da paternidade de homens trans que gestam seus próprios filhos? *Revista Brasileira de Direito Civil*, Belo Horizonte, no prelo.
42. Disponível em: https://jurisprudencia.stf.jus.br/pages/search/repercussao-geral7101/false. Acesso em: 26 mar. 2022.

para além dos fatores biológicos, no caso dos indivíduos não binárties, há uma verdadeira implosão das imposições dualistas com a consequente transcendência das distinções presentes no imaginário social sobre o que seria "ser homem" e "ser mulher", ou melhor dizendo, "ser masculino" e "ser feminino". Nesse sentido, pode-se dizer que a sua não binariedade de gênero coloca-os em um latente estado de vulnerabilidade sociojurídica, uma vez que seus corpos não "se encaixam" nos modelos tradicionais de regulamentação social previstos, os quais, por sua vez, insistem em dividir todas as pessoas em dois únicos modos de ser (homem/mulher, masculino/feminino), configurando situação[43] enclausurante e insuficiente para tutelar suas existências diversificadas.

Nessa toada, fundando-se nas mesmas compreensões que reconheceram a possibilidade de retificação registral de pessoas trans, considerando-se para tanto tão somente as suas identidades de gênero autopercebidas e performadas, deve-se admitir para aqueles indivíduos que identificarem-se como não binários a possibilidade de fazer constar, em seus registros de nascimento, o nome[44] e o gênero que exteriorizem as suas formas particulares de performarem seu gênero nas relações sociais, afastada de um binarismo hermético e taxativo. É diante dessa perspectiva, inclusive, que já foram verificadas algumas decisões responsáveis por autorizar a retificação registral de indivíduos não binários, para fazer constar, em seus assentos de nascimento, a menção ao gênero "neutro".[45]

Para além de tal compreensão, por outro lado, é imperioso destacar que, assim como acontece com as pessoas trans, uma tutela personalista das não binariedades de gênero também demanda repercussões que vão além da mera averbação desses modos de ser dissidentes nos seus registros de nascimento, mas também implicam na proteção ao seu *Nome Social* (em vida e após a morte), a sua *Integridade Psíquica* (de serem respeitadas nas suas diversidades de gênero[46]), a sua *Integridade Física* (de realizarem

---

43. Reporta-se o uso do termo "situação" aqui empregada à categoria da "situação jurídica subjetiva" formulada por Perlingieri, na qual se tem um centro de interesses relevantes, cuja imputação de efeitos está consubstanciada em um destinatário. Nesse sentido, considerando-se o perfil normativo da situação jurídica, fala-se no poder de "[...] realizar ou exigir que outros realizem (ou que se abstenham de realizar) determinados atos", encontrando sua confirmação em normas jurídicas e princípios (Cf. PERLINGIERI, Pietro. *Perfis do direito civil*. Trad. Maria Cristina De Cicco. 3. Ed. Rio de Janeiro: Renovar, 2002, p. 105 e 107).
44. Sobre o tema, é possível encontrar, com facilidade, na *internet*, blogs que se incumbem de manter uma lista constantemente atualizada de diversos nomes neutros em gênero. A exemplo disso, tem-se o Blog Resistência Não Binária que mantém lista com mais de seiscentos nomes (Cf. REXISTÊNCIA NÃO BINÁRIA. *Lista de nomes neutros para bebês e adultos*, 30 jun. 2019. Disponível em: https://medium.com/@coletivonb/lista-de-nomes-neutros-para-beb%C3%AAs-e-adultos-98fdf1b5d190. Acesso em: 26 mar. 2022).
45. ASSESSORIA DE COMUNICAÇÃO DO IBDFAM. *Pioneirismo*: pessoa obtém o direito de registrar que seu gênero é neutro; especialistas comentam. 15 abr. 2021. Disponível em: https://ibdfam.org.br/noticias/8378#:~:text=Home-,Pioneirismo%3A%20Pessoa%20obt%C3%A9m%20o%20direito%20de%20registrar%20que,g%C3%AAnero%20%C3%A9%20neutro%3B%20especialistas%20comentam&text=Em%20uma%20das%20primeiras%20decis%C3%B5es,masculino%2C%20mas%20sim%2C%20neutro. Acesso em: 26 mar. 2022.
46. A esse respeito impende destacar estudos que tem sido realizados, no campo da psicologia, a respeito dos impactos das chamadas microagressões (formas cotidianas e sutis de discriminação que manifestam-se nas relações interpessoais através de desrespeitos comportamentais, verbais ou ambientais à identidades de gênero de pessoas trans ou não binárties) e microafirmações (endosso sutil das identidades não normativas através de reconhecimento verbal ou comportamental) verificadas em relacionamentos afetivos desenvolvidos por pessoas

modificações corporais autônomas, através de procedimentos cirúrgicos ou tratamentos hormonais,[47] caso assim o desejem) e a sua *Privacidade* (de não obrigatoriedade em revelar sua expressão de não binariedade, se essa não for a sua vontade), a sua *Imagem* (da impossibilidade de veiculação de imagem que desrespeite a sua expressão de identidade) e a sua *Honra* (obrigatoriedade de se respeitar a sua boa fama e intimidade no meio social, não violando-se, por isso, a sua identidade).

Ademais, no campo das relações interpessoais, o Direito das Famílias também deve preservar uma tutela jurídica que se atente para o aspecto de vulnerabilidade específica que tais indivíduos apresentam. Nesse sentido, o reconhecimento de relacionamentos afetivo-sexuais deve dar-se de modo a que independam do gênero e das expressões de sexualidade daqueles que venham a integrá-los, transcendendo categorias como casamentos e uniões – qualificáveis estritamente em heteroafetivos ou homoafetivos –, a fim de igualmente abarcar as famílias hetero[cis]dissidentes. Da mesma forma, as relações parentais não podem pressupor – como já ocorre nas famílias monoparentais, multiparentais, homoparentais etc. – uma dualidade de gêneros obrigatória, mas admitir que ao lado das tradicionais categorias da "paternidade" e da "maternidade" podem ser tuteladas parentalidades diversas cujos delineamentos dos papéis de gênero não se encontram circunscritos no binarismo tradicional, protegendo-se seu planejamento familiar e os efeitos parento-filiais dele decorrentes (licença natalidade, direito à adoção, convivência familiar, exercício da autoridade parental etc.) em igualdade de condições e vedadas quaisquer formas de discriminações negativas, fundadas em sua não binariedade de gênero, para obstar-lhes esse direito.

Por essa razão, chama-se atenção, cada vez mais, para a necessidade de adoção de novos parâmetros jurídicos de regulação dos corpos e das relações sociais (dentre as quais se incluem os familiares) por eles estabelecidas, afastando-se, para tanto, do gênero enquanto uma categoria identificadora-classificatória – de sujeitos(s) e identidades – e enxergando-o enquanto um instrumento funcionalizado a garantia da antidiscriminação e da promoção da diversidade.[48]

---

trans e não bináries (Cf. GALUPO, M. Paz; PULICE-FARROW, Lex; CLEMENTS, Zakary A.; MORRIS, Ezra R. "I love you as both and I love you as neither": romantic partners' affirmations of nonbinary trans individuals. *International Journal of Transgenderism*, [s.l.], p. 315-327, 2018. Disponível em: https://www.tandfonline.com/doi/abs/10.1080/15532739.2018.1496867. Acesso em: 28 mar. 2022).

47. Note-se que o desejo de submeter-se a intervenções físicas, tratando-se de pessoas não binárias, assim como ocorre com pessoas trans, é diversa e varia de indivíduo para indivíduo. Por exemplo, pode ser que algumas pessoas não binárias que tenham sido designadas como do gênero feminino a partir do seu nascimento optem por realizar mastectomias ou tratamentos hormonais, da mesma forma que outras não desejem seguir tal caminho, mas optem apenas por modificar alguns marcadores de gênero visíveis, como ocorre com o uso de *binders* (compressores das mamas), cortes de cabelo tradicionalmente tidos como masculinos, não depilar os pelos corporais etc. (Cf. RICHARDS, Christina; BOUMAN, Walter Pierre; SELA, Leighton; BARKER, Meg John; NIEDER, Timo O.; T'SJOEN, Guy. Non-binary or genderqueer genders. *International Review of Psychiatry*, [s.l], v. 28, n. 1, 95-102, 2016. Disponível em: https://www.tandfonline.com/doi/abs/10.3109/09540261.2015.1106446. Acesso em: 27 mar. 2022, p. 99).

48. Para um maior aprofundamento da matéria, permita-se remeter a SILVA NETTO, Manuel Camelo Ferreira da. Questões de gênero e seus impactos nas relações familiares (sobre caminhos e travessias): da total *desigualdade formal e material* rumo à superação da binariedade do sistema sexo-gênero. In: GAMA, Guilherme Calmon

3.3 Pessoas Intersexo: corpos que questionam o determinismo biológico do sexo

Finalmente, no que tange às pessoas intersexo, a sua expressão de vulnerabilidade pode ser vislumbrada pelo seu não conformismo corporal com o suposto determinismo biológico do sexo, ou, nas palavras de Judith Butler, o seu caráter ontológico pré-discursivo.[49] Nessa conjuntura, uma vez que os sexos são categorizados exclusivamente de maneira binária, tais indivíduos veem-se impelidos a adequarem-se a esse modelo supostamente natural, através de meios artificiais de intervenção sobre suas corporalidades, as chamadas cirurgias de "adequação sexual".

Esse discurso,[50] por sua vez, é sustentado e corroborado pela Medicina e também pelo Direito, de modo que: (a) *do ponto de vista médico*, a Resolução 1.664 do Conselho Federal de Medicina (CFM) preconiza condutas de investigação precoce para "definição do sexo" e "tratamento em tempo hábil" no que tange ao "trato" da intersexualidade, compreendida na normativa como "anomalia de diferenciação sexual" (ADS); e, (b) *do ponto de vista jurídico*, a Lei de Registros Públicos (Lei 6.015/73), em seu art. 54, determina uma "urgência"[51] na determinação do "sexo" da criança, para fins de efetivação do seu registro de nascimento; o que acaba legitimando, por conseguinte, diversas violações a esses corpos dissonantes.

Nessa continuidade, nota-se que a combinação desses fatores médico-legais surte efeitos diretos na administração da tutela da personalidade das pessoas intersexo pelo Estado. Isso, pois, na tentativa de promover a estabilização da binariedade no modelo sexo-gênero, o discurso médico autoriza a realização de intervenções cirúrgicas prematuras, conformando a corporeidade desses indivíduos à dualidade do modelo macho/fêmea, que, por sua vez, é ratificado e endossado pelo sistema jurídico ao registrar esses corpos fabricados enquanto pertencentes ao sexo masculino ou feminino.

É por circunstâncias como essas, no dizer de Fernanda Barretto, que estudos recentes das ciências sociais e da saúde vêm apontando que a definição do sexo e do gênero, na primeira infância, sem a participação da pessoa intersexual, mediante tratamentos médico-cirúrgicos interventivos precoces, não atende ao melhor interesse das pessoas intersexo. Pelo contrário, apenas são responsáveis por "normalizar" as expectativas médicas, familiares e da sociedade em geral, a qual vê sua binariedade "estabilizada", em detrimento do desenvolvimento autônomo da personalidade desses indivíduos; que,

---

Nogueira da (Coord.). *Direito das famílias e das sucessões*: 20 anos desde a promulgação do Código Civil. Rio de Janeiro: Processo, 2022.
49. BUTLER, Judith. Op. cit., 2003, p. 25-26.
50. Entenda-se aqui a palavra "discurso" também no seu sentido foucaultiano, vide nota 6.
51. Sobre isso, explicam Giorge Lando e Carolina da Fonte que a figuração da designação do "sexo" no registro de nascimento representa uma expressa violação aos direitos da personalidade da pessoa recém-nascida, pois leva em consideração apenas a identificação anatômica dos corpos, os quais são enquadrados enquanto "homens" ou "mulheres" somente com base nesse critério (Cf. LANDO, Giorge Andre; SOUZA, Carolina da Fonte Araújo de. O direito à autodeterminação da identidade para além do tradicional binarismo de gênero. *Cadernos de Gênero e Diversidade*, v. 6, n. 1, p. 36, Salvador, 2020. Disponível em: https://portalseer.ufba.br/index.php/cadgendiv/article/view/32576/20804. Acesso em: 28 mar. 2022).

inclusive, podem vir a nem se identificar com o gênero que lhes fora artificialmente atribuído.⁵²

Dessa forma, o que se levanta aqui é a necessidade de preservação da autonomia futura da prole intersexual frente a autoridade parental exercida ainda em tenra infância, na qual os autores do planejamento familiar, detentores do múnus de criar, educar e gerir suas vidas, violam a capacidade de decidir do sujeito com base em suas expectativas e vontades baseadas no sistema sexo-gênero-desejo socialmente imposto como norma social regente. À vista disso, impende fomentar uma tutela jurídica que – considerando a vulnerabilidade desses corpos, sobretudo em suas esferas de personalidade – proteja sua autonomia futura:

(A) tanto no *aspecto corporal*, com relação à escolha pela efetuação ou não de procedimentos cirúrgicos e/ou hormonais; abolindo-se, assim, definitivamente a habitualidade da prática das chamadas cirurgias de "adequação sexual" (majoritariamente realizadas na tenra infância à total revelia da vontade dessas pessoas) e instituindo-se a eventualidade da sua promoção, somente para os casos em que acarretarem salvaguarda do direito à saúde desses indivíduos.⁵³ Isso porque as intervenções cirúrgicas precoces, realizadas em tenra idade, na pessoa intersexual, somente se legitimam na busca de afastar um mal grave e socialmente reprovável, no qual busca-se tutelar a sua vida como objeto apriorístico, ao se afastar, por isso, concepções que se aproximem de um hetero[-cis]sexismo biologista como uma norma regulamentadora do procedimento médico;

(B) quanto no *aspecto vivencial-identitário*, dizendo respeito a forma que performam o seu gênero, dentro ou fora do binarismo masculino/feminino, situação que, a depender, implicar-lhes-á igualmente uma tutela de vulnerabilidade semelhante àquelas dispensadas às pessoas trans ou não bináries, conforme os termos já anteriormente delineados.

Por fim, cabe citar que, embora de forma bastante incipiente, já há, em certa medida, um mecanismo de proteção à vulnerabilidade dessas pessoas no que tange ao seu não conformismo ao binômio biológico homem/mulher, o que pode ser verificado no Provimento 122/2021 do CNJ que dispõe a respeito do registro nos casos em que o campo "sexo" da Declaração de Nascido Vivo (DNV) ou da Declaração de Óbito (DO) fetal for preenchido como "ignorado", devendo os respectivos assentos de nascimento ou óbito igualmente serem realizados com a menção a sexo "ignorado". Nesse sentido, a designação de "sexo" – e facultativamente do nome –, poderá ser averbada, a qualquer tempo, por opção da própria pessoa, independentemente de realização de cirurgias e/

---

52. BARRETTO, Fernanda Carvalho Leão. Precisamos falar sobre intersexo. In: DIAS, Maria Berenice (Coord.). BARRETTO, Fernanda Carvalho Leão (Org.). *Intersexo*: aspectos jurídicos, internacionais, trabalhistas, registrais, médicos, psicológicos, sociais, culturais. São Paulo: Thomson Reuters Brasil, 2018, p. 56.
53. Ressaltam Aníbal Guimarães e Heloisa Helena Barboza que são poucos os casos em que realmente há risco de vida para as crianças intersexo, a exemplo dos tipos de hiperplasia congênita da suprarrenal (Cf. GUIMARÃES, Aníbal; BARBOZA, Heloisa Helena. Designação sexual em crianças intersexo: uma breve análise dos casos de "genitália ambígua". *Cadernos de Saúde Pública*, v. 30, n 10, p. 2.178, Rio de Janeiro, 2014. Disponível em: https://www.scielo.br/pdf/csp/v30n10/0102-311X-csp-30-10-2177.pdf. Acesso em: 28 mar. 2022).

ou tratamentos hormonais, de autorização judicial e de laudos médicos ou psicológicos, tanto por pessoa capaz, quanto por incapaz devidamente assistido ou representado pela mãe ou pelo pai, documentando-se nos termos do modelo anexo ao provimento.

De toda forma, ainda há muito que se avançar em matéria de tutela da pessoa intersexo, desde a despatologização e desmedicalização das suas vivências até a promoção de uma tutela jurídica inclusiva, com legislação específica que garanta a sua autonomia corporal, e eficiente, que demande do Estado o investimento em políticas públicas de promoção do respeito à diversidade.

4. CONSIDERAÇÕES FINAIS

1. A heterossexualidade compulsória, enquanto uma norma regente de poder que se impõe nas relações sociais, legitima o que se chama de sistema sexo-gênero-desejo, assimilado pelo Estado ao reconhecer, em seus institutos jurídicos, duas únicas formas possíveis de se tutelar e enxergar a pessoa humana, tal qual seja percebê-las a partir da ótica homem/pênis/heterossexual e mulher/vagina/heterossexual. Contudo, algumas expressões de identidade transcendem o binarismo socialmente imposto, ao questionar as tradicionais categorias de sexo e de gênero. Nessa medida, extrai-se, a partir da perspectiva butleriana, que tanto o sexo como gênero não constituem elementos puramente biológicos, determinados pela natureza, tampouco sendo fontes únicas da cultura humana. Na verdade, enquanto elementos pré-discursivos, o gênero seria performativo e o sexo, não restrito à natureza biológica, influi-se também pela cultura dinâmica da sociedade.

2. Por esse motivo, a dissidência ao sistema binário, torna os corpos abjetos de proteção sociojurídico específica, revelando o que se entende aqui como uma vulnerabilidade que atinge especificamente a identidade performativa de pessoas trans, não bináries e intersexo nas relações privadas. Essa vulnerabilidade, por sua vez, deve ser vista e tratada pela ótica da vulnerabilidade existencial, ou seja, uma maior propensão desses indivíduos serem lesionados em suas esferas jurídicas extrapatrimoniais; demandando, por conseguinte, uma atuação do Estado, particularmente do Direito, na salvaguarda concreta das suas vivências, a qual deve dar-se além de um binarismo hermético de sexo-gênero-desejo.

3. No tocante às relações privadas especificamente, a tutela perpassa, em alguns âmbitos, por um binarismo estrito de sexo-gênero-desejo, o qual, em certa medida, acaba desfavorecendo pessoas cisdissidentes. Por essa razão, é preciso compreender as suscetibilidades de vulneração específica às quais corpos cisdissidentes encontram-se submetidos, a fim de garantir-lhes uma efetiva inclusão e proteção na ordem jurídica, as quais podem ser destrinchadas da seguinte maneira:

(A) Pessoas Trans – compreensão da vulnerabilidade atinente a sua não conformação com as imposições de gênero a ela impostas com o nascimento (observando-se exclusivamente o sexo biológico) e consequente proteção do livre desenvolvimento da personalidade quanto as suas identidades de gênero autopercebidas, tanto no tocante à tutela personalista (nome, integridade psicofísica, privacidade, imagem e honra) quanto no que diz respeito às relações intersubjetivas (conjugalidades e parentalidades) e sociais (dano moral decorrente do desrespeito à identidade de gênero);

(B) Pessoas Não Bináries – compreensão da vulnerabilidade no que diz respeito a sua não adequação aos modelos binaristas tradicionais de gênero, demandando proteção ao livre desenvolvimento de suas identidades de gênero autopercebidas para além dos binômios macho/fêmea, homem/mulher, masculino/feminino, demandando um tutela que promova a neutralidade de gênero tanto no aspecto pessoal (identidade, nome, integridade psicofísica, privacidade, imagem e honra), quanto nas suas relações intersubjetivas, com ênfase numa proteção *jusfamiliarista* que favoreça uma abordagem não binarista;

(C) Pessoas Intersexo – compreensão da vulnerabilidade no tocante a sua não conformação anátomo-corporal com as definições tradicionais de homem e mulher, no sentido estritamente biológico, implicando em proteções no tocante a sua corporalidade (promoção da autonomia atinente a intervenções médico-cirúrgicas e vedação a cirurgias de "adequação sexual" em tenra idade, salvo em casos de grave risco de vida da pessoa) e ao seu aspecto vivencial-identitário (com a salvaguarda de uma tutela personalista específica de caráter individual ou intersubjetivo adequado para a identidade de gênero por elas desempenhada, seja dentro de um binarismo, seja fora dele).

EIXO III
VULNERABILIDADES, ENVELHECIMENTO E DEFICIÊNCIAS

AS VULNERABILIDADES DA PESSOA IDOSA COM DEFICIÊNCIA: POR UMA ÉTICA DO CUIDADO EMPÁTICA E RESPONSÁVEL

Ana Paula Barbosa-Fohrmann

Gustavo Cardoso Silva

Sumário: 1. Introdução – 2. Relatos; 2.1 Primeiro relato: a trajetória de G.; 2.2 Segundo relato: a trajetória de D. – 3. Vulnerabilidade na ética – 4. Pelo pragmatismo da vulnerabilidade – 5. Conclusão.

1. INTRODUÇÃO

Este trabalho propõe-se a compartilhar reflexões importantes acerca da ética do cuidado, de modo que o exposto aqui possa inserir-se junto às discussões em torno da doença de Alzheimer e os diversos fatores sociais que se estabelecem na fase de cuidado após o diagnóstico. Não é nosso objetivo centrar-nos em apenas em um modelo médico do que seja a doença, mas, sim, atar-nos a conceitos, como empatia, cuidado e vulnerabilidade – que, em nossa perspectiva, são de relevância fundamental para o tratamento da doença e, também, dos indivíduos que fazem parte da malha de cuidado estabelecida em torno daquele que se encontra na condição.

O Alzheimer tem crescido progressivamente na população mundial. Isto se dá na mesma medida em que as perspectivas e projeções de vida da comunidade de idosos aumenta em diversos países. De acordo com o World Alzheimer's Report 2021,[1] o cenário pandêmico da Covid-19 foi responsável por um significativo atraso ao acesso e avaliações, diagnósticos e serviços relacionados à demência; para esta mesma ADI, mais de 55 milhões de pessoas vivem com demência em todo o mundo, com previsão de um crescimento significativo para 2030, onde se pode chegar ao marco de 78 milhões de pessoas com demência.[2]

Em nossa análise, buscamos compreender, a partir da narrativa de duas pessoas idosas com Alzheimer, G. e D., como se estabelece a relação entre cuidado e doença no seio de suas famílias. Como a empatia, na trajetória de G. e D., torna-se responsável por um cuidado humanizado e sustentado pela sensibilidade de seus familiares diante do avanço da doença? Como políticas públicas, voltadas para indivíduos vulneráveis como G. e D., são traçadas e estabelecidas? Tentar responder estas perguntas pode nos ajudar a delimitar respostas em relação aos problemas enfrentados por indivíduos com Alzheimer.

---

1. WORLD ALZHEIMER REPORT. Alzheimer's Disease International, 2021, p. 248. Disponível em: https://www.alzint.org/u/World-Alzheimer-Report-2021.pdf. Acesso em: 28 mar. 2022.
2. WORLD ALZHEIMER REPORT. Alzheimer's Disease International, 2021, p. 19. Disponível em: https://www.alzint.org/u/World-Alzheimer-Report-2021.pdf. Acesso em: 28 mar. 2022.

2. RELATOS

Iniciaremos este artigo com uma questão simples e básica: *O que queremos dizer quando falamos de vulnerabilidades?* Para responder a esta indagação, examinaremos dois relatos – com vivências distintas – de pessoas idosas com Alzheimer.

2.1 Primeiro relato: a trajetória de G.

Durante os anos de 2018 e 2019, visitei G. e a filha M. na zona norte do Rio. Na primeira visita, o filho me recebeu à porta. Nesse dia, estavam presentes, além dos dois filhos, uma neta. G. teve cinco filhos. Assim que eu cheguei, ela foi levada à sala por M., a principal cuidadora. G. estava de pé, pegou a minha mão, peguei a mão dela, e me deu um beijo. Cumprimentei então a filha M. e a neta. Sentamo-nos, em seguida, no sofá: G no lado esquerdo e eu no direito. A família me relatou que ela foi diagnosticada com Alzheimer em 20.11.2011. Alzheimer é uma deficiência cognitiva degenerativa e acomete, em regra, a população a partir dos sessenta anos, sendo a sua incidência maior com o avanço da idade. Hoje, G. está na fase grave da doença. É tratada no Centro Internacional de Neuroreabilitação e Neurociências Sarah ("Hospital Sarah"), que se localiza na Barra da Tijuca. À época da primeira visita, G. contava 79 anos. O que me foi narrado pela família é que, antes do Alzheimer, ela era uma pessoa muito agitada e revoltada com a vida por questões amorosas. Os cinco filhos de G. são de diferentes casamentos. Tendo esse relato como pano de fundo, observei que G. foi receptiva ao toque. A filha fez carinho no joelho dela e ela começou a rir. Parece que ela percebeu a mão direita dela ao tocar o braço direito. Eu peguei a mão dela também e ela sentiu que eu a peguei. Ela se alimenta bem. Eu a vi comendo e bebendo. Segundo a filha e a neta, ela tem uma fome enorme. Pode inclusive comer o lixo, que, desde a primeira tentativa, foi colocado em lugar seguro. G. está perdendo a sensação do paladar. A filha, porém, contou que, quando ela come uma laranja azeda, ela reage ao sabor. E quando um alimento é doce, ela diz que o alimento é "bonitinho". Observei, nesta primeira visita, que ela conseguiu articular em parte o seu nome, mas não tive certeza de que ela entendia que o nome era de fato seu. Eu perguntei o nome dela. Ela não reagiu. Quando a filha, porém, lhe pediu para confirmar o nome: "Seu nome é G., não é?" Ela respondeu: "G...", que saiu parcialmente desarticulado. A filha insistiu: "Você é a G.?". Ela respondeu "G.". Naquele instante, os olhos dela se iluminaram. Ela pareceu entender, então, que ela era G. Em outros instantes também, ela me pareceu presente na conversa. Ela falava: "É... é...", quando eu a perguntava. Além disso, durante todo o tempo da visita, fazia atos repetitivos com a mão, que consistiam em "bater levemente com a mão esquerda na perna esquerda", ou "acariciar a perna esquerda", ou mesmo "acariciar a almofada que estava em cima do braço esquerdo do sofá". No passado, contaram-me, ela tricotava e costurava. Era um hábito. Esse acariciar a almofada parece, na minha interpretação do gesto, uma recordação desse hábito. Eu a observei ainda na cozinha com a filha. De pé, com as mãos cruzadas nas costas, esfregava uma na outra. Foi relatado que ela faz confusão com as roupas. Ela pode ficar nua, andando pela casa ou ela pode vestir a roupa de um dos netos. A filha contou que ela prefere blusas que cubram os braços. G. pode cometer ações violentas, como puxar o cabelo da filha e agredir o neto de 7 anos (agarrou uma vez o pescoço do menino). Foi relatado pelos filhos que ela foi uma mãe agressiva com todos os cinco. "Ela não batia, espancava mesmo!", disse a filha M. Mas, segundo o filho, ao bater, ela acabou por educá-los bem. Observei que ela tinha uma mancha roxa do lado esquerdo da boca. Foi um soco que M. deu nela, pois, segundo M., confirmado pela neta, ela estava puxando violentamente o cabelo da filha quando isso ocorreu. Cheguei às 14h à casa de G. e de M. e me despedi às 16h10min.

2.2 Segundo relato: a trajetória de D.

18h da tarde. Agosto de 2021. D. está sentado em uma cadeira de rodas e observa, com seus olhos cansados, a marcha do sol que, pouco a pouco, vai dispersando suas últimas fagulhas de iluminação naquele dia quente e úmido na cidade de Tucuruí, no interior do Pará. O sol parte em direção ao oeste e cede, finalmente, espaço à luz da lua gorda daquela noite que logo cobre a casa de D., onde seus netos e filhos, ao chegarem do trabalho, vão se aconchegando junto a ele no sofá – onde ele repetidamente bate com pé no chão, com movimentos alternando de velocidade. Junto à sua esposa, M., que é também sua principal cuidadora, percebemos como D. mantém, ainda, o seu diálogo com o mundo ao seu redor: netos, filhos, animais e esposa. Percebemos isso no decorrer de três meses do fim de 2021: agosto, setembro e outubro, onde podemos acompanhar, de perto, sua vivência junto à família. Seu diagnóstico de Alzheimer veio após complicações de trajetos que D. fazia constantemente por meio do transporte público. Com o passar dos anos, M. relata, D., simplesmente, não conseguia fazer o retorno à sua casa. D., que foi um pastor de Igreja Protestante, não conseguia mais relembrar os versículos decorados que adorava aplicar em seus sermões. M. conta para nós um episódio que, em meio ao tom disciplinante de sua fala, ele esqueceu de terminar um versículo sempre usado por ele ao final de suas pregações: "Mas quem entra pela porta é quem realmente...". D., naquela noite, no meio da Congregação da qual fazia parte, não conseguia finalizar "... é realmente...". M. narrou que, com a ajuda de um outro pastor atrás dele, ele conseguiu complementar, ainda com a aparência confusa, o versículo do livro de João: "... é quem realmente é o pastor das ovelhas." Neste momento, D. começa a dar os primeiros indícios daquilo que, somente em fevereiro de 2018, veio a ser diagnosticado: Doença de Alzheimer em grau moderado. Vemos D. sentado no sofá, cercado por M. e por E., uma de suas 4 filhas. M. nos conta, neste momento, que D. se perdia com frequência pela cidade: "Ele não aceitava que andasse junto com ele. Ele gostava de ir só. Sempre andou só depois que acordava do sono do almoço." D. pegava sozinho o ônibus, andava a esmo, e não conseguia voltar para a casa, como relata M. Foi necessária, durante duas vezes, que a família acionasse a Polícia Civil para tentar encontrá-lo. D., que pouco a pouco perdia a memória de como realizar as atividades mais rotineiras, tornou-se agressivo e queria, à força, sair da casa onde morava para andar sozinho pelas ruas. Falamos com D., perguntamos a ele sobre a infância e ele diz, com a voz trêmula, "Cosmo...". Quem é Cosmo, perguntamos a ele.

Ele diz: "Ele morreu na barriga da minha mãe... ele ficou preso... ele não desceu...". M. nos conta que Cosmo era o irmão gêmeo de D., que morreu por complicações no parto após o nascimento de D. Ao relembrar esse episódio concentrado nas memórias da infância, D. começa a ficar agitado e pergunta por M.: "Cadê a M.?.... a M. já morreu?". Aos poucos, M. toca nas mãos de D. e diz: "Eu ainda estou aqui... eu fico até o final, D...", diz ela, acariciando levemente sua nuca, em uma expressão de cuidado, amor e empatia. D. está, desde julho de 2021, em uma cadeira de rodas. A doença já avançou para o estágio grave e D. já não consegue realizar, sozinho, atividades básicas como: comer, fazer sua higiene pessoal e se locomover em sua própria casa. Para isso, ele necessita da ajuda de M. que, nos conta, tem de realizar sozinha as atividades de cuidado, bem como as atividades exigidas no lar. Além de tudo isso, M. complementa a renda de sua aposentadoria e de D. com a atividade de costureira, que exerce há mais de 40 anos. Enquanto D. é levantado do sofá para ser colocado na cadeira de rodas, vemo-lo dizer a M.: "Vamos para casa... vamos para casa...". M., sutilmente, diz a ele: "Esta é a nossa casa... moramos aqui há 37 anos." D., que fica agitado, batendo suas mãos no respaldo da cadeira, olha fixamente para M. e abaixa a cabeça. M. conta que quando a doença chegou, foi preciso aprender a se adaptar à nova condição de D. A família pouco sabia sobre o Alzheimer. Os casos que conheciam eram de uma vizinha que morrera no ano de 2014 e que, como D., começou os indícios da doença ao se perder em suas caminhadas no fim da tarde. Ele nos diz: "D...., meu nome é D...., onde está a minha mãe?", mas a mãe de D. já morrera há muitos anos. D. começa a confundir os nomes dos filhos, chama G., seu neto, de F., que é seu filho. G. vira-se a ele diz: "Eu sou o G...., F. não está aqui...", ao que ele toca o rosto de G. e diz "F...., meu filho." M. conta para nós que o tratamento de D. é feito pelo SUS – Sistema Único de Saúde. "Às vezes", diz M., "não conseguimos comprar os remédios necessários para o tratamento de D., às vezes o dinheiro é curto, às vezes o posto não nos oferece tudo. Precisamos ficar com o que tem", diz ela ao alimentar D. com pequenas colheradas de mingau de aveia. Após a refeição, M., junto com seu neto G., ajudam D. a se vestir e se deitar. Este é o fim de mais um dia para D., que de olhos abertos, fita o teto branco do quarto e entoa as palavras que repete o dia inteiro na casa: "Dá-me um coração novo, oh Deus, segundo o Teu". M. nos diz, e observamos isso durante nossas visitas, que D. não se esqueceu das memórias que guardam sua crença no divino. M. conta que ele tem uma certa reverência ao Deus que ele serviu durante anos após sua conversão. Ao dizer essas últimas palavras neste dia, observamos D. fechar os olhos e descansar até que M. o levante, na próxima manhã, para o desjejum e início de um novo dia em sua vida, que se costura junto a todos os seus ontens e o lança na malha da existência. Uma existência que, percebemos, torna-se menos difícil para ele a partir do cuidado empático de M.

Tendo como ponto de partida estas duas histórias de vida de pessoas idosas com deficiência cognitiva, que é o Alzheimer, em sua fase grave, percebemos que se trata de uma história de vulnerabilidades: vulnerabilidade de G. e de sua cuidadora M. e de outros membros da família: neta, filhos e bisnetos. Vulnerabilidade de D. e M., sua cuidadora, que recolhe as forças necessárias para prosseguir, diariamente, com o cuidado de seu esposo com o qual atravessou a história de sua vida. É certo dizer, como propomos aqui, "vulnerabilidades" e não vulnerabilidade, que, de acordo com esses casos particulares, apresentam-se em vários momentos como dor, *sofrimento*, agressões, resultantes não só do progresso da doença, mas também de uma história familiar, em que esses sentimentos e reações deram a tônica das relações intersubjetivas.

Em termos teóricos, a preferência pelo termo "vulnerabilidades" não nos conduz, a nosso ver, a um conceito universalizável, que se define como o mesmo em todo o tempo e em todo lugar. Temos de caminhar, em virtude disso, por um terreno de tentativas de definição, própria da variabilidade terminológica que encerra esse tema.

De acordo com o *Dicionário Caudas Aulete Digital*, o termo vulnerável vem do latim *"vulnerabilis" e têm duas significações:* 1. Que se pode vulnerar, ferir *[*Antôn.: invulnerável.*]* 2. Que é mais suscetível de ser danificado ou magoado, prejudicado ou destruído. Deste modo, tendo em vista sua etimologia e significações, o termo pode indicar que estar vulnerável é estar suscetível a algum ferimento, a sofrer algum dano ou prejuízo, a ser magoado, ou mesmo a ser morto. Os relatos de G. e de M. nos mostram as dores físicas (arranhões, puxões de cabelo, socos, espancamentos) e psicológicas (agressões físicas à filha e aos filhos que feriram e magoaram profundamente as relações familiares durante toda a vida deles com G., sem contar a agressão ao bisneto).

O relato de D., e sua cuidadora M., mostra, assim como o anterior, como a família lida, em certos momentos, com a vulnerabilidade que se abate sobre a casa de D. As violências físicas (surgidas nos momentos em que D. gostaria de caminhar sozinho, mas não podia, em decorrência do risco de ser atropelado ou se perder); a violência psicológica, que recai sobre outros membros da família (que ouviram, com frequência, antes de D. perder quase completamente a memória, que eles não eram seus filhos e, por isso, mandava-os irem embora). As vulnerabilidades, como estamos apresentando aqui, manifestam-se sob o viés de muitas facetas, mas é na ética do cuidado, como desenhamos a partir destas duas narrativas, que uma resposta favorável às situações de G. e D. – que possuem Alzheimer em estado avançado – podem ser esboçadas.

3. VULNERABILIDADE NA ÉTICA

O filósofo Todd May,[3] no livro A Fragile Life: Accepting our Vulnerability (2017), corrobora o que assentamos. Afirma ele que estar vulnerável é estar propenso a um ferimento, a um dano ou mesmo à morte. Em sua visão, as vulnerabilidades fazem parte da condição humana, na medida em que só é vulnerável aquele que está em relação com o outro, aquele que está em meio a práticas sociais de uma determinada cultura. Em sua interpretação, também, as vulnerabilidades não são uma condição apenas do animal humano, mas também do animal não humano. Afirma ele: "A vulnerabilidade

---

3. MAY, Todd. *A Fragile Life*: Accepting our Vulnerability. Chicago: The University of Chicago Press, 2017, p. 13-15.

enraizada em nossa natureza física é, obviamente, algo que compartilhamos com outros animais. Somos criaturas corpóreas, sujeitas a lesões e danos em nosso meio ambiente".[4]

As nossas vulnerabilidades não se restringem, como já percebemos nos casos de G., D. e de suas famílias, ao aspecto físico do nosso corpo, primeira fonte das nossas vulnerabilidades, segundo May, mas também ao aspecto psicológico. Essa, para May, é a segunda fonte do nosso sofrimento, da nossa condição de vulnerabilidade. Há, na visão dele, uma terceira origem para o sofrimento humano, que se traduz em "interrupção ou enfraquecimento de projetos centrais de vida".[5]

Na história de G., vimos que ela costurava e tricotava durante a vida. Esses projetos foram enfraquecidos com o avanço do Alzheimer. Deles, só restaram, na nossa interpretação, rastros sedimentados pelo hábito de fazer trabalhos manuais, como acariciar repetidamente uma almofada. No caso de D., observamos como, paulatinamente, seu convício social junto aos seus pares, pastores da Congregação como ele, começa a se desintegrar. D. já não pode mais ir aos cultos de doutrina na segunda-feira; já não participa mais do púlpito de onde emanavam seus sermões nos cultos dominicais. D. já não está no seio da sua Igreja onde ele, conforme narrou M., assumiu papel de importância e de tomadas de decisões. Nele, observemos apenas a oração que feita em todos os momentos do dia: "Dá-me um coração novo, oh Deus, segundo o Teu!" – resquícios do seu percurso de fé e de sua doutrina dogmática, que ele exercia com bastante vigor durante seus anos de atividade.

Para Michael Slote (2007), que também trabalha dentro do campo da ética das virtudes, o enfoque centra-se no "cuidado com o outro", isto é, há uma necessidade, na linha de seu pensamento, de se compartilhar o *cuidado íntimo* com o *cuidado humanitário*. Para Slote, o projeto ético a ser erguido se sustenta sob o cuidado (*care*) empático como pedra angular que, nas situações práticas, auxilia-nos a responder questões como: *aquela ação foi, ou não, moralmente correta?*

Sob o enfoque do cuidado, Slote acredita que a *empatia* e a noção de *cuidado empático* oferecem um critério plausível para a avaliação moral. Para ele,[6] identificação empática:

> não envolve uma perda sentida de identidade, mas, de acordo com Hoffman, envolve sentimentos ou pensamentos que são, em certo sentido, mais "apropriados" à situação da(s) pessoa(s) com as quais se sente empatia do que à (situação) da pessoa empática. E à medida que a sofisticação cognitiva e a experiência geral de um indivíduo aumentam, ele se torna capaz de "feitos" de empatia cada vez mais impressionantes ou sofisticados.

Assim, de acordo com Slote, educamo-nos a ter empatia não apenas ao observar aquilo que uma pessoa está, de fato, sentindo, mas com o que ela sentirá ou sentiria caso fosse posta em determinada situação. É o caso, como narramos mais acima, das perspec-

---

4. Ibidem, p. 20.
5. Ibidem, p. 28-29.
6. SLOTE, Michael. *The Ethics of Care and Empathy*. Nova York: Routledge, 2007, p. 14-15.

tivas traçadas a partir das histórias de G. e D. – idosos, com Alzheimer em estado grave, que possuem diante de si a figura de cuidadores que, como analisamos, encontram-se dentro de uma malha de sensibilidade recíproca (estabelecida entre o cuidador e aquele que recebe o cuidado).

A empatia, portanto, como atesta Slote em sua ética do cuidado, é própria para novas aberturas dentro da tradição sentimentalista nos campos da ética. Neste sentido, Barbosa-Fohrmann e Martins[7] nos dizem que, para o autor,

> [...] a autonomia e o respeito, condições para que se verifique a empatia, são fundamentais para a compreensão de uma ética do cuidado. De modo crítico à perspectiva kantiana de autonomia (enquanto valor moral e dignidade), a partir da razão, Slote (2007) se posiciona favorável ao entendimento da autonomia como um conceito relacional capaz de fundar uma ética de cuidado, incluindo o respeito também pelo bem-estar. A ideia de respeito ultrapassa, assim, o âmbito do sentimentalismo moral pelo outro ao compreender a empatia como base para se respeitar a capacidade humana de decisão sobre os atos da vida civil por si.

Neste sentido, para o autor, o reconhecimento social da vulnerabilidade da pessoa, em nossa análise, da pessoa com Alzheimer, é importante para que possamos traçar o cuidado que se constrói entre o cuidador e aquele que recebe o cuidado. Para Slote,[8] "uma ética sentimentalista do cuidado pode, de fato, fundamentar o respeito e o respeito pela autonomia, em seus próprios termos." Refletindo sobre seu objetivo, portanto, podemos indicar como ideias construídas em seios familiares sobre autonomia se relacionam com noções de respeito, empatia e cuidado.

Sendo assim, a ética do cuidado empático, tal como proposto por Slote, pode dar sentido à noção de autonomia e à noção relacionada de respeito, que podem ser construídas dentro do seio de famílias como a de G. e D., trazendo, deste modo, a abordagem do humanitarismo para dentro da ética das virtudes. Ao observar G. e D., podemos traçar limites claros de como essa proposta se constrói e, também, de como ela pode ser aperfeiçoada.

4. PELO PRAGMATISMO DA VULNERABILIDADE

A fim de contribuir para um conceito de "vulnerabilidades das pessoas idosas com deficiências" com base na origem da dor, do sofrimento, do ferimento físico e psicológico, assim como do enfraquecimento dos projetos centrais de vida, podemos pragmaticamente tentar responder às seguintes questões: 1. Vulncrabilidades das pessoas idosas com deficiências a que situações? Em outros termos, onde elas podem suceder? 2. Como elas sucedem? 3. Por que elas sucedem? e 4. O que devemos fazer para reduzir as vulnerabilidades dessas pessoas?

---

7. BARBOSA-FOHRMANN, Ana Paula e MARTINS, Laércio Melo. Previsão constitucional do direito social à saúde mental: novos caminhos para a Reforma Psiquiátrica brasileira. Pensar: *Revista de Ciências Jurídicas*. v. 26, n. 1, p. 1-13. Fortaleza, 2021.
8. SLOTE, Michael. *The Ethics of Care and Empathy*. Nova York: Routledge, 2007, p. 56.

São essas perguntas que nos permitem propor uma *visão pragmática* a respeito das "vulnerabilidades das pessoas idosas com deficiências" no sentido de buscarmos determinar *como? Em que? Onde? A quê? Por que?* E, sobretudo, *O que fazer?* para entendermos, por fim, *o que ela é?* Uma visão pragmática, entendemos aqui, como um posicionamento linguístico que busca cumprir tarefas específicas; no caso, responder particularmente àquelas questões concretas para que *o conteúdo do enunciado linguístico* possa ser determinado. Ao fixar o conteúdo, por meio das respostas àquelas questões, podemos definir o que sejam "vulnerabilidades das pessoas idosas com deficiências".

Respondendo àquelas perguntas, podemos identificar como a pessoa idosa frequentemente apresenta algum tipo e grau de deficiência, como foi o relato trazido da história de G. e D., pessoas com deficiência cognitiva grave.

A pessoa idosa de forma geral pode ter sido, ao longo da vida, pessoa com deficiência ou ela pode tê-la adquirido no decurso da mesma ou em idade avançada, com a velhice, como foi o caso de G. e o de D. É certo que é neste estágio da vida que as deficiências se mostram mais evidentes e se aprofundam devido não só a outras doenças a que pessoa está suscetível, mas também em virtude do aprofundamento dos entraves sociais e das práticas de exclusão que se multiplicam nessa fase da existência. *Razões para que as barreiras sociais se diversifiquem e a exclusão se apresente* tem como fator, entre outros, políticas públicas inexistentes ou débeis, que não protegem a pessoa antes de esta se tornar idosa.

Um exemplo conhecido, entre tantos outros tipos de deficiência, é a ausência de política pública para prevenir o avanço da epidemia de Alzheimer no Brasil. Sem dúvida, não só com relação a essa deficiência cognitiva degenerativa, mas a outras, como por exemplo, deficiências sensoriais, baixa ou perda da visão, baixa ou perda da audição; deficiências motoras decorrentes de osteoporose, quedas, violências cometidas contra a integridade física do idoso, que pode se tornar em decorrência disso deficiente, não há políticas públicas consistentes e duradouras voltadas para esse público.

A vulnerabilidade da pessoa idosa tende a se elevar a um patamar estratosférico sobretudo *em países em desenvolvimento*, como o nosso, onde *a pobreza é o fator geral de risco* para que a pessoa, na fase avançada da vida, adquira um tipo de deficiência ou, se a apresentou ao longo da vida, a sinta de modo mais intenso em virtude da fragilidade corpórea, inerente a essa fase da existência. A pobreza como fator geral de risco para a vulnerabilidade pode ser especificada à luz de *outros fatores*, a que estão sujeitos a pessoa idosa, nomeadamente *fatores sociais* e *fatores econômicos*.

Entre os *fatores sociais*, que mostram e agudizam a vulnerabilidade, enumeramos a ausência de acesso à saúde preventiva e intensiva de qualidade; a educação ao longo da vida e continuada durante especialmente a velhice com, por exemplo, subvenção econômica para a edificação e disseminação de universidades para a terceira idade; o acesso a uma aposentadoria digna e compatível aos anos trabalhados etc.

Entre os *fatores econômicos*, damos como ilustração a realização de empréstimos bancários, operações de crédito e o escalonamento de dívidas com o cheque especial e outros endividamentos relativos a produtos comprados, que, não raro, resultam da coerção de membros da família, que projetam no idoso a necessidade da compra deste ou daquele produto, além de endividamentos concernentes a produtos não comprados, situações em que o idoso é vítima de fraude ou estelionato.

Outro fator econômico que exacerba, em nossa visão, a vulnerabilidade econômica dos idosos, é a publicidade de caráter ambíguo e que faz, justamente por isso, uso de uma linguagem não inclusiva, isto é, não acessível para eles, que, muitas vezes, se veem confusos cognitivamente e limitados sensorialmente devido à baixa visão ou audição no que diz respeito ao entendimento do que está sendo anunciado e do valor do que está lhe sendo oferecido. Todos esses fatores são exemplos que podem inclusive determinar perdas econômicas consideráveis no sentido de ameaçar a própria sobrevivência física da pessoa idosa com deficiência, pois podem atingir o mínimo social ou mínimo existencial, retirando-lhe, por consequência, a oportunidade de viver o resto da vida com dignidade.

Fatores específicos sociais e econômicos, dentro de um contexto cultural influenciado pela pobreza, que contribui, como fator geral, para que aqueles apareçam e se tornem crônicos, são, por isso, *fatores estruturais* que exacerbam as vulnerabilidades das pessoas idosas com deficiências a dor, ao sofrimento, ao ferimento, ao dano não só físico, mas econômico, à violência física e psicológica, fazendo com que essas pessoas se vejam fragilizadas por situações de dependência absoluta ou de paternalismo, ou por situações de engano ou fraude, que minam totalmente sua capacidade de emissão de vontade decisória sobre seus projetos centrais durante a terceira fase da vida.

Diante disso, *o que fazer* para reverter esse quadro? Legislações protetivas da sua condição existem e são variadas, entre outras, o Estatuto do Idoso (2003), a Convenção Internacional sobre os Direitos das Pessoas com Deficiências (2006), Estatuto da Pessoa com Deficiência ou Lei Brasileira de Inclusão (2015), Código de Defesa do Consumidor (1990) e a recentíssima Lei do Superendividamento (2021). A pergunta é recorrente e o que realmente aguardamos de todo o tipo de legislação e que permanece aqui é: esse arcabouço de leis tem se mostrado eficaz do ponto de vista social quando o grupo envolvido são os das pessoas idosas com deficiências?

O caso da Lei 14.181/21, que altera o Código de Defesa do Consumidor e o Estatuto do Idoso, demonstra a preocupação que o poder legislativo teve ao aperfeiçoar a concessão de crédito e tratar o problema do superendividamento que abate, sobretudo, pessoas idosas e vulneráveis. A lei, neste sentido, cria ferramentas para conter a oferta desmedida e, muitas vezes, dissimulada a este grupo. Isto se evidencia a partir da leitura do Art. 54-C, onde é vedado, expressa ou implicitamente, na oferta de crédito ao consumidor, publicitária ou não:

> [...]
>
> IV – assediar ou pressionar o consumidor para contratar o fornecimento de produto, serviço ou crédito, principalmente se se tratar de consumidor idoso, analfabeto, doente ou em estado de vulnerabilidade agravada ou se a contratação envolver prêmio;

Os indivíduos com Alzheimer, que se encontram em situações de vulnerabilidade social, são pessoas com deficiências cognitivas. O comprometimento gradual da função cognitiva que interfere nas atividades sociais e profissionais acaba por ocasionar, nestes indivíduos, a demência, que os torna, cada vez mais, propensos a propagandas que visam ludibriá-los.

Do ponto de vista das políticas públicas, sem dúvida, houve, no atual governo, retrocessos consideráveis no conjunto de políticas públicas adequadas à terceira idade, assim como às pessoas com deficiências de forma geral. Em tempos pandêmicos, os mais vulneráveis, as pessoas idosas, foram sujeitos a tratamentos precoces próprios de um governo que nega a ciência.

Se os idosos de forma geral foram os que mais sofreram e sofrem ainda com o alastramento da Covid-19 em nosso país, não se pode de modo algum afirmar que alguma política pública tenha sido gestada e direcionada em especial a eles, a fim de lhes proteger contra as vulnerabilidades de caráter social, sanitário e econômico. Relegados ao abandono governamental e à morte impiedosa, eles continuam sendo o grupo mais suscetível a estar numa situação de risco, seja provocada por uma doença, como a Covid-19, que, quando não os mata, agrava suas condições de saúde, intensificando ainda suas limitações físicas, sensoriais ou cognitivas.

Assim, de um ponto de vista pragmático, o que fazer diante disso? Quando o Judiciário ainda engatinha em efetivamente dar conta de determinadas condições personalíssimas ou existenciais como essas, ou o Poder Executivo se nega a agir, ao usar uma tônica discursiva obscurantista, temos de pular para fora desse quadrado para o observamos melhor. Para tanto, a perspectiva que propomos aqui é a ética. Nesse contexto, defendemos que as comunidades de forma geral e que formam a sociedade brasileira, e a familiar de modo muito especial devem se unir em torno de dois pilares: a *empatia* e o *cuidado responsável*.

As vulnerabilidades são o que nos unem a todos do início ao fim da vida, sobretudo, neste momento de pandemia. Materializadas, entre outras, em todas as fases da vida, do nosso nascimento, passando pela fase adulta até chegar a fase madura e a velhice propriamente, quando nossa finitude e mortalidade se manifestam de forma mais explícita, as vulnerabilidades são, como propomos, condições essenciais para que exerçamos nossa empatia e consequente cuidado responsável para com pessoas idosas com deficiências.

Entendemos empatia como um estar com o outro em seu sofrimento, um comunicar-se com o outro sobre esse e nesse mesmo sofrimento, enfim, um comungar com o outro dessa sensação. O sofrimento, a dor, não é nossa, mas do outro e é justamente esse emparelhamento com o outro nas suas vulnerabilidades que nos torna seres empáticos.[9]

A ética do cuidado empático nos torna consequentemente responsáveis para com a propensão do idoso com deficiência ao sofrimento e à dor. Como argumentamos, a ética do cuidado empático nos torna não só responsáveis pelo sofrimento e pela dor atual

---

9. HUSSERL, Edmund. *Meditações cartesianas e conferências de Paris*. Rio de Janeiro: Forense Universitária, 2012.

de quem se encontra sob nossos cuidados, mas também responsáveis pela propensão da pessoa idosa com deficiência a esse sofrimento e a essa dor; em outros termos, ela nos torna responsáveis pela possibilidade de essas sensações se tornarem efetivamente o que de fato são.

Consideramos que temos verdadeiro dever ético de limitar as vulnerabilidades quando não de afastá-las por completo. Com efeito, somos responsáveis, caso levemos (por propiciarmos as condições para tal) a pessoa idosa com deficiência a essa condição de efetiva vulnerabilidade. Em outras palavras, a ética do cuidado empático, como proponho, se manifesta como dever ou como responsabilidade quando nada fizemos ou quando fizemos pouco para proteger e apoiar a pessoa idosa com deficiência em sua condição existencial.

Tendo em vista o que foi abordado, propomos um conceito pragmático de vulnerabilidades, que consiste no seguinte: "Vulnerabilidades são condições personalíssimas ou existenciais que têm como fonte um sofrimento físico ou psicológico, que abala os projetos centrais de vida da pessoa idosa com deficiência, especificamente a sujeita às condições de pobreza social e econômica em países em desenvolvimento, contra as quais devemos agir com responsabilidade, fundada numa ética do cuidado empática".

5. CONCLUSÃO

De acordo com aquilo que tracejamos ao longo deste texto, percebemos que o olhar empático, sustentáculo de uma ética do cuidado como a proposta por Todd May e Michael Slote, é de relevância ímpar para lidar com problemas que envolvem o campo de estudo das deficiências, sobretudo aquelas que se abatem sobre a população de idosos, como a demência. O cuidado, como propomos, é parte fundamental da ética em nosso tempo. Cuidamos, uns dos outros, pelo simples fato de sermos humanos e existirmos em conexão com o outro.

Ao penetrarmos a história de vida de G. e D., que possuem a doença de Alzheimer na fase grave, delimitamos, como conceitos, empatia, cuidado, autonomia e respeito que se unem em um contexto familiar, onde afetos, cada vez mais humanos, tomam o espaço e se constituem como a tônica da relação travada entre o cuidador e aquele que recebe o cuidado. Portanto, o cuidado, como observamos em G. e D., é caminho indeclinável para o desenvolvimento de uma vida plena. Uma vida, como observamos, só é possível a partir da tomada de responsabilidade diante do outro, daquele que está vulnerável por uma doença que o coloca em uma posição de interconexão com o outro, de modo que apenas por esta ligação que se encontra a garantia do futuro.

Ao narrarmos, por meio de vivências, os aspectos mais íntimos da ética da empatia, não nos colocamos aquém das noções político-legislativas que recaem sobre a noção de cuidado. Deve-se pensar, como propomos acima, em um "pragmatismo da vulnerabilidade", isto é, pensar acerca das vulnerabilidades das pessoas idosas com deficiências a partir da origem da dor, do sofrimento, do ferimento físico e psicológico. Entre as medidas erigidas no arcabouço jurídico, destacamos a Lei 14.181/21 – a chamada Lei do Superendividamento, que dá ênfase à proteção de idosos e outras pessoas vulneráveis, como as tratadas neste texto.

Sob este viés, ao falarmos daquilo que toca o direito e o próprio processo legislativo de onde emanam as normas, queremos elevar a amplitude da empatia a um nível que seja, também, jurídico-político. Isto é, queremos pôr-nos em um estado de constante mudança em relação às pessoas vulneráveis em nossa sociedade, a fim de que a norma e seus vetores hermenêuticos também venham a se expressar empaticamente em relação aos seus destinatários – que são indivíduos, neste caso, como G. e D.; além de todos aqueles que compõe a malha do cuidado no seio íntimo de tantas outras famílias que compartilham da mesma condição.

O MODELO DE INTERNALIZAÇÃO DA CONVENÇÃO INTERNACIONAL SOBRE OS DIREITOS DAS PESSOAS COM DEFICIÊNCIA NO DIREITO BRASILEIRO

Daniela Silva Fontoura de Barcellos

Paulo Emílio Vauthier Borges de Macedo

Sumário: 1. Introdução – 2. O modelo de incorporação de tratados n-o Brasil; 2.1 A hierarquia de tratados de direitos humanos; 2.2 A incorporação da Convenção Internacional sobre os Direitos das Pessoas com Deficiência – 3. A convenção internacional sobre os direitos das pessoas com deficiência no direito brasileiro; 3.1 A compatibilização da Convenção Internacional com a Constituição Federal; 3.2 O Estatuto da Pessoa com Deficiência como norma decorrente da Convenção; 3.3 Decisões que compatibilizam a Convenção Internacional com o Código Civil – 4. Conclusão.

1. INTRODUÇÃO

O presente trabalho tem como objetivo analisar o modelo de internalização da Convenção Internacional sobre os Direitos das Pessoas com Deficiência no direito brasileiro. A Convenção Internacional sobre os Direitos das Pessoas com Deficiência – CPDD – ratificada pelo Brasil juntamente com outros 126 países.[1] Sua internalização ganhou destaque por ter aplicado pela primeira vez o procedimento previsto no art. 5º, § 3º, da Constituição, em vigor desde a Emenda Constitucional 45, que confere às convenções de direitos humanos uma hierarquia constitucional, equivalente a de emenda constitucional.[2]

Mas existem pelo menos outras duas razões tão ou mais proeminentes para o estudo da Convenção Internacional sobre os Direito das Pessoas com Deficiência. A primeira é a relevância da matéria, tendo em vista o sujeito a quem se destina. De acordo com a Organização Mundial da Saúde (OMS), cerca de 10% das pessoas – aproximadamente 17 milhões – têm algum tipo de deficiência no mundo. No Brasil, segundo as últimas estimativas do Instituto Brasileiro de Geografia e Estatística (IBGE) revelam que 6,2%

---

1. Vide, a esse respeito, o site da ONU que confirma a ratificação da referida convenção por 126 países até o presente momento. Disponível em: https://nacoesunidas.org/126-paises-ratificaram-convencao-sobre-os-direitos-das--pessoas-com-deficiencia/. Acesso em: 12 jun. 2020.
2. FEIJÓ, Alexsandro Rahbani Aragão e LEITE, Flávia Piva Almeida. A Convenção das Nações Unidas sobre o direito a Acessibilidade das Pessoas com deficiência no Brasil e na Argentina. In: LOIS, Cecilia Caballero; BRANDÃO, Daniela da Rocha; MEYER-PFLUG, Samantha Ribeiro (Org.) *Direito Internacional dos Direitos Humanos I.* Florianópolis: CONPEDI, 2015. 2015, p. 227.

da população nacional possui algum tipo de deficiência. Estas, por sua vez, são definidas pelo art. 1º da CPDD:[3]

> são aquelas que têm impedimentos de longo prazo de natureza física, mental, intelectual ou sensorial, os quais, em interação com diversas barreiras, podem obstruir sua participação plena e efetiva na sociedade em igualdades de condições com as demais pessoas.

A segunda razão é a forma pela qual a convenção foi internalizada no País, que foi incorporada como emenda constitucional e ainda gerou a criação de outra lei interna como mediadora entre a ordem internacional e as demais leis ordinárias. Assim, a elaboração da Lei 13.146/15, lei brasileira de inclusão das pessoas com deficiência, também denominada Estatuto da Pessoa com Deficiência, reproduz as mesmas bases ideológicas e grande parte do texto da Convenção Internacional, tendo como escopo central assegurar às pessoas com deficiência o exercício da liberdade em condições de igualdade, a inclusão social e o exercício da cidadania (art. 1º da Lei 13.146/15), e um objetivo não revelado: o de ampliar a aplicabilidade da Convenção.

O trabalho é realizado a partir do método indutivo, descreve os modelos e a incorporação de tratados de direitos humanos no Brasil, e desvela a sua hierarquia plural no Direito Brasileiro. Para tal fim, desenham-se dois eixos de análise. No primeiro, destaca-se o estudo sobre a incorporação de tratados no ordenamento brasileiro. Já no segundo eixo, mostra-se o "estado da arte", já que o foco é a efetividade do novo regime das capacidades para as pessoas com deficiência, demonstrando a necessidade de adaptação da legislação brasileira.

2. O MODELO DE INCORPORAÇÃO DE TRATADOS NO BRASIL

As relações entre o direito internacional e o brasileiro nunca foram muito pacíficas. Já se verteu muita tinta sobre a questão, e esta não cessa de causar surpresa. Isso não se deve por causa de alguma economia de tratamento por parte da nossa Constituição. Os temas relativos ao processo de ratificação de tratados internacionais e à articulação de outras normas internacionais com a ordem jurídica pátria encontram-se em quatro dispositivos: artigos 5º, §§ 2º e 3º, 49, I e 84, VIII. Se comparado a outras constituições ocidentais, que, em geral, dispõem sobre isso em um ou dois artigos, este número é significativo.

Ainda assim, até a Constituição de 1988, não havia disposição alguma específica sobre a hierarquia de normas internacionais, e ela não versa bem sobre este assunto. Outras constituições revelam-se mais explícitas e precisas. O art. 6º, § 2º da Constituição estadunidense estabelece que "Esta Constituição e as leis complementares e todos os tratados já celebrados ou por celebrar sob a autoridade dos Estados Unidos constituirão a lei suprema do país; os juízes de todos os Estados serão sujeitos a ela, ficando sem efeito qualquer disposição em contrário na Constituição ou nas leis de qualquer dos Estados." E

---

3. E reproduzida em inteiro teor no art. 2º do Estatuto das Pessoas com Deficiência, Lei 13.146/2015.

a Constituição de 1983 do Reino dos Países Baixos dispõe: "Art. 94. As disposições legais em vigor no Reino deixarão de se aplicar quando colidirem com disposições de tratados obrigatórias para todas as pessoas ou com decisões de organizações internacionais". Ainda, a Constituição de 1958 da República Francesa prescreve: "Art. 55. Os tratados e acordos regularmente ratificados ou aprovados têm, a partir de sua publicação, uma autoridade superior à das leis, desde que respeitados pela outra parte signatária".[4] São textos bastante claros e deixam pouca margem de dúvida ao intérprete.

2.1 A hierarquia de tratados de direitos humanos

Na Constituição pátria, o problema da hierarquia de tratados internacionais se resume à hierarquia somente de tratados de direitos humanos, e o dispositivo não prima pela clareza. O art. 5º, § 2º,[5] que estabelece uma cláusula de abertura ao Direito Internacional dos Direitos Humanos, foi alvo de uma acirrada controvérsia sobre a hierarquia dos direitos fundamentais em tratados internacionais por mais de uma década, em razão do tratamento mais brando ao depositário infiel na Convenção Americana de Direitos Humanos. Se um tratado restringe uma restrição a um direito fundamental, restrição esta de origem constitucional, ele deve prevalecer ou não? Cumpre salientar que, desde 1988 até hoje, esta controvérsia em si não foi resolvida, mas foi silenciada, e ninguém mais se debruça sobre este dispositivo.

Sob a égide do art. 5º, § 2º, vários importantes diplomas internacionais sobre direitos humanos em vigor foram incorporados no direito brasileiro: o Pacto Internacional sobre Direitos Econômicos, Sociais e Culturais, o Pacto Internacional sobre Direitos Civis e Políticos[6] e a própria Convenção Americana sobre Direitos Humanos.[7] Diante do silêncio constitucional, a doutrina e a jurisprudência nacionais, então, procuraram definir o *status* dos tratados internacionais sobre direitos humanos no ordenamento brasileiro, e, segundo Galindo,[8] surgiram quatro correntes sobre o tema, que também foram identificadas no julgamento, pelo plenário do Supremo Tribunal Federal, do Recurso Extraordinário 466.343/SP, pelo Ministro Gilmar Mendes.

A primeira posição atribuía aos tratados de direitos humanos hierarquia legal. Após a promulgação da Constituição Federal de 1988 e antes da Emenda Constitucional 45/2004, o plenário do Supremo Tribunal Federal firmou esta concepção nos seguintes julgamentos: *Habeas Corpus* 72.131/RJ (de 23.11.1995), Medida Cautelar na Ação Direta de Inconstitu-

---

4. Tradução livre.
5. Art. 5º, § 2º: Os direitos e garantias expressos nesta Constituição não excluem outros decorrentes do regime e dos princípios por ela adotados, ou dos tratados internacionais em que a República Federativa do Brasil seja parte.
6. Ambos aprovados pelo Decreto Legislativo 226, de 12 de dezembro de 1991, e promulgados pelo Decreto 591, de 6 de julho de 1992.
7. Aprovada pelo Decreto Legislativo 27, de 26 de maio de 1992, e promulgada pelo Decreto 678, de 6 de novembro de 1992.
8. GALINDO, George Rodrigo Bandeira. *Tratados internacionais de direitos humanos e constituição brasileira*, p. 251-284.

cionalidade 1.480/DF (de 04.09.1997), *Habeas Corpus* 76.561/SP (27/05/1998), Recurso Extraordinário 206.482/SP (de 27/05/1998), Recurso Ordinário em *Habeas Corpus* 79.785/RJ (de 29.03.2000), *Habeas Corpus* 81.319/GO (de 24.04.2002), *Habeas Corpus* 87.585/TO e 92.566/SP e Recursos Extraordinários 349.703/RS e 466.343/SP (todos de 03.12.2008).

Este entendimento harmonizava-se com o célebre julgamento da RE 80.004/1977, que estabeleceu a paridade entre tratados internacionais e lei ordinária. Não considerava que tratados de direitos humanos deveriam receber tratamento diferente. "Assim, por exemplo, as normas do Pacto de São José da Costa Rica, a que adere o Brasil, não prevaleceriam sobre o direito constitucional positivo brasileiro. Teriam apenas a força de legislação ordinária".[9] Também esta era a opinião do Ministro Alexandre de Moraes: "as normas previstas nos atos, tratados, convenções ou pactos internacionais devidamente aprovadas pelo Poder Legislativo e promulgadas pelo Presidente da República, inclusive quando preveem normas sobre direitos fundamentais, ingressam no ordenamento jurídico como atos normativos infraconstitucionais".[10] Todos as espécies de tratados seriam, portanto, passíveis de controle de constitucionalidade.

A segunda corrente considerava o art. 5º, § 2º uma verdadeira cláusula de abertura da Constituição ao Direito Internacional dos Direitos Humanos, e os direitos consagrados em tratados devidamente ratificados, visto constituírem norma materialmente constitucional, integrariam o chamado "bloco de constitucionalidade". Cabe observar que estas normas não poderiam ser alteradas sequer por emenda constitucional posterior à ratificação do tratado de direitos humanos, uma vez que direitos e garantias fundamentais fazem parte do rol de cláusulas pétreas (art. 60, § 4º, IV).

Esta posição sempre foi majoritária entre doutrinadores, e importantes nomes, como, entre outros, Flávia Piovesan, André de Carvalho Ramos, George Galindo, Valério Mazzuoli e Ingo Sarlet, engrossavam as suas fileiras. Porém, o primeiro (e mais renomado) defensor é Antônio Augusto Cançado Trindade:

> se, para os tratados internacionais em geral, se tem exigido a intermediação pelo Poder Legislativo de ato com força de lei de modo a outorgar a suas disposições vigência ou obrigatoriedade no plano do ordenamento jurídico interno, distintamente no caso dos tratados de proteção internacional dos direitos humanos em que o Brasil é Parte os direitos fundamentais neles garantidos passam, consoante os artigos 5(2) e 5(1) da Constituição Brasileira de 1988, a integrar o elenco dos direitos constitucionalmente consagrados e direta e imediatamente exigíveis no plano do ordenamento jurídico interno.[11]

Cançado Trindade foi de fato o "mentor intelectual" do art. 5º, § 2º.[12] Em verdade, embora muitos não tivessem entendido dessa maneira, para este autor, não seriam

---

9. FERREIRA FILHO, Manoel Gonçalves. *Direitos Humanos Fundamentais*, p. 102.
10. MORAES, Alexandre de. *Direito Constitucional*, p. 691-692.
11. CANÇADO TRINDADE, Antônio Augusto. *Tratado de direito internacional dos direitos humanos*, v. I, p. 513.
12. A palestra proferida pelo então Consultor Jurídico do Itamaraty Antônio Augusto Cançado Trindade na Assembleia Constituinte, no ano de 1987, encontra-se em Assembleia Nacional Constituinte. Comissão da Soberania e dos Direitos e Garantias do Homem e da Mulher. Subcomissão dos Direitos Políticos e Garantias Individuais. Disponível em: http://www.senado.leg.br/publicacoes/anais/constituinte/1c_Subcomissao_Da_Nacionalidade,_Dos_Direitos_Politicos,.pdf. Acesso em: 12 jun. 2020.

os tratados internacionais que teriam *status* constitucional, mas os *direitos humanos* consagrados nesses tratados. Nem todas as normas de um tratado de direitos humanos versam sobre direitos humanos, e não faria sentido que normas que dispusessem sobre a criação e o funcionamento de um órgão internacional ou sobre o processo de adesão àquele tratado tivessem hierarquia constitucional. Ademais, mesmo tratados que não são especificamente sobre direitos humanos podem conter algum direito humano, e este dispositivo particular que encerrasse referido direito também entraria com *status* constitucional, por se tratar de norma materialmente constitucional. Seria, portanto, uma hierarquia da *substância* (direitos humanos), não da *forma* (tratado internacional).

Essa distinção, contudo, foi percebida por poucos, e a corrente, como um todo, recebeu pouca adesão nos tribunais. No Supremo Tribunal Federal, apenas o Ministro Carlos Velloso a subscreveu em seus votos.[13]

Uma terceira corrente preconizava a hierarquia supraconstitucional dos tratados de direitos humanos. À época foi defendida somente por Celso de Albuquerque Mello[14] e nunca encontrou respaldo jurisprudencial. O seu raciocínio não difere muito da corrente anterior – o art. 5º, § 2º constituiria uma cláusula de abertura que conferiria hierarquia constitucional aos direitos humanos consagrados em tratados – com o argumento adicional que o art. 5º, § 2º representaria também a adesão ao monismo internacionalista.[15]

Uma última corrente defendia que tratados de direitos humanos deveriam possuir *status* supralegal. Trata-se de uma hierarquia muito curiosa, que a rigor não existe em nenhuma norma criada pelo legislador ordinário, mas esta posição influenciou muito o constitucionalismo latino-americano. A Constituição da Costa Rica de 1949 (art. 7) e a Constituição do Equador de 1998 (arts. 163 e 274), a título de exemplo, consagram-na. Ela confere alguma abertura ao Direito Internacional dos Direitos Humanos, mas ainda consegue submeter tratados internacionais ao controle de constitucionalidade.

Entre nós, o primeiro a defendê-la foi o Ministro Sepúlveda Pertence em seu voto, na sessão plenária do STF, no julgamento do Recurso Ordinário em Habeas Corpus 79.785/RJ em 29 de março de 2000. Ele começa o voto ao ressaltar o entendimento unânime do STF que "recusa a prevalência sobre a Constituição de qualquer convenção internacional". Ainda, segundo o Ministro, a Constituição sequer precisaria afirmar isso expressamente, uma vez que admite o controle de constitucionalidade de tratados internacionais (art. 102, III, b). Contudo, não consegue aceitar o entendimento majoritário do STF sobre a paridade entre tratado e lei, uma vez que

---

13. Vide *Habeas Corpus* 72.131/RJ, j. 23 nov. 1995, p. 70-71; Medida Cautelar na Ação Direta de Inconstitucionalidade 1.480/DF, j. 4 nov. 1997, p. 104-107, 112-114 e 120; Recurso Extraordinário 206.482/SP, j. 27 maio 1998, p. 39-40; e Recurso Ordinário em *Habeas Corpus* 79.785/RJ, j. 29 mar. 2000, p. 40-41.
14. MELLO, Celso de Albuquerque. O § 2º do art. 5º da Constituição Federal. In: TORRES, Ricardo Lobo (Org.). *Teoria dos direitos fundamentais*, p. 25.
15. MELLO, Celso de Albuquerque. O § 2º do art. 5º da Constituição Federal. In: TORRES, Ricardo Lobo (Org.). *Teoria dos direitos fundamentais*, p. 25-26.

> Na ordem interna, direitos e garantias fundamentais o são, com grande frequência, precisamente porque – alçados ao texto constitucional – se erigem em limitações positivas ou negativas ao conteúdo das leis futuras (...). Se assim é, à primeira vista, parificar às leis ordinárias os tratados a que alude o art. 5º, § 2º, da Constituição, seria esvaziar de muito do seu sentido útil a inovação, que, malgrado os termos equívocos do seu enunciado, traduziu uma abertura significativa ao movimento de internacionalização dos direitos humanos. (...) tendo assim (...) a aceitar a outorga de força supralegal às convenções de direitos humanos (...).[16]

Esta opinião se tornaria predominante, no Brasil, para os tratados de direitos humanos ratificados antes da EC. 45/2004 e sem passar pelo quórum estabelecido no art. 5º, § 3º.[17] Este dispositivo foi introduzido dezesseis anos após a promulgação da constituição para solucionar o problema da hierarquia titubeante dos tratados de direitos humanos. O art. 5º, §2º, que era o único dispositivo que regulava a matéria originalmente, quando foi posto à prova pelo problema da incompatibilidade entre as disciplinas do depositário infiel na Constituição e no Pacto de San José da Costa Rica, gerou uma controvérsia jurisprudencial que não se dirimiu: se a cláusula de abertura ao Direito Internacional dos Direitos Humanos ali contida poderia conferir sempre *status* constitucional a um direito humano convencional mesmo se ele estivesse em desacordo com uma norma constitucional expressa. Os tribunais brasileiros e o próprio STF restaram divididos. Então, o legislador constituinte, com o § 3º, procurou encerrar o debate ao exigir que o referendo do Congresso Nacional nos tratados de direitos humanos possuísse o mesmo quórum das emendas constitucionais. Assim, quando uma norma convencional versar sobre direitos humanos – o qual consiste num tema materialmente constitucional –, ela deverá ser aprovada com muita dificuldade, por verdadeira manifestação do Poder Constituinte Reformador, e, por conseguinte, a norma deverá tornar-se também formalmente constitucional. Num país de constituição rígida como o Brasil, há uma lógica bastante circular neste argumento.

Todavia, a Convenção Americana de Direitos Humanos foi aprovada muito antes de 2004 e de existir a necessidade deste quórum qualificado. A questão, portanto, não havia sido abordada por completo e precisaria esperar ainda mais quatro anos. Então, em 3 de dezembro de 2008, o plenário do Supremo Tribunal Federal julgou quatro processos (*Habeas Corpus* 87.585/TO e 92.566/SP e Recursos Extraordinários 349.703/RS e 466.343/SP) que encerrou o problema da prisão civil do depositário infiel, e criou uma hierarquia inédita no Direito Brasileiro para os tratados de direitos humanos anteriores à EC 45/2004, a da supralegalidade. Segundo o Ministro-Relator dos casos Gilmar Mendes, o art. 5º, § 3º, por um lado, esvaziou a tese da hierarquia constitucional dos tratados de direitos humanos anteriormente incorporados no nosso ordenamento jurídico, ao exigir um quórum diferenciado (o mesmo das emendas constitucionais) para alcançar esse *status*. Por outro lado, essa alteração ressaltou o caráter especial dos tratados de direitos

---

16. Supremo Tribunal Federal. Recurso Ordinário em *Habeas Corpus* 79.785/RJ, j. 29 mar. 2000, p. 21-22.
17. Art. 5º, § 3º: Os tratados e convenções internacionais sobre direitos humanos que forem aprovados, em cada Casa do Congresso Nacional, em dois turnos, por três quintos dos votos dos respectivos membros, serão equivalentes às emendas constitucionais.

humanos em relação aos demais tratados, conferindo-lhes lugar único no ordenamento jurídico: abaixo da Constituição e acima da legislação infraconstitucional.[18]

Assim, após vinte anos da promulgação da Constituição, apesar de muitas críticas, a hierarquia dos tratados de direitos humanos na ordem brasileira parecia ter sido finalmente resolvida. É claro que houve algumas baixas no decorrer do caminho. A primeira e mais importante é o fato de se ter criado uma hierarquia plural de direitos humanos no ordenamento nacional: os direitos já previstos na Constituição possuem *status* constitucional e não podem ser alterados pelo Poder Constituinte Reformador, os que forem introduzidos por tratados de direitos humanos que passaram pelo quórum diferenciado têm *status* de emenda constitucional, e os que constarem de tratados de direitos humanos que foram aprovados pelo quórum de maioria simples possuem hierarquia supralegal. Para os que defendem a unidade dos direitos humanos, esta situação representa verdadeiro sacrilégio. Mas, mesmo para os que não defendem a unidade, o resultado final da hierarquia também parece um tanto estranho: no Brasil, a Convenção contra o Genocídio possui *status* supralegal, e a Convenção Internacional sobre os Direitos das Pessoas com Deficiência hierarquia constitucional.

Outra casualidade foi o art. 5º, § 2º, que, embora lembrado por alguns saudosistas, tornou-se de fato letra morta nas decisões do STF. Na nova sistemática, não há mais necessidade de se referir a ele. A ideia de cláusula de abertura ao DIDH e a sutil distinção entre direitos humanos contidos em tratados e não tratados de direitos humanos não mais parece ter lugar. O debate foi resolvido. Ou não?

2.2 A incorporação da Convenção Internacional sobre os Direitos das Pessoas com Deficiência

A discussão, de fato, encerrou-se, mas o problema não. Após uma década da invenção da supralegalidade, o Congresso Nacional parece não saber o que fazer do art. 5º, § 3º. Em agosto de 2009, o Parlamento valeu-se do quórum qualificado do dispositivo para aprovar a Convenção Internacional sobre os Direitos das Pessoas com Deficiência, bem como o seu Protocolo Facultativo.[19] Em 2016, contudo, referendou outro tratado de direitos humanos, a Convenção Internacional para a Proteção de Todas as Pessoas contra o Desaparecimento Forçado, por maioria simples. Cabe lembrar que, em 8 de outubro 2018, o Brasil incorporou o Tratado de Marraqueche para facilitar o Acesso a Obras Publicadas às Pessoas Cegas, com Deficiência Visual ou com Outras Dificuldades para ter Acesso ao Texto Impresso, pelo Decreto 9.522/2018, também aprovado pelo procedimento do art. 5º, § 3º, da Constituição Federal. Além desta convenção multilateral, diversos outros acordos de cooperação bilateral sobre direitos humanos foram aprovados, mas sem o recurso ao art. 5º, § 3º.

---

18. Vide Recurso Extraordinário 349.703/RS, j. 3 dez. 2008, pp. 43-46, 51-54, 59-60 e 90; e Recurso Extraordinário 466.343/SP, j. 3 dez. 2008, p. 39-42, 47-50, 55-56 e 86.
19. Ambos os tratados foram aprovados pelo Decreto Legislativo 186 de 9 de julho de 2008 e ratificados pelo Decreto Presidencial n. 6949 de 25 de agosto de 2009.

O comedimento no emprego do quórum qualificado não se deve a uma preferência pela hierarquia supralegal, mas a um receio de alterar a Constituição por causa de tratados menos populares. Pelo que se depreende dos debates parlamentares,[20] a escolha por uma ou a outra hierarquia parece pertencer exclusivamente ao Poder Executivo: se o tratado for enviado ao Congresso Nacional com uma nota para seguir o trâmite mais difícil, ele o será; porém, no silêncio da tramitação, o tratado será automaticamente submetido ao quórum de maioria simples.

No caso da Convenção Internacional sobre os Direitos das Pessoas com Deficiência, além da expressa escolha pelo quórum de emenda constitucional, preocuparam-se as autoridades ainda com a compatibilização do tratado com o Direito Brasileiro, como se depreende pela promulgação de lei com o mesmo teor e das diversas decisões dos tribunais que regulam a sua aplicação como se verá a seguir. Em outras palavras, o tratado parece ter criado uma nova sistemática de regulação, como se fosse um novo ramo do Direito Brasileiro, ou uma nova codificação.

3. A CONVENÇÃO INTERNACIONAL SOBRE OS DIREITOS DAS PESSOAS COM DEFICIÊNCIA NO DIREITO BRASILEIRO

Diante de todas as controvérsias sobre a posição dos tratados na hierarquia das leis brasileiras, a Convenção Internacional sobre Direitos das Pessoas com Deficiência parece, em um primeiro momento, estar em situação privilegiada. Primeiramente, por versar sobre direitos humanos de um grupo particularmente vulnerável; trata-se de diploma com forte apelo em relação à importância e a abrangência de seu conteúdo, inclusive em comparação com outras convenções que tratam da acessibilidade e inclusão das pessoas com deficiência.[21] Por fim, por ser temporalmente posterior à Emenda Constitucional 45 e ter se submetido ao procedimento de internalização com aprovação de quórum qualificado, tal como previsto no art. 5, § 3º, da Constituição, e, assim, possuir hierarquia constitucional.[22] Esta Convenção, portanto, teria formalmente todas as condições de se incorporar ao ordenamento brasileiro sem sobressaltos e de estar apta a submeter às leis infraconstitucionais em desarmonia com seus mandamentos a um controle de convencionalidade.[23]

---

20. *Diário da Câmara dos Deputados*, ano LXIII, n. 069, quarta-feira, 14 de maio de 2008 – Brasília-DF, p. 20335-20338. Disponível em http://imagem.camara.gov.br/Imagem/d/pdf/DCD14MAIO2008.pdf#page=. Acesso em: 12 jun. 2020.
21. Por exemplo, o Tratado de Marraqueche para facilitar o Acesso a Obras Publicadas às Pessoas Cegas, com Deficiência Visual ou com Outras Dificuldades para ter Acesso ao Texto Impresso é dificilmente é lembrado nas discussões jurídicas, embora seja outro tratado de direitos humanos aprovado pelo procedimento do art. 5º, § 3º, da Constituição Federal.
22. FEIJÓ, Alexsandro Rahbani Aragão e LEITE, Flávia Piva Almeida. A Convenção das Nações Unidas sobre o direito a Acessibilidade das Pessoas com deficiência no Brasil e na Argentina. Direito internacional dos direitos humanos I [Recurso eletrônico on-line] organização CONPEDI/ UFMG/FUMEC/Dom Helder Câmara; coordenadores: Cecilia Caballero Lois, Daniela da Rocha Brandão, Samantha Ribeiro Meyer-pflug. Florianópolis: CONPEDI, 2015. 2015, p. 227.
23. A expressão "controle de convencionalidade" remonta a uma decisão do Conselho Constitucional francês, na Decisão 74-54 DC, de 15 de janeiro de 1975, e consiste na verificação da conformidade de ato administrativo,

Nesta mesma lógica, a criação do Estatuto das Pessoas com Deficiência seria, a princípio, desnecessária se fosse para repetir os mandamentos da Convenção Internacional sobre os Direitos das Pessoas com Deficiência e de seu protocolo facultativo, ambos devidamente internalizados. Justificar-se-ia uma lei ordinária para dar efetividade às disposições genéricas ou enunciadas em forma de diretrizes. Mas sua importância transcende a esta questão tanto pelo fato de ter sido o veículo através da qual a Convenção Internacional se deu a conhecer no âmbito do direito privado, bem como pelo fato de ter feito um trabalho cuidadoso, revogando normas internas incompatíveis com a Convenção ou criando novas para com ela compatibilizar-se.

Por outro lado, as razões para considerar a Convenção Internacional das Pessoas com Deficiência em posição privilegiada são pertinentes e verificam-se na prática, sobretudo em relação às decisões que compatibilizam a sua aplicação com a Constituição Federal. O mesmo não se pode dizer em relação à Convenção e ao Estatuto com as demais normas de direito privado, sobretudo com o Código Civil. Neste caso, o que se observa é um grande número de controvérsias gerado na aplicação no âmbito interno tanto da Convenção Internacional, quanto pelo seu respectivo Estatuto, como veremos a seguir.

3.1 A compatibilização da Convenção Internacional com a Constituição Federal

O Supremo Tribunal Federal teve oportunidade de manifestar-se inúmeras vezes sobre a compatibilização do disposto na Convenção Internacional sobre os Direitos das Pessoas com Deficiência e da Constituição Federal, notadamente em relação a políticas públicas de inclusão e acessibilidade, em ramos como a educação, o transporte e o acesso a prédios públicos.

Um dos julgados mais conhecidos neste âmbito é o que determina o oferecimento de professores especializados em Libras para educação de pessoas com deficiência auditiva e surdas[24] em uma situação concreta. Neste caso, tanto a Constituição Federal (art. 203, IV), que prevê a inclusão da pessoa com deficiência, quanto a Convenção Internacional (art. 24, 3, "c"), que determina a promoção da linguagem de sinais, foram interpretadas de forma compatível a fim de produzir o resultado em prol do demandante.[25]

---

legislativo ou judicial com as disposições de tratado internacional de direitos humanos realizada tanto por tribunal internacional quanto por de juízes internos. (Vide: MAZZUOLI, Valério de Oliveira. *Controle Jurisdicional da Convencionalidade das Leis.* 5. ed. São Paulo: Forense, 2018).

24. Embora possa parecer expressões redundantes, deficiência auditiva e surdez não são sinônimos e diferenciam-se pela profundidade da perda auditiva. As pessoas que têm perda profunda, e não escutam nada, são surdas. Já as que sofreram uma perda leve ou moderada, e têm parte da audição, são consideradas deficientes auditivas.

25. O caso teve a seguinte ementa: "Agravo regimental em recurso extraordinário com agravo. 2. Direito Constitucional. Educação de deficientes auditivos. Professores especializados em Libras. 3. Inadimplemento estatal de políticas públicas com previsão constitucional. Intervenção excepcional do Judiciário. Possibilidade. Precedentes. 4. Cláusula da reserva do possível. Inoponibilidade. Núcleo de intangibilidade dos direitos fundamentais. 5. Constitucionalidade e convencionalidade das políticas públicas de inserção dos portadores de necessidades especiais na sociedade. Precedentes. 6. Ausência de argumentos suficientes a infirmar a decisão recorrida. 7. Agravo regimental a que se nega provimento" (STF. Segunda Turma. ARE 860979 AgR / DF. Rel. Min. Gilmar Mendes. J. em: 14.04.2015).

Esta decisão é comentada em livros e artigos especializados, tal como o de Valério Mazzuoli,[26] como exemplo de aplicação do controle de convencionalidade. No entanto, este próprio autor adverte para a impropriedade da expressão "portadores de necessidades especiais" utilizada no acórdão. De fato, tampouco a expressão constitucional "pessoas portadoras de deficiência" está de acordo com a Convenção Internacional que utiliza a expressão pessoas com deficiência, após longo debate com teóricos e com os próprios envolvidos.[27]

Ainda no tema da educação, um outro julgado pertinente, da lavra do Ministro Edson Fachin, versou sobre a inclusão das pessoas com deficiência no ambiente de sala de aula, ao invés de segregá-los em espaços de aprendizado especiais. Esta discussão é particularmente relevante em situação de deficiência sensorial e mental, pois há necessidade de recursos pedagógicos e/ou tecnologias para a promoção de sua inclusão nas atividades discentes. A decisão do julgado foi pela manutenção da medida de inclusão como forma de promover a igualdade, harmonizando os mandamentos constitucionais e convencionais.[28]

Um segundo grupo de julgados, diz respeito a acessibilidade para pessoas com deficiência.[29] Dentre estes destaca-se a Ação Direta de Inconstitucionalidade 2649, julgada improcedente, reconhecendo a constitucionalidade da Lei 8.899, de 29 de junho de 1994, que concede passe livre às pessoas com deficiência, comprovadamente carentes, em transporte público intermunicipal. Em seu voto, a relatora, Min. Cármen Lúcia Rocha, referiu o fato de o Brasil ter assinado a Convenção Internacional das Pessoas com Deficiência e, consequentemente, ter se comprometido a implementar medidas para dar efetividade ao ajustado. Na ocasião, afirmou ser a Lei 8.899/94 parte das políticas públicas para inserir as pessoas com deficiência na sociedade, objetivando "a igualdade de oportunidades e a humanização das relações sociais, em cumprimento aos fundamentos da República de cidadania e de dignidade da pessoa humana, o que se concretiza pela definição de meios para que eles sejam alcançados" (STF. Tribunal Pleno. ADI 2649, rel. min. Cármen Lúcia Rocha, j. em 08.05.2008).

Ainda no que diz respeito à compatibilização das normas convencionais, constitucionais e ordinárias, destaca-se o julgado em um Recurso Extraordinário, com relatório do Min. Gilmar Mendes, que condenou do Estado de São Paulo em uma obrigação de fazer em escola pública, incluindo a construção de rampas e de banheiros acessíveis. A decisão foi pela procedência do pedido formulado inicialmente pelo Ministério Público Estadual.[30]

---

26. MAZZUOLI, Valério de Oliveira. *Controle Jurisdicional da Convencionalidade das Leis*. 5. ed. São Paulo, Forense, 2018. p. 203.
27. Sobre o tema vide BARCELLOS, Daniela Silva Fontoura de e DULLIUS, Adriana Cristina. Adriana Cristina. Das motivações à efetividade: a capacidade civil das pessoas com deficiência do Código Civil e sua alteração pela Lei 13.146/2015. In: CRUZ, André Viana da; TOLEDO, Claudia Mansani Queda de; RODRIGUES Junior, Otavio Luiz.. (Org.). *Direito Civil Constitucional*. Florianópolis: Conpedi, 2017, v. 1, p. 1.
28. STF. Tribunal Pleno. ADI 5357. MC-Ref. rel.: Edson Fachin. J. em: 11.11.2016.
29. Em que pese a lei se destinar a todas as pessoas com deficiência, tal dispositivo destina-se sobretudo a facilitar a mobilidade das pessoas com deficiência física, uma vez que o transporte deverá estar devidamente adaptado.
30. "Prédio público – Portador de necessidade especial – Acesso. A Constituição de 1988, a Convenção Internacional sobre Direitos das Pessoas com Deficiência e as Leis federais 7.853/89, 5.500/86 e 9.086/95 estas duas do Estado

Com isso, percebe-se que o Supremo, de fato, incorporou a Convenção Internacional sobre os Direitos das Pessoas com Deficiência com a Constituição Federal no bloco de constitucionalidade brasileiro, e tem afastado a aplicação de leis e outras normas infraconstitucionais com base no tratado, com relativa facilidade e sem maior controvérsia.

3.2 O Estatuto da Pessoa com Deficiência como norma decorrente da Convenção

A tarefa de dar a conhecer o conteúdo da Convenção Internacional sobre os Direitos das Pessoas com Deficiência e de adaptar as demais normas internas brasileiras ao seu teor, parece ter sido a missão preponderante do Estatuto da Pessoa com Deficiência (EPD). Em linhas gerais, o texto da Convenção Internacional sobre os Direitos das Pessoas com Deficiência externa preocupação com o respeito pela diferença e com a inclusão das pessoas com deficiência, buscando eliminar a discriminação, promover igualdade de oportunidades e a acessibilidade, garantindo-se plena e efetiva participação na sociedade por meio de diversas outras medidas, incluindo a conscientização e o combate a preconceitos e a proibição de qualquer tipo de exploração.

O Estatuto da Pessoa com Deficiência reproduz em grande parte o texto da Convenção Internacional sobre os Direitos das Pessoas com Deficiência, mas vai além. Estabelece regras precisas para viabilizar a acessibilidade e a inclusão no plano interno e realiza a adaptação cuidadosa da legislação nacional aos mandamentos convencionais. Para isso, acrescenta novas normas e/ou revoga expressamente trechos das seguintes leis: Código Eleitoral, Consolidação das Leis Trabalhistas, Código Civil, Código de Defesa do Consumidor, Código de Trânsito Brasileiro, Estatuto da Cidade, Lei 7.853/89,[31] Lei 8.036/90,[32] Lei 8.666/93,[33] Lei 8.313/91,[34] Lei 8.2133/91,[35] Lei 8.249/92,[36] Lei 8.742/93,[37] Lei 9.029/95,[38] Lei 9.250/95,[39] Lei 9.615/98,[40] Lei 10.048/00,[41] Lei 10.098/00[42] e Lei 12.587/12.[43]

Este cuidadoso elenco realizado pelo Estatuto, todavia, não conseguiu evitar o conflito de leis. Isto porque o novo Código de Processo Civil, Lei 13.105/15, foi promulgado

---

de São Paulo asseguram o direito dos portadores de necessidades especiais ao acesso a prédios públicos, devendo a Administração adotar providências que o viabilizem" (STF. Primeira Turma, RE 440.028/SP. rel. min. Gilmar Mendes. j. em 29.10.2013).
31. Dispõe sobre o apoio às pessoas portadoras de deficiência, sua integração social...
32. Lei do FGTS.
33. Lei das Licitações.
34. Lei do PRONAC.
35. Dispõe sobre os Planos de Benefícios da Previdência Social.
36. Dispõe sobre as sanções aplicáveis aos agentes públicos nos casos de enriquecimento ilícito no exercício de mandato, cargo, emprego ou função na administração pública direta, indireta ou fundacional.
37. Lei da Assistência Social.
38. Lei contra práticas discriminatórias nas relações de trabalho.
39. Lei do Imposto de Renda.
40. Lei do Desporto.
41. Lei do atendimento prioritário.
42. Lei de acessibilidade.
43. Institui as diretrizes da Política Nacional de Mobilidade Urbana.

posteriormente ao Estatuto da Pessoa com Deficiência, mas sem as necessárias adaptações. Sendo assim, ainda que temporariamente, a possibilidade de a própria pessoa com deficiência requerer a curatela, inserida pelo no art. 1.768 do CC pelo EPD foi revogada pelo art. 1.702, II do CPC. De fato, na redação em vigor do CPC, não há possibilidade de ingresso de ação de curatela pelo próprio interessado, sendo necessária a solução deste problema, via projeto de lei, que insira novo inciso no artigo 747, prevendo o interessado como legitimado para ingresso da respectiva ação de interdição.[44]

Mas em relação do sistema de direito privado brasileiro, sem dúvida, a maior alteração da Convenção Internacional foi a mudança no regime das capacidades do direito brasileiro. O art. 114 do estatuto da Pessoa com Deficiência, em harmonia com a Convenção, alterou os arts. 3º e 4º do Código Civil. Com a nova redação, o modelo legislativo passa a utilizar dois critérios para a determinação da incapacidade: o etário e o psicológico.

A incapacidade decorrente do critério cronológico possui determinação objetiva, uma vez que depende meramente da comprovação da idade da pessoa.[45] Com base neste critério, considerou-se toda a pessoa com idade inferior a 16 anos absolutamente incapazes (art. 3º do CC); as pessoas entre 16 e 18 anos incompletos, relativamente capazes (art. 4º, I, do CC) e os acima de 18 anos, plenamente capazes (art. 5º do CC).

Já a incapacidade oriunda do critério psicológico, por ser de caráter subjetivo, passa a ser considerada medida excepcional, havendo exigência de seu reconhecimento judicial, via ação de curatela. É o previsto no art. 4º, *in verbis* (com redação dada pela Lei 13.146/2015):

> Art. 4º São incapazes, relativamente a certos atos ou à maneira de os exercer:
>
> I – os maiores de dezesseis e menores de dezoito anos;
>
> II – os ébrios habituais e os viciados em tóxico;
>
> III – aqueles que, por causa transitória ou permanente, não puderem exprimir sua vontade;
>
> IV – os pródigos.

Sendo assim, no que diz respeito ao exercício dos direitos da vida civil, uma das importantes alterações trazidas pela CPDD e incorporadas pelo direito interno brasileiro foi o fato de não mais considerar uma pessoa com deficiência mental ou intelectual automaticamente inserta no rol dos incapazes.[46] Esta dissociação entre deficiência e incapacidade é um passo importante na concretização das premissas valorativas da CPDD, especialmente a promoção da igualdade e da autonomia das pessoas com deficiência.

---

44. REQUIÃO, Maurício. *Estatuto da Pessoa com Deficiência, incapacidades e interdição*. Salvador: JusPodivm, 2016. p. 164.
45. FARIAS, Cristiano Chaves de; CUNHA, Rogério Sanches; PINTO, Ronaldo Batista. *Estatuto da Pessoa com Deficiência Comentado artigo por artigo*. 2. rev., ampl. e atual. Salvador: JusPodivm, 2016. p. 241.
46. REQUIÃO, Maurício. *Estatuto da Pessoa com Deficiência, incapacidades e interdição*. Salvador: JusPodivm, 2016. p. 162.

Neste sentido, também é possível mensurar o grau de intervenção na ação de curatela, caso haja necessidade de auxílio no âmbito negocial, a pessoa com deficiência mental, intelectual ou múltipla poderá fazer-se valer da tomada de decisão apoiada, instituto jurídico de cunho facultativo e à disposição da pessoa com deficiência sempre que a mesma achar necessário (art. 84, § 2º, do EPD).

Dentre as principais desvantagens nas esferas negocial trazidas através do reconhecimento da capacidade plena das pessoas com deficiência estão: a celebração de negócios jurídicos sem nenhuma restrição, e a aplicação do regime de invalidades dos negócios jurídicos, que passa a ser de nulidade relativa e nunca será absoluta. Ademais, a obrigação de indenizar prevista no art. 928 do CC deixa de ser subsidiária e passa a ser integral.

Outra consequência, extremamente danosa, da modificação decorrente do Estatuto do Deficiente é o afastamento da regra protetiva prevista no art. 198, inciso I, do Código Civil, que impede a prescrição contra os incapazes previstos no art. 3º do Código Civil. Ou seja, a partir da alteração legislativa ora em análise, correm contra as pessoas com deficiência intelectual, mental ou múltipla todos os prazos prescricionais previstos na legislação cível. Mas tais problemas devem ser resolvidos sem deixar de observar os mandamentos da Convenção.

Outra possibilidade trazida pelo Estatuto da Pessoa com Deficiência e incorporada no art. 1775-A do Código Civil, é a curatela compartilhada. Tal modalidade já vem sendo aplicada jurisprudencialmente, tendo em vista o melhor interesse do interditando. É o que aconteceu no processo de número 21.91636-02.2015.8.26.0000 que tramita na comarca de Barueri em que duas irmãs de um interditando tiveram pedido de aditamento de petição inicial, indicando apenas uma delas como curadora, sob pena de indeferimento da inicial. As irmãs interpuseram Agravo de Instrumento em face de tal decisão, argumentando a ausência de vedação legal para o exercício de curatela compartilhada, alegando ainda que, na prática, já dividiam tarefas e custos necessários à sobrevivência do interditando. O desembargador relator, Claudio Godoy; mencionou o art. 1775-A do Código Civil e deu provimento ao recurso, entendendo que não havia qualquer indicativo de que a nomeação conjunta traria prejuízos ao interditando (BRASIL. Tribunal de Justiça de São Paulo. 1ª Câmara de Direito Privado. Foro de Barueri. 2ª Vara Cível. Agravo de Instrumento 2191636-02.2015.8.26.0000; Rel. Claudio Godoy; J. em 16.02.2016).

Após a análise das principais funções dos Estatuto das Pessoas com Deficiência à luz da Convenção Internacional sobre os Direitos das Pessoa com Deficiência e diante nas normas internas, passemos ao exame das decisões de compatibilização da Convenção Internacional com o Código Civil.

3.3 Decisões que compatibilizam a Convenção Internacional com o Código Civil

As decisões que compatibilizam a Convenção Internacional com o Código Civil são mediadas pelo Estatuto da Pessoa com Deficiência. Isso explica a ausência de julgados que mencionem a Convenção Internacional sobre os Direitos das Pessoas com

Deficiência e o Código Civil no âmbito do Supremo Tribunal Federal. Sendo assim, os julgados mais relevantes sobre o tema no país estão atualmente disponíveis no âmbito do Superior Tribunal de Justiça.

O maior destaque relativamente ao direito civil e as pessoas com deficiência foi a adaptação do regime das capacidades no Código Civil à Convenção Internacional. Esta se deu tanto pela revogação expressa bem como pela inclusão de novas redações e/ou novas normas no Código Civil, sempre mediadas pelo texto do Estatuto das Pessoas com Deficiência (vide todas elas no art. 114 do EPD). Estas alterações, incluíram o instituto da tomada de decisão apoiada, já explicado acima, e cujo alcance a jurisprudência está a delimitar.

Sendo assim, em um julgado da min. Nancy Andrighi, examinou-se a legitimidade de curador provisório em ajuizar ação de divórcio em nome do curatelado, antes mesmo da decretação de sua interdição por sentença. No caso concreto, houve o entendimento pela impossibilidade, tanto pelo caráter personalíssimo do pedido, como pela ausência de urgência e irreversibilidade da medida. Além disso, se considerou que o fato de a cônjuge possuir doença de Alzheimer ser irrelevante, uma vez que não havia sido examinado até aquele momento a possibilidade de adoção do procedimento de tomada de decisão apoiada, "preferível em relação à interdição e que depende da apuração do estágio e da evolução da doença e da capacidade de discernimento e de livre manifestação da vontade pelo cônjuge acerca do desejo de romper ou não o vínculo conjugal".[47]

Tal decisão é coerente com o princípio da autonomia das pessoas com deficiência, que por serem consideradas plenamente capazes na ordem civil, não admitem nenhuma espécie de restrição ao exercício da plena liberdade de seus direitos da personalidade.

4. CONCLUSÃO

Como visto, o Estatuto das Pessoas com Deficiência desempenha um papel muito importante de mediação entre a Convenção Internacional sobre os direitos das pessoas com Deficiência e as demais lei ordinárias. Primeiramente, para dar efetividade às disposições genéricas ou enunciadas em forma de diretrizes no âmbito da convenção.

Em segundo lugar, pelo fato de ter sido o veículo através da qual a Convenção Internacional se deu a conhecer no âmbito do direito privado. De fato, maioria dos magistrados e advogados que aplicam o conteúdo da Convenção Internacional sobre as Pessoas com Deficiência no âmbito privado só o fazem por estarem repetidos no Estatuto da Pessoa com Deficiência e que, por ser norma ordinária, é conhecida e respeitada. Assim, na aplicação cotidiana dos direitos humanos das pessoas com deficiência, no plano interno, apaga sua origem internacional e sua hierarquia constitucional, para aplicar-se a norma ordinária que frequentemente reproduz *ipsis litteris* a Convenção.

---

47. STJ. 3ª T. REsp 1645612/SP, Rel. Min. Nancy Andrighi j. em 16.10.2018.

Por fim, por ter feito um trabalho cuidadoso, de escrutínio das normas internas revogando aquelas que se demonstram com a Convenção e/ou criando novas para permitir a compatibilização. Assim, o controle da legalidade das normas frente à Convenção Internacional se dá através da mediação do Estatuto das Pessoas com Deficiência que harmoniza as normas em seus diferentes níveis hierárquicos.

Trata-se de uma forma de internalização que não houve com nenhum outro tratado até hoje: a convenção entrou em vigor, passou a integrar o bloco de constitucionalidade brasileiro (e, assim, afasta a aplicação de outras normas infraconstitucionais), foi inspiração para criar uma lei interna – que não se limitou a apenas reproduzi-lo, mas ampliou a sua aplicabilidade – e criou uma situação jurídica nova no Direito Civil Brasileiro (a dos direitos das pessoas com deficiência), obrigando outros diplomas, como o Código Civil e Código de Processo Civil, a se ajustarem a ele. Além da incorporação, procedeu-se entre nós uma harmonização total das demais normas com o tratado.

REVISÃO GERAL DO REGIME DAS INCAPACIDADES POR MEIO DO PARADIGMA DA VULNERABILIDADE: CONCRETIZANDO O PRINCÍPIO DA IGUALDADE

Daniela Corrêa Jacques Brauner

Sumário: 1. Introdução – 2. Da incapacidade à vulnerabilidade como paradigma de proteção – 3. Da exclusão à participação na sociedade – 4. Considerações finais.

1. INTRODUÇÃO

O Direito Privado moderno foi desenvolvido em função do paradigma da igualdade perante a lei,[1] sendo o Código Civil a verdadeira Constituição do homem comum.[2] Em razão dos princípios da igualdade e da liberdade, os indivíduos poderiam realizar contratos e se obrigarem, tendo o Estado como garantidor de que os pactos seriam cumpridos (*pacta sunt servanda*). O contrato era concebido como o encontro das igualdades. Essa igualdade formal fortalece a função jurígena da vontade sobre certos padrões sociais estabelecidos a partir dos institutos da família, da autonomia privada e da propriedade.

A igualdade, no Direito Privado, está elencada logo no primeiro artigo do Código Civil: "toda pessoa é capaz de direitos e deveres na ordem civil", seguindo a tradição dos Códigos modernos em conferir personalidade jurídica à totalidade dos indivíduos. Segundo Azevedo, trata-se de um verdadeiro manifesto da igualdade, querendo significar, todo homem, toda mulher, toda criança, todo idoso.[3] Essa personalidade jurídica se traduz na capacidade genérica de ser titular de direitos e deveres, participando de uma relação jurídica. O sujeito moderno, o contratante, é também o bom pai de família que analisa o seu ato com toda a lucidez que é necessária para agir com liberdade, de acordo com a sua vontade.[4]

A lei tratou de distinguir aqueles que poderiam contratar e cujo efeito da vontade poderia produzir contratos válidos, daqueles que não poderiam exercer a autonomia

---

1. JACQUES, Paulino. *Da igualdade perante a lei*. 2. ed. Rio de Janeiro: Forense, 1957, passim.
2. Assim Miguel Reale na apresentação do Projeto de Código Civil ao Ministro da Justiça em 1984. Apud AZEVEDO, Antonio Junqueira de. Crítica ao personalismo ético da Constituição da República e do Código Civil. Em favor de uma ética biocêntrica. In: AZEVEDO, Antonio Junqueira; TÔRRES, Heleno Taveira; CARBONE, Paolo. (Coord.) *Princípios do novo Código Civil brasileiro e outros temas*: Homenagem a Tulio Ascarelli. 2. ed. São Paulo: Quartier Latin, 2010, p. 20.
3. AZEVEDO, Princípios..., p. 20.
4. BOURRIER, Christophe. *La faiblesse d'une partie au contrat*. Louvain-La-Neuve: Bruylant-Academia, 2003, p. 31.

privada e, portanto, não participar dos atos da vida civil. Para esses, estabeleceu o instituto da incapacidade, fulminando de invalidade os negócios jurídicos por esses indivíduos praticados sem que fossem corretamente representados ou assistidos.

Nesse sentido, o estudo das incapacidades demonstra a maneira pela qual o Código Civil exclui esses indivíduos da realização de atos na vida civil para proteger o princípio da liberdade na sociedade. O Código elegia determinados grupos que não deveriam possuir capacidade de fato, conforme entendia que não teriam autonomia ou discernimento ou que a sua vontade deveria ceder em determinadas circunstâncias, como o caso da mulher casada. Com o tempo, o instituto da incapacidade foi se modificando, sendo que a primeira alteração veio com o Estatuto da Mulher Casada (Lei 4.121 de 1962), conferindo-lhe capacidade que havia sido negligenciada pelo então Código de 1916. A principal alteração ocorreu apenas no ano de 2015, com o Estatuto da Pessoa com Deficiência – Lei 13.146/2015 – que incorporou, no Brasil, a Convenção das Nações Unidas sobre os Direitos da Pessoa com Deficiência de 2007: um novo paradigma de inclusão e respeito a sua autonomia.

A perspectiva de alteração do foco do Direito Civil clássico para a proteção da pessoa enquanto tal, abandonando o viés meramente individualista e patrimonialista[5] e, portanto, como pessoa concreta, não significou o afastamento do paradigma de proteção. Esse paradigma de proteção é desenvolvido no princípio da vulnerabilidade, reconhecendo as diferenças entre os indivíduos e conferindo proteção legal na medida de suas diferenças. Conforme acentuam Marques e Miragem,[6] trata-se da incorporação do princípio da igualdade de Aristóteles: "tratar igualmente os iguais e desigualmente os desiguais." Refletindo sobre o tema, Mello questiona: "quem são os iguais e quem são os desiguais?"[7]

Essa é a grande questão do Direito Civil contemporâneo: abandonar a igualdade meramente formal para atingir uma igualdade material. A vulnerabilidade se contrapõe à análise tradicional do modelo liberal de igualdade,[8] com ênfase no Código Civil. O novo paradigma é pautado por princípios constitucionais, não apenas de proteção ao patrimônio, mas de proteção à pessoa, seus atos existenciais,[9] guiado pela influência dos direitos fundamentais.[10] Reconhece-se a diversidade enquanto valor na sociedade

---

5. Vide FACHIN, Luiz Edson. *Teoria crítica do direito civil*. Rio de Janeiro: Renovar, 2000, p. 77 et seq.
6. MARQUES, Claudia Lima; MIRAGEM, Bruno. *O novo direito privado e a proteção dos vulneráveis*. 2. ed. São Paulo: Ed. RT, 2014, p. 10.
7. MELLO, Celso Antônio Bandeira de. *O conteúdo jurídico do princípio da igualdade*. 3. ed. São Paulo: Malheiros, 2012, p. 11.
8. FINEMAN, Martha Alberston. The vulnerable subject: anchoring equality in the human condition. *Yale Journal of Law and Feminism*. v. 20, p. 1. New Haven, 2008.
9. MORAES, Maria Celina Bodin de. A constitucionalização do direito civil. *Revista de Direito Comparado Luso-brasileiro*, n. 17, p. 21 et seq. Rio de Janeiro, 1999.
10. Vide TEPEDINO, Gustavo. *Temas de direito civil-constitucional*. Rio de Janeiro: Renovar, 2003, passim. SARLET, Ingo Wolfgang. A influência dos direitos fundamentais no direito privado: notas sobre a evolução brasileira. In: GRUNDMANN, Stefan et al. (Org.). *Direito privado, constituição e fronteiras*. Porto Alegre/Brasília: Orquestra Editora, 2012, p. 35-58.

e, na diversidade, tutela-se as vulnerabilidades. A diversidade responde à premissa de liberdade, como fundamento do direito de ser diferente e ao respeito à diferença.[11]

Por isso, ao se analisar o instituto da capacidade, verifica-se que ele promove a exclusão de determinadas pessoas, cuja determinação ou autonomia não é reconhecida no Direito Privado. O regime de capacidade, ao tratar do sujeito enquanto objeto de proteção, distancia-se do respeito à sua personalidade, principalmente em relação à prática de atos existenciais. Por meio de uma carta branca para substituir a vontade do curatelado em todos os atos da vida civil, o curador se imiscui em assuntos existenciais, com poder para decidir sobre doação de órgãos, esterilização sem parcimônia, a título de exemplo.[12] É justamente na prática dos atos existenciais, por constituírem direitos inerentes à personalidade humana, que o regime de incapacidade se mostra inapto à proteção da pessoa.[13]

O movimento iniciado pelo Direito do Trabalho e Direito do Consumidor, com consideração a respeito da vulnerabilidade, influência também o Direito Privado contemporâneo, na consideração de outros grupos em que se reconhecem diferenças e fragilidades. Trata-se de assegurar, por meio do reconhecimento da vulnerabilidade e da diferença, uma atuação positiva do Estado.[14] Emerge, nesse cenário, o conceito de vulnerabilidade que invadiu a paisagem contemporânea.[15]

2. DA INCAPACIDADE À VULNERABILIDADE COMO PARADIGMA DE PROTEÇÃO

A ideia de vulnerabilidade não é totalmente nova no Direito, tendo sua aparição no Direito positivo inicialmente no Direito Penal, tanto como forma de agravante como na forma de elemento do tipo penal.[16] Essa vulnerabilidade se expande para o Direito Privado, levando em conta a proteção da pessoa em um ambiente voltado não tanto para o individualismo de outrora.

Se todos são iguais na forma, é preciso reconhecer suas diferenças concretas que merecem uma tutela de vulnerabilidade do Direito Privado. A autonomia ganha des-

---

11. MIRAGEM, Bruno. Direito à diferença e autonomia: proteção da diversidade no direito privado em relação ao exercício individual das liberdades sexual e religiosa. In: FERRAZ, Carolina Valença; LEITE, Glauber Salomão (Coord.). *Direito à Diversidade*. São Paulo: Atlas, 2015, p. 68.
12. MENEZES, Joyceane Bezerra de; TEIXEIRA, Ana Carolina Brochado. Desvendando o conteúdo da capacidade civil a partir do estatuto da pessoa com deficiência. In: EHRHARDT JR, Marcos (Coord.). *Impactos do novo CPC e do EPD no Direito Civil brasileiro*. Belo Horizonte: Fórum, 2016, p. 191-192.
13. TEIXEIRA, Ana Carolina Brochado; RODRIGUES, Renata de Lima. A renovação do instituto da curatela e a autonomia privada do incapaz no âmbito existencial: Uma reflexão a partir da esterilização da pessoa maior incapaz. *Direito de família entre a norma e a realidade*. São Paulo: Altas, 2010, p. 35.
14. FINEMAN, Martha Alberston. The vulnerable subject: anchoring equality in the human condition. *Yale Journal of Law and Feminism*, v. 20, p. 2. New Haven, 2008.
15. SOULET, Marc-Henry. La vulnerabilite, une ressource a manier avec prudence. In: BURGORGUE LARSEN, Laurence. *La vulnerabilité saisie par les juges en Europe*. Cahiers Europeens, n. 7. Paris: Edtions Pedone, 2014, p. 7.
16. GARONNAIRE, Jean-Eric; PICOT, Florent. L'aide a la personne. In: COMBRET, Jacques et al. *Les personnes vulnerables*. Strasbourg, 102e. Congres des Notaire de France, 2006, p. 24.

taque, nesse contexto, como valor personalíssimo, como afirmado pela Convenção das Nações Unidas sobre os Direitos da Pessoa com Deficiência de 2007: como "liberdade para fazer as próprias escolhas".[17] A liberdade deve ser afirmada em um ambiente que reconhece as vulnerabilidades e as diversidades atinentes ao sujeito, procurando integrá-lo no meio social e não o excluir. Uma autonomia, conforme ressalta Marques, que valoriza a pessoa, que estabelece um modo de vida ético e justifica a atuação do Estado. Na lição da autora:

> A igualdade a ser reconhecida pelo Estado em relação às pessoas não como "direitos "negativos" de igualdade (*Abwehrrchte* – direitos de defesa, direitos a uma conduta negativa – *Rechte auf negative Handlungen*). Pós-moderno é o direito a ser (e continuar) diferente, como afirma Erik Jayme o *droit à la difference* é o direito à igualdade material (e tópica) reconstruída por ações afirmativas (*Rechte auf positive Handlugen*) do Estado em prol do indivíduo identificado como determinado grupo.[18]

Abandona-se a concepção de sujeito abstrato do Direito Privado para se admitir a diversidade como parte da sociedade. Dessa forma, altera-se o sentido de igualdade. Como afirma Mazière, a igualdade como técnica de proteção exacerbada deve progressivamente ceder lugar à igualdade como técnica de promoção dos indivíduos.[19]

A busca pela inclusão e respeito à diferença não se coaduna com a permanência do instituto da incapacidade tal qual delineado. Conforme assevera Fachin:

> Os sujeitos que não são iguais, não devem ser qualificados de modo discriminatório. A qualificação ao nivelamento é uma violência contra aquilo que é diverso. Reconhecer-se o diverso implica reconhecer a dignidade que há nessa diversidade, sem que ela seja um estado de desqualificação. A diversidade passa a ser uma chave apta a abrir a porta de acesso ao estatuto de sujeito de direito subjetivo.[20]

Muito embora possamos verificar que a capacidade tenha permanecido no Código Civil de 2002 para as crianças e adolescentes, como incapacidade absoluta aos menores de 16 anos, e a incapacidade relativa a determinadas causas, o instituto merece uma nova leitura com a revogação de alguns dispositivos. Até mesmo para crianças e adolescentes, não há como não considerar a autonomia desses sujeitos no Direito Privado contemporâneo.

A vulnerabilidade leva em consideração a inclusão desses indivíduos na sociedade, buscando não o seu afastamento, mas tendo em conta "as competências e capacidades dos indivíduos, tanto dentro de uma visão preventiva como curativa da intervenção, em razão do caráter habilitante da vulnerabilidade inerente a dimensão de potencialidade

---

17. ORGANIZAÇÃO DAS NAÇÕES UNIDAS (ONU). *Convenção das Nações Unidas sobre o Direito das Pessoas com Deficiência de 2007*. Considerandos. Disponível em: http://www.planalto.gov.br/ccivil_03/_ato2007-2010/2009/decreto/d6949.htm. Acesso em: 21 mar. 2022.
18. MARQUES, Claudia Lima. *Contratos no Código de Defesa do Consumidor*: O novo regime das obrigações contratuais. 7 ed. São Paulo: Revista dos Tribunais, 2014, p. 116.
19. MAZIÈRE, Pierrre. *Le principe d'égalité en droit privé*. Marseille: Presses Universitaires d'Aix- Marseille, 2003, p. 430.
20. FACHIN, Edson Luiz. *Teoria crítica do direito civil*. Rio de Janeiro: Renovar, 2000, p. 182.

que ela incluiu".[21] Ou seja, é característico da vulnerabilidade "o seu caráter dialético, pondo, no centro a conjunção entre a autonomia e a dependência".[22]

Afasta-se do paradigma da igualdade meramente formal, cujo ideal era tratar todos de forma igual, desconsiderando suas desigualdades, construídas historicamente.[23] Rompe-se o paradigma da incapacidade, sem se descuidar da vulnerabilidade. A vulnerabilidade assume, no Direito Privado contemporâneo, o ponto de encontro entre a função individual, que tradicionalmente lhe é reconhecida, e a sua função social, afirmada no postulado da solidariedade que emerge da Constituição.[24]

Passa-se da proteção do sujeito abstrato para a tutela da pessoa,[25] compreendida em caráter concreto, acompanhada de sua inevitável multiplicidade. O olhar se volta à tutela da pessoa na sociedade, enquanto o papel que desempenha, e o estatuto jurídico de proteção que lhe acompanha, dirigido à concretização dos valores constitucionais. Tal diretriz axiológica tem sido designada como mecanismo de *repersonalização* promovido pela Constituição da República, que desloca a proteção do sujeito de direito abstrato e neutro para a pessoa concretamente considerada, em atenção aos princípios da solidariedade social e da isonomia substancial.[26]

Por isso, propõe-se uma nova conformação jurídica para o instituto da incapacidade, permanecendo apenas para as crianças e adolescentes com alguns temperamentos. Para os adultos maiores, não se identifica, em especial, com nenhum grupo social, afastando também qualquer referência à doença mental, já especialmente destacada pelo Estatuto da Pessoa com Deficiência. A causa da incapacidade poderá ser por uma doença, um transtorno, uma deficiência, uma enfermidade ou um acidente. Poderá ser definitiva ou transitória. O caso concreto irá revelar. A incapacidade está atrelada à ausência de discernimento e impossibilidade de exprimir vontade, mas sem identificação apriorística de categorias.

---

21. SOULET, Marc-Henry. La vulnerabilite, une ressource a manier avec prudence. In: BURGORGUE LARSEN, Laurence. *La vulnerabilité saisie par les juges en Europe*. Cahiers Europeens, n. 7. Paris: Edtions Pedone, 2014, p. 27. Tradução livre de: – "prendre appui sur les compétences et les capacités des individus, tant dans une vision préventive que curative de l'intervention, en raison du caractere habilitant de la vulnerabilté inhérent à la dimension de potentialité qu'elle inclue".
22. SOULET, Marc-Henry. La vulnerabilite, une ressource a manier avec prudence. In: BURGORGUE LARSEN, Laurence. *La vulnerabilité saisie par les juges en Europe*. Cahiers Europeens, n. 7. Paris: Edtions Pedone, 2014, p. 27. Tradução livre de – "mettre em son centre la conjonction dynamique de l'autonomie et de la dépendance en raison, cette fois-ci, du caractere dialectique de la vulnerabilité".
23. FINEMAN, Martha Alberston. The vulnerable subject: anchoring equality in the human condition. *Yale Journal of Law and Feminism*, New Haven, v. 20, 2008, p. 3.
24. MARQUES, Claudia Lima; MIRAGEM, Bruno. *O novo direito privado e a proteção dos vulneráveis*. 2 ed. São Paulo: Ed. RT, 2014, p. 17.
25. RODATÀ, Stefano. *Dal soggetto alla persona*. Napoli: Editoriale Scientifica, 2007. Vide também TEPEDINO, Gustavo; TEIXEIRA, Ana Carolina Brochado e ALMEIDA, Vitor (Coord.). *O Direito Civil entre o sujeito e a pessoa*: Estudos em homenagem ao professor Stefano Rodatà. Belo Horizonte: Fórum, 2016, passim.
26. TEPEDINO, Gustavo; OLIVA, Milena Donato. Personalidade e capacidade na legalidade constitucional. In: MENEZES, Joyceane Bezerra de (Org.). *O direito das pessoas com deficiência psíquica e intelectual nas relações privadas*: Convenção sobre o direito das pessoas com deficiência e Lei Brasileira de Inclusão. Rio de Janeiro: Processo, 2016, p. 229.

A hipótese atual prevista no art. 4º, inciso III, do Código Civil brasileiro como incapacidade relativa, (aqueles que, por causa transitória ou permanente, não puderem exprimir sua vontade) se mostra insuficiente para a proteção dos indivíduos em tal situação. Pode ser necessário também uma afirmação de incapacidade absoluta no caso concreto. Foi positiva a alteração no que tange à retirada das causas definidas como deficiência ou enfermidade, no entanto, foi inadequado o seu deslocamento para a hipótese apenas de incapacidade relativa. Essa categoria de incapacidade pouco protege a pessoa, pois não evita o transcurso da prescrição e estabelece um prazo exíguo para reclamar invalidade, muitas vezes em desacordo com os valores de tutela. Assim, para manter a lógica de proteção, melhor seria o deslocamento do dispositivo também para o art. 3º do Código Civil brasileiro que trata da incapacidade absoluta, não desaparecendo totalmente o regime de incapacidade delineado pelo legislador das Codificações. Há implicações positivas no Direito Civil na manutenção do instituto da incapacidade, como no regime de nulidades, na responsabilidade civil subsidiária, na prescrição e na própria tradição milenar do instituto. Assim, poderiam as causas do art. 4º, inciso III, levarem à incapacidade absoluta ou relativa, dependendo das circunstâncias do caso concreto.

No rol dos relativamente incapazes (art. 4º), o Código Civil elencou: os maiores de 16 anos e menores de 18 anos (I); os ébrios habituais e viciados em tóxicos (II), aqueles que por causa transitória ou permanente não puderem exprimir vontade (III) e os pródigos (IV); além de remeter a matéria indígena à lei extravagante (parágrafo único). Com exceção da hipótese dos adolescentes, não há razão para a manutenção do inciso III do art. 4º, perdendo a revolução legislativa[27] estabelecida pelo Estatuto da Pessoa com Deficiência a oportunidade de promover uma verdadeira revisão no regime das incapacidades. A incapacidade relativa não protege em relação ao decurso da prescrição, conforme resta claro pela aplicação do art. 198, I, do Código Civil.

As figuras elencadas como relativamente incapazes, excluindo a hipótese genérica da causa permanente ou transitória (que, em realidade, não se transmuda em capacidade relativa), do pródigo, do ébrio e do toxicômano, denotam alto grau de discriminação e muito pouco perceptíveis no seio social.[28] Ou, na segunda hipótese, o sujeito é viciado em álcool ou drogas e, nesse caso, possuirá patologia que poderá comprometer sua vontade e expressão de forma geral ou estará sob o efeito dessas substâncias e, portanto, sem condições de exprimir vontade. Com efeito, de acordo com a CID 10 (Classificação Internacional de Doenças) e o DMS -5 (Manual Diagnóstico e Estático de Transtorno Mentais), os ébrios e toxicômanos são portadores de transtornos mentais.[29] Ora, se são

---

27. TARTUCE, Flávio. Projeto de lei do Senado Federal 757/2015 – altera o Estatuto da Pessoa com Deficiência, o Código Civil e o Código de Processo Civil. In: EHRHARDT JR, Marcos (Coord.). *Impactos do novo CPC e do EPD no Direito Civil brasileiro*. Belo Horizonte: Fórum, 2016, p. 418.
28. No mesmo sentido, NEVARES, Ana Luiza Maia; SCHREIBER, Anderson. Do sujeito à pessoa: uma análise da incapacidade civil. In: TEPEDINO, Gustavo; TEIXEIRA, Ana Carolina Brochado e ALMEIDA, Vitor (Coord.). *O Direito Civil entre o sujeito e a pessoa*: Estudos em homenagem ao professor Stefano Rodatà. Belo Horizonte: Fórum, 2016, p. 42.
29. Vide Classificação de Transtornos Mentais e de Comportamento (CID -10). ABREU, Célia Barbosa. A curatela sob medida: notas interdisciplinares sobre o estatuto da pessoa com deficiência e o novo CPC. In: MENEZES, Joyceane

pessoas com transtornos mentais, estão abarcados pela Convenção da ONU sobre os Direitos das Pessoas com Deficiência de 2007, de forma que também a sua capacidade civil não poderia ser atingida.

Já em relação ao pródigo, ou estará sob alguma deficiência psíquica ou sua autonomia não deverá ser alijada sob pretexto de proteção da família. Poderá ser reconhecida uma necessidade de curatela sem comprometimento da lucidez, também para os casos de possível risco ao patrimônio.[30] A análise desse instituto também não se sustenta, quando se compara às questões relacionadas ao superendividamento.

A capacidade deverá ser sempre construída e delimitada apenas diante do caso concreto, com o fim de categorias apriorísticas, a partir da sentença judicial de curatela para o adulto. Poderá a sentença determinar a incapacidade absoluta ou relativa no caso concreto. Qualquer restrição à autonomia dos indivíduos deve ocorrer a partir do aferimento pontual relacionado aos critérios anteriormente citados.

Nessa perspectiva, sugere-se a superação do instituto da incapacidade tal qual delineada nas codificações para uma perspectiva *in concreto* da proteção à pessoa a partir do conceito de vulnerabilidade e diversidade no Direito Privado. Trata-se da "repersonalização"[31] ou "personalização"[32] desse regime das incapacidades, em um ambiente de prevalência da dignidade humana, uma verdadeira constitucionalização e funcionalização do regime das incapacidades.[33]

3. DA EXCLUSÃO À PARTICIPAÇÃO NA SOCIEDADE

Marcado por um viés individualista e voluntarista, o Direito Privado moderno dividia as pessoas, conforme fossem capazes ou incapazes, em categorias apriorísticas, e, diante dessa divisão, determinava sua participação nos atos da vida civil. Se bem

---

Bezerra de (Org.). *O direito das pessoas com deficiência psíquica e intelectual nas relações privadas*: Convenção sobre o direito das pessoas com deficiência e Lei Brasileira de Inclusão. Rio de Janeiro: Processo, 2016, p. 559.

30. Nesse sentido, o reconhecimento da jurisprudência: Ementa: "Interdição. Pessoa idosa e lúcida, mas portadora de transtorno de personalidade não especificado. Necessidade de proteger o seu patrimônio. Interdição parcial. 1. A interdição é um instituto com caráter nitidamente protetivo da pessoa, não se podendo ignorar que constitui também uma medida extremamente drástica, e, por essa razão, é imperiosa a adoção de todas as cautelas para agasalhar a decisão de privar alguém da capacidade civil, ou deixar de dar tal amparo quando é incapaz. 2. Se a interditanda é idosa, apresenta transtorno não especificado da personalidade, (CID 10-F60.9), tendo sido vítima de golpes, realizando vários depósitos a estelionatários, com possível prodigalidade ou incapacidade plena para defender adequadamente os seus interesses, justifica-se a interdição parcial, apenas para o fim de vedar-lhe a gestão de bens e valores. Recurso desprovido". Rio Grande Do Sul. Tribunal de Justiça. Apelação Cível 70067397505, Sétima Câmara Cível, Relator: Sérgio Fernando de Vasconcellos Chaves Recorrente J. F. A., Recorrido: T. F. A. Julgado em 29.06.2016. Publicado em: 11.07.2016.
31. FACHIN, Luiz Edson. *Teoria crítica do direito civil*. Rio de Janeiro: Renovar, 2000, p. 14.
32. NEVARES, Ana Luiza Maia; SCHREIBER, Anderson. Do sujeito à pessoa: uma análise da incapacidade civil. In: TEPEDINO, Gustavo; TEIXEIRA, Ana Carolina Brochado; ALMEIDA, Vitor (Coord.). *O Direito Civil entre o sujeito e a pessoa*: Estudos em homenagem ao professor Stefano Rodatà. Belo Horizonte: Fórum, 2016, p. 43. O uso da expressão, segundo os autores, serve para "permitir a modulação de seus efeitos, seja no tocante à sua intensidade, seja no tocante à sua amplitude".
33. PERLINGIERI, Pietro. *O direito civil na legalidade constitucional*. Trad. Maria Cristina De Cicco. Rio de Janeiro: Renovar, 2008, p. 708.

que ainda permaneça no Código Civil atual, essa partição não sobrevive no Direito Privado contemporâneo de forte viés solidário, que, buscando a inclusão, reconhece a diversidade existente entre as pessoas e, fundamentado nessa diversidade, identifica e protege o vulnerável.

Esse novo Direito Privado enaltece a autonomia dos indivíduos, ao mesmo tempo em que busca mecanismos de protegê-los enquanto pertencentes a grupos vulneráveis. O conceito delineado para vulnerabilidade procura conciliar a ideia de proteção com a ideia de autonomia. A autonomia do Direito Privado, hoje, deve ser pensada em função da vulnerabilidade.[34] Mas nem sempre foi assim; no passado, a exceção à autonomia ocorria apenas pelo regime de incapacidade.

Os incapazes de ontem – menores, loucos de todos os gêneros, surdos-mudos, mulheres casadas, silvícolas, pródigos – passam a ser reconhecidos, no Direito Privado, enquanto pessoas, cuja autonomia deve ser preservada e protegida, sem, no entanto, deixar de reconhecer suas vulnerabilidades e diferenças. De um estado que decorria da "natureza das coisas" passa-se a um estado em que a vulnerabilidade e diversidade são reconhecidas como resultado da vida em sociedade.[35]

Dessa forma, renovam-se também os institutos de proteção: da exclusão do sujeito da prática dos atos civis (morte civil) à sua inclusão e integração.[36] Como exemplo desse renascimento e participação da pessoa, pode-se mencionar uma nova perspectiva para a curatela e a da tomada de decisão apoiada para o caso das pessoas com deficiência e uma nova abordagem para as pessoas que se encontram em dívidas, promovida pela Lei do Superendividamento – Lei 14.181/21, superando o paradigma da interdição por prodigalidade e da insolvência civil, que alija o sujeito da administração de seus bens, submetido a *capitis diminutio* até a extinção de suas obrigações.[37]

Por outro lado, a curatela se dissocia da incapacidade. Será conferida aos incapazes, mas não só, podendo ser outorgada gradualmente também aos sujeitos capazes, como já vinha sendo experimentado pelo então art. 1780 do Código Civil.[38] Estão sujeitos à curatela aqueles que não possuem discernimento ou não puderem exprimir vontade, mas também aqueles que, por alguma dificuldade, desejem esse regime como maior proteção, como no caso do deficiente físico, cuja vontade se mantém inalterada. A curatela

---

34. BARBOZA, Heloísa Helena; ALMEDIA, Vitor. A tutela das vulnerabilidades na legalidade constitucional. In: TEPEDINO, Gustavo, TEIXEIRA, Ana Carolina Brochado; ALMEIDA, Vitor (Coord.). *Da dogmática à efetividade do direito civil*: Anais do Congresso Internacional de Direito Civil Constitucional – IV Congresso do IBDCIVIL. Belo Horizonte: Fórum, 2017, p. 46.
35. BOURRIER, Christophe. *La faiblesse d'une partie au contrat*. Louvain-La-Neuve: Bruylant-Academia, 2003, p. 18.
36. PERLINGIERI, Pietro. *Perfis do direito civil, introdução ao direito civil constitucional*. Trad. Maria Cristina de Cicco. 2. ed. Rio de Janeiro: Renovar, 2002, p. 164-165. O autor compara a disciplina da interdição à morte civil.
37. BRAUNER, Daniela Corrêa Jacques. Gasto desordenado: pelo abandono do regime de incapacidade civil do pródigo em prol da proteção do consumidor superendividado. *Revista do Direito do Consumidor*, n. 134, p. 281-314. São Paulo, mar./abr. 2021.
38. "Art. 1.780. A requerimento do enfermo ou portador de deficiência física, ou, na impossibilidade de fazê-lo, de qualquer das pessoas a que se refere o art. 1.768, dar-se-lhe-á curador para cuidar de todos ou alguns de seus negócios ou bens. (Revogado pela Lei 13.146, de 2015)."

também pode ser deferida à pessoa com discernimento reduzido, desde que procedida sua oitiva anteriormente à decisão judicial. Em tal conclusão judicial de curatela, o juiz fixará os limites e alcance do instituto.

A forma de tratamento da interdição como consequência da incapacidade promove um afastamento do sujeito do processo decisório com o pretexto de lhe proteger. A interdição é tratada quase como uma pena[39] ao sujeito em razão de ausência de capacidade, destituindo de validade os atos praticados por ele nessa condição. O próprio termo interdição traz em si o sentido de proibição e impedimento. Essa expressão é utilizada como sinônimo de curatela que, além do caráter jurídico de encargo, poder ou função, designa "ato ou efeito de curar".[40] A designação dos vocábulos já esclarece que estamos diante do domínio médico, no sentido atribuído por Foucault, da prevalência do diagnóstico para a classificação e tratamento jurídico conferido.[41]

Nesse contexto, a curatela se sustentava como mecanismo de substituição da vontade do incapaz, em que o curador agia em nome e no interesse do curatelado para a prática de atos patrimoniais e existenciais, decidindo inclusive sobre a possibilidade de casar e doar órgãos, entre outros atos de caráter personalíssimo.[42]

A ideia que permeava a política legislativa era de que ou o sujeito era apto ou inapto para os atos civis, um regime de tudo ou nada, passando, conforme já assinalado, do céu ao inferno, com escala no purgatório, representando o regime das incapacidades relativas,[43] tanto para a prática de atos patrimoniais como para a prática de atos existenciais. Nesse sentido, o conceito de incapacidade retira do indivíduo a autonomia, – enquanto sujeito de direito – capaz de se relacionar e agir na vida civil. A proteção conferida pela lei e pela jurisprudência pode caminhar conjuntamente com a permanência do indivíduo nas relações privadas, corroborando sua capacidade civil, com olhar atento para o valor de sua autonomia, mesmo sem deixar de ter em conta as vulnerabilidades que o distinguem no seio social, abalando o tão consagrado princípio da igualdade.

É preciso considerar que essa mudança é lenta e gradual, não se apresenta como ruptura abrupta dos dogmas estabelecidos por séculos. A edição de leis e estatutos para os grupos vulneráveis deve ser constantemente aprimorada, revisada e revisitada para

---

39. ROSENVALD, Nelson. O modelo social de direitos humanos e a Convenção sobre os Direitos da Pessoa com Deficiência – o fundamento primordial da Lei 13.146/2015. In: MENEZES, Joyceane Bezerra de (Org.). *O direito das pessoas com deficiência psíquica e intelectual nas relações privadas*: Convenção sobre o direito das pessoas com deficiência e Lei Brasileira de Inclusão. Rio de Janeiro: Processo, 2016, p. 98.
40. MICHAELIS. *Dicionário brasileiro da língua portuguesa*. Disponível em: http://michaelis.uol.com.br/moderno-portugues/busca/portugues-brasileiro/interdi%C3%A7%C3%A3o/. Acesso em: 30 mar. 2022.
41. FOUCAULT, Michel. *História da loucura na idade clássica*. Trad. José Teixeira Coelho Neto. São Paulo: Perspectiva, 2017, p. 132.
42. MENEZES, Joyceane Bezerra de; TEIXEIRA, Ana Carolina Brochado. Desvendando o conteúdo da capacidade civil a partir do estatuto da pessoa com deficiência. In: EHRHARDT JR, Marcos (Coord.). *Impactos do novo CPC e do EPD no Direito Civil brasileiro*. Belo Horizonte: Fórum, 2016, p. 191-192.
43. ROSENVALD, Nelson. O modelo social de direitos humanos e a Convenção sobre os Direitos da Pessoa com Deficiência – o fundamento primordial da Lei 13.146/2015. In: MENEZES, Joyceane Bezerra de (Org.). *O direito das pessoas com deficiência psíquica e intelectual nas relações privadas*: Convenção sobre o direito das pessoas com deficiência e Lei Brasileira de Inclusão. Rio de Janeiro: Processo, 2016, p. 95.

aquilatar novos desafios no processo de igualdade que se quer promover a partir das diferenças. Mas, sobretudo, é preciso uma nova leitura dos institutos que ainda permanecem nos ordenamentos, de tradição muitas vezes milenar (como a figura do pródigo e da insolvência) por meio da lente dos direitos humanos e de proteção à pessoa.

Em outras ocasiões, a mudança legislativa vem acompanhar esse abandono dos dogmas tradicionais, como foi, em um primeiro momento, o Código de Defesa do Consumidor e o Estatuto da Criança e do Adolescente, na década de 1990, e hoje se apresenta na publicação do Estatuto da Pessoa com Deficiência de 2015. É preciso consignar, no entanto, que essa mudança só vai ser realmente percebida quando o ideal de solidariedade estiver impregnado na mente daqueles que atuam diariamente nas lides decorrentes do Direito Privado, voltando-se o olhar à proteção do vulnerável.

Esse resguardo passa pelo reconhecimento do indivíduo na sociedade, buscando sua integração e não sua exclusão. Por isso, os institutos de proteção devem assegurar sua autonomia, não excluindo o vulnerável, principalmente da prática de atos existenciais, como foi bastante pontuado pelo Estatuto da Pessoa com Deficiência ao afirmar a autonomia desses sujeitos especialmente para casamento, direitos reprodutivos e sexuais, e de convivência familiar.

Essa visão passa pela consideração de que, de objetos, passam a ser sujeitos de direitos, como expressamente consignado na Convenção sobre os Direitos da Criança das Nações Unidas, de 1989, instrumento de maior aceitação na comunidade internacional. Passa-se de um modelo de proteção/substituição para um modelo participativo, reconhecendo, esse instrumento internacional, a criança como pessoa em desenvolvimento, sujeito ativo na construção de seu futuro em uma relação intersubjetiva com os pais e como titular de direitos fundamentais. A consideração a respeito da vontade da criança e adolescente deve atender a essas especificidades, conforme sua maturidade e em aspectos em que atinge mais diretamente os interesses desses indivíduos como relacionado às questões relativas à família e ao próprio corpo, considerando o princípio da dignidade da pessoa humana.

O Código Civil permanece com a inclusão das crianças e adolescentes no rol dos incapazes, não atribuindo validade aos negócios jurídicos, por eles, praticados (art. 166 e 171). Deve ser buscada uma harmonia entre os direitos das crianças e a o regime das incapacidades, tendo como exemplo o direito de ser ouvido e suas opiniões serem consideradas, como a valoração da vontade para a efetivação da adoção, prevista no Estatuto da Criança e Adolescente (Lei 8.069/91: "Art. 45: [...] § 2º Em se tratando de adotando maior de doze anos de idade, será também necessário o seu consentimento." No Direito de Família, tem-se mostrado relevante a oitiva da criança quanto às disputas de guarda,[44]

---

44. Na jurisprudência, como exemplo: Ementa: "Apelação Cível. Ação de Reversão de Guarda. Disputa entre as avós. Melhor Interesse da criança. Quando os litigantes apresentam condições similares e favoráveis para o exercício da guarda e houver Manifestação de vontade da criança envolvida, esta deve ser considerada, nos termos do art. 28, § 1º, do ECA. Recurso Adesivo. Alienação Parental. O pedido não especificado na petição inicial não pode ser apreciado em grau de recurso, sendo vedada a inovação recursal. Negaram provimento ao apelo e não conheceram do recurso adesivo". Rio Grande do Sul. Tribunal de Justiça. Apelação Cível 70062082003, Oitava

assim como, no âmbito internacional, para caracterização de subtração internacional para efeitos da Convenção da Haia sobre Sequestro Internacional de Crianças.[45]

A consideração a respeito da vontade da criança e do adolescente ganha ainda mais relevo nas relações existenciais, em razão da dificuldade de se separar a titularidade do direito com o seu exercício. Nesse sentido, foi aprovado, na III Jornada de Direito Civil, o enunciado 138: "A vontade dos absolutamente incapazes, na hipótese do inc. I do art. 3º, é juridicamente relevante na concretização de situações existenciais a eles concernentes, desde que demonstrem discernimento bastante para tanto."

Assim, a revisão do regime de incapacidade propõe o abandono de categorias preestabelecidas, cujo modelo de sujeito abstrato não se coaduna com a diversidade da sociedade contemporânea e cuja proteção tem sido por meio da interdição/representação, ou seja, a invisibilidade do sujeito. A busca pela participação, pela visibilidade, exige do ordenamento respostas positivas em relação ao um regime jurídico de proteção e promoção. Portanto, a incursão na categoria de vulnerabilidades e diversidades examinadas permite concluir que é preciso alterar o paradigma de proteção, abandonando o regime clássico das incapacidades por meio de considerações individualizadas para considerações gerais, "socializadas".[46]

4. CONSIDERAÇÕES FINAIS

A exceção ao ideal de igualdade, marcado no reconhecimento da desigualdade entre os indivíduos, residiria somente no instituto da incapacidade. Essa visão, no entanto, estaria, na análise de Bourrier, dotada de um certo "conservadorismo jurídico".[47] Segundo o autor, o reconhecimento da vulnerabilidade ou fraqueza (*faiblesse*) ingressa na linguagem jurídica como uma "revolução permanente".[48]

Essa transformação só é possível no contexto de um Direito Privado de viés solidário que procura a concretização da fraternidade ao lado da igualdade e liberdade. Volta-se à proteção da pessoa, tendo em conta o estatuto jurídico que lhe acompanha, como criança e adolescente, idosa, deficiente, mulher, indígena, consumidora, dirigido à concretização

---

Câmara Cível, Tribunal de Justiça do RS, Relator: Alzir Felippe Schmitz, Recorrente: R. M. S., Recorrido: D. R. A., Julgado em 12.02.2015, Publicado em: 23.02.2015.

45. "Art. 13. A autoridade judicial ou administrativa pode também recusar-se a ordenar o e retorno da criança se verificar que esta se opõe a ele e que a criança atingiu já idade e grau de maturidade tais que seja apropriado levar em consideração as suas opiniões sobre o assunto." Conferência da Haia de Direito Internacional Privado. *Convenção sobre os Aspectos Civis do Sequestro Internacional de Crianças de 1980*. Disponível em: https://www.hcch.net/pt/instruments/conventions/full-text/?cid=24. Acesso em: 25 mar. 2022.
46. BENJAMIN, Antonio Herman de Vasconcellos e. A proteção do consumidor nos países menos desenvolvidos: a experiência da América Latina. *Revista do Direito do Consumidor*, v. 8, p. 201. São Paulo, 1993.
47. BOURRIER, Christophe. *La faiblesse d'une partie au contrat*. Louvain-La-Neuve: Bruylant-Academia, 2003, p. 17. Nas palavras do autor: "Vouloir bannir de la Science du droit la réalité humaine et économique et laisser confiner la faiblesse aux seules incapacites aurait semblé être le dernier bastion d'un certain conservatisme juridique". Em tradução livre: "Querer banir a realidade humana e econômica da ciência da lei e permitir que a fraqueza seja limitada à incapacidade sozinha pareceria ser o último bastião de um certo conservadorismo legal".
48. BOURRIER, Christophe. *La faiblesse* ..., p. 18.

dos valores constitucionais. Tal orientação ficou conhecida como "repersonificação" do Direito Civil, em que a influência dos direitos fundamentais se faz sentir nas relações privadas, com especial ênfase ao princípio da dignidade da pessoa humana.

A vulnerabilidade se apresenta na consideração de que alguns sujeitos merecem tutela diferenciada, tendo em conta seu papel na sociedade. Essa vulnerabilidade a exigir consideração do jurista passa necessariamente pela superação do discurso da igualdade, do nivelamento, capaz de representar uma violência contra aquilo que é diverso.[49] A vulnerabilidade leva em conta as especificidades dos sujeitos sem lhes retirar a autonomia, possibilitando a sua participação na sociedade. Autonomia e vulnerabilidade são chaves indispensáveis para a concretização da dignidade da pessoa humana, a fim de promover a liberdade e as decisões pessoais, sobretudo as de cunho existencial.[50]

Por fim, é preciso situar esse estudo também de forma crítica ao tratar do princípio da igualdade. Como afirma Mazière, o estudo das regras particulares de igualdade, legais ou jurisprudenciais, requer prudência, pois assim como a razão pode conduzir à igualdade e equidade, também poderá ser fonte de desigualdades.[51] O paradoxo é inevitável quando se analisam os critérios para distinguir os indivíduos que merecem maior proteção pelo sistema jurídico, abandonando a concepção meramente abstrata de sujeito. Qualquer nuance a respeito da igualdade pode sofrer as críticas já feitas sobre serem uns sujeitos "mais iguais que outros".[52] Portanto, o estudo a respeito das vulnerabilidades deve buscar a positivação de um dos princípios mais basilares da ciência jurídica: a concretização do princípio da igualdade.

---

49. FACHIN, Edson Luiz. *Teoria crítica do direito civil*. Rio de Janeiro: Renovar, 2000, p. 182.
50. BARBOZA, Heloísa Helena; ALMEIDA, Vitor. A tutela das vulnerabilidades na legalidade constitucional. In: TEPEDINO, Gustavo, TEIXEIRA, Ana Carolina Brochado; ALMEIDA, Vitor (Coord.). *Da dogmática à efetividade do direito civil*: Anais do Congresso Internacional de Direito Civil Constitucional – IV Congresso do IBDCIVIL. Belo Horizonte: Fórum, 2017, p. 50.
51. MAZIÈRE, Pierrre. *Le principe d'égalité en droit privé*. Marseille: Presses Universitaires d'Aix- Marseille, 2003, p. 45-46. Nas palavras do autor, citando Ghestin: "L'étude des règles particulières d'égalité ou prétoriennes, requiert donc de la prudence. Car 'Si la raison pousse primitivement à l'égalité de même qu'à l'équité, elle peut aussi conduire à l'inégalité.' Le paradoxe est selon la forme d'égalité retenue, c'est la raison égalitaire qui peut conduire à l'inégalité". Em tradução livre: "O estudo das regras especiais ou judiciais de legalidade requer, portanto, cautela. Porque 'se a razão pode conduzir primitivamente à igualdade ou equidade, ela pode também levar à desigualdade'".
52. ORWELL, George. *A revolução dos bichos*. Trad. Heitor Aquino Ferreira. São Paulo: Companhia das Letras, 2007, p. 78.

A RESPONSABILIDADE CIVIL DAS PESSOAS COM DEFICIÊNCIA E DOS CURADORES APÓS A LEI BRASILEIRA DE INCLUSÃO

*Raquel Bellini de Oliveira Salles**

Sumário: 1. Introdução – 2. A responsabilidade civil da pessoa com deficiência em face do novo regime das incapacidades: entre a autonomia e a vulnerabilidade – 3. O novo perfil da curatela com o advento do estatuto da pessoa com deficiência e seu impacto na responsabilidade civil dos curadores – 4. Considerações conclusivas.

1. INTRODUÇÃO

A Convenção sobre os Direitos das Pessoas com Deficiência (CDPD) e a Lei 13.146/2015 – Estatuto da Pessoa com Deficiência (EPD) ou Lei Brasileira de Inclusão (LBI), ao inaugurarem uma nova visão sobre a deficiência à luz do modelo social, impactaram profundamente em diversos institutos do direito privado, entre eles a responsabilidade civil, em especial das pessoas com deficiência maiores de idade e dos curadores.

Com efeito, anteriormente muitas das pessoas com deficiência psíquica ou intelectual eram tratadas como (absolutamente) incapazes e acabavam sendo enquadradas no campo de aplicação dos artigos 932, II,[1] 933[2] e 928[3] do Código Civil de 2002, que estabelecem a responsabilidade civil objetiva dos curadores e a responsabilidade subsidiária e equitativa dos incapazes (absoluta ou relativamente). Referidos dispositivos inovaram em relação ao Código Civil de 1916, que não continha regra correspondente ao artigo 928 por força do entendimento, até então assentado, de que as pessoas desprovidas de discernimento eram inimputáveis, sendo que os pais, tutores e curadores deveriam responder subjetivamente, isto é, por culpa *in vigilando* pelos atos de seus filhos, pupilos e curatelados. Observa-se que o artigo 928 já suscitava controvérsias na doutrina e jurisprudência brasileiras antes do EPD, especialmente no tocante à natureza

---

* A autora registra especiais agradecimentos a Nina Bara Zaghetto, graduada em Direito pela Universidade Federal de Juiz de Fora e ex-extensionista do Núcleo de Direitos das Pessoas com Deficiência, pela pesquisa realizada em subsídio à redação do presente artigo.

1. "Art. 932. São também responsáveis pela reparação civil: I – os pais, pelos filhos menores que estiverem sob sua autoridade e em sua companhia; II – o tutor e o curador, pelos pupilos e curatelados, que se acharem nas mesmas condições (...)".
2. "Art. 933. As pessoas indicadas nos incisos I a V do artigo antecedente, ainda que não haja culpa de sua parte, responderão pelos atos praticados pelos terceiros ali referidos."
3. "Art. 928. O incapaz responde pelos prejuízos que causar, se as pessoas por ele responsáveis não tiverem obrigação de fazê-lo ou não dispuserem de meios suficientes. Parágrafo único. A indenização prevista neste artigo, que deverá ser equitativa, não terá lugar se privar do necessário o incapaz ou as pessoas que dele dependem."

da responsabilidade dos sujeitos incapazes e aos conceitos de imputabilidade e culpabilidade,[4] assim como a interpretação do artigo 932, I e II, quanto ao sentido da expressão "sob sua autoridade e em sua companhia", condições para a responsabilização dos pais, tutores e curadores.

A entrada em vigor do EPD levantou mais um campo de discussão a desafiar a interpretação e aplicação das normas sobreditas. Em face da presunção de capacidade de exercício das pessoas com deficiência psíquica ou intelectual e, ainda, da possibilidade de restrição/modulação de tal capacidade nos casos excepcionais em que se fizer necessária a curatela para determinados atos,[5] indaga-se se referidas pessoas passariam a responder, em regra, tal e qual as pessoas capazes[6] ou se poderiam, em razão da vulnerabilidade ínsita à deficiência, gozar do regime mais benéfico da indenização equitativa destinado aos incapazes. Indaga-se, ainda, como as transformações do instituto da curatela, igualmente determinadas pelo EPD, tornando-o medida excepcional, proporcional, plástica e necessariamente conforme o melhor interesse da pessoa com deficiência,[7] impactaram na disciplina da responsabilidade civil dos curadores.

---

4. O dissenso doutrinário se estabelece em torno da discussão acerca da natureza da responsabilidade civil, se subjetiva ou objetiva, a partir de três correntes. Na linha de pensamento de CALIXTO, Marcelo Junqueira, *A culpa na responsabilidade civil* – estrutura e função. Rio de Janeiro: Renovar, 2008, p. 49-55, a responsabilidade civil do incapaz seria objetiva, partindo do argumento de que não se poderia imputar um erro de conduta à pessoa desprovida de maturidade ou sanidade, ou seja, de condições de discernimento. A imputabilidade estaria aí atrelada à culpabilidade e à capacidade. Diversamente, MULHOLLAND, Caitlin, A responsabilidade civil da pessoa com deficiência psíquica e/ou intelectual, in: MENEZES, Joyceane Bezerra de (Org.). *Direito das pessoas com deficiência psíquica e intelectual nas relações privadas* – Convenção sobre os direitos da pessoa com deficiência e Lei Brasileira de inclusão, Rio de Janeiro, Processo, 2016, p. 645-648, defende que a responsabilidade do incapaz é subjetiva, fundada, assim como a responsabilidade subjetiva das pessoas capazes, no ato ilícito por culpa objetiva, conferindo menor relevância aos aspectos psicológicos dos sujeitos e ao discernimento e maior ênfase no erro de conduta devido à não observância de certos padrões de comportamento, *standards* cada vez mais concretos, fragmentados e especializados, em lugar da comum abstração do padrão médio de diligência do *bonus pater familias* ou *reasonable man*. Tem-se ainda uma terceira corrente, representada por BRAGA NETTO, Felipe, FARIAS, Cristiano Chaves de, e ROSENVALD, Nelson, *Novo tratado de responsabilidade civil*, 4. ed. São Paulo: Saraiva, 2019, p. 730, que sustenta que a responsabilidade do incapaz seria uma espécie de responsabilidade patrimonial, porém subsidiária e mitigada, haja vista que "os menores não cometem ilícitos civis, em virtude de sua inimputabilidade. Podem, contudo, à luz da ordem jurídica vigente, ser civilmente responsáveis por determinados danos. Cabe sempre lembrar que ilicitude civil não se confunde com responsabilidade civil. A incapacidade civil produzirá duas ordens de efeito: (a) atrairá a responsabilidade objetiva dos pais, tutores ou curadores (CC, art. 932, I e II); (b) evidenciará sua própria responsabilidade patrimonial, porém subsidiária e mitigada (CC, art. 928, parágrafo único)".
5. Hipótese em que o curatelado é considerado, apenas para a prática de tais atos, como relativamente incapaz devido ao disposto nos artigos 4º e 1.767, I, do Código Civil, respectivamente do seguinte teor: "Art. 4º. São incapazes, relativamente a certos atos ou à maneira de os exercer: (...) III – aqueles que, por causa transitória ou permanente, não puderem exprimir sua vontade;" e "Art. 1.767. Estão sujeitos a curatela: I – aqueles que, por causa transitória ou permanente, não puderem exprimir sua vontade;".
6. Se houver curatela, a responsabilidade "tal e qual as pessoas capazes" é cogitada apenas em relação aos atos não inseridos no âmbito de atuação do curador.
7. Dispõe a respeito o EPD: "Art. 84. A pessoa com deficiência tem assegurado o direito ao exercício de sua capacidade legal em igualdade de condições com as demais pessoas. (...) § 3º A definição de curatela de pessoa com deficiência constitui medida protetiva extraordinária, proporcional às necessidades e às circunstâncias de cada caso, e durará o menor tempo possível." E ainda: "Art. 85. A curatela afetará tão somente os atos relacionados aos direitos de natureza patrimonial e negocial. (...) § 2º A curatela constitui medida extraordinária, devendo constar da sentença as razões e motivações de sua definição, preservados os interesses do curatelado".

2. A RESPONSABILIDADE CIVIL DA PESSOA COM DEFICIÊNCIA EM FACE DO NOVO REGIME DAS INCAPACIDADES: ENTRE A AUTONOMIA E A VULNERABILIDADE

Em observância aos ditames da Convenção das Nações Unidas de 2007, o EPD consolidou no Brasil o cenário normativo propício para que as pessoas com deficiência possam assumir o papel de protagonistas de suas respectivas vidas. Isso significa que cada sujeito tem o direito de se autogovernar, fazendo escolhas, vivenciando experiências e construindo sua própria história.

Por outro lado, o exercício da autonomia por qualquer pessoa enseja a possibilidade de ela ser responsabilizada por seus atos. Todos estão sujeitos aos riscos de suas condutas. A imposição de obrigações, entre elas a obrigação de indenizar, às pessoas com deficiência, sejam capazes ou com capacidade restringida para a prática de certos atos, é medida emancipatória, que corrobora a sua autonomia, mesmo que se aplique, no segundo caso, a regra da responsabilidade subsidiária e da indenização equitativa do artigo 928 do Código Civil.

Os reflexos do EPD no regime da responsabilidade civil das pessoas com deficiência deram-se justamente no sentido de poderem e deverem ser responsabilizadas, em regra, tal como qualquer outra pessoa capaz. Tal significa a possibilidade tanto de imputação subjetiva, pela prática dos atos ilícitos previstos nos artigos 186 e 187 do Código Civil, quanto de imputação objetiva, conforme a regra aplicável à hipótese danosa – por exemplo, por danos decorrentes do exercício de atividades de risco conforme parágrafo único do artigo 927 também do Código Civil e do fornecimento de produtos ou serviços defeituosos conforme a lei consumerista.

Evidentemente, tratando-se de pessoas relativamente incapazes (*rectius*, com capacidade restringida), poderão se valer da responsabilidade subsidiária em relação aos seus genitores ou tutores (quando menores) ou curadores (quando maiores), de conformidade com os artigos 932, I e II, e 928 do Código Civil. Mas, mesmo nessa circunstância, é necessário atentar para o fato de que, com as mudanças advindas do EPD, dita capacidade, em se tratando apenas de pessoas que não puderem, por causa transitória ou permanente, conformar e exprimir sua vontade, será restringida ou modulada somente em relação a certos atos da vida civil, que devem ser explicitados por ocasião da constituição da curatela. Contudo, para todos os demais atos, a pessoa mantém sua plena autonomia tanto no âmbito existencial quanto no patrimonial. A elasticidade dessa modulação é o que vai determinar a extensão do campo no qual a pessoa preservará sua plena capacidade e autonomia e, por conseguinte, sua plena responsabilidade pelos danos que eventualmente causar a terceiros.

Ora, se ser autônomo é ser apto a se autodeterminar, é também ser responsável por seus próprios atos. A responsabilidade é o reverso da liberdade; pressupõe, reafirma e reforça a autonomia. Compreendendo-se a relação entre capacidade e autonomia no sentido de que aquela reverbera no exercício desta e de que a autonomia não se esgota no rígido esquema da capacidade civil,[8] tem-se que, mesmo que o sujeito seja incapacitado para determinados atos da vida civil, continua autônomo, e, por conseguinte, plenamente responsável por todos os demais atos.

Importa considerar, nesse contexto, também as situações em que a pessoa com deficiência causadora de danos, não contando com a restrição de sua capacidade para efeito de constituição de curatela e não sendo, por isso, formalmente reconhecida como relativamente incapaz, apresentar, em concreto, efetiva e comprovada impossibilidade de conformar e exprimir sua vontade quando da prática da conduta danosa, tendo, pois, comprometida sua autonomia. Em casos tais, entende-se que, incidentalmente no âmbito da própria ação de indenização, poderá dita condição da pessoa ser declarada judicialmente, apenas e especificamente para autorizar a aplicação do artigo 928 do Código Civil e, por conseguinte, a responsabilidade subsidiária e equitativa determinada aos incapazes. Mencionada declaração, todavia, não teria o condão de produzir os efeitos gerais da constituição de curatela, pois tal deve se dar em procedimento próprio, nos termos do artigo 747 do Código de Processo Civil de 2015.[9] Entende-se, ainda, que tal declaração pode ocorrer até mesmo de ofício, isto é, independente de provocação do interessado, no bojo da ação de indenização. Em razão da vulnerabilidade da pessoa com deficiência, reconhecida pelo EPD, o juiz pode e deve levantar a questão diante de indícios fundados, oficiando o Ministério Público[10] para atuar como fiscal da ordem jurídica, como ocorre nos termos do artigo 752, § 1º, do Código de Processo Civil de 2015,[11] e determinando a produção de provas da impossibilidade de a pessoa, por causa transitória ou permanente, exprimir sua vontade e, pois, de agir autonomamente.

---

8. ALMEIDA, Vitor. *A capacidade civil das pessoas com deficiência e os perfis da curatela*. Belo Horizonte: Fórum, 2019, p. 159.
9. Também nesse sentido entende MULHOLLAND, Caitlin, cit., p. 657, destacando o ônus da prova a cargo da pessoa com deficiência, nos seguintes termos: "a prova de que o deficiente não pode manifestar a sua vontade – e por esse motivo será considerado relativamente incapaz – deverá ser realizada pela pessoa com deficiência, ré da ação indenizatória, como forma de permitir a atração da regra do artigo 928, do Código Civil, a possibilitar não só a redução equitativa da indenização devida, mas também a aplicação da subsidiariedade de sua responsabilidade, prevista expressamente no parágrafo único desta norma".
10. Conforme autoriza o artigo 87 do EPD, segundo o qual "Em casos de relevância e urgência e a fim de proteger os interesses da pessoa com deficiência em situação de curatela, será lícito ao juiz, ouvido o Ministério Público, de ofício ou a requerimento do interessado, nomear, desde logo, curador provisório, o qual estará sujeito, no que couber, às disposições do Código de Processo Civil". Importante trazer a lume, também, o artigo 98 do EPD, que alterou o artigo 3º da Lei 7.853/89, passando este a vigorar com a seguinte redação: "As medidas judiciais destinadas à proteção de interesses coletivos, difusos, individuais homogêneos e individuais indisponíveis da pessoa com deficiência poderão ser propostas pelo Ministério Público, pela Defensoria Pública, pela União, pelos Estados, pelos Municípios, pelo Distrito Federal, por associação constituída há mais de 1 (um) ano, nos termos da lei civil, por autarquia, por empresa pública e por fundação ou sociedade de economia mista que inclua, entre suas finalidades institucionais, a proteção dos interesses e a promoção de direitos da pessoa com deficiência". Cabe ainda mencionar o disposto no artigo 7º do EPD: "Art. 7º É dever de todos comunicar à autoridade competente qualquer forma de ameaça ou de violação aos direitos da pessoa com deficiência. Parágrafo único. Se, no exercício de suas funções, os juízes e os tribunais tiverem conhecimento de fatos que caracterizem as violações previstas nesta Lei, devem remeter peças ao Ministério Público para as providências cabíveis".
11. "Art. 752. Dentro do prazo de 15 (quinze) dias contado da entrevista, o interditando poderá impugnar o pedido. § 1º O Ministério Público intervirá como fiscal da ordem jurídica. § 2º O interditando poderá constituir advogado, e, caso não o faça, deverá ser nomeado curador especial. § 3º Caso o interditando não constitua advogado, o seu cônjuge, companheiro ou qualquer parente sucessível poderá intervir como assistente."

Assim, é o comprometimento da autonomia o aspecto que enseja a aplicação do artigo 928, parágrafo único, e não propriamente a vulnerabilidade.

Nessa última hipótese, admite-se a responsabilidade subsidiária da pessoa com deficiência maior de idade em relação àqueles familiares ou tutores, estes últimos responsáveis pela guarda somente até o alcance da maioridade civil, que, tendo concretamente conhecimento das condições do autor do dano e dos riscos que possam representar para terceiros, deveriam, inclusive considerando o melhor interesse da pessoa com deficiência, ter providenciado a curatela,[12] de modo a atrair a aplicação, por interpretação analógica, do artigo 932, II, do Código Civil e, por conseguinte, da responsabilidade, em primeiro plano e objetiva,[13] dos curadores.[14] Haveria aí uma responsabilidade indireta (nexo de imputação indireto por disposição legal), sem necessidade de aferição de nexo causal entre a conduta do curador e os danos sofridos pelo terceiro.

A corroborar este entendimento, vale lembrar o disposto no artigo 1.590 do Código Civil, que, no capítulo destinado à "proteção da pessoa dos filhos", estabelece que "as disposições relativas à guarda e prestação de alimentos aos filhos menores estendem-se aos maiores incapazes". Com efeito, em se tratando de pessoas com deficiência maiores em situação de dependência, ainda que não submetidas à curatela, os pais comumente continuarão desempenhando a guarda, de modo a terem seus filhos em sua companhia, com eles convivendo para prestar-lhes os cuidados de que necessitem. E é nesse sentido,

---

12. Nesse sentido, afirmam TEPEDINO, Gustavo e TERRA, Aline de Miranda Valverde, A evolução da responsabilidade civil por fato terceiro na experiência brasileira, *Revista de Direito da Responsabilidade*, ano 1, 2019, p. 1.093: "ainda que não haja curatela regularmente constituída, é possível que a situação fática imponha a responsabilidade a quem conhece a deficiência do maior não interdito e se omite em adotar as providências necessárias para o estabelecimento da curatela".
13. Partindo da mesma lógica, porém entendendo pela responsabilidade solidária em tais casos, ROSENVALD, Nelson, A responsabilidade civil da pessoa adulta incapaz não incapacitada e a de seu guardião de fato por danos causados a terceiros, *Revista IBERC*, Minas Gerais, v. 1, n. 1, p. 01-43, p. 27, nov./fev. 2019. Quanto a ser responsabilidade subjetiva ou objetiva, no tocante à responsabilidade dos pais como guardiões de fato dos filhos maiores, o autor (cit., p. 28) pondera o seguinte: "A responsabilidade dos pais oscilará entre objetiva ou subjetiva, conforme a intensidade da restrição psíquica ou intelectual do filho maior, autor do dano. Caso o agente seja privado de autodeterminação, pode ser caracterizado como sujeito formalmente capaz, porém materialmente incapaz, atraindo a responsabilidade objetiva de ambos os genitores por danos causados contra terceiros. Haveria uma lacuna, pois ao invés de uma incapacidade legal que derivaria em atribuição de responsabilidade aos curadores, surgiria uma incapacidade natural, sem que a lei elegesse responsáveis. Tal raciocínio autoriza os pais a simplesmente se eximirem da obrigação de indenizar, negligenciando o processo de curatela (cuja instauração é facultativa) e a consequente atribuição do múnus legal. Pode-se mesmo dizer que nesses casos extremos os pais estariam obrigados a promover a constituição da curatela – viabilizando proteção e cuidado ao filho ao se estabilizar os limites e extensão da curatela e a designação de um curador adequado – sendo que a omissão a esse dever acarretaria uma responsabilidade solidária pela indenização de danos por aquele causados, podendo a vítima agir contra o causador do dano ou os seus pais".
14. Destaca-se, embora atribuindo responsabilidade solidária e adotando fundamentação com base na normativa vigente antes do EPD, o acórdão proferido pela 4ª Turma do Superior Tribunal de Justiça, no Recurso Especial 1.101.324-RJ, Rel. Min. Antonio Carlos Ferreira, julgado em 13.10.2015, no qual se entendeu que "os pais de portador de esquizofrenia paranoide que seja solteiro, maior de idade e more sozinho têm responsabilidade civil pelos danos causados durante os recorrentes surtos agressivos de seu filho, no caso em que eles, plenamente cientes dessa situação, tenham sido omissos na adoção de quaisquer medidas com o propósito de evitar a repetição desses fatos, deixando de tomar qualquer atitude para interditá-lo ou mantê-lo sob sua guarda e companhia" (...).

de "guarda", que se interpreta o termo "companhia" que o artigo 932, incisos I e II, prevê como uma das condições para se atribuir aos pais, tutores e curadores a responsabilidade pelos atos de seus filhos, pupilos e curatelados. O termo "autoridade", no caso dos pais, remete à autoridade parental,[15] ao passo que, em relação aos curadores, remete ao múnus atribuído pela sentença constitutiva da curatela, e nos limites dela.

A responsabilidade, porém, não poderia ser direcionada da forma antes apontada (em primeiro plano e objetiva) nas hipóteses em que o sujeito que assume de fato os cuidados da pessoa maior não estiver entre os legitimados para promover a curatela.[16] É a situação, por exemplo, de atendentes pessoais e acompanhantes[17] que não sejam cônjuges, companheiros ou parentes[18] da pessoa com deficiência, mas cuidam da mesma. Ditas hipóteses invocam também necessária discussão sobre a figura do "guardião de fato" no direito brasileiro, não prevista expressamente em lei e ainda carente de abordagens doutrinárias e jurisprudenciais. Sobre o tema, destaca-se na doutrina nacional a proposta de Nelson Rosenvald no sentido de lhe dar visibilidade jurídica, haja vista sua presença frequente em nossa realidade, tanto para nele se reconhecer mais um mecanismo de apoio à pessoa com deficiência, quanto para lhe atribuir direitos, poderes e responsabilidades.[19]

Nestes casos, os cuidadores devem responder subjetivamente, ou seja, desde que incorram em conduta culposa quanto aos cuidados que deveriam desempenhar para proteger a pessoa com deficiência inclusive das consequências de suas próprias condutas eventualmente lesivas a terceiros. Tampouco responderiam em primeiro plano, dada a impossibilidade de se aplicar o artigo 932, II, do Código Civil. Em tal circunstância, as pessoas com deficiência devem responder solidariamente, com respaldo no artigo 942 do Código Civil.[20] Nesta segunda situação, não se trata propriamente de responsabilidade indireta por fato de outrem, mas de responsabilidade direta, devendo ser verificada a existência de nexo causal entre as condutas de todos os envolvidos e os danos sofridos pelo terceiro.

---

15. Adota-se o entendimento de que o conceito de guarda, mais afeto à companhia e ao acompanhamento do cotidiano, não se confunde com o de autoridade parental, que é mais amplo e compreende maior aglomerado de funções, com vistas à promoção da personalidade. Sobre o conceito mais restrito de guarda e sua distinção da autoridade parental, cf. TEIXEIRA, Ana Carolina Brochado, A (des)necessidade da guarda compartilhada ante o conteúdo da autoridade parental? In: TEIXEIRA, Ana Carolina Brochado; RIBEIRO, Gustavo Pereira Leite, *Manual de direito das famílias e das sucessões*. Rio de Janeiro: Processo, 2017, p. 257.
16. "Art. 747. A interdição pode ser promovida: I – pelo cônjuge ou companheiro; II – pelos parentes ou tutores; III – pelo representante da entidade em que se encontra abrigado o interditando; IV – pelo Ministério Público."
17. Segundo o artigo 3º do EPD, consideram-se: "XII – atendente pessoal: pessoa, membro ou não da família, que, com ou sem remuneração, assiste ou presta cuidados básicos e essenciais à pessoa com deficiência no exercício de suas atividades diárias, excluídas as técnicas ou os procedimentos identificados com profissões legalmente estabelecidas; (...) XIV – acompanhante: aquele que acompanha a pessoa com deficiência, podendo ou não desempenhar as funções de atendente pessoal".
18. A definição de quem são os parentes, abrangendo o parentesco natural e civil, e o parentesco por afinidade (padrasto/madrasta) encontra-se nos artigos 1.591 a 1.595 do Código Civil.
19. ROSENVALD, Nelson, A responsabilidade civil da pessoa adulta incapaz não incapacitada e a de seu guardião de fato por danos causados a terceiros, cit., p. 01-43.
20. "Art. 942. Os bens do responsável pela ofensa ou violação do direito de outrem ficam sujeitos à reparação do dano causado; e, se a ofensa tiver mais de um autor, todos responderão solidariamente pela reparação."

Dessa forma, cabe indagar se, nos casos em que a pessoa com deficiência não for relativamente incapaz (sob curatela ou a tanto equiparada, no sentido de não poder conformar e exprimir sua vontade quando da prática do ato danoso), ainda assim, em razão da vulnerabilidade existencial oriunda da deficiência, também deve ter um tratamento mais benéfico, similar ao das pessoas incapazes, ao menos para aplicação de uma indenização equitativa, de modo que o juiz possa, quando da fixação do valor da condenação, afastar o princípio da reparação integral da vítima previsto no artigo 944, *caput*,[21] e preservar o mínimo existencial do autor do dano sempre que necessário. Neste ponto, é apenas da medida da indenização de que se trata, já que não seria cabível cogitar a responsabilidade subsidiária.

Todavia, antes de enfrentar a questão, parece necessário averiguar a relação entre vulnerabilidade[22] e responsabilidade. Imprescindível, para tanto, bem compreender a distinção entre os conceitos de vulnerabilidade e de vulneração e, ainda, a distinção entre vulnerabilidade existencial e patrimonial.[23] Tem-se que a vulnerabilidade é algo inerente à condição do ser humano, ao passo que a vulneração denota uma posição, situação na qual o sujeito pode não estar, já que se trata de uma questão social e não individual. A pessoa com deficiência é vulnerável, vulnerada, possui vulnerabilidade existencial, podendo ou não apresentar vulnerabilidade patrimonial. O que se deve considerar é que essas noções ensejam mecanismos jurídicos de tutela distintos.[24] A constatação de que a pessoa com deficiência é vulnerável, vulnerada e possui vulnerabilidade existencial exige uma tutela específica, tal como o EPD, que busca colocar tais pessoas em condições mais favoráveis para o desenvolvimento de sua personalidade e o desempenho de sua autonomia. Essa tutela específica traz consigo a necessidade de um robusto sistema de apoios, entre eles a curatela sob medida, o instituto da tomada de decisão apoiada, os atendentes pessoais e acompanhantes e as tecnologias assistivas, bem como de mecanismos que permitam não só a integração das pessoas com deficiência, mas sua efetiva inclusão social, a exemplo do desenho universal, do atendimento prioritário e das instituições educacionais inclusivas em lugar daquelas restritivamente ditas especiais.

A vulnerabilidade patrimonial, por seu turno, remete à possibilidade de comprometimento do patrimônio. É possível perceber que determinado sujeito pode ser vulnerável no âmbito existencial e não o ser no âmbito patrimonial e vice-versa. No contexto da responsabilidade civil, a reparação integral à vítima pode comprometer

---

21. "Art. 944. A indenização mede-se pela extensão do dano."
22. É pertinente o alerta de Carlos Nelson Konder quanto ao risco de uma generalização do termo vulnerabilidade: "No entanto, a proliferação das referências, em contextos e com significados diversos, gera o receio de uma superutilização da categoria, que lhe venha a esvaziar o conteúdo normativo. A falta de cuidado na definição de seus contornos científicos arrisca banalizar sua invocação, transformando-a de importante instrumento jurídico de alteração da realidade em mera invocação retórica, sem força normativa efetiva [...]". (KONDER, Carlos Nelson. Vulnerabilidade patrimonial e vulnerabilidade existencial: por um sistema diferenciador. *Revista de Direito do Consumidor*, v. 99, 2015, p. 102)
23. Sobre essa distinção, cf. ainda KONDER, Carlos Nelson. Vulnerabilidade patrimonial e vulnerabilidade existencial: por um sistema diferenciador, cit., p. 105.
24. BARBOZA, Heloisa Helena. Vulnerabilidade e cuidado: aspectos jurídicos. In: PEREIRA, Tânia da Silva; OLIVEIRA, Guilherme de (Coord.). *Cuidado e vulnerabilidade*. São Paulo: Atlas, 2009, p. 111.

o patrimônio do causador do dano a ponto de prejudicar o seu mínimo existencial, o que se aplica não só às pessoas com deficiência. Pode-se dizer que há aí também uma espécie de vulneração. Por outro lado, a vulnerabilidade existencial pode ser um fator de agravamento das chances de a pessoa sofrer lesões mais frequentemente ou mais gravemente, alargando as possibilidades de ser vítima de danos. Este aspecto está mais intimamente ligado à pessoa com deficiência.

Retomando a indagação antes colocada, acerca das possibilidades de fixação equitativa do *quantum debeatur*, a doutrina brasileira aponta para algumas possíveis soluções interpretativas. Há entendimentos no sentido de admitir a aplicação do artigo 928, parágrafo único, do Código Civil, devido à vulnerabilidade da pessoa com deficiência,[25] em razão de seu *handicap* intelectual ou mental, a justificar "alguma forma de atuação do princípio da equidade em termos de tutela diferenciada",[26] ou por força de uma vocação expansiva atribuída ao parágrafo único do artigo 928 como garantia do mínimo existencial do ser humano,[27] não se limitando aos incapazes[28] e às pessoas com deficiência.

Há, ainda, variações em torno da interpretação do artigo 944, parágrafo único,[29] norma de aplicação geral que também prevê a fixação (redução) equitativa do *quantum debeatur* se "houver excessiva desproporção entre a gravidade da culpa e o dano". Parte da doutrina considera certa atecnia legislativa nesta condição, uma vez que "o grau de culpa não define, *per se*, a extensão do dano. Por isso, via de regra toma lugar alguma desproporção entre conduta e resultado".[30] De fato, o grau de culpa do ofensor não se

---

25. MULHOLLAND, Caitlin, cit., p. 656. Para a autora, "(...) considerando que, apesar de capaz, a pessoa com deficiência psíquica ou intelectual é vulnerável, conforme afirmado em item acima, sustenta-se a possibilidade de atribuir-lhe diretamente a obrigação de indenizar por fato próprio (artigo 927, do Código Civil), sendo a quantificação do dano ponderada de forma equitativa (parágrafo único, do artigo 928, do Código Civil), com fins de permitir a plena proteção da dignidade da pessoa com deficiência. Considerar o deficiente psíquico ou intelectual como vulnerável é medida que não diminui a sua capacidade, mas promove a teleologia do Estatuto da Pessoa com Deficiência, qual seja, a de proteção de sua dignidade social e da igualdade substancial, tônica da nova legislação".
26. ROSENVALD, Nelson, A responsabilidade civil da pessoa adulta incapaz não incapacitada e a de seu guardião de fato por danos causados a terceiros, cit., p. 6. Segundo o autor: "Parece-nos que a melhor forma de arbitrar a vulnerabilidade existencial da pessoa com deficiência (que difere da vulnerabilidade patrimonial de um consumidor ou empregado) será a de inicialmente admitir a imputação pessoal e direta das consequências econômicas do mau uso da liberdade, pela via da trasladação dos danos ao autor do ilícito, na qualidade de pessoa plenamente capaz, tal como refere o citado artigo 927 do Código Civil. Todavia, o *handicap* intelectual ou mental do demandado justifica alguma forma de atuação do princípio da equidade em termos de tutela diferenciada, não mais como próprio fundamento da responsabilidade (tal como se dá com o curatelado relativamente incapaz), porém, no âmbito exclusivo da mitigação do quantum reparatório, em mais uma exceção à regra da *restitutio in integro* do art. 944 do Código Civil".
27. MONTEIRO FILHO, Carlos Edison do Rêgo. Artigo 944 do Código Civil: O problema da mitigação do princípio da reparação integral. In: TEPEDINO, Gustavo; FACHIN, Edson. *O direito e o tempo*: embates jurídicos e utopias contemporâneas – Estudos em homenagem ao Professor Ricardo Pereira Lira. Rio de Janeiro: Renovar, 2008, p. 784.
28. Registra-se o entendimento, em sentido diverso, de SANSEVERINO, Paulo de Tarso Vieira. *Princípio da reparação integral*. São Paulo: Saraiva, 2010, p. 135, para quem a interpretação da citada norma deve ser restritiva, incidindo apenas na responsabilidade dos próprios incapazes.
29. "Art. 944. (...) Parágrafo único. Se houver excessiva desproporção entre a gravidade da culpa e o dano, poderá o juiz reduzir, equitativamente, a indenização."
30. MONTEIRO FILHO, Carlos Edison do Rêgo, cit., p. 771.

mostra parâmetro adequado para o dimensionamento do dano causado à vítima ou para o estabelecimento de uma relação de proporcionalidade, como, aliás, estabelece o artigo 403 do Código Civil.[31] Neste ponto, desloca-se a atenção mais para a desproporção entre a conduta[32] (que pode ser ordinária) do ofensor e um dano de grande dimensão para a vítima,[33] que alguns correlacionam à própria situação da vítima,[34] dando ênfase mais à causalidade do que à culpabilidade.[35] Em sentido mais restritivo, há ainda quem entende que, além da mencionada desproporção entre a gravidade da culpa e o dano, aludida norma somente poderia ser aplicada para assegurar o mínimo existencial do agente, com fundamento no princípio constitucional da dignidade humana, a autorizar a exceção à regra da reparação integral.[36] Em direção contrária, há posicionamento no sentido de que a equidade para efeito de aplicação do parágrafo único do artigo 944 deve considerar apenas o dano excessivamente gravoso e a gravidade da culpa "de acordo com as características da deficiência do ofensor".[37] Enfim, verifica-se proposta de interpretação também no sentido de que a referida norma teria aplicação nos casos

---

31. "Art. 403. Ainda que a inexecução resulte de dolo do devedor, as perdas e danos só incluem os prejuízos efetivos e os lucros cessantes por efeito dela direto e imediato, sem prejuízo do disposto na lei processual."
32. A propósito, estabelece o Enunciado 457 da V Jornada de Direito Civil do Conselho da Justiça Federal: "A redução equitativa da indenização tem caráter excepcional e somente será realizada quando a amplitude do dano extrapolar os efeitos razoavelmente imputáveis à conduta do agente".
33. MONTEIRO FILHO, Carlos Edison do Rêgo, cit., p. 778. O autor afirma que "Na particular hipótese do parágrafo único do art. 944, o objetivo era o de se evitar, por meio do recurso à equidade, a desgraça do responsável que, por inexorável descuido momentâneo, produz enorme dano à vítima. Servindo como um temperamento, ou contrapeso, à aplicação asséptica da letra fria do caput, que, sob certas condições, redundasse em uma inversão de papéis: uma vítima – a que efetivamente sofreu o prejuízo – seria trocada por outra – o ofensor, arruinado economicamente".
34. Nessa linha, afirmam Gustavo TEPEDINO et al. *Código civil interpretado conforme a Constituição da República*, cit., p. 860: "(...) a concepção que inspirou o preceito é a de que a convivência social traz consigo determinados riscos de dano, para os quais a situação da vítima muitas vezes contribui, de modo que não é absurdo admitir que, excepcionalmente, o ônus de prejuízos causados por culpa leve do ofensor seja, em parte, deixado ao encargo da própria vítima. O dispositivo, contudo, deve ser visto com cautela e interpretado em estrita conformidade com sua inspiração, sendo recomendável restringir-se sua aplicação àqueles casos em que a própria situação da vítima gera um risco de dano superior ao risco médio que vem embutido no risco social. Assim, pense-se na hipótese do condutor de um veículo popular que, por leve descuido, abalroa um carro de luxo, cujo conserto tem custo excessivamente superior ao que teria em se tratando de um veículo médio. Não se trata de compensar desníveis econômicos, mas tão-somente de reduzir equitativamente o valor da indenização para que a excessiva desproporção entre a culpa do agente e a extensão do dano seja dividida, à luz do princípio constitucional da solidariedade, entre o autor do prejuízo e aquele que, embora sendo sua vítima, contribui com a majoração do risco médio do convívio social".
35. Nesse sentido, TEPEDINO, Gustavo, TERRA, Aline de Miranda Valverde, GUEDES, Gisela Sampaio da Cruz. Responsabilidade civil. *Fundamentos do Direito Civil*. Rio de Janeiro, Forense, 2020, v. 4, p. 49. Para os autores, "o legislador do parágrafo único do art. 944 mostra-se sensível ao fato de que certos efeitos danosos extrapolam o grau de causalidade razoavelmente esperado para certos comportamentos, admitindo-se, em hipóteses excepcionais, que o magistrado circunscreva o dever de reparar aos valores compatíveis com os efeitos normalmente esperados para o tipo de comportamento praticado pelo agente".
36. KONDER, Carlos Nelson, A Redução equitativa da indenização em virtude do grau de culpa: apontamentos acerca do parágrafo único do art. 944 do Código Civil. *Revista Trimestral de Direito Civil*, v. 29, p. 3-34, jan./mar. 2007.
37. HOSNI, David Salim Santos. Responsabilidade civil da pessoa com deficiência que envolva transtorno mental. In: PEREIRA, Fábio Queiroz; LARA, Mariana, Alves (Org.). *Deficiência e Direito Privado*: novas reflexões sobre a Lei Brasileira de Inclusão e a Convenção sobre os Direitos das Pessoas com Deficiência. Belo Horizonte: Editora D'Plácido, 2019, p. 212.

jurídicos de difícil aferição da culpa, de modo que "esta falta de certeza sobre um dos pressupostos da responsabilidade civil seria razão de arbitramento da indenização em valor menor do que aquele equivalente à reparação integral".[38]

Para além das discussões em torno do sentido e alcance dos parágrafos únicos dos artigos 928 e 944, cogita-se também, mesmo fora do contexto normativo dos referidos dispositivos,[39] a possibilidade de mitigação da reparação de danos com fundamento na equidade, "mais especificamente, em inusitadas situações, nas quais o contexto do agente e da vítima denuncie a ausência de merecimento na incidência da reparação integral, pela ofensa a parâmetros de razoabilidade".[40]

Ao nosso ver, a pessoa com deficiência poderia ser contemplada pela redução equitativa do *quantum debeatur* com fulcro no parágrafo único do artigo 928 (nos casos de pessoas com deficiência relativamente incapazes, sob curatela ou a estas equiparadas por reunirem as mesmas condições, apresentando comprometimento de sua autonomia e devendo, por isso, responder apenas subsidiariamente), ou no parágrafo único do artigo 944,[41] havendo desproporção entre a conduta e o resultado, ou, ainda, puramente

---

38. Este é o entendimento de BUCAR, Daniel e PIRES, Caio Ribeiro, Equívocos da redução equitativa: a indevida superposição de responsabilidade civil com a responsabilidade patrimonial, *Revista IBERC*, v. 2, n. 3, p. 01-18, set./dez. 2019, disponível em: www.responsabilidadecivil.org/revista-iberc, acesso em: 07.12.2020, p. 12-14. Os autores exemplificam possível aplicação de sua proposta interpretativa com os danos causados por pessoas com deficiência e afirmam que, na análise da culpa, "passa-se a verificar o *standard* socialmente adequado do agir no caso concreto, sua conformidade aos ditames do direito, fragmentando-se a culpa em 'diversas culpas'" e que "Ao perseguir-se a axiologia do Estatuto da Pessoa com Deficiência observa-se que seu principal objetivo é a promoção de autonomia e igual participação destes sujeitos na sociedade. Ora, se este é o propósito a se alcançar por meio desta lei, sinaliza-se não ser completa a inclusão na realidade atual. Sob este aspecto imputar aos destinatários do Estatuto os mesmos deveres de conduta esperados dos cidadãos plenamente integrados a sociedade reflete-se em decisão que implica desigualdade material, além de desobediência às propostas da Lei Brasileira de Inclusão".
39. Observa-se que parte considerável da doutrina brasileira reserva aos parágrafos únicos dos artigos 928 e 944 uma leitura bastante restritiva. Nessa linha, o Enunciado 46 da I Jornada de Direito Civil do Conselho da Justiça Federal, alterado pelo Enunciado 380 da IV Jornada de Direito Civil: "A possibilidade de redução do montante da indenização em face do grau de culpa do agente, estabelecida no parágrafo único do art. 944 do novo Código Civil, deve ser interpretada restritivamente, por representar uma exceção ao princípio da reparação integral do dano". Já quanto à natureza dos danos para efeito de redução equitativa, SANSEVERINO, Paulo de Tarso Vieira, *Princípio da reparação integral*, cit., p. 107, entende que o parágrafo único do artigo 944 tem aplicação somente quando os interesses lesados forem meramente patrimoniais, não alcançando os danos pessoais graves.
40. É o entendimento de FARIAS, Cristiano Chaves de, BRAGA NETTO, Felipe e ROSENVALD, Nelson, *Novo tratado de responsabilidade civil*, cit., p. 307-310. Para os autores, "independentemente da graduação da culpa, convém aproximar o dano injusto com a análise das condições socioeconômicas do ofensor pela lógica do razoável. O direito civil atual, permeado por valores existenciais, não permanece indiferente às necessidades concretas das pessoas, às variáveis situacionais que desigualam, na realidade, essas pessoas, situando-se em planos distintos de oportunidades. Tais linhas de argumentação são fundamentais na solução dos problemas concretos de responsabilidade civil. A indenização integral pode provocar a ruína do ofensor, porém a dignidade humana desautoriza que se produza, a pretexto de atender à reparação integral, a ruína do devedor, criando, com tal solução, um novo problema. Se fixarmos, sem temperamentos, apenas um dos lados da moeda, chegaremos rápido a soluções absurdas e antissociais. É fundamental ponderar, no caso concreto, as situações específicas do agressor e da vítima, para, a partir daí, dimensionar a indenização adequada à espécie".
41. Como, aliás, já havíamos tratado em SALLES, Raquel Bellini; ZAGHETTO, Nina Bara. Novos contornos da responsabilidade civil da pessoa com deficiência após a Lei Brasileira de Inclusão. In: SALLES, Raquel Bellini; PASSOS, Aline Araújo; LAGE, Juliana Gomes (Org.). *Direito, vulnerabilidade e pessoa com deficiência*. Rio de Janeiro: Processo, 2019, p. 133-193.

na equidade,[42] para se assegurar o mínimo existencial ínsito à dignidade humana, já desde a fixação da indenização, e sem prejuízo de outros mecanismos de proteção desse "mínimo" por ocasião da execução da sentença condenatória.[43]

O que se deve ter em mira, portanto, é a tutela da dignidade da pessoa, do que a garantia do mínimo existencial é corolário. Nesse viés, a dignidade da pessoa humana assume o papel de postulado normativo da existência digna,[44] servindo como medida de aplicação do princípio da reparação integral e da regra constante do *caput* do artigo 944. Independentemente de a pessoa ser capaz ou não, ter deficiência ou não, e independentemente da espécie de deficiência que tenha, essa proteção deve ser observada em favor de todos, evitando-se que a indenização submeta o causador do dano e até mesmo sua família a condições indignas de vida. Mas, em uma situação concreta, pode ser que a pessoa com deficiência apresente demandas especiais, sobretudo considerando suas necessidades de apoio, tais como acompanhantes, equipamentos de mobilidade e acessibilidade comunicacional, tratamentos, medicamentos, entre outras, especificidades estas que deverão ser consideradas pelo magistrado no juízo de equidade quando da fixação do *quantum debeatur*. E é de todo recomendável que a aferição das necessidades que integram o mínimo existencial em cada caso seja corroborada por avaliação multidisciplinar, não estritamente médica.

Observa-se que a solução por último apresentada não lastreia a possibilidade de redução equitativa da indenização no fato em si de a pessoa apresentar uma deficiência ou na sua vulnerabilidade existencial. Mas leva em consideração a vulnerabilidade patrimonial quando houver risco de comprometimento do mínimo existencial, em cuja aferição a deficiência influi. Tal raciocínio não se aplica apenas às pessoas com deficiência psíquica ou intelectual, mas, como dito, indistintamente a qualquer pessoa, tenha ou não deficiência. Não se vislumbra razão para distinguir as pessoas em função das deficiências que venham a apresentar, mas, sim, em razão do grau de vulnerabilidade que em concreto venha a justificar uma tutela mais ou menos protetiva. Tampouco se vislumbra razão para somente se deferir a possibilidade de redução equitativa às pessoas com deficiência psíquica ou intelectual, relativamente incapazes ou a estes equiparadas, o que se tem quando se considera apenas o artigo 928, parágrafo único. De outra parte, não se mostra justificada, para além do alcance do artigo 944, parágrafo único, qualquer espécie de redução equitativa quando não se tem efetiva vulnerabilidade patrimonial

---

42. Toma-se aqui a equidade com função integrativa e não substitutiva da norma geral, para efeito de correção dos possíveis exageros a que pode conduzir a aplicação irrestrita do princípio da reparação integral no caso concreto, e, assim, como uma das acepções do postulado normativo da razoabilidade, no sentido que propõe ÁVILA, Humberto, *Teoria dos princípios*: da definição à aplicação dos princípios jurídicos. São Paulo: Malheiros, 2003.
43. Ressalva-se o entendimento quanto à suficiência da proteção do mínimo existencial apenas no âmbito da responsabilidade patrimonial, na fase de execução do crédito constituído em sentença, cf. BUCAR, Daniel e PIRES, Caio Ribeiro. Equívocos da redução equitativa: a indevida superposição de responsabilidade civil com a responsabilidade patrimonial, cit., p. 01-18.
44. Segundo MARTINS-COSTA, Judith, *Pessoa, Personalidade, Dignidade*. Tese (Livre-Docência), Faculdade de Direito, Universidade de São Paulo, São Paulo, 2003, p. 139, a dignidade da pessoa pode atuar em três dimensões distintas, ou seja, como fundamento ("valor-fonte"), como princípio (norma jurídica que impõe comportamentos) ou como postulado normativo (como medida de aplicação dos princípios e das regras).

com risco de real comprometimento do mínimo existencial do causador do dano, cujos interesses devem ser ponderados com os da vítima, uma vez que também pode estar em jogo o mínimo existencial desta. Em se tratando do instituto da responsabilidade civil, que precipuamente deve zelar pelas vítimas e por sua *integral reparação*, e considerando a prática de ato *antijurídico*, ainda que por uma pessoa com deficiência, a redução equitativa pautada no postulado normativo da existência digna parece ser a resposta que melhor corrobora a tutela da autonomia da pessoa com deficiência, pois reafirma sua responsabilidade, autonomia e capacidade, sem descuidar de sua vulnerabilidade em concreto e da tutela da vítima.

Tal perspectiva coloca em evidência a relação de complementação entre os conceitos de vulnerabilidade (existencial) e de autonomia,[45] compatibilizando-os na seara da responsabilidade civil. Reconhece-se que viver implica riscos, aos quais todos estão sujeitos. Inclusive errar ou falhar faz parte da própria construção do ser humano. Ser vulnerável e vulnerado (devido à deficiência) não é óbice para ser também autônomo, inclusive no sentido de assumir obrigações e responsabilidades. Porém, como qualquer outra, também a pessoa com deficiência pode carecer de um tratamento diferenciado, equitativo, para a preservação de seu mínimo existencial.

3. O NOVO PERFIL DA CURATELA COM O ADVENTO DO ESTATUTO DA PESSOA COM DEFICIÊNCIA E SEU IMPACTO NA RESPONSABILIDADE CIVIL DOS CURADORES

A Convenção sobre os Direitos da Pessoa com Deficiência e o EPD impactaram profundamente no instituto da curatela, tornando-o medida extraordinária, temporária, necessariamente proporcional às necessidades da pessoa curatelada, sem o propósito de substituição de vontade e limitado às situações jurídicas patrimoniais.[46] A curatela passou a comportar, assim, modulações. A depender do caso em tela, e conforme as funcionalidades e grau de dependência da pessoa em concreto, ela será mais ou menos intensa, apresentando uma plasticidade – concepção essa denominada de "curatela sob medida".[47] E essa flexibilidade, justamente para assegurar a autonomia e dignidade da pessoa com deficiência, permite moldar, à luz das circunstâncias do caso concreto, o instrumento viabilizador do apoio mais adequado – se representação ou assistência – de acordo com o projeto terapêutico personalizado e individualizado, sendo que, "nos casos em que o juiz não fixar a representação como mecanismo de apoio, a regra recairá sobre a assistência, a qual é mais compatível com a imperiosa exigência de preservação da autonomia das pessoas com deficiência".[48]

---

45. ALMEIDA, Vitor, cit., p. 119.
46. Conforme artigos 84 e 85 do EPD.
47. ABREU, Célia Barbosa. A curatela sob medida: notas interdisciplinares sobre o Estatuto da Pessoa com Deficiência e o novo CPC. In: MENEZES, Joyceane Bezerra de (Org.). *Direito das pessoas com deficiência psíquica e intelectual nas relações privadas*: Convenção sobre os direitos das pessoas com deficiência e Lei Brasileira de Inclusão. Rio de Janeiro: Processo, 2016, p. 545-565.
48. ALMEIDA, Vitor, cit., p. 219.

Assim, entende-se que a curatela pode atuar em três contextos diversos: i) o curador pode se apresentar como um representante do relativamente incapaz para todos os atos jurídicos, porque este não possui qualquer condição de praticá-los, sequer em conjunto; ii) o curador pode ser um representante para certos e específicos atos e assistente para outros, em um regime misto; iii) o curador será apenas um assistente, na hipótese em que o curatelando tem condições de praticar todo e qualquer ato, desde que devidamente acompanhado, para a sua proteção.[49]

Observa-se que, antes do EPD, o curador, pautado no modelo de substituição de vontade, respondia por todos os atos do curatelado. Logo, se o curatelado cometesse algum ato antijurídico e fosse configurada a obrigação de indenizar em favor de terceiros, a responsabilidade do curador, de acordo com os artigos 932, II, e 933 do Código Civil, seria sempre indireta – por fato de outrem – e objetiva, ao passo que a responsabilidade do curatelado seria, nos termos do artigo 928 do mesmo código, sempre subsidiária, ressalvada a possibilidade de redução equitativa, conforme o parágrafo único deste último artigo.

Todavia, o modelo da curatela "sob medida" enseja uma necessária releitura do regime da responsabilidade civil dos curadores, que igualmente deve ser modulada nos limites das funções assumidas e dos atos para os quais a curatela foi constituída. Ao revés, o regime da responsabilidade civil da pessoa com deficiência sob curatela, como já explicitado no tópico anterior, também se modifica, levando-se sobretudo em consideração os atos passíveis de serem praticados com plena autonomia, sem intervenção do curador, a configurar unicamente a responsabilidade direta da pessoa com deficiência.[50]

Além disso, releva considerar que, anteriormente ao EPD, o curador, como representante do curatelado, em geral assumia também o papel de guardião de direito, com deveres de cuidado, direção e vigilância em relação à pessoa sob curatela e responsabilidade objetiva pelos atos desta, prestando-se como garantidor legal perante terceiros. Todavia, partindo-se da presunção de plena capacidade da pessoa com deficiência e da proporcionalidade da curatela, não faz mais sentido o entendimento de que o curador será sempre um guardião e, assim, um garantidor, a responder objetivamente por todos e quaisquer atos do curatelado.

A curatela, independentemente de seu perfil e de sua medida, enseja, ainda mais após o EPD, inarredáveis deveres de cuidado,[51] que podem ser mais ou menos intensos

---

49. Conforme ROSENVALD, Nelson, Curatela, In: PEREIRA, Rodrigo da Cunha (Org.). *Tratado de direito das famílias*, Belo Horizonte, IBDFAM, 2015, p. 749.
50. Este também é o entendimento de TEPEDINO, Gustavo e TERRA, Aline de Miranda Valverde, in A evolução da responsabilidade civil por fato terceiro na experiência brasileira, cit., p. 1.091: "Se a pessoa com deficiência sob curatela torna-se relativamente incapaz, sofrendo restrição mínima e pontual na sua autonomia, e se é justamente essa restrição que determina a medida dos poderes do curador, sua responsabilidade deve também ser estabelecida pelo mesmo critério, vale dizer, de acordo com os poderes que lhe são expressamente conferidos na sentença de interdição. Dessa forma, todos os danos decorrentes de atos praticados pelo curatelado no espectro de sua autonomia e capacidade – atos esses não compreendidos, portanto, pelos efeitos da curatela – vinculam o seu patrimônio e deverão ser por ele mesmo suportados, afastando-se a responsabilidade do curador".
51. Observa-se que o artigo 758 do Código de Processo Civil estabelece que o curador "deverá buscar tratamento e apoio apropriados à conquista da autonomia pelo interdito", o que não significa que necessariamente deverá assumir a guarda do curatelado.

a depender da necessidade do curatelado, mas tal não significa sempre que o curador haverá de assumir a guarda, até mesmo em função da autonomia do curatelado. Curatela e guarda são figuras distintas e não necessariamente coexistirão. Essa distinção é particularmente importante para a configuração da responsabilidade civil do curador, valendo lembrar que o artigo 932, II, do Código Civil a estabelece em relação aos curatelados que estiverem "sob as mesmas condições" previstas no inciso I, ou seja, sob a "autoridade e companhia" do curador, sendo que o primeiro termo remete ao múnus constituído por sentença (já que não se poderia falar em autoridade parental para sujeitos maiores), enquanto o segundo remete à guarda, compreendendo a proteção e acompanhamento do cotidiano. Assumindo o curador a guarda, nos termos expressos e por força da sentença constitutiva da curatela, faz sentido a atribuição ao mesmo de uma responsabilidade total pelos atos do curatelado, pois aí sim assume ele um papel de garantidor, por força de lei, perante terceiros.

É possível cogitar a "guarda" pelo curador, ainda que criticável tal termo, em situações excepcionais em que o curatelado não ostente autonomia e apresente a necessidade de proteção, vigilância e acompanhamento cotidiano, haja vista inclusive os riscos que sua situação, por enfermidade ou deficiência, possa representar para ele próprio ou para terceiros. Nesses casos, e compreendida a guarda no sentido de direito-dever de ter a pessoa curatelada em companhia, ou seja, sob sua proteção, vigilância e acompanhamento, justifica-se a responsabilidade objetiva do curador por todos os atos danosos que o curatelado venha a praticar contra terceiros, atribuindo-se ao curador um papel de garantidor por força de lei.

Por outro lado, não havendo a assunção da guarda, a responsabilidade do curador por danos causados pelo curatelado a terceiros necessariamente deverá ser analisada em cada caso e estabelecida, objetivamente, somente se tais danos resultarem de atos praticados ou que deveriam ser praticados com a intervenção do curador.

Vale esclarecer que a responsabilidade objetiva do curador se aplica apenas aos danos causados pelo curatelado a terceiros. Perante o curatelado, a responsabilidade civil do curador deve ser examinada à luz da cláusula geral da responsabilidade civil subjetiva,[52] conforme artigos 186 e 927, *caput*, do Código Civil, à vista das funções do curador, da medida e dos limites da curatela como constituída em sentença, sem prejuízo da possível remoção[53] do curador no âmbito do processo judicial de curatela.

Igualmente repercute na responsabilidade civil o estabelecimento de curatela conjunta, da qual são espécies a curatela compartilhada, com base no artigo 1.775-A[54] do EPD, e a curatela fracionada. A primeira implica, dentro dos limites da constituição da

---

52. Conforme disposto no Código Civil: "Art. 1.781. As regras a respeito do exercício da tutela aplicam-se ao da curatela, com a restrição do art. 1.772 e as desta Seção" e "Art. 1.752. O tutor responde pelos prejuízos que, por culpa, ou dolo, causar ao tutelado; mas tem direito a ser pago pelo que realmente despender no exercício da tutela, salvo no caso do art. 1.734, e a perceber remuneração proporcional à importância dos bens administrados".
53. Segundo artigos 761 e 762 do Código de Processo Civil.
54. "Art. 1.775-A. Na nomeação de curador para a pessoa com deficiência, o juiz poderá estabelecer curatela compartilhada a mais de uma pessoa."

curatela conforme sustentou-se anteriormente, responsabilização conjunta e solidária, uma vez que os cocuradores atuam sem distinção de funções ou periodicidade,[55] ao passo que a segunda implica o fracionamento também da responsabilidade, que somente poderá ser atribuída aos curadores estritamente dentro dos limites das funções para as quais cada qual foi constituído. Apesar de o EPD ter previsto expressamente apenas a curatela compartilhada, verifica-se na doutrina também a possibilidade da curatela fracionada,[56] que se mostra positiva na medida em que permite a repartição de tarefas conforme as habilidades de cada curador, mas sempre tendo em vista o melhor interesse da pessoa com deficiência.

Há ainda que se considerar a hipótese de a pessoa curatelada estar sob os cuidados de centros de atenção especializados ou residências inclusivas,[57] que, por assumirem a guarda legal, atraem a responsabilidade indireta e objetiva prevista no artigo 932, IV,[58] e 933 do Código Civil, e a responsabilidade subsidiária da pessoa curatelada prevista no artigo 928.

Por todas as considerações feitas, a nova configuração da curatela no direito brasileiro torna imprescindível que as respectivas sentenças constitutivas zelem pela real modulação em concreto das funções e limites de atuação dos curadores, com fundamentação adequada e particularizada para justificar a restrição da capacidade civil, tomando por base laudos e estudos multidisciplinares,[59] pois não há mais lugar para a reprodução de modelos genéricos embasados em fórmulas neutras, seja em razão da própria excepcionalidade da curatela, para se assegurar tanto quanto possível a autonomia da pessoa com deficiência, seja em função da necessidade de se delimitar a extensão dos poderes dos curadores e, consequentemente, sua responsabilidade.

Cabe, enfim, considerar que, uma vez estabelecida a responsabilidade civil do curador com fundamento no artigo 932, II, do Código Civil, tem ele direito de regresso[60] contra o curatelado, que, por sua vez, terá a tutela de seu mínimo existencial conforme o parágrafo único do artigo 928.

---

55. ALMEIDA, Vitor, cit., p. 256.
56. Registram-se nessa linha os posicionamentos de MAZZEI, Rodrigo, Curatela compartilhada: exemplo (e possibilidade) de curatela conjunta – Necessidade de uma nova concepção da curatela, adequando-se aos reclames da atual sociedade, *Revista de Direito de Família e Sucessões*, v. 1, n. 2, p. 179-187. Porto Alegre, set./out. 2014; ROSENVALD, Nelson, Curatela, cit., p. 775; ALMEIDA, Vitor, cit., p. 257.
57. Segundo o artigo 3º, X, do EPD, consideram-se residências inclusivas "unidades de oferta do Serviço de Acolhimento do Sistema Único de Assistência Social (Suas) localizadas em áreas residenciais da comunidade, com estruturas adequadas, que possam contar com apoio psicossocial para o atendimento das necessidades da pessoa acolhida, destinadas a jovens e adultos com deficiência, em situação de dependência, que não dispõem de condições de autossustentabilidade e com vínculos familiares fragilizados ou rompidos".
58. "Art. 932. São também responsáveis pela reparação civil: (...) IV – os donos de hotéis, hospedarias, casas ou estabelecimentos onde se albergue por dinheiro, mesmo para fins de educação, pelos seus hóspedes, moradores e educandos."
59. Tal como, aliás, determinam os artigos 753 e 755 do Código de Processo Civil.
60. O direito de regresso é afastado no direito brasileiro apenas na relação entre pais e filhos menores, conforme artigo 934 do Código Civil: "Art. 934. Aquele que ressarcir o dano causado por outrem pode reaver o que houver pago daquele por quem pagou, salvo se o causador do dano for descendente seu, absoluta ou relativamente incapaz".

4. CONSIDERAÇÕES CONCLUSIVAS

O reconhecimento da diversidade e a compreensão da deficiência sob a perspectiva do modelo social preconizado pela Convenção das Nações Unidas sobre os Direitos das Pessoas com Deficiência e pelo Estatuto da Pessoa com Deficiência exigem da comunidade jurídica e da sociedade um inarredável trabalho de construção e de sedimentação de uma nova cultura e de novos institutos, bem como de reconstrução de antigas estruturas, ressignificando-as para além de dogmas ou generalizações que já não se justificam.

A consideração da pessoa humana no ápice do ordenamento brasileiro e o imperativo da igualdade substancial ensejam, em definitivo, a necessidade de enfrentamento dos problemas que acometem cotidianamente as relações privadas de forma atenta às particularidades dos sujeitos e de seus contextos, com soluções que se mostrem concreta e efetivamente necessárias para a tutela de seus interesses, levando em consideração, ao mesmo tempo, sua autonomia e vulnerabilidade.

É com tal propósito que se propõe um novo olhar sobre a responsabilidade civil das pessoas com deficiência e dos curadores, com soluções interpretativas atentas à necessária releitura das regras de imputação aplicáveis, especialmente as contidas nos artigos 928, 932, II, e 944 do Código Civil, favorecendo a compreensão do campo de incidência próprio de cada uma delas, bem como do possível papel da equidade na fixação da indenização.

DA AUTODETERMINAÇÃO À EFETIVIDADE DOS DIREITOS: IMPACTOS DO NOVO REGIME DAS INCAPACIDADES SOBRE A PRESCRIÇÃO

Rachel Saab

Sumário: 1. Introdução – 2. Impacto do novo regime das incapacidades sobre a prescrição – 3. Notas conclusivas.

1. INTRODUÇÃO

A Lei Brasileira de Inclusão da Pessoa com Deficiência (Lei 13.146/2015 – "LBI") promoveu relevantes alterações no regime das incapacidades,[1] ao reconhecer a capacidade civil das pessoas com deficiência, nos termos dos artigos 6º[2] e 84º[3] da LBI.[4] Por conseguinte, excluiu do rol da incapacidade absoluta (i) os portadores de enfermidade ou deficiência mental (v. artigos 114 e 123 da LBI e artigo 3º do Código Civil); e (ii) os que, por causa permanente ou transitória, não podem exprimir sua vontade – hipótese incluída no rol da incapacidade relativa (artigo 4º, III, Código Civil[5]). Ademais, revogou os dispositivos que estabeleciam a incapacidade relativa daqueles que, por deficiência

---

1. Registre-se que a LBI regulamenta as disposições da Convenção sobre os Direitos da Pessoa com Deficiência ("Convenção"), ratificada pelo Brasil e internalizada por meio do Decreto 6.949/2009.
2. "Artigo 6º A deficiência não afeta a plena capacidade civil da pessoa, inclusive para: I – casar-se e constituir união estável; II – exercer direitos sexuais e reprodutivos; III – exercer o direito de decidir sobre o número de filhos e de ter acesso a informações adequadas sobre reprodução e planejamento familiar; IV – conservar sua fertilidade, sendo vedada a esterilização compulsória; V – exercer o direito à família e à convivência familiar e comunitária; e VI – exercer o direito à guarda, à tutela, à curatela e à adoção, como adotante ou adotando, em igualdade de oportunidades com as demais pessoas."
3. "Art. 84. A pessoa com deficiência tem assegurado o direito ao exercício de sua capacidade legal em igualdade de condições com as demais pessoas. § 1º Quando necessário, a pessoa com deficiência será submetida à curatela, conforme a lei. § 2º É facultado à pessoa com deficiência a adoção de processo de tomada de decisão apoiada. § 3º A definição de curatela de pessoa com deficiência constitui medida protetiva extraordinária, proporcional às necessidades e às circunstâncias de cada caso, e durará o menor tempo possível. § 4º Os curadores são obrigados a prestar, anualmente, contas de sua administração ao juiz, apresentando o balanço do respectivo ano."
4. A LBI concretiza o artigo 12.2 da Convenção, nos termos do qual "[o]s Estados Partes reconhecerão que as pessoas com deficiência gozam de capacidade legal em igualdade de condições com as demais pessoas em todos os aspectos da vida".
5. "Art. 4. São incapazes, relativamente a certos atos ou à maneira de os exercer: (Redação dada pela Lei 13.146, de 2015)

    I – os maiores de dezesseis e menores de dezoito anos;

    II – os ébrios habituais e os viciados em tóxico; (Redação dada pela Lei 13.146, de 2015)

    III – aqueles que, por causa transitória ou permanente, não puderem exprimir sua vontade; (Redação dada pela Lei 13.146, de 2015)

    IV – os pródigos."

mental, possuem o discernimento reduzido e dos então denominados "*excepcionais, sem desenvolvimento mental completo*".[6]

A reforma legislativa foi amplamente discutida pela doutrina, sendo objeto de acalorada controvérsia. De um lado, louva-se a ampla inclusão das pessoas com deficiência, representando significativo avanço histórico, ao inaugurar a implantação do modelo social no Brasil.[7] De outra parte, pondera-se que a reforma no regime das incapacidades provocou efeito inverso àquele pretendido, acentuando a vulnerabilidade de pessoas com deficiência psíquica ou intelectual, ao afastar os mecanismos de tutela do absolutamente incapaz estipulados em lei.[8] Nessa direção, parte da doutrina tece críticas a certas incongruências trazidas pela LBI, sobretudo ao desconsiderar os impactos do regime das incapacidades sobre os mais variados institutos, afetando desde a disciplina das invalidades até a responsabilidade civil.

A possibilidade de uma curatela excepcional encontra amparo no artigo 84, §§ 1º, 3º e 4º da LBI, sendo certo que "constitui medida protetiva extraordinária, proporcional às necessidades e às circunstâncias de cada caso, e durará o menor tempo possível", nos termos do referido § 3º. Muito se tem debatido acerca da curatela excepcional da pessoa com deficiência, nomeadamente, se representaria hipótese de declaração de incapacidade relativa aos curatelados ou, ao revés, não alteraria a capacidade plena das pessoas com

---

6. "Após o advento da Convenção sobre os Direitos das Pessoas com Deficiência, incorporada ao direito interno, como lei ordinária, em 2009, e da Lei 13.146, de 2015 (Estatuto da Pessoa com Deficiência), que a regulamentou, não há mais incapacidade civil absoluta da pessoa com deficiência mental, que não está sujeita a interdição. Em situações excepcionais, a pessoa com deficiência mental ou intelectual poderá ser submetida a curatela, no seu interesse exclusivo e não de parentes ou terceiros. Essa curatela, ao contrário da interdição total anterior, deve ser, de acordo com o art. 84 do Estatuto da Pessoa com Deficiência, proporcional às necessidades e circunstâncias de cada caso 'e durará o menor tempo possível'. Tem natureza, portanto, de medida protetiva e não de interdição de exercício de direitos" (LÔBO, Paulo. *Direito civil*: sucessões. São Paulo: Saraiva, 2016, p. 19).
7. Acerca do tema, veja-se: "A afirmação dos direitos humanos das pessoas com deficiência e a adoção do modelo social para compreender o fenômeno da deficiência constituem preciosas conquistas promovidas pela Convenção e pelo EPD, que tem como premissas a inclusão plena da pessoa com deficiência e o dever do Poder Público e da sociedade de tornar o meio em que vivemos um lugar viável para a convivência entre todas as pessoas – com ou sem deficiência – e em condições de exercerem seus direitos, satisfazerem suas necessidades e desenvolverem suas potencialidades" (BARBOZA, Heloisa Helena; ALMEIDA, Vitor. Reconhecimento, inclusão e autonomia da pessoa com deficiência: novos rumos na proteção dos vulneráveis. In.: BARBOZA, Heloisa Helena; MENDONÇA, Bruna Lima de; ALMEIDA JUNIOR, Vitor de Azevedo. *O Código Civil e o Estatuto da Pessoa com Deficiência*. Rio de Janeiro: Ed. Processo, 2017, p. 26).
8. Nessa esteira, afirma Anderson Schreiber: " [E]m vez de valorizar o dado concreto da realidade, o Estatuto acabou por criar um outro sistema abstrato e formal, no qual agora a pessoa com deficiência é sempre capaz, ingressando-se, mais uma vez, no velho e revelho modelo do "tudo-ou-nada" em relação à capacidade, agora com sinais trocados, mas ainda preso à lógica abstrata e geral que governava a disciplina das incapacidades na codificação de 1916 e que nosso Código Civil de 2002 reproduziu, com impressionante dose de desatualidade. Uma efetiva personalização do regime de incapacidades, que permita a modulação dos seus efeitos, seja no tocante à sua intensidade, seja no tocante à sua amplitude, continua a ser aguardada para completar a travessia do sujeito à pessoa – para usar a expressão de Stefano Rodotà –, e não poderá ser alcançada com a criação de setorizações desnecessárias que, ainda quando compreensíveis à luz das oportunidades legislativas ditadas por uma agenda política, acabam por recortar o sistema quando deveriam reformá-lo" (SCHREIBER, Anderson. *Tomada de decisão apoiada*: o que é e qual sua utilidade? Disponível em: http://www.cartaforense.com.br/conteudo/artigos/tomada-de-decisao-apoiada-o-que-e-e-qual-sua-utilidade/16608. Acesso em: 22 abr. 2022).

deficiência estabelecida pela LBI.⁹ De todo modo, é inequívoco que restou superada a incapacidade absoluta das pessoas com deficiência, sendo autorizada, em determinados casos, uma restrição à capacidade destas por certo período temporal e com a extensão limitada às concretas necessidades aferidas à luz das circunstâncias fáticas.

Em abandono do "modelo rígido e dualista, de tudo ou nada, em que prepondera a substituição",[10] António Pinto Monteiro convoca a criação de um modelo "flexível e humanista, baseado em medidas adoptadas casuisticamente e periodicamente revistas, prioritariamente destinadas a apoiar quem delas necessite, mas sem prejuízo de elas poderem vir a suprir a incapacidade em situações excepcionais".[11] Os limites dessa curatela excepcional, estabelecidos sempre com referência ao caso concreto, seriam orientados pela dignidade da pessoa humana e pelos princípios da adequação e da proporcionalidade.

No ordenamento jurídico brasileiro – após as inovações introduzidas pela LBI –, cumpre analisar as hipóteses de incapacidade relativa daqueles que, por causa permanente ou transitória, não podem exprimir a sua vontade. Se, historicamente, aludida modalidade associava-se à impossibilidade de externalização da vontade,[12] impõe-se que seja interpretada conforme a legalidade constitucional, abarcando também os casos em que o impedimento diz respeito à ausência de discernimento para a manifestação de vontade.[13] Conforme sustenta Bruna Lima de Mendonça, ao afirmar a possibilidade de declaração da incapacidade relativa (ou capacidade restringida) e nomeação de curador à pessoa com deficiência, caso esta não possa exprimir sua vontade, seja por razões de ordem física, seja por razões de ordem mental, intelectual ou de qualquer natureza. Em suas palavras:

---

9. Paulo Lôbo sustenta uma abordagem distinta à capacidade das pessoas com deficiência: "A capacidade legal da pessoa com deficiência não se confunde com a capacidade civil, nem com as hipóteses de incapacidades absoluta e relativa, estas especificadas nos arts. 3º e 4º do Código Civil. São duas modalidades de capacidade jurídica, que transitam paralelamente, sem se confundirem: a capacidade civil geral, prevista no Código Civil, e a capacidade geral específica, prevista no Estatuto da Pessoa com Deficiência. A pessoa com deficiência não é absolutamente incapaz nem relativamente incapaz. É dotada de capacidade legal irrestrita para os atos jurídicos não patrimoniais e de capacidade legal restrita para os atos jurídicos patrimoniais, para os quais fica sujeita a curatela temporária e específica, sem interdição transitória ou permanente, ou a tomada de decisão apoiada" (LÔBO, Paulo. *Capacidade legal da pessoa com deficiência*. Disponível em: https://ibdfam.org.br/artigos/1211/Capacidade+legal+da+pessoa+com+deficI%C3%AAncia. Acesso em: 11 abr. 2022).
10. MONTEIRO, António Pinto. Um Breve Olhar sobre a Reforma das Incapacidades, In: PEREIRA, Fabio Queiroz; CARVALHO, Luísa Cristina; e ALVES, Mariana (Org.). *A Teoria das Incapacidades e o Estatuto da Pessoa com Deficiência*. Belo Horizonte: Editora D'Plácido, 2018, p. 324.
11. MONTEIRO, António Pinto. Ibidem, p. 324.
12. "Trata-se dos incapazes de exprimir a sua vontade, portanto é uma incapacidade jurídica não ligada ao discernimento, já que a incapacidade está ligada apenas à expressão, à possibilidade de externalização da vontade, e não propriamente a sua formação interna. Trata-se de um reconhecimento que independe da presença ou da ausência de integridade psíquica" (TEPEDINO, Gustavo; BARBOZA, Heloísa Helena; e MORAES, Celina Bodin de (Org.). *Código Civil interpretado conforme a Constituição da República*. Rio de Janeiro: Renovar, 2014, v. 4, p. 498).
13. "Ou seja, o divisor de águas da capacidade para a incapacidade não mais reside nas características da pessoa, mas no fato de se encontrar em uma situação que as impeça, por qualquer motivo, de conformar ou expressar a sua vontade." (ROSENVALD, Nelson. Curatela. In: PEREIRA, Rodrigo da Cunha (Org.) *Tratado de Direito das Famílias*. Belo Horizonte: IBDFAM, 2015, p. 744).

Nos casos em que são relevantes os efeitos do ato praticado, ao se examinar a capacidade de determinadas pessoas (com deficiência ou não), deve-se analisar não só a sua capacidade de exteriorizar uma vontade, mas a sua capacidade de exprimir uma vontade qualificada pelo discernimento, entendido como o fator que nos faz capazes de avaliar as consequências de nossos atos e ter consciência da correlata responsabilidade advinda da sua prática.[14]

A esse propósito, Vitor Almeida registra que os contornos do discernimento – que constituíam *"o critério limítrofe entre a capacidade e a incapacidade"*[15] – sempre foram de difícil delimitação. Apesar de sua relevância para o plano jurídico, o conteúdo do discernimento era relegado à ciência médica, mediante a construção de certos padrões da dita "normalidade". Conforme expõe o autor:

> A fórmula da ausência ou redução de discernimento como *standarts* jurídicos de inserção da pessoa em categorias padronizadas previamente e estanques – absolutamente incapazes e relativamente incapazes – se consolidou como esquema simplório que visava facilitar a operacionalização dos efeitos jurídicos nos negócios jurídicos. Desconsiderava-se, sobretudo, que as restrições à plena capacidade não se perfazem automaticamente, mas configuram-se como processos, cuja progressividade na aquisição e na perda é nítida na maior parte dos casos.[16]

À luz do modelo social inaugurado pela LBI, Vitor Almeida propõe que outros fatores sejam igualmente considerados para o estabelecimento de restrições à capacidade da pessoa com deficiência. A fim de densificar o parâmetro do discernimento e apurar o comprometimento da expressão de vontade do sujeito, propõe a adoção de critérios como o grau de dependência e de funcionalidade. A avaliação da dependência desvelaria o concreto grau de cuidado e suporte exigidos naquelas circunstâncias fáticas para a atuação na vida civil, assegurando a efetividade dos direitos.[17]

Conclui-se que as alterações no regime de incapacidades conduzidas pela LBI representaram movimento emancipatório às pessoas com deficiência,[18] ao assegurar sua ampla autonomia e capacidade de autodeterminação, mediante a atuação na vida civil. No entanto, nas hipóteses em que a manifestação da vontade reste comprometida – seja por razões de ordem física, seja por razões de ordem psíquica ou intelectual –, é autorizada a curatela excepcional, com o estabelecimento de restrições à capacidade do sujeito que, longe de impedirem seu agir individual ou diminuírem suas potencialidades, garantem a efetividade dos direitos fundamentais e sua completa inclusão.

---

14. MENDONÇA, Bruna Lima de. Proteção, liberdade e responsabilidade: uma interpretação axiológica-sistemática da (in)capacidade de agir e da instituição da curatela. In: BARBOZA, Heloisa Helena; MENDONÇA, Bruna Lima de; JUNIOR, Vitor de Azevedo Almeida. *O Código Civil e o Estatuto da Pessoa com Deficiência*. Rio de Janeiro: Ed. Processo, 2017, p. 40.
15. ALMEIDA, Vitor. *A capacidade civil das pessoas com deficiência e os perfis da curatela*. Belo Horizonte: Fórum, 2019, p. 179.
16. ALMEIDA, Vitor. Ibidem, p. 179.
17. ALMEIDA, Vitor. Ibidem, p. 180.
18. Sobre o tema, v. TEPEDINO, Gustavo; OLIVA, Milena Donato. Personalidade e capacidade na legalidade constitucional. In.: MENEZES, Joyceane Bezerra de. *Direito das pessoas com deficiência psíquica e intelectual nas relações privadas*: Convenção sobre os direitos da pessoa com deficiência e Lei Brasileira de Inclusão. Rio de Janeiro: Editora Processo, 2016, p. 243.

2. IMPACTO DO NOVO REGIME DAS INCAPACIDADES SOBRE A PRESCRIÇÃO

Em decorrência da revolução conduzida pela LBI no regime das incapacidades, à partida, as pessoas com deficiência mental ou intelectual já não se encontram abrangidas pela causa impeditiva e suspensiva dos prazos prescricionais prevista no artigo 198, I, Código Civil,[19] uma vez que não figuram mais como absolutamente incapazes. Nesse sentido, parte da doutrina sustenta que a alteração legislativa resultou em vulneração das pessoas com deficiência, ao permitir a fluência dos prazos prescricionais contra si, ainda que não possuam discernimento ou condições de exprimir sua vontade.[20]

Ainda que a pessoa com deficiência venha a ter sua capacidade restringida, na forma do artigo 4º, III, Código Civil – mediante curatela excepcional –, a princípio, não será beneficiada pelo impedimento ou suspensão dos prazos prescricionais. Isso porque a causa impeditiva ou suspensiva prevista no artigo 198, I, Código Civil não alcança os relativamente incapazes, sendo estipulada tão somente a possibilidade de proporem demanda contra seus assistentes ou representantes legais, caso estes deem causa à prescrição ou não a aleguem oportunamente, nos termos do artigo 195 do Código Civil.[21]

Como se denota, o novo regime das incapacidades lança desafios à proteção das pessoas com deficiência no que tange à fluência dos prazos prescricionais. Em primeiro lugar, releva investigar, no âmbito de cada caso individualmente considerado, as condições concretas do titular de efetivamente exercer seus direitos. Para tanto, será necessário arguir se o "*impedimento de longo prazo de natureza física, mental, intelectual ou sensorial*"[22] atinge – e, caso positivo, em que extensão – a capacidade da pessoa com deficiência de exercer sua pretensão, obstruindo a configuração de uma inércia qualificada. A nível sistêmico, cumpre ponderar se é válida a interpretação extensiva da causa impeditiva ou suspensiva estipulada no artigo 198, I, Código Civil, de modo a abarcar pessoas com deficiência que tenham sua capacidade restringida.

Consoante registra Paula Távora Vítor, a determinação da incapacidade constitui procedimento complexo, uma vez que "não existe uma categoria de incapacidade,

---

19. "Art. 198. Também não corre a prescrição: I – contra os incapazes de que trata o art. 3º; II – contra os ausentes do País em serviço público da União, dos Estados ou dos Municípios; III – contra os que se acharem servindo nas Forças Armadas, em tempo de guerra".
20. "Até a vigência da Lei 13.146/2015 incluíam-se no impedimento da fluência do prazo prescricional as pessoas com enfermidade ou deficiência mental que não possuíssem discernimento e aqueles que, por causa transitória, não pudessem exprimir sua vontade. Com a revogação dos incisos do artigo 3º do Código Civil e a manutenção como absolutamente incapaz apenas das pessoas de até 16 (dezesseis) anos, todas as causas que impedem o início da contagem da prescrição foram consequentemente extintas, salvo essa última. A opção legislativa de arrolar todas as incapacidades como relativas de forma a resguardar a dignidade das pessoas, no caso específico da prescrição, acabou por desprotegê-las, uma vez que retirou de forma indistinta a todas do rol do art. 198, I, do Código Civil" (CRUZ, Elisa Costa. A Parte Geral do Código Civil e a Lei Brasileira de Inclusão. In: BARBOZA, Heloisa Helena; MENDONÇA, Bruna Lima de; ALMEIDA JUNIOR, Vitor de Azevedo Almeida. *O Código Civil e o Estatuto da Pessoa com Deficiência*. Rio de Janeiro: Ed. Processo, 2017, p. 90).
21. "Art. 195. Os relativamente incapazes e as pessoas jurídicas têm ação contra os seus assistentes ou representantes legais, que derem causa à prescrição, ou não a alegarem oportunamente."
22. Na redação do artigo 2º da LBI.

mas sim várias 'incapacidades'",[23] sendo imperativa a apreciação da capacidade – ou sua ausência – para a realização de atos específicos da vida civil. Com efeito, "sendo a capacidade considerada um continuum que apresenta vários níveis, o respeito pela autodeterminação exige que se afira da capacidade para cada actividade, para cada decisão específica".[24] Tal raciocínio pode ser transposto ao estudo da prescrição, a fim de apurar a possibilidade de a pessoa com deficiência exercer, de forma autônoma, suas pretensões.

Ainda na vigência do anterior regime das incapacidades, Mirna Cianci já havia suscitado questões quanto à causa impeditiva ou suspensiva do prazo prescricional nos casos em que o absolutamente incapaz é devidamente representado por seu curador ou representante legal. A seu ver, "depois de nomeado o representante legal do interdito, torna-se possível o exercício pleno dos meios de defesa dos bens e interesses do incapaz, entre eles o direito de ação".[25] Nessa ordem de ideias, a autora sustenta que o impedimento ou suspensão do prazo prescricional só deve perdurar enquanto o sujeito não possui condições de exercer sua pretensão. Uma vez nomeado curador, não haveria razão para que se obstasse a fluência do prazo prescricional, sob o risco de ocasionar-se uma imprescritibilidade acidental.[26-27] Aludido posicionamento já foi enfrentado pelos Tribunais pátrios. Em mais de uma ocasião, o Superior Tribunal de Justiça entendeu que o prazo prescricional não poderia fluir

---

23. VÍTOR, Paula Távora. Capacidade e incapacidades – respostas do ordenamento jurídico português e o artigo 12º da Convenção dos Direitos das Pessoas com Deficiência. *Revista "Sociedade e Trabalho"*, 2010, p. 46.
24. Ibidem, p. 46.
25. CIANCI, Mirna. Da prescrição contra o incapaz de que trata o artigo 3º, inciso I, do Código Civil. In: CIANCI, Mirna (Coord.). *Prescrição no Código Civil* – Uma análise interdisciplinar. São Paulo: Saraiva, 2011, p. 567.
26. "1) O Código Civil Brasileiro de 1916 e o de 2002 adotaram o sistema protetivo dos interesses do absolutamente incapaz de que tratam os artigos 5º do anterior Código Civil (1916) e 3º, I, do vigente Código Civil (2002), com previsão de suprimento da incapacidade pelo processo de interdição, com a nomeação de Curador; 2) O Curador tem a incumbência de representar o incapaz, reger a pessoa do interdito, velar por ele e administrar-lhe os bens, respondendo por ele, razão pela qual a lei civil exige do Curador garantias suficientes ao desempenho dessa missão e prevê sua responsabilidade civil em caso de prejuízo causado por dolo ou culpa, e do juiz em caso de dispensa de especialização de hipoteca legal. (...) 4) A prescrição rege-se pelo princípio da exercibilidade da pretensão, que implica em considerar iniciado o lapso prescricional tão logo o credor se encontre apto a ingressar em juízo. 5) A prescrição contra o incapaz apenas não começa a correr, nos termos do artigo 169, I, do Código Civil de 1916, atual artigo 198, I, do Código Civil de 2002, enquanto não nomeado Curador. 6) A indefinição criada pela interpretação que considera não tenha curso a prescrição contra o absolutamente incapaz, mesmo após a nomeação do Curador, gera insegurança no mundo jurídico e invalida o instituto". (CIANCI, Mirna. Da prescrição contra o incapaz de que trata o artigo 3º, inciso I, do Código Civil. In: CIANCI, Mirna (Coord.). *Prescrição no Código Civil* – Uma análise interdisciplinar. São Paulo: Saraiva, 2011, p. 570).
27. Em análise de direito comparado, Caio Mário da Silva Pereira leciona: "O caso dos incapazes, embora não seja peculiaridade nossa, não tem paralelo em alguns sistemas, como o alemão ou o português, quando o incapaz tem representante, pois que este é responsável com seus bens, se deixa causar prejuízo ao seu representado. O nosso legislador preferiu, contudo, suspender ou impedir a prescrição na pendência da incapacidade absoluta, a sujeitar o incapaz aos azares de uma ação regressiva, com risco de esbarrar na insolvência do representante. Os que se acham no exterior, em serviço, e os que estiverem servindo sob as bandeiras não podem ser prejudicados pela fluência de prazo prescricional. Em todos esses casos, vigora princípio de proteção" (PEREIRA, Caio Mário da Silva Pereira. *Instituições de direito civil*. Rio de Janeiro: Forense, 2017, v. I, p. 555-556).

a partir da nomeação do curador, sob pena de se excepcionar a aplicação do artigo 198, I, Código Civil.[28]

Em sede estrangeira, tal solução parece ser parcialmente adotada pelo Código Civil português, ao estabelecer que o prazo prescricional não flui contra os menores *enquanto não tiverem quem os represente ou administre seus bens*, salvo no que tange a atos para os quais tenha capacidade, consoante o artigo 320º do referido diploma.[29] Nada obstante, a prescrição não se completa antes de decorrido um ano após o atingimento da maioridade, observada a exceção ali prevista no que tange à prescrição presuntiva.[30] Tal disciplina é estendida aos maiores acompanhados que não tenham capacidade para exercer o seu direito, "com a diferença de que a incapacidade se considera finda, caso não tenha cessado antes, passados três anos sobre o termo do prazo que seria aplicável se a suspensão se não houvesse verificado".[31] Ao analisar o tema, Ana Filipa Morais Antunes registra que "o não exercício do direito pelo credor

---

28. A título ilustrativo, confira-se voto de relatoria da Ministra Maria Isabel Gallotti: "Destaco, outrossim, que a alegação de que o advento da maioridade é 'equiparável a supressão da incapacidade, com a interdição do incapaz e, consequentemente, nomeação de curador', não encontra respaldo no ordenamento jurídico pátrio. (...) [A] curatela pode ser definida como o encargo legal atribuído à pessoa capaz para administrar pessoa judicialmente declarada incapaz e o seu patrimônio. Nesse contexto, não havendo semelhança entre os citados institutos, impossível conferir a interpretação pleiteada pelo agravante, de modo que não há que se falar em prescrição de indenização do seguro de vida movida pela parte recorrida, a qual foi interditada. Outrossim, não cabe ao julgador conferir interpretação extensiva a norma restritiva com o intuito de criar exceção, notadamente prejudicial e não expressamente prevista em lei." (STJ, AgInt no AREsp 1164869/MG, Rel. Ministra Maria Isabel Gallotti, Quarta Turma, julgado em 15.05.2018). No mesmo sentido, confira-se: "a tese defendida pelo ente fazendário de que, uma vez representada por curador a interdita, a partir do momento da interdição, inicia-se o transcurso do prazo prescricional em razão da ocorrência da *actio nata* não pode prosperar. (...) Não se pode fazer uma interpretação extensiva onde o legislador não o fez, pois tal providência implicaria indevido ingresso na atividade legiferante, comprometendo o princípio da tripartição dos Poderes. Portanto, no caso de pessoas absolutamente incapazes, o prazo prescricional fica impedido de fluir, de tal maneira que, enquanto perdurar a causa, inexiste prescrição a ser contada para efeito de pretensão. A prescrição, na hipótese, só se iniciará se, e quando, cessada a incapacidade." (STJ, REsp 1745437, Rel. Ministro Marco Aurélio Bellizze, Decisão Monocrática, julgado em 13.06.2019).
29. "Artigo 320º Suspensão a favor de menores e dos maiores acompanhados. 1. A prescrição não começa nem corre contra menores enquanto não tiverem quem os represente ou administre seus bens, salvo se respeitar a actos para os quais o menor tenha capacidade; e, ainda que o menor tenha representante legal ou quem administre os seus bens, a prescrição contra ele não se completa sem ter decorrido um ano a partir do termo da incapacidade. 2. Tratando-se de prescrições presuntivas, a prescrição não se suspende, mas não se completa sem ter decorrido um ano sobre a data em que o menor passou a ter representante legal ou administrador dos seus bens ou adquiriu plena capacidade. 3. O disposto nos números anteriores é aplicável aos maiores acompanhados que não tenham capacidade para exercer o seu direito, com a diferença de que a incapacidade se considera finda, caso não tenha cessado antes, passados três anos sobre o termo do prazo que seria aplicável se a suspensão se não houvesse verificado".
30. A propósito, confira-se a lição de António Menezes Cordeiro: "No tocante a menores, o 320º compreende várias regras: (1) a prescrição não começa nem corre enquanto não tiverem quem os represente ou administre os seus bens, salvo a se respeitar a atos para os quais o menor tenha capacidade (320.º/ 1, 1ª parte); (2) mesmo então, a prescrição não se completa sem ter decorrido um ano sobre o termo da incapacidade (320.º/ 1, 2ª parte); (3) a prescrição presuntiva prossegue mas não se completa sem ter decorrido um ano sobre a obtenção do representante ou administrador ou sobre a aquisição da plena capacidade (320.º/ 2). Tudo isto é aplicável a acompanhados (320.º/3); mas com uma especificidade: a suspensão dura um máximo de três anos, ideia que a lei exprime através da perífrase surpreendente 'a incapacidade considera-se finda...'. De facto, podendo o acompanhamento conservar-se para sempre, a prescrição ficaria, sem essa limitação, definitivamente bloqueada" (CORDEIRO, António Menezes. *Código Civil comentado*. Coimbra: Almedina, 2020, 1º v. – Parte Geral, p. 906).
31. Artigo 320, 3 do Código Civil português.

não se funda numa inércia ou passividade, mas sim numa impossibilidade jurídica, a saber, a insusceptibilidade de, enquanto não for designado um representante ou administrador de bens, actuar por si só e livremente".[32]

Com base no brocardo *contra non valentem agere non currit praescriptios*, sustenta-se, ainda, a ampliação do rol de causas suspensivas e impeditivas previsto em lei, a fim de abranger os casos em que se denote uma concreta impossibilidade de exercício da pretensão. Segundo Cristiano Chaves de Faria et al, "[s]eria exatamente a hipótese do relativamente incapaz que não pode exprimir a sua vontade, consoante as novas regras de incapacidade emanadas do Estatuto da Pessoa com Deficiência".[33]

Historicamente, a aplicação do referido brocardo conduziu à equiparação das causas previstas em lei a outras hipóteses de impossibilidade de agir, as quais compreendiam desde casos de força maior até condições precárias de existência; conseguintemente, em grande parte dos casos, a prescrição restava sujeita a causas impeditivas e suspensivas, de modo que sua incidência desde o surgimento da pretensão se revelava excepcional.[34] Por conta da exacerbada quantidade de casos em que se alegava a impossibilidade de agir – delineada em contornos tão amplos –, experimentou-se um recrudescimento da vinculação das causas impeditivas e suspensivas às hipóteses legalmente previstas.[35]

Nessa esteira, Fadda e Bensa sustentaram que as hipóteses relevantes de impedimento fático já teriam sido selecionadas no rol taxativo de causas suspensivas e impeditivas formulado pelo legislador. Do contrário, caso as hipóteses legais de impedimento e

---

32. ANTUNES, Ana Filipa Morais. *Prescrição e caducidade*: anotação aos artigos 296º a 333º do Código Civil. 2. ed. Coimbra: Coimbra Editora, 2014, p. 214.
33. FARIAS, Cristiano Chaves de; CUNHA, Rogério Sanches; PINTO, Ronaldo Batista. *Estatuto da Pessoa com Deficiência Comentado*. Salvador: JusPodivm, 2016, p. 317.
34. "L'abuso che faceasi nella scuola e nella giurisprudenza di questa massima prima della pubblicazione dei nuovi Codici per ragion di equità, era giunto a tale, che l'istituto della prescrizione parve annullatto dalle distinzioni, ampliazioni, limitazioni e sublimazioni, dalle cause sospensive o impedienti derivanti dalla ignoranza, dall'assenza, dalla debolezza del sesso, dal poco sviluppo delle facoltà intellettuali, dalla povertà e dalla insolvabilità, dalla forza maggiore, dalla guerra, dalla pesta e somiglianti" (VITUCCI, Paolo. *La Prescrizione, tomo secondo*. Milão: Giuffrè, 1999, p. 131). Tradução livre: "O abuso desta máxima que se fez na escola e na jurisprudência, antes da publicação do novo Código, por razões de equidade, chegou ao ponto em que o instituto da prescrição parecia anulado pelas distinções, ampliações, limitações e sublimações das causas suspensivas ou impeditivas decorrentes da ignorância, da ausência, da fraqueza, do pouco desenvolvimento das faculdades intelectuais, da pobreza, da força maior, da guerra, da peste e similares".
35. "Apesar de se reconhecer que as hipóteses constantes das causas de suspensão ou impedimento não são exemplificativas e sim taxativas, parte da doutrina admite a extensão da regra, quando verificada a pendência de um acontecimento que impossibilite alguém de agir, seja como consequência de uma causa legal, seja por um motivo de força maior, expressa na regra *contra non valetem agere non currit praescriptio* (Caio Mário da Silva Pereira, *Instituições*, p. 447). (...) o fundamento jurídico encontrado pelo legislador não foi outro senão o de que não corre a prescrição contra os que se encontram impedidos de exercer sua pretensão, por algum motivo legal. Daí admite-se, por interpretação extensiva, incluir casos que se enquadram na *ratio* da regra em questão, como, por exemplo, a paralisação da justiça por motivo de força maior, impossibilitando o titular do direito de agir contra a consumação do prazo prescricional (Câmara Leal, *Da Prescrição*, p. 180), ou a ocultação dolosa, pelo devedor, da existência do crédito (Orlando Gomes, *Introdução*, p. 503)" (TEPEDINO, Gustavo; BARBOZA, Heloisa Helena; MORAES, Maria Celina Bodin de. *Código civil interpretado*: conforme a Constituição da República. Rio de Janeiro: Renovar, 2007, v. I, p. 376-377).

suspensão pudessem ser largamente ampliadas, estaria posta em causa a função precípua da prescrição, nomeadamente, a garantia da segurança jurídica.[36-37]

Em sentido oposto, parte da doutrina defende a possibilidade de ampliação das causas legais. Segundo pontua Orlando Gomes, *"há quem admita a sobrevivência da regra: contra non valentem agere non currit praescriptios, segundo a qual a prescrição se suspenderia toda vez que houvesse impossibilidade absoluta de agir, como não ocorrência de ocultação dolosa, pelo devedor, da existência do crédito".*[38] Em sede estrangeira, Pugliese admite a incidência do brocardo latino *contra non valentem agere non currit praescriptios* aos casos em que se denote um impedimento de fato ou de direito capaz de retirar do seu titular a possibilidade de defendê-lo em juízo. De modo a evitar a excessiva ampliação das causas suspensivas e impeditivas previstas em lei, propõe que tais impedimentos sejam valorados segundo critérios rigorosos.[39]

A ampliação das causas impeditivas ou suspensivas dos prazos prescricionais para abarcar as hipóteses de impossibilidade de agir – até que afastados os fatores que obstam o exercício da pretensão – afigura-se compatível com a redefinição dos contornos da inércia apta a configurar a prescrição. Com efeito, as circunstâncias fáticas devem ser consideradas na identificação da inércia do titular do direito, para o que se revela imprescindível perscrutar (i) o comportamento exigível do titular, no âmbito daquela determinada relação jurídica e do concreto regulamento de interesses (nas hipóteses de direitos obrigacionais); (ii) a possibilidade concreta de exercício da pretensão; e (iii) o comportamento efetivamente adotado pelo titular. Caso se esteja diante de impossibilidade de agir, não restará caracterizada a inércia do titular, vez que não se mostra razoável, naquelas circunstâncias fáticas, exigir-lhe qualquer comportamento diverso. Conseguintemente, o prazo prescricional restará impedido ou suspenso, até que o titular possa concretamente exercitar o seu direito em face de outrem.

---

36. "Quando si muova dal concetto da noi posto in sodo, che la prescrizione mira a tôr di mezzo i rapporti, che il tempo ha affievoliti, si intende tosto che l'impossibilità di agire non è decisiva per arrestare il corso della prescrizione. (...) Arrestare il corso della prescrizione può unicamente il legislatore per ragione che egli solo può valutare comparando i danni e i vantaggi che derivar possono dall'ammettere o no in un determinato caso la decorrenza della prescrizione" (WINDSCHEID, *Diritto della Pandette, volume primo, parte prima*. Traduzido e comentado por FADDA, Carlo; BENSA, Paolo. Torino: Unione Tipografico-Editrice, 1902, p. 1.143). Tradução livre: "Quando se parte do conceito anteriormente posto, de que a prescrição visa a por um termo à relação jurídica, que o decurso do tempo fez esmaecer, se entende que a impossibilidade de agir não é decisiva para impedir a fluência do prazo prescricional. (...) Impedir o decurso da prescrição pode unicamente o legislador, por razões que somente ele pode valorar, comparado os danos e as vantagens que podem derivar de admitir ou não, em determinado caso, a fluência do prazo prescricional".
37. Na doutrina pátria, por todos, o entendimento é partilhado por CARPENTER, Luiz Frederico. *Da prescrição*. Rio de Janeiro: Editora Nacional de Direito, 1958, p. 304-310.
38. Cf. GOMES, Orlando. *Introdução ao Direito Civil*. Rio de Janeiro: Forense, 2009, p. 450.
39. PUGLIESE, Giuseppe. *La Prescrizione Estintiva*. Turino: Unione Tipografico-Editrice Torinese, 1924, p 134. Em exposição do tema, vejam-se os comentários de Fadda e Bensa: WINDSCHEID, *Diritto della Pandette, volume primo, parte prima*. Traduzido e comentado por FADDA, Carlo; BENSA, Paolo. Torino: Unione Tipografico--Editrice, 1902, p. 1.140.

Em sentido contrário, argumenta-se que a taxatividade das causas impeditivas e suspensivas dos prazos prescricionais conduziria a maior segurança jurídica.⁴⁰ Com a adoção do método subsuntivo, pretende-se amoldar os fatos jurídicos de impossibilidade de agir do titular do direito às hipóteses de impedimento ou suspensão previamente estipuladas em lei, ignorando-se a abertura do sistema jurídico.⁴¹ Todavia, a fatualidade não pode ser suprimida do momento cognoscitivo do direito, o qual representa processo unitário de interpretação e aplicação do ordenamento jurídico. A atividade legislativa e a produção da decisão constituem vicissitude incindível, ao realizarem efetiva "ponderação entre a conservação dos valores legais contidos na lei e o caráter promocional da realidade factual",⁴² a qual se revela sempre inovadora, traduzindo "imprevisível expressão da complexidade dos fatos concretos".⁴³ Daí decorre a abertura e complexidade do ordenamento jurídico, o qual não se reduz a um sistema imóvel, isolado entre os confins de sua completude formal e linguística, antes, consiste em sistema aberto e sensível à contínua mudança da realidade factual, no âmbito do qual o próprio conteúdo da segurança jurídica é remodelado.⁴⁴

Conclui-se que a causa impeditiva e suspensiva prevista no artigo 198, I, Código Civil poderá ser ampliada, de modo a abranger situações fáticas em que esteja presente o mesmo fundamento que justificou a fixação da aludida causa impeditiva unilateral. Por consequência, a causa subjetiva unilateral prevista no artigo 198, I, do Código Civil (i.e., absolutamente incapazes) poderá ser aplicada extensivamente às pessoas com deficiência, sempre que se denotar uma vulnerabilidade fática que obste o exercício da pretensão pelo titular.⁴⁵ Ou seja, se os impedimentos de ordem física, mental, intelectual ou sensorial

---

40. Gustavo Kloh Neves também aborda a questão, sob o viés da qualificação da inércia e também da promoção da segurança jurídica: "Logo, haverá uma grande segurança ao se admitir que em alguns casos não se faça incidir o prazo prescricional, flexibilizando-se o sistema com legitimidade, de modo a resguardar a situação daqueles que não podem se proteger. Reconhecemos que esse é o escopo de art. 198 do CC/2002, que possuía como equivalente o art. 196 no CC/1916. No entanto, transformar esse rol em uma lista taxativa é esvaziar uma proteção que é reputada importante não só pelo intérprete, mas também por quem elaborou os textos dos Códigos, porque o "espírito" que se extrai do dispositivo é exatamente esse: a proteção dos que não podem evitar a própria inação" (NEVES, Gustavo Kloh Müller. *Prescrição e Decadência no Direito Civil*. Rio de Janeiro, Lumen Juris, 2008, p. 60).
41. Acerca da abertura do sistema jurídico, confira-se a lição de CANARIS, Claus-Wilhelm. *Pensamento sistemático e conceito de sistema na ciência do direito*. Lisboa: Fundação Calouste Gulbenkian, 1996.
42. Cf. PERLINGIERI, Pietro. *O direito civil na legalidade constitucional*. Rio de Janeiro: Renovar, 2008, p. 200.
43. PERLINGIERI, Pietro. Ibidem, p. 200.
44. Confira-se: "O ordenamento realmente vigente é o conjunto dos ordenamentos dos casos concretos, como se apresentam na experiência do dia a dia, e vive, portanto, exclusivamente enquanto individualizado e aplicado aos fatos e aos acontecimentos. (...) Sob este perfil, ao fenômeno jurídico não é possível subtrair a complexidade da factualidade que, em realidade, é uma componente essencial da normatividade e, sobretudo, da sua historicidade" (PERLINGIERI, Pietro. Ibidem. Rio de Janeiro: Renovar, 2008, p. 201).
45. "Apesar do avanço do Estatuto da Pessoa com Deficiência, importante observar que seu texto criou descompasso com a redação do art. 198 do CC/2002, quando trata do curso do prazo prescricional em desfavor do incapaz. (...) Como já advertimos ao longo deste estudo, a tendência inclusiva pretendida pela Lei 13.146/2015 não significa a redução da proteção das pessoas com deficiência em razão de sua vulnerabilidade. O propósito da lei nova é assegurar uma série de direitos e posições jurídicas aos deficientes, removendo o estigma de incapazes absolutos, sem que isso signifique uma maior desatenção ou redução da proteção de suas vulnerabilidades. Nessa perspectiva, entendemos que o art. 198 do CC merece uma releitura, especialmente do ponto de vista do princípio da dignidade da pessoa humana (art. 1º, III da CF/1988), de modo a estender a hipótese de suspensão da prescrição aos relativamente incapazes, assim qualificados por causa transitória ou permanente, que não os permita exprimir sua vontade, preservando a proteção sistêmica definida pelo CC, por ocasião de sua sanção."

da pessoa com deficiência, em interação com as barreiras do ambiente, impedirem-na de adotar um agir autônomo – e, portanto, exercer sua pretensão –, restará configurada efetiva impossibilidade de agir, obstando a fluência do prazo prescricional. Para tal análise, afiguram-se úteis os critérios convocados pela doutrina para a estipulação de restrições à capacidade da pessoa com deficiência – nomeadamente, o discernimento, o grau de dependência e de funcionalidade.[46] Caso a pessoa com deficiência já tenha tido sua capacidade restringida no âmbito de curatela excepcional, cumpre averiguar a extensão, os limites e o período temporal da referida curatela, fatores aptos a desvelar se a pessoa com deficiência possui condições concretas de exercer sua pretensão.

A jurisprudência pátria tem enfrentado o tema, sem alcançar uma solução pacífica. De um lado, há decisões que reconhecem a fluência do prazo prescricional contra pessoas com deficiência intelectual ou psíquica a partir da entrada em vigor da LBI, haja vista que a "pessoa com deficiência não é considerada absolutamente incapaz, podendo exercer pessoalmente os atos da vida civil, desde que apresente discernimento e possa manifestar sua vontade"[47] e "[a] alteração legal afeta diretamente a prescrição contra o incapaz, uma vez que o artigo 198 do Código Civil impede o curso da prescrição somente contra os absolutamente incapazes".[48]

De outra parte, diversos julgados ampliam a causa impeditiva e suspensiva prevista no artigo 198, I, Código Civil, a fim de abarcar as pessoas com deficiência cujo discernimento esteja inequivocamente comprometido, impedindo que atuem na vida civil. Nessa esteira, argumenta-se que a finalidade da LBI foi de promover a inclusão das pessoas com deficiência, sem descurar dos preceitos que visam à sua proteção. Veja-se:

> Embora a redação do art. 3º do Código Civil tenha sido alterada pela Lei 13.146/2015 ('Estatuto da Pessoa com Deficiência'), para definir como absolutamente incapazes de exercer pessoalmente os atos da vida civil apenas os menores de 16 anos, e o inciso I do art. 198 do Código Civil disponha que a prescrição não corre contra os incapazes de que trata o art. 3º, *a vulnerabilidade do indivíduo portador de deficiência psíquica ou intelectual não pode jamais ser desconsiderada pelo ordenamento jurídico*, ou seja, o Direito não pode fechar os olhos à falta de determinação de alguns indivíduos e tratá-los como se tivessem plena capacidade de interagir em sociedade em condições de igualdade. *Assim, uma interpretação constitucional do texto do Estatuto deve colocar a salvo de qualquer prejudicialidade o portador de deficiência psíquica ou intelectual que, de fato, não disponha de discernimento*, sob pena de ferir de morte o pressuposto de igualdade nele previsto, dando o mesmo tratamento para os desiguais.
>
> 2. Sob pena de inconstitucionalidade, o 'Estatuto da Pessoa com Deficiência' deve ser lido sistemicamente enquanto norma protetiva.[49]

(CRUZ, Elisa Costa; SILVA, Franklyn Roger Alves (coautor). As consequências materiais e processuais da lei brasileira de inclusão da pessoa com deficiência e o papel da Defensoria Pública na assistência jurídica das pessoas com deficiência. *Revista de Processo*, v. 41, n. 258, p. 281-314, São Paulo, ago. 2016).

46. V. ALMEIDA, Vitor. *A capacidade civil das pessoas com deficiência e os perfis da curatela*. Belo Horizonte: Fórum, 2019.
47. TRF-4, AC 5008978-33.2018.4.04.7005, Relator Des. Fed. Luiz Fernando Wowk Penteado, Turma Regional Suplementar Do PR, juntado aos autos em 16.09.2020.
48. TJDFT, AI 07102075520178070000, Relator Des. Robson Barbosa de Azevedo, 5ª Turma Cível, julgado em 19.04.2018.
49. TRF-4, ARS 5039487-10.2018.4.04.0000, Relator Des. Fed. Paulo Afonso Brum Vaz, Terceira Seção, juntado aos autos em 16/12/2020, grifou-se. No mesmo sentido, veja-se: "Entretanto, entendo que a vulnerabilidade do indi-

Nessa direção, Roberto Caldas destaca que o item 4,4 da Convenção traduz relevante princípio de interpretação das normas sobre direitos humanos, nomeadamente, o princípio *pro personae*. Assim, "*a* Convenção somente pode ser implementada no sentido de ampliar a proteção às pessoas com deficiência, jamais de modo a restringi-la".[50] A noção subjacente é de prevalência da norma que confira a tutela mais ampla à pessoa com deficiência.

Ao apreciar a controvérsia, o Ministro Benedito Gonçalves sustentou que o novo regime das incapacidades acabou por vulnerar as pessoas com deficiência psíquica ou intelectual, ao afastar as hipóteses anteriormente previstas de incapacidade absoluta. Por conseguinte, defendeu que a solução mais protetiva aos interesses das pessoas com deficiência residiria na aplicação, por analogia, da causa impeditiva e suspensiva prevista no artigo 198, I, Código Civil, sempre que restar demonstrada a vulnerabilidade do sujeito em razão da ausência de discernimento para os atos da vida civil.[51] Confira-se:

> A Lei 13.146/2015, embora editada com o propósito de promover uma ampla inclusão das pessoas portadoras de deficiência, no caso da prescrição, acabou por prejudicar aqueles que busca proteger, rompendo com a própria lógica. Ao deixar de reconhecer como absolutamente incapazes as pessoas portadoras de deficiência psíquica ou intelectual, o Estatuto pretendeu incluí-las na sociedade e não lhes restringir direitos.
>
> A possibilidade de fluência da prescrição pressupõe discernimento para a tomada de iniciativa para exercer os próprios direitos, de forma que a melhor alternativa para solucionar a antinomia criada pela alteração legislativa é assegurar-se, por analogia, em situações como a presente, a regra reservada aos absolutamente incapazes, pelo art. 198, I, do Código Civil, ou seja: contra eles não corre a prescrição.[52]

Em caso similar, a Segunda Turma do STJ consignou que o Tribunal de origem havia afirmado a não ocorrência da prescrição, com base no conjunto fático-probatório dos autos. Para tanto, referiu-se ao laudo pericial acerca da incapacidade total da parte autora, em razão de deficiência de ordem intelectual, concluindo que "[e]mbora os incisos do art. 3º do CC, a que se referia o art. 198, I, tenham sido revogados pelo Estatuto da Pessoa com Deficiência, o Poder Judiciário pode reconhecer, em casos específicos, essa incapacidade".[53]

Como se denota, a interpretação funcional, axiológica e sistemática da causa subjetiva unilateral de impedimento ou suspensão dos prazos prescricionais prevista no artigo

---

víduo, não pode jamais ser desconsiderada, ainda mais, para tornar sua esfera de direitos ainda mais vulnerável. Neste contexto, *a Lei 13.146/2015, cujo propósito foi o de promover uma ampla inclusão das pessoas portadoras de deficiência, não pode ser interpretada de forma a colocar estas pessoas em situação de maior vulnerabilidade o que contraria a própria lógica de proteção aos direitos humanos constitucionalmente protegida.*" (TRF4, AC 5000910-53.2017.4.04.7127, Relator Altair Antonio Gregório, Quinta Turma, julgado em 11.05.2018, grifou-se). No mesmo sentido, veja-se: TRF4, AC 5001195-60.2014.4.04.7124, Relatora Vânia Hack De Almeida, Sexta Turma, julgado em 31.03.2017.

50. CALDAS, Roberto. Artigo 4: obrigações gerais. In: DIAS, Joelson et al. (Org.). *Novos comentários à Convenção sobre os direitos das pessoas com deficiência*. Brasília: Secretaria de Direitos Humanos da Presidência da República | Secretaria Nacional de Promoção dos Direitos da Pessoa com Deficiência, 2014, p. 51.
51. Registre-se que, no caso em tela, a LBI não serviu de suporte para afastar a prescrição, uma vez que se mostra aplicável a legislação previdenciária vigente à data do óbito.
52. STJ, REsp 1866906, Relator Min. Benedito Gonçalves, Decisão Monocrática, julgado em 03.08.2020.
53. STJ, REsp 1832950/CE, Rel. Ministro Herman Benjamin, Segunda Turma, julgado em 1º.10.2019.

198, I, Código Civil conduzirá à possibilidade de ampliação de seu campo de incidência, para que sejam abrangidos os casos de pessoas com deficiência que, nada obstante não mais se adequem formalmente à *fattispecie* abstrata prevista em lei, guardam com esta identidade funcional. A ampliação da causa subjetiva unilateral deverá estar ancorada nas razões que fundamentaram aludida causa impeditiva e suspensiva, nomeadamente, a vulnerabilidade que impossibilita ao titular o exercício da pretensão.[54]

3. NOTAS CONCLUSIVAS

O movimento emancipatório promovido pela LBI no regime das incapacidades teve imenso impacto no instituto da prescrição, a demandar que sejam revisitados seus contornos clássicos. Com a adoção do modelo social, a LBI buscou assegurar a autodeterminação e ampla inclusão da pessoa com deficiência, e não acentuar suas vulnerabilidades. Assim, "*deve*-se respeitar a autonomia da pessoa com deficiência no alcance de suas possibilidades, mas também deve-se protegê-la na medida de suas vulnerabilidades".[55]

No âmbito da prescrição, a efetividade dos direitos e a concretização da cláusula geral de tutela da pessoa humana exigem seja redefinido o conteúdo da segurança jurídica que fundamenta o instituto, necessariamente informado pela totalidade dos valores constitucionais. A inércia que constitui pressuposto fático da prescrição passa a ser apreciada no âmbito da concreta relação jurídica, em concepção dinâmica e funcional. Assim, alcança-se uma interpretação extensiva da causa impeditiva e suspensiva prevista no artigo 198, I, Código Civil, para que sejam contempladas as hipóteses fáticas de pessoas com deficiência que, muito embora não mais se enquadrem na *fattispecie* abstrata prevista na norma, guardam com esta identidade funcional – i.e., presença de uma circunstância pessoal que vulnera sobremaneira uma das partes da relação jurídica e impede o exercício da pretensão. Nesse exercício, podem ser mobilizados os critérios do discernimento, do grau de dependência e de funcionalidade, originalmente convocados pela doutrina para a estipulação de restrições excepcionais à capacidade da pessoa com deficiência. Nas hipóteses em que a pessoa com deficiência já tenha tido sua capacidade restringida, devem ser examinados os limites, extensão e período da curatela excepcional.

Caso identificada a concreta impossibilidade de agir, ficará obstada a fluência do prazo prescricional. Desse modo, restam garantidos a efetividade dos direitos, a autodeterminação das pessoas com deficiência e seu amplo acesso à Justiça.

---

54. Nessa esteira, ao comentarem o referido dispositivo legal, Gustavo Tepedino, Maria Celina Bodin de Moraes e Heloisa Helena Barboza destacam que "[a]o enumerar os casos constantes do artigo em análise, o fundamento jurídico encontrado pelo legislador não foi outro senão o de que não corre a prescrição contra os que se encontram impedidos de exercer sua pretensão, por algum motivo legal. Daí admite-se, por interpretação extensiva, incluir casos que se enquadram na *ratio* da regra em questão (TEPEDINO, Gustavo; BARBOZA, Heloisa Helena; MORAES, Maria Celina Bodin de. *Código civil interpretado*: conforme a Constituição da República. Rio de Janeiro: Renovar, 2007, p. 377).
55. RIBEIRO, Gustavo Pereira Leite. O itinerário legislativo do Estatuto da Pessoa com Deficiência. In: PEREIRA, Fabio Queiroz; MORAIS, Luísa Cristina de Carvalho; e LARA, Mariana Alves (Org.). *A teoria das incapacidades e o Estatuto da Pessoa com Deficiência*. Belo Horizonte: D'Plácido Editora, 2016, p. 98.

A IMPORTÂNCIA DA REDUÇÃO DAS BARREIRAS SOCIAIS PARA A AUTONOMIA DAS PESSOAS COM DEFICIÊNCIAS INTELECTUAIS

Joanna Dhália

Marcos Ehrhardt Júnior

Sumário: 1. Introdução – 2. As escolhas da própria vida e as deficiências intelectuais – 3. A importância da redução das barreiras sociais para a autonomia das pessoas com deficiências intelectuais – 4. Considerações finais.

1. INTRODUÇÃO

Os institutos voltados às pessoas com deficiências ainda são tratados como excepcionais, entretanto as pesquisas revelam que em torno de 24% da população declara ter algum tipo de deficiência; isso consiste em quase 46 milhões de brasileiros, na estimativa realizada em 2010. Esse percentual aumenta quando analisada a população idosa, na qual aproximadamente 68% possuem alguma deficiência.[1]

O resultado do Censo reforça a necessidade de conferir às pessoas com deficiência igualdade de oportunidades e a necessidade de reduzir as barreiras, quando se verifica que as taxas de escolarização, ocupação profissional e rendimentos desse grupo são inferiores à média da população brasileira.

A Pesquisa Nacional de Saúde sobre as pessoas com deficiências (temporária ou permanente, progressiva, regressiva ou estável e intermitente ou contínua) ilustra a trajetória desse grupo, sendo possível um comparativo entre os dois últimos resultados divulgados (2013 e 2019). Em 2013, estimou-se que 6,2% da população apresentava alguma das deficiências citadas; já em 2019, 8,4% da população apresentou deficiência relacionada a pelo menos uma de suas funções.[2]

A Convenção Internacional sobre os Direitos das Pessoas com Deficiência e a Lei Brasileira de Inclusão trouxeram mudanças estruturais e funcionais à teoria das incapacidades, introduzidas com o intuito de promover a inclusão das pessoas com

---

1. IBGE. *Censo 2010*: número de católicos cai e aumenta o de evangélicos, espíritas e sem religião. Disponível em: https://censo2010.ibge.gov.br/noticias-censo.html?view=noticia&id=3&idnoticia=2170&busca=1&t=censo-2010-numero-catolicos-cai-aumenta-evangelicos-espiritas-sem-religiao. Acesso em: 10 fev. 2022.
2. IBGE. *PNS – Pesquisa Nacional de Saúde*. Disponível em: https://www.ibge.gov.br/estatisticas/sociais/saude/29540-2013-pesquisa-nacional-de-saude.html?edicao=9163&t=conceitos-e-metodos. Acesso em: 10 fev. 2022.

deficiência. A alteração de maior repercussão trata dos artigos 114 a 116 da LBI, que resultaram na revogação de incisos do artigo 3º do Código Civil, inaugurando uma nova fase no tratamento legal das pessoas com deficiência, que se pauta por uma abordagem social da questão.

Essa nova disciplina afirma que a pessoa com deficiência é dotada de capacidade legal irrestrita para atos jurídicos não patrimoniais, os chamados atos existenciais, podendo ter apenas a capacidade restrita aos atos jurídicos patrimoniais, nos limites de cada caso concreto, exigindo-se que sejam restringidos e limitados os atos das pessoas com deficiências de modo excepcional.

O regime de outrora afastou as pessoas com deficiências da escolaridade e da vida profissional, tolhendo de forma significativa a autonomia pessoal, ao adotar práticas não emancipatórias que obstavam o desenvolvimento máximo das pessoas, uma vez que se baseava num paradigma de substituição de vontade.

A nova disciplina preza pela autonomia e busca propiciar o desenvolvimento com condições de participação social em igualdade, a fim de estimular a independência das pessoas vulneráveis em razão da deficiência, sem negar a importância de apoio e proteção que são inerentes à sua condição.

Neste trabalho aborda-se como privilegiar as escolhas da própria vida realizadas por pessoas com deficiências intelectuais, bem como os mecanismos para a eliminação ou a redução das barreiras sociais atualmente existentes. Para tanto, procedeu-se a uma pesquisa bibliográfica e documental sobre o tema na legislação e doutrina, buscando analisar a mudança de paradigma para a abordagem das deficiências que se volta para conferir a tais indivíduos condições legais para que façam as escolhas da própria vida.

2. AS ESCOLHAS DA PRÓPRIA VIDA E AS DEFICIÊNCIAS INTELECTUAIS

A vinculação da pessoa com deficiência intelectual à incapacidade absoluta não subsiste; em verdade, foi abandonada do nosso sistema após a Lei Brasileira de Inclusão. Esta assegura que toda pessoa com deficiência preserva a capacidade civil, mesmo que necessite de apoio e de medidas que poderão ser viabilizadas sem obstar a prática de atos jurídicos, especialmente os atos existenciais.

Desse modo, reforça o intuito de desvincular a deficiência da incapacidade civil, intentando assegurar às pessoas com deficiências a preservação da capacidade para praticar atos jurídicos, quer seja mediante o apoio de terceiros (por meio do instituto da tomada de decisão apoiada), ou em casos excepcionais, em que seja necessário maior auxílio, sua capacidade será restringida por meio da curatela.

Contudo, tais limitações não têm o condão de afetar a possibilidade da prática de atos existenciais, permitindo que indivíduos com deficiência intelectual tenham a faculdade de exercer sua autonomia. Inauguram um modelo de proteção bem distinto daquele baseado em proibições rígidas, abstratamente estabelecidas, que concediam ao curador poder quase absoluto sobre a pessoa e os bens daqueles submetidos à interdição.

Houve uma longa trajetória para substituir o modelo exclusivamente médico-reparador pelo modelo de abordagem social-multidisciplinar. No modelo médico-reparador não havia espaço para o reconhecimento da autonomia e a independência das pessoas com deficiências, inclusive a liberdade para fazer as próprias escolhas. Só na abordagem social-multidisciplinar são considerados os fatores psicossociais.

Para parte da doutrina, algumas mudanças na disciplina da incapacidade civil, a partir da LBI, não se harmonizam com "o sistema protetivo e o hábito de associar certas disciplinas legais a consequências já previstas e trabalhadas largamente por doutrina e jurisprudência".[3]

A busca por autonomia deve observar que o sistema jurídico vigente persiste com a diretriz de proteção contra toda forma de "negligência, discriminação, exploração, violência, tortura, crueldade, opressão e tratamento desumano ou degradante", conforme preconiza o art. 5º da LBI. Há de se reconhecer que capacidade e vulnerabilidade não são sinônimas, a fim de se assegurar uma proteção efetiva a tais sujeitos de direito.

Vale destacar a observação de Nelson Rosenvald, segundo o qual todo deficiente é uma pessoa vulnerável, mas só se converterá em relativamente incapaz após a formalização da curatela[4]. Diante de tal constatação, a adoção de práticas inclusivas em conjunto com um tratamento particularizado na legislação, que não pode ser confundida com medidas em descompasso com a evolução legislativa, ainda persiste para coibir o exercício de direitos daqueles que não mais se enquadram nos estritos parâmetros dos arts. 3º e 4º do CC/02.

Caso se atente nas diretrizes consagradas na LBI, ficará evidente a necessidade de revisitar o instituto da curatela, na direção de sua funcionalização, para conferir a maior autonomia possível aos destinatários de tal medida. Sobre o tema, Tartuce e Tassinari afirmam que, "para assegurar a maior autonomia possível e ao mesmo tempo, assegurar proteção onde realmente é necessário, impõe-se revisitar a curatela, a fim de admitir – no mesmo processo, a tutela integral das pessoas".[5]

É preciso afastar preconceitos que ainda levam muitos operadores jurídicos e a sociedade em geral a buscar enquadrar pessoas com deficiência num diagnóstico que resulte em incapacidade jurídica em abstrato, sem considerar as peculiaridades de cada pessoa, muitas vezes ignoradas em seus desígnios e necessidades existenciais, agravando se de modo significativo sua vulnerabilidade diante do corpo social.

A situação de vulneração das pessoas com deficiências distingue-se da vulnerabilidade, que é uma condição genérica dos seres humanos, com base nos estudos da bioética

---

3. TARTUCE, Fernanda; TASSINARI, Simone. Autonomia e gradação da curatela à luz das funções psíquicas. In: LOBO, Fabíola Albuquerque; EHRHARDT JR., Marcos. *Vulnerabilidade e sua compreensão no direito*. Indaiatuba, SP: Editora Foco, 2021. Edição do Kindle. p. 389.
4. ROSENVALD, Nelson. *A tomada de decisão apoiada* – Primeiras linhas sobre um novo modelo jurídico promocional da pessoa com deficiência. Disponível em: http://www.mpgo.mp.br/portal/arquivos/2016/08/01/14_08_08_161_Artigo_jurídico_A_TOMADA_DE_DECISÃO_APOIADA_Por_Nelson_Rosenvald.pdf. Acesso em: 03 dez. 2018.
5. TARTUCE, Fernanda; TASSINARI, Simone. Autonomia e gradação da curatela à luz das funções psíquicas. *In*: LOBO, Fabíola Albuquerque; EHRHARDT JR., Marcos. *Vulnerabilidade e sua Compreensão no Direito*. Indaiatuba, SP: Editora Foco, 2021. Edição do Kindle. p. 400.

da proteção.⁶ A vulnerabilidade pode ser definida como a qualidade ou o estado do que é ou se encontra vulnerável, o que para o direito representa o desequilíbrio das relações jurídicas. O conceito de vulneração concerne a um grupo específico estigmatizado pela sociedade, como observa Vitor Almeida:

> O conceito de vulneração se aplica a determinadas pessoas ou populações específicas que, por contingências adversas à própria vontade, não possuem os meios necessários para a superação das barreiras impostas, e que são, em regra, ameaçadas e estigmatizadas na sociedade, além de invocar posturas paternalistas que reduzem ou eliminam a autonomia do sujeito vulnerado.⁷

Contudo, o termo vulnerabilidade se difundiu mais amplamente, de modo que os vocábulos vulneráveis e vulnerados são utilizados sem distinção no âmbito jurídico.⁸ A análise da vulnerabilidade é fundamental para a promoção da autonomia, que só pode ser alcançada mediante a adoção de instrumentos adequados à preservação da igual participação na vida social.⁹

Não se deve admitir que o discurso da proteção exacerbada seja utilizado para privar o exercício da autonomia de uma pessoa com deficiência. Diante da necessidade de propiciar a participação na vida social, proteger e preservar a autonomia das pessoas com deficiências intelectuais, cumpre analisar as barreiras sociais que obstruem essa participação, conforme se verá no próximo item deste trabalho.

3. A IMPORTÂNCIA DA REDUÇÃO DAS BARREIRAS SOCIAIS PARA A AUTONOMIA DAS PESSOAS COM DEFICIÊNCIAS INTELECTUAIS

Um grande diferencial da Convenção Internacional sobre os Direitos das Pessoas com Deficiência acerca das barreiras à participação plena na sociedade é que, em sua elaboração, o referido documento contou com a participação efetiva destas, possibilitando que atuassem na construção das políticas que lhes dizem respeito.

O resultado disso foi a definição de um conceito que exige uma análise multidisciplinar da questão, impondo a observação das necessidades concretas da pessoa com deficiência na sua constituição biopsicossocial. Neste diapasão, Fernanda Fernandes destaca a necessidade de se reconhecer que o meio socioeconômico "pode ser causa ou fator de agravamento da deficiência, sendo esta considerada como o resultado da interação entre o indivíduo e o contexto em que vive".¹⁰

---

6. SCHRAMM, Fermin Roland. A saúde é um direito ou um dever? *Revista Brasileira de Bioética*, Brasília, v. 2, n. 2, 2006. p. 190-191.
7. ALMEIDA, Vitor. *A capacidade civil das pessoas com deficiência e os perfis da curatela*. Belo Horizonte. Fórum, 2019. p. 119.
8. Neste trabalho será utilizado o termo vulnerabilidade para os vulnerados e para os vulneráveis.
9. ALMEIDA, Vitor. *A capacidade civil das pessoas com deficiência e os perfis da curatela*. Belo Horizonte. Fórum, 2019. p. 124.
10. FERNANDES, Fernanda Holanda. "Uma lição de amor": O direito a autonomia das pessoas com deficiência. *Revista de Direito, Arte e Literatura*, Brasília, v. 2, n. 1, p. 74-91, p. 81. jan./jun. 2016. Disponível em: http://indexlaw.org/index.php/revistadireitoarteliteratura/article/view/633. Acesso em: 22 jan. 2022.

Desse modo, o foco do tratamento conferido ao tema dirige-se para a necessidade de readaptação da própria sociedade, que deve ser estruturada para atender às necessidades de todos os seus integrantes, e não apenas daqueles que se enquadram num parâmetro predefinido, chamado de "normal".

Deve-se superar a perspectiva tradicional dos que consideram a existência de uma deficiência como uma questão particular e exclusiva do indivíduo, exigindo-se dele o dever de se adaptar e se esforçar para se adequar aos padrões sociais, o que acaba por se tornar mais um mecanismo de exclusão. É preciso acolher a diversidade e mitigar as barreiras impostas por convenções sociais, para tornar situações de deficiência desafios que devem ser superados na direção de uma participação plena e efetiva na sociedade.

O novo paradigma introduzido pela Convenção Internacional sobre os Direitos das Pessoas com Deficiência não é imune a críticas. Destacam-se as que questionam se apenas a supressão de barreiras, eliminando as desvantagens, traria como resultado a total independência e autonomia para o exercício das capacidades às pessoas com deficiências.

David Salim Santos Hosni, ao comentar o "modelo social de deficiência", sustenta que:

> Dadas essas principais críticas ao modelo social de deficiência, sua abordagem limitada, apesar de muito importante, pode não atender às diversas necessidades daqueles que precisam lidar com o fenômeno. Seja em uma seara de políticas públicas, seja na esfera acadêmica, são necessários elementos complementares ao conceito e abordagens paralelas à social. Se por um lado são inegáveis as políticas de ajustamento social para inclusão da pessoa com deficiência, por outro há importantes políticas, como a concessão de pensões e tratamentos médicos, que não podem ser desprezadas.[11]

Destacar a importância da redução de barreiras não implica abandonar as políticas públicas de saúde e assistenciais. A conjugação com outros métodos fortalece o modelo de abordagem social da deficiência, dando atenção às necessidades pessoais e buscando garantir a efetiva integração social das pessoas com deficiência, que muitas vezes tornam-se invisíveis socialmente a partir do seu diagnóstico.

O reconhecimento da deficiência é um fato complexo que transcende os impedimentos naturais da pessoa; compreende o agravamento imposto pelas diversas barreiras sociais, institucionais, jurídicas e ambientais. Diante disso, "a análise sobre a capacidade da pessoa requer um exame pormenorizado e interdisciplinar tendente a afastar do psiquiatra o poder absoluto de decidir sobre a questão".[12]

As barreiras são definidas no artigo 3º da Lei Brasileira de Inclusão como aquelas que agravam a deficiência; podem consistir em um entrave, obstáculo, atitude ou comportamento que limite ou impeça a participação social, bem como o gozo, a fruição e o exercício

---

11. HOSNI, David Salim Santos. *Pessoalidade e identidade na doença de Alzheimer*: curatela e inclusão no Estatuto da Pessoa com Deficiência. Rio de Janeiro: Editora Lumen Juris, 2018. p. 43.
12. MENEZES, Joyceane Bezerra de. O direito protetivo no Brasil após a convenção sobre a proteção da pessoa com deficiência: impactos do novo CPC e do estatuto da pessoa com deficiência. *Civilistica.com*. a. 4, n. 1, Rio de Janeiro, jan./jun. 2015. Disponível em: http://civilistica.com/o-direito-protetivo-no-brasil/. Acesso em: 30 dez. 2021.

de direitos à acessibilidade, à liberdade de movimento e de expressão, à comunicação, ao acesso à informação, à compreensão, à circulação com segurança, entre outros. Classificam-se em barreiras urbanísticas, barreiras arquitetônicas, barreiras nos transportes, barreiras nas comunicações e na informação, barreiras atitudinais e barreiras tecnológicas.

As barreiras nas comunicações, na informação e atitudinais são as mais relevantes quando se trata de deficiências intelectuais, porque o apoio e a assistência deverão ser dados especialmente para auxiliar a pessoa com deficiência no exercício da sua capacidade legal; esta, apesar de ser capaz de exprimir sua vontade, enfrenta barreiras na compreensão, na informação e na comunicação em geral.[13]

A preocupação em editar normas que garantam os direitos das pessoas com deficiência não é recente. Mais de uma década antes da Convenção de Nova Iorque em 2007, havia outras declarações do sistema internacional sobre o tema, merecendo destaque: (a) normas sobre a equiparação de oportunidades para pessoas com deficiência – ONU (1993), (b) Declaração de Salamanca e linhas de ação sobre educação para necessidades especiais – Unesco (1994) e (c) a Convenção Interamericana para eliminação de todas as formas de discriminação contra as pessoas portadoras de deficiência – OEA (1999).

Há outros diplomas normativos no ordenamento brasileiro que tutelam os direitos das pessoas com deficiências, especialmente no âmbito da educação, a exemplo: (a) do Plano Nacional de Educação, (b) da Lei de Diretrizes e Bases da Educação Nacional, (c) da Linguagem Brasileira de Sinais, (d) do Sistema Braille e (e) da Política Nacional de Proteção dos Direitos da Pessoa com Transtorno do Espectro Autista, até chegarmos à Lei Brasileira de Inclusão em 2015.

Uma legislação robusta não basta para assegurar a efetividade de direitos sociais. Mesmo considerando a proteção legislativa brasileira satisfatoriamente desenvolvida, a aplicação e a concretização desses dispositivos no espaço público ainda estão longe das expectativas. Urge a elaboração de políticas públicas eficazes que possam ser fortalecidas com parcerias entre o Estado e a sociedade civil organizada, gerando também a conscientização dos poderes públicos e da sociedade.

No cenário brasileiro, quanto às políticas públicas, importa destacar o que sustenta Bucci: "A demanda pelo Estado, nos países em desenvolvimento, é mais específica, reclamando um governo coeso e em condições de articular a ação requerida para a modificação das estruturas que reproduzem o atraso e a desigualdade".[14]

O Estado deve propiciar políticas públicas que favoreçam ao cidadão indistintamente o exercício de tais direitos, no caso das pessoas com deficiência, especialmente a

---

13. OLIVEIRA, Priscilla Jordanne Silva. *A teoria das capacidades na emergência de um microssistema jurídico de proteção e promoção da pessoa com deficiência*: fundamentos de justiça básica para integração do sistema de apoio. 2020. 260 f. Dissertação (Mestrado em Direito) Escola de Direito, Turismo e Museologia, Universidade Federal de Ouro Preto, Ouro Preto, 2020. Disponível em: https://www.repositorio.ufop.br/handle/123456789/12362. Acesso em: 30 dez. 2021. p. 201.
14. BUCCI. Maria Paula Dallari. *Fundamentos para uma teoria jurídica das políticas públicas*. São Paulo: Saraiva, 2013. p. 33.

intelectual. É necessário construir uma agenda governamental que possibilite a materialização dos direitos elencados na LBI, pois a falta de agenda política para essas pessoas as conduz à invisibilidade e à exclusão social.

Ganha destaque, entre as políticas públicas já adotadas, as que tratam de forma transversal mediante ações programáticas de saúde, educação, trabalho e cultura, incluindo o movimento das pessoas com deficiência no âmbito dos direitos humanos, desvinculando-se da área de saúde e assistência.[15]

A mera eliminação de algumas barreiras sociais não é suficiente para solucionar o problema. É necessário que se faça a conjugação de diferentes métodos de análise que podem fortalecer o modelo social/biopsicossocial da deficiência, a fim de efetivar a integração social das pessoas envolvidas, com atenção especial às suas circunstâncias pessoais. "Cabe à sociedade se transformar para se democratizar, tornar-se mais acessível quanto possível às pessoas com deficiência, incluindo os bens públicos (educação, saúde, esporte, turismo, lazer, cultura, entre outros) e a participação política e social".[16]

Quanto à necessidade de ampliar o acesso à informação voltado às deficiências intelectuais, merece destaque o plano familiar, visto que a maioria dos indivíduos que necessitam de medidas de apoio para conviver com sua deficiência é mantida num ambiente "protegido" e de acesso restrito.

Essa conduta lhes retira a possibilidade de participar da vida em comunidade, ao obstar ou limitar significativamente o entrosamento e a troca de experiências com outros indivíduos, situações que além de proporcionar a convivência em comunidade, contribuiriam decisivamente para a ampliação das relações sociais desses indivíduos.

Na realidade socioeconômica brasileira, há de se considerar que muitas das deficiências intelectuais são congênitas e que seu diagnóstico não é acompanhado de medidas de adequada informação para os pais. Estes, despreparados, assumem a função de cuidadores sem ter em vista a necessidade de inserção e integração social da pessoa com deficiência intelectual.

Isso se deve à circunstância de que a inclusão não está sendo exercitada pela sociedade como um todo. Assim, por mais que algumas pessoas se considerem amadurecidas para lidar com tal situação, a pessoa com deficiência perceberá certa ansiedade e um pouco de desconforto, latente por falta de naturalidade,[17] que por vezes se converte em medidas de protecionismo excessivo.

---

15. ALMEIDA, Patrícia. *Nova Relatora da ONU quer popularizar a Convenção sobre os Direitos das Pessoas com Deficiência*. Inclusive: inclusão e cidadania. 2014. Disponível em: http://www.inclusive.org.br/arquivos/27323. Acesso em: 20 fev. 2019.
16. FRANÇA, Thiago Henrique. A normalidade: uma breve introdução à história social da deficiência. *Revista Brasileira de História & Ciências Sociais*. v. 6, n. 11, p. 116. Rio Grande do Sul, jul. 2014.
17. ARAÚJO, Luiz Alberto David. *A Proteção Constitucional das Pessoas com Deficiência*. Ministério da Justiça secretaria de estado dos direitos humanos. Coordenadoria Nacional para Integração da Pessoa Portadora de Deficiência – CORDE. 4. ed. Brasília, 2011. p. 10.

O modelo social trata a deficiência sob o enfoque de eliminar as barreiras que impedem a participação plena e efetiva na sociedade em igualdade de condições com as demais pessoas. Proporcionar a inclusão constitui matéria da agenda de toda a população, e não apenas das pessoas com deficiência, seus familiares e amigos.

O que antes era colocado como um problema individualizado transformou-se num problema coletivo, a transferir para a sociedade a responsabilidade de colaborar, prever e se ajustar à diversidade e às necessidades das pessoas com deficiência.

Entendendo a necessidade de eliminação das barreiras mediante a interação da pessoa com deficiência com o ambiente e a sociedade, afirma Santana: "A sociedade que cria as deficiências também sou eu, isto é, não sou algo fora da sociedade; como criadores de cultura, nós agimos e interagimos com o meio que nos cerca: afetamos e somos afetados pelo ambiente".[18]

Portanto, é necessário contextualizar a deficiência intelectual na interação entre os fatores biológicos e sociais inerentes à constituição do ser humano. Nessa perspectiva, consistindo a deficiência intelectual numa alteração na capacidade cognitiva do sujeito, tal capacidade não se restringe a um atributo inato, pois ela também é desenvolvida a partir da interação com o ambiente externo.[19]

> Devemos considerar as aptidões e talentos inatos, bem como a possibilidade de seu desenvolvimento na interação com o meio, a fim de que as escolhas considerem suas aptidões e talentos inatos, bem como a possibilidade de seu desenvolvimento na interação com o meio, para que as escolhas realizadas pelas pessoas com deficiência sejam resultado das suas oportunidades e não dos obstáculos sociais que impedem sua igual participação.[20]

Assegurar à pessoa com deficiência a possibilidade de decidir e fazer suas escolhas de acordo com suas vontades e seus desígnios é um meio de concretizar a autonomia. Deve haver uma relação conceitual entre o direito positivo e a efetividade desses direitos no âmbito social, para garantir às pessoas com deficiência intelectual o exercício efetivo dos direitos fundamentais.

São inquestionáveis o empoderamento e a autonomia que busca promover a LBI, todavia o direito positivo não atinge sua eficácia se separado das políticas públicas, sendo estas o meio para ir além do mero diploma normativo, sem deixar que a letra da lei reste morta. Uma fiscalização rigorosa e incessante para o cumprimento da legislação se torna imperiosa, a fim de coibir que sejam tolhidos os direitos desse grupo, pois o

---

18. SANTANA, Priscila de Oliveira; SILVA, Osni Oliveira Noberto. Educação de pessoas com deficiência: caminhos para a inclusão. In: CAVALCANTE NETO, Jorge Lopes; SILVA, Osni Oliveira Noberto da (Org.). *Diversidade e Movimento: diálogos possíveis e necessários*. Curitiba: Editora CRV, 2016, p. 23.
19. FERNANDES, Fernanda Holanda. "Uma Lição de Amor": O Direito à Autonomia das Pessoas com Deficiência. *Revista de Direito, Arte e Literatura*, v. 2, n. 1, p. 86. Brasília, jan./jun. 2016.
20. OLIVEIRA, Priscilla Jordanne Silva. *A teoria das capacidades na emergência de um microssistema jurídico de proteção e promoção da pessoa com deficiência*: fundamentos de justiça básica para integração do sistema de apoio. 2020. 260 f. Dissertação (Mestrado em Direito) Escola de Direito, Turismo e Museologia, Universidade Federal de Ouro Preto, Ouro Preto, 2020. Disponível em: https://www.repositorio.ufop.br/handle/123456789/12362. Acesso em: 30 dez. 2021.

processo de mudança de postura da sociedade em relação às pessoas com deficiência é lento e exige uma ampla difusão de informação para esclarecer a população, estando esse último passo ainda aquém do ideal.

Partindo dessas considerações é possível notar a importância da supressão de obstáculos para fomentar a autonomia ao exercício das capacidades das pessoas com deficiências, especialmente intelectuais, através da eliminação das barreiras que impedem a participação plena e efetiva na sociedade em igualdade de condições com as demais pessoas.

Ao se falar de autonomia como forma de concretização da dignidade da pessoa com deficiência, busca-se mostrar que conferir autonomia tem o viés emancipatório que vai além da inclusão social com viés assistencialista. É necessário permitir que essas pessoas participem da vida social da forma como desejam e não com condutas predeterminadas.[21] Mais que isso, é preciso assegurar os meios necessários para que a autonomia possa ser fruída pelas pessoas com deficiências.

A compreensão da autonomia está aliada às liberdades positivas que voltam o olhar às necessidades e vulnerabilidades do sujeito concreto. Um exemplo dessa ótica é o caso do Tribunal da Colômbia quando tratou do acesso de um anão ao Tribunal. Confira-se no julgamento como foram abordadas as necessidades de superação das barreiras físicas e culturais que limitavam o pleno exercício da autonomia por pessoas anãs no Tribunal:

> Como é lógico, todas estas barreiras obstaculizam o exercício dos seus direitos fundamentais e desestimulam a sua participação e integração social. Em consideração à sua dignidade, não se pode continuar requerendo das pessoas de baixa estatura, que no acesso à infraestrutura e no exercício dos seus direitos dependam da ajuda generosa de terceiros, para alcançar um telefone público, abrir uma porta, alcançar uma maçaneta, entre outras restrições (...). Neste sentido, a necessidade de tratamento preferencial e concreto para as pessoas de baixa estatura se funda precisamente no compromisso constitucional de promover para elas uma maior autonomia e participação na vida comunitária, a fim de maximizar sua independência e assegurar o gozo efetivo de seus direitos.[22]

O caso acima, ainda que seja um caso de deficiência física, serve para ilustrar a necessidade de se assegurar os meios necessários para conferir a autonomia a um grupo vulnerável, mostrando como não basta que a pessoa adentre o tribunal se esta não pode ser atendida pelos funcionários da instituição. O tratamento especializado a ser destinado às pessoas com deficiências intelectuais deve ocorrer de forma inclusiva, respeitando suas limitações, bem como deve visar o desenvolvimento de suas habilidades para promover autonomia.

As decisões básicas da vida de uma pessoa com deficiência intelectual envolvem escolhas importantes que estão atreladas à intimidade e à vida privada do indivíduo.

---

21. FERNANDES, Fernanda Holanda. "Uma lição de amor": O direito a autonomia das pessoas com deficiência. *Revista de Direito, Arte e Literatura*, Brasília, v. 2, n. 1, p. 81, jan./jun. 2016. Disponível em: http://indexlaw.org/index.php/revistadireitoarteliteratura/article/view/633. Acesso em: 06 dez. 2018.
22. Tribunal Constitucional Federal da Alemanha. Caso Numerus Clausus I, BverfGE 33, 303 (1972) apud SARMENTO, Daniel. *Dignidade da pessoa humana*: conteúdo, trajetórias e metodologia. 2 ed. 3. reimp. Belo Horizonte: Fórum, 2019. p. 157-158.

É preciso exigir uma significativa fundamentação para justificar uma intervenção de terceiros ou um impedimento estabelecido por um agente estatal para tal desiderato, dado que as escolhas existenciais relevantes encontram fundamento no indisponível princípio da dignidade da pessoa humana.

A partir da compreensão da dignidade da pessoa humana como um direito de cada pessoa realizar as escolhas da própria vida de maneira singular, isto é, um direito à autonomia de se autogovernar e se autodeterminar, não se justifica a coerção estatal para conduzir as pessoas a seguirem um modelo abstrato de "boa vida", vale dizer, um comportamento social adequado segundo os critérios do indivíduo comum.

4. CONSIDERAÇÕES FINAIS

O sistema de apoios brasileiro vem dando seus primeiros passos em pouco mais de seis anos de aplicação da LBI. O desafio é proporcionar às pessoas com deficiências intelectuais condições mais adequadas para realizar as escolhas da própria vida, estimulando seu desenvolvimento na direção da autonomia pessoal que for possível no caso concreto. Isso exige esforço e perseverança para buscar eliminar, ou ao menos mitigar, as barreiras à sua efetiva participação social, ponto indispensável para concretizar as transformações almejadas pela CDPD.

Em geral, a vulnerabilidade das pessoas com deficiência intelectual está diretamente relacionada a uma exacerbada proteção para a prática de atos jurídicos. Quando se busca proteger alguém de uma eventual lesão, não se pode perder de vista que as medidas a serem adotadas não podem impedi-la de ter experiências cotidianas em sociedade, necessárias ao seu desenvolvimento e aprendizagem.

A mudança de um viés assistencialista para uma perspectiva emancipatória não passa apenas pela alteração na legislação; é preciso que se alinhe com a redução das barreiras sociais, especialmente as barreiras nas comunicações, na informação e nas atitudes dos demais membros da comunidade para com as pessoas com deficiências intelectuais.

As políticas públicas ganham destaque por constituírem um mecanismo apto a promover e estimular a conformação de uma nova realidade social consentânea com o nosso atual marco regulatório, atentas ao fato de que as deficiências intelectuais são díspares e se desenvolvem de modo particular, necessitando de análise em cada caso concreto.

A DEFENSORIA PÚBLICA ENQUANTO AGENTE FACILITADOR DA ELIMINAÇÃO DA VULNERABILIDADE DE PESSOAS COM DEFICIÊNCIA

Flávia Albaine Farias da Costa

Sumário: 1. Introdução – 2. Pessoas com deficiência e vulnerabilidade – 3. A defensoria pública na tutela da promoção dos direitos humanos das pessoas com deficiência – 4. A defensoria pública enquanto *custos vulnerabilis* na defesa da pessoa com deficiência – 5. Conclusão.

1. INTRODUÇÃO

As pessoas com deficiência fazem parte de um grupo de pessoas em situação de vulnerabilidade, eis que possuem um histórico de exclusão e violência sistemáticos. Por sua vez, a Defensoria Pública é Instituição que se configura enquanto instrumento do regime democrático e promovedora dos direitos humanos. Uma sociedade se torna democrática na medida em que o sistema jurídico está comprometido com a proteção das liberdades individuais, com os direitos sociais e com as práticas inclusivas. Portanto, é inegável a importância da atuação da Instituição direcionada para a inclusão social de pessoas com deficiência.

Desta feita, o presente artigo pretende refletir sobre a vulnerabilidade inerente às pessoas com deficiência, assim como a atuação da Defensoria Pública para a eliminação ou a amenização de tais vulnerabilidades. Para tal, a pesquisa seguirá o procedimento bibliográfico com abordagem qualitativa.

Em um primeiro momento serão visitados o conceito atual de deficiência e as vulnerabilidades inerentes ao fato de uma pessoa ter uma deficiência, assim como a conexão com as barreiras inerentes ao capacitismo estrutural. Posteriormente haverá reflexões sobre as novas atuações e objetivos da Instituição, o que significou uma profunda expansão das suas atividades institucionais toda vez que restar configurada uma situação de vulnerabilidade, indo muito além da atuação apenas em prol do necessitado econômico, o que culmina na discussão sobre o instituto do *custos vulnerabilis*. Por derradeiro, serão mencionadas algumas experiências práticas da Instituição em prol da eliminação de barreiras de forma a permitir a inclusão social de pessoas com deficiência.

As importâncias das reflexões trazidas se justificam diante do cenário de exclusão e preconceito trazidos pelo capacitismo estrutural, o que impede que muitas pessoas com deficiência gozem de seus direitos fundamentais; assim como da missão constitucional que a Defensoria Pública possui de promoção dos direitos humanos e da defesa, em todos os graus, dos direitos individuais e coletivos dos necessitados.

2. PESSOAS COM DEFICIÊNCIA E VULNERABILIDADE

Para o correto entendimento do que vem a ser a deficiência, é de suma importância a compreensão do modelo de deficiência adotado na atualidade, que é o modelo social de deficiência, em vigor tanto em âmbito interno assim como em âmbito internacional. Tal modelo surge em superação ao modelo médico reabilitador e também pode ser chamado de modelo moderno-institucional, modelo de direitos humanos da deficiência ou modelo de barreiras sociais. Ele surgiu no final da década de 60 e início da década de 70, como resposta às abordagens biomédicas.

Geograficamente o movimento se iniciou nos Estados Unidos e no Reino Unido, onde as próprias pessoas com deficiência – especialmente aquelas que moravam em instituições residenciais – e organizações simpatizantes da causa pressionaram por mudanças políticas contestando o seu status de "cidadãos de segunda classe". As atenções foram voltadas para o impacto de barreiras sociais e ambientais, atitudes discriminatórias e estereótipos culturais negativos que as tornavam inválidas, abrindo uma nova frente na área dos direitos civis e na legislação antidiscriminatória (PALACIOS, 2008).

Nos Estados Unidos, o movimento foi influenciado pela longa tradição de campanhas políticas baseadas em direitos civis. As pedras angulares da sociedade americana – capitalismo de mercado, independência, liberdade política e econômica – influenciaram o "movimento de vida independente", que, dentre outras questões, priorizou os direitos civis, o apoio mútuo, a desmedicalização e a desinstitucionalização. Já no Reino Unido, o movimento concentrou-se em obter mudanças nas políticas sociais e na legislação sobre direitos humanos, melhorando a existência de sistemas patrocinados pelos estados de bem-estar para atender às necessidades das pessoas com deficiência, além de definir as suas próprias necessidades e serviços prioritários (PALACIOS, 2008).

Palacios (2008) esclarece que, apesar das diferenças sobre a origem e a justificação, os modelos inglês e norte-americano possuíam semelhanças e influenciaram bastante no âmbito internacional, fazendo com que o movimento de vida independente fosse o antecedente imediato do movimento social.

A mesma autora explicita que são dois os pressupostos fundamentais do modelo social de deficiência. O primeiro pressuposto é de que as causas que originam a deficiência não são religiosas e nem científicas, mas preponderantemente sociais. Ou seja, a raiz do problema não está nas limitações individuais do ser humano, e sim nas limitações da própria sociedade que não consegue prestar serviços apropriados e garantir que as necessidades das pessoas com deficiência sejam levadas em consideração dentro da organização social (PALACIOS, 2008).

O segundo pressuposto refere-se à importância da pessoa com deficiência para a comunidade em que ela está inserida. Partindo-se do raciocínio de que toda a vida humana é igualmente digna, considera-se que as pessoas com deficiência têm muito a contribuir para a sociedade, ou que, pelo menos, a contribuição será a mesma que o restante das pessoas sem deficiência. Tal raciocínio, de acordo com Palacios (2008), encontra-se intimamente ligado com o processo de inclusão e com a aceitação das diferenças. Ainda, de acordo com a autora, os pressupostos acima listados geram importantes consequências, dentre as quais se destacam as políticas a serem adotadas em questões que envolvem a deficiência. Considerando que as causas que originam a deficiência são sociais, então as soluções não devem ser direcionadas individualmente à pessoa afetada, mas sim à sociedade. Dessa forma, o modelo social defende, nos termos de Palacios (2008), a reabilitação ou normalização de uma sociedade – e não de pessoas com deficiência – que precisa ser pensada e projetada para atender as necessidades de todos.

Desta forma, a deficiência passa a ser vista como a resultante da interação entre as características individuais do sujeito mais as barreiras existentes na sociedade que ele está inserido e que atrapalham ou impedem o gozo de seus direitos e deveres de forma plena. Ainda que o indivíduo tenha alguma limitação corporal, mental ou sensorial, se ele estiver em uma sociedade devidamente ajustada para incorporar a diversidade, então não há que se falar em deficiência.

Portanto, com o advento do modelo social, a deficiência passa a ser estudada não apenas no campo da medicina, mas também no campo da sociologia, pois agora ela é a resultante da combinação entre as limitações corporais do indivíduo e a capacidade da sociedade em que ele está inserido para incluí-lo ou não. É o contexto social, segundo Madruga (2016), que gera a exclusão e a solução da situação passa por uma sociedade acessível para todos os seus membros (MADRUGA, 2016).

A Convenção Internacional dos Direitos das Pessoas com Deficiência (CIDPCD) – aprovada pelo Brasil com status constitucional – reconhece expressamente que a deficiência é um conceito em evolução, resultante da interação entre indivíduos com deficiência e as barreiras – que podem ser de diferentes espécies – que impedem a sua plena e efetiva participação na sociedade em igualdade de oportunidades com as demais pessoas.[1] Nesse sentido, o trecho do artigo 1º da Convenção define o conceito de pessoas com deficiência da seguinte forma:

> Pessoas com deficiência são aquelas que têm impedimentos de longo prazo de natureza física, mental, intelectual ou sensorial, os quais, em interação com diversas barreiras, podem obstruir sua participação plena e efetiva na sociedade em igualdades de condições com as demais pessoas (BRASIL, 2009).

De acordo com tal redação, a deficiência resulta da combinação de dois elementos: (i) o impedimento de longo prazo de natureza física, mental, intelectual ou sensorial; e (ii) a barreira. A deficiência, portanto, não é uma patologia individual. Ela depende em grande parte do contexto social e pode ser consequência de discriminação, preconceito e exclusão.

---

1. Vide Preâmbulo da CIDPCD, alínea e.

A Lei Brasileira de Inclusão (LBI) – Lei 13.146 de 06 de julho de 2015 – também conhecida como o Estatuto da Pessoa com Deficiência (EPD) significou a instrumentalização da CIDPCD no âmbito interno brasileiro. Promulgada em 06 de julho de 2015, entrou em vigor em 03 de janeiro de 2016, alterando cerca de vinte leis.

O EPD também traz como pano de fundo o modelo social de deficiência, conceituando, em seu artigo 2º, a deficiência como sendo a interação entre as características do indivíduo e as barreiras encontradas na sociedade na qual ele está inserido:

> Art. 2º Considera-se pessoa com deficiência aquela que tem impedimento de longo prazo de natureza física, mental, intelectual ou sensorial, o qual, em interação com uma ou mais barreiras, pode obstruir sua participação plena e efetiva na sociedade em igualdade de condições com as demais pessoas.
> § 1º A avaliação da deficiência, quando necessária, será biopsicossocial, realizada por equipe multiprofissional e interdisciplinar e considerará:
> I – os impedimentos nas funções e nas estruturas do corpo;
> II – os fatores socioambientais, psicológicos e pessoais;
> III – a limitação no desempenho de atividades; e
> IV – a restrição de participação.
> § 2º O Poder Executivo criará instrumentos para avaliação da deficiência. (BRASIL, 2015).

Observa-se, portanto, a preocupação do legislador infraconstitucional em evitar o engessamento das situações que podem ou não caracterizar a deficiência, alinhando-se ao preceito da Convenção segundo o qual a deficiência é um conceito em evolução, em total alinhamento com o modelo social, prezando pela avaliação biopsicossocial da deficiência.

Superada a conceituação da deficiência, é preciso enfrentar a definição do que vem a ser vulnerabilidade, assim como analisar o seu contexto vivenciado por pessoas com deficiência.

A vulnerabilidade é uma situação que ocorre no mundo dos fatos, conjuntura que deve ser analisada em cada caso concreto. Há situações de vulnerabilidade previstas em normas escritas – sejam nacionais ou internacionais – mas é certo que a lei não consegue prever, exaustivamente, todos os casos de vulnerabilidade (GONÇALVES FILHO; MAIA, 2021).

No âmbito internacional, é importante citar as Regras de Brasília sobre Acesso à Justiça das Pessoas em Condições de Vulnerabilidade (2008). Embora tal documento não tenha a natureza de tratado – e, portanto, não possui força vinculante – ele representa um referencial conceitual extremamente importante para a compreensão do acesso à justiça dos indivíduos e grupos sociais vulneráveis. De acordo com o capítulo 1, seção 2, item 3 do referido documento:

> Consideram-se pessoas em situação de vulnerabilidade aquelas pessoas que, por razão da sua idade, gênero, estado físico ou mental, ou por circunstâncias sociais, econômicas, étnicas e/ou culturais, encontram especiais dificuldades em exercitar com plenitude perante o sistema de justiça os direitos reconhecidos pelo ordenamento jurídico (AIAMP, 2008).

Há diversas determinantes para a vulnerabilização de pessoas ou grupos. A partir de suas identificações, é possível enxergar medidas de proteção necessárias para as respectivas superações. Os adjetivos que acompanham a definição de vulnerabilidade equivalem a suas determinantes. Exemplos: configura-se a vulnerabilidade econômica quando decorrente de incapacidade financeira, a vulnerabilidade circunstancial como consequência de uma situação temporária, a vulnerabilidade organizacional quando um grupo possui dificuldades de se articular, a vulnerabilidade informacional quando decorrente da ausência de informações, dentre outras. (GONÇALVES FILHO; MAIA, 2021).

A vulnerabilidade experimentada por pessoas com deficiência decorre do capacitismo existente na sociedade. O capacitismo é o movimento de exclusão e preconceito contra pessoas com deficiência exatamente em razão da deficiência. Assim como o machismo, o racismo e outros tipos de violência, é possível dizer que o capacitismo é um tipo de violência estrutural eis que transcende o âmbito da ação individual, e, muitas vezes, as suas condições acabam sendo reproduzidas pelas próprias instituições para o estabelecimento e a manutenção da ordem social (MELLO, 2016).

O capacitismo é uma decorrência da própria estrutura social, ou seja, da maneira costumeira como se constituem as relações econômicas, políticas, jurídicas, trabalhistas, familiares e outras. A sociedade normaliza as atitudes capacitistas e muitas vezes tenta justificar ou invisibilizar as mesmas, pois o capacitismo passa a ser a regra e não a exceção. Exemplos corriqueiros podem ser citados como o fato de um usuário de cadeira de rodas ou uma pessoa com deficiência visual não poder acessar sistemas de transporte público, ou conseguir obter uma educação de qualidade que lhes permitiria competir por empregos bem remunerados no mercado de trabalho, ou é representado como uma pessoa de menor valor em filmes e outras mídias (THOMAS, 2004).

O ponto central do capacitismo e, por consequência, dos fatores que geram vulnerabilidade para as pessoas com deficiência está na existência de barreiras, cuja conceituação é trazida pela Lei Brasileira de Inclusão em seu artigo 3º:

> Qualquer entrave, obstáculo, atitude ou comportamento que limite ou impeça a participação social da pessoa, bem como o gozo, a fruição e o exercício de seus direitos à acessibilidade, à liberdade de movimento e de expressão, à comunicação, ao acesso à informação, à compreensão, à circulação com segurança, entre outros. (BRASIL, 2015).

Tal dispositivo traz um rol exemplificativo sobre os tipos de barreiras existentes, eis que as mesmas podem se manifestar em diversas áreas da vida, como nas comunicações, nos transportes, na educação, no acesso à saúde e outros. Chama-se atenção, em especial, para as barreiras atitudinais, que na visão da autora são as espécies de barreiras mais graves eis que geradoras dos demais tipos de barreiras, pois são provenientes das atitudes humanas discriminatórias que impedem a participação social da pessoa com deficiência em igualdade de oportunidades com as demais.

Outro aspecto que merece destaque na superação das barreiras envolvendo pessoas com deficiência é a análise das opressões vivenciadas por esse grupo de pessoas sob o viés da interseccionalidade, uma vez que todo ser humano possui múltiplas identidades e é lido a partir de marcadores sociais que se justapõem (raça, gênero, orientação sexual, presença ou não de deficiência, classe social e outros). Essa pluralidade de vinculações precisa ser considerada para a identificação da real dimensão das necessidades e carências. Interseccionalidade, portanto, diz respeito ao cruzamento de diferentes tipos de discriminação que se articulam para discriminar indivíduos pertencentes a mais de um grupo vulnerável (HILLS, 2019).

Ressalte-se que a própria Convenção Internacional dos Direitos das Pessoas com Deficiência traz as cláusulas de interseccionalidade em seus artigos 6 e 7, quando tratam, respectivamente, de mulheres e crianças com deficiência. Mulheres com deficiência, além de estarem sujeitas ao capacitismo, também são vítimas do machismo. Pessoas negras com deficiência, além de serem vítimas de capacitismo, também enfrentam o racismo.

Merece destaque, ainda, o fato de que a eliminação de barreiras deve ser feita em conjunto com as próprias pessoas com deficiência e não de forma unilateral. Tal raciocínio encontra respaldo no Princípio Nada sobre Nós sem Nós positivado nos artigos 3 e 4 da Convenção Internacional dos Direitos das Pessoas com Deficiência e que impõe a participação de instituições representativas de pessoas com deficiência em qualquer movimento que acarrete alterações jurídicas e sociais na vida desse grupo de pessoas. Esse Princípio se aplica tanto para atuações no âmbito do Poder Judiciário, assim como no âmbito do Poder Executivo e do Poder Legislativo. As vozes das pessoas com deficiência precisam ser ouvidas em toda e qualquer política pública ou privada que vá impactar em suas vidas.

Importante ressaltar, ainda, em que pese a importância de se eliminar as barreiras que colocam pessoas com deficiência em situação de vulnerabilidade, não se pode levar tal conduta ao extremo a ponto de tentar eliminar toda e qualquer vulnerabilidade a qualquer custo, pois a mesma é aspecto inerente ao ser humano. Os seres humanos são por natureza frágeis, vulneráveis, fisicamente imperfeitos e socialmente dependentes. No entanto, são essas imperfeições que personificam a essência da humanidade (FINKELSTEIN, 2004).

Os estudos feministas sobre deficiência trazem valiosas reflexões sobre a vulnerabilidade de pessoas com deficiência e a aceitação de que algumas são inerentes ao fato da deficiência e que nem sempre será possível eliminá-las. Ressalta que é importante refletir sobre o que significa viver em um corpo doente ou lesado, devendo a experiência da dor individual de cada pessoa com deficiência ser considerada, não podendo esquecer dos limites do corpo em troca de um projeto de independência a qualquer custo. Com o argumento de que todas as pessoas são dependentes em algum momento da vida – seja na infância, na velhice ou na experiência de doenças – algumas feministas trouxeram a ideia de igualdade pela interdependência como sendo a mais adequada para a reflexão sobre questões de justiça envolvendo a deficiência (DINIZ, 2007).

3. A DEFENSORIA PÚBLICA NA TUTELA DA PROMOÇÃO DOS DIREITOS HUMANOS DAS PESSOAS COM DEFICIÊNCIA

Diante da vulnerabilidade experienciada por pessoas com deficiência, mormente diante das dificuldades encontradas para o exercício de seus direitos fundamentais, é necessário analisar como a Defensoria Pública pode atuar para a proteção desse grupo de pessoas sempre que restar configurada uma hipótese de vulnerabilidade, independentemente da respectiva situação financeira da pessoa interessada.

Desde a sua inserção no texto constitucional, a Defensoria Pública é uma instituição que vem passando por inúmeras reformas e transformações, abandonando a visão reducionista de assistência individual ao necessitado econômico para se transformar em uma instituição de promoção dos direitos humanos e da defesa de grupos de pessoas em situação de vulnerabilidade (ALVES; GONZÁLES, 2019).

O significado da expressão "necessitado" previsto no dispositivo constitucional que trata da Defensoria Pública[2] foi gradualmente se elastecendo e ganhando novas conotações para englobar perfis além daqueles meramente econômico-financeiros, abrangendo, portanto, segmentos de pessoas até então não cogitáveis. Tal fenômeno se justifica diante da complexidade do fenômeno da carência presente na sociedade atual, razão pela qual não há mais que se falar em limitação da atuação defensorial tão somente às pessoas em situação de vulnerabilidade por razões econômico-financeiras (ALVES; GONZÁLES, 2019).

Dessa forma, o conceito de "necessitado" deve abranger todo aquele que, por sua condição de vulnerabilidade, não tem acesso aos recursos necessários para a defesa de seus direitos. A situação de vulnerabilidade pode ter como causa razões de ordem econômica, social, cultural, étnica, de idade, de gênero, de deficiência, privação de liberdade, dentre outras. E a ausência de recursos não se refere apenas aos recursos de natureza financeira, mas também aos recursos técnicos e organizacionais (ALVES; GONZÁLES, 2019).

De acordo com o Defensor Público José Augusto Garcia de Souza (2011), foram dois os diplomas legais responsáveis por realizar essa mudança de perfil da Defensoria Pública: a Lei 11.448 de 2007 e a Lei Complementar (LC) 132 de 2009.

---

2. Art. 134. A Defensoria Pública é instituição permanente, essencial à função jurisdicional do Estado, incumbindo-lhe, como expressão e instrumento do regime democrático, fundamentalmente, a orientação jurídica, a promoção dos direitos humanos e a defesa, em todos os graus, judicial e extrajudicial, dos direitos individuais e coletivos, de forma integral e gratuita, aos necessitados, na forma do inciso LXXIV do art. 5º desta Constituição Federal. § 1º Lei complementar organizará a Defensoria Pública da União e do Distrito Federal e dos Territórios e prescreverá normas gerais para sua organização nos Estados, em cargos de carreira, providos, na classe inicial, mediante concurso público de provas e títulos, assegurada a seus integrantes a garantia da inamovibilidade e vedado o exercício da advocacia fora das atribuições institucionais. § 2º Às Defensorias Públicas Estaduais são asseguradas autonomia funcional e administrativa e a iniciativa de sua proposta orçamentária dentro dos limites estabelecidos na lei de diretrizes orçamentárias e subordinação ao disposto no art. 99, § 2º. § 3º Aplica-se o disposto no § 2º às Defensorias Públicas da União e do Distrito Federal.§ 4º São princípios institucionais da Defensoria Pública a unidade, a indivisibilidade e a independência funcional, aplicando-se também, no que couber, o disposto no art. 93 e no inciso II do art. 96 desta Constituição Federal.

A Lei 11.448 de 2007 conferiu, de maneira ampla, legitimidade à Defensoria Pública para a propositura de ações civis públicas, permitindo, assim, uma assistência jurídica efetivamente integral que inclua todas as espécies de ações cabíveis para a defesa dos necessitados. Tal legitimidade foi questionada nos Tribunais Superiores Brasileiros – no STF, por meio da Ação Direta de Inconstitucionalidade 3.943[3] e no STJ, por meio dos Embargos de Divergência no Recurso Especial nos Embargos Infringentes 1.192.577[4] – os quais mantiveram a previsão trazida pela referida Lei, reconhecendo a possibilidade de a Defensoria Pública exercer as suas atividades em favor de necessitados jurídicos, não necessariamente carentes de recursos econômicos. Tais julgados consagraram a amplitude da expressão "necessitados" para fins de atuação da Defensoria Pública e os raciocínios lá utilizados se aplicam por analogia a situação das pessoas com deficiência.

---

3. Ementa: Ação Direta de Inconstitucionalidade. Legitimidade ativa da defensoria pública para ajuizar Ação Civil Pública (art. 5º, inc. II, da Lei 7.347/1985, alterado pelo art. 2º da Lei 11.448/2007). Tutela de interesses transindividuais (coletivos *strito sensu* e difusos) e individuais homogêneos. Defensoria pública: instituição essencial à função jurisdicional. Acesso à justiça. Necessitado: definição segundo princípios hermenêuticos garantidores da força normativa da constituição e da máxima efetividade das normas constitucionais: art. 5º, incs. XXXV, LXXIV, LXXVIII, da Constituição da República. Inexistência de norma de exclusividade do Ministério Público para ajuizamento de ação civil pública. Ausência de prejuízo institucional do ministério público pelo reconhecimento da legitimidade da defensoria pública. Ação julgada improcedente. Julgamento em 07 de maio de 2015.
4. Ementa: Processual civil. Ação civil pública. Embargos infringentes. Legitimidade da defensoria pública para a propositura de ação civil pública. Limitador constitucional. Defesa dos necessitados. Plano de saúde. Reajuste. Grupo de consumidores que não é apto a conferir legitimidade àquela instituição. 1. São cabíveis embargos infringentes quando o acórdão não unânime houver reformado, em grau de apelação, a sentença de mérito, ou houver julgado procedente a ação rescisória (CPC, art. 530). Excepcionalmente, tem-se admitido o recurso em face de acórdão não unânime proferido no julgamento do agravo de instrumento quando o Tribunal vier a extinguir o feito com resolução do mérito. 2. Na hipótese, no tocante à legitimidade ativa da Defensoria Pública para o ajuizamento de ação civil pública, não bastou um mero exame taxativo da lei, havendo sim um controle judicial sobre a representatividade adequada da legitimação coletiva. Com efeito, para chegar à conclusão da existência ou não de pertinência temática entre o direito material em litígio e as atribuições constitucionais da parte autora acabou-se adentrando no terreno do mérito. 3. A Defensoria Pública, nos termos do art. 134 da CF, "é instituição essencial à função jurisdicional do Estado, incumbindo-lhe a orientação jurídica e a defesa, em todos os graus, dos necessitados, na forma do art. 5º, LXXIV". É, portanto, vocacionada pelo Estado a prestar assistência jurídica integral e gratuita aos que "comprovarem insuficiência de recursos" (CF, art. 5º, LXXIV), dando concretude a esse direito fundamental. 4. Diante das funções institucionais da Defensoria Pública, há, sob o aspecto subjetivo, limitador constitucional ao exercício de sua finalidade específica – "a defesa dos necessitados" (CF, art. 134) –, devendo os demais normativos serem interpretados à luz desse parâmetro. 5. A Defensoria Pública tem pertinência subjetiva para ajuizar ações coletivas em defesa de interesses difusos, coletivos ou individuais homogêneos, sendo que no tocante aos difusos, sua legitimação será ampla (basta que possa beneficiar grupo de pessoas necessitadas), vista que o direito tutelado é pertencente a pessoas indeterminadas. No entanto, em se tratando de interesses coletivos em sentido estrito ou individuais homogêneos, diante de grupos determinados de lesados, a legitimação deverá ser restrita às pessoas notadamente necessitadas. 6. No caso, a Defensoria Pública propôs ação civil pública requerendo a declaração de abusividade dos aumentos de determinado plano de saúde em razão da idade. 7. Ocorre que, ao optar por contratar plano particular de saúde, parece intuitivo que não se está diante de consumidor que possa ser considerado necessitado a ponto de ser patrocinado, de forma coletiva, pela Defensoria Pública. Ao revés, trata-se de grupo que ao demonstrar capacidade para arcar com assistência de saúde privada evidencia ter condições de suportar as despesas inerentes aos serviços jurídicos de que necessita, sem prejuízo de sua subsistência, não havendo falar em necessitado. 8. Diante do microssistema processual das ações coletivas, em interpretação sistemática de seus dispositivos (art. 5º, § 3º, da Lei 7.347/1985 e art. 9º da Lei 4.717/1965), deve ser dado aproveitamento ao processo coletivo, com a substituição (sucessão) da parte tida por ilegítima para a condução da demanda. Precedentes. 9. Recurso especial provido. Julgamento em 15 de maio de 2014.

Já a LC 132 de 2009 promoveu ampla reforma na Lei Orgânica Nacional da Defensoria Pública – LC 80 de 1994 – e ampliou de maneira significativa as suas funções, concedendo-lhe atribuições de caráter coletivo tanto em âmbito judicial como em âmbito extrajudicial. Nesse sentido foi a nova redação concedida ao artigo 4º, que consagrou a legitimidade da Instituição para a tutela coletiva de grupos sociais vulneráveis que merecem proteção especial do Estado, mencionando expressamente as pessoas com deficiência.[5]

Portanto, a atividade da Defensoria Pública não se limita mais à atuação subjetiva de direitos individuais de pessoas economicamente necessitadas, uma vez que, na atualidade, a Instituição passa a ser uma grande agência nacional de promoção da cidadania e dos direitos humanos, com atribuições que visam à proteção concomitante de pessoas carentes e não carentes financeiramente (ALVES; GONZÁLES, 2019).

Os grupos sociais vulneráveis são compostos por indivíduos que possuem uma proteção jurídica especial a cargo do Estado e da sociedade, independentemente da configuração da carência econômica. É certo que, em algumas hipóteses, a carência econômica estará acompanhada de outras causas de vulnerabilidade, tornando ainda maior a responsabilidade da Defensoria Pública no sentido de atender e tutelar os direitos de tais pessoas (PAIVA; FENSTERSEIFER, 2019).

A LC 132 de 2009 também positivou – nesse sentido vide redações do artigo 1º, assim como do 4º, inciso III, ambos da LC 80 de 1994 e do artigo 134, *caput*, da CF 88[6] – a Defensoria Pública enquanto Instituição de promoção, difusão e conscientização dos direitos humanos. Semelhante referência também foi incluída no artigo 185 do Código de Processo Civil de 2015.[7]

Na mesma linha, a LC 132 de 2009 incluiu a prevalência e a efetividade dos direitos humanos como objetivo da Defensoria Pública, assim como abarcou a função de atuação perante os sistemas internacionais de proteção dos direitos humanos como sendo uma função institucional.

---

5. Art. 4º São funções institucionais da Defensoria Pública, dentre outras: (...) VII – promover ação civil pública e todas as espécies de ações capazes de propiciar a adequada tutela dos direitos difusos, coletivos ou individuais homogêneos quando o resultado da demanda puder beneficiar grupo de pessoas hipossuficientes; (...) VIII – exercer a defesa dos direitos e interesses individuais, difusos, coletivos e individuais homogêneos e dos direitos do consumidor, na forma do inciso LXXIV do art. 5º da Constituição Federal; (...) X – promover a mais ampla defesa dos direitos fundamentais dos necessitados, abrangendo seus direitos individuais, coletivos, sociais, econômicos, culturais e ambientais, sendo admissíveis todas as espécies de ações capazes de propiciar sua adequada e efetiva tutela; XI – exercer a defesa dos interesses individuais e coletivos da criança e do adolescente, do idoso, da pessoa portadora de necessidades especiais, da mulher vítima de violência doméstica e familiar e de outros grupos sociais vulneráveis que mereçam proteção especial do Estado (...).
6. LC 80 de 1994. Art. 1º A Defensoria Pública é instituição permanente, essencial à função jurisdicional do Estado, incumbindo-lhe, como expressão e instrumento do regime democrático, fundamentalmente, a orientação jurídica, a promoção dos direitos humanos e a defesa, em todos os graus, judicial e extrajudicial, dos direitos individuais e coletivos, de forma integral e gratuita, aos necessitados, assim considerados na forma do inciso LXXIV do art. 5º da Constituição Federal. Art. 4º São funções institucionais da Defensoria Pública, dentre outras: (...) III – promover a difusão e a conscientização dos direitos humanos, da cidadania e do ordenamento jurídico;
7. Art. 185. A Defensoria Pública exercerá a orientação jurídica, a promoção dos direitos humanos e a defesa dos direitos individuais e coletivos dos necessitados, em todos os graus, de forma integral e gratuita.

De acordo com os Defensores Públicos Pedro González e Cleber Francisco Alves (2019), o defensor público é basicamente um defensor de direitos humanos, eis que, no dia a dia, ele busca a tutela de direitos de pessoas em situação de vulnerabilidade, sendo certo que os marginalizados – camada majoritária no Brasil – estão submetidos às desigualdades estruturais, sendo as maiores vítimas de violações de direitos humanos. Em tal cenário, a defesa dos direitos humanos pela Defensoria Pública assume um caráter contramajoritário, pois tutela os interesses das pessoas que são estigmatizadas por largos setores da sociedade, reafirmando, assim, a própria democracia ao impedir que comunidades marginalizadas sejam sufocadas (ALVES; GONZÁLES, 2019).

Analisando o artigo 4º, inciso XI da LC 80 de 1994 – que menciona expressamente a atuação da Defensoria Pública em favor das pessoas com deficiência e de outros grupos vulneráveis – os Defensores Públicos Diogo Esteves e Franklyn Roger Alves Silva (2018) explicitam que a Defensoria Pública funciona como instrumento de superação da violência, da intolerância, da discriminação, da exclusão social e da incapacidade geral de aceitar o diferente. Por tal razão, nessas hipóteses a atuação da Defensoria Pública não está relacionada à hipossuficiência econômica. Esclarecem que em eventual ação individual de pessoa com deficiência cujo objeto esteja relacionado com a deficiência, o resultado poderá abrir portas para outras pessoas com deficiência, ao menos por conta da criação de um precedente. Ainda que a lide seja individual, ela refere-se a um problema comum de determinado grupo vulnerável, podendo trazer benefícios – de maneira global – para tal grupo (ESTEVES; SILVA, 2018).

Ademais, a Defensoria Pública é uma Instituição Constitucional que tem, dentre outros objetivos, a primazia da dignidade da pessoa humana, a redução das desigualdades sociais e a prevalência e efetividade dos direitos humanos.[8]

No âmbito de atuação da Defensoria Pública em prol da primazia da dignidade da pessoa humana, inclui-se a tutela do mínimo existencial, que identifica o conjunto de bens e utilidades básicas necessárias à subsistência digna e indispensáveis aos desfrutes dos direitos em geral (ESTEVES e SILVA, 2018).

No âmbito de atuação da Defensoria Pública para a redução das desigualdades sociais, muitas são as causas da pobreza e variados são os motivos que contribuem para a manutenção das condições de miserabilidade, conforme Esteves e Silva (2018), sendo indiscutível que pessoas com deficiência estão mais sujeitas a causas geradoras de desigualdade social.

No que se refere à atuação da Defensoria Pública para a efetividade dos direitos humanos, consta a função da Instituição de promover a inclusão de classes que historicamente permaneceram excluídas e marginalizadas, contribuindo para o combate às violações de direitos humanos (ESTEVES e SILVA, 2018). E o grupo composto por pessoas com deficiência, na atualidade, infelizmente ainda é vítima de capacitismo estrutural nos diversos setores da vida.

---

8. Nesse sentido vide artigo 3º-A da LC 80 de 1994.

Pelo exposto, percebe-se que a Defensoria Pública possui legitimidade para laborar em prol da tutela dos direitos das pessoas com deficiência tanto no âmbito individual como no coletivo, tanto de forma judicial como de forma extrajudicial, independentemente da condição financeira do beneficiado, sempre que verificada uma situação de vulnerabilidade em razão da lesão ou ameaça a direitos humanos.

4. A DEFENSORIA PÚBLICA ENQUANTO *CUSTOS VULNERABILIS* NA DEFESA DA PESSOA COM DEFICIÊNCIA

Dentro de todo esse contexto que justifica a laboração da Defensoria Pública em prol de pessoas em situação de vulnerabilidade, é de suma importância ressaltar a atuação da Instituição enquanto *custus vulnerabilis*, instituto que tem ganhado cada vez mais importância tanto no âmbito doutrinário, assim como no âmbito jurisprudencial.

A expressão foi criada pelo Defensor Público Maurílio Casas Maia[9] para designar a missão constitucional da Defensoria Pública de defesa dos vulneráveis, não se confundindo com a função do Ministério Público de defesa da ordem jurídica, eis que na época de sua criação a Associação Nacional dos Membros do Ministério Público questionava a legitimidade da Defensoria Pública para a atuação na tutela coletiva. Em um primeiro momento, o termo foi criado com foco na atuação coletiva institucional da Defensoria Pública, sendo posteriormente utilizado também para justificar a visão interventiva institucional. Após as veiculações das primeiras ideias sobre a temática, muitas publicações se seguiram tanto entre autores que são defensores públicos como entre outros autores[10] (GONÇALVES FILHO; ROCHA; MAIA, 2020).

A expressão *custos vulnerabilis* possui dois significados. Um primeiro sentido genérico para representar a missão constitucional de defesa dos vulneráveis por parte da Defensoria Pública tem por finalidade dissipar, ou ao menos, reduzir a referida vulnerabilidade social. Acrescenta-se, ainda, o objetivo de alcançar o equilíbrio nas relações jurídicas e políticas, nas quais a presença da vulnerabilidade possa dificultar ou impedir o acesso à justiça, permitindo, assim, que essas pessoas possam ser ouvidas e tenham condições de influenciar nas esferas de decisões dos Poderes Legislativo, Executivo e Judiciário (GONÇALVES FILHO; ROCHA; MAIA, 2020).

Um segundo sentido é utilizado para designar a intervenção da Defensoria Pública enquanto terceiro interessado no processo, ou seja, a atuação processual da instituição deve ocorrer enquanto terceiro interveniente, o que é chamado de intervenção *custos vulnerabilis*. Tal intervenção jamais pode se dar de maneira autoritária e meramente

---

9. A referência bibliográfica do primeiro artigo com referência à expressão é: MAIA, Maurílio Casas. Custos Vulnerabilis constitucional: o Estado Defensor entre o REsp 1.192.577-RS e a PEC 4/14. *Revista Jurídica Consulex*, n. 417, p. 55-57. Brasília, ano XVIII, jun. 2014.
10. É possível citar alguns Defensores Públicos que já escreveram sobre o tema: Thiago Fensterseifer, Pedro González, Cleber Francisco, Diogo Esteves, Franklyn Roger Alves Silva, Edilson Santana Gonçalves Filho, Marcos Vinicius Manso Lopes Gomes, Bruno Passadore, Ana Mônica Amorim, Monaliza de Morais e outros. Da mesma forma, outros autores que não são Defensores Públicos e que também já escreveram sobre a temática: Pedro Lenza, José Emílio Medauar Ommati, Renan Augusto da Gama Pimentel, dentre outros.

paternalista, pelo contrário, deve ocorrer sempre de forma respeitosa, solidarista e estimulando o empoderamento e a emancipação dos destinatários da atuação (GONÇALVES FILHO; ROCHA; MAIA, 2020).

O Supremo Tribunal Federal (STF) e o Superior Tribunal de Justiça (STJ) já reconheceram a possibilidade de intervenção processual da Defensoria Pública como *custos vulnerabilis*. O STJ admitiu a Defensoria Pública da União como *custos vulnerabilis* nos Embargos de Declaração no Recurso Repetitivo 1.712.163/SP julgado em setembro de 2019, o que se justificou em razão da vulnerabilidade do grupo de consumidores potencialmente lesados e da necessidade de defesa do direito fundamental à saúde, mormente por se tratar de um processo com formação de precedentes. O STF, no Habeas Corpus Coletivo 143.641 – no qual foi debatida a substituição da prisão preventiva de todas as mulheres gestantes, puérperas ou mães de crianças com até 12 anos de idade – admitiu a Defensoria Pública do Ceará e a Defensoria Pública do Paraná como assistentes. Em que pese não ter sido utilizada a expressão *custos vulnerabilis*, a admissão de tais instituições como assistentes pode ser justificada em uma época em que os estudos sobre *custos vulnerabilis* ainda eram bastante incipientes (GONÇALVES FILHO; ROCHA; MAIA, 2020).

No tocante à atuação da Defensoria Pública como *custos vulnerabilis* em favor da pessoa com deficiência, o embasamento jurídico encontra previsão no artigo 79, parágrafo 3º e artigo 98, ambos da Lei Brasileira de Inclusão,[11] que preveem que a Defensoria Pública tomará as medidas necessárias para a efetivação dos direitos das pessoas com deficiência previstos na referida lei, assim como poderá ingressar com demandas judiciais para a proteção de interesses coletivos, difusos, individuais homogêneos e individuais indisponíveis da pessoa com deficiência. Desta feita, em casos judiciais e extrajudiciais que envolvam temas que tragam grandes reflexos a pessoas com deficiência, faz-se indispensável a intervenção institucional da Defensoria Pública na condição de *custos vulnerabilis* para fiscalizar a efetivação dos direitos constitucionais de tal grupo, uma vez que eventual decisão processual ou extraprocessual poderá gerar profundo impacto na vida de tais indivíduos (RESURREIÇÃO, 2020).

Em pesquisa bibliográfica sobre a temática, foi possível perceber que ainda há poucas obras que abordem a atuação da Defensoria Pública como *custos vulnerabilis* na seara extrajudicial, apesar da LC 132 de 2009 ter ampliado bastante a atuação extrajudicial da Instituição. A grande parte dos autores que discorrem sobre o assunto focam na intervenção *custos vulnerabilis*, pouco mencionando a dinâmica do instituto fora do

---

11. Art. 79. O poder público deve assegurar o acesso da pessoa com deficiência à justiça, em igualdade de oportunidades com as demais pessoas, garantindo, sempre que requeridos, adaptações e recursos de tecnologia assistiva. (...) § 3º A Defensoria Pública e o Ministério Público tomarão as medidas necessárias à garantia dos direitos previstos nesta Lei. Art. 98. A Lei 7.853, de 24 de outubro de 1989, passa a vigorar com as seguintes alterações: Art. 3º As medidas judiciais destinadas à proteção de interesses coletivos, difusos, individuais homogêneos e individuais indisponíveis da pessoa com deficiência poderão ser propostas pelo Ministério Público, pela Defensoria Pública, pela União, pelos Estados, pelos Municípios, pelo Distrito Federal, por associação constituída há mais de 1 (um) ano, nos termos da lei civil, por autarquia, por empresa pública e por fundação ou sociedade de economia mista que inclua, entre suas finalidades institucionais, a proteção dos interesses e a promoção de direitos da pessoa com deficiência.

processo judicial. Faz-se necessário, assim, amadurecer as discussões sobre a atuação da Defensoria Pública como *custos vulnerabilis* fora do processo judicial, o que se justifica diante da necessidade de se reduzir o excesso de judicialização, com o estímulo a uma cultura de resolução dos conflitos por meio do diálogo e do consenso.

Ainda sobre a atuação da Instituição enquanto *custos vulnerabilis* de forma extrajudicial, é importante trazer as considerações da Defensora Pública Melissa Borborema (2021), que, ao analisar o papel transformador exercido pela Defensoria Pública em consonância com a evolução do movimento renovatório da justiça – em especial a terceira onda renovatória de universalização do acesso à justiça que é multifacetada – entende que tal movimento demanda o esvaziamento da judicialização de todo e qualquer conflito social em que somente o Judiciário é capaz de promover a solução do impasse. O Brasil deve buscar um modelo de assistência jurídica restaurativa, pacificadora e de enfrentamento preventivo ou positivo do conflito de interesses, em contraste ao modelo demandista, antagonista e pragmático que instaura a ideia de guerra, tornando o conflito negativo, litigante e individualista (BORBOREMA, 2021).

5. CONCLUSÃO

As pessoas com deficiência integram um grupo de pessoas em situação de vulnerabilidade diante das barreiras impostas pelo capacitismo estrutural. A Defensoria Pública, por sua vez, enquanto Instituição promovedora de direitos humanos, possui a missão constitucional de eliminar – ou, quando não for possível a eliminação, que haja a amenização – dessas barreiras que impedem que pessoas com deficiência exerçam os seus direitos fundamentais como o direito à educação, o direito à saúde, o direito ao trabalho, à emissão de documentos, à mobilidade urbana, o lazer, dentre outros.

A intervenção institucional pautada na vulnerabilidade independe da situação financeira da pessoa com deficiência que será beneficiada com a atuação da Defensoria Pública, o que se justifica diante das múltiplas dificuldades que atingem o indivíduo e das várias espécies de vulnerabilidade que precisam ser contornadas por meio da atuação defensorial. Tal concepção restou fortalecida com o advento da Lei Complementar 132 de 2009 e da Emenda Constitucional 80 de 2014, responsáveis pela ampliação das funções institucionais da Defensoria Pública e pela criação de uma nova racionalidade funcional, desvinculando a atuação institucional da ideia reducionista de defesa apenas das pessoas financeiramente vulneráveis (ESTEVES; SILVA, 2021).

É possível citar, a título de exemplo, uma atuação da autora na condição de *custos vulnerabilis* em prol de pessoas com deficiência: a expedição de três recomendações, em janeiro de 2021, para que as pessoas com deficiência da comarca de Colorado do Oeste no estado de Rondônia pudessem integrar o grupo prioritário de vacinações contra a Covid-19.[12]

---

12. COSTA, Flávia Albaine de Farias da. Defensoria pede para que pessoas com deficiência sejam incluídas no grupo prioritário. *Rondo Notícias*. 21 jan. 2021. Disponível em: https://rondonoticias.com.br/noticia/interior/50206/defensoria-pede-que-pessoas-com-deficiencia-sejam-incluidas-no-grupo-prioritario.

Outro exemplo desse tipo de experiência no tocante à pessoa com deficiência foi a elaboração da Nota Técnica 202014 pela Associação Nacional das Defensoras e Defensores Públicos (ANADEP) em parceria com o Colégio Nacional de Defensores Públicos, com o intuito de apoiar Decretos Legislativos que objetivavam sustar os efeitos do Decreto 10.502 de 2020 – que abordava o tema da educação de pessoas com deficiência – e foi criado para ser trabalhado juntamente com parlamentares.

Mais um exemplo exitoso ocorreu em março de 2022 quando a Defensoria Pública de São Paulo obteve duas decisões judiciais garantidoras dos direitos à educação e à saúde de meninos autistas no interior do estado. Em uma das demandas, a Defensoria solicitou a disponibilização de professor auxiliar para um estudante do ensino fundamental, para que as atividades pedagógicas propostas em sala pudessem ser adaptadas de forma que a criança executasse as tarefas escolares de modo satisfatório e dentro das suas possibilidades. Na outra, pediu o tratamento multidisciplinar específico, adequado e individualizado para que a criança com autismo pudesse ter a sua saúde restabelecida e, por consequência, ter condições de realizar o acompanhamento escolar e exercício dos demais direitos fundamentais.[13] O direito à educação está intimamente ligado ao direito à saúde, pois, para que o aluno autista consiga absorver o conteúdo pedagógico de forma adequada, é preciso que a sua saúde esteja recebendo a atenção e o tratamento adequados.

Integrando a listagem das atuações de sucesso, a Defensoria Pública da Bahia desenvolveu um estágio especial em parceria com o Projeto Fantástico Mundo Autista para proporcionar aos jovens autistas a oportunidade de qualificação profissional nas unidades da Instituição, possibilitando, assim, a inclusão no mercado de trabalho.[14] Tal prática obteve o segundo lugar dentre as práticas exitosas premiadas pelo XIV do Congresso Nacional das Defensoras e Defensores Públicos, assim como foi finalista do Prêmio Innovare 2019.

Após a atuação da Defensoria Pública do Rio Grande do Sul, um homem com deficiência intelectual de baixa renda financeira conseguiu isenção das taxas cobradas pelo embarque do seu cão de assistência emocional, possibilitando, assim, o seu direito à mobilidade urbana. O caso foi equiparado a situação das pessoas com deficiência visual, cuja presença do cão guia ajuda a desempenhar funções consideradas desafiadoras, assim como interagir com terceiros em ambientes públicos.[15]

---

13. ASCOM/DPE-SP. SP: *Defensoria Pública obtém duas decisões que garantem direito à educação e à saúde de meninos com autismo*. Associação Nacional das Defensoras e Defensores Públicos (ANADEP). 17 mar. 2022. Disponível em: https://www.anadep.org.br/wtk/pagina/materia?id=51330#:~:text=A%20Defensoria%20 P%C3% BAblica%20de%20SP,8%C2%AA%20s%C3%A9rie%20do%20ensino%20fundamental.
14. CORES, Tunísia. *Estágio Especial é renovado por mais dois anos para promover a inclusão de jovens autistas em parceria da Defensoria e do Projeto FAMA (ba.def.br)*. Defensoria Pública da Bahia. 26 ago. 2020. Disponível em: https://www.defensoria.ba.def.br/noticias/estagio-especial-e-renovado-por-mais-dois-anos-para-promover-a-inclusao-de-jovens-autistas-em-parceria-da-defensoria-e-do-projeto-fama/.
15. FERREIRA, Rian. Após *ação da DPE/RS, autista consegue isenção de taxas cobradas para levar cão de assistência em avião*. Defensoria Pública do Estado do Rio Grande do Sul. 30 dez. 2021. Disponível em: https://www.defensoria.rs.def.br/apos-acao-da-dpe-rs-autista-consegue-isencao-de-taxas-cobradas-para-levar-cao-de-assistencia-emaviao#:~:text=Pelotas%20(RS)%20%E2%80%93%20Um%20homem,-no%20dia%201% C2%BA%20de%20janeiro.

Os casos narrados acima são alguns dos exemplos de atuação da Defensoria Pública em prol da eliminação de barreiras de forma a permitir a plena inclusão social das pessoas com deficiência. Inúmeras outras atuações vêm ocorrendo na prática diária de Defensores e Defensoras Públicas de todo o Brasil, na luta incansável por uma sociedade diversa que reconheça a diferença dos grupos e permita que todos participem ativamente dos diversos espaços, seja escolar, no mercado de trabalho, de lazer, no acesso à saúde, dentre outros. A Defensoria Pública, portanto, é um agente eliminador ou amenizador de barreiras geradoras da exclusão e da vulnerabilidade de pessoas com deficiência.

EIXO IV
VULNERABILIDADES E PROTEÇÃO DO CONSUMIDOR

ANEXO IV

NOVOS CONTORNOS DA VULNERABILIDADE NO DIREITO DO CONSUMIDOR

Marcelo Junqueira Calixto

Sumário: 1. Introdução – 2. A consagração do *finalismo aprofundado* – 3. A hipervulnerabilidade ou vulnerabilidade agravada – 4. Conclusão.

1. INTRODUÇÃO

Em escrito anterior procurou-se demonstrar a divisão presente nas Turmas de Direito Privado do Superior Tribunal de Justiça (STJ) quanto ao *conceito jurídico* de *consumidor*.[1] Foi, de fato, recordado que a Terceira Turma, usualmente, dizia adotar uma concepção *objetiva* de consumidor, a qual se mostrava muito próxima do chamado *maximalismo*, visão doutrinária que interpretava a expressão "destinatário final", presente no art. 2º, *caput*, do CDC, unicamente do ponto de vista *fático*, isto é, como aquele que *adquire* o produto ou serviço.[2] A Quarta Turma, por sua vez, dizia adotar uma concepção *subjetiva* de consumidor colocando-se, assim, mais próxima da chamada doutrina *finalista*, a qual exigia a comprovação da "destinação final" *fática* e *econômica* do produto ou serviço, não bastando a simples aquisição. Para esta última concepção era necessário distinguir, por exemplo, entre *insumo* (também chamado, impropriamente, de consumo intermediário) e *consumo*, única situação em que, de fato, ocorreria a *destinação final*, tornando possível, portanto, a aplicação do CDC.

A primeira *tentativa* de *uniformização* de entendimento parece ter sido o conhecido caso do restaurante que buscava a revisão judicial das cláusulas do contrato celebrado com empresa detentora de determinada bandeira de cartão de crédito.[3] Argumentava a

---

1. Seja consentido remeter a CALIXTO, Marcelo Junqueira. O princípio da vulnerabilidade do consumidor. In: MORAES, Maria Celina Bodin de (Coord.). *Princípios do Direito Civil Contemporâneo*, Rio de Janeiro, Renovar, 2006, p. 315-356.
2. Recorde-se o disposto no art. 2º, *caput*, do CDC: "Art. 2º Consumidor é toda pessoa física ou jurídica que adquire ou utiliza produto ou serviço como destinatário final".
3. STJ, Segunda Seção, Recurso Especial 541.867/BA, Rel. Min. Antônio de Pádua Ribeiro, Relator para o acórdão Min. Barros Monteiro, julgado em 10.11.2004. Eis a ementa: "Competência. Relação de consumo. Utilização de equipamento e de serviços de crédito prestado por empresa administradora de cartão de crédito. Destinação final inexistente.

    A aquisição de bens ou a utilização de serviços, por pessoa natural ou jurídica, com o escopo de implementar ou incrementar a sua atividade negocial, não se reputa como relação de consumo e, sim, como uma atividade de consumo intermediária.

    Recurso especial conhecido e provido para reconhecer a incompetência absoluta da Vara Especializada de Defesa do Consumidor, para decretar a nulidade dos atos praticados e, por conseguinte, para determinar a remessa do feito a uma das Varas Cíveis da Comarca".

pessoa jurídica autora que não prestava serviço de crédito e sim que fornecia refeições, sendo, pois, destinatária final do serviço prestado pela pessoa jurídica ré. Contudo, a decisão da Segunda Seção, *por maioria*, foi no sentido de *afastar* a aplicação do CDC, entendendo que a lide deveria, portanto, ser dirimida segundo as regras comuns do Direito das Obrigações e não por uma vara especializada em conflitos de natureza consumerista.

Embora possa ser saudado como uma importante tentativa de *conciliação* das visões então reinantes no Tribunal Superior, certo é que este último julgado acabou por confirmar a divergência existente entre os julgadores. Em consequência, não tardou para que os defensores da visão considerada *vencida* pudessem manifestar o seu *descontentamento*, buscando, porém, uma outra forma de abordar a questão do conceito jurídico de consumidor.

Nesta nova abordagem foi que ganhou força o conceito de *vulnerabilidade*, o qual, pode-se dizer, passou a ser visto como a *pedra de toque* da aplicação da lei especial. Em verdade, em muitas situações, passou-se a considerar como secundária a *exigência legal* da "destinação final", assumindo *primazia* a construção *jurisprudencial* da *vulnerabilidade* do consumidor.

2. A CONSAGRAÇÃO DO *FINALISMO APROFUNDADO*

De fato, essa nova visão jurisprudencial parece ter se *consolidado* a partir de um julgado no qual se afirmou que um hotel pode ser considerado *consumidor* em uma relação jurídica estabelecida com fornecedora de gás, ainda que este produto seja usado para a manutenção da própria atividade hoteleira.[4] A razão determinante para essa conclusão foi o fato de que o hotel teria demorado algum tempo para constatar que só poderia utilizar uma parcela do gás adquirido e acondicionado em "garrafas" de ferro,

---

4. STJ, Terceira Turma, Recurso Especial 476.428/SC, Rel. Min. Nancy Andrighi, julgado em 19.04.2005, assim, ementado: "Direito do Consumidor. Recurso especial. Conceito de consumidor. Critério subjetivo ou finalista. Mitigação. Pessoa Jurídica. Excepcionalidade. Vulnerabilidade. Constatação na hipótese dos autos. Prática abusiva. Oferta inadequada. Característica, quantidade e composição do produto. Equiparação (art. 29). Decadência. Inexistência. Relação jurídica sob a premissa de tratos sucessivos. Renovação do compromisso. Vício oculto.

– A relação jurídica qualificada por ser "de consumo" não se caracteriza pela presença de pessoa física ou jurídica em seus polos, mas pela presença de uma parte vulnerável de um lado (consumidor), e de um fornecedor, de outro.

– Mesmo nas relações entre pessoas jurídicas, se da análise da hipótese concreta decorrer inegável vulnerabilidade entre a pessoa-jurídica consumidora e a fornecedora, deve-se aplicar o CDC na busca do equilíbrio entre as partes. Ao consagrar o critério finalista para interpretação do conceito de consumidor, a jurisprudência deste STJ também reconhece a necessidade de, em situações específicas, abrandar o rigor do critério subjetivo do conceito de consumidor, para admitir a aplicabilidade do CDC nas relações entre fornecedores e consumidores-empresários em que fique evidenciada a relação de consumo.

– São equiparáveis a consumidor todas as pessoas, determináveis ou não, expostas às práticas comerciais abusivas.

– Não se conhece de matéria levantada em sede de embargos de declaração, fora dos limites da lide (inovação recursal).

Recurso especial não conhecido". Este julgado cita como precedente uma decisão da Quarta Turma (Recurso Especial 661.145/ES, Rel. Min. Jorge Scartezzini, julgado em 22.02.2005) que admitiu a aplicação do CDC, com fundamento na *vulnerabilidade*, a uma relação jurídica estabelecida entre pessoa jurídica dedicada à confecção de roupas e a concessionária estadual de energia elétrica.

tendo sido necessária, inclusive, a realização de perícia para que se constatasse esse reiterado prejuízo para o consumidor.

A Relatora, Ministra Nancy Andrighi, esclarece que, no caso, a razão determinante para a aplicação do CDC foi a constatação da *vulnerabilidade técnica* do adquirente do gás, o que deve atrair, em consequência, a incidência das regras protetivas, uma vez que o CDC deve ser visto como uma lei voltada para a tutela dos *vulneráveis*. São suas as seguintes palavras:

> Por outro lado, a jurisprudência deste STJ, ao mesmo tempo que consagra o conceito finalista, reconhece a necessidade de mitigação do critério para atender situações em que a vulnerabilidade se encontra demonstrada no caso concreto. Isso ocorre, todavia, porque a relação jurídica qualificada por ser "de consumo" não se caracteriza pela presença de pessoa física ou jurídica em seus polos, mas pela presença de uma parte vulnerável de um lado (consumidor), e de um fornecedor, de outro.
>
> Porque é essência do Código o reconhecimento da vulnerabilidade do consumidor no mercado, princípio-motor da política nacional das relações de consumo (art. 4º, I). Em relação a esse componente informador do subsistema das relações de consumo, inclusive, não se pode olvidar que a vulnerabilidade não se define tão somente pela capacidade econômica, nível de informação/cultura ou valor do contrato em exame.
>
> Todos esses elementos podem estar presentes e o comprador ainda ser vulnerável pela dependência do produto; pela natureza adesiva do contrato imposto; pelo monopólio da produção do bem ou sua qualidade insuperável; pela extremada necessidade do bem ou serviço; pelas exigências da modernidade atinentes à atividade, dentre outros fatores (...).
>
> De fato, os critérios jurisprudenciais têm avançado no sentido de se reconhecer a necessidade de mitigar o rigor excessivo do critério subjetivo do conceito de consumidor, para permitir, por exceção, a equiparação e a aplicabilidade do CDC nas relações entre fornecedores e consumidores-empresários. Superada a questão da 'destinação final' do produto, agora a jurisprudência é incitada à formação das diretrizes para o reconhecimento da vulnerabilidade ou da hipossuficiência (aspecto processual) no caso concreto.

Como a Ministra Relatora também esclarece que a vulnerabilidade pode assumir inúmeras formas, não se limitando, portanto, às *três espécies* classicamente apresentadas pela doutrina consumerista (econômica, jurídica ou técnica), é forçoso reconhecer que esse novo entendimento tem o efeito de *ampliar* a aplicação do Código de Defesa do Consumidor. De fato, embora chamado de *finalismo aprofundado*, o que se busca é *mitigar* a exigência legal da destinação final, delegando ao *julgador* a *palavra final* acerca da incidência do CDC.

Tal estado de coisas, portanto, termina por reduzir a segurança jurídica, tornando muito mais *difícil* a afirmação, *a priori*, de quais relações jurídicas podem ser consideradas de consumo e quais estão fora do escopo da lei especial. Talvez como forma de remediar essa insegurança jurídica é que, a partir do último precedente citado, o STJ passou a dar maior destaque ao *desequilíbrio econômico* das partes contratantes para que, com fundamento nessa *discrepância* de *porte econômico*, incida o CDC em favor do *vulnerável*.[5]

---

5. Veja-se, nesse sentido, o decidido pela Terceira Turma no Recurso Especial 1.010.834/GO (Rel. Min. Nancy Andrighi, julgado em 03.08.2010), no qual se considerou *consumidora* uma pessoa física que adquiriu uma "máquina de bordar em prol da sua sobrevivência e de sua família, ficando evidenciada a sua vulnerabilidade econômica". Pouco depois, a mesma Terceira Turma (Recurso Especial 914.384/MT, Rel. Min. Massami Uyeda,

Contudo, o mesmo Tribunal Superior ainda reconhece situações em que a exigência legal da *destinação final* é o fator determinante para a incidência da lei protetiva. Exemplo desse entendimento é a *revisão* do alcance da Súmula 297 do próprio Tribunal a qual, em seus amplos termos, permitiria a incidência do CDC em qualquer situação envolvendo contratos celebrados com instituições financeiras.[6] Contudo, tem sido afirmado que, na hipótese de o financiamento *bancário* ser adquirido "precipuamente" para o "incremento da atividade empresarial", deve ser afastada a incidência do CDC por ausência de destinação final.[7] A dificuldade maior, portanto, em tais situações, passa a ser a definição de qual seria a finalidade "precípua" do financiamento bancário.

Pode ser ainda observado que o mesmo entendimento tem sido aplicado ao chamado "profissional", isto é, à *pessoa física* que adquire um produto ou serviço a ser empregado em sua *atividade laborativa*. Serve de exemplo a celebração de um contrato de compra e venda com reserva de domínio de um aparelho de ultrassom tendo como adquirente um médico, ao qual foi *negada* a possibilidade de revisão judicial do contrato celebrado, com fundamento no art. 6º, inciso V, do CDC, justamente pelo fato de não ser possível a aplicação da lei especial.[8]

Como palavra final acerca desse movimento jurisprudencial é oportuno observar que o próprio CDC já tem mecanismos que asseguram a sua *expansão* para situações em que *não* se verifica a *destinação final* exigida pelo conceito de consumidor *padrão* (art. 2º, *caput*). São, de fato, as situações enquadradas nos *três* conceitos de *consumidor por equiparação*, a saber, art. 2º, parágrafo único, art. 17 e art. 29.[9]

---

julgado em 02.09.2010) negou a aplicação do CDC a uma relação jurídica estabelecida entre um "produtor rural de grande porte" e outra pessoa jurídica, também de grande porte econômico, que havia fornecido grande quantidade de defensivos agrícolas para o primeiro. A ementa afirma que o "grande produtor é um empresário rural e, quando adquire sementes, insumos ou defensivos agrícolas para o implemento de sua atividade produtiva, não o faz como destinatário final, como acontece nos casos da agricultura de subsistência, em que a relação de consumo e a hipossuficiência ficam bem delineadas".

6. Recorde-se o teor da Súmula 297 do STJ: "O Código de Defesa do Consumidor é aplicável às instituições financeiras".
7. Exemplo desse entendimento foi o decidido pela Quarta Turma no Recurso Especial 873.608/PR (Rel. Min. Maria Isabel Gallotti, julgado em 03.12.2013) no qual se afirmou que a "jurisprudência do STJ não reconhece à empresa que utiliza os recursos oriundos de contrato bancário para o incremento da atividade produtiva a condição de consumidora final. Precedentes".
8. Assim decidiu a Terceira Turma no Recurso Especial 1.321.614/SP (Rel. Min. Paulo de Tarso Sanseverino, Relator para o acórdão Min. Ricardo Villas Bôas Cueva, julgado em 16.12.2014), sendo possível colher da ementa as seguintes afirmações: "(...). 2. Consumidor é toda pessoa física ou jurídica que adquire ou utiliza, como destinatário final, produto ou serviço oriundo de um fornecedor. Por sua vez, destinatário final, segundo a teoria subjetiva ou finalista, adotada pela Segunda Seção desta Corte Superior, é aquele que ultima a atividade econômica, ou seja, que retira de circulação do mercado o bem ou o serviço para consumi-lo, suprindo uma necessidade ou satisfação própria, não havendo, portanto, a reutilização ou o reingresso dele no processo produtivo. Logo, a relação de consumo (consumidor final) não pode ser confundida com relação de insumo (consumidor intermediário). Inaplicabilidade das regras protetivas do Código de Defesa do Consumidor. (...). 6. Em que pese sua relevante inovação, tal teoria, ao dispensar, em especial, o requisito de imprevisibilidade, foi acolhida em nosso ordenamento apenas para as relações de consumo, que demandam especial proteção. Não se admite a aplicação da teoria do diálogo das fontes para estender a todo direito das obrigações regra incidente apenas no microssistema do direito do consumidor, mormente com a finalidade de conferir amparo à revisão de contrato livremente pactuado com observância da cotação de moeda estrangeira. 7. Recurso especial não provido".
9. Afirmam os dispositivos legais: "Art. 2º (...). Parágrafo único. Equipara-se a consumidor a coletividade de pessoas, ainda que indetermináveis, que haja intervindo nas relações de consumo";

Tais previsões normativas, porém, têm *aplicação restrita*, uma vez que exigem, respectivamente, a configuração de algum direito coletivo, difuso ou individual homogêneo, ou a ocorrência de um acidente de consumo ou, por fim, a "exposição" a determinadas "práticas" vedadas por lei. Essa parece ser a razão determinante para que a jurisprudência superior, ao mesmo tempo em que busca *ampliar* a aplicação do CDC (criação do *finalismo aprofundado*), também atue com cautela em determinadas situações, *evitando*, assim, uma *generalização* da incidência de uma normativa que se quer *especial*. E, para esse fim, faz uso da *vulnerabilidade*, entendida como característica *inerente* a qualquer consumidor.

Além disso, em determinadas situações, o mesmo Tribunal Superior termina por reconhecer que existem certos consumidores que se encontram em situação de *especial vulnerabilidade*, sendo então chamados de *hipervulneráveis* ou consumidores com *vulnerabilidade agravada*.

3. A HIPERVULNERABILIDADE OU VULNERABILIDADE AGRAVADA

Inicialmente, parece ser possível afirmar que ainda *não* há um consenso doutrinário acerca do uso dessas expressões. De fato, a fim de reforçar o caráter unitário do ordenamento jurídico e a primazia constitucionalmente reconhecida às situações subjetivas *existenciais*, pugna-se pela adoção da expressão "vulnerabilidade *existencial*". É o que se colhe da doutrina de Carlos Nélson Konder:

> A partir dessas premissas, a vulnerabilidade existencial seria a situação jurídica subjetiva em que o titular se encontra sob maior suscetibilidade de ser lesionado na sua esfera extrapatrimonial, impondo a aplicação de normas jurídicas de tutela diferenciada para a satisfação do princípio da dignidade da pessoa humana.
>
> Diferencia-se da vulnerabilidade patrimonial, que se limita a uma posição de inferioridade contratual, na qual o titular fica sob a ameaça de uma lesão basicamente ao seu patrimônio, com efeitos somente indiretos à sua personalidade. Diante disso, a intervenção reequilibradora do ordenamento no caso de vulnerabilidade patrimonial costuma ser viabilizada com recurso aos instrumentos jurídicos tradicionalmente referidos às relações patrimoniais, como a invalidade de disposições negociais e a responsabilidade, com imposição da obrigação de indenizar.
>
> Já no caso da vulnerabilidade existencial, a utilização desses recursos clássicos, se necessária, deve ser feita com cuidado pelo intérprete, tendo em vista que são técnicas que não foram construídas para a satisfação desses fins e podem, em grande medida, se revelar incompatíveis com os valores em jogo. O ideal, para a plena implementação da dignidade da pessoa humana, é a construção e utilização de mecanismos próprios, processo este que, embora ainda incipiente e em grande necessidade de sistematização, já se pode observar de forma fragmentária e experimental.[10]

"Art. 17. Para os efeitos desta Seção, equiparam-se aos consumidores todas as vítimas do evento";

"Art. 29. Para os fins deste Capítulo e do seguinte, equiparam-se aos consumidores todas as pessoas determináveis ou não, expostas às práticas nele previstas".

10. KONDER, Carlos Nélson. Vulnerabilidade Patrimonial e Vulnerabilidade Existencial: por um sistema diferenciador. *Revista de Direito do Consumidor*, v. 99, p. 106. São Paulo: Ed. RT, maio/junho de 2015. O autor aprofundou o tema em coautoria com Cíntia Muniz de Souza KONDER no artigo "Da vulnerabilidade à hipervulnerabilidade: exame crítico de uma trajetória de generalização". Disponível em: http://konder.adv.br/wp-content/uploads/2021/08/CNK-e-CMSK-Da-vulnerabilidade-a-hipervulnerabilidade-Interesse-Publico. Acesso em: 05 abr. 2022.

O STJ, porém, na esteira de construções doutrinárias, já fez uso da expressão *hipervulnerabilidade*, sem chegar a definir referido termo.[11] Neste Tribunal, a *hipervulnerabilidade* já foi, por exemplo, referida para a tutela de *idosos*, de *crianças* e de *usuários de planos de saúde*.

Embora se pudesse lançar dúvidas sobre a pertinência de sua adoção, uma vez que, *aparentemente*, não traria efeitos jurídicos concretos, certo é que, com a *atualização* do CDC pela Lei 14.181/2021, a chamada "Lei do Superendividamento", a expressão "vulnerabilidade agravada" ganhou consagração *normativa*. Com efeito, o art. 54-C, inciso IV, introduzido no CDC por referida lei, dispõe:

> Art. 54-C. É vedado, expressa ou implicitamente, na oferta de crédito ao consumidor, publicitária ou não: (...); IV – assediar ou pressionar o consumidor para contratar o fornecimento de produto, serviço ou crédito, principalmente se se tratar de consumidor idoso, analfabeto, doente ou em *estado de vulnerabilidade agravada* ou se a contratação envolver prêmio (grifou-se).

Percebe-se, assim, que a nova previsão normativa também termina por elencar vários grupos de pessoas físicas *sem* um critério apriorístico *específico* e, ao final, ainda adota o que se pode chamar de uma *cláusula geral*, deixando para o intérprete a possibilidade de considerar *outros grupos* (além dos *idosos*, *analfabetos* e *doentes*) como sendo

---

11. Entre outros, pode ser visto o decidido pela Quarta Turma no Recurso Especial 1.517.973/PE, Rel. Min. Luis Felipe Salomão, julgado em 16.11.2017, assim ementado:
"Recurso especial. Ação civil pública. *in re ipsa* Dignidade de crianças e adolescentes ofendida por quadro de programa televisivo. Dano moral coletivo. Existência.
1. O dano moral coletivo é aferível, ou seja, sua configuração decorre da mera constatação da prática de conduta ilícita que, de maneira injusta e intolerável, viole direitos de conteúdo extrapatrimonial da coletividade, revelando-se despicienda a demonstração de prejuízos concretos ou de efetivo abalo moral.
Precedentes.
2. Na espécie, a emissora de televisão exibia programa vespertino chamado "Bronca Pesada", no qual havia um quadro que expunha a vida e a intimidade de crianças e adolescentes cuja origem biológica era objeto de investigação, tendo sido cunhada, inclusive, expressão extremamente pejorativa para designar tais hipervulneráveis.
3. A análise da configuração do dano moral coletivo, na espécie, não reside na identificação de seus telespectadores, mas sim nos prejuízos causados a toda sociedade, em virtude da vulnerabilização de crianças e adolescentes, notadamente daqueles que tiveram sua origem biológica devassada e tratada de forma jocosa, de modo a, potencialmente, torná-los alvos de humilhações e chacotas pontuais ou, ainda, da execrável violência conhecida por bullying.
4. Como de sabença, o artigo 227 da Constituição da República de 1988 impõe a todos (família, sociedade e Estado) o dever de assegurar às crianças e aos adolescentes, com absoluta prioridade, o direito à dignidade e ao respeito e de lhes colocar a salvo de toda forma de discriminação, violência, crueldade ou opressão.
5. No mesmo sentido, os artigos 17 e 18 do ECA consagram a inviolabilidade da integridade física, psíquica e moral das crianças e dos adolescentes, inibindo qualquer tratamento vexatório ou constrangedor, entre outros.
6. Nessa perspectiva, a conduta da emissora de televisão – ao exibir quadro que, potencialmente, poderia criar situações discriminatórias, vexatórias, humilhantes às crianças e aos adolescentes – traduz flagrante dissonância com a proteção universalmente conferida às pessoas em franco desenvolvimento físico, mental, moral, espiritual e social, donde se extrai a evidente intolerabilidade da lesão ao direito transindividual da coletividade, configurando-se, portanto, hipótese de dano moral coletivo indenizável, razão pela qual não merece reforma o acórdão recorrido.
7. Quantum indenizatório arbitrado em R$ 50.000,00 (cinquenta mil reais). Razoabilidade e proporcionalidade reconhecidas.
8. Recurso especial não provido".

portadores de uma *vulnerabilidade agravada*. Nesse sentido, pode ser desde logo recordado que também as *crianças* podem ser consideradas como portadoras dessa mesma vulnerabilidade, não sendo por outra razão que o próprio CDC, desde a sua redação original, já lhes confere especial proteção (vide art. 37, § 2º, e art. 39, inciso IV).[12]

Também não parece haver inovação no que diz respeito aos *doentes* e aos *analfabetos* se for considerado que o já citado art. 39, inciso IV, considera uma "prática abusiva" o fornecedor "prevalecer-se da *fraqueza* ou *ignorância* do consumidor, tendo em vista sua idade, *saúde, conhecimento* ou condição social, para impingir-lhe seus produtos ou serviços". Interessante destacar, com relação à *saúde* do consumidor, que o STJ tem utilizado esse critério como requisito para a admissão, ainda que excepcional, do dano moral *contratual*, em especial nos contratos de plano de saúde.[13]

---

12. Afirmam os dispositivos: "Art. 37. É proibida toda publicidade enganosa ou abusiva. (...). § 2º É abusiva, dentre outras a publicidade discriminatória de qualquer natureza, a que incite à violência, explore o medo ou a superstição, se aproveite da deficiência de julgamento e experiência da criança, desrespeita valores ambientais, ou que seja capaz de induzir o consumidor a se comportar de forma prejudicial ou perigosa à sua saúde ou segurança"; "Art. 39. É vedado ao fornecedor de produtos ou serviços, dentre outras práticas abusivas: (...); IV – prevalecer-se da fraqueza ou ignorância do consumidor, tendo em vista sua idade, saúde, conhecimento ou condição social, para impingir-lhe seus produtos ou serviços".

13. Exemplo recente desse entendimento foi o proferido pela Terceira Turma por ocasião do julgamento do Recurso Especial 1.947.757/RJ, assim ementado:
"recursos especiais. Ação de responsabilidade civil. Plano de saúde. Segmentação hospitalar sem obstetrícia. Atendimento de urgência decorrente de complicações no processo gestacional. Negativa de cobertura indevida. Dano moral. Harmonia entre o acórdão recorrido e a jurisprudência do STJ. Hospital. Responsabilidade solidária configurada. Fundamento do acórdão não impugnado. Súmula 283/STF. Dissídio jurisprudencial. Não indicação do dispositivo legal com interpretação divergente. Súmula 284/STF. Julgamento: CPC/15.
1. Ação de obrigação de responsabilidade civil ajuizada em 14.08.2015, da qual foram extraídos os presentes recursos especiais, interpostos, respectivamente, em 16.12.2019 e 31.01.2020 e atribuídos ao gabinete em 02.07.2021. Julgamento: CPC/15.
2. O propósito recursal consiste em decidir sobre: i) o dever de a operadora de plano de saúde cobrir parto de urgência, quando o plano de saúde é contratado na segmentação hospitalar sem obstetrícia;
ii) a responsabilidade do hospital pela negativa de atendimento médico de urgência; e iii) a configuração de dano moral.
3. A Lei 9.656/1998 autoriza a contratação de planos de saúde nas segmentações ambulatorial, hospitalar (com ou sem obstetrícia) e odontológica, estabelecendo as exigências mínimas para cada cobertura assistencial disponibilizada aos beneficiários.
4. Em relação ao plano de saúde hospitalar sem obstetrícia, contratado na espécie, a cobertura mínima está vinculada a prestação de serviços em regime de internação hospitalar, sem limitação de prazo e excluídos os procedimentos obstétricos.
5. A hipótese dos autos, entretanto, apresenta a peculiaridade de se tratar de um atendimento de urgência decorrente de complicações no processo gestacional.
6. Nessa situação, a Lei 9.656/1998 (art. 35-C) e a Resolução CONSU 13/1998, estabelecem, observada a abrangência do plano hospitalar contratado e as disposições legais e regulamentares pertinentes, a obrigatoriedade de cobertura, razão pela qual a negativa de cobertura por parte da operadora de plano de saúde foi indevida.
7. A orientação adotada pela jurisprudência desta Corte é a de que "A recusa indevida de cobertura, pela operadora de plano de saúde, nos casos de urgência ou emergência, enseja reparação a título de dano moral, em razão do agravamento ou aflição psicológica ao beneficiário, ante a situação vulnerável em que se encontra" (AgInt no AgInt no REsp 1.804.520/SP, 4ª Turma, DJe de 02.04.2020).
8. O CDC estabelece a responsabilidade solidária daqueles que participam da introdução do serviço no mercado por eventuais prejuízos causados ao consumidor (art. 7º, parágrafo único e art. 14).

Em relação ao *idoso*, é oportuno observar que o novel diploma *reforça* a proteção conferida a este crescente grupo de pessoas esclarecendo que *não* constitui crime a negativa de concessão de crédito a fim de evitar o *superendividamento* do consumidor idoso.[14]

De todo modo, o principal efeito da inovação legislativa, para além do reconhecimento de que certos grupos de pessoas físicas são dotados de uma *especial* forma de *vulnerabilidade*, é a possibilidade de se exigir do fornecedor um *especial cuidado* ao ofertar produtos e serviços para estas pessoas. Esse *qualificado* dever de *cuidado* está ligado, em grande medida, ao *dever de informar*, sendo muito esclarecedor que o novo diploma a este tenha se referido, expressamente, em *mais* de um dispositivo, a saber, tanto no *art. 54-B* quanto no *art. 54-D*.[15]

---

9. Especificamente quanto à hipótese dos autos, o entendimento exarado pelo Tribunal de origem encontra-se em consonância com o do STJ, no sentido que existe responsabilidade solidária entre a operadora de plano de saúde e o hospital conveniado, pela reparação dos prejuízos sofridos pela beneficiária do plano decorrente da má prestação dos serviços, configurada, na espécie, pela negativa indevida de cobertura e não realização do atendimento médico-hospitalar de urgência de que necessitava a beneficiária-recorrida.

10. A existência de fundamento do acórdão recorrido não impugnado, quando suficiente para a manutenção de suas conclusões, impede a apreciação do recurso especial.

11. Não se conhece do recurso especial quando ausente a indicação expressa do dispositivo legal a que se teria dado interpretação divergente. Precedentes.

12. Recurso especial de Notre Dame Intermédica Saúde S/A conhecido e não provido. Recurso especial de AMESC – Associação Médica Espírita Cristã não conhecido.

(Recurso Especial 1.947.757/RJ, Rel. Ministra Nancy Andrighi, Terceira Turma, julgado em 08.03.2022, DJe 11.03.2022)".

14. Afirma, de fato, o art. 96, § 3º, da Lei 10.741/2003 ("Estatuto do Idoso"), dispositivo *introduzido* pelo art. 2º da Lei 14.181/2021: "Art. 96. Discriminar pessoa idosa, impedindo ou dificultando seu acesso a operações bancárias, aos meios de transporte, ao direito de contratar ou por qualquer outro meio ou instrumento necessário ao exercício da cidadania, por motivo de idade: Pena – reclusão de 6 (seis) meses a 1 (um) ano e multa. (...); § 3º Não constitui crime a negativa de crédito motivada por superendividamento do idoso".

15. Afirmam os dispositivos legais: "Art. 54-B. No fornecimento de crédito e na venda a prazo, além das informações obrigatórias previstas no art. 52 deste Código e na legislação aplicável à matéria, o fornecedor ou o intermediário *deverá informar o consumidor, prévia e adequadamente, no momento da oferta*, sobre: I – o custo efetivo total e a descrição dos elementos que o compõem; II – a taxa efetiva mensal de juros, bem como a taxa dos juros de mora e o total de encargos, de qualquer natureza, previstos para o atraso no pagamento; III – o montante das prestações e o prazo de validade da oferta, que deve ser, no mínimo, de 2 (dois) dias; IV – o nome e o endereço, inclusive o eletrônico, do fornecedor; V – o direito do consumidor à liquidação antecipada e não onerosa do débito, nos termos do § 2º do art. 52 deste Código e da regulamentação em vigor. § 1º As informações referidas no art. 52 deste Código e no caput deste artigo devem constar de forma clara e resumida do próprio contrato, da fatura ou do instrumento apartado, de fácil acesso ao consumidor. § 2º Para efeitos deste Código, o custo efetivo total da operação de crédito ao consumidor consistirá em taxa percentual anual e compreenderá todos os valores cobrados do consumidor, sem prejuízo do cálculo padronizado pela autoridade reguladora do sistema financeiro. § 3º Sem prejuízo do disposto no art. 37 deste Código, a oferta de crédito ao consumidor e a oferta de venda a prazo, ou a fatura mensal, conforme o caso, devem indicar, no mínimo, o custo efetivo total, o agente financiador e a soma total a pagar, com e sem financiamento";

"Art. 54-D. Na oferta de crédito, previamente à contratação, o fornecedor ou o intermediário *deverá*, entre outras condutas: I – *informar e esclarecer* adequadamente o consumidor, considerada sua idade, sobre a natureza e a modalidade do crédito oferecido, sobre todos os custos incidentes, observado o disposto nos arts. 52 e 54-B deste Código, e sobre as consequências genéricas e específicas do inadimplemento; II – avaliar, de forma responsável, as condições de crédito do consumidor, mediante análise das informações disponíveis em bancos de dados de proteção ao crédito, observado o disposto neste Código e na legislação sobre proteção de dados; III – *informar* a identidade do agente financiador e entregar ao consumidor, ao garante e a outros coobrigados cópia do contrato de crédito. Parágrafo único. O descumprimento de qualquer dos deveres previstos no caput deste artigo e nos

Trata-se de uma *acentuação* do chamado *novo formalismo* que caracteriza o CDC, o qual foi previsto, justamente, como forma de *resguardar* a proteção constitucionalmente reconhecida ao consumidor.[16] Em suma, ao contratar com essas pessoas dotadas de *vulnerabilidade agravada*, não basta que o fornecedor prove que informou, mas deve ir além, demonstrando a *qualidade* da *informação* prestada e a sua *efetiva compreensão* pelo *consumidor*, sob pena de incidir nas *sanções* previstas pelo *art. 54-D, parágrafo único, do CDC*, a saber, a decretação *judicial* da "redução dos juros, dos encargos ou de qualquer acréscimo ao principal e a dilação do prazo de pagamento previsto no contrato original, conforme a gravidade da conduta do fornecedor e as possibilidades financeiras do consumidor, sem prejuízo de outras sanções e de indenização por perdas e danos, patrimoniais e morais, ao consumidor".

Nesse sentido, pode ser mesmo dito que a contratação realizada pelo fornecedor com estes grupos *especialmente vulneráveis sem* a observância dos *novos deveres* impostos pela Lei 14.181/21 faz *presumir* a ocorrência de *dano moral* em favor do consumidor, colocando-se essa situação ao lado de outras já reconhecidas pelo Tribunal da Cidadania.[17]

---

arts. 52 e 54-C deste Código poderá acarretar judicialmente a redução dos juros, dos encargos ou de qualquer acréscimo ao principal e a dilação do prazo de pagamento previsto no contrato original, conforme a gravidade da conduta do fornecedor e as possibilidades financeiras do consumidor, sem prejuízo de outras sanções e de indenização por perdas e danos, patrimoniais e morais, ao consumidor" (grifou-se).

16. Exemplos mais evidentes desse "novo formalismo" como forma de proteção do consumidor podem ser encontrados nos §§ 3º e 4º do art. 54 do CDC: "Art. 54. Contrato de adesão é aquele cujas cláusulas tenham sido aprovadas pela autoridade competente ou estabelecidas unilateralmente pelo fornecedor de produtos ou serviços, sem que o consumidor possa discutir ou modificar substancialmente seu conteúdo. (...); § 3º Os contratos de adesão escritos serão redigidos em termos claros e com caracteres ostensivos e legíveis, cujo tamanho da fonte não será inferior ao corpo doze, de modo a facilitar sua compreensão pelo consumidor. § 4º As cláusulas que implicarem limitação de direito do consumidor deverão ser redigidas com destaque, permitindo sua imediata e fácil compreensão".

17. Dentre tantos outros precedentes pode ser recordado o decidido pela Segunda Turma no julgamento do Agravo Interno nos Embargos de Declaração no Recurso Especial 1.838.972/PR, em cuja ementa se lê: "Processual civil e administrativo. Danos morais. Limitação ilegal à utilização gratuita de transporte público. Pessoa vulnerável. Portadora de enfermidade mental e HIV. Ato abusivo. Direito fundamental. Dignidade da pessoa humana.

1. Na origem, trata-se de Ação de Obrigação de Fazer c/c Indenização por Danos Morais e Tutela Provisória proposta pela parte recorrida contra a empresa recorrente.

2. A sentença julgou procedente o pedido de afastamento da limitação de uso do transporte público e improcedente o pedido de danos morais. Por sua vez, o Tribunal de origem manteve a sentença que deixara de acolher o pedido de indenização por danos morais formulado pela ora recorrida, requerimento esse calcado na injustificada limitação quantitativa, por ato administrativo, do seu direito à gratuidade de transporte público, desprovendo a Apelação interposta.

3. A questão cinge-se apenas a saber se a restrição ilegal, já reconhecida pelo Tribunal de origem deferiu o pedido da recorrida de afastamento da limitação de uso do transporte público, de acesso gratuito ao portador de grave enfermidade mental e do vírus HIV, caracteriza dano moral presumido (*in re ipsa*), visto que o ato regulamentar não correspondeu a um mero aborrecimento para o recorrido. "Ao revés, impôs-lhe óbices injustificáveis ao exercício de um direito fundamental (transporte)".

4. No caso em apreço, verifica-se o desacerto do acórdão objurgado ao manter a sentença que deixara de acolher o pedido de indenização por danos morais formulado pela recorrida baseado na imotivada delimitação quantitativa do uso do transporte público, por ato administrativo ilegal, do seu direito à gratuidade de transporte público (direito fundamental).

5. Segundo a jurisprudência do Superior Tribunal de Justiça, pode-se definir dano moral como lesões a atributos da pessoa, como ente ético e social que participa da vida em sociedade, estabelecendo relações intersubjetivas

4. CONCLUSÃO

Pelo exposto, é possível concluir essas linhas afirmando que a importância do *reconhecimento* da *vulnerabilidade do consumidor* tem passado por algumas transformações nos últimos anos. Genericamente afirmada pelo CDC (art. 4º, inciso I), passou a servir de fundamento para o reconhecimento *judicial* da *relação de consumo* deixando, por vezes, em segundo plano, os *requisitos* exigidos pelo próprio CDC, o que torna, assim, *juridicamente menos segura* a incidência desse diploma aos diversos negócios jurídicos cotidianamente celebrados.

Em paralelo, também passaram a ser reconhecidas *novas formas* de *vulnerabilidade*, inclusive algumas marcadas por seu *agravamento*. Como consequência, passaram a ser reconhecidos *novos deveres* para o *fornecedor*, em especial um *qualificado dever de informar*, tudo isso sob pena de serem impostas algumas *sanções* a este mesmo fornecedor.

---

em uma ou mais comunidades, ou, em outras palavras, são atentados à parte afetiva e à parte social da personalidade (REsp 1.426.710/RS, Terceira Turma, DJe 09.11.2016).

6. A jurisprudência do STJ, incorporando a doutrina desenvolvida sobre a natureza jurídica do dano moral, conclui pela possibilidade de compensação independentemente da demonstração da dor, traduzindo-se, pois, em consequência *in re ipsa*, intrínseca à própria conduta que injustamente atinja a dignidade do ser humano, como no caso narrado nos autos.

7. Assim, em diversas oportunidades se deferiu indenização destinada a compensar dano moral diante da simples comprovação de ocorrência de conduta abusiva e injusta e, portanto, danosa.

8. Agravo Interno não provido".

(AgInt nos EDcl no REsp 1.838.972/PR, Rel. Ministro Herman Benjamin, Segunda Turma, julgado em 20.09.2021, DJe 10.12.2021).

VULNERABILIDADE DO CONSUMIDOR E DEVER DE RENEGOCIAR

Anderson Schreiber

Rafael Mansur

Sumário: 1. Introdução: o novo direito obrigacional – 2. Desequilíbrio contratual superveniente: remédios terminativos *versus* remédio revisional – 3. Dever de renegociar: conceito, fundamento e efeitos no direito brasileiro – 4. O dever de renegociar nas relações de consumo – 5. Conclusão.

1. INTRODUÇÃO: O NOVO DIREITO OBRIGACIONAL

O Direito Privado brasileiro tem sofrido intensas transformações nas últimas décadas. Nosso Direito das Obrigações em particular foi sedimentado na codificação civil a partir de conceitos de acentuada generalização e de um rigoroso estruturalismo,[1] que emprestavam à disciplina das relações obrigacionais um caráter tão abstrato (quase, por assim dizer, matemático) que parecia imune à conjuntura social e econômica do país. Mais recentemente, contudo, o Direito das Obrigações passou a receber forte influxo de novas construções, inspiradas nos valores solidaristas consagrados na Constituição de 1988, antagônicos, em larga medida, ao pensamento liberal-voluntarista situado à base da disciplina codificada do direito obrigacional. É nesse contexto que tem ganhado força, nos últimos anos, a alusão, por parcela da doutrina brasileira, a um *dever de renegociar* os contratos afetados pelo desequilíbrio econômico.

2. DESEQUILÍBRIO CONTRATUAL SUPERVENIENTE: REMÉDIOS TERMINATIVOS *VERSUS* REMÉDIO REVISIONAL

Em uma economia cada vez mais dinâmica, periodicamente afetada por crises e mudanças, torna-se patente a importância de que o Direito desenvolva remédios aptos a lidar com o problema do desequilíbrio contratual superveniente à formação do contrato. Também parece evidente, diante da utilidade social dos negócios legitimamente

---

1. Nesse sentido, chega a afirmar Antunes Varela: "O direito das obrigações constitui deste modo o capítulo do direito civil – e talvez de todo o direito em geral – de técnica mais apurada, na fixação e fundamentação das soluções, na sistematização metódica das matérias e, principalmente, na transposição dos elementos facultados pela interpretação e integração das leis para o plano dogmático da aparelhagem conceitual. A ponto de a influência dos seus quadros lógico-categoriais se fazer sentir poderosamente, quer nos outros sectores do direito civil e do direito comercial, quer em outros ramos do direito público" (ANTUNES VARELA, João de Matos. *Das Obrigações em Geral*. 10. ed. Coimbra: Almedina, 2000, v. I, p. 29).

celebrados e da necessidade de evitar custos transacionais que onerem as partes, que tais remédios devem privilegiar o reequilíbrio do contrato e a conservação da relação contratual, rompendo o dogma da preferência dos sistemas jurídicos por remédios terminativos, que conduzem à extinção do vínculo entre as partes.

O Código Civil brasileiro não promoveu esta necessária ruptura. Ao disciplinar o problema do desequilíbrio contratual – quer originário (por meio dos institutos da lesão e do estado de perigo), quer superveniente à celebração do contrato –, nossa codificação civil optou por consagrar como regra a extinção contratual (anulação ou resolução).[2] Apesar disso, o Código Civil permitiu, em diferentes passagens, o afastamento dos remédios terminativos mediante "*oferta*" de reequilíbrio por parte do contratante favorecido.[3] Em suma, na literalidade do Código Civil brasileiro, há uma valorização do reequilíbrio contratual, mas sua obtenção é sempre indireta, dependente que fica de uma iniciativa específica do contratante favorecido pelo desequilíbrio.

Insurgindo-se contra esta interpretação literal da codificação, nossa doutrina e jurisprudência empreenderam um substancial e bem-sucedido esforço hermenêutico no sentido de admitir o pleito *direto* de revisão judicial do contrato por parte do contratante prejudicado pelo desequilíbrio.[4] Tal abordagem permite superar a insuficiência da disciplina geral textualmente traçada no nosso Código Civil, ao mesmo tempo em que oferece um quadro de soluções mais harmônico com disposições específicas da própria codificação (arts. 620, 770 etc.)[5] e com importantes leis especiais, como a Lei do Inquilinato (art. 19)[6] e a atual Lei de Licitações (art. 124, II, d),[7] que já asseguram, cada

---

2. Código Civil: "Art. 171. Além dos casos expressamente declarados na lei, é *anulável* o negócio jurídico: (...) II – por vício resultante de erro, dolo, coação, *estado de perigo, lesão* ou fraude contra credores. (...) Art. 478. Nos contratos de execução continuada ou diferida, se a prestação de uma das partes se tornar excessivamente onerosa, com extrema vantagem para a outra, em virtude de acontecimentos extraordinários e imprevisíveis, poderá o devedor pedir a *resolução do contrato*. Os efeitos da sentença que a decretar retroagirão à data da citação".
3. "Art. 157. (...) § 2º Não se decretará a anulação do negócio, se for oferecido suplemento suficiente, ou se a parte favorecida concordar com a redução do proveito. (...) Art. 479. A resolução poderá ser evitada, oferecendo-se o réu a modificar equitativamente as condições do contrato."
4. Ver, nesse sentido e em caráter pioneiro, CARDOSO, Vladimir Mucury. *Revisão contratual e lesão*: à luz do Código Civil de 2002 e da Constituição da República. Rio de Janeiro: Renovar, 2008, pp. 408-409: "É necessário, pois, ampliar a norma legal por meio da interpretação, para se autorizar ao juiz realizar a justiça no caso concreto, modificando equitativamente o contrato, com vistas a privilegiar o equilíbrio entre as prestações e a satisfação dos legítimos interesses das partes".
5. "Art. 620. Se ocorrer diminuição no preço do material ou da mão de obra superior a um décimo do preço global convencionado, poderá este ser revisto, a pedido do dono da obra, para que se lhe assegure a diferença apurada. (...) Art. 770. Salvo disposição em contrário, a diminuição do risco no curso do contrato não acarreta a redução do prêmio estipulado; mas, se a redução do risco for considerável, o segurado poderá exigir a revisão do prêmio, ou a resolução do contrato."
6. "Art. 19. Não havendo acordo, o locador ou locatário, após três anos de vigência do contrato ou do acordo anteriormente realizado, poderão pedir revisão judicial do aluguel, a fim de ajustá-lo ao preço de mercado."
7. Lei 14.133/2021: "Art. 124. Os contratos regidos por esta Lei poderão ser alterados, com as devidas justificativas, nos seguintes casos: (...) II – por acordo entre as partes: (...) d) para restabelecer o equilíbrio econômico-financeiro inicial do contrato em caso de força maior, caso fortuito ou fato do príncipe ou em decorrência de fatos imprevisíveis ou previsíveis de consequências incalculáveis, que inviabilizem a execução do contrato tal como pactuado, respeitada, em qualquer caso, a repartição objetiva de risco estabelecida no contrato." Registre-se que preceito análogo já constava do artigo 65, II, d, da Lei de Licitações anterior (Lei 8.666/1993).

qual à sua maneira e em seus respectivos limites, o acesso do contratante prejudicado à revisão judicial do contrato.

A revisão judicial do contrato, conquanto frequentemente mais útil que a resolução e outros remédios terminativos, não representa, porém, uma solução isenta de dificuldades. A própria necessidade de propositura de uma ação judicial para obtenção da revisão do contrato serve, por vezes, de forte desestímulo ao contratante, não apenas por conta dos custos e incertezas envolvidos em uma disputa forense, mas também porque o contratante usualmente teme ver sua relação contratual deteriorada pelo litígio, ainda que de natureza revisional.

Daí ter se tornado cada vez mais comum a busca por soluções extrajudiciais que permitam o reequilíbrio do contrato sem a intervenção do Poder Judiciário. Na prática, é cada vez mais comum que as próprias partes insiram em seus contratos cláusulas exigindo que alguma forma de solução da divergência seja buscada extrajudicialmente, antes da propositura de uma medida judicial. Tais cláusulas – denominadas, por vezes, de modo genérico como "*negociação de boa-fé*" – exprimem a autovinculação voluntária das partes a uma tentativa de reequilíbrio contratual livre dos ônus inerentes ao ingresso em juízo.

Independentemente, contudo, de expressa disposição contratual acerca do tema, parece possível aludir, no sistema jurídico brasileiro, a um *dever de renegociar* contratos em estado de desequilíbrio, a exemplo do que tem ocorrido em outros países. É o que se passa a demonstrar.

3. DEVER DE RENEGOCIAR: CONCEITO, FUNDAMENTO E EFEITOS NO DIREITO BRASILEIRO

Diferentes sistemas jurídicos têm procurado disciplinar o comportamento das partes em caso de desequilíbrio contratual, instituindo um verdadeiro *dever de renegociar*. Exemplos valorosos nessa direção podem ser colhidos na experiência estrangeira mais recente, como se pode ver, a título ilustrativo, na reforma do Direito das Obrigações na França (2016),[8] no Código Civil da República Tcheca (2012)[9] e no Código Civil da Romê-

---

8. Confira-se a redação atribuída ao artigo 1.195 do *Code* pela *Ordonnance* n. 2016-131, de 10.2.2016: "Se uma mudança das circunstâncias imprevisível ao tempo da conclusão do contrato torna a execução excessivamente onerosa para uma parte que não tenha aceitado assumir o respectivo risco, pode tal parte demandar uma renegociação do contrato à contraparte. Ela continua a executar suas obrigações durante a renegociação. Em caso de recusa ou fracasso da renegociação, as partes podem acordar pela resolução do contrato, na data e nas condições que determinem, ou demandar de comum acordo ao juiz que proceda à sua adaptação. Na falta de acordo dentro de um prazo razoável, o juiz pode, a pedido de uma parte, revisar o contrato ou extingui-lo na data e nas condições que determine" (tradução livre).
9. "Section 1764 If, after concluding a contract, circumstances change to the extent that the performance arising from the contract becomes more onerous for one of the parties, it does not affect the party's duty to discharge the debt. This does not apply in cases provided under Sections 1765 and 1766. Section 1765 (1) If there is such a substantial change in circumstances that it creates a gross disproportion in the rights and duties of the parties by disadvantaging one of them either by disproportionately increasing the cost of the performance or disproportionately reducing the value of the subject of performance, the affected party has the right to claim the renegotiation of the contract with the other party if it is proved that it could neither have expected nor affected the change, and that the change occurred only after the conclusion of the contract or the party became

nia (2011).¹⁰ Também no campo internacional, colhem-se importantes contribuições para o tema na disciplina da *hardship* nos Princípios do Unidroit¹¹ e no tratamento da alteração das circunstâncias no âmbito do *Draft Common Frame of Reference*.¹²

Em todos estes exemplos, verifica-se a preocupação em disciplinar o comportamento que será adotado pelas partes diante de um desequilíbrio contratual superveniente – e não apenas regular os remédios que podem ser invocados pela parte prejudicada. Essa abordagem comportamental é indispensável para superar as vicissitudes que mais comumente maculam a solução prática desta questão, quais sejam, a inércia dos contratantes favorecidos pelo desequilíbrio – que, não raro, preferem apostar que os ônus do ingresso em juízo serão desincentivos fortes o suficiente para que a contraparte deixe de propor uma demanda revisional e suporte sozinha o sacrifício econômico resultante da alteração das circunstâncias – e o oportunismo daqueles contratantes que invocam o desequilíbrio apenas quando chamados a arcar com suas responsabilidades, guardando-o como "*carta na manga*" para um eventual acerto futuro.

---

aware thereof only after the conclusion of the contract. Asserting this right does not entitle the affected party to suspend the performance. (2) The affected party shall not acquire the right under Subsection (1) if it assumed the risk of a change in circumstances. Section 1766 (1) Upon failure to reach agreement within a reasonable time limit, a court may, on the application of any of them, decide to change the contractual obligation by restoring the balance of rights and duties of the parties, or to extinguish itas of the date and under the conditions specified in the decision. The court is not bound by the applications of the parties. (2) A court shall dismiss an application to change an obligation if the affected party fails to assert the right to renew contract negotiations within a reasonable time after it must have ascertained the change in circumstances; this time limit is presumed to be two months."

10. "Art. 1.271. (1) Les parties sont tenues à exécuter leurs obligations, même si leur exécution est devenue plus onéreuse, soit à cause de la hausse des coûts de l'exécution de sa propre obligation, soit à cause de la diminution de la contre-prestation. (2) Quand même, si l'exécution du contrat est devenue excessivement onéreuse, à cause du changement exceptionnel des circonstances, qui rendrait visiblement injuste le fait d'obliger le débiteur à l'exécution de l'obligation, le tribunal peut disposer: (a) l'adaptation du contrat, pour distribuer d'une manière équitable entre les parties les pertes et les profits résultant du changement des circonstances; (b) la cessation du contrat, au moment et dans les conditions qu'il établit. (3) Les dispositions de l'alinéa 2 sont applicables seulement si: (a) le changement des circonstances est survenu après la conclusion du contrat; (b) le changement des circonstances, ainsi que sa durée, n'ont pas été et ne pouvaient être prises en considération par le débiteur, raisonnablement, au moment de la conclusion du contrat; (c) le débiteur n'a pas assumé le risque et on n'aurait pas raisonnablement considéré qu'il l'aurait assumé ; (d) le débiteur a essayé, dans un délai raisonnable et de bonne confiance, la négociation de l'adaptation raisonnable et équitable du contrat."

11. "Art. 6.2.3. (...) (1) Em caso de *hardship*, a parte em desvantagem tem direito de pleitear renegociações. O pleito deverá ser feito sem atrasos indevidos e deverá indicar os fundamentos nos quais se baseia." (tradução de Lauro Gama Jr., disponível no sítio eletrônico www.unidroit.org).

12. "III. - 1: 110: Modificação ou extinção judicial por alteração das circunstâncias (1) Uma obrigação deve ser cumprida mesmo que seu cumprimento tenha se tornado mais oneroso, quer por elevação do custo do cumprimento, quer por redução do valor daquilo que será recebido em contrapartida. (2) Se, no entanto, o cumprimento de uma obrigação contratual ou de uma obrigação derivada de um ato jurídico unilateral tornar-se excessivamente onerosa por conta de uma excepcional alteração das circunstâncias que seria manifestamente injusto manter o devedor vinculado à obrigação, a corte pode: (a) modificar a obrigação, a fim de torná-la razoável e equitativa nas novas circunstâncias; ou (b) extinguir a obrigação em uma data e em condições a serem determinadas pela corte. (3) O parágrafo (2) aplica-se somente se: (a) a alteração de circunstâncias ocorrer após o momento em que a obrigação foi assumida; (b) o devedor não tiver levado em conta naquele momento, e não poderia razoavelmente dele se esperar que tivesse levado em conta, a possibilidade ou a dimensão dessa alteração de circunstâncias; (c) o devedor não tiver assumido, e não se puder razoavelmente considerar que tivesse assumido, o risco dessa alteração de circunstâncias; e (d) o devedor tenha tentado, de forma razoável e de boa fé, alcançar por meio de negociação um ajuste razoável e equitativo da disciplina da obrigação." (tradução livre).

O Código Civil brasileiro cedeu espaço a esses estratagemas quando optou por disciplinar o desequilíbrio contratual superveniente apenas sob a ótica de suas consequências remediais (resolução contratual e revisão contratual), sem se ocupar, como deveria, do comportamento que cada contratante – prejudicado ou favorecido – deve adotar diante da constatação de excessiva onerosidade. Essa lacuna comportamental é preenchida precisamente pelo dever de renegociar.

E em que consiste, afinal, o dever de renegociar? Esclareça-se, antes de tudo, que o dever de renegociar *não é* o dever de *obter* ou de *conceder* a revisão extrajudicial do contrato. O dever de renegociar é apenas o dever de ingressar em renegociação – que pode ou não resultar bem-sucedida – para buscar avaliar e, se for o caso, remediar um desequilíbrio econômico experimentado objetiva e concretamente na relação contratual em virtude de uma alteração superveniente das circunstâncias.

O dever de renegociar aplica-se a ambos os contratantes. E se desdobra em dois subdeveres mais específicos: (a) o subdever de comunicar prontamente a contraparte acerca da existência do desequilíbrio contratual identificado, instando a renegociação sem demora injustificada; e (b) o subdever da contraparte de responder ao chamado para renegociar, avaliando com transparência e seriedade o alegado desequilíbrio.[13]

Trata-se, em suma, de analisar a situação posta em atenção a um imperativo de confiança e lealdade recíprocas nas relações contratuais – isto é, em conformidade com a *boa-fé objetiva*. De fato, o fundamento normativo do dever de renegociar situa-se na *cláusula geral de boa-fé objetiva*, estampada no artigo 422 do Código Civil brasileiro,[14] que impõe aos contratantes que se comportem de modo leal e transparente, colaborando mutuamente para a concretização do fim contratual comum. Conquanto instrumentalizado à recuperação do equilíbrio contratual, o dever de renegociar deriva, a rigor, da necessidade de que as partes cooperem entre si para a concretização do escopo contratual.[15] Exsurge, assim, como um dever anexo ou lateral de comunicar a outra parte prontamente acerca de um fato significativo na vida do contrato – seu excessivo desequilíbrio – e de empreender esforços para superá-lo por meio da revisão extrajudicial.[16] Como dever anexo, o dever de renegociar integra o objeto do contrato independentemente de expressa previsão das partes.[17]

---

13. Para mais detalhes, seja consentido remeter a: SCHREIBER, Anderson. *Equilíbrio contratual e dever de renegociar*. 2. ed. São Paulo: Saraiva Educação, 2020, p. 380.
14. "Art. 422. Os contratantes são obrigados a guardar, assim na conclusão do contrato, como em sua execução, os princípios de probidade e boa-fé."
15. SCHREIBER, Anderson. *Equilíbrio contratual e dever de renegociar*. 2. ed. São Paulo: Saraiva Educação, 2020, p. 376.
16. Embora originariamente concebido como um remédio em face do desequilíbrio contratual superveniente, o dever de renegociar assume relevância também diante de outras patologias internas ao contrato que não determinem de modo definitivo a impossibilidade de cumprimento ou a perda da utilidade da prestação para o credor.
17. Na síntese de Luiz Edson Fachin: "Quem contrata não mais contrata tão só o que contrata" (*Contratos na Ordem Pública do Direito Contemporâneo*. In: TEPEDINO, Gustavo; FACHIN, Luiz Edson (Coord.). *O direito e o tempo*: embates jurídicos e utopias contemporâneas. Estudos em homenagem ao Professor Ricardo Pereira Lira. Rio de Janeiro: Renovar, 2008, p. 458). E, em outra passagem, completa: "Probidade e boa-fé são princípios obriga-

Destaque-se que, para atender ao dever de renegociar, será necessário que a tentativa de renegociar seja baseada em uma proposta objetiva que contenha, ao menos, os elementos essenciais para o reequilíbrio e que a resposta a esta proposta seja igualmente objetiva, ainda que em sentido negativo. O atendimento ao dever de renegociar faz com que os próprios contratantes contem com uma via extrajudicial para tentar solucionar o desequilíbrio superveniente do contrato antes de ingressar em juízo e que, quando o façam, o façam já de modo mais definido, poupando o Poder Judiciário de demandas que poderiam ter sido evitadas – e, nesse sentido, o dever de renegociar tem sido também associado ao regular exercício do direito constitucional de ação e à tutela contra o abuso de direito.[18]

Compreendido o conceito e o fundamento normativo do dever de renegociar, cumpre identificar quais seriam as consequências do seu descumprimento. No direito comparado, o descumprimento do dever de renegociar gera diferentes efeitos, que variam conforme a parte que o tenha descumprido. Por exemplo, a falta de comunicação tempestiva do desequilíbrio contratual gera, no *Draft Common Frame of Reference*, a preclusão do direito de obter o reequilíbrio do contrato. Já a inércia do contratante favorecido pelo desequilíbrio, ante um chamado à renegociação, pode resultar, por exemplo, no direito à indenização pelos danos sofridos em virtude da recusa a renegociar, como ocorre nos Princípios de Direito Contratual Europeu.[19]

No Brasil, na falta de específica previsão legislativa, o efeito primordial que pode ser reservado ao descumprimento do dever de renegociar é o efeito geral da violação a direitos em nossa ordem jurídica, qual seja, o efeito reparatório dos danos eventualmente causados pela ausência dessa tentativa de renegociação.[20] Em outras palavras, a violação ao dever de renegociar enseja responsabilidade civil pelos danos daí derivados. Tal consequência reparatória, conquanto aparentemente simples, é de grande utilidade em nossa ordem jurídica, tendo em vista que o legislador brasileiro, ao tratar da ação movida com base no desequilíbrio contratual superveniente (Código Civil, art. 478), determinou expressamente que os efeitos da sentença retroagem à *"data de citação"*, e não ao momento exato (e necessariamente anterior) em que se verifica o desequilíbrio contratual superveniente.

---

tórios nas propostas e negociações preliminares, na conclusão do contrato, assim em sua execução, e mesmo depois do término exclusivamente formal dos pactos. Desse modo, quem contrata não mais contrata tão só o que contrata, via que adota e oferta um novo modo de ver a relação entre contrato e ordem pública". (p. 460).

18. Nessa direção, recomenda-se a leitura de: BEZERRA DE MELO, Marco Aurélio. *Por uma lei excepcional: Dever de renegociar como condição de procedibilidade da ação de revisão e resolução contratual em tempos de covid-19*. Disponível em: migalhas.com.br.

19. "Art. 6:111 (...) 3) Se as partes fracassarem em alcançar um acordo dentro de um lapso de tempo razoável, a corte pode: (a) extinguir o contrato em data e em condições a serem determinadas pela corte; ou (b) adaptar o contrato a fim de distribuir entre as partes de maneira justa e equitativa as perdas e ganhos resultantes da alteração das circunstâncias. Em qualquer dos casos, a corte pode conceder indenização pelos danos sofridos em virtude de recusa de uma das partes a negociar ou de ruptura das negociações contrariamente à boa-fé e aos bons usos do comércio." (tradução livre).

20. SCHREIBER, Anderson. *Equilíbrio contratual e dever de renegociar*. 2. ed. São Paulo: Saraiva Educação, 2020, p. 390-400.

4. O DEVER DE RENEGOCIAR NAS RELAÇÕES DE CONSUMO

O fenômeno do desequilíbrio contratual pode atingir contratos submetidos a diferentes regimes jurídicos: contratos civis, contratos administrativos, contratos de trabalho e assim por diante. Esta pluralidade de relações contratuais justifica um olhar individualizado, a fim de determinar a compatibilidade do dever de renegociar ou identificar eventuais especificidades que tal dever possa assumir nestas distintas searas. Assumem especial relevância, neste particular, as relações de consumo, frequentemente perturbadas por discussões relativas à preservação do equilíbrio contratual.

O Código de Defesa do Consumidor, como se sabe, estabelece como direito básico do consumidor "*a modificação das cláusulas contratuais que estabeleçam prestações desproporcionais ou sua revisão em razão de fatos supervenientes que as tornem excessivamente onerosas*" (CDC, art. 6º, V). Como se vê, o diploma consumerista adota postura mais abrangente, ao permitir a revisão judicial do contrato independentemente do caráter imprevisível ou extraordinário do fato causador do desequilíbrio.[21]

Tal como o Código Civil, contudo, o Código de Defesa do Consumidor nada diz quanto à atitude que os contratantes devem assumir diante da constatação de um desequilíbrio contratual superveniente. É patente, no entanto, que os sujeitos da relação de consumo (consumidor e fornecedor) também devem assumir uma postura colaborativa para a superação de eventuais vicissitudes contratuais, sendo certo que a boa-fé objetiva consiste, declaradamente, em um dos princípios que norteiam a Política Nacional das Relações de Consumo.[22] Nenhuma razão há, portanto, para excluir as relações de consumo do âmbito da incidência do dever de renegociar.[23]

Bem ao contrário, o dever de renegociar revela-se especialmente importante no âmbito das relações de consumo. Como se sabe, o Código de Defesa do Consumidor alude expressamente ao "*reconhecimento da vulnerabilidade do consumidor no mercado de consumo*" (CDC, art. 4º, I). Afirma-se, nessa esteira, que a vulnerabilidade não é "*o fundamento das regras de proteção do sujeito mais fraco, é apenas a 'explicação' destas*

---

21. Sobre o tema, ver BARLETTA, Fabiana Rodrigues. *Revisão Contratual no Código Civil e no Código de Defesa do Consumidor*. 2. ed. São Paulo: Foco, 2020, especialmente pp. 126-138.
22. Código de Defesa do Consumidor: "Art. 1º A Política Nacional das Relações de Consumo tem por objetivo o atendimento das necessidades dos consumidores, o respeito à sua dignidade, saúde e segurança, a proteção de seus interesses econômicos, a melhoria da sua qualidade de vida, bem como a transparência e harmonia das relações de consumo, atendidos os seguintes princípios: (...) III – harmonização dos interesses dos participantes das relações de consumo e compatibilização da proteção do consumidor com a necessidade de desenvolvimento econômico e tecnológico, de modo a viabilizar os princípios nos quais se funda a ordem econômica (art. 170, da Constituição Federal), sempre com base na boa-fé e equilíbrio nas relações entre consumidores e fornecedores". Na doutrina, confira-se o estudo de AGUIAR JR., Ruy Rosado de. A boa-fé na relação de consumo. *Revista de Direito do Consumidor*, n. 14, p. 20-27. São Paulo: Ed. RT, abr./jun. 1995.
23. Em sentido contrário, negando a existência de um dever de renegociar, inclusive nas relações de consumo: MIRAGEM, Bruno. Contratos de consumo e tutela do consumidor vulnerável em relação aos efeitos da pandemia de coronavírus. In: MALFATTI, Alexandre David; GARCIA, Paulo Henrique Ribeiro; SHIMURA, Sérgio Seiji (Coord.). *Direito do Consumidor*: reflexões quanto aos impactos da pandemia de Covid-19. Edição especial de 30 anos de vigência do CDC. São Paulo: Escola Paulista da Magistratura, 2020, v. 1, p. 30: "Não há, propriamente, um direito subjetivo à renegociação – embora a qualificada defesa da tese por boa doutrina".

regras ou da atuação do legislador".[24] A doutrina brasileira tem se valido de diversos critérios para caracterizar a vulnerabilidade do consumidor.

A *vulnerabilidade técnica* caracteriza-se quando o contratante não detém ou detém reduzido conhecimento específico sobre a natureza do contrato ou objeto da contratação, sujeitando-se ao poder técnico da contraparte. A *vulnerabilidade econômica* verifica-se quando o contratante se sujeita ao poder econômico ostensivamente superior da contraparte na imposição da contratação em si ou das suas condições. A *vulnerabilidade jurídica*, por sua vez, caracteriza-se quando o contratante carece de conhecimentos relativos ao exercício dos seus próprios direitos na relação jurídica que se estabelece.[25] A essas três hipóteses tradicionais, tem-se agregado ainda mais uma: a *vulnerabilidade informacional*, caracterizada pelo fato de o contratante possuir "*dados insuficientes sobre o produto ou serviço capazes de influenciar no processo decisório de compra*".[26] Mais importante, no entanto, que inventariar os diferentes critérios que podem suscitar alguma forma de inferioridade do consumidor perante o fornecedor, parece ser a compreensão global da vulnerabilidade como a especial suscetibilidade do consumidor de ser lesionado na sua esfera patrimonial e, especialmente, na sua esfera existencial, ou seja, na sua própria dignidade.[27]

É precisamente esta vulnerabilidade do consumidor que torna o reconhecimento do dever de renegociar tão relevante no âmbito das relações de consumo. Diante de uma situação de desequilíbrio contratual, o consumidor pode experimentar severas lesões ao seu patrimônio ou à sua pessoa, não sendo razoável limitar a sua tutela ao âmbito judicial ou mesmo condicioná-la a uma iniciativa qualquer em juízo. Assim, tendo o consumidor alertado o fornecedor acerca da configuração de um desequilíbrio contratual superveniente, não pode o fornecedor simplesmente se quedar inerte, aguardando para verificar se o consumidor ingressará em juízo (ou procurará os órgãos administrativos competentes) para somente então avaliar se deve tomar alguma providência em relação à apontada patologia contratual.

A conduta imposta pela boa-fé objetiva ao fornecedor de produtos ou serviços, nesse contexto, consiste em apresentar resposta ao consumidor em tempo razoável, informando pronta e fundamentadamente se considera presente ou não o desequilíbrio contratual. Cabe, ainda, ao fornecedor, caso considere ser o caso de revisar o contrato, adotar as medidas necessárias para que a revisão se implemente extrajudicialmente, colaborando com o consumidor em tudo que for necessário para tanto.

Compete ao fornecedor, em suma, atuar de modo efetivamente cooperativo com o consumidor – o que não significa, repita-se, uma obrigação de resultado no sentido de

---

24. MARQUES, Claudia Lima; BENJAMIN, Antônio Herman V.; e MIRAGEM, Bruno. *Comentários ao Código de Defesa do Consumidor*. 3. ed. São Paulo: Ed. RT, 2010, p. 197-198.
25. MARQUES, Claudia Lima. *Contratos no Código de Defesa do Consumidor*. 3. ed. São Paulo: Ed. RT, 1998, p. 148 e ss.
26. STJ, 3ª T., REsp 1.195.642/RJ, rel. Min. Nancy Andrighi, j. 13.11.2012.
27. Sobre o tema, ver KONDER, Carlos Nelson. Vulnerabilidade patrimonial e vulnerabilidade existencial: por um sistema diferenciador. *Revista de Direito do Consumidor*, v. 99, p. 101-123, maio/jun. 2015.

revisar necessariamente o contrato, mas sim agir de modo transparente e fundamentado perante o seu parceiro contratual. Caso assim não o faça, incorrerá o fornecedor em violação ao dever de renegociar. Nesse cenário, se a *vulnerabilidade* (suscetibilidade à lesão) do consumidor se converter em efetiva *vulneração* (dano) ao seu patrimônio ou à sua personalidade, ficará o fornecedor obrigado a indenizar integralmente os danos causados pela sua conduta, consubstanciada em violação à boa-fé objetiva (CDC, art. 4º, III).

5. CONCLUSÃO

O dever de renegociar constitui um importante instrumento de conformação das relações contratuais às profundas alterações econômicas que podem se verificar na realidade contemporânea, especialmente em cenários que combinam pandemias e conflitos armados, que geram crises de abastecimento e alterações inesperadas nos mercados. Ao romper o foco exclusivo na tutela judicial do equilíbrio contratual, mirando no comportamento das partes em sede extrajudicial, o dever de renegociar propicia uma proteção mais abrangente e tendencialmente mais efetiva dos contratantes que atravessam um momento patológico de sua relação jurídica, tudo em conformidade com o princípio da boa-fé objetiva. Referida proteção deve ser reconhecida a todos os contratantes, e especialmente àqueles que, por diferentes razões, se encontrem em posição de vulnerabilidade. O dever de renegociar, portanto, vem ao encontro dos diversos instrumentos já consagrados no Código de Defesa do Consumidor e de uma tutela efetiva dos direitos do consumidor, que tem sido afirmada e reafirmada pela doutrina consumerista e pela jurisprudência dos nossos tribunais.

A VULNERABILIDADE DO CONSUMIDOR NO ASSÉDIO DE CONSUMO: A PROBLEMÁTICA DAS CHAMADAS ROBOTIZADAS

Fernanda Nunes Barbosa

Henrique Rodrigues Meireles Matos

Sumário: 1. Introdução – 2. O assédio de consumo como figura jurídica – 3. Da oferta à cobrança: a problemática das chamadas telefônicas robotizadas – 4. A verborragia do fornecedor e o silêncio do estado – 5. Afinal, o consumidor não tem direito ao sossego?

1. INTRODUÇÃO[1]

O disparo de mensagens em massa tem se mostrado um perigo para as democracias modernas e uma fonte de preocupação para pessoas físicas e jurídicas com a popularização dos aplicativos de troca de mensagem instantânea.[2] No âmbito eleitoral, seu uso foi proibido por meio do art. 28 da Resolução 23.610/2019 do Tribunal Superior Eleitoral.

No âmbito das relações de consumo, problema ainda mais perturbador para os consumidores têm sido os disparos de chamadas telefônicas robotizadas, as chamadas *robocalls*. Um estudo de 2016 intitulado *SoK: Everyone Hates Robocalls: A Survey of Techniques against Telephone Spam*, realizado pela Arizona State University,[3] definiu o fenômeno como o *spam* da telefonia. Essas chamadas podem ser extremamente perturbadoras, uma vez que, à diferença dos e-mails indesejados, as chamadas telefônicas demandam imediata atenção. "Quando um telefone toca, o destinatário da chamada geralmente deve decidir se aceita e escuta a chamada. Após perceber que a ligação con-

---

1. A pesquisa que deu ensejo ao presente artigo foi desenvolvida no âmbito da disciplina de Clínica de Direito dos Negócios, da graduação em Direito do UniRitter, com a participação de todos os alunos matriculados no semestre 2021/2. O resultado final da disciplina foi a proposta de anteprojeto de lei apresentado, ao final do ano de 2021, ao Deputado Federal Daniel Trzeciak.
2. Sobre as fraudes perpetradas via apps de troca de mensagens e sua repercussão no terreno da responsabilidade civil, veja-se o nosso: BARBOSA, Fernanda Nunes; PERUZZO, Renata. Responsabilidade civil por fraudes via WhatsApp: conteúdo e legitimação. In: MONTEIRO FILHO, Carlos Edison do Rêgo; MARTINS, Guilherme Magalhães; DENSA, Roberta (Coord.). *Responsabilidade civil nas relações de consumo*. Indaiatuba: Foco, 2022, p. 237-250.
3. H. Tu, A. Doupé, Z. Zhao and G. Ahn. SoK: Everyone Hates Robocalls: A Survey of Techniques Against Telephone Spam. 2016 IEEE Symposium on Security and Privacy (SP), 2016, p. 320-338, doi: 10.1109/SP.2016.27. Disponível em: https://ieeexplore.ieee.org/stamp/stamp.jsp?tp=&arnumber=7546510. Acesso em: 10 abr. 2022.

tém informações indesejadas e se desconecta da ligação, o destinatário já perdeu tempo, dinheiro (conta de telefone) e produtividade".[4]

O Brasil não possui ainda uma legislação federal específica sobre recebimento de chamadas indesejadas, sejam elas automatizadas ou não, tendo-se apenas algumas iniciativas de Procons (estaduais e municipais),[5] de Estados[6] e do próprio setor de telecomunicações, como a plataforma *Não me Perturbe*.[7] Países vizinhos como Argentina[8] e Uruguai[9] parecem andar de maneira mais rápida em relação à implementação legislativa de uma proteção contra o *assédio de consumo* promovido por meio do telemarketing.

Fato é que quando uma pessoa recebe uma chamada ela espera falar com alguém do outro lado da linha. Todavia, com o crescimento das *robocalls*, as pessoas estão se tornando cada vez mais hesitantes em atender uma chamada quando o número não é reconhecido. Em relatório de fevereiro de 2019 do Federal Communications Commission (FCC), a agência norte-americana relatou que, segundo dados de uma companhia privada que coleta informações sobre o volume de chamadas nos Estados Unidos, estima-se que mais de 48 bilhões de *robocalls* foram realizadas em 2018, com 26,3 bilhões dessas chamadas sendo feitas para telefones celulares.[10] No Brasil, uma pesquisa realizada pela Secretaria Nacional do Consumidor (Senacon) no ano de 2019 mostrou que 92,5% das pessoas entrevistadas já haviam recebido ligações indesejadas de telemarketing e que em 80,6% dos casos essas ligações caíam ou ficavam mudas assim que atendidas.[11]

---

4. No original: "When a phone rings, a call recipient generally must decide whether to accept the call and listen to the call. After realizing that the call contains unwanted information and disconnects from the call, the recipient has already lost time, money (phone bill), and productivity".
5. Dentre outros, o Procon/RS possui este serviço. Disponível em: https://procon.rs.gov.br/passo-a-passo-do-bloqueio. Acesso em: 10 abr. 2022.
6. No Estado do Pará, por exemplo, tem-se a Lei 92.263, de 23 de abril de 2021. Disponível em: https://leisestaduais.com.br/pa/lei-ordinaria-n-9263-2021-para-estabelece-a-criacao-de-um-cadastro-estadual-junto-ao-procon-pa-para-o-bloqueio-de-ligacoes-e-mensagens-sms-de-telemarketing-em-telefones-fixos-e-moveis. Acesso em: 10 abr. 2022. No Estado do Rio de Janeiro, a Lei 4.896/2006, com os acréscimos das Leis 7.853 e 7.885, ambas de 2018, foi objeto da ADI 5.962, julgada improcedente pelo Supremo Tribunal Federal em 25 de fevereiro de 2021.
7. Veja-se: https://www.naomeperturbe.com.br/, uma iniciativa da Agência Nacional de Telecomunicações (ANATEL).
8. Ley 26.951/2014. Art. 1º "*Objeto*. El objeto de la presente ley es proteger a los titulares o usuarios autorizados de los servicios de telefonía, en cualquiera de sus modalidades, de los abusos del procedimiento de contacto, publicidad, oferta, venta y regalo de bienes o servicios no solicitados." Art. 2º "*Registro Nacional*. Créase en el ámbito de la Dirección Nacional de Protección de Datos Personales, dependiente del Ministerio de Justicia y Derechos Humanos, el Registro Nacional 'No Llame'". Disponível em: https://www.argentina.gob.ar/normativa/nacional/ley-26951-233066/actualizacion. Acesso em: 10 abr. 2022.
9. Ley 19.996/2021. Art. 181: "Créase en el ámbito de la Unidad Reguladora de Servicios de Comunicaciones (URSEC), el Registro Nacional denominado "No llame", el cual tendrá por objeto proteger a los titulares o usuarios de los servicios de telecomunicaciones, en cualquiera de sus modalidades, de los abusos del procedimiento de contacto, publicidad, oferta, venta y regalo de bienes o servicios no solicitados a través de los mismos". Disponível em: https://www.impo.com.uy/bases/leyes/19996-2021. Acesso em: 10 abr. 2022.
10. Rachel Harrison, Regulating Robocalls and Modern Debt Practices-Examining Governmental Responses and Their First Amendment Implications, 7 Emory Corp. Governance & Accountability Rev. 67 (2020). Disponível em: https://scholarlycommons.law.emory.edu/ecgar/vol7/iss1/3. Acesso em: 10 abr. 2022.
11. GIMENES, Erick. Projetos de lei buscam preencher lacuna regulatória sobre telemarketing. *Jota*, 2021. Disponível em: https://www.jota.info/coberturas-especiais/relacoes-de-consumo/projetos-de-lei-buscam-preencher-lacuna-regulatoria-sobre-telemarketing-05112021?utm_campaign=jota_info__ultimas_noticias__destaques__05112021&utm_medium=email&utm_source=RD+Station. Acesso em: 10 abr. 2022.

Frise-se que as chamadas robotizadas podem decorrer tanto de um interesse comercial do fornecedor de ofertar produtos ou serviços como de um interesse financeiro destes na cobrança de débitos do consumidor. Sem entrarmos no tema da liberdade de expressão[12] ou do direito de cobrança do credor, o presente artigo objetiva examinar em que medida uma lei específica sobre chamadas robotizadas promoveria direitos dos consumidores brasileiros (tornando também a concorrência mais justa) e quais seriam seus parâmetros.

2. O ASSÉDIO DE CONSUMO COMO FIGURA JURÍDICA

Conforme apontam os especialistas, listas de bloqueio de chamadas têm se mostrado pouco efetivas para coibir práticas abusivas dos fornecedores nas questões que envolvem telemarketing, "porque não são aderidas por todos os setores econômicos, são pouco conhecidas pela população em geral e não abrangem empresas terceirizadas, que muitas vezes são as responsáveis pelos problemas".[13]

Diante desse cenário, o desafio atual passa a ser compatibilizar os interesses do desenvolvimento tecnológico para a sociedade com toda espécie de dano potencialmente viabilizado por fornecedores de produtos e serviços no marco de um já teorizado capitalismo de vigilância,[14] no qual a conexão digital é um meio para fins puramente comerciais. Não há dúvidas de que o incremento tecnológico é benéfico para todos os agentes econômicos e que é inexorável, como também não se oblitera o papel do Estado de promover, como direito e garantia fundamental, na forma da lei, a defesa do consumidor (art. 5º, XXXII, da CF/88). Quando se verifica, no entanto, que o caminho da autorregulamentação do setor[15] não tem sido suficiente até o momento para proteger a parte vulnerável contra eventuais abusos, o caminho da regulação estatal se apresenta como alternativa.

---

12. Nos estados Unidos, a Suprema Corte declarou a inconstitucionalidade de dispositivo do Telephone Consumer Protection Act acrescido no ano de 2015, que permitia ao governo federal, na cobrança de impostos, utilizar-se das chamadas robotizadas. Em Barr, Attorney General, et al. v. American Association of Political Consultants, 501 U.S. ___ (2020), a maioria entendeu que a exceção não pode ser tolerada porque caracteriza favorecimento de discurso em razão de seu conteúdo, já que a utilização de chamadas desse tipo estava proibida, permitindo-se apenas, à época de sua promulgação, em 1991, duas justificadas exceções: chamadas automatizadas para fins de emergência e chamadas feitas com o consentimento prévio e expresso do chamado. A pergunta que se colocou para julgamento foi: "Does a provision of the Telephone Consumer Protection Act of 1991 exempting government debt collection calls from the ban on automated calls violate the First Amendment?" Disponível em: https://www.oyez.org/cases/2019/19-631. Acesso em: 10 abr. 2022.
13. GIMENES, Erick. Projetos de lei buscam preencher lacuna regulatória sobre telemarketing. *Jota*, 2021. Disponível em: https://www.jota.info/coberturas-especiais/relacoes-de-consumo/projetos-de-lei-buscam-preencher-lacuna-regulatoria-sobre-telemarketing-05112021?utm_campaign=jota_info__ultimas_noticias__destaques__05112021&utm_medium=email&utm_source=RD+Station. Acesso em: 10 abr. 2022.
14. ZUBOFF, Shoshana. *A era do capitalismo de vigilância*: a luta por um futuro humano na nova fronteira do poder. Trad. George Schlesinger. Rio de Janeiro: Intrínseca, 2020, passim.
15. Uma das iniciativas nesse sentido é o Código de Ética do Programa de Autorregulamentação do Setor de Relacionamento – Probare. O Probare é uma iniciativa das três entidades representantes do mercado de Relacionamento no país: ABEMD – Associação Brasileira de Marketing Direto, ABRAREC – Associação Brasileira das Relações Empresa Cliente e ABT – Associação Brasileira de Teleserviços. Disponível em: https://probare.org.br/docs/Codigo_de_Etica_Probare_Revisao_de_Outubro_de_2019.pdf. Acesso em: 20 abr. 2022.

Em 2021, duas normativas que tangenciam o problema foram publicadas: a Lei 14.181/2021,[16] que trata do superendividamento do consumidor e que positiva a figura do assédio de consumo,[17] e o Ato 10.413/2021 da Anatel (Agência Nacional de Telecomunicações), que aprova o Procedimento Operacional para Atribuição de Recursos de Numeração e que, na prática, visa possibilitar ao consumidor a identificação das chamadas de telemarketing.[18]

A Lei 14.181/2021 introduziu no direito brasileiro a figura do *assédio de consumo*, nominando assim estratégias assediosas de marketing muito agressivas, que pressionam os consumidores,[19] e o marketing focado em grupos de pessoas ou visando (*targeting*) grupos de consumidores muitas vezes os mais vulneráveis do mercado, como os idosos e aposentados em casos de créditos; as crianças; os analfabetos e analfabetos funcionais; as pessoas com deficiências e os doentes.[20]

Com o advento da Lei 14.181/21, no dia 17 de agosto de 2021 a Faculdade de Direito da Universidade Federal do Rio Grande do Sul (UFRGS) e a Faculdade Nacional de Direito da Universidade Federal do Rio de Janeiro (UFRJ) organizaram a I Jornada CDEA sobre Superendividamento e Proteção do Consumidor UFRGS-UFRJ, tendo como finalidade elaborar enunciados doutrinários a fim de facilitar a compreensão da nova lei por parte da população e da própria comunidade jurídica. Dentre os enunciados aprovados na ocasião, destaca-se o Enunciado 14, *verbis*:

> O assédio de consumo, como gênero, está em todas as práticas comerciais agressivas que limitam a liberdade de escolha do consumidor e, ao se considerar as práticas de coerção diversas, a vulnerabilidade potencializada e o tratamento de dados para oferta dirigida e programada de consumo, identificam-se as espécies de: assédio de consumo por persuasão indevida; assédio de consumo por personificação de dados; assédio de consumo qualificado, ao se tratar de consumidor com vulnerabilidade agravada e assédio de consumo agravado por prêmio. Autor: Prof. Me. Vitor Hugo do Amaral Ferreira.

O termo *assédio de consumo* foi utilizado pela Diretiva europeia sobre práticas comerciais abusivas e daí chegou ao Projeto de Atualização do CDC de 2012 (PLS 283)

---

16. "Altera a Lei 8.078, de 11 de setembro de 1990 (Código de Defesa do Consumidor), e a Lei 10.741, de 1º de outubro de 2003 (Estatuto do Idoso), para aperfeiçoar a disciplina do crédito ao consumidor e dispor sobre a prevenção e o tratamento do superendividamento". Disponível em: http://www.planalto.gov.br/ccivil_03/_ato2019-2022/2021/lei/L14181.htm. Acesso em: 10 abr. 2022.
17. Veja-se: MARQUES, Claudia Lima. A vulnerabilidade dos analfabetos e dos idosos na sociedade de consumo brasileira: primeiros estudos sobre a figura do assédio de consumo. In: MARQUES, Claudia Lima; GSELL, Beate (Org.). *Novas Tendências do Direito do* Consumidor: Rede Brasil-Alemanha de pesquisas em direito do consumidor. São Paulo: Ed. RT, 2015, p. 46-87.
18. Disponível em: https://sei.anatel.gov.br/sei/publicacoes/controlador_publicacoes.php?acao=publicacao_visualizar&id_documento=8713159&id_orgao_publicacao=0. Acesso em: 10 abr. 2022.
19. Sobre a vulnerabilidade comportamental do consumidor como característica latente do atual estágio da sociedade de consumo, veja-se: VERBICARO, Dennis; RODRIGUES, Lays; ATAIDE, Camille. Desvendando a vulnerabilidade comportamental do consumidor: uma análise jurídico-psicológica do assédio de consumo. *Revista de Direito do Consumidor*, v. 119, p. 349-384. São Paulo: Ed. RT, set./out. 2018.
20. Art. 54-C. "É vedado, expressa ou implicitamente, na oferta de crédito ao consumidor, publicitária ou não: (...) IV – assediar ou pressionar o consumidor para contratar o fornecimento de produto, serviço ou crédito, principalmente se se tratar de consumidor idoso, analfabeto, doente ou em estado de vulnerabilidade agravada ou se a contratação envolver prêmio (...)".

agora transformado em lei. A Diretiva europeia 2005/29/CE, em seu Art. 8º, utiliza, como termo geral, o de prática agressiva e inclui como espécies o assédio (*harassment*), a coerção (*coercion*), o uso de força física (*physical force*) e a influência indevida (*undue influence*).[21] A opção do legislador brasileiro foi de considerar o *assédio de consumo* como o gênero para todas as práticas comerciais agressivas, que limitam a liberdade de escolha do consumidor.[22]

O CDC, em sua redação original, não usa a expressão assédio de consumo, mas sim prevalecimento "da fraqueza ou ignorância do consumidor, tendo em vista sua idade, saúde, conhecimento ou condição social, para impingir-lhe seus produtos ou serviços" (Das Práticas Abusivas, Art. 39, IV) e aproveitamento "da deficiência de julgamento e experiência da criança" quanto à publicidade abusiva (Da Publicidade, Art. 37, § 2º). No PL 3.514/2015 (na origem, PLS 281/2012), o assédio de consumo aparece de maneira ainda mais evidente como prática da qual o consumidor tem o direito básico de ser protegido. Na redação do inciso XII do art. 6º (São direitos básicos do consumidor) proposto lê-se: "XII – a liberdade de escolha, em especial frente a novas tecnologias e redes de dados, vedada qualquer forma de discriminação e assédio de consumo".[23]

Como refere James Williams em seu livro "Liberdade e Resistência na Economia da Atenção", tornar novamente livre a atenção humana pode ser a luta moral e política que define o nosso tempo.[24] O que o setor de tecnologia em geral verdadeiramente vem fazendo não é apenas programar produtos (como dizem que fazem e como gostamos de pensar) e sim programar usuários, sendo importante recuperarmos nossa liberdade para voltar a querer o que queremos.[25] Aliás, é nesse sentido que Zuboff também denuncia o modo de atuar do capitalismo de vigilância, o qual constitui um "desafio ao direito elementar

---

21. No art. 9º da Diretiva 2005/29/CE tem-se que: *Utilização do assédio, da coacção e da influência indevida*: A fim de determinar se uma prática comercial utiliza o assédio, a coacção – incluindo o recurso à força física – ou a influência indevida, são tomados em consideração os seguintes elementos: a) O momento e o local em que a prática é aplicada, a sua natureza e a sua persistência; b) O recurso à ameaça ou a linguagem ou comportamento injuriosos; c) O aproveitamento pelo profissional de qualquer infortúnio
ou circunstância específica de uma gravidade tal que prejudique a capacidade de decisão do consumidor, de que o profissional tenha conhecimento, com o objectivo de influenciar a decisão do consumidor em relação ao produto; d) Qualquer entrave extracontratual oneroso ou desproporcionado imposto pelo profissional, quando o consumidor pretenda exercer os seus direitos contratuais, incluindo o de resolver um contrato, ou o de trocar de produto ou de profissional; e) Qualquer ameaça de intentar uma acção quando tal não seja legalmente possível. Disponível em: https://eur-lex.europa.eu/LexUriServ/LexUriServ.do?uri=OJ:L:2005:149:0022:0039:pt:PDF. Acesso em 05 de abril de 2022.
22. Para uma abordagem mais direcionada ao assédio voltado à pessoa idosa seja-nos lícito indicar. MARQUES, Claudia Lima; BARBOSA, Fernanda Nunes. A proteção dispensada à pessoa idosa pelo direito consumerista é suficiente como uma intervenção reequilibradora? *civilistica.com*, v. 8, n. 2, p. 1-26, 9 set. 2019. Disponível em: https://civilistica.emnuvens.com.br/redc/article/view/430. Acesso em: 10 abr. 2022.
23. Disponível em: https://www.camara.leg.br/proposicoesWeb/prop_mostrarintegra?codteor=1408274&filename=PL+3514/2015. Acesso em: 1º maio 2022.
24. WILLIAMS, James. *Liberdade e Resistência na Economia da Atenção*: como evitar que as tecnologias digitais nos distraiam dos nossos verdadeiros propósitos. Trad. Christian Schwartz. Porto Alegre: Arquipélago, 2021, p. 13.
25. WILLIAMS, James. *Liberdade e Resistência na Economia da Atenção*: como evitar que as tecnologias digitais nos distraiam dos nossos verdadeiros propósitos. Trad. Christian Schwartz. Porto Alegre: Arquipélago, 2021, p. 16.

ao tempo futuro, que é responsável pela capacidade do indivíduo de imaginar, desejar, prometer e construir um futuro. É uma condição essencial do livre-arbítrio e, de modo mais comovente, dos recursos internos dos quais extraímos a vontade de ter vontade".[26]

De fato, é de se ressaltar a importância do marketing como conjunto de atividades de persuasão voltadas ao incremento do consumo em um contexto social e econômico contemporâneo no qual foi se tornando cada vez mais difícil a realização das trocas diretas entre fornecedores e consumidores.[27] Todavia, se por um lado o marketing (por meio de suas ferramentas de promoção) busca facilitar o conhecimento pelo consumidor tanto dos fornecedores como dos produtos e serviços existentes no mercado, por outro vem destruindo, paulatinamente, sua individualidade e sua liberdade por meio de técnicas de manipulação cada vez mais sofisticadas e invasivas.

É aqui que a figura do assédio de consumo aparece e ganha força no vocabulário jurídico, especialmente diante de uma população como a brasileira, que não dispõe de educação financeira suficiente para se resguardar, por conta própria, de ataques à sua capacidade decisória.[28] Além disso, de acordo com a chamada "teoria do esgotamento do ego" da psicologia, os recursos de que os seres humanos dispõem para a auto imposição de limites é finito. Ou seja, nossa força de vontade é limitada. Para aqueles que vivem na pobreza, por exemplo, a probabilidade de já partir de uma posição de esgotamento em relação aos demais é real, conforme sugerem pesquisas na área, uma vez que já são muitas as decisões e as concessões que necessitam fazer em seu dia a dia.[29]

Salvaguardar o consumidor (em especial o consumidor pessoa humana) contra o assédio é tarefa imposta a todo o seu sistema de proteção, decorrendo da constatação da gravidade do problema a necessidade também de um aperfeiçoamento legislativo na área, que coíba o uso abusivo de chamadas robotizadas, seja para a realização de ofertas, seja para a cobrança de dívidas.

3. DA OFERTA À COBRANÇA: A PROBLEMÁTICA DAS CHAMADAS TELEFÔNICAS ROBOTIZADAS

O uso abusivo das ligações telefônicas para oferta de produtos e serviços, bem como para

---

26. ZUBOFF, Shoshana. *A Era do Capitalismo de Vigilância*: a luta por um futuro humano na nova fronteira do poder. Rio de Janeiro: Intrínseca, 2020, p. 32.
27. Conforme referiu a Ministra do Superior Tribunal de Justiça Nancy Andrighi, em decisão do início dos anos 2000, envolvendo uma grande fabricante de veículos automotores e um adquirente de um de seus modelos, "na medida em que, na sociedade de consumo, as relações jurídicas travadas ascendem do nível pessoal ao social, inserindo em seu contexto interesses comuns, se tornou imperiosa a intervenção do Estado nessas relações de modo a compatibilizar o exercício do *marketing* pelo fornecedor com a defesa do consumidor". Assim, BRASIL. Superior Tribunal de Justiça. Recurso Especial 363939/MG. Relatora: Min. Nancy Andrighi. J. 1º jul. 2002.
28. RODRIGUES, Lays Soares dos Santos. *Precisamos falar sobre o assédio de consumo*: a publicidade a serviço da indústria cultural. Rio de Janeiro: Lumen Juris, 2019, p. 173.
29. WILLIAMS, James. *Liberdade e resistência na economia da atenção*: como evitar que as tecnologias digitais nos distraiam dos nossos verdadeiros propósitos. Trad. Christian Schwartz. Porto Alegre: Arquipélago, 2021, p. 47-48.

cobranças de débitos financeiros, é hoje um dos principais problemas dos consumidores no Brasil conforme aponta o IDEC – Instituto Brasileiro de Defesa do Consumidor.[30] Segundo proposta apresentada pelo IDEC, as ligações automatizadas simultâneas para vários consumidores sem operadores de telemarketing responsáveis para cada um dos números chamados deveriam ser totalmente vedadas, bem como deveria ser obrigatório, em todo o contato para a efetivação de cobrança de dívidas, a utilização de atendente em condições de esclarecer ao consumidor os detalhes da dívida em questão.

Recorrentes são os casos nos quais os tribunais têm sido instados a se manifestar por violação art. 42[31] do CDC no que toca à cobrança de dívidas realizadas de forma insistente, seja por meio de *robocalls* ou não.[32] Quando realizadas sem a intervenção humana direta, o consumidor sequer tem a chance de explicar a situação da dívida, pedir a retirada de seu nome da lista de cobranças, promover algum entendimento com o fornecedor/cobrador etc.

A economia de tempo e de mão de obra que é gerada para o fornecedor com a prática do uso de chamadas robotizadas – redundando, evidentemente, em economia financeira – é jogada diretamente na conta do consumidor, que tem seu tempo desperdiçado ao atender insistentes ligações telefônicas que, não raramente, sequer chegam a ser "atendidas" pelo próprio discador. Nesse sentido, o uso de sistemas como o discador preditivo e o discador automático – sistemas dotados de inteligência artificial em que se realizam diversas ligações simultâneas até que algum operador fique disponível para que, após reconhecida a voz humana, a ligação seja transferida para o atendente – só agrava o dano. O que os fornecedores desta espécie de ferramenta chamam de "otimização de tempo da equipe", os consumidores chamam de perda de tempo, importunação e abuso.

---

30. Disponível em: https://idec.org.br/sites/default/files/propostas_ligacoes_indesejadas_-_cdust.pdf. Acesso em 05 de abril de 2022. Conforme o documento: "Entre os abusos diagnosticados mais comuns estão o excesso de ligações em um mesmo dia, ligações em dias e horários inapropriados, dificuldades na identificação da origem das chamadas, uso de números de origem alternativos para inviabilizar o bloqueio das ligações pelos usuários, dificuldades de toda ordem para fazer cessar ligações inoportunas, constrangimento na cobrança de dívidas e assédio a idosos para a venda de produtos diversos, concessão ou portabilidade de empréstimos consignados, entre outros".

31. CDC, Art. 42. Na cobrança de débitos, o consumidor inadimplente não será exposto a ridículo, nem será submetido a qualquer tipo de constrangimento ou ameaça. Parágrafo único. O consumidor cobrado em quantia indevida tem direito à repetição do indébito, por valor igual ao dobro do que pagou em excesso, acrescido de correção monetária e juros legais, salvo hipótese de engano justificável. Art. 42-A. Em todos os documentos de cobrança de débitos apresentados ao consumidor, deverão constar o nome, o endereço e o número de inscrição no Cadastro de Pessoas Físicas – CPF ou no Cadastro Nacional de Pessoa Jurídica – CNPJ do fornecedor do produto ou serviço correspondente.

32. Exemplificativamente, confira-se: "Apelação cível – Indenização por danos morais – Insistentes cobranças de dívida inexistente – Conduta abusiva – Artigo 42 do Código de Defesa do Consumidor – Art. 373, II do CPC/2015 – Dano moral configurado – Indenização devida – Valor arbitrado – Razoabilidade e proporcionalidade – Recurso não provido. Em que pese ser direito do credor cobrar seu crédito, a legislação prevê meios adequados para tanto, sendo evidente o constrangimento sofrido em razão de insistentes ligações para o consumidor, na tentativa de cobrança do crédito, principalmente quando este se mostra inexistente. Nos termos do art. 186, do Código Civil de 2002, somente haverá responsabilidade civil subjetiva se houver a culpa, dano e nexo de causalidade. O art. 42 do CDC, estabelece que na cobrança de débitos, o consumidor inadimplente não será exposto a ridículo, nem será submetido a qualquer tipo de constrangimento ou ameaça. [...]" (TJMG. Apelação Cível 1.0000.19.164371-7/001. Relator(a): Des.(a) Baeta Neves, 18ª Câmara Cível, julgamento em 17.03.2020, publicação da súmula em 17.03.2020).

Ao redor do país, diversas decisões têm sido proferidas a favor do consumidor, reconhecendo a abusividade dessa prática. No Paraná, nos autos da Ação Civil Pública[33] com pedido liminar movida pelo Ministério Público do Estado, a 5ª Câmara do Tribunal de Justiça, em sede de Agravo de Instrumento,[34] reconheceu que a empresa ré realizava ligações constantes aos consumidores, ocorrendo reiteração das cobranças com poucos minutos de diferença, mesmo após o consumidor prestar os esclarecimentos e solicitar a sua suspensão. Em alguns casos, conforme aponta a prova produzida nos autos, chegavam a mais de 20 telefonemas por dia. Curioso neste caso é que a empresa de cobrança em questão chega a reconhecer a realização de chamadas fora do horário comercial e após às 16h nos sábados e domingos e que, inclusive:

> a recorrente se recusou a celebrar Termo de Ajustamento de Conduta com o Ministério Público, sob a justificativa de que: "todas as empresas de cobrança sediadas no estado do Paraná, desde que tenham como seus clientes empresas com atuação nacional, firmam com estas contratos pelos quais são obrigadas a realizarem seu mister em horários que extrapolam os fixados por parte desta d. Promotoria para a realização de TAC".

No voto do Relator do recurso constou ainda uma demonstração das inúmeras reclamações ao redor do país direcionadas à empresa agravada no site Reclame Aqui,[35] como as que seguem:

> Tenho recebido todos os dias de 6 a 8 ligações do número acima, sendo que quando atendemos, cai a ligação, na informação do telefone consta fora de área não identificado, mas tenho bina e consegui o número. como temos pessoa idosa e doente na casa, precisamos muito do telefone fixo para uso e, estas ligações constantes deste número estão causando um tremendo transtorno. Solicito que esta empresa retire o número do meu telefone da lista de contatos, pois já estamos solicitando consulta jurídica também para solucionar o caso.
>
> Gostaria de solicitar ao número 04121016170 que retire meu número da lista de contatos. São inúmeras ligações insistentes (10 vezes ao dia), com telefone mudo. Atrapalha o nosso trabalho que é de muita concentração, acarretando prejuízo. Vou registrar com um rastreador e prints da tela do celular e entrar com uma medida judicial se não responderem. Já tenho até os contatos relacionados.
>
> Estou recebendo várias ligações robotizadas perguntando se eu conheço um tal de Valdecir. Já respondi que não, mas as ligações persistem, é uma palhaçada. Tenho coisas pra fazer, e isso me atrapalha no trabalho. Peço que tomem medidas urgentes, é um desrespeito.
>
> Sou gestor de um órgão público e algum servidor daqui deixou alguma inadimplência no mercado e esta empresa liga umas 20 vezes por dia para o número da direção do Centro de Atendimento. Enfim atrapalha o bom andamento do serviço, desrespeita e estressa servidores que estão trabalhando.
>
> Estou recebendo várias ligações ao dia desse número 041 2101-0670, nesse exato momento 17:12, já somam 20 ligações que começam logo cedo até mais de 21 hs. Não conheço essa empresa e solicito que parem de ligar ou tomarei uma providência por perturbação do sossego. Estou tenho que desligar o celular para poder almoçar em paz. Mas, vocês já passaram de todos os limites.

---

33. ACP 0028352-46.2020.8.16.0001, da 3ª Vara Cível do Foro Central da Comarca da Região Metropolitana de Curitiba.
34. TJPR. Agravo de Instrumento 0024756-23.2021.8.16.0000. Rel. Juiz Substituto em 2º Grau Antonio Franco Ferreira da Costa Neto. J. 20.08.2021.
35. Disponível em: https://www.reclameaqui.com.br/empresa/services-cobranca/lista-reclamacoes/?pagina=1. Acesso em: 10 abr. 2022.

Vê-se pelos exemplos colacionados acima que não se trata da figura do mero aborrecimento, presente com frequência em julgados de nossa jurisprudência, mas que, de fato, há um comportamento reiterado de alguns fornecedores no sentido de constranger e de perturbar o sossego do consumidor, o que necessita ser, urgentemente, interrompido pelo Estado brasileiro.

4. A VERBORRAGIA DO FORNECEDOR E O SILÊNCIO DO ESTADO

Ao mesmo tempo em que se percebe os excessos por parte dos fornecedores no afã de promoverem seus produtos e serviços ou mesmo de cobrarem dívidas de consumidores inadimplentes, verifica-se um silêncio do Estado em âmbito federal. É certo que algumas iniciativas estaduais têm sido tomadas, especialmente quando se trata de consumidores hipervulneráveis como os idosos,[36] mas é preciso fazer mais. Não se trata de um chamado para mais regulação sobre telecomunicações, mas sim para uma maior proteção e promoção de direitos do consumidor que vêm sendo negligenciados pelo Estado a despeito das inúmeras denúncias de abuso.

Em sede legislativa, o Congresso Nacional já possui diversos projetos de lei que tratam de propostas voltadas à mitigação de ligações e envios de mensagens por telefonia móvel ("torpedos") de forma abusivas com o intuito de televendas e cobrança, valendo citar os seguintes: PL 757/2003 (Apensados: PL 2766/2003; PL 6593/2006; PL 3159/2008; PL 2387/2003 (8), PL 2404/2003, PL 866/2007, PL 3095/2008, PL 3996/2008 (4), PL 4414/2008, PL 4517/2008, PL 4954/2009, PL 4996/2009); PLS 420/2017; PL 585/2011; PL 8.195/2017; PL 4.412/2004; PL 9.615/2018 (Apensados: PL 9.942/2018; PL 10.064/2018); PL 23/2019; PL 2.644/2019, PL 2720/19, PL 4434/19, PL 4678/20.

Entendemos que uma proposta legislativa federal que contemple parâmetros claros de abusividade será benéfica a toda sociedade, devendo partir de conceitos básicos como "chamada automatizada", "chamada automatizada de utilidade pública (ou de governo)", "spam telefônico" e "não me perturbe". Embora o rol do art. 39 do CDC no que toca a práticas abusivas seja exemplificativo e não exaustivo, o acréscimo de norma legal que taxativamente proíba o fornecedor de produtos e serviços de realizar chamadas automatizadas em desrespeito a parâmetros previamente determinados, sob pena de responder civilmente pelos danos causados e presumindo-se o dano moral por violação do sossego (*in re ipsa*), é medida que se impõe.

---

36. No Estado do Paraná, a Lei 20.276/2020 visou proibir as instituições financeiras de ofertar e celebrar contrato de empréstimo de qualquer natureza, com aposentados e pensionistas, por ligação telefônica, no âmbito do Estado do Paraná. Questionada sua constitucionalidade no STF, a Corte julgou improcedente o pedido da Confederação Nacional do Sistema Financeiro (CONSIF), ao argumento de que a "proibição da Lei paranaense 20.276/2020 a instituições financeiras, correspondentes bancários e sociedades de arrendamento mercantil realizarem telemarketing, oferta comercial, proposta, publicidade ou qualquer tipo de atividade tendente a convencer aposentados e pensionistas a celebrarem contratos de empréstimos resulta do legítimo exercício da competência concorrente do ente federado em matéria de defesa do consumidor, suplementando-se os princípios e as normas do Código de Defesa do Consumidor e reforçando-se a proteção de grupo em situação de especial vulnerabilidade econômica e social" (STF. ADI 6.727/PR. Rel. Min. Cármen Lúcia. J. 12.05.2021).

Como parâmetros de abusividade, propomos que chamadas telefônicas não podem ser realizadas fora do horário comercial, entendido este, entre segunda-feira e sexta-feira, das 9h às 20h; e, nos sábados, das 09h às 13h, ficando vedadas as chamadas automatizadas em domingos e feriados. Da mesma forma, quanto ao número de chamadas direcionadas ao consumidor, que não sejam realizadas mais de 02 chamadas telefônicas por semana pela mesma empresa nos casos de telemarketing e mais de 01 vez por semana nos casos de cobrança.

Tratando-se de chamadas telefônicas automatizadas para fins de telemarketing, as empresas deverão disponibilizar ao consumidor, em toda chamada, canal de adesão a Cadastro de Bloqueio de Ligações por meio de protocolo. E os fornecedores que realizarem qualquer contato telefônico com o consumidor, seja por qualquer meio, deverão, imediatamente, identificar o fornecedor e a assessoria de cobrança (se for o caso) que está realizando o contato.

Da mesma forma, o discador deverá indicar sempre o nome do atendente ou seu número de identificação, bem como identificar o consumidor alvo da proposta por meio do nome completo, devendo, ainda, questionar sobre a vontade do consumidor de prosseguir ou não com o atendimento. Em caso positivo, o atendente poderá prosseguir com o atendimento ou pedir para o consumidor informar endereço eletrônico para envio de proposta.

5. AFINAL, O CONSUMIDOR NÃO TEM DIREITO AO SOSSEGO?

O uso agressivo das chamadas robotizadas bem demonstra que o avanço tecnológico não pode andar desacompanhado de uma normatização adequada, sob pena de ocasionar prejuízos aos consumidores e à sociedade, que muitas vezes sequer chegam a ser percebidos em uma mirada mais superficial.[37]

Do mesmo modo que a intimidade e a privacidade, o direito ao sossego é um direito de negação, de interdição da ação dos outros, pois advém da imposição de um limite físico, visando garantir a tranquilidade das pessoas. Portanto, apesar de próximo do direito de vizinhança, no âmbito dos direitos reais, o direito ao sossego pode ser aqui invocado como limite ao uso das chamadas robotizadas. A verdade é que o uso excessivo e descomedido de tal ferramenta ultrapassa a esfera pessoal do consumidor individual, tornando-se algo tão expressivo que atinge o status de dano social, tal como construído na lição de Antônio Junqueira de Azevedo:

> Os danos sociais, por sua vez, são lesões à sociedade, no seu nível de vida, tanto por rebaixamento de seu patrimônio moral – principalmente a respeito da segurança – quanto por diminuição de sua

---

37. A principal distinção entre o assédio de consumo e as demais modalidades de assédio é que no assédio de consumo há uma violência que, paradoxalmente, atrai e não repele. "Enquanto os outros tipos de assédio já nascem como algo manifestamente pernicioso – isto é, como se as práticas assediadoras já fossem, em si, nefastas e perceptíveis –, no assédio de consumo há a propagação de um mal que o consumidor, muitas vezes, recebe como se fosse bom e agradável". RODRIGUES, Lays Soares dos Santos. *Precisamos falar sobre o assédio de consumo*: a publicidade a serviço da indústria cultural. Rio de Janeiro: Lumen Juris, 2019, p. 179.

qualidade de vida. Os danos sociais são causa, pois, de *indenização punitiva* por dolo ou culpa grave, especialmente, repetimos, se atos que reduzem as condições coletivas de segurança, e de *indenização dissuasória*, se atos em geral de pessoas jurídicas, que trazem uma diminuição do índice de qualidade de vida da população.[38]

Em suma, o dano social é decorrência de toda ação ou omissão socialmente reprovável que tem como consequência a diminuição da qualidade de vida da sociedade ou de determinado grupo social. Associar esse conceito à problemática das chamadas robotizadas promovidas em massa por diferentes fornecedores significa falar sobre os denominados danos sociais na esfera do direito do consumidor, de que é exemplo a exposição destes à publicidade desleal, enganosa e/ou abusiva, entre outros. O dano aqui é *in re ipsa*, ou seja, presumido, pois decorre da própria conduta de importunação.

Tome-se por base o caso julgado pelo TJSP em que um consumidor relatou ter recebido mais de 10 ligações por dia (chegando a 23 chamadas em uma data) da operadora de telefonia Claro, oferecendo promoções para que voltasse a contratar seus serviços após cancelar o plano de que dispunha. Registre-se que neste caso o consumidor ainda demonstrou que estava, na ocasião, amparado pelo benefício do auxílio-doença, pois precisava de repouso médico, o que agravava a sua vulnerabilidade e tornava ainda mais perturbadora a violação ao seu sossego. Neste caso, o TJSP reconheceu a gravidade da situação e destacou ainda o caráter pedagógico do dano moral imposto à fornecedora, fixado na quantia de R$ 40.000,00, e determinou o envio de ofício à Fundação Procon/SP e à Anatel para as devidas providências administrativas.[39]

Com efeito, um dos mecanismos que poderiam ser implementados para impedir o uso excessivo das chamadas robotizadas, que já tinha disposição legal no Projeto de CDC, era o de aplicação de multa civil, nos termos dos arts. 16 e 45, que foram vetados, e que continham a seguinte redação:

> Art. 16. Se comprovada a alta periculosidade do produto ou do serviço que provocou o dano, ou grave imprudência, negligência ou imperícia do fornecedor será devida multa civil de até 1.000.000 (um milhão) de vezes o Bônus do Tesouro Nacional – BTN, ou índice equivalente que venha substituí-lo, na ação proposta por qualquer dos legitimados à defesa do consumidor em juízo, a critério do juiz, de acordo com a gravidade e proporção do dano, bem como a situação econômica do responsável.
>
> Art. 45. As infrações ao disposto neste Capítulo, além de perdas e danos, indenização por danos morais, perda dos juros e outras sanções cabíveis, ficam sujeitas à multa de natureza civil, proporcional à gravidade da infração e à condição econômica do infrator, cominada pelo juiz na ação proposta por qualquer dos legitimados à defesa do consumidor em juízo.

Evidentemente, a indenização punitiva ou multa civil disciplinada pelos referidos dispositivos seria um modo importante de se buscar uma conduta mais cuidadosa dos fornecedores na oferta de produtos e serviços e nas contratações. A mensagem de

---

38. AZEVEDO, Antônio Junqueira de. Por uma nova categoria de dano na responsabilidade civil: o dano social. *Revista Trimestral de Direito Civil*, v. 5, n. 19, p. 216, São Paulo, jul./set. 2004.
39. TJSP. Apelação Cível 1020418-43.2017.8.26.0196. 22 Câmara de Direito Privado. Rel. Des. Roberto Mac Cracken. J. 27 mar. 2019.

veto, a nosso sentir insuficientemente convincente, dizia o seguinte: "O art. 12 e outras normas já dispõem de modo cabal sobre a reparação do dano sofrido pelo consumidor. Os dispositivos ora vetados criam a figura da "multa civil", sempre de valor expressivo, sem que sejam definidas a sua destinação e finalidade".[40]

Sem mecanismos efetivos de controle contra essas condutas, o consumidor acaba sendo vítima também do chamado dano temporal, ou dano por desvio produtivo, que decorre do tempo de vida perdido pelo consumidor para solucionar um conflito de consumo. As inúmeras tentativas de fazer cessar esse tipo de ligação, em sua maioria sem sucesso, enseja perda do tempo útil do consumidor, que se traduz em dano que deve ser indenizado.[41]

Percebe-se assim como se torna flagrante a importância da regulamentação de tais chamadas com a implementação de travas para viabilizar o uso sadio da ferramenta. Para fixar parâmetros de utilização é indispensável levar em consideração o direito ao sossego do consumidor, pois este é o principal dano causado pelas chamadas robotizadas, embora não o único. Uma das condutas mais comuns dos consumidores na atualidade para barrar a importunação é colocar o aparelho celular no módulo silencioso. Acontece que ao evitar um mal que é o recebimento de incessantes chamadas indesejadas, outro dano lhe é acarretado: o de tampouco identificar quando uma chamada de fato importante lhe é direcionada.

Portanto, apesar de lícitas as chamadas robotizadas, o uso de tal ferramenta necessita de urgente regulamentação, senão para suprimir de todo a sua utilização, para adequar seu emprego a benefício de todos os agentes econômicos, evitando-se os atuais abusos e proporcionando efetiva harmonia nas relações entre consumidores e fornecedores. Afinal, o direito de não ser perturbado é uma garantia que decorre dos direitos à intimidade e à privacidade previstos no inciso X do artigo 5º da Constituição Federal brasileira.

---

40. Mensagem 664, de 11 de setembro 1990. Disponível em: http://www.planalto.gov.br/ccivil_03/leis/mensagem_veto/anterior_98/vep664-l8078-90.htm. Acesso em: 20 abr. 2022.
41. Veja-se: BORGES, Gustavo e MAIA, Maurílio Casas (Org.). *Dano temporal*: o tempo como valor jurídico. Florianópolis: Tirant lo Blanch, 2018.

A IMPORTÂNCIA DA INFORMAÇÃO ADEQUADA COMO INSTRUMENTO DE PROTEÇÃO DOS VULNERÁVEIS: O EXEMPLO DO CRÉDITO CONSIGNADO E DO CARTÃO DE CRÉDITO CONSIGNADO

Cíntia Muniz de Souza Konder

Sumário: 1. Introdução – 2. Vidas a crédito – 3. Da vulnerabilidade à hipervulnerabilidade: a construção de uma categoria de proteção da suscetibilidade agravada – 4. A função da informação adequada como instrumento de proteção dos vulneráveis: o exemplo do crédito consignado e do cartão de crédito consignado – 5. Conclusão.

Como nas outras transformações da Era Moderna, também nesta a Europa desempenhou o papel precursor. Foi a primeira a ter de enfrentar as imprevistas e perniciosas consequências regulares da mudança: a estressante sensação de insegurança que, como se dizia, não teria ocorrido sem a ocorrência simultânea de duas "reviravoltas" que se manifestaram na Europa – para em seguida se disseminar mais ou menos rapidamente, pelos outros lugares do planeta. A primeira, sempre segundo a terminologia de Castel, consiste na "supervalorização" (*survalorisation*) do indivíduo, liberado das restrições impostas pela densa rede de vínculos sociais. A segunda, que vem logo depois da primeira, consiste na fragilidade e vulnerabilidade sem precedentes desse mesmo indivíduo, agora desprovido da proteção que os antigos vínculos lhe garantiam.

Se a primeira revelou aos indivíduos a estimulante e sedutora existência de grandes espaços nos quais implementar a construção e aprimoramento de si mesmo, a segunda tornou a primeira inacessível para a maior parte dos indivíduos. O resultado da ação combinada dessas duas novas tendências foi como aplicar o sal do sentimento de culpa sobre a ferida da impotência, infeccionando-a. Derivou disso uma doença que poderíamos chamar de medo de se tornar inadequado.[1]

1. INTRODUÇÃO

Zygmunt Bauman analisa, a partir da perspectiva dos espaços urbanos das metrópoles, os conflitos decorrentes da inevitável convivência das classes socioeconômicas destoantes. Uma das angústias experimentadas por aqueles que estão nas faixas menos favorecidas é o medo de se sentir inadequado.

Os moradores das periferias, muitas vezes tendo que viver com salários ou aposentadorias que não custeiam o básico para uma vida digna, dificilmente conseguem a inserção no mercado de consumo. O quadro fica ainda pior quando se trata do consumo para a aquisição bens e serviços imprescindíveis para a sobrevivência. Neste caso, o medo

---

1. BAUMAN, Zygmunt. *Confiança e medo na cidade*. Rio de Janeiro: Jorge Zahar, 2009, p. 16-17.

de se tornar inadequado já não se dá mais em relação à sociedade, mas um medo de se tornar inadequado para si próprio, para a sua família, por não se sentir capaz de ganhar o suficiente para o seu próprio sustento e o de seus familiares diretos.

Este cenário de dificuldades direciona, em muitos casos, para o caminho de uma verdadeira *vida a crédito*:[2] se for um aposentado, um servidor público, um militar ou um empregado com carteira assinada, é provável que contratará, junto às instituições financeiras, o crédito consignado, muitas vezes sem se dar conta de que terá boa parte de sua renda comprometida por muito tempo, eis que tal modalidade de crédito opera com o desconto direto na folha de pagamento.

O grande número de pessoas celebrando vários contratos de crédito consignado – ainda que existente um percentual máximo de desconto em folha de pagamento previsto em lei – resultou em um enorme contingente de superendividados. O superendividamento, como definido em lei, é "a impossibilidade manifesta de o consumidor pessoa natural, de boa-fé, pagar a totalidade de suas dívidas de consumo, exigíveis e vincendas, sem comprometer seu mínimo existencial".[3]

O advento da pandemia de Covid-19 agravou o problema, e levou à retomada das discussões do Projeto de Lei da Câmara dos Deputados 3.515/2015, que dispõe sobre o aperfeiçoamento da disciplina de crédito ao consumidor e sobre a prevenção e o tratamento do superendividamento. A relevância socioeconômica do tema levou à sua aprovação, promulgada como Lei 14.181/2021, que alterou diversos dispositivos do Código de Defesa do Consumidor.

No entanto, mesmo com as alterações do Código e Defesa do Consumidor para a oferta de crédito de maneira responsável, prevendo, em vários dispositivos a necessidade de informação prévia, clara, adequada e qualificada, algumas instituições financeiras continuam a atuar de forma contrária ao que determina o ordenamento jurídico brasileiro.

Por isso, no presente artigo busca-se analisar, a partir dos exemplos do crédito consignado e do cartão de crédito consignado, a importância da informação adequada como instrumento de proteção dos vulneráveis.

2. VIDAS A CRÉDITO

A função dos bens – sejam aqueles necessários para a subsistência, sejam aqueles necessários para a integração no grupo social – é a plena realização da pessoa, cuja base constitucional se encontra no princípio da dignidade da pessoa humana. Afirma-se, inclusive, que a própria determinação do que seja um bem não está vinculada a uma característica intrínseca na sua essência, mas à sua aptidão para adentrar a esfera de

---

2. A expressão vem da obra de BAUMAN, Zygmunt. *Vida a* crédito: conversas com Citali Rovirosa-Madrazo. Rio de Janeiro: Zahar, 2010.
3. Art. 54-A, § 1º da Lei 8.078/90: "Entende-se por superendividamento a impossibilidade manifesta de o consumidor pessoa natural, de boa-fé, pagar a totalidade de suas dívidas de consumo, exigíveis e vincendas, sem comprometer seu mínimo existencial, nos termos da regulamentação".

interesses humanos.[4] Sem o acesso aos bens e aos serviços, portanto, não é possível a plena realização da pessoa.[5] No ordenamento jurídico brasileiro, a plena realização da pessoa está garantida desde 1988, pelo princípio da dignidade humana, entendido como valor absoluto da ordem constitucional, previsto no art. 1º, inc. III, da Constituição da República.[6] A dignidade da pessoa humana, conforme Gustavo Tepedino, é uma verdadeira "cláusula geral de tutela e promoção da pessoa humana, tomada como valor máximo pelo ordenamento".[7]

Ocorre que nem sempre as pessoas têm acesso a tais bens e serviços, fato que, muitas vezes, as direciona ao mundo dos contratos de concessão de crédito a juros junto às instituições financeiras, transformando as suas vidas em verdadeiras vidas a crédito.

A falta de acesso que direciona as pessoas para a necessidade de um empréstimo pode se dar em virtude de infortúnios, tais como desemprego, doenças, dissolução de uniões, acidentes, enchentes, pandemias, desastres, dentre tantos outros. Por vezes, a própria condição socioeconômica originária da pessoa já não permite o acesso, fato corriqueiro em um país como o Brasil, permeado por desigualdades. Contudo, há aqueles que ingressarão no mercado de crédito em razão do descuido e da imprevidência, pois não se importam em aprender a administrar a própria vida financeira e, de má-fé, sabem que não pagarão o empréstimo que acabaram de contratar. No último caso, não terão a proteção do ordenamento jurídico.

Uma das formas mais utilizadas de concessão de crédito é o crédito consignado, disponibilizado para empregados celetistas, servidores públicos civis ou militares e aposentados. A taxa de inadimplemento é inferior às outras modalidades de concessão de crédito, porque a parcela do empréstimo é descontada diretamente da folha de pagamento.[8] Por isso as instituições financeiras divulgam por todos os meios, muitas vezes utilizando-se de pessoas conhecidas do público, como atrizes e atores que possam

---

4. DANTAS, Marcus Eduardo de Carvalho; NEGRI, Sérgio Marcos Carvalho de Ávila. Filósofos do direito e civilistas em colaboração: a superação da visão agostiniana no estudo do direito civil-constitucional. In: RUZYK, Carlos Eduardo Pianovski et al. (Org.). *Direito civil constitucional* – A ressignificação da função dos institutos fundamentais do direito civil contemporâneo e suas consequências. Florianópolis: Conceito, 2014, p. 584.
5. Nas palavras de Paulo Lôbo: "Afinal de contas, já se tornou um truísmo a afirmação de que todos e cada um de nós somos consumidores, e a dignidade humana não estará assegurada se a realidade existencial de submissão, no mercado de consumo cada vez mais despersonalizado, não for levada em conta pelo direito". (LÔBO, Paulo. A informação como direito fundamental do consumidor. *Jus.com.br*. Disponível em: https://goo.gl/p1s88R. Acesso em: 08 abr. 2021).
6. TEPEDINO, Gustavo. Pelo princípio de isonomia substancial na nova Constituição — Notas sobre a "função promocional do Direito". *Revista trimestral de direito civil*, v. 52, p. 61-71. Rio de Janeiro, out./nov. 2012. Sobre o tema, v. MORAES, Maria Celina Bodin de. O princípio da dignidade da pessoa humana. *Na medida da pessoa humana*: estudos de direito civil-constitucional. Rio de Janeiro: Renovar, 2010; BARROSO, Luís Roberto. *A dignidade da pessoa humana no direito constitucional contemporâneo*: a construção de um conceito jurídico à luz da jurisprudência mundial. Belo Horizonte: Fórum, 2013; SARMENTO, Daniel. *Dignidade da pessoa humana*: conteúdo, trajetórias e metodologia. 2. ed. Belo Horizonte: Fórum, 2016.
7. TEPEDINO, Gustavo. A tutela da personalidade no ordenamento civil-constitucional brasileiro. *Temas de direito civil*. 4. ed. Rio de Janeiro: Renovar, 2008, p. 54.
8. BANCO CENTRAL DO BRASIL, Departamento de Promoção da Cidadania Financeira (Depef). *Empréstimo consignado: características, acesso e uso*, p. 110. Disponível em: https://www.bcb.gov.br/nor/relcidfin/docs/art7_emprestimo_consignado.pdf. Acesso em: 06 maio 2022.

cativar certa parcela da população, sempre buscando aparentar a garantia de crédito fácil, seguro e simples. E é fácil mesmo *para a instituição financeira*: se o tomador de crédito não for prudente, é possível contratar crédito consignado apertando duas ou três teclas nos caixas 24 horas, no computador ou no celular, cujos botões já estão previamente selecionados em cores ou posições estratégicas para facilitar que sejam escolhidos. É fácil para a instituição financeira, também, porque a chance de inadimplemento é muito pequena. Para ela, é um excelente negócio, de risco baixíssimo.

A outra face da moeda para o consumidor é, muitas vezes, não perceber que a sua renda pode ficar – e muito – comprometida, por muito tempo, tornando a sua vida, literalmente, uma vida a crédito. Muitos, inclusive, oneram a folha de pagamento de tal forma – contratando diversos empréstimos – que chegam a receber, mensalmente, quase nada. Assim, a função do crédito, que na legalidade constitucional deve ser garantir o acesso aos bens necessários para o livre desenvolvimento da personalidade, torna-se instrumento de ameaça à dignidade, podendo levar ao superendividamento.[9] Neste caso, até conseguir a tutela jurisdicional pode demorar e o consumidor ficar sem acesso ao mínimo para sobreviver, isto é, em situação de grave vulnerabilidade.

3. DA VULNERABILIDADE À HIPERVULNERABILIDADE: A CONSTRUÇÃO DE UMA CATEGORIA DE PROTEÇÃO DA SUSCETIBILIDADE AGRAVADA

Não é simples buscar a origem do termo vulnerabilidade. Do latim *vulnerabilis*, "que pode ser ferido; que é mais suscetível de ser danificado ou magoado, prejudicado ou destruído",[10] a vulnerabilidade sempre existiu, posto que inerente à condição humana. Para alguns, oriundo da *advocacy* para os Direitos Humanos e do Homem,[11] costuma-se referenciar os estudos na área da saúde para identificar os fundamentos e os primeiros conceitos da vulnerabilidade como categoria. A análise da suscetibilidade nas ciências médicas teve um grande impacto com os estudos de Jonathan Mann e Daniel Tarantola.[12] A partir da análise dos fatores de vulnerabilidade apresentados por estes pesquisadores na análise da epidemia mundial de Aids, passou-se a estudar a vulnerabilidade sem apartá-la do coletivo.[13] Para José Ricardo Ayres, Ivan França Junior, Gabriela Calazans e Heraldo César Saletti Filho, o conceito de vulnerabilidade pode ser resumido em analisar a "chance de exposição das pessoas ao adoecimento como a resultante de um

---

9. Sobre o tema, seja consentido remeter a KONDER, Cíntia Muniz de Souza. Leitura civil-constitucional da concessão de crédito no ordenamento jurídico brasileiro. In: SCHREIBER, A.; MONTEIRO FILHO, C. E. R.; OLIVA, M. D. (Coord.). *Problemas de direito civil*. Rio de Janeiro: Forense, 2021. p. 124-142.
10. AULETE, Caldas. *iDicionário online*. Disponível em: www.aulete.com.br. Acesso em: 19 jul. 2014.
11. AYRES, José Ricardo de Carvalho Mesquita et al. O conceito de vulnerabilidade e as práticas de saúde: novas perspectivas e desafios. In: Czeresnia, Dina; FREITAS Carlos Machado de (Org.). *Promoção da saúde*: conceitos, reflexões, tendências. Rio de Janeiro, FIOCRUZ, 2003. p. 122.
12. MANN, Jonathan M.; TARANTOLA, Daniel. *AIDS in the World II*: Global Dimensions, Social Roots, and Responses. Oxford: Oxford University Press, 1996.
13. AYRES, José Ricardo de Carvalho de Mesquita et al. Risco, vulnerabilidade e práticas de prevenção e promoção de saúde. In: CAMPOS, Gastão Wagner de Souza et al. *Tratado de Saúde Coletiva*. Rio de Janeiro: Fiocruz, 2006. p. 399.

conjunto de aspectos não apenas individuais, mas também coletivos, contextuais, que acarretam maior ou menor disponibilidade de recursos de todas as ordens para se proteger de ambos".[14]

Esta proposta de análise pode ser empregada para o exame da vulnerabilidade em outras áreas, como a sociojurídica, eis que não parece possível verificar se uma pessoa está em situação de suscetibilidade sem vinculá-la ao contexto social em que vive, bem como examinar todas as demais características *in concreto*, que interferem na definição da situação de fragilidade existencial, para garantir a dignidade da pessoa humana, posto que fundamento da República Federativa do Brasil.

No âmbito do direito, a vulnerabilidade entra com essa marca, referente à suscetibilidade, própria de certas pessoas, que, em razão de determinadas condições, encontram-se mais expostas a riscos, a justificar a intervenção protetiva do direito. Bruno Miragem e Cláudia Lima Marques assim explicam:

> Podemos afirmar, assim, que a vulnerabilidade é mais um estado da pessoa, um estado inerente de risco ou um sinal de confrontação excessiva de interesses identificado no mercado, é uma situação permanente ou provisória, individual ou coletiva, que fragiliza, enfraquece o sujeito de direitos, desequilibrando a relação.[15]

Presumindo a vulnerabilidade de todos os atores de uma relação de consumo, o estatuto consumerista não prevê solução para os casos em que, para além da fragilidade inerente à condição de consumidor, o equilíbrio social e/ou econômico do contrato esteja comprometido não apenas pelas próprias condições do negócio jurídico, objetivamente, mas também pelas condições subjetivas dos contratantes, cuja vulnerabilidade pode estar agravada por alguma questão existencial que demanda proteção especial.

Em razão da interpretação setorizada, nem sempre balizada pela unidade constitucional, doutrina e jurisprudência passaram a utilizar o termo "hipervulnerável" para justificar um tratamento diferenciado para as pessoas naturais consideradas mais suscetíveis, que estejam em situação de vulnerabilidade agravada ou potencializada em comparação com o consumidor padrão. Christiano Heineck Schmitt define que "a hipervulnerabilidade resulta da soma da vulnerabilidade intrínseca à pessoa do consumidor com a fragilidade que atinge determinados indivíduos".[16]

Neste sentido, o Superior Tribunal de Justiça decidiu, com base na hipervulnerabilidade, casos envolvendo consumidores celíacos, idosos, crianças, pessoas com deficiência visual e com hipersensibilidade a produtos. Fora da esfera do consumidor, o conceito de hipervulnerável foi estendido aos indígenas.

---

14. AYRES, José Ricardo de Carvalho Mesquita et al. O conceito de vulnerabilidade e as práticas de saúde: novas perspectivas e desafios. In: CZERESNIA, Dina; FREITAS Carlos Machado de (Org.). *Promoção da saúde: conceitos, reflexões, tendências*. Rio de Janeiro, FIOCRUZ, 2003. p. 127.
15. MARQUES, Claudia Lima e MIRAGEM, Bruno. *O novo direito privado e a proteção dos vulneráveis*. São Paulo: Ed. RT, 2012, p. 117.
16. SCHMITT, Cristiano Heineck. *Consumidores hipervulneráveis*: a proteção do idoso no mercado de consumo. São Paulo: Atlas, 2014, p. 219.

Entretanto, já se destacou a desnecessidade – e inconveniência – de construção de novas categorias, em sobreposição, para efetivar a tutela adequada do consumidor: se todo consumidor é presumidamente vulnerável, e, por exemplo, o idoso seria hipervulnerável, se esse mesmo idoso tivesse uma deficiência visual, seria necessária a construção de mais uma categoria, um *über*vulnerável?[17] Entende-se que a intensidade e a forma de proteção da pessoa humana devem independer do enquadramento em qualquer categoria definida *a priori*.

O intérprete deve simplesmente perquirir se aquele consumidor, em determinado caso, estava em situação especial de suscetibilidade, de modo que as normas constitucionais de proteção à pessoa, da sua dignidade e do mínimo existencial possam repercutir em sua tutela, efetivando o comando constitucional de redução das desigualdades e justiça social. A interpretação sistemática também possibilita que o intérprete não se deixe cobrir pelo manto da hipervulnerabilidade a qualquer preço e em qualquer caso, pois ao interpretar o sistema como uno, relembra ao intérprete da capacidade, autonomia e responsabilidade que o consumidor também possui, daí a necessidade de um exame casuístico, justamente para tutelar o consumidor superendividado de boa-fé.

4. A FUNÇÃO DA INFORMAÇÃO ADEQUADA COMO INSTRUMENTO DE PROTEÇÃO DOS VULNERÁVEIS: O EXEMPLO DO CRÉDITO CONSIGNADO E DO CARTÃO DE CRÉDITO CONSIGNADO

O acesso à informação clara e correta para a celebração e a execução adequadas do contrato é determinante para a formação da vontade e do consentimento. No processo de negociação e conclusão do negócio, a informação é elemento formativo da decisão racional de contratar.[18] A exigência de lealdade e transparência na contratação impõe, portanto, uma forma de controle da adequação da informação. Para Claudia Lima Marques

> A tendência atual é de examinar a "qualidade" da vontade manifestada pelo contratante mais fraco, mais do que a sua simples manifestação: somente a vontade racional, a vontade realmente livre (autônoma) e informada, legítima, isto é, tem o poder de ditar a formação e, por consequência, os efeitos dos contratos entre consumidor e fornecedor. A tendência atual também é de examinar também a conduta negocial do fornecedor, valorando-a e controlando-a, dependendo da conduta (abusiva ou não) a formação do vínculo (informações prévias, acesso ao contrato, envio de mercadorias não requeridas etc.) e a interpretação sobre a quais obrigações o consumidor está vinculado (cláusulas, promessas dos vendedores, prospectos, publicidades, sites etc.).[19]

---

17. Para aprofundamento nesta crítica, seja consentido remeter a KONDER, Cíntia Muniz de Souza. Vulnerabilidade, hipervulnerabilidade ou simplesmente dignidade da pessoa humana? Uma abordagem a partir do exemplo do consumidor superendividado. In: MONTEIRO FILHO, C. E. R. (Org.). *Direito das relações patrimoniais*: estrutura e função na contemporaneidade. Rio de Janeiro: Juruá, 2014, p. 69-93; e KONDER, Carlos Nelson; KONDER, Cíntia Muniz de Souza. Da vulnerabilidade à hipervulnerabilidade: exame crítico de uma trajetória de generalização. *Revista Interesse Público*, v. 127, p. 53-68, 2021.
18. Nesse sentido, Christoph Fabian afirma: "O conhecimento é, em muitas situações, o fundamento para uma decisão livre" (FABIAN, Christoph. *O dever de informar no direito civil*. São Paulo: Ed. RT, 2002, p. 157).
19. MARQUES, Claudia Lima. *Contratos no Código de Defesa do Consumidor*: o novo regime das relações contratuais. 9. ed. São Paulo: Thomson Reuters: 2019, p. 812-813.

Em virtude da importância da informação, a Constituição da República a prevê como direito fundamental no art. 5º, incisos XIV, XXXIII e LXXII. Com o aumento das contratações irresponsáveis e abusivas de crédito consignado, deu-se o superendividamento de inúmeros consumidores de boa-fé. Com efeito, a Lei 8.078/90 ampliou ainda mais o papel da informação com a entrada em vigor da parte que aperfeiçoa o crédito ao consumidor e dispõe sobre a prevenção e o tratamento do superendividamento. Assim, expandiu o número de dispositivos que indicam expressamente a informação como elemento indispensável nas relações de consumo.[20]

Um dos objetivos da Política Nacional de Relações de Consumo é a "educação e informação de fornecedores e consumidores quanto aos seus direitos e deveres, com vistas à melhoria do mercado de consumo".[21] Exemplos dessa política de defesa são os direitos considerados básicos do consumidor, como a informação adequada e clara sobre bens ou serviços.[22] Esses mecanismos são criados, dentre outras finalidades, para ajudá-lo a tomar uma decisão informada sobre as contratações. Acredita-se que a informação é o meio que garante a liberdade real de escolha, por isso assegurada como um direito básico do consumidor.[23] É por isso que Sergio Cavalieri Filho afirma que, "o direito à informação é, primeiramente, um instrumento de igualdade e reequilíbrio nas relações de consumo".[24]

---

20. BRASIL, Lei 8.078 de 11 de setembro de 1990. *Dispõe sobre a proteção do consumidor e dá outras providências*. É possível apontar o enfoque na informação, exemplificadamente, nos seguintes dispositivos legais da lei consumerista: artigos 4º, IV, 6º, II, III, XIII e parágrafo único, 8º, *caput*, §§ 1º e 2º, 9º, 10, § 3º, 12, *caput*, 20, *caput*, 30, 31, *caput* e parágrafo único, 36, parágrafo único, 37, *caput* e §§ 1º, §2º e 3º, 38, 39, VII, 43, *caput*, §§ 1º, 2º, 3º, 5º e 6º, 44, *caput* e § 1º, 46, 52, I a V, 54-B, I a V e § 1º, 54-D, I a III, 54-G, § 1º e 2º, 55. § 1º e §4º, 66, 72, 73, 101, II, 104-B, 106, IV.
21. CDC, art. 4º, IV: "A Política Nacional das Relações de Consumo tem por objetivo o atendimento das necessidades dos consumidores, o respeito à sua dignidade, saúde e segurança, a proteção de seus interesses econômicos, a melhoria da sua qualidade de vida, bem como a transparência e harmonia das relações de consumo, atendidos os seguintes princípios: [...] IV – educação e informação de fornecedores e consumidores, quanto aos seus direitos e deveres, com vistas à melhoria do mercado de consumo".
22. CDC, art. 6º "São direitos básicos do consumidor: [...] II – a educação e divulgação sobre o consumo adequado dos produtos e serviços, asseguradas a liberdade de escolha e a igualdade nas contratações; III – a informação adequada e clara sobre os diferentes produtos e serviços, com especificação correta de quantidade, características, composição, qualidade, tributos incidentes e preço, bem como sobre os riscos que apresentem; IV – a proteção contra a publicidade enganosa e abusiva, métodos comerciais coercitivos ou desleais, bem como contra práticas e cláusulas abusivas ou impostas no fornecimento de produtos e serviços".
23. Nesse sentido, defende Claudia Lima Marques: "Na Alemanha já se considera a autonomia de um direito da informação, como ramo transversal do novo direito privado constitucionalizado. Como ensina Michael Kloepfer, informação é um tema novo, transversal e multifacetado do direito privado. Informação é, ao mesmo tempo, um estado subjetivo, é o saber ou não saber, informação é um processo interativo, que se denomina normalmente de comunicação (tornar comum); informação é um conteúdo, são os dados, saberes, conhecimentos, imagens, sons, formas, palavras, símbolos ou (in)formações organizadas, e – acima de tudo – informação é um direito!" MARQUES, Claudia Lima. Prefácio. *In* BARBOSA, Fernanda Nunes. *Informação: direito e dever nas relações de consumo*. São Paulo: Ed. RT, 2008, p. 10-11.
24. CAVALIERI FILHO, Sergio. *Programa de direito do consumidor*. 2. ed. São Paulo: Atlas, 2010, p. 88. Prossegue o autor: "Outra característica do direito à informação é que ele não é um fim em si mesmo, não se exaure em si mesmo. Na verdade, tem por finalidade garantir ao consumidor o exercício de outro direito ainda mais importante, que é o de escolher conscientemente. Essa escolha propicia ao consumidor diminuir os riscos e alcançar as suas legítimas expectativas. Mas sem informação adequada e precisa o consumidor não pode fazer boas escolhas,

É importante ressalvar, contudo, que a informação adequada não é a solução para todos os desequilíbrios substanciais entre os negociantes. A informação adequada mitiga os efeitos da assimetria entre as partes e permite o consentimento consciente na formação dos contratos, mas não dispensa a incidência de outros mecanismos jurídicos de reequilíbrio, como o princípio do equilíbrio contratual.[25]

Tampouco importa sustentar que a exigência de informação, como a proteção do consumidor de modo geral, seja absoluta, pois nenhum preceito tem prevalência em abstrato. A boa-fé, como se sabe, é uma via de mão dupla e deve ser observada por todas as partes contratantes, sendo certo que o consumidor de má-fé não deve ter a proteção do ordenamento jurídico. Por não ser um direito absoluto, a definição de critérios para o seu exercício é determinante, sem os quais a atividade no mercado de consumo tornar-se-ia inviável.[26] Esses critérios devem servir de guia para o intérprete, diante da realidade em exame, flexíveis o suficiente para permitir a sensibilidade às circunstâncias relevantes do caso concreto, mas oferecendo segurança jurídica para garantir isonomia e previsibilidade das decisões. A análise desses parâmetros está inexoravelmente fundada na ligação entre a informação adequada e o princípio da boa-fé.[27] Sob a ótica da boa-fé objetiva, o dever de informar é indicado como dever anexo ou lateral do contrato, pois é inviável o estabelecimento de confiança sem a adequada informação.[28]

---

ou, pelo menos, a mais correta. É o que se tem chamado de consentimento informado, vontade qualificada ou, ainda, consentimento esclarecido" (ibidem).

25. Sobre o tema, v. SCHREIBER, Anderson. *Equilíbrio contratual e dever de renegociar*. São Paulo: Saraiva, 2018. Esclarece o autor, a respeito da distinção das intervenções, que "Não se deve, portanto, condicionar a incidência do princípio do equilíbrio contratual a 'falhas' ou 'defeitos' na formação do acordo de vontades ou a particulares situações de 'assimetria informacional' entre os contratantes (para usar expressão que tem se tornado frequente em nossa doutrina), como se a passagem de um consenso puramente formal a um *consenso informado* servisse para solucionar o problema do desequilíbrio dos contratos. O que se pretende, na atualidade, não é tão somente assegurar uma informação correta para o exercício consciente da liberdade contratual, mas verificar o merecimento de tutela do próprio conteúdo contratual" (ibidem, p. 54).

26. Nesse sentido, afirmam Gustavo Tepedino e Anderson Schreiber: "Estes deveres anexos, todavia, não incidem de forma ilimitada. Seria absurdo supor que a boa-fé objetiva criasse, por exemplo, um dever de informação apto a exigir de cada contratante esclarecimentos acerca de todos os aspectos da sua atividade econômica ou de sua vida privada. Assim, se é certo que o vendedor de um automóvel tem o dever – imposto pela boa-fé objetiva – de informar o comprador acerca dos defeitos do veículo não tem, por certo, o dever de prestar ao comprador esclarecimentos sobre sua preferência partidária, sua vida familiar ou seus hábitos cotidianos. Um dever de informação assim concebido mostrar-se-ia não apenas exagerado, mas também irreal, porque seu cumprimento seria, na prática, impossível tendo em vista a amplitude do campo de informações. Faz-se necessário, portanto, identificar o critério que determina os limites do dever de informação e dos demais deveres anexos, sob pena de inviabilizar a própria aplicação da cláusula geral de boa-fé" (TEPEDINO, Gustavo; e SCHREIBER, Anderson. Os efeitos da Constituição em relação à cláusula da boa-fé no Código Civil e no Código de Defesa do Consumidor. *Revista da EMERJ*, v. 6, n. 23, p. 146, 2003).

27. Para maior aprofundamento sobre esses critérios, seja consentido remeter a KONDER, Cíntia Muniz de Souza. A adequação da informação na concessão de crédito. *Revista de Direito do Consumidor*. n. 136, São Paulo, jul./ago. 2021.

28. CORDEIRO, António Manuel da Rocha e Menezes. *Da boa fé no Direito Civil*. Coimbra: Almedina, 2001; TEPEDINO, Gustavo; SCHREIBER, Anderson. Os efeitos da Constituição em relação à cláusula da boa-fé no Código de Defesa do Consumidor e no Código Civil. *Revista da EMERJ*, v. 6, n. 23, 2013, p. 148. Disponível em: https://goo.gl/gU9hA8. Acesso em: 21 jun. 2017; NEGREIROS, Teresa. *Teoria do contrato: novos paradigmas*. 2. ed. Rio de Janeiro: Renovar, 2006; MARTINS-COSTA, Judith. *A boa-fé no direito privado*: sistema e tópica no processo obrigacional. São Paulo: Ed. RT, 1999; MARQUES, Claudia Lima. *Contratos no Código de Defesa do*

Como exemplo da importância da informação qualificada para a formação da vontade, apresenta-se o complexo problema jurídico gerado com a oferta, pelas instituições financeiras, do chamado "cartão de crédito consignado". A relevância do problema pode ser demonstrada, por exemplo, pelos mais de 3.800 julgados sobre o tema, entre os anos de 2017 e 2022, na segunda instância do Tribunal de Justiça do Estado do Rio de Janeiro.

O contrato de crédito consignado em folha de pagamento é uma modalidade de concessão de crédito na qual o valor contratado é disponibilizado na conta bancária do tomador. É um tipo de empréstimo no qual o prazo, os juros e o valor das prestações são fixos e previamente definidos. Além disso, as prestações são descontadas na própria folha de pagamento. O tomador do crédito sabe de antemão o que será descontado dos seus vencimentos, podendo efetuar o seu planejamento financeiro com mais tranquilidade. Como a possibilidade de inadimplemento é menor em relação às demais concessões de crédito, os juros são mais baixos.

A contratação de reserva de margem de crédito consignável (RMC) via cartão de crédito consignado é uma modalidade diferente: trata-se de um contrato muito próximo a um cartão de crédito comum, com a diferença de se poder consignar um percentual na folha de pagamento do contratante. Fabiana Bava explica que: "no ato da contratação, é liberado um crédito para saque e esse valor se torna a dívida do cartão de crédito, da qual, mensalmente, será descontado o mínimo da fatura direto do salário ou benefício do INSS, enquanto o débito restante deverá ser pago por meio do boleto".[29] Assim, apenas um pequeno percentual do valor da fatura pode ser consignado em folha de pagamento (normalmente 5% da margem consignável), devendo o restante ser pago com boleto. Com efeito, o valor das prestações não é fixo, e por ser um cartão de crédito, as taxas de juros irão variar conforme o mercado, diferente das taxas do crédito consignado, que são previamente fixadas. Milton Rodrigo Gonçalves exemplifica a complexa dinâmica dessa modalidade contratual:

> [S]e o consumidor, no final do mês, encontra-se sem dinheiro, e precisa urgentemente de determinado medicamento, dirigir-se-á à farmácia e, lá, comprará à crédito o produto. Utilizado o cartão, no mês seguinte ser-lhe-á remetida fatura constando a discriminação dos débitos: (a) se quitada integralmente a fatura, quita-se a dívida para com o banco; (b) se não quitada ou quitada parcialmente, o saldo residual passará ao rotativo, com a incidência de pesada taxa de juros; e (c) se pago apenas o valor mínimo (ou seja, somente os juros da operação), enfim, mantém-se o valor principal, financiando-o para o próximo mês – adianta-se, aqui, que, de modo geral, nos contratos de cartão de crédito consignado, o desconto efetivado no benefício do consumidor serve, única e exclusivamente, ao pagamento do valor mínimo das faturas, ou seja serve, tão somente, a quitar os juros.[30]

Consumidor. 3. ed. São Paulo: Ed. RT, 1999, p. 107; SILVA, Jorge Cesa Ferreira da. *A boa-fé e a violação positiva do contrato*. Rio de Janeiro: Renovar, 2002.

29. BAVA, Fabiana. *Procon orienta sobre diferença entre cartão de crédito consignado e empréstimo consignado*. Disponível em: https://www.mogidascruzes.sp.gov.br/noticia/procon-orienta-sobre-diferenca-entre-cartao--de-credito-consignado-e-emprestimo-consignado. Acesso em: 29 abr. 2022.
30. GONÇALVES, Milton Rodrigo. A interpretação dos negócios jurídicos à luz da boa-fé: as operações de saque via cartão de crédito consignado efetivado por consumidores hipervulneráveis, no período ligeiramente posterior à edição da Lei 13.172/2015. *Revista do Instituto de Direito Constitucional e Cidadania*, v. 4, n. 1 p. 64. Londrina, 2019.

A questão se torna mais problemática quando o consumidor entende que "cartão de crédito consignado" e "crédito consignado" são exatamente a mesma coisa, acreditando – ou sendo convencido de – que está diante de um tipo de empréstimo consignado, quando na verdade contratou esse complexo contrato envolvendo cartão de crédito. A situação jurídica e econômica se agrava ainda mais quando o consumidor entende que o desconto do que ele entendia como empréstimo consignado já está sendo realizado na conta e não verifica saldo devedor a pagar mediante boleto.

O Poder Judiciário estadual tem interpretações diferentes sobre a questão. No âmbito do Tribunal de Justiça do Estado do Rio de Janeiro, majoritariamente, entende-se que se o consumidor não chegou a utilizar o cartão de crédito, efetuando saques e compras, é possível amparar a tese de que o contratante pode ter se enganado ou sido enganado acerca da modalidade de contratação, a depender das demais provas dos autos.[31]

A 4ª Turma do Superior Tribunal de Justiça recebeu demanda envolvendo o assunto, mas não chegou a examinar a questão de mérito, mantendo o entendimento do Tribunal de origem, fundamentando que "para desconstituir a convicção formada pelas instâncias ordinárias a esse respeito, seria necessário incursionar no substrato fático-probatório dos autos, bem como na interpretação de cláusula contratual, o que é defeso a este Tribunal nesta instância especial".[32]

Como visto, a questão da informação qualificada é vital para impedir que ocorra contratação que não se pretende ou que se contrate tipo contratual diferente do que efetivamente se deseja.

5. CONCLUSÃO

O artigo buscou analisar a importância da informação adequada como instrumento de proteção dos vulneráveis no contexto das chamadas vidas a crédito, a partir dos exemplos do crédito consignado e do cartão de crédito consignado.

Destacou a desnecessidade – e inconveniência – de construção de novas categorias, em sobreposição, para efetivar a tutela adequada do consumidor: se todo consumidor é presumidamente vulnerável, entende-se que a intensidade e a forma de proteção da pessoa humana devem independer do enquadramento em qualquer categoria definida *a priori*.

A partir de uma interpretação civil-constitucional, o intérprete deve simplesmente perquirir se aquele consumidor, em determinado caso, estava em situação especial de suscetibilidade, de modo que as normas constitucionais de proteção à pessoa, da sua

---

31. A título de exemplo: TJERJ, 9ª C.C., Ap. cível 0008906-74.2021.8.19.0054, Rel. Des(a). Luiz Felipe Miranda de Medeiros Francisco, julg. 28.04.2022; TJERJ, 25ª C.C., Ap. cível 0002043-05.2021.8.19.0054, Rel. Des(a). Luiz Fernando de Andrade Pinto, julg. 28.04.2022; TJERJ, 5ª C.C., Ap. cível 0045477-17.2019.8.19.0021, Rel. Des(a). Cláudia Telles de Menezes, julg. 26.04.2022; e TJERJ, 13ª C.C., Ap. cível 0089481-25.2018.8.19.0038, Rel. Des(a). Valéria Dacheux Nascimento, julg. 19.04.2022.
32. STJ, 4ª T., AgInt no Ag em REsp 1.980.044, Rel. Min. Luís Felipe Salomão, julg. 14.12.2021.

dignidade e do mínimo existencial possam repercutir em sua tutela, efetivando a determinação constitucional de redução das desigualdades e justiça social. A interpretação sistemática também possibilita que o intérprete não se deixe cobrir pelo manto da hipervulnerabilidade a qualquer preço e em qualquer caso, pois ao interpretar o sistema como uno e indivisível, relembra ao intérprete da capacidade, autonomia e responsabilidade que o consumidor também possui, daí a necessidade de um exame casuístico, justamente para tutelar o consumidor de boa-fé.

A análise da questão do crédito consignado e do cartão de crédito consignado perpassa pela forma como é feita a contratação, pela informação adequada que o consumidor recebeu, da boa ou má-fé deste consumidor e das características específicas da pessoa que contratou. A partir desses elementos, é possível perquirir se houve um engano na formação da decisão racional de contratar e de qual espécie contratual contratar. Por isso, a interpretação sistemática a partir da Constituição Federal permite o exame do caso concreto – e não de um modelo abstrato – para tutelar a dignidade do consumidor em situação especial de suscetibilidade.

VULNERABILIDADE DO CONSUMIDOR EM MEIO DIGITAL – EQUIVALÊNCIA DE PROTEÇÃO E VEDAÇÃO DE PROTEÇÃO INSUFICIENTE

Guilherme Mucelin

Guilherme Domingos Wodtke

Sumário: 1. Introdução – 2. Vulnerabilidade do consumidor em meio digital e equivalência de proteção; 2.1 Princípio da vulnerabilidade em direito do consumidor; 2.2 Vulnerabilidade do consumidor em meio digital – 3. Servicização, inteligência artificial e a vedação de proteção insuficiente; 3.1 Servicização e a revitalização expansiva do PL 3.514/2015; 3.2 Inteligência Artificial e o aprimoramento do PL 21/20 – 4. Considerações finais.

1. INTRODUÇÃO

O advento de uma nova revolução industrial já é perceptível aos olhos da sociedade contemporânea, em razão das tecnologias emergentes deste início de século. A interação da economia e da sociedade com o universo digital está transformando não só "o que" e "como" fazemos as coisas, mas também "quem" somos. As promessas deste novo paradigma são trazer maior flexibilidade no fornecimento de bens, serviços, conteúdos digitais, velocidade, qualidade, produtividade e principalmente personalização para as massas.

Os preceitos tradicionais do Direito Privado, por sua vez, tornam-se cada dia mais distantes da realidade, porquanto o universo digital já está bastante integrado com o físico. No caso das relações de consumo, por exemplo, as novas tecnologias proporcionaram um modelo repleto de intermediários, muitas vezes anônimos, em um contexto globalizado. Enquanto o Estado busca compreender este fenômeno, a autorregulação, apesar da participação do usuário na avaliação e solução de seus conflitos, não consegue lidar com os comportamentos abusivos, apropriação de dados digitais e violações de Direito ante a ausência de regras e princípios específicos por parte do legislador.

Nesse sentido, dada a nova conjuntura do mercado que torna ou evidencia ainda mais a vulnerabilidade dos consumidores na ambiência digital, averígua-se a suficiência das propostas legislativas específicas sobre o comércio eletrônico (em particular, o PL 3.514/2015) e sobre a inteligência artificial (o PL 21/20) que, conjuntamente, formam uma base para o mercado na sua dimensão digital. Para tanto, o artigo foi dividido em duas grandes partes, uma dedicada à vulnerabilidade digital do consumidor e, a subsequente, aos Projetos de Lei nas temáticas sinalizadas. Vejamos.

2. VULNERABILIDADE DO CONSUMIDOR EM MEIO DIGITAL E EQUIVALÊNCIA DE PROTEÇÃO

O princípio do reconhecimento da vulnerabilidade do consumidor é central para todo o microssistema de proteção do consumidor no Brasil. Ele demonstra em termos jurídicos a irreversibilidade (e a necessidade de resiliência) da sujeição estrutural da pessoa que contrata, adquire ou utiliza produto ou serviço frente a quem detém o conhecimento de todos os aspectos da relação que estabelece – o fornecedor e, mais especificamente, a rede de fornecimento e suas atividades auxiliares.

A vulnerabilidade, de modo geral, foi concebida em uma época que a internet e seus usos não eram populares, restando sua interpretação e sua concreção em casos que se davam primordialmente em uma relação de consumo (estrita ou equiparada) "analógica". Com a mudança na conjuntura social, notadamente pelo espraiamento do comércio eletrônico e pela plataformização do mercado digital, a vulnerabilidade passa a ganhar novos contornos e novos feitios, servindo para identificar fatores no ambiente eletrônico que dão causa a assimetrias e desequilíbrios que, por sua própria novidade, têm potencial de deixar consumidores desprotegidos.

De acordo com as Guidelines para a proteção do consumidor das Nações Unidas, revisitadas em 2015, uma necessidade legítima é garantir "um nível de proteção para consumidores que utilizam o comércio eletrônico que não seja inferior àquelas garantidas em outras formas de comércio".[1] Considerando o princípio da proteção equivalente, a vulnerabilidade digital pode prestar contributos à melhoria da vivência do consumidor também na dimensão digital, garantindo meios para que essa proteção seja, de fato, equivalente, especialmente a partir da identificação dos fatores que colocam o consumidor em desvantagem. Conforme Marques, "para alcançar este 'mesmo nível de proteção' necessitamos pensar o novo do mundo digital".[2]

2.1 Princípio da vulnerabilidade em direito do consumidor

Claudia Lima Marques e Bruno Miragem definem a vulnerabilidade como um *estado* da pessoa de inerente risco ou uma *situação* de confrontação excessiva, permanente ou provisória, individual ou coletiva que, em razão de qualidades ou dinâmicas específicas, fragiliza ou enfraquece o sujeito de direitos e desequilibra a relação na qual está inserido.[3]

A vulnerabilidade não é fonte, *per se*, de desequilíbrios. É, outrossim, o nome dado ao reconhecimento de um conjunto de assimetrias que colocam o sujeito com menor poder em posição de sujeição e, por isso, é juridicamente identificada como relevante

---

1. NAÇÕES UNIDAS. *Guidelines for consumer protection*. Nova Iorque/Genebra: 2016. p. 8.
2. MARQUES, Claudia Lima. Revisando a teoria geral dos serviços com base no Código de Defesa do Consumidor em tempos digitais. In: MARQUES, Claudia Lima; LORENZETTI, Ricardo Luis; CARVALHO, Diógenes Faria de; MIRAGEM, Bruno. *Contratos de serviços em tempos digitais*: contribuição para uma nova teoria geral dos serviços e princípios de proteção dos consumidores. São Paulo: Ed. RT, 2021 (e-book – RB 2.13).
3. MARQUES, Claudia Lima; MIRAGEM, Bruno. *O novo direito privado e a proteção dos vulneráveis*. São Paulo: Ed. RT, 2014. p. 52-53.

para ser mitigada. Em outros termos, a vulnerabilidade não é a causa, mas o resultado reconhecido pelo Direito dos efeitos de um conjunto de assimetrias originado de uma posição dominante em relação ao outro sujeito e que se manifesta em um dado contexto ou em uma dada relação.

Daqui já se podem retiram três importantes lições: a primeira, que a vulnerabilidade não é fundamento de normas protetivas, senão a explicação da sua existência e da atuação do legislador no tocante ao conjunto de assimetrias identificado; a segunda, que a existência de diversificadas normas protetivas é decorrência da diversidade de formas pelas quais conjuntos de assimetrias se manifestam;[4] e, a terceira, que o propósito fundamental de seu reconhecimento pelo Direito é possibilitar buscar instrumentais jurídicos para reforçar a resiliência do sujeitado[5] – com o fim último, portanto, de promover o equilíbrio e a harmonia.[6]

É nesse espírito, fortalecido após a influência da Constituição Federal de 1988,[7] que o Código de Defesa do Consumidor (CDC) veio a elencar expressamente, como princípio-pedra angular do microssistema, o reconhecimento da vulnerabilidade do consumidor no mercado (art. 4º, I).

Nesse ramo em específico, à vulnerabilidade são atribuídas três funções: (i) definição do âmbito de aplicação do CDC, ao delimitar o conceito de consumidor a partir do elemento teleológico constante no art. 2º, *caput*, do Código, ou das hipóteses de equiparação (notadamente art. 29, CDC); (ii) interpretação das normas do CDC, guiando com maximização a proteção dos consumidores; (iii) diferenciação quanto ao resultado da aplicação, de modo a expressar maior efetividade para o consumidor e a rejeitar, lado outro, resultados incompatíveis ou que sejam contrários aos interesses dos consumidores.[8]

---

4. E é por isso, ensina Fiechter-Boulvard, que o maior número de manifestações da vulnerabilidade no direito é implícita, sendo raro sua referência explícita e direta. (FIECHTER-BOULVARD, Frédérique. La notion de vulnérabilité et sa consécration par le droit. In: COHET-CORDEY, Frédérique (Org.). *Quelles vulnérabilités? Le developpement de la vulnérabilité et ses enjeux en droit*. Grenoble: Presses Universitaires de Grenoble, 2000. p. 17 e exemplos nas seguintes).
5. Partindo-se da premissa de que a vulnerabilidade é ineliminável, seu contraponto não é a igualdade ou a liberdade, embora com elas dialogue, mas a resiliência: meios possíveis de enfrentamento de assimetrias e de situações adversas. (Fineman, Martha Albertson. The Vulnerable Subject and the Responsive State. *Emory Law Journal*, v. 60, n. 2, p. 259. Atlanta, 2010). Podemos observar a busca pela resiliência também na Nova Agenda do Consumidor elaborada pela Comissão Europeia: UNIÃO EUROPEIA. Comissão Europeia. Comunicação da Comissão ao Parlamento Europeu e ao Conselho. *Nova Agenda do Consumidor*: Reforçar a resiliência dos consumidores para uma recuperação sustentável. EU: Bruxelas, 2020. Disponível em: https://bit.ly/3JQ76k8 Acesso em: 28 mar. 2022.
6. MARQUES, Claudia Lima; MIRAGEM, Bruno. *O novo direito privado e a proteção dos vulneráveis*. São Paulo: Ed. RT, 2014. p. 52-53.
7. BRASIL. CF 1988. Art. 5º Todos são iguais perante a lei, sem distinção de qualquer natureza, garantindo-se aos brasileiros e aos estrangeiros residentes no País a inviolabilidade do direito à vida, à liberdade, à igualdade, à segurança e à propriedade, nos termos seguintes: (...) XXXII – o Estado promoverá, na forma da lei, a defesa do consumidor.
8. MIRAGEM, Bruno. Princípio da vulnerabilidade: perspectiva atual e funções no direito do consumidor contemporâneo. In: MIRAGEM, Bruno; MARQUES, Claudia Lima; MAGALHÃES, Lúcia Ancona. *Direito do Consumidor*: 30 anos do CDC – da consolidação como direito fundamental aos atuais desafios da sociedade. Rio de Janeiro: Forense, 2020. p. 256.

Os critérios que permitem seu reconhecimento são justamente suas causas ou, como denominamos, os conjuntos identificados de assimetrias que se manifestam estruturalmente em relação a determinado grupo de pessoas. Via de regra, os conjuntos de assimetria são chamados de "espécies" da vulnerabilidade e foram, em primeiro, trabalho da doutrina especializada que elencou, originalmente, três espécies: a técnica, a jurídica/científica e a fática/econômica.

Em brevíssima síntese, a primeira correlaciona-se com a falta de conhecimento especializado em relação ao produto ou ao serviço objeto da relação de consumo; a segunda está compreendida na falta de conhecimento pelo consumidor dos direitos e deveres inerentes à relação de consumo, tanto no que tange à legislação quanto a eventual contrato, bem como demais conhecimentos especializados relevantes a determinada contratação (no caso do crédito, economia e contabilidade, por ex.); a terceira é "residual", incorporando em seu conteúdo diversas situações concretas de reconhecimento da debilidade do consumidor e da sua sujeição à direção, em relação ao fornecedor, da relação de consumo.[9]

Decorrente da especialização das condições factuais de mercado e das próprias relações de consumo (e seus objetos) que se tornam progressivamente complexas, uma quarta espécie de vulnerabilidade foi identificada: a informacional, a qual é considerada a mais básica das espécies e, de modo geral, sempre presente nas dinâmicas de consumo. Liga-se a ideias opostas, porém, pelo prisma protetivo, complementares: de um lado, a falta de informação sobre produtos, serviços e contratação determina um déficit informacional entre as partes da relação de consumo, prejudicando, inclusive, a autonomia privada do consumidor; de outro, o excesso de informações (*information overload*) sobre produtos, serviços e contratação determina um superávit informacional, dificultando ou mesmo impedindo, por conta de informações desnecessárias ou não relevantes em abundância, o direito à informação clara, precisa, concisa e suficiente do consumidor.[10]

A vulnerabilidade é, sabe-se, polissêmica, um conceito elástico que, justamente por isso, admite variações e gradações de conteúdo[11] e de intensidade. E isso é de extrema importância para a atualidade do princípio, da própria legislação e da jurisprudência, uma vez que, muito embora tenha um caráter universalizante (análise em abstrato – *todos os consumidores são vulneráveis*), ela é muito particularizada, posto que cada consumidor, com seus atributos ou qualidades pessoais, está inserido em diferentes teias de relações que contribuem (ou não) para o agravamento da vulnerabilidade (análise em concreto – *todos os consumidores são vulneráveis, mas, em determinados casos, esses consumidores em especial são mais*).

---

9. MIRAGEM, Bruno. *Curso de Direito do Consumidor*. São Paulo: Ed. RT, 2020. (*e-book*).
10. MARQUES, Claudia Lima. *Contratos no Código de Defesa do Consumidor*: o novo regime das relações contratuais. São Paulo: Ed. RT, 2019. (*e-book*).
11. Sobre os diferentes conteúdos da vulnerabilidade, veja, por todos: MORAES, Paulo Valério Dal Pai. *Código de Defesa do Consumidor*: o princípio da vulnerabilidade no contrato, na publicidade, na oferta, nas demais práticas comerciais. Porto Alegre: Livraria do Advogado, 2009.

Será o caso, por exemplo, do consumidor idoso, analfabeto, pobre, doente e superendividado que contrata crédito consignado.[12] Nesta ilustração, haverá o reconhecimento de vulnerabilidades distintas: em relação à idade; biológica, em razão de doença e possivelmente da dependência de determinados produtos (como remédios) e serviços (como assistência médica); de relação, de sujeição do consumidor ao fornecedor; socioestrutural, que prejudica a compreensão do conteúdo negocial e jurídico do crédito; e de situação, em razão de seu estado de superendividamento. Admite-se, nesse sentido, uma gradação de vulnerabilidades, o que foi denominado, em primeiro, pela jurisprudência, como hipervulnerabilidade e, após, pela doutrina, como vulnerabilidade agravada.

Frise-se que o reconhecimento de vulnerabilidades agravadas faz parte da transição do "sujeito de direitos liberal", aquela ficção jurídica do liberalismo de indivíduo formalmente igual perante a lei e completamente capaz de autogovernar-se, para um "sujeito de direitos vulnerável",[13] que reconhece o sujeito a partir de suas peculiaridades (situacionais, relacionais, biológicas etc.) e, em teoria, materialmente igual perante a lei. A utilidade dessa gradação tem, ao menos, duas frentes principais: uma prática, por intermédio do reforço de deveres de lealdade, boa-fé e da proteção da confiança e das expectativas legítimas, aplicando-se, em diálogo, eventuais diplomas pertinentes; e, a outra, conceitual, viabilizando o estudo pormenorizado das diferentes causas-camadas de vulnerabilidade para encontrar soluções jurídicas aptas a mitigá-las[14] e a dar efetividade à própria proteção desses consumidores.

É nesse sentido que, aliás, o próprio CDC determina o estudo constante das modificações do mercado de consumo (art. 4º, VIII). Contemporaneamente, as dinâmicas de consumo têm ganhado novos contornos e novos desafios, especialmente considerando a dimensão nem só digital, nem só analógica – mas simbiótica do mercado de consumo[15] em que consumidores são, também e especialmente, titulares de dados pessoais. Assim, mostra-se relevante o aprofundamento, embora sem a pretensão de esgotar o assunto, das novas faces da vulnerabilidade.

2.2 Vulnerabilidade do consumidor em meio digital

O movimento de difusão da internet, datado do início dos anos 90, alterou profundamente as relações sociais quando perde seus aspectos meramente técnico e industrial para

---

12. Veja, por exemplo, que, em atenção ao agravamento da vulnerabilidade (sobreposição de assimetrias), a Lei 14.181, de julho de 2021, foi enfática: Art. 54-C. É vedado, expressa ou implicitamente, na oferta de crédito ao consumidor, publicitária ou não: (...) IV – assediar ou pressionar o consumidor para contratar o fornecimento de produto, serviço ou crédito, principalmente se se tratar de consumidor idoso, analfabeto, doente ou em estado de vulnerabilidade agravada ou se a contratação envolver prêmio.
13. FINEMAN, Martha Albertson. The Vulnerable Subject: Anchoring Equality in the Human Condition. *Yale Journal of Law and Feminism*, s.l., v. 20, n. 1, p. 11 e 12, 2008.
14. LUNA, Florencia. Elucidating the concept of vulnerability: layers, not labels. *The international Journal of Feminist Approaches to Bioethics*, s.l., v. 2, n. 1, p. 131 e 132, 2009.
15. MARQUES, Claudia Lima; MUCELIN, Guilherme. Novo mercado de consumo 'simbiótico' e a necessidade de proteção de dados dos consumidores. In: SARLET, Gabrielle Bezerra Sales; TRINDADE, Manoel Gustavo Neubarth; MELGARÉ, Plínio. *Proteção de dados*: temas controvertidos. Indaiatuba: Foco, 2021. p. 67-94.

fundir-se às telecomunicações.[16] A partir desses avanços tecnológicos, surge uma nova dimensão do mercado de consumo com a oferta de produtos e serviços, sob diferentes modelos de custeio e remuneração.[17] Assim, o consumo na contemporaneidade compartilha com a rede mundial de computadores seu caráter exponencial, globalizado, dinâmico e veloz cuja importância não pode passar despercebido pelo sistema protetivo do Direito do Consumidor.

Em sua análise sobre o fenômeno, Claudia Lima Marques relata que os contratos no comércio eletrônico, por exemplo, são essencialmente despersonalizados, porquanto adotam um modelo contratual massificado ao extremo, anônimo e desterritorializado. No caso, seriam contratos em que o fornecedor não tem mais um rosto, não mais aparece, tampouco existe fisicamente ou até mesmo territorialmente, pois alguns fornecedores são redes de distribuição sem sede fixa.[18] Dessa forma, o sujeito fornecedor do século XXI é um ofertante profissional automatizado e globalizado, membro de uma cadeia sem fim de intermediários e beneficiário de uma oferta permanente de produtos e serviços dado o fácil acesso à internet por meio de *gadgets*.

Diante das circunstâncias, o consumidor perdeu a oportunidade de dialogar com o fornecedor ou seu vendedor sobre suas verdadeiras necessidades e desejos, em razão da consolidação da negociação unilateral pautada no visual que inclusive desencoraja a retórica. Sob o pretexto da praticidade e otimização do tempo, um simples tocar no teclado significa aceitação, continuar a navegação em um caminho virtual de imagens, sons e parcas palavras serve como declaração de vontade tácita na celebração de um contrato.[19] Apesar do Código de Defesa do Consumidor ser aplicável a todas as obrigações eletrônicas sob o crivo da jurisdição brasileira, o meio digital apresenta situações inteiramente novas para as quais a legislação vigente merece atualização para restabelecer o efetivo equilíbrio contratual.[20]

Os *smart contracts* são um exemplo notório da disparidade entre o impacto das inovações tecnológicas e a morosidade da resposta do legislador em atender as novas demandas consumeristas. Em uma breve síntese, os contratos inteligentes oferecem um novo paradigma no mercado de consumo por terem sua execução total ou parcialmente automática, afastando a interferência do comportamento humano para seu cumprimento.[21] Ao menos que seja pré-programado para permitir interferências no processo, as

---

16. LEHFELD, Lucas de Souza; CELIOT, Alexandre; SIQUEIRA, Oniye Nashara; BARUFI, Renato Britto. A (hiper) vulnerabilidade do consumidor no ciberespaço e as perspectivas da LGPD. *Revista Eletrônica Pesquiseduca*, n. 29, v. 13, p. 239-240, Santos, jan./abr. 2021.
17. MIRAGEM, Bruno. Novo paradigma tecnológico, mercado de consumo digital e direito do consumidor. *Revista de Direito do Consumidor*, v. 125, p. 18. São Paulo: Ed. RT, set./out. 2019.
18. MARQUES, Claudia Lima. Proteção do consumidor no âmbito do comércio eletrônico e a chamada nova crise do contrato: por um Direito do Consumidor aprofundado. *Revista de Direito do Consumidor*, v. 57, p. 22, São Paulo: Ed. RT, jan./mar., 2006.
19. MARQUES, Claudia Lima. Proteção do consumidor no âmbito do comércio eletrônico. *Revista da Faculdade de Direito da UFRGS*, n. 23, p. 60-61, 2003.
20. EMERIM, Camila Candido. Contratos Eletrônicos de Consumo: panorama doutrinário, legislativo e jurisprudencial atual. *Revista de Direito do Consumidor*, v. 91, p. 375, jan./fev. 2014.
21. MIRAGEM, Bruno. Novo paradigma tecnológico, mercado de consumo digital e direito do consumidor. *Revista de Direito do Consumidor*, v. 125, p. 30-32. São Paulo: Ed. RT, set./out. 2019.

partes nos contratos inteligentes se organizam para cumprir seu acordo prévio nos moldes de uma máquina de venda automática que libera o refrigerante após o pagamento.[22]

Na percepção de Bruno Miragem, o fenômeno e a popularidade dos *smart contracts* não são passageiros, uma vez que aparenta tratar-se de um avanço tecnológico dos contratos típicos de uma sociedade de massas.[23] Recentemente, os códigos que compõem os contratos inteligentes passaram a ser armazenados em *blockchain*, nome dado à aplicação tecnológica que permite o armazenamento de transações em cadeia de blocos, de modo a tornar os efeitos jurídicos contratuais irretroativos. A resolução de um contrato inteligente não é fácil, mesmo por expressa determinação judicial, e situações de abusos de Direito nestas situações, por exemplo, expõem uma vulnerabilidade do consumidor que precisa de melhores mecanismos de prevenção e remediação.[24]

Outro reflexo do crescimento exponencial do fluxo de dados pessoais, bem como a expansão da tecnologia da informação e do acesso à internet em níveis globais é a ascensão de novas formas comerciais como as que acontecem por via das plataformas digitais, maiores companhias globais deste início de século. Em uma sociedade capitalista, é esperado o grande poder e influência nas esferas sociais, políticas, econômicas e jurídicas em países em desenvolvimento como o Brasil.[25] Observa-se, a partir do sucesso das plataformas digitais, a intensificação de concentração de mercado, constantes violações à privacidade de dados dos consumidores, autodeterminação e autorregulação e influências nocivas à própria democracia, visto que empresas já utilizaram o poder de informação em benefício de seus próprios objetivos e interesses.[26]

Cumpre destacar que as plataformas digitais baseadas na economia do compartilhamento foram responsáveis por transformar as posições jurídica e social dos consumidores, seja aprimorando e movimentando os ativos postos no mercado, seja fornecendo seus próprios ativos nos negócios de consumo compartilhado ou até mesmo produzindo seus bens.[27] Nesse sentido, os novos produtos e serviços digitais e a simbiose entre os objetos, internet e a inteligência artificial desafiam a concepção clássica de propriedade sobre bens, uma vez que enfatizam sua utilidade em contraposição ao simples domínio.[28] Sem dúvida, o consumo no universo digital tem êxito em ser onipresente

---

22. HOWELLS, G. Protecting Consumer Protection Values in the Fourth Industrial Revolution. *Journal of Consumer Policy*, v. 43, p. 154-155, 2020.
23. MIRAGEM, Bruno. Novo paradigma tecnológico, mercado de consumo digital e direito do consumidor. *Revista de Direito do Consumidor*, v. 125, p. 30-32. São Paulo, set./out. 2019.
24. EFING, Antonio Carlos; SANTOS, Adrielly Pinto dos. Análise dos smart contracts à luz do princípio da função social dos contratos no direito brasileiro. *Direito e Desenvolvimento*, v. 9, n. 2, dez, p. 56, 2018.
25. FRAZÃO, Ana. Plataformas digitais e os desafios para a regulação jurídica. In: PARENTONI, Leonardo GONTIJO, Bruno Miranda; SOUZA, Henrique Cunha (Coord.). *Direito, tecnologia e inovação*. Belo Horizonte: Editora D'Placido, 2008. v. 1, p. 635-636.
26. FRAZÃO, Ana. Plataformas Digitais e o negócio de dados: necessário diálogo entre o direito da concorrência e a regulação dos dados. *Revista Direito Público*, v. 17, n. 93, p. 77, maio/jun., 2020.
27. MUCELIN, Guilherme. PEERS INC.: A nova estrutura da relação de consumo na economia do compartilhamento. *Revista de Direito do Consumidor*. v. 118, p. 88. São Paulo: Ed. RT, jul./ago. 2018.
28. MARQUES, Claudia Lima; MIRAGEM, Bruno. Desafios do Superior Tribunal de Justiça e o futuro do Direito do Consumidor no Brasil: O consumo digital. In: SALOMÃO, Luis Felipe; TARTUCE, Flávio. *Direito Civil*: diálogos entre a doutrina e a jurisprudência. São Paulo: Atlas, 2017. v. II, p. 505-506.

ao envolver-se como uma medusa na vida das pessoas comuns, posto que está sempre disponível pela conexão com a internet e desrespeita as barreiras entre a mídia social e o mercado de consumo.[29]

Deste modo, a vulnerabilidade digital pode ser entendida como um estado universal de indefesa e suscetibilidade a exploração de desequilíbrios de poder que são o resultado da crescente automação das relações comerciais e do fluxo de dados própria da arquitetura dos mercados digitais. O advento dessas novas tecnologias estabelece uma forte relação de confiança nos perfis algorítmicos criados, na tomada de decisões automatizadas e na análise preditiva do comportamento dos consumidores. Há um fluxo constante de testes e intervenções para otimizar o sistema, bem como o poder de sedução e influência dos fornecedores. A sofisticação dos meios de persuasão proporcionados pela vigilância e armazenamento dos dados pela ciência da computação são capazes de revelar fraquezas, preferências, preconceitos e necessidades individuais que tornam até mesmo os sujeitos "mais preparados" para o consumo em vulneráveis.[30]

Trata-se de uma vulnerabilidade promovida pelo ambiente virtual que não se confunde com o conceito de hipervulnerabilidade, tendo em vista que esta decorre de características intrínsecas ao consumidor como idade, estado de saúde e nível de escolaridade que irão torná-lo mais frágil, de acordo com a situação fática que se apresenta, em relação a um consumidor *standard*. A vulnerabilidade agravada pelos novos avanços tecnológicos, por sua vez, ocorre pela criação de um espaço digital para negociação e demais interações, além de ser extrínseca à pessoa do consumidor. Surge, desta maneira, um novo patamar de vulnerabilidade na relação entre consumidor e fornecedor que, dependendo do caso concreto, pode ser ainda acrescido pelo agravamento de vulnerabilidades existentes, específicas ou transpostas ao virtual. A atual crise de confiança nos consumidores reverbera por toda a estrutura política, econômica e social brasileira, trazendo consigo incertezas e a necessidade de atualização do sistema protetivo proposto pelo Direito do Consumidor.[31]

3. SERVICIZAÇÃO, INTELIGÊNCIA ARTIFICIAL E A VEDAÇÃO DE PROTEÇÃO INSUFICIENTE

A nova conjuntura do mercado de consumo, digitalizada e que se interliga com o mercado de consumo "analógico" por intermédio de diferentes canais, como plataformas e *apps*, bem como por conta de sistemas que contribuem em processos de consumo e o tratamento de dados pessoais dos consumidores, como a inteligência artificial e suas

---

29. MARQUES, Claudia Lima; MIRAGEM, Bruno. Desafios do Superior Tribunal de Justiça e o futuro do Direito do Consumidor no Brasil: O consumo digital. In: SALOMÃO, Luis Felipe; TARTUCE, Flávio. *Direito Civil*: Diálogos entre a doutrina e a jurisprudência. São Paulo: Atlas, 2017. v. II, p. 481.
30. HELBERGER, N.; SAX, M.; STRYCHARZ, J.; MICKLITZ, H. W. Choice Architectures in the Digital Economy: Towards a New Understanding of Digital Vulnerability. *Journal of Consumer Policy*, 2021. p. 02-06.
31. CANTO, Rodrigo Eidelvein do. *A vulnerabilidade dos consumidores no comércio eletrônico*: reconstrução da confiança na atualização do Código de Defesa do Consumidor. [livro eletrônico]. São Paulo: Ed. RT, 2015.

tecnologias subjacentes, determina o reconhecimento da vulnerabilidade digital e o estudo constante das modificações mercadológicas.

A equivalência de proteção nos ambientes *online* e *off-line* e a configuração dos direitos fundamentais – em especial, a defesa do consumidor (art. 5º, XXXII, CF) e a proteção dos dados pessoais (art. 5º, LXXIX, CF) – como objetivo do Estado dão suporte à obrigação estatal de realizar e de proteger os direitos dos consumidores nos meios digitais tanto quanto no meio analógico, não somente contra intrusões do poder público, mas essencialmente contra agressões de particulares. Em nossa estrutura constitucional, reconhece-se que cumpre ao legislador estabelecer os tipos de proteção a serem conferidas aos consumidores, proibindo-se uma proteção insuficiente.[32]

Neste espírito e em atenção ao novo paradigma tecnológico do mercado de consumo,[33] focando-se no fenômeno da servicização e de sistemas inteligentes, verifica-se a suficiência protetiva de duas propostas legislativas na matéria – a primeira, sobre o comércio eletrônico (Projeto de Lei 3.514/2015) e a segunda sobre a inteligência artificial (Projeto de Lei 21/2021), sobre os quais passaremos a tecer considerações.

3.1 Servicização e a revitalização expansiva do PL 3.514/2015

Vive-se em um período em que as plataformas são consideradas como a extensão funcional de variadas tarefas cotidianas, de negócios a lazer e, evidentemente, consumo, estando praticamente onipresente no exercício da vida civil. Novas tecnologias, novas formas organizacionais em rede, novos modos de exploração baseados em dados, novos trabalhos e novos mercados baseados em ambiente digital determinam uma mudança nos setores econômicos – economia da atenção, cognitiva, informacional, imaterial, de vigilância ou do conhecimento são alguns dos nomes dados à fase contemporânea do capitalismo[34] – que se espraiam pelas sociedades e criam estruturas sociais a partir de sua lógica.[35]

Integrantes de um sistema interligado de comércio eletrônico, as plataformas representam uma série de desafios aos direitos dos consumidores que, ainda, não encontram tutela no Código de Defesa do Consumidor nem no restante dos textos legais do microssistema protetivo destinado a esse sujeito no ambiente digital – sequer existe a palavra *internet* no CDC. Embora nosso Código tenha sido modificado e atualizado em algumas importantes partes – recentemente com a questão do superendividamento

---

32. Nesse sentido: "Portanto, pela proibição de proteção deficiente as medidas tutelares tomads pelo legislador no cumprimento de seu dever prestacional na seara dos direitos fundamentais devem ser suficientes para oportunizar uma proteção adequada e eficaz, e ainda devem estar amparadas em averiguações cuidadosas dos fatos relevantes e avaliações justificáveis e razoáveis" (GAVIÃO, Juliana Venturella Nahas. A proibição de proteção deficiente. *Revista do Ministério Público do RS*, n. 61, p. 101. Porto Alegre, maio/out. 2008.
33. MIRAGEM, Bruno. Novo paradigma tecnológico, mercado de consumo digital e o direito do consumidor. *Revista de Direito do Consumidor*, v. 125, São Paulo, set./out. 2019.
34. SRNICEK, Nick. *Platform Capitalism*. Cambridge: Polity Press, 2017. p. 44.
35. Veja, por todos: VAN DIJCK, Jose et al. *The platform society*: public values in a connective world. Oxford: Oxford University Press, 2018.

–, outras relevantes ainda não passaram, em definitivo, pelo crivo do Legislativo, como o comércio eletrônico e a valorização extrema de serviços que se tornam progressivamente duradouros e assimétricos,[36] o que deixa os consumidores ainda mais vulneráveis nessa ambiência.

Não que não existam iniciativas legislativas a respeito. Existem diversas, mas todas aguardam apreciação e já apresentam lacunas no que tange ao desenvolvimento tecnológico. Destacaremos aqui o Projeto de Lei 3.514/2015 (apensado ao PL 4.906/2001), em tramitação na Câmara dos Deputados, que trata, além de outras questões, especialmente do comércio eletrônico, a inaugurar potencialmente um novo capítulo no CDC específico na matéria e, consequentemente, na proteção dos consumidores digitais.

O Projeto de Lei em comento originou-se do Projeto de Lei do Senado 281/2012, aprovado por unanimidade naquela Casa e foi amplamente debatido e com participação dos principais interessados, a sociedade civil. Projeto maduro e comprometido com a melhoria das condições do mercado de consumo em sua dimensão digital, o Projeto encontra-se, contemporaneamente, passados mais de dez anos desde sua concepção, carente de revitalização para fazer frente à rápida evolução das estratégias negociais e do mercado de consumo em rede cada vez mais caracterizado como um espaço de fluxos, onde informações são processadas e controladas pelos fornecedores.[37]

Um dos principais desafios que gostaríamos de destacar, em decorrência da plataformização de parte das dinâmicas do consumo, é a servicização – efeito necessário da intermediação e do fornecimento por plataformas. Em outros termos, será a transformação de quase tudo em serviços ou, ao menos, a composição de inúmeros produtos com elementos de serviços e de conteúdos digitais: "o mundo digital está povoado de serviços, nem que sejam os serviços de acesso, locação e intermediação, o streaming e os produtos com serviços combinados".[38] Perceba, por exemplo, que um celular sem os seus serviços de *software* e de conexão é apenas um produto plástico, inútil para as funcionalidades que dele legitimamente se esperam. O mesmo se diga para os demais produtos que dependem, *em simbiose*, de seus componentes digitais.

Serviço, de acordo com o § 2º, do art. 3º, do CDC, é "qualquer atividade fornecida no mercado de consumo, mediante remuneração, inclusive as de natureza bancária, financeira, de crédito e securitária, salvo as decorrentes das relações de caráter trabalhista". Marques afirma que o fornecimento de serviços é um negócio jurídico que propicia ao titular ou que envolve *um fazer* economicamente relevante, imaterial e principal, que pode ou não vir acompanhado de *um dar*, de um suporte material (acessório), mas que

---

36. MICKLITZ, Hans-W.; HELBERGER, Natali; STRYCHARZ, Joanna et al. *EU consumer protection 2.0*: Structural asymmetries in digital consumer markets. Bruxelas: BEUC, mar. 2021.
37. Essa é uma adaptação da doutrina de: CASTELLS, Manuel. *A sociedade em rede*. São Paulo: Paz e Terra: 1999. v. I, p. 489 e ss.
38. MARQUES, Claudia Lima. Revisando a teoria geral dos serviços com base no Código de Defesa do Consumidor em tempos digitais. In: MARQUES, Claudia Lima; LORENZETTI, Ricardo Luis; CARVALHO, Diógenes Faria de; MIRAGEM, Bruno. *Contratos de serviços em tempos digitais*: contribuição para uma nova teoria geral dos serviços e princípios de proteção dos consumidores. São Paulo: Ed. RT, 2021 (e-book – RB 2.1).

será, em definitivo, o imaterial a causa de contratar e a causa da criação da expectativa legítima do consumidor frente ao fornecedor.

No mundo digital, tudo o que for possível de ser "servicizado" terá como elemento caracterizador um fazer, e os contratos de consumo daí resultantes serão também de serviços, mesmo que haja contratos complexos em que existam diversificadas prestações, principais e/ou acessórias, combinadas ou não, de dar e de fazer. Conforme Marques, a distinção estará na confiança despertada no consumidor, em sua pretensão, na visualização do fim principal que visa, ao consumir, a alcançar[39] – e é justamente nesse sentido que a expectativa legítima e a confiança do consumidor devem ser revalorizadas e sopesadas como fundamento balizador das normas referentes ao mundo digital.

Ilustrativamente, em Portugal, o Decreto-Lei 84/2021[40] considerou, no seu art. 44º(2), o operador da plataforma como parceiro contratual[41] do profissional sempre que este exerça influência predominante na celebração do contrato, servindo de critério de análise para tal influência quaisquer fatos suscetíveis de fundar no consumidor a confiança, estendendo a esses agentes econômicos a responsabilidade de consumo,[42] como já se pode perceber em entendimentos nesse sentido no Brasil.[43]

É de se considerar seriamente que as plataformas, para além de serem *guardiões* do consumo genericamente considerados, são também os *gatekeepers* da servicização e da entrada no mundo digital de um modo geral para outras questões além do consumo, pois controlam os fluxos informacionais e as interações entre os agentes econômicos nos espaços que viabilizam e estruturam o seu modelo de negócios. Em síntese, são agentes econômicos poderosos que não são ainda regulados satisfatoriamente.

O próprio Projeto de Lei 3.514/2015 não menciona plataformas. Também não menciona serviços digitais, produtos com elementos digitais e outros sistemas de produtos-e-serviços integrados e inteligentes, como as recentes Diretivas da União Europeia. Saúde-se, evidentemente, todas as disposições que lá estão porque são imprescindíveis, mas deve ir além: defende-se que seu escopo seja ampliado e aprimorado porque as

---

39. MARQUES, Claudia Lima. Revisando a teoria geral dos serviços com base no Código de Defesa do Consumidor em tempos digitais. In: MARQUES, Claudia Lima; LORENZETTI, Ricardo Luis; CARVALHO, Diógenes Faria de; MIRAGEM, Bruno. *Contratos de serviços em tempos digitais*: contribuição para uma nova teoria geral dos serviços e princípios de proteção dos consumidores. São Paulo: Ed. RT, 2021 (e-book – RB 2.8).
40. PORTUGAL. Decreto-Lei 84/2021. Art. 44º(3): "Sem prejuízo do disposto no número anterior, podem ser considerados, para aferição da existência de influência predominante do prestador de mercado em linha na celebração do contrato, quaisquer factos suscetíveis de fundar no consumidor a confiança de que aquele tem uma influência predominante sobre o profissional que disponibiliza o bem, conteúdo ou serviço digital".
41. Assim a Diretiva 2019/771 em seu Considerando 23: "Os operadores de plataformas podem ser considerados vendedores nos termos da presente diretiva se atuarem para fins relacionados com a sua própria empresa e agirem como parceiro contratual direto do consumidor para a compra e venda de bens"; em igual sentido, a Diretiva 2019/770, em seu Considerando 18: "Os operadores de plataformas podem ser considerados profissionais nos termos da presente diretiva se atuarem para fins relacionados com a sua própria empresa e agirem como parceiro contratual direto do consumidor para o fornecimento de conteúdos ou serviços digitais".
42. CARVALHO, Jorge Morais. *Compra e venda e fornecimento de conteúdos e serviços digitais*: anotação ao Decreto-Lei 84/2021, de 18 de outubro. Coimbra: Almedina, 2022. p. 143.
43. MUCELIN, Guilherme. *Conexão online e hiperconfiança*: a economia do compartilhamento e o direito do consumidor. São Paulo: Ed. RT, 2020.

plataformas não são só parte de um comércio eletrônico em que ocorrem transações comerciais, mas fazem parte também de um "comércio eletrônico existencial", isto é, as relações que lá ocorrem serão de consumo indistintamente (se quem acessa é uma pessoa física fora de suas capacidades profissionais ou, se não for, cabendo a depender do caso concreto e da sua vulnerabilidade uma equiparação), independentemente de ter ou não havido transferência ou fornecimento de produtos e serviços – apenas conectar a determinada plataforma já é um serviço a ser regulado pelo CDC!

Nesse sentido, sugeriríamos uma pequena modificação no título constante no Projeto de Lei em comento da seção que inauguraria a regulação do comércio eletrônico que poderia guiar, por assim referir, a sua revitalização expansiva, que passaria de "Do Comércio Eletrônico" para "Do consumo à distância", de modo que uma possível definição limitadora de comércio eletrônico, relativa ao consumo em si considerado, não faça perder de vista que o acesso, a navegação e a formação de perfis dos consumidores são, por excelência, serviços prestados por fornecedores que não devem ficar à margem da legislação de proteção do consumidor, abrindo espaço para cobrir tanto quanto possível a amplitude do mundo digital e seus agentes, processos e técnicas, como a inteligência artificial.

3.2 Inteligência Artificial e o aprimoramento do PL 21/20

O uso da Inteligência Artificial é uma realidade cada vez mais próxima do cotidiano da sociedade brasileira. O acesso ao sistema de reconhecimento facial e assistente virtual dos aparelhos celulares, por exemplo, já não são tão restritos à população mais abastada. Os algoritmos são empregados em redes sociais e serviços de *streaming* sem maiores reflexões por parte dos consumidores. Na mesma medida, são divulgados casos que associam o uso de Inteligência Artificial, bastante difundido no âmbito das empresas, a violações de direitos como a prática de racismo e discriminação de gênero – para decepção dos mais empolgados com as novas tecnologias.[44]

Segundo Schreiber, em face da ausência de norma jurídica sobre tema, os operadores do Direito adotam dois comportamentos antagônicos e arriscados quando são confrontados com demandas envolvendo a IA. O primeiro deles seria ignorar as particularidades deste fenômeno recente, defendendo a aplicação de categorias jurídicas pensadas em contextos e para situações absolutamente diversas, o que frequentemente gera soluções inadequadas. O segundo, seria forçar a incidência de novas soluções, absolutamente casuísticas, baseadas em institutos estrangeiros que a médio e longo prazo potencialmente entram em conflito com a coerência do sistema jurídico nacional, contribuindo para sensação generalizada de insegurança jurídica.[45]

---

44. SCHREIBER, Anderson. PL da Inteligência Artificial cria fratura no ordenamento jurídico brasileiro. *Jota*, 2021. Disponível em: https://www.jota.info/opiniao-e-analise/colunas/coluna-do-anderson-schreiber/pl-inteligencia-artificial-cria-fratura-no-ordenamento-juridico-02112021/. Acesso em: 09 abr. 2022.
45. SCHREIBER, Anderson. PL da Inteligência Artificial cria fratura no ordenamento jurídico brasileiro. *Jota*, 2021. Disponível em: https://www.jota.info/opiniao-e-analise/colunas/coluna-do-anderson-schreiber/pl-inteligencia-artificial-cria-fratura-no-ordenamento-juridico-02112021/. Acesso em: 09 abr. 2022.

Com a finalidade de atender tal omissão legislativa e assim criar uma regulamentação que proteja os direitos fundamentais sem inibir a inovação, a Câmara dos Deputados aprovou, em regime de urgência, o Projeto de Lei 21/2020, denominado de Marco Legal do Desenvolvimento e Uso da Inteligência Artificial pelo poder público, por empresas, entidades diversas e pessoas físicas. O regimento pretende estabelecer princípios, direitos, deveres e instrumentos de governança para o uso da Inteligência Artificial no Brasil. Entre outros pontos, a proposta objetiva o uso da IA fundamentada no respeito aos direitos humanos e aos valores democráticos, assim como a igualdade, a não discriminação, a pluralidade, a livre iniciativa e a privacidade de dados. Sem olvidar, evidentemente, a garantia de transparência sobre o seu uso e funcionamento.[46]

Infelizmente, a proposta legislativa não foi bem recebida por parte da comunidade jurídica e da tecnologia pela ausência de debates e o inusitado regime de urgência que lhe foi atribuído. Normas que circundam a vulnerabilidade digital tendem a ser criadas "com calma e com alma", como a Lei Geral de Proteção de Dados que demorou cerca de oito anos desde a elaboração de sua primeira versão até a sua aprovação. No mesmo sentido, o Marco Civil da Internet passou durante seus sete anos de tramitação por um extenso processo de construção coletiva envolvendo audiências públicas, seminários e reuniões intersetoriais para avaliar o impacto e os melhores caminhos regulatórios para os envolvidos.[47]

Em sua análise crítica,[48] Laura Schertel Mendes afirma que os 10 artigos do projeto de lei são similares a uma carta de intenções genéricas que derroga e restringe importantes direitos e garantias já consagrados no ordenamento jurídico brasileiro. Embora seja inequívoco as boas intenções da proposta, os dispositivos apresentados são desprovidos de força normativa, seja por estarem previstas na forma de recomendação, como no princípio da busca pela neutralidade,[49] seja por serem excessivamente genéricas, sem prever medidas concretas de aplicação ou sanção, como nos casos dos princípios da finalidade benéfica[50] e da centralidade do ser humano.[51]

---

46. Projeto cria marco legal para uso de inteligência artificial no Brasil. *Câmara Legislativa*, 2021. Disponível em: https://www.camara.leg.br/noticias/641927-projeto-cria-marco-legal-para-uso-de-inteligencia-artificial-no-brasil/. Acesso em: 09 abr. 2022.
47. MENDES, Laura Schertel. Projeto de Lei da Inteligência Artificial: armadilhas à vista. *O Globo*, 2021. Disponível em: https://blogs.oglobo.globo.com/fumus-boni-iuris/post/laura-schertel-mendes-pl-da-inteligencia-artificial-armadilhas-vista.html. Acesso em: 09 abr. 2022.
48. MENDES, Laura Schertel. Projeto de Lei da Inteligência Artificial: armadilhas à vista. *O Globo*, 2021. Disponível em: https://blogs.oglobo.globo.com/fumus-boni-iuris/post/laura-schertel-mendes-pl-da-inteligencia-artificial-armadilhas-vista.html. Acesso em: 09 abr. 2022.
49. Art. 6º São princípios para o uso responsável de inteligência artificial no Brasil: III – não discriminação: impossibilidade de uso dos sistemas para fins discriminatórios, ilícitos ou abusivos.
50. Art. 6º São princípios para o uso responsável de inteligência artificial no Brasil: I – finalidade: uso da inteligência artificial para buscar resultados benéficos para as pessoas e o planeta, com o fim de aumentar as capacidades humanas, reduzir as desigualdades sociais e promover o desenvolvimento sustentável.
51. Art. 6º São princípios para o uso responsável de inteligência artificial no Brasil: II – centralidade no ser humano: respeito à dignidade humana, à privacidade e à proteção de dados pessoais e aos direitos trabalhistas.

Uma vez que a proposta legislativa foi encaminhada para sua tramitação no Senado, um grupo de juristas e advogados civilistas[52] assinaram uma carta aberta[53] endereçada à câmara alta do Congresso Nacional do Brasil no intuito de criticar expressamente o artigo 6º, inciso VI, do Projeto de Lei 21/2020.[54] Segundo o texto, a regra geral de responsabilidade civil aplicada aos danos provocados por sistemas de inteligência artificial é a subjetiva, sem qualquer identificação sobre quais atores o dispositivo diz respeito ou a quais situações ela se aplicaria. O caso previsto na norma afastaria a responsabilidade por risco previsto no artigo 927 do Código Civil,[55] comprometendo a garantia dos direitos fundamentais previstos pelos incisos V e X do artigo 5º da Constituição,[56] o que por si só ameaça o direito de as potenciais vítimas buscarem reparação[57] satisfatória e de acordo mesmo com o ordenamento jurídico brasileiro na matéria.

A sugestão apresentada para evitar maiores prejuízos diante da eventual má regulamentação seria uma alteração na redação do Artigo 6º, inciso VI, que então seria expresso na seguinte forma:[58]

> Artigo 6º: VI – responsabilidade: normas sobre responsabilidade dos agentes que atuam na cadeia de desenvolvimento e operação de sistemas de inteligência artificial devem, salvo disposição legal em contrário, levar em consideração a tipologia da inteligência artificial, o risco gerado e seu grau de autonomia em relação ao ser humano, além da natureza dos agentes envolvidos, a fim de se determinar, em concreto, o regime de responsabilidade civil aplicável.

---

52. Esse grupo é composto por: Ana Frazão; Anderson Schreiber; Bruno Bioni; Bruno Miragem ;Caitlin Sampaio Mulholland; Carlos Edison do Rêgo Monteiro Filho; Cristiano Chaves de Farias; Danilo Doneda; Dierle Nunes; Estela Aranha; Fabiano Menke; Filipe José Medon Affonso; Gustavo Tepedino; Guilherme Damasio Goulart; Guilherme Calmon Nogueira da Gama; Guilherme Magalhães Martins; Ingo Wolfgang Sarlet ;Juliano Madalena; Laura Schertel Mendes; Lucia Maria Teixeira Ferreira; Marcos Ehrhardt Júnior; Maria Celina Bodin de Moraes; Milena Donato Oliva; Nelson Rosenvald e Rafael Zanatta.
53. Especialistas criticam responsabilidade subjetiva prevista no PL do marco da IA. *Conjur*, 2021. Disponível em: https://www.conjur.com.br/2021-out-27/especialistas-questionam-artigo-pl-marco-legal-ia. Acesso em: 09 abr. 2022.
54. Art. 6º São princípios para o uso responsável de inteligência artificial no Brasil: VI – responsabilização e prestação de contas: demonstração, pelos agentes de inteligência artificial, do cumprimento das normas de inteligência artificial e da adoção de medidas eficazes para o bom funcionamento dos sistemas, observadas suas funções.
55. Art. 927. Aquele que, por ato ilícito (arts. 186 e 187), causar dano a outrem, fica obrigado a repará-lo. Parágrafo único. Haverá obrigação de reparar o dano, independentemente de culpa, nos casos especificados em lei, ou quando a atividade normalmente desenvolvida pelo autor do dano implicar, por sua natureza, risco para os direitos de outrem.
56. Art. 5º Todos são iguais perante a lei, sem distinção de qualquer natureza, garantindo-se aos brasileiros e aos estrangeiros residentes no País a inviolabilidade do direito à vida, à liberdade, à igualdade, à segurança e à propriedade, nos termos seguintes. V – é assegurado o direito de resposta, proporcional ao agravo, além da indenização por dano material, moral ou à imagem; X – são invioláveis a intimidade, a vida privada, a honra e a imagem das pessoas, assegurado o direito a indenização pelo dano material ou moral decorrente de sua violação.
57. MENDES, Laura Schertel. Projeto de Lei da Inteligência Artificial: armadilhas à vista. *O Globo*, 2021. Disponível em: https://blogs.oglobo.globo.com/fumus-boni-iuris/post/laura-schertel-mendes-pl-da-inteligencia-artificial-armadilhas-vista.html. Acesso em: 09 abr. 2022.
58. Especialistas criticam responsabilidade subjetiva prevista no PL do marco da IA. *Conjur*, 2021. Disponível em: https://www.conjur.com.br/2021-out-27/especialistas-questionam-artigo-pl-marco-legal-ia. Acesso em: 09 abr. 2022.

Em virtude da das reações dos setores interessados, o presidente do Senado determinou a instauração de uma Comissão formada por 18 juristas, presidida pelo Ministro Ricardo Villa Bôas Cueva, do Superior Tribunal de Justiça, com relatoria da professora Laura Schertel Mendes, para elaborar a minuta do texto substitutivo do Projeto de Lei 21/2020. Assim, o tema será tratado com a devida seriedade e tecnicidade que a tecnologia disruptiva da Inteligência Artificial exerce na sociedade.

Conforme aponta Marques – uma das juristas que compõe a Comissão – e Mucelin em um estudo sobre a inteligência artificial e a opacidade no mercado de consumo,[59] a situação é complexa e difícil de determinar (um desafio), mas nem por isso encontra-se acima da lei e dos direitos fundamentais, os quais deverão servir de base sólida para quaisquer normas que visem marcos regulatórios sobre temas de alta penetrabilidade e de alta importância na vida dos consumidores-cidadãos.

4. CONSIDERAÇÕES FINAIS

Embora já tenha contemplado mais de 30 anos desde sua entrada em vigor, o Código de Defesa do Consumidor continua com sua natureza visionária no Direito, representando um forte caráter civilizatório na sociedade brasileira. A responsabilidade objetiva e solidária da cadeia de fornecimento, a previsão do vício e o defeito da informação e o prestigiado *standard* de boa-fé e das expectativas legítimas são elementos fundamentais para estabelecer a confiança dos consumidores no mercado, inclusive no ambiente digital. O Advento de novas tecnologias, no entanto, fez surgir novas vulnerabilidades que demandam uma resposta legislativa eficiente e célere, porém plástica o suficiente para não perder a atualidade.

As plataformas digitais, por exemplo, representam este novo desafio, uma vez que a palavra internet sequer existe no Código de Defesa do Consumidor. O projeto de Lei 3.514/2015 surge maduro o suficiente – apesar de ser necessário adotar uma revitalização expansiva para cobrir novas situações – e apto para ser objeto de apreciação do Poder Legislativo. Já o caso do Projeto de Lei 21/2020, sobre Inteligência Artificial, denota a complexidade do tema e a necessidade de uma análise profundada por parte da comunidade científica e jurídica, bem como da sociedade civil, antes de entrar em vigor no ordenamento jurídico nacional.

Em razão da velocidade e expansão das novas tecnologias, existe o risco de o Brasil ficar preso em um ciclo vicioso do qual os projetos de lei sobre consumo digital estejam desatualizados em razão da morosidade do processo legislativo. Não há Direito do Consumidor sem uma base principiológica forte e a devida proteção em face das vulnerabilidades presentes no mercado. O comércio é a base do sistema capitalista e depende da confiança dos consumidores.

---

59. MARQUES, Claudia Lima; MUCELIN, Guilherme. Inteligência artificial e "opacidade" no consumo: a necessária revalorização da transparência para a proteção do consumidor. In: TEPEDINO, Gustavo; SILVA, Rodrigo da Guia. *O Direito Civil na Era da Inteligência Artificial*. São Paulo: Ed. RT, 2020. p. 411-439.

VULNERABILIDADE DO CONSUMIDOR DE PLANOS DE SAÚDE

Maria Stella Gregori

> **Sumário:** 1. Introdução – 2. A constituição federal de 1988 – 3. O código de defesa do consumidor; 3.1 O consumidor; 3.2 A vulnerabilidade do consumidor – 4. A lei dos planos de saúde – 5. A agência nacional de saúde suplementar – 6. A relação de consumo nos planos de saúde – 7. Cenário atual dos consumidores de planos de saúde – 8. Considerações finais.

1. INTRODUÇÃO

O presente artigo tem por objetivo comentar sobre a vulnerabilidade do consumidor de planos privados de assistência à saúde, os chamados Planos de Saúde, incluindo, também, nessa terminologia, os Seguros Saúde. O texto irá abordar sobre o sistema de saúde suplementar, demonstrando que há relação jurídica de consumo nos planos de saúde, e que o consumidor é um sujeito vulnerável.

Para tanto, inicialmente discorrerá sobre a Constituição Federal de 1988 apontando o que ela traz de inovação para o ordenamento jurídico no tocante à saúde e à proteção ao consumidor. Em seguida, comentará sobre o Código de Defesa do Consumidor, verificando qual é o conceito de consumidor e o que dispõe sobre o princípio da vulnerabilidade. A seguir, tratará da Lei dos Planos de Saúde, demonstrando que há relação de consumo nos planos de saúde oferecidos no mercado de consumo por meio de contratos de adesão. Após abordará sobre o órgão regulador incumbido de regulamentar, fiscalizar e monitorar o mercado de saúde suplementar, a Agência Nacional de Saúde Suplementar – ANS. Em seguida, apresentará o cenário atual brasileiro dos consumidores de planos de saúde. Por fim, comentará o que é importante para que o consumidor de planos de saúde, sujeito vulnerável, tenha respeitado seus direitos à luz da legislação vigente.

2. A CONSTITUIÇÃO FEDERAL DE 1988

No Brasil, a partir da Constituição Federal, de 05 de outubro de 1988, ocorreram transformações significativas no ordenamento jurídico. Inaugura-se uma nova era com a recolocação da sociedade no plano democrático e a inserção dos direitos sociais como valores supremos do Estado Democrático de Direito. Esta Constituição é a primeira a institucionalizar os direitos humanos, consagrando entre as garantias fundamentais, o direito à saúde e a proteção do consumidor.

Essa Constituição agrega a concepção da solidariedade social, privilegiando uma categoria de direitos extrapatrimoniais, afirmando a preponderância do coletivo sobre o individual, ao incorporar como princípio maior a dignidade da pessoa humana, postulado que norteia a interpretação de todos os direitos e garantias conferidos ao indivíduo e à coletividade. Consagra os princípios do valor social do trabalho e da livre iniciativa, da solidariedade social e da igualdade substancial. Trata, também, da separação de Poderes, da organização do Estado, e garante a todos o acesso à justiça. Também, traz implícito entre seus princípios fundamentais o da segurança jurídica, ao estabelecer três institutos, em seu art. 5º, XXXVI, dispondo que a lei não prejudicará o direito adquirido, o ato jurídico perfeito e a coisa julgada.

A dignidade da pessoa humana, individual ou coletivamente considerada pressupõe um piso vital mínimo, que assegure os direitos sociais, enumerados, exemplificativamente, no art. 6º, da CF/1988, em consonância com o respeito ao meio ambiente ecologicamente equilibrado para as atuais e futuras gerações, como nos diz o art. 225, da CF/1988.

A saúde está inserida entre os direitos sociais e tomou parte da definição de seguridade social, em seu art. 194, como "um conjunto integrado de ações de iniciativa dos Poderes Públicos e da sociedade, destinado a assegurar os direitos relativos à saúde, à previdência e à assistência social".

Saúde é, pois, um direito social básico, fundada nos princípios da universalidade, equidade e integralidade. Segundo o art. 196, saúde é direito de todos e dever do Estado, garantido mediante políticas sociais e econômicas que visem à redução do risco de doença e de outros agravos, e ao acesso universal e igualitário às ações e serviços para sua promoção, proteção e recuperação. Nesse sentido, a política estatal na área de saúde deve proporcionar o acesso a todos, propiciando a redução de desigualdades e não podendo criar quaisquer distinções entre os brasileiros.

A Constituição trata as ações e serviços de saúde com o enfoque do bem-estar social, definindo claramente que o sistema que adotou envolve tanto a participação do setor público como da iniciativa privada na assistência à saúde. A prestação dos serviços pode se dar pelo Estado diretamente ou pela iniciativa privada, conforme o art. 199, não havendo, portanto, monopólio estatal nesse setor. No entanto, dada à sua relevância pública, as ações e serviços de saúde devem ser regulamentados, fiscalizados e controlados pelo Poder Público, segundo o art. 197.

O sistema de saúde brasileiro se caracteriza, portanto, por seu hibridismo, sendo marcante a interação entre os serviços públicos e a oferta privada na conformação da prestação de serviços de assistência à saúde, dando origem a dois subsistemas. De um lado está o subsistema público, que incorpora a rede própria e a conveniada ou contratada ao Sistema Único de Saúde – SUS e, de outro, está o subsistema privado que agrupa a rede privada de serviços de assistência à saúde.

O sistema privado de saúde engloba a prestação direta dos serviços por profissionais e estabelecimentos de saúde ou a intermediação dos serviços, mediante a cobertura dos riscos da assistência à saúde pelas operadoras de planos de assistência à saúde, oferecidos no mercado através de contratos dos planos privados de assistência à saúde, os chamados Planos de Saúde, incluindo, também, nessa terminologia, os Seguros Saúde.

Em relação à proteção do consumidor a Constituição, também, foi moderna ao alçá-la como garantia de linhagem constitucional. O Direito do Consumidor foi tratado em nossa Carta, em vários de seus dispositivos, destacando-se primeiramente como item da cesta de direitos individuais e coletivos, conforme expressa o art. 5º, XXXII, ao determinar o dever do Estado brasileiro de promover na forma da lei, a defesa do consumidor e estabelecendo-a como princípio informador da ordem econômica brasileira, por força do mandamento inscrito no art. 170, V. Nesse sentido, o art. 48 das Disposições Transitórias dita, pontualmente, a elaboração do Código de Defesa do Consumidor.

3. O CÓDIGO DE DEFESA DO CONSUMIDOR

O Código de Defesa do Consumidor – CDC[1] tem raiz constitucional, todo o princípio da proteção acha-se constitucionalmente assegurado. O CDC é o primeiro regramento específico do mercado de consumo, estabelece normas de proteção e defesa do consumidor, de ordem pública e interesse social.[2] Com efeito, suas regras não podem ser contrariadas nem por vontade das partes, pois são imperativas, obrigatórias e inderrogáveis. Ele abrange toda a coletividade de consumidores e sobrepõe aos interesses da sociedade, vista em conjunto, aos dos particulares.

Nelson Nery Junior[3] diz que o CDC criou um microssistema próprio, por se colocar, no ordenamento, como lei principiológica, pelo que a ela devem se subordinar todas as leis específicas quando tratarem de questões que atinem a relações de consumo.

O CDC trouxe para o ordenamento jurídico brasileiro uma mudança de paradigma onde seu campo de aplicação é bastante amplo.

Os princípios fundamentais reitores das relações de consumo, que devem orientar todo o sistema jurídico estão dispostos nos primeiros sete artigos do CDC, dentre eles destaca-se a vulnerabilidade do consumidor.

A matéria regulada pelo CDC é a relação de consumo, assim entendida a relação jurídica existente entre dois sujeitos: o consumidor[4] e o fornecedor,[5] tendo por objeto a aquisição de produtos[6] ou utilização de serviços.[7] Esses requisitos devem necessariamente coexistir para se aplicar o CDC. Se alguns destes requisitos não se enquadrarem não há relação de consumo e não se aplica o CDC.

---

1. Lei 8.078, de 11 de setembro de 1990, e regulamentado pelo Decreto 2.181, de 20 de março de 1997, alterado pelo Decreto 10.887, de 06 de dezembro de 2021.
2. Conforme expresso no art. 1º, CDC.
3. In: GRINOVER et al, 1999, p. 432.
4. Arts. 2º; 2º parágrafo único; 17 e 29, CDC.
5. Art. 3º, CDC.
6. Art. 3º § 1º, CDC.
7. Art. 3º § 2º, CDC.

3.1 O consumidor

O Código de Defesa do Consumidor ao conceituar consumidor o define em um conjunto de quatro dispositivos (arts. 2º, *caput* e parágrafo único, 17 e 29).

O art. 2º, *caput*, do CDC diz que "consumidor é toda pessoa física ou jurídica que adquire ou utiliza produto ou serviço como destinatário final"; ao passo que seu parágrafo único equipara a consumidor "a coletividade de pessoas, ainda que indetermináveis, que haja intervindo nas relações de consumo".

Ao tratar da responsabilidade pelo fato do produto e do serviço, o CDC, em seu art. 17, equipara "aos consumidores todas as vítimas do evento". As vítimas de acidente de consumo são equiparadas ao consumidor, ainda que não tenham sido consumidores diretos, mas foram atingidas pelo evento danoso. Ou seja, o CDC visou também proteger não só o consumidor, mas também aquele que não intervém na relação de consumo, um terceiro, o chamado *bystander*.

E, finalmente, ao tratar das práticas comerciais e da proteção contratual, o CDC, nos termos do seu art. 29, equipara "aos consumidores todas as pessoas determináveis ou não, expostas às práticas nele previstas". Ou seja, equipara ao consumidor as pessoas sob um ponto de vista abstrato, mesmo as que não puderem ser identificadas, como forma de possibilitar a adoção de ações preventivas de comportamentos deletérios por parte do fornecedor, sem terem de aguardar a concretização da relação de consumo.

Vê-se, então, que o CDC define consumidor partindo de um conceito *stricto sensu* para uma acepção *lato sensu*. Parte do individual mais concreto para o geral mais abstrato, conforme anota Rizzatto Nunes.[8]

Consumidor pode ser toda pessoa física, isto é, pessoa humana ou natural, ou toda pessoa jurídica, de direito público ou direito privado, que adquire, a título oneroso ou gratuito, ou utiliza produto ou serviço, ou seja, que não adquiriu, mas utilizou, consumiu como destinatário final.

Por destinatário final entende-se o consumidor final como aquele que retira o produto ou serviço da cadeia de produção, desde que não o comercialize, o revenda ou faça qualquer intermediação.

3.2 A vulnerabilidade do consumidor

O Código de Defesa do Consumidor reconhece a vulnerabilidade do consumidor no mercado do consumo, conforme expresso no inc. I do art. 4, que trata da Política Nacional das Relações de Consumo – PNRC, pela convicção de ser ele o elo mais fraco da relação jurídica, pois é o fornecedor quem detém o conhecimento técnico dos produtos e serviços colocados no mercado de consumo. O legislador reconhece a vulnerabilidade do consumidor como princípio norteador, diretriz da PNRC, vincu-

---

8. RIZZATTO NUNES, Luiz Antonio. *Comentários ao Código de Defesa do Consumidor*. São Paulo: Saraiva, 2000. p. 77.

lando-a a todas as relações de consumo, não apresenta nenhuma ressalva. Desse modo é reconhecida a vulnerabilidade do consumidor, independentemente de quaisquer condições pessoais.

O princípio da vulnerabilidade do consumidor decorre do princípio constitucional da isonomia, quando o legislador determinou que no mercado de consumo, o consumidor é sempre o sujeito mais fraco da relação, portanto, sempre vulnerável. O consumidor deve ter tratamento diferenciado do fornecedor, a fim de que se possa alcançar uma situação de equilíbrio. Esta regra geral do Código de Defesa do Consumidor tem como escopo alcançar efetivamente a igualdade real das partes. Isto é, tratar igualmente os iguais e desigualmente os desiguais para alcançar uma situação de equilíbrio e desigualdade.

Paulo Valério Dal Pai Moraes[9] compreende o princípio da vulnerabilidade como norma integrante do sistema consumerista.

O Código de Defesa do Consumidor traz além da expressão da vulnerabilidade, a hipossuficiência do consumidor. Entretanto estas expressões não se confundem, porque a hipossuficiência, presente no art. 6º, VIII, CDC, trata-se de critério de avaliação discricionária judicial para decidir se inverte ou não o ônus da prova em favor do consumidor. O juiz terá que avaliar o caso concreto para verificar se a alegação é verossímil ou o consumidor é hipossuficiente.

Portanto, a legislação consumerista estabelece que todos os consumidores são vulneráveis, mas a doutrina tem apontado diversas espécies de vulnerabilidade.

Claudia Lima Marques[10] distingue quatro tipos de vulnerabilidade: a) técnica, quando o consumidor não possui conhecimentos específicos; b) jurídica ou científica, quando o consumidor não possui conhecimentos jurídicos, contábeis de economia; c) fática ou socioeconômica, quando o fornecedor, devido ao seu poder econômico, impõe sua superioridade a todos que com ele contratam; e d) informacional, devido ao déficit ou excesso de informação através da internet, TV, celular etc. Já Paulo Valério Dal Pai Moraes,[11] distingue além destas outras espécies de vulnerabilidade, como: a) política ou legislativa, quando há um forte *lobby* por parte dos fornecedores para a aprovação de leis nas casas legislativas; b) biológica ou psíquica, quando as técnicas de marketing do fornecedor influenciam demais a decisão do consumidor de consumir; c) ambiental, quando algo é oferecido ao consumidor destacando benefícios, em verdade apresentam riscos e danos ao meio ambiente e d) tributária, implantação de tributos abusivos ou ilegais nas contas de produtos e serviços oriundos de relação de consumo.

Na relação jurídica de consumo, o consumidor, sujeito vulnerável, muitas vezes encontra-se em situação de vulnerabilidade extrema, com alto grau de fragilidade,

---

9. MORAES, Paulo Valério Dal Pai. *Código de Defesa do Consumidor*: o princípio da vulnerabilidade no contrato, na publicidade, nas demais práticas comerciais: interpretação sistemática do direito p.124.
10. MARQUES, Claudia Lima. *Contratos no Código de Defesa do Consumidor e o novo regime das relações contratuais*. 8. ed. rev., atual. e ampl. São Paulo: Ed. RT, 2016. p. 326 e ss.
11. MORAES, Paulo Valério Dal Pai. *Código de Defesa do Consumidor: o princípio da vulnerabilidade no contrato, na publicidade, nas demais práticas comerciais*: interpretação sistemática do direito. p. 141-203.

exigindo-lhe uma proteção específica, como no caso dos analfabetos, crianças, doentes ou idosos. Antônio Herman Benjamin[12] classifica esta vulnerabilidade dos sujeitos que merecem atenção especial, como hipervulnerabilidade.

Cristiano Heineck Schmitt[13] ao comentar sobre a hipervulnerabilidade, diz que em relação aos consumidores idosos, crianças e enfermos sobressai o aspecto da vulnerabilidade potencializada, pois obtém-se uma situação de intensa fragilidade

Como se denota, o princípio da vulnerabilidade é princípio norteador que fundamenta toda a aplicação do direito do consumidor e estabelece a fraqueza e fragilidade do consumidor nas relações de consumo, podendo variar em face de suas características pessoais e suas condições econômicas, sociais ou intelectuais.

Desse modo, todos os consumidores são vulneráveis e alguns são hipervulneráveis como os consumidores crianças, analfabetos, idosos ou doentes.

4. A LEI DOS PLANOS DE SAÚDE

Dez anos após a promulgação da Constituição Federal e oito da edição do Código de Defesa do Consumidor, dá-se a entrada do marco regulatório do sistema de saúde privado, também chamado supletivo ou suplementar. Surgiu com aprovação da Lei dos Planos de Saúde[14] que dispõe sobre os planos privados de assistência à saúde, os chamados Planos de Saúde, incluindo, também, nessa terminologia, os Seguros-Saúde. Antes, a normatização desse setor só existia para o seguro-saúde[15] e, mesmo assim, apenas nos aspectos econômico-financeiros dessa atividade.

A Lei dos Planos de Saúde impõe uma disciplina específica para as relações de consumo na saúde suplementar, mediante o disciplinamento da cobertura assistencial, abrangência dos planos, rede credenciada, procedimentos e eventos cobertos e não cobertos, carências, doenças e lesões preexistentes e cumprimento de cláusulas contratuais, além de estabelecer normas de controle de ingresso e permanência e saída das operadoras nesse mercado, estabelecer normas relativas à solvência e liquidez dessas operadoras, a fim de preservar sua sustentabilidade e transparência.

A assistência à saúde disciplinada pela referida lei, compreende todas as ações necessárias à prevenção da doença e à recuperação, manutenção e reabilitação da saúde. Para tanto, restou garantida a cobertura assistencial de todos os diagnósticos previstos na Classificação Internacional de Doenças – CID, a partir de uma relação de procedimentos

---

12. Em seu pronunciamento em conferência realizada, em 08.09.2005, no Congresso Internacional '15 anos de CDC: balanço, efetividade e perspectivas" organizado pelo Brasilcon e pelas Escolas Superiores da Magistratura e do Ministério Público do RGS.
13. SCHMITT, Cristiano Heineck. *Consumidores Hipervulneráveis: a proteção do idoso no mercado de consumo.* São Paulo: Atlas, 2014. p. 217.
14. Lei 9.656, de 03 de junho de 1998, e das Medidas Provisórias que sucessivamente a alteraram, hoje em vigor a Medida Provisória 2.117-44, de 24 de agosto de 2001.
15. Decreto Lei 73/66 e Resoluções do Conselho Nacional de Seguros Privados.

fixada pela ANS, de acordo com a segmentação do plano adotada, isto é, ambulatorial, hospitalar, odontológica e suas combinações.

A Lei dos Planos de Saúde, em seu art. 35-G[16] dispôs que se aplicam subsidiariamente aos contratos de planos privados de assistência à saúde as disposições do Código de Defesa do Consumidor:

O Código de Defesa do Consumidor, como já se disse, é lei geral principiológica e se aplica a toda relação de consumo, sendo, portanto, hierarquicamente superior à Lei dos Planos de Saúde, que por sua vez, é especial, mas expressamente menciona sua aplicabilidade. No entanto, o legislador não foi apropriado ao determinar que a aplicação do CDC aos planos de saúde é subsidiária. A terminologia adequada à aplicação do CDC deveria ser complementar.

Nesse diapasão, cabe recorrer à Claudia Lima Marques[17] que, ao comentar a questão, assinala:

> Este art. da lei especial não está dogmaticamente correto, pois determina que norma de hierarquia constitucional, que é o CDC (art. 48, ADCT/CF88), tenha apenas aplicação subsidiária a normas de hierarquia infraconstitucional, que é a Lei 9.656/98, o que dificulta a interpretação da lei e prejudica os interesses dos consumidores que queria proteger. Sua *ratio deveria ser a de aplicação cumulativa de ambas as leis, no que couber, uma vez que a Lei 9.656/98 trata com mais detalhes os contratos de planos privados de assistência à saúde do que o CDC, que é norma principiológica e anterior à lei especial.* Para a maioria da doutrina, porém, a Lei 9.656/98 tem prevalência como lei especial e mais nova, devendo o CDC servir como lei geral principiológica a guiar a interpretação da lei especial na defesa dos interesses do consumidor, em especial na interpretação de todas as cláusulas na maneira mais favorável ao consumidor (art. 47 do CDC). *Particularmente defendo, em visão minoritária, a superioridade hierárquica do CDC* (grifou-se).

Nesse sentido, entende-se, ser perfeitamente admissível a aplicação cumulativa e complementar da Lei dos Planos de Saúde e do Código de Defesa do Consumidor aos planos de saúde. Da lei geral extraem-se os comandos principiológicos aplicáveis à proteção do consumidor, ao passo que à legislação específica caberá reger, de forma minudenciada, os planos de saúde.

Percebe-se, claramente, que a intenção do legislador foi a de reforçar a incidência do Código de Defesa do Consumidor ao regular os planos de saúde. Mas, como já comentado, utilizou terminologia equivocada. No entanto, mesmo se não houvesse qualquer menção ao Código de Defesa do Consumidor na Lei dos Planos de Saúde, ele estaria subjacente, por ter raiz constitucional e se tratar de lei principiológica.

Deste modo, qualquer lei especial que vier regular um segmento específico que envolva, em um polo, o consumidor e, em outro, o fornecedor, transacionando produtos e serviços, terá de obedecer à Lei Consumerista, ainda que não haja remissão expressa.

---

16. Art. 35-G. *Aplicam-se subsidiariamente aos contratos entre usuários e operadoras de produtos de que tratam o inciso I e o § 1º do art. 1o desta Lei as disposições da Lei no 8.078, de 1990.*
17. MARQUES, Claudia Lima. *Contratos no Código de Defesa do Consumidor*: o novo regime das relações contratuais. 8.ed. rev. atual.e ampl. São Paulo: Ed. RT, 2016. p. 717-718.

Como ensina Rizzatto Nunes:[18] "na eventual dúvida sobre saber qual diploma legal incide na relação jurídica, no fato ou na prática civil ou comercial, deve o intérprete, preliminarmente, identificar a própria relação: se for jurídica de consumo, incide na mesma a Lei 8.078/90".

Compartilhando do entendimento de Marcelo Sodré[19] cabe destacar que "as leis de defesa do consumidor, na exata medida em que fixarem princípios a serem perseguidos – e neste caso se tornarem leis principiológicas – terão superioridade em relação às demais leis especiais".

Por conseguinte, os consumidores de planos de saúde têm, em primeiro lugar, o direito a ver reconhecidos todos os seus direitos e princípios assegurados pelo Código de Defesa do Consumidor, como a legislação especial e a regulamentação administrativa. Estas, por sua vez, devem estar em consonância com o CDC.

Cabe salientar a posição adotada pelo Superior Tribunal de Justiça – STJ sobre a aplicação do Código de Defesa do Consumidor aos contratos de planos de saúde, desde quando a 2ª Seção do Superior Tribunal de Justiça – STJ, aprovou a Súmula 469,[20] em 2010, e depois a cancelou em 2018 ao aprovar a Súmula 608.[21] O Egrégio Tribunal veio pacificar e uniformizar o entendimento de que o CDC se aplica aos planos de saúde, fazendo apenas ressalva em relação aos administrados por operadoras na modalidade de autogestão, com a seguinte redação: "Aplica-se o Código de Defesa do Consumidor aos contratos de plano de saúde, salvo os administrados por entidades de autogestão". O Tribunal, em suas considerações, não fez qualquer ressalva em relação à época de contratação dos planos de saúde, sejam eles firmados antes ou depois da lei específica que os regula, Lei 9.656/1998. Nesse sentido, todos os contratos de planos de saúde firmados a qualquer tempo, antigos ou novos, devem observar as regras do Código de Defesa do Consumidor, com exceção apenas para os contratos das autogestões. As operadoras na modalidade autogestão não comercializam planos no mercado de consumo, e, sim, oferecem este serviço diretamente por meio de um departamento para um grupo exclusivo e fechado de associados, sindicalizados ou funcionários. Tal entendimento reforça a jurisprudência brasileira e corrobora nossa opinião de que os contratos de planos de saúde estão submetidos à égide do Código de Defesa do Consumidor, com exceção apenas para os oferecidos pelas operadoras na modalidade de autogestão.

5. A AGÊNCIA NACIONAL DE SAÚDE SUPLEMENTAR

O mercado de saúde suplementar, a partir de 2000, passou a ser regulado e fiscalizado pela Agência Nacional de Saúde Suplementar – ANS, vinculada ao Ministério da Saúde. As agências reguladoras foram criadas no governo Fernando Henrique Cardoso, quando se inicia a Reforma do Aparelho do Estado, consolidando um novo modelo: o

---

18. RIZZATTO NUNES, Luiz Antonio. *Comentários ao Código de Defesa do Consumidor.* São Paulo: Saraiva, 2000.
19. SODRÉ, Marcelo. *A construção do direito do consumidor.* São Paulo: Atlas, 2009. p. 68.
20. 2ª Turma STJ j. 24.11.2010, DJU 6.12.2010.
21. 2ª Turma STJ j. 11.04.2018, DJe 17.04.2018.

Estado Regulador. A Constituição Federal de 1988, em seu art. 174, ao dispor sobre a ordem econômica, fixou o papel do Estado como agente normativo e regulador e como executor subsidiário de atividades econômicas. Nesse diapasão, surgem as Agências Reguladoras,[22] órgãos do Estado, integrantes do setor das atividades exclusivas.

A Agência Nacional de Saúde Suplementar[23] é uma autarquia, sob o regime de natureza especial. Ela tem como escopo regular, fiscalizar e monitorar as operadoras setoriais inclusive quanto às suas relações com prestadores e consumidores e contribuir para o desenvolvimento das ações de saúde no País, no intuito de inibir práticas lesivas ao consumidor e estimular comportamentos que reduzam os conflitos e promovam a estabilidade do setor.

A ANS ao regulamentar a Lei dos Planos de Saúde deve observar as disposições previstas no Código de Defesa do Consumidor. Ela não pode criar nem extinguir direitos, isto é, não pode inovar na ordem jurídica.

6. A RELAÇÃO DE CONSUMO NOS PLANOS DE SAÚDE

A relação jurídica de consumo entre os consumidores (o titular de planos de saúde, seus dependentes, os agregados, os beneficiários, os usuários, ou seja, todos os que utilizam ou adquirem planos de saúde como destinatários finais ou equiparados) e as operadoras de planos de assistência à saúde (aquelas que oferecem serviços de assistência à saúde, através dos planos de saúde no mercado de consumo, isto é, as pessoas jurídicas constituídas sob a modalidade empresarial, associação, fundação, cooperativa, obrigatoriamente registradas na Agência Nacional de Saúde Suplementar) se concretiza por meio de contratos de planos de saúde, típicos de consumo, cujo objetivo é prestar serviços de assistência à saúde no mercado. Essa relação se dá por meio de um contrato de adesão, padronizado, com todas as cláusulas preestabelecidas pela operadora.

Esse contrato gera obrigações recíprocas, em que o consumidor assume o compromisso de pagar mensalmente as prestações pecuniárias correspondentes aos serviços oferecidos pelas operadoras, ao passo que a esta cabe fazer a gestão dos custos e oferecer uma rede de prestadores (médicos, hospitais, clínicas, laboratórios) para prestar o serviço de cobertura dos procedimentos médicos, hospitalares ou odontológicos, quando o consumidor dele necessitar.

O plano de saúde é um contrato que vigora por tempo indeterminado e com execução continuada, são chamados de trato sucessivo. Cláudia Lima Marques[24] denomina-os como contratos cativos de longa duração.

---

22. Na esfera federal foram criadas a ANEEL, ANATEL, ANP, ANVISA, ANS, ANA, ANTT, ANTAQ, ANCINE, ANAC e ANM.
23. A ANS foi criada pela Med. Prov. 1.928, de 25 de novembro de 1999, posteriormente convolada na Lei 9.961, de 28 de janeiro de 2000.
24. MARQUES, Claudia Lima. *Contratos no Código de Defesa do Consumidor*: o novo regime das relações contratuais. 8.ed. rev. atual.e ampl. São Paulo: Ed. RT, 2016. p. 534.

Esses contratos têm natureza securitária, pois, também, como os seguros, são contratos aleatórios, cuja obrigação da operadora de prestar assistência à saúde depende da ocorrência de evento futuro e incerto no tempo, mas tem uma segurança, no sentido de saber qual a prestação a esperar no tempo.

No mercado de saúde suplementar verificam-se duas espécies de contratos de planos de saúde: os planos antigos e os planos novos.

Consideram-se planos antigos os que não estão submetidos à Lei dos Planos de Saúde, ou seja, aqueles que foram firmados anteriormente à sua vigência[25] mas, no entanto, devem respeitar o Código de Defesa do Consumidor. Já os planos novos são os firmados após a vigência[26] da Lei dos Planos de Saúde. Há, ainda, uma subespécie dos contratos novos, os planos adaptados, que são aqueles firmados antes da vigência da Lei 9.656/1998, mas posteriormente, por meio de aditivo contratual, para ampliar o conteúdo do contrato original; ou através da migração, que é a celebração de um novo contrato de plano de saúde dentro da mesma operadora; ambas as formas para contemplar as regras vigentes. Portanto, tanto os planos novos como os adaptados têm de respeitar a lei específica e sua regulamentação que por sua vez, obviamente, também, devem respeitar os ditames do Código de Defesa do Consumidor.

Portanto, os contratos de planos privados de assistência à saúde, por serem contratos de natureza de consumo, submetem-se às regras do Código de Defesa do Consumidor.[27] Consequentemente, os consumidores de planos de saúde são vulneráveis e quando se encontram na condição de doentes, crianças, idosos ou analfabetos enquadram-se como consumidores hipervulneráveis.

7. CENÁRIO ATUAL DOS CONSUMIDORES DE PLANOS DE SAÚDE

O setor de saúde suplementar, segundo dados da ANS,[28] começa a se recuperar lentamente, conta com cerca de 25,2% da população, ao passo que os demais 74,8% da população brasileira são atendidos somente pelo SUS. Conta com 78.1 milhões de consumidores com planos de saúde, sendo 48.9 milhões em planos assistenciais e 29.2 milhões em planos exclusivamente odontológicos, e 947 operadoras de planos de assistência à saúde ativas com consumidores, maior concentração na região Sudeste.

Na relação de consumo dos planos de saúde, os consumidores preocupam-se com o quanto vão gastar e, também, com a qualidade dos serviços e os fornecedores estão focados em quanto vão ganhar, e para isso minimizam seus custos restringindo serviços. A partir desses conflitos originam-se as muitas demandas que acabam sendo dirimidas pelos órgãos de defesa do consumidor, pela ANS e pelo Poder Judiciário.

---

25. Contratos firmados até o dia 31 de dezembro de 1998.
26. Contratos firmados após o dia 01 de janeiro de 1999.
27. Cabe ressaltar que a Súmula STJ 608/2018 ao pacificar e uniformizar a interpretação de que o CDC se aplica aos planos de saúde, faz ressalva apenas em relação aos administrados por operadoras na modalidade de autogestão, devido a não comercializarem planos no mercado de consumo.
28. Segundo dados Sala da Situação da ANS. Acesso em 29.03.22. Disponível no sítio: www.ans.gov.br.

O papel do Poder Judiciário é o de interpretar a Constituição e as leis, a fim de assegurar o respeito ao ordenamento jurídico, para garantir os direitos e a solução dos conflitos.

O atual cenário da judicialização da saúde é desanimador. *Após a redemocratização do Brasil com a promulgação da Constituição Federal de 1988, bastante abrangente em valores e princípios, a sociedade brasileira torna-se mais informada, consciente e atenta e passa a buscar, a proteção de seus direitos lesados junto ao Poder Judiciário, consequentemente há um aumento expressivo no volume das demandas judiciais, criando-se uma espécie de cultura da litigiosidade.*

O fenômeno da judicialização significa a transferência de decisões que poderiam ser tomadas previamente pelos Poderes Legislativo ou Executivo ou pelas próprias operadoras de planos de assistência à saúde, e por serem inadequadas, abusivas ou omissas acabam sendo transferidas e dirimidas pelo Judiciário.

A título de amostragem, segundo o Grupo de Estudos sobre Planos de Saúde, da Universidade de São Paulo,[29] que acompanha os dados do Tribunal de Justiça do Estado de São Paulo há alguns anos, ao divulgar análise em 2021, demonstra que este tribunal julgou, de janeiro a agosto, 22 mil ações contra planos de saúde, 60% relativas à negativa de cobertura. Sendo que em 2011, o número de ações atingiu a casa dos 7 mil, ou seja, houve um crescimento de 391% em dez anos.

Além do Judiciário, a sociedade, também, busca a satisfação de seus direitos, no âmbito administrativo, por meio dos Procons, Consumidor.gov e das Agências Reguladoras. Segundo dados do Sindec/MJ[30] e do Consumidor.gov.[31] Em 2021, os Procons atenderam 1.823.797 consumidores, sendo 78.9% de reclamações, 18.8% de consultas, 2.3% extra Procon, apontando o assunto referente aos planos de saúde 1,6% das reclamações recebidas pelos Procons. Já o Consumidor.gov, em 2021, computou 1.434.101 reclamações finalizadas, sendo apenas 0.8% sobre planos de saúde. O segmento foi o 16º mais reclamado, entretanto em relação ao ano anterior houve um crescimento de 50.8% de reclamações. A ANS, por sua vez, também recebe inúmeras reclamações de consumidores que não são atendidos adequadamente por suas operadoras.

Nota-se que o setor de saúde suplementar, especialmente, no que tange a proteção do consumidor é conflituoso, assim sendo o Poder Judiciário nas questões relativas aos planos de saúde assume um papel ativo, especialmente porque tem a última palavra e a responsabilidade de pacificar os conflitos.

A insegurança jurídica que permeia o setor é um dos fatores preponderantes que ocasiona a crescente judicialização. Isso se dá porque se trata de um tema complexo, em

---

29. SCHEFFER, Mario. *Cresce o número de ações judiciais contra planos de saúde no Estado de São Paulo.* GEPS-DMP/FMUSP São Paulo: 2021. Disponível no sítio: https://sites.usp.br/geps. Acesso em: 31.03.2022.
30. Consumidor em números 2021. Disponível no sítio: www.consumidor.gov.br/pages/indicador/infografico Acesso em: 04 abr. 2022.
31. Consumidor em Números 2021. Disponível no sítio: www.consumidor.gov.br/pages/indicador/infografico Acesso em: 04 abr. 2022.

que a solução dos problemas não está clara nas regras vigentes e, também, por ser uma relação de consumo diferenciada, ao afetar um bem constitucionalmente indisponível que é a vida.

Por conta disso, vez ou outra, surgem iniciativas de alteração da Lei dos Planos de Saúde. No momento, encontra-se em tramitação na Câmara dos Deputados uma Comissão Especial dos Planos de Saúde, que analisa o Projeto de Lei 7.419/2006, onde foram apensados mais de 265 Projetos de Lei, que propõem alterações, inclusões e aperfeiçoamentos à Lei dos Planos de Saúde. Aguarda-se as conclusões elaboradas pelo Relator.

A grande preocupação é que haja retrocessos nos direitos dos consumidores, alcançados até hoje, especialmente, que seja autorizada legalmente a possibilidade do oferecimento de planos sub-segmentados, os chamados, populares, acessíveis, modulares, "pay per view". Estes planos visam coberturas reduzidas e delimitadas, podendo ter somente consultas, exames, tratamento de alguma doença determinada ou internação hospitalar ou atendimento de pronto socorro. Também a liberação de reajustes de mensalidades dos planos individuais, maiores prazos para prestar o atendimento, o fim do ressarcimento do SUS, a redução de multas aplicadas pela ANS e o enfraquecimento de sua atuação.

Tem-se conhecimento que os defensores dessas propostas sustentam que a oferta de menor cobertura, implicará em planos mais baratos, ampliará o acesso ao consumidor e viabilizará, às operadoras, a volta do oferecimento de planos individuais no mercado e, consequentemente, desafogará o SUS.

Decerto é importante o aperfeiçoamento da regulação da saúde suplementar para harmonizar as relações entre as operadoras de planos de assistência à saúde e seus consumidores. Entretanto esse aperfeiçoamento deve se dar a partir dos avanços alcançados, com a reavaliação dos pontos negativos, especialmente os que não se harmonizam com o Código de Defesa do Consumidor. Não se pode concordar com propostas que pretendem reduzir ou delimitar coberturas da assistência à saúde, pois além de que os serviços de assistência à saúde não serem um produto passível de ser fatiado ou compartimentalizado, as necessidades em saúde levarão ao aumento da judicialização e a procura desordenada pelo SUS, especialmente nos níveis de alta complexidade.

8. CONSIDERAÇÕES FINAIS

Essas considerações servem de apoio para nos permitir concluir que o Brasil, no tocante à saúde e à proteção ao consumidor, conta com um sistema de leis avançado e com a Agência Nacional de Saúde Suplementar, para fortalecer o mercado de saúde suplementar, no intuito de inibir práticas lesivas e promover sua estabilidade. No entanto, há um intervalo muito grande em relação à sua implementação, à garantia de sua aplicação, se observa o aumento expressivo da judicialização contra planos de saúde.

A relação jurídica de consumo nos planos de saúde, entre o consumidor, aqui configurado como os titulares de planos de saúde, seus dependentes, os agregados, os beneficiários, os usuários, ou seja, todos os que utilizam ou adquirem planos de saúde como destinatários finais ou equiparados, e o fornecedor, todos aqueles que prestam serviços de assistência à saúde no mercado de consumo, isto é, as operadoras de planos de assistência à saúde, os hospitais, as clínicas, os laboratórios, médicos ou odontólogos, está amparada pelo CDC.

Portanto, os consumidores de planos de saúde têm o direito de ver, reconhecidos, todos os direitos e princípios assegurados pelo Código de Defesa do Consumidor, tanto na legislação especial, quanto na esfera da regulamentação administrativa. Por conseguinte, toda a interpretação da Lei dos Planos de Saúde está subsumida no reconhecimento da vulnerabilidade do consumidor ou sua hipervulnerabilidade, como no caso dos consumidores crianças, idosos, doentes ou analfabetos.

Desse modo, o consumidor de planos de saúde é sempre vulnerável, ou ainda na condição de hipervulnerável, deve estar no centro de todas as decisões, das operadoras de planos de assistência à saúde e dos prestadores de serviços de saúde, para receber um atendimento de qualidade.

Os Poderes Legislativo, Executivo, e Judiciário, ao legislarem, regulamentarem, fiscalizarem e julgarem, temas relativos aos planos de saúde, precisam observar, constantemente, que o consumidor é um sujeito vulnerável de direitos especiais, que por sua vez, deve ter um tratamento diferenciado.

Para que o consumidor de planos de saúde tenha seus direitos respeitados e, especialmente, não tenha necessidade de recorrer ao Poder Judiciário, é essencial que haja segurança jurídica, melhoria contínua da qualidade da assistência à saúde e prevenção e redução dos conflitos.

Portanto, é importante o aperfeiçoamento da regulação da saúde suplementar, e cabe à sociedade a participação ativa junto ao Poder Público, a fim de se garantir os avanços conquistados e rechaçar qualquer forma de retrocesso ao marco regulatório setorial de duas décadas.

Precisa-se ter sempre em mente: O Consumidor de Planos de Saúde é Vulnerável.!!!

VULNERABILIDADE INFORMACIONAL NAS RELAÇÕES DE CONSUMO ATUAIS: A ESSENCIALIDADE DO BEM INFORMAR

Renata Pozzi Kretzmann

Sumário: 1. Introdução – 2. Dever de informar: de roma à confiança na sociedade hiper complexa; 2.1 Informação como ferramenta para tomada de decisão do consumidor; 2.2 Informação como instrumento de obtenção de equilíbrio: equidade e igualdade – 3. Vulnerabilidade informacional do consumidor: fragilidade acentuada durante toda a relação; 3.1 Vulnerabilidade informacional no ambiente digital; 3.2 Vulnerabilidade informacional e superendividamento; 3.3 Vulnerabilidade informacional no âmbito do Serviço de Atendimento ao Consumidor; 3.4 Vulnerabilidade informacional no tratamento de dados pessoais do consumidor – 4. Considerações finais.

1. INTRODUÇÃO

É fato notório e constantemente repetido que a informação é fundamental em uma relação de consumo na qual se percebe a complexidade técnica dos bens disponíveis no mercado e a impossibilidade de verificação pelos consumidores dos dados que são transmitidos pelo fornecedor. O correto fornecimento da informação por meio do perfeito cumprimento do dever de informar em todas as fases da relação tem o propósito de auxiliar o alcance da equidade informacional e reduzir a vulnerabilidade do consumidor diante do desconhecimento sobre o funcionamento e as características dos produtos e dos serviços.

O objetivo deste trabalho é trazer uma análise panorâmica da vulnerabilidade informacional do consumidor, destacando, todavia, alguns aspectos. Na primeira parte, são abordadas a origem e o fundamento do dever de informar; a importância da informação para o exercício do direito de escolha e a relação entre direito à informação, equidade e igualdade. Na segunda parte, são examinados alguns pontos específicos das relações consumeristas atuais que acentuam a vulnerabilidade informacional preexistente. São estudados o dever de informar no ambiente digital, no âmbito do superendividamento, do serviço de atendimento ao consumidor e no tratamento de dados pessoais.

2. DEVER DE INFORMAR: DE ROMA À CONFIANÇA NA SOCIEDADE HIPER COMPLEXA

No atual mundo global, livre e veloz, o consumidor experimenta uma nova vulnerabilidade. Há, portanto, necessidade de se revisitar a origem e a direção da boa-fé com o objetivo de fortalecê-la no mundo pós-moderno,[1] em que há cada vez mais esforços para captar a atenção das pessoas para que consumam os mais variados produtos e serviços, nas mais tecnológicas plataformas, sem limites temporais ou geográficos.

A boa-fé tem raízes no Direito Romano, na lei das XII Tábuas. Historiadores dizem que ainda é anterior, remetendo à própria fundação de Roma. De qualquer forma, a ideia de *fides* nasceu com o mundo romano e recebeu expansão e significados ao longo do tempo. Menezes Cordeiro destaca os elementos históricos da *fides* primitiva, que teve diversos prismas semânticos. A *fides*-sacra relacionava-se à lei das XII tábuas, com culminações religiosas. A fides-facto era despida de conotações religiosas ou morais e estava ligada à noção de garantia. A fides-ética era ligada à certa coloração moral.[2]

Na cultura germânica, a boa-fé é expressa nas ideias de *treu und glauben* que são diferentes das identificadas no Direito Romano. Foram adicionadas à ideia de fidelidade ao pactuado as noções de lealdade (*treu*) e crença (*glauben*) que se relacionam com as tradições dos juramentos de honra medievais, elementos essenciais da cultura germânica na época. Boa-fé se relaciona com cortesia, com o ideal de vida social civilizada, que faz parte de um conjunto de qualidades nobres. O direito germânico propôs significados diversos daqueles atribuíveis à *bona fides* romana, o que teria consequências duradouras na noção posteriormente conotada. Foram introduzidos na boa-fé um conjunto de valores novos que perdurariam até a codificação alemã.[3]

Como ensina Marques, o dever de informar foi desenvolvido na teoria contratual por meio da utilização e do estudo dos deveres acessórios. Eles são secundários à prestação principal, instrumentais e auxiliares ao bom desempenho da relação obrigacional.[4] Os sujeitos da relação principal não estão vinculados apenas ao dever principal, mas também àqueles que se encontram próximos a ele, ligados de alguma forma.

Percebe-se a adoção de inúmeras nomenclaturas nos estudos sobre os deveres que não são os principais.[5] Lôbo explica que a ideia central dessas obrigações, que ficam ao lado daquela correspondente à satisfação do interesse do credor, baseia-se no pensamento de Larenz, que as designou como deveres de conduta que podem ter três origens: no estipulado pelas partes, na boa-fé e nas exigências do tráfego. Esses deveres não podem ser demandados autonomamente, mas sua violação fundamenta uma indenização. Eles têm caráter secundário ou complementar e são de grande relevância para a dilatação dos efeitos das obrigações. São derivados do dever primário e são qualificados como

---

1. MARQUES, Claudia Lima. *Contratos no Código de Defesa do Consumidor*: o novo regime das relações contratuais. 8. ed. São Paulo: Ed. RT, 2016. p. 195.
2. MENEZES CORDEIRO, António Manuel da Rocha. *Da boa-fé no Direito Civil*. Coimbra: Almedina, 2001.
3. MARTINS-COSTA, Judith. *A boa-fé no direito privado*: critérios para sua aplicação. São Paulo: Marcial Pons, 2015. p. 79-82.
4. MARQUES, Claudia Lima. *Contratos no Código de Defesa do Consumidor*: o novo regime das relações contratuais. 7. ed. São Paulo: Ed. RT, 2014. p. 840.
5. MIRAGEM, Bruno. *Direito civil*: direito das obrigações. São Paulo: Saraiva, 2017. p. 45.

secundários, complementares, acessórios, conexos, laterais ou anexos, conforme a denominação que se adote.[6]

No direito português, Menezes Cordeiro acolhe a designação de deveres acessórios e reconhece que eles recebem várias tipificações. Segundo sua divisão tripartite são deveres de proteção (evitar danos mútuos); deveres de esclarecimento (informar-se mutuamente sobre todos os aspectos do vínculo) e deveres de lealdade (abster-se de comportamentos que possam falsear o objetivo do negócio).[7]

A ideia de confiança, por sua vez, surgiu nas diversas manifestações da boa-fé. É a expectativa que surge de um comportamento honesto, normal e cooperativo, a partir de normas estabelecidas pela comunidade[8] na qual estão inseridos os indivíduos. Trata-se, portanto, de base de coesão social que serve de condição ou influência do comportamento dos sujeitos, que acreditam na reciprocidade da conduta do outro e na possibilidade de sanção em caso de violação do dever de se comportar de determinado modo.[9] A ideia básica da confiança é a adesão dos sujeitos a relações jurídicas específicas motivadas pela confiança depositada na outra parte, na própria relação, na empresa, na marca ou no costume.[10]

A confiança[11] inserida no movimento de solidarização do direito valoriza a dimensão social do exercício dos direitos, isso é, o reflexo das condutas individuais sobre terceiros. É fenômeno que tem sido estudado no âmbito da sociologia, da ciência política e da economia que a apontam como fator necessário para a colaboração e associação entre os agentes e relevante para o desenvolvimento econômico e social.[12]

---

6. LÔBO, Paulo. *Direito civil*: obrigações. 5. ed. São Paulo: Saraiva, 2017. p. 80.
7. MENEZES CORDEIRO, António Manuel da Rocha. *Da boa-fé no Direito Civil*. Coimbra: Almedina, 2001. p. 603.
8. ANDRADE JÚNIOR, Luiz Carlos Vila Boas. *Responsabilidade civil e proteção jurídica da confiança*: a tutela da confiança como vetor de solução de conflitos na responsabilidade civil. Curitiba: Juruá, 2016. p. 116.
9. MIRAGEM, Bruno. *Direito civil*: direito das obrigações. São Paulo: Saraiva, 2017. p. 126.
10. SCHIMIDT NETO, André Perin. *Contratos na sociedade de consumo*: vontade e confiança. São Paulo: Ed. RT, 2016. p. 187-196.
11. civil e consumidor. Ação de declaração de inexistência de débito c/c indenização por danos materiais e morais. Instituição de ensino superior. Inscrição no fundo de incentivo ao ensino superior – FIES. Direito a informação adequada. *Confiança. Boa-fé. Vulnerabilidade informacional.* Aplicação das mesmas regras e encargos estabelecidos pelo fies. Restituição em dobro. Pedido prejudicado. Danos morais. Inocorrência. Mero dissabor. 1. Sujeita-se aos ditames das normas consumeristas a relação jurídica estabelecida entre aluno e instituição de ensino superior, a teor do a teor do disposto nos artigos 2º e 3º, § 2º, do Código de Defesa do Consumidor. 2. O *direito à informação adequada prevista no artigo 6º, III, do Código de Defesa do Consumidor, reflete os princípios da boa-fé, da transparência e da confiança que devem sempre permear as relações consumeristas.* 3. Ao fornecer formulário timbrado da própria Instituição de Ensino Superior - IES com o título "Termo de Responsabilidade Financeira Inclusão de Débitos Anteriores - FIES", bem como deferir o pleito de "embutir" o valor devido pelo 2º semestre de 2014 na contratação do FIES que teve início no 1º semestre de 2015, a IES fez o aluno acreditar que tal pleito era possível ou permitido pelo procedimento do FIES. 4. Há que ser reconhecida a vulnerabilidade informacional (artigo 4º, IV, do Código de Defesa do Consumidor) do aluno diante da IES que é a detentora na informação técnica inerente à prestação do serviço educacional, o que abrange o conhecimento das normas que regulamentam financiamento estudantil. (...) (TJDFT, Acórdão 1206370, 07126338220188070007, Relator: ARQUIBALDO CARNEIRO PORTELA, 6ª Turma Cível, data de julgamento: 02.10.2019, publicado no DJE: 22.10.2019. Pág.: Sem Página Cadastrada. – grifado).
12. SCHREIBER, Anderson. *A proibição de comportamento contraditório*: tutela da confiança e *venire contra factum proprium*. 4. ed. São Paulo: Atlas, 2016. p. 60-61.

A confiança anda junto com a transparência, como ensina Marques.[13] É necessário que as expectativas do consumidor sejam respeitadas por todos os fornecedores. A sociedade atual é complexa: percebe-se uma rede de contratos para a utilização de um serviço, o usuário da internet nem sempre sabe com quem efetivamente está contratando. E mesmo nos pactos firmados em ambiente não eletrônico, observa-se a necessidade de um agir leal e de cooperação com o outro. A tecnologia e a energia humana utilizadas para tornar céleres as contratações deve também ser útil à agilidade e à eficiência da transmissão de informações ao consumidor. Objetiva-se fornecer à parte mais frágil ferramentas importantes para exercitar e proteger seu direito de escolha, equilibrando a relação, por meio do reforço e manutenção constante da boa-fé.

2.1 Informação como ferramenta para tomada de decisão do consumidor

O resguardo da liberdade de escolha do consumidor é direito básico reconhecido pelo CDC[14] e valorizado nas relações travadas sob a égide da nova teoria contratual, pautada nas ideias de proteção da boa-fé e da confiança. O direito de escolher e exercer a autonomia racional devem ser protegidos em um ambiente repleto de técnicas agressivas de venda e *marketing*.

Nesse contexto é que ganha reforço o dever de informar, como instrumento de garantia de uma plena tomada de decisão pelo consumidor e que se relaciona não somente com a quantidade e qualidade de informações fornecidas durante todo o período em que mantem contato com o fornecedor, mas também com o direito de arrependimento após certo prazo de reflexão.[15]

O direito de ser informado, como já referido, permite uma escolha completa e útil no momento da contratação. Ao ter a informação adequada sobre o bem de consumo, o consumidor poderá fazer uma análise comparativa entre os fornecedores, poderá avaliar a sua necessidade e sua vontade de adquirir o produto, poderá refletir sobre as características e consequências da contratação e planejar seu orçamento doméstico, inclusive evitando situações de superendividamento.[16]

---

13. MARQUES. Claudia Lima, *Confiança no comércio eletrônico e a proteção do consumidor*. São Paulo: Ed. RT, 2004.
14. Art. 6º, II do CDC: "São direitos básicos do consumidor: a educação e divulgação sobre o consumo adequado dos produtos e serviços, asseguradas a liberdade de escolha e a igualdade nas contratações".
15. MARQUES, Claudia Lima; BENJAMIN, Antonio Herman V.; MIRAGEM, Bruno. *Comentários ao Código de Defesa do Consumidor*. 4. ed. São Paulo: Ed. RT, 2013. p. 279-280.
16. Apelações cíveis. Negócios jurídicos bancários. Vencimento antecipado de dívida inadimplida. Desconto do valor original, de forma integral, da conta corrente da consumidora. Prática não prevista contratualmente. Repetição simples de indébito. Danos morais presentes. *Muito embora se reconheça a legalidade de cláusula que dispõe sobre antecipação de vencimento de dívida inadimplida, a cláusula contratual citada inúmeras vezes pela instituição financeira como sendo a que autoriza o débito do valor integral original da conta corrente da sua cliente, não dispõe sobre qualquer autorização para tanto. Ausência de prestação de informação clara e precisa. Prática que pode levar ao superendividamento da pessoa natural, o que fere a dignidade da pessoa humana – um dos fundamentos da República Federativa do Brasil. Os valores descontados diretamente da conta corrente da apelante/autora para saldar o empréstimo inadimplido deverá ser restituído diretamente à consumidora na forma simples. Dano moral. Abalo moral in re ipsa, pois decorrente de falha na prestação do serviço pela instituição*

A violação do dever de informação no âmbito das relações de consumo pode se configurar como um ato puramente omissivo, mas também pode se apresentar como atitude positiva quando uma informação falsa ou que cause confusão for transmitida. O descumprimento do dever também resulta de sua falta de tempestividade, caso em que a informação é prestada em momento tardio. Considerando seu aspecto de permitir reflexão e análise pelo consumidor, a informação tem de ser transmitida em tempo útil e de forma eficaz. A hiper informação também funciona como fator negativo. O excesso de informação impede a compreensão plena e o consumidor não tem condições de separar o que é efetivamente importante.

No âmbito do CDC, a liberdade de escolha é direcionada pela informação adequada, que faz parte dos quatro pilares dos direitos básicos dos consumidores mencionados pelo presidente norte-americano John Kennedy[17] em sua carta ao Congresso em 1962.[18]

2.2 Informação como instrumento de obtenção de equilíbrio: equidade e igualdade

A transferência de informação tem importante papel na efetivação da igualdade ou equidade informacional. Trata-se de ideia que remete à noção de equilíbrio. O vocábulo equidade tem múltiplo significado e se relaciona com justiça, adequação, proteção, simetria. Tem origem no termo grego *epiekeia* e designa aquilo que é reto, justo. O vocábulo latino *aequitas* tem significado semelhante.

Trata-se do justo concreto, daquilo que está em harmonia com as circunstâncias do caso. É uma espécie de intuição racionalizada das exigências de justiça enquanto igualdade proporcional por meio da análise das considerações práticas dos efeitos que se presumem decorrentes das soluções encontradas.[19]

No Código de Defesa do Consumidor há expressa menção à equidade no âmbito da proteção contratual. O artigo 51, inciso IV dispõe ser abusiva a cláusula contrária à equidade. Ao analisar o pacto, portanto, ao juiz é permitido dizer o que não é justo ou

---

financeira, mais precisamente do dever de informação. Presentes os requisitos motivadores da responsabilidade civil, principalmente porque o apelado é instituição financeira e, como tal, tem responsabilidade civil objetiva, cuja condição de prestador de serviços lhe impõe dever de zelar pela qualidade do serviço prestado, incluindo o dever de proteção e de boa-fé objetiva para com o consumidor, consoante o art. 14, do CDC. Ônus da sucumbência e honorários recursais. Diante do resultado do julgamento, resta invertida a distribuição dos ônus da sucumbência e devida a fixação de honorários recursais ao patrono da parte autora. EDcl do AgInt no REsp 1.573.573 do STJ. Apelação da autora provida. Apelação do réu desprovida. (TJRS, Apelação Cível 50009610520198210073, Décima Primeira Câmara Cível, Tribunal de Justiça do RS, Relator: Maria Ines Claraz de Souza Linck, Julgado em: 13.12.2021 – grifado).

17. Confira na íntegra o famoso discurso do presidente Kennedy em site destinado a reunir memórias e informações: https://www.jfklibrary.org/asset-viewer/archives/JFKPOF/037/JFKPOF-037-028. Acesso em: 07.04.2022.
18. SANTOS, Fabíola Meira de Almeida. Informação como instrumento para amenizar riscos na sociedade de consumo. *Revista de Direito do Consumidor*, v. 107, p. 363-384, São Paulo, set./out. 2016.
19. FERRAZ JÚNIOR, Tércio Sampaio. *Introdução ao estudo do direito*: técnica, decisão, dominação. 3. ed. São Paulo: Atlas, 2001. p. 300.

equilibrado, permitindo-se a exclusão ou anulação de disposição em desacordo com a necessidade de proteção e de justiça contratual no âmbito das relações consumeristas.

Nesse contexto destaca-se a importância da informação para a obtenção do equilíbrio na relação entre consumidor e fornecedor, ou seja, para a busca da equidade informacional. Quanto melhor informado o consumidor estiver, menor será a sua vulnerabilidade diante do fornecedor e mais elementos ele terá para escolher o que e como contratar e saber dos riscos e problemas que podem surgir.

Como ensina Bruno Miragem, o princípio do equilíbrio parte do pressuposto da vulnerabilidade do consumidor e sustenta a necessidade de reequilíbrio da situação fática de desigualdade. Incide sobre as consequências patrimoniais das relações de consumo e tem como efeitos a proteção do consumidor e a proteção do próprio equilíbrio econômico do contrato.[20]

É desenvolvido a partir do princípio constitucional da igualdade substancial. Atua na limitação das atividades do fornecedor que coloquem o consumidor em desvantagem exagerada. O equilíbrio da relação de consumo é protegido não somente quanto ao contrato, mas também quanto à responsabilidade extracontratual. O princípio reflete-se ainda no equilíbrio processual ao passo em que garante um papel mais ativo do juiz na lide.

No CDC percebe-se uma ideia de proibição geral ao abuso de direito por meio da aplicação do princípio do equilíbrio nos artigos 51, IV e 6º, V, por exemplo. São casos em que se reconhece a desigualdade do consumidor e a necessidade de sua proteção pelo direito tendo em vista o grande desequilíbrio da relação.[21]

Marques explica que o déficit informacional entre fortes e fracos no contrato é o ponto central da relação de consumo. Informação é poder e o que se busca é a equidade informacional, relacionada à necessidade de comportamento com transparência. O dever de informar possibilita uma aproximação contratual mais sincera e menos danosa. Ao informar de forma transparente e cooperar com o consumidor, o fornecedor age com lealdade[22] e respeito.[23]

Cavalieri Filho também salienta a imprescindibilidade da informação para a colocação do consumidor em situação de igualdade. Destaca que o direito à informação não tem um fim em si mesmo, mas, sim, o de garantir ao consumidor o exercício do direito

---

20. MIRAGEM, Bruno. *Curso de Direito do Consumidor*. 6. ed. São Paulo: Ed. RT, 2016. p. 148-149.
21. MIRAGEM, Bruno. *Curso de Direito do Consumidor*. 6. ed. São Paulo: Ed. RT, 2016. p. 148-149.
22. Apelação. Ação declaratória c/c indenizatória. Sentença de improcedência. Insurgência da parte autora. Contrato de cartão de crédito com autorização para desconto em benefício previdenciário. Aplicabilidade do Código de Defesa do Consumidor. Celebração de contrato com intenção de contratação de empréstimo consignado. Abusividade caracterizada em relação ao consumidor, hipossuficiente. Art. 39, inciso IV, do Código de Defesa do Consumidor. Violação do dever de informação e *ofensa ao dever de lealdade contratual*. Vantagem exagerada do réu. Reconhecimento de nulidade da contratação de cartão de crédito consignado, nos termos do artigo 51, do CDC. (...) (TJSP; Apelação Cível 1001125-46.2021.8.26.0035; Relator (a): Régis Rodrigues Bonvicino; Órgão Julgador: 21ª Câmara de Direito Privado; Foro de Águas de Lindoia – Vara Única; Data do Julgamento: 07.04.2022; Data de Registro: 07.04.2022 – grifado)
23. MARQUES, Claudia Lima. *Contratos no Código de Defesa do Consumidor:* o novo regime das relações contratuais. 7. ed. São Paulo: Ed. RT, 2014. p. 782-783.

de escolher conscientemente, o que permite, por sua vez, a diminuição dos riscos e o alcance das legítimas expectativas. Sem a informação adequada, o consumidor não pode fazer escolhas boas e corretas já que não tem conhecimento algum sobre o produto ou serviço de que necessita. Sob este aspecto, percebe-se a ligação entre o dever de informar e a vulnerabilidade do consumidor.[24]

Pfeiffer analisa a informação e sua influência no mercado. Assevera que a distribuição assimétrica de informações é uma das principais falhas mercadológicas porquanto acentua a vulnerabilidade do consumidor. Para quem consome, é muito mais custoso buscar a informação, encargo que deve ser conferido ao fornecedor, que pode fazê-lo por menos custo. Essa solução é a mais econômica e equitativa e diminui não somente os custos do consumidor, mas também contribui para a prevenção de danos.[25]

3. VULNERABILIDADE INFORMACIONAL DO CONSUMIDOR: FRAGILIDADE ACENTUADA DURANTE TODA A RELAÇÃO

A principal diretriz de proteção do consumidor é o reconhecimento de sua vulnerabilidade, "fundamento teleológico de todo o microssistema protetivo"[26] e sua viga mestre.[27] A presunção de vulnerabilidade jurídica do consumidor acarreta a necessidade de ser reestabelecido pelo Direito o equilíbrio material nas relações e efetivada a proteção da parte mais fraca de maneira integral, nos âmbitos da prevenção e da reparação de danos. O acesso à informação materializa esse reequilíbrio e proporciona o direito de escolha do consumidor, principalmente considerando-se o contexto de necessidades criadas e induzidas na sociedade de consumo em massa fortemente influenciada pela publicidade.[28]

Vulnerabilidade é um estado da pessoa. Designa também uma situação de fragilidade, impossibilidade de ação ou enfraquecimento que pode ser temporária ou permanente. O sujeito vulnerável fica exposto ao risco e sem possibilidade de autodeterminação. É a necessidade de proteção do consumidor tendo em vista sua inegável vulnerabilidade[29]

---

24. CAVALIERI FILHO, Sérgio. *Programa de Direito do Consumidor*. 4. ed. São Paulo: Atlas, 2014. p. 83.
25. PFEIFFER, Roberto Augusto Castellanos. *Defesa da concorrência e bem-estar do consumidor*. São Paulo: Ed. RT, 2015. p. 84-85.
26. MIRAGEM, Bruno, *Curso de Direito do Consumidor*. 8. ed. São Paulo: Ed. RT, 2019. p. 197.
27. MARTINS, Plínio Lacerda. *O abuso nas relações de consumo e o princípio da boa-fé*. Rio de Janeiro: Forense, 2002. p. 52.
28. LÔBO, Paulo Luiz Netto. A informação como direito fundamental do consumidor. *Revista de Direito do Consumidor*, São Paulo v. 37, p. 59-76, jan./mar. 2001.
29. Direito do consumidor. Empréstimo consignado. Cartão de crédito. Descontos mensais de pagamentos mínimos. Vulnerabilidade informacional do consumidor. Dívida impagável. Dever de informação clara e adequada. Descumprimento. CDC, art. 60, III. Inteligência. Práticas abusivas. CDC, art. 39, IV e V. Objetivo ilícito. Nulidade contratual. Código Civil, art. 166, II. Repetição em dobro de indébito. Erro inescusável. CDC, art. 42, parágrafo único, dano moral. Dever de indenizar. Ação proposta por consumidor em face de instituição financeira em razão de, julgando ter contratado mútuo feneratício consignado, haver ajustado contrato de cartão de crédito, cuja parcela de pagamento mínimo é descontada do valor mensal de seus proventos de aposentadoria paga pelo INSS. Sentença de improcedência.

que fundamenta as regras previstas no Código de Proteção e Defesa do Consumidor, como referido.

Existem quatro tipos de vulnerabilidade, de acordo com a lição de Marques: a técnica, a jurídica, a fática e a informacional, adjetivada como básica. A primeira relaciona-se com a ausência de conhecimentos científicos sobre o bem de consumo. É presumida para o consumidor comum, mas o profissional também pode se encontrar em situação de vulnerabilidade técnica. O consumidor pode ser facilmente enganado, pois não tem como saber se as especificações anunciadas efetivamente correspondem à realidade. Essa espécie de vulnerabilidade tem ligação com a complexidade dos produtos e dos serviços oferecidos no mercado, que aumenta cada vez mais, fazendo com que o consumidor se sinta em posição desconfortável.[30]

A vulnerabilidade jurídica revela-se na situação de ausência de conhecimentos jurídicos específicos. Vale para os consumidores que não sejam profissionais, já que para as pessoas jurídicas ou para os profissionais a presunção é de que devem possuir conhecimento suficiente para poderem exercer sua atividade, uma vez que são especialistas em seu ofício.

É uma das fontes irradiadoras do dever de informação tendo em vista a complexidade dos contratos e o grande número de complicados vínculos que formam uma relação contratual. O consumidor deve ser tido como um leigo pelo fornecedor, que deve evitar termos técnicos ou difíceis que possibilitem a incompreensão ou deixem margem para dúvidas.

A vulnerabilidade fática ou socioeconômica diz respeito às características do parceiro contratual, que impõe sua força e superioridade. A parte mais fraca submete-se a determinadas condições contratuais, pois precisa do bem de consumo e não tem condições de modificar cláusulas ou condições, já previamente determinadas pelos fornecedores em contratos massificados caracterizados pelo exercício do poder de determinação de regras contratuais e pela ausência de negociação ou flexibilização de deveres ou direitos.

A vulnerabilidade informacional pode ser considerada uma espécie de vulnerabilidade técnica, mas merece destaque como uma espécie autônoma tendo em vista o déficit

---

1.O consumidor tem direito à informação adequada e clara sobre produtos e serviços oferecidos no mercado de consumo, *ex vi* do art. 6º, III, do CDC. 2.Informação clara é a objetiva, reta, prestada sem reserva mental, ou seja, fiel à boa-fé objetiva. 3. Informação adequada é a acessível à percepção, processo psicológico de cognição para o que evidentemente concorrem o nível de acumulação de significantes e significados do destinatário, os quais se sujeitam a seu meio sociocultural; é isso, por seu turno, o que faz o cabedal intelectivo de alguém, logo, também do consumidor, e molda sua capacidade de discernimento e critica.4.Nas circunstâncias, dada a vulnerabilidade informacional do consumidor, a instituição financeira incorreu em práticas abusivas e por isso ilícitas, tipificadas nos incisos IV e V do art. 39 do CDC, a saber, a de se prevalecer da notória vulnerabilidade informacional do consumidor e a de deste exigir vantagem manifestamente excessiva. (...) (TJRJ, 0009738-76.2020.8.19.0205 – Apelação. Des(a). Fernando Foch De Lemos Arigony da Silva – Julgamento: 14.02.2022 – Terceira Câmara Cível).

30. MARQUES, Claudia Lima. *Contratos no Código de Defesa do Consumidor*: o novo regime das relações contratuais. 8. ed. São Paulo: Ed. RT, 2016. p. 324-346.

informacional do consumidor, elemento chave das relações de consumo.[31] Trata-se um fator representativo do desequilíbrio contratual considerando-se que os fornecedores são aqueles que efetivamente detém as informações necessárias sobre o bem de consumo e escolhem de que forma e em que momento as transmitir ao consumidor ou então optam por guardá-las.

É uma vulnerabilidade essencial e liga-se à dignidade da pessoa humana, considerando-se a informação como necessária para uma vida digna e saudável, como, por exemplo, no âmbito dos alimentos e dos produtos que trazem malefícios para a saúde de determinados grupos de pessoa ou então nas hipóteses de alimentos geneticamente[32] modificados. A falta de informação nesses casos pode gerar grave risco de danos à saúde do consumidor ou impossibilitar seu direito de escolher adquirir certos produtos.[33] Com efeito, a ausência, a falha ou o excesso de informações configuram situação de vulnerabilidade técnica, caracterizada principalmente pelo desconhecimento generalizado do consumidor acerca das propriedades e das consequências em geral da utilização ou contato com os modernos produtos e serviços.[34]

Moraes destaca cinco possíveis fontes geradoras de vulnerabilidade técnica: os produtos ou serviços naturalmente perigosos; os fornecidos com defeitos; os disponibilizados com vícios; os colocados no mercado por intermédio de práticas abusivas e os contratos. São situações variadas e com o potencial de causar inúmeros danos, como os à saúde do consumidor quando se tratar do desconhecimento acerca de princípios ativos de medicamentos ou ingredientes de produtos alimentícios.[35]

A boa-fé é uma via de mão dupla: aplica-se a todos os polos e a todos agentes das relações jurídicas. O dever de agir de boa-fé não se limita, tampouco se esgota no tempo: é pré-contratual, contratual e pós-contratual. Esse dever anexo antecede a formação do negócio jurídico e sucede a execução do seu objeto. E é a informação que confere ao consumidor "a possibilidade de utilizar os produtos comercializados com plena segurança e de modo satisfatório aos seus interesses";[36] somente o consumidor bem informado consegue usufruir integralmente os benefícios econômicos que o produto ou serviço o proporciona, assim como se proteger de maneira adequada dos riscos que apresenta. A informação é uma das técnicas de enfrentamento do desequilíbrio de conhecimento

---

31. MARQUES, Claudia Lima. *Contratos no Código de Defesa do Consumidor*: o novo regime das relações contratuais. 8. ed. São Paulo: Ed. RT, 2016. p. 324-346.
32. Sobre o tema, ver: MAGALHÃES, Simone. *Rotulagem Nutricional Frontal dos Alimentos Industrializados*: política pública fundamentada no direito básico do consumidor à informação clara e adequada. 2. ed. Belo Horizonte: Dialética, 2020.
33. MARQUES, Claudia Lima. *Contratos no Código de Defesa do Consumidor*: o novo regime das relações contratuais. 8. ed. São Paulo: Ed. RT, 2016. p. 324-346.
34. MORAES, Paulo Valério Dal Pai. *Código de Defesa do Consumidor*: o princípio da vulnerabilidade no contrato, na publicidade, nas demais práticas comerciais; interpretação sistemática do direito. 3. ed. Porto Alegre: Livraria do Advogado Editora, 2009. p. 142.
35. MORAES, Paulo Valério Dal Pai. *Código de Defesa do Consumidor*: o princípio da vulnerabilidade no contrato, na publicidade, nas demais práticas comerciais; interpretação sistemática do direito. 3. ed. Porto Alegre: Livraria do Advogado Editora, 2009. p. 142.
36. STIGLITZ, Gabriel A. *Protección Jurídica del Consumidor*. Buenos Aires: Depalma, 1986. p. 45.

entre os contratantes e deve ser prestada pelo fornecedor independentemente de requerimento ou questionamento do consumidor.

3.1 Vulnerabilidade informacional no ambiente digital

A internet tem fundamental papel no desenvolvimento do mercado nacional e internacional. A divulgação de bens e serviços em plataformas on-line traz vantagens para fornecedores e consumidores, considerando-se o baixo custo do comércio eletrônico e a possibilidade de seleção de mercadorias e análise de melhores condições de compra que pode ser feita de qualquer lugar.[37]

Ao mesmo tempo, todavia, esse ambiente proporciona a intensificação da situação de inferioridade e fragilidade dos consumidores que muitas vezes tem dificuldade para compreender o texto da mensagem do fornecedor ou tem seu direito de escolha impossibilitado diante da ausência de informações sobre os bens.

Destaca-se a inclusão de mais consumidores com os mais diversos perfis no ambiente digital principalmente em razão da pandemia da Covid-19. Pessoas não habituadas com a tecnologia passaram a utilizar a internet de maneira corriqueira. São novos perfis de consumidores trazendo desafios à definição de quais informações devem ser apresentadas para garantir uma experiência de consumo positiva. Atualmente, também se discute na doutrina aspectos da vulnerabilidade desses consumidores e qual o papel do fornecedor nesse contexto.

É importante que o *layout* dos sites ou aplicativos seja simples, informativo, com a utilização de símbolos e palavras fáceis de compreender, em língua portuguesa e de fácil identificação na tela. As informações sobre o custo total da compra e frete no caso de produtos ou as características relevantes do serviço contratado devem ser disponibilizadas no processo de compra para que o consumidor possa escolher contratar ou não. As informações sobre disponibilidade do produto ou duração do serviço também são relevantes para o processo de tomada de decisão do consumidor. As informações sobre a utilização do site, normas de funcionamento e detalhes da contratação, como direitos e obrigações, devem constar dos Termos de Uso, que embora não obrigatório como a Política de Privacidade, é ferramenta útil ao cumprimento do dever de informar.

Outras informações relevantes ao consumidor são, por exemplo, o prazo de entrega, o qual deve ser bem-informado, bem como a disponibilização de informações atualizadas no caso de imprevistos que possam surgir durante a contratação. Em caso de produto personalizado, o *design* final deve ser enviado ao consumidor com tempo hábil para aprovação.

O Decreto Federal 7.962 de 2013 e, mais recentemente, o Decreto Federal 10.271 de 2020 determinam quais informações devem ser apresentadas ao consumidor no

---

37. OLIVEIRA, Elsa Dias. *A proteção dos consumidores nos contratos celebrados através da internet*. Coimbra: Almedina, 2002. p. 23-25.

ambiente digital, regramento fortemente inspirado a partir do disposto no Projeto de Lei 3514/15, que dispõe sobre o comércio eletrônico e merece urgente atualização para que se efetive a proteção do consumidor no comércio eletrônico, inclusive no âmbito internacional ou fornecidos por acordos entre empresas nacionais e internacionais.

3.2 Vulnerabilidade informacional e superendividamento

A Lei 14.181 de 2021 criou específicos deveres de informação para o fornecedor, com o objetivo de disciplinar a questão do superendividamento. No rol dos direitos básicos do artigo 6º do CDC foi inserido o inciso XIII que estabelece a necessidade de informação acerca dos preços dos produtos por unidade de medida, tal como por quilo, por litro, por metro ou por outra unidade, conforme o caso. O novo artigo 54-B prevê que o fornecedor ou intermediário de crédito ou na venda a prazo deverá informar o consumidor de maneira adequada e prévia – no momento da oferta – sobre o custo efetivo total e os elementos que o compõem; a taxa efetiva mensal de juros, bem como a taxa dos juros de mora e o total de encargos, de qualquer natureza, previstos para o atraso no pagamento; o montante das prestações e o prazo de validade da oferta, que deve ser, no mínimo, de dois anos; o nome e o endereço, inclusive o eletrônico, do fornecedor e o direito do consumidor à liquidação antecipada e não onerosa do débito, nos termos do § 2º do art. 52 do CDC[38] e da regulamentação em vigor. Dispõe o § 1º do art. 54-B que essas informações devem constar de forma clara e resumida do próprio contrato, da fatura ou de instrumento apartado, de fácil acesso ao consumidor, buscando-se a efetivação do direito à informação.

Comparativamente, no âmbito da União Europeia, a Diretiva 2008/48/CE do Parlamento Europeu e do Conselho de 23 de Abril de 2008, indica que as informações prestadas por fornecedores de crédito devem especificar, de modo claro, conciso e visível, por meio de um exemplo representativo: a) a taxa devedora, fixa ou variável ou ambas, juntamente com o detalhe de quaisquer encargos aplicáveis incluídos no custo total do crédito para o consumidor; b) o montante total do crédito; c) a taxa anual de encargos efetiva global; no caso dos contratos de crédito; d) se for caso disso, a duração do contrato de crédito; e) no caso de um crédito sob a forma de pagamento diferido para um bem ou serviço específico, o preço a pronto e o montante de um eventual pagamento de um sinal; e f) se for caso disso, o montante total imputado ao consumidor e o montante das prestações.[39]

Ocultar ou dificultar a compreensão sobre os ônus e os riscos da contratação de crédito ou da venda a prazo é prática vedada na oferta de crédito ao consumidor, publicitária ou não, de acordo com o artigo 54-C, inciso III do CDC porquanto obstaculiza

---

38. Art. 52, § 2º: É assegurado ao consumidor a liquidação antecipada do débito, total ou parcialmente, mediante redução proporcional dos juros e demais acréscimos.
39. UNIÃO EUROPEIA. Diretiva 2008/48/CE do Parlamento Europeu e do Conselho de 23 de Abril de 2008, relativa a contratos de crédito aos consumidores e que revoga a Directiva 87/102/CEE do Conselho.

o real entendimento do consumidor. As informações devem ser prestadas de maneira completa, com a transmissão de todas as peculiaridades e riscos da contratação.

O artigo 54-D também dispõe sobre o dever de informar estipulando a necessidade de informação e esclarecimento adequado na oferta de crédito considerando-se a idade do consumidor que deve compreender sobre a natureza e a modalidade do crédito oferecido, sobre todos os custos incidentes, e sobre as consequências genéricas e específicas do inadimplemento. Além disso, a identidade do agente financiador deve ser informada ao consumidor a quem deve ser entregue cópia do contrato de crédito.

O descumprimento desses deveres poderá acarretar judicialmente a redução dos juros, dos encargos ou de qualquer acréscimo ao principal e a dilação do prazo de pagamento previsto no contrato original, conforme a gravidade da conduta do fornecedor e as possibilidades financeiras do consumidor, sem prejuízo de outras sanções e de indenização por perdas e danos, patrimoniais e morais, ao consumidor.

3.3 Vulnerabilidade informacional no âmbito do Serviço de Atendimento ao Consumidor

No Código de Defesa do Consumidor a informação aparece em inúmeros artigos, permeando todas as esferas de proteção. O direito do consumidor a ser bem informado deve ser garantido durante a fase pré-contratual, nos âmbitos da oferta e da publicidade, durante a execução do contrato, também em sua etapa posterior e em todos os momentos em que houver contato entre consumidor e fornecedor, ainda quando inexistente contrato.

Durante o atendimento ao consumidor o dever de informar também deve ser integralmente respeitado, principalmente quanto ao seu viés de esclarecimento para os consumidores que pretendem solucionar problemas ou cancelar serviços. No dia 05 de abril de 2022 foi promulgado o Decreto 11.034 pelo Presidente da República. O ato normativo foi publicado em 6 de abril do mesmo ano e entrará em vigor 180 dias após sua publicação. Objetiva regulamentar o Código de Defesa do Consumidor por meio do estabelecimento de diretrizes sobre o Serviço de Atendimento ao Consumidor, o conhecido SAC. No primeiro artigo da norma observa-se o destaque ao direito à informação e ao direito de ter suas demandas atendidas, dois grandes pilares da proteção do consumidor.

Além de se configurar como um dever, a informação é direito básico do consumidor, atua como garantidora de seu direito de escolha e o protege contra danos eventualmente suportados em virtude da ausência ou deficiência da informação. O fornecedor tem a obrigação de dar forma àquilo que em função de sua posição no mercado sabe que o consumidor deve conhecer.[40] O serviço de atendimento ao consumidor serve justamente à concretização desse dever, ao esclarecimento e ao aconselhamento para a solução de

---

40. KRETZMANN, Renata Pozzi. *Informação nas relações de consumo*: o dever de informar do fornecedor e suas repercussões jurídicas. Belo Horizonte: Casa do Direito, 2019.

controvérsias contratuais, adequação dos serviços à legítima expectativa dos consumidores e parâmetros legais e solução de problemas relatados pelos usuários.

3.4 Vulnerabilidade informacional no tratamento de dados pessoais do consumidor

Como se sabe, o Direito do Consumidor tem características de um microssistema próprio e teve um crescimento acentuado, influenciando o restante do ordenamento jurídico e conferindo uma tonalidade especial ao princípio protetivo.[41] À vulnerabilidade típica das relações de consumo, juntam-se outras que se fazem perceber nas relações entre consumidores e fornecedores e que embora tenham relação com a desigualdade de forças, conhecimento e possibilidades de ações, caracterizam-se por especificidades que na verdade agregam ou fazem surgir novas camadas de vulnerabilidade.[42]

A realidade das relações contemporâneas revela que diversas situações acentuam a vulnerabilidade do consumidor, como no caso do tratamento de dados pessoais, que receberam recente proteção constitucional, figurando no rol dos direitos e garantias fundamentais do artigo 5º da Constituição da República em seu inciso LXXIX. A autodeterminação informativa é um dos fundamentos da atual Lei Geral de Proteção de Dados brasileira, reforçando a ideia de irradiação de princípios protetivos originariamente no âmbito do CDC para demais normas.

O titular de dados tem o direito de saber como e porque seus dados estão sendo ou serão tratados, por quem e onde. Trata-se de um dever de informar muito amplo, pois abrange as diversas fases de tratamento e alcança informações completas sobre coleta, armazenamento, utilização, compartilhamento etc. E é ao mesmo tempo um dever específico e qualificado de informar, tendo em vista que as informações devem ser detalhadas e suficientes.

Segundo o artigo 18 da Lei 13.709/18, o titular dos dados tem direito de obter do controlador a confirmação de existência de tratamento, o acesso aos dados, a correção de dados, a anonimização, a portabilidade, a eliminação, a informação sobre compartilhamento, a possibilidade e consequências de não fornecer consentimento e a revogação do consentimento para o tratamento de dados.

No artigo 19 há determinação sobre a forma de prestação das informações sobre o tratamento. Deverão ser entregues por meio eletrônico ou de forma impressa, resguardados os segredos comerciais e industriais. O pedido de informações é gratuito, mas em caso de comunicação impressa, há entendimento de que os custos deveriam ficar a cargo do titular dos dados. De qualquer forma, o controlador deve disponibilizar as

---

41. LORENZETTI, Ricardo. Diretiva. Derecho del Consumidor en un mundo de transformación. In: BENJAMIN, Antonio Herman; MARQUES, Claudia Lima; MIRAGEM, Bruno. *O direito do Consumidor no mundo em transformação*. São Paulo: Ed. RT, 2020. p. 231-240.
42. BERGSTEIN, Laís. *O tempo do consumidor e o menosprezo planejado*: o tratamento jurídico do tempo perdido e a superação de suas causas. São Paulo: Thomson Reuters Brasil, 2019. p. 67.

informações de forma facilitada e de preferência pelo mesmo meio em que o tratamento teve início.[43]

As informações claras e adequadas sobre os critérios e procedimentos utilizados para uma decisão automatizada, isto é, aquela realizada por computadores, devem ser transmitidas ao titular de dados que as solicitar, nos termos do artigo 20 da LGPD. Entre essas informações estão incluídas as destinadas a definir o seu perfil pessoal, profissional, de consumo e de crédito os aspectos de sua personalidade. É direito que materializa os fundamentos e princípios da lei de dados.

A defesa do consumidor está no inciso VI do artigo 2º da LGPD e traz consigo todas as normas e princípios necessários à concretização da proteção da parte vulnerável, entre eles o direito à informação e sua outra faceta, o dever de informar. A vulnerabilidade informacional quanto ao tratamento de dados é significativa para todos os titulares e ainda mais para o usuário-consumidor.[44]

O princípio do livre acesso garante aos titulares a consulta facilita sobre a forma e a duração do tratamento, bem como sobre a integralidade de seus dados pessoais. Relaciona-se com o princípio da exatidão, segundo o qual os dados informados inexatos podem ser corrigidos. O princípio da transparência garante aos titulares informações claras, precisas e facilmente acessíveis sobre a realização do tratamento e os respectivos agentes de tratamento, observados os segredos comercial e industrial.[45]

Como ensina Rodotà, o direito de acesso deu origem a consequências e perspectivas não previstas originalmente e que vão além da esfera privada individual. Ao

---

43. COTS, Márcio; OLIVEIRA, Ricardo. *Lei geral de proteção de dados comentada*. São Paulo: Thomson Reuters Brasil, 2019. p. 135.
44. Apelação. Ação civil pública. Preliminar de negativa de prestação jurisdicional. Rejeitada. Comercialização de produtos e ferramentas de tratamento de dados pessoais. Proteção dos direitos do consumidor. Inobservância da legislação de regência. 1. Apelação interposta contra sentença que, em sede de ação civil pública, julgou procedente a pretensão formulada pelo Ministério Público para condenar a requerida a se abster de comercializar dados pessoais de consumidores, por meio de duas específicas ferramentas de tratamento de dados, sob pena de imposição das medidas indutivas, coercitivas, mandamentais ou sub-rogatórias necessárias para assegurar o cumprimento de ordem judicial, conforme legislação processual civil. (...) 3. Se o que está em pauta é a comercialização de dados tratados, resta evidente que as condições do tratamento – em todas as dimensões do conceito legal – devem ser examinadas. 4. A Lei 13.709/2018 (LGPD) dispõe que eventual dispensa da exigência do consentimento do titular das informações processadas não desobriga os *agentes de tratamento das obrigações de garantir transparência acerca de todo o processo (coleta dos metadados, da metodologia utilizada, da duração do tratamento, ou do uso compartilhado, por exemplo)*. A referida norma determina, ainda, que sejam respeitadas a *legítima expectativa do titular das informações tratadas e os direitos e liberdades fundamentais. E somente em uma relação de efetiva transparência é possível conceber a existência de legítima expectativa.* 5. Mesmo que o produto final dos serviços impugnados garanta ao contratante um apanhado de informações de natureza meramente cadastral, é inafastável a conclusão de que a segmentação e o direcionamento de mercado – prometidos pela requerida – depende de tratamento de informações outras, de natureza socioeconômica e comportamental, elementos intrinsecamente vinculados à esfera da privacidade. *Assim, não havendo transparência sobre os trâmites de coleta e tratamento, é impositivo o acolhimento da pretensão autoral.* 6. Recurso conhecido e desprovido. (TJDFT, Acórdão 1397176, 07366348120208070001, Relator: Sandoval Oliveira, 2ª Turma Cível, data de julgamento: 09.02.2022, publicado no PJe: 11.02.2022. Pág.: Sem Página Cadastrada.)
45. DONEDA, Danilo. *Da privacidade à proteção de dados pessoais*: elementos da formação da Lei Geral de Proteção de dados. 2. ed. São Paulo: Thomson Reuters Brasil, 2019. p. 182.

se proporcionar ao indivíduo um meio para salvaguardar o patrimônio informativo, abriu-se igualmente o caminho que faz caírem as barreiras de sigilo que rodeavam as informações mantidas. As leis de proteção de dados cumpriram o papel prenunciador para as leis de liberdade de acesso em gera, unindo esfera pessoal e esfera política por meio da proteção de dados. O direito à autodeterminação é extremamente importante e amplia-se rumo a um direito à democracia, tornando a transparência uma premissa imprescindível.[46]

4. CONSIDERAÇÕES FINAIS

A informação tem significativa eficácia jurídica no direito do consumidor. É um conceito de muitas facetas e peculiaridades, que embasa um direito e gera um dever. O direito à informação tem força jurídica para provocar a responsabilização do fornecedor que não o respeita e não fornece informação clara, adequada, fácil de ser identificada, coerente, completa, suficiente, precisa, fidedigna, veraz, compreensível e prévia, no âmbito digital ou fora dele.

A disparidade informacional entre consumidor e fornecedor é muito grande. Ressalta-se, dessa forma, que a ampla eficácia do dever de informar ratifica sua função para servir como fonte de equilíbrio e de aproximação das partes, objetivando a harmonização dos interesses dos participantes das relações de consumo, de modo a viabilizar os princípios nos quais se funda a ordem econômica, sempre com base na boa-fé e no equilíbrio nas relações entre consumidores e fornecedores, conforme o importante princípio da Política Nacional das Relações de Consumo previsto no inciso III do artigo 4º do Código de Proteção e Defesa do Consumidor.

O direito à informação é tema que não se esgota e encontra terreno fértil para desenvolvimento no âmbito das relações contratuais dos tempos de agora e dos vindouros. O dever de informar é mecanismo de proteção que acompanhará todas as relações de consumo independente da tecnologia por meio da qual serão formadas, pois sua base é a boa-fé, cujas origens estão em Roma e cuja eficácia se projeta no futuro das relações de consumo. Por maiores que sejam as transformações das obrigações e das relações, as soluções encontradas pelo Direito devem sempre assegurar o equilíbrio e proteger a confiança, o que, no direito do consumidor, pode ser feito por meio do reforço do dever de informar e do reconhecimento de sua irradiante eficácia jurídica. A vulnerabilidade informacional nunca deixará de existir, mas é justamente em virtude de sua existência e relevância na sociedade hiper complexa que o agir de boa-fé deve ser sempre exigido e valorizado.

---

46. RODOTÀ, Stefano. *A vida na sociedade da vigilância*: a privacidade hoje. Trad. Danilo Doneda e Luciana Cabral Doneda. Rio de Janeiro: Renovar, 2008. p. 44-45.

OS NECESSITADOS CONSTITUCIONAIS E A TUTELA COLETIVA VIA DEFENSORIA PÚBLICA: A AMPLIAÇÃO DA PROTEÇÃO DOS VULNERÁVEIS POR MEIO DO CONCEITO DE COLETIVIDADE CONSUMIDORA[1]

Fabiana Rodrigues Barletta

Maurilio Casas Maia

Sumário: 1. Introdução – 2. O reconhecimento dos necessitados de tutela coletiva em sede jurisprudencial a partir da ADI 3.943 (STF) e do Eresp 1.192.577 (STJ); 2.1 A ADI 3943 e a consagração da legitimidade coletiva da Defensoria Pública; 2.2 O EREsp 1192577 e a confirmação da legitimidade coletiva da Defensoria Pública; 2.3 Coletividades necessitadas e a coletividade consumidora do parágrafo único do art. 2º do CDC; 2.4 As coletividades necessitadas no cenário doutrinário processual civil – 3. Os necessitados constitucionais e os idosos como parte deste grupo; 3.1 A mutação constitucional sobre o termo "necessitados"; 3.2 O idoso consumidor de plano de saúde: um específico necessitado jurídico-constitucional; 3.2.1 O melhor interesse do idoso como princípio; 3.2.2 A primazia de mérito e do in dubio pro justitia socialis na tutela coletiva de vulneráveis; 3.2.3 Custos vulnerabilis e planos de saúde: a legitimidade interventiva da Defensoria Pública em prol das coletividades vulneráveis no STJ – 4. Conclusões.

1. INTRODUÇÃO

Com impacto até o presente momento conforme será visto à frete, o ano de 2015 trouxe decisões relevantes para o Direito Processual Civil Coletivo de base democrática, em especial quanto ao acesso à Justiça Coletiva via Defensoria Pública. O EREsp 1.192.577, no Superior Tribunal de Justiça (STJ), conferiu maior substrato fático e teórico à visão de quem seriam os "necessitados em sentido amplo", ditados anteriormente pelo STJ, quando a ADI 3.943, junto ao Supremo Tribunal Federal (STF), já havia consolidado a legitimidade coletiva da Defensoria Pública para atuar em processos de natureza coletiva.[2]

---

1. O presente texto é versão atualizada e ampliada da seguinte publicação: BARLETTA, Fabiana Rodrigues. CASAS MAIA, Maurilio. Idosos e Planos de Saúde: Os necessitados constitucionais e a tutela coletiva via defensoria pública – Reflexões sobre o conceito de coletividade consumidora após a ADI 3943 e o ERESP 1192577. *Revista de Direito do Consumidor*, v. 106, p. 201-227, jul./ago. 2016.
2. Além dos referidos julgados (EREsp 1192577-STJ e ADI 3943-STF), pode-se citar ainda o Recurso Extraordinário com Repercussão Geral 733433, o qual, no fim do ano de 2015, permitiu ao STF ratificar a legitimidade transindividual da Defensoria Pública também para a tutela de *direitos difusos*, ampliando ainda mais as vias de acesso à Justiça Coletiva.

Em uma sociedade na qual nem sempre as minorias e hipervulneráveis são tutelados,[3] decisórios como os mencionados acima merecem não somente celebração, mas também estudos aprofundados a fim de manter o progresso democrático decorrente deles no âmbito do Direito Processual Coletivo, mormente quando se fala em tutela estatal das expectativas legítimas[4] do consumidor no âmbito de suas relações com os Planos e Seguros de Saúde. Afinal, *"quanto mais democrática uma sociedade, maior e mais livre deve ser o grau de acesso aos Tribunais que se espera seja garantido pela Constituição e pela lei à pessoa, individual ou coletivamente"* (Min. Herman Benjamin no REsp 931.513/RS).

Com o desiderato de aprofundar os estudos sobre a legitimidade coletiva da Defensoria Pública, especialmente em favor dos idosos hipervulneráveis e demonstrar os efeitos dos julgados sobreditos sobre o conceito de consumidor (coletivo), serão analisados, os necessitados de tutela coletiva a partir da ADI 3.943 (STF), expondo-se ainda a base fático-jurídica do EREsp 1.192.577. O conceito de *"coletividade consumidora"* do parágrafo único do artigo 2º do Código de Defesa do Consumidor (CDC) também será exposto ao lado da visão doutrinária do conceito de necessitados coletivos.

Feito isso, serão ainda expostos os grupos denominados *necessitados constitucionais*, bem como a intitulada *mutação constitucional* sofrida nesse conceito, a ponto de abranger os *idosos consumidores de planos de saúde*, conforme enfoque conferido no EREsp 1.925.577, à luz da primazia da solução processual de mérito e do princípio *in dubio pro justitia socialis*.

2. O RECONHECIMENTO DOS NECESSITADOS DE TUTELA COLETIVA EM SEDE JURISPRUDENCIAL A PARTIR DA ADI 3.943 (STF) E DO ERESP 1.192.577 (STJ)

O reconhecimento jurisprudencial da abrangência conceitual de necessitados coletivos, ou melhor, de coletividades necessitadas, deve-se não só, mas também a dois julgados responsáveis pelo atual entendimento sobre necessitados coletivos, ou coletividades necessitadas: são eles os acórdãos decorrentes da ADI 3.943 (STF[5]) e do EREsp 1.192.577 (STJ), ambos tratando da legitimidade coletiva da Defensoria Pública.

---

3. Nesse sentido, vide a crítica ao permissivo do STJ ao aumento dos Planos de Saúde em razão da mudança de faixa etária contra idosos: Barletta, Fabiana Rodrigues. Jurisprudência comentada: STJ – AgRg no REsp 1.315.668/SP. *Revista de Direito do Consumidor*, v. 100, p. 532-535, São Paulo, jul./ago. 2015.
4. Sobre o tema, vide em especial: MARQUES, Claudia Lima. Expectativas legítimas dos consumidores nos Planos e Seguros Privados de Saúde e os atuais projetos de Lei. *Revista de Direito do Consumidor*, v. 20, p. 71-87, São Paulo, out./dez. 1996.
5. No dia 04.11.2015, o STF também julgou *Recurso Extraordinário* 733.433 (com *Repercussão Geral*) – cujo inteiro teor não fora divulgado até a data de fechamento do presente artigo –, e concluiu em favor da tutela de direitos difusos por meio da Defensoria Pública, conforme divulgado no respectivo sítio eletrônico: "A Defensoria Pública tem legitimidade para a propositura da ação civil pública em ordem a promover a tutela judicial de direitos difusos e coletivos de que sejam titulares, em tese, pessoas necessitadas".

2.1 A ADI 3943 e a consagração da legitimidade coletiva da Defensoria Pública

A ADI 3.943 foi proposta em 2007, pela CONAMP (Associação dos membros do Ministério Público), logo após a promulgação da Lei 11.448/2007, a qual conferiu legitimidade coletiva expressa à Defensoria Pública, dentro da Lei de Ação Civil Pública. A ação era movida pela ideia de que a Defensoria Pública estaria a tomar espaço reservado ao Ministério Público.

Antes de prosseguir, algumas observações são imprescindíveis: (i) a Constituição jamais limitou a atuação da Defensoria Pública à esfera individual (vide art. 134, CRFB/88); (ii) O CDC já conferia legitimidade coletiva aos órgãos despersonalizados desde 11.09.1990 (art. 82, III[6]), extraindo-se dali também uma fórmula geral para atuação até mesmo para além da área consumerista (Lei 7.347/1985, art. 21[7]); (iii) O STJ já havia aceitado a legitimidade coletiva da Defensoria Pública antes mesmo da edição da Lei 11.443/2007 – vide REsp 555.111/RJ;[8] (iv) Após a edição da Lei 11.448/2007 (impugnada via ADI 3943), outras Leis reforçaram a legitimidade coletiva da Defensoria Pública, tais como a LC 132/2009, alterando a LC 80/1994 (Lei Orgânica da Defensoria Pública Nacional), e a Lei 12.313/2010, no âmbito da *execução penal*.[9]

Em maio de 2015, o STF finalmente julgou[10] a ADI multicitada, concluindo pela adoção de um conceito amplo de *necessitado coletivo*, a fim de garantir a *máxima*

---

6. CDC, "Art. 82. Para os fins do art. 81, parágrafo único, são legitimados concorrentemente: (...) III – as entidades e órgãos da Administração Pública, direta ou indireta, ainda que sem personalidade jurídica, especificamente destinados à defesa dos interesses e direitos protegidos por este código".
7. Lei 7.347/1985, "Art. 21. Aplicam-se à defesa dos direitos e interesses difusos, coletivos e individuais, no que for cabível, os dispositivos do Título III da lei que instituiu o Código de Defesa do Consumidor".
8. "(...) I – O Nudecon, órgão especializado, vinculado à Defensoria Pública do Estado do Rio de Janeiro, tem legitimidade ativa para propor ação civil pública objetivando a defesa dos interesses da coletividade de consumidores que assumiram contratos de arrendamento mercantil, para aquisição de veículos automotores, com cláusula de indexação monetária atrelada à variação cambial. II – No que se refere à defesa dos interesses do consumidor por meio de ações coletivas, a intenção do legislador pátrio foi ampliar o campo da legitimação ativa, conforme se depreende do artigo 82 e incisos do CDC, bem assim do artigo 5º, inciso XXXII, da Constituição Federal, ao dispor, expressamente, que incumbe ao "Estado promover, na forma da lei, a defesa do consumidor". III – Reconhecida a relevância social, ainda que se trate de direitos essencialmente individuais, vislumbra-se o interesse da sociedade na solução coletiva do litígio, seja como forma de atender às políticas judiciárias no sentido de se propiciar a defesa plena do consumidor, com a consequente facilitação ao acesso à Justiça, seja para garantir a segurança jurídica em tema de extrema relevância, evitando-se a existência de decisões conflitantes. Recurso especial provido. (STJ, REsp 555.111/RJ, Rel. Min. Castro Filho, 3ª T., j. 05.09.2006, DJ 18.12.2006, p. 363).
9. Lei 7.210/1984, "Art. 81-A. A Defensoria Pública velará pela regular execução da pena e da medida de segurança, oficiando, no processo executivo e nos incidentes da execução, para a defesa dos necessitados em todos os graus e instâncias, de forma individual e coletiva".
10. "Ementa: Ação Direta de Inconstitucionalidade. Legitimidade ativa da Defensoria Pública para ajuizar Ação Civil Pública (art. 5º, inc. II, da Lei 7.347/1985, alterado pelo art. 2º da Lei 11.448/2007). Tutela de interesses transindividuais (coletivos *strito sensu* e difusos) e individuais homogêneos. Defensoria Pública: instituição essencial à função jurisdicional. Acesso à justiça. *Necessitado: definição segundo princípios hermenêuticos garantidores da força normativa da constituição e da máxima efetividade das normas constitucionais*: art. 5º, incs. XXXV, LXXIV, LXXVIII, da Constituição da República. Inexistência de norma de exclusividade do Ministério Público para ajuizamento de ação civil pública. Ausência de prejuízo institucional do Ministério Público pelo reconhecimento da legitimidade da defensoria pública. Ação julgada improcedente". (STF, ADI 3943, Rel. Min. Cármen Lúcia, Tribunal Pleno, j. 07.05.2015).

efetividade do acesso à Justiça Coletiva, na denominada 2ª onda renovatória de acessibilidade à Justiça, nos termos da lição de Mauro Cappelletti e Bryant Garth,[11] na obra originalmente intitulada "Access to Justice: The Worldwide Movement to Make Rights Effective – A general Report".

O importante acórdão[12] do STF na ADI 3943 – além de criar balizas para a *legitimidade extraordinária*[13] *da Defensoria Pública e de* promover a máxima efetividade do princípio do acesso à Justiça (na extensão coletiva) –, garantiu a própria *força normativa*[14] dos princípios constitucionais, em decisão louvável.

2.2 O EREsp 1192577 e a confirmação da legitimidade coletiva da Defensoria Pública

Também no ano de 2015, julgou-se o EREsp 1.192.577, pela Corte Especial do Superior Tribunal de Justiça (STJ), que, em primeiro grau de jurisdição, tratava-se de *Ação Civil Pública* proposta pela *Defensoria Pública do Rio Grande do Sul* com o objetivo de frear aumento abusivo em decorrência de idade, promovido por *Plano de Saúde* em desfavor de consumidores *idosos*. No juízo de piso, reconheceu-se a *legitimidade* da Defensoria Pública, deferindo-se a medida liminar. Porém, em grau recursal, o TJ-RS afastou tal legitimidade. Todavia, esta última decisão foi anulada e mais uma vez a legitimidade foi reconhecida, desta vez em embargos infringentes.

O plano de saúde, inconformado, interpôs Recurso Especial para o STJ – recebendo neste Tribunal o n. 1.192.577. Em maio de 2014, o STJ afastou a legitimidade coletiva defensorial sob o argumento de que seria intuitivo que o usuário de plano de saúde disporia de verba para remunerar advogado, razão pela qual se afastou a legitimidade coletiva da Defensoria Pública para o caso. Mas a Defensoria Pública gaúcha interpôs, então, Embargos de Divergência.

---

11. CAPPELLETTI, Mauro; GARTH, Bryant. *Acesso à justiça*. Trad. Ellen Gracie Northfleet. Porto Alegre: Fabris, 1988.
12. Importante mencionar que até a data de fechamento do presente artigo, existia Embargos de Declaração (com pedido de efeito modificativo) opostos pela Conamp, mais uma vez buscando limitar a legitimidade defensorial coletiva ao critério meramente econômico, *guetificando* a referida legitimidade.
13. Oportunamente, faz-se importante mencionar que o critério extraído da ADI 3943 (STF) para a aferição da legitimidade extraordinária da Defensoria Pública já foi acolhido para garantir a *intervenção institucional em processo individual* envolvendo interesse do consumidor na formação de precedente. Dessa maneira, o juízo da 2ª Vara da Comarca de Maués-AM – em decisão interlocutória proferida pelo juiz de direito Jean Pimentel dos Santos –, reconheceu a referida legitimidade no processo 0001622-07.2014.8.04.5800, envolvendo o primeiro caso de cumulação de compensação pecuniária por dano moral e por dano temporal catalogado. Aliás, o padrão de legitimidade extraordinária extraído da ADI 3943 também já foi indicado como referência para a legitimação extraordinária da Defensoria Pública em lides multitudinárias possessórias – nesse sentido, vide: MAIA, Maurilio Casas. A Intervenção de Terceiro da Defensoria Pública nas Ações Possessórias Multitudinárias do NCPC: Colisão de interesses (Art. 4º-A, V, LC 80/1994) e Posições processuais dinâmicas. In: DIDIER JR., Fredie; MACÊDO, Lucas Buril de; Peixoto, Ravi; FREIRE, Alexandre. (Org.). *Coleção Novo CPC* – Doutrina Selecionada. 2. ed. Salvador: JusPodivm, 2016, v. I – Parte Geral, p. 1253-1292.
14. HESSE, Konrad. *A força normativa da Constituição* (*Die Normative Kraft Der Verfassung*). Trad. Gilmar Ferreira Mendes. Porto Alegre: Sergio Antônio Fabris Editor, 1991.

No julgamento de outubro de 2015, o STJ adotou solução bem mais consentânea com a *máxima efetividade* do texto constitucional, referentemente ao *acesso à Justiça Coletiva*, e com o entendimento já adotado na ADI 3943. Conforme será visto à frente, a Corte Especial do STJ adotou o conceito amplo de necessitado, em harmonia com o STF, confirmando seu entendimento e agregando ao referido decisório o conceito de hipervulneráveis, a fim de promover maior integração e proteção social.

Ainda em harmonia com a Suprema Corte brasileira, o STJ definiu que a preponderância do aspecto econômico-financeiro para a definição de necessitado somente ocorreria na fase individual do processo coletivo (liquidação e execução individual) para fins de atuação como representante postulatório da parte, retornando a legitimidade coletiva quanto a um eventual *fluid recovery*.[15]

Porém, cabe indagar: (i) quem representaria uma "coletividade necessitada"? Mais: (ii) o conceito de coletividade consumidora do art. 2º, parágrafo único do Código de Defesa do Consumidor guardaria conexão com a ideia de coletividade necessitada?

2.3 Coletividades necessitadas e a coletividade consumidora do parágrafo único do art. 2º do CDC

É inegável que o Código de Defesa do Consumidor é Lei importantíssima para a formação e conformação do *Microssistema Processual Coletivo* brasileiro, ao lado da Lei de Ação Civil Pública, da Lei da Ação Popular e da Lei da Ação de Improbidade. Há ponto importantíssimo, não muito mencionado no âmbito processual coletivo, que é o conceito de *coletividade consumidora* ou *consumidor coletivo*, estampado exatamente no parágrafo único[16] do artigo 2º do Código de Defesa do Consumidor. A compreensão da tutela dos interesses dos entes coletivos, ainda que despersonalizados, é otimizada pelo referido dispositivo.

A partir da concepção de que a própria Lei reconhece a existência de *coletividades* a serem protegidas, *necessitadas* de proteção, pode-se afirmar a existência de titularidades de direito coletivos em prol de *coletividades necessitadas*. Esse, portanto, foi um relevante passo legislativo para o avanço da tutela processual coletiva no Brasil. Em verdade, o grande pórtico de abertura do processo coletivo é reconhecimento de que as coletividades – no caso, a coletividade consumidora –, merecem tutela *por si*, por sua condição de *vulnerabilidade coletiva* (art. 4º, I, c/c parágrafo único do art. 2º, CDC), independentemente da condição econômica do agrupamento.

Na senda acima exposta – no qual a *coletividade consumidora* comparece como *coletividade necessitada* para fins de tutela transindividual pelo Estado –, a presença da instituição democrática Defensoria Pública, talhada pela Constituição da República

---

15. Dispõe o CDC: "Art. 100. Decorrido o prazo de um ano sem habilitação de interessados em número compatível com a gravidade do dano, poderão os legitimados do art. 82 promover a liquidação e execução da indenização devida".
16. Dispõe o CDC, "Art. 2º (...) Parágrafo único. Equipara-se a consumidor a *coletividade de pessoas*, ainda que indetermináveis, que haja intervindo nas relações de consumo".

de 1988 em seus arts 5º, LXXIV c/c art. 134, revela-se mais um *direito fundamental institucional ou uma garantia institucional*[17] de execução do débito estatal de proteção do consumidor (CRFB/88, art. 5º, XXXII e art. 170, V). Ou seja, a Defensoria Pública trata-se de instituição detentora de prerrogativas e poderes com a finalidade de garantir, muito além de sua própria proteção, a efetivação de outros direitos fundamentais *a priori*, – que fundamentaram sua criação, atuação, promoção e, por isso, amparo de base constitucional– no caso *in concreto*, a proteção e defesa do consumidor idoso em juízo.

Abriu-se, então, o mundo jurídico para a *máxima efetividade do acesso à Justiça Coletiva* de acordo com a 2ª (segunda) onda renovatória do acesso à justiça. A partir daí, a coletividade consumidora tornou-se também *necessitada de tutela estatal protetiva* no mercado de consumo, de modo tão ou até mais intenso que o consumidor individualmente considerado. E, nessas bases, segue visão doutrinária de quem seriam as *coletividades necessitadas de tutela jurídica*: (i) seriam somente os agrupamentos de necessitados econômicos? (ii) ou teriam no processo coletivo outra significação?

2.4 As coletividades necessitadas no cenário doutrinário processual civil

A legitimidade coletiva da Defensoria Pública é associada a seu berço constitucional (art. 134 e art. 5º, LXXIV), de modo que os autores costumam exigir "pertinência temática"[18] para fins de aferição da legitimidade defensorial. Porém, em parte, as discussões acerca da legitimidade coletiva da Defensoria Pública diziam respeito sobre saber se o critério econômico – *não* mencionado de modo expresso no texto constitucional –, era o único constitucionalmente válido para fins de avaliação do atuar coletivo da Defensoria Pública. Já se sabe, conforme exposto no limiar do texto, que STF e STJ não adotaram essa visão restritiva e *guetificada*[19] do texto constitucional.

Em 2008, Alexandre Freitas Câmara[20] já apoiava a defesa coletiva dos necessitados jurídicos, desatrelando a legitimidade coletiva da Defensoria Pública da capacidade econômica do *agrupamento necessitado* de proteção jurídica estatal.

---

17. Duque, Marcelo Schenk. *Curso de Direitos Fundamentais*: Teoria e Prática. São Paulo: Ed. RT, 2014, p. 83 e 126.
18. LEONEL, Ricardo de Barros. *Manual de processo coletivo*. 2. ed. São Paulo: Ed. RT, 2011, p. 198.
19. MAIA, Maurilio Casas. Guetificação e Apartheid no Processo Coletivo: breves comentários sobre a ADI 3943-DF, o novo CPC e a legitimidade defensorial coletiva. *Revista Jurídica Consulex*, Brasília, n. 443, p. 40-43, 1º jul. 2015; MAIA, Maurilio Casas. A Segunda Onda de acesso à Justiça e os necessitados constitucionais: por uma visão democrática da Defensoria Pública. In: COSTA-CORRÊA, André L.; SEIXAS, Bernardo Silva de; Souza, Roberta Kelly Silva; Silvio, Solange Almeida Holanda. (Org.). *Direitos e garantias fundamentais*: novas perspectivas. Birigui-SP: Boreal, 2015, p. 191; MAIA, Maurilio Casas. A legitimidade coletiva da Defensoria Pública para a tutela de segmentos sociais vulneráveis. *Revista de Direito do Consumidor*, v. 101, São Paulo, set./out. 2015; MAIA, Maurilio Casas. A legitimidade coletiva da Defensoria Pública para a tutela de segmentos sociais vulneráveis. In: MARQUES, Claudia Lima. GSELL, Beate. (Org.). *Novas tendências de Direito do Consumidor*: Rede Alemanha-Brasil de pesquisas em Direito do Consumidor. São Paulo: Ed. RT, 2015, p. 431-459.
20. CÂMARA, Alexandre Freitas. Legitimidade da Defensoria Pública para ajuíza Ação Civil Pública: um possível primeiro pequeno passo em direção a uma grande reforma. In: SOUSA, José Augusto Garcia de. *A Defensoria Pública e os processos coletivos*: comemorando a Lei Federal 11.448, de 15 de janeiro de 2007. Rio de Janeiro: Lumen Juris, 2008, p. 48.

Luiz Manoel Gomes Júnior, também em visão de vanguarda, defendeu a amplitude do conceitual do termo "necessitado", mais abrangente que "pobre" ou "miserável".[21] Dessa forma, sob a ótica coletiva, afirmou que a interpretação "necessitado"[22] seria distinta da esfera individual, o que parece ter sido acolhido no STF e no STJ, em julgados supramencionados.

Rodolfo de Camargo Mancuso,[23] ao comentar a extensão do conceito "necessitado" no processo coletivo, ponderou em favor da necessidade de interpretação ampliativa. Desse modo, propôs que as *coletividades necessitadas*, para além do critério meramente econômico, abrangessem também outras modalidades de *vulnerabilidades*[24] *sociais*, reconhecidas como coletividades necessitadas de proteção. A interpretação proposta por Mancuso está de acordo com o artigo 4º, inciso XI[25] da LC 80/1994, que expõe segmentos sociais vulneráveis como merecedores de proteção por meio da Defensoria Pública.

Outro trabalhado merecedor de atenção é o de Ada Pellegrini Grinover. Em parecer apresentado na ADI 3943[26] – inclusive acolhido no referido julgado –, mencionou a existência social dos "necessitados organizacionais", sob o aspecto coletivo.

Fredie Didier Jr. e Hermes Zanetti Jr.[27] defenderam – para além do critério econômico, também a existência do *necessitado jurídico* no processo coletivo, além de mencionarem, exemplificativamente, a mesma figura no processo individual, no caso da curadoria especial, própria do Direito Processual Civil e da indisponibilidade de defesa, própria do Direito Processual Penal.

Daniel Amorin Assumpção Neves,[28] retomando a ideia de dificuldades e parcos *recursos* para organização coletiva, expõe a visão dos *hipossuficientes organizacionais, harmoniosa com os conceitos até aqui expostos.*

---

21. GOMES JÚNIOR, Luiz Manoel. *Curso de Direito Processual Civil Coletivo*. 2. ed. São Paulo: SRS ed., 2008, p. 136.
22. GOMES JÚNIOR, Luiz Manoel, ibidem, p. 139.
23. MANCUSO, Rodolfo de Camargo. *Interesses Difusos*: Conceito e Legitimação para Agir. São Paulo: Ed. RT, 2011, p. 251.
24. Para maiores detalhes sobre a conexão entre a Defensoria Pública e os vulneráveis, vide: MAIA, Maurilio Casas. A legitimidade coletiva da Defensoria Pública para a tutela de segmentos sociais vulneráveis. In: MARQUES, Claudia Lima. GSELL, Beate. (Org.). *Novas tendências de Direito do Consumidor*: Rede Alemanha-Brasil de pesquisas em Direito do Consumidor. São Paulo: Ed. RT, 2015, p. 431-459; Ou ainda: MAIA, Maurilio Casas. A Legitimidade coletiva da Defensoria Pública para a tutela de segmentos sociais vulneráveis. *Revista de Direito do Consumidor*, v. 101, São Paulo, set./out. 2015; FRANCO, Glauce. MAGNO, Patrícia. (Org.). *I Relatório Nacional de atuação em prol de pessoas e/ou Grupos em condição de vulnerabilidade*. Brasília: ANADEP, 2015.
25. LC 80/1994, "art. 4º (...) XI – exercer a defesa dos interesses individuais e coletivos da criança e do adolescente, do idoso, da pessoa portadora de necessidades especiais, da mulher vítima de violência doméstica e familiar e de outros *grupos sociais vulneráveis* que mereçam proteção especial do Estado".
26. Publicado na seguinte obra: GRINOVER, Ada Pellegrini. Legitimação da Defensoria Pública à ação civil pública. In: GRINOVER, Ada Pellegrini; BENJAMIN, Antonio Herman; WAMBIER, Teresa Arruda Alvim; VIGORITI, Vincenzo. *Processo Coletivo*: do surgimento à atualidade. São Paulo: Ed. RT, 2014, p. 457-474.
27. DIDIER JR., Fredie. ZANETI JR., Hermes. *Curso de Direito Processual Civil*. 9. ed. Salvador: JusPodivm, 2014, v. 5, p. 192.
28. NEVES, Daniel Amorin Assumpção. Tutela Coletiva do Consumidor em juízo. In: NEVES, Daniel Amorin Assumpção. TARTUCE, Flávio. *Manual de Direito do Consumidor*. São Paulo: Método, 2014, p. 640-648.

Eudóxio Cêspedes Paes,[29] por sua vez, expõe a legitimidade coletiva da Defensoria Pública conectada aos *necessitados de organização política* e socialmente vulneráveis. A visão do referido autor é altamente conectada aos ideais democráticos, sendo compatível tanto com a Constituição, como com a LC 80/1994.

Por fim, menciona-se Cássio Scarpinella Bueno,[30] o qual, despido de qualquer preconceito e imbuído também do ideal democrático, afirma que a amplitude da legitimidade da Defensoria Pública é semelhante à legitimidade do Ministério Público.

Em suma, pode-se concluir que a doutrina antecipou, de certo modo, as conclusões advindas da ADI 3943, ao adotar conceito amplo para os termos "necessitados" e "insuficiência de recursos", apresentando como medida mais democrática e consentânea com a *máxima efetividade* do acesso à Justiça Coletiva – conclusão essa laborada dentro da dilação semântica dos referidos termos.[31]

3. OS NECESSITADOS CONSTITUCIONAIS E OS IDOSOS COMO PARTE DESTE GRUPO

Partindo-se do pressuposto da adoção doutrinária e jurisprudencial do conceito amplo de "necessitado" e da "insuficiência de recursos" como suficientes à legitimidade *transindividual* da Defensoria Pública, compreende-se que a Constituição catalogou alguns *segmentos sociais vulneráveis*, setores *necessitados e dignos de proteção estatal*, conforme dicção constitucional como "*necessitados constitucionais*".[32]

Os segmentos sociais denominados "*necessitados constitucionais*" são aqueles escolhidos pela própria Constituição, enquanto destinatários de especial proteção. Incluem-se na referida categoria, nos termos da Constituição: os consumidores (art. 5º, XXXII); os idosos (art. 230), as crianças, adolescentes e os jovens (art. 227); os *deficientes*[33] (art. 227,

---

29. PAES, Eudóxio Cêspedes. Aspectos processuais. In: FERNANDES NETO, Guilherme. *Inquérito civil e ação civil pública*. São Paulo: Ed. Atlas, 2013, p. 61.
30. BUENO, Cássio Scarpinella. *Curso sistematizado de Direito Processual*. São Paulo: Saraiva, 2013, v. 2. t. III. p. 192.
31. MELOTTO, Amanda Oliari. *A Defensoria Pública e a proteção de direitos metaindividuais por meio de ação civil pública*. Florianópolis: Empório do Direito, 2015, p. 73 e 75.
32. MAIA, Maurilio Casas. A legitimidade coletiva da Defensoria Pública para a tutela de segmentos sociais vulneráveis. In: MARQUES, Claudia Lima. GSELL, Beate. (Org.). *Novas tendências de Direito do Consumidor*: Rede Alemanha-Brasil de pesquisas em Direito do Consumidor. São Paulo: Ed. RT, 2015, p. 431-459; MAIA, Maurilio Casas. A segunda onda de acesso à Justiça e os necessitados constitucionais: por uma visão democrática da Defensoria Pública. In: COSTA-CORRÊA, André L.; SEIXAS, Bernardo Silva de; SOUZA, Roberta Kelly Silva; Silvio, Solange Almeida Holanda. (Org.). Direitos e garantias fundamentais: novas perspectivas. Birigui-SP: Boreal, 2015, p. 191; MAIA, Maurilio Casas. A Legitimidade coletiva da Defensoria Pública para a tutela de segmentos sociais vulneráveis. Revista de Direito do Consumidor, v. 101, São Paulo, set./out. 2015.
33. Sobre a atual tutela dos deficientes idosos sob a vigência da Lei 13.146 de 2015, o Estatuto da Pessoa com Deficiência, que revoluciona a teoria das capacidades no Código Civil de 2002, modificando-o alhures, imbricada com sua necessária defesa também como consumidores de planos de saúde, veja-se, pioneiramente, um dos trabalhos de pós-doutoramento pela UFRGS de BARLETTA, Fabiana Rodrigues. Direitos e limites à autonomia do consumidor idoso de planos de saúde face ao fornecedor em situações jurídicas de vida e morte, capacidade e incapacidade. In: MARQUES, Claudia Lima, MIRAGEM, Bruno, OLIVEIRA, Amanda Flávio de (Org.) *25 Anos do Código de Defesa do Consumidor*: trajetória e perspectivas. São Paulo: Ed. RT, 2016, p. 199-233. Veja-se

§ 2º, art. 244 etc.); as mulheres (art. 7º, XX); os indígenas (art. 231 ss.); os quilombolas (art. 68 e art. 215, § 1º) e os encarcerados (art. 5º, XLIX).

Tais grupos foram reconhecidos pela Constituição como merecedores de especial proteção estatal em decorrência sua patente *vulnerabilidade social* em seu sentido mais amplo. Não foi por outro motivo que determinados grupos receberam do legislador estatutos protetivos, tais como o Estatuto da Criança e do Adolescente (Lei 8.069/1990); o Estatuto do Idoso (Lei 10.741/2003); o Estatuto da Juventude (Lei 12.852/2013) e o Estatuto da Pessoa com Deficiência (Lei 13.146/ 2015), por exemplo.

Porém, percebe-se que a concepção de "necessitado" e "insuficiência de recursos" no Direito Processual Coletivo embora pareça complexa não é, posto que compatível com a complexidade das *desigualdades* sociais próprias da *sociedade de risco e do consumo em massa* – e em virtude do que se entendeu cunhar como *mutação constitucional*.

3.1 A mutação constitucional sobre o termo "necessitados"

A tentativa arcaica de limitar a "necessidade" e seus "necessitados" à visão financeira e econômica decorre de visões anteriores à Constituição de 1988 baseadas em superficialíssimo "senso comum jurídico" –, que confundia ou ainda confunde demasiadamente a figura do *defensor público* com a do "advogado dativo". Tal visão anacrônica foi superada por uma leitura atenta do art. 134, *caput*, da Constituição que assevera que "a Defensoria Pública é instituição *essencial* à função jurisdicional do Estado incumbindo-lhe a orientação jurídica e defesa, *em todos os graus*, dos *necessitados*, na forma do art. 5º, LXXIV". Observe-se que o artigo 5º da Constituição da Republica cuida de direitos fundamentais de liberdade das pessoas e das coletividades de pessoas que tutela, e o sentido de liberdade (no seu viés positivo)[34] consiste em oferecer meios a uma pessoa ou um grupo de ser cada dia mais livre de qualquer opressão mercadológica, considerando *todos os graus de necessitados*.

Em verdade, com os avanços dos estudos constitucionais e do Direito Processual Civil Coletivo, percebeu-se que a Constituição adjetivou os termos "necessitados" (art. 134) ou "insuficiência de recursos" (art. 5º, LXXIV), de modo a se concluir pela interpretação dessas expressões de modo amplo – nesse sentido a ADI 3943 (STF) e o EREsp 1.192.577, como referências jurisprudenciais. Mas esse conteúdo de significado foi construído, antes, pelo esforço da doutrina e de instituições democráticas como a Defensoria Pública em compatibilizar o texto constitucional com as efetivas necessidades de tutela jurisdicional de grupos tradicionalmente excluídos.

---

também o belo texto de Claudia Lima Marques e Johannes Doll – que, ao apresentar o livro de Célia Barbosa Abreu –, relembra: "A vulnerabilidade tem graus e a proteção do vulnerável não se dá mais somente através da retirada da liberdade, da incapacidade ou da exclusão, ao contrário, os esforços hoje são de manutenção das capacidades ainda existentes através de seu exercício possível aquele indivíduo, da tentativa de inclusão e de combate à discriminação das pessoas com vulnerabilidades, 'discapacidades' ou necessidades especiais" (MARQUES, Claudia Lima. DOLL, Johannes. Curatela & Interdição Civil, de Célia Barbosa Abreu. *Revista de Direito do Consumidor*, v. 96, p. 505-512, São Paulo, nov./dez. 2014, p. 507).

34. SEN, Amartya. *Desenvolvimento como liberdade*. Trad. MOTTA, Laura Teixeira. São Paulo: Companhia das Letras, 2000, passim.

Frente à evolução jurisprudencial e das pesquisas acadêmicas sobre o tema, sustenta-se a ocorrência de *mutação constitucional*[35] sobre o termo necessitados, a fim de não o interpretar de modo mesquinhamente econômico e excluir, dessa maneira, indivíduos e grupos em peculiar situação de vulnerabilidade social e, por isso, também merecedores de especial proteção estatal. Simbolicamente, então, a Defensoria Pública passa a ser conhecida como emancipadora e protetora dos vulneráveis – uma espécie de *Custös Vulnerabilis*[36] constitucional.

Nesse ponto vale um esclarecimento: a missão da *Defensoria Pública* tem enfoque extremamente *subjetivo*, conectada à categoria vulnerável e necessitada, pois trata da tutela dos interesses do sujeito ou agrupamento em peculiar situação de vulnerabilidade; já a missão do *Ministério Público*, de *Custös Legis*, pode também guardar, por outro lado, enfoque *objetivo* – a tutela do ordenamento jurídico. Com isso, entende-se que as missões constitucionais da Defensoria Pública e do Ministério Público não se confundem sob o prisma de suas respectivas missões constitucionais, embora em determinadas ocasiões possam apresentar objetivos semelhantes e convergentes.

3.2 O idoso consumidor de plano de saúde: um específico necessitado jurídico-constitucional

O idoso ingressa em um agrupamento social vulnerável em razão da idade,[37] chamada por outros de "vulnerabilidade etária",[38] porquanto acompanhada de diversos fatores

---

35. No mesmo sentido: Maia, Maurilio Casas. Os necessitados de Carnelutti e o mito de Sísifo: a (i)legitimidade coletiva da Defensoria Pública para a tutela dos encarcerados, *Revista Jurídica Consulex*, Brasília (DF), v. 436, p. 42-45, 15 mar. 2015; FRANCO NETO, Horário Xavier. A Defensoria Pública e o Consumidor enquanto necessitado jurídico. In: RÉ, Aluísio Iunes Monti Ruggeri. *Temas aprofundados de Defensoria Pública*. 2. ed., 2. tir. Salvador: JusPodivm, 2014, v. 1, p. 653.
36. O termo "custös vulnerabilis" é simbólico e recente, expressão essa traduzida aqui como "protetor dos vulneráveis" ou "guardião (dos direitos dos) vulneráveis". A primeira referência conhecida é de 1º de junho de 2014 (Revista Jurídica Consulex), seguida de dissertação de mestrado apresentada em Itaúna, por menção na Revista de Processo, em livro lançado em 2015 e, finalmente, na RDC n. 101 – vide as respectivas referências: Maia, Maurilio Casas. Custos Vulnerabilis Constitucional: O Estado Defensor entre o REsp 1.192.577-RS e a PEC 4/14. Revista Jurídica Consulex, Brasília, p. 55-57, 1º jun. 2014; SANTOS, Denise Cândido Lima e Silva. Defensoria Pública e Tutela Coletiva: a atuação da Defensoria Pública na defesa de direitos coletivos no cenário pós-Emenda Constitucional 80/2014 – uma nova perspectiva. Itaúna: 2014. (Dissertação de Mestrado em proteção de Direitos Fundamentais da Universidade de Itaúna); ALMEIDA FILHO, Carlos Alberto Souza; MAIA, Maurílio Casas. O Estado-defensor e sua legitimidade para os pedidos de suspensão de liminar, segurança e tutela antecipada. Revista de Processo. São Paulo, v. 239, p. 247-261, jan. 2015; MELLOTO, Amanda Oliari. A Defensoria Pública e a proteção de direitos metaindividuais por meio de ação civil pública. Florianópolis: Empório do Direito, 2015, p. 63 ss.; MAIA, Maurilio Casas. A Legitimidade coletiva da Defensoria Pública para a tutela de segmentos sociais vulneráveis. Revista de Direito do Consumidor, v. 101, São Paulo, set./out. 2015; MAIA, Maurilio Casas. A legitimidade coletiva da Defensoria Pública para a tutela de segmentos sociais vulneráveis. In: MARQUES, Claudia Lima. GSELL, Beate. (Org.). Novas tendências de Direito do Consumidor: Rede Alemanha-Brasil de pesquisas em Direito do Consumidor. São Paulo: Ed. RT, 2015, p. 431-459.
37. BARLETTA, Fabiana Rodrigues. *O direito à saúde da pessoa idosa*. São Paulo: Saraiva, 2010, p. 110.
38. Veja-se, sobre vulnerabilidades, FRANCO, Glauce. MAGNO, Patrícia. (Org.) I Relatório Nacional de atuação em prol de pessoas e/ou Grupos em condição de vulnerabilidade. Brasília: ANADEP, 2015 e BARBOSA, Rafael Vinheiro Monteiro. MAIA, Maurilio Casas. Isonomia dinâmica e vulnerabilidade no Direito Processual Civil. *Revista de Processo*, v. 230, p. 360, São Paulo, 2014.

de ordem biológica e social capazes de expô-la a maiores riscos, face às adjacências de questões mórbidas.[39] Os idosos representam, para uns, figura social hipervulnerável[40] e, para outros, de *vulnerabilidade agravada*[41] – geralmente expostos à "solidão dos moribundos" quando doentes, como diria Nobert Elias,[42] por não conseguirem acompanhar mais o ritmo frenético da Sociedade do Desempenho que guia à Sociedade do Cansaço, de Byung-Chul Han.[43]

Os idosos usuários de planos de saúde estão inseridos em peculiar situação no ordenamento jurídico porque pertencem, concomitantemente, a pelo menos 2 (dois) grupos de *necessitados constitucionais*: consumidores (art. 5º, XXXII e art. 170, V) e idosos (art. 230), sendo ainda eventualmente possível enquadrá-los na condição deficientes físicos ou mentais (art. 203, IV e V), enfermos, ou em situação de patente exposição de risco à vida e à saúde (art. 196).

Destarte, o idoso consumidor de plano de saúde pode ser enquadrado no cenário de *hipervulnerabilidade*,[44] como vem denominado a doutrina, após a menção do termo por parte do ministro Antônio Herman Benjamin (Vide REsp 586.316/MG[45]).

No julgamento do EREsp 1192577, enfatizou-se a natureza de vulnerável *constitucional* e *necessitado* de proteção do ser humano idoso, enquadrando a respectiva comunidade de interesses no conceito de *necessitado jurídico* – eis o trecho pertinente da ementa: "(...) Defesa de *necessitados*, não só os carentes de recursos econômicos, mas também os *hipossuficientes jurídicos*. (...) 2. A atuação primordial da Defensoria Pública, sem dúvida, é a assistência jurídica e a defesa dos necessitados econômicos, entretanto, também exerce suas atividades em auxílio a *necessitados jurídicos*, não necessariamente carentes de recursos econômicos, como é o caso, por exemplo, quando exerce a função do curador especial, previsto no art. 9.º, inciso II, do Código de Processo Civil, e do defensor dativo no processo penal, conforme consta no art. 265 do Código de Processo Penal".

---

39. BARLETTA, Fabiana Rodrigues. *O direito à saúde da pessoa idosa*. cit., p. 59.
40. BARLETTA, Fabiana Rodrigues. *Direitos e limites à autonomia do idoso de planos de saúde face ao fornecedor em situações jurídicas de vida e morte, capacidade e incapacidade*. cit., p. 225 e ss.
41. MIRAGEM, Bruno. Responsabilidade Civil Médica no direito brasileiro. *Revista de Direito do Consumidor*, v. 63, p. 62, São Paulo, jul.-set. 2007.
42. ELIAS, Nobert. *A solidão dos moribundos seguido de envelhecer e morrer*. Trad. Plínio Dentzien. Rio de Janeiro: Zahar, 2001.
43. HAN, Byung-Chul. *Sociedade do cansaço*. Trad. Enio Paulo Giachini. Petrópolis, RJ: Vozes, 2015.
44. A fim de conhecer mais sobre a hipervulnerabilidade do idoso num outro cenário – na quadra do superendividamento –, vide. MARQUES, Claudia Lima. Mulheres, idosos e o superendividamento dos consumidores. cinco anos de dados empíricos do Projeto-Piloto em Porto Alegre. *Revista de Direito do Consumidor*, v. 100, p. 393-423, São Paulo, jul./ago. 2015.
45. "(...) Proteção de Consumidores *Hipervulneráveis*. (...)18. Ao Estado Social importam não apenas os vulneráveis, mas sobretudo os *hipervulneráveis*, pois são esses que, exatamente por serem minoritários e amiúde discriminados ou ignorados, mais sofrem com a massificação do consumo e a "pasteurização" das diferenças que caracterizam e enriquecem a sociedade moderna. 19. Ser diferente ou minoria, por doença ou qualquer outra razão, não é ser menos consumidor, nem menos cidadão, tampouco merecer direitos de segunda classe ou proteção apenas retórica do legislador. 20. O fornecedor tem o dever de informar que o produto ou serviço pode causar malefícios a um grupo de pessoas, embora não seja prejudicial à generalidade da população, pois o que o ordenamento pretende resguardar não é somente a vida de muitos, mas também a vida de poucos. (...)". (STJ, REsp 586.316/MG, Rel. Min. Herman Benjamin, 2ª T., j. 17.04.2007, DJe 19.03.2009).

E continua a ementa: "(...) 3. No caso, o direito fundamental tutelado está entre os mais importantes, qual seja, o direito à saúde. Ademais, o grupo de consumidores potencialmente lesado é formado por idosos, cuja condição de vulnerabilidade já é reconhecida na própria Constituição Federal, que dispõe no seu art. 230, sob o Capítulo VII do Título VIII ("Da Família, da Criança, do Adolescente, do Jovem e do Idoso")".

Em seguida, a ementa traz a lume relevante precedente do STJ para fins de interpretação do conceito de *necessitado* abrangendo os hipervulneráveis no âmbito do STJ: O REsp 1.264.116/RS,[46] relatado pelo ministro Herman Benjamin[47] ainda invoca[48] a interpretação dos dispositivos constitucionais pertinentes de acordo com a ADI 3.943 do STF.

Reconhecido o quadro de hipervulnerabilidade e de necessitado jurídico-constitucional do idoso, convém esclarecer que "a pessoa idosa faz jus a um *cuidado* distinto"[49] e o "valor jurídico do cuidado para com a pessoa idosa é informada pelo princípio do seu melhor interesse".[50]

3.2.1 O melhor interesse do idoso como princípio[51]

O princípio do melhor interesse do idoso é extraível de uma interpretação analógica[52] de conteúdo dogmático-normativo semelhante ao arcabouço jurídico da tutela do melhor interesse da criança. No plano constitucional, a tutela do idoso pode ser extraída a partir do princípio da dignidade humana, da igualdade substancial, da solidariedade, da tutela do idoso (art. 230) e da cláusula geral de inclusão prevista no artigo 5º, § 2º

---

46. (REsp 1.264.116/RS, Rel. Min. Herman Benjamin, 2ª T., j. 18.10.2011, DJe 13.04.2012) "(...) 4. "A expressão 'necessitados' (art. 134, caput, da Constituição), que qualifica, orienta e enobrece a atuação da Defensoria Pública, deve ser entendida, no campo da Ação Civil Pública, em sentido amplo, de modo a incluir, ao lado dos estritamente carentes de recursos financeiros – os miseráveis e pobres –, os hipervulneráveis (isto é, os socialmente estigmatizados ou excluídos, as crianças, os idosos, as gerações futuras), enfim todos aqueles que, como indivíduo ou classe, por conta de sua real debilidade perante abusos ou arbítrio dos detentores de poder econômico ou político, 'necessitem' da mão benevolente e solidarista do Estado para sua proteção, mesmo que contra o próprio Estado. Vê-se, então, que a partir da ideia tradicional da instituição forma-se, no Welfare State, um novo e mais abrangente círculo de sujeitos salvaguardados processualmente, isto é, adota-se uma compreensão de *minus habentes* impregnada de significado social, organizacional e de dignificação da pessoa humana".
47. Para maiores comentários vide: BENJAMIN, Antonio Herman. A Legitimidade da Defensoria Pública à ação civil pública. In: GRINOVER, Ada Pellegrini. Benjamin, Antonio Herman. WAMBIER, Teresa Arruda Alvim. VIGORITI, Vincenzo. *Processo Coletivo*: do surgimento à atualidade. São Paulo: Ed. RT, 2014, 931-940.
48. STJ, EREsp 1192577/RS, Rel. Min. Laurita Vaz, Corte Especial, j. 21.10.2015, DJe 13.11.2015. "(...) 5. O Supremo Tribunal Federal, a propósito, recentemente, ao julgar a ADI 3943/DF, em acórdão ainda pendente de publicação, concluiu que a Defensoria Pública tem legitimidade para propor ação civil pública, na defesa de interesses difusos, coletivos ou individuais homogêneos, julgando improcedente o pedido de declaração de inconstitucionalidade formulado contra o art. 5º, inciso II, da Lei 7.347/1985, alterada pela Lei 11.448/2007 ("Art. 5º Têm legitimidade para propor a ação principal e a ação cautelar: ... II – a Defensoria Pública (...)".
49. BARLETTA, Fabiana Rodrigues. *O direito à saúde da pessoa idosa*, cit., p. 107.
50. BARLETTA, Fabiana Rodrigues. *O direito à saúde da pessoa idosa*. cit., p. 108.
51. Como busca de sistematização de um amplo *princípio da tutela do melhor interesse dos vulneráveis*, indica-se: VASCONCELOS, Fernando A. Maia, Maurilio Casas. A tutela do melhor interesse do vulnerável: uma visão a partir dos julgados relatados pelo Min. Herman Benjamin (STJ). *Revista de Direito do Consumidor*, São Paulo, v. 105, p. 243-271, jan./fev. 2016.
52. BARLETTA, Fabiana Rodrigues. *O direito à saúde da pessoa idosa. cit.*, p. 109.

da Constituição da República brasileira, em virtude dos princípios maiores citados, que contagiam toda a ordem infraconstitucional material ou processual e também por conta dos tratados internacionais em favor dos idosos, recepcionados pela República brasileira.[53]

O princípio do melhor interesse do idoso é composto pelo subprincípio da *proteção integral* – art. 2º do Estatuto do Idoso –, e pelo subprincípio da *absoluta prioridade*, – art. 3º, Estatuto do Idoso –, num cenário jurídico direcionado à tutela *diferenciada* do idoso na medida em que se desiguala de outros atores sociais.

Oportunamente, ressalta-se ainda que a doutrina também tem reconhecido como *dever* ou *princípio, a tutela do melhor interesse do paciente* hipervulnerável,[54] ao qual devem ser agregadas todas as peculiaridades da *velhice* quando se tratar de paciente *idoso, reforçando*-se o respectivo dever de cuidado em virtude da hipervulnerabilidade e da imanente proximidade com a morte, fator que agrava própria hipervulnerabilidade, haja vista o sofrimento do processo de fenecer.

É importante perceber, à luz do EREsp 1192577/RS e da ADI 3943, que a "coletividade hipervulnerável dos idosos usuários de plano de saúde" – essa comunidade de interesses comuns –, representa especial grupo *necessitado* em sentido *negocial*. Menciona-se também acerca da *vulnerabilidade negocial* que geralmente aflige os consumidores.[55]

Ora, ainda que possam, por si ou por outrem, custear de alguma forma seu *plano de saúde individual*, os idosos não possuem *organização* e poderio negocial suficiente para impedir o aumento de suas prestações. Veja-se que, se conforme o Estatuo do Idoso não é possível, na forma do art. 15 § 3º, da referida Lei, haver aumento na mensalidade paga ao plano de saúde por idade, ou seja, pela entrada na velhice (60 anos) ou pela pessoa já idosa se tornar mais velha a cada ano, o grupo dos velhos está afetado por esta Lei.[56] Nesse contexto, sujeitos intermediários ganham relevo na "*mass consumption society*" (sociedade de consumo em massa), tais como Ministério Público, Defensoria Pública e Associações, a necessitarem da via da tutela coletiva de seus direitos coletivos *lato sensu*, a fim de que o princípio do melhor interesse do idoso, também consectário do dever constitucional de amparo à velhice (CRFB/88, art. 229 e art. 230), tenha concretude prática.[57]

---

53. BARLETTA, Fabiana Rodrigues. *O direito à saúde da pessoa idosa. cit.*, p. 118.
54. Nesse sentido vide: Maia, Maurilio Casas. Os planos de saúde e o melhor interesse do paciente hipervulnerável no tratamento mais adequado e indicado: Da distinção entre a técnica moderna e a experimental? Notas ao REsp 1.320.805/SP. *Revista dos Tribunais*, v. 942, p. 342-348, São Paulo, 2014; TEPEDINO, Gustavo. *Temas de direito Civil*. Rio de Janeiro: Renovar, 2006, t. II, p. 94; BRAGA NETTO, Felipe Peixoto. *Responsabilidade Civil*. São Paulo: Saraiva, 2008, p. 319-320; CAMPOS, Amanda da Silva. O princípio da tutela do melhor interesse do hipervulnerável paciente-usuário de Plano de Saúde e a Jurisprudência do TJ-AM. In: SILVA, Anderson Lincoln Vital da. Maia, Maurilio Casas. (Org.). *Reflexões sobre o direito à saúde*. Florianópolis: Empório do Direito, 2016, p. 149-186.
55. TARTUCE, Flávio. Princípios fundamentais do Código de Defesa do Consumidor. In: NEVES, Daniel Amorin Assumpção. TARTUCE, Flávio. *Manual de Direito do Consumidor*. São Paulo: Método, 2014, p. 31.
56. BARLETTA, Fabiana Rodrigues, *O direito à saúde da pessoa idosa. cit.*, p. 220-227. Dispõe o art. 15, § 3º, do Estatuto do Idoso: "É vedada a discriminação do idoso nos contratos de plano de saúde pela cobrança de valores diferenciados em razão da idade".
57. BARLETTA, Fabiana Rodrigues. *O direito à saúde da pessoa idosa. cit.*, p. 226-227 e 300-306.

O reconhecimento da possibilidade de proteção da coletividade consumidora formada por idosos no EREsp 1192577 via Defensoria Pública, insere-se no campo *contra-hegemônico*[58] da tutela de direitos, objetivando incluir os idosos em um debate mais igualitário sobre as cláusulas e práticas impostas pelo plano de saúde na seara econômica em decorrência da vulnerabilidade e necessidade negocial da comunidade dos idosos. A aceitação da legitimidade multicitada, portanto, é mecanismo enfraquecedor dos extremismos, arbitrariedades e violências contratuais que eventualmente possam ser impostas em desfavor dos idosos, o que contrariaria o novo princípio processual da primazia de mérito e o *in dubio pro justitia socialis*.

3.2.2 A primazia de mérito e do in dubio pro justitia socialis na tutela coletiva de vulneráveis

Há um ponto a ser ressaltado acerca do EREsp 1.192.577: a decisão observou a *relevância social do direito*, como já fizera o STJ em outras ocasiões,[59] a possibilitar a construção de sentido e aplicação implícita do *princípio da primazia da decisão de mérito*,[60] acolhida pelo legislador do Novo Código de Processo Civil– entendido como princípio constitucional tácito decorrente do acesso material à Justiça –, em prol da discussão democrática do tema de fundo.

Fala-se ainda na incidência do princípio *in dubio pro justitia socialis*[61-62] adaptado, a fim de funcionar enquanto vetor de conclusão em prol da legitimidade coletiva[63] defensorial – seguindo a diretriz segundo a qual se deve decidir em prol da *2ª (segunda) onda*

---

58. SANTOS, Boaventura de Sousa. *Para uma revolução democrática da Justiça*. 2. ed. São Paulo: Cortez, 2008, p. 29-30.
59. STJ, REsp 555.111/RJ, Rel. Min. Castro Filho, 3ª T., j. 05.09.2006, DJ 18.12.2006, p. 363) "(...) III – Reconhecida a relevância social, ainda que se trate de direitos essencialmente individuais, vislumbra-se o interesse da sociedade na solução coletiva do litígio, seja como forma de atender às políticas judiciárias no sentido de se propiciar a defesa plena do consumidor, com a consequente facilitação ao acesso à Justiça, seja para garantir a segurança jurídica em tema de extrema relevância, evitando-se a existência de decisões conflitantes. Recurso especial provido". (. Ainda no mesmo sentido: REsp 1264116/RS, Rel. Min. Herman Benjamin, 2ª T., j. 18.10.2011, DJe 13.04.2012; REsp 1106515/MG, Rel. Min. Arnaldo Esteves Lima, 1ª T., j. 16.12.2010, DJe 02.02.2011; AgRg no REsp 1154747/SP, Rel. Min. Humberto Martins, 2ª T., j. 06.04.2010, DJe 16.04.2010; REsp 347.752/SP, Rel. Min. Herman Benjamin, 2ª T., j. 08.05.2007, DJe 04.11.2009.
60. NCPC (Lei 13.105/2015), "Art. 4º As partes têm o direito de obter em prazo razoável a *solução integral do mérito*, incluída a atividade satisfativa".
61. O princípio *in dubio pro justitia socialis* é de origem argentina, decorrente de decisão da Suprema Corte Argentina de 13.09.1974 e de análise da efetivação dos direitos sociais. Para mais detalhes vide: GOTTI, Alessandra. *Direitos Sociais*: fundamentos, regime jurídico, implementação e aferição de resultados. São Paulo: Saraiva, 2012, p. 118.
62. VASCONCELOS, Fernando A. Maia, Maurilio Casas. A tutela do melhor interesse do vulnerável: uma visão a partir dos julgados relatados pelo Min. Herman Benjamin (STJ). *Revista de Direito do Consumidor*, v. 105, p. 262-266. São Paulo, jan./fev. 2016.
63. Nesse sentido vide: MAIA, Maurilio Casas. Os necessitados de Carnelutti e o mito de Sísifo: a (i)legitimidade coletiva da Defensoria Pública para a tutela dos encarcerados, *Revista Jurídica Consulex*, Brasília (DF), v. 436, p. 42-45, 15 mar. 2015; MAIA, Maurilio Casas. A legitimidade coletiva da Defensoria Pública para a tutela de segmentos sociais vulneráveis. In: MARQUES, Claudia Lima. GSELL, Beate. (Org.). *Novas tendências de Direito do Consumidor*: Rede Alemanha-Brasil de pesquisas em Direito do Consumidor. São Paulo: Ed. RT, 2015, p. 451-454; MAIA, Maurilio Casas. A Legitimidade coletiva da Defensoria Pública para a tutela de segmentos sociais vulneráveis. *Revista de Direito do Consumidor*, v. 101, São Paulo, set./out. 2015.

de acesso à Justiça e da busca por efetividade da Justiça Social, sendo razoável presumir a legitimidade a fim de se chegar à discussão de mérito coletiva.

Merece menção o julgamento do Recurso Especial 931.513-RS, relatado pelo Ministro Herman Benjamin, pois, por tal recurso, o STJ confere tônica semelhante ao *in dubio pro justitia socialis* a fim de decidir em prol da legitimidade do autor da ação coletiva, *in verbis*: "(...) 2. Na Ação Civil Pública, *em caso de dúvida* sobre a legitimação para agir de sujeito intermediário – Ministério Público, Defensoria Pública e associações, p. ex. –, sobretudo se estiver em jogo a dignidade da pessoa humana, *o juiz deve optar por reconhecê-la* e, assim, abrir as portas para a solução judicial de litígios que, a ser diferente, jamais veriam seu dia na Corte. (...)" (STJ, REsp 931.513/RS, Rel. p/ Acórdão Min. Herman Benjamin, 1ª Seção, j. 25.11.2009, DJe 27.09.2010, g.n.).

Enfim, face à relevância social do direito *sub judice*, do direito à primazia de mérito e ao benefício da dúvida ("*in dubio pro justitia socialis*"), decidiu-se em favor da legitimidade coletiva defensorial em prol dos idosos hipervulneráveis.

Certamente, o idoso consumidor de plano de saúde é um exemplo social de hipervulnerabilidade e a Defensoria Pública é a instituição naturalmente vocacionada[64] a ouvir os gritos dos excluídos, das minorias e dos vulneráveis em geral – enquanto categorias socialmente necessitadas de tutela jurídica diferenciada –, e assim impulsionar seus direitos. Tais assertivas já antecipam a conclusão pelo acerto da deferência de legitimidade coletiva à Defensoria Pública para a tutela do segmento social composto por idosos consumidores de plano de saúde.

3.2.3 Custos vulnerabilis e planos de saúde: a legitimidade interventiva da Defensoria Pública em prol das coletividades vulneráveis no STJ

Também sob influxo interpretativo das decisões de 2015 do STJ (REsp 1192577) e do STF (ADI 3943) quanto à legitimação do "Estado Defensor" brasileiro, a evolução do reconhecimento teórico e jurisprudencial do *interesse institucional* da Defensoria Pública e de sua respectiva *legitimidade constitucional* em prol das coletividades vulneráveis findou também por conduzir ao óbvio: a Defensoria Pública poderá intervir em processos potencialmente lesivos aos interesses dos vulneráveis ou que acarretem possíveis violações aos direitos humanos.

Em setembro de 2019, em demanda versando sobre a prestação de serviços de *Planos de Saúde* com impacto sobre o consumidor-usuário, o Superior Tribunal de Justiça (STJ), passou a admitir a atuação da Defensoria Pública como interveniente *Custos Vulnerabilis*[65] a fim de reforçar a defesa dos vulneráveis na formação de precedentes. Assim, no EDcl no REsp 1712163/SP, o STJ ressaltou:

---

64. "*A Defensoria Pública é a instituição mais vocacionada a concretizar (ou, ao menos, impulsionar) direitos dos vulneráveis*" (SANTOS NETO, Arlindo Gonçalves dos. Defensoria Pública de Anitta. *Revista Visão Jurídica*, v. 101, p. 70-71. São Paulo, out. 2014).
65. Sobre o tema, no Direito do Consumidor, vide: CASAS Maia, Maurilio. A facilitação da defesa do consumidor em juízo na formação de precedentes e um novo interveniente processual em favor do vulnerável: a Defensoria Pública enquanto *custos vulnerabilis*. *Revista de Direito do Consumidor*, v. 127, p. 407-435, São Paulo, jan./fev. 2020.

(...) 3. Em virtude de esta Corte buscar a essência da discussão, tendo em conta que a tese proposta neste recurso especial repetitivo irá, possivelmente, afetar outros recorrentes que não participaram diretamente da discussão da questão de direito, bem como em razão da vulnerabilidade do grupo de consumidores potencialmente lesado e da necessidade da defesa do direito fundamental à saúde, a DPU está legitimada para atuar como quer no feito. (...) 7. Embargos de declaração acolhidos, em parte, apenas para admitir a DPU como *custos vulnerabilis* (STJ, EDcl no REsp 1712163/SP, Rel. Min. Moura Ribeiro, S2, j. 25.09.2019, DJe 27.09.2019).

Desse modo, ao admitir a intervenção *Custos Vulnerabilis*, o STJ reforçou a proteção dos vulneráveis na formação de precedentes e, ressalte-se, em caso no qual a coletividade vulneráveis era primordialmente de consumidores-usuários de planos de saúde. Ademais, recentemente, o STJ ainda fortaleceu a intervenção *Custos Vulnerabilis* ao recomendá-la em processos estruturais – vide: REsp 1854842/CE, Rel. Min. Nancy Andrighi, T3, j. 02.06.2020, DJe 04.06.2020.

Em suma, o STJ ampliou a proteção dos vulneráveis ao admitir a intervenção *Custos Vulnerabilis* à luz do *interesse constitucional* da referida instituição para proteção das *coletividades necessitadas*.

4. CONCLUSÕES

Com os supracitados aportes, conclui-se que:

(1) A ADI 3.943 do STF adotou tese favorável à amplitude do acesso à Justiça coletiva, aportando a legitimidade transindividual da Defensoria Pública em *necessidades sociais e jurídicas*. A coletividade necessitada, portanto, ultrapassa o reducionismo do critério meramente econômico ou financeiro;

(2) O STJ, no EREsp 1.192.577 adotou solução consentânea com o STF na ADI 3.943. Partindo de julgado pretérito de lavra do Ministro Herman Benjamin (REsp 1.264.116/RS), superou-se a barreira limitativa do critério econômico, a fim de incluir os hipervulneráveis na tutela jurídica buscada pela Defensoria Pública. Ou seja, em harmonia com a LC 80/1994 (art. 4º, XI), os necessitados de proteção jurídica abrangem diversas formas de vulnerabilidades sociais impeditivas do pleno desenvolvimento da personalidade humana. Ao fim, também em harmonia com o STF, ponderou-se a retomada da preponderância do critério econômico-financeiro na fase individual de liquidação e execução da sentença, com sua eventual retomada em *fluid recovery*;

(3) O conceito de "*coletividade necessitada*" – já visualizado expressamente em relação às coletividades consumidoras (art. 2º, parágrafo único do CDC) –, ganha protagonismo no Direito Processual Civil Coletivo também para corroborar com a legitimidade coletiva da Defensoria Pública. Percebeu-se que a dificuldade de organizar *recursos* para a defesa dos direitos coletivos é bem diferente da realidade do processo individual, ponto no qual se progrediu na chamada "*segunda onda renovatória de acesso à Justiça*";

(4) Agrupamentos constitucionalmente protegidos passam de modo mais claro, a se enquadrar no conceito de *necessitado constitucional* – ou seja –, segmentos sociais cuja Constituição imputou o dever de especial proteção estatal e social, tais como os

idosos, consumidores, crianças, adolescentes, jovens, deficientes, mulheres em situação de risco e encarcerados;

(4.1) Com o avançar dos problemas sociais, dos estudos doutrinários e da jurisprudência, o termo "necessitado" e a expressão "insuficiência de recursos" sofreu *mutação constitucional*, superando a visão guetificada, anacrônica e superficial de que o *defensor público* exerce tão somente a função social equivalente a um *advogado dativo*. Ressalte-se que é atribuída à Defensoria Pública orientação jurídica e defesa aos necessitados de todos os graus, segundo mandamento constitucional de interesse essencial à função jurisdicional do Estado (CRFB/88, art. 174). Atualmente, há o *necessitado coletivo* ou a *coletividade necessitada* correlacionada à identificação dos *hipervulneráveis* e dos necessitados jurídicos, sociais e constitucionais, com as respectivas dificuldades de reunir e organizar recursos para a defesa da coletividade – no caso dos processos coletivos;

(5) Os idosos consumidores de plano de saúde encontram-se em situação de hipervulnerabilidade, mormente por questões etárias conectadas à vida em sociedade e à sua saúde. O ordenamento jurídico reservou especial tutela jurídica aos idosos desde a Constituição e, no caso dos idosos consumidores de planos de saúde, a proteção é no mínimo duplicada por conta do seu caráter indiscutivelmente vulnerável de consumidor (CRFB/88, art. 5º, XXXII e art. 170, V) aliado ao aspecto etário (CRFB/88, art. 230) que não se desprende da proximidade com a morte, outro fator que torna imperativo o reconhecimento de robusta vulnerabilidade. Desse modo, em consonância com a tutela da dignidade da pessoa humana, da igualdade substancial, da solidariedade e da cláusula de inclusão de direitos (CRFB/88, art. 5º, § 2º), pode-se visualizar a base constitucional da *tutela do melhor interesse do idoso* com alicerce *no princípio do melhor interesse do idoso* e em seus subprincípios, *da absoluta prioridade e da proteção integral*;

(6) O EREsp 1.192.577 oportuniza uma clara percepção da *relevância social*, tanto por uma perspectiva *objetiva* (direito à saúde), quanto *subjetiva* face à *coletividade exposta ao risco* (idosos consumidores de plano de saúde). Clara também foi a opção pela *primazia de mérito e* de solver a questão de eventual dúvida *in dubio pro Justitia Socialis* ao se permitir a queda da preliminar impeditiva do debate sobre o direito social respectivo, mormente ao se configurar a *vulnerabilidade negocial* da comunidade dos idosos frente ao poder econômico e negocial dos Planos de Saúde;

(7) Ademais, o crescimento da percepção segundo a qual a ameaça a direitos das *coletividades necessitadas* e aos *direitos humanos* deflagra o *interesse institucional* e *constitucional* do "Estado Defensor" promoveu a recepção da atuação interventiva denominada *Custos Vulnerabilis* por tribunais, como o STJ, o qual admitiu a referida intervenção em recurso repetitivo envolvendo consumidores e planos de saúde, além de recomendá-la em processos estruturais.

(8) Além dos reforços da base democrática e pluralista do Direito Processual Civil Coletivo, a ADI 3.943 do STF e o EREsp 1.192.577 repercutem na própria essência do direito material a fim de caracterizar consumidores e outros hipervulneráveis como *necessitados* de proteção jurídica diferenciada, inclusive por meios de instituições

democráticas previstas em sede constitucional, como a Defensoria Pública. A referida repercussão incide sobremaneira na interpretação e conceito de "coletividade consumidora" (art. 2º, parágrafo único do CDC), a qual, sem dúvida, pertence à categoria dos necessitados constitucionais (art. 5º, XXXII e art. 170, V, c/c art. 134), na modalidade *transindividual* de coletividade necessitada.

Com efeito e ao remate, finaliza-se do mesmo modo que se iniciou: "*Quanto mais democrática uma sociedade, maior e mais livre deve ser o grau de acesso aos Tribunais que se espera seja garantido pela Constituição e pela lei à pessoa, individual ou coletivamente*" (Min. Herman Benjamin no REsp 931.513/RS).

AVANÇOS DA ATUAÇÃO DOS NÚCLEOS DE MEDIAÇÃO NAS SITUAÇÕES DE SUPERENDIVIDAMENTO DO CONSUMIDOR

Káren Rick Danilevicz Bertoncello

Sumário: 1. Introdução – 2. Dos métodos adequados de solução de conflitos nas situações de superendividamento do consumidor – 3. Conciliação ou mediação nas situações de superendividamento do consumidor? – 4. Do procedimento da fase de mediação e preventiva do processo de repactuação de dívidas – 5. A restauração do vínculo nos núcleos familiares superendividados – 6. Da cooperação entre os agentes gestores dos núcleos de prevenção e tratamento do superendividamento no âmbito acadêmico – 7. Da advocacia colaborativa – 8. Conclusão.

1. INTRODUÇÃO

A Lei 14.181, publicada no dia 02 de julho de 2021, atualizou o Código de Defesa do Consumidor, com o propósito de: "aperfeiçoar a disciplina do crédito ao consumidor e dispor sobre a prevenção e o tratamento do superendividamento." Esta atualização introduziu uma política pública compulsória no artigo 5º, inciso VII,[1] que retrata a vanguarda da atuação dos Tribunais de Justiça do Rio Grande do Sul,[2] de Pernambuco, do Paraná,[3] do Distrito Federal, da Bahia, de São Paulo,[4] dentre outros,[5] ao implementar o atendimento voluntário de tratamento do superendividamento do consumidor, adotando os métodos adequados de solução de conflitos.[6] Com esse propósito, a "instituição de núcleos de conciliação e mediação de conflitos oriundos de superendividamento" confere maior abrangência em todos os Estados da federação no atendimento ao consumidor, na medida que determina a prática, seja no âmbito extrajudicial, seja no judicial, retirando da discricionariedade do gestor do público.

---

1. *VII - instituição de núcleos de conciliação e mediação de conflitos oriundos de superendividamento.* (Incluído pela Lei 14.181, de 2021.
2. BERTONCELLO, Káren R. D.; LIMA, Clarissa Costa de. Adesão ao projeto Conciliar é legal (CNJ): projeto-piloto "Tratamento das situações de superendividamento do consumidor". *Revista de Direito do Consumidor*, n. 63, p. 173-201, São Paulo, jul./set. 2007.
3. BAUERMAN, Sandra. Implantação e experiência do projeto de tratamento ao superendividamento do consumidor no Poder Judiciário do Paraná. *Revista de Direito do Consumidor*, n. 95, p. 231-251, São Paulo, set./out. 2014.
4. PEREIRA, Vera Lúcia Remedi. Programa de apoio ao superendividado: uma experiência inovadora na fundação PROCON/SP. *Revista de Direito do Consumidor*, n. 98, p. 295-319, São Paulo, mar./abr. 2015.
5. MIRAGEM, Bruno. Consumer credit and overindebtedness: the brazilian experience. *Revista de Direito do Consumidor*, n. 130, p. 65-77, São Paulo, jul./ago. 2020.
6. MARQUES, Claudia Lima; LIMA, Clarissa C. de; BERTONCELLO, Káren R. D. Dados preliminares da pesquisa empírica sobre o perfil dos consumidores superendividados da Comarca de Porto Alegre (2007 A 2012) e o "Observatório do crédito e superendividamento UFRGS-MJ". *Revista de Direito do Consumidor*, n. 99, p. 411-436, São Paulo, maio/jun. 2015.

De outro lado, merece destaque a alma desta legislação inovadora apresentar correlação direta com os Objetivos de Desenvolvimento Sustentável da Agenda 2030 das Nações Unidas, cujo compromisso foi assumido pelo Brasil e recepcionado no Poder Judiciário pelo Conselho Nacional de Justiça.[7] E como espelho de cada Objetivo de Desenvolvimento Sustentável, a atualização do Código de Defesa do Consumidor conformou ao microssistema as características da interdependência e da complementariedade, porquanto interligados pela finalidade maior da efetivação dos direitos humanos e a promoção do desenvolvimento mediante a atuação no âmbito social, econômico e ambiental.

Nesse passo, dentre os principais Objetivos de Desenvolvimento Sustentável relacionados diretamente com os valores da atualização do Código de Defesa do Consumidor, citamos: 1. *"Erradicação da pobreza"*, não obstante o fenômeno do superendividamento não esteja adstrito aos consumidores de baixa renda ou desempregados;[8] 3. *"Saúde e bem-estar"*, visto que a necessidade da abordagem multidisciplinar ao tratamento é fator de atenuação das consequências geradas pela exclusão social;[9] 8. *"Trabalho decente e crescimento econômico"*, pois o consenso sobre a importância da permanência ou reinserção do consumidor no mercado de trabalho e de consumo é comum tanto à legislação norte-americana como à francesa;[10] 10. *"Redução das desigualdades"*; 12. *"Consumo e produção responsáveis"*; 16. *"Paz, Justiça e instituições eficazes"*, contemplada na previsão da obrigatoriedade da fase conciliatória no tratamento do superendividamento, artigo 104-A; 17. *"Parcerias e meios de implementação"*, esta a essência da Lei 14.181/2021 quando previu a competência concorrente para a fase conciliatória ao Sistema Nacional de Defesa do Consumidor, art. 104-C.

Sob esse viés, a lei que introduziu a prevenção e tratamento do superendividamento do consumidor no Brasil, elevou a atuação de determinados agentes na concretização do combate a esse fenômeno social e mundial[11] de exclusão social. Neste contexto, o protagonismo tanto para a prevenção como para o tratamento foi destinado inicialmente aos órgãos do Sistema Nacional de Defesa do Consumidor, art. 104-C da lei especial, agora também do Código de Defesa do Consumidor,[12] preservando ao Poder Judiciário o

---

7. "A Agenda global 2030 é um compromisso assumido por líderes de 193 Países, inclusive o Brasil, e coordenada pelas Nações Unidas, por meio do Programa das Nações Unidas para o Desenvolvimento (PNUD), nos termos da Resolução A/RES/72/279.OP32, de 2018, da Assembleia Geral da ONU." Veja em: https://www.cnj.jus.br/programas-e-acoes/agenda-2030/o-que-e-a-agenda-2030/.
8. PAISANT, Gilles. El tratamiento del sobreendeudamiento de los consumidores en derecho francés. *Revista de Direito do Consumidor*, n. 42, p. 9, São Paulo, abr./jun. 2002.
9. Veja por todos a experiência do Observatório do crédito em Portugal: FRADE, Catarina; MAGALHÃES, Sara. Sobreendividamento, a outra face do crédito. *Direitos do consumidor endividado*. São Paulo: Ed. RT, 2006.
10. BERTONCELLO, Káren R. Danilevicz. Breves linhas sobre o estudo comparado de procedimentos de falência dos consumidores: França, Estados Unidos da América e Anteprojeto de Lei no Brasil. *Revista de Direito do Consumidor*, n. 83, p. 113-140, São Paulo, jul./set. 2012a.
11. PAISANT, Gilles. El tratamiento del sobreendeudamiento de los consumidores en derecho francés. *Revista de Direito do Consumidor*, n. 42, p. 9, São Paulo, abr./jun. 2002.
12. "Art. 104-C. Compete concorrente e facultativamente aos órgãos públicos integrantes do Sistema Nacional de Defesa do Consumidor a fase conciliatória e preventiva do processo de repactuação de dívidas, nos moldes do art. 104-A deste Código, no que couber, com possibilidade de o processo ser regulado por convênios específicos

papel constitucional da apreciação em caso de lesão ou ameaça a direito.[13] Soma-se a esse grupo o desempenho da advocacia colaborativa, em consonância com a principiologia introduzida pelo Código de Processo Civil de 2015, a exemplo dos princípios da cooperação[14] e do fomento aos métodos adequados de solução de conflito. Nesse formato, o diploma processual está em plena harmonia com a nova legislação ao resguardar o acesso à ação judicial de forma residual.

Este ensaio pretende homenagear as práticas já desenvolvidas, agora consolidadas pela Lei 14.181/2021, ilustrar a dinâmica e a estrutura dos núcleos de atendimento ao consumidor superendividado e refletir acerca das técnicas experimentadas na pesquisa empírica desde os primeiros acolhimentos datados de 2007.[15]

2. DOS MÉTODOS ADEQUADOS DE SOLUÇÃO DE CONFLITOS NAS SITUAÇÕES DE SUPERENDIVIDAMENTO DO CONSUMIDOR

A Lei especial 14.181/2021 inseriu no artigo 5º do CDC duas exigências para a execução da política nacional das relações de consumo, a saber:

VI – instituição de mecanismos de prevenção e tratamento extrajudicial e judicial do superendividamento e de proteção do consumidor pessoa natural.

O texto legal destaca os dois momentos de atuação no combate ao superendividamento, utilizando linguagem aberta para expressar a forma pela qual o poder público e, bem assim, as entidades privadas deverão empreender esforços na instrumentalização da lei.

VII – instituição de núcleos de conciliação e mediação de conflitos oriundos de superendividamento.

---

celebrados entre os referidos órgãos e as instituições credoras ou suas associações. (Incluído pela Lei 14.181, de 2021). § 1º Em caso de conciliação administrativa para prevenir o superendividamento do consumidor pessoa natural, os órgãos públicos poderão promover, nas reclamações individuais, audiência global de conciliação com todos os credores e, em todos os casos, facilitar a elaboração de plano de pagamento, preservado o mínimo existencial, nos termos da regulamentação, sob a supervisão desses órgãos, sem prejuízo das demais atividades de reeducação financeira cabíveis. (Incluído pela Lei 14.181, de 2021). § 2º O acordo firmado perante os órgãos públicos de defesa do consumidor, em caso de superendividamento do consumidor pessoa natural, incluirá a data a partir da qual será providenciada a exclusão do consumidor de bancos de dados e de cadastros de inadimplentes, bem como o condicionamento de seus efeitos à abstenção, pelo consumidor, de condutas que importem no agravamento de sua situação de superendividamento, especialmente a de contrair novas dívidas. (Incluído pela Lei 14.181, de 2021)".

"Art. 105. Integram o Sistema Nacional de Defesa do Consumidor (SNDC), os órgãos federais, estaduais, do Distrito Federal e municipais e as entidades privadas de defesa do consumidor."

13. Art. 5º, XXXV, da CF: "a lei não excluirá da apreciação do Poder Judiciário *lesão* ou ameaça a *direito*".
14. "Art. 6º Todos os sujeitos do processo devem cooperar entre si para que se obtenha, em tempo razoável, decisão de mérito justa e efetiva."
15. Sobre os relatos iniciais, exemplificativamente, veja: MARQUES, Claudia Lima; LIMA, Clarissa Costa de; BERTONCELLO, Káren R. Danilevicz. *Cadernos de investigação científica*: prevenção e tratamento do superendividamento. Brasília: Ministério da Justiça, 2010.

Os núcleos de conciliação e mediação de conflitos especializados na matéria do superendividamento retratam a necessidade de priorização e relevância do tema frente à repercussão evidenciada nas pesquisas há mais de 15 anos.

Neste particular, percebe-se o cuidado do legislador ao endereçar a exclusividade da atuação dos órgãos públicos integrantes do Sistema Nacional de Defesa do Consumidor e do Poder Judiciário para a realização da "fase conciliatória e preventiva do processo de repactuação de dívidas", conforme previsão dos artigos 104-A e 104-C.

Veja-se que a necessidade de atendimento multidisciplinar no acolhimento do superendividado, respeitada a estrutura disponível e no anseio da ampliação do destino de verba orçamentária para a ampliação, dialoga com os objetivos do Conselho Nacional de Justiça, quando da publicação da Resolução 125/2010,[16] na medida em que se propôs a promover o fomento, a organização e a uniformização da oferta de política pública permanente de mecanismos para solução consensual dos litígios.[17]

Daí por que a instalação dos núcleos poderá estar adstrita aos órgãos integrantes do Sistema Nacional de Defesa do Consumidor, no âmbito extrajudicial, como nos Centros Judiciários de Solução de Conflitos e Cidadania (CEJUSC's), com atuação extrajudicial ou judicial. E nesta linha de verificação, a nomenclatura adotada na legislação merece algumas ponderações frente à evolução da doutrina relacionada à denominação e conteúdo dos métodos adequados de solução de conflitos.

3. CONCILIAÇÃO OU MEDIAÇÃO NAS SITUAÇÕES DE SUPERENDIVIDAMENTO DO CONSUMIDOR?

O estudo comparativo entre os métodos de resolução de conflitos impõe observar a classificação elaborada por Morton Deutsch,[18] que os denominou de métodos "construtivos ou destrutivos", de acordo com a curva ascendente ou descendente da expansão do conflito no curso da relação processual. Não é incomum que o resultado leve o conflito ao patamar de 'independente de suas causas iniciais'. Prossegue o autor, apontando que os métodos construtivos viabilizam o "fortalecimento da relação social preexistente à disputa" ao final da relação processual ou pré-processual.

A esse respeito, tivemos a oportunidade de escrever:[19]

---

16. "Dispõe sobre a Política Judiciária Nacional de tratamento adequado dos conflitos de interesses no âmbito do Poder Judiciário e dá outras providências."
17. Sobre os atendimentos, veja relatos: BERTONCELLO, Káren R. D.; LIMA, Clarissa Costa de. Conciliação aplicada ao superendividamento: estudos de casos. *Revista de Direito do Consumidor*, n. 71, p. 106-141, São Paulo, jul.-set. 2009.
18. DEUTSCH, Morton, apud AZEVEDO, André Gomma. Fatores de efetividade de processos de resolução de disputas: uma análise sob a perspectiva construtivista. *Mediação de conflitos*: novo paradigma de acesso à justiça. Belo Horizonte: Fórum, 2009, p. 19.
19. BERTONCELLO, Káren R. D. Mínimo existencial instrumental e o papel dos CEJUSC's na restauração do vínculo da família superendividada. In: MARQUES, Claudia Lima; CAVALLAZZI, Rosângela Lunardelli; LIMA, Clarissa Costa de (Org.). *Direitos do consumidor endividado II*: vulnerabilidade e inclusão. São Paulo: Ed. RT, 2017, p. 291-308.

Veja-se que uma análise perfunctória dos métodos consensuais de resolução de conflitos em sede de superendividamento permitiria evidenciar seu caráter construtivista, na medida em que as relações sociais e jurídicas atingidas pelo superendividamento, sujeitas à renegociação das dívidas, usualmente, terão continuidade após o resgate da saúde financeira do devedor. É que a experiência tem demonstrado que os contratos submetidos à renegociação voluntária revelam relações de trato sucessivo, a exemplo dos cartões de crédito, contratos bancários em geral, planos de saúde, compras efetuadas a prazo diretamente com o comerciante local, entre outras. Com isso, a utilização do método construtivista não apenas possibilitará a rápida reinserção social do superendividado, mas, também, preservará a continuidade da relação com o fornecedor de crédito.[20]

Segundo Cahali, a diferenciação feita entre a conciliação e a mediação indicia que a primeira seria destinada às relações de consumo, porque voltada à "solução de conflitos objetivos, nos quais as partes não tiveram convivência ou vínculo pessoal anterior, cujo encerramento se pretende".[21] Nesse passo, podemos afirmar a adequação do método da conciliação aos conflitos de natureza circunstancial, atuando o conciliador com a possibilidade de sugerir e questionar os conciliandos. Não obstante o conciliador esteja desprovido de poderes de decisão, "recomenda soluções e alerta a respeito dos riscos da aceitação ou não de determinada proposta".[22]

No que concerne às situações de superendividamento, comumente nos defrontamos com relações continuadas, incluindo diferentes fornecedores de crédito, titulares de relação de fornecimento de bens essenciais (água, luz) ou de serviços em que a catividade[23] do consumidor pode atuar como fator de agravamento do superendividamento (contratos bancários, de telefonia, de TV a cabo, de internet). É nessa medida que pontuamos a necessidade de lapidação da conciliação com técnicas de mediação como método mais adequado às hipóteses de superendividamento do consumidor. Explico.

A mediação mantém o foco no conflito, e não na solução. Portanto, a finalidade pretendida destina atenção às partes para o "restabelecimento de uma convivência com equilíbrio de posições, independente de se chegar a uma composição, embora esta seja naturalmente desejada".[24] Daí por que são as técnicas empregadas na mediação que interessam às peculiaridades das situações de superendividamento do consumidor,

---

20. Sobre esse fato, vivências resultantes das audiências de renegociação atestam a importância do resultado positivo tanto ao devedor como ao credor, na medida em que usualmente o credor reforça verbalmente, após a realização do acordo, a importância da permanência daquele devedor no quadro de clientes da então empresa-credora.
21. CAHALI, Francisco José. *Curso de arbitragem*. São Paulo: Ed. RT, 2011. p. 37.
22. FIORELLI, José Osmir et al. *Mediação e solução de conflitos*: teoria e prática, p. 56.
23. Este termo é utilizado no sentido lecionado por Claudia Lima Marques: "A catividade há de ser entendida no contexto do mundo atual, de indução ao consumo de bens materiais ou imateriais, de publicidade massiva e métodos agressivos de *marketing*, de graves e renovados riscos na vida em sociedade e de grande insegurança quanto ao futuro. Os exemplos principais desses contratos cativos de longa duração são as novas relações banco-cliente, os contratos de seguro-saúde e de assistência médico-hospitalar, os contratos de previdência privada, os contratos de uso de cartão de crédito (...)". MARQUES, Claudia Lima. *Contratos no Código de Defesa do Consumidor*, p. 96.
24. CAHALI, Francisco José. *Curso de arbitragem* cit., p. 38.

porquanto a obtenção do acordo ensejará a renegociação com a permanência do vínculo e a vigência de novas obrigações recíprocas.

Sobre isso, reafirmamos que o *método humanizador* a ser adotado no tratamento do superendividamento ultrapassa a tradicional distinção entre conciliação e mediação, dado o caráter social desse fenômeno,[25] impondo a construção do plano de pagamento o "apoderamento"[26] do superendividado em resgatar sua dignidade e preservar seu mínimo existencial.[27] Nesta sistemática, a reestruturação do passivo do devedor superendividado, em sede de método autocompositivo, mereceria uma aplicação mista, agregando na conciliação as técnicas advindas da mediação. Mista porque a atuação positiva do conciliador, opinando e sugerindo a melhor solução referente às propostas perante o orçamento individual ou familiar do devedor, resultaria em maior proveito a ambas as partes e respeitaria a falta de equilíbrio prévio na relação de consumo. E a aplicação de técnicas da mediação reverterá em proveito do superendividado, porquanto as relações com maior incidência nesse fenômeno social são de longa duração, entabuladas com agentes financeiros. Em verdade, a aproximação do devedor com seus credores, proporcionada na audiência de conciliação, revela a própria instrumentalização do mínimo existencial.[28]

Significa dizer que a lei especial denominou "conciliação e mediação", no inciso VII do artigo 5º do CDC, no exato espírito inclusivo da norma, independente da identificação, o foco a ser observado é o resultado da prática de resgate da cidadania.

E a relevância e complexidade da condução do ato nas situações de superendividamento tem sido reconhecida pelos Coordenadores de CEJUSC, no âmbito do Tribunal de Justiça do Rio Grande do Sul, ao determinar que as sessões observem o procedimento da mediação de conflitos. A classificação conforma a necessidade de maior tempo destinado às sessões, utilização de técnicas especializadas e, consequente, remuneração diferenciada aos mediadores que, no mais das vezes, dispõem de maior agenda para a construção dos entendimentos com os credores nos limites do orçamento do consumidor superendividado.

---

25. Art. 4º A Política Nacional das Relações de Consumo tem por objetivo o atendimento das necessidades dos consumidores, o respeito à sua dignidade, saúde e segurança, a proteção de seus interesses econômicos, a melhoria da sua qualidade de vida, bem como a transparência e harmonia das relações de consumo, atendidos os seguintes princípios: X – prevenção e tratamento do superendividamento como forma de evitar a exclusão social do consumidor (Incluído pela Lei 14.181, de 2021).
26. CAHALI, Francisco José. *Curso de arbitragem* cit., p. 39.
27. Art. 104-A. A requerimento do consumidor superendividado pessoa natural, o juiz poderá instaurar processo de repactuação de dívidas, com vistas à realização de audiência conciliatória, presidida por ele ou por conciliador credenciado no juízo, com a presença de todos os credores de dívidas previstas no art. 54-A deste Código, na qual o consumidor apresentará proposta de plano de pagamento com prazo máximo de 5 (cinco) anos, preservados o mínimo existencial, nos termos da regulamentação, e as garantias e as formas de pagamento originalmente pactuadas (Incluído pela Lei 14.181, de 2021).
28. BERTONCELLO, Káren R. D. Mínimo existencial instrumental e o papel dos CEJUSC's na restauração do vínculo da família superendividada. In: MARQUES, Claudia Lima; CAVALLAZZI, Rosângela Lunardelli; LIMA, Clarissa Costa de (Org.). *Direitos do consumidor endividado II*: vulnerabilidade e inclusão. São Paulo: Ed. RT, 2017, p. 291-308.

4. DO PROCEDIMENTO DA FASE DE MEDIAÇÃO E PREVENTIVA DO PROCESSO DE REPACTUAÇÃO DE DÍVIDAS

A essência do procedimento de repactuação de dívidas, seja na fase mediação como na judicial, apresenta identidade de valores: a pronta atuação dos órgãos públicos no resgate da cidadania do consumidor pessoa natural. Nesse passo, o procedimento é célere e simplificado, sendo iniciado com as *declarações prestadas pelo devedor quando do preenchimento do formulário*. Note-se que nesta fase não há exigência de capacidade postulatória, permitindo que o consumidor atue em nome próprio sem a presença de advogado, na forma do artigo 104-A.

O *convite para "audiência conciliatória"*[29] *é endereçado a todos os credores declarados pelo consumidor*. No curso desta, denominada originariamente de audiência de renegociação,[30] o conciliador/mediador ouvirá as propostas dos credores no mesmo ato. As declarações feitas pelo devedor abrangem dados pessoais, com descrição de receitas e despesas. Note-se que a descrição de despesas é adstrita aos itens relacionados à sobrevivência, a saber: "luz, aluguel, água, telefone, alimentação própria, pensão alimentícia, educação, plano de saúde, medicamentos, impostos e outras".[31] A partir da comparação entre o total das despesas declaradas, a média da receita familiar e das propostas feitas pelos credores, que, em geral, representa parcelamentos das dívidas, o conciliador/mediador poderá auxiliar o superendividado na elaboração do plano de pagamento ponderando a distribuição dos pagamentos em respeito às despesas envolvidas com a sua sobrevivência.

Merece atenção o prazo limite de 5 anos, previsto no artigo 104-A, *caput*. Logo no início da vigência da nova legislação tivemos a oportunidade de afirmar que o prazo seria observado pelas partes durante a condução da audiência e respectiva construção do plano de pagamento consensual. Entretanto, o curso da aplicação da norma demonstrou a necessidade de ponderação de valores entre o percentual adequado para as despesas destinadas ao mínimo existencial e o tempo para a quitação das dívidas, cujo limite, no mais das vezes, ultrapassa os 5 anos previstos em lei. Com isso, compreende-se a razoabilidade da adoção do prazo contratual originário da concessão do crédito.

A dinamicidade da audiência cumpre relevante papel na aproximação das partes e construção do plano de pagamento, visto a *simultaneidade e/ou sucessividade da coleta das propostas na mesma sessão*, permitindo que o consumidor superendividado possa escolher, se for o caso, a ordem dos pagamentos, conforme critérios pessoais de capacidade de reembolso ou, até mesmo, da natureza da dívida. A esse respeito, o artigo 104-A contempla limites qualitativos na elaboração do plano de pagamento ao prever

---

29. Denominação determinada pelo artigo 104-A, *caput*.
30. Esse procedimento foi criado e executado inicialmente nas Comarcas de Charqueadas e de Sapucaia do Sul, no ano de 2006. Disponível em: BERTONCELLO, Káren Rick Danilevicz. Superendividamento e dever de renegociação. *Superendividamento aplicado: aspectos doutrinários e experiência no Poder Judiciário*. Rio de Janeiro: GZ, 2009.
31. Formulário-padrão, disponível em: MARQUES, Claudia Lima; LIMA, Clarissa C. de; BERTONCELLO, Káren R. Danilevicz. *Cadernos de investigação científica*, p. 69.

a preservação das "garantias e as formas de pagamento originalmente pactuadas", assim como o parágrafo 1º determina a exclusão do superendividado ativo consciente,[32] das dívidas provenientes de contratos de crédito com garantia real, de financiamentos imobiliários e de crédito rural.[33]

Nesse contexto, é que a audiência de conciliação concretiza a preservação do *mínimo existencial instrumental*, através da construção conjunta entre conciliador/mediação, devedor e credores, conferindo caráter pedagógico ao ato com o emprego das seguintes técnicas, específicas e impositivas: (a) *municiamento*[34] *do superendividado*: o programa de tratamento do superendividamento, na medida da sua estrutura disponível,[35] deveria oferecer atividades voltadas ao reforço da elaboração de orçamento familiar. Essas atividades podem preceder à audiência de renegociação, permitindo que o devedor obtenha a orientação de profissionais específicos para uma melhor avaliação das propostas apresentadas pelos credores em audiência;[36] (b) *empoderamento do consumidor*: o conciliador procederá à declaração de abertura da audiência, promovendo a compreensão de todos os presentes sobre a condição de fenômeno social do superendividamento, assegurando o atendimento pessoalizado ao superendividado a fim de permitir a minoração de eventual estigma enfrentado pelo devedor. Outrossim, o conciliador promoverá a escutatória[37] do superendividado, se este assim o desejar, uma vez que a experiência tem demonstrado a necessidade de o devedor expor as razões que o levaram ao endividamento excessivo; (c) *coleta simultânea das propostas*: a voluntariedade na participação do procedimento pré-processual de tratamento do superendividamento não autoriza que o conciliador ou que o órgão público ao qual esteja vinculado escolham quais os credores deverão ser

---

32. No que diz com a classificação do superendividamento, veja por todos: MARQUES, Maria Manuel Leitão et al. *O endividamento dos consumidores*. Coimbra: Almedina, 2000.
33. § 1º Excluem-se do processo de repactuação as dívidas, ainda que decorrentes de relações de consumo, oriundas de contratos celebrados dolosamente sem o propósito de realizar pagamento, bem como as dívidas provenientes de contratos de crédito com garantia real, de financiamentos imobiliários e de crédito rural (Incluído pela Lei 14.181, de 2021).
34. A palavra foi eleita levando em conta o significado de "munição": "(...) qualquer coisa usada para proteger, para salvaguardar alguém ou algo de qualquer dano" (Munição. *Dicionário Houaiss da língua portuguesa*. Rio de Janeiro: Objetiva, 2001. p. 1980).
35. No Cejusc de Porto Alegre/RS, em virtude de parceria firmada entre Tribunal de Justiça do Rio Grande do Sul e Pontifícia Universidade Católica do Rio Grande do Sul, por meio da Faculdade de Economia, são oferecidos atendimentos locais aos superendividados, assim como no "Estúdio de Finanças", inaugurado no ano de 2014, na sede daquela Faculdade, com a colaboração dos professores Alfredo Meneghetti Neto e Wilson Marchionatti.
36. Vale registrar que não se trata de oferecer instrumento de reequilíbrio contratual ao consumidor, na medida em que a relação é assimétrica desde a sua origem. Da mesma forma, não compartilhamos da convicção de que a educação financeira prévia atuará como fator de inversão da responsabilidade na oportunidade da concessão do crédito, haja vista que ao concedente permanecerão os deveres já incidentes por força do princípio do crédito responsável. A esse respeito, a gestão do consumidor será reforçada com o cumprimento do dever de informação clara e precisa a ser prestado pelo fornecedor. Informação esta elevada à condição de *commodity*, como ensina a Professora Claudia Lima Marques: "A informação não é só um dever (e um direito) na sociedade contemporânea (no direito civil, do consumidor, empresarial e no direito público), mas é também uma *commodity*, isto é, um 'bem-valor', um dos mais altos valores (ou custos) da economia no século XXI" (Estudo sobre a vulnerabilidade dos analfabetos na sociedade de consumo, p. 103).
37. Neologismo atribuído a Rubem Alves (Escutatória. *Correio Popular*, 09.04.1999. Disponível em: http://www.rubemalves.com.br/site/10mais_03.php. Acesso em: 09 mar. 2015).

convidados para a renegociação. A escolha compete ao consumidor superendividado, salientando que a presença da totalidade dos credores oportunizará o conhecimento das condições reais e atuais de reembolso com a adequação simultânea do plano de pagamento. Ainda, é nesse momento que o conciliador oportunizará a harmonia no prosseguimento das relações de consumo, "elevando"[38] a atuação conjunta das partes em alcançar a solução para o adimplemento; (d) *preservação do mínimo existencial* stricto sensu: a elaboração simultânea do plano de pagamento deverá observar a preservação de valor que viabilize a continuidade do pagamento das despesas relacionadas à manutenção do mínimo existencial, respeitados os limites do orçamento familiar do devedor; (e) *reforço ao compromisso de mútuo comprometimento:* o termo de audiência registrará esse comprometimento, com as advertências sobre o vencimento antecipado da dívida em caso de inadimplemento ou de fraude contra credores. O mútuo comprometimento está relacionado com as obrigações do credor em viabilizar o pagamento, fornecendo, no tempo certo, o boleto bancário, por exemplo, retirando os dados do devedor do cadastro de inadimplentes no prazo acordado, entre outras.[39]

Denotamos que a complexidade da construção do plano de pagamento e da reinserção do consumidor corrobora o 17º Objetivo de Desenvolvimento Sustentável da Agenda 2030 da ONU, oportunizando o envolvimento de entidades civis e governamentais no apoio à formação de uma rede capaz de minorar os efeitos dessa causa de exclusão social. Dentre os atores beneficiados neste cenário diversificado, elencamos os estudantes, os segregados prestes a receber a liberdade condicional, entre outros.[40]

5. A RESTAURAÇÃO DO VÍNCULO NOS NÚCLEOS FAMILIARES SUPERENDIVIDADOS

A origem da Justiça Restaurativa está situada na justiça criminal na década de 70, a partir de experiências em comunidades norte-americanas. Contudo, este "conjunto de princípios, uma filosofia, uma série alternativa de perguntas paradigmáticas. (...) oferece uma estrutura alternativa para pensar as ofensas",[41] está voltado ao restabelecimento de práticas de pacificação social nas mais variadas áreas de atuação. Exemplo disso, situa-se a realização de círculos de construção de paz em escolas com foco na

---

38. O termo "elevação" é utilizado no sentido psicológico como forma de reforçar o papel de pacificador social do conciliador. Sobre esse tema: AZEVEDO, André Gomma (Org.). *Manual de mediação judicial*. Brasília/DF: Ministério da Justiça, Programa das Nações Unidas para o Desenvolvimento, 2013. p. 111.
39. BERTONCELLO, Káren Rick Danilevicz. *Superendividamento do consumidor: mínimo existencial, casos concretos*. São Paulo: Ed. RT, 2015, p. 130.
40. Os estudantes adolescentes, estudantes adultos e os pais foram inseridos como público alvo do projeto desenvolvido na Comarca de Sapiranga, sob a coordenação da servidora pública Marciana Bernardes da Silva, através do qual servidores do Poder Judiciário divulgam e orientam sobre o serviço destinado à promoção da pacificação social no Fórum local, dentre eles o programa de tratamento do superendividamento. A entidade civil francesa *Crésus* atua no combate ao superendividamento com diversos tipos de atividades, dentre elas o resgate da cidadania e reinserção social de apenados, promovendo a avaliação do eventual estado de superendividamento familiar antes da obtenção da liberdade como forma de prevenir a reincidência criminal. Veja em: http://www.cresusalsace.org/.
41. ZHER, Howard. *Justiça restaurativa*. São Paulo: Palas Athena, 2012, fl.15.

prevenção de conflitos existentes nas relações entre alunos, entre professores e/ou alunos e professores.[42]

E a pertinência da inserção das famílias superendividadas nas práticas restaurativas está relacionada com a amplitude das consequências geradas pelo fenômeno social do superendividamento. O desemprego, a redução de renda, a separação/divórcio ou doença atuam como causas originárias do superendividamento passivo que desencadeia situações de violência doméstica, dificuldades em estabelecer um relacionamento harmônico e equilibrado entre pais e filhos, incremento da crise sócio-política que assola o país e degradação da educação fundamental.[43] A esse respeito, Catarina Frade elucida claramente o cenário do superendividamento: "Esta instabilidade financeira e esta gestão 'no fio da navalha' repercutem-se negativamente na sua produtividade, no seu desempenho social, nas suas relações familiares e na sua saúde física e psíquica". E especifica os impactos advindos do fenômeno ao descrever "estados depressivos, tendências suicidas, abuso de substâncias, violência doméstica, desespero e revolta são características observáveis nestes indivíduos e nas suas famílias".[44]

A sistemática de aplicação da Justiça Restaurativa ao reforço do vínculo familiar nas hipóteses de superendividamento do consumidor é compreendida pelos agentes integrantes da proposta de restauração à luz da doutrina originária estudada por Zher:[45] vítima, ofensor e comunidade. No caso do superendividamento, a identificação dos agentes deve vir acompanhada dos ensinamentos de Rosângela Cavallazzi[46] acerca da desconstrução dos "mitos no tratamento do superendividamento". Neste contexto, a figura da vítima não se limita apenas ao cônjuge ou aos filhos do superendividado, uma vez que o próprio devedor é o resultado das opções políticas de um governo que priorizou a ampliação do crédito desprovido da regulamentação atinente à sua concessão, sem adentrar na ausência de plano de contingência para o enfrentamento da crise.

Outrossim, o envolvimento da comunidade na restauração do vínculo poderá ser vislumbrado nas variadas dimensões que a aflição da dívida pode gerar. A co-

---

42. A equipe do CEJUSC Sapiranga-RS tem metodizado a realização destas práticas restaurativas desde novembro de 2015.
43. O Conselho da Magistratura do Poder Judiciário do Rio Grande do Sul, através do expediente administrativo 0010-14/003022-8, em sessão datada de 21 de outubro de 2014, aprovou a criação do projeto especial, *in verbis*: "com o propósito de difundir, de implantar, de aprimorar e de consolidar a Justiça Restaurativa no Primeiro Grau da Justiça Estadual" (...), "tendo por escopo o planejamento de uma estratégia de implantação e de utilização do paradigma restaurativo em ramos especiais da prestação jurisdicional, tais como na Infância e Juventude, na Violência Doméstica e Familiar contra a Mulher, na Execução Penal, no Direito de Família e no Direito Penal." Disponível em: https://www.tjrs.jus.br/export/poder_judiciario/tribunal_de_justica/corregedoria_geral_da_justica/projetos/projetos/justica_sec_21/J21_TJRS_P_e_B.pdf.
44. FRADE, Catarina. Sobreendividamento e soluções extrajudiciais: a mediação de dívidas. *I Congresso de Direito da Insolvência*. Lisboa: Almedina, 2012, p.17.
45. ZEHR, op. cit., p. 24.
46. CAVALLAZZI, Rosângela Lunardelli. Confiança no futuro: desconstruindo quarto mitos no tratamento do superendividamento. *Revista de Direito do Consumidor*, v. 100, ano 24, p. 425-449. São Paulo: Ed. RT, jul./ago. 2015.

meçar pela comunidade escolar, na hipótese do núcleo familiar superendividado com filhos no ensino fundamental ou ensino médio. A evasão escolar gerada pelo ingresso prematuro e, no mais das vezes ilegal, de crianças e adolescentes no mercado de trabalho pode ser vista diuturnamente nos atendimentos feitos no Poder Judiciário do RS. Nesta mesma comunidade escolar é possível aplicarmos a Justiça Restaurativa voltada à valorização das relações professor-aluno, resgatando o referencial necessário do ambiente que oportunizará o avanço pessoal daquele estudante e do seu núcleo familiar, notadamente diante do seu papel multiplicador dos efeitos da pacificação social.[47]

Ainda, a identificação dos agentes envolvidos na prática restaurativa ora proposta merece a contextualização fática dos envolvidos nos efeitos do superendividamento, haja vista a impossibilidade de estabelecermos uma visão linear quanto à figura do ofensor, da família e da comunidade, se tomarmos como ponto de partida a doutrina originária da Justiça Restaurativa. É nesse sentido que a doutrina[48] especializada no tema do superendividamento dos consumidores aponta expressamente os efeitos psicológicos gerados por este fenômeno. Neste ambiente de insegurança econômica, de excesso de confiança na capacidade de gerir seu orçamento e de confusão mental quanto à certeza do montante das dívidas (muitas vezes em virtude da complexidade dos encargos incidentes), o fôlego das relações familiares é colocado em xeque. O núcleo familiar já fragilizado transborda os limites do tolerável, ensejando consequências comportamentais.

Com isso, a aplicação da Justiça Restaurativa ao procedimento de tratamento das situações de superendividamento, em qualquer fase prevista na Lei 14.181/2021, deve proporcionar às famílias superendividadas a possibilidade de participar de círculos restaurativos. É certo que a aproximação voluntária do devedor com seus credores viabilizará a renegociação e a reestruturação do passivo. Contudo, é imprescindível que o devedor esteja preparado para gerenciar conjuntamente com o núcleo familiar o orçamento frente ao plano de pagamento das dívidas.

Por fim, a comunidade dispõe de relevante papel na realização dos círculos de acordo com a rotina dos núcleos familiares: as consequências projetadas nas famílias com crianças despertam a possibilidade da rede de apoio à Infância e Juventude local promover os encaminhamentos disponíveis como acompanhamento do rendimento escolar, inserção em atividades extracurriculares e atendimentos psicológicos. No mesmo sentido, o envolvimento da comunidade na execução dos círculos auxiliará na formação de redes de apoio ao superendividado como forma de otimizar as políticas públicas destinadas ao gerenciamento de crise.

---

47. ZHER, Howard. *Justiça Restaurativa*. São Paulo: Palas Athena, 2012, p. 53.
48. A esse respeito, veja: KILBORN, Jason J. Comportamentos econômicos, superendividamento; estudo comparativo da insolvência do consumidor: buscando as causas e avaliando soluções. *Direitos do consumidor endividado*. São Paulo: Ed. RT, 2006, p. 66-104.

6. DA COOPERAÇÃO ENTRE OS AGENTES GESTORES DOS NÚCLEOS DE PREVENÇÃO E TRATAMENTO DO SUPERENDIVIDAMENTO NO ÂMBITO ACADÊMICO

Algumas linhas merecem registro quanto à solidificação da cultura da pacificação social a ser instrumentalizada através do ambiente acadêmico, notadamente diante dos importantes serviços de atendimento aos consumidores em diferentes instituições de ensino com o empenho de trabalho voluntário e/ou curricular de docentes e discentes.

Exemplo disso, o atendimento ao devedor superendividado ganhou espaço na cooperação firmada entre Tribunal de Justiça do RS e Universidade Franciscana de Santa Maria, sob a coordenação da Magistrada Karla Aveline de Oliveira e do Prof. Me. Vitor Hugo do Amaral Ferreira, onde o acolhimento e as audiências eram realizados nas dependências da Universidade com a participação dos estudantes da graduação, conciliadores credenciados no Poder Judiciário e os coordenadores do programa.[49]

A atuação da Unisinos, instituição de ensino superior sediada em São Leopoldo-RS, também merece registro diante do atendimento realizado em cooperação com o Poder Judiciário, adotando visão multidisciplinar porquanto serviço prestado pela faculdade de Direito e pela de Assistência Social. Dentre as atividades desenvolvidas, situam-se: 1) acolhimento inicial para identificar as possibilidades de participação no projeto ou orientar e encaminhar a outros atendimentos; 2) atendimento individual (ou com um familiar) para avaliar a situação de superendividamento e as possibilidades de pagamento das dívidas; 3) realização de audiências de conciliação com os credores para tentativa de negociação das dívidas de acordo com as possibilidades do devedor; 4) entrevista de acompanhamento, realizada por telefone, três meses após a audiência, para verificar como está a situação da família; 5) grupo de Apoio e Reflexão – as pessoas são convidadas a participar de encontros para compartilhar seus sentimentos e refletir sobre a situação de superendividamento.[50]

Note-se que em ambas as experiências o procedimento apresenta clareza de propósito e propriedade na disponibilização do atendimento multidisciplinar. Nesse sentido, importantes pesquisas foram realizadas demonstrando a perturbação dos devedores nas relações familiares, sociais e de trabalho em virtude dos malefícios decorrentes do superendividamento. O Observatório do Endividamento dos Consumidores, em Coimbra, Portugal, apontou a predominância de características nos superendividados atendidos: "enorme confusão e falta de clareza discursiva, combinada com certa apatia na voz e nos movimentos, o choro frequente e uma expressão de cansaço e desânimo. Quase todos procuravam justificar-se, evidenciando claramente sentimentos de culpa e de vergonha".[51]

---

49. BERTONCELLO, Káren R. Danilevicz. *Superendividamento aplicado*: aspectos doutrinários e experiência no Poder Judiciário. Rio de Janeiro: Editora GZ, 2010, p. 311.
50. Disponível em: http://www.unisinos.br/extensao/acao-social/projetos/projeto-de-apoio-as-familias-superendividadas.
51. FRADE, Catarina; MAGALHÃES, Sara. Sobreendividamento, a outra face do crédito, p. 27.

O processo de reabilitação já evidencia tratar-se de uma medida excepcional, dadas as características devastadoras da condição de homem superendividado. Teresa Sullivan, Elizabeth Warren e Jay Westbrook relatam, contextualizando a crise econômica norte-americana enfrentada recentemente, que alguns americanos integrantes da classe média "veem a falência como lastimável, mas um passo necessário à reorganização das suas vidas financeiras fora de controle. Nesse sentido, a falência torna-se parte dos valores da classe média". E da pesquisa apontada pelos autores "aproximadamente 50 devedores voluntariamente informaram que a falência foi o último recurso, utilizado após outras alternativas frustradas".[52]

7. DA ADVOCACIA COLABORATIVA

Como visto anteriormente, o Código de Processo Civil de 2015, art. 6º, introduziu no ordenamento jurídico processual o princípio da cooperação direcionando a priorização do acesso à Justiça mediante a adoção dos métodos adequados de solução de conflitos, a exemplo da redação dos artigos 139, V; 165 a 175. Na mesma linha, a Resolução 125 do Conselho Nacional de Justiça, contemplou no artigo 6º, incisos VI e VII, a necessidade de execução do trabalho em rede de colaboração:

VI – estabelecer interlocução com a Ordem dos Advogados do Brasil, Defensorias Públicas, Procuradorias e Ministério Público, estimulando sua participação nos Centros Judiciários de Solução de Conflito e Cidadania e valorizando a atuação na prevenção dos litígios;

VII – realizar a gestão junto às empresas e às agências reguladoras dos serviços públicos a fim de implementar práticas autocompositivas e desenvolver acompanhamento estatístico, com a instituição de banco de dados para visualização de resultados, conferindo selo de qualidade.

Merece destaque a previsão da atuação em rede, notadamente em vista da ambição do espírito das normativas aqui citadas, congregando a mudança de cultura: a construção conjunta de solução em lugar da espera da decisão judicial; e a reinserção do devedor na sociedade mediante a elaboração conjunta do plano de pagamento com preservação do mínimo existencial.

O exercício da advocacia colaborativa está diretamente relacionado com a atuação dos procuradores nas situações de superendividamento do consumidor, tanto em representação ao devedor como, e talvez, especialmente, aos credores. Note-se que a Lei especial atribuiu valor significativo às práticas leais e cooperativas não apenas na concessão do crédito, como também na renegociação. Esta expertise demandará capacitação e desenvolvimento de técnicas há muito estudadas, como visto acima, para a construção de solução conjunta e continuidade de relações jurídicas saudáveis.

É neste viés que a própria normativa do CNJ estabelece a criação do selo de qualidade, tratado no inciso VII, que pretende classificar e reconhecer a atuação proativa das empresas em alcançar soluções pacíficas capazes de gerar ganhos mútuos nas relações

---

52. SULLIVAN, Teresa A.; WARREN, Elizabeth; WESTBROOK, Jay Lawrence. *The fragile middle class*, p. 33.

contratuais. E o papel do advogado colaborativo encontra voz na finalidade de prevenção e de tratamento do superendividamento do consumidor:

Enquanto o advogado contencioso briga por seu cliente e, muitas vezes, até piora o relacionamento entre as partes, o colaborativo se coloca como um resolvedor de problemas ("*problem solver*"), como alguém disposto a ajudar a remover os obstáculos que impedem o consenso.[53]

E o Capítulo VI-A do Código de Defesa do Consumidor atualizado oferece um rol ilustrativo e exemplificativo sobre as práticas leais dos fornecedores. Nessa linha, o artigo 54-C, inciso II[54] veda expressamente que a oferta de crédito seja efetuada sob o argumento da ausência de consulta a serviços de proteção ao crédito ou sem análise da capacidade de reembolso do consumidor, configurando a titulação atribuída pelo Prof. Bruno Miragem à Lei 14.181: Lei do crédito responsável.[55] Na prática, a atuação diligente do fornecedor de crédito encontra plena conformidade com o avanço dos meios tecnológicos empregados na formação da vontade do consumidor e futura produção probatória, como já visto em ações judiciais movidas contra instituição financeira para questionamento quanto à natureza do produto adquirido: contrato de empréstimo consignado com desconto em folha de pagamento ou contrato de cartão de crédito consignado, cuja cobrança é lançada na fatura mensal mediante adoção de encargos maiores e respectivo pagamento de percentual descontado diretamente da conta-corrente do consumidor.[56]

Pelo exposto, a prática da advocacia colaborativa está diretamente relacionada com as hipóteses de prevenção do superendividamento do consumidor. Esta é a lição do mestre Jean Calais-Auloy[57] quando aponta a imprescindibilidade de consulta a cadastros ao lembrar que a lei francesa, de 1º de julho de 2010, estabeleceu a obrigação de consulta e de cuidado, endereçada ao fornecedor de crédito, para verificação das condições de solvabilidade do consumidor, sob pena de perda dos juros. Entre nós, sanção civil correlata foi expressamente contemplada na atualização legislativa, reservando-se ao Poder Judiciário a possibilidade da análise da atuação do credor nos termos do artigo 54-D, parágrafo único:

Parágrafo único. O descumprimento de qualquer dos deveres previstos no caput deste artigo e nos arts. 52 e 54-C deste Código poderá acarretar judicialmente a redução dos juros, dos encargos ou de qualquer acréscimo ao principal e a dilação do prazo de pagamento previsto no contrato original, conforme a

---

53. PINHO, Humberto Dalla Bernardina de; SALLES, Tatiana. Os novos desafios da mediação judicial no brasil. *Revista de Informação Legislativa*, v. 205, p. 55-70, 2015.
54. Art. 54-C. É vedado, expressa ou implicitamente, na oferta de crédito ao consumidor, publicitária ou não: (Incluído pela Lei 14.181, de 2021). II – indicar que a operação de crédito poderá ser concluída sem consulta a serviços de proteção ao crédito ou sem avaliação da situação financeira do consumidor (Incluído pela Lei 14.181, de 2021).
55. A expressão foi cunhada pelo Prof. Dr. Bruno Miragem em palestra proferida no Curso promovido pelo Brasilcon, agosto de 2021.
56. No caso concreto, a instituição financeira demonstrou o cumprimento das informações e advertências ao consumidor, antes da contratação, colacionando defesa com *QR code* do conteúdo da gravação do atendimento efetuado pelo concedente de crédito relacionadas ao produto objeto de contratação.
57. CALAIS-AULOY, Jean; TEMPLE, Henri. *Droit de la consommation*. 8. ed. Paris: Dalloz, 2010, p. 652.

gravidade da conduta do fornecedor e as possibilidades financeiras do consumidor, sem prejuízo de outras sanções e de indenização por perdas e danos, patrimoniais e morais, ao consumidor (Incluído pela Lei 14.181, de 2021).

8. CONCLUSÃO

Como expresso anteriormente, este ensaio foi proposto a comemorar as práticas outrora desenvolvidas, antes da promulgação da Lei 14.181/2021, mas, especialmente valorizar as linhas introduzidas em nosso ordenamento jurídico que destinam a solidificação da cultura da paz e do pagamento no âmbito da sociedade brasileira. E com esse viés, registramos a necessidade de ampliação e aprimoramento destas práticas com a contribuição das peculiaridades de cada ente da federação, sinalizando, desde já os estudos prospectivos sobre a utilização das plataformas virtuais nas situações de superendividamento do consumidor.

VULNERABILIDADES E GERAÇÃO DE PRODUTOS ELETRÔNICOS: PERSPECTIVAS DO DIREITO AO REPARO

Flavia Zangerolame

Pedro Gueiros

Sumário: 1. Introdução: notas sobre desenvolvimento tecnológico e proteção do consumidor – 2. Obsolescência programada e vulnerabilidade dos consumidores – 3. Colocando a mão no lixo eletrônico – 4. Perspectivas sobre direito ao reparo – 5. Considerações finais: é o fim da aventura humana na terra?

> "Não tenho certeza de que foi uma boa ideia, mas o progresso também pode significar dar dois passos atrás, como voltar à energia eólica no lugar do petróleo e coisas do gênero. Pensamos no futuro! Para trás com força total!"[1]

1. INTRODUÇÃO: NOTAS SOBRE DESENVOLVIMENTO TECNOLÓGICO E PROTEÇÃO DO CONSUMIDOR

Em meio a tantas contribuições promovidas desde a Revolução Técnico-Científica nos anos 1970, com o aperfeiçoamento da informática, robótica, telecomunicações e biotecnologia, comprovou-se o real alcance de progressão exponencial da tecnologia idealizada na Lei de Moore.[2] Ainda, em um planeta com recursos finitos, contrariou-se antigas expectativas de que uma inevitável escassez de energias ou de matérias-primas levaria a humanidade ao colapso produtivo, em especial no terreno tecnológico.[3]

No que tange especificamente ao comércio eletrônico, devido à essencialidade do acesso à Internet como mecanismo de inserção da pessoa humana na sociedade interconectada,[4] a perspectiva de inclusão ao consumo de bens digitais também parece se

---

1. ECO, Umberto. *Pape Satàn aleppe*. crônicas de uma sociedade líquida. Trad. Eliana Aguiar. 3. ed. Rio de Janeiro: Record, 2017, p. 21.
2. Sobre a Lei de Moore: "Em 1965, Gordon Moore fez uma previsão que determinaria o ritmo da revolução digital moderna. A partir da observação cuidadosa de uma nova tendência, Moore concluiu que o poder da computação aumentaria tremendamente e que seu custo relativo cairia a um ritmo vertiginoso. Essa percepção, conhecida como Lei de Moore, transformou-se na regra de ouro da indústria eletrônica e em um trampolim para a inovação". INTEL. *Mais de 50 anos da Lei de Moore*. Disponível em: https://www.intel.com.br/content/www/br/pt/silicon-innovations/moores-law-technology.html. Acesso em: 11 jun. 2022.
3. HARARI, Yuval Noah. *Sapiens*: uma breve história da humanidade. Porto Alegre: L&PM, 2020, p. 344.
4. Rodotà destaca que a "Internet e o ciberespaço devem permanecer disponíveis para permitir a livre formação da personalidade, para o exercício da liberdade de expressão e de associação, realização de iniciativas cívicas, experimentação de novas formas de democracia". RODOTÀ, Stefano. *A vida na sociedade da vigilância: a pri-*

apresentar como condição indispensável à qualidade de vida atual. Não à toa, tramita, atualmente, proposta de emenda constitucional para acrescentar expressamente dispositivo reconhecendo a inclusão digital como direito fundamental.[5]-[6]

No atual estágio de sofisticação digital, a indústria permite a oferta de *gadgets* aos consumidores muito além de qualquer demanda. Prateleiras devem manter um incessante fluxo de disponibilização de variados apetrechos, sobretudo *smarts*, capazes de serem consumidos em ritmo proporcional à agilidade da vida moderna. Este cenário pautado na multiplicação de objetos disponíveis à população é fomentador da consumação supérflua, individualista e claramente movida a modismos.[7] No "hiperconsumo",[8] as atividades empresariais são construídas para a satisfação de um consumo massificado e imediatista, projetado a pretensas satisfações personalizadas de pessoas globalmente consideradas, numa individualização utópica e fetichista.[9] Entretanto, no direito brasileiro, tanto a tutela do consumidor quanto a do meio ambiente gozam do *status* de fundamentalidade, o que revela, no mínimo, a incongruência com as práticas indicadas.

Além de atraentes e funcionais às mais variadas possibilidades de atendimento de vontades humanas, os produtos tecnológicos devem preencher outros pressupostos para alcançar a integridade desse cenário. A obsolescência programada, incutida na cadeia produtiva dos bens de consumo, repercute em uma sensível e igualmente ampla vulnerabilidade dos consumidores, tanto em âmbito individual quanto coletivo, nos termos do art. 4º, I, do Código de Defesa do Consumidor (Lei 8.078/90 ou CDC).

O reconhecimento de um direito ao reparo se apresenta como um dos mecanismos capazes de promover o reequilíbrio entre sustentabilidade, proteção aos consumidores vulneráveis e fomento da implementação de uma nova cultura voltada ao consumo em massa.[10]

---

vacidade hoje. Org., sel. e apr. Maria Celina Bodin de Moraes. Trad. Danilo Doneda e Luciana Cabral Doneda. Rio de Janeiro: Renovar, 2008, p. 169.

5. Conforme PEC 47/2021, que dispõe: "'é assegurado a todos o direito à inclusão digital, devendo o poder público promover políticas que visem ampliar o acesso à internet em todo território nacional, na forma da lei.'" Disponível em: https://www12.senado.leg.br/noticias/materias/2022/06/02/senado-aprova-pec-que-acrescenta-inclusao--digital-entre-direitos-e-garantias-fundamentais. Acesso em: jul. 2022.
6. Sob a atual elementaridade dos bens digitais, Maia pontua que a "inequívoca desmaterialização dos bens – propiciada por avanços tecnológicos – tem posto o conceito de propriedade à prova tanto quanto a sua necessária funcionalização ao pleno desenvolvimento da pessoa humana. MAIA, Roberta Mauro Medina Maia. Vivendo nas nuvens: dados pessoais são objeto de propriedade? In: TEPEDINO, Gustavo; DE MENEZES, Joyceane Bezerra (Coord.). *Autonomia privada, liberdade existencial e direitos fundamentais*. Belo Horizonte: Fórum, 2019, p. 669.
7. Nessa lógica, "[a]s coisas das quais a gente se apropria, com as quais estamos rodeados, é que fazem a diferença do conteúdo do *self*". HAN, Byung-Chul. *Hiperculturalidade*: cultura e globalização. Trad. Gabriel Salvi. Petrópolis: Vozes, 2019, p. 109.
8. LIPOVETSKY, Gilles. *A felicidade paradoxal*: ensaio sobre a sociedade do hiperconsumo. São Paulo: Companhia das Letras, 2007, p. 100.
9. Acerca do fetichismo e a sociedade do espetáculo, Debord aponta que o "mundo da mercadoria é mostrado como ele é, com seu movimento idêntico ao afastamento dos homens entre si, diante de seu produto global". DEBORD, Guy. *A sociedade do espetáculo*. Rio de Janeiro: Contraponto, 1997, p. 29.
10. Miragem descreve o propósito fundamental da vulnerabilidade de "promover o equilíbrio das partes na relação de consumo, mitigando os efeitos de uma relação de subordinação estrutural do consumidor ao fornecedor

2. OBSOLESCÊNCIA PROGRAMADA E VULNERABILIDADE DOS CONSUMIDORES

A vulnerabilidade do consumidor[11] se insere como princípio básico orientador de toda a atividade de aplicação da normativa consumerista. Alça-se a partir da presunção absoluta em favor de todos os consumidores, mesmo que no caso concreto possuam diferentes gradações.[12] Isso se justifica em razão da fragilidade inerente do consumidor diante do fornecedor, numa relação que nasce naturalmente desequilibrada, em que apenas um dos atores detém efetivo controle de todo o processo relativo à criação, concepção, produção e comercialização dos produtos e serviços, enquanto o outro apenas o consome. A vulnerabilidade, portanto, é elemento essencial do próprio conceito jurídico de consumidor.[13]

Dentre as espécies de vulnerabilidade, destacam-se as de ordem técnica, informacional e ambiental[14] como as mais reveladoras desta debilidade, especialmente no terreno da obsolescência programada. O adquirente de um bem de consumo não possui conhecimento técnico especializado, tampouco ingerência, sobre os referidos processos de manufatura empregados sobre os objetos. Desvelam-se evidentes assimetrias, particularmente quanto à ausência de informação adequada sobre a previsibilidade de duração ou, tão somente pelo fato de serem destacados os benefícios aos adquirentes no momento da aquisição, omitindo-se sobre a causalidade dos danos inevitáveis ao meio ambiente (vida e saúde do consumidor).

A atividade de marketing em torno da aquisição de produtos e serviços sequer contempla informação clara sobre os danos reflexos ao meio ambiente. Projeta-se, de

---

(igualdade) de modo a assegurar sua regular ação na realização de seus interesses legítimos no mercado (liberdade)". MIRAGEM, Bruno. Princípio da vulnerabilidade: perspectiva atual e funções no direito do consumidor contemporâneo. In: MIRAGEM, Bruno; MARQUES, Claudia Lima; DE MAGALHÃES, Lucia Ancona Lopez. *Direito do Consumidor*: 30 anos do CDC: da consolidação como direito fundamental aos atuais desafios da sociedade. Rio de Janeiro: Forense, 2021, p. 243.

11. Marques, Benjamin e Miragem descrevem que a "vulnerabilidade é mais um estado da pessoa, um estado inerente de risco ou um sinal de confrontação excessiva de interesses identificado no mercado (assim Ripert, Le règle morale, p. 153), é uma situação permanente ou provisória, individual ou coletiva (Fiechter-Boulvard, Rapport, p. 324), que fragiliza, enfraquece o sujeito de direitos, desequilibrando a relação. A vulnerabilidade não é, pois, o fundamento das regras de proteção do sujeito mais fraco, é apenas a 'explicação' destas regras ou da atuação do legislador (Fiechter-Boulvar, Rapport, p. 324), é a técnica para as aplicar bem, é a noção instrumental que guia e ilumina a aplicação destas normas protetivas e reequilibradoras, à procura do fundamento da igualdade e da justiça equitativa". MARQUES, Claudia Lima; BENJAMIN, Antonio Herman V.; MIRAGEM, Bruno. *Comentários ao Código de Defesa do Consumidor*. 3. ed. São Paulo: Ed. RT, 2010, p. 120.
12. A vulnerabilidade, segundo ensinamentos de Marques, pode ser de ordem técnica (conhecimentos especializados sobre o produto e serviço), jurídica ou científica (ausência de conhecimentos na área jurídica, econômica ou contábil, própria do consumidor não profissional), fática (aferida no caso concreto, podendo ser de ordem econômica ou da existência de um monopólio exercido pelo fornecedor) e informacional (espécie de modalidade técnica, mas, segundo a autora, merece destaque em razão do déficit informacional dos consumidores na sociedade moderna). MARQUES, Claudia Lima. *Contratos no Código de Defesa do Consumidor*. 5. ed. São Paulo: Ed. RT, 2011, p. 130.
13. CALIXTO, Marcelo Junqueira. *O princípio da vulnerabilidade do consumidor*. In: BODIN DE MORAES, Maria Celina (Coord.). *Princípios do Direito Civil Contemporâneo*. Rio de Janeiro: Renovar, 2006, p. 362-365.
14. MORAES, Paulo Valério Dal Pai. *Código de Defesa do Consumidor*: o princípio da vulnerabilidade no contrato, na publicidade e nas demais práticas comerciais. Porto Alegre: Síntese, 1999.

tal modo, verdadeira omissão sobre os efeitos colaterais negativos da publicização do consumo desenfreado, em que atua como relevante engrenagem na cultura voltada ao consumo altamente descartável. A continuidade destas atividades sob este *modus operandi* perpetua, assim, a construção deste movimento desacompanhado de uma educação sustentável a respeito do que vem a ser efetivamente necessário e desejável nas relações consumeristas.

É cediço que o artigo 31 do CDC prevê que a oferta e apresentação de produtos "devem assegurar informações corretas, claras, precisas, ostensivas" a respeito da qualidade e composição. Inquestionável que a implantação deliberada de dispositivos capazes de reduzir a vida útil do produto, ou mesmo lançamento no mercado já com a tecnologia propositalmente defasada, caracterizam ilícito consumerista, capazes de agravar a vulnerabilidade informacional no caso concreto.

Mesmo sendo aperfeiçoado e amplificado pelas novas tecnologias, o surgimento da obsolescência programada não é contemporâneo, tampouco exclusivo aos *gadgets*. Ilustrativamente, ainda nos anos 1920, o notório "Cartel Phoebus" formado por um oligopólio de fabricantes de lâmpadas incandescentes estadunidenses e europeus[15] ficou conhecido por avariar intencionalmente a qualidade dos produtos da própria indústria. Observou-se que a baixa rotatividade de compras das lâmpadas se dava em razão da relativa durabilidade das mesmas. Logo, veio à lume a ideia de investir esforços para que os produtos se tornassem mais frágeis e descartáveis.[16] Obtiveram êxito em reduzir a durabilidade das lâmpadas à época para cerca de mil horas ou metade de sua vida útil.

Não há uma definição objetiva do que vem a ser a obsolescência programada.[17] Envolve elementos e conceitos de variadas ciências, como Direito, Economia, Engenharia, Marketing e Psicologia, resultando em uma dimensão multidisciplinar. De todo modo, a

---

15. Como se destaca de reportagem do The New Yorker: "When the new bulbs started coming out, Phoebus members rationalized the shorter design life as an effort to establish a quality standard of brighter and more energy-efficient bulbs. But Markus Krajewski, a media-studies professor at the University of Basel, in Switzerland, who has researched Phoebus's records, told me that the only significant technical innovation in the new bulbs was the precipitous drop in operating life. 'It was the explicit aim of the cartel to reduce the life span of the lamps in order to increase sales,' he said. 'Economics, not physics'". MACKINNON, J. B. *The L.E.D. quandary*: why There's No Such Thing as "Built to Last". Disponível em: https://www.newyorker.com/business/currency/the-l-e-d-quandary-why-theres-no-such-thing-as-built-to-last. Acesso em: 12 jun. 2022.
16. Cita-se outros movimentos que moldaram a perspectiva da obsolescência programada ao longo da história, a exemplo da produção automobilística do modelo fordista desbocando para que as pessoas trocassem de carros anualmente como ferramenta de aquecer a economia estadunidense após a crise da Bolsa de Valores de Nova York em 1929 ou ainda como o modelo do designer americano Brook Stevens que, em 1952, deliberadamente estimulou que produtores produzissem bens de consumo duráveis se tronassem rapidamente obsoletos. FRIEDE, Reis. *Obsolescência programada ou a farra da mercadoria*: questões ambientais e sociais. Disponível em: https://jus.com.br/artigos/79685/obsolescencia-programada-ou-a-farra-da-mercadoria-questoes-ambientais-e-sociais. Acesso em: 24 jul. 2022.
17. Conforme um dos primeiros artigos sobre o fenômeno da obsolescência programada já apontava em 1932, a essência por detrás pensamento notadamente arcaico idealizado "para acabar com a depressão e para restaurar a riqueza e um melhor padrão de vida para o homem médio". Trad. Livre. LONDON, Bernard. *Ending the depression through planned obsolescence*. Disponível em: https://upload.wikimedia.org/wikipedia/commons/2/27/London_%281932%29_Ending_the_depression_through_planned_obsolescence.pdf. Acesso em: 24 jul. 2022.

partir da convergência destas metodologias, formalizam-se instrumentos intencionados à redução dolosa da vida útil de bens de consumo colocados à venda.

Neste panorama, os produtos são idealizados e produzidos com uma característica relevante (e simultaneamente desfavorável) à incolumidade econômica do consumidor e ao meio ambiente: já nascem com um prazo de validade diminuto sobre *default*, com uma certidão de óbito antecipada,[18] inferior ao que seria alcançado pelo desgaste natural, inviabilizando ou desestimulando o próprio reparo do produto.

A obsolescência programada pode ocorrer, também, pela defasagem antecipada da tecnologia posta à disposição do mercado, em atividade proposital do fornecedor de depreciação tecnológica proposital do bem alienado, que torna-se obsoleto frente ao novo produto lançado, mas em período inferior à legítima expectativa do consumidor.

Por fim, ocorre a obsolescência programada de desejabilidade nos casos em que a aquisição de novos produtos é estimulada como standard de conduta e integram a estratégia de marketing. "A receita tende a ser reapresentada como um estratagema a que os consumidores experientes recorrem automaticamente de modo quase irrefletido, através de um hábito apreendido e interiorizado".[19]

Em todas as hipóteses, a obsolescência programada caracteriza-se como prática abusiva, violadora da incolumidade econômica do consumidor e do meio ambiente, passível de contenção através de diversos instrumentos para promoção do reequilíbrio das assimetrias naturalmente existentes.

A título de ilustração, em uma breve análise das milhares de patentes registradas por empresas como *Apple* e *Samsung*,[20] observa-se a potencialidade do aperfeiçoamento de seus produtos para servirem em uma realidade futura. Mas, acima de tudo, indicam um resguardo *proposital* das inovações tecnológicas como parte do processo da programação da obsolescência.[21]

---

18. Eis a definição de Frota: "A obsolescência programada é, na sua essência, a predeterminação do ciclo de vida de um produto. Como se, ao nascer, se inscrevesse, na sua matriz, a concreta data do seu passamento, da sua morte. Como se o produto, no momento do seu lançamento no mercado, se fizesse acompanhar de uma certidão já com a data do óbito... A obsolescência de um dado produto consiste na 'desclassificação tecnológica do material industrial, motivada pela aparição de um material mais moderno'". FROTA, Mário. *Da obsolescência prematura à outorga de juris de um autêntico "direito de reparação"*. Disponível em: https://www.conjur.com.br/2021-jul-07/garantias-consumo-obsolescencia-prematura-outorga-juris-direito-reparacao. Acesso em: 24 jul. 2022.
19. BAUMAN, Zygmunt. *Vida para o consumo: a transformação de pessoas em mercadoria*. Rio de Janeiro: Zahar, p. 31.
20. Acerca dos números oficiais de 2021, "No total, foram 2.541 patentes registradas pela Apple, o que a deixou atrás de concorrentes como a Samsung, que aparece em segundo lugar com 6.366 registros – isso se contarmos apenas a divisão de eletrônicos da gigante coreana, já que a Samsung Display aparece em 11º lugar, com 1.975 patentes registradas". NASCIMENTO, Douglas. *Apple registrou menos patentes em 2021 se comparado a 2020*. Disponível em: https://macmagazine.com.br/post/2022/02/14/apple-registrou-menos-patentes-em-2021-se--comparado-a-2020/. Acesso em: 12 jun. 2022.
21. Frota salienta que "[c]onstituindo o resultado natural da inovação & desenvolvimento tecnológicos (com o que de intenção nisso possa ir aparelhado), representa em si um enorme problema se se manifestar precocemente ou, o que é pior, se for de caso pensado programada, planeada". FROTA, Mário. *Da obsolescência prematura à outorga de juris de um autêntico "direito de reparação"*. Op. cit.

Ao verificar os lançamentos anuais de novos *smartphones* das detentoras dos sistemas operacionais *iOS* e *Android*, nota-se que, por vezes, as modificações se limitam a meros formatos, dimensões ou cores variadas, com poucas modificações funcionais, particularmente próximo a um "museu de grandes novidades". Quando não movidos pela mera desejabilidade de trocar anualmente os aparelhos, usuários parecem ser levados a trocá-los inevitavelmente com certa periodicidade por suas perdas de qualidade programadas, como a já confirmada durabilidade média de 36 meses para *iPhones* e 23 meses para celulares *Androids*,[22] quando poderiam durar até 232 anos.[23]

Sintetizando, pode-se identificar, assim, três principais modalidades em que produtos se tornam propositalmente obsoletos:[24] (i) quando sua *função* é superada por meio da inserção de um novo produto que a executa de forma mais eficiente, instrumentalizada por novas tecnologias; (ii) a *qualidade* do bem é transfigurada, para que seja mais frágil ou facilmente deteriorada, impondo sua substituição; (iii) a *desejabilidade* é estimulada, de modo que o produto em perfeito estado de funcionamento simplesmente deixar de ser atrativo em razão do surgimento de um novo" e, portanto, descartável ao consumidor.

Muito embora seja intimamente associada ao progresso tecnológico, a obsolescência programada não conflita, tampouco pode ser categorizada como antagônica a este. O progresso tecnológico é parte fundamental da evolução da humanidade, enquanto a obsolescência programada, em virtude do dolo inerente ao conceito, representa prática abusiva propositalmente exercida em detrimento da equação proteção do consumidor/meio ambiente.

É possível reduzir os efeitos prejudiciais inerentes à prática obsolescência programada, identificando um expediente de contenção para cada categoria: dever de reaproveitamento para a obsolescência de função; direito ao reparo para a obsolescência de qualidade; e instituição de políticas de reaproveitamento para política de desejabilidade.

Considerando o progressivo barateamento e popularização do acesso a bens de consumo, corroborada, inclusive, pela escalada de toda uma indústria de "aluguéis"[25] para aparelhos celulares,[26] chega-se ao ponto atual em que há mais aparelhos inteligentes do

---

22. ISTOÉ DINHEIRO. *Vida útil de um iPhone é o dobro das concorrentes, diz a Apple*. Disponível em: https://www.istoedinheiro.com.br/vida-util-de-um-iphone-e-o-dobro-das-concorrentes-diz-a-apple/. Acesso em: 14 jun. 2022.
23. Conforme se extrai de relatório sobre a reparabilidade de bens de consume duráveis do Gabinete Europeu do Ambiente: "Even if this trend were to be turned around, and using a very optimistic efficiency improvement rate of 5% per year of new smartphones, the amortisation period would range from 25 to 232 years, which is evidently longer than the typical lifetime of a smartphone. In other words, from a global warming perspective our phones should last at least 20 years longer than they currently do. This would require a significant change in how phones are designed and marketed". EUROPEAN ENVIROMENTAL BUREAU. *Coolproducts don't cost the Earth*. Disponível em: https://eeb.org/library/coolproducts-report/. Acesso em: 24 jul. 2022.
24. PACKARD, Vance. *Estratégia do desperdício*. Trad. Aydano Arruda. São Paulo: Instituição Brasileira de Difusão Cultural (Ibrasa), 1965, p. 51.
25. Pontua-se a imprecisão da expressão popularizada "aluguel de celulares", tendo em vista tratar-se tecnicamente de contrato de mútuo, nos termos do art. 586 do Código Civil.
26. Acerca do serviço atualmente em voga no país: "Uma câmera a mais, um processador mais moderno, um design mais agradável – as tentações para trocar de smartphone com frequência são várias, mas nem todo mundo

que pessoas no Brasil.[27] Nesse ritmo, é inevitável que os tais produtos inteligentes feitos para serem descartados em curto espaço de tempo se somem à pilha de lixo eletrônico ou ao *e-lixo*.[28]

3. COLOCANDO A MÃO NO LIXO ELETRÔNICO

Informações do Monitor Global de Fluxos Transfronteiriços de Lixo Eletrônico de 2022,[29] elaborado pelo Instituto das Nações Unidas para Formação e Pesquisas (Unitar), revelam que os desperdícios na geração de Equipamentos Elétricos e Eletrônicos (EEEs) é alarmante. Em 2019, a produção global de EEEs foi de 53,4 megatoneladas, em uma escala média de 7,3kg *per capita*, mas projeções indicam apenas crescimentos, de 74.7 megatoneladas em 2030 para 110 megatoneladas em 2050. Somente no ano de 2019, estima-se que apenas 17% do lixo eletrônico foi coletado e reciclado de forma correta, inferindo que 44,3 megatoneladas dos materiais remanescentes foram descartadas de forma desconhecida.

Como resultado deste cenário, identificam-se problemas relacionados à exportação ilegal de EEEs ao redor do mundo, evidenciando assimetrias socioeconômicas ainda mais notórias entre países mais desenvolvidos dotados de industrialização antiga em relação a Nações emergentes e de industrialização recente. Tem-se, assim, uma das manifestações mais explícitas do racismo ambiental em escala mundial, entre o Norte e Sul Global.[30]

A complexidade das matérias-primas presentes no *e-lixo* também impõe entraves às formas de descarte adequado dos materiais empregados. Os variados componentes presentes nos produtos envolvem desde plásticos a metais pesados, sendo alguns espe-

---

consegue comprar um novo celular todo ano. Pensando nisso, surgiu mais um tipo de serviço: o aluguel do aparelho. O modelo atrai desde aqueles que sonham em ter um iPhone, mas acham o produto muito caro, até quem gosta de ter sempre o telefone da moda, mesmo que seja usado. 'O brasileiro tem o hábito de trocar de dispositivo a cada 2 anos', aponta Carlos Eduardo Guerra, fundador da Allugator, empresa focada na assinatura de iPhones". SOUZA, Vivian; SILVA, Victor Hugo. *Como funciona o aluguel de celular*. Disponível em: https://g1.globo.com/tecnologia/noticia/2022/05/03/como-funciona-o-aluguel-de-celular.ghtml. Acesso em: 14 jun. 2022.

27. A teor de levantamento realizado pela Fundação Getúlio Vargas: "O Brasil tem atualmente mais de um smartphone por habitante, segundo levantamento anual divulgado pela FGV. São 242 milhões de celulares inteligentes em uso no país, que tem pouco mais de 214 milhões de habitantes, de acordo com o IBGE. A pesquisa mostra que, ao adicionar notebooks e tablets, são ao todo 352 milhões de dispositivos portáteis no Brasil, o equivalente a 1,6 por pessoa". CNN BUSINESS. *Brasil tem mais smartphones que habitantes, aponta FGV*. Disponível em: https://www.cnnbrasil.com.br/business/brasil-tem-mais-smartphones-que-habitantes-aponta-fgv/#:~:text=S%C3%A3o%20242%20milh%C3%B5es%20de%20celulares,a%201%2C6%20por%20pessoa. Acesso em: 14 jun. 2022.
28. E-lixo ou lixo eletrônico são "produtos elétricos e eletrônicos danificados, quebrados ou sem utilidade por algum motivo que devem ser descartados". SETE AMBIENTAL. *Saiba o que é lixo eletrônico ou E-lixo*. Disponível em: https://www.seteambiental.com.br/saiba-o-que-e-lixo-eletronico-ou-e-lixo/. Acesso em: 24 jul. 2022.
29. BALDÉ, C.P. et al. *Global Transboundary E-waste Flows Monitor – 2022*, United Nations Institute for Training and Research (UNITAR), Bonn, Germany, 2022.
30. Nesse sentido: "A diferença abissal constrói o lugar do outro – separado da sua existência com o lugar –, e o lugar de dominação ocupado pelo sujeito de poder. Este é um lugar de mobilidade, do lugar nenhum ou qualquer lugar. Há uma separação espacial das relações de poder e do lugar da exploração pela violência abissal do colonialismo". KRENAK, Ailton. Ecologia política. *Ethnoscientia*, v. 3, n. 2 especial, 2018.

cialmente tóxicos, a exemplo do chumbo, bromo e cádmio.[31] Causam-se, portanto, não apenas danos à saúde humana, a exemplo de químicos potencialmente cancerígenos, como também elevado grau de contaminação de solos e lençóis freáticos. Do ponto de vista econômico, o descarte indevido também traz prejuízos quanto à inutilização de metais raros, como o ouro.[32]

No Brasil, o cenário regulatório do descarte de tais materiais se insere no âmbito da já referida Política Nacional de Resíduos Sólidos (Lei 12.305/10 ou PNRS), em que os diversos atores de determinada cadeia produtiva possuem responsabilidade compartilhada para o manejo do ciclo de vida dos produtos colocados à venda.[33] A PNRS dispõe que[34] fabricantes, importadores, distribuidores e comerciantes de produtos eletroeletrônicos são obrigados a estruturar e implementar sistemas de logística reversa, entretanto, o regulamento deste inciso se deu apenas dez anos mais tarde. Por meio do Decreto 10.240/20, que prevê o atingimento de metas para a efetivação da logística reversa de eletrônicos[35] e aplicação de multas que podem alcançar até R$ 50 milhões.[36]

Para além do aperfeiçoamento de medidas sustentáveis à perspectiva de adequado descarte de tais resíduos, a integração concomitante de ações pautadas na própria ressignificação do uso e reaproveitamento dos materiais eletrônicos representa a concretização do princípio do desenvolvimento sustentável.[37] A propósito, a proteção ao meio ambiente é parte igualmente essencial ao exercício das atividades econômicas,[38] em que, à luz dos princípios constitucionais da solidariedade e pro-

---

31. E-CYCLE. *Quais os componentes tóxicos do lixo eletrônico?* Disponível em: https://www.ecycle.com.br/lixo-eletronico-componentes-toxicos/. Acesso em: 12 jun. 2022.
32. ORGANIZAÇÃO DAS NAÇÕES UNIDAS. *97% do lixo eletrônico da América Latina não é descartado de forma sustentável*. Disponível em: https://news.un.org/pt/story/2022/01/1777952. Acesso em: 12 jun. 2022.
33. Isso inclui a ação de fabricantes, importadores, distribuidores, comerciantes, consumidores e agentes de limpeza urbana. Na prática, os agentes se reúnem e formalizam acordos setoriais, delimitando a participação de cada um nos respectivos processos, nos termos do art. 3º, I, PNRS.
34. Art. 33. São obrigados a estruturar e implementar sistemas de logística reversa, mediante retorno dos produtos após o uso pelo consumidor, de forma independente do serviço público de limpeza urbana e de manejo dos resíduos sólidos, os fabricantes, importadores, distribuidores e comerciantes de: VI – produtos eletroeletrônicos e seus componentes.
35. Nos termos da regulação, dividida em duas fases, ao final de 2020 houve a criação do "Grupo de Acompanhamento de Performance" com adesão e estruturação dos atores envolvidos, já ao fim de 2021, outorgou-se a habilitação e instalação de pontos, com divulgação ampla do sistema aos consumidores.
36. Além da multa, tem-se a suspensão de licenças e de atuação em caso de descumprimento, as metas se limitam a 3% neste ano, 6% em 2023, 12% em 2024 e 17% em 2015, para atendimento da coleta e destinação final do manejo dos rejeitos eletrônicos.
37. Conforme se destaca de aresto do STF, o "princípio do desenvolvimento sustentável, além de impregnado de caráter eminentemente constitucional, encontra suporte legitimador em compromissos internacionais assumidos pelo Estado brasileiro e representa fator de obtenção do justo equilíbrio entre as exigências da economia e as da ecologia, subordinada, no entanto, a invocação desse postulado, quando ocorrente situação de conflito entre valores constitucionais relevantes, a uma condição inafastável, cuja observância não comprometa nem esvazie o conteúdo essencial de um dos mais significativos direitos fundamentais: o direito à preservação do meio ambiente, que traduz bem de uso comum da generalidade das pessoas, a ser resguardado em favor das presentes e futuras gerações". STF, ADI-MC 3540, Rel. Min. Celso de Mello, DJ 05.05.2009.
38. A teor do art. 170, VI, CRFB/88.

porcionalidade,[39] deve receber aplicação coordenada com os princípios ambientais do poluidor-pagador[40] e da prevenção.

O direito ao reparo, adiante esmiuçado, é um dos instrumentos capazes de alterar o paradigma atual do descarte programado, fomentando a transformação da cultura do descarte, indispensável à própria sobrevivência da vida no Planeta Terra.[41]

4. PERSPECTIVAS SOBRE DIREITO AO REPARO

Em sua essência, o direito ao reparo emerge a partir de maiores exigências aos fabricantes e fornecedores de produtos eletrônicos em disponibilizar mecanismos de implementação de consertos, trocas, substituições e modificações de produtos. Busca-se a garantia do reparo do produto como regra de conduta a ser adotada em primeiro plano pelos fornecedores (em sentido amplo), relegando-se a substituição dos produtos como medida subsidiária, que apenas terá lugar em caso de impossibilidade de conserto.

Os desdobramentos do direito ao reparo, mais do que simples tendência, vêm ganhando regulamentação específica em diversos países, especialmente naqueles que de industrialização mais antiga. No Reino Unido, ilustrativamente, a recente Lei 745/21 intitulada *The Ecodesign for Energy-Related Products and Energy Information Regulations*[42] visa: (i) aumentar a responsabilidade do produtor; (ii) reduzir o uso de energia e o desperdício de energia elétrica e; (iii) permitir que os consumidores identifiquem os produtos com maior eficiência energética no mercado. Para tanto, são fornecidos meios de acesso a peças de reposição e informações técnicas a "reparadores profissionais".

A preocupação em torno do acesso restrito a reparadores profissionais justifica-se em razão da proteção à incolumidade psicofísica dos consumidores, na medida em que intervenções "caseiras" realizadas pelos próprios usuários poderiam levar à exposição de materiais potencialmente tóxicos, violando o direito fundamental à preservação da

---

39. Nas palavras de Barroso: "Diante disto, abrem-se duas linhas de construção constitucional, uma e outra conducentes ao mesmo resultado: o princípio da razoabilidade integra o direito constitucional brasileiro, devendo o teste de razoabilidade ser aplicado pelo intérprete da Constituição em qualquer caso submetido ao seu conhecimento. A primeira linha, mais inspirada na doutrina alemã, vislumbrará o princípio da razoabilidade como inerente ao Estado de direito, integrando de modo implícito o sistema, como um princípio constitucional não escrito. De outra parte, os que optarem pela influência norte-americana, pretenderão extraí-lo da cláusula do devido processo legal, sustentando que a razoabilidade das leis se torna exigível por força do caráter substantivo que se deve dar à cláusula". BARROSO, Luís Roberto. Os princípios da razoabilidade e da proporcionalidade no direito constitucional. *BDA – Boletim de Direito Administrativo*, p. 165, mar. 1997.
40. Estabelece que que os fornecedores são reconhecidamente responsáveis pelos custos sociais causados pela degradação resultante dos impactos derivados das suas atividades, de acordo com os limites de tolerância delimitados pela legislação e o da solidariedade intergeracional, também vinculado ao desenvolvimento sustentável, mas especificamente voltado para proteção das necessidades das futuras gerações. SEN, Amartya. *Development as freedom*. New York: Random House, 1999. p. 282-6. Frederico Amado, Direito Ambiental, p. 63-67.
41. Como observa Harari: "Se o progresso e crescimento terminam com a destruição do ecossistema, o custo será cobrado não apenas de morcegos-vampiros, raposas e coelhos, mas também do Sapiens. Uma desintegração ecológica causaria ruína econômica, tumulto político, queda do padrão de vida humano e poderia ameaçar a própria existência da civilização humana". HARARI, Yuval Noah. *Homo deus*: uma breve história do amanhã. São Paulo: Companhia das Letras, 2016, p. 219.
42. HOUSE OF COMMONS LIBRARY. *Right to Repair Regulations*. Disponível em: https://researchbriefings.files.parliament.uk/documents/CBP-9302/CBP-9302.pdf. Acesso em: 15 jun. 2022.

saúde e segurança, regulado no artigo 8º, CDC. Além disso, uma livre circulação de peças e componentes poderia comprometer direitos de propriedade intelectual protegidos e registrados, como softwares, patentes de invenção e modelos de utilidade.[43]

Outro regramento recente deu-se na União Europeia, por meio de uma nova emenda à Diretiva de Equipamentos de Rádio (RED). Estabeleceu-se que até 2024 todos os aparelhos celulares, *tablets* e câmeras no bloco europeu deverão conter um carregador único e universal, baseado na entrada tipo USB-C.[44] A lei busca não apenas reduzir a produção de lixo eletrônico, como também facilitar a vida dos consumidores em não dependerem de adaptadores e trocas frequentes. A expectativa é que a medida traga uma economia de € 250 milhões e uma redução de 11 mil toneladas de lixo anuais.[45]

Nos EUA, o cenário também se parece bem promissor. Mais da metade dos estados americanos já possuem uma legislação própria assegurando o direito ao reparo.[46] Em Nova York, a lei estadual *Fair Repair Act* trouxe fôlego à economia local, possibilitando que oficinas independentes possam competir com grandes fabricantes, que até então, restringiam o acesso a ferramentas e peças para modificar produtos eletrônicos.[47] A perspectiva estadunidense, a propósito, já caminha para uma legislação federal. Existem diversos projetos de lei que objetivam permitir a aquisição de peças de veículos, aparelhos eletrônicos e demais equipamentos ligados até mesmo à agricultura por vendedores independentes.[48]

Observa-se, portanto, que os pressupostos dos novos marcos legislativos sob o denominado "direito ao reparo" são pautados em uma profunda alteração no relacionamento entre desenvolvedores e consumidores. Dentre as bases sociológicas inerentes a estas relações, destacam-se a manutenção de uma "síndrome cultural consumista",[49] em que o consumo é intrinsecamente ligado ao status, efemeridade e estímulo irrestrito à desejabilidade.

---

43. EUROPEAN COMMISSION. *Right to repair*. Disponível em: https://www.europarl.europa.eu/RegData/etudes/BRIE/2022/698869/EPRS_BRI(2022)698869_EN.pdf. Acesso em: 17 jul. 2022.
44. EUROPEAN COMMISSION. *COM (2021) 547 – Proposal for a Directive amending Directive 2014/53/EU on the harmonisation of the laws of the Member States relating to the making available on the market of radio equipment.* Disponível em: https://ec.europa.eu/docsroom/documents/46755. Acesso em: 05 jul. 2022.
45. EUROPEAN PARLIAMENT. *Deal on common charger: reducing hassle for consumers and curbing e-waste.* Disponível em: https://www.europarl.europa.eu/news/en/press-room/20220603IPR32196/deal-on-common-charger-reducing-hassle-for-consumers-and-curbing-e-waste. Acesso em: 05 jul. 2022.
46. REPAIR.ORG. *This is your right to repair*. Disponível em: https://www.repair.org/stand-up. Acesso em: 15 jun. 2022.
47. THE ECONOMIC TIMES. *US passes world's first 'right to repair' law for digital electronics*. Disponível em: https://economictimes.indiatimes.com/news/international/business/us-passes-worlds-first-right-to-repair-law-for-digital-electronics/articleshow/92001222.cms. Acesso em: 05 jul. 2022.
48. Nesse sentido, alguns projetos visam inclusive regulamentar uma reforma às leis de propriedade intelectual no país, de modo a autorizar a reparação de produtos sem necessidade de prévia autorização perante o Escritório de Direitos Autorais dos EUA (USCO). SHEPARDSON, David. *U.S. lawmakers introduce 'Right to Repair' bills to spur competition*. Disponível em: https://www.reuters.com/world/us/us-lawmakers-introduce-right-repair-bills-spur-competition-2022-02-03/. Acesso em: 05 jul. 2022.
49. "A síndrome cultural consumista consiste, acima de tudo, na negação enfática da virtude da procrastinação e da possível vantagem de se retardar a satisfação – esses dois pilares axiológicos da sociedade de produtores governada pela síndrome produtivista. Na hierarquia herdada de valores reconhecidos, a síndrome consumista degradou a duração e elevou a efemeridade. ela ergue o valor da novidade acima do valor da permanência, reduz drasticamente o espaço de tempo que separa não apenas a vontade de sua realização (como muitos dos observadores, inspirados ou enganados por agências de crédito, já sugeriram), mas o momento de nascimento da vontade do momento de sua morte, assim como a percepção da utilidade e vantagem das posses de sua compreensão como inúteis e precisando de rejeição. Entre os objetos do desejo humano, ela colocou o ato da

No Brasil, a proibição da prática de obsolescência de forma programada encontra amparo em várias normas já previstas no ordenamento. Muito embora não haja expressa descrição textual da expressão "obsolescência programada", particularmente, no tocante à vedação de práticas abusivas pelo fornecedor, o caput do artigo 39 do CDC autoriza o enquadramento da desconformidade dos padrões mercadológicos do dispositivo como ilícito consumerista.

Dessa forma, impõe-se aos agentes produtores a adoção de comportamento ético, probo e íntegro em todas as fases de concepção de um produto, desde o processo criativo até a comercialização, irremediavelmente proibida a prática do abuso de direito consumerista, sob pena de caracterização de ilicitude.

Além da disciplina consumerista, a citada normativa ambiental, também revestida da densidade de direito fundamental (art. 225, CRFB) revela panorama igualmente proibitivo à obsolescência programada. A despeito de as informações acerca da curta vida útil dos aparelhos serem fornecidas pelos fabricantes, como visto ilustrativamente no caso dos sistemas iOS e Android, não há transparência a respeito da forma de concepção de produtos e serviços, de modo a impedir, tecnicamente, tanto o perecimento antecipado como a defasagem tecnológica programada.

A tutela constitucional ampliada do meio ambiente e do consumidor indica recomendável adequação da legislação infraconstitucional. Por meio de um adendo à PNRS, para que passe a constar previsão expressa do direito ao reparo, será possível estabelecer metas de reparabilidade de maneira proporcional ao grau de poluição gerado por produtos lançados no mercado de consumo. Dessa forma, pode-se estimular a capacidade e reaproveitamento dos recursos empregados na fabricação dos eletrônicos, como inclusão de dispositivos limitativos do descarte total ou absoluto do aparelho e/ou das partes individualmente consideradas, como, por exemplo, mediante inserção de cláusulas de reaproveitamento.

A obsolescência programada não se confunde com a deterioração natural do curso da vida dos produtos, em especial os eletrônicos. Há um processo espontâneo de desgaste pela utilização em si do bem de consumo. Por essa razão, estabeleceu-se o denominado critério de vida útil dos produtos, em que é verificado se a deterioração é decorrente do desgaste natural e inerente ao uso ou se poderá configurar vício oculto quando não possuir relação com a finitude peculiar aos bens, apresentando-se nesse interregno denominado critério de vida útil. Segundo a jurisprudência formada no Superior Tribunal de Justiça, o termo *a quo* para reclamar o vício oculto terá início a partir do aparecimento do defeito.[50-51]

---

apropriação a ser seguido com rapidez pela remoção do lixo no lugar que já foi atribuído a aquisição de posses deixa nada a serem duráveis e a terem um aproveitamento duradouro". BAUMAN, Zygmunt. Op. cit., p. 111.

50. Conforme se destaca de precedente do STJ: "A Segunda Seção deste Superior Tribunal assentou que 'a interpretação fundada na boa-fé objetiva, contextualizada pela função socioeconômica que desempenha o contrato de seguro habitacional obrigatório vinculado ao SFH, leva a concluir que a restrição de cobertura, no tocante aos riscos indicados, deve ser compreendida como a exclusão da responsabilidade da seguradora com relação aos riscos que resultem de atos praticados pelo próprio segurado ou do uso e desgaste natural e esperado do bem, tendo como baliza a expectativa de vida útil do imóvel, porque configuram a atuação de forças normais sobre o prédio' (REsp 1.804.965/SP, Rel. Ministra Nancy Andrighi, Segunda Seção, julgado em 27.05.2020, DJe 1º.06.2020)". STJ. AgInt no REsp 1986459/SC, Relator Min. Marco Aurélio Bellizze, DJe 15.06.2022.

51. SUPERIOR TRIBUNAL DE JUSTIÇA. *Fornecedor pode ser responsabilizado por defeito oculto apresentado em produto fora do prazo de garantia*. Disponível em: https://www.stj.jus.br/sites/portalp/Paginas/Comunicacao/

Torna-se necessária a inclusão, na agenda consumerista, de uma adaptação da perspectiva ainda existente de finitude e efemeridade de bens e produtos colocados à disposição do consumidor. A exemplo do Projeto de Lei (PL) 6.151/19,[52] objetiva-se reconhecer a existência de verdadeira obrigação por parte de fornecedores de produtos elétricos e eletrônicos a disponibilização ao "comércio os manuais de funcionamento e reparo dos equipamentos que fabrica ou importa, bem como peças de reposição para conserto por profissionais independentes e para consumidores",[53] além da vedação de práticas de obsolescência dolosa antecipada.

A inclusão de um *direito ao reparo* propõe um novo olhar à própria sistemática de reparação civil. Mais do que uma simples violação geradora de uma obrigação *de pagar*, eventual embaraço ao conserto dos produtos eletrônicos, mesmo diante da viabilidade, deve ser capaz de deflagrar uma obrigação *de fazer*, consistente no correspondente *dever de reparo*. Dessa forma, o ordenamento jurídico (especialmente sob a ótica da solidariedade)[54] projeta um ambiente progressivamente sustentável e condizente à responsabilidade pós-consumo,[55] de inserção de elementos construtivos no ciclo produtivo, ampliando o espectro limitado à reparação em pecúnia.[56]

A atual cultura do descarte relativiza uma gama de direitos fundamentais e essenciais à vida com dignidade. Por esta razão, impõe uma mudança da cultura do panorama edificado sobre a substituição descomedida dos bens pela cultura do reaproveitamento,

---

Noticias/11042022-Fornecedor-pode-ser-responsabilizado-por-defeito-oculto-apresentado-em-produto-fora-do-prazo-de-garantia.aspx. Acesso em: 18 jul. 2022.

52. CÂMARA DOS DEPUTADOS. Projeto de Lei 6.151/2019: Dispõe sobre a obrigatoriedade dos fornecedores de produtos elétrico e eletrônicos a disponibilizar manuais e peças de reposição aos consumidores, e dá outras providências. Disponível em: https://www.camara.leg.br/proposicoesWeb/fichadetramitacao?idProposicao=2230586. Acesso em: 18 jul. 2022.
53. Art. 2º, PL 6.151/19.
54. Nesse sentido: "Se consumir é necessário e fundamental para a vida da pessoa humana na sociedade contemporânea, a solidariedade, componente da própria estrutura constitucional como um dos objetivos da República e "concebida, assim, sob duplo viés", no sentido de solidariedade enquanto coexistência e solidariedade como valor, importará no reconhecimento de um dever jurídico de apreço pela esfera jurídica do outro como se o direito lhe pertencesse". ZANGEROLAME, Flavia; GUEIROS, Pedro. O princípio da solidariedade na proteção do consumidor em razão dos impactos da Covid-19. *Revista Eletronica OAB/RJ* – Edição Especial em homenagem póstuma a Miguel Lanzellotti Baldez, 2020, p. 5.
55. A título de exemplo, no julgamento de um Recurso Especial, ao discutir os limites quanto às obrigações de fazer pelos danos causados na geração de embalagens plásticas por determinada fabricante de garrafas PET, o STJ reafirmou, por maioria, que por força da responsabilidade civil objetiva em matéria ambiental, ser incontroverso que a atuação dos agentes diretamente beneficiados economicamente pela disponibilização de resíduos nocivos ao meio ambiente deve atuar de forma diligente à efetiva redução de danos, afastando, inclusive, o caráter *extra* ou *ultra* petita da sentença que define, desde logo, os contornos e forma de cumprimento da obrigação de fazer consistente na realização de campanha publicitária sobre o recolhimento dos produtos de alto teor poluente. STJ. REsp n. 684.753/PR, relator Ministro Antonio Carlos Ferreira, Quarta Turma, julgado em 04.02.2014, DJe de 18.08.2014.
56. Schreiber acrescenta ainda que "mesmo no campo necessariamente patrimonial, outros meios de tutela, como a reparação específica, vão sendo cada vez mais privilegiados, podendo-se falar, se não de *despatrimonialização*, de uma *despecuniarização* ou desmonetização da reparação dos danos. O reconhecimento destes novos remédios aumenta a efetividade da reparação para a vítima e reduz o estímulo a ações mercenárias". SCHREIBER, Anderson. *Novos paradigmas da responsabilidade civil: da erosão dos filtros da reparação à diluição dos danos*. 5ª ed. São Paulo: Atlas, 2013, p. 199-200.

do reparo e da promoção da durabilidade. Descola-se o "ter" da função de *desejabilidade* para uma real avaliação da *essencialidade*, especialmente em razão da finitude dos recursos utilizados e a destruição da casa planetária, permitindo-se a construção de uma verdadeira economia ambiental.[57]

Apontam-se fatores que devem ser igualmente aplicados em prol da renovação da cultura hiperconsumista e da efetivação do direito ao reparo. O fomento da prática do *compliance* nas relações de consumo[58] deve ser normalizado, especialmente considerando a expressiva responsabilidade ao qual grandes corporações possuem no mundo globalizado.[59] Por meio de instrumentos adequados de prestação de contas e *accountability*, órgãos e entidades públicas como Ministério Público e Procon devem construir mecanismos de auditorias para que os processos produtivos eletrônicos forneçam os meios adequados à reparabilidade dos bens.[60] Em contraposição à obsolescência programada, as ações podem ser capazes de convergir à edificação de um panorama produtivo similar de *Repairing by Design*.[61]

5. CONSIDERAÇÕES FINAIS: É O FIM DA AVENTURA HUMANA NA TERRA?

Os impactos da cultura do hiperconsumo e a necessidade de efetivação dos direitos fundamentais do consumidor e do meio ambiente conduzem à formulação de algumas propostas de tratamento jurídico que sejam aptas a reduzir (o tanto quanto possível),

---

57. Derani conceitua: "A economia ambiental analisa os problemas ambientais a partir do pressuposto de que o meio ambiente – precisamente a parte dele que pode ser utilizada nos processos de produção e desenvolvimento da sociedade industrial – é limitado, independentemente da eficácia tecnológica para sua apropriação". DERANI, Cristiane. *Direito ambiental econômico*. São Paulo: Max Limonad, 1997, p. 107.
58. Densa e Dantas preconizam que: "É através de programas efetivos de *compliance* que agentes privados se tornam aliados ao Estado, à medida que instigam uma cultura de ética e cumprimento da lei, desde a implantação de regras de conformidade de todas as operações da empresa, até o monitoramento de seu cumprimento e investigação de possíveis transgressões. Dessa forma, com a ascensão de uma cultura de exigibilidade de ética e conformidade dentro das empresas, o caminho da efetivação das normas jurídicas se faz mais certeiro". DENSA, Roberta; DANTAS, Cecília. *Compliance, um valioso instrumento em defesa do consumidor*. Disponível em: https://www.conjur.com.br/2021-jan-13/garantias-consumo-compliance-valioso-instrumento-defesa-consumidor. Acesso em: 24 jul. 2022.
59. Para Piovesan e Gonzaga, a responsabilidade empresarial atual envolve por essência a efetiva adoção de direitos humanos: "Em uma arena cada vez mais complexa, fundamental é avançar na afirmação da responsabilidade das empresas em matéria de direitos humanos, a compor uma nova arquitetura, capaz de responder aos desafios da agenda contemporânea, da nova dinâmica de poder e da necessária transformação da cultura corporativa com a incorporação do *human rights approach*, em um crescente quadro de responsabilidades compartilhadas". PIOVESAN, Flávia; GONZAGA, Victoriana Leonora Corte. Empresas e direitos humanos: desafios e perspectivas à luz do direito internacional dos direitos humanos. In: PIOVESAN, Flávia; SOARES, Inês Virginia P.; TORELLY, Marcelo. *Empresas e direitos humanos*. Salvador: JusPodivm, 2018, p. 110.
60. Ainda que parte dos ciclos produtivos se operem em outros países, medidas de fiscalização em território nacional podem ser passíveis de serem demandadas, como, por exemplo, se verificou com relação à comercialização de novos iPhones sem o carregador, definida como venda casada pelo Procon. YAHOO FINANÇAS. *Procon notifica Apple e Samsung por venda de celular sem carregador*. Disponível em: https://br.financas.yahoo.com/noticias/procon-notifica-apple-e-samsung-por-venda-de-celular-sem-carregador-171619010.html. Acesso em: 24 jul. 2022.
61. Em alusão ao termo *Privacy by Design*, que pode ser entendido como o pressuposto ao qual fornecedores devem adotar a perspectiva de privacidade dos usuários desde a concepção de produtos e serviços.

a prática de obsolescência programada. A provocação de uma mudança na cultura do consumo pelo reconhecimento do direito (e correspectivo dever) ao reparo pode ser instaurada por meio de soluções práticas, ajustadas à magnitude dos interesses merecedores de tutela envolvidos:

> i. Os intensos processos de renovação tecnológica, mais do que benéficos à inovação e à economia, traduzem a indispensabilidade dos bens digitais à dignidade da pessoa humana, que devem ser elevados à categoria dos direitos fundamentais;
>
> ii. Esse cenário de essencialidade, particularmente caro ao desenvolvimento das potencialidades humanas na Internet, não deve ser atrelado ao hiperconsumo de bens eletrônicos projetados para serem rapidamente descartáveis;
>
> iii. No comércio eletrônico, a prática da obsolescência programada dos produtos repercute em inevitável prática abusiva, ao qual se opera sob a condição de vulnerabilidade dos consumidores;
>
> iv. A continuidade deste ciclo vicioso gera a produção de lixo eletrônico altamente contagioso ao meio ambiente e à saúde humana em larga escala, elevando as assimetrias de vulnerabilidades na cadeia produtiva, desencadeador de racismo ambiental;
>
> v. A perspectiva de responsabilidade compartilhada e o manejo da logística reversa constantes da PNRS e do seu decreto regulamentador são relevantes, mas devem ser aperfeiçoados por meio de soluções práticas que tutelem as vulnerabilidades (tanto ambiental quanto consumeristas), tal como imposição de contrapublicidade (já prevista no artigo 60 do CDC) especificamente voltada para a educação para o consumo (publicidade informativa), em oposição ao estimulo de desejabilidade, sob pena de caracterização de publicidade abusiva por desrespeitar aos valores ambientais;
>
> vi. O tratamento jurídico consumerista-ambiental recomenda a implementação de políticas voltadas ao reaproveitamento, fiscalização e controle do direito ao reparo;
>
> vii. O reconhecimento do direito ao reparo, como mecanismo valioso para a construção de um panorama sustentável voltado para a redução das desigualdades naturalmente existentes entre fornecedores e consumidores, constitui-se em verdadeira obrigação de fazer, sendo um dos meios adequados para evitar a geração precipitada de lixo eletrônico;
>
> viii. Recomendação da ampliação da utilização dos instrumentos de tutela coletiva voltados para o combate à prática de obsolescência programada, como adoção do termo de ajustamento de conduta, inquérito civil, dentre outros instrumentos como *accountability* e *repairing by design*.

Acreditar que a vida humana na Terra está com os dias contados não deve ser uma tônica a ser incorporada, sob pena de legitimar as práticas de descarte como se fossem uma validação para poluir. A proteção do consumidor vulnerável e do meio ambiente conduz ao reconhecimento de um direito ao reparo como instrumento funcionalizado à tutela ampliada da pessoa humana, com fundamento na solidariedade e na ética ambiental.

A VULNERABILIDADE DO CONSUMIDOR E A OBSOLESCÊNCIA PROGRAMADA

Robson Martins

Sumário: 1. Introdução – 2. A indústria, o consumo e a obsolescência programada; 2.1 A ascensão do capitalismo; 2.2 A lógica das classes socioeconômicas; 2.3 A lógica do descartável; 2.4 A obsolescência programada – 3. O princípio da sustentabilidade no contexto do consumerismo; 3.1 O consumerismo, a degradação ambiental e o aumento do volume de detritos; 3.2 A origem da sustentabilidade como princípio constitucional; 3.3 O desenvolvimento sustentável; 3.4 O desenvolvimento sustentável e o Supremo Tribunal Federal – 4. Considerações finais.

1. INTRODUÇÃO

O objetivo do presente trabalho é estudar as relações entre o Direito do Consumidor, a obsolescência programada e a sustentabilidade, assim como o entendimento do desenvolvimento sustentável pelo Supremo Tribunal Federal, por meio de uma abordagem qualitativa, utilizando-se o método dedutivo e os procedimentos bibliográfico e documental.

O trabalho se divide em duas partes. Na primeira, tratam-se das origens do consumo exacerbado, de suas relações com a chamada obsolescência programada, a partir da ascensão do capitalismo, da lógica das classes socioeconômicas e da superveniência da descartabilidade.

Finalmente, estuda-se o princípio da sustentabilidade no contexto do Direito do Consumidor, suas origens, suas relações com a degradação ambiental e com o aumento do volume de detritos, o desenvolvimento sustentável como norma jurídico-constitucional e o entendimento do instituto pelo Supremo Tribunal Federal.

Justifica-se o presente estudo em decorrência da necessidade de se promover o equilíbrio entre a circulação de riquezas, essencial à economia e a preservação do meio ambiente, sendo esse o principal objetivo da sustentabilidade e, em especial, do próprio desenvolvimento sustentável.

Conclui-se que o Supremo Tribunal Federal, tanto no que tange à sua juridicidade quanto naquilo que se relaciona consumismo prejudicial ao meio ambiente, fortalecido pela obsolescência programada, tem o desenvolvimento sustentável como princípio constitucional carente de concretização.

2. A INDÚSTRIA, O CONSUMO E A OBSOLESCÊNCIA PROGRAMADA

O presente tópico tem por objetivo tratar das origens do consumo exacerbado, assim como de suas relações com a chamada obsolescência programada, a partir da ascensão do capitalismo, da lógica das classes socioeconômicas e a superveniência da descartabilidade.

2.1 A ascensão do capitalismo

A problemática do consumerismo se relaciona diretamente à ascensão mundial do capitalismo e à moldura que este regime político-econômico impõe à lógica da aquisição de bens pelas pessoas, que, entretanto, vem sendo apontada como uma das razões para o aumento da degradação ambiental.

A abundância de bens de consumo, que simboliza o sucesso do capitalismo atual, passou a receber conotação negativa, tornando-se objeto de críticas que apontam o consumismo como um problema social moderno e o fato de se encontrar na raiz da crise ambiental, de modo que não contribui para a construção de uma sociedade sustentável.[1]

Apesar disso, trata-se de uma parte inescapável da realidade econômica do ocidente, a determinar a necessidade de constante aumento do consumo de uma infinidade de itens que se renovam permanentemente, de forma a possibilitar que a circulação de riquezas se mantenha e que a e acumulação de capital possa aumentar.

O valor central da sociedade capitalista ladeia a exaltação do consumo, fazendo com que a corrente de mensagens publicitárias reforce a ilusão de que a acumulação à felicidade constitui o objetivo central da vida humana, pois o fluxo de bens e capital se identifica com a liberdade, enquanto o consumo passou a ser um direito humano.[2]

Em que pese o comprometimento ambiental resultante da difusão do capitalismo, a aquisição desenfreada de bens de consumo resulta da própria existência do direito de propriedade e de suas consequências para a evolução das possibilidades de circulação da riqueza.

2.2 A lógica das classes socioeconômicas

A lógica capitalista de circulação da riqueza, pareada à propriedade privada, produz a lógica da ascensão entre "classes socioeconômicas", determinando-se a necessidade de se acumular capital, mas, principalmente, de demonstrar, qualitativamente, o grau de acumulação obtido por cada indivíduo.

Em comunidades que admitem a propriedade particular, o indivíduo necessita ter tantas posses quanto os outros de sua classe. Caso se acostume com sua riqueza, seu novo padrão irá lhe apetecer mais do que o anterior, fazendo surtir a tendência de se entender cada padrão pecuniário como um ponto de partida para um novo critério de suficiência.[3]

---

1. PORTILHO, Fátima. *Sustentabilidade ambiental, consumo e cidadania*. São Paulo: Cortez, 2005, p. 67.
2. CAPRA, Fritjof. *As conexões ocultas*: ciência para uma vida sustentável. São Paulo: Cultrix, 2002, p. 269.
3. VEBLEN, Thorstein. *A teoria da classe ociosa*: um estudo econômico das instituições. São Paulo: Abril Cultural, 1983, p. 19.

Nesse quadro é que se ergueu o entendimento de que o consumo deveria equivaler à felicidade em uma infinidade de sentidos, situação que faz com que a propriedade deva evoluir em conformidade com o que é imposto ao proprietário em comparação aos demais, fundamentando a própria lógica de ascensão de classes sociais.

Atualmente, contudo, aquisição de objetos não se volta mais a obter prestígio, isolamento de grupos inferiores ou filiação a grupos superiores, voltando-se, cada vez mais, à *satisfação privada*, indiferente ao julgamento coletivo, tornando o consumo algo voltado ao bem-estar, à funcionalidade e ao prazer.[4]

Dessa forma, o objetivo coletivo de ascensão entre classes socioeconômicas foi substituído pela lógica da satisfação pessoal, fazendo com que o consumo se estendesse para uma infinidade de setores, ultrapassando as fachadas das casas e os carros à mostra, alcançando uma infinidade de itens facilmente substituíveis.

2.3 A lógica do descartável

Tendo em vista a substituição, no capitalismo contemporâneo, da lógica da ascensão entre "classes" socioeconômicas pelo consumo voltado à satisfação individual privada, surgiu uma nova lógica de produção, tendo em vista que a felicidade pelo consumo deveria ser obtida consecutivas vezes.

Os EUA inventaram o conceito de *descartável*, que antecedeu a rejeição da tradição e da promoção do progresso e da mudança, conforme os fabricantes aprenderam a explorar a obsolescência. A *cultura do descartável*, após meados do século XIX, passou a ser difundida no sentido da valorização da estética dos produtos.[5]

Desse modo, a *descartabilidade* dos bens de consumo passou a dirigir a própria lógica do mercado, tendo em vista que o escoamento desses produtos passou a ter de ser cada vez mais rápido, de forma que a própria indústria precisou se adaptar para se manter nessa nova ordem consumerista.

Inverte-se a ordem de produção, pois, ao invés da necessidade surgir do consumidor e ser respondida pelo produtivo, o produtor passou a iniciar a mudança, enquanto os consumidores passam a ser educados por ele, sendo ensinados a querer coisas novas e diferentes das que utilizavam.[6]

Nesse contexto é que o próprio modelo de escoamento de produção teve de se modificar, inclusive, naquilo que se relaciona à mudança visual de modelos do mesmo produto, de maneira sequencial, e à evolução de cada espécie de bem, de maneira a sugestionar o consumidor à sua aquisição constante.

---

4. LIPOVETSKY, Gilles. *O império do efêmero*: a moda e seu destino nas sociedades modernas. São Paulo: Companhia das Letras, 1989, p. 172.
5. SLADE, Giles. *Made to break*: technology and obsolescence in America. Cambridge: Harvard University Press, 2007, p. 4-49.
6. SCHUMPETER, Joseph. *Teoria do desenvolvimento econômico*: uma investigação sobre lucros, capital, crédito, juro e ciclo econômico. São Paulo: Nova Cultural, 1997, p. 76.

2.4 A obsolescência programada

A lógica produtiva atual, que determina que os consumidores passem a ser educados pela indústria, que, portanto, deixou de suprir a demanda, passando a criá-la, necessita que os produtos que comercializa durem cada vez menos tempo, entretanto, sem permitir a perda da confiança nas marcas.

Por isso é que os objetos de desejo passam a envelhecer rapidamente, mas os aparatos de divulgação trazem signos de significação geral, não somente por marcas, mas, também, de referências culturais, afirmando-se perante os consumidores, criando memórias coletivas e estilos de vida universais.[7]

Assim, a preocupação com a qualidade e com a durabilidade dos produtos foi substituída pela preocupação com a aparência e com a inovação, de maneira que a principal preocupação da publicidade dirigida a consumidor passou a ser com o escoamento rápido e constante desses bens de consumo.

Nesse quadro é que a sociedade de consumidores se tornou um grande armazém, no qual um indivíduo concorre com o outro para conquistar atenção de consumidores, suscitando desejos e fisgando vontades, tudo dirigido a conferir o máximo impacto à *obsolescência programada*.[8]

Essa exacerbação do consumismo e o correspondente aumento da produção industrial voltada a satisfazer o aumento do consumo, estabelecem, entre si, no contexto da obsolescência programada, uma relação circular e de retroalimentação, que faz surgir o agravamento da degradação ambiental.

Não se pode olvidar que:[9]

> [...] A busca por prazeres individuais articulada pelas mercadorias oferecidas hoje em dia, uma busca guiada e a todo tempo redirecionada e reorientada por campanhas publicitárias sucessivas, fornece o único substituto aceitável – na verdade, bastante necessitado e bem-vindo – para a edificante solidariedade dos colegas de trabalho e para o ardente calor humano de cuidar e ser cuidado pelos mais próximos e queridos, tanto no lar como na vizinhança.

Assim, há um verdadeiro incentivo à obsolescência programada, conforme dicção do voto do Min. do STJ Luis Felipe Salomão:[10]

> [...] Ressalte-se, também, que desde a década de 20 – e hoje, mais do que nunca, em razão de uma sociedade massificada e consumista –, tem-se falado em obsolescência programada, consistente na redução artificial da durabilidade de produtos ou do ciclo de vida de seus componentes, para que seja forçada a recompra prematura.

---

7. MORAES, Dênis de. *Globalização, mídia e cultura contemporânea*: a dialética das mídias globais. Campo Grande: Letra Livre, 1997, p. 15-25.
8. BAUMAN, Zygmunt. *Capitalismo parasitário*. Rio de Janeiro: Zahar, 2010, p. 43.
9. BAUMAN, Zygmunt. *A vida para o consumo*: a transformação das pessoas em mercadoria. Rio de Janeiro: Jorge Zahar, 2008, p. 154.
10. BRASIL. Superior Tribunal de Justiça – STJ, Recurso Especial 984.106 – SC. Acesso em julho de 2022. Disponível em www.stj.jus.br.

Como se faz evidente, em se tratando de bens duráveis, a demanda por determinado produto está viceralmente relacionada com a quantidade desse mesmo produto já presente no mercado, adquirida no passado.

Com efeito, a maior durabilidade de um bem impõe ao produtor que aguarde mais tempo para que seja realizada nova venda ao consumidor, de modo que, a certo prazo, o número total de vendas deve cair na proporção inversa em que a durabilidade do produto aumenta.

Nessas circunstâncias, é até intuitivo imaginar que haverá grande estímulo para que o produtor eleja estratégias aptas a que os consumidores se antecipem na compra de um novo produto, sobretudo em um ambiente em que a eficiência mercadológica não é ideal, dada a imperfeita concorrência e o abuso do poder econômico, e é exatamente esse o cenário propício para a chamada obsolescência programada [...].

Nítido, assim, que existe em nossa sociedade uma redução clara da durabilidade dos produtos para fins de recompra prematura, desnecessária do ponto de vista efetivo.

3. O PRINCÍPIO DA SUSTENTABILIDADE NO CONTEXTO DO CONSUMERISMO

O presente tópico tem como objetivo o tratamento do princípio da sustentabilidade no contexto do consumerismo, suas origens, suas relações com a degradação ambiental e com o aumento do volume de detritos, o desenvolvimento sustentável como norma jurídico-constitucional e o entendimento do instituto pelo Supremo Tribunal Federal.

3.1 O consumerismo, a degradação ambiental e o aumento do volume de detritos

A necessidade de escoamento rápido e ininterrupto e do controle da demanda pela produção (e não o contrário) é capaz de aumentar os danos ocasionados ao meio ambiente, notadamente naquilo que se refere à exploração de recursos naturais, para que seja possível manter o volume de produção.

Aumentando-se o consumo, cresce a extração de combustíveis, minerais, metais e árvores e aumentam as terras preparadas para cultivo ou pasto, pois aqueles com renda mais elevada passaram a consumir mais carne. Entre 1950 e 2005, a produção de metais cresceu seis (6), a de petróleo, oito (8), e de gás natural, catorze (14) vezes.[11]

Ocorre que, para além do aumento da exploração dos recursos naturais, a obsolescência programada, em decorrência da lógica da descartabilidade, aumenta diametralmente a quantidade de detritos lançados no meio ambiente, que, por sua vez, é proporcional ao próprio consumo.

A quantidade de resíduos sólidos tem relação com o nível de riqueza de um país e reflete na capacidade, valores e hábitos de consumo. Enquanto um americano produz

---

11. ASSADOURIAN, Erik. Ascensão e queda das culturas de consumismo. In: WORLDWATCH INSTITUTE. *Estado do Mundo*: 2010 – estado do consumo e o consumo sustentável. Salvador: Uma Ed., 2010, p. 4.

cerca de dois quilogramas (2Kg) de resíduos sólidos urbanos (RSU) diariamente, um japonês gera pouco mais de um quilograma (1Kg).[12]

Em decorrência do aumento da degradação ambiental, ocasionada pelo aumento gigantesco do consumo impulsionado pela superveniência da obsolescência programada, faz-se necessário que a sustentabilidade passe a imbuir a produção de bens pela indústria.

3.2 A origem da sustentabilidade como princípio constitucional

No mesmo contexto econômico em que nasceu a obsolescência programada, ocasionando o aumento da degradação ambiental, é que passou a se destacar a preocupação com a sustentabilidade, bem como sua relação direta com o desenvolvimento, voltada à preservação do meio ambiente.

O termo "sustentável" surgiu, primordialmente, na década de 1970, pela comunidade científica, para designar a possibilidade de o ecossistema não perder sua capacidade de absorver tensões ambientais sem mudar seu estado ecológico, denominada *resiliência*. Nos anos 1980, passou a qualificar o termo *desenvolvimento*.[13]

Desenvolvimento tornou-se de utilização corriqueira. Ele passou a ser debatido na ecologia e na economia. Trata-se de algo imperioso à macroeconomia, por reconhecer limites naturais à expansão econômica e romper com a lógica social do consumismo. Essa interação entre contrários (desenvolvimento e sustentabilidade) demanda a crítica ao próprio desenvolvimento.[14]

Nesse mesmo contexto é que a *sustentabilidade* alcança sua juridicidade efetiva, tornando-se um princípio constitucionalmente consagrado, inclusive, no Brasil. Mais do que isso, é uma das normas essenciais de determinados Estados, devendo, portanto, ser um guia para a atividade estatal.

Assim como outros princípios estruturantes do Estado Constitucional, como democracia, liberdade, juridicidade e igualdade, a sustentabilidade é conceito aberto, que precisa de concretização conformadora e não transporta soluções prontas, necessitando de ponderações e de decisões problemáticas.[15]

Pode-se falar em sustentabilidade em sentido restrito ou ecológico e em sentido amplo. No primeiro caso, aponta para a proteção e manutenção, no longo prazo, de recursos por meio de planejamento, economia e obrigações de conduta e resultado, demandando a diminuição (quantitativa e qualitativa) da poluição.[16]

---

12. GODECKE, Marcos Vinicius; NAIME, Roberto Harb, FIGUEIREDO, João Alcione Sganderla. O consumismo e a geração de resíduos sólidos urbanos no Brasil. *Revista Eletrônica em Gestão, Educação e Tecnologia Ambiental*, v. 8, n. 8, p. 1702, 2012.
13. VEIGA, José Eli da. *Sustentabilidade*: a legitimação de um novo valor. São Paulo: SENAC, 2010, p. 12.
14. Ibidem, p. 12-65.
15. CANOTILHO, José Joaquim Gomes. O princípio da sustentabilidade como princípio estruturante do direito constitucional. *Revista de Estudos Politécnicos*, v. VIII, n. 13, p. 8.
16. Ibidem, p. 8-9.

Já a sustentabilidade em sentido *amplo* se relaciona aos *três pilares da sustentabilidade*: ecológica; econômica; e social, tornando-a um *conceito federador*, que define condições e pressupostos jurídicos para a evolução sustentável.[17]

Note-se, portanto, que a sustentabilidade, enquanto princípio jurídico-constitucional fundamental, deve promover o equilíbrio entre uma série de fatores que tocam tanto o direito quanto a política, adentrando diversos aspectos do convívio em sociedade, inclusive naquilo que concerne à economia.

3.3 O desenvolvimento sustentável

A juridicização da sustentabilidade relacionada ao contexto ambiental adentrou o contexto social de maneira a transformar mentalidades de agentes políticos, jurídicos e econômicos, entretanto, sem renunciar ao equilíbrio entre o desenvolvimento econômico e a preservação do meio ambiente.

Demanda que se transforme, de sociedade de conhecimento para sociedade de *autoconhecimento*. Até poque o *vício mental do crescimento pelo crescimento*, a qualquer custo, necessita ser vencido mediante as dores da abstinência, pois a sociedade deve querer se desintoxicar das compreensões desastrosas e redesenhar o sistema.[18]

É, portanto, um princípio constitucional que determina, mediante eficácia direta e imediata, a responsabilidade estatal e social pela concretização do desenvolvimento material e imaterial inclusivo, durável, equânime, limpo, inovador, ético e eficiente, para assegurar o direito ao bem-estar.[19]

Já uma política sustentável deve inserir todos os seres vivos em um futuro comum, por isso, deve ser multidimensional, assim como é o bem-estar, devendo consolidar o cuidar ambiental, sem ofender o social, o econômico, o ético e o jurídico-político, já que todas essas dimensões compõem a sustentabilidade como princípio e valor.[20]

Dessa mesma forma, a ideia de economicidade não pode se separar da própria medição de consequências do consumo e da produção. Em decorrência de se tratar-se de um princípio ético social, econômico, ambiental e jurídico-político, deve ser compreendido de forma dialética.[21]

Dessa forma, a sustentabilidade entretém uma relação semântica com o desenvolvimento, adjetivando-o ao mesmo tempo em que estabelece determinadas balizas para que este ocorra, especialmente no que se relaciona à compatibilização entre a economia e a proteção ao meio ambiente.

Assim, *sustentável* é algo que qualifica o desenvolvimento, em oposição ao *insustentável*. Mas o princípio da sustentabilidade se define como dever de proteger e restaurar a

---

17. Ibidem, p. 9.
18. FREITAS, Juarez. *Sustentabilidade*: direito ao futuro. 4. ed. Belo Horizonte: Fórum, 2019, p. 25-26.
19. Ibidem, p. 41.
20. Ibidem, p. 48-57.
21. Ibidem, p. 66-301.

integridade de sistemas ecológicos da Terra, adentrando o conceito de *desenvolvimento sustentável*, tornando seu conteúdo jurídico passível de determinação.[22]

Nesse sentido, tem três implicações. A sustentabilidade se separa do desenvolvimento sustentável, em que pese o fato de serem constantemente utilizados como sinônimos. A noção de *desenvolvimento sustentável* relaciona desenvolvimento e sustentabilidade, de maneira que o aquele se baseia nesta.[23]

Assim, trata-se de uma das *aplicações* desse princípio da sustentabilidade, que, além disso, demonstra ser o mais fundamental de toda a principiologia ambiental, em que pese o fato de que a referida fundamentalidade tem de ser reconhecida pelo direito e pela governança.[24]

O desenvolvimento sustentável, apesar de ser apenas uma das diversas aplicações da sustentabilidade, acabou por se tornar, de conformidade com convenções de direito internacional dos direitos humanos em matéria ambiental dos quais o Brasil é signatário, assim como na jurisprudência do Supremo Tribunal Federal, um princípio autônomo.

3.4 O desenvolvimento sustentável e o Supremo Tribunal Federal

O impacto da sustentabilidade no direito brasileiro fez com que não apenas aquela fosse considerada um princípio constitucional basilar, como também, o próprio desenvolvimento sustentável, que deixou de ser apenas um aspecto da experiência humana adjetivado pela ideia de relação entre a economia e a preservação ambiental.

O Supremo Tribunal Federal já entendeu que o princípio do desenvolvimento sustentável tem caráter constitucional, encontrando legitimação em compromissos internacionais assumidos pelo Brasil, permitindo o justo equilíbrio entre a economia e a ecologia.[25]

O desenvolvimento sustentável subordina-se, entretanto, ao conflito entre valores constitucionais relevantes. Trata-se de condição infestável, que não esvazia seu conteúdo essencial. Dos mais relevantes direitos fundamentais é a preservação do meio ambiente, a ser resguardado em prol da presente e das futuras gerações.[26]

Para além desse entendimento, no ano de 2020, a Suprema Corte brasileira buscou entronizar os objetivos determinados pela Organização das Nações Unidas no sentido do desenvolvimento sustentável, inclusive naquilo que se relaciona ao consumismo motivado pela obsolescência programada.

A Resolução 710 de 2020 institucionalizou a Agenda 2030 da Organização das Nações Unidas no âmbito do Supremo Tribunal Federal, fixando, em seu art. 1°, pará-

---

22. BOSSELMANN, Klaus. *O princípio da sustentabilidade*: transformando direito e governança. São Paulo: Ed. RT, 2015, p. 77-78.
23. Ibidem, p. 78.
24. Ibidem, p. 78-89.
25. BRASIL. Supremo Tribunal Federal. ADI 3540. Relator: Ministro Celso de Mello. 2005, n.p.
26. Ibidem, n.p.

grafo único, os Objetivos de Desenvolvimento Sustentável (ODS), fixados na referida Agenda 2030, em seus incisos.[27]

Dentre eles se encontram saúde e bem-estar (III), trabalho decente e crescimento econômico (VIII) e consumo e produção responsáveis (XII), enquanto o art. 2º do Diploma acabou por instituir um grupo de trabalho para a implementação de ações e iniciativas inaugurais.[28]

O § 2º, I do Diploma, determina que é atribuição de tal grupo de trabalho "[...] coordenar o desenvolvimento de atividades de extração de dados e de análise de feitos da competência do STF, julgados ou não, especialmente as ações de controle concentrado e os temas de repercussão geral, para sua indexação relativa aos ODS preconizados pela Agenda 2030".[29]

O § 3º afirma que as pautas de julgamento, informativos de jurisprudência e acompanhamento processual podem tornar visível o apontamento do ODS correspondente. O art. 5º, I, atribui à Secretaria de Altos Estudos, Pesquisas e Gestão da Informação, a indicação de processos relacionados aos ODS da Agenda 2030 em informativos de jurisprudência.[30]

Note-se, portanto, que o Supremo Tribunal Federal, tanto no que se relaciona à sua juridicidade quanto naquilo que concerne ao consumismo prejudicial ao meio ambiente, fortalecido pela obsolescência programada, tem o desenvolvimento sustentável como um princípio constitucional que deve, obrigatoriamente, ser concretizado.

4. CONSIDERAÇÕES FINAIS

O Direito do Consumidor enfrenta a ascensão mundial do capitalismo e se submete à moldura que tal regime político-econômico impõe à lógica da aquisição de bens, que, no entanto, vem sendo apontada como um dos principais motivos para o agravamento da degradação ambiental.

Trata-se, contudo, de parte integrante da realidade econômica do ocidente, determinando a necessidade de constante aumento do consumo de vários itens que se renovam permanentemente, de maneira a possibilitar que a circulação de riquezas se conserve e que a e acumulação de capital aumente.

Apesar do comprometimento ambiental derivado da difusão do capitalismo, a aquisição desenfreada de bens de consumo é resultado da própria existência do direito de propriedade, bem como de suas consequências em relação à evolução das possibilidades de circulação de riqueza.

---

27. BRASIL. Supremo Tribunal Federal. Resolução 710. Institucionaliza a Agenda 2030 da Organização das Nações Unidas no âmbito do Supremo Tribunal Federal. 2020, n.p.
28. Ibidem, n.p.
29. Ibidem, n.p.
30. Ibidem, n.p.

A lógica capitalista de circulação da riqueza, caracterizada pelo direito de propriedade, deriva na lógica da ascensão entre "classes socioeconômicas", determinando-se a necessidade de acumulação de capital, mas, especialmente, de demonstrar, qualitativamente, o grau de riqueza obtido por cada indivíduo.

Ergueu-se o entendimento de que o consumo deve equivaler à felicidade em vários sentidos, que faz com que a propriedade precise evoluir de conformidade com aquilo que é imposto ao proprietário em comparação aos demais, fundamentando a lógica de ascensão de classes sociais.

O objetivo de ascensão entre classes socioeconômicas foi substituído pelo desejo de satisfação pessoal, fazendo com que o consumo se estendesse para uma diversidade de setores, ultrapassando as fachadas das casas e os carros, alcançando uma infinidade de itens intercambiáveis.

Em decorrência da substituição, no capitalismo contemporâneo, da lógica da ascensão entre "classes" socioeconômicas pelo consumo dirigido satisfação individual privada, surgiu uma nova lógica de produção, em decorrência do fato de que a felicidade por meio do consumo deve ser obtida consecutivas vezes.

Por isso é que a *descartabilidade* dos bens de consumo passou a dirigir a lógica do mercado, tendo em vista que o escoamento de tais produtos passou a ter de ser cada vez mais rápido, de maneira que a própria indústria necessitou se adaptar para se manter nessa nova ordem consumerista.

Em voto no REsp 984.106 – SC, o Min. do STJ. Luis Felipe Salomão destacou que há um verdadeiro incentivo à obsolescência programada, consistente na redução artificial da durabilidade de produtos ou do ciclo de vida de seus componentes, para que seja forçada a recompra prematura.

Nesse contexto é que o próprio modelo de escoamento de produção teve de se modificar, inclusive, naquilo que se relaciona à mudança visual de modelos do mesmo produto, de maneira sequencial, e à evolução de cada espécie de bem, de maneira a sugestionar o consumidor à sua aquisição constante.

Por isso mesmo é que a lógica produtiva atual determina que os consumidores passem a ser educados pela indústria, que deixou de suprir a demanda, para criá-la, necessitando que os produtos durem cada vez menos tempo, entretanto, sem permitir a perda da confiança nas marcas.

Dessa forma, a preocupação com a qualidade e com a durabilidade dos produtos foi substituída pela preocupação relacionada à aparência e à inovação, de forma que a principal preocupação da publicidade dirigida a consumidor passou a ser com o escoamento rápido e constante de tais bens de consumo.

Tal exacerbação do consumismo e o correspondente aumento da produção industrial voltada a satisfazer o aumento do consumo estabelecem, no contexto da obsolescência programada, uma relação circular e de retroalimentação, que faz surgir um agravamento da degradação ambiental.

A necessidade de escoamento rápido e ininterrupto e do controle da demanda pela produção (e não o contrário) é capaz de aumentar os danos sofridos pelo meio ambiente, especialmente naquilo que se refere à exploração de recursos naturais, para que seja possível manter o volume de produção.

Ocorre que, além do aumento da exploração dos recursos naturais, a obsolescência programada, em decorrência da lógica da descartabilidade, aumenta diametralmente a quantidade de detritos lançados no meio ambiente, que, por sua vez, é proporcional ao próprio consumo.

O aumento da degradação ambiental, ocasionado pelo aumento gigantesco do consumo e impulsionado pela superveniência da obsolescência programada, no entanto, torna necessário que a sustentabilidade passe a imbuir a produção de bens pela indústria, fazendo surgir a perspectiva do desenvolvimento sustentável.

Nesse mesmo contexto econômico, no qual nasceu a obsolescência programada, causando o agravamento da degradação ambiental, é que passou a se destacar a preocupação com a sustentabilidade, assim como sua relação direta com o desenvolvimento, dirigida à preservação do meio ambiente.

No mesmo contexto a *sustentabilidade* alcança sua juridicidade efetiva, tornando-se um princípio consagrado constitucionalmente, até mesmo no Brasil. Para além disso, é uma das normas essenciais de determinados Estados, devendo, dessa forma, tornar-se um guia para a atividade estatal.

A sustentabilidade, como princípio jurídico-constitucional fundamental, precisa promover o equilíbrio entre diversos fatores que se relacionam tanto ao direito quanto à política, compreendendo vários aspectos do convívio em sociedade, até mesmo no que concerne à economia.

A juridicização da sustentabilidade concernente ao meio ambiente adentrou o contexto social de forma a modificar as mentalidades de agentes políticos, jurídicos e econômicos, contudo, sem renunciar ao equilíbrio entre o desenvolvimento econômico e a preservação do meio ambiente.

Assim, a sustentabilidade entretém uma relação semântica com o desenvolvimento, adjetivando-o, ao mesmo tempo em que estabelece determinadas balizas para que este ocorra, notadamente no que se relaciona à compatibilização entre a economia e a proteção ao meio ambiente.

O desenvolvimento sustentável, em que pese ser apenas uma das diversas aplicações da sustentabilidade, terminou por se tornar, conforme convenções de direito internacional dos direitos humanos das quais o Brasil é signatário e na jurisprudência do Supremo Tribunal Federal, um princípio autônomo.

O impacto da sustentabilidade no direito brasileiro fez com que seja tida como um princípio constitucional basilar, assim como o próprio desenvolvimento sustentável, que deixou de ser apenas um aspecto da experiência humana adjetivado pela ideia de relação entre a economia e a preservação ambiental.

Além desse entendimento, no ano de 2020, a Suprema Corte brasileira buscou entronizar os objetivos determinados pela Organização das Nações Unidas para o desenvolvimento sustentável, até mesmo no que se relaciona ao consumismo motivado pela obsolescência programada.

O Supremo Tribunal Federal, tanto acerca da sua juridicidade quanto daquilo que tange ao consumismo prejudicial ao meio ambiente, fortalecido pela obsolescência programada, aponta o desenvolvimento sustentável como um princípio constitucional que necessita de concretização obrigatória.

Neste viés, verifica-se que a obsolescência programada se efetiva como uma vulnerabilidade do consumidor em face da vida útil do produto e da recompra prematura, atingindo também, frontalmente, o direito ao meio ambiente ecologicamente equilibrado, na medida em que consumo e sustentabilidade coexistem de forma essencial entre si.

ENSAIO PARA UMA TEORIA GERAL DA VULNERABILIDADE NAS RELAÇÕES DE CONSUMO: PREMISSAS ENTRE A VULNERABILIDADE DIGITAL E TECNOLÓGICA[1]

Vitor Hugo do Amaral Ferreira

Sumário: 1. Introdução – 2. A pluralidade significativa do conceito de vulnerabilidade – 3. A vulnerabilidade em (novas) espécies e as bases constitucionais para aplicabilidade – 4. Conclusão.

1. INTRODUÇÃO

A sociedade de consumo trouxe ao mundo uma relação não paritária, que se alicerça na assimetria entre os sujeitos que a protagonizam. A evolução dos meios e instrumentos tem aperfeiçoado as práticas de consumo, que não representam necessariamente a redução de desigualdades. Novas são as vulnerabilidades, em especial, as que se fundam no espaço digital em razão das novas tecnologias.

Antes de tratar a vulnerabilidade em delimitação exclusiva ao direito do consumidor, ou seu reconhecimento neste para fins de aplicabilidade de tutela específica, a partir e além do que a doutrina tem pontuado, o caráter interdisciplinar e plurissignificativo[2] da vulnerabilidade exige descortinar os dogmas jurídicos e dialogar com outras áreas para indicar as bases da construção de um conceito possível. Na definição de Susan L. Cutter,[3] a vulnerabilidade é objeto de estudo em áreas de risco, propensa a desastres naturais. A contribuição dos estudos geográficos, espaço em que a autora apresenta a "ciência da vulnerabilidade", congrega a integração das ciências sociais, das ciências naturais e da engenharia, para, em síntese, compreender os indicativos que levam populações e locais a circunstâncias de risco, bem como os fatores que proporcionam a capacidade de resposta.

Ao contexto, é oportuno revisitar os conceitos de vulnerabilidade além do direito, construir bases que possam consolidar uma aplicabilidade da lei em razão da sua essên-

---

1. O texto apresentado neste artigo tem sua reflexão maior na obra Tutela de Efetividade no Direito do Consumidor Brasileiro: a tríade prevenção-proteção-tratamento revelada nas relações de crédito e consumo digital, publicado pela Thomson Reuters/Revista dos Tribunais. São Paulo, 2022.
2. "A vulnerabilidade é multiforme, conceito legal indeterminado, um estado de fraqueza sem definição precisa, mas com muitos efeitos na prática, em especial, pois presumida e alçada a princípio de proteção dos consumidores" em: MARQUES, Claudia Lima. *Contratos no Código de Defesa do Consumidor*: o novo regime das relações contratuais. 8. ed. São Paulo: Ed. RT, 2016, p. 324.
3. Diretora do Instituto de Pesquisa de Riscos e Vulnerabilidades da Universidade da Carolina do Sul, sua especialidade versa sobre os fatores que condicionam pessoas e lugares suscetíveis a desastres ambientais.

cia, ou seja, o reconhecimento da vulnerabilidade. Este é o propósito da reflexão que se propõe, tomar novos paradigmas para construir uma nova percepção sobre os conceitos fundamentais que norteiam o direito, de modo especial, o direito do consumidor.

2. A PLURALIDADE SIGNIFICATIVA DO CONCEITO DE VULNERABILIDADE

No aspecto jurídico a vulnerabilidade também deve ser compreendida com a intersecção de ciências diversas. Ao correlacionar os principais autores[4] que versam sobre a geovulnerabilidade, em analogia oportuna para o aspecto jurídico, toma-se emprestado o sentido de "vulnerabilidade é o potencial para a perda", que considera elementos de exposição ao risco e de expectativas para evitá-lo (identificar, responder e recuperar). Ao direito, em especial dos consumidores, o mercado de consumo promove o risco, com potencial para perda (dano), por isso é pertinente identificar instrumentos para impedi-lo. Identificar, responder e recuperar equivalem a prevenir, proteger e tratar (tutela de prevenção, tutela de proteção e tutela de tratamento).

Em outro ponto de vista, a vulnerabilidade no aspecto social é tema que vem sendo debatido a longo tempo por cientistas sociais em diferentes disciplinas. O conceito abarca, entre outras concepções, as econômicas, as ambientais, com dimensões na saúde e no direito. São múltiplas as condicionantes para vulnerabilidade social, "um conceito em construção, tendo em vista sua magnitude e complexidade".[5] Da análise da vulnerabilidade social na Argentina e Uruguai, tem-se um importante recorte em que o entendimento sobre vulnerabilidade está no desajuste de acesso em três aspectos: recursos pessoais, recursos de direitos e recursos em relações sociais.[6]

---

4. ADGER, Neil. Vulnerability, Global Environmental Change, 2006; BIRKMANN, Jörn. (Org.). Measuring Vulnerability to Natural Hazards: Towards disaster resilient societies. Tóquio: United Nations University Press. 2006. CUTTER, Susan. Vulnerability in Environmental Hazards. Progress in Human Geography. 2006; TURNER, Billie; KASPERSON, Roger; MATSON, Pamela; MCCARTHY, James; CORELL, Robert; Christensen, LINDSEY; Eckley, NOELLE; Kasperson, JEANNE; LUERS, Amy; MARTELLO, Marybeth; POLSKY, Colin; PULSIPHER, Alexander; SCHILLER, Andrew (2003). Disponível em: http://www.pnas.org/content/100/14/8074.full.pdf+html. Acesso em: 28 abr. 2021. Para Susan L. Cutter, embora estes conceitos tenham sido já muito discutidos na literatura, as definições simples e genéricas apreendem a essência da vulnerabilidade.
5. MONTEIRO, Simone Rocha da Rocha Pires. O marco conceitual da vulnerabilidade social. Disponível em: file:///C:/Users/USER/Downloads/695-Texto%20do%20artigo-2583-1-10-20121210.pdf. Acesso em: 11 de abril de 2021. Assegura ainda que os primeiros estudos acerca do tema deram-se por meio da contribuição de Glewwe e Hall, que se restringiam à compreensão da vulnerabilidade a partir do viés econômico. Voltaram-se à capacidade de mobilidade social, uma vez que o fator econômico influencia na redução de oportunidades, interferindo diretamente nas possibilidades de acesso a bens e serviços. A noção de vulnerabilidade social foi trazida para o campo da saúde, principalmente, no que se refere à infecção por HIV, numa superação da noção de risco social como forma de ampliar a compreensão da suscetibilidade aos agravos de saúde. Essa contribuição se dá na medida em que passa a deslocar o foco do individual, considerando os aspectos do contexto social. Ao contexto da vulnerabilidade social, em especial ao recorte sobre saúde, registra-se que a Pandemia da Covid-19 trouxe uma perspectiva de vulnerabilidade global. Sem qualquer distinção, fez toda a população do planeta Terra sujeita ao risco, à condição de fragilidade.
6. Kaztman, Rubén; Beccaria, Luis; Filgueira, Fernando; Golbert, Laura; Kessler, Gabriel. *Vulnerabilidad, activos y exclusión social na Argentina e Uruguai*. Fundação Ford. 1999. Disponível em: https://labordoc.ilo.org/discovery/fulldisplay?vid=41ILO_INST:41ILO_V1&tab=Everything&offset=0&docid=alma993374583402676&query=any,contains,kaztman%20vulnerabilidad%20activos%20y%20exclusion&context=L&adaptor=Local%20Search%20Engine&sortby=rank&lang=es&search_scope=MyInst_and_CI. Acesso em: 11 abr. 2021.

A vulnerabilidade social vinculada à saúde tem ênfase a partir da infecção por HIV, no qual se deslocam as compreensões individuais da doença para os efeitos coletivos, em que o aumento do contágio[7] intensifica políticas públicas de educação em prevenção e tratamento. É importante este recorte, ao se considerar que uma das pioneiras menções ao termo vulnerabilidade tem origem ao se referir a pacientes submetidos a pesquisas biomédicas e comportamental. Foi nos Estados Unidos da América, por meio da Comissão Nacional para a Proteção de Sujeitos Humanos de Pesquisa Biomédica e Comportamental, no ano de 1978, a proposição do *Belmont Report* – Relatório Belmont: Princípios Éticos e Diretrizes para a Proteção de Sujeitos Humanos de Pesquisa, Relatório da Comissão Nacional para a Proteção de Sujeitos Humanos de Pesquisa Biomédica e Comportamental.[8]

O relatório funda os princípios básicos relevantes para pesquisa ética com seres humanos: (*i*) princípio do respeito pelas pessoas, (*ii*) princípio da beneficência e (*iii*) princípio da justiça.[9] Traz também as diretrizes de consentimento informado, análise de riscos/ benefícios e procedimento para seleção de voluntários.[10]

---

7. Aproximadamente 920 mil pessoas vivem no Brasil com HIV. Disponível em: http://www.aids.gov.br. Acesso em: 28 abr. 2021.
8. The Belmont Report Ethical Principles and Guidelines for the Protection of Human Subjects of Research The National Commission for the Protection of Human Subjects of Biomedical and Behavioral Research. Disponível em: file:///C:/Users/USER/Desktop/ohrp_belmont_report.pdf; (versão em ingles); e El Informe Belmont Principios éticos y directrices para la protección de sujetos humanos de investigación La Comisión Nacional para la Protección de Sujetos Humanos de Investigación Biomédica y del Comportamiento. Disponível em: https://www.fhi360.org/sites/default/files/webpages/po/RETC-CR/nr/rdonlyres/ena7zwmzpxffu44jh4evwz55t2cm3xeg7kxwld3hjae6np2vynxn3dy5hg7tsjtaglwlkz57zxrmho/belmontSP.pdf. (versão em espanhol). Acesso em: 15 fev. 2021.
9. Para Leocir Pessini e Christian de Paul de Barchifontaine, o princípio do respeito pelas pessoas contempla que os indivíduos tenham sua autonomia respeitada; participem da pesquisa de forma voluntária e com informação adequada, além de respeito às pessoas com autonomia reduzida; enquanto a beneficência exige tratamento ético, considerando as decisões das pessoas voluntárias e proteção a danos; e a justiça é o princípio que rege a aplicação dos resultados a todos. PESSINI, Leocir; BARCHIFONTAINE, Christian de Paul. Problemas atuais da bioética. São Paulo: Edições Loyola. 1991, p. 571-573.
10. Na Declaração Universal sobre Genoma Humano e Direitos Humanos, a expressão vulnerável tem registro no art. 17 e art. 24 – Art. 17. Os Estados devem respeitar e promover a prática da solidariedade relativamente a indivíduos, famílias e grupos populacionais particularmente *vulneráveis* ou afetados por doença ou deficiência de caráter genético. Devem estimular, *inter alia*, pesquisa para a identificação, prevenção e tratamento de doenças causadas ou influenciadas por fatores genéticos, particularmente as doenças raras, bem como de doenças endêmicas que afetem parte expressiva da população mundial e Art. 24. O Comitê Internacional de Bioética da UNESCO deve contribuir para a disseminação dos princípios estabelecidos nesta Declaração e para a futura análise das questões decorrentes de sua aplicação e da evolução das tecnologias em questão. Deve organizar consultas a partes envolvidas, tais como grupos *vulneráveis*. Deve elaborar recomendações conforme os procedimentos estatutários da UNESCO, dirigidas à Conferência Geral e fornecer consultoria no que se refere ao acompanhamento da presente Declaração, particularmente na identificação das práticas que possam ser contrárias à dignidade humana, tais como intervenções em células germinais. Disponível em: http://www.fiocruz.br/biosseguranca/Bis/manuais/qualidade/Genomdir.pdf. Acesso em: 28 abr. 2021. Já na Declaração Universal sobre Bioética e Direitos Humanos, o art. 8º assim descreve: Respeito pela *vulnerabilidade* humana e integridade pessoal. Na aplicação e no avanço dos conhecimentos científicos, da prática médica e das tecnologias que lhes estão associadas, deve ser tomada em consideração a *vulnerabilidade* humana. Os indivíduos e grupos particularmente *vulneráveis* devem ser protegidos, e deve ser respeitada a integridade pessoal dos indivíduos em causa. Disponível em: http://www.bioetica.org.br/?siteAcao=DiretrizesDeclaracoesIntegra&id=17. Acesso em: 28 abr. 2021.

As menções à vulnerabilidade ao criar os princípios da bioética têm sua essência no livre consentimento de participação dos seres humanos em pesquisas que são voluntários. Especial atenção foi dada ao reconhecer a vulnerabilidade como condição de maior sensibilidade diante da influência indevida, da necessidade de esclarecimento e proteção. Neste cenário é também possível encontrar subsídios para definir a vulnerabilidade e os aspectos jurídicos que a envolvem, pois se é condição de sensibilidade às influências indevidas, e com isso há necessidade de esclarecimento e proteção, por certo, aos consumidores a vulnerabilidade os sensibiliza/fragiliza, torna-os impotentes diante das estratégias de ofertas em práticas desleais e abusivas, o que os fazem carentes de esclarecimento (educação para o consumo em sentido amplo) e proteção (políticas públicas de tutela efetiva).

Ao contexto jurídico, Frédérique Fiechter-Boulvard[11] apresenta o conceito de vulnerabilidade e sua consagração normativa. Parte-se da premissa que todo o ser humano é vulnerável ao passo que todos são mortais. Viver conduz ao fim, à morte. O autor, contudo, não limita o significado de vulnerabilidade à mortalidade, não as identifica como sinônimos. No sentido literal/etimológico do termo "vulnerabilidade é adjetivo que significa quem pode ser ferido"[12] seja no corpo[13] (*i*), destinado à decadência; ou pelas interferências externas (*ii*); ou ainda pelo relacionamento com outros seres humanos (*iii*).

---

11. FIECHTER-BOULVARD, Frédérique. La notion de vulerabité et as consécration par le droit. In: COHET--CORDEY, Frédérique (Org.). Vulnerabilité et droit: le developpement de la vulnerabilité et ses enjeux em droit. Grenoble: Presses Universitaires de Grenoble, 2000, p. 14. Disponível em: file:///C:/Users/USER/Desktop/Evulnerabilite1.pdf. Acesso em: 12 fev. 2021.
12. Em mesmo texto, o autor, em Nota 5: "Sous Vulnérable, vulnerabilis, de vulnerare: «blesser», Dictionnaire étymologique du français. Habituels de Robert; Dictionnaire Littré, Dictionnaire Petit Robert auquel est ajouté «1er - frappé par une maladie physique; 2ème – la moralité, qui peut être facilement atteinte, se défend mal. Cette définition fait référence au terme Fragilité: facile à altérer, à détériorer, à détruire." Em tradução livre: Sob Vulnerable, vulnerabilis, de vulnerare: "Wierer", Dicionário Etimológico de Francês, Usuals of Robert; Littré Dictionary, Petit Robert Dictionary no qual é adicionado "1º – atingido por uma doença física; 2º – moral, que pode ser facilmente alcançado, se defende errado". Esta definição refere-se ao termo Fragilidade: "fácil de ser alterada, deteriorada, destruída".
13. Ao contexto, há uma passagem narrada por Simone de Beavouir com destaque à vulnerabilidade, em delimitação à velhice, que ressalta as alterações físicas e psicológicas de um processo biológico que vulnera a pessoa idosa, o que reforça a ausência de relação, a não ser com o próprio tempo e seus efeitos fisiológicos.
    [...] Há uma diminuição marcada da capacidade de regeneração celular. O progresso do tecido intersticial sobre os tecidos nobres é principalmente surpreendente no nível das glândulas e do sistema nervoso. Ele acarreta uma involução dos principais órgãos e um enfraquecimento de certas funções que não cessam de declinar até à morte. [...] A aparência do indivíduo se transforma e permite que se possa atribuir-lhe uma idade, sem muita margem de erro. Os cabelos embranquecem e se tornam rarefeitos; não se sabe por quê: o mecanismo da despigmentação do bulbo capilar permanece desconhecido; os pelos embranquecem também, enquanto em certos lugares – no queixo das mulheres velhas por exemplo – começam a proliferar. Por desidratação e em consequência da perda da elasticidade do tecido dérmico subjacente, a pele se enruga. Os dentes caem. [...] A perda dos dentes acarreta um encolhimento da parte inferior do rosto, de tal maneira que o nariz – que se alonga verticalmente por causa da atrofia de seus tecidos elásticos – aproxima-se do queixo. [...] o lóbulo da orelha aumenta. Também o esqueleto se modifica. Os discos da coluna vertebral empilham-se e os corpos vertebrais vergam: entre 45 e 85 anos o busto diminui dez centímetros nos homens e quinze nas mulheres. A largura dos ombros se reduz e a bacia aumenta; o tórax tende a tornar uma forma sagital, sobretudo nas mulheres. A atrofia muscular e a esclerose das articulações acarretam problemas de locomoção. O esqueleto sofre de osteoporose: a substância compacta do osso torna-se esponjosa e frágil; é por este motivo que a ruptura do colo do fêmur, que suporta o peso do corpo, é um acidente frequente. O coração não muda muito, mas seu funcionamento se altera; perde

Para formular um conceito à vulnerabilidade são dois os sentidos a se considerar com a passagem de Frédérique Fiechter-Boulvard: a) mortalidade; e b) sofrimento.[14] A conclusão preliminar construída neste estudo exige o entendimento que vulnerabilidade é condição humana, seja pela morte ou dor em sentido amplo (dano no aspecto jurídico), em situação necessária de risco presente ou futuro.

Na mesa linha de raciocínio, a vulnerabilidade não se confunde ao conceito de desigualdade. Em lição sobre o tema, Claudia Lima Marques e Bruno Miragem[15] fundamentam-se em Frédérique Fiechter-Boulvard[16] ao afirmar que desigualdade exige comparação e o mesmo não é precedente à vulnerabilidade. A transcrição dos melhores conceitos doutrinários repassa pelo reconhecimento de uma condição humana em situação de risco.[17]

Constata-se o risco como peça essencial ao conceito, por patrocinar a fragilidade (a ferida, o *vulnus*); sendo, em uma proposta *lato sensu*, classificada como *vulnerabilidade personalíssima* quando é própria do sujeito (ser vulnerável), seja pela idade,[18] quando

---

progressivamente suas faculdades de adaptação; o sujeito deve reduzir suas atividades para poder poupá-lo. O sistema circulatório é atingido; a arteriosclerose não é a causa da velhice, mas é uma de suas características mais constantes. Não se sabe exatamente o que a provoca: desequilíbrios hormonais, dizem uns; uma tensão sanguínea excessiva, dizem outros; pensa-se em geral que a causa principal é uma perturbação do metabolismo dos lipídeos. As consequências são variáveis. [...] a circulação cerebral torna-se mais lenta. As veias perdem sua elasticidade, o débito cardíaco decresce, a rapidez da circulação diminui, a pressão sobe. É preciso observar, aliás, que a hipertensão, tão perigosa para o adulto, pode muito bem ser suportada pelo homem idoso. O consumo de oxigênio do cérebro reduz-se. [...]Os nervos motores transmitem com menor velocidade as excitações e as reações são menos rápidas. Há involução dos rins, das glândulas digestivas, do fígado. Os órgãos do sentido são atingidos. O poder de acomodação diminui. A presbiopia é um fenômeno quase universal entre os velhos, e a vista 'cansada' faz com que a capacidade de discriminação decline. Também diminui a audição, chegando frequentemente até a surdez. O tato, o paladar, o olfato têm menos acuidade que outrora. (DE BEAUVOIR. Simone. *A velhice*. Trad. Maria Helena Franco Martins. Rio de Janeiro: Nova Fronteira, 1990, p. 33-35).

14. En ce sens, la vulnérabilité est un risque pour tous. Elle se présente à la fois comme un danger éventuel, plus ou moins prévisible8, et une issue fatale, le premier prenant naissance dans les rapports qu'entretiennent les hommes entre eux, la seconde étant l'expression de la nature humaine. Tout individu est exposé à la souffrance. L'éventualité ne se perçoit ici qu'en tant qu'incertitude sur le moment, non sur l'état. Em tracução livre: Nesse sentido, a vulnerabilidade é um risco para todos. Ela se apresenta ao mesmo tempo como um perigo possível, mais ou menos previsível, e um desfecho fatal, o primeiro surgindo das relações que os homens mantêm entre eles, sendo o segundo a expressão da natureza humana. Cada indivíduo é exposto para o sofrimento. A eventualidade só é percebida aqui como uma incerteza sobre o momento, não o estado. FIECHTER-BOULVARD, Frédérique. La notion de vulnerabité et as consécration par le droit. In: COHET-CORDEY, Frédérique (Org.). *Vulnerabilité et droit: le developpement de la vulnerabilité et ses enjeux en droit*. Grenoble: Presses Universitaires de Grenoble, 2000, p. 14. Disponível em: file:///C:/Users/USER/Desktop/Evulnerabilite1.pdf. Acesso em: 12 fev. 2021.

15. MARQUES, Claudia Lima, MIRAGEM, BRUNO. *O novo direito privado e a proteção dos vulneráveis*. São Paulo. Ed. RT, 2014, p. 119-120.

16. Frédérique Fiechter-Boulvard distingue a aproximação de desigualdade e vulnerabilidade pelo fato de somente aquela exigir comparação. FIECHTER-BOULVARD, Frédérique. La notion de vulnerabilité et sa consécration par le droit. In: COHET-CORDEY, Frédérique (Org.). *Vulnerabilité et droit: le développement de la vulnerabilité et ses enjeux en droit*. Grenoble: Presses Universitaires de Grenoble, 2000. p. 15.

17. Em citação a Cohet-Cordey, Claudia Lima Marques afirma que "vulnerabilidade é mais um estado da pessoa, um estado inerente de risco" em: MARQUES, Claudia Lima. *Contratos no Código de Defesa do Consumidor*: o novo regime das relações contratuais. 5. ed. São Paulo: Ed. RT, 2005, p. 325, nota 119.

18. Vulnerabilidade etária, a partir dos aspectos biopsíquicos, como pontua Joseane Suzart Lopes da Silva, ver SILVA, Joseane Suzart Lopes da. *Direito do consumidor contemporâneo*: análise crítica do CDC e de importantes leis especiais. Rio de Janeiro: Lumen Juris, 2020, p. 156.

criança ou idoso; seja por deficiência, um sujeito cego, surdo-mudo, cadeirante. Também pode ter origem na assimetria da relação, *vulnerabilidade de relação*, diante de outras pessoas será *subjetiva*; ou relação *objetiva*, quando o sujeito está em condição de vulnerabilidade (estar vulnerável) diante do espaço ou objeto,[19] como a fragilidade de acesso às novas tecnologias, ou mesmo o consumidor turista. Pode ainda estar ligada ao tempo de ser ou estar vulnerável, em que se identifica uma *vulnerabilidade temporária* ou *vulnerabilidade permanente*;[20] que a este sentido poderá ser *vulnerabilidade adquirida* quando sobrevém em razão de circunstância qualquer, como o fato de um acidente que deixa sequelas graves, ou *vulnerabilidade inerente* por já ser presente na condição humana, como na circunstancia fática de ser consumidor, a partir da presunção absoluta que o direito brasileiro assim consagrou.[21]

A contribuição que se propõe está em entender a vulnerabilidade como um desequilíbrio que indica potencialidade e risco para perda, por estado de fragilidade personalíssima ou de relação seja subjetiva ou objetiva, em condição temporária ou permanente, adquirida ou inerente, com caráter plurissignificativo e multidisciplinar, que quando delimitada às relações de consumo eleva-se a princípio fundamental para criação, compreensão e aplicação da defesa do consumidor. Ao passo que também assume a função de diferenciação aos casos em que o resultado da aplicação represente maior efetividade.[22]

A doutrina aproxima vulnerabilidade de fragilidade, todavia, sugere-se o encontro do termo à sensibilidade, por ser o humano sujeito à qualidade de ser sensível. Reconhecida a condição humana de estar em situação de risco, é a sensibilidade a este que proporciona a situação de vulnerável, pois o humano não é insignificante ao risco, ou seja, não é insensível, por isso ser ou estar vulnerável adota a premissa de ser ou estar

---

19. Oportuna a indicação da "vulnerabilidade conjuntural" como apresenta Bruno Miragem, que em tese pode até se confundir com a proposição de uma vulnerabilidade de relação objetiva, contudo a conjuntura nem sempre exigirá relação, como questões raciais, de gênero, de orientação sexual, em que a conjuntura discriminatória orienta a vulnerabilidade em um aspecto social. MIRAGEM, Bruno. Princípio da vulnerabilidade: perspectiva atual e funções no direito do consumidor contemporâneo. In: MIRAGEM, Bruno; MARQUES, Claudia Lima; MAGALHAES, Lúcia Ancona Lopez de. *Direito do Consumidor*: 30 anos do CDC: da consolidação como direito fundamental aos atuais desafios da sociedade. Rio de Janeiro: Forense. 2021, p. 234. Neste sentido, nota-se a vulnerabilidade conjuntural mais ampla que a vulnerabilidade de relação, pois aquela pode ser orientada pelo cenário social em que o espaço (soma de circunstâncias e condições) oportuniza uma conjuntura de vulnerabilidade sem uma relação/comparação obrigatória. A vulnerabilidade de relação é sempre resultado de incongruência e contraste que gera uma polarização, coloca-se em sensibilidade ao risco uma das partes.
20. Menção à situação de vulnerabilidade permanente ou provisória, individual ou coletiva na obra: MARQUES, Cláudia Lima. *Contratos no Código de Defesa do Consumidor*: o novo regime das relações contratuais. 8. ed. São Paulo: Ed. RT, 2016, p. 325-326.
21. Ao tema, há a identificação de uma vulnerabilidade presente (atual) ou futura (potencial de), diante da indicação de uma vulnerabilidade estrutural (geral) ou conjuntural (especial), em LORENZETTI, Ricardo L. *Consumidores*. Buenos Aires: Rubinzal Culzoni, 2003.
22. Sobre a função da vulnerabilidade são três apontadas como essenciais: de aplicação do Código de Defesa do Consumidor; de interpretação; e de diferenciação. Sobre o tema funções da vulnerabilidade ver MIRAGEM, Bruno. Princípio da vulnerabilidade: perspectiva atual e funções no direito do consumidor contemporâneo. In: MIRAGEM, Bruno; MARQUES, Claudia Lima; MAGALHAES, Lúcia Ancona Lopez de. *Direito do Consumidor*: 30 anos do CDC: da consolidação como direito fundamental aos atuais desafios da sociedade. Rio de Janeiro: Forense. 2021, p. 247-258; de modo especial ao texto aqui redigido sobre a *função diferenciadora*, na mesma obra e autor entre as páginas 255 e 258.

sensível, uma vez que não há um estar humano, se é humano, consequentemente sujeitos a humanidades.

A vulnerabilidade funda-se na base dos princípios constitucionais da igualdade e da dignidade da pessoa humana.[23] Nesta concepção, a incorporação, pela Constituição da República, de relações jurídicas antes determinadas pelo direito civil, faz com que os direitos de titularidade dos sujeitos destas relações jurídico-privadas também comportem uma alteração qualitativa de *status*, passando a se caracterizar como direitos subjetivos de matriz constitucional,[24] ou seja "um novo sujeito pós-moderno de direitos".[25]

Eis a premissa que elenca o direito do consumidor como direito fundamental (art. 5º, XXXII, CF) e princípio da ordem econômica (art. 170, V, CF).[26] Ao tomar por base a teoria de Robert Alexy, o direito do consumidor investe-se como um direito de proteção, "direito à proteção do Estado contra intervenções de terceiros" ou ainda "dever do Estado de promover este direito".[27]

Os sempre lúcidos ensinamentos de Erik Jayme congregam o ideal em que a coerência e coesão do sistema jurídico brasileiro será dada por uma renovação da dogmática do direito privado guiada pela utilização dos direitos humanos.[28] A correlação da dignidade (da pessoa) humana e do dever de proteção[29] do Estado fica clara a partir das

---

23. MARQUES, Claudia Lima; MIRAGEM, BRUNO. *O novo direito privado e a proteção dos vulneráveis*. São Paulo: Ed. RT, 2014.
24. MIRAGEM, Bruno. *Curso de Direito do Consumidor*. 6. ed. São Paulo: Ed. RT, 2016, p. 58.
25. MARQUES, Claudia Lima. Direitos básicos do consumidor na sociedade pós-moderna de serviços: o aparecimento de um sujeito novo e a realização de seus direitos. *Revista de Direito do Consumidor*. n. 35. São Paulo: Ed. RT, 2000, p. 67.
26. Dois são os aspectos essenciais da obra do Professor Bruno Miragem [*Curso de Direito do Consumidor*. 6. ed. São Paulo: Ed. RT, 2016] a se observar aqui – Fundamento Constitucional do Direito do Consumidor Brasileiro e Princípios Gerais do Direito do Consumidor – nos quais com a reconhecida maestria que rege os textos doutrinários de sua autoria, aborda os direitos humanos como possibilidade plena de vigor quando garantidos por normas de direito positivo. Seu texto de introdução repassa pela teoria econômica como origem do direito do consumidor, fazendo menção à clássica obra de Fábio Konder Comparato [A proteção do consumidor: importante capítulo do direito econômico. *Revista da Consultoria Geral do Estado do Rio Grande do Sul*, n. 14. Porto Alegre: PGR-RS, 1976], coteja um novo significado à Constituição Federal equalizados nos direitos humanos, por consequência nos direitos fundamentais, em especial a partir da base principiológica de igualdade (igualdade jurídica e igualdade de fato) preconizadas na lição de Robert Alexy [*Teoria de los derechos fundamentales*. Trad. Ernesto Galzón Valdés. Madrid: CEPC, 2002]. Assim, importante a previsão do CDC que equaliza a tutela do consumidor à ordem econômica – Art. 4º, III – harmonização dos interesses dos participantes das relações de consumo e compatibilização da proteção do consumidor com a necessidade de desenvolvimento econômico e tecnológico, de modo a viabilizar os princípios nos quais se funda a ordem econômica (art. 170, da Constituição Federal), sempre com base na boa-fé e equilíbrio nas relações entre consumidores e fornecedores. Sobre o tema GRAU, Eros Roberto. *A ordem econômica na Constituição de 1988*: interpretação e crítica. 2. ed. São Paulo: Ed. RT, 1991.
27. MIRAGEM, Bruno. *Curso de Direito do Consumidor*. 6. ed. São Paulo: Ed. RT, 2016, p. 59.
28. Ver MARQUES, Claudia Lima; MIRAGEM, Bruno. *O novo direito privado e a proteção dos vulneráveis*. 2. ed. São Paulo: Ed. RT, 2014; ver também MARQUES, Claudia Lima; MIRAGEM, Bruno. O direito fundamental de proteção do consumidor e os 20 anos da Constituição: fundamentos e desafios do direito do consumidor brasileiro contemporâneo. In: MARTINS, Ives Gandra; REZEK, Francisco. *Constituição Federal*. São Paulo: Ed. RT, 2008, p. 644 e ss.
29. Ver a excelente obra resultado da tese de doutorado de Marcelo Schenk Duque sobre a proteção do consumidor como direito fundamental, baseada na teoria dos deveres de proteção do Estado. [DUQUE, Marcelo Schenk. *Direito Privado e Constituição*: drittwirkung dos direitos fundamentais – construção de um modelo de convergência à luz dos contratos de consumo. São Paulo: Ed. RT, 2013].

teses fundamentadas por Marcelo Schenk Duque.[30] Por certo, como assegura Antonio Junqueira de Azevedo, a dignidade como condição humana é tema perene e atual, como a própria existência humana. É qualidade indissociável de todo ser humano – a destruição de um implica a destruição do outro – por isso, a proteção da dignidade da pessoa é meta permanente da humanidade, do Estado e do Direito.[31] Da mesma forma, a tutela do consumidor passa pela leitura afinada com as exigências do Estado constitucional em garantir um processo fundado na dignidade da pessoa humana – devido processo legal.[32]

A singularidade humana é razão de distinção, ao mesmo tempo que promove o desejo por igualdade. Nesta perspectiva, clama-se por uma nova liberdade com autonomia dos mais fracos; uma nova igualdade com o direito de ser diferente; e uma (nova) fraternidade apta ao encontro de uma origem comum, para promover o diálogo das diferenças, que remonte a aplicação e interpretação jurídica a partir do que se torna igual absolutamente, ou seja, a condição de ser humano.[33] A dignidade da pessoa humana, declarada como direito e assegurada como garantia fundamental, tem no rol dos direitos fundamentais a sua proteção, que segue a mesma finalidade dos direitos humanos. Permite-se assim, pensar em um direito humano do consumidor.

3. A VULNERABILIDADE EM (NOVAS) ESPÉCIES E AS BASES CONSTITUCIONAIS PARA APLICABILIDADE

A Constituição Federal de 1988 trouxe valor constitucional à tutela da dignidade da pessoa humana, na perspectiva de se tratar de um direito fundamental (arts. 1º, III; 3º; e 5º, I, CF/88). Reconhece-se a vulnerabilidade dos novos sujeitos de direito no intuito de promover, diante do dever do Estado, a proteção à criança e ao adolescente (art. 227, CF), razão do Estatuto da Criança e Adolescente; ao idoso (art. 230, CF), fundamento constitucional para elaboração do Estatuto do Idoso; aos consumidores (art. 5º, XXXII,

---

30. 1. O fato da proteção constitucional do consumidor não ser enquadrada na acepção de um típico direito de defesa, oponível contra o Estado, não lhe retira, por si só, o caráter jurídico-fundamental. 2. Os direitos fundamentais estão aptos a fundamentar restrições na autonomia da vontade das partes que integram o tráfego jurídico-privado, nomeadamente em relações de consumo, a partir do instante em que se preserva o livre desenvolvimento da personalidade do particular. Essa construção encontra fundamento em um modelo de eficácia indireta dos direitos fundamentais nas relações privadas e, em particular, à luz de um modelo de deveres de proteção estatais. 3. A construção teórica que melhor fundamenta uma eficácia dos direitos fundamentais nas relações privadas, inclusive à luz do exemplo dos contratos de consumo, é aquela que conduz a teoria do diálogo das fontes para dentro da teoria da constituição, o que é possível a partir do pensamento de convergência, focalizado em uma convergência na interpretação do direito civil para constituição. [MARQUES, Claudia Lima. Apresentação. In: DUQUE, Marcelo Schenk. Direito Privado e Constituição: drittwirkung dos direitos fundamentais – construção de um modelo de convergência à luz dos contratos de consumo. São Paulo: Ed. RT, 2013].
31. AZEVEDO, Antonio Junqueira de. Caracterização Jurídica da Dignidade da Pessoa Humana. *Revista dos Tribunais*, v. 797. p. 11-26. 2002.
32. MARINONI, Luiz Guilherme; MITIDIERO, Daniel. Direitos Fundamentais Processuais. In: SARLET, Ingo Wolfgang; MARINONI, Luiz Guilherme; MITIDIERO, Daniel. *Curso de Direito Constitucional*. São Paulo: Ed. RT, 2012. Sobre acesso à justiça a clássica obra de Mauro Cappelletti e Bryant Garth [*Acesso à justiça*. Trad. Ellen Gracie. Northfleet. Porto Alegre: Fabris, 1988].
33. Sobre o tema, MARQUES, Claudia Lima; MIRAGEM, Bruno. *O novo direito privado e a proteção dos vulneráveis*. 2. ed. São Paulo: Ed. RT, 2014.

CF), ordem constitucional que funda o Código de Defesa do Consumidor; aos portadores de deficiência (arts. 7º, XXXI, 23, XIV, e 227, II, CF); às gerações futuras (art. 225, CF); aos trabalhadores, aos doentes, às mulheres quando considerada sua condição física e a histórica vitimização no âmbito doméstico, razões para tutela específica na Lei Maria da Penha; aos analfabetos; aos embriões e o pretenso Estatuto do Embrião. Neste cenário, salutar a possibilidade de aferir a construção de indicadores para uma tutela de efetividade[34] *(tutela de prevenção, tutela de proteção, tutela de tratamento)* ao consumidor como sujeito vulnerável, revisitando o conceito da dignidade da pessoa humana e o dever de proteção[35] (ordem constitucional).

É correto afirmar que a vulnerabilidade é mais um estado da pessoa, um estado inerente de risco ou um sinal de confrontação excessiva de interesses identificados no mercado, que sensibiliza, enfraquece o sujeito de direitos, desiquilibrando a relação. A vulnerabilidade é a explicação destas regras, o guia que ilumina a aplicação das normas protetivas a procura do fundamento de igualdade. Em especial, a tutela dos vulneráveis, a partir da delimitação aos consumidores, encontra amparo de forma específica no Código de Defesa do Consumidor, contudo não excluí o diálogo com outras normas de direito privado, que passam, diante do reconhecimento de um novo direito privado, a estabelecer uma nova prática jurídica consubstanciada no sujeito de direitos, na sua perspectiva humana.

A técnica legislativa do Código de Defesa do Consumidor remete a normas de naturezas distintas – civil, penal, administrativa, processual – razão pela qual a relação do direito do consumidor com tais normas é estabelecida para dar sentido e aplicabilidade.[36] Além disso, é salutar considerar que o Código fez com que o Código Civil deixasse de ter um caráter central nas relações privadas, ao passo que o sujeito humano é visto como indivíduo com suas especificidades.[37] O direito do consumidor e o direito civil estabelecem uma "coexistência como espécie de solução sistemática pós-moderna, da convivência de paradigmas" para um diálogo de subsidiariedade e complementaridade. Trata-se do caráter de especialidade (proteção do vulnerável) e potencial hierárquico superior (fundamento constitucional) do Código de Defesa do Consumidor diante do caráter subsidiário do Código Civil. Há um sentido de complementaridade conceitual – o Código Civil assume caráter de base conceitual geral, inclusive utilizando-se para aplicação do Código de Defesa do Consumidor, quando este não contar com uma definição específica – Eis o que se define como *diálogo sistemático de coerência*.[38]

---

34. De excelência é a contribuição de Bruno Miragem, que se passa a ter como referência, ao tratar o princípio da efetividade [*Curso de Direito do Consumidor*. 6. ed. São Paulo: Ed. RT, 2016, p. 58].
35. O *dever de proteção* atribuído ao Estado na defesa do consumidor é termo a ser usado de forma reiterada neste texto e parte da referência de: DUQUE, Marcelo Schenk. *Direito Privado e Constituição*: drittwirkung dos direitos fundamentais – construção de um modelo de convergência à luz dos contratos de consumo. São Paulo: Ed. RT, 2013.
36. MIRAGEM, Bruno. *Curso de Direito do Consumidor*. 6. ed. São Paulo: Ed. RT, 2016.
37. BESSA, Leonardo Roscoe. *Relação de consumo e aplicação do Código de Defesa do Consumidor*. São Paulo: Ed. RT, 2009, p. 27-46.
38. MARQUES, Claudia Lima. *Diálogo entre o CDC e o novo CC*: do diálogo das fontes no combate às cláusulas abusivas. RDC, n 45, p 70-99. São Paulo: Ed. RT. 2003.

Ainda em correlação possível, o Código Civil permite a redefinição do campo de aplicação do Código de Defesa do Consumidor (norma de proteção do vulnerável) com exclusão das relações jurídicas interempresariais, o que se estabelece pelo *diálogo da coordenação e adaptação sistemática*. Neste sentido, a relação entre as duas normas se estabelece por uma *técnica de coordenação* das fontes diferentes que se funda por intermédio do diálogo das fontes.[39]

O Código de Defesa do Consumidor invoca não apenas a proteção dos consumidores diante do que elencou como princípio da vulnerabilidade, mas também uma proteção efetiva ao que se constata como princípio da efetividade.[40] Sendo assim, qual o futuro da proteção dos vulneráveis? Fraternidade em que identidades e culturas sejam coordenadas pelos direitos humanos em um direito privado solidário, apto a construir uma origem comum e um diálogo das diferenças.[41]

Adoção da vulnerabilidade como critério básico para definição de consumidor, e da aplicação das normas de proteção previstas no microssistema de proteção e defesa do consumidor é acompanhada da revisão e ampliação do próprio significado e alcance do princípio da vulnerabilidade, que em condições pontuais é classificado em três espécies clássicas: fática – técnica – jurídica.[42]

A vulnerabilidade fática, em uma sistematização proposta, pode ser considerada como gênero, comum a todos os consumidores. Cuida-se de uma vulnerabilidade residual, que acolhe uma diversidade de condições pontuais ao fato de ser consumidor, por isso fática. Assim, o *fato*, quando presente, do desequilíbrio patrimonial/financeiro entre consumidor e fornecedor, oportuniza a vulnerabilidade econômica[43] como subespécie;

---

39. Para o estudo do tema duas são as obras essenciais: MARQUES, Claudia Lima. *Diálogo das Fontes*: do conflito à coordenação de normas do direito brasileiro. São Paulo: Ed. RT, 2012; e MARQUES, Claudia Lima; MIRAGEM, Bruno (Coord.). *Diálogo das Fontes*: novos estudos sobre a coordenação e aplicação das normas no direito brasileiro. São Paulo: Thomson Reuters Brasil, 2020.
    Em sentido análogo sobre *interesses do consumidor* minuciosa a referência de Claudia Lima Marques em MARQUES, Claudia Lima; BENJAMIN, Antonio Herman V.; MIRAGEM, Bruno. *Comentários ao Código de Defesa do Consumidor*. 5 ed. São Paulo: Ed. RT, 2016, p. 260.
40. MIRAGEM, Bruno. *Curso de Direito do Consumidor*. 8. ed. São Paulo: Ed. RT, 2019, p. 227.
41. MARQUES, Claudia Lima; MIRAGEM, Bruno. *O novo direito privado e a proteção dos vulneráveis*. 2. ed. São Paulo: Ed. RT, 2014.
42. É a posição inicial de Claudia Lima Marques em: MARQUES, Claudia Lima. Contratos no Código de Defesa do Consumidor: o novo regime das relações contratuais. 3. ed. São Paulo: Ed. RT, 1998, p. 147; que após a 5ª edição reconhece a vulnerabilidade informacional como espécie, na edição mais recente, atualizada, revisada e ampliada, assim se manifesta: "Em resumo, em minha opinião existem quatro tipos de vulnerabilidade: a técnica, a jurídica, a fática e a vulnerabilidade básica dos consumidores, que podemos chamar de vulnerabilidade informacional" [MARQUES, Claudia Lima. Contratos no Código de Defesa do Consumidor: o novo regime das relações contratuais. 8. ed. São Paulo: Ed. RT, 2016, p. 326]. Na mesma obra, em nota n. 125, a vulnerabilidade fática é entendida como aspecto amplo que caracteriza o consumidor em situação de insuficiência econômica, física e psicológica.
43. Aqui o desdobramento da vulnerabilidade fática ou *socioeconômica* como sustenta Claudia Lima Marques, "o limite desta vulnerabilidade (reversa e) de prova facilitada pelo poderio do outro parceiro contratual é a própria noção de consumo, pois nas relações com o Estado, privatizadas ou não, é a natureza desta que determina o próprio exame da referida vulnerabilidade técnica". MARQUES, Claudia Lima. *Contratos no Código de Defesa do Consumidor*: o novo regime das relações contratuais. 8. ed. São Paulo: Ed. RT, 2016, p. 334.

e quando o fato econômico estiver reduzido ao espaço processual, a vulnerabilidade fática processual é conhecida como hipossuficiência.[44]

No mesmo sentido, pode-se reconhecer uma vulnerabilidade informacional,[45] amplamente caracterizada seja pelo *fato* da ausência de informação ou pelo *fato* de excesso informacional capaz de vulnerar – apelos publicitários muitas vezes desleais, abusivos, omissos, enganosos, sem precisão e clareza – condiciona a uma outra subespécie. Ainda, o *fato* de haver uma vulnerabilidade anterior à relação (de consumo), já identificada neste estudo como vulnerabilidade personalíssima (ser vulnerável), aponta para um duplo grau de vulnerabilidade (ser + estar vulnerável), como se indica, trata-se da vulnerabilidade fática especial,[46] seguindo as lições da doutrina sobre o tema, tem-se a vulnerabilidade agravada,[47] potencializada, hipervulnerabilidade.[48] As subespécies estariam compreendidas em uma vulnerabilidade geral, salvo a condição agravada que identifica uma vulnerabilidade especial.[49]

Antecede a abordagem das demais espécies de vulnerabilidade do consumidor, o reconhecimento da vulnerabilidade fática (*i*) diante do *fato* de ser consumidor, desdobrada em possíveis subespécies. O *fato* socioeconômico como origem da vulnerabilidade econômica (*i.i*), ainda neste prisma, quando no processo judicial, hipossuficiência (*i.i.i*); o *fato* diante da informação para vulnerabilidade informacional (*i.ii*); o *fato* de uma

---

44. MARQUES, Claudia Lima. *Contratos no Código de Defesa do Consumidor*: o novo regime das relações contratuais. 8. ed. São Paulo: Ed. RT, 2016, p. 335.
45. Em um primeiro momento como espécie da fática e depois agrega situação de espécie. Sobre o tema: MARQUES, Claudia Lima. *Contratos no Código de Defesa do Consumidor*: o novo regime das relações contratuais. 8. ed. São Paulo: Ed. RT, 2016.
46. Para Bruno Miragem "a vulnerabilidade fática é uma espécie ampla, que abrange, genericamente, diversas situações concretas de reconhecimento de debilidade do consumidor. A mais comum, neste caso, é a vulnerabilidade econômica (...). Por outro lado, a vulnerabilidade fática também abrange situações específicas relativas a alguns consumidores (crianças, idoso, analfabeto, doente). Neste sentido, depreende-se daí como subespécie, a vulnerabilidade informacional" em: MIRAGEM, Bruno. *Curso de Direito do Consumidor*. 8. ed. São Paulo: Ed. RT, 2019, p. 200.
47. Sobre a vulnerabilidade agravada do consumidor criança ver a lição em MIRAGEM, Bruno. *Curso de Direito do Consumidor*. 8. ed. São Paulo: Ed. RT, 2019, p. 201-203; sobre vulnerabilidade agravada do consumidor idoso, mesma obra, p. 203-207; vulnerabilidade agravada do consumidor analfabeto, p.207-209; e vulnerabilidade agravada do consumidor deficiente, p. 209-212. Em modo especial a obra guia MARQUES, Claudia Lima; MIRAGEM, Bruno. *O novo direito privado e a proteção dos vulneráveis*. 2. ed. São Paulo: Ed. RT, 2014, p. 131-190, cuida da proteção da criança e do adolescente, do idoso, analfabeto, deficientes, inclusive da proteção das futuras gerações. No mesmo sentido, sobre a proteção dos consumidores hipervulneráveis NISHIYAMA, Adolfo Mamoru. *A proteção constitucional do consumidor*. 2. ed. São Paulo: Atlas, 2010, p. 229-238.
48. O ponto de partida do CDC é a afirmação do Princípio da Vulnerabilidade do Consumidor, mecanismo que visa a garantir igualdade formal-material aos sujeitos da relação jurídica de consumo, o que não quer dizer compactuar com exageros que, sem utilidade real, obstem o progresso tecnológico, a circulação dos bens de consumo e a própria lucratividade dos negócios. REsp 586.316/MG. 17.04.2007, com relatoria do Min. Antonio Herman Benjamin. Sobre a qualificação da vulnerabilidade em hipervulnerabilidade leitura obrigatória em MARQUES, Claudia Lima; MIRAGEM, Bruno. *O novo direito privado e a proteção dos vulneráveis*. 2. ed. São Paulo: Ed. RT, 2014, p. 197-208; no mesmo sentido MIRAGEM, Bruno. *Curso de Direito do Consumidor*. 8. ed. São Paulo: Ed. RT, 2019, p. 201-212.
49. Sobre vulnerabilidade geral e especial, há registro em MARQUES, Claudia Lima. *Contratos no Código de Defesa do Consumidor*: o novo regime das relações contratuais. 8. ed. São Paulo: Ed. RT, 2016, p. 365; ao tema há contribuição oportuna também em DENSA, Roberta. *Direito do Consumidor*. 9 ed. São Paulo: Atlas, 2014.

vulnerabilidade preexistente à relação de consumo que, por associação a esta, amplifica a dimensão da vulnerabilidade e cria a vulnerabilidade agravada (*i.iii*).

Em uma segunda percepção, a vulnerabilidade técnica,[50] como espécie, contempla a fragilidade ou a sensibilidade, termo de preferência ao texto, diante do conhecimento especializado que o fornecedor possui frente ao consumidor.[51] Parte-se do entendimento que, em regra, aquele que fabrica, constrói, produz, assim como as demais atividades que caracterizam o fornecedor ou a cadeia deste, possui informações/conhecimento/formação pontual e privilegiada pela lógica de ser quem dá origem ao produto/serviço, ou no mínimo quem disponibiliza ou patrocina a oferta no mercado de consumo.

A este contexto de vulnerabilidade, tendo como ponto de partida o sentido etimológico de *técnica*, que se encontra na *arte* ou *ofício de* executar atividade em atenção a um procedimento. Em outro ponto, *tecnologia* (técnica+*logos*), em sentido próximo, significa técnica associada à razão, conhecimento, inteligência, "o estudo de transformar".[52] É permitido refletir no contexto das inovações tecnológicas, em especial das novas tecnologias de informação e seus desdobramentos diversos em constante e crescente transformação, com reflexo significativo também nas relações de consumo. Assim, propõe-se uma subespécie da vulnerabilidade técnica (*i*), qual seja: a vulnerabilidade tecnológica (*i.i*).[53] Fortalece-se este entendimento a partir vulnerabilidade digital, da qual aqui se entende ser mais específica que a tecnológica.

O fato que corrobora com esta redação vê na vulnerabilidade digital, tendo por base as relações oriundas da internet, a causa de novos riscos, especialmente os estímulos sensoriais e os apelos emocionais que promovem a oferta como interferência na tomada de decisão do consumidor – nota-se as fraudes com desvio de recursos e a violação de dados,[54] acrescenta-se ainda a publicidade subliminar[55] e a oferta-sedução patrocinada

---

50. MARQUES, Claudia Lima. *Contratos no Código de Defesa do Consumidor*: o novo regime das relações contratuais. 8. ed. São Paulo: Ed. RT, 2016, p. 326. Na mesma obra, a autora, que é acompanhada pela doutrina complementar, refere-se à presunção da vulnerabilidade técnica diante do sistema do CDC quando consumidor pessoa física, ao consumidor profissional a análise do caso concreto mostra-se necessária, como demonstrou na diversidade de julgados que percorrem o intervalo das notas 127 a 142.
51. MIRAGEM, Bruno. *Curso de Direito do Consumidor*. 8. ed. São Paulo: Ed. RT, 2019, p. 199. No mesmo sentido do texto, assim expõe o autor: "ora, as técnicas de fabricação e as características do produto presumem-se ser do conhecimento do fornecedor". Com isso, reforça-se a evidência de uma vulnerabilidade técnica.
52. HOUAISS, Antônio. *Dicionário Houaiss da Língua Portuguesa*. Rio de Janeiro, Ed. Objetiva, 2001.
53. Ainda que com a mesma terminologia, mas em construção distinta (entendimento comum à informação), a professora Cíntia Rosa Pereira de Lima apresenta a ideia de uma vulnerabilidade tecnológica como sinônimo à vulnerabilidade informacional, considerando os aspectos das novas tecnologias na "contratação telemática", em LIMA, Cíntia Rosa Pereira de. Contratos de adesão eletrônicos (shrik-wrao e clickpwrap) e termos e condições de uso (browse-wrap). *Revista de Direito do Consumidor*. v. 133. São Paulo: Ed. RT, 2021, p. 121. Registro a contribuição ao tema e a discussão desta terminologia, em nota de agradecimento, ao professor Guilherme Martins.
54. MIRAGEM, Bruno. Princípio da vulnerabilidade: perspectiva atual e funções no direito do consumidor contemporâneo. In: MIRAGEM, Bruno; MARQUES, Claudia Lima; MAGALHAES, Lúcia Ancona Lopez de. *Direito do Consumidor*: 30 anos do CDC: da consolidação como direito fundamental aos atuais desafios da sociedade. Rio de Janeiro: Forense. 2021, p. 240.
55. MLODINOW, Leonard. *Subliminar*: como o inconsciente influencia nossas vidas. Trad. Claudio Carina. Rio de Janeiro: Zahar, 2013.

aos *digitais influencers*.[56] Condiciona-se assim, o reconhecimento de uma "vulnerabilidade por dependência"[57] que ainda, na função diferenciadora da vulnerabilidade, indica o reconhecimento de uma vulnerabilidade patrimonial e uma vulnerabilidade existencial. Sendo que a primeira é relativa diretamente aos interesses econômicos do consumidor e a segunda envolve o caráter de necessidade de consumo e a exposição de riscos à saúde e segurança.[58]

A vulnerabilidade tecnológica, por sua vez, antecede a digital, sendo mais ampla por contemplar também a sensibilidade ao risco dos consumidores que não dominam o uso das novas tecnologias ou que estão excluídos do consumo digital por insuficiência, deficiência ou inexistência de acesso à internet.[59] A distinção que se aponta tem no acesso o elemento essencial, pois a vulnerabilidade digital envolve consumidores ativos nas relações de consumo digitais e os efeitos que os submetem aos riscos (a internet dá causa a novos riscos); já a vulnerabilidade tecnológica reconhece os consumidores afastados do acesso digital,[60] que pode ser um desdobramento da soma de outras vulnerabilidades ao contexto das novas tecnologias – ao exemplo de uma vulnerabilidade informacional digital pela falta de conhecimento para uso e acesso; e a vulnerabilidade econômica digital em que o custo de acesso, considerando o consumo de produtos e serviços que possibilitem um uso eficaz da rede virtual, não está disponível a todos os consumidores.

4. CONCLUSÃO

A introdução deste ensaio trouxe de forma preliminar considerações sobre os avanços dos instrumentos que aperfeiçoam as práticas de consumo e potencializam desigualdades. Percebe-se que novas são as vulnerabilidades que se fundam no espaço digital em razão das novas tecnologias e afetam as relações de consumo. Ao contexto, foi pertinente revisitar os conceitos, pensar em elementos para uma teoria geral da vulnerabilidade e identificar novas espécies, condizentes aos novos tempos: a vulnerabilidade digital e a tecnológica.

---

56. Ver HAN, Byug-Chul. *No exame*: perspectivas digitais. Trad. Lucas Machado. Petrópolis-RJ: Editora Vozes, 2018.
57. MIRAGEM, Bruno. Princípio da vulnerabilidade: perspectiva atual e funções no direito do consumidor contemporâneo. In: MIRAGEM, Bruno; MARQUES, Claudia Lima; MAGALHAES, Lúcia Ancona Lopez de. *Direito do Consumidor*: 30 anos do CDC: da consolidação como direito fundamental aos atuais desafios da sociedade. Rio de Janeiro: Forense. 2021, p. 240-241.
58. MIRAGEM, Bruno. Princípio da vulnerabilidade: perspectiva atual e funções no direito do consumidor contemporâneo. In: MIRAGEM, Bruno; MARQUES, Claudia Lima; MAGALHAES, Lúcia Ancona Lopez de. *Direito do Consumidor*: 30 anos do CDC: da consolidação como direito fundamental aos atuais desafios da sociedade. Rio de Janeiro: Forense. 2021, p. 257.
59. A Pesquisa Nacional por Amostra de Domicílios Contínua – Tecnologia da Informação e Comunicação (Pnad Contínua TIC) 2018, divulgou em 29 de março, de 2020, pelo Instituto Brasileiro de Geografia e Estatística (IBGE), mostra que uma em cada quatro pessoas no Brasil não tem acesso à internet. A base de dados do ano de 2019, informou que 40 milhões de pessoas no Brasil não usam a rede. Disponível em: https://www.abranet.org.br/Noticias/IBGE. Acesso em: 16 m aio 2021.
60. Para Gustavo Cardoso a rede de tecnologias não é o mero produto de uma convergência tecnológica, mas sim de uma forma de organização social criada por quem dela faz uso. CARDOSO, Gustavo. *A mídia na sociedade em rede*: filtros, vitrines, notícias. Rio de Janeiro: Editora FGV. 2007, p. 32.

A informação assume papel de extrema importância no contexto de ser ou estar vulnerável. Se a vulnerabilidade informacional em tempos passados estava no fato da ausência de informação ou não sendo esta clara, hoje permeia todo o campo das relações de consumo e se depara com o paradigma da informação-produto. O consumidor que outrora clamava em tutela por informação, configura, atualmente, na informação dele próprio (dados pessoais) a exigência de proteção. A vulnerabilidade informacional que lhe vulnerava pela falta passou a vulnerar pelo excesso, em que a capacidade de risco está também nas informações que ele mesmo produz. Eis o paradoxo da vulnerabilidade informacional.

Em sentido linear, a vulnerabilidade fática, técnica e jurídica tem na sua essência a vulnerabilidade de informação. Observa-se na vulnerabilidade fática o *fato* da ausência de informação ou o *fato* de excesso informacional. Na vulnerabilidade agravada há a falta de capacidade plena para compreensão da informação (ao caso de crianças). Já na vulnerabilidade técnica a informação é o elemento para entender o conhecimento especializado. A vulnerabilidade digital, ao enfrentar estímulos sensoriais e apelos emocionais, tem na informação o motor para interferir na tomada de decisão. A informação também permeia a vulnerabilidade tecnológica quando vista na percepção de uma vulnerabilidade informacional digital.

Ao conceito possível que possa ser desenhado para vulnerabilidade do consumidor, é de extrema relevância não delimitar, sob pena de restringir o reconhecimento da tutela e a aplicabilidade da norma. Contudo, por mais diversos que sejam os aspectos de análise, o Código de Defesa do Consumidor ao reconhecer a vulnerabilidade no mercado de consumo, elevando-a a princípio, efetiva a previsão legal da *vulnerabilidade fática* absoluta e presumida, com desdobramento em uma *vulnerabilidade técnica*, *vulnerabilidade jurídica* e a *vulnerabilidade informacional lato sensu*, seja em escopo geral ou especial (*vulnerabilidade agravada*).

A contemporaneidade não pode ser vista de outra forma que não seja pela potencialização do desequilíbrio crescente e constante entre consumidor e fornecedor. Novos tempos apontam novas vulnerabilidades ou potencializam vulnerabilidades clássicas. O mundo fático desafia o mundo jurídico a atender as necessidades dos consumidores com respeito à sua dignidade. Para tanto, em padrões mínimos, reconhecer a vulnerabilidade é permitir relações de consumo seguras, com proteção aos interesses econômicos, assegurando qualidade de vida, transparência e equilíbrio às relações de consumo.

A vulnerabilidade mais do que fragilidade, deve ser entendida como sensibilidade, por ser o humano sujeito à qualidade de ser sensível. Reconhecida a condição humana de estar em situação de risco, é a sensibilidade a este que proporciona a situação de vulnerável, pois o humano não é insignificante ao risco, ou seja, não é insensível, por isso ser ou estar vulnerável adota a premissa de ser ou estar sensível, uma vez que não há um estar humano, se é humano, consequentemente sujeitos a humanidades.

Assim, como referido no texto, a vulnerabilidade técnica, tendo como ponto de partida o sentido etimológico de *técnica*, que se encontra na *arte* ou *ofício de* executar atividade em atenção a um procedimento. Em outro ponto, *tecnologia* (técnica+*logos*), em sentido próximo, significa técnica associada à razão, conhecimento, inteligência, "o estudo de transformar".[61] É permitido refletir no contexto das inovações tecnológicas, em especial das novas tecnologias de informação e seus desdobramentos diversos em constante e crescente transformação, com reflexo significativo também nas relações de consumo. Propõe-se uma subespécie da vulnerabilidade técnica (*i*), qual seja: a vulnerabilidade tecnológica (*i.i*).[62] Fortalece-se este entendimento a partir vulnerabilidade digital, da qual aqui se entende ser mais específica que a tecnológica. Esta, por sua vez, antecede a digital, sendo mais ampla por contemplar também a sensibilidade ao risco dos consumidores.

---

61. HOUAISS, Antônio. *Dicionário Houaiss da Língua Portuguesa*. Rio de Janeiro, Ed. Objetiva, 2001.
62. Ainda que com a mesma terminologia, mas em construção distinta (entendimento comum à informação), a professora Cíntia Rosa Pereira de Lima apresenta a ideia de uma vulnerabilidade tecnológica como sinônimo à vulnerabilidade informacional, considerando os aspectos das novas tecnologias na "contratação telemática", em LIMA, Cíntia Rosa Pereira de. Contratos de adesão eletrônicos (shrik-wrao e clickpwrap) e termos e condições de uso (browse-wrap). *Revista de Direito do Consumidor*. v. 133. São Paulo: Ed. RT, 2021, p. 121. Registro a contribuição ao tema e a discussão desta terminologia, em nota de agradecimento, ao professor Guilherme Martins.

ASSÉDIO DE CONSUMO E VULNERABILIDADE: A CONTRIBUIÇÃO DA LEI 14.181/2021 PARA A SANÇÃO DE INEXISTÊNCIA DA CONTRATAÇÃO EM ASSÉDIO PELO ART. 46 DO CDC

Claudia Lima Marques

Sumário: 1. Introdução – 2. Vulnerabilidade e marketing: do 'abuso de fraqueza' dos hipervulneráveis, ao assédio de consumo em geral e ao novo marketing; 2.1 Proteção do consumidor ingênuo, 'desfavorecido', hipervulnerável e o Art. 39, IV do CDC: o 'abuso da fraqueza'; 2.2 Assédio como prática comercial que retira a liberdade de escolha do consumidor: prática abusiva agressiva e o exemplo da Diretiva Europeia 2005/29 – 3. Assédio de consumo como gênero de prática abusiva e agressiva na lei 14.181/2021 e sua sanção pelo art. 46 Do CDC – 4. Considerações finais.

1. INTRODUÇÃO

Colaborar nesta bela obra sobre vulnerabilidade da colega e amiga Fabiana Barletta, que tive a honra de orientar em pós-doutorado, é um grande prazer. Cumprimento, assim, efusivamente todos os organizadores por enfrentarem este importante tema do novo Direito Privado: a vulnerabilidade.[1]

Vulnus, vulnerare, em latim, são a origem da expressão vulnerabilidade e significam ferida, ferir.[2] Como costumo comentar, a palavra 'vulnerabilidade' sequer aparece no Código Civil de 2002, mas está presente em muitos microssistemas, como o Código de Defesa do Consumidor (CDC), o Estatuto do Idoso, Estatuto da Criança e Adolescente e daí repercute, em diálogo[3] das fontes, para todo o sistema. A Lei 14.181, de 1 de julho de 2021 atualizou o CDC para incluir dois capítulos sobre prevenção e tratamento do superendividamento do consumidor e reforçou a proteção dos vulneráveis introduzindo a figura da vulnerabilidade agravada (Art. 54-C, IV) e mencionando também, expres-

---

1. Veja nossos estudos, MARQUES, Claudia Lima. Algumas observações sobre a pessoa no mercado e a proteção dos vulneráveis no Direito Privado. In: GRUNDMAN, Stefan; MENDES, Gilmar; MARQUES, Claudia Lima; BALDUS, Christian e MALHEIROS, Manuel. *Direito Privado, Constituição e Fronteiras. Encontros da Associação Luso-Alemã de Juristas no Brasil*. 2. ed. São Paulo: Ed. RT, 2014. p. 287-331 e a obra MARQUES, Claudia Lima. MIRAGEM, Bruno. *O novo direito privado e a proteção dos vulneráveis*. 2. ed. São Paulo: Ed. RT, 2014.
2. Assim ensina FIECHTER-BOULVARD, Frédérique. La notion de vulnérabilité et sa consécration par le droit. In: COHET-CORDEY, Frédérique (Org.). *Vulnérabilité et droit: le développement de la vulnérabilité et ses enjeux en droit*. Grenoble: Presses Universitaires de Grenoble, 2000. p. 14, nota 5.
3. Sobre diálogo das fontes, veja MARQUES, C. L. Nota sobre o diálogo das fontes no direito do consumidor: uma homenagem a Draiton Gonzaga de Souza. In: OLIVEIRA, Elton Somensi de; CORDIOLI, Leandro (Org.). *Filosofia e Direito*: um Diálogo Necessário para a Justiça. Porto Alegre: Editora Fi, 2018, v. 1 (recurso eletrônico), p. 83-100.

samente, a proteção dos idosos, analfabetos e doentes, quando menciona o assédio de consumo para fornecer 'produto, serviço ou crédito'.

Gostaria assim de aproveitar o convite e aprofundar meus estudos já parcialmente publicados,[4] agora com a edição da atualização do CDC pela Lei 14.181/2021, que introduziu no Brasil essa figura do 'assédio de consumo'. Se já conhecíamos a noção de 'abuso de fraqueza' (mais conhecida pela expressão francesa *abus de faiblesse*),[5] a expressão 'assédio de consumo' deixa clara a agressividade da conduta dos fornecedores de produtos, serviços e crédito, os quais para venderem e conquistarem clientes, ultrapassam os limites da boa-fé, pressionam, retiram a autonomia/liberdade de escolha do consumidor[6] e tiram vantagem das vulnerabilidades dos consumidores, utilizando técnicas de marketing e os avanços da tecnologia.

Em outras palavras, quero refletir neste artigo sobre a umbilical relação entre vulnerabilidade e assédio de consumo, que a atualização do CDC considerou figura geral, aplicável não somente ao fornecimento de crédito – tema principal da Lei 14.181/2021 –, mas ao fornecimento de qualquer produto ou serviço. Destaque-se que o consumidor é reconhecido como vulnerável por lei, por força do Art. 4, I do Código de Defesa do Consumidor, que tem origem em discriminação positiva constitucional, uma vez que a Constituição Federal (CF/1988) impõe ao Estado o dever de promover 'a defesa do consumidor' na forma da lei (Art. 5º, XXXII da CF/1988). O que a atualização do CDC, através da Lei 14.181/2021 faz é consolidar a noção que existem consumidores 'duplamente' vulneráveis ou consumidores mais 'vulneráveis' ou com 'vulnerabilidade agravada', dentro deste grupo de consumidores, e traz novas regras para os proteger das práticas comerciais abusivas, as quais hoje justamente focam nesses grupos, o chamado 'marketing dirigido'.

Como afirmei,[7] a vulnerabilidade é um estado *a priori*, é o estado daquele que pode ter um ponto fraco, uma ferida (*vulnus*),[8] aquele que pode ser "ferido" (*vulnerare*) ou é vítima facilmente.[9] Se dentre os consumidores, existem consumidores com vulnerabilidade agravada, seja pela idade (idosos, jovens mais inexperientes[10] e, mesmo, crian-

---

4. Veja o capítulo de livro sobre o tema, MARQUES, Claudia Lima. A vulnerabilidade dos analfabetos e dos idosos na sociedade de consumo brasileira: primeiros estudos sobre a figura do assédio de consumo. In: MARQUES, Claudia Lima; GSELL, Beate. (Org.). *Novas tendências do Direito do Consumidor*: Rede Alemanha-Brasil de Pesquisas em Direito do Consumidor. São Paulo: Ed. RT, 2015, p. 46-87.
5. Veja, por todos, BOURRIER, Christoph. *La faiblesse d'une partie au contrat*. Louvain-la-Neuve: Bruylant, 2003.
6. Veja, defendendo esta tese, nosso estudo publicado na Alemanha, MARQUES, C. L.; MIRAGEM, B. N. B. Autonomia dos vulneráveis no direito privado brasileiro. In: GRUNDMAN, Stefan; BALDUS, Christian; DIAS, Rui; KIRSTE, Stephan; MARQUES, Claudia Lima; MENDES, Laura; VICENTE, Dário Moura. (Org.). *Autonomie im Recht*. Baden-Baden: Nomos, 2016, v. , p. 17-59.
7. MARQUES, Claudia Lima. *Contratos no Código de Defesa do Consumidor*. 9. ed. São Paulo: Ed. RT, 2019, p. 310 e s.
8. LACOUR, Clémence. *Vieillesse et vulnérabilité*. Marseilles: Presses Universitaires d'Aix Marseille, 2007. p. 28.
9. Veja, por todos: FIECHTER-BOULVARD, Frédérique. La notion de vulnérabilité et sa consécration par le droit. In: COHET-CORDEY, Frédérique (Org.). *Vulnérabilité et droit*: le développement de la vulnérabilité et ses enjeux en droit. Grenoble: Presses Universitaires de Grenoble, 2000. p. 16 e ss.
10. RAMSAY, Iain. The alternative consumer credit market and financial sector: regulatory issues and approaches. *The Canadian Business Law Journal*, v. 35, n. 3, p. 328. October 2001.

ças), seja pela situação em que se encontram (superendividados, migrantes, turistas, como afirma a Resolução GMC 11/2021 do Mercosul); seja por sua condição pessoal (os analfabetos e analfabetos funcionais; as pessoas com deficiência visual, auditiva e mental; doentes); certo é que estes hipervulneráveis merecem do Direito uma proteção 'qualificada' ou aumentada e mais efetiva. Tendo em vista a recente prática do mercado de 'assediar' com ofertas e intermediários especializados estes 'subgrupos' de consumidores (a prática comercial abusiva denominado de 'assédio de consumo' pelo CDC), devemos procurar uma resposta efetiva do Direito do Consumidor.

Minha hipótese de trabalho é que a Lei 14.181, que entrou em vigor em 2 de julho de 2021 contribui para o direito do consumidor, não só ao atualizar o CDC[11] em geral, mas ao estabelecer a relação forte entre a figura do assédio de consumo para fornecedor 'produto, serviço ou crédito' (como especifica o Art. 54-C, IV do CDC atualizado), o marketing e a vulnerabilidade dos consumidores, especialmente a vulnerabilidade agravada e relembra ao aplicador da lei – magistrado, membro do Ministério Público, Defensor Público, advogado privado e público e servidores de Procons –, que o Art. 46 do CDC afirma que tais contratos, assinados em virtude do assédio de consumo e outras práticas abusivas, não podem 'obrigar' o consumidor, muito menos o hipervulnerável, logo, devem ser declarados inexistentes. Somente com uma sanção efetiva e forte – que impedirá que se lucre com as práticas comerciais abusivas e com o assédio de consumo – haverá uma mudança de comportamento em nosso mercado, tão agressivo e desrespeitoso, especialmente com os mais vulneráveis dentre os consumidores.

Neste sentido, gostaria de dividir minhas observações em duas partes: uma primeira sobre vulnerabilidade e marketing, analisando a evolução do 'abuso de fraqueza' ao assédio de consumo em geral e dos hipervulneráveis e o novo marketing, especialmente o marketing digital dirigido ou com uso da inteligência artificial, e a segunda sobre a nova figura do assédio de consumo como gênero de prática abusiva e agressiva na Lei 14.181/2021, que renova também os artigos 34, 37, 39, 42, 46, 48, 51 e 54 do CDC, e destacar assim a necessidade de uso da sanção de inexistência do pouco usado Art. 46 do CDC, em conjunto com as novas regras sobre abuso e assédio de consumo do CDC. Vejamos.

2. VULNERABILIDADE E MARKETING: DO 'ABUSO DE FRAQUEZA' DOS HIPERVULNERÁVEIS, AO ASSÉDIO DE CONSUMO EM GERAL E AO NOVO MARKETING

A vulnerabilidade é a pedra de toque de todo o CDC, visando garantir a igualdade nas contratações e reequilibrar a situação de consumo, como ensina o STJ:

> O ponto de partida do CDC é a afirmação do Princípio da Vulnerabilidade do Consumidor, mecanismo que visa a garantir igualdade formal-material aos sujeitos da relação jurídica de consumo, o que não quer dizer compactuar com exageros que, sem utilidade real, obstem o progresso tecnológico, a cir-

---

11. BENJAMIN, Antonio H.; MARQUES, Claudia Lima. *Relatório-Geral da Comissão de Juristas- Atualização do Código de Defesa do Consumidor*. Presidência do Senado Federal: Brasília, 2012.

culação dos bens de consumo e a própria lucratividade dos negócios (REsp 586316/MG, Rel. Ministro Herman Benjamin, Segunda Turma, julgado em 17.04.2007, DJe 19.03.2009).

A nova regra do assédio de consumo do CDC, introduzida em 1º de julho de 2021, pela Lei 14.181/2021 de Atualização do CDC é a seguinte:

> Art. 54-C. É vedado, expressa ou implicitamente, na oferta de crédito ao consumidor, publicitária ou não:
> (...)
> IV – *assediar* ou pressionar o consumidor para contratar o *fornecimento de produto, serviço ou crédito*, principalmente se se tratar de consumidor *idoso, analfabeto, doente ou em estado de vulnerabilidade agravada* ou se a contratação envolver *prêmio*... (grifo nosso).

Nesta parte queremos destacar as origens desta figura no CDC, a sua previsão desde 1990 enquanto abuso de fraqueza, agora qualificada, agora qualificada para além do crédito e do 'impingir' produtos e serviços e a relação entre assédio de consumo de marketing e da hipervulnerabilidade, como prática comercial abusiva que não deve ser tolerada no mercado brasileiro.

A) Do abuso de fraqueza do Art. 39, IV ao assédio de consumo como gênero de prática comercial abusiva: Origens da figura do assédio de consumo

Como ensina a doutrina europeia,[12] a 'fraqueza' (faiblesse) de uma das partes da relação jurídica pode perturbar a ordem jurídica, pois esta tem normalmente como base a ideia de igualdade de forças e quando a exceção se revela, que um dos contratantes é mais fraco, há uma exceção a ser considerada. No Brasil, o CDC, desde sua entrada em vigor em 1991, já possuía várias normas, que veremos aqui, no sentido de proibir o abuso 'da fraqueza' especial do consumidor em determinadas situações, como o abuso em situações de maior vulnerabilidade, como na cobrança de dívidas (Art. 42), na contratação através de intermediário e massificada (Art. 34 combinado com os Artigos 30, 31, 33, 46 e 54) e na venda fora do estabelecimento comercial (Art. 49) e, em especial, como em matéria de contratação agressiva, para impingir produto ou serviço, especialmente aos mais vulneráveis prevista na lista de práticas comerciais abusivas do Art. 39, IV. A estas normas se somam as normas incluídas pela Lei 14.181/2021, especialmente os Artigos 54-C, 54-D e 54-G.

2.1 Proteção do consumidor ingênuo, 'desfavorecido', hipervulnerável e o Art. 39, IV do CDC: o 'abuso da fraqueza'

A expressão 'hipervulnerabilidade', criada por Antônio Herman Benjamin para destacar a situação de vulnerabilidade agravada de alguns grupos de consumidores, doentes, crianças, idosos, dentre outros, acabou se consolidando na jurisprudência das cortes superiores, relembre-se assim o *leading case*:

---

12. BOURRIER, Christoph. *La faiblesse d'une partie au contrat*. Louvain-la-Neuve: Bruylant, 2003, p. 15.

Ao Estado social importam não apenas os vulneráveis, mas sobretudo os *hipervulneráveis*. (...) Ser diferente ou minoria, por doença ou qualquer outra razão, não é ser menos consumidor, nem menos cidadão, tampouco merecer direitos de segunda classe ou proteção apenas retórica do legislador (Superior Tribunal de Justiça. In Recurso Especial n. 586.316-MG. Rel. Min. Antonio Herman Benjamin. j. 17.04. 2007).

Na literatura brasileira, é muito aceita[13] a expressão hipervulnerabilidade do consumidor, como um somar de vulnerabilidades (consumidor+idoso,[14] consumidor+criança,[15] consumidor+analfabeto[16]). Assim também na vizinha na Argentina,[17] mas há críticas na literatura internacional, pois a noção não estava definida em lei.[18]

Recentemente, o Mercosul consolidou a expressão hipervulnerabilidade,[19] e ainda a definiu na Resolução 11/21, *Proteção ao consumidor hipervulnerável, e as suas causas:*[20]

---

13. Veja, por todos, NISHIYAMA, Adolfo Mamoru. DENSA, Roberta. A proteção dos consumidores hipervulneráveis: os portadores de deficiência, os idosos, as crianças e os adolescentes. *Revista de Direito do Consumidor* 76, p. 13 e s.
14. Veja, por todos, DOLL, Johannes; CAVALAZZI, Rosângela. 'Withhoulding Credit' and Elderly Overindebtedness, MARQUES, C. L.; WEI, Dan. (Org.). Consumer Law and Socioeconomic Development: National and International Dimensions. Cham: Springer, 2017. p. 421-446. LACOUR, Clémence. *Vieillesse et vulnerabilité*. Marseille: Presses Universitaires d'Aix Marseille, 2007 e CHALFUN, Gustavo Oliveira. *Situação Jurídica e direitos fundamentais do consumidor idoso*. Belo Horizonte: Del Rey, 2017.
15. Veja sobre o tema BERTONCELLO, Karen. Os efeitos atuais da publicidade na "vulnerabilidade agravada": como proteger as crianças consumidoras? *Revista de Direito do Consumidor* 90, p. 91-115 e MARQUES, C. L. Criança e Consumo: contribuição ao estudo da vulnerabilidade das crianças no mercado de consumo brasileiro. *Revista de Direito Civil Contemporâneo*, v. 14, p. 101-129, 2018.
16. Veja, por todos, MARQUES, Claudia Lima. A vulnerabilidade dos analfabetos e dos idosos na sociedade de consumo brasileira: primeiros estudos sobre a figura do assédio de consumo. In: MARQUES, Claudia Lima; GSELL, Beate. (Org.). *Novas tendências do Direito do Consumidor*: Rede Alemanha-Brasil de Pesquisas em Direito do Consumidor. São Paulo: Ed. RT, 2015, p. 46 e s.
17. BAROCELLI, Sergio S. Hacia la construcción de la categoría de consumidores hipervulnerables. In: BAROCELLI, Sergio S. (Dir.). *Consumidores Hipervulnerables*. Ciudad Autónoma de Buenos Aires: Ed. El Derecho, 2018, p. 9, ff.
18. Veja PAISANT, Gilles. *Défense et illustration du Droit de la Consommation*, Paris: Lexis-Nexis, 2015, S. 245: „Au Brésil, où le Code de 1990 reconnaît également, de manière expresse, la vulnerabilité du consommateur dans le marché, est apparu le concept de consommateur ,hypervulnérable". Trouvant les éléments d´une base juridique à la fois dans la constitution fédérale de 1988 accordant une attention spéciale aux personnes em situation de fragilité ou de deficience particulière et dans le code de protection des consommateurs, ce concept est aujourd'hui reconnu par la doctrine et consacré par la jurisprudence du Tribunal Supérieur de Justice. Il s'applique notamment aus enfants et adolescents ainsi qu´aux personnes âgées ou handicapées. Mais, tant au Pérou qu'au Brésil, cette catégorie particulière de consommateurs ne paraît pas bien définie avc précision... ce qui engendre une certaine insécurité juridique".
19. MERCOSUL/GMC/RES. 11/21, Proteção ao consumidor hipervulnerável, acessível in 85763_RES_011-2021_PT_Protecao Consumidor Hipervulneravel.docx (live.com) (28.07.22).
20. Assim o texto acessível in 85763_RES_011-2021_PT_Protecao Consumidor Hipervulneravel.docx (live.com), 30.07.22). Veja as causas da hipervulnerabilidade ali consolidadas: "Art. 2º Podem constituir causas de hipervulnerabilidade, entre outras: a) ser criança ou adolescente; b) ser idoso, conforme a Convenção Interamericana sobre a Proteção dos Direitos Humanos dos Idosos; c) ser pessoa com deficiência; d) ter a condição de pessoa migrante; e) ter a condição de pessoa turista; f) pertencer a comunidades indígenas, povos originários ou minorias étnicas; g) encontrar-se em situação de vulnerabilidade socioeconômica; h) pertencer a uma família monoparental a cargo de filhas/os menores de idade ou com deficiência; i) ter problemas graves de saúde. As causas de hipervulnerabilidade às quais se refere este artigo devem ser analisadas conforme o caso concreto e em perspectiva de integração entre políticas públicas".

Art. 1º Considerar como consumidores em situação de hipervulnerabilidade as pessoas físicas com vulnerabilidade agravada, desfavorecidos ou em desvantagem por razão de sua idade, estado físico ou mental, ou circunstâncias sociais, econômicas, étnicas e/ou culturais que provoquem especiais dificuldades para exercer com plenitude seus direitos como consumidores no ato concreto de consumo que realizarem. A presunção de hipervulnerabilidade não é absoluta e deve ser atendida no caso concreto, em função das circunstâncias da pessoa, tempo e local.

Apesar de ainda não internalizada, a Resolução GMC Mercosul 11/2021 constitui, sem dúvida, princípio geral de direito da região e texto internacional já assinado e aceito pelo Brasil, conforme o Art. 7º do CDC e neste sentido pode ser usado em casos práticos de direito do consumidor no Brasil hoje.

Da mesma forma, o CDC passa a receber a menção aos idosos, analfabetos, doentes e pessoas com vulnerabilidade agravada no referido Art. 54-C, IV do CDC. Cabe mencionar que, em 2015, na revisão das Diretrizes da ONU sobre Proteção dos Consumidores (UNGCP), a menção a consumidores 'desavantajados' ou 'desfavorecidos (consumidores pobres e de áreas rurais, *disadvantages*), existente desde 1985, foi complementada pela expressão '*vulnerables and disadvantages*' (Guideline 4, d), bem no sentido de consumidores mais 'vulneráveis' dos que os demais. Fortemente influenciado pela atualização das Diretrizes da ONU (UNGCP 2015) e pelo *Anteproyecto de Ley de Defensa del Consumidor* da Argentina, o Mercosul, na Resolução GMC 36/19, também consolidou o "Princípio da Proteção especial de consumidores em situação de vulnerabilidade e desvantagem".

Se o Art. 54-C, IV menciona os hipervulneráveis, nominando, a figura do assédio de consumo é geral para proteger *todos os consumidores* contra estas práticas comerciais agressivas e assediosas. E se for um hipervulnerável, a resposta do Direito e da Justiça deve ser ainda mais forte, como ensina o STJ: "Na proteção dos vulneráveis e, com maior ênfase, dos hipervulneráveis, na qual o legislador não os distingue, descabe ao juiz fazê-lo, exceto se for para ampliar a extensão, o grau e os remédios em favor dos sujeitos especialmente amparados" (STJ, REsp 1064009/SC, Rel. Ministro Herman Benjamin, Segunda Turma, julgado em 04.08.2009, DJe 27.04.2011). Como já afirmei, devemos aprender as lições do direito comparado e passar a interpretar os contratos de forma diferenciada conforme a presença ou não desse hipervulnerável.

A jurisprudência brasileira tem reconhecido a necessidade de proteger os consumidores mais crédulos, os doentes e os consumidores com vulnerabilidade agravada, como demonstra em bela decisão sobre produto que anunciava a cura do câncer, afirmando: "A vulnerabilidade informacional agravada ou potencializada, denominada hipervulnerabilidade do consumidor, prevista no art. 39, IV, do CDC, deriva do manifesto desequilíbrio entre as partes" (REsp 1329556/SP, rel. Min. Ricardo Villas Bôas Cueva, 3ª T., j. 25.11.2014, *DJe* 09.12.2014). Agora o Art. 54-C, IV reforça este mandamento.

Na jurisprudência também especial atenção tem sido dada à proteção nos contratos bancários às pessoas com deficiência,[21] assim ensina o STJ em caso sobre a versão para o

---

21. Veja, por todos, NISHIYAMA, Adolfo Mamoru. *A proteção jurídica das pessoas com deficiência nas relações de consumo*. Curitiba: Juruá, 2016, p. 195 e s.

braile dos contratos sobre a necessidade de efetividade na informação, conforme o caso concreto e a hipervulnerabilidade:

> 2. O Código de Defesa do Consumidor estabelece entre os direitos básicos do consumidor, o de ter a informação adequada e clara sobre os diferentes produtos e serviços (CDC, art. 6º, III) e, na oferta, que as informações sejam corretas, claras, precisas, ostensivas e em língua portuguesa (art. 31), devendo as cláusulas contratuais ser redigidas de maneira clara e compreensível (arts. 46 e 54, § 3º). 3. A efetividade do conteúdo da informação deve ser analisada a partir da situação em concreto, examinando-se qual será substancialmente o conhecimento imprescindível e como se poderá atingir o destinatário específico daquele produto ou serviço, de modo que a transmissão da informação seja adequada e eficiente, atendendo aos deveres anexos da boa-fé objetiva, do dever de colaboração e de respeito à contraparte. 4. O método Braille é oficial e obrigatório no território nacional para uso na escrita e leitura dos deficientes visuais e a sua não utilização, durante todo o ajuste bancário, impede o referido consumidor hipervulnerável de exercer, em igualdade de condições, os direitos básicos, consubstanciando, além de intolerável discriminação e evidente violação aos deveres de informação adequada, vulneração à dignidade humana da pessoa deficiente (STJ, REsp 1349188/RJ, Rel. Ministro Luis Felipe Salomão, Quarta Turma, julgado em 10.05.2016, DJe 22.06.2016).

Como mencionamos,[22] o termo "assédio de consumo" foi utilizado pela Diretiva europeia sobre práticas comerciais abusivas e daí chegou à atualização do CDC. A Diretiva europeia 2005/29/CE, em seu art. 8, utiliza como termo geral o de "prática agressiva" e incluí, como espécies, o assédio (*harassment*), a coerção (*coercion*), o uso de força física (*physical force*) e a influência indevida (*undue influence*). A opção do legislador brasileiro foi a de considerar o "assédio de consumo" como o gênero para todas as práticas comerciais agressivas que limitam a liberdade de escolha do consumidor. O CDC não utilizava a expressão "assédio de consumo", mas, sim, *prevalecimento* "da fraqueza ou ignorância do consumidor, tendo em vista sua idade, saúde, conhecimento ou condição social" (art. 39, IV) e *aproveitamento* "da deficiência de julgamento e experiência da criança" quanto à publicidade abusiva (art. 37, § 2º). O espírito era o mesmo, mas a utilização do Art. 39, IV em virtude – me parece – do uso do verbo 'impingir' produto ou serviço era de pequena utilização, ao exigir 'prova' da pressão praticamente irresistível. Neste sentido, a redação do atual Art. 54-C, IV é mais pedagógica e coloca o ônus da prova para o fornecedor, uma vez que é ele que deve controlar seus intermediários e prepostos para não realizarem conduta expressamente vedada. Negativo na redação do Art. 54-C, IV é o seu caput, pois menciona a oferta de crédito, com assédio, mas ao mencionar os produtos e serviços ou crédito no inciso, bem indica que esta oferta é a oferta geral (no Brasil tudo é ofertado com crédito e a vista ao mesmo tempo) de nosso mercado, logo, que o assédio de consume é figura – como aqui estamos defendendo – geral e não restrita à problemática do superendividamento. É complemento do Art. 39 do CDC, como o PLS 283, 2012 especificava: uma prática *commercial abusive* e geral!

---

22. Veja MARQUES, Claudia Lima; LIMA, Clarissa Costa de. Cap. 5. In: BENJAMIN, Antonio Herman, MARQUES, Claudia Lima; LIMA, Clarissa Costa de; VIAL, Sophia Martini. *Comentários à Lei 14.181/2021*, São Paulo: Ed. RT, 2021, p. 264.

2.2 Assédio como prática comercial que retira a liberdade de escolha do consumidor: prática abusiva agressiva e o exemplo da Diretiva Europeia 2005/29

No processo de atualização do CDC, a Comissão de Juristas, coordenada pela e. Min. Antonio Herman Benjamin, introduziu no direito brasileiro a figura do combate ao assédio de consumo, nominando estratégias assediosas de marketing muito agressivas e de marketing focado em grupos de consumidores, *targeting* muitas vezes nos mais vulneráveis do mercado, idosos e analfabetos em dois projetos: no PL 3515/2015, que virou a Lei 14.181/2021, mas também no PL 3514/2015 sobre o comércio eletrônico. No relatório-geral da Atualização do CDC, ponderamos que estas normas fazem parte de um reforço na dimensão ético-inclusiva e solidarista do CDC.[23]

No PL 3514/2015, que ainda não foi votado e encontra-se no plenário da Câmara (oriundo do PLS 281/2012 da Comissão de Juristas), cria-se um novo direito básico dos consumidores, proibindo qualquer forma de discriminação e assédio de consumo, reforçando a liberdade de escolha, ao incluir um novo direito básico do consumidor nos seguintes termos:

> Art. 6º ...
>
> XII – a liberdade de escolha, em especial frente a novas tecnologias e redes de dados, sendo vedada qualquer forma de discriminação e assédio de consumo.

Apesar do PL 3514,2015 não ter ainda sido aprovado, a Lei 14.181/2021 já traz a figura do assédio de consume e veda esta prática. Destaque-se que a opção do legislador brasileiro foi de considerar assédio de consumo o gênero para todas as práticas comerciais agressivas, que limitam a liberdade de escolha do consumidor, seja no fornecimento de crédito, seja no fornecimento de produtos ou serviços.

Trata-se, pois, de uma figura abusiva e vedada em geral e não somente no crédito, caracterizada pela 'pressão' e pelo 'assédio' (insistência, forte, prevalecimento das fraquezas etc.). A Diretiva europeia sobre práticas comerciais abusivas, Diretiva 2005/29/CE, em seu art. 8º utiliza como termo geral, o de prática agressiva, ai incluídas como espécies, o assédio (*harassment*), a coerção (*coercion*), o uso de força física (*physical force*) e influência indevida (*undue influence*).[24] O CDC aceitou o assédio de consume como gênero de todas essas novas (e velhas... já culminadas no Art. 39, IV) práticas comerciais agressivas.

Podemos definir, para fins pedagógicos, a figura abusiva do assédio de consumo, presente no Art. 54-C, IV do CDC, como a pressão agressiva ou assediosa, a pressão insistente ou indevida contra o consumidor, que ataca sua liberdade de escolha e sua

---

23. BENJAMIN, Antonio Herman, MARQUES, Claudia Lima. *Relatório-Geral da Comissão de Juristas* – Atualização do Código de Defesa do Consumidor. Brasília: Presidência do Senado Federal, 2012, p. 23 e 24.
24. HOWELS, Geraint. Agressive Commercial Practices. In: HOWELS, Geraint. MICKLITZ, Hans –W. WILHELMSSON, Thomas. *European fair trading law. The unfair commercial practices directive*. Hampshire: Ashgate, 2006, p. 168.

reflexão, como a estratégia de marketing que se prevalece da fraqueza específica de um grupo de consumidores ou do consumidor, a estratégia de marketing que se aproveita de uma situação especial de pressão, de emergência, de premência ou de deficiência de julgamento do consumidor, em especial se idoso, analfabeto, doente, com vulnerabilidade agravada ou através de prêmios oferecidos na eventual contratação. É figura europeia nova que vem a complementar a lista já existente de práticas abusivas do Art. 39 do CDC[25] e do marketing abusivo do Art. 37, § 2º do CDC.

B) Vulnerabilidade do consumidor frente aos novos tipos de marketing dirigido e a vedação do abuso de direito

Como já mencionei,[26] a vulnerabilidade do consumidor se distingue em vulnerabilidade técnica, jurídica, fática e informacional. Na *vulnerabilidade técnica*,[27] o consumidor não possui conhecimentos específicos sobre o objeto que está adquirindo e, portanto, é mais facilmente enganado quanto às características do produto ou quanto à sua utilidade, o mesmo ocorrendo em matéria de serviços.[28] Já a *vulnerabilidade jurídica* ou científica[29] é falta de conhecimentos jurídicos específicos, conhecimentos de contabilidade ou de economia.[30] Como ensina o STJ, o fornecedor deve presumir que consumidor *stricto*

---

25. Veja a doutrina sobre práticas abusivas, os artigos de SAYEG, Ricardo Hasson. Práticas comerciais abusivas. *Revista de Direito do Consumidor* 7, p. 37 e s. SENISE, Roberto Lisboa. Prática comercial abusiva. *Revista de Direito do Consumidor* 39, p. 199-204, jul.-set. 2001. PFEIFFER, Roberto C. Proteção do consumidor e defesa da concorrência. Paralelo entre práticas abusivas e infrações contra a ordem econômica. *Revista de Direito do Consumidor* 78, p. 131 e s. E o livro de SILVEIRA, Reynaldo Andrade da. *Práticas mercantis no direito do consumidor*. Curitiba: Juruá, 1999.
26. Este parágrafo reproduz o texto já publicado in MARQUES, Claudia Lima. A vulnerabilidade dos analfabetos e dos idosos na sociedade de consumo brasileira: primeiros estudos sobre a figura do assédio de consumo. In: MARQUES, Claudia Lima; GSELL, Beate. (Org.). *Novas tendências do Direito do Consumidor*: Rede Alemanha-Brasil de Pesquisas em Direito do Consumidor. São Paulo: Ed. RT, 2015, p. 52-55.
27. Veja também obra específica de MORAES, Paulo Valério Dal Pai, *Código de Defesa do Consumidor* – O princípio da vulnerabilidade. Porto Alegre: Síntese, 1999, p. 115 ss., que identifica a vulnerabilidade técnica, jurídica, política ou legislativa, a biológica ou psicológica, a econômica ou social e a ambiental; assim como várias situações ou "formas de tornar o consumidor vulnerável" (p. 226 ss.).
28. Assim ensina AMARAL JR., Alberto. A boa-fé e o controle das cláusulas contratuais abusivas nas relações de consumo. *Revista de Direito do Consumidor*. v. 6, p. 27: "O consumidor é vulnerável porque não dispõe dos conhecimentos técnicos necessários para a elaboração dos produtos ou para a prestação dos serviços no mercado. Por essa razão, o consumidor não está em condições de avaliar, corretamente, o grau de perfeição dos produtos e serviços."
29. A vulnerabilidade jurídica do consumidor foi identificada e protegida pela Corte Suprema alemã, nos contratos de empréstimo bancário e financiamento, afirmando que o consumidor não teria suficiente "experiência ou conhecimento econômico, nem a possibilidade de recorrer a um especialista" – veja BGHZ 93.264 (1984), BGH-NJW-RR 1986, 205, e comentários em Schmelz, p. 1219 (*NJW*, maio 1991). O STJ a identifica em contratos de planos de saúde e retira também consequências processuais, pois o consumidor leigo não é um litigante habitual e a cláusula de eleição do foro pode prejudicá-lo. Veja a decisão do STJ, 4.ª T., REsp 119267/SP, rel. Min. Aldir Passarinho Jr., j. 04.11.1999.
30. AMARAL Jr., Alberto. A boa-fé e o controle das cláusulas contratuais abusivas nas relações de consumo. *Revista de Direito do Consumidor* v. 6, p. 28 e 29, maximiza esta vulnerabilidade, afirmando: "No plano jurídico, todavia, a vulnerabilidade do consumidor manifesta-se na alteração dos mecanismos de formação dos contratos, que deu origem ao aparecimento e consolidação dos contratos de massa".

sensu é um leigo, não se prevalecendo de sua fraqueza[31] ou situação[32] e, portanto, cumprir seus deveres de boa-fé visando alcançar a informação correta deste cocontratante leigo.[33] Na *vulnerabilidade fática* ou socioeconômica, o ponto de concentração é o outro parceiro contratual, o fornecedor que, por sua posição de monopólio, fático ou jurídico, por seu grande poder econômico ou em razão da essencialidade do serviço,[34] impõe sua superioridade a todos que com ele contratam. Por fim, mencione-se a *vulnerabilidade informacional*. O que caracteriza o consumidor é justamente seu déficit informacional,[35] pelo que não seria necessário aqui frisar este *minus* como uma espécie nova de vulnera-

---

31. Assim ensina o STJ em caso de taxas extras em hospitais: "3. Com efeito, cuida-se de iníqua cobrança, em prevalecimento sobre a fragilidade do consumidor, de custo que está ou deveria estar coberto pelo preço cobrado da operadora de saúde – negócio jurídico mercantil do qual não faz parte o consumidor usuário do plano de saúde –, caracterizando-se como conduta manifestamente abusiva, em violação à boa-fé objetiva e ao dever de probidade do fornecedor, vedada pelos arts. 39, IV, X e 51, III, IV, X, XIII, XV, do CDC e 422 do CC/2002" (REsp 1324712/MG, Rel. Min. Luis Felipe Salomão, Quarta Turma, j. 24.09.2013, DJe 13.11.2013).
32. Veja interessante caso sobre limites de valor no contrato de penhor, em que o valor sentimental do bem penhorado e a situação do consumidor, foram valorados: "*Civil e consumidor. Recurso especial. Contrato de penhor. Joias. Furto. Fortuito interno. Reconhecimento de abuso de cláusula contratual que limita o valor da indenização em face de extravio dos bens empenhados. Violação ao art. 51, I, do CDC. Ocorrência de danos materiais e morais. Recurso especial provido.* 1. No contrato de penhor é notória a hipossuficiência do consumidor, pois este, necessitando de empréstimo, apenas adere a um contrato cujas cláusulas são inegociáveis, submetendo-se à avaliação unilateral realizada pela instituição financeira. Nesse contexto, deve-se reconhecer a violação ao art. 51, I, do CDC, pois mostra-se abusiva a cláusula contratual que limita, em uma vez e meia o valor da avaliação, a indenização devida no caso de extravio, furto ou roubo das joias que deveriam estar sob a segura guarda da recorrida. 2. O consumidor que opta pelo penhor assim o faz pretendendo receber o bem de volta, e, para tanto, confia que o mutuante o guardará pelo prazo ajustado. Se a joia empenhada fosse para o proprietário um bem qualquer, sem valor sentimental, provavelmente o consumidor optaria pela venda da joia, pois, certamente, obteria um valor maior. 3. Anulada a cláusula que limita o valor da indenização, o quantum a título de danos materiais e morais deve ser estabelecido conforme as peculiaridades do caso, sempre com observância dos princípios da razoabilidade e da proporcionalidade. 4. Recurso especial provido." (STJ, REsp 1155395/PR, Rel. Min. Raul Araújo, Quarta Turma, j. 1º.10.2013, DJe 29.10.2013).
33. Veja a decisão: "Direito civil – Contrato de seguro-saúde – Transplante – Cobertura do tratamento – Cláusula dúbia e mal redigida – Interpretação favorável ao consumidor – Art. 54, § 4º, CDC – Recurso especial – Súmula/STJ, Enunciado 5 – Precedentes – Recurso não conhecido. I – Cuidando-se de interpretação de contrato de assistência médico-hospitalar, sobre a cobertura ou não de determinado tratamento, tem-se o reexame de cláusula contratual como procedimento defeso no âmbito desta Corte, a teor de seu verbete sumular 5. II – Acolhida a premissa de que a cláusula excludente seria dúbia e de duvidosa clareza, sua interpretação deve favorecer o segurado, nos termos do art. 54, § 4º, do CDC. Com efeito, nos contratos de adesão, as cláusulas limitativas ao direito do consumidor contratante deverão ser redigidas com clareza e destaque, para que não fujam de sua percepção leiga" (STJ, 4ª T., REsp 311509/SP, rel. Min. Sálvio de Figueiredo Teixeira, j. 03.05.2001).
34. Na sociedade brasileira atual, essenciais são não somente os serviços públicos ou ex-públicos. Veja decisão do TJSP, cuja *leading case* é o seguinte: "Contrato de adesão – Convênio médico-hospitalar – Liberdade ampla de contratar – Igualdade entre as partes – Inocorrência – Serviço necessário à saúde – Relativa liberdade – Recurso não provido. O princípio da autonomia da vontade parte do pressuposto de que os contratantes se encontram em pé de igualdade, e que, portanto, são livres de aceitar ou rejeitar os termos do contrato. Mas isso nem sempre é verdadeiro. Pois a igualdade que reina no contrato é puramente teórica, e, via de regra, enquanto o contratante mais fraco no mais das vezes não pode fugir à necessidade de contratar, o contratante mais forte leva uma sensível vantagem no negócio, pois é ele que dita as condições do ajuste" (TJSP, ApCiv 232.777-2, rel. Des. Gildo dos Santos, j. 19.05.1994).
35. Segundo Calais-Auloy, o desequilíbrio da relação de consumo é justamente este: a desigualdade ou déficit informativo dos consumidores, veja CALAIS-AULOY, Jean, STEINMETZ, Frank. *Droit de la consommation*. 5. ed. Paris: Dalloz, 2000. p. 49 (n. 49).

bilidade, uma vez que já estaria englobada como espécie de vulnerabilidade técnica.[36] Hoje, porém, a informação não falta, ela é abundante, manipulada, controlada e, quando fornecida, nos mais das vezes, desnecessária.[37]

Em resumo, o consumidor de hoje experimenta neste mundo livre, veloz e global (de consumo pela internet,[38] pela televisão, pelo celular, pelos novos tipos de computadores, cartões e chips), com marketing especialmente dirigido para ele e com o uso da inteligência artificial e uma perfilização de seus dados pessoais, uma nova vulnerabilidade.[39] Se existem novos e mais eficientes tipos de marketing, o 'marketing dirigido', podemos concluir que neste caso, hoje, os dois tipos de fraqueza ou vulnerabilidade se unem: "faiblesse" inerente à situação pessoal e "faiblesse" ou vulnerabilidade geral inerente à posição contratual que ocupa o consumidor.[40]

Relembrando, a lista do Art. 39 do CDC de práticas comerciais abusivas é um elenco exemplificativo[41] e já continha a figura do abuso de fraqueza e da agressividade na contratação, logo, do assédio de consumo. Segundo Antônio Herman Benjamin são abusivas as práticas comerciais que "violem padrões ético-constitucionais de convivência no mercado de consumo, ou ainda, contrariem o próprio sistema difuso de normas, legais e regulamentares, de proteção ao consumidor".[42] E complementa o eminente autor: "O CDC regra as chamadas *práticas abusivas*, sem se preocupar em defini-las. São comportamentos empresariais que afetam, diretamente, o consumidor, aproveitando-se de sua vulnerabilidade ou tornando-o mais vulnerável. Todas as hipóteses listadas têm em comum o fato de representarem um comportamento do fornecedor incompatível com um mercado transparente e justo".[43]

---

36. Assim: MORAES, Paulo Valério Dal Pai. *Código de Defesa do Consumidor: o princípio da vulnerabilidade*. 3. ed. Porto Alegre: Livraria do Advogado, 2009. p. 141. Em seu trabalho sobre o princípio da vulnerabilidade, explica que a vulnerabilidade técnica do consumidor é oriunda da falta de informações.
37. Com esta formalidade informativa exacerbada, muitas vezes o consumidor não se apercebe das informações verdadeiramente úteis, como comenta: MORAES, op. cit., p. 141.
38. Veja sobre a vulnerabilidade do consumidor nos contratos eletrônicos, veja: KLEE, Antonia Espíndola. *Comércio eletrônico*. São Paulo: Ed. RT, 2014. p. 245-304. E TIMM, Luciano Benetti. A prestação de serviços bancários via Internet (*home banking*) e a proteção do consumidor. RDC 38/74 e ss.; SANTOLIM, Cesar Viterbo Matos. *Formação e eficácia probatória dos contratos por computador*. São Paulo: Saraiva, 1995. p. 24 e ss.; LORENZETTI, Ricardo. *Comercio electrónico*. Buenos Aires: Abeledo-Perrot, 2001. p. 26 e ss.
39. JAYME, Erik. O direito internacional privado do novo milênio: a proteção da pessoa humana face à globalização. *Cadernos do Programa de Pós-Graduação em Direito da UFRGS*. n. 1, p. 86, afirma: "No que concerne às novas tecnologias, a comunicação, facilitada pelas redes globais, determina uma maior vulnerabilidade daqueles que se comunicam. Cada um de nós, ao utilizar pacificamente seu computador, já recebeu o choque de perceber que uma força desconhecida e exterior invadia o seu próprio programa, e o fato de não conhecer seu adversário preocupa ainda mais".
40. Aceitamos aqui a divisão de BOURRIER, Christoph. *La faiblesse d'une partie au contrat*. Louvain-la-Neuve: Bruylant, 2003, p. 7.
41. Veja a jurisprudência sobre o art. 39 do CDC. In: MARQUES, Claudia Lima, BENJAMIN, Antonio Herman e MIRAGEM, Bruno. *Comentários ao Código de Defesa do Consumidor*. 4. ed. São Paulo: Ed. RT, 2013, p. 891.
42. BENJAMIM, Antonio Herman V. *Código Brasileiro de Defesa do Consumidor comentado pelos autores do anteprojeto*. São Paulo: Forense, 2011. p. 380.
43. BENJAMIN, A. H. O Código Brasileiro de Proteção do Consumidor. *Revista de Direito do Consumidor*, v. 7, p. 269-292, jul./set. 1993.

O CDC traz assim muitas regras vedando práticas comerciais agressivas e as regulando, como a venda fora do domicílio, que traz consigo o direito de arrependimento (e, portanto, o direito de reflexão) do Art. 49 do CDC, da mesma forma que a contratação à distância ou por Internet, mesmo se o PL 3514,2015 não tenha ainda sido aprovado. Desafio novo, além do spam e do telemarketing, é o marketing dirigido ou 'sur mesure', a publicidade dirigida com *adressable* TV e o uso da inteligência artificial na perfilização dos consumidores para ofertas cada vez mais especiais. Sobre o tema já apontamos:

> Outros desafios se avistam,[44] principalmente quanto ao consentimento, dados e fraudes,[45] e sobre novos tipos de publicidade e marketing que os cruzamentos do 'big data' permitem, em especial a crescente publicidade infantil[46] na Internet, os influenciadores[47] e as TVs adressáveis. Um estudo[48] sobre a 'Adressable TV',[49] demonstra que agora há um 'omnichannel' marketing, que usa todas as telas e meios de comunicação ('cross-device media'), no chamado 'cross-screen-approach', pois é possível enviar publicidades 'direcionadas' tanto nas telas móveis (celulares, tablets) e computadores em geral ('desktop') conectados à Internet, as redes de TV a cabo e aos streamings, quanto nas TVs, as smarts TV (OTT) e as onlineTVs (OTV, TV conectadas à Internet, CTV), que permitem que cada 'casa/TV/Tela' receba uma outra publicidade,[50] conforme os dados coletados pela própria TV e os outros produtos inteligentes e 'IPs' daquela família, agora identificáveis geograficamente e pelo perfil ('profiling') para o marketing direcionado, tudo com um só 'consentimento sequencial.'"[51]-[52]

---

44. Assim bem registra o relatório do Conselho de Especialistas em Direito do Consumidor (Sachverständigenrat für Verbraucherfragen – SVRV) do Ministério da Justiça e Defesa do Consumidor alemão publicado em: MICKLITZ, Hans-Wolfgang; REISCH, Lucia A.; JOOST, Gesche; ZANDER-HAYAT, Helga (Hrsg.). *Verbraucherrecht 2.0*: Verbraucher in der digitalen Welt. Baden-Baden: Nomos, 2017, p. 9.
45. STJ, REsp 1786157/SP, Rel. Ministra Nancy Andrighi, Terceira Turma, julgado em 03.09.2019, DJe 05.09.2019.
46. STJ, REsp 1558086/SP, Rel. Ministro Humberto Martins, Segunda Turma, julgado em 10.03.2016, DJe 15.04.2016. E, na doutrina, DIAS, Lucia Ancona Magalhães. *Publicidade e direito*. São Paulo: Ed. RT, 2011 e D'AQUINO, Lúcia Souza. *Criança e publicidade* – hipervulnerabilidade? Rio de Janeiro: Lumen Juris, 2017.
47. RIEFA, Christine; CLAUSEN, Laura. Towards Fairness in Digital Influencer' Marketing Practices. *EuCML – Journal of European Consumer and Market Law*, 2/2019, p. 64 e s.
48. BERBER, Leyla Keser; ATABEY, Ayça. Adressable TV and Consent Sequencing. *Global Privacy Law Review*, v. I, Issue I, 2020 (Kluwer), p. 14 a 38.
49. A definição de 'Adressable TV' é a seguinte: "Addressable TV is a *method of delivering highly targeted advertising to individual households in both live and playback modes. Ads are delivered through cable, satellite and Internet Protocol TV (IPTV) delivery systems and set-top boxes*". Fonte (acesso 02.03.2020): www.eyeviewdigital.com/blog/addressable-tv-watching-future-television/.
50. Veja a informação da Google: "Addressable TV advertising is the ability to show different ads to different households while they are watching the same program. With the help of addressable advertising, advertisers can move beyond large-scale traditional TV ad buys, to focus on relevance and impact". Fonte (acesso 02.03.2020): https://www.thinkwithgoogle.com/marketing-resources/addressable-tv-advertising-personal-video-experience/.
51. O estudo realizado na Turquia conclui pela necessidade de adaptar o consentimento a este 'ecosystema' de dados e que também na TV 'adressável' se incluir formas de 'trocar' o perfil para 'família' (SwitchInFamily) ou crianças (SwitchIN Child), pois são telas 'familiares' e não individuais: BERBER, Leyla Keser; ATABEY, Ayça. Adressable TV and Consent Sequencing, in *Global Privacy Law Review*, v. I, Issue I, 2020 (Kluwer), p. 38.
52. MARQUES, Claudia Lima; MIRAGEM, Bruno. 'Serviços simbióticos' de consumo digital e o PL 3514/2015 de atualização do CDC: Primeiras reflexões. In: MARQUES, Claudia Lima; LORENZETTI, Ricardo L.; CARVALHO, Diógenes; MIRAGEM, Bruno. *Contratos de serviços em tempos digitais*. São Paulo: Ed. RT, 2021, p. 404-405 e também MARQUES, Claudia Lima; MIRAGEM, Bruno. 'Serviços simbióticos' de consumo digital e o PL 3514/2015 de atualização do CDC. *Revista de Direito do Consumidor*, v. 133, p. 91-118, nov./dez. 2020.

3. ASSÉDIO DE CONSUMO COMO GÊNERO DE PRÁTICA ABUSIVA E AGRESSIVA NA LEI 14.181/2021 E SUA SANÇÃO PELO ART. 46 DO CDC

Na Europa, o assédio é uma espécie de prática comercial agressiva, que inclui também a influência indevida e a violência física, aqui é gênero. Outro problema é que o Art. 54-C IV do CDC nada menciona sobre sanção. Neste sentido, faremos a sugestão de utilizarmos o Art. 46 do CDC para retirar do contrato realizado com base em oferta com assédio qualquer efeito, pois não deve 'obrigar' o consumidor. Vejamos.

A) Assédio de consumo como gênero de prática agressiva na Lei 14.181/2021

O Art. 54-C, inciso IV do CDC deve ser visto como um inciso a vedar todo o gênero de práticas comerciais agressivas e assediosas. No Brasil, também temos a proteção do consumidor ingênuo do Art. 39, IV e Art. 37, § 2º do CDC, a proteção da pressão e vulnerabilidade situacional na cobrança de dívidas do Art. 42 do CDC e agora no superendividamento (Art. 54-C, 54-D, 54-G),[53] com menção especial à pressão para retirara ações, ceder em reclamações ou mesmo pagar honorários de advogados (novos incisos do Art. 51 e Art. 54-C, V: "V – condicionar o atendimento de pretensões do consumidor ou o início de tratativas à renúncia ou à desistência de demandas judiciais, ao pagamento de honorários advocatícios ou a depósitos judiciais"). É uma proteção à autonomia de vontade e a liberdade de escolha e liberdade de pagamento do consumidor. Mas como vimos acima, novos tipos de marketing e de tecnologias continuam a ameaçar esta Liberdade de escolha do consumidor, ainda mais do consumidor com vulnerabilidade agravada.

Por fim mencione-se, como defendemos em artigo de doutrina,[54] que se os sistemas "de inteligência artificial comportam riscos, devem existir regras claras que permitam abordar os sistemas de inteligência artificial de alto risco (como os de saúde, brinquedos, cosméticos, carros automatizados, transporte etc.)[55] sem sobrecarregar as regras de defesa dos consumidores, em um diálogo das fontes que permita combater de modo efetivo as novas práticas comerciais desleais, proteger os dados pessoais e a privacidade dos consumidores, evitar o assédio e a discriminação de consumo. Efetivamente, os sistemas de inteligência artificial usados no mercado de consumo devem ser "transparentes, rastreáveis e garantir a supervisão humana",[56] mantendo os direitos humanos." Destacamos a 'opacidade' dos algoritmos, que demonstra a necessidade de

---

53. Veja, por todos, CAVALLAZZI, Rosângela Lunardelli; LIMA, Clarissa Costa de. O Direito de Recomeçar na atualização do CDC: famílias superendividadas em pandemia. In: BENJAMIN, Antonio Herman; MARQUES, Claudia Lima; MIRAGEM, Bruno (Org.). *O direito do consumidor no mundo em transformação – Em comemoração aos 30 anos do Código de Defesa do Consumidor*. São Paulo: Ed. RT, 2020, p. 271-300 e DUQUE, Marcelo Schenk. O dever fundamental do Estado de proteger a pessoa da redução da função cognitiva provocada pelo superendividamento. *Revista de Direito do Consumidor*. n. 94, p. 157-180. São Paulo, jul.-ago. 2014.
54. MARQUES, Claudia Lima; MUCELIN, Guilherme. Inteligência Artificial e 'opacidade' no consumo: a necessária revalorização da transparência para a proteção do consumidor, in TEPEDINO, Gustavo; SILVA, Rodrigo da Guia. *O direito civil na era da inteligência artificial*. São Paulo: Ed. RT, 2020. p. 411-439.
55. Veja a análise de EFING, Antônio Carlos; ARAÚJO, Jailson de Souza. O uso dos carros autônomos, seus riscos e perigos jurídicos. *Revista de Direito do Consumidor*. v. 126/2019, p. 81-102, nov./dez. 2019 (DTR\2019\42433).
56. Release do Livro Branco. Disponível em: https://ec.europa.eu/commission/presscorner/detail/pt/ip_20_273.

transparência e suas funções no mercado de consumo. O princípio da transparência está presente (veja os princípios da OEA)[57] na legislação de proteção de dados e no direito do consumidor (Art. 4 caput do CDC). Neste artigo chamamos atenção que traçar um perfil dos consumidores (perfilização ou *Profiling*) permite tomar decisões automatizadas, por isso a LGPD afirma que tais dados são equiparados a dados pessoais. A LGPD não menciona a perfilização,[58] e trata apenas de dados anonimizados (LGDP, Art. 5º... III – dado anonimizado: dado relativo à titular que não possa ser identificado, considerando a utilização de meios técnicos razoáveis e disponíveis na ocasião de seu tratamento"). Porém, adverte, no Art. 12, § 2º que poderão "ser igualmente considerados como dados pessoais, para os fins desta Lei, aqueles utilizados para formação do perfil comportamental de determinada pessoa natural, se identificada".

Aqui é importante lembrar a proibição de discriminação com base nos dados sensíveis (que segundo o art. 5º da LGPD são os de "origem racial ou étnica, convicção religiosa, opinião política, filiação a sindicato ou a organização de caráter religioso, filosófico ou político, dado referente à saúde ou à vida sexual, dado genético ou biométrico"), pois segundo o Art. 6º "As atividades de tratamento de dados pessoais deverão observar a boa-fé e os seguintes princípios: IX – não discriminação: impossibilidade de realização do tratamento para fins discriminatórios ilícitos ou abusivos". A LGPD traz claramente a noção de proteção da pessoa (consumidor), verdadeiro dono dos dados, como princípio (Art. 2º, VI).

Fora este diálogo com a LGPD, podemos citar o diálogo com o Código Civil, que levará a proteção contra outras formas de coação, intimidação, *violence-duress* e 'influência indevida', como as mencionadas práticas comerciais agressivas da Diretiva Europeia 2005/29. Pergunta-se se o direito brasileiro é efetivo contra a discriminação de consumo, neste sentido a aprovação do PL 3514/2015 poderia ser muito útil.[59]

Outra lição importante seria regular em detalhes, como fez o art. 9º da Diretiva Europeia de 2005/29, quais são os critérios para determinar se uma prática é agressiva (ou, no CDC assediante). Esta norma é bem expressiva e determina:

> Artigo 9º Utilização do assédio, da coacção e da influência indevida – A fim de determinar se uma prática comercial utiliza o assédio, a coacção – incluindo o recurso à força física – ou a influência indevida, são tomados em consideração os seguintes elementos: a) O momento e o local em que a prática

---

57. Preliminary Principles and Recommendations on Data Protection (The Protection of Personal Data), OEA/Ser.G CP/CAJP-2921/10 rev. 1 corr. 1, 17 October 2011. Disponível em: http://www.oas.org/dil/CP-CAJP-2921-10_rev1_corr1_eng.pdf (06.07.2020).
58. Veja a definição Europeia no Regulamento Geral de Proteção de Dados, Regulamento (UE) 2016/679 do Parlamento Europeu e do Conselho de 27 de abril de 2016: "Art. 4º Definições. Para efeitos do presente regulamento, entende-se por: 4) «Definição de perfis», qualquer forma de tratamento automatizado de dados pessoais que consista em utilizar esses dados pessoais para avaliar certos aspetos pessoais de uma pessoa singular, nomeadamente para analisar ou prever aspetos relacionados com o seu desempenho profissional, a sua situação económica, saúde, preferências pessoais, interesses, fiabilidade, comportamento, localização ou deslocações." Veja: https://eur-lex.europa.eu/legal-content/PT/TXT/PDF/?uri=CELEX:32016R0679 (22.07.2020).
59. Veja, por todos, MIRAGEM, Bruno. Discriminação injusta e o direito do consumidor. In: BENJAMIN, Antonio Herman; MARQUES, Claudia Lima; MIRAGEM, Bruno (Org.). *O direito do consumidor no mundo em transformação* – Em comemoração aos 30 anos do Código de Defesa do Consumidor. São Paulo: Ed. RT, 2020, p. 203-230.

é aplicada, sua natureza e persistência; b) O recurso à ameaça ou a linguagem ou comportamento injuriosos; c) O aproveitamento pelo profissional de qualquer infortúnio ou circunstância específica de uma gravidade tal que prejudique a capacidade de decisão do consumidor, de que o profissional tenha conhecimento, com o objetivo de influenciar a decisão do consumidor; d) Qualquer entrave extracontratual oneroso ou desproporcionado imposto pelo profissional, quando o consumidor pretenda exercer os seus direitos contratuais, incluindo o de resolver o contrato, ou o de trocar de produto ou de profissional; e) qualquer ameaça de intentar uma ação, quando tal não seja legalmente possível.

O nosso Art. 54-C, IV nada aporta sobre estes critérios, nem sobre o ônus da prova. Quanto a este tema do ônus da prova, considero que cabe ao fornecedor do produto, serviço ou crédito, isso pois a redação do caput do Art. 54-C impõe uma vedação expressa. E, em geral, não obstante, a ausência de previsão expressa, a prova do cumprimento dos deveres de informação e boa-fé, incumbirá ao fornecedor, diante da hipossuficiência do consumidor e inteligência do art. 6º, VIII, do CDC.[60] Na I Jornada CDEA sobre Superendividamento e Proteção do Consumidor UFRGS-UFRJ, o Enunciado 25 tratou do tema em matéria de crédito e afirmou: "É ônus do fornecedor provar o cumprimento dos deveres de boa-fé impostos nos artigos 52, 54-B, 54-C e 54-D do CDC, de forma a evitar as sanções previstas no parágrafo único do Art. 54-D" (Autor: André Perin Schmidt Neto). Nesta mesma jornada houve um enunciado sobre o assédio e que traz alguns critérios para a sua caracterização:

> Enunciado 14. O assédio de consumo, como gênero, está em todas as práticas comerciais agressivas que limitam a liberdade de escolha do consumidor e, ao se considerar as práticas de coerção diversas, a vulnerabilidade potencializada e o tratamento de dados para oferta dirigida e programada de consumo, identificam-se as espécies de: assédio de consumo por persuasão indevida; assédio de consumo por personificação de dados; assédio de consumo qualificado, ao se tratar de consumidor com vulnerabilidade agravada e assédio de consumo agravado por prêmio. (Autor: Prof. Me. Vitor Hugo do Amaral Ferreira).

---

60. Veja a decisão imputando ao fornecedor o dever de apresentar a cópia do contrato em ação revisional: Agravo de instrumento. Negócios jurídicos bancários. Ação revisional. Inversão do ônus da prova. intimação do réu para juntada do contrato. cabimento. Tratando-se de ação revisional, cabe à parte autora, além de indicar as cláusulas que pretende revisar, obrigatoriamente, quantificar o valor incontroverso, a teor do art. 330, § 2º, do CPC. A inversão do ônus da prova é direito previsto no código de direito do consumidor, porém não retira o ônus da parte autora de cumprir com as exigências do art. 330, § 2º do CPC, pois estas consistem em condições da ação revisional Por outro lado, é pacífico o entendimento de que, em face da omissão na juntada dos documentos atinentes à relação contratual, serão consideradas verdadeiras as abusividades contratuais alegadas pelo consumidor, em atenção ao disposto no art. 400 do CPC. No caso em tela, verifica-se que a parte autora atendeu ao disposto no art. 330 do CPC, anexando cálculo do valor incontroverso, o qual fora elaborado a partir dos encargos discriminados no documento denominado "comprovante de operação" (evento 1-contr9). Contudo, cumpre salientar que a parte autora não dispõe de cópia do contrato, mas mero comprovante da operação. Portanto, caso pretenda provar a abusividade de cláusula contratual que somente pode ser examinada mediante a cópia do instrumento contratual, tem-se que correta a decisão agravada ao deferir a inversão do ônus da prova e determinar ao réu a juntada do contrato, sob pena da incidência do art. 400 do CPC. Assim, com base no direito à inversão do ônus da prova e tendo a parte autora cumprido as exigências do art. 330 do CPC especificamente para as ações revisionais, incumbe ao réu apresentar a cópia do contrato objeto da ação revisional, não havendo necessidade de outros documentos nesse momento. Agravo de instrumento desprovido. Unânime. (Agravo de Instrumento 50578481520218217000, Vigésima Quarta Câmara Cível, Tribunal de Justiça do RS, Relator: Jorge Alberto Vescia Corssac, Julgado em: 18.08.2021).

O enunciado 14 da I Jornada CDEA sobre Superendividamento e Proteção do Consumidor UFRGS-UFRJ tem o mérito de tentar classificar os tipos de assédio (por persuasão indevida, por personificação de dados, assédio qualificado, quando frente a hipervulnerável, e 'agravado' quando envolver prêmio, porém, não parece abarcar toda a gama possível de práticas comerciais abusivas novas. Em minha opinião, a presença de prêmios é mais um indício de assédio e não só um agravamento, assim como em caso de hipervulneráveis.

Em outras palavras, considero que a proibição de assédio de consumo do Art. 54-C, IV do CDC abarca toda as ofertas, vendas e contratações por pressão, assediosas e quando as técnicas de venda e de marketing tenham ou possam levar a distorção, a uma decisão pressionada ou irrefletida, afetem ou signifiquem um aproveitamento da situação de vulnerabilidade especial ou situacional dos consumidores. E que os prêmios são uma forte fonte de pressão aos consumidores que a letra da lei considera indício de assédio de consumo, ainda mais quando frente a hipervulneráveis.

B) As sanções possíveis ao assédio de consumo: inexistência pelo Art. 46 do CDC de contratação

Quanto às sanções de uma prática comercial abusiva pouco se escreveu. As proibições expressas, levam, segundo o Art. 166 do CC à nulidade absoluta. Para o consumidor uma nulidade de uma cláusula ou mesmo do contrato como um todo, leva à volta do status quo ante, e a necessidade de devolução das quantias, do produto ou do serviço. Pergunto-me se isso seria suficiente para modificar um mercado tão agressivo e tão acostumado a lucrar com a fraqueza e o aproveitamento das vulnerabilidades dos consumidores. Por isso e para honrar o convite para participar deste belo livro, quero defender efusivamente que se utilize a ineficácia, como sanção prevista no Art. 46 do CDC, que defende justamente a plena autonomia de vontade do consumidor e o cumprimento dos deveres de boa-fé, especialmente de informação.

A regra do Art. 46 afirma:

> Art. 46. Os contratos que regulam as relações de consumo *não obrigarão os consumidores,* se não lhes for dada a oportunidade de tomar conhecimento prévio de seu conteúdo, ou se os respectivos instrumentos forem redigidos de modo a dificultar a compreensão de seu sentido e alcance. (grifo nosso)

O assédio de consumo é prática comercial vedada e abusiva, logo deveria levar à nulidade da contratação realizada, mas a sabedoria da proteção contratual do CDC foi mais longe e afirmou no Art. 46 que se houve 'dificuldade' de compreensão causada pela 'redação' ou se não lhes foi dado aos consumidores a oportunidade de tomar conhecimento prévio e entenderem o que estavam assinado (justamente pelas práticas e estratégias de assédio!), o contrato não deve 'obrigar' o consumidor, logo, deve ser a contratação com um todo, inexistente. Trata-se no Art. 46 de proteção da autonomia 'racional'[61] e da liberdade de escolha do consumidor, logo, esta norma se aplicada em

---

61. MARQUES, Claudia Lima. Art. 46. In: MARQUES, Claudia Lima; BENJAMIN, Antonio Herman de Vasconcelos; MIRAGEM, Bruno. *Comentários ao Código de Defesa do Consumidor*. São Paulo: Ed. RT, 2019, p. 995.

conjunto com o Art. 54, IV do CDC, deve conduzir ao mesmo resultado: a inexistência de uma contratação realizada com assédio de consumo.[62] Esta seria a mais eficaz e ágil sanção, com a capacidade de mudar o panorama do mercado brasileiro, evitando-se que se lucrasse com o assédio de consumo, ainda mais frente a hipervulneráveis.

4. CONSIDERAÇÕES FINAIS

O CDC já conhecia a noção de 'abuso de fraqueza' ('*abus de faiblesse*') nos artigos 39, IV e 37 parágrafo segundo, e já combatia as práticas comerciais abusivas, publicitárias ou não, e de pressão na contratação em geral, na contratação à distância e na cobrança de dívidas. A noção de 'assédio de consumo' incluída no Art. 54-C, IV do CDC pela Lei 14.181/2021, porém deixa mais clara a vedação à agressividade da conduta dos fornecedores de produtos, serviços e crédito, os quais para venderem e conquistarem clientes, ultrapassam os limites da boa-fé, pressionam, retiram a autonomia/liberdade de escolha do consumidor[63] e tiram vantagem das vulnerabilidades dos consumidores, utilizando técnicas de marketing e os avanços da tecnologia, atingindo muitos hipervulneráveis.

Mister aproveitar a inclusão desta vedação geral e como gênero para desenvolver a aplicação conjunta do Art. 46 do CDC e do Art. 54-C, IV e propagar a inexistência dos contratos assinados em virtude de um assédio de consumo. Só assim melhoraremos o nosso mercado brasileiro, tão agressivo, campeão de telemarketing, de spam e de outras técnicas agressivas que perturbam os idosos, doentes, analfabetos e consumidores com deficiências. Esta expansão sanção da inexistência, como te realizado a jurisprudência em caso de contratos de crédito e cartões de crédito consignados para idosos contratados com assédio de consumo,[64] é uma grande contribuição da Lei 14.181/2021.

Como afirma Bruno Miragem,[65] o princípio da vulnerabilidade é o princípio reitor do CDC, tem função interpretativa, mas principalmente uma função diferenciadora, segundo a qual se deve rejeitar interpretações que levem a tornar sem efeito as normas de proteção do consumidor. Uma das lições da Lei 14.181/2021, que atualizou o CDC, é tentar dar eficácia às normas do CDC para combater a exclusão social e garantir práticas que previnam danos.

---

62. Assim defendo na obra, MARQUES, Claudia Lima. Art. 46. In: MARQUES, Claudia Lima; BENJAMIN, Antonio Herman de Vasconcelos, MIRAGEM, Bruno. *Comentários ao Código de Defesa do Consumidor*. São Paulo: Ed. RT, 2019, p. 996-997, em casos de cartões de crédito consignado para idosos.
63. Veja, defendendo esta tese, nosso estudo publicado na Alemanha, MARQUES, C. L.; MIRAGEM, B. N. B. Autonomia dos vulneráveis no direito privado brasileiro. In: GRUNDMAN, Stefan; BALDUS, Christian; DIAS, Rui; KIRSTE, Stephan; MARQUES, Claudia Lima; MENDES, Laura; VICENTE, Dário Moura. (Org.). *Autonomie im Recht*. 1ed.Baden-Baden: Nomos, 2016, p. 17-59.
64. MARQUES, Claudia Lima. Art. 46. In: MARQUES, Claudia Lima; BENJAMIN, Antonio Herman de Vasconcelos; MIRAGEM, Bruno. *Comentários ao Código de Defesa do Consumidor*. São Paulo: Ed. RT, 2019, p. 996.
65. MIRAGEM, Bruno. Princípio da vulnerabilidade: perspectiva atual e funções no direito do consumidor contemporâneo. In: MIRAGEM, Bruno; MARQUES, Claudia; MAGALHÃES, Lúcia Ancona. *Direito do Consumidor: 30 anos do CDC* – Da consolidação como direito fundamental aos atuais desafios da sociedade. Rio de Janeiro: Forense, 2020, p. 246 e conclusão na p. 258 (p. 243-271).

EIXO V
VULNERABILIDADES DAS PESSOAS EM DESENVOLVIMENTO

A VULNERABILIDADE DE CRIANÇAS E ADOLESCENTES: PROPOSTAS DE TRATAMENTO JURÍDICO

Elisa Cruz

Sumário: 1. Introdução ao tema: o que é ser criança? – 2. Vulnerabilidade: conceito – 3. Parâmetros e instrumentos de proteção da vulnerabilidade de crianças – 4. Algumas conclusões.

1. INTRODUÇÃO AO TEMA: O QUE É SER CRIANÇA?

A palavra criança usualmente nos remete a uma imagem etérea, associada à pureza ou angelical, mas existe um significado jurídico que precisamos utilizar no debate sobre temas relacionados a crianças no campo do Direito.

No Brasil, de acordo com a Lei 8.069, de 13 de julho de 1990 – Estatuto da Criança e do Adolescente (ECA), criança é a pessoa até doze anos de idade incompletos, e adolescente aquela entre doze e dezoito anos de idade.[1]

A Convenção sobre Direitos da Criança, aprovada pela Organização das Nações Unidas em 1989 e incorporada ao ordenamento pátrio em novembro de 1990, define criança, no artigo 1º, como "todo ser humano com menos de dezoito anos de idade, a não ser que, em conformidade com a lei aplicável à criança, a maioridade seja alcançada antes".

Não se sabe exatamente o porquê o Brasil optou por distinguir crianças de adolescentes, mas uma ideia é que isso tenha ocorrido para delimitar a idade a partir do qual uma criança poderia ser responsabilizada por ato infracional; daí, delimitar a idade em doze anos e qualificar a pessoa acima dessa faixa etária como adolescente serviria como esse marco normativo.

De qualquer forma, é perceptível que tanto a lei brasileira como o tratado internacional elegem um critério biológico – a idade – para definir criança[2] como toda a pessoa até dezoito anos incompletos.

A existência de uma definição representa uma inovação no cenário normativo, pois nenhuma norma nacional ou internacional anteriormente buscou definir a criança e quais seriam os seus direitos. A Declaração de Genebra de 1924[3] e a Declaração de Di-

---

1. Art. 2º da Lei 8.069/1990.
2. Utilizaremos nesse artigo a expressão "criança" para significar todas as pessoas até dezoito anos incompletos, seguindo o texto do artigo 1º da Convenção sobre Direitos da Criança.
3. Texto original disponível em: http://www.un-documents.net/gdrc1924.htm. Acesso em: 26 nov. 2017.

reitos da Criança de 1959[4] buscaram delimitar quais as proteções específicas deveriam ser reconhecidas a crianças, mas falharam tanto pela ausência de definição clara quanto ao seu objeto, como por lhes faltarem coercitivade pela natureza jurídica de declarações e não de tratados.[5]

A Convenção sobre Direitos da Criança de 1989 corrige as deficiências anteriores e vai além, definindo o conceito de criança para delimitar seu âmbito de atuação, bem como assegurando-lhes direitos políticos e de proteção.[6]

Essa nova perspectiva filosófica sobre criança que inspira a Lei 8.069/1990 que abandona a já consagrada teoria da situação irregular[7] para acolher a doutrina da proteção integral, segundo a qual "toda criança e adolescente são merecedores de direitos próprios e especiais que, em razão de sua condição específica de pessoas em desenvolvimento, estão a necessitar de uma proteção especializada, diferenciada e integral".[8]

A doutrina da proteção integral, na verdade, deixa claro um segundo e mais significativo avanço em relação aos direitos da criança: a sua consideração como pessoa, portanto, detentora de plenos direitos, tal como previsto, inclusive, na Declaração Universal dos Direitos do Homem de 1948[9] e no Pacto de São José da Costa Rica.[10]

E, apesar de parecer que a idade é o único elemento para definição de criança, isso não corresponde à realidade. Em verdade, essa demarcação surge como consequência da compreensão, a partir de dados sociais, econômicos, políticos, médicos, antropológicos etc., conforme demonstram especialmente as pesquisas em neurociência.[11]

Veja-se: a condição de peculiar desenvolvimento da criança funciona, por um lado, como qualificação do grupo, junto com o critério biológico, e, de outro, como circunstância que exige a adoção de medidas de proteção para permitir o desenvolvimento de crianças.

---

4. Disponível em: http://www2.camara.leg.br/atividade-legislativa/comissoes/comissoes-permanentes/cdhm/comite-brasileiro-de-direitos-humanos-e-politica-externa/DeclDirCrian.html. Acesso em: 03 dez. 2017.
5. BOBBIO, Norberto. *A era dos direitos*. Rio de Janeiro: Elsevier, 2004, p. 19.
6. ROSENBERG, Fúlvia; MARIANO, Carmem Lúcia Sussel. A convenção internacional sobre os direitos da criança: debates e tensões. *Cadernos de pesquisa*, v. 40, n. 141, p. 708-709, set./dez. 2010.
7. Vide artigos 14, 26 e 28 do Decreto 17.943-A/1927 e artigo 2º da Lei 6.697/1977.
8. VERONESE, Josiane Rose Petry, A proteção integral da criança e do adolescente no direito brasileiro. *Revista TST*, v. 79, n. 1, p. 49, jan./mar. 2013.
9. Artigo 1 da Declaração: "Todo ser humano tem capacidade para gozar os direitos e as liberdades estabelecidos nesta Declaração, sem distinção de qualquer espécie, seja de raça, cor, sexo, idioma, religião, opinião política ou de outra natureza, origem nacional ou social, riqueza, nascimento, ou qualquer outra condição."
Texto disponível em http://www.onu.org.br/img/2014/09/DUDH.pdf. Acesso em 03 set. 2018.
10. Artigos 1 e 19 da Convenção Americana sobre Direitos Humanos.
11. Veja-se, em inglês: JOHNSON, Sara B.; BLUM, Robert W; GIEDD, Jay N. Adolescent maturity and the brain: the promise and pitfalls of neuroscience research in adolest health policy. Disponível em https://www.ncbi.nlm.nih.gov/pmc/articles/PMC2892678/. Acesso em: 03 set. 2018.
Em português, sugerem-se as seguintes matérias https://www.bbc.com/portuguese/geral-42747453 e https://g1.globo.com/bemestar/noticia/adolescencia-agora-vai-ate-os-24-anos-de-idade-e-nao-so-ate-os-19-defendem-cientistas.ghtml. Acesso em: 03 set. 2018.

Há, assim, o reconhecimento de uma situação de vulnerabilidade a que as crianças estão sujeitas, considerando o seu grau de desenvolvimento biopsíquico inferior ao dos adultos e que essa condição as conduzem a um estado de dependência natural a estes.[12]

Mas o que vem a ser exatamente essa vulnerabilidade de crianças e adolescentes?

2. VULNERABILIDADE: CONCEITO

A expressão vulnerabilidade apareceu em texto legislativo no Brasil pela primeira vez no Código de Defesa do Consumidor – CDC, em seu artigo 4º, I, como um dos princípios da política nacional das relações de consumo.

Sem constar expressamente da Constituição da República nem do Código Civil de 1916, vigente na data de publicação do CDC, o desenvolvimento do conceito de vulnerabilidade desenvolveu-se no contexto das relações de consumo[13] e culminou com sua tripartição em vulnerabilidade técnica, jurídica e econômica.[14] A vulnerabilidade econômica ou fática consiste no reconhecimento da fragilidade do consumidor frente ao fornecedor que, por sua posição de monopólio, fático ou jurídico, por seu forte poderio econômico ou em razão da essencialidade do produto ou serviço que fornece, impõe sua superioridade a todos que com ele contratam. A vulnerabilidade técnica do consumidor consiste na ausência de conhecimentos específicos sobre o produto ou serviço que ele adquire ou utiliza em determinada relação de consumo. A vulnerabilidade jurídica consiste na falta de conhecimentos jurídicos específicos, ou seja, na falta de conhecimento, pelo consumidor, dos direitos e deveres inerentes à relação de consumo.[15]

Embora essas construções considerem a pessoa do consumidor e devam, portanto, cumprir a dignidade da pessoa humana, pode-se afirmar que elas foram direcionadas para a regulação de relações de caráter patrimonial em que se busca proteger o consumidor dos riscos decorrentes de uma sociedade de consumo.[16] Ou seja, esses conceitos vinculam-se fortemente às relações travadas pelas pessoas em relações consumeristas, sendo de difícil transposição para situações jurídicas essencialmente existenciais ou dú-

---

12. A criança como pessoa em situação de vulnerabilidade vai ao encontro da definição de vulnerabilidade constante das 100 Regras de Brasília. Texto disponível em: https://www.anadep.org.br/wtksite/100-Regras-de-Brasilia--versao-reduzida.pdf. Acesso em 03 set. 2018.
13. BARBOZA, Heloisa Helena. Proteção dos vulneráveis na Constituição de 1988: uma questão de igualdade. In: NEVEZ, Thiago Ferreira Cardoso (Coord.). *Direito e justiça social*. São Paulo: Atlas, 2013, p. 108.
14. CALIXTO, Marcelo Junqueira. O princípio da vulnerabilidade do consumidor. In: MORAES, Maria Celina Bodin de (Coord.). *Princípios do direito civil contemporâneo*. Rio de Janeiro: Renovar, 2006, p. 324.
15. Para Claudia Lima Marques, essa espécie de vulnerabilidade, denominada jurídica ou científica, também inclui a ausência de conhecimentos de economia ou de contabilidade. (MARQUES, Claudia Lima. *Contratos no Código de Defesa do Consumidor*. 4. ed. São Paulo: Ed. RT, 2003, p. 148)
16. BAUMAN, Zygmunt. Vida para consumo: a transformação das pessoas em mercadoria. Rio de Janeiro: Zahar, 2008.

plices,[17] em que a tutela da pessoa ostenta diferenças de intensidade quando comparada com a regulação de situações patrimoniais.[18]

A noção de vulnerabilidade construída no campo da bioética aparece como ponto de partida para uma ressignificação do instituto em bases mais personalistas e que promete assegurar maior concreta do princípio da dignidade da pessoa humana. Nesse campo, encontram-se conceitos de vulnerabilidade como redução da voluntariedade, restrição à espontaneidade, restrição à liberdade, redução da autonomia, redução da capacidade, redução da autodeterminação, suscetibilidade, fragilidade, desigualdade, proteção adicional, solidariedade e compartilhamento de responsabilidades.[19]

Fermin Roland Schramm aponta que essa multiplicidade conceitual produz um mal-estar e insatisfação no uso da expressão, o que, ao final, significaria a perda concreta de seu sentido lógico. Assim, propõe que se distinga entre vulnerabilidade e vulneração (ou vulnerabilidade secundária), entendida a primeira como uma característica universal de qualquer humano, animais e sistemas vivos, e a segunda, como referir-se a sujeitos e populações que se encontram em situações concretas de risco em razão de "pertencimento a uma determinada classe social, a determinada etnia, a um dos gêneros ou dependendo de suas condições de vida, seu estado de saúde".[20]

Esse é o sentido também utilizado por Heloisa Helena Barboza, para quem o aprofundamento teórico deve ser feito sobre o conceito de vulneração ou vulnerabilidade secundário de modo a conduzir a uma proteção necessária da pessoa para desenvolver suas "potencialidades e sair da condição de vulneração e, paralelamente, respeitar a diversidade de culturas, as visões de mundo, hábitos e moralidades diferentes que integram suas vidas",[21] e que será utilizado ao longo deste trabalho.

Assim, aplicada a crianças e adolescentes, vulnerabilidade significa o reconhecimento da maior dependência ou fragilidade infantojuvenil em comparação com o grupo de adultos, seja por razões sociais, políticas, econômicas ou biológicas, e que exigirá, do ponto de vista jurídico, a construção de um modelo de direitos e garantias adequados a essa realidade como forma de construiu uma igualdade material.

---

17. TEIXEIRA, Ana Carolina Brochado; KONDER, Carlos Nelson. Situações jurídicas dúplices: controvérsias nas nebulosas fronteiras entre patrimonialidade e extrapatrimonialidade. In: TEPEDINO, Gustavo; FACHIN, Luiz Edson (Coord.). *Diálogos sobre direito civil*. Rio de Janeiro: Renovar, 2012, p. 8, v. III.
18. MEIRELES, Rose Melo Vencelau. *Autonomia privada e dignidade humana*. Rio de Janeiro: Renovar, 2009, p. 189.
19. GOLDIM, José Roberto. *Vulnerabilidade e pesquisa*: aspectos éticos, morais e legais. Disponível em: https://www.ufrgs.br/bioetica/vulnepes.htm. Acesso em 13 maio 2020.
20. SCHRAMM, Fermin Roland. A saúde é um direito ou um dever? *Revista Brasileira de Bioética*, v. 2, n. 2, p. 190-191, Brasília, 2006.
21. BARBOZA, Heloisa Helena. Proteção dos vulneráveis na Constituição de 1988: uma questão de igualdade. In: NEVEZ, Thiago Ferreira Cardoso (Coord.). *Direito e justiça social*. São Paulo: Atlas, 2013, p. 109.

3. PARÂMETROS E INSTRUMENTOS DE PROTEÇÃO DA VULNERABILIDADE DE CRIANÇAS

Um dos principais instrumentos da composição de um direito atento à vulnerabilidade de crianças e adolescentes é o princípio do melhor interesse ou superior interesse.

O melhor interesse está previsto no artigo 3º, alínea 1, da Convenção sobre Direitos da Criança, segundo a qual "todas as ações relativas às crianças, levadas a efeito por instituições públicas ou privadas de bem estar, tribunais, autoridades administrativas ou órgãos legislativos, devem considerar, primordialmente, o interesse maior da criança", sendo aplicável no Brasil tanto pela incorporação da Convenção via Decreto[22] como pela obrigatoriedade de se interpretar normas jurídicas à luz da convencionalidade.

De acordo com Andréa Rodrigues Amin, o princípio do melhor interesse, por sua vez, um dos pilares da proteção integral, constitui o "norte que orienta todos aqueles que se defrontam com as exigências naturais da infância e juventude. Materializá-lo é dever de todos"[23] e determina que "toda intervenção deve atender prioritariamente aos interesses das pessoas em desenvolvimento, sem prejuízo a outros interesses no âmbito da pluralidade dos interesses presentes no caso concreto".[24] Contudo, é na Opinião Consultiva 17/2002 da Corte Interamericana de Direitos Humanos (CIDH) que surgem elementos mais concretos para a compreensão e aplicação do princípio:

> 56. Este princípio regulador de la normativa de los derechos del niño se funda en la dignidad misma del ser humano, en las características propias de los niños, y en la necesidad de propiciar el desarrollo de éstos, con pleno aprovechamiento de sus potencialidades así como en la naturaleza y alcances de la Convención sobre los Derechos del Niño.
>
> (...)
>
> 59. Este asunto se vincula con los examinados en párrafos precedentes, si se toma en cuenta que la Convención sobre Derechos del Niño alude al interés superior de éste (artículos 3, 9, 18, 20, 21, 37 y 40) como punto de referencia para asegurar la efectiva realización de todos los derechos contemplados en ese instrumento, cuya observancia permitirá al sujeto el más amplio desenvolvimento de sus potencialidades. A este criterio han de ceñirse las acciones del Estado y de la sociedad en lo que respecta a la protección de los niños y a la promoción y preservación de sus derechos.
>
> 60. En el mismo sentido, conviene observar que para asegurar, en la mayor medida posible, la prevalencia del interés superior del niño, el preámbulo de la Convención sobre los Derechos del Niño establece que éste requiere "cuidados especiales", y el artículo 19 de la Convención Americana señala que debe recibir "medidas especiales de protección". En ambos casos, la necesidad de adoptar esas medidas o cuidados proviene de la situación específica en la que se encuentran los niños, tomando en cuenta su debilidad, inmadurez o inexperiencia.

---

22. Decreto 99.710/1990.
23. AMIN, Andréa Rodrigues. Princípios orientadores do direito da criança e do adolescente. In: MACIEL, Kátia Regina Ferreira Lobo Andrade (Coord.). *Curso de direito da criança e do adolescente*. 12. ed. São Paulo: Saraivajur, 2019, p. 79.
24. ROSSATO, Luciano Alves et alii. *Estatuto da Criança e do Adolescente comentado artigo por artigo*. 11. ed. São Paulo: Saraivajur, 2019, p. 67.

61. En conclusión, es preciso ponderar no sólo el requerimiento de medidas especiales, sino también las características particulares de la situación en la que se hallan el niño.²⁵

De acordo com a Opinião Consultiva, o respeito ao melhor interesse da criança ocorre quando ela é considerada como (a) pessoa, portanto, como detentora de dignidade e de direitos fundamentais (civis, sociais, ambientais, políticos etc.), mas (b) respeitado seu estágio de desenvolvimento de modo que (c) ocorra proteção adequada a essa condição que permita (d) o aproveitamento de suas potencialidades.

Os três primeiros elementos estão já bem sedimentados na doutrina de infância e juventude, mas remanesce incerto o significado do último, como observa Geraldine Van Bueren ao comentar que é necessário mais do que uma instituição judicial racional sobre o princípio porque a sociedade conta com o direito para assegurar objetividade e previsibilidade.²⁶ Para a autora, o melhor interesse da criança deve ir além de uma interpretação simplista e deve obrigatoriamente ser entendido de maneira ampla como pré-condição de direitos, o que significa dizer que a definição do melhor interesse depende de uma lista de fatores que é impossível de ser totalmente categorizada abstratamente e dependerá das particularidades fáticas das situações, embora obrigatoriamente envolva a opinião da criança, risco de danos a sua pessoa e as suas necessidades.²⁷

Michael Freeman chama a atenção que o princípio do melhor interesse tem uma perspectiva paternalista, culpa, segundo o autor, do abandono da perspectiva da criança na redação final do artigo 3º da Convenção sobre Direitos da Criança, que acabou se preocupando com princípios de justiça distributiva entre crianças e outras pessoas e não nas crianças em si.²⁸ Para minimizar o resultado do texto normativo e construir um melhor interesse que esteja centralizado na pessoa da criança e na qualidade de sujeito de direitos, Freeman argumenta que o princípio deve ser orientado pelas teorias de justiça que equilibram igualdade e o valor normativo da autonomia, de modo a impedir intervenções paternalistas sem a devida justificação tampouco a superação moral de uma pessoa sobre a criança por razões estritamente etárias.²⁹ A partir dessas reflexões, conclui que o melhor interesse pode ser traduzido nos interesses básicos, como interesses de desenvolvimento de cuidados físicos, emocionais e intelectuais para ingressar na fase adulta o máximo possível sem desvantagens, e com autonomia, especialmente com a liberdade de escolher um estilo de vida própria.³⁰

---

25. Texto disponível em: http://www.corteidh.or.cr/docs/opiniones/seriea_17_esp.pdf. Acesso em: 28 jul. 2020.
26. No original: "The concept of the best interests of the child, however, needs to be more than 'raw judicial intuition', as society relies upon law and international society relies upon international law to provide objectivity and an element of predictability" (BUEREN, Geraldine Van. *The international law on the rights of the child*. The Hague: Martinus Nijhoff Publishers, 1998, p. 45).
27. BUEREN, Geraldine Van. Op. cit., p. 46-47.
28. FREEMAN, Michael. Article 3. The best interests of the child. In: ALEN, A. et alii (Ed.). *A commentary on the United Nations Convention on the rights of the child*. Leiden: Martinus Nijhoff, 2007, p. 50-51.
29. FREEMAN, Michael. Taking children's rights more seriously, *International Journal of Law, Policy and the Family*, v. 6, n. 1, p. 67-68, abr. 1992.
30. FREEMAN, Michael. Article 3. The best interests of the child. Op. cit., p. 27.

Os comentários de Geraldine Van Bueren e Michael Freeman chamam a atenção para dois aspectos: primeiro, a aplica do princípio do melhor interesse não ocorre em abstrato, mas exige que a sua verificação diante do caso concreto e da existência de prejuízos constatados ao direito das crianças.

A percepção de que o princípio do melhor interesse só pode ser verificado no caso concreto está de acordo com a concepção de Robert Alexy sobre princípios, ao defini-los como mandamentos de otimização, isto é, "normas que obrigam que algo seja realizado na maior medida possível, de acordo com as possibilidades fáticas e jurídicas".[31]

A compreensão de que só é possível atestar o cumprimento ou não do melhor interesse diante do caso em concreto ajuda a entender a criança como pessoa, ser humano inserido em determinadas relações culturais e socioeconômicas, e não como uma entidade em abstrato. Como parte de relações sociais complexas, seus interesses e necessidades variam em quantidade, qualidade ou intensidade, a depender da maior ou menor exposição a fatores que auxiliam ou obstaculizam o seu pleno desenvolvimento.

A abordagem concreta do melhor interesse da criança exige que se olhe a pessoa em todas as suas peculiaridades, igualdades e diferenças, auxiliando na depuração de estigmas e preconceitos sociais como causas impeditivas de cuidado.

A proposição de uma abordagem concreta do princípio do melhor interesse não dispensa a abstração da pessoa como categoria filosófica. Nesse sentido, devemos ainda considerar a criança como um grupo em situação de vulnerabilidade em razão de sua peculiar condição de desenvolvimento.

Assim, as situações que envolvem crianças devem ser decididas no sopesamento entre o sujeito em abstrato e a pessoa em concreto de modo a permitir sua proteção integral. Nas palavras de Gustavo Tepedino:

> Nessa medida, o primado da dignidade humana comporta o reconhecimento da pessoa a partir dos dados da realidade, realçando-lhe as diferenças, sempre que tal processo se revelar necessário à sua tutela integral. A abstração do sujeito, de outra parte, assume grande relevância nas hipóteses em que a revelação do dado concreto possa gerar restrição à própria dignidade, ferindo a liberdade e a igualdade da pessoa. A coexistência das duas construções – do sujeito e da pessoa –, sempre funcionalizadas à tutela da dignidade humana, coloca o intérprete, desse modo, frente ao desafio de promover a "compatibilidade ente o sujeito abstrato e o reconhecimento das diferenças".[32]

Em segundo lugar, a efetivação do melhor interesse está intimamente relacionada à escuta ou oitiva da criança e do adolescente. Sem a existência de espaços e instrumentos jurídicos que permitam a oitiva de crianças, bem como que as suas expressões sejam devidamente levadas em consideração, o princípio é comprometido porque se provoca a substituição da criança pelo adulto.

---

31. ALEXY, Robert. *Teoría de los Derechos Fundamentales*. Madrid: Centro de Estúdios Políticos y Constitucionales, 2002, p. 86.
32. TEPEDINO, Gustavo. O papel atual da doutrina do direito civil entre o sujeito e a pessoa. In: TEPEDINO, Gustavo; TEIXEIRA, Ana Carolina Brochado; ALMEIDA, Vitor. *O direito civil entre o sujeito e a pessoa*. Belo Horizonte: Editora Fórum, 2016, p. 18.

Ana Paula Motta Costa e Fernanda Barbosa Miragem fazem importantes colocações sobre a importância da escuta da criança como forma de efetivar a sua proteção:

> Ao analisarmos o artigo 12 da Convenção, podemos entender que a participação determina a necessidade de ouvir as crianças desde o lugar que no presente ocupam, como direito a ser exercido pela própria criança, e não em relação ao seu lugar como futuro adulto. E daí levanta-se outra problemática: está o adulto em concordância em ceder espaço no processo decisório? Ao considerar a fala do outro estamos frente a um ato de reconhecimento político, uma vez que ao compartilhar o diálogo e assumir o "dever de escuta", perde-se o poder, ao mesmo tempo em que aquele que é escutado ganha o poder de influenciar no seu próprio destino, e no da coletividade. Assim, enquanto adultos temerosos da perda do poder, dificultamos a manifestação de suas opiniões, ligando-as à determinação de idade, maturidade, a ser decidida pelos adultos, quando conveniente, de acordo com os interesses por nós eleitos. É o adulto que decide se a criança ou adolescente está apto a emitir sua opinião, de acordo com o seu grau de maturidade, esquecendo-se de todos os fatores que atuam nesse processo heterogêneo e da importância da própria participação enquanto componente desse grupo. Vale lembrar que a forma como a sociedade trata a criança e como ela é percebida pelos demais influencia a sua experiência de ser criança.
>
> (...)
>
> Sabe-se, no entanto, que não se trata apenas de dar voz, mas de fato ouvir. De nada adianta dar a oportunidade de expressão de opiniões pela criança se essas não forem sistematicamente consideradas nos processos decisórios, sendo a participação apenas experienciada como "simbólica". Para concretizar o reconhecimento necessário, a fala do adulto não pode ser considerada como superior. Há que se reconhecer a especificidade da diferença na relação com o outro. Diferença como intermediária dentro do objetivo maior, o respeito da condição de igualdade.[33]

Uma forma de assegurar a escuta de crianças é a utilização do artigo 28, § 2º, do Estatuto da Criança e do Adolescente e a obrigatoriedade de participação do adolescente em todos os processos judiciais que versem sobre direitos ou interesses dele. Em relação a crianças com menos de 12 anos de idade, deve ser estimulada a oitiva sempre que possível. Independentemente da idade, a escuta deve ser adaptada à idade e condições pessoais da criança ou do adolescente, podendo ser feita por depoimento verbal ou por outras técnicas de escuta já utilizadas na Psicologia e no Serviço Social, como, por exemplo, entrevistas e desenhos.

Um passo adiante será determinar que na sentença haja expressa consideração sobre a manifestação da criança, seja para recusá-la ou aceitá-la, e que esse ato seja informado à criança de forma acessível para o seu desenvolvimento.

4. ALGUMAS CONCLUSÕES

Retomando o parágrafo inicial desse trabalho, parece-nos importante considerar que crianças e adolescentes precisam ser entendidos como pessoas e, nessa qualidade, terem reconhecidos os seus direitos. A perspectiva social da infância angelical, construída

---

33. COSTA, Ana Paula Motta; MIRAGEM, Fernanda Barbosa. A escuta e a participação de crianças e adolescentes em tomadas de decisão e o princípio do melhor interesse. COSTA, Marli Marlene Moraes da et al. *As políticas públicas no constitucionalismo contemporâneo*. Santa Cruz do Sul: EDUNISC, 2012, p. 686-687.

durante séculos, conforme tese de Philippe Ariès, deve ceder espaço no campo jurídico à sua consideração como titular (autônomo) de direitos, promovendo uma reorganização do sistema jurídico que assegure instrumentos para a efetivação dos direitos e garantias, bem como do seu exercício pelas próprias crianças.

A vulnerabilidade não é, assim, entendida como um obstáculo a ser superado, mas um elemento da realidade com a qual o sistema jurídico precisa moldar-se e adaptar-se para conseguir promover o reconhecimento de crianças e, simultaneamente, atribuir-lhes direitos.

Ao longo desse trabalho apresentamos três instrumentos que devem ser utilizados nessa construção: o princípio do melhor interesse, aplicado de acordo com as circunstâncias fáticas reais, que exige a consideração do que se constitua como mais adequado no momento da decisão e para o futuro na proteção de direitos de crianças; a escuta ou oitiva de crianças, elevando-as a participantes ativo de seus direitos e interesses e impedindo a supressão das suas opiniões; e, por fim, a consideração das opiniões infantis nos atos judiciais e a comunicação às crianças das decisões com o uso de linguagem adaptada.

A CRIANÇA CONSUMIDORA SOB A PERSPECTIVA DO SUPERIOR TRIBUNAL DE JUSTIÇA: VULNERABILIDADE E PROTEÇÃO

Lúcia Souza d'Aquino

Rodrigo Versiani

João Victor Ferreira Ximenes

Sumário: 1. Introdução – 2. Proteção à saúde e segurança – 3. Produtos especialmente nocivos à infância – 4. Publicidade de alimentos – 5. Considerações finais.

1. INTRODUÇÃO

As mudanças legislativas ocorridas após a Constituição de 1988 vieram para sedimentar a humanização do Direito Privado[1] e a necessidade de um Direito centralizado na pessoa, e não mais em seu patrimônio. Nesse sentido, e a partir especialmente da promulgação do Código de Defesa Consumidor, abriu-se espaço para o reconhecimento de sujeitos sabidamente vulneráveis e de uma proteção especial nesse sentido.[2]

As crianças, ainda que não possuam capacidade para o estabelecimento de contratos, estão cada vez mais presentes no mercado de consumo, seja por meio de sua participação ativa, de sua influência sobre familiares ou de sua posição de futuros consumidores.[3] Ademais, doutrina e jurisprudência, atentas a seu papel de concretização de direitos, há tempos reconhecem a especial vulnerabilidade das crianças, denominada de forma pioneira de hipervulnerabilidade[4] e mais recentemente de vulnerabilidade agravada.[5]

---

1. V. ALMEIDA, Vitor. A marcha da autonomia existencial na legalidade constitucional: os espaços de construção da subjetividade. In: MENEZES, Joyceane Bezerra; DE CICCO, Maria Cristina; RODRIGUES, Francisco Luciano Lima (Org.). *Direito civil na legalidade constitucional*: algumas aplicações. Indaiatuba: Foco, 2021. p. 407-430.
2. V. BARLETTA, Fabiana Rodrigues; MARTINS, Flavio Alves. Trinta anos do CDC: a consagração do princípio da vulnerabilidade. *Revista do Advogado*, v. 147, p. 38 ss., 2020; MARTINS, Fernando Rodrigues. Direito do consumidor, reforma do CDC e a constante renovação metodológica do direito privado. *Revista de Direito do Consumidor*, São Paulo, v. 107, a. 25, p. 293-307, set./out. 2016.
3. D'AQUINO, Lúcia Souza. *A criança consumidora e os abusos da comunicação mercadológica*: passado, presente e futuro da proteção dos hipervulneráveis. Curitiba: CRV, 2021.
4. BRASIL. Superior Tribunal de Justiça. Recurso Especial 586.316. Recorrente: Ministério Público do Estado de Minas Gerais. Recorrido: ABIA – Associação Brasileira das Indústrias de Alimentação. Relator: Min. Herman Benjamin. Brasília, 19 mar. 2009. DJe 19 mar. 2009.
5. MIRAGEM, Bruno. *Curso de Direito do Consumidor*. 8. ed. São Paulo: Ed. RT, 2019.

Nesse sentido, e pelo fato da importância da proteção da criança no mercado de consumo, o presente trabalho pretende analisar de maneira sistemática a forma como o Superior Tribunal de Justiça compreende e aplica a proteção da criança consumidora. Para tanto, foi realizada pesquisa de jurisprudência no site do referido Tribunal, com os termos "hipervulnerabilidade", "hipervulneráveis", "criança e consumidor(a)". A partir dos resultados obtidos, foram analisados os acórdãos para verificar quais deles se referiam especificamente à proteção da criança consumidora.

O presente trabalho, portanto, parte de uma metodologia empírica de análise de jurisprudência para responder ao problema de pesquisa de como o Superior Tribunal de Justiça protege a criança consumidora em razão de sua especial vulnerabilidade. Serão, assim, agrupadas as decisões e analisadas segundo seus fundamentos e adequação à doutrina e legislação vigentes. Tratar-se-á do tema de acordo com os seguintes tópicos: proteção da saúde e segurança, produtos especialmente nocivos e publicidade de alimentos.

2. PROTEÇÃO À SAÚDE E SEGURANÇA

Os casos que trataram da proteção da saúde e segurança das crianças consumidoras são decorrentes de situações em que, em razão de defeitos na garantia da segurança legitimamente esperada, houve danos causados às crianças. São situações especialmente sensíveis, em que os efeitos se estendem especialmente à sua família que, em construção doutrinária recente, poderia experimentar também essa hipervulnerabilidade.[6]

O agravo interno em Recurso Especial 1.525.763,[7] julgado no ano de 2018, originou-se de ação civil privada movida por pais de uma criança contra Espoleta Buffet Infantil Ltda. ME, sob alegação de que a ré, no ato da prestação de seus serviços, faltou com "segurança legitimamente esperada", ocasionando um acidente em um brinquedo com a consequente fratura dos ossos de seu braço.[8]

A ação foi julgada procedente, condenando a empresa ao pagamento de indenização nos valores de R$ 8.000,00 à criança e R$ 5.000,00 a cada um de seus genitores, com fulcro no art. 14 do CDC. Ademais, foi reconhecida violação ao art. 6º, I do CDC, que versa sobre os direitos básicos do consumidor, especificamente "a proteção da vida, saúde e segurança contra os riscos provocados por práticas no fornecimento de produtos e serviços considerados perigosos ou nocivos".

---

6. AZEVEDO, Fernando Costa de. O núcleo familiar como coletividade hipervulnerável e a necessidade de sua proteção contra os abusos da publicidade dirigida ao público infantil. *Revista de Direito do Consumidor*, v. 123, a. 28, p. 17-35, São Paulo, maio/jun. 2019.
7. BRASIL. Superior Tribunal de Justiça. Agravo Interno no Recurso Especial 1.525.763. Agravante: Espoleta Buffet Infantil Ltda. ME. Agravados: L.P.R., M.L.R, F.R.P. Relator: Min. Paulo de Tarso Sanseverino. Brasília, 03 dez. 2018. DJe 07 dez. 2018.
8. BRASIL. Superior Tribunal de Justiça. Agravo Interno no Recurso Especial 1.525.763. Agravante: Espoleta Buffet Infantil Ltda. ME. Agravados: L.P.R., M.L.R, F.R.P. Relator: Min. Paulo de Tarso Sanseverino. Brasília, 03 dez. 2018. DJe 07 dez. 2018. p. 5.

Concluiu-se que a empresa faltou com a sua obrigação prevista no CDC, em seu art. 14, § 1º. Mesmo que o legislador não tenha usado conceito estrito, que abarque uma série de situações, do que de fato é um serviço defeituoso, o Ministro Relator frisou que a interpretação do caso decorre do raciocínio do referido artigo, a partir da cláusula geral, em cujo núcleo encontra-se a expressão "segurança legitimamente esperada". Embasando a sua afirmação, conclui que "o serviço defeituoso é aquele que não apresenta a segurança legitimamente esperada pelo consumidor (art. 14, § 1º, do CDC)".[9]

No que tange à interpretação da expressão supracitada, o Ministro segue, expondo que se trata de conceito vago e deve ser concretizada pelo juiz. Dessa forma, o entendimento foi de que mesmo com laudo técnico, o equipamento não supriu a "segurança legitimamente esperada" pelo consumidor, faltando amortecimento suficiente capaz de impedir a lesão que acometeu o autor da ação, além de não ter sido demonstrada culpa exclusiva do consumidos ou de terceiro, evidenciando a responsabilidade do fornecedor por fato do serviço,[10] razão pela qual foi mantida a decisão recorrida.

Já o Recurso Especial 1.418.151,[11] julgado no ano de 2014, teve origem em ação monitória ajuizada em razão de acidente em escada rolante de shopping center em razão do qual uma criança teve seus dedos amputados. Funcionário do shopping center levou a criança para clínica a fim de prestar os primeiros socorros, onde foram realizados procedimentos médicos que geraram a obrigação do pagamento de despesas médico-hospitalares por seus familiares. Houve, então, o ajuizamento de demanda com a finalidade de desobrigar a vítima do pagamento das despesas, sendo esse custo revertido ao shopping, com fundamento também no art. 14 do CDC.

O ministro relator fez referência a acórdão anterior elucidando que não houve análise da responsabilidade do shopping no caso. Analisando a responsabilidade do shopping à luz do CDC, e sabendo-se da natureza objetiva dentro do direito brasileiro no que tange à responsabilidade do fornecedor, o consumidor deve ser ressarcido pelo dano, conforme entendimento do Relator, eis que "o acidente era de consumo, o fato fora admitido pelo denunciado (inclusive em sede de contrarrazões ao recurso especial), e, sabidamente, sem que se interponha competente quebra de nexo causal, a responsabilidade legal é objetiva e do fornecedor",[12] sendo "Viável, pois, a sua formulação pelo

---

9. BRASIL. Superior Tribunal de Justiça. Agravo Interno no Recurso Especial 1.525.763. Agravante: Espoleta Buffet Infantil Ltda. ME. Agravados: L.P.R., M.L.R, F.R.P. Relator: Min. Paulo de Tarso Sanseverino. Brasília, 03 dez. 2018. DJe 07 dez. 2018. p. 5.
10. BRASIL. Superior Tribunal de Justiça. Agravo Interno no Recurso Especial 1.525.763. Agravante: Espoleta Buffet Infantil Ltda. ME. Agravados: L.P.R., M.L.R, F.R.P. Relator: Min. Paulo de Tarso Sanseverino. Brasília, 03 dez. 2018. DJe 07 dez. 2018. p. 5.
11. BRASIL. Superior Tribunal de Justiça. Recurso Especial 1.418.151. Recorrente: Luciano Martins do Prado. Recorrido: Centervale Administração e Participações S/C Ltda. Relator: Min. Paulo de Tarso Sanseverino. Brasília, 18 dez. 2014. DJe 05 fev. 2015.
12. BRASIL. Superior Tribunal de Justiça. Recurso Especial 1.418.151. Recorrente: Luciano Martins do Prado. Recorrido: Centervale Administração e Participações S/C Ltda. Relator: Min. Paulo de Tarso Sanseverino. Brasília, 18 dez. 2014. DJe 05 fev. 2015.

consumidor em face do fornecedor pelo dispêndio realizado com o restabelecimento de sua filha em face de acidente de consumo que é objeto de cobrança na lide principal".[13]

Sobre a solicitação do ressarcimento, o Ministro discutiu a inexequibilidade de o juízo de apreciar a ação regressiva, visto que esse tipo de ação, movida com propósitos ressarcitórios, demanda, para além de "hipóteses de garantia legal ou contratual",[14] provas acerca do "dispêndio realizado com o restabelecimento de sua filha em face de acidente de consumo que é objeto de cobrança na lide principal".[15] Assim, a decisão que melhor privilegia o consumidor é desconstituição do acórdão e da sentença, "determinando-se que se intimem as partes acerca do interesse na produção de provas, pois, ante as alegações do denunciado e a ausência de produção de provas postuladas pelo denunciante e denunciado acerca do acidente de consumo".[16]

O Recurso Especial 1.037.759, julgando no ano de 2010,[17] diz respeito a de indenização por danos materiais e morais, ajuizada em face de GEAP Fundação de Seguridade Social e Clínica Radiológica Dr. Lauro Coutinho Ltda., sob a alegação de deficiência na prestação do serviço de assistência à saúde, e, como discussão central na apreciação do recurso, o fato de uma criança de três anos ser ou não é suscetível de abalo moral decor-

---

13. BRASIL. Superior Tribunal de Justiça. Recurso Especial 1.418.151. Recorrente: Luciano Martins do Prado. Recorrido: Centervale Administração e Participações S/C Ltda. Relator: Min. Paulo de Tarso Sanseverino. Brasília, 18 dez. 2014. DJe 05 fev. 2015. p. 11.
14. BRASIL. Superior Tribunal de Justiça. Recurso Especial 1.418.151. Recorrente: Luciano Martins do Prado. Recorrido: Centervale Administração e Participações S/C Ltda. Relator: Min. Paulo de Tarso Sanseverino. Brasília, 18 dez. 2014. DJe 05 fev. 2015. p. 11.
15. BRASIL. Superior Tribunal de Justiça. Recurso Especial 1.418.151. Recorrente: Luciano Martins do Prado. Recorrido: Centervale Administração e Participações S/C Ltda. Relator: Min. Paulo de Tarso Sanseverino. Brasília, 18 dez. 2014. DJe 05 fev. 2015. p. 11.
16. BRASIL. Superior Tribunal de Justiça. Recurso Especial 1.418.151. Recorrente: Luciano Martins do Prado. Recorrido: Centervale Administração e Participações S/C Ltda. Relator: Min. Paulo de Tarso Sanseverino. Brasília, 18 dez. 2014. DJe 05 fev. 2015. p. 11.
17. Direito civil e consumidor. Recusa de clínica conveniada a plano de saúde em realizar exames radiológicos. Dano moral. Existência. Vítima menor. Irrelevância. Ofensa a direito da personalidade. – A recusa indevida à cobertura médica pleiteada pelo segurado é causa de danos morais, pois agrava a situação de aflição psicológica e de angústia no espírito daquele. Precedentes – As crianças, mesmo da mais tenra idade, fazem jus à proteção irrestrita dos direitos da personalidade, entre os quais se inclui o direito à integridade mental, assegurada a indenização pelo dano moral decorrente de sua violação, nos termos dos arts. 5º, X, *in fine*, da CF e 12, *caput*, do CC/02. – Mesmo quando o prejuízo impingido ao menor decorre de uma relação de consumo, o CDC, em seu art. 6º, VI, assegura a efetiva reparação do dano, sem fazer qualquer distinção quanto à condição do consumidor, notadamente sua idade. Ao contrário, o art. 7º da Lei 8.078/90 fixa o chamado diálogo de fontes, segundo o qual sempre que uma lei garantir algum direito para o consumidor, ela poderá se somar ao microssistema do CDC, incorporando-se na tutela especial e tendo a mesma preferência no trato da relação de consumo. – Ainda que tenha uma percepção diferente do mundo e uma maneira peculiar de se expressar, a criança não permanece alheia à realidade que a cerca, estando igualmente sujeita a sentimentos como o medo, a aflição e a angústia. - Na hipótese específica dos autos, não cabe dúvida de que a recorrente, então com apenas três anos de idade, foi submetida a elevada carga emocional. Mesmo sem noção exata do que se passava, é certo que percebeu e compartilhou da agonia de sua mãe tentando, por diversas vezes, sem êxito, conseguir que sua filha fosse atendida por clínica credenciada ao seu plano de saúde, que reiteradas vezes se recusou a realizar os exames que ofereceriam um diagnóstico preciso da doença que acometia a criança. Recurso especial provido. (BRASIL. Superior Tribunal de Justiça. Recurso Especial 1.037.759. Recorrente: L.C.T.A de S. Recorridos: GEAP Fundação de Seguridade Social e Clínica Radiológica Dr. Lauro Coutinho Ltda. Relatora: Min. Nancy Andrighi. Brasília, 23 fev. 2010. DJe 05 mar. 2010).

rente da ineficiência de seu plano de saúde e consequente recusa de clínica credenciada em realizar exames radiológicos.

Entretanto, apesar de reconhecer a existência de situação ensejadora do abalo moral, o TJ/RJ afastou a respectiva indenização, sob o argumento de que uma "criança de três anos de idade não seria capaz de sofrer dano moral", ou seja, o referido Tribunal entendeu que não se poderia imaginar abalo psicológico pela falta de realização de um exame radiológico, entendimento que não coincidiu com o do Superior Tribunal de Justiça no caso.

No que tange a recusa à cobertura médica ensejar reparação a título de dano moral, por revelar comportamento abusivo por parte da operadora do plano de saúde, o Superior Tribunal de Justiça vem reconhecendo tal direito aos consumidores, entretanto, destaca-se a fundamentação do acórdão sobre o abalo psicológico da criança, então com apenas três anos, considerando-se que foi submetida a elevada carga emocional, especialmente pelo fato que nessa idade, a criança absorver e retirar, em grande parte, a sua estabilidade emocional, do quadro emocional de seus pais.

Consta ainda do referido do acórdão a afirmação da Relatora, Ministra Nancy Andrighi de que, ainda que a criança tenha uma percepção diferente do mundo e uma maneira peculiar de se expressar, não permanece alheia à realidade que a cerca, estando igualmente sujeita a sentimentos como o medo, a aflição e a angústia, e de mais a mais, dada a maior vulnerabilidade e sensibilidade da criança, a Relatora concluiu que estados de espírito como os experimentados pela criança, são, eventualmente, até mais prejudiciais e danosos do que nos adultos, por estarem em fase de formação intelectual e psíquica, causando o risco de que abalos de tal ordem podem ocasionar em traumas incuráveis.[18]

Sobre o direito ao desenvolvimento da criança livre de traumas, afirma Leone:

> a criança é considerada um ser humano em desenvolvimento, portanto, a infância e a juventude são estágios evolutivos que devem ser ultrapassados para que se possa alcançar a plenitude física, moral, psíquica e social, o estágio da vida adulta, ressaltando que a sua autonomia em relação aos demais membros do grupo social em que convive e a família a que pertence o infante possa se manifestar sem maiores sequelas traumáticas.[19]

---

18. Veja-se o princípio II da Declaração Universal dos Direitos da Criança: "A criança deve receber proteção especial e oportunidades e facilidades por força da lei e por outros meios, a fim de poder desenvolver-se de maneira saudável e normal nos planos físico, intelectual, moral, espiritual e social, em condições de liberdade e dignidade. Ao aprovar leis para esse fim, o melhor interesse da criança deve ser a consideração determinante." (No original: "L'enfant doit bénéficier d'une protection spéciale et se voir accorder des possibilites et des facilités par l'effet de la loi et par d'autres moyens, afin d'être en mesure de se developper d'une façon saine et normale sur le plan physique, intellectuel, moral, spirituel et social, dans des conditions de liberte et dignité. Dans l'adoption de lois à cette fin, l'intérêt supériuer de l'enfant doit être la considération déterminante". [tradução nossa]. CANTWELL, Nigel. La genèse de l'intérêt supérieur de l'enfant dans la Convention relative aux droits de l'enfant. *Journal du Droit des Jeunes*, 03/2011, n. 303, p. 22-25. Disponível em: https://www.cairn.info/revue-journal-du-droit-des--jeunes-2011-3-page-22.htm#. Acesso em: 04 abr. 2022.
19. LEONE, Cláudio. A criança, o adolescente e a autonomia. Bioética. *Revista do Conselho Federal de Medicina*, Brasília, v. 6, n. 1, 1998. Disponível em: http://revistabioetica.cfm.org.br/index.php/revista_bioetica/article/view/324/392. Acesso em: 04 abr. 2022.

Dessa forma o Superior Tribunal de Justiça, entendeu que mesmo que a criança não tenha tido noção exata do que se passava, percebeu e compartilhou da agonia de sua mãe tentando, por diversas vezes, sem êxito, conseguir que sua filha fosse atendida pela referida clínica, e, que crianças, mesmo da mais tenra idade, fazem jus à proteção irrestrita dos direitos da personalidade, entre os quais se inclui o direito à integridade mental, assegurada a indenização pelo dano moral decorrente de sua violação, nos termos dos arts. 5º, X, *in fine*, da CF e 12, *caput*, do CC.[20]

O Recurso Especial 980.860,[21] por fim, julgado no ano de 2009, diz respeito a ação indenizatória por danos morais movida por duas irmãs gêmeas de três meses de idade, representadas pelo seu genitor, em face Unilever Bestfoods Brasil Ltda., acerca da possibilidade de responsabilização do fabricante pelos danos morais e materiais decorrentes da ingestão de produto adquirido com o prazo de validade vencido, e cujo consumo trouxe riscos à integridade física de suas filhas, que à época estavam com três meses de idade.

A causa de pedir contida na inicial revelou vício de segurança, tendo em vista que a gravidade do defeito, referente à deterioração por vencimento da validade, existente no produto "Arrozina Tradicional", além de impedir a sua utilização da maneira esperada, gerou risco para a saúde das bebês, decorrendo, consequentemente, a responsabilidade do fornecedor, caracterizada pelo fato do produto – vício de insegurança –, nos moldes do art. 12 do CDC.

No caso em tela, o fabricante alegou que não poderia ser responsabilizada pelos danos sofridos pelas bebês,[22] sob o argumento de que houve culpa exclusiva de terceiro, isto é, do comerciante, proprietário do supermercado que ofereceu a mercadoria à venda em suas gôndolas sem observar que o prazo de validade já havia expirado.

---

20. Neste caso o STJ afirmou a aplicação da teoria do "diálogo das fontes", cunhado pelo jurista alemão Erik Jayme, para significar a atual aplicação simultânea, coerente e coordenada das plúrimas fontes legislativas, internacionais, supranacionais e nacionais, leis especiais e gerais, com campos de aplicação convergentes, mas não mais iguais, daí a impossibilidade de revogação, derrogação ou ab-rogação ou solução clássica das antinomias (BENJAMIN, Antonio Herman; MARQUES, Claudia Lima. A teoria do diálogo das fontes e seu impacto no Brasil: uma homenagem a Erik Jayme. *Revista de Direito do Consumidor*, v. 115, p. 23, São Paulo, jan.-fev. 2018).
21. Direito do consumidor. Recurso especial. Ação de indenização por danos morais e materiais. Consumo de produto colocado em circulação quando seu prazo de validade já havia transcorrido. "Arrozina Tradicional" vencida que foi consumida por bebês que tinham apenas três meses de vida, causando-lhes gastroenterite aguda. Vício de segurança. Responsabilidade do fabricante. Possibilidade. Comerciante que não pode ser tido como terceiro estranho à relação de consumo. Não configuração de culpa exclusiva de terceiro. – Produto alimentício destinado especificamente para bebês exposto em gôndola de supermercado, com o prazo de validade vencido, que coloca em risco a saúde de bebês com apenas três meses de vida, causando-lhe gastroenterite aguda, enseja a responsabilização por fato do produto, ante a existência de vício de segurança previsto no art. 12 do CDC. – O comerciante e o fabricante estão inseridos no âmbito da cadeia de produção e distribuição, razão pela qual não podem ser tidos como terceiros estranhos à relação de consumo. – A eventual configuração da culpa do comerciante que coloca à venda produto com prazo de validade vencido não tem o condão de afastar o direito de o consumidor propor ação de reparação pelos danos resultantes da ingestão da mercadoria estragada em face do fabricante. Recurso especial não provido. (BRASIL. Superior Tribunal de Justiça. Recurso Especial n. 980.860. Recorrente: Unilever Bestfoods Brasil Ltda. Recorridos: Samantha Claudino Lima e outro. Relatora: Min. Nancy Andrighi. Brasília, 23 abr. 2009. DJe 02 jun. 2009).
22. VERSIANI, Rodrigo Luiz da Silva. *O controle da publicidade infantil de alimentos*: Hermenêutica à luz do direito fundamental de proteção à criança com absoluta prioridade. São Paulo: Dialética, 2021. p. 41 e ss.

Entretanto, o STJ negou provimento ao recurso, especialmente sob a fundamentação que pelo sistema adotado pelo CDC, o comerciante e o fabricante são inseridos na cadeia de produção e distribuição do produto viciado, e por isso não podem ser considerados terceiros estranhos à relação de consumo. Dessa forma, mesmo havendo configuração da culpa de qualquer um deles, esta não tem o condão de afastar o direito de o consumidor propor ação de reparação em face de todos ou qualquer um dos participantes da referida cadeia de produção.

3. PRODUTOS ESPECIALMENTE NOCIVOS À INFÂNCIA

Já no que tange a produtos especialmente nocivos à infância, o Tribunal já se manifestou em duas situações: a mais recente a respeito da exposição de revistas de conteúdo adulto em bancas sem a devida proteção da capa e a mais antiga a respeito de publicidade de tabaco. Veja-se que em ambas as situações se trata de produtos destinados exclusivamente a adultos, e cuja exposição precoce por crianças pode acarretar uma sexualização precoce e risco de abusos[23-24] e o início precoce do hábito de fumar.[25]

O Recurso especial 1.569.814,[26] julgado no ano de 2016, teve a sua origem em Ação Civil Pública movida pelo Ministério Público do Estado do Rio de Janeiro contra Treelog S.A – Logística e Distribuição, sob a alegação de violação do art. 78 do Estatuto da Criança e do Adolescente.

Mesmo que a ré seja transportadora, o julgador entendeu que a empresa faz parte de uma cadeia de circulação e comercialização. Logo, compreende-se que como parte da cadeia de consumo e compartilha da mesma responsabilidade do fabricante e do comerciante. A ação foi julgada procedente, condenando o réu ao pagamento de multa de 6 salários mínimos.

A empresa interpôs recurso contra decisão do TJRJ ao Superior Tribunal de Justiça, sustentando contrariedade à decisão do acórdão e justificando que não há previsão legal para responsabilização de distribuidoras.

O Ministro relator negou provimento ao recurso especial, concordando com o julgamento do TJRJ, de que a responsabilidade é compartilhada entre fabricante e transportador. O ministro concluiu que acórdão do TJRJ está correto, visto que mesmo que a responsabilidade seja da editora em proteger as capas das revistas com mensagens

---

23. D'AQUINO, Lúcia Souza. A publicidade abusiva dirigida ao público infantil. *Revista de Direito do Consumidor*, v. 106, p. 89-131, São Paulo, 2016.
24. Sobre os efeitos de publicidade sobre as crianças, veja-se D'AQUINO, Lúcia Souza. *Criança e publicidade*: hipervulnerabilidade? Rio de Janeiro: Lumen Juris, 2017.
25. MORGENSTERN, Matthis; SARGENT, James D.; ISENSEE, Barbara; HANEWINKEL, Reiner. From never to daily smoking in 30 months: the predictive value of tobacco and non-tobacco advertising exposure. *BMJ Open*, n. 3, e002907, 2013. DOI: 10.1136/bmjopen-2013-002907.
26. BRASIL. Superior Tribunal de Justiça. Recurso Especial 1.569.814. Recorrente: Treelog S.A. – Logística e Distribuição. Recorrido: Ministério Público do Estado do Rio de Janeiro. Relator: Min. Herman Benjamin. Brasília, 02 fev. 2016. DJe 30 out. 2019.

pornográficas com embalagem opaca, não desobriga a distribuidora da responsabilidade, dessa forma agindo de forma "omissa em comercializá-las sem a devida proteção".[27]

Assim, no que diz respeito à controvérsia da recorrente, esta é incumbida da responsabilidade mesmo que não participe da comercialização e produção da referida revista, que desrespeitou "os princípios da proteção integral e do superior interesse da criança e do adolescente".[28]

Já o Recurso Especial 1.101.949,[29] julgado no ano de 2006, originou-se de Ação Civil Pública movida pelo Ministério Público do Distrito Federal e Territórios (MPDFT) contra Ogilvy e Mather Brasil Comunicação Ltda., Souza Cruz S/A e Conspiração Filmes Entretenimento S/A sob a alegação de que os réus haviam produzido peça publicitária contendo "mensagens subliminares e técnicas que visavam atingir crianças e adolescentes",[30] que violavam, dessa forma, o Código de Defesa do Consumidor, o Estatuto da Criança e do Adolescente e a Lei 9.294/1996.

A ação foi julgada procedente, condenando os réus à "veiculação de contrapropaganda elaborada pelo Ministério da Saúde, sob pena de multa no importe de R$ 2.000.000,00 por dia de inadimplência até que efetivamente a contrapropaganda seja veiculada;" e ao pagamento, solidariamente, "de indenização pelos danos morais difusos/coletivos decorrentes da veiculação da propaganda no valor de R$ 14.000.000,00 (quatorze milhões de reais)", corrigido monetariamente e acrescido de juros de mora.[31]

Houve apelação dos réus, provida parcialmente para reduzir o valor da indenização, excluir a condenação à veiculação de contrapropaganda e afastar a multa fixada. Em sede de Recurso Especial, foram parcialmente providos os recursos de Ogilvy e Mather Brasil Comunicação Ltda. e Souza Cruz S/A para reduzir o valor da indenização para R$ 1.000.000,00.

No que tange à proteção das crianças consumidoras, o acórdão ressaltou o fato de que as peças publicitárias são arrojadas e possuem inequívoca influência sobre os hábitos dos consumidores, sendo um potencial gatilho para o desencadeamento do hábito de fumar por crianças e adolescentes. Citou, ainda, trechos do acórdão da apelação, que asseverou que

---

27. BRASIL. Superior Tribunal de Justiça. Recurso Especial 1.569.814. Recorrente: Treelog S.A. – Logística e Distribuição. Recorrido: Ministério Público do Estado do Rio de Janeiro. Relator: Min. Herman Benjamin. Brasília, 02 fev. 2016. DJe 30 out. 2019. p. 6.
28. BRASIL. Superior Tribunal de Justiça. Recurso Especial 1.569.814. Recorrente: Treelog S.A. – Logística e Distribuição. Recorrido: Ministério Público do Estado do Rio de Janeiro. Relator: Min. Herman Benjamin. Brasília, 02 fev. 2016. DJe 30 out. 2019. p. 4.
29. BRASIL. Superior Tribunal de Justiça. Recurso Especial 1.101.949. Recorrentes: Ogilvy e Mather Brasil Comunicação Ltda. e outros. Recorridos: Os mesmos. Relator: Min. Marco Buzzi. Brasília, 10 maio 2016. DJe 30 maio 2016.
30. BRASIL. Superior Tribunal de Justiça. Recurso Especial 1.101.949. Recorrentes: Ogilvy e Mather Brasil Comunicação Ltda. e outros. Recorridos: Os mesmos. Relator: Min. Marco Buzzi. Brasília, 10 maio 2016. DJe 30 maio 2016. p. 7.
31. BRASIL. Superior Tribunal de Justiça. Recurso Especial 1.101.949. Recorrentes: Ogilvy e Mather Brasil Comunicação Ltda. e outros. Recorridos: Os mesmos. Relator: Min. Marco Buzzi. Brasília, 10 maio 2016. DJe 30 maio 2016. p. 7.

(...) o comportamento e a linguagem utilizada pelo protagonista da publicidade atinge em cheio as dificuldades vivenciadas por pré-adolescentes e adolescentes e, considerando este aspecto, são grandes as chances de haver um processo de identificação entre o público pertencente às referidas faixas etárias e o padrão verbal e comportamental utilizado no monólogo, o que associado a outras variáveis pode compor um quadro facilitador de acesso ao produto veiculado, especialmente para o público alvo citado acima.

(...) Pelo conteúdo relatado acima, percebe-se que a verbalização utilizada na publicidade, tem efeito especial junto a crianças e adolescentes, considerando as dificuldades próprias destas fases e a possibilidade de identificação com a linguagem e o comportamento utilizado pelo protagonista...[32]

A decisão asseverou, ainda, o caráter abusivo da peça publicitária analisada ao violar o princípio da identificação publicitária e a enganosidade das informações contidas.

4. PUBLICIDADE DE ALIMENTOS

Por fim, quanto à publicidade que envolve alimentos voltados ao público infantil, as decisões referem-se à propriedade intelectual, em caso de marca registrada semelhante a outra existente e consolidada no mercado, além de duas decisões cujo objeto principal é a venda casada, mas em que foram debatidos os impactos da publicidade (especialmente de alimentos) direcionada às crianças e o exercício do poder familiar.

O Recurso Especial 1.188.105[33] é decorrente de ação ajuizada por Pepsico Inc. contra o Instituto Nacional da Propriedade Industrial – INPI e Trigomil Produtos Alimentícios Ltda., em razão do registro, feito por esta última, de salgadinhos tipo snacks com as marcas registradas "Cheese.ki.tos" e "Xebolita", o que caracterizaria imitação dos produtos "Chee.tos" e "Cebolitos", registrados pela autora desde os anos de 1975 e 1982, respectivamente. A ação foi julgada parcialmente procedente para determinar ao INPI a suspensão do registro em relação à marca "Cheese.ki.tos". O Recurso Especial interposto foi provido para determinar a anulação do registro da marca "Cheese.ki.tos".

No que tange à proteção da criança, o acórdão limitou-se a mencionar a semelhança entre as embalagens dos dois produtos analisados, o que, tendo em vista se tratar de salgadinhos voltados ao consumo infantil, poderia causar confusão, tendo em vista sua "inegável maior vulnerabilidade",[34] o que terminaria como uma prática violadora do art. 37, § 2º do CDC.

---

32. BRASIL. Superior Tribunal de Justiça. Recurso Especial 1.101.949. Recorrentes: Ogilvy e Mather Brasil Comunicação Ltda. e outros. Recorridos: Os mesmos. Relator: Min. Marco Buzzi. Brasília, 10 maio 2016. DJe 30 maio 2016. p. 22.
33. BRASIL. Superior Tribunal de Justiça. Recurso Especial 1.188.105. Recorrente: Pepsico Inc. Recorridos: Instituto Nacional de Propriedade Industrial – INPI e Trigomil Produtos Alimentícios Ltda. Relator: Min. Luis Felipe Salomão. Brasília, 05 mar. 2013. DJe 12 abr. 2013.
34. BRASIL. Superior Tribunal de Justiça. Recurso Especial 1.188.105. Recorrente: Pepsico Inc. Recorridos: Instituto Nacional de Propriedade Industrial – INPI e Trigomil Produtos Alimentícios Ltda. Relator: Min. Luis Felipe Salomão. Brasília, 05 mar. 2013. DJe 12 abr. 2013.

Também no ano de 2016, o Superior Tribunal de Justiça apreciou a questão quando do julgamento do Recurso Especial 1.558.086/SP[35] relativo ao paradigmático caso "É hora do Shrek",[36] com a manutenção da decisão pelo Supremo Tribunal Federal – STF.[37] O referido caso foi originado de uma Ação Civil Pública ajuizada pelo MP-SP em 2008, em face da empresa Bauducco, ao mesmo tempo em que o Procon-SP a multou.[38] A empresa pediu a anulação da penalidade, entretanto, o processo para revogar a sanção do Procon-SP foi suspenso até que a ação do Ministério Público passasse por todas as instâncias judiciais, o que aconteceu em 2017, quando o STF manteve a decisão do STJ que, em 2016, condenou a Bauducco por fazer esse tipo de publicidade abusiva.[39]

Importante destacar que a decisão da Segunda Turma do STJ dialoga com a Declaração dos Direitos da Criança da ONU,[40] com recomendações internacionais e com a segunda edição do Guia Alimentar para a População Brasileira,[41] elaborado pelo Ministério da Saúde em parceria com o NUPENS/USP (Núcleo de Pesquisas Epidemiológicas em Nutrição e Saúde da Universidade de São Paulo) e com o apoio da OPAS (Organização Panamericana de Saúde), diante do aumento do consumo de alimentos ultraprocessados relacionados ao aumento da incidência das DCNT e obesidade infantil.

Assim, o Superior Tribunal de Justiça, com tal precedente fixou a correta intepretação do art. 37, § 2º, da Lei 8.078/1990 (Código de Defesa do Consumidor), haja vista que diante de dois valores constitucionais, que são a "liberdade de expressão" e "prote-

---

35. IDEC – Instituto Brasileiro de Defesa do Consumidor. *Direitos sem ruído*: A histórica decisão do STJ sobre a publicidade de alimentos dirigida à criança. IDEC, 2017. Disponível em: https://idec.org.br/file/25188/download?token=jNssEgTS. Acesso em: 10 abr. 2022.
36. Brasil. Processual civil. Direito do consumidor. Ação civil pública. Violação do art. 535 do CPC. Fundamentação deficiente. Súmula 284/STF. Publicidade de alimentos dirigida à criança. Abusividade. Venda casada caracterizada. Arts. 37, § 2º, e 39, I, do Código de Defesa do Consumidor. 1. Não prospera a alegada violação do art. 535 do Código de Processo Civil, uma vez que deficiente sua fundamentação. Assim, aplica-se ao caso, mutatis mutandis, o disposto na Súmula 284/STF. 2. A hipótese dos autos caracteriza publicidade duplamente abusiva. *Primeiro, por se tratar de anúncio ou promoção de venda de alimentos direcionada, direta ou indiretamente, às crianças. Segundo, pela evidente "venda casada", ilícita em negócio jurídico entre adultos e, com maior razão, em contexto de marketing que utiliza ou manipula o universo lúdico infantil (art. 39, I, do CDC). 3. In casu, está configurada a venda casada, uma vez que, para adquirir/comprar o relógio, seria necessário que o consumidor comprasse também 5 (cinco) produtos da linha "Gulosos".* Recurso especial improvido. (BRASIL. Superior Tribunal de Justiça. Recurso Especial 1.558.086. Recorrente: Pandurata Alimentos Ltda. Recorrido: Ministério Público do Estado de São Paulo. Relator: Min. Humberto Martins. Brasília, 10 mar. 2016, DJe 15 abr. 2016.) (grifo nosso).
37. BRASIL. Supremo Tribunal Federal. Agravo em Recurso Extraordinário 1.038.825. Agravante: Pandurata Alimentos Ltda. Agravado: Ministério Público do Estado de São Paulo. Relator: Min. Celso de Mello. Brasília, 15 set. 2017. DJe 13 out. 2017.
38. Sobre o caso, veja-se D'AQUINO, Lúcia Souza. Publicidade abusiva dirigida ao público infantil: em julgamento histórico, o STJ reconhece a abusividade da publicidade às crianças. *Revista de Direito do Consumidor*, v. 105, p. 476-487, São Paulo, 2016.
39. Posteriormente à decisão do STF, houve novo julgamento do caso na origem, que julgou improcedente a ação. (Processo 0000782-96.2010.8.26.0053, julgado pela 6ª Vara da Fazenda Pública do Foro Central da Comarca de São Paulo em 07 de janeiro de 2018).
40. ASSEMBLEIA GERAL DAS NAÇÕES UNIDAS. *Declaração Universal dos Direitos da Criança*. 20 nov. 1959. Disponível em: https://crianca.mppr.mp.br/pagina-1069.html. Acesso em: 10 abr. 2022.
41. BRASIL. Ministério da Saúde. Secretaria de Atenção à Saúde. Departamento de Atenção Básica. *Guia alimentar para a população brasileira*. 2. ed. Brasília: Ministério da Saúde, 2014. Disponível em: https://bvsms.saude.gov.br/bvs/publicacoes/guia_alimentar_populacao_brasileira_2ed.pdf. Acesso em: 10 abr. 2022.

ção da criança" diante de sua inerente fragilidade, prevaleceu como mais adequado ao conceber que a publicidade comercial dever sofrer restrições em alguns casos, como no caso do *marketing* de alimentos direcionado ao público infantil, que se aproveita da sua falta de discernimento.

Diante da importância do assunto, faz-se necessário a transcrição de trecho da fala do Ministro Herman Benjamim por ocasião do julgamento:

> Decisão sobre alimento, como medicamento, não é para ser tomada pelos fornecedores. Eles podem oferecer os produtos, mas sem retirar a autonomia dos pais, e mais do que tudo, não dirigir esses anúncios às crianças pela porta dos fundos, de novo tolherem esta autonomia dos pais. Também me impressiona, ainda neste primeiro ponto, um outro argumento de que milhares de anúncios são feitos, são mesmos, por isso a necessidade do Superior Tribunal de Justiça dizer, não apenas a Bauducco, mas para toda indústria alimentícia, ponto final, acabou.[42]

Ainda sobre a publicidade de alimentos direcionada ao público infantil, foi proferida a decisão no bojo do REsp 1613561[43] pelo STJ, vindo ratificar a ilegalidade da publicidade dirigida ao público infantil, relativa à campanha 'Mascotes Sadia', de 2007, quando a nova decisão aduziu que a publicidade dirigida ao público infantil é abusiva, e portanto, ilegal, mantendo uma multa de mais de R$ 305 mil aplicada à Sadia pelo Procon-SP em 2009. A deliberação ocorreu durante o julgamento da campanha 'Mascotes Sadia', promovida durante os Jogos Pan Americanos do Rio de 2007. Nela, as crianças juntavam selos encontrados nos produtos da marca e com mais R$ 3,00 poderiam adquirir bichos de pelúcia. Tal julgamento veio corroborar a decisão, até então inédita que, pelo mesmo motivo, condenou a empresa Pandurata, detentora da marca Bauducco, pela campanha 'É hora do Shrek', levando a crer que o Tribunal da Cidadania pacificou o entendimento ao reconhecer a abusividade de publicidade de alimentos direcionadas às crianças, de forma direta ou indireta, uma vez que a decisão de aquisição de gêneros alimentícios cabe aos adultos, sobretudo, diante dos altos índices de obesidade infantil, como dito anteriormente.

5. CONSIDERAÇÕES FINAIS

As crianças, para além do futuro do país, são também o futuro da sociedade de consumo. É por meio delas que se constrói uma sociedade melhor ou pior. Por isso mesmo, é necessário estar atenta às suas necessidades e protegê-la de forma adequada, prioritária e integral, cumprindo corretamente o mandamento constante no art. 227 da Constituição Federal.

---

42. IDEC – Instituto Brasileiro de Defesa do Consumidor. *Direitos sem ruído*: A histórica decisão do STJ sobre a publicidade de alimentos dirigida à criança. IDEC, 2017. Disponível em: https://idec.org.br/file/25188/download?token=jNssEgTS. Acesso em: 10 abr. 2022.
43. BRASIL. Superior Tribunal de Justiça. Recurso Especial 1.613.561. Recorrente: Fundação de Proteção e Defesa do Consumidor do Estado de São Paulo. Recorrido: Sadia S.A. Relator: Min. Herman Benjamin. Brasília, 25 abr. 2017. DJe 1º.09.2020.

Enquanto consumidoras, estão, além dos princípios acima mencionadas, protegidas em sua integridade física e emocional, bem como contra publicidade e práticas abusivas, em razão de sua hipervulnerabilidade.

Não por outra razão, as decisões ora analisadas mostram o comprometimento do Superior Tribunal de Justiça com o melhor interesse da criança, ao reconhecer a necessidade de exigir dos fornecedores uma proteção adequada à sua integridade física, seja por meio de instalações adequadas, seja cumprindo os contratos que envolvem prestação de serviços de saúde. Ademais, devem elas estar devidamente protegidas contra mensagens comerciais que possam causar danos ao seu desenvolvimento, como no caso de impressos inadequados para seu desenvolvimento ou anúncios de cigarros.

Por fim, quando se discute publicidade de alimentos direcionada ao público infantil, especial atenção deve-se ter para o fato de que, por serem pessoas em fase de desenvolvimento, as crianças estão suscetíveis a formarem hábitos de alimentação permanentes, que podem vir a ocasionar impactos significativos em sua saúde a longo prazo. Além disso, a própria família pode vir a ser impactada por essa publicidade, eis que se dificulta o exercício do poder familiar e o diálogo saudável.

Então, o papel do Superior Tribunal de Justiça, Tribunal da Cidadania, de apontar a direção para onde deve ir a interpretação das leis no país, indicando sua correta aplicação e compreensão, é necessário e fundamental para permitir a compensação de sua vulnerabilidade de sua inclusão adequada no mercado de consumo e no exercício de sua cidadania.

A VULNERABILIDADE DA CRIANÇA E DO ADOLESCENTE NO MERCADO DE TRABALHO BRASILEIRO

Flávio Bellini de Oliveira Salles

Matheus Prestes Tavares Duarte

Sumário: 1. Introdução – 2. A (res)significação da infância e de suas vulnerabilidades – 3. O trabalho infantil brasileiro: descompasso entre o ser e o dever-ser – 4. As repercussões da crise pandêmica sobre o labor infantojuvenil – 5. Considerações finais.

> "El medio social que se descuida de sus niños no tiene futuro. El medio social que se descuida de sus ancianos no tiene pasado. Y contar sólo con el presente fugaz no es más que una mera ilusión" (A. A. Cançado Trindade).[1]

1. INTRODUÇÃO

A concepção de infância assumiu, no decorrer do processo de construção da civilização ocidental, múltiplas e distintas acepções. Longe de representar um fenômeno estanque e hermético, a infância é, reconhecidamente, um constructo histórico, social e cultural,[2] cujos contornos são delineados e, constantemente, redesenhados de acordo com as peculiaridades ínsitas a cada sociedade que se tome por referencial.[3]

A tradicional vinculação da infância às noções de fragilidade e debilidade[4] importou, por longo lapso, em conceber as crianças e os adolescentes como meros objetos de tutela, denegando-lhes, por via reflexa, sua condição de sujeitos de direitos. Tal associação dispensou, ainda, uma compreensão inferiorizadora à infância,[5] o que, por seu turno, evidenciou as diversas vulnerabilidades a que estão sujeitos as crianças e os adolescentes.

---

1. Corte IDH. *Condición jurídica y derechos humanos del niño*. Opinión Consultiva OC-17/02 de 28 de agosto de 2002. Serie A, n. 17, p. 92.
2. KUHLMANN JR., M., FERNANDES, R. Sobre a história da infância. In: FARIA FILHO, L. M. (Org.). *A infância e sua educação*: materiais, práticas e representações (Portugal e Brasil). Belo Horizonte: Autêntica, 2004, p.15.
3. "Ainda que do ponto de vista biológico a infância seja reconhecida como fase universal do desenvolvimento humano, na perspectiva social não há como uniformizar seu significado porque ele não é único, mas constituído a partir da relação estabelecida entre o adulto e a criança dentro da cultura, da classe social, do sistema político e econômico". ZANIANI, Ednéia José Martins; BOARINI, Maria Lúcia. Infância e vulnerabilidade: repensando a proteção social. *Psicologia & Sociedade*, v. 23, n. 2, p. 273-274. 2011.
4. ARIÈS, Philippe. *História social da criança e da família*. Trad. D. Flaksman. Rio de Janeiro: LCT, 1978, p. 118.
5. "[...] Essa tutela enfatizava um entendimento discriminador, ratificava uma suposta 'cultura' inferiorizadora, pois implica no resguardo da superioridade de alguns, ou mesmo de grupos, sobre outros, como a história registrou

Os elevados índices de mortalidade infantil, exploração sexual, evasão escolar e cooptação ao crime revelam, a título meramente exemplificativo, apenas algumas das muitas facetas que assume a vulnerabilidade infantojuvenil. Sem embargo das mencionadas manifestações, intenta o presente trabalho perscrutar seu desdobramento especificamente na vertente do trabalho infantil.

Elege-se, portanto, como objetivo geral da presente pesquisa investigar a vulnerabilidade da criança e do adolescente no mercado de trabalho brasileiro. Firmam-se como objetivos específicos, lado outro, perquirir, em uma perspectiva histórico-evolutiva, a ressignificação da infância e das vulnerabilidades que lhe são inerentes; descrever o hodierno panorama do trabalho infantojuvenil no Brasil e, por fim, analisar as repercussões da crise sanitária ora vivenciada sobre o fenômeno em apreço.

Para a consecução dos aludidos objetivos, adotar-se-ão o método científico hipotético-dedutivo e uma abordagem quanti-qualitativa, o que será viabilizado pelo emprego de técnicas de pesquisa bibliográfica – por intermédio da qual se tenciona realizar revisão da literatura especializada sobre os temas eleitos, a revelar o estado da arte – e documental – por intermédio do qual se pretende levantar dados quantitativos acerca dos fenômenos estudados.

Derradeiramente, o uso dos referenciados expedientes metodológicos conduzirá, em sede conclusiva, às constatações de que, a despeito da evolução na construção do conceito de infância e do robusto arcabouço normativo erigido para tutelá-la em face do trabalho infantil, há um alarmante descompasso entre os mundos do ser e do dever-ser, de modo que, embora com nova roupagem, subsiste, na facticidade, a milenar vulnerabilidade das crianças e dos adolescentes no que concerne à sua exploração econômica e à precoce introdução ao labor.

2. A (RES)SIGNIFICAÇÃO DA INFÂNCIA E DE SUAS VULNERABILIDADES

Consoante apontado em sede introdutória, a infância não é um fenômeno anistórico.[6]

De tal colocação exsurge a necessidade de que, para que se alcance uma intelecção mais abrangente sobre o fenômeno, seja a ele dispensada observação que ostente lente histórico-evolutiva, abordagem que, por certo, contribuirá para um entendimento dos próprios arranjos familiares e sociais que circundam o labor, afinal "a compreensão da humanidade passa pela compreensão da infância".[7]

---

ter ocorrido e ainda ocorrer com mulheres, negros, índios, homossexuais e outros". VERONESE, Josiane Rose Petry. A proteção integral da criança e do adolescente no direito brasileiro. *Revista do Tribunal Superior do Trabalho*, v. 79, n. 1, p. 48. São Paulo, jan./mar. 2013.

6. KRAMER, Sônia. *A política do pré-escolar no Brasil*: a arte do disfarce. Rio de Janeiro: Achiamé, 1982.
7. VERONESE, Josiane Rose Petry. O Estatuto da Criança e do Adolescente: um novo paradigma. In: VERONESE, Josiane Rose Petry; ROSSATO, Luciano Alves; LÉPORE, Paulo Eduardo (Coord.). *Estatuto da Criança e do Adolescente*: 25 anos de desafios e conquistas. São Paulo: Saraiva, 2015, p. 22.

No contexto da Idade Média, em especial até o séc. XII, a infância era absolutamente ignorada. Não à toa, as crianças eram não apenas tratadas, mas, até mesmo, reproduzidas iconograficamente como verdadeiros adultos em miniatura, com feições absolutamente estranhas à sua peculiar condição de pessoas em desenvolvimento.[8]

Cuidava-se, à época, de uma fase indiferente e insignificante,[9] de brevíssima passagem e restrita tão somente aos primeiros anos de vida do infante, que, quando lograva, por sua sorte, transpor os expressivos níveis de mortalidade infantil, logo já era introduzido, *per saltum*, à fase adulta, sem perpassar pelas características etapas da juventude,[10] tão necessárias à formação humana e à construção da personalidade.

Com efeito, inexistia, na sociedade feudal europeia, um *locus* reservado ao desenvolvimento das crianças, que eram lançadas, precoce e involuntariamente, ao mundo dos adultos, assimilando seus hábitos e práticas, entre os quais o labor, fosse no cultivo da terra ou nas emergentes corporações de ofício.[11]

Vislumbrava-se, em verdade, umbilical relação entre a prole e o trabalho, já que os filhos havidos eram concebidos como mão de obra a complementar à subsistência do núcleo familiar. E dada a reduzida expectativa de vida representativa do período, tinha-se por ideal que, para compensar a curta existência dos infantes, sua força laboral fosse aproveitada em sua máxima potência, enquanto durassem suas vidas, em benefício da manutenção do grupo.[12]

A propósito, o diminuto tempo de vida das crianças implicava, outrossim, a adoção de uma cultura de desapego relativamente aos infantes, de modo que, sobrevindo, por qualquer circunstância, seu óbito, à morte sequer era dispensada maior comoção pela comunidade, porquanto, em decorrência das altas taxas de natalidade e do vertiginoso crescimento demográfico, outra criança brevemente ocuparia, em substituição, sua vacante funcionalidade na engrenagem familiar.[13]

---

8. "O exemplo dado por J. L. Flandrin é bom: se a arte medieval representava a criança como um homem em escala reduzida, 'isso se prendia, diz ele, não à existência, mas à natureza do sentimento da infância'. A criança era, portanto, diferente do homem, mas apenas no tamanho e na força, enquanto as outras características permaneciam iguais". ARIÈS, Op. cit., p. 08.
9. "Antes do século XVII o infante representava uma parte insignificante do contexto familiar, era desvalorizado, não passava por etapas até chegar a uma suposta maioridade, simplesmente 'pulava' de criança a adulto". VERONESE, 2015, p. 23.
10. ARIÈS, Op. cit., p. 03-04.
11. MORAES E SILVA, Sofia Vilela de. Trabalho infantil: aspectos sociais, históricos e legais. Olhares Plurais: *Revista Eletrônica Multidisciplinar*, v. 1, n. 1, p. 34. Maceió, 2009.
12. "A expectativa de vida das crianças portuguesas, entre os séculos XIV e XVIII, rondava os 14 anos, enquanto 'cerca da metade dos nascidos vivos morria antes de completar sete anos'. Isto fazia com que, principalmente entre os estamentos mais baixos, as crianças fossem consideradas como pouco mais que animais, cuja força de trabalho deveria ser aproveitada ao máximo enquanto durassem suas curtas vidas". RAMOS, Fábio Pestana. A história trágico-marítima das crianças nas embarcações portuguesas do século XVI. In: DEL PRIORE, Mary (Org.). *História das crianças no Brasil*. 7. ed. São Paulo: Contexto, 2010.
13. "Se ela morresse então, como muitas vezes acontecia, alguns podiam ficar desolados, mas a regra geral era não fazer muito caso, pois uma outra criança logo a substituiria. A criança não chegava a sair de uma espécie de anonimato". ARIÈS, Op. cit., p. 04.

Tal panorama apenas desvaneceu-se a partir do séc. XVII, quando se operou um reposicionamento do processo de aprendizagem: da assimilação e convivência com os adultos para a ambiência escolar.[14] Essa transferência, todavia, não significou, a princípio, a valorização de um processo educativo transformador para os infantes, porquanto a emergente concepção de educação da Idade Moderna em muito se distinguiu da compreensão que hodiernamente lhe é dispensada.

Concebida, hoje, como um processo de socialização e endoculturação responsável por promover, por intermédio da incorporação de conhecimentos, costumes e valores, o pleno desenvolvimento das capacidades físicas e psíquicas dos seres humanos,[15] a educação estava outrora atrelada às noções de controle e disciplinarização dos corpos de crianças e jovens, de modo a fazer replicar, por conseguinte, nas instituições de ensino, uma lógica de clausura e adestramento,[16] paradigma que somente passou a ser superado ao final do séc. XIX.

De todo modo, sem embargo das muitas reservas passíveis de serem tecidas, a introdução dos infantes à vida escolar representou um avanço em sua proteção. Nada obstante, imperioso rememorar que nem todos os estamentos sociais foram contemplados por essa e outras transformações sucedidas.[17] Pelo contrário, a massiva maioria da população remanesceu relegada e marginalizada do processo civilizatório.[18]

Tal constatação se descortinou ainda mais flagrante a partir da segunda metade do séc. XVIII, com o advento da Revolução Industrial, evento histórico que engendrou profundas mudanças nas relações de trabalho e no processo produtivo até então existentes,[19] bem como evidenciou as profundas desigualdades sociais arraigadas ao sistema capitalista.

---

14. "A escola substitui a aprendizagem como meio de educação. Isso quer dizer que a criança deixou de ser misturada aos adultos e de aprender a vida diretamente, através do contato com eles". ARIÈS, Op. cit., p. 05.
15. MEDINA, Laura Vanesa. El trabajo infantil en tensión directa con el derecho a la educación de los niños, niñas y adolescentes. In: LORA, Laura N. (Coord.). *Sociedad e Instituciones el modo de pensar la Infancia*. Buenos Aires: Ed. Eudeba, 2011.
16. FOUCAULT, Michel. *Vigiar e punir: história da violência nas prisões*. 16. ed. Petrópolis: Vozes, 1997, p. 135.
17. "Tudo conduz para a conclusão de que a evolução social não 'chegou' até eles [os filhos da plebe]. No início da idade contemporânea, enquanto os burgueses enviavam seus filhos às melhores escolas, universidades, os pobres faziam fila para conseguir uma vaga como operários nas emergentes fábricas de tecido inglesas". VERONESE, 2015, p. 28.
18. A exclusão social, embora sob outras roupagens, se repete historicamente, a repercutir no gozo, pelas crianças, de seus direitos. A dicotomia escravos – não escravos, característica da Antiguidade Clássica, cede lugar, na Idade Contemporânea, à dicotomia burguesia-proletariado. No Brasil, todavia, muito em decorrência da relativamente recente colonização, a escravidão subsistiu, respaldada pelo ordenamento jurídico, até 1888. A despeito das particularidades sul-americanas, a lógica era a mesma: os filhos dos escravos, assim como seus ascendentes, eram tidos por objetos e, desde o nascimento, propriedades dos respectivos senhores, que os introduziam, cruel e precocemente, à exploração econômica e a castigos de toda ordem. Para mais aprofundada compreensão do tema, v. GÓES, José Roberto de; FLORENTINO, Manolo. Crianças escravas, crianças dos escravos. In: DEL PRIORE, Mary (Org.). Op. cit.
19. NASCIMENTO, Amauri Mascaro; FERRARI, Irany; MARTINS FILHO, Ives Gandra da Silva (Coord.). *História do trabalho, do direito do trabalho e da justiça do trabalho*: homenagem a Armando Casimiro Costa. 3. ed. São Paulo: LTr, 2011, p. 44-46.

A desordenada urbanização – responsável, por seu turno, por ocasionar a intensificação do êxodo rural – conjugada com o emprego do recém-desenvolvido maquinário, conduziu à formação de um verdadeiro exército de reserva de mão de obra. Com efeito, as máquinas substituíram, embora não por absoluto, elevada parcela da força de trabalho humana, o que acarretou o crescimento dos índices de desemprego e, ainda, a precarização dos postos de trabalho remanescentes, inclusive em termos salariais.

A situação supradelineada acarretou, outrossim, um exponencial crescimento do trabalho infantil na medida em que os homens adultos, que até então exerciam quase que um monopólio dos postos de trabalho, deixaram de ser capazes de, por si sós, prover o sustento de seus núcleos familiares, demandando, assim, que mulheres e, inclusive, crianças e adolescentes passassem a compor a classe operária e as fileiras das fábricas.[20] Observou-se um reducionismo da infância a um espectro essencialmente mercadológico e econômico.

Foram perpetrados em desfavor dos infantes, nesse contexto, abusos de toda ordem, eis que, além de serem remunerados com soldos significativamente menores aos dos adultos – que já percebiam baixa remuneração –, eram, igualmente, submetidos a jornadas de trabalho extenuantes e ininterruptas, bem como designados a atribuições flagrantemente incompatíveis com seu desenvolvimento corpóreo e a condições de trabalho extremamente insalubres e perigosas.[21]

À míngua de qualquer treinamento e de equipamentos de proteção necessários ao manuseio do maquinário, vislumbrou-se um vertiginoso crescimento no número de acidentes em fábricas e minas, os quais, quando não eram fatais, acarretavam aos infantes incapacidades físicas, muitas vezes permanentes,[22] ocasionando, assim, sua demissão e pronta substituição por outra criança, a demonstrar um total desamparo legal aos trabalhadores menores, que não recebiam, seja em caráter internacional seja em caráter nacional, proteção adequada.

Diante das recorrentes violações experimentadas pelos trabalhadores, eclodiram, por toda a Europa, sobretudo a partir da segunda metade do séc. XIX, movimentos, tais como o cartismo e o ludismo, que, entre outras providências, reivindicaram, perante os detentores dos meios de produção e as instituições estatais, melhores condições de trabalho ao proletariado.[23]

---

20. "A criança ganha outra dimensão, anteriormente desprezada e insignificante, passa a ser concebida como uma produtiva força de trabalho. Pela sua natureza minoritária e frágil, é largamente explorada nas frentes de trabalho, sendo submetida a jornadas intensivas com remunerações significativamente inferiores a dos homens". VERONESE, 2015. Op. cit., p. 29.
21. NASCIMENTO, Nilson de Oliveira. *Manual do trabalho do menor.* São Paulo: LTr, 2003, p. 73-74.
22. "As máquinas alteraram a maneira de produção e aumentaram os riscos, até então desconhecidos, para a integridade física e a dignidade dos trabalhadores. Além dos acidentes, eram comuns as doenças típicas ou agravadas pelo ambiente de trabalho. Durante o período de convalescência e afastamento o trabalhador não recebia salário, pois não haviam leis que o amparassem". Ibidem, p. 73.
23. DELGADO, Maurício Godinho. *Curso de direito do trabalho.* 15. ed. São Paulo: LTr, 2016, p. 100-101.

Tais mobilizações consolidaram, paulatinamente, uma consciência social a respeito do tratamento dispensado aos trabalhadores e fizeram emergir uma preocupação social quanto à regulamentação dos direitos laborais, notadamente das crianças e dos adolescentes, o que desaguou na consolidação de uma nova percepção da infância.

Antes ignorada e enfrentada sob uma perspectiva eminentemente reducionista, a infância passa, então, a ser concebida como uma fase peculiar e imprescindível à formação e ao desenvolvimento dos indivíduos. Preleciona Veronese, nesse sentido, que "não é possível concebermos o ser humano em sua completude se nele foi ausente a criança".[24]

Com efeito, a infância deixa de ser considerada como uma fase intermediária e meramente instrumental, pela qual se deveria perpassar para que se alcançasse outra mais importante – a adultez –, e avoca o ideal de ser um fim em si própria. Os infantes não são sujeitos incompletos ou quase pessoas, mas pessoas em sua plenitude, embora em desenvolvimento.

3. O TRABALHO INFANTIL BRASILEIRO: DESCOMPASSO ENTRE O SER E O DEVER-SER

Ainda que compassadamente, a ressignificação da compreensão dispensada à infância erigiu um aparato normativo para a adequada tutela dos interesses das crianças e dos adolescentes, em especial no âmbito laboral, em que, ante o caráter sobrelevadamente deletério dos prejuízos e gargalos decorrentes do trabalho infantil, as vulnerabilidades que acometiam tal segmento se faziam mais patentes.[25]

Inicialmente, a matéria passou a ser regulamentada por institutos normativos de caráter supranacional, o que se deu em virtude de um alcançado "consenso de que existem alguns direitos básicos universalmente aceitos e que são essenciais para o desenvolvimento completo e harmonioso de uma criança".[26]

Destaca-se, nesta senda, a Declaração de Genebra sobre os Direitos da Criança, adotada pela extinta Liga das Nações em 1924. Cuida-se de diploma precursor em que se enunciou o dever genérico de garantir às crianças meios adequados para a consecução de seu pleno desenvolvimento biopsíquico, de sua proteção contra a exploração de toda sorte e a prioridade a ser-lhes conferida no socorro e assistência, ideal que foi replicado

---

24. VERONESE, 2015, p. 22.
25. "Ainda durante o século XIX, pouco a pouco, leis foram sendo publicadas com a justificativa de reduzir os danos que o trabalho industrial precoce causaria à infância. Esse processo que então se inicia, de gradual retirada das crianças do mundo do trabalho, foi decisivo para o desenvolvimento e para a consolidação da concepção de infância vigente nas sociedades modernas instruslizadas. AGUIAR JUNIOR, Valdinei Santos de; VASCONCELLOS, Luiz Carlos Fadel de. A importância histórica e social da infância para a construção do direito à saúde no trabalho. *Revista Saúde e Sociedade*, v. 26, n. 01, p. 271-285, jan./mar. 2017. Disponível em: https://www.scielo.br/j/sausoc/a/TbXFk3Sc7WGcvBXzjz5Hr3z/?lang=pt#. Acesso em: 02 mar. 2022.
26. PEREIRA, Tânia da Silva (Coord.). *Estatuto da Criança e do Adolescente*: Lei 8.069/90: estudos sócio-jurídicos. Rio de Janeiro: Renovar, 1996.

na Declaração Universal dos Direitos do Homem[27] e na Convenção Internacional dos Direitos da Criança, aprovadas pela Assembleia Geral das Nações Unidas, respectivamente, em 1948 e 1989.

Sobressaem-se, igualmente em seara internacional, a Convenção n.º 138 da Organização Internacional do Trabalho (OIT), de 1973,[28] que estabeleceu proposições relativas à idade mínima para a admissão em empregos; a Declaração da OIT sobre os Princípios e Direitos no Trabalho e seu seguimento, de 1998, e a Convenção 182 da OIT, de 1999,[29] referente, por seu turno, à proibição das piores formas de trabalho infantil, bem como à implementação de ações imediatas voltadas à sua eliminação.

Desde então, a busca pela erradicação das constatadas violações aos direitos dos infantes submetidos ao trabalho tornou-se frequente pauta das agendas políticas dos Estados Nacionais, de modo a culminar na gradativa incorporação, em sede doméstica, dos ideais encampados, exemplificativamente, pelos supracitados instrumentos normativos e a estimular a produção legislativa interna concernente à matéria.

O próprio constituinte originário de 1988, inspirado na nova base doutrinária assentada e no patamar civilizatório até então atingido, dispôs incumbir ao Estado, à sociedade civil e à família o dever de assegurar à criança e ao adolescente, com absoluta prioridade, o pleno gozo dos direitos e garantias fundamentais de sua titularidade, consoante se depreende da redação do artigo 227 da Constituição da República Federativa do Brasil de 1988 (CRFB/88).[30]

Cuida ainda a Carta Fundamental, em seu artigo 7º, inc. XXXIII, de estabelecer o patamar etário mínimo de dezesseis anos para o labor, ressalvada a possibilidade de o adolescente trabalhar, a partir dos quatorze anos de idade, na condição de aprendiz. O referido dispositivo estabelece, ainda, proibição de que os menores de dezoito anos de idade sejam submetidos a trabalho noturno, perigoso ou insalubre.[31]

Consagra, portanto, a Carta Política de 1988 a denominada Doutrina da Proteção Integral, constructo teórico que inaugurou uma nova concepção de tutela dos infantes,

---

27. AMARAL, Claudio do Prado. *Curso de Direito da Infância e da Adolescência*. São Paulo: Editora da Universidade de São Paulo, 2020, p. 32-34.
28. Convenção ratificada pelo Brasil somente em janeiro de 2000, mora que se justifica pelo fato de que a idade mínima para o trabalho infantil no país fora aumentada para o patamar etário de dezesseis anos apenas com o advento da EC 20 de 1998.
29. Convenção ratificada pelo Brasil em setembro de 2000. Sobre a incorporação do referido normativo, importante rememorar que, "apesar das normas jurídicas já existentes no país, acerca da erradicação das piores formas de trabalho infantil, nossa adesão aos instrumentos em comento foi importante sob o ponto de vista político, pois, no que diz respeito à luta para eliminação do labor infantojuvenil, colocou o Brasil no mesmo patamar das nações mais desenvolvidas". MINHARRO, Erotilde Ribeiro dos Santos. *A criança e o adolescente no direito do trabalho*. São Paulo: LTr, 2003, p. 65.
30. "O art. 227, § 3º, da Constituição Federal de 1988 assegura o direito à proteção especial de crianças e adolescentes. [...] É evidente, portanto, a crescente preocupação protetiva da legislação brasileira em favor de crianças e adolescentes em tema laboral, o que fica mais evidente se observarmos que esta forma de proteção vem adjetivada pelo vocábulo 'especial', algo que de modo algum pode ser desprezado". AMARAL. Op. cit., p. 131.
31. STEPHAN, Claudia Coutinho. *Trabalhador adolescente*: em face das alterações da Emenda Constitucional 20/98. São Paulo: LTr, 2002, p. 69-70.

abandonando o menorismo e preconizando a compreensão de crianças e adolescentes como sujeitos de direitos, como pessoas em peculiar condição de desenvolvimento, receptoras de absoluta prioridade e de proteção especializada, diferenciada e integral.[32]

Infraconstitucionalmente, a Lei 8.069/1990 (Estatuto da Criança e do Adolescente – ECA) e o Decreto-Lei 5.452/1943 (Consolidação das Leis do Trabalho) objetivam, igualmente, equalizar o labor à especial condição dos infantes, bem como reiterar a *mens legis* dos dispositivos constitucionais que vedam seu exercício em determinadas condições, já delineadas nos parágrafos antecedentes.

No âmbito administrativo, lado outro, evidencia-se, entre as ações intersetoriais e as políticas públicas desenvolvidas, o Programa de Erradicação do Trabalho Infantil (PETI), que integra a Política Nacional de Assistência Social e tenciona, em síntese, oferecer aos infantes em situação de trabalho infantil, bem como às suas famílias serviços socioeducativos.[33]

Vislumbra-se, pois, a existência de um robusto arcabouço normativo voltado à proteção das crianças e dos adolescentes em face do labor. Nada obstante, a despeito da plena vigência dos dispositivos já elencados – os quais, ressalta-se, não encetam um rol taxativo –, deve-se perquirir, outrossim, sua concreta eficácia. Isso porque a validade formal e a aptidão à produção de feitos não são bastantes à adequada tutela dos infantes, cuja implementação não prescinde, sobretudo em se tratando de direitos sociais e de cunho prestacional, da materialização, no mundo dos fatos, da respectiva dicção normativa que os veicula.[34]

Perscrutando a eficácia das aludidas normas, nota-se que pesquisas efetuadas pelo Instituto Brasileiro de Geografia e Estatística (IBGE) evidenciam que, sem embargo dos avanços já logrados, subsistem alarmantes os números de trabalhadores infantis no Brasil. Dados coletados pelo supramencionado ente por meio da Pesquisa Nacional por Amostras de Domicílios Contínua (PNAD) de 2020 demonstraram que cerca de 1.768.000 crianças e adolescentes, entre cinco e dezessete anos de idade encontravam-se, no ano de 2019, em situação de trabalho infantil.[35]

Na faixa etária em que estão autorizados a exercer atividades laborais apenas na condição de menores aprendizes, isto é, de quatorze a dezesseis anos, constata-se que, estimativamente, 442.000 infantes se encontravam em situação de trabalho infantil no

---

32. VERONESE, 2015, p. 33 e 36.
33. V. CARVALHO, Inaiá Maria Moreira de. Algumas lições do Programa de Erradicação do Trabalho Infantil. São Paulo em Perspectiva *Revista Laborare:* 18 (4), dez/2004, p. 50-71. DOI: https://doi.org/10.1590/S0102-88392004000400007. Acesso em: 02 mar. 2022.
34. REALE, Miguel. *Lições preliminares de Direito*, 26. ed. São Paulo: Saraiva, 2002, p. 114.
35. INSTITUTO BRASILEIRO DE GEOGRAFIA E ESTATÍSTICA (IBGE). Trabalho de Crianças e Adolescentes de 5 a 17 anos 2016-2019. Rio de Janeiro, 2020. Disponível em: https://www.ibge.gov.br/estatisticas/sociais/populacao/17270-pnadcontinua.html?edicao=29652&t=sobre. Acesso em: 02 mar. 2022, *apud* DUARTE, Matheus Prestes Tavares; CAVALCANTI, Camilla Martins; SOUSA, Vanessa de Lima Marques Santiago. O trabalho infantil e a pandemia de COVID-19: análise das repercussões da crise pandêmica nos contratos de aprendizagem. *Revista Laborare:* Ano IV, n. 7, jul./dez. 2021, p. 70-93. ISSN 2595-847X. DOI: https://doi.org/10.33637/2595-847x.2021-97. Acesso em: 02 mar. 2022.

ano de 2019.[36] Entre dezesseis e dezessete anos, o número era expressivamente maior, correspondendo a, aproximadamente, 950.000 jovens.

Igualmente preocupantes os dados relativos às piores formas de trabalho infantil, tendo a PNAD Contínua de 2020 revelado que, no ano de 2019, por volta de 602.000 infantes com idade entre quatorze e dezessete anos trabalhavam em condições de extrema vulnerabilidade, nas hipóteses enumeradas pelo Decreto 6.481 de 2008.[37]

Observa-se, portanto, em incursão a dados estatísticos disponíveis acerca do trabalho infantil, um flagrante descompasso entre o mundo do ser e do dever-ser. Sobre a aludida situação de desconformidade, preleciona Stephan:[38]

> A realidade social, como se observa, é perversa. Entretanto, não cabe ao Direito legitimar esta realidade. Ao contrário, a realidade é que deve mudar e, consequentemente, a legislação deve ter a necessária eficácia social, porque simples alterações constitucionais não são panaceia, sendo necessário a existência de programas sociais sérios e eficientes, além da severa fiscalização e punição daqueles que infringem a lei.

Do exame dos índices trazidos à baila, resta, pois, indene de dúvidas a necessidade de que, para além da promulgação de tratados, convenções e disposições normativas, sejam promovidas, concretamente, estratégias de enfrentamento sob múltiplas frontes, nas mais diversas instâncias de poder e participação, com vistas a encurtar, na máxima medida possível, o *gap* existente entre as instâncias normativa e social, sob pena de que as disposições legislativas vigentes se tornem promessas vazias e inconsequentes.

4. AS REPERCUSSÕES DA CRISE PANDÊMICA SOBRE O LABOR INFANTOJUVENIL

Não bastassem as recorrentes crises financeiras enfrentadas e as manifestas desigualdades sociais enraizadas no Brasil, a crise sanitária ora vivenciada assomou-se como fator de preocupação no que concerne à exploração econômica de crianças e adolescentes.

Como é cediço, os efeitos, ainda pungentes, da pandemia do SARS-CoV-2 extrapolam, em muito, as nefastas consequências à saúde pública. Para além dos noticiados óbitos e sequelas contraídas por força da COVID-19, sabe-se que a crise sanitária em apreço contribui, embora, no atual momento, em menor intensidade do que se sucedeu em 2020 e 2021, para um aumento dos níveis de desemprego, bem como para a diminuição do poder aquisitivo da população, impactos que afetam sobremaneira as famílias economicamente hipossuficientes.[39]

---

36. IBGE, 2020, apud ibidem, p. 75.
37. IBGE, 2020, apud ibidem, p. 75.
38. STEPHAN, Op. cit., p. 74.
39. MEDEIROS NETO, Xisto Tiago de. O trabalho infantil: fundamentos e desafios para o seu combate. In: MOTA, Fabiana Dantas Soares Alves da; SOBRINHO, Zéu Palmeira (Coord.). *Trabalho infantil e pandemia*: diagnóstico e estratégias de combate. Natal: EJUD/NETIN, out. 2020, p. 22.

Ademais, ante a necessidade de contenção das taxas de contágio, sucedeu-se, por longo lapso, a interrupção das atividades escolares. Conquanto tenham sido implementados substitutivos, a solução, como sabido, além de intempestiva, não contemplou significativa parcela dos infantes, muitos excluídos digitais, que sequer dispunham dos recursos tecnológicos e do ambiente familiar propícios ao acompanhamento das aulas em modalidade remota.[40]

No presente momento, embora se assista à retomada da presencialidade física, não se dispõe de dados a revelarem os efetivos impactos dos retronarrados prejuízos em termos de evasão escolar, ignorando-se, por conseguinte, o contingente de infantes que, a despeito da reabertura das escolas, abandonaram-na, sendo desconhecidos, outrossim, os motivos de tal abandono.

Ainda, não se pode olvidar que as medidas de distanciamento implicaram, da mesma maneira, em suspensão e limitação das atividades assistenciais e de fiscalização do trabalho infantil, o que não só prejudicou o levantamento de reais informações alusivas à exploração econômica dos infantes[41], mas também contribuiu, indesejavelmente, para o incremento de práticas abusivas em desfavor dos jovens trabalhadores.

Tais fatores, conjugados, concorreram para o recrudescimento do trabalho infantil, porquanto a adversa conjuntura econômica e a pauperização dos núcleos familiares forçaram a inserção de crianças e adolescentes no mercado de trabalho,[42] empurrando-os, na maioria das vezes, à mendicância e a trabalhos perigosos, insalubres e penosos, acobertados pelo manto da informalidade e da ilicitude.[43]

Isso sem embargo da intensificação de facetas do labor infantojuvenil que, conquanto naturalizadas e usualmente endossadas por discursos de moralidade dúbia aos quais subjazem uma mentalidade patriarcal, são igualmente deletérias às crianças e aos adolescentes. É o caso do trabalho doméstico infantil, manifestação em que se assomam à vulnerabilidade socioeconômica também as vulnerabilidades de gênero e raça, porquanto são as jovens trabalhadoras negras as mais afetadas e prejudicadas por tal modalidade de exploração.[44]

---

40. "[...] dentre os efeitos da interrupção do processo de aprendizagem, estão: a subnutrição de crianças e adolescentes que dependiam da merenda escolar para manter uma alimentação regular e saudável; a maior exposição à violência e situações de risco no ambiente doméstico; e o acesso desigual às plataformas de ensino à distância, devido aos recursos limitados, especialmente para estudantes de famílias mais pobres". VIDAL, Angélica Rego; MIRANDA, Brenda Almerinda Araújo. O papel da escola na efetivação dos direitos da criança e do adolescente; perspectivas e impactos da ausência do ambiente escolar durante a pandemia de COVID-19. Ibidem, p. 130.
41. MEDEIROS NETO, Op. cit., p. 23.
42. LIRA, Terçalia Suassuna Vaz. O *sentido do trabalho infantil doméstico*: particularidades e contradições na esfera da reprodução social nas economias periféricas dependentes. Campina Grande: EDUEPB, 2021.
43. DUARTE; CAVALCANTI; SOUSA. Op. cit., p. 88.
44. V. ALBERTO, Maria de Fátima Pereira et al. Trabalho infantil doméstico: perfil bio-sócio-econômico e configuração da atividade no município de João Pessoa, PB. Cad. psicol. soc. trab., v. 12, n. 1, p. 57-73, São Paulo, jun. 2009. Disponível em http://pepsic.bvsalud.org/scielo.php?script=sci_arttext&pid=S1516-37172009000100006&lng=pt&nrm=iso. Acesso em: 08 mar. 2022.

Com efeito, o agravamento dos índices que versam sobre o labor infantojuvenil vem sendo apresentado por relatórios como o *"Child Labour: Global estimates 2020, trends and the road forward"*, redigido conjuntamente pela OIT e pelo Fundo das Nações Unidas para a Infância (UNICEF).

O referido documento aponta significativo aumento no número de casos de exploração econômica de infantes por todo o globo, ressaltando-se, a título exemplificativo, o grave incremento do número de crianças expostas a trabalhos perigosos e insalubres, bem como a constatação de que pouco mais da metade das crianças de todo o mundo na faixa etária compreendida entre 5 e 11 anos estava em situação de trabalho infantil no período em que foram realizadas as pesquisas.[45]-[46]

Ainda sobre as repercussões da crise sanitária relativamente ao gozo de direitos pelos infantes, asseveram Veronese e Rossetto:[47]

> A crise instalada pela pandemia pode implicar, além da própria doença decorrente: uma educação interrompida, renda familiar comprometida, perda de emprego e expansão do trabalho infantil, de forma que tais parâmetros colocam em risco a violação dos direitos de crianças e adolescentes que estão em vulnerabilidade.

Verifica-se, nesses termos, que a crise ora vivenciada – cujos impactos, conforme já aduzido, possuem não somente contornos sanitários, mas também econômicos e sociais – aprofundou, ainda mais, mazelas sociais como o trabalho infantil, e estenderá, segundo as prognoses que vêm sendo esboçadas, suas nocivas consequências no tocante à aludida problemática, de modo a comprometer, inclusive, os avanços e as conquistas históricas já alcançadas.

De tal constatação, exsurge a necessidade de que esforços institucionais sejam envidados e políticas públicas sociolaborais adequadamente elaboradas e executadas com vistas à minimização das repercussões pandêmicas sobre a exploração econômica de infantes, sob pena de violação ao princípio da vedação do retrocesso social.

5. CONSIDERAÇÕES FINAIS

Em sede conclusiva, observa-se que a ressignificação histórica da infância e de suas vulnerabilidades conduziu à sua atual acepção enquanto fase em que se encontram as

---

45. INTERNATIONAL LABOUR ORGANIZATION (ILO), UNITED NATIONS CHILDREN'S FUND (UNICEF). *COVID-19 and Child Labour*: A Time of Crisis, a Time to Act. New York, 2020. Disponível em: https://data.unicef.org/resources/covid-19-and-child-labour-a-time-of-crisis-a-timeto-act/. Acesso em: 03 mar. 2022.
46. No contexto da América Latina, especificamente, destaca-se o informe "Coyuntura Laboral em América Latina y el Caribe", que teceu alarmantes projeções – muitas delas confirmadas – no que pertine, entre outras temáticas, à precarização das relações laboral e ao incremento das vulnerabilidades que circundam o mercado de trabalho. V. INTERNATIONAL LABOUR ORGANIZATION (ILO); El trabajo en tiempos de pandemia: desafíos frente a la enfermedad por coronavirus (COVID-19). *Coyuntura Laboral en América Latina y el Caribe*, n. 22 (LC/TS.2020/46), Santiago, 2020. Disponível em: https://www.ilo.org/santiago/publicaciones/coyuntura-laboral--am%C3%A9rica-latinacaribe/WCMS_745573/lang--es/index.htm. Acesso em: 03 mar. 2022.
47. VERONESE, Josiane Rose Petry; ROSSETTO, Geralda Magella de Faria. A intensificação da vulnerabilidade no trabalho infantil em tempos de pandemia. In: MOTA; SOBRINHO (Coord.). Op. cit., p. 44.

pessoas em peculiar condição de desenvolvimento. Em decorrência de tal condição, as crianças e os adolescentes passaram a ser concebidos não mais como objetos de tutela, mas como sujeitos de direito, merecedores de especial atenção e absoluta prioridade.

Antes ignorados e relegados, os infantes assumiram, com o advento da Doutrina da Proteção Integral, protagonismo nas agendas políticas do Estados Nacionais, que, incorporando disposições e institutos protetivos internacionais, positivaram-nos, gradativamente, em seus respectivos ordenamentos jurídicos, estabelecendo um patamar civilizatório mínimo no que diz respeito aos direitos de titularidade da população infantojuvenil.

No Brasil, conforme assentado em sede de desenvolvimento, há um robusto arcabouço normativo erigido para tutelar a infância em face do labor. Nada obstante, vislumbra-se um descompasso entre as disposições normativas vigentes e a realidade posta, porquanto dados quantitativos e estatísticos revelam que, a despeito dos avanços já alcançados e da diminuição de sua incidência, o trabalho infantojuvenil ainda é, lamentavelmente, uma problemática a ser enfrentada, na medida em que vulnera centenas de milhares de crianças e adolescentes por todo o país.

E a tal demanda se imprime maior urgência em virtude das danosas repercussões da crise sanitária ora vivenciada, as quais incidem, direta e incisivamente, sobre a exploração econômica dos infantes, de modo a acentuar as vulnerabilidades preexistentes à pandemia e a colocar sob risco conquistas a duras penas logradas por tal segmento.

É tempo de que aprendamos com as penosas lições ensinadas pela pandemia e de que, mais do que nunca, concebamos, dialógica e cooperativamente, soluções para reparar os malefícios experimentados pelos infantes no mercado de trabalho, bem como para, com não menos importância, prevenir e remediar novos danos e gargalos que possam advir do recrudescimento do intrincado e multifacetado fenômeno do trabalho infantil.

A PROTEÇÃO CONTRATUAL DO VULNERÁVEIS: AS CONTRATAÇÕES CELEBRADAS PESSOALMENTE POR CRIANÇAS, ADOLESCENTES E PESSOAS COM DEFICIÊNCIA

Luciano Campos de Albuquerque

Sumário: 1. Introdução – 2. Breves apontamentos sobre o sistema atual da incapacidade – 3. A proteção contratual dos vulneráveis – 4. Condições suficientes para contratar: análise do discernimento no caso concreto – 5. Conclusão.

1. INTRODUÇÃO

A estrutura normativa do exercício de direitos sofreu poucas alterações desde a primeira versão do Código Civil brasileiro em 1916, tendo Código Civil de 2002 pouco inovado. Mantiveram-se as previsões sobre os casos de incapacidade no início de sua Parte Geral, corrigiram-se algumas impropriedades técnicas e excetuarem-se alguns casos na Parte Especial. Por outro lado, houve mérito ao afastarem-se expressões estigmatizantes, como é o caso de *loucos de todo gênero*.[1] Em 2015, com a Lei Brasileira de Inclusão da Pessoa com Deficiência, o chamado Estatuto da Pessoa com Deficiência (EPD), ocorre uma grande virada legislativa em relação à condição de incapacitação genérica em que estavam inseridas as pessoas com deficiência, eis que foram retiradas da hipótese legal prevista no Código Civil. Na realidade, já a partir da adoção da Convenção Internacional sobre os Direitos da Pessoa com Deficiência (CDPD), elas não mais poderiam ser consideradas incapazes, em razão do que dispõe expressamente seu artigo 12.

Muitas são as dúvidas sobre como operacionalizar as disposições do EPD pois, apesar de instrumentalizar e tentar tornar exequíveis os desafios aceitos na CDPD, não se trata de tarefa fácil a troca de um sistema baseado em substituição de vontade por outro que busca privilegiar, a partir de institutos de apoio, o exercício pessoal dos dircitos dos vulneráveis protegidos.

---

1. "No que aqui interessa, o Código Civil de 1916 tratava os amentais como *loucos de todo o gênero*, expressão que permitiu a incapacitação de toda pessoa *diferente*. Num percurso histórico que mantinha a desigualdade qualitativa e retirava os amentais da atividade jurídica, a canhestra expressão é comentada pelo próprio Clóvis Beviláqua (que, na redação original do Código, usara a expressão "alienados")" (CORTIANO JR., Erouths. *A incapacidade civil, os diferentes e o Estatuto da Pessoa com Deficiência*: construindo um novo direito. apud CAMBI, Eduardo; MARGRAF. Alencar Frederico. (Org.) *Direito e Justiça*: estudos em homenagem a Gilberto Giacoia. Curitiba: Mona, 2016, p. 140.).

No que concerne aos menores, Código Civil de 2002 manteve a proposta que já constava do Código de 1916, apenas reduzindo-se a faixa de incapacidade relativa entre os 16 e 18 anos. Assim, são considerados genericamente, relativa ou totalmente incapazes, a partir de lógica binária que aprecia a maturidade e discernimento apenas com base na idade, como padrão para o exercício dos direitos.

Em resumo, em termos estruturais, a análise sobre a possibilidade de exercício dos direitos permanece abstrata no Código Civil, com a fórmula clássica *a priori*, uma lógica interpretativa ligada à subsunção, que desconsidera a situação concreta da pessoa. Enquanto isso, dissociada da pretensão normativa, as práticas sociais se encaminham para direção oposta, permitindo uma atuação conforme a possibilidade concreta das pessoas.

Reconhece-se o tamanho do desafio de sistematizar as normas esparsas, considerando-se conjuntamente as situações fáticas, seguindo a linha axiológica do valor fonte da dignidade da pessoa humana, com atenção à necessidade de inserção na vida social, sem segregação ou tratamento discriminatório, e ao mesmo tempo zelar para que as pessoas em situação de vulnerabilidade não fiquem desprotegidas.[2] Faz-se necessário buscar a proteção proporcional à necessidade concreta do indivíduo no mundo da vida, levando-se principalmente em conta que o sistema de incapacidades é apenas um dos instrumentos protetivos e não o elemento central do sistema a partir do qual se estrutura e se sistematiza.[3]

A proteção que se busca em relação a pessoas vulneráveis protegidas pelo ECA e pelo EPD também deve contemplar a análise do ponto de vista contratual, na medida em que algumas contratações realizadas por crianças e adolescentes já são socialmente aceitas, sem maiores questionamentos, enquanto que os contratos a serem estabelecidos pelas pessoas com deficiência, que teoricamente poderiam livremente contratar, ainda

---

2. "Em nome da bem-intencionada mudança paradigmática, aparentemente diminui a proteção que o sistema anterior proporcionava, alijando-os do manto protetor do status de incapaz. Na impossibilidade de se superar a mudança legislativa, sobretudo em matéria de estado, que tem necessária fonte legal, instaura-se verdadeira crise, que demandará os melhores esforços da doutrina e da jurisprudência para que, no afã de se adotar uma terminologia não discriminatória, não se exponham tais pessoas a toda sorte de golpes, supostamente chancelados pela reforma legislativa. ... Em outros termos, mais do que criticar ou louvar as mudanças trazidas pela Lei 13.146/2015, é preciso interpretá-la sistematicamente, tornando-se como norte a diretriz constitucional da tutela integral da pessoa humana – tutela integral não significa tutela desmedida, mas, muito ao contrário, proteção proporcional à necessidade concreta do indivíduo." (BODIN DE MORAES, Maria Celina. apud. MENEZES, Joyceane Bezerra de Menezes (Org.). *Direito das pessoas com deficiência psíquica e intelectual nas relações privadas*. Rio de Janeiro: Processo, 2016. Prefácio).
3. "O estudo prévio e apartado das incapacidades, já na parte geral do Código Civil, faz com que esse instituto tome ares de pressuposto quase metafísico da compreensão de todo o direito privado quando não de todo o direito. Transformam-no em um corte epistemológico sobre toda a questão ética, política e jurídica a da infância e da adolescência. Os próprios princípios de proteção e o próprio microssistema como um todo resulta afetado quando se fala ainda, tão-somente, em proteção sem maiores reflexões, ou até se temendo as reflexões onde poderá levar o sentido da promoção." – (SÊCO, Thaís Fernanda Tenório. *A autonomia A autonomia da criança e do adolescente e suas fronteiras*: capacidade, família e direitos da personalidade. Dissertação de Mestrado. Universidade Federal do Rio de Janeiro. 2013. Disponível em: http://www.bdtd.uerj.br/tde_busca/arquivo.php?codArquivo=7872. p. 37, Acesso em: 03 mar.2020).

não foram bem assimilados no tráfico negocial, até em razão de uma lacuna quanto à discussão sobre as condições suficientes para tal exercício.

Antes de avançar no tema, porém, necessário um passo atrás, para fins de brevemente descrever a situação atual do exercício de direitos das pessoas com deficiência, das crianças e adolescentes.

2. BREVES APONTAMENTOS SOBRE O SISTEMA ATUAL DA INCAPACIDADE

Há alguns anos a doutrina busca equacionar algumas inquietações decorrentes da falta de congruência do sistema genérico abstrato da incapacidade de exercício descrita no Código Civil em face da realidade das relações jurídicas que são socialmente aceitas. A pretensão do presente trabalho será avaliar a proteção sob o viés contratual, tomando por base algumas proposições atuais da doutrina sobre o tema, não sendo possível discuti-las com maior profundidade. Assim, apresentam-se a seguir algumas das conclusões a que muitos estudiosos chegam a partir dos problemas e desafios atualmente encontrados.[4]

Classicamente se compreende a capacidade de exercício com base na habilidade da pessoa entender o mundo e responsabilizar-se por seus atos. A noção de discernimento torna-se fundamento[5] do sistema, da possibilidade de entender e querer, com base na racionalidade, fazendo parte de conjunto de regras com finalidade protetiva, sendo possível afirmar que a doutrina nacional considera o discernimento como uma *referência* orientadora do instituto da incapacidade de exercício.

> A capacidade civil sempre esteve intimamente ligada ao discernimento, isto é, à possibilidade de entender e querer. A noção de discernimento era concebida em escalas, de modo que aquele que o possuísse por completo seria plenamente capaz, enquanto aquele que tivesse o discernimento reduzido seria relativamente capaz e aquele completamente despido de discernimento seria abso-

---

4. Para uma descrição mais pormenorizada sobre o estágio atual de evolução do tema indica-se a monografia que se encontra em vias de publicação: ALBUQUERQUE, Luciano Campos de. *A proteção contratual dos vulneráveis*: as contratações celebradas pessoalmente por crianças, adolescentes e pessoas com deficiência. Curitiba: Juruá, 2022, no prelo.
5. "Porém, o cerne do discernimento diz respeito à noção de inteligência, perspicácia e capacidade de avaliação, que seria a razão humana que intervém no livre-arbítrio agostiniano. É nessa segunda etapa que se nota como o discernimento é instrumental à liberdade, pois é por meio dele que uma pessoa consegue antever as consequências de cada opção em agir, conferindo-lhe poder de escolha da melhor decisão de acordo com os próprios interesses, isto é, a mais adequada, a mais justa, ética. Em outras palavras, é o discernimento e a racionalidade que qualificam a vontade em consciente, permitindo a liberdade de escolha. Dessa forma, é fácil comparar a decisão refletida e consciente daquela reflexa e instintiva: levantar a mão para adquirir um bem em leilão é a livre manifestação da vontade, mas o mesmo movimento decorrente de um susto é mera atitude reflexa e instintiva. Portanto, evidente que o discernimento é a pedra de toque da capacidade de fato, pois ele está diretamente relacionado à sensatez da escolha. Consequentemente, somente aqueles que possuem discernimento têm a habilidade de antever as consequências de suas escolhas, tornando-se responsável por seus atos. Por isso, o direito confere a essas pessoas a possibilidade de exercer seus direitos pessoalmente. Aqueles que não têm discernimento são privados da liberdade para escolher, sendo tolhidos da capacidade de decidir por si mesmos. No entanto, isso não impede que titularizem seus direitos e obrigações, pois o sistema jurídico permite que o façam por intermédio de terceiros."
(SILVA, Érika Mayumi Moreira da. *Capacidade civil da pessoa com deficiência intelectual e mental*: entre a autonomia e a desproteção jurídica. São Paulo: Thomson Reuters Brasil, 2021, p. 55-56).

lutamente incapaz. O discernimento, ou a capacidade de compreensão e análise, provém de uma característica da condição humana, se não a mais importante, a que melhor define a nossa espécie: a racionalidade. Quando há discernimento, há autonomia para decidir o que se quer.[6]

A previsão da incapacidade de exercício na Parte Geral do Código pretendeu atingir todo o sistema civil. No entanto, são inúmeras as hipóteses expressas em Lei para os menores exercerem pessoalmente seus direitos, tanto no Código Civil[7] quanto nos diplomas esparsos, como o Estatuto da Criança e do Adolescente.[8]

Destaca-se também a incongruência do sistema genérico das incapacidades em relação às situações existenciais, que externam a condição de ser pessoa pois não faria sentido isolar o momento da titularidade daquele da atuação em situações existenciais, ante a finalidade do desenvolvimento e exteriorização da personalidade.

Há que se mencionar ainda a chamada *capacidade para consentir*, que trata do processo de tomada de decisões na área do tratamento de saúde da pessoa, com foco na autodeterminação e a integridade física do paciente. A *capacidade para consentir*, ou a *competência* (assim designada por alguns autores), prescinde do sistema abstrato da capacidade, pois o que importa é o grau de capacidade em relação à complexidade da intervenção,[9] é a aptidão para decidir da pessoa diante de uma situação em concreto.[10] A *capacidade para consentir*, apesar de ser uma exigência que se integra num sistema

---

6. BODIN DE MORAES, apud. MENEZES, 2016, Prefácio.
7. "Assim, o maior de 16, independentemente da assistência dos seus pais ou tutores, pode exercer emprego público para o qual não se exija maioridade, pode ser mandatário (CCC, art. 666), pode fazer testamento (CC, art. 1860), pode casar (CC, art. 1517), ser testemunha (CC, art. 228, I), ser comerciante (CC. Art. 5º, parágrafo único, V), fazer depósitos bancários, trabalhar e pleitear na Justiça do Trabalho (CLT, arts. 446 e 792), ser eleitor (CF, art. 14, § 1º, c). Pode participar de cooperativas de trabalho, consumo ou crédito (Dec. 22.239, de 19.12.32, e Decreto-Lei 581 de 01.08.38), movimentar depósitos em caixas econômicas (Dec. 24.427, de 09.06.34), exercer livremente a pesca (Dec.-lei 794, de 19.10.38), firmar recibo de pagamento de benefícios nos institutos de previdência (Dec. 35.448, 01.05.54). Para fins de serviço militar torna-se capaz aos dezessete anos (Lei 4.375 de 17.08.64, art. 73)." (AMARAL, Francisco. *Direito civil* – Introdução. 5. ed., Rio de Janeiro: Renovar, 2003. p. 234).
8. "No direito brasileiro, o reconhecimento da criança e do adolescente como sujeitos de direitos, na condição peculiar de pessoa em desenvolvimento (art. 227, *caput*, CF e art. 5º, ECA), submete o instituto da capacidade jurídica a um repensar. O ordenamento jurídico vem reconhecendo desde o ECA (Lei 8.069/90) a importância da vontade do menor, por exemplo, no art. 16 que lhe confere direito à liberdade de opinião e expressão, crença e culto religioso etc.; no art. 45, § 2º, que coloca o consentimento do adolescente maior de 12 (doze) anos como requisito da adoção, o que foi mantido pelo Código Civil de 2002, no art. 1.612, caput. Situações nas quais o menor pode exercer sua autodeterminação estão na escolha e prática de uma crença religiosa, escolha de uma profissão, no direito de visita, nos tratamentos médicos etc." (MEIRELES, Rose Melo Vencelau. *Autonomia Privada e Dignidade Humana*. Rio de Janeiro: Renovar, 2009, p. 132-133).
9. "Os graus de capacidade que se pretendem fixar variam consoante a complexidade da intervenção e a relação com o perfil do paciente. Realidade e perspectiva, adaptação e mobilidade, são planos-chave que as diferentes correntes, mais autonomistas ou mais paternalistas, esgrimem em favor da maior ou menor aceitação do paciente como responsável por sua decisão." (RODRIGUES, João Vaz. *O consentimento informado para o acto médico no ordenamento jurídico português*. Coimbra: Coimbra Editora, 2001, p. 201).
10. "É preciso dissociar saúde mental e falta de competência para decidir. No horizonte das transformações, é preciso avaliar caso a caso a aptidão para decidir; entenda-se bem, não é paciente a paciente, é caso a caso porque um paciente pode ser competente para um ato e não para outro" (SCHULMAN, Gabriel. *Consentimento para atos na saúde à luz da Convenção de Direitos da Pessoa com Deficiência*: da discriminação ao empoderamento. apud BARBOSA, Heloisa Helena., MENDONÇA, Bruna Lima de. e ALMEIDA JR, Vitor de Azevedo. (Org.) *O Código Civil e o Estatuto da Pessoa com Deficiência*. Rio de Janeiro: Editora Processo, 2017, p. 288).

protetivo das pessoas, principalmente em razão da vulnerabilidade do paciente diante da necessidade médica, não decorre do sistema genérico das capacidades, pois é necessária a todos os pacientes, afastando-se assim a *capacidade para consentir* (competência) do regime geral das incapacidades.[11]

O EPD expressamente fez constar em seus artigos 11[12] e 12 a necessidade do consentimento prévio da pessoa com deficiência.[13] De igual forma, as normativas deontológicas, administrativas ou decorrentes de convenções internacionais[14] que versam sobre questões médicas evoluem definitivamente no respeito ao discernimento do menor.

As dificuldades de aplicação do sistema genérico de atribuição de incapacidade não se restringem às situações existenciais. Mesmo nas situações eminentemente patrimoniais, a teoria clássica do negócio jurídico tem dificuldades para tratar de determinados contratos que são livremente realizados por *incapazes*, tais como pequenas compras, adesão a transporte coletivo, troca de objetos pessoais, dentre tantas outras.

As questões ora referidas são apenas exemplificativas das dificuldades para aplicação do sistema na forma pretendida originalmente pelo Código Civil, o que tem levado alguma doutrina a entender que as regras abstratas previstas no sistema civil traduzem uma mera presunção.

No que respeita a pessoas com deficiência cognitiva ou psíquica, não fazem elas parte do rol genérico de incapacidade, presumindo-se capazes. Todavia, há que se relembrar que a proteção das pessoas vulneráveis não se faz apenas a partir da dos artigos 3º e 4º do Código, pois há uma integração entre as normas do Código Civil, da CDPD e do EPD. A mera subsunção, a partir da leitura atual do Código Civil, levaria a uma

---

11. "O paciente com deficiência intelectual, tal como qualquer outro paciente, deverá ser considerado em relação ao procedimento que irá realizar, em atenção aos múltiplos aspetos em que se decompõe a competência para decidir – tais como a urgência do tratamento, a capacidade de compreender o quadro, o entendimento sobre os riscos, a reversibilidade, argumentação, a coerência entre vontade e os valores, a capacidade de expressar-se" (SCHULMAN, apud. BARBOSA, 2017, p. 288).
12. "Obviamente, há de se levar em conta o grau de deficiência, se leve, moderada ou grave, sempre observando o teor do art. 11 da Lei 13.146/2015, que impede que a pessoa com deficiência seja "obrigada a se submeter a intervenção clínica ou cirúrgica, a tratamento ou a institucionalização forçada". Se a deficiência for leve e a pessoa tiver condições de discernir sobre sua situação e os tratamentos oferecidos, nada obsta a que formule diretivas." (DIAS, Eduardo Rocha. e SILVA JR, Geraldo Bezerra, *Autonomia das pessoas com transtorno mental, diretivas antecipadas psiquiátricas e contrato de Ulisses*. apud. TEPEDINO, Gustavo. e MENEZES, Joyceane. *Autonomia Privada, Liberdade existencial e direitos fundamentais*. Belo Horizonte: Fórum, 2019, p. 148).
13. "A deficiência não impede o livre exercício da personalidade, nem é sinônimo de incapacidade decisória. No entanto, é necessário analisar o discernimento da pessoa com deficiência, suas habilidades cognitivas para aferir sua condição de expressar sua vontade. Qualquer intervenção médica (art. 15 do CC) ou pesquisa, como dispõe, expressamente, o art. 12 do Estatuto, só pode ocorrer por meio de consentimento livre e esclarecido da pessoa com deficiência, o que se dá após obtenção de informações, esclarecimentos por parte dos profissionais de saúde, de suas condições físicas e psíquicas, diagnóstico, prognóstico, opções de tratamento e sua extensão, benefícios e riscos da intervenção" (PEREIRA. Tania da Silva; OLIVEIRA, Guilherme de. (Org.) *O Cuidado como Valor Jurídico*. Rio de Janeiro: Forense, 2008, p. 92).
14. TEIXEIRA, Ana Carolina Brochado., NEVARES, Ana Luiza Maia., VALADARES, Maria Goreth Macedo. e MEIRELES, Rose Melo Vencelau. *O cuidado com o menor de idade na observância de sua vontade*. apud. PEREIRA. Tania da Silva. e OLIVEIRA, Guilherme de. (Org.) *O Cuidado como Valor Jurídico*. Rio de Janeiro: Editora Forense, 2008, p. 352-353.

enganosa conclusão, pois o ordenamento previu um sistema protetivo e de modo algum a Convenção e o EPD excluíram salvaguardas em relação às pessoas com deficiência. Se a pessoa com deficiência não possuir suficiente discernimento para a situação jurídica, há que se pensar na utilização do sistema de apoios, eventualmente com uma *tomada de decisão apoiada*, uma representação episódica ou um procedimento da curatela.

Considerando-se as regras genéricas sobre capacidade como estabelecedoras de mera presunção, pode-se admitir sua eventual incongruência com a situação concreta, afastando-se sua aplicação.

O inciso III do artigo 4º do Código Civil, que cuida da falta de condição de expressão de vontade, tratava originariamente das pessoas que estavam desconectadas da realidade em razão de não conseguirem se comunicar. Atualmente ele vem comportando uma renovada significação, que sugere compreender a hipótese descrita como uma *vontade consciente*, bem formada, a partir do discernimento necessário. Assim, pessoas com deficiência poderiam ser alcançadas pela proteção da norma no caso de não conseguirem expressar uma *vontade consciente*. Aceitando-se ou não tal leitura interpretativa do artigo, de qualquer forma a proteção é feita pelo ordenamento como um todo, concluindo-se que o EPD não afastou as salvaguardas garantidas pela Convenção, na medida da necessidade. O sistema protetivo é aplicado a partir do regramento constitucional, da CDPD e do EPD e das demais normas a eles direcionadas, que permitam proteção em caso de ausência de discernimento.

Em síntese, pode-se afirmar que o exercício do direito se vincula à possibilidade concreta de discernimento e compreensão da situação da vida; a regra geral do Código traz uma mera presunção, que é afastada caso não esteja desempenhando sua função protetiva.

3. A PROTEÇÃO CONTRATUAL DOS VULNERÁVEIS

A vulnerabilidade é uma expressão já utilizada em vários contextos,[15] pois *todos os humanos são passíveis de serem feridos, atingidos em seu complexo psicofísico*; no entanto, não estão suscetíveis em idênticas proporções em razão das situações pessoais que agravam tal condição.[16]

---

15. CORREIA Junior, José Barros. e ALBUQUERQUE, Paula Falcão. *O empresário vulnerável em tempos de simetria contratual.* apud. LOBO, Fabíola Albuquerque; EHRHARDT JR (Org.). *Vulnerabilidade e sua compreensão no direito brasileiro.* Indaiatuba: Foco, 2021, p. 21-22.
16. "No "mundo social", impera a diferença entre aqueles que são ontologicamente iguais. Todos os humanos são, por natureza, vulneráveis, visto que todos os seres humanos são passíveis de serem feridos, atingidos em seu complexo psicofísico. Mas nem todos serão atingidos do mesmo modo, ainda que se encontrem em situações idênticas, em razão de circunstâncias pessoais, que agravam o estado de suscetibilidade que lhes é inerente. Embora em princípio iguais, os humanos se revelam diferentes no que respeita à vulnerabilidade. É preciso, portanto, indagar quais os significados da vulnerabilidade, e quais as circunstâncias que podem agravá-la. Paralelamente, deve-se analisar o cuidado, que se expressa como zelo, desvelo, ou diligência, sob o aspecto jurídico, e seu papel no âmbito da tutela da pessoa humana" (BARBOZA, H. H.; MENDONÇA, B. L.; ALMEIDA JR, V. A. (Coord.). *O Código Civil e o Estatuto da Pessoa com Deficiência.* Rio de Janeiro: Processo, 2017, p. 107).

A cláusula geral de tutela da pessoa humana é suficiente para proteção de todos os seres humanos em sua vulnerabilidade, que o autor indica como certa, por atingir qualquer indivíduo. Em consequência, a pessoa vulnerável como todos, mas que em razão de suas contingências pessoais está impedida ou tem diminuída a possibilidade de exercer seus direitos, ou se encontra em situação em que é maior a probabilidade de se tornar uma vítima, necessita de proteção especial. As pessoas nessas condições já estão vulneradas, pois têm sua vulnerabilidade potencializada. Encontram-se, portanto, em situação de desigualdade, e a proteção constitucional há de ser diferenciada, mediante tutela específica (concreta).[17]

Dessa forma, pode-se pensar que vulnerabilidade traz uma ideia de ... *uma determinada condição que gera uma desigualdade de fato entre pessoas que se encontram inseridas nesta "categoria" especial e as que não se encontram nesta situação,*[18] construindo-se então *um sistema de normas e subprincípios orgânicos para reconhecimento e efetivação de seus direitos.*[19]

O estudo dos contratos a serem celebrados por vulneráveis protegidos pelo ECA e EPD demanda verificar as condições suficientes para se estabelecer um modelo jurídico contratual que possa contemplar a segurança no tráfico negocial e que, ao mesmo tempo, seja inclusivo e possa representar um instrumento funcionalizado para a livre exteriorização e desenvolvimento da personalidade.

O sistema de incapacidades previsto no Código Civil organizava sua proteção sob o viés patrimonial e assim privilegiava a proteção ao tráfico negocial,[20] utilizando-se, contudo, de argumentação que justificava o isolamento no interesse do incapaz, como uma defesa para que ele não sofresse prejuízos; ocorre que o prejuízo decorre principalmente do próprio isolamento. Supera-se a proposta patrimonialista do Código com uma ressignificação dos institutos a partir da ideia central da dignidade da pessoa. A inserção deve acontecer, todavia, com a devida observância a padrões éticos contratuais, como forma de garantir a devida proteção de grupos vulneráveis.

---

17. Idem, 2017, p. 114.
18. MULHOLLAND, Caitlin. *A responsabilidade civil da pessoa com deficiência psíquica e/ou intelectual.* apud. MENEZES, Joyceane Bezerra de Menezes (Org.) *Direito das pessoas com deficiência psíquica e intelectual.* Rio de Janeiro: Editora Processo, 2016, p. 648.
19. "A proteção dos vulneráveis pelo direito tem sua origem na identificação de diversos novos sujeitos merecedores de proteção por se encontrarem em situação de desigualdade, construindo-se a partir daí, um sistema de normas e subprincípios orgânicos para reconhecimento e efetivação de seus direitos. A identificação destes novos sujeitos de direito, grupos de não iguais, de vulneráveis pode ter conotações pós-modernas fortes. A igualdade é uma das grandes metanarrativas da modernidade, mas a pós-modernidade tende a destacar o que há de "diferente" e "privilegiador" nestes novos direitos humanos, permitindo a desigualdade formal para atingir a igualdade material" (MARQUES, Claudia Lima. e MIRAGEM, Bruno. *O novo direito privado e a proteção dos vulneráveis.* São Paulo: Ed. RT, 2012, p. 125).
20. "Enzo Roppo reconhece que a limitação legal perante a atividade econômico-jurídica não tem por intuito prejudicar o incapaz, mas defendê-lo, de modo preventivo, contra a possibilidade de se prejudicarem, por suas próprias mãos. Demais disso, indo ao encontro da finalidade da *défense sociale,* defende que a teoria das incapacidades se reveste também do caráter de prevenção a interesses de terceiros eventualmente prejudicados pelo ato da pessoa incapaz, de modo a favorecer o tráfego jurídico-econômico-social. O tráfego negocial é, para o autor italiano, premissa da teoria das incapacidades, porquanto *o mercado não poderia funcionar eficazmente sem um mínimo de garantia de que as tomadas de posição dos operadores econômicos não são tomadas de modo arbitrário ou irracional*" (LIMONGI, Viviane Cristina de Souza. *A capacidade civil e o Estatuto da Pessoa com Deficiência.* Rio de Janeiro: Lumen Juris, 2018, p. 65-66).

O contrato, ressignificado, em *conformidade constitucional*, pode também ser entendido como um importante instrumento de interação social de que dependem as pessoas para a vida quotidiana, auxiliando no livre desenvolver da personalidade.[21] O projeto é inclusivo, o que não significa que inexistam situações em que se faça necessária a limitação da atuação, tanto patrimonial quanto existencial, desde que em conformidade com as novas diretrizes do sistema.

A participação de crianças, adolescentes e pessoas com deficiência intelectual ou psíquica já é prática corrente no quotidiano e espelha a forma de organização do sistema de consumo hodierno. A sociedade dos tempos atuais admite que pessoas com alguma diversidade cognitiva tenham oportunidade de conviver e exteriorizar sua personalidade também a partir de uma rede de contratações. Assim, o que ora se deve deixar claro são algumas condições para que a participação ocorra de uma forma a não trazer desconfiança social quanto à sua validade e efetividade, evitando-se custos para toda a coletividade vulnerável. Tenta-se estabelecer diretrizes e padrões que podem ser utilizados na formatação de modelos jurídicos negociais para contratações com as pessoas com menor condição cognitiva, buscando não perder de vista as exigências do tráfico negocial em sociedade.

4. CONDIÇÕES SUFICIENTES PARA CONTRATAR: ANÁLISE DO DISCERNIMENTO NO CASO CONCRETO

A capacidade para a celebração de um contrato é definida primeiramente a partir da presunção estabelecida nos artigos 3º e 4º do Código Civil. Os jovens entre 16 e 18 anos não têm maiores dificuldades para as contratações mais simples, pois possuem relativa capacidade genérica, além das inúmeras autorizações legais específicas expressas que já garantem ao adolescente um bom espaço de autonomia no desenvolvimento de sua personalidade. Questão mais complexa é a das crianças e adolescentes abaixo de 16 anos, tidos como absolutamente incapazes. Em relação a eles vige a regra de presunção de incapacidade absoluta do Código Civil, a qual deve ser afastada se a situação em concreto assim o indicar. A verificação da capacidade pressupõe sua ressignificação, que de abstrata, será perquirida no real da vida, em relação ao contrato a ser celebrado, sem perder de vista que se trata de um sistema protetivo que deixa suas raízes patrimoniais e mira um sentido de promoção da personalidade.

---

21. "La capacidad jurídica provee la cubierta jurídica a través de la cual se puede mejorar la peronsalidad en el "mundo de la vida". En primer lugar, permite a las personas hacer su proprio universo jurídico, una red de derechos y obligaciones recíprocas, lo cual permite una expresión de voluntad en el mundo de la vida. Éste es el rol básico de la capacidad jurídica, es decir, la capacidad jurídica abre un espacio de libertad personal. De manera sencilla y sin ningún tipo de coerción, permite interacciones y lo hace principalmente mediante contratos jurídicos. Michael Bach está en lo cierto cuando se enfoca en ejemplos tales como mantener una cuenta en el banco, ir al médico aunque no tengamos ninguna moléstia, comprar y vender, alquilar viviendas etc.; de esta manera es como expresamos, de um modo positivo, nuestra libertad." (QUIN, Gerard. Personalidad y capacidad jurídica: perspectivas sobre el cambio de paradigma del artículo 12 de la CDPD. apud. PALACIOS, Agustina. e BARIFFI, Francisco (Coord.). *Capacidad jurídica, discapacidad y derechos humanos*. Buenos Aires: Ediar, 2012, p. 39-40).

Há um dever de cuidado e proteção a ser considerado na aplicação do ordenamento como um todo e não mais a partir de um raciocínio lógico de subsunção, considerando a capacidade como um instituto funcionalizado. Assim, se presentes condições de discernimento perante a situação fática, é possível seu pessoal exercício, desde que haja uma consonância com a diretriz de valorização da personalidade e dignidade. A aplicação do ordenamento como um todo, que busca a inserção da pessoa no meio social, traz como orientação a promoção da personalidade e não pode ser dela dissociada, ainda que diante de uma contratação aparentemente vantajosa do ponto de vista patrimonial.

A inserção no tráfico negocial quotidiano deve ser gradual, permitindo que os infantes vivenciem, aos poucos, um processo de aprendizagem e adaptação a questões contratuais. Eventuais negócios complexos devem ser avaliados com prudência, pois podem lhes trazer obrigações por um longo tempo, sem que ainda tenham a maturidade para compreender as implicações futuras de transações mal realizadas. Por vezes, tal maturidade igualmente falta à vida adulta e certamente não será a maioridade que determinará o surgimento das condições suficientes, mas ao menos se preserva o tempo para a pessoa passar pelas fases de amadurecimento.

A verificação em concreto sobre a situação prioriza a possibilidade de compreensão do significado do comportamento a ser produzido, do significado social do fato, dos efeitos típicos dos atos, pois se a busca é pela possibilidade de exteriorização da personalidade, o que importa é a compreensão do resultado da conduta, ainda que não haja a perfeita apreensão da questão negocial. Na realidade, uma abrangente compreensão de efeitos jurídicos, regra geral, não é alcançada pelo cidadão comum em seu quotidiano, mas tão somente seu significado social, a representação de um modelo cultural de produção de efeitos típicos vinculantes. Exemplo é o da criança que adentra um ônibus, em que se prescinde do entendimento de estar celebrando contrato típico de transporte, mas deve haver maturidade suficiente para perceber que, efetuando o pagamento da passagem, será transportado para outro local. Se uma criança não tem sequer tal compreensão, se o faz por brincadeira, afasta-se a formação do vínculo contratual.

Nessa mesma linha, poderia uma criança participar de qualquer tipo de contrato, comprar uma casa, fazer um financiamento de veículo, abrir um restaurante? Tratam-se de hipóteses de raríssima ocorrência, pois não são práticas sociais correntes e não costumam ser acolhidas porque podem trazer questionamentos. Primeiramente ressalta-se que a grande maioria dos negócios são os mais simples, os quotidianos, as relações correntes que envolvem diariamente pessoas com menores possibilidades de discernimento. E nestas é perfeitamente possível observar que a prática social já aceita contratações pessoalmente celebradas por incapazes, independentemente do que a regra genérica do Código Civil disciplina.

As situações amplamente reconhecidas no quotidiano são um claro indicativo do que será admitido como contratação possível diretamente pelos *incapazes*. Acrescente-se que em grande parte, essas hipóteses já admitidas socialmente são aquelas ligadas ao conceito de necessariedade, ao existencial da pessoa. Além de serem comumente acolhidas, permitem identificar ocasiões em que o patrimonial assume uma função existencial. E há segurança em admiti-las na medida em que autorizada doutrina já o faz há muito tempo, ainda que eventualmente a partir de fundamentações diversas. O mesmo acontece com comportamentos sociais típicos, que se caracterizam por contratações impessoais em que se prescinde da análise referente à capacidade. Transporte público, compras efetivadas em máquinas de venda automática, dentre outras, são hipóteses amplamente aceitas no meio social.

A partir das análises em concreto será possível definir se até contratações gratuitas ou de pequeno valor podem trazer consequências desfavoráveis ao longo tempo. A depender do caso, um contrato que parece ser benéfico, gratuito, pode não ser tão bom quanto possa parecer, como nos *contratos gratuitos* oferecidos *online*, em que a adesão sem maiores questionamentos pode trazer permissões de acesso aos dados pessoais, com riscos ao futuro das crianças e adolescentes, possivelmente muito maiores que um contrato que envolva apenas questões patrimoniais.

Contratações que possam colocar em situação de risco os vulneráveis, regra geral, são excluídas, como por exemplo um transporte particular para outra localidade por um adolescente, de forma desacompanhada e sem qualquer planejamento, hipótese que não seria incomum. Os riscos fazem parte da vida hodierna, mas devem ser sopesados quanto à necessidade de serem assumidos na infância ou adolescência. A inserção deve ser atenciosa, verificando-se desejos e interesses, cuidando para que não se trate de uma situação irreversível ou danosa à personalidade.

Quanto à possibilidade de incapazes realizarem negócios mais complexos, a exclusão antecipada da hipótese não parece possível pois, ainda que não seja o mais desejado para cumprimento das diretrizes constitucionais destinadas à infância, um país com uma população jovem e muito pobre produz uma série de antecipações à vida adulta que não podem ser ignoradas pelo Direito.[22]

Uma abordagem interessante para o estudo da questão seria a utilização da técnica de *grupos de casos* e a análise de *precedentes*, que podem contribuir na formatação arquétipos, de situações *standard*, eventualmente reconhecendo hipóteses do *direito do quotidiano* não abarcadas nas hipóteses tipificadas *a priori*. Há que se dar atenção especial às condições objetivas dos negócios e à observância da boa-fé objetiva negocial. A boa-fé objetiva é aplicável a todos os negócios, mas em relação às contratações efetivadas por vulneráveis ganha ainda maior relevância, especialmente por incidir o dever de proteção e cuidado; o dever de cooperação intersubjetiva terá de considerar a condição do contratante. Se o comportamento contratual que se exige, a partir da observação dos deveres decorrentes da boa-fé já delimitam o espaço de autonomia, no

---

22. "Todavia, a complexidade da vida e do tráfico jurídico pode romper a rigidez dessa regra. É o que ocorre com o menor de dezesseis anos que, compelido pelas necessidades de sobrevivência, realiza diversos atos negociais, como adquirir produtos em supermercados, trafegar em ônibus coletivos, fixar preço por serviços que presta (engraxates, jardineiros, carregadores)." (LÔBO, Paulo. *Direito Civil*. Parte Geral. 8. ed. São Paulo: Saraiva, 2019, p. 331).

caso dos vulneráveis, toma especial relevo a necessidade de pautar a atuação na lealdade e na consideração dos interesses da outra parte cooperante.

No que respeita às pessoas com deficiência cognitiva ou psíquica, apesar de serem genericamente capazes, não se pode olvidar um dever geral de cuidado e proteção, o que indica a necessidade de se verificar a compreensão da situação no caso concreto. Há uma nova ideia a ser observada, que pretende fortalecer a prática dos atos pessoalmente, ao contrário do antigo sistema de substituição. Para ser possível a atuação das pessoas com deficiência, investe-se em um sistema de auxílios que podem ser utilizados durante o processo obrigacional, desde o período formativo, tomando em consideração a intensidade dos deveres colaborativos a partir da situação em concreto, conforme já salientado.

O processo obrigacional é dinâmico, a situação jurídica dos contratantes sofre alterações durante todo período relacional, desde seu início até o adimplemento; um adequado sistema de auxílios pode favorecer um progressivo fortalecimento das condições para efetuar-se uma boa escolha. Nos contratos mais simples as ações ocorrem quase que instantaneamente, o que ofusca suas fases. Por exemplo, na compra de um pão, difícil se perceber que há inicialmente a formação de um vínculo obrigacional, com a oferta, o aceite e o pagamento, para posteriormente ocorrer a transferência da propriedade.[23] Nos negócios mais complexos em que a pessoa com deficiência venha a participar, os institutos de auxílio previstos na nova sistemática terão fundamental importância no processo obrigacional. Se em um primeiro momento não se fizerem presentes as necessárias condições para o exercício pessoal do direito, os auxílios poderão, durante o processo formativo, garantir seu surgimento.

Há diversos institutos de auxílio, podendo-se optar pela *tomada de decisão apoiada* ou até uma representação episódica, como forma de proteger os efeitos do negócio de futuras contestações.

Em síntese, pode-se fixar que se considera como ponto de partida a condição genérica de capacidade das pessoas com deficiência, mas além de se tentar verificar a efetiva compreensão e discernimento no caso concreto, há que se atribuir especial atenção a questões objetivas, como o cumprimento da função social e econômica do contrato, às expectativas típicas da situação jurídica, respeitados os limites que a boa-fé objetiva negocial impõe.

---

23. "Nas diversas relações jurídicas que são travadas no dia a dia, o enlace obrigacional e a estabilização do direito de propriedade são imperceptíveis, mas relevam um processo que nasce, se desenvolve e encontra seu fim com a formação do domínio no que tange aos bens móveis. Diariamente, quando o cidadão se dirige até a padaria mais próxima e realiza a compra dos pães para o café matinal de sua família, esta simples operação envolve a formação do vínculo obrigacional e o ato de disposição real. O pedido formulado no balcão e a aceitação da quantidade de gramas que são contabilizadas na balança pelo vendedor são atos desenvolvidos e que preparam o pagamento que será realizado no caixa da padaria. Após o pagamento, opera-se a entrega e tomada da posse dos pães em que se imediatiza a posse a propriedade dos bens adquiridos no estabelecimento" (ARAÚJO, Fabio Caldas de. *O terceiro de boa-fé*: proteção na aquisição de bens móveis e imóveis. São Paulo: Thomson Reuters Brasil, 2020, p. 125).

5. CONCLUSÃO

Vive-se atualmente em um momento de travessias. Aos poucos abando-se a margem segura de um sistema genérico, com fórmulas definidas *a priori*, para outro que respeite a situação concreta da pessoa. Com a incorporação dos princípios da CDPD e os esforços para tornar exequíveis as disposições do EPD, outra transição se verifica, de um sistema que busca a proteção do vulnerável na substituição de vontades para outro que visa instituir auxílios suficientes para permitir que a própria pessoa exercite seus direitos.

Desafios não faltam nas tentativas doutrinárias integração e, principalmente, modernização e funcionalização de antigos institutos a partir de novos princípios orientadores do sistema jurídico.

Nos momentos de incertezas, a busca por padrões que fortaleçam o valor da pessoa é premente; o esforço para buscar uma situação futura mais humanitária[24] e fraterna[25] deve ser redobrado. Se a *modernidade* seus corolários aprofundou a condição individualista das pessoas em sociedade,[26] por outro lado, como bem lembra Lipovetsky, os ideais do Bem e de Justiça[27] estão muito presentes e a atitude perante os desafios hodiernos pode e deve ser diversa.

---

24. COMPARATO, Fábio Konder. *A civilização capitalista*. São Paulo: Saraiva, 2014, p. 299-312.
25. "Neste sentido queremos aqui revisitar a expressão fraternidade, perdida por vezes na prioridade do princípio da solidariedade em nosso tempo, mais ligado às novas gerações de direitos humanos. Sua origem é 'fraternitas' ou irmandade. Ser irmão é ter um pai comum, uma origem comum, e em plena era de vazio, como afirma Lypovetsky, de extremo individualismo – mesmo egocentrismo – reconstruir a origem comum, reconhecer que o outro é um irmão, pode ser mais útil que discursos paternalistas de mudança de comportamento. Se solidariedade se contrapõe a egoísmo, fraternidade é o status daquele que pertence à mesma família" (MARQUES; MIRAGEM, 2012. p. 206).
26. "Com o capitalismo de consumo, o hedonismo impôs-se como um valor supremo e das satisfações proporcionadas pelo mercado tornaram-se o caminho privilegiado para a busca da felicidade. Enquanto a cultura da vida quotidiana for dominada por este sistema de referência, e a não ser que se depare com um cataclismo ecológico ou econômico, a sociedade de hiperconsumo seguirá inevitavelmente seu curso. Mas se surgirem novas maneiras de avaliar os prazeres materiais e os prazeres imediatos, se se impuser uma nova forma de pensar a educação, a sociedade de hiperconsumo poderá acomodar um outro tipo de cultura. A mutação a acontecer será desencadeada pela invenção de novos objetivos e sentidos, novas perspectivas e prioridades na existência. Quando a felicidade for menos identificada com a satisfação de cada vez mais necessidades de renovar constante de objetivos e formar de lazer, o ciclo do hiperconsumo ter-se-á completado. Esta mudança sócio-histórica não implica nem renúncia ao bem estar, nem desaparecimento da organização mercantil dos modos de vida; pressupõe um novo pluralismo de valores, uma nova apreciação da vida canibalizada pela ordem do consumo versátil." (LIPOVETSKY, Gilles. *A felicidade paradoxal*: Um ensaio sobre a sociedade do hiperconsumo. Lisboa: Edições 70 Ltda., 2017. p. 314-315).
27. "Não assistimos, na verdade, à degradação niilista dos ideais, mas uma nova regulação social ética compatível com o indivíduo hipermoderno. Os ideais de Bem e de Justiça estão tudo menos extintos: embora não construam um mundo à sua imagem, permitem, ainda assim, julgar, criticar, corrigir certos excessos ou desvios do universo individualista-consumista. A verdade é que o nosso tempo não se caracteriza tanto pela depreciação de todos os valores como por uma revivescência da interrogação moral ligada ao esmorecimento da influência do político e dos grandes sistemas de sentido. À medida que se acentua o poder da técnica e do mercado, o domínio ético ganha importância, é redignificado, reactivado, como ilustram os debates relativos às biotecnologias, ao aborto ou à eutanásia, o casamento entre homossexuais, a adopção de crianças por homossexuais, o uso do véu islâmico, o assédio moral. Não testemunhamos de modo algum o desaparecimento catastrófico dos valores, mas a expansão de padrões morais em conflito, a desmultiplicação dos sistemas de valor, a diversidade das concepções do bem que é preciso interpretar como um aprofundamento da autonomia da esfera moral, como um indício de uma sociedade liberal pluralista em que os valores e a sua tradução moral se emanciparam da autoridade da Igreja e da tradição. Por um lado, verifica-se o enfraquecimento do poder da democracia sobre si mesma,

Buscar estabelecer padrões éticos contratuais que permitam a inclusão social de pessoas com menor potencial cognitivo pode fazer parte de uma proposta para uma sociedade pós-moderna, com suas múltiplas diversidades, colaborando para redução das complexidades atuais.

---

por outro, é cada vez mais evidente a vontade da sociedade e dos indivíduos de assumirem a responsabilidade pelas regras que determinam a sua acção. Não se trata da «morte dos valores», mas do colapso das regras morais heterónomas, a par da individualização da relação com a esfera ética. A sociedade hiperindividualista não se reduz ao culto obsessivo dos prazeres privados, sendo também o espaço onde compete ao indivíduo determinar aquilo que deve fazer, inventando as regras da sua própria conduta. Consenso em torno de valores humanistas democráticos, desenvolvimento da reflexividade ética: a cultura da fase III não pode ser considerada como um estado de barbárie niilista." (LIPOVETSKY, 2017, p. 306-307).

EIXO VI
VULNERABILIDADES
NAS RELAÇÕES PATRIMONIAIS

VULNERABILIDADE DO CONTRATANTE ENTRE O MERCADO E O ESTADO SOCIAL

Paulo Lôbo

Sumário: 1. Presunção de vulnerabilidade contratual e a regulação legal – 2. Poder negocial, vulnerabilidade e hipossuficiência – 3. Massificação contratual – 4. Modalidades legais de proteção do vulnerável – 5. A indispensável consideração da equivalência material – 6. Relatividade da autonomia privada – 7. Excurso.

1. PRESUNÇÃO DE VULNERABILIDADE CONTRATUAL E A REGULAÇÃO LEGAL

A admissão da vulnerabilidade como categoria jurídica do direito contratual importa giro copernicano, que desafia a concepção liberal da autonomia privada, máxime em tempos de grave crise financeira mundial, que pôs a nu a universalização dos malefícios da ideologia do neoliberalismo, prenunciada por Avelãs Nunes.[1] A vulnerabilidade do contratante é fruto do Estado social, do século XX, com suas promessas de realização da justiça social e redução das desigualdades sociais, que no Brasil projetaram-se nas Constituições de 1934 a 1988, especialmente nesta.

No que respeita aos contratos, o Estado social caracteriza-se justamente pela função oposta à cometida ao Estado liberal mínimo. O Estado não é mais apenas o garantidor da liberdade e da autonomia contratual dos indivíduos; vai além, intervindo profundamente nas relações contratuais, ultrapassando os limites da justiça comutativa para promover, não apenas a justiça distributiva, mas também a justiça social. Diferentemente da justiça comutativa (dar a cada um o que é seu, considerando cada um como igual – transportando-se para o contrato o princípio da igualdade jurídica formal) e da justiça distributiva (dar a cada um o que é seu, considerando a desigualdade de cada um – no plano contratual, atribuindo mais tutela jurídica ao contratante que o direito presume vulnerável, a exemplo do trabalhador, do inquilino, do consumidor, do aderente), a justiça social implica transformação, promoção, mudança, segundo o preciso enunciado constitucional: "reduzir as desigualdades sociais" (arts. 3º, III, e 170, VII, da Constituição brasileira). Com efeito, enquanto as justiças comutativa e distributiva qualificam as coisas como estão, a justiça social tem por fito transformá-las, de modo a reduzir as desigualdades.

---

1. NUNES, A. J. Avelãs. Neo-liberalismo, globalização e desenvolvimento econômico. *Boletim de Ciências Econômicas*. Coimbra: Universidade de Coimbra, n. XVL, 2000.

A intervenção do Estado nas relações econômicas privadas, que caracteriza profundamente o Estado social, tem sob foco principal o contrato, como instrumento jurídico por excelência da circulação dos valores e titularidades econômicos, e precisamente da proteção dos figurantes mais fracos ou vulneráveis. No Brasil, ao longo do século passado, o direito passou a presumir a vulnerabilidade de determinados figurantes, merecedores de proteção legal e de consequente restrição do âmbito de autonomia privada, quando esta é instrumento de exercício de poder do outro figurante (ou parte contratual). Assim, emergiram os protagonismos do mutuário, com vedação dos juros usurários (Dec. 22.626, de 1933), do inquilino comercial (Dec. 24.150, de 1934; atualmente, Lei 8.245, de 1991) e do promitente comprador de imóveis loteados (Dec.-Lei 58, de 1937), na década de trinta; do trabalhador assalariado (Consolidação das Leis do Trabalho, de 1943), na década de quarenta; do inquilino residencial (Lei 4.494, de 1964; atualmente, Lei 8.245, de 1991) e do contratante rural (Estatuto da Terra, de 1964), na década de sessenta; dos titulares de direitos autorais (Lei 5.988, de 1973; atualmente, Lei 9.610, de 1998), na década de setenta; do consumidor (Código de Defesa do Consumidor, de 1991), na década de noventa; do aderente em contrato de adesão (Código Civil, de 2002), na primeira década do século XXI.

Algumas dessas vulnerabilidades reclamaram tal grau de intervenção legal, que se converteram em ramos autônomos do direito, a exemplo do direito do trabalho, do direito autoral, do direito agrário e do direito do consumidor. Como o direito civil dos contratos permaneceu ancorado nos pressupostos oitocentistas do Estado liberal, da concepção de mercado como espaço imune à controlabilidade social ou estatal e das consequentes concepções de autonomia privada ilimitada e de igualdade jurídica formal dos contratantes, terminou por ser subtraído de importantes segmentos da vida econômica e do cotidiano das pessoas. Esses direitos contratuais especiais têm em comum a forte presença da intervenção legislativa e da consequente limitação da autonomia privada.

Ressalta-se o paradoxo que os juristas começam a perceber com mais nitidez: o Estado social, sob o ponto de vista do direito, cresce na mesma proporção em que ele decresce, sob o ponto de vista econômico. As recentes experiências brasileiras de privatização de setores importantes da economia nacional, principalmente de fornecimento ou prestação de serviços públicos, revelaram que cresceram as demandas de regulação, para proteção dos contratantes usuários. E a regulação se dá, prioritariamente, no controle das relações contratuais, para tutela dos contratantes vulneráveis, que exercem pouco ou nenhum poder de barganha.

A partir do início dos anos oitenta do século XX, com o triunfo de governos conservadores nos países economicamente mais fortes, passou a vigorar o suposto consenso de que o Estado é o problema e o mercado a solução, ou de que a atividade econômica desregulada é mais eficiente. O fim do Estado social foi proclamado pelos poderes econômicos hegemônicos e pela literatura política e social, que alardeiam a necessidade de "respeito aos contratos", pouco importando que tenham resultado do poder negocial dominante e da vulnerabilidade jurídica das outras partes, para que os investimentos nas nações mais pobres fluam.

Apesar de viver o ordenamento jurídico brasileiro sob a conformação constitucional do Estado social, a concepção liberal do contrato ainda é muito enraizada nos hábitos e quefazeres dos juristas nacionais, para o que contribuiu a onda aparentemente vencedora da globalização econômica, fundada principalmente no mercado financeiro mundial livre de qualquer regulação e na corrente ideológica do neoliberalismo, exigentes do encolhimento das garantias legais dos direitos nacionais, máxime no que concerne à proteção dos contratantes vulneráveis, principalmente do trabalhador assalariado, do consumidor e do usuário dos serviços públicos privatizados.

Esse cenário enganador de ressurgimento das crenças nas virtudes econômicas do sistema de mercado livre levou alguns[2] a propugnar pelo retorno dos princípios clássicos do contrato, com interesse crescente (especialmente nos países anglo-americanos) na relação entre eles e os princípios econômicos (eficiência, custo e benefício), com alguma repercussão no Brasil, abdicando-se dos valores e princípios jurídicos fundamentais. A crise financeira mundial do final de 2008 pôs em xeque essas convicções que pareciam irreversíveis, retomando-se a necessidade de regulação pública da atividade negocial e, consequentemente, da preservação dos contratantes vulneráveis. "De repente, o Estado voltou a ser a solução, e o mercado, o problema; a globalização foi posta em causa; a nacionalização de importantes unidades econômicas, de anátema passou a ser a salvação".[3]

2. PODER NEGOCIAL, VULNERABILIDADE E HIPOSSUFICIÊNCIA

Montesquieu disse, com razão, que o poder exercido sem qualquer controle degenera em abuso: "todo homem que tem em mãos o poder é sempre levado a abusar do mesmo; e assim irá seguindo, até que encontre algum limite".[4] Sua reflexão, dirigida ao poder político, vale igualmente para o exercício de qualquer tipo de poder. A história ensina que a liberdade contratual transformou-se nas mãos dos poderosos em instrumento iníquo de exploração do que se presume vulnerável. Quem utiliza instrumentos contratuais para o exercício, ainda que legítimo, do poder negocial deve se submeter a controle social ou estatal. O exercício de poder implica submissão do outro. Seu controle tem como ponto de partida a identificação de quem a ele se submete, para que seja protegido dos abusos e excessos. Portanto, em relação ao poder negocial dominante, o controle preventivo ou repressivo se dá pela intervenção legislativa, de modo a proteger o juridicamente vulnerável.

Dispensa-se o controle quando, no contrato, os figurantes são presumivelmente iguais, seja porque os riscos econômicos são equivalentes, seja porque ambos detêm o domínio das informações, seja porque os poderes de barganha se encontram equi-

---

2. ATTIYAH, P. S. *An introduction to the law of contract*. New York: Oxford, 2000, p. 27.
3. SANTOS, Boaventura de Sousa. Consensos problemáticos. *Constituição & democracia*. Brasília: UnB, n. 30, mar. 2009, p. 24. "Mais intrigante ainda é o fato de serem as mesmas pessoas e instituições a defenderem hoje o contrário do que defendiam ontem, e de aparentemente o fazerem sem a mínima consciência da contradição".
4. MONTESQUIEU. *Do espírito das leis*. Trad. Gabriela de Andrada Dias Barbosa. Rio de Janeiro: Tecnoprint, 1968, p. 201, v. 2.

librados. São iguais por presunção, pois não se pode exigir igualdade absoluta entre eles, dado a que sempre haverá entre os contratantes desigualdades pessoais, sociais e econômicas, que não são utilizadas para exercício de poder ou de exploração de um contra o outro. Nesses casos não faz sentido cogitar-se de presunção de vulnerabilidade jurídica. É o que se dá, na maioria dos casos, com os contratos interempresariais ou com os contratos entre pessoas que não exercem atividade econômica. Ainda assim há limitação da autonomia privada, no plano geral, em razão dos bons costumes e das normas legais que estabelecem critérios objetivos, fora da lógica de mercado, como a boa-fé e a função social.

A vulnerabilidade, sob o ponto de vista jurídico, é o reconhecimento pelo direito de que determinadas posições contratuais, nas quais se inserem as pessoas, são merecedoras de proteção. Não se confunde com a hipossuficiência, que é conceito eminentemente econômico ou conceito jurídico fundado na insuficiência das condições econômicas pessoais. De maneira geral, os juridicamente vulneráveis são hipossuficientes, mas nem sempre essa relação existe. A vulnerabilidade jurídica pode radicar na desigualdade do domínio das informações, para que o interessado em algum bem ou serviço possa exercer sua escolha, como ocorre com o consumidor; pode estar fundada na impossibilidade de exercer escolhas negociais, como ocorre com o aderente em contrato de adesão a condições gerais.

A vulnerabilidade contratual independe de aferição real ou de prova. A presunção legal absoluta não admite prova em contrário ou considerações valorativas, até porque a presunção é consequência que a lei deduz de certos fatos, às vezes prevalecendo sobre as provas em contrário. A presunção é o meio de prova pressuposta que dispensa a comprovação real. Qualifica-se como prova indireta. Tem natureza de ficção jurídica, pois é juízo fundado em aparências, como instrumento operacional para resolução de conflitos, substituindo os demais meios de prova. A presunção simplifica a prova, pois a dispensa. O legislador define *a priori* qual a posição contratual que deve ser merecedora de proteção ou do grau desta proteção, o que afasta a verificação judicial caso a caso. Não pode o juiz decidir se o trabalhador, o consumidor, o aderente, por exemplo, são mais ou menos vulneráveis, em razão de maior ou menor condição econômica, para modular a proteção legal, ou mesmo excluí-la. A lei leva em conta o tipo médio de vulnerabilidade, com abstração da situação real em cada caso. E assim é para se evitar que as flutuações dos julgamentos, ante as variações individuais, ponham em risco o princípio da proteção.

Até mesmo entre empresas, pode ocorrer vulnerabilidade jurídica, quando uma delas esteja submetida a condições gerais dos contratos predispostas pela outra. São situações comuns de vínculos contratuais permanentes para fornecimento de produtos ou serviços como as das concessionárias, das fornecedoras de mercadorias para redes de supermercados, ou das franqueadas. Ou então para obtenção de serviços que assegurem o funcionamento da empresa: fornecimento de água, luz, telefonia; seguros; acesso à rede computadores; manutenção de programas etc.

3. MASSIFICAÇÃO CONTRATUAL

A sociedade de massas multiplicou a imputação de efeitos negociais a um sem-número de condutas, independentemente da manifestação de vontade dos obrigados. A globalização econômica utiliza o contrato como instrumento de exercício de dominação dos mercados e de desafio aos direitos nacionais, especialmente mediante condições gerais predispostas, que apenas são vertidas (quando o são) aos idiomas locais. A Administração pública tem abdicado dos clássicos instrumentos de soberania e *imperium* para desenvolver políticas públicas contratualizadas, como os contratos de gestão, em fenômeno que foi tido como "a fuga para o direito privado".[5] A relação contratual de consumo, na dimensão que transcende os interesses dos figurantes e alcança a cidadania, está provocando uma das mais profundas transformações do direito, principalmente a partir da última década do século XX, no estalão da interdisciplinaridade.

Não há como negar que o modelo paradigmático do liberalismo de liberdade de escolhas para autocomposição de interesses, em igualdade de condições, teve seu espaço reduzido substancialmente, a partir das primeiras décadas do século XX, em razão da massificação contratual e da crescente concentração de capital. Esse fenômeno real, mais que a intervenção legislativa, foi a causa efetiva da crise da autonomia privada contratual. As massas são os "conjuntos humanos nos quais o homem se revela como um ser anônimo e despersonalizado".[6]

Contemporaneamente, os contratos aos quais as pessoas mais se vinculam estão submetidos a condições gerais predispostas por uma das partes, inalteráveis pelos destinatários, submetendo milhares ou até mesmo milhões de pessoas. Cite-se o exemplo dos contratos de planos de saúde no Brasil, os quais, na entrada do século XXI, já alcançavam aproximadamente cinquenta milhões de usuários (contratantes e beneficiários). Os ordenamentos jurídicos tiveram de se deparar com essas realidades do mundo da vida, para as quais o modelo liberal clássico do contrato é totalmente inadequado.

Nos contratos de adesão, a conduta do contratante aderente não configura exteriorização consciente de vontade, mas submissão às condições preestabelecidas. Por esta razão, o Código Civil de 2002 protege o aderente, qualificado como juridicamente vulnerável, com a interpretação que lhe seja favorável, quando em conflito com o predisponente. Portanto, mais que a vontade consciente exteriorizada, em casos que tais, o negócio jurídico emerge da conduta ou comportamento geradores de efeitos equivalentes ao do negócio jurídico volitivo, mas distintos. Hoje, os contratos de adesão atravessam toda a vasta área contratual da circulação de bens e da prestação de serviços, constituindo, em setores relevantes (bancário, de seguros, de fornecimento de bens duradouros etc.) a forma largamente dominante, quase exclusiva, de contratação. "Neles se jogam interesses econômicos nucleares da vida relacional do homem comum".[7]

---

5. Título da obra de Maria João Estorninho, Coimbra: Almedina, 1996.
6. LÔBO, Paulo. *Condições gerais dos contratos e cláusulas abusivas*. São Paulo: Saraiva, 1991, p. 12.
7. RIBEIRO, Joaquim de Souza. *Direito dos Contratos: estudos*. Coimbra: Coimbra, 2007, p. 182.

Consequência assemelhada se dá com os chamados contratos necessários ou obrigatórios, a exemplo do seguro obrigatório para licenciamento de veículos, nos quais a vontade é totalmente desconsiderada. Nos contratos massificados de transporte coletivo pouco importa que a vontade do passageiro seja contrária ao preço da tarifa ou até mesmo do objeto contratual, quando se engana do destino. Para essas situações, alguns propõem que melhor se enquadrariam como ato-fato jurídico ou até mesmo como fato jurídico em sentido estrito, pois as normas do Código Civil relativas ao negócio jurídico e ao ato jurídico lícito, segundo Moreira Alves, "esgotam a disciplina das ações humanas que, por força do direito objetivo, produzem efeitos jurídicos em consideração à vontade do agente, e não simplesmente pelo fato objetivo desta atuação".[8]

Os contratos de execução duradoura ou indeterminada, também denominados relacionais, não podem ser submetidos aos mesmos requisitos dos contratos de execução instantânea. São suscetíveis de modificação pelas circunstâncias futuras, previsíveis ou não, até porque ninguém pode antecipar a regularidade do mesmo estado de coisas com o passar do tempo. Esses contratos exigem adaptação constante, com o reajuste e o reequilíbrio de suas condições, o que provoca a implosão do princípio clássico de sua vinculabilidade obrigacional (*pacta sunt servanda*). Para esses contratos, são impróprias as soluções da teoria geral do adimplemento e das consequências do inadimplemento, porque não satisfazem os interesses das partes. Não se pode esperar que a onerosidade insuportável para a parte vulnerável, em virtude das circunstâncias advindas da execução negocial, tenha como solução a extinção do contrato. Nesses casos, como no exemplo dos planos de saúde, há a razoável expectativa de que o contrato perdure por anos ou até mesmo até o fim da vida da pessoa, impondo-se a consideração da vulnerabilidade de quem dele se utiliza e o permanente ajustamento da equivalência material.

A supremacia da vontade individual cedeu o lugar para os efeitos contratualiformes do tráfico jurídico. Assim, não mais se estranha que haja contratos obrigatórios, que certas condutas típicas sejam equiparadas a aceitação, que a vontade negocial seja desconsiderada nos contratos massificados, que o equilíbrio formal do contrato seja superado pela equivalência material. A "morte do contrato" profetizada por Grant Gilmore não se consumou, salvo se for referida ao modelo clássico, matrizado na soberania da vontade do livre mercado, cujas teorias chocavam pela ausência de qualquer consideração social, como ele próprio admite.[9] Houve, ao contrário, sua metamorfose, para se adaptar à realidade de tão intensas mudanças da sociedade pós-industrial, com a inevitável consideração dos sujeitos vulneráveis.

4. MODALIDADES LEGAIS DE PROTEÇÃO DO VULNERÁVEL

A liberdade contratual pressupõe o exercício de três liberdades de escolha interligadas: a) a liberdade de escolher o outro contratante; b) a liberdade de escolher o tipo

---

8. ALVES, José Carlos Moreira. O negócio jurídico no anteprojeto de Código Civil brasileiro. *Arquivos do Ministério da Justiça*. Brasília: set. 1974, p. 3.
9. GILMORE, Grant. *The death of contract*. Columbus: Ohio State University, 1995, p. 104.

contratual; c) a liberdade de determinação do conteúdo. A intervenção legislativa, no Estado social, para realizar a proteção do contratante vulnerável, vale-se de correspondentes modalidades de limitação da liberdade contratual, a saber:

I – limitação da liberdade de escolha do outro contratante, sobretudo nos setores de fornecimento de serviços públicos (água, luz, telefone, transporte etc.), ou monopolizados. O contratante fornecedor é obrigado a prestar o serviço a qualquer pessoa que o demande. Cuida-se de obrigação compulsória de fazer, não podendo haver recusa discricionária à contratação, que poderá ser determinada judicialmente, além de importar indenização por perdas e danos;

II – limitação da liberdade de escolha do tipo contratual, quando a lei estabelece os tipos contratuais exclusivos em determinados setores, a exemplo dos contratos de licença ou cessão, no âmbito da lei de *software*, e dos contratos de parceria e arrendamento no âmbito do direito agrário. São contratos típicos, que consistem em *numerus clausus*. Nesta hipótese, cessa a liberdade de escolher ou criar outros, pois o legislador presume que os tipos que definiu são os que melhor protegem o contratante vulnerável, segundo os dados da experiência. As leis, principalmente o Código Civil, regulam os tipos que já estão consagrados no tráfico jurídico: compra e venda, doação, permuta, empréstimo, mandato, locação, fiança, empreitada, corretagem, transporte, seguros. Porém, essa regulação é tradicionalmente supletiva, com uso de normas jurídicas dispositivas, ou seja, apenas incidem sobre os contratos se as partes não tiverem estipulado de modo diferente ao que elas dispuseram;

III – limitação da liberdade de determinação do conteúdo do contrato, parcial ou totalmente, quando a lei define o que ele deve conter de forma cogente, total ou parcialmente, como no contrato de locação residencial, nos contratos do sistema financeiro da habitação, no contrato de turismo, no contrato de seguro. O contratante que exerce o poder negocial dominante não pode contrariar os conteúdos fixados por lei, que dizem respeito à essência desses contratos protegidos.

O Estado liberal era tendencialmente não cogente, pois a função básica do direito era a de suplementar a autonomia privada. A doutrina tradicional pôs como fontes de limitação apenas os bons costumes e a ordem pública, repercutindo o ideário liberal burguês da primazia do individualismo, negando-se o poder de intervenção do Estado legislador, administrativo ou judicial, para realização da justiça social nas atividades econômicas.

As normas jurídicas não cogentes já constituem, em grau menor, uma técnica legislativa de previsão de conteúdo e futuro de eficácia do negócio jurídico, tomando o lugar das manifestações de vontade que não foram feitas. O Estado social, todavia, intervém na ordem econômica privada para proteger a parte juridicamente vulnerável e evitar o abuso do poder negocial da outra, o que importa crescente utilização de normas cogentes (proibitivas ou imperativas), limitando o uso das normas dispositivas ou supletivas e a própria autonomia privada.

A modalidade mais incisiva e eficaz do contratante vulnerável, além das três referidas, que o legislador passou a utilizar, é a de sancionar com nulidade o contrato ou partes dele que comprometem a equivalência material, ou seja, quando levam à vantagem excessiva para quem exerce o poder negocial e desvantagem ou onerosidade excessiva para quem não detém poder de barganha. As cláusulas correspondentes são consideradas abusivas, consequentemente, nulas. A nulidade é contextual, ou seja, quando há ocorrência de abusividade e de presunção de vulnerabilidade, pois, no contexto de contrato paritariamente negociado, não se cogita de nulidade. Por exemplo, a Medida Provisória 2.172-32, de 2001, estabelece que são nulas "de pleno direito" as estipulações usurárias, assim consideradas as que estabeleçam nos contratos civis de mútuo, taxas de juros superiores às legalmente permitidas, caso em que deverá o juiz, se requerido, ajustá-las à medida legal, e, nos negócios jurídicos não disciplinados pelas legislações comercial e de defesa do consumidor, lucros ou vantagens patrimoniais excessivos, estipulados em situação de vulnerabilidade da parte, caso em que deverá o juiz, se requerido, restabelecer o equilíbrio da relação contratual. Foi, porém, no direito do consumidor que o legislador melhor imprimiu essa orientação. A invalidade absoluta reforça o caráter de ordem pública da proibição: as cláusulas abusivas são insuscetíveis de convenção ou convalescimento. O interesse protegido não pertence individualmente ao consumidor, mas a toda comunidade potencialmente atingida, o que permite o ajuizamento de ação civil pública por legitimado coletivo. Pudesse haver uma gradação de invalidade, as hipóteses sujeitas a anulabilidade restariam desprotegidas, porque dependentes de decisão do interessado direto (o consumidor). Duas ordens de problemas contribuiriam para se frustrar o objetivo legal:

a) a inércia do consumidor e seu temor aos riscos da demanda, comuns nas relações de consumo;

b) o estímulo ao abuso do poder negocial, que contaria com a omissão dos contratantes consumidores, ante a ausência de proibição legal absoluta às cláusulas abusivas.

As cláusulas abusivas, nas relações contratuais de consumo, e as condições gerais abusivas nos contratos de adesão atingem uma vasta pluralidade de sujeitos vulneráveis. Por isso, o estímulo à estruturação prevalecente de remédios preventivos, inibitórios, alcançando diretamente as fontes do abuso.[10] O aderente não precisa aguardar a decisão judiciária para deixar de cumprir as cláusulas abusivas assim qualificadas. A declaração de nulidade opera *ex tunc* e a cláusula, por ser absolutamente inválida, nunca se integra ao contrato nem produz efeitos jurídicos. A nulidade das cláusulas abusivas não invalida o contrato totalmente, salvo se ocorrer ônus excessivo para qualquer das partes, mantendo-se na parte remanescente. Impõe-se o princípio da conservação do negócio jurídico, desde que guardada a equivalência material.

O direito do consumidor, que despontou com força nas últimas décadas, provocou mudanças substanciais no direito contratual, impondo-se ao plano da teoria geral dos contratos, pois não trata de situações especiais e episódicas, mas da maior parte das

---

10. LÔBO, Paulo. *Condições gerais dos contratos e cláusulas abusivas*. São Paulo: Saraiva, 1991, p. 178.

relações negociais entretecidas no mundo atual pelas pessoas físicas. O diálogo entre o direito contratual comum e o direito contratual do consumidor terminaria por ser intensificado, como ocorreu com o Código Civil alemão que passou a tratar conjuntamente de ambos, após as profundas reformas do direito das obrigações, ocorridas nos anos de 2001 e 2002. No Brasil, a harmonização entre essas dimensões do direito contratual tem sido profícua na doutrina e na jurisprudência dos tribunais, para o que muito contribui a compreensão da vulnerabilidade como categoria jurídica relevante.

A ausência do contratante vulnerável legalmente presumido não afasta outros modos de limitação da autonomia privada, para prevenir vulnerabilidades ocasionais ou circunstanciais. A legislação atual prevê regras voltadas à preservação da equivalência material dos contratos, algumas das quais tinham sido suprimidas da codificação civil liberal, como o estado de perigo, a lesão, a onerosidade excessiva em razão de circunstâncias supervenientes e imprevistas, a resilição unilateral, as fases pré e pós-contratual, as limitações dos juros de mora e da cláusula penal, a flexibilização dos vícios redibitórios, a evicção.

5. A INDISPENSÁVEL CONSIDERAÇÃO DA EQUIVALÊNCIA MATERIAL

A vulnerabilidade é subprincípio derivado do grande princípio social da equivalência material, no plano da teoria geral dos contratos. É, todavia, princípio autônomo nas relações contratuais nas quais a vulnerabilidade de um dos figurantes é presumida por lei. Exemplo frisante é o do contrato de consumo, em que recebe expressa e destacada referência no CDC.

A equivalência material é objetivamente aferida quando o contrato, seja na sua constituição seja na sua execução, realiza a equivalência das prestações, sem vantagens ou onerosidades excessivas originárias ou supervenientes para uma das partes. No direito brasileiro, a norma que melhor a expressa, na ordem objetiva, é o inciso V do art. 6º do CDC, que prevê "a modificação das cláusulas contratuais que estabeleçam prestações desproporcionais ou sua revisão em razão de fatos supervenientes que as tornem excessivamente onerosas". Na ordem subjetiva, leva em o que o direito presume como juridicamente vulneráveis, como o consumidor, o aderente, o inquilino, o trabalhador.

Como disse Franz Wieacker, "o positivismo, desprezando a antiga tradição – que vinha da ética social de Aristóteles, passando pela escolástica, até o jusnaturalismo – tinha deixado de atribuir qualquer influência à equivalência material das prestações nos contratos bilaterais".[11] Por esta razão, todos os institutos jurídicos que levavam à justiça contratual e, consequentemente, à limitação da liberdade dos poderes negociais, foram afastados pela legislação liberal, a exemplo do Código Civil de 1916. Retoma-se o curso da história, recuperando e dando novas feições a esses institutos generosos, como a equivalência material, contribuindo para a humanização ou repersonalização das relações civis e a pacificação social.

---

11. WIEACKER, Franz. *História do direito privado moderno*. Trad. A. M. Botelho Hespanha. Lisboa: Gulbenkian, 1980, p. 599.

A equivalência material enraíza-se nas normas fundamentais da Constituição brasileira de 1988, que veiculam os princípios da solidariedade (art. 3º, I) e da justiça social (art. 170). Este último artigo estabelece que toda a atividade econômica – exercida juridicamente mediante contratos – deve observar os "ditames da justiça social", que, como vimos, voltam-se à promoção da mudança social e à redução das desigualdades reais dos figurantes.

No Código Civil de 2002 teve introdução explícita nos contratos de adesão. O Código o incluiu, de modo indireto, em preceitos dispersos, inclusive nos dois importantes artigos que disciplinam o contrato de adesão (arts. 423 e 424), ao estabelecer a interpretação mais favorável ao aderente (*interpretatio contra stipulatorem*) e ao declarar nula a cláusula que implique renúncia antecipada do contratante aderente a direito resultante da natureza do negócio (cláusula geral aberta, a ser preenchida pela mediação concretizadora do aplicador ou intérprete, caso a caso). O contrato de adesão disciplinado pelo Código Civil tutela qualquer aderente, seja consumidor ou não, pois não se limita a determinada relação jurídica, como a de consumo.

Em situações específicas, a equivalência material é revelada implicitamente. No Código Civil de 2002 ampliou-se, consideravelmente, o poder do juiz para revisar o contrato e para assumir o juízo de equidade, levando-o às fronteiras do legislador, ao menos no que concerne ao caso concreto. Ao juiz é dada a moldura, mas o conteúdo deve ser preenchido na decisão de cada caso concreto, valendo-se de princípios, conceitos indeterminados ou cláusulas gerais. Destaquem-se, nessa dimensão, os artigos 157 (lesão), 317 (correção do valor de prestação desproporcional), parágrafo único do art. 404 (concessão de indenização complementar, na ausência de cláusula penal), 413 (redução equitativa da cláusula penal), 421 (função social do contrato), 422 (boa-fé objetiva), 423 (interpretação favorável ao aderente), 478 (resolução por onerosidade excessiva), 480 (redução da prestação em contrato individual), 620 (redução proporcional do contrato de empreitada).

O art. 4º do Código de Defesa do Consumidor estabelece que, para a proteção do consumidor, deve ser atendido, dentre outros, os seguintes princípios: "reconhecimento da vulnerabilidade do consumidor no mercado de consumo", ao lado do princípio da "harmonização dos interesses" e "equilíbrio nas relações entre consumidores e fornecedor", sendo estes enunciados expressões da equivalência material.

A equivalência material, recepcionada como princípio normativo pelo direito brasileiro, rompe a barreira de contenção da igualdade jurídica e formal, que caracterizou a concepção liberal do contrato. Ao juiz estava vedada a consideração da desigualdade real dos poderes contratuais ou o desequilíbrio de direitos e deveres, pois o contrato fazia lei entre as partes, formalmente iguais, pouco importando o abuso ou exploração da parte vulnerável.

6. RELATIVIDADE DA AUTONOMIA PRIVADA

Apenas com o advento do Estado liberal, pode cogitar-se do que passou a se denominar autonomia privada, até porque o indivíduo e sua vontade livre passaram a ser o centro da destinação do direito, difundindo-se a concepção de liberdade negativa em contraposição à liberdade positiva dos antigos. No Estado liberal, a autonomia justificava-se por si mesma. Dizer que a vontade era autônoma ou livre era quase um truísmo, dada a força da ideologia dominante, que a fundava nas ideias inatas de liberdades absolutas de propriedade e dos negócios. O livre jogo das forças de mercado conduzia ao equilíbrio de interesses e dos poderes econômicos distintos. Essa origem, de forte matiz ideológico e resultante de contingências históricas, não poderia ser abstraída com o advento do Estado social.

A natureza intervencionista do Estado social, para os fins de proteção das pessoas vulneráveis, é incompatível com a recepção plena do princípio da autonomia privada. A Constituição brasileira refere explicitamente à livre iniciativa, mas não à autonomia privada, porque esta é necessariamente limitada e limitável. A autonomia privada é mais ampla que a livre iniciativa; esta é expressão parcial daquela. A livre iniciativa é liberdade de criar e exercer empreendimentos ou atividades econômicas.

Nem todos os atos de autonomia privada se enquadram nesse conceito de livre iniciativa; os atos realizados entre pessoas particulares, inclusive contratos, sem relação com atividade econômica, os atos realizados no âmbito do direito de família ou das sucessões são de autonomia privada, mas não de livre iniciativa. Depreende-se que há atos de autonomia privada dentro e fora da livre iniciativa. Não há, pois, princípio constitucional da autonomia privada ou da liberdade contratual. Nessa linha, decidiu o Conselho Constitucional francês (Decisão 94-348) que "nenhuma norma de valor constitucional garante o princípio da liberdade contratual".[12]

Nos Estados Unidos, a Corte Suprema constitucionalizou a autonomia privada durante o predomínio do liberalismo individualista, com intuito de barrar as leis que intervinham nas relações privadas de caráter econômico, até que, em 1934, reformulou totalmente sua orientação para considerar constitucional a legislação intervencionista do *New Deal* e, consequentemente, desconstitucionalizar a autonomia privada, que passou a ser tida apenas como princípio de direito privado, suscetível de limitação no interesse geral. Na Alemanha, Raiser afirma que não é claro que a Constituição (Lei Fundamental) garanta a liberdade contratual.[13]

A limitação jurídica do espaço da autonomia privada, para evitar que seja explorada pelo poder negocial dominante em seu interesse, representa um profundo abalo ao próprio princípio, enquanto deixa de ser explicado pelo poder de autonomia, de acordo com sua fundamentação política, para sê-lo por seu contrário (o limite, a restrição). Na medida em que crescem o controle e a limitação estatais e sociais, reduz-se o espaço de autonomia.

---

12. MATHIEU, Bertrand. L'utilisation de principes legislatifs du Code Civil comme norme de référence dans le cadre du contrôle de constitutionnalité. *Code civil et constitutions*. Paris: Econômica, 2005, p. 35.
13. RAISER, Ludwig. *Il compito del diritto privato*. Trad. Marta Graziadei. Milano: Giuffrè, 1990, p. 182.

7. EXCURSO

Estudiosos da filosofia, da sociologia e da ciência política têm vislumbrado sinais de pós-modernidade, a qual não significa juízo de valor positivo.[14] A modernidade trouxe injustiças, por seu impiedoso individualismo e exasperação dos valores patrimoniais, que reduzem o número dos titulares reais dos direitos subjetivos, mas trouxe avanços que marcaram indelevelmente a emancipação humana. Na perspectiva do direito, sua mais importante realização diz com a igualdade de todos perante a lei, libertando os homens dos vínculos a corpos intermediários, ordens, corporações e estamentos. Os direitos subjetivos, a todos formalmente conferidos, vieram substituir os direitos privilegiados, que decorriam de concessões em razão do lugar ou da posição ocupada na rígida hierarquia da ordem social. Configurando o último estágio conhecido do Estado moderno, o Estado social procurou oferecer oportunidade de realização da igualdade de todos *na* lei, mediante a concretização da justiça social. Um de seus mais importantes avanços, no direito privado, foi precisamente a proteção do contratante que a lei considera vulnerável.

Atualmente, assiste-se a um retorno preocupante a certos traços da cultura pré-moderna, o que pode prenunciar um neofeudalismo[15] das relações jurídicas, ao lado da revalorização do *homo aeconomicus*. Substituem-se os vínculos diretos entre cidadão e Estado pela superposição de corpos intermediários. Passam a ser mais importantes os vínculos obrigacionais contraídos pelas pessoas com grandes empresas, pelo temor do desemprego e de insuficiência da previdência social, ou com fornecedores de serviços e produtos, que produzem suas próprias ordens normativas.

Alguns fatores têm contribuído para essa situação de perplexidade, de quase dispensa do direito estatal, podendo ser assinalados:

a) superposição de vínculos jurídicos, especialmente com macroempresas transnacionais, com organizações não governamentais de caráter nacional ou transnacional, com instituições políticas, culturais, filantrópicas, esportivas, com credos e instituições religiosas;

b) dispersão da consciência de *res publica*, de obrigação cívica com o bem público, no Brasil agravada com uma tradição privatista do público, quase sempre entendido como extensão do espaço doméstico e familiar;

c) contratualização do direito, o que leva a que os poderes normativos das empresas tenham a aparência contratual, principalmente mediante condições gerais dos contratos,

---

14. Habermas reage, com fina ironia, contra os que já veem "pós" quando estamos em pleno "ainda". Cf. *The New Conservatism*. Cambridge: MIT Press, 1990, p. 3-5.
15. Advirta-se que esse "neofeudalismo" não significa o desaparecimento total da modernidade nem um simples retorno à organização política e econômica medieval, pois ostenta complexidade diferenciada, mais sofisticada, sem embargo da preocupante característica antidemocrática que ele revela. Para José Eduardo Faria, *O Direito na Economia Globalizada*, São Paulo, Malheiros, 1999, p. 325, ele se assenta "nos interesses e na vontade dos atores políticos e econômicos – as "organizações complexas" – com maior poder de articulação, mobilização, confronto, veto, barganha, decisão de investimento e capacidade de geração tanto de emprego quanto de receitas", e não está mais baseado "no nascimento, na etnia, na nobreza, na religião, no credo político ou na ocupação dos sujeitos".

fundando-se na legitimidade aparente da autonomia dos sujeitos, os quais são a elas, de fato, submetidos;

d) redução substancial dos direitos garantidos em lei (garantismo legal), de modo a que os mais fracos dependam de garantias convencionais, obtidas em negociação com os mais fortes, inclusive mediante organizações profissionais;

e) contratualização das políticas públicas, abdicando o Estado do seu poder de império, para assumir posição de contratante paritário, como se dá com os contratos de gestão;

f) cerco à ordem econômica fundada na justiça social;

g) redirecionamento do papel do juiz, suprimindo-lhe o poder de intervenção na atividade econômica, como o da revisão dos contratos iníquos, para garantia da lógica dura do mercado;

h) predomínio de uma *lex mercatoria* ditada pelos poderes hegemônicos globais, que se distancia dos tradicionais costumes mercantis consolidados. Talvez o fator mais decisivo para o desenvolvimento de relações jurídicas que tangenciam os direitos nacionais seja a rede de informação mundial, a *internet*, que propicia a realização de inúmeros atos jurídicos, sem contato pessoal, à distância, para os quais os Estados e suas ordens jurídicas diferenciadas constituem estorvo. As pessoas adquirem ou utilizam produtos e serviços oriundos de outros países, com legislações civil, contratual, tributária e de direito internacional privado divergentes, que são desconsiderados pelos que participam dessas transações.

CAMINHOS ALTERNATIVOS PARA A PROTEÇÃO DOS VULNERÁVEIS: UMA ANÁLISE A PARTIR DOS VÍCIOS DO CONSENTIMENTO

Flávio Henrique Silva Ferreira

Sumário: 1. Introdução – 2. Uma proposta de classificação dos vícios do consentimento – 3. Países de tradição romanista: o equivalente moderno do instituto da lesão nos princípios do direito contratual europeu (PECL) – 4. Como é feita a prova do erro, do medo ou da imprudência – 5. O direito anglo-americano: *unconscionability* e *undue influence* – 6. Pontos de conexão (1): o temor reverencial no direito comum europeu anterior às codificações e a influência indevida – 7. Pontos de conexão (2): normas específicas do direito brasileiro e a influência indevida – 8. Pontos de conexão (3): influência indevida, *unconscionability* e lesão – 9. Explicações científicas para as escolhas imprudentes realizadas por pessoas em situação de vulnerabilidade – 10. Conclusão.

1. INTRODUÇÃO

Existem vários institutos jurídicos capazes de proteger os mais vulneráveis contra prejuízos resultantes da realização de negócios jurídicos e contratos. O foco de nossa análise serão aqueles institutos que permitem o desfazimento da relação negocial/contratual com fundamento nos vícios do consentimento do declarante vulnerável. O declarante pode tomar uma decisão desastrosa influenciado por uma falsa representação da realidade (erro); por receio de sofrer consequências negativas caso não forneça o seu consentimento (medo); ou por ser incapaz de refletir adequadamente sobre o custo/benefício de suas escolhas, tomando uma decisão insensata (imprudência). Esses "vícios do consentimento" podem ter origem espontânea, em virtude das circunstâncias do caso, ou podem ter origem na influência maléfica exercida por outra pessoa sobre o declarante vulnerável. Com base em uma análise histórica e comparativa, o presente trabalho irá mostrar quais foram as soluções encontradas pelos ordenamentos jurídicos para proteger o declarante vulnerável. Apesar das diferentes técnicas jurídicas, identificaremos algumas tendências e convergências entre os ordenamentos. Além de explicar como diversos institutos (provenientes dos ordenamentos de tradição romanista e do direito anglo-americano) protegem o declarante, conectando tais institutos aos vícios do consentimento a serem combatidos, também iremos fornecer explicações científicas para as escolhas insensatas, através da descrição de experimentos psicológicos engenhosos. Ao final do trabalho, teceremos algumas conclusões a respeito dos caminhos alternativos para a proteção dos vulneráveis, com a realização de algumas sugestões de caráter metodológico.

O trabalho é estruturado da seguinte maneira. Inicialmente, realizaremos uma proposta de classificação dos vícios do consentimento, distinguindo tal noção dos "institutos" ou "regimes jurídicos" que fornecem proteção ao declarante. É um equívoco misturar as duas coisas, como frequentemente acontece na literatura jurídica brasileira e estrangeira. Por exemplo, os institutos ou regimes que o código civil brasileiro, em sua parte geral, chama de "erro", "dolo" e "coação" não são os vícios do consentimento em si mesmos, mas apenas alguns dos regimes jurídicos que conferem proteção ao declarante em virtude de uma declaração viciada. Essa é uma questão sutil, mas de grande relevância. Existem regimes protetivos que não se encontram na parte geral do código civil, dentro da regulamentação dos negócios jurídicos, mas se encontram em outros locais dentro e fora do código civil. A análise feita nesta parte do trabalho servirá como pano de fundo para os pontos abordados nas partes subsequentes, pois fornecerá um quadro comparativo universal dos vícios do consentimento, aplicável a quaisquer ordenamentos. Os institutos ou regimes abordados nas demais partes do trabalho podem ser entendidos como as soluções encontradas pelos vários ordenamentos para a proteção do declarante em virtude dos vícios do consentimento aqui identificados.

Em seguida, faremos uma análise sucinta da evolução do instituto da lesão nos ordenamentos de tradição romanista, culminando num dispositivo dos Princípios do Direito Contratual Europeu (PECL) que lida com as denominadas "vantagens excessivas" obtidas por alguém às custas do declarante. Identificaremos a tendência por detrás desta evolução, que é a elaboração de uma norma geral, de caráter subsidiário, capaz de proteger o declarante que, influenciado por outrem, emitiu uma declaração viciada, se vinculando a um negócio que lhe é prejudicial. Tal norma geral e abstrata teria como principal função evitar quaisquer brechas deixadas por normas mais específicas. Ela funcionaria como um "guarda-chuvas" capaz de acolher aquelas situações em que o declarante necessita de proteção, mas tal proteção seria dificilmente concedida com base em normas mais precisas, por falta de algum requisito específico para a sua aplicação. Depois disso, abordaremos os equivalentes funcionais utilizados no direito anglo-americano: os institutos da *unconscionability* e da *undue influence*. Ocorreu, no contexto do direito anglo-americano, uma generalização semelhante à ocorrida no direito comum europeu com o instituto da lesão. Mostraremos, a seguir, alguns pontos de contato e desenvolvimentos paralelos nas duas tradições jurídicas, que culminaram em normas parcialmente divergentes. Enquanto no direito anglo-americano a influência indevida se consolidou como um instituto relativamente abrangente; nos ordenamentos de tradição romanista a proteção do declarante nas situações de temor reverencial foi abortada, não tendo vingado de forma generalizada. A ausência de normas gerais, porém, não impediu a elaboração, nos ordenamentos de tradição romanista, de diversas normas específicas que funcionam como equivalentes funcionais do instituto da influência indevida. Em seguida, com base na literatura médica e nas ciências comportamentais, iremos expor alguns experimentos psicológicos que ilustram o funcionamento do cérebro humano. O objetivo é identificar os mecanismos psicológicos que levam as pessoas vulneráveis a fazerem escolhas imprudentes. Embora tais escolhas imprudentes, no contexto da realização de negócios jurídicos ou contratos, evidenciem apenas um dos vícios do consentimento identificados neste trabalho; o estudo das situações que as propiciam é extremamente relevante para os operadores do direito. A origem dos outros vícios do consentimento (erro e medo) não é tão difícil de ser explicada. Daí a necessidade de uma abordagem científica mais profunda para explicar a origem das declarações imprudentes. Ao final do trabalho, mostramos alguns caminhos alternativos para a proteção dos declarantes vulneráveis, fazendo sugestões de caráter metodológico aos operadores do direito.

2. UMA PROPOSTA DE CLASSIFICAÇÃO DOS VÍCIOS DO CONSENTIMENTO

Uma teoria completa dos vícios do consentimento é algo que ainda precisa ser elaborado. Muitos juristas não se dão conta de que a categoria dos "vícios do consentimento" é uma construção histórica relativamente recente, tendo sido consolidada no século XIX. Os juristas franceses elaboraram a teoria relativa aos "vícios" que afetam a vontade algumas décadas após a promulgação do código francês,[1] sendo que o código alemão não é inteiramente claro quanto ao emprego de tal teoria.[2] O código civil italiano, por outro lado, *supostamente* adotou a referida teoria, mas a limitou aos casos de erro, dolo e coação.[3] A nota comparativa ao artigo 4:101 dos princípios de direito contratual europeu mostra que a lista dos referidos "vícios" pode variar entre diferentes países, sendo que alguns nem mesmo possuem um conceito unitário de vícios do consentimento.[4] Em suma, o referido conceito não possui uma coerência filosófica, sugerimos

---

1. Cf. GORDLEY, James. Codification and Legal Scholarship. *U. C. Davis Law Review*, 31, p. 735-744, 1998 (trecho citado nas páginas 741-2): "Um dos dispositivos mais vagos do código civil francês diz que 'não há um consentimento válido caso o mesmo tenha sido dado em virtude de erro, tenha sido extraído por força, ou obtido por meio de dolo'. Outro dispositivo estabelece que um contrato realizado por erro, coação ou dolo não é simplesmente nulo; sendo que uma ação deve ser ajuizada para anulá-lo. Os redatores parecem ter meramente querido dizer que a vítima de erro, dolo ou coação deveria ajuizar tal ação. Por volta de meados do século dezenove, no entanto, os comentadores franceses construíram uma teoria do consentimento em cima daqueles textos. O erro, o dolo, e a coação devem tornar o consentimento imperfeito, ao invés de radicalmente ausente. Do contrário, eles argumentaram, os textos não teriam os mencionado em conjunto e estipulado, em cada caso, que a vítima deveria ajuizar uma ação. Tal conclusão os inspirou a realizar uma ulterior distinção entre os erros mencionados no código, que supostamente tornam o consentimento imperfeito e o contrato anulável, e outros tipos de erro que o código não realizou qualquer menção, que supostamente destroem o consentimento e tornam o contrato radicalmente nulo. A história legislativa ou os primeiros comentários ao código, no entanto, não contém qualquer referência a tais ideias".
2. Cf. FLUME, Werner. *Allgemeiner Teil des Bürgerlichen Rechts, II, Das Rechtsgeschäft*. 4. ed. Berlin/Heidelberg/New York: Springer, 1992, p. 398: "Alguns realizam uma distinção entre os 'defeitos da vontade' (Willensmängel) e a 'ausência de vontade'. Não há qualquer objeção a ser feita em relação a tal distinção por si mesma. Entretanto, caso se queira capturar com um conceito uniforme todas as hipóteses em que há uma perturbação da relação 'natural' entre a vontade e a declaração em um sentido mais amplo, então é recomendável tratar com o conceito de defeitos da vontade também os casos em que há ausência da mesma, de maneira correspondente ao uso linguístico do BGB".
3. Codice civile, art. 1427.
4. Cf. LANDO, Ole e BEALE, Hugh (Org.). *Principles of European Contract Law. Parts I and II*. The Hague/London/Boston: Kluwer Law International, 2000 (nota comparativa ao artigo 4:101).

que o mesmo seja reformulado.[5] É importante não confundir, como frequentemente acontece, o vício – em si mesmo – com os regimes jurídicos que fornecem proteção por causa da existência do referido vício. Por exemplo, existem inúmeros regimes jurídicos que fornecem proteção ao declarante/devedor porque ele incorreu em erro (falsa representação da realidade) no momento em que deu o seu assentimento, dentre os quais podemos citar os regimes jurídicos que o código civil brasileiro chama de erro (erro sobre circunstâncias que já existiam no momento da declaração de assentimento); dolo (erro provocado pela outra parte) e onerosidade excessiva superveniente (erro sobre circunstâncias econômicas futuras como, por exemplo, o futuro custo de cumprimento para o devedor). De acordo com a classificação que propomos, existiriam três vícios do consentimento ou, em outras palavras, motivos para a proteção do devedor/declarante:

(a) Erro: que consistiria em uma falsa representação da realidade;

(b) Medo: que nada mais é do que um sentimento de inquietação que surge com a ideia de um perigo real ou aparente; e

(c) Imprudência: que significa ausência de cautela, ação irrefletida e precipitada. Conduta impulsiva, sem prévia apreciação da sua conveniência, dos seus custos e riscos. Falta de observação daquilo que poderia evitar um mal.

Em apertada síntese, e ignorando diversas nuances, poderíamos dizer que o sujeito que concordou em fazer um negócio jurídico ou contrato merece proteção por um dos três motivos acima discriminados: primeiro, porque ele incorreu em erro no momento em que fez a sua declaração de assentimento; segundo, porque ele temia que se não fizesse a sua declaração de assentimento ele próprio, ou algum familiar ou ente querido poderia vir a sofrer um dano;[6] terceiro, porque ele assentiu de forma imprudente, irrefletida. A sua declaração de vontade é viciada pelo fato de que ela não é a declaração de vontade que ele teria emitido em condições ideais de plena informação (ausência de erro), plena liberdade (ausência de medo) e plena racionalidade (ausência de conduta imprudente).

Existem vários institutos ou regimes jurídicos que protegem o devedor/declarante por cada um dos três motivos acima apontados. Por exemplo, o que o código civil chama de erro (art. 138 e ss.) e aquilo que ele chama de dolo (art. 145 e ss.) protegem o devedor porque ele trabalhava sob uma falsa representação da realidade no momento em que consentiu; enquanto aquilo que o código civil chama de coação (art. 151 e ss.) e aquilo que ele chama de estado de perigo (art. 156) protegem o devedor porque ele só consentiu por ter sido dominado pelo medo.[7]

---

5. Para uma interessante tentativa de reformulação, cf. KIM, Nancy. Mistakes, Changed Circumstances and Intent. *Kansas Law Review*, 56, p. 473-516, 2008.
6. Em alguns casos, a ameaça da interrupção do fornecimento de certos produtos e serviços pode constituir um dano juridicamente relevante, a ser temido pelo declarante. Cf. KIM, Nancy. Situational duress and the aberrance of electronic contracts. *Chicago-Kent Law Review*, v. 89 (1), p. 265-287, 2014. Portanto, o prejuízo temido não se restringe à perda ou deterioração de bens já incorporados ao patrimônio do declarante ou de seus familiares, ou à perda da vida ou outros tipos de danos à saúde ou integridade física do declarante ou de seus familiares.
7. Assim como é possível que diferentes regimes jurídicos protejam o declarante/devedor por um mesmo motivo (e.g., os regimes da coação e do estado de perigo que protegem o referido declarante porque a sua decisão foi

No caso da proteção do devedor/declarante contra a sua própria imprudência, os institutos ou regimes jurídicos protetivos variam de acordo com a origem da imprudência. O sujeito normalmente age de maneira imprudente devido a alguma falha de racionalidade. Tal falha pode ser relativamente transitória ou relativamente permanente. Ela pode ser atribuída a alguma característica psicológica peculiar do sujeito como a pouca idade, a senilidade, a presença de alguma doença mental, entre outras características, ou também pode ser decorrente de déficits culturais, como quando o sujeito é criado em uma sociedade muito diferente daquela na qual ele atualmente vive, ou ainda pode ser decorrente de algum processo de intoxicação por álcool ou drogas. Mesmo um adulto sadio e que goza de suas plenas faculdades mentais também pode agir de forma imprudente quando pego de surpresa e pressionado – por amigos, parentes ou, até mesmo, desconhecidos – a tomar uma decisão apressada. O sujeito que costumeiramente toma decisões baseado em emoções, sem realizar uma análise de custo-benefício, também pode agir de maneira imprudente. Entre os regimes jurídicos existentes no direito brasileiro que protegem o sujeito contra as suas escolhas imprudentes poderíamos citar, por exemplo, o regime das incapacidades e o direito de arrependimento previsto no art. 49 do código de defesa do consumidor. Aliás, não é por mero acaso que o § único do art. 49 do código consumerista chama o prazo de sete dias para o desfazimento do contrato celebrado fora de um estabelecimento comercial como "prazo de reflexão". O pressuposto é o de que o consumidor não teve uma oportunidade razoável de refletir sobre a conveniência da realização do contrato, antes de sua celebração, por ter sido pego de surpresa e pressionado a tomar uma decisão apressada. O ordenamento lhe confere o direito de desfazer o contrato porque a sua decisão de contratar foi imprudente ou irrefletida.

3. PAÍSES DE TRADIÇÃO ROMANISTA: O EQUIVALENTE MODERNO DO INSTITUTO DA LESÃO NOS PRINCÍPIOS DO DIREITO CONTRATUAL EUROPEU (PECL)

O instituto da lesão, conforme regulado no art. 157 do código civil brasileiro, protege o declarante que celebrou um contrato desequilibrado, influenciado por qualquer um dos três vícios do consentimento anteriormente identificados (erro, medo ou imprudência). A "premente necessidade", mencionada naquele dispositivo legal, sugere a existência de medo; enquanto a "inexperiência", igualmente mencionada, sugere a existência de erro ou imprudência por parte do declarante. Tal exegese é confirmada quando analisamos a evolução histórica do instituto da lesão, que foi construído a partir de alguns poucos textos jurídicos romanos, citados abaixo. O primeiro texto não menciona nenhum vício do consentimento, ressaltando apenas a existência de um desequilíbrio contratual; enquanto o segundo texto dá a entender que o desequilíbrio contratual (venda por um preço vil) pode ter sido provocado por algum vício do consentimento. Eis o primeiro texto:

---

influenciada pelo medo); também é possível que um mesmo regime jurídico proteja o declarante/devedor por mais de um motivo (e.g., o regime das incapacidades usualmente protege o menor de idade contra as suas escolhas imprudentes, irrefletidas; mas, em alguns casos, ele também pode proteger o menor devido ao fato de ele ser mais suscetível de ser amedrontado por alguém mais poderoso do que ele).

C. 4, 44, 2 (Diocl. et Maxim. AA. Aurelio Lupo)
Se tu ou teu pai houver vendido por *menor preço* uma coisa de preço maior, é humano que, restituindo tu o preço aos compradores, recebas o imóvel vendido mediante a intervenção da autoridade do juiz, ou se o comprador preferir, recebas o que falta para o justo preço. Ora, o preço parece ser menor *se nem a metade do verdadeiro preço tenha sido paga*.

Rem maioris pretii si tu vel pater tuus *minoris pretii* distraxit, humanum est, ut vel pretium te restituente emptoribus fundum venditum recipias auctoritate intercedente iudicis, vel, si emptor elegerit, quod deest iusto pretio recipies. minus autem pretium esse videtur, *si nec dimidia pars veri pretii soluta sit*.

No segundo texto, são apontados dois vícios do consentimento capazes de provocar uma venda por um valor diminuto, que são o *erro do vendedor*, provocado pelo *dolo do comprador*; e o *medo* (metus) *do vendedor*, ilegitimamente causado pelo comprador ou por terceiros:

C. 4, 44, 8 (Diocl. et Maxim. AA. et CC. Aureliae Euodiae)
Se teu filho, com o teu consentimento, houver vendido teu imóvel, deve ser arguido o *dolo* do comprador (por ardil ou por insídias), ou deve ser demonstrado um iminente *temor* (seja de morte ou seja de tortura corporal) para que a venda seja reputada nula. O fato, pois, de declarares tu que o imóvel foi vendido por um preço ligeiramente menor é insuficiente, por si só, para permitir a rescisão da venda. (...)

Si voluntate tua fundum tuum filius tuus venumdedit, *dolus* ex calliditate atque insidiis emptoris argui debet vel *metus* mortui vel cruciatus corporis imminens detegi, ne habeatur rata venditio. hoc enim solum, quod paulo minori pretio fundum venumdatum significas, ad rescindendam emptionem invalidum est. (...)

Resta claro que a presença de um vício do consentimento, assim como no direito moderno, era motivo suficiente para desfazer o contrato, mesmo que o desequilíbrio contratual não fosse manifesto. Entretanto, não é muito claro se, durante o período final do desenvolvimento do direito romano, ocasião na qual os textos jurídicos acima citados foram elaborados, o *grande desequilíbrio* contratual *relacionado ao preço de venda vil* era – por si só – motivo suficiente para o desfazimento do contrato. O assunto foi objeto de inúmeros debates desde a idade média até os dias de hoje.[8]

Seja como for, no direito brasileiro atual – assim como em outros ordenamentos de tradição romanista – o instituto da lesão envolve não apenas *aspectos objetivos* (desequilíbrio relacionado ao preço vil ou exorbitante), mas também *aspectos subjetivos* (presença de um vício do consentimento).

Nas situações em que o vício do consentimento do declarante é o *erro sobre o valor de mercado da prestação*, há certa ambiguidade se os casos deveriam ser enquadrados

---

8. Cf. ZIMMERMANN, Reinhard. *The Law of Obligations*: Roman foundations of the civilian tradition. New York: Oxford University Press, 1996, p. 259-261 (sobre as origens romanas da lesão enorme), p. 262-267 (sobre a generalização do instituto durante o período do direito comum europeu), p. 267-270 (sobre a modificação do instituto no direito moderno). É importante ressaltar que, dada a redação do art. 157 do atual código civil brasileiro, o instituto da lesão parece cobrir situações em que o contratante concordou em estar vinculado a um negócio desequilibrado não apenas porque ele incorreu em *erro* quanto ao valor de mercado do bem negociado; mas, em alguns casos, porque ele agiu com *medo* ou de maneira *imprudente*, dada a sua necessidade e ou inexperiência.

como hipóteses de lesão ou como hipóteses de dolo. Recaindo o erro, dolosamente provocado pela outra parte, sobre qualquer outro elemento que não o preço, não há dúvidas que o regime jurídico apropriado é o regime jurídico do dolo (comissivo ou por omissão). Recaindo o erro, dolosamente provocado pela outra parte, sobre o preço, então é dificílimo saber qual é o regime jurídico mais apropriado para reger a situação, como descobriu o Superior Tribunal de Justiça no seguinte julgado, que lidou com a cessão de direitos hereditários por um preço irrisório, inferior a 5% do seu real valor:

> STJ – REsp 107.961, relator Min. Barros Monteiro, publicado no DJ em 04.02.2002.
>
> Ementa: Lesão – Cessão de direitos hereditários – Engano – Dolo do cessionário – Vício do consentimento – Distinção entre lesão e vício da manifestação de vontade – Prescrição quadrienal.
>
> – Caso em que irmãos analfabetos foram induzidos à celebração do negócio jurídico através de maquinações, expedientes astuciosos, engendrados pelo inventariante-cessionário. Manobras insidiosas levaram a engano os irmãos cedentes, que não tinham, de qualquer forma, compreensão da desproporção entre o preço e o valor da coisa. Ocorrência de dolo, vício de consentimento.

No julgado retro mencionado, a quarta turma do STJ se dividiu: três Ministros, incluindo o relator, consideraram que o regime mais apropriado era o regime jurídico do dolo; por outro lado, dois Ministros, cujos votos foram vencidos, consideraram que o regime mais apropriado era o regime jurídico da lesão. Em suma, a ambiguidade não estava relacionada ao vício do consentimento em si mesmo (erro provocado pela outra parte). O problema era a descoberta do regime jurídico mais adequado para as circunstâncias do caso.

Conforme anteriormente mencionado, nas situações em que o vício do consentimento do declarante é o erro sobre o valor de mercado da prestação, há certa ambiguidade se os casos deveriam ser enquadrados como hipóteses de lesão ou como hipóteses de dolo. Duas decisões judiciais francesas fornecem uma excelente ilustração. A primeira delas é o caso *Cour d'appel, Paris, 22 jan. 1953, J.C.P. 1953. II. 7435*. O vendedor alienou três pinturas do século XVII ao comprador pelo preço de 250.000 francos por cada pintura. Após a celebração do contrato, o comprador descobriu que o valor das pinturas era bem menor do que o assegurado pelo vendedor. O referido comprador ajuizou uma ação para anular o contrato em virtude do seu erro sobre o valor de mercado das pinturas. Durante o julgamento, os peritos judiciais avaliaram que as pinturas valiam, respectivamente, 40.000, 45.000 e 55.000 francos. A corte de primeira instância anulou o contrato, determinando a devolução do preço pago pelo comprador ao vendedor, e – além disso – também ordenou que o vendedor pagasse uma indenização ao comprador no valor de 100.000 francos. A corte de apelação manteve a decisão e observou que o comprador "incorreu num erro gritante a respeito do valor das pinturas a óleo que lhe foram oferecidas". A corte afirmou que "o dolo é o fundamento jurídico para invalidar o contrato" baseado em um erro quanto ao valor da prestação. A corte observou que "os fatos do caso mostram que o vendedor – que sabia que o comprador era inexperiente, conforme ele mesmo havia reconhecido em uma carta de 7 de novembro de 1946 – enganou deliberadamente o comprador quanto ao valor das três pinturas a óleo oferecidas.

(...) Tal engodo claramente ultrapassou os exageros e floreios que são permitidos a cada vendedor." Continuou a corte:

> O comprador de pinturas antigas, a não ser que ele próprio possua conhecimentos específicos sobre o assunto, se encontra à mercê das declarações do comerciante, especialmente nos casos em que o referido comerciante se apresenta como alguém com reputação de honestidade e grandes habilidades técnicas. (...) No presente caso – ao se apresentar como um 'crítico das artes, especialista em pinturas antigas, árbitro do *Tribunal de commerce de la Seine*, membro da Sociedade Francesa de Literatura, Oficial da Educação Pública'– o vendedor se comprometeu a demonstrar competência e, de qualquer modo, renunciou ao uso de qualquer artifício para enganar o autor, que era um comprador pouco instruído que depositou muita confiança no referido vendedor em virtude da sua reputação. (...) Para assegurar a confiança do comprador, que ficou perturbado com as avaliações que ele recebeu de especialistas sobre o real valor das pinturas, e convencê-lo a celebrar o contrato, o vendedor não hesitou em se gabar da sua 'longa experiência como um especialista reconhecido pelo governo, um crítico das artes, e um correspondente de todas as revistas especializadas em artes tanto na França quanto no exterior', bem como não hesitou em se gabar da sua grande fortuna, e nem hesitou em se apresentar como alguém que 'era frequentemente chamado para julgar as falsas opiniões de especialistas ignorantes que se atribuem títulos que eles realmente não possuem'. Além disso, o vendedor assegurou que as pinturas alienadas possuíam um valor internacional.

Resta claro que o erro do comprador foi provocado de forma ativa por parte do vendedor. É um claro exemplo de uma situação fática que pode ser regida pelo regime jurídico do dolo, em sua forma comissiva. Entretanto, o caso também poderia ter sido decidido com base no regime jurídico da lesão. Outra decisão francesa bastante ilustrativa é o caso *Cour d'appel, Paris, 14 out. 1931, D. 1934. II. 128*. Uma empresa (*Ciment Verre*) havia contratado outra empresa (*Marchand et fils*) para realizar um trabalho de demolição de tanques de concreto armado pelo preço de 100 francos por metro cúbico. Após a celebração do contrato, durante as obras de demolição, a empresa contratada descobriu que o concreto a ser demolido era muito mais duro do que o esperado. O custo de demolição seria muito maior do que o preço cobrado para a realização do serviço, trazendo prejuízos para a empresa contratada. A empresa devedora ajuizou uma ação para obter a anulação do contrato em virtude do seu erro sobre o custo do serviço, que a levou a errar sobre o preço ideal a ser cobrado para a sua realização. A corte de primeira instância indeferiu o seu pedido, sob o fundamento de que o erro poderia ter sido percebido pela empresa devedora. A corte de apelação reverteu a decisão, decretando a anulação do contrato, sob o fundamento de que a empresa credora poderia ter percebido o equívoco da primeira e deveria tê-la alertado sobre isso. Assim, ela provocou o erro da primeira por meio da sua omissão, já que ela tinha o dever de revelar as informações relativas às características do concreto e não o fez. A corte notou que a empresa:

> *Ciment Verre*, tendo realizado o trabalho de construção, tinha ciência das características específicas da construção e da excessiva dureza do cimento que eles haviam misturado, bem como das elevadas quantidades de aço adicionadas ao cimento por causa dos propósitos para os quais os tanques haviam sido construídos. (...) O relatório do perito mostra que é improvável que um especialista em concreto armado e em tanques tais como a *Ciment Verre* fosse incapaz de notar a flagrante e absoluta impossibilidade de realizar esta demolição pelo preço de 100 francos por metro cúbico. (...) *Ciment Verre* só pode culpar a si própria pelo seu silêncio a respeito da natureza do trabalho (...).

O regime jurídico utilizado para a proteção do declarante devedor parece ter sido o regime do dolo por omissão. Entretanto, é importante observar que o erro do devedor – neste caso concreto – também poderia ter sido regulado pelo regime da lesão. A corte notou que a empresa *Marchand et fils* não tinha experiência no ramo de demolição. O seu principal ramo de atividade era a venda de areia, cascalho e cimento. É preciso harmonizar, neste caso concreto (mas não necessariamente em outros casos), os regimes jurídicos: se não houvesse dolo por omissão (em virtude da inexistência de um dever de informação); também não deveria existir lesão.

É importante ressaltar que esse tipo de ambiguidade ocorre não apenas quando o vício do consentimento é o erro quanto ao valor de mercado da prestação, mas também quando tal vício é o *medo sentido pelo declarante* na ocasião da celebração do contrato. O código brasileiro, em seu art. 157, fala em "premente necessidade", sugerindo que a concordância do declarante foi motivada pelo seu medo.[9] Assim, o instituto da lesão acabou invadindo a seara do instituto do estado de perigo, regulado no art. 156 do código brasileiro.

Com esse processo de generalização, o instituto passou a competir não apenas com os regimes jurídicos mais específicos que protegem o declarante em virtude do seu erro ("erro", art. 138-144; "dolo", art. 145-150); mas também com os regimes jurídicos mais específicos que protegem o declarante em virtude do seu medo ("coação", art. 151-155; "estado de perigo", art. 156). Dessa forma, o instituto da lesão adquiriu o caráter de uma norma geral mais abstrata, talvez subsidiária (vide o julgado do STJ supramencionado, bem como os julgados franceses), capaz de fornecer proteção ao declarante naquelas situações em que as normas mais específicas não podem ser aplicadas, por falta de algum requisito específico previsto em seu suporte fático. Essa mesma tendência pode ser observada na redação do artigo 4:109 dos Princípios do Direito Contratual Europeu (PECL), em nossa tradução:[10]

---

9. O código civil alemão, conforme entrou em vigor no ano de 1900, após um período de *vacatio legis* de quatro anos, tinha, em seu § 138 (2), a seguinte redação: "Nichtig ist insbesondere ein Rechtsgeschäft, durch das jemand unter *Ausbeutung* der *Nothlage*, des *Leichtsinns* oder der *Unerfahrenheit* eines anderen (...)". Nossa tradução: "Nulo é, particularmente, um negócio jurídico pelo qual alguém através da *exploração* da *angústia, descuido* ou *inexperiência* de outrem (...)". Após uma reforma ocorrida no ano de 1976, o referido dispositivo passou a contar com a seguinte redação: "Nichtig ist insbesondere ein Rechtsgeschäft, durch das jemand unter *Ausbeutung* der *Zwangslage*, der *Unerfahrenheit*, des *Mangels an Urteilsvermögen* oder der *erheblichen Willensschwäche* eines anderen (...)". Nossa tradução: "Nulo é, particularmente, um negócio jurídico pelo qual alguém através da *exploração* da *situação periclitante, inexperiência, incapacidade de formar um adequado juízo ou fraqueza considerável de vontade* [falta de tenacidade] de outrem (...)". Nesta nova versão, além do medo sentido pelo declarante em virtude da sua situação periclitante, o dispositivo alemão passou a englobar, de forma mais explícita, aquelas situações em que o vício no consentimento do declarante era decorrente da sua imprudente decisão de celebrar o negócio jurídico. Imprudência esta decorrente não apenas da sua inexperiência ou descuido, conforme estipulado na redação original do BGB, mas também da sua incapacidade de formar um juízo adequado ou da sua falta de tenacidade. Embora não explicitamente mencionado, o vício também poderia ter sido representado pelo erro do declarante, presumivelmente (segundo o código) em virtude da inexperiência do referido declarante, conforme era o entendimento corrente na tradição jurídica romanista anterior à codificação.

10. A versão oficial, em inglês, pode ser conferida em LANDO, Ole e BEALE, Hugh (Org.). *Principles of European Contract Law*. Parts I and II. The Hague/London/Boston: Kluwer Law International, 2000.

PECL, artigo 4:109: Benefício excessivo ou vantagem injusta

(1) A parte contratante poderá anular o contrato se, no momento de sua celebração:

(a) ela estivesse em uma situação de dependência ou tivesse uma relação de confiança com a outra parte; estivesse em uma situação econômica periclitante ou tivesse necessidades urgentes; fosse imprudente, ignorante, inexperiente ou tivesse pouca habilidade nos negócios; e

(b) a outra parte soubesse ou tivesse o dever de saber disto e, dadas as circunstâncias e propósitos do contrato, tivesse se beneficiado da situação da primeira parte de maneira manifestamente injusta ou tivesse obtido uma vantagem excessiva.

Como é facilmente perceptível, a redação do dispositivo equivalente à lesão nos Princípios é tão ampla que engloba, além daquelas situações de erro e medo do declarante, também aquelas situações em que o seu assentimento foi dado de maneira imprudente ou irrefletida, por alguma falha transitória ou perene de racionalidade. A única restrição encontrada na redação do dispositivo europeu é o fato de que o vício no consentimento do declarante tem de ter sido provocado ou explorado pela outra parte. Este é o denominado "dolo de aproveitamento", defendido por parte da doutrina brasileira como requisito para a anulação por lesão,[11] mas que não se encontra explicitamente formulado na redação do art. 157 do código civil brasileiro.[12] Tal requisito foi colocado no instituto da lesão, conforme regulado pelo código civil alemão.[13]

4. COMO É FEITA A PROVA DO ERRO, DO MEDO OU DA IMPRUDÊNCIA

O erro e o medo são estados mentais subjetivos; enquanto as escolhas imprudentes decorrem de certas falhas de racionalidade. Os estados mentais subjetivos não podem ser averiguados diretamente pelo julgador. A sua prova sempre é feita de forma indireta, por dedução ou inferência. A prova da predisposição para a realização de escolhas imprudentes pode ser feita de diversas maneiras (perícias, exames médicos, testemunhas etc.) ou pode ser inferida a partir de certas circunstâncias como, por exemplo, o fato de o declarante ser um menor de idade, ou ter celebrado um contrato fora de um estabelecimento comercial (*door-to-door selling*), entre inúmeras outras situações previstas em lei.

---

11. Cf. EBERLE, Simone. O dolo de aproveitamento revigorado. *Tabvlæ – Revista da Faculdade de Direito da UFJF*. Juiz de Fora: Editora UFJF, 21, 1, p. 47-58, 2004.
12. Código civil brasileiro, art. 157: "Ocorre a lesão quando uma pessoa, sob premente necessidade, ou por inexperiência, se obriga a prestação manifestamente desproporcional ao valor da prestação oposta." Não há menção à conduta exploratória da outra parte. Os requisitos subjetivos – tanto do lado do lesado, quanto do lado da outra parte – têm sido questionados. Alguns doutrinadores defendem que o desequilíbrio contratual, *per se*, é suficiente para justificar a proteção do declarante devedor (cf. GORDLEY, James. Equality in exchange. *California Law Review*, 69, 6, p. 1587-1656, 1981). Discordamos dessa tese. No entanto, é interessante observar que, em casos de grande desproporção entre as prestações, a jurisprudência germânica tende a presumir a existência de inexperiência do lesado e o aproveitamento consciente da parte beneficiada. Cf. MAYER-MALY, Theo. Renaissance der laesio enormis? In: CANARIS, Claus-Wilhelm e DIEDERICHSEN, Uwe (Org.). *Festschrift für Karl Larenz zum 80. Geburtstag*. München: C. H. Beck, 1983, p. 395-409.
13. Código civil alemão, § 138 (2) que diz: "Nichtig ist insbesondere ein Rechtsgeschäft, durch das jemand unter *Ausbeutung* der (...)". Nossa tradução: "Nulo é, particularmente, um negócio jurídico pelo qual alguém através da *exploração* da (...)".

Existe uma relação entre a magnitude do desequilíbrio contratual e a prova da existência de algum vício do consentimento (erro, medo ou imprudência). Quanto maior é o desequilíbrio, maior é a tendência dos juízes de inferirem a existência de algum vício do consentimento, conforme demonstrado pela análise de inúmeras decisões judiciais.[14] É interessante notar, como foi observado por um Tribunal brasileiro, que o desequilíbrio contratual manifesto – diante da *certeza da inexistência* do erro ou de qualquer outra falha de racionalidade – é uma forte prova da existência de uma coação realizada pela outra parte, capaz de incutir medo no declarante:

> TJSP, Apelação 106319-17.2008.8.26.0000, relator Des. Ramon Mateo Júnior, j. 19.02.2014: "(...) Tem-se como fato incontroverso que o réu adquiriu um imóvel dos autores pelo valor de R$ 35.000,00. Assim, pelas avaliações colacionadas, bem como pelas fotos restou evidentemente claro, que o bem foi vendido por preço vil (fls.15/19; 22/23), (...). Aduz o réu, se os autores quiserem vender o bem um pouco abaixo do valor de mercado, o réu não sabe a razão. Desse modo, mesmo que o valor de mercado do imóvel vendido pelos autores fosse entre R$ 100.000,00 e R$ 130.000,00, o fato de terem vendido por R$ 35.000,00 não inviabiliza o negócio.
>
> Contudo, asseverou o magistrado: *"É relevante, ainda, a condição pessoal dos autores que têm experiência no comércio (o coautor Marcio trabalhava com compra e venda de veículo e a coautora Marilza já trabalhou no comércio e indústria); não são pessoas idosas (com comprometimento senil) e não têm problemas de saúde que comprometam a higidez mental (art. 152 do CC)"* (fls.136).
>
> Pois bem, levando em consideração a afirmativa acima, não há como aceitar que pessoas do ramo do comércio, sem problemas de saúde ou comprometimento senil tenham vendido o seu único imóvel por um valor muito aquém do mercado. Desse modo, houve algum fato que motivou a alienação do bem pelo preço de R$ 35.000,00. (...)
>
> Ademais, levando em consideração as partes envolvidas, figura razoável que os autores tenham alienado o seu único bem, porque foram pressionados, *coagidos a tanto*, uma vez que a pretensão dos autores não restou isolada e sem amparo fático, quando confrontada com outros elementos de convicção que constam nos autos.
>
> O Código Civil exige que a vontade declarada em um negócio jurídico seja livre, clara e ponderada, pois a violação destas características na formação da vontade gera um negócio jurídico com vício de consentimento que no caso, está atrelado à venda do único bem de família por preço ínfimo, muito abaixo do valor de mercado, conforme se verifica pelas fotos e avaliações jungidas.

5. O DIREITO ANGLO-AMERICANO: *UNCONSCIONABILITY* E *UNDUE INFLUENCE*

Em termos históricos, o reconhecimento dos denominados vícios do consentimento no direito anglo-americano veio de forma tardia e incompleta. O tratamento da questão era complexo, dada a ausência de teorização do assunto. Além disso, existiam diferenças entre as fontes normativas aplicadas em cortes com diferentes tipos de jurisdição. A recepção de algo equivalente ao que hoje denominamos como vícios do consentimento ocorreu por volta do final do século XIX, através da influência exercida pelo jurista francês Pothier e das teorias contratuais elaboradas pelos jusnaturalistas e

---

14. Cf. MAYER-MALY, Theo. Renaissance der laesio enormis? In: CANARIS, Claus-Wilhelm e DIEDERICHSEN, Uwe (org.). *Festschrift für Karl Larenz zum 80. Geburtstag*. München: C. H. Beck, 1983, p. 395-409.

posteriormente pelos pandectistas alemães.[15] Paralelamente ao reconhecimento dos regimes jurídicos do erro, dolo e coação como fatores capazes de invalidar uma relação contratual, as cortes começaram a reconhecer o instituto da influência indevida. Não é fácil distinguir o "vício" da influência indevida dos vícios do erro e do medo causado por coação. É dito que, na influência indevida, o influenciador faz prevalecer a sua vontade sobre a vontade do influenciado; de forma que o influenciado concorda em restar vinculado a um negócio ou contrato que atende primordialmente aos interesses do referido influenciador. Essa influência ocorre especialmente naqueles casos em que existe algum tipo de relação de confiança ou de dependência entre as partes, como entre o médico e o seu paciente, ou entre o pastor e o seu discípulo, ou o marido e a mulher, entre outros tipos de relacionamento. O instituto cobre aquelas brechas deixadas pelos regimes jurídicos do erro, dolo e coação. Por exemplo, é possível que o influenciado não tenha incorrido em erro e nem tenha sofrido uma ameaça feita pelo influenciador de forma ilícita. Não obstante, ele poderia ter realizado o negócio ou contrato baseado em algum tipo de temor (juridicamente irrelevante sob o ponto de vista do regime da coação, vide a seção 6 deste trabalho); ou de maneira imprudente, devido à confiança depositada na outra parte, que o deixou cego para os riscos e inconvenientes daquele negócio ou contrato. Em tais situações, ainda que a declaração do influenciado estivesse viciada (medo ou imprudência), ele não iria receber proteção com base nos tradicionais regimes jurídicos do erro, dolo e coação.

Embora o instituto da influência indevida tenha expandido o âmbito de proteção do declarante, ele se mostrou insuficiente para cobrir outras situações problemáticas, que não envolviam qualquer tipo de relação especial de confiança ou de dependência entre as partes. Por causa disso, foi desenvolvida a doutrina da *unconscionability* no direito anglo-americano. Não é fácil traduzir essa expressão. Ela significa algo equivalente à *iniquidade*, e cobre aquelas situações em que o contrato como um todo, ou determinado termo contratual, é tão desequilibrado a ponto de chocar a consciência das pessoas. No direito brasileiro, o regime das cláusulas abusivas cobre situações cobertas pela doutrina da *unconscionability* do direito anglo-americano. Entretanto, não são totalmente equivalentes. No caso da *unconscionability*, algumas cortes e doutrinadores entendem que a sua aplicação depende não apenas de fatores objetivos (o desequilíbrio contratual mirado pelo regime das cláusulas abusivas), mas também de fatores subjetivos por parte do contratante prejudicado e daquele beneficiado. Tal doutrina exerce uma função parecida com aquela exercida pela influência indevida: ambas cobrem situações não cobertas por regimes jurídicos mais específicos, como os regimes do erro, dolo ou coação. A principal diferença entre elas é o fato de que o âmbito de aplicação da *unconscionability* é mais extenso do que o âmbito de aplicação da influência indevida.

---

15. Cf. IBBETSON, David. *A historical introduction to the law of obligations*. New York: Oxford University Press, 1999 (especialmente, p. 208-211; 225-229; 234-236). Vide, também, GORDLEY, James. The Common Law in the twentieth century: some unfinished business. *California Law Review*, 88, p. 1815-1875, 2000.

6. PONTOS DE CONEXÃO (1): O TEMOR REVERENCIAL NO DIREITO COMUM EUROPEU ANTERIOR ÀS CODIFICAÇÕES E A INFLUÊNCIA INDEVIDA

De acordo com o art. 153 do código civil brasileiro, o temor reverencial é irrelevante.[16] Portanto, o declarante não poderia alegar, como desculpa para a sua não vinculação, o fato de ter dado o seu consentimento porque temia decepcionar a outra parte caso não o fizesse. O medo de provocar uma deterioração em certos relacionamentos sociais, que o declarante considera muito valiosos, seria – em tese – juridicamente irrelevante. É curiosa a opção dos atuais ordenamentos jurídicos em desconsiderar esse tipo de medo, considerando-se a extrema relevância dos relacionamentos sociais para os seres humanos. Tais relacionamentos foram (e continuam sendo) tão importantes na história evolutiva humana que a nossa própria cognição os categoriza em alguns modelos recorrentes, como amplamente demonstrado por estudos etnográficos.[17] Contudo, o temor reverencial nem sempre foi ignorado na tradição jurídica romanista. Jacques du Plessis e Reinhard Zimmermann descrevem a abordagem encontrada no direito comum europeu para tal problema, antes do advento das grandes codificações:

> Pessoas em posição de autoridade são capazes de engendrar sentimentos de reverência em outras pessoas. Tal reverência, infelizmente, pode levar à exploração. Por muitos séculos, cortes e juristas se esforçaram para lidar com este problema. A reverência não se encaixa confortavelmente nos nichos tradicionais do medo (porque ela não envolve necessariamente o medo instilado por ameaças de causar dano) e do dolo (porque a indução do medo não é a mesma coisa que o engodo). No entanto, em certas ocasiões, ela não pode ser simplesmente ignorada ao avaliarmos a validade de um contrato. Este artigo mostra que os civilistas medievais e do início da idade moderna reinterpretaram os conceitos romanos do *metus* e do *dolus* de maneira a fornecer proteção para aqueles cuja intenção de celebrar o contrato havia sido severa e prejudicialmente distorcida por sentimentos de reverência. Todavia, a partir aproximadamente do século XVII em diante, a incipiente noção civilista da influência indevida gradualmente se esvaneceu, sendo que apenas na Inglaterra uma doutrina madura da influência indevida foi elaborada.[18]

Como pode ser notado, existem precedentes históricos para o instituto da influência indevida nos ordenamentos de tradição romanista. Essas conexões, assim como aquelas que serão mostradas na próxima seção deste trabalho, mostram a importância de uma análise histórico-comparativa mais profunda. A experiência acumulada em diferentes lugares e épocas históricas – com a exposição de erros, acertos e tendências – nos fornece uma perspectiva mais ampla, permitindo o refinamento do direito interno e a eventual correção de rumos.

---

16. Código civil brasileiro, art. 153: "Não se considera coação a ameaça do exercício normal de um direito, nem o simples temor reverencial".
17. FISKE, Alan Page. *Structures of social life*: the four elementary forms of human relations: communal sharing, authority ranking, equality matching, market pricing. New York: The Free Press, 1993.
18. PLESSIS, Jacques du e ZIMMERMANN, Reinhard. The relevance of reverence: undue influence Civilian style. *Maastricht Journal of European and Comparative Law*, v. 10, n. 4, p. 345-379, 2003.

7. PONTOS DE CONEXÃO (2): NORMAS ESPECÍFICAS DO DIREITO BRASILEIRO E A INFLUÊNCIA INDEVIDA

O instituto da influência indevida é desconhecido no ordenamento jurídico brasileiro. Não obstante, existem várias normas no ordenamento pátrio que, conforme veremos mais adiante, fornecem proteção ao devedor de uma obrigação negocial ou contratual justamente em situações em que são elevadas as chances de ocorrência de uma influência indevida. O instituto estrangeiro busca proteger o sujeito que concorda em realizar um negócio jurídico unilateral ou bilateral sob a influência nefasta de outro indivíduo. É comumente afirmado pela doutrina e jurisprudência estrangeiras que as intenções e desejos do declarante são substituídos pelas intenções e desejos do influenciador.[19] O problema, em seu âmago, não é apenas o fato de que alguém deu o seu consentimento sob a influência de outra pessoa. Afinal, todos nós somos influenciados por alguém o tempo todo. O problema consiste no fato de que a influência, de caráter perverso, foi tão extensa que a anuência do declarante se deu de forma acrítica, irrefletida, sem a devida ponderação da conveniência da realização do negócio jurídico ou contrato sob o ponto de vista do declarante. Assim, o negócio ou contrato ao qual o sujeito deu o seu assentimento atenderia primordialmente aos interesses do influenciador, de forma prejudicial ao declarante.

A doutrina e a jurisprudência estrangeiras afirmam que é mais provável a ocorrência da influência indevida nos casos em que há uma especial relação de confiança e/ou autoridade entre o influenciado e o influenciador, como na relação entre o tutelado e o tutor, o curatelado e o curador, o cliente e o seu advogado, o paciente e o seu médico, o membro de uma comunidade religiosa e o seu pastor, o idoso e o seu cuidador, a mulher dependente economicamente e o seu marido controlador, entre outras situações semelhantes. No direito anglo-americano, a maior parte dos casos litigados de influência indevida envolve pretensões de anulação de testamentos. Isso é explicado pelo fato de que os parentes mais próximos do morto normalmente não são protegidos pelo instituto da legítima, comum nos ordenamentos de tradição romanista, que reserva uma parte do patrimônio do testador aos chamados herdeiros necessários. Assim, aquele parente que se sentiu prejudicado por ter sido deixado de fora do testamento – em favor, por exemplo, de um cuidador do testador falecido – tem necessariamente de contar com o instituto da influência indevida para obter proteção. No entanto, mesmo nos ordenamentos de tradição romanista, há decisões judiciais que anulam testamentos com base em argumentos muito parecidos com os argumentos empregados no instituto da influência indevida. Por exemplo, uma decisão judicial francesa resolveu anular determinado testamento com base no fato de que o beneficiário do testamento havia isolado o testador de seus amigos e familiares, bem como havia empregado táticas de engodo para obter uma disposição em seu favor.[20] Certas normas da legislação brasileira proíbem certos

---

19. SCALISE JR., Ronald J. Undue influence and the law of wills: a comparative analysis. *Duke Journal of Comparative & International Law*, v. 19, p. 41-106, 2008.
20. Première chambre civile [Cass. 1e civ.], Oct. 30, 1985, Bulletin des arrêts de la Cour de cassation, chambres civiles [Bull. civ.] n. 282.

tipos de negócios jurídicos, provavelmente por causa da possibilidade de ocorrência de influência indevida nas circunstâncias do caso. Observe-se, por exemplo, os seguintes dispositivos do código civil:

> Art. 1801. Não podem ser herdeiros nem legatários:
>
> I – a pessoa que, a rogo, escreveu o testamento, nem o seu cônjuge ou companheiro, ou os seus ascendentes e irmãos;
>
> II – as testemunhas do testamento;
>
> IV – o tabelião, civil ou militar, ou o comandante ou escrivão, perante quem se fizer, assim como o que fizer ou aprovar o testamento.
>
> Art. 1.749. Ainda com a autorização judicial, não pode o tutor, sob pena de nulidade:
>
> I – adquirir por si, ou por interposta pessoa, mediante contrato particular, bens móveis ou imóveis pertencentes ao menor;
>
> Art. 1.691. Não podem os pais alienar, ou gravar de ônus real os imóveis dos filhos, nem contrair, em nome deles, obrigações que ultrapassem os limites da simples administração, salvo por necessidade ou evidente interesse da prole, mediante prévia autorização do juiz.
>
> Art. 1.641. É obrigatório o regime da separação de bens no casamento:
>
> I – das pessoas que o contraírem com inobservância das causas suspensivas da celebração do casamento;
>
> II – da pessoa maior de 70 (setenta) anos;
>
> III – de todos os que dependerem, para casar, de suprimento judicial.

Nos casos acima mencionados, tendo-se em vista a posição de vulnerabilidade na qual se encontram os testadores, os tutelados, os curatelados, os filhos menores de idade e os idosos em geral, impôs o legislador uma série de restrições, de modo a impedir que o influenciador obtenha vantagens para si em detrimento do influenciado ou de parentes do influenciado. É importante chamar a atenção para a Lei 13.146/2015 (Estatuto da Pessoa com Deficiência) que, em seu artigo 114, dispõe:

> Art. 114. A Lei 10.406, de 10 de janeiro de 2002 (Código Civil), passa a vigorar com as seguintes alterações:
>
> Art. 1.772. O juiz determinará, segundo as potencialidades da pessoa, os limites da curatela, circunscritos às restrições constantes do art. 1.782, e indicará curador.
>
> Parágrafo único. Para a escolha do curador, o juiz levará em conta a vontade e as preferências do interditando, a ausência de conflito de interesses e de influência indevida, a proporcionalidade e a adequação às circunstâncias da pessoa.

Infelizmente, o art. 1772 do código civil brasileiro, com a sua nova redação, teve uma vida curta; pois foi logo revogado pelo novo código de processo civil brasileiro. Observe-se, aqui, que o legislador acolheu a noção de influência indevida, sem, no entanto, fornecer qualquer definição do seu conceito. Fora do código civil, o assunto também é tratado em alguns códigos de ética profissional. Por exemplo, o código de ética médica dispõe que o médico não deve:

> Art. 68. Exercer a profissão com interação ou dependência de farmácia, indústria farmacêutica, óptica ou qualquer organização destinada à fabricação, manipulação, promoção ou comercialização de produtos de prescrição médica, qualquer que seja a sua natureza.

Art. 69. Exercer simultaneamente a Medicina e a Farmácia ou obter vantagem pelo encaminhamento de procedimentos, pela comercialização de medicamentos, órteses, próteses ou implantes de qualquer natureza, cuja compra decorra de influência direta em virtude de sua atividade profissional.

Art. 105. Realizar pesquisa médica em sujeitos que sejam direta ou indiretamente dependentes ou subordinados ao pesquisador.

O código de ética e disciplina da Ordem dos Advogados do Brasil, por sua vez, diz que:

Art. 2º (...)
Parágrafo único: São deveres do advogado:
(...)
VIII – abster-se de:
(a) utilizar de influência indevida, em seu benefício ou do cliente.

Novamente, não há uma definição do conceito de influência indevida. Percebe-se, portanto, que o direito brasileiro flerta com o instituto da influência indevida, sem adotá-lo de forma integral.

8. PONTOS DE CONEXÃO (3): INFLUÊNCIA INDEVIDA, *UNCONSCIONABILITY* E LESÃO

Uma tendência histórica discernível, compartilhada entre o direito anglo-americano e os ordenamentos de tradição romanista, é a sucessiva expansão do âmbito de proteção do declarante através dos institutos da influência indevida, *unconscionability* e lesão. Comparando a influência indevida com o instituto das "vantagens excessivas" (versão moderna do instituto da lesão, encontrado nos Princípios do Direito Contratual Europeu), Jacques du Plessis fez as seguintes observações:

(...) Torna-se aparente que em situações que não se qualificam como ameaças sob o artigo 4:108 PECL, ou dolo sob o artigo 4:107 PECL, o contratante poderá se valer do artigo 4:109 PECL nos casos em que a outra parte toma proveito da sua dependência ou confiança; isto é, em situações parecidas com aquelas cobertas pela influência indevida. No entanto, o artigo 4:109 PECL também cobre aqueles casos que não podem ser facilmente subsumidos sob a figura da influência indevida em tais ordenamentos [escocês e sul-africano] – como, por exemplo, nos casos em que a parte contratante, no momento da celebração do contrato, se encontrava em uma situação de sufoco econômico, ou tinha necessidades urgentes, era imprudente, ignorante, inexperiente ou com poucas habilidades de barganha. (...) O artigo 4:109 PECL foi antecipado pela jurisprudência dos ordenamentos de tradição jurídica mista [escocês e sul-africano], mas apenas na medida em que tal artigo cobre as situações de influência indevida.[21]

Resta evidente que a lesão, assim como a *unconscionability*, possuem um âmbito de aplicação mais amplo do que o âmbito da influência indevida. Não obstante, todos esses institutos exercem funções semelhantes, protegendo o declarante devedor nos casos em que a sua concordância em restar vinculado ao negócio ou contrato foi obtida de forma

---

21. PLESSIS, Jacques du. Threats and excessive benefits or unfair advantage. In: MacQUEEN, Hector e ZIMMERMANN, Reinhard (Org.). *European contract law*: Scots and South African perspectives. Edinburgh: Edinburgh University Press, 2006, p. 159.

inadequada. É necessário chegar num ponto de equilíbrio entre a proteção do declarante, cuja declaração padecia de um vício (erro, medo ou imprudência), e a proteção da outra parte. As normas existentes em tais institutos procuram chegar nesse ponto de equilíbrio, levando-se em conta tanto circunstâncias objetivas (como o desequilíbrio contratual), quanto fatores subjetivos em ambos os lados. Normas mais abstratas, como a destes institutos, possuem as suas vantagens e desvantagens quando comparadas com as normas mais precisas de outros institutos.

O que resta fazermos agora para que a presente proteção se consolide, tornando a aplicação do direito mais racional, é a elucidação teórica da natureza e origens das escolhas imprudentes. Para tanto, temos de olhar para além da ciência jurídica, buscando subsídios teóricos em outras áreas do conhecimento. É o que iremos fazer agora por meio de explicações científicas a respeito das origens de tais escolhas. Quanto aos demais vícios do consentimento (erro e medo), uma explicação científica detalhada sobre as suas origens é desnecessária por não trazer ganhos significativos em termos de aplicação do direito. Por outro lado, a elaboração de uma melhor taxonomia sobre os tipos de erro e medo juridicamente relevantes é algo imprescindível para a racionalização e desenvolvimento das normas jurídicas. Não obstante, tal tarefa vai além do escopo deste trabalho.

9. EXPLICAÇÕES CIENTÍFICAS PARA AS ESCOLHAS IMPRUDENTES REALIZADAS POR PESSOAS EM SITUAÇÃO DE VULNERABILIDADE

É provável que existam, ao menos, três mecanismos alternativos que explicam, de acordo com estudos do funcionamento do cérebro, a realização de escolhas imprudentes. O primeiro deles é a existência de falhas de funcionamento nas áreas cerebrais responsáveis pelo autocontrole. O segundo é a existência de falhas de funcionamento nas áreas cerebrais responsáveis pela avaliação da veracidade ou falsidade das informações recebidas pelo sujeito. O terceiro é o fato de sermos dependentes da "divisão do trabalho cognitivo". Vamos começar explicando o motivo pelo qual a existência de um bom autocontrole é tão importante para a tomada de decisões racionais, que atendem aos interesses de longo prazo do indivíduo. O autocontrole é o que impede o indivíduo de tomar decisões que atendem aos seus impulsos, ou interesses de curto prazo, em favor da satisfação dos seus interesses de longo prazo. Exemplos corriqueiros não faltam. Conforme colocado por Steven Pinker: "comida hoje, gordura amanhã. Nicotina hoje, câncer amanhã. Dançar hoje, arcar com as consequências amanhã. Sexo hoje, gravidez, doença ou ciúmes amanhã. Dizer o que quer hoje, ouvir o que não quer amanhã".[22] Pinker argumenta que dar maior valor para a satisfação de desejos presentes do que para a satisfação de desejos futuros é racional. Afinal, o futuro é relativamente incerto e pode não se materializar. O que seria irracional é a atribuição de uma taxa de descontos em relação aos benefícios ou males futuros de caráter hiperbólico, como se

---

22. PINKER, Steven. *Os anjos bons da nossa natureza*: por que a violência diminuiu. São Paulo: Companhia das Letras, 2013, p. 793.

o futuro não tivesse praticamente nenhum valor em comparação com o presente. Roy F. Baumeister descreveu uma série de experimentos engenhosos nos quais algumas características do autocontrole foram dissecadas.[23] A força de vontade, assim como um músculo, pode sofrer fatiga. Imediatamente após a realização de tarefas nas quais certos estudantes tiveram de controlar os seus impulsos – como resistir a biscoitos saborosos enquanto estavam com fome, seguir atentamente uma imagem entediante enquanto ignoravam um vídeo de humor, escrever os seus pensamentos sem pensar em um urso polar ou suprimir as suas emoções enquanto assistiam a uma cena de filme comovente – tais estudantes demonstraram uma falta de apetite para a execução de uma tarefa subsequente que também exigia um exercício de força de vontade, como a solução de um quebra-cabeças difícil, o aperto de uma maçaneta, a repressão a pensamentos sexuais ou violentos e manter o pagamento recebido pela participação no estudo, ao invés de gastá-lo imediatamente com o salgadinho Doritos. Baumeister demonstrou que o autocontrole pode ser revigorado por meio da ingestão de uma bebida açucarada, mas não por meio da ingestão de uma bebida com a mesma aparência e sabor contendo adoçante ao invés de açúcar. E ele demonstrou que o autocontrole, ainda que parcialmente hereditário, pode ser fortalecido por meio de exercícios. Estudantes recrutados para participar de seus experimentos foram orientados a realizar diversas tarefas trabalhosas como, por exemplo, conversar utilizando sentenças completas e sem xingamentos. Após várias semanas, os estudantes estavam menos propensos à fatiga no laboratório e eram capazes de exercer maior autocontrole em suas vidas privadas. Eles passaram a fumar menos, beber e comer menos, assistir menos televisão, estudar mais e lavar mais louças.

Vários experimentos já comprovaram que o autocontrole tende a aumentar à medida que as pessoas ficam mais velhas, sendo que as crianças normalmente descontam o futuro de forma muito mais acentuada do que os adolescentes ou os jovens adultos, presumivelmente pelo fato de que as áreas cerebrais responsáveis pelo exercício do autocontrole ainda estão muito imaturas.[24] Em um estudo, foi demonstrado que o consumo de álcool pode tornar mais difícil a resistência a aperitivos calóricos.[25] Os pesquisadores recrutaram, de forma aleatória, 60 mulheres para participar do estudo. Foram dadas a elas dois tipos diferentes de bebidas. Algumas delas ingeriram uma mistura de vodca com limonada diet, enquanto as outras ingeriram uma bebida não alcoólica que havia sido manipulada para ter o cheiro e o gosto de uma bebida alcoólica. Foi solicitado então às participantes que elas completassem um questionário que avaliava a intensidade do seu desejo por comida. Também foi dada uma tarefa desenhada para medir o seu nível de autocontrole. Na tarefa, as palavras azul, vermelho, amarelo e verde foram escritas em uma cor diferente do conteúdo do texto; as mulheres tinham então de dizer em voz

---

23. BAUMEISTER, Roy F. e TIERNEY, John. *Willpower*: rediscovering the greatest human strength. The Penguin Press, 2011.
24. SCHERES, Anouk et al. Temporal reward discounting in children, adolescents, and emerging adults during an experiential task. *Frontiers in Psychology*, v. 5, p. 1-7, 2014.
25. CHRISTIANSEN, Paul et al. Alcohol's Acute Effect on Food Intake Is Mediated by Inhibitory Control Impairments. *Health Psychology*, v. 35, p. 518-532, 2016.

alta quais as cores em que as palavras apareciam. Finalmente, foi dito às mulheres que elas poderiam comer tantos biscoitos de chocolate que elas quisessem por um período de 15 minutos. Aquelas mulheres que haviam ingerido a bebida com vodca tiveram uma performance pior no teste de cores do que aquelas mulheres do grupo placebo, além de consumirem mais biscoitos de chocolate. Os pesquisadores concluíram que a quantidade de biscoitos consumidos tinha correlação com o quão bem as mulheres se saíram no teste de cores, sendo que aquelas que haviam tido uma performance pior no referido teste também haviam consumido uma maior quantidade de biscoitos. Com base no questionário que avaliava a intensidade do desejo por comida, os pesquisadores descobriram que o álcool não teve nenhum efeito no nível de fome das participantes do estudo, nem no desejo de comer os biscoitos, sugerindo que a conexão do álcool com um aumento da ingestão de alimentos calóricos tem mais a ver com uma diminuição do nível de autocontrole do que com um aumento do desejo por comidas. O autocontrole pode ser reduzido, de forma permanente, pelo uso abusivo de bebidas alcoólicas, conforme constatado em um estudo conduzido pela neuropsicóloga Catherine Brawn Fortier.[26] Em tal estudo, feito com análise de imagens de ressonância magnética, foram recrutadas 31 pessoas que tinham histórico de abuso de bebidas alcoólicas, em média 25 anos de abuso, e que estavam sóbrias, em média, por 5 anos. Também foram recrutadas, no grupo de controle, 20 pessoas que eram abstêmios. Os alcoólatras apresentaram um maior dano em certas estruturas do cérebro, como o giro frontal inferior. Tal parte do cérebro é uma das responsáveis pelo controle inibitório e pela tomada de decisões, de forma que, ironicamente, as áreas cerebrais mais afetadas pelo abuso do álcool são justamente aquelas relacionadas ao exercício do autocontrole, tornando mais difícil o processo de recuperação do alcoólatra.

Conforme afirmamos anteriormente, uma redução do autocontrole, por qualquer motivo que seja, pode levar o sujeito a realizar escolhas imprudentes. Entretanto, talvez existam outros mecanismos psicológicos que podem levar ao mesmo resultado, ou seja, a realização de escolhas imprudentes. Um desses mecanismos é a existência de falhas de funcionamento nas áreas cerebrais responsáveis pela avaliação da veracidade ou falsidade das informações recebidas pelo sujeito. Parece-nos que isso pode explicar alguns dos casos em que normalmente ocorre a influência indevida. Em um estudo muito bem elaborado, Erik Asp e seus colaboradores testaram a teoria da "rotulagem de informações falsas" (False Tagging Theory – FTT).[27] De acordo com essa teoria, as informações recebidas pelo sujeito são tidas, a priori, como verdadeiras. Entretanto, à medida que tais informações são processadas pelo cérebro, elas podem eventualmente receber o rótulo de falsas. Assim, a atitude cética não é algo facilmente obtido, ela exige algum esforço cognitivo. Os pesquisadores elaboraram a hipótese de que uma falha no mecanismo de rotulagem, aparentemente localizado no córtex pré-frontal ventrome-

---

26. FORTIER, Catherine Brawn et al. Widespread effects of alcohol on white matter microstructure. *Alcoholism: clinical and experimental research*, v. 38, p. 2925-2933, 2014.
27. ASP, Erik et al. A neuropsychological test of belief and doubt: damage to ventromedial prefrontal cortex increases credulity for misleading advertising. *Frontiers in Neuroscience*, v. 6, p. 01-09, 2012.

dial (vmPFC), iria aumentar a credulidade dos indivíduos afetados por tal falha. Para testar tal hipótese, eles realizaram um experimento no qual foram medidos o grau de credulidade de vários indivíduos quanto a certos anúncios de venda de produtos e serviços que a Federal Trade Commission havia considerado fraudulentos, bem como a intensidade do desejo de comprar os produtos e serviços anunciados. Uma pessoa com o mecanismo de rotulagem de informações falsas intacto dificilmente acreditaria, de forma incondicional, em tais anúncios. Foram recrutados 39 indivíduos com dano cerebral para o experimento. Dentre esses, 18 tinham dano na região do córtex pré-frontal ventromedial (vmPFC), enquanto 21 possuíam lesões em outras áreas do cérebro. Um terceiro grupo de participantes era formado por indivíduos normais, sem qualquer tipo de lesão cerebral, com níveis de educação e idade semelhantes aos participantes com lesão cerebral. Foram excluídas da avaliação pessoas com déficits significativos na linguagem, memória ou percepção visual que poderiam impedir a realização da tarefa de forma adequada. Foram excluídas pessoas com afasia significativa e déficits de leitura. Nenhum participante padecia de retardamento mental, dificuldades de aprendizagem, doenças psiquiátricas, abuso de drogas ou demência. Foram mostrados aos participantes 8 anúncios tipicamente fraudulentos que eles poderiam encontrar em uma revista ou jornal. Alguns desses anúncios fraudulentos continham uma advertência, ao final, que poderia levantar dúvidas sobre a sua veracidade; enquanto os outros não possuíam qualquer advertência. E quais foram os resultados da pesquisa? Ficou comprovado que os pacientes com danos ao córtex pré-frontal tendiam a acreditar nos anúncios fraudulentos e a demonstrar uma maior vontade de adquirir os produtos anunciados em comparação tanto com os pacientes com lesões cerebrais fora da região do córtex pré-frontal quanto com os participantes sem lesões cerebrais. O padrão de credulidade se repetiu mesmo nos casos em que havia a advertência que poderia suscitar dúvidas quanto à veracidade dos anúncios. Isso sugere que a deficiência nos pacientes com danos no córtex pré-frontal afeta especificamente o processo de dúvida, e não tem relação com uma eventual falta de conhecimento sobre o caráter deceptivo da informação. Assim, os resultados indicam que, feito um anúncio fraudulento, com ou sem uma advertência, os pacientes com lesões no córtex pré-frontal tendem a ser mais crédulos. A advertência de fato aumentou um pouco o grau de ceticismo em tais pacientes (de forma similar aos outros dois grupos), mas não num nível que seria considerado adequado. Portanto, há uma deficiência geral no processo que produz o ceticismo. Tal conclusão é reforçada pelos fatos de que, em primeiro lugar, a existência de uma lesão cerebral, por si só, quando ocorre fora do córtex pré-frontal, não explica os resultados; em segundo lugar, as variáveis demográficas tais como idade, nível de educação ou sexo, por si sós, não explicam os resultados; e, em terceiro lugar, o funcionamento cognitivo em geral como demonstrado por fatores tais como inteligência, memória ou habilidade de leitura, por si só, não explica os resultados. É importante ressaltar, como fazem os autores desse estudo, que um aumento da credulidade pode ocorrer à medida que as pessoas envelhecem. Eles dizem que, na velhice, o córtex pré-frontal tende a perder a sua integridade estrutural de forma desproporcionalmente acentuada, levando a uma deterioração da sua funcionalidade. Assim, eles sugerem que a vulnerabilidade a informações deceptivas, ao engodo e a esquemas fraudulentos em pessoas idosas é o resultado específico de um déficit no processo de dúvida mediado pelo córtex pré-frontal.

Um terceiro mecanismo que pode levar as pessoas a tomarem decisões imprudentes é o fato de que elas tendem a depositar uma maior confiança nas informações passadas por pessoas que possuem *expertise* em determinado assunto, em comparação com as informações passadas por pessoas leigas no referido assunto. O *expert* que age de má-fé pode, então, abusar daqueles que não têm conhecimento justamente porque ele possui uma grande credibilidade. Como adultos, todos nós sabemos que o conhecimento não é distribuído de forma homogênea nas mentes de outras pessoas. Tal percepção nos permite avaliar a provável qualidade do conhecimento existente em outras mentes. Se alguém nos oferece uma explicação ou conselho que não se encontra na sua área usual de *expertise*, tendemos a ficar mais céticos quanto ao seu valor. Esse fenômeno é conhecido como a "divisão do trabalho cognitivo". Tal divisão é o que nos permite viver em sociedades altamente complexas e com um elevado padrão de vida. Nenhum indivíduo sozinho é capaz de possuir todo o conhecimento do mundo. Mesmo crianças pequenas já possuem uma noção da divisão do trabalho cognitivo, como demonstrado em alguns experimentos psicológicos.[28] Essa divisão nos traz inúmeros benefícios, mas ela também pode ser um risco ao nos tornar mais vulneráveis à exploração de indivíduos mal-intencionados. Por exemplo, um advogado pode se aproveitar da falta de conhecimento e da confiança de seu cliente para obter vantagens indevidas; um médico pode receitar tratamentos e medicamentos desnecessários; e assim por diante.

10. CONCLUSÃO

Qualquer que seja o mecanismo psicológico que propicie a tomada de uma decisão imprudente, falha no mecanismo de autocontrole, excessiva credulidade, ou excessiva confiança na palavra de um profissional com *expertise*, o fato é que a outra parte pode se valer da vulnerabilidade do influenciado para exercer a sua influência nefasta. Existem vários regimes jurídicos que buscam proteger o declarante/devedor contra a sua própria imprudência. O regime das incapacidades é um deles. O direito de arrependimento nos contratos feitos fora de um estabelecimento comercial, previsto no código de defesa do consumidor, é outro. À medida em que os estudos sobre os motivos que levam à tomada de uma decisão imprudente forem avançando, restará claro que nenhum ordenamento jurídico poderá se dar ao luxo de permanecer estático.

Sugerimos que as normas de proteção do indivíduo contra a sua própria imprudência, atualmente existentes no ordenamento brasileiro, não devem ser entendidas como um *numerus clausus*, contendo hipóteses taxativas em que o referido indivíduo merece proteção; mas, ao contrário, devem ser entendidas como meramente exemplificativas. O legislador, a doutrina e os juízes devem ter a mente aberta para novas situações que

---

28. KEIL, Frank et al. Discerning the division of cognitive labor: an emerging understanding of how knowledge is clustered in other minds. *Cognitive Science*, v. 32 (2), p. 259-300, 2008.

reclamam proteção. Afinal, o sujeito que dá o seu assentimento merece proteção porque ele, eventualmente, o faz de forma imprudente, e não simplesmente pelo fato de que ele é um menor de idade, ou um idoso, ou alguém que contratou fora de um estabelecimento comercial, entre outras situações.

Observações similares poderiam ser feitas quanto aos regimes jurídicos que protegem o declarante em virtude dos demais vícios do consentimento: erro e medo. Os operadores do direito devem manter a mente aberta quanto às situações em que o erro e o medo devem ser considerados juridicamente relevantes. Em alguns casos, estenderíamos o escopo de proteção do declarante; em outros, iríamos restringir a sua proteção, com o objetivo de encontrar um ponto de equilíbrio entre os interesses das partes. O regime jurídico da lesão, como regime capaz de proteger o declarante contra qualquer um dos vícios do consentimento (erro, medo ou imprudência), deve ser interpretado de forma a acomodar, de maneira equilibrada, os interesses das partes.

O FAVORECIMENTO DO DEVEDOR VULNERÁVEL[1]

Gustavo Henrique Baptista Andrade

Sumário: 1. Introdução – 2. Vulnerabilidade e historicidade – 3. Vulnerabilidade e contrato não paritário – 4. Vulnerabilidade e o favorecimento do devedor – 5. À guiza de conclusão.

1. INTRODUÇÃO

"A decisão judicial que atende a contrato de financiamento bancário com alienação fiduciária em garantia e ordena a prisão de devedora por dívida que se elevou, após alguns meses, de R$ 18.700,00 para R$ 86.858,24, fere o princípio da dignidade da pessoa humana, dá validade a uma relação negocial sem nenhuma equivalência, priva por quatro meses o devedor de seu maior valor, que é a liberdade, consagra o abuso de uma exigência que submete uma das partes a perder o resto provável de vida reunindo toda a sua remuneração para o pagamento dos juros de um débito relativamente de pouca monta, destruindo qualquer outro projeto de vida que não seja o de cumprir com a exigência do credor (STJ, 2001)."

O destaque na epígrafe é um excerto de voto proferido no Superior Tribunal de Justiça, no julgamento do pedido de *Habeas Corpus* 12.547-DF. O leitor deve abstrair do texto a questão relativa à prisão do depositário infiel, hoje considerada ilícita pelo Supremo Tribunal Federal, que pacificou a matéria e editou a Súmula Vinculante 25.

A emblemática decisão foi prolatada em sede de pedido de *habeas corpus* impetrado em favor da cliente de um banco que, nos autos de uma ação de busca e apreensão convertida em depósito de um veículo financiado através de um contrato de alienação fiduciária, teve o decreto de sua prisão mantido pelo Tribunal de Justiça do Distrito Federal e Territórios por ser considerada depositária infiel dada sua recusa em devolver o automóvel. Em defesa da paciente, além de algumas questões de ordem processual e material, foi alegado motivo de força maior para justificar a impossibilidade de devolução do bem ao credor, considerando ter sido o veículo objeto de furto.

O ponto nodal da questão, na verdade, é a discussão acerca da dívida existente devido à aquisição de automóvel para uso na prestação de serviço de taxi. A dívida assumida mais do que quadruplicou no intervalo de apenas dois anos e entendeu o Relator do remédio processual que a taxista, já contando com sessenta anos de idade e com renda mensal de R$ 500,00 (quinhentos reais), teria consumida toda a renda a

---

1. Grande parte deste artigo foi escrita com base nos Capítulos I e II da Tese de Doutorado do autor, defendida perante banca examinadora na UFPE em 15.02.2015, ainda não publicada, cujo título é *A vulnerabilidade e sua repercussão no superendividamento do consumidor*.

ser obtida até o resto de sua vida para pagar os juros bancários decorrentes do contrato celebrado.

O presente texto tem a pretensão de demonstrar a imposição da aplicação do favorecimento ao devedor vulnerável – cujas raízes se encontram no *favor debitoris* – buscando harmonizá-lo com o princípio geral de que a ação executiva se realiza no interesse do exequente/credor (art. 797, CPC). Embora o próprio Código de Processo Civil preveja em seu art. 805 que, havendo vários meios pelos quais pode o credor promover a execução, o juiz mandará que se faça pelo modo menos gravoso, situações há em que princípios constitucionais reveladores do fenômeno da repersonalização do direito civil, a exemplo da dignidade da pessoa humana, da solidariedade e da função social – em sua versão estática, concernente à propriedade e em sua versão dinâmica, relacionada ao contrato – exigem do julgador mais do que a administração de atos no processo executivo, mas verdadeiras operações lógicas e valorativas acerca do modo de satisfação da dívida.

De fato, a repersonalização do direito civil abrange todo o seu conteúdo, inclusive por óbvio o direito das obrigações. Restaura-se a centralidade da pessoa humana, a quem o patrimônio serve, ao contrário do que apregoava a codificação liberal. Inverte-se a primazia e a patrimonialização das relações obrigacionais deixa de ser compatível com os valores eleitos pelo Constituinte para o Estado brasileiro:

> Extrai-se da Constituição brasileira de 1988, em razão dos valores incorporados em suas normas que, no plano geral do direito das obrigações convencionais, o paradigma liberal de prevalência do interesse do credor e do antagonismo foi substituído pelo equilíbrio de direitos e deveres entre credor e devedor, não apenas na dimensão formal, da tradição dos juristas, mas sobretudo, na dimensão da igualdade ou equivalência material, fundado no princípio da solidariedade social.[2]

No julgado anteriormente mencionado, a Quarta Turma do STJ decidiu por unanimidade pela concessão da ordem. O voto do Relator, por sua vez, teve como razão de decidir e fundamentos duas linhas de raciocínio e argumentação calcadas no princípio da dignidade da pessoa humana e seus corolários da igualdade e da liberdade, e na eficácia horizontal da norma constitucional na relação de direito privado. A opção foi pela aplicação direta da Constituição ao caso concreto por se tratar de relação desigual de poder entre uma grande corporação empresarial e um particular, desigualdade esta similar a que se estabelece entre o Estado e o indivíduo.

Decidir com base na dignidade da pessoa humana é fazer valer a norma constitucional que estabelece os fundamentos da República brasileira, constituída em Estado democrático de direito (art. 1º, III). O exercício do julgador foi o de buscar nesse princípio o fundamento de validade das normas de direito contratual aplicadas ao caso. O princípio da dignidade da pessoa humana deve ser aplicado sempre, ainda que não explicitado, já que vetor da ordem jurídica. A argumentação, a ponderação e a subsun-

---

2. LÔBO, Paulo. *Direito civil*. Obrigações. São Paulo: Saraiva, 2021, p. 38.

ção são os métodos e instrumentos a que o aplicador deve recorrer para imprimir uma fundamentação que atenda aos legítimos anseios da segurança jurídica.

Como observa Paulo Lôbo, os juízes vêm lidando de forma razoável com os modelos abertos de interpretação, havendo inevitável preço a pagar na adaptação do direito a uma nova realidade social.[3] O ônus argumentativo das decisões será sempre inversamente proporcional à indeterminação do conteúdo da norma que se pretende aplicar.

Não é difícil perceber então que mesmo não sendo mencionada expressamente, foi a vulnerabilidade da contratante taxista o *leitmotiv*, o fio condutor da decisão que a libertou das amarras de um contrato e da dívida dele decorrente. A vulnerabilidade é em linhas gerais o farol que deve guiar o intérprete nas situações em que há desigualdade social e econômica.

2. VULNERABILIDADE E HISTORICIDADE

O estado de vulnerabilidade do homem nasce com a própria humanidade, sendo certo que desde os primórdios da civilização ele luta contra essa situação de desvantagem, quer perante a natureza, a exemplo das intempéries, quer frente ao seu semelhante, em um esforço pela sobrevivência, uma luta incessante pelo equilíbrio para essa situação de fragilidade.

Em seu estudo sobre a origem da família, da propriedade privada e do Estado, Friedrich Engels, já no final do século XIX, denunciava a posição vulnerável da mulher frente ao matrimônio, o que faz traçando um paralelo entre este e o contrato de trabalho, em um prenúncio do que seriam as mais acaloradas discussões da primeira metade do século seguinte. Para o filósofo alemão, a mulher estava para o matrimônio como o proletário para a industrialização, representando o homem o burguês, a classe dominante:

> Certamente, os nossos jurisconsultos acham que o progresso da legislação vai tirando cada vez mais às mulheres qualquer razão de queixa. Os sistemas legislativos dos países civilizados modernos vão reconhecendo, progressivamente, que, em primeiro lugar, o matrimônio, para ser válido, deve ser um contrato livremente firmado por ambas as partes e, em segundo lugar, que durante a sua vigência as partes devem ter os mesmos direitos e deveres. Se estas duas condições fossem realmente postas em prática, as mulheres teriam tudo aquilo que podem desejar.
>
> Essa argumentação – tipicamente jurídica – é exatamente a mesma de que se valem os republicanos radicais burgueses para dissipar os receios dos proletários. Supõe-se que o contrato de trabalho seja livremente firmado por ambas as partes. Mas considera-se livremente firmado desde o momento em que a lei estabelece no papel a igualdade de ambas as partes. A força que a diferença de situação de classe dá a uma das partes, a pressão que esta força exerce sobre a outra, a situação econômica real de ambas; tudo isso não interessa a lei. Enquanto dura o contrato de trabalho, continua a suposição de que as duas partes desfrutam de direitos iguais, desde que uma ou outra não renuncie expressamente a eles. E, se a situação econômica concreta do operário o obriga a renunciar até à última aparência de igualdade de direitos, a lei – novamente – nada tem a ver com isso.[4]

---

3. LÔBO, Paulo. *Direito civil*. Parte geral. São Paulo: Saraiva, 2009, p. 71.
4. ENGELS, Friedrich. *A origem da família, da propriedade privada e do Estado*. São Paulo: Centauro, 2002, p.74.

Vista dessa forma, a vulnerabilidade estaria sempre associada à dominação do poder econômico, o que não se pode aceitar como premissa, ainda que este aspecto esteja intimamente ligado ao seu conceito, como a própria história da humanidade indica. No entanto, outros aspectos da vulnerabilidade são revelados à medida em que os novos rumos da vida social vão se desvelando em uma complexidade que vai além da luta de classes, muito embora, desta advenha um dos mais relevantes contributos para sua compreensão. E isto fica muito claro quando a vulnerabilidade se juridiciza, operando mudanças na teoria geral do direito, assim como no direito privado como um todo, perpassando o direito das obrigações, o contrato, a propriedade e o direito de família.

Da mesma maneira, não se pode conceber a vulnerabilidade como todo e qualquer risco social ou mesmo individual a que esteja sujeito o homem, sob pena de ser criada uma categoria em que todos sejam inseridos, dificultando a tutela daqueles que, de fato, necessitam compensar desigualdades existentes em determinadas relações jurídicas.

No entender de Claudia Lima Marques, a vulnerabilidade é uma situação permanente ou provisória que fragiliza o sujeito de direito e desequilibra a relação.[5]

Como se vê, a noção de vulnerabilidade está também intimamente ligada à ideia de igualdade, sendo certo salientar que, não obstante a história evidencie uma incessante luta em prol desse valor, tem havido sempre, paradoxalmente, propensão ao estabelecimento de situações de desigualdade. Outro valor visceralmente relacionado ao conceito de vulnerabilidade é a liberdade, em busca da qual o homem se movimenta em um eterno conflito.

No que diz respeito à liberdade, basta lembrar que nos direitos primitivos o credor exercia pleno domínio sobre a pessoa do devedor, confundindo-se a obrigação com o estado de obrigado, o que se foi gradualmente transformando à medida em que surgiam princípios protetórios. Curioso acentuar, no entanto, que a idade moderna pós-revolucionária passou a apresentar situações em que devedores se mostram fortes e determinados credores débeis, como sói acontecer nas relações de trabalho. Percebe-se o deslocamento da proteção individualizada e casuística para a proteção de categorias de sujeitos, levando-se em conta a tipicidade contratual. É o caso dos trabalhadores e dos locatários de imóveis, entre outros.[6]

A igualdade, por sua vez, é um valor que decorre da própria noção de liberdade. Não se pode reconhecer como igual aquele que se encontra subjugado por outrem.[7] Dessa concepção parte também o estreito liame entre igualdade e justiça social, assim como a razão de ser das noções de igualdade formal e igualdade material ou substancial.

Liberdade e igualdade, na forma como são conhecidas na atualidade, decorrem da concepção que as deu a modernidade, consubstanciando-se em grande conquista

---

5. MARQUES, Claudia Lima. MIRAGEM, Bruno. *O novo direito privado e a proteção dos vulneráveis*. São Paulo: Ed. RT, 2012, p. 117.
6. LORENZETTI, Ricardo. *Consumidores*. Santa Fe: Rubinzal-Culzoni, 2009, p. 16.
7. MORAES, Paulo Valério Dal Pai. *Código de defesa do consumidor*: o princípio da vulnerabilidade no contrato, na publicidade, nas demais práticas comerciais. Porto Alegre: Livraria do Advogado, 2009 p. 125.

da humanidade. Em conjunto com a fraternidade, formaram a tríade de valores que serviram de esteio e fundamento às lutas revolucionárias do século XVIII, em especial a revolução francesa de 1789, cujo lema por eles clamava.

Com o advento do Estado social, a igualdade, concebida até então como um princípio formal, estabelecido para que todos fossem titulares dos mesmos direitos, conforme atribuía a lei, caminha para uma evolução à medida em que se escancaram as desigualdades sociais e econômicas, descortinando a exploração do trabalho humano pela classe dominante, a concentração de renda e o poder econômico exercido pela burguesia. Passa-se a perceber a igualdade em um sentido material ou substantivo, forçando-se a adequação da ordem jurídica vigente às dimensões da justiça social.[8]

No que concerne à liberdade, cujo conceito também carrega conteúdo ideológico, reconhece-se sua vertente negativa quando o indivíduo a exerce sob a ausência de coerção, ou seja, desde que não haja norma que desenhe seu limite. A liberdade negativa, dita formal, é a que prevalece na doutrina do liberalismo econômico, não necessariamente do liberalismo político, conhecida esta pelos ensinamentos, entre outros, de John Rawls.

Nesse sentido, a autonomia da vontade, princípio liberal por excelência, é a matriz para o surgimento de situações jurídicas de extrema desigualdade. A tão cultuada liberdade contratual termina por se traduzir em poder econômico e político, que necessariamente limita ou submete a liberdade dos outros.

A plena liberdade individual apregoada por essa ideologia liberal, tida como uma maneira de controlar os excessos praticados pelo Poder no absolutismo, no entanto, terminou por facilitar o abuso dos poderes privados, já que as relações entre particulares não mais sofriam qualquer interferência do Estado.

Começa então a ser delineado o conceito jurídico de vulnerabilidade. Na atualidade, segundo Cláudia Lima Marques, estudos europeus recentes têm procurado distinguir a vulnerabilidade de sua fonte ou base filosófica: a igualdade ou seu oposto, a desigualdade.[9]

No Brasil, o princípio da liberdade permeia o texto constitucional e está explicitamente previsto no artigo 5º da Carta de 1988, o qual garante aos brasileiros e estrangeiros a sua inviolabilidade. Sua maior expressão no direito privado está na seara dos contratos, sendo, porém, igualmente considerado nas escolhas da pessoa no que diz respeito, por exemplo, à aquisição de bens e à constituição de entidade familiar.[10]

O princípio da igualdade também se encontra insculpido na Constituição da República, figurando explicitamente no *caput* do mesmo artigo 5º, atravessando, como acontece com o princípio da liberdade, todo o corpo normativo da Carta. Os sentidos formal e material dessa igualdade de todos perante lei refletem a própria transição do Estado liberal para o social.

---

8. LÔBO, Paulo. *Direito civil*. Parte geral. São Paulo: Saraiva, 2009, p. 86.
9. MARQUES, Cláudia Lima. *Contratos no código de defesa do consumidor*. São Paulo: Ed. RT, 2011, p. 323.
10. LÔBO, Paulo. *Direito civil*. Parte geral. São Paulo: Saraiva, 2009, p. 89.

Como observa Pietro Perlingieri, a concepção reinante à época revolucionária era a do indivíduo atomizado, considerado como valor pré-social, e que prescindia da relação com os outros.[11]

Assim é que a igualdade formal, a qual, repita-se, configurou-se em uma das maiores conquistas da humanidade, passou a se consubstanciar em fonte de grandes desigualdades. Sensível aos influxos trazidos, entre outros aspectos, pela abismal diferença entre os detentores do poder econômico e a força de trabalho de então, as relações jurídicas privadas foram sendo contaminadas por desequilíbrio tal, que, paradoxalmente, tornaram escravizante a liberdade de que se gozava.

O contrato de trabalho é, talvez, o instituto jurídico que melhor traduz essa desigualdade, esse desequilíbrio, consequência da disparidade existente entre os direitos e deveres das partes, somada à impossibilidade prática de discussão acerca do conteúdo de suas cláusulas. Durante muito tempo, as regras contratuais eram ditadas pelo empregador, cumprindo ao outro contratante apenas sua submissão a tal situação. A parte mais débil da relação jurídica não desfrutava de qualquer proteção.

A história do direito civil tem sido marcada pela força dos poderes privados, o que vem sendo amenizado desde o advento do Estado social, instaurado no Brasil com a Constituição de 1934. A preocupação com as desigualdades sociais contribuiu para a concepção jurídica de igualdade material:

> Essa mudança de atitude com relação ao princípio da igualdade faz emergir outra visão da igualdade jurídica, que não afasta a igualdade formal – a igualdade de todos perante a lei –, considerada conquista da humanidade. Amplia-se para a igualdade de todos na lei, suprimindo-se os componentes de desigualdades do conteúdo das normas jurídicas.[12]

A paridade de tratamento exaure-se no princípio retributivo. O princípio da igualdade supera a posição formal da paridade para realizar a igualdade substancial: quando existe desigualdade de fato, não existe espaço para o princípio da paridade de tratamento. A opção pela exigência de justiça social onde se efetiva a igualdade material é uma escolha histórica que promove a eliminação de privilégios injustificados de qualquer natureza, não somente a econômica.[13]

Na nova concepção de contrato do Estado social, a vontade perde a condição de elemento nuclear, deixando a posição para um elemento estranho às partes, mas fundamental para a sociedade, qual seja, o interesse social.[14] A vontade continuará a existir para a formação do negócio jurídico. Haverá, entretanto, uma redução do espaço reservado à autorregulamentação das relações pelos particulares, por força de normas imperativas, a exemplo das que figuram no Código de Defesa do Consumidor.

---

11. PERLINGIERI, Pietro. *Perfis do direito civil*. Rio de Janeiro: Renovar, 2002, p. 38.
12. LÔBO, Paulo. *Direito civil*. Parte geral. São Paulo: Saraiva, 2009, p. 87.
13. PERLINGIERI, Pietro. *Perfis do direito civil*. Rio de Janeiro: Renovar, 2002, p. 46.
14. MARQUES, Claudia Lima. *Contratos no código de defesa do consumidor*. São Paulo: Ed. RT, 2011, p. 211.

Dessa forma é que, a liberdade contratual que até então sofria limitações de ordem negativa, fundadas apenas em questões de ordem pública e relativas aos bons costumes e que, ao final, objetivavam justamente a proteção da vontade dos contratantes, vem a ser limitada positivamente na forma de intervenção do Estado com vistas à proteção do contratante vulnerável. Com a intervenção do Estado na ordem econômica, característica maior do Estado social, o direito deixa de suplementar a autonomia privada para limitá-la fortemente, o que acontece ao mesmo tempo em que os contratos são massificados, se multiplicam e ultrapassam os interesses dos figurantes para alcançar o interesse social.

3. VULNERABILIDADE E CONTRATO NÃO PARITÁRIO

O conceito de vulnerabilidade jurídica teve contribuição fundamental para o direito privado contemporâneo. O reconhecimento da existência da debilidade de uma das partes em determinadas relações jurídicas, foi a marca da passagem do Estado liberal para o Estado social. E para além desse reconhecimento, os sistemas jurídicos vêm procurando equilibrar ditas relações, estabelecendo tratamento protetivo aos sujeitos vulneráveis. Assim ocorreu com os trabalhadores, a mulher, as crianças, os locatários de imóveis e mais recentemente com os consumidores. Várias são as fontes de vulnerabilidade nas relações de direito privado: no contrato de trabalho, a subordinação; na relação entre pais e filhos, o poder familiar.

No entender de Cláudia Lima Marques, o reconhecimento da fraqueza de certos grupos sociais é o ponto de encontro entre a função individual e a função social do direito privado. Um "novo direito privado" surge com a tendência de se valorizar os direitos humanos e os novos papéis sociais e econômicos. A eficácia da dignidade da pessoa humana e dos direitos fundamentais e o aparecimento e desenvolvimento do direito do consumidor, entre outros fatores, permite que se admita a existência de um "direito privado solidário". Nesta expressão da doutrina alemã se encontra a representação do processo de mudança e ressistematização do direito privado pelos ideais da modernidade, porém sob nova roupagem, voltado para um contexto menos individual e mais coletivo.[15]

A norma de proteção do vulnerável no direito privado é aplicada quando um particular se relaciona com outro e o faz de maneira desigual, já que ambos não dispõem dos mesmos recursos. Quando se fala em parte débil, se fala de uma parte que tem poder menor que a outra, por causas relacionadas à organização do mercado: "Vulnerável é um sujeito que é débil frente a outro em uma relação jurídica e por isso necessita de proteção do direito. É uma situação de risco especial na vida privada".[16] O estado de risco a que se refere Lorenzetti pode relacionar-se com o indivíduo, uma classe ou grupo, ou com a coletividade.

---

15. MARQUES, Claudia Lima. MIRAGEM, Bruno. *O novo direito privado e a proteção dos vulneráveis*. São Paulo: Ed. RT, 2012, p. 25.
16. LORENZETTI, Ricardo. *Consumidores*. Santa Fe: Rubinzal-Culzoni, 2009, p. 36.

A busca pelo equilíbrio contratual é a tradução maior da proteção do contratante vulnerável. No direito privado do Estado social brasileiro, é no contrato que melhor se pode observar a vulnerabilidade jurídica. De fato, com sua função de fazer circular os bens, o contrato exerce importante papel na busca pela justiça social, reconhecendo àqueles que se submetem a condições predeterminadas ou aderem a cláusulas preestabelecidas, ou mesmo entabulam as mais diversas obrigações com o poder econômico em nome da autonomia privada, a condição de parte mais fraca da relação jurídica, que necessita, por consequência, de proteção.

A maior contribuição do conceito de vulnerabilidade para o direito privado foi o seu reconhecimento como categoria jurídica apta a fazer o Estado intervir na ordem econômica com vistas à proteção da parte mais fraca das respectivas relações jurídicas.

4. VULNERABILIDADE E O FAVORECIMENTO DO DEVEDOR

Constatada a importância do conceito de vulnerabilidade para o direito privado, resta conhecer quem é o sujeito da relação jurídica que se reveste dessa condição. A identificação é de suma importância por ser a vulnerabilidade, como visto, fonte de grave desequilíbrio nas mais diversas situações jurídicas.

Esse é o grande desafio do jurista contemporâneo, em geral envolto em uma multiplicidade de fontes de direito dada a complexidade do ordenamento. No direito civil constitucional, a unidade do sistema é obtida através da força normativa dada às normas constitucionais, que com o advento do constitucionalismo da terceira etapa do Estado moderno, o Estado social, abandonaram sua natureza meramente programática, e por uma interpretação que consegue ultrapassar o mero formalismo, alcançando e extraindo da Constituição os seus valores fundamentais e os fins a serem aplicados. Eleva-se ao plano constitucional as normas do direito civil, que na Constituição vão buscar seus fundamentos de validade. Daí a primazia da pessoa, norte e vértice da legalidade constitucional e a necessidade de identificar o contratante vulnerável.

Na seara contratual, vulnerável é o contratante que exerce pouco ou muitas vezes nenhum poder na relação jurídica. É aquele cuja condição de fraqueza ou submissão frente ao outro polo da relação impõe e justifica uma maior tutela com vistas à promoção da justiça social, no Brasil fundamento e objetivo do Estado.

Interessante observar que nos casos em que a vulnerabilidade de um contratante é identificada, sua autonomia privada é reduzida justamente por se apresentar como instrumento de poder da outra parte da relação contratual.[17]

A identificação do contratante vulnerável, assim como a sua proteção estão intimamente ligadas à evolução do rumo na proteção do devedor. Não obstante o conceito e o reconhecimento da vulnerabilidade de uma das partes do contrato se apresentarem como fenômenos recentes, inerentes ao Estado social e sua intervenção na ordem econômica, que na seara

---

17. LÔBO, Paulo. *Direito civil*. Contratos. São Paulo: Saraiva, 2011, p. 138.

dos contratos se apresenta na forma do chamado dirigismo contratual, a trajetória do direito das obrigações revela uma constante preocupação com a figura do devedor, que varia no percurso histórico justamente por consequência das vicissitudes de cada fase dessa jornada.

Na relação jurídica obrigacional, devedor é o sujeito que deve prestar algo, um dar, um fazer ou um não fazer, uma abstenção. E no âmbito dessa relação, em sua concepção mais consentânea com o ordenamento jurídico vigente, é possível distinguir a parte que efetivamente necessita de proteção daquela que já detém em si poder suficiente para garantir sua incolumidade. Exemplo desta última categoria é o fornecedor de produtos ou serviços na relação de consumo. Esta relação dar-se-á, como de regra, no interesse do credor, seguindo-se o padrão de cooperação e confiança que norteiam as relações obrigacionais em geral.

A longa trajetória do direito das obrigações é marcada por momentos históricos em que, de alguma maneira, a preocupação com a parte mais débil da relação jurídica se fez presente com maior ou menor intensidade. Inúmeras são as situações em que, desde o direito romano, o devedor vem sendo sujeito de normas protetivas. Essa evolução, que é a própria manifestação histórica do direito, atinge o seu apogeu na modernidade. Em um primeiro momento de maneira tímida, com a codificação liberal; depois fortemente impregnada pela ideologia do Estado social.

Acompanhar esse percurso se torna obrigatório para o jurista compreender a atual concepção do sujeito vulnerável das relações obrigacionais, assim como as resistências ainda existentes na aplicação das normas protetivas pelos operadores do direito. Para seguir essa trilha é imprescindível conhecer o princípio *favor debitoris*.

Cumpre de logo esclarecer que a expressão *favor debitoris* não denota o puro e simples favorecimento ao devedor por compaixão ou outra sorte de graça. De cunho jurídico, se consubstancia por óbvio no seio de uma relação jurídica obrigacional e jamais repele ou deixa de reconhecer o direito de crédito, apenas o torna menos implacável. E assim o é desde sua origem. No direito romano, várias expressões utilizavam o mesmo designativo para indicar uma interpretação contrária ao rigor do direito (*iuris rigor*), a exemplo de *favor nuptiorum, favor populi, favor religionis* e *favor libertatis*, este traduzindo o próprio fundamento em que se inspiraram o legislador e a jurisprudência para atenuar o mencionado rigor do direito.[18]

No dizer de Maurício Mota, o favor, deste modo é o complexo de prerrogativas, quando não um verdadeiro e próprio privilégio, que atribui uma posição de vantagem a uma determinada pessoa, seja porque se leva em consideração a sua qualidade pessoal, seja porque a proteção do interesse individual é muito frequentemente o único meio de satisfazer o interesse da ordem coletiva.[19]

---

18. ALVES, José Carlos Moreira. As normas de proteção ao devedor e o "favor debitoris" – do direito romano ao direito latino-americano. *Revista trimestral de jurisprudência dos Estados*. v. 92, p. 11. São Paulo: Jurid Vellenich, set. 1991.
19. MOTA, Maurício Jorge Pereira de. A proteção do devedor decorrente do *favor debitoris* como princípio geral do direito das obrigações no ordenamento jurídico brasileiro. *Revista da Faculdade de Direito de Campos*. ano VII, n. 9, p. 377. dez. 2006.

Foi na modernidade, no entanto, que a tendência ao favorecimento tomou maior vulto. Foram extraídas do direito romano antigas expressões e criadas outras para traduzir a referida inclinação, originando-se novas expressões, como *favor testamentorum, favor rei, favor matrimonii* e *favor debitoris*[20] (ALVES, 1991, p. 12). A partir de então, a expressão *favor debitoris*, que não se encontra em fontes romanas, passou a traduzir a tendência ao favorecimento do devedor, esta sim já presente no direito romano, não, porém, como na estrutura do direito das obrigações tal qual conhecemos hoje. Neste aspecto, convém salientar o caráter bimilenar do direito das obrigações, que foi lentamente se aperfeiçoando:

A parte nuclear do direito das obrigações é legatária da elaboração milenar do senso prático do direito romano antigo; de lá para cá são mais de dois milênios de lenta e laboriosa elaboração teórica e prática. As soluções que o direito contemporâneo ainda utiliza têm origem nas resoluções dos conflitos que os antigos romanos cristalizaram em suas normas jurídicas e, sobretudo, nos trabalhos deixados por seus jurisconsultos.[21]

No direito romano, várias foram as leis que beneficiaram o devedor, que até o advento da já mencionada *Lex Poetelia Papiria*, de 326 a.C., a qual aboliu o conceito de obrigação como pessoal, criando o de vínculo patrimonial, chegou a responder com seu próprio corpo por débitos contraídos. Em tal legislação, destacam-se os diplomas que perdoavam cota de débitos e combatiam a usura, já na república. A partir dos imperadores cristãos, aumentam as normas de tutela do devedor. Esse movimento, ampliado com Justiniano, teve sua razão de ser em motivos de ordem religiosa e humanitária. Nesta época foram conhecidas duas espécies de moratória, uma deliberada pelos credores, outra concedida pelo Imperador.[22]

Várias foram também as iniciativas no direito romano para inibir atitudes vexatórias por parte dos credores. Simbólica e paradigmática a norma contida na Novela 135, de Justiniano, onde é cominada pena aos magistrados que constrangessem o devedor à cessão de bens que o levasse à miséria, "[...] quando este jurasse, na presença dos evangelhos, que não tinha, em suas coisas, bens e dinheiro capazes de satisfazer às dívidas".[23]

A obrigação tal como conhecida pelo direito romano traduz a noção de vínculo jurídico. Sua mais célebre definição está contida nas *Institutas* de Justiniano, que integravam o *Corpus Juris Civilis*: "[...] obrigação é o vínculo jurídico pelo qual ficamos adstritos à necessidade de solver uma coisa, em conformidade com as normas de nossa cidade".[24]

Na era moderna, com o surgimento da ideia de relação jurídica e direito subjetivo, a noção de obrigação passou a ser também concebida como a relação na qual uma pessoa pode exigir de outra uma prestação que satisfaz um interesse da primeira.

---

20. ALVES, José Carlos Moreira. As normas de proteção ao devedor e o "favor debitoris" – do direito romano ao direito latino-americano. *Revista trimestral de jurisprudência dos Estados*. v. 92, p. 12. São Paulo: Jurid Vellenich, set. 1991.
21. LÔBO, Paulo. *Direito civil*. Obrigações. São Paulo: Saraiva, 2011, p. 25.
22. ALVES, José Carlos Moreira. As normas de proteção ao devedor e o "favor debitoris" – do direito romano ao direito latino-americano. *Revista trimestral de jurisprudência dos Estados*. v. 92, p. 15. São Paulo: Jurid Vellenich, set. 1991.
23. ALVES, José Carlos Moreira. As normas de proteção ao devedor e o "favor debitoris" – do direito romano ao direito latino-americano. *Revista trimestral de jurisprudência dos Estados*. v. 92, p. 19. São Paulo: Jurid Vellenich, set., 1991.
24. NORONHA, Fernando. *Direito das obrigações*. São Paulo: Saraiva, 2010, p. 30.

No Brasil, dada a sua condição de colônia, vigeram inicialmente as Ordenações portuguesas que, de uma maneira geral, receberam as medidas de favorecimento do devedor existentes no direito justinianeu. Na primeira das Ordenações, a Afonsina, era admitida a *cessio bonorum* do direito romano, permitindo-se ao devedor ceder todos os seus bens aos credores para livrar-se da execução pessoal e, portanto, da servidão e do cárcere. As Ordenações Manuelinas e Filipinas mantiveram o instituto. Outros favorecimentos foram outorgados ao devedor pelas Ordenações do Reino de Portugal, como moratórias concedidas pelo Rei (*graça delRei*) e o instituto da lesão enorme (*lesio enormis*) que protegia vendedor e comprador na compra e venda de bens imóveis e móveis.[25]

As Ordenações vigeram até 1916, quando foi promulgado o Código Civil brasileiro. Antes, porém, no intuito de organizar o caos legislativo existente à época da Proclamação da Independência (1822) e da Constituição outorgada por D. Pedro I em 1824, foi editada pelo jurista Teixeira de Freitas a Consolidação das Leis Civis, aprovada pelo Imperador Pedro II em 1858, tornando-se o Código de fato do direito civil brasileiro por 58 anos.

Vários são os dispositivos da Consolidação que contemplam a proteção do devedor. Estudo de Maurício Jorge Pereira da Mota aponta alguns artigos da obra de Freitas que expressam a proteção do devedor. São exemplos o artigo 115, o qual prescreve que "[...] no regime de comunhão legal não se comunicarão entre os cônjuges as dívidas passivas anteriores ao casamento e que estas só podem ser pagas pelos bens que trouxe para o casal o devedor e por sua meação nos adquiridos"; e o artigo 359, que dispõe sobre o instituto da lesão, determinando que "[...] os contratos em que se dá ou deixa uma coisa por outra, podem ser rescindidos por ação da parte lesada, se a lesão for enorme", o que acontecia quando excedesse metade do justo valor da coisa[26] (2006, p. 325).

O Código de 1916, por sua vez, traz consigo o reflexo tardio do liberalismo europeu quando já irrompiam naquele continente legislações várias que se adaptavam à nova ordem jurídica estabelecida pelo Estado social, o qual somente foi instaurado no Brasil com a Constituição de 1934, quando restou prevista a intervenção do Estado na ordem econômica.

Muitas das medidas de proteção ao devedor constantes da legislação anterior não foram recepcionadas pelo código Civil de 1916. Não faltaram, porém, dispositivos favoráveis ao devedor, como a proteção do bem de família, instituto consolidado e ampliado pela Lei 8.009/90. O artigo 920 do mesmo Código prescrevia que o valor da cominação imposta na cláusula penal não poderia exceder o da obrigação principal. Outras medidas protetivas podem ser encontradas nos artigos 924 (redução da pena estipulada para o caso de inadimplemento, tendo o devedor cumprido em parte a obrigação), 1531 (pagamento em dobro pelo credor na cobrança de dívida já paga ou pagamento do equivalente no caso de pedir mais que o devido), entre outros.

---

25. ALVES, José Carlos Moreira. As normas de proteção ao devedor e o "favor debitoris" – do direito romano ao direito latino-americano. *Revista trimestral de jurisprudência dos Estados*. v. 92, p. 45, São Paulo: Jurid Vellenich, set. 1991.
26. MOTA, Maurício Jorge Pereira de. A proteção do devedor decorrente do *favor debitoris* como princípio geral do direito das obrigações no ordenamento jurídico brasileiro. *Revista da Faculdade de Direito de Campos*. ano VII, n. 9, p. 325, dez. 2006.

O Código Civil de 2002 conseguiu se afastar do exagerado individualismo presente na legislação de 1916, trazendo regras e princípios tangenciadores da efetiva proteção ao devedor. Muitos dispositivos foram repetidos, como o artigo 940, que reproduz o que estabelecia o 1531 do antigo Código, acima citado, consolidando dessa forma tradição vinda das Ordenações do Reino de Portugal. Outros foram introduzidos e renovaram sobremaneira o direito das obrigações, a exemplo dos artigos 421 (função social do contrato) e 113 e 422 (princípio da boa-fé).

No dizer de Maurício Mota, o *favor debitoris* é um princípio de direito das obrigações. Constitui, "[...] uma pauta diretiva a partir da qual as regras serão criadas ou aplicadas".[27]

5. À GUIZA DE CONCLUSÃO

É possível apreender-se que, mais do que um princípio de direito processual, o *favor debitoris* é um princípio de direito material, já que seu fundamental objetivo é o equilíbrio da relação jurídica obrigacional.

Como antes afirmado, Ricardo Lorenzetti defende a ideia do surgimento de contratos em que uma das partes se faz presente como membro de uma categoria de sujeitos, como é o caso dos trabalhadores. Nesta circunstância, a parte mais débil da relação jurídica é credora e não devedora. O trabalhador é credor do seu salário que será pago pelo empregador, na hipótese o devedor. A necessidade de proteger essas categorias de contratantes teria feito nascer um novo *favor*, um novo princípio tutelar apto a promover o equilíbrio da relação: o *favor debilis*. Para Lorenzetti, este seria a evolução do princípio do *favor debitoris* com vistas a exercer a proteção de grupos de contratantes especiais, como os trabalhadores, os locatários e também os consumidores. Explica o autor argentino que a sociedade moderna apresentou muitos devedores fortes e credores débeis. A mudança subjetiva do *favor debitoris* teria iniciado com os contratos de trabalho, se estendendo mais tarde para outros pactos com credores nas mesmas condições. O *favor debitoris* evoluíra então para o *favor debilis*, como uma maneira de adequar aquele princípio às novas demandas.[28]

Necessário, no entanto destacar que, apesar das vicissitudes históricas terem ampliado a proteção ao contratante vulnerável para situações antes não conhecidas, a visão contemporânea da relação obrigacional, onde a posição de credor e devedor oscila em uma ordem de cooperação tal como preconizado nos estudos de Clóvis do Couto e Silva, permite concluir pela atualidade do *favor debitoris* como princípio, apresentando-se o *favor debilis* como uma de suas vertentes.

---

27. MOTA, Maurício Jorge Pereira de. A proteção do devedor decorrente do *favor debitoris* como princípio geral do direito das obrigações no ordenamento jurídico brasileiro. *Revista da Faculdade de Direito de Campos*. ano VII, n. 9, p. 361. dez. 2006.
28. LORENZETTI, Ricardo. *Consumidores*. Santa Fe: Rubinzal-Culzoni, 2009, p. 15.

Por fim, convém salientar que a metodologia civil constitucional vem contribuindo para a interação do direito privado com as mudanças sociais. A interpretação das normas de direito privado de acordo com as regras e princípios insculpidos na Constituição, reforça e chancela o projeto constitucional que tem por fundamentos, entre outros, a dignidade da pessoa humana e os valores sociais do trabalho e da livre-iniciativa, e possibilita o alcance dos objetivos nele estabelecidos, dentre os quais a construção de uma sociedade pautada na liberdade, na justiça e na solidariedade onde a pobreza seja erradicada e as desigualdades sociais reduzidas.

ASSIMETRIA DE PODER NEGOCIAL NA CONTRATAÇÃO POR ADESÃO

Deborah Pereira Pinto dos Santos

Sumário: 1. Introdução: autonomia privada e contratação na sociedade de massa – 2. O contrato de adesão e as cláusulas contratuais gerais – 3. Características do contrato de adesão e das cláusulas contratuais gerais – 4. Assimetria de poder negocial, vulnerabilidade do aderente e cláusulas abusivas – 5. Renúncia a direitos no contrato de plano privado de assistência à saúde à luz da jurisprudência do superior tribunal de justiça – 6. Conclusão.

1. INTRODUÇÃO: AUTONOMIA PRIVADA E CONTRATAÇÃO NA SOCIEDADE DE MASSA

O fenômeno da contratação estandardizada, típico do contexto pós-revolução industrial, surgiu como forma de simplificar o mecanismo contratual, facilitando a contratação e o consumo de massa. As relações contratuais, antes pensadas de forma individualizada, tornaram-se padronizadas. Trata-se de realidade incontornável em nível global, a qual permite a racionalização da atividade empresarial e a ampliação do acesso das pessoas a bens e serviços.

A contratação por adesão tende a ser vista como desafiadora aos postulados clássicos do direito contratual, segundo o qual partes livres e formalmente iguais podem estipular as prestações que lhes aprouver, sendo amplamente respeitada a manifestação de vontade. O poder de contrair obrigações livremente, após a discussão das condições contratuais, sempre foi tido como um dos aspectos fundamentais da liberdade de contratar.[1]

Na compreensão tradicional de contrato, a autonomia privada permite a existência de negociações preliminares livres, ao fim das quais os contratantes, após ponderarem os respectivos interesses, podem assumir, com discernimento e de forma voluntária, determinadas obrigações. Por sua vez, na contratação por adesão, uma das partes estabelece, de forma unilateral, as futuras obrigações que serão assumidas por ambos os contratantes, eliminando-se os debates prévios acerca do conteúdo contratual. À outra parte somente resta aceitar aquele conteúdo predefinido como um todo ou recusar em bloco a sua adesão, na máxima pegar ou largar.

A partir da Revolução Industrial no final do século XIX, cresce a necessidade de revisão dos postulados de racionalidade e de igualdade das partes, com a difusão do modo de contratar por adesão. Considerando a desigualdade de fato entre as partes, passou-se

---

1. HESPANHA, António Manuel. *A cultura jurídica europeia*: síntese de um milénio. Coimbra: Almedina, 2012. p. 382-387.

a se entender como legítimo certo grau de intervencionismo – da lei e do julgador – no conteúdo da avença privada. A razão é a necessidade de ser compensado o desequilíbrio de poder (de fato) entre os contratantes para definir as respectivas prestações. Se as partes não detêm o mesmo poder para defender livre e racionalmente o próprio interesse, o contrato já não mais tem as mesmas razões para ser intangível.[2]

Decerto, a ideia tradicional de contrato não casa com a contratação massificada. Não é possível imaginar que uma sociedade empresária possa negociar individualmente com cada um de seus milhares de clientes, sob pena de perda da racionalização e organização empresariais. Como consequência, a liberdade contratual de um dos contratantes – *i. e.* da parte aderente – fica bastante restringida. É nesse contexto, de rompimento com o paradigma de contrato consoante a teoria clássica, com o aparecimento da *contratação desumanizada*,[3] que surgem os primeiros estudos acerca do contrato de adesão ainda no limiar do século XX.[4]

Após mais de um século de desenvolvimento teórico e prático, a diferença entre os papéis exercidos pelos contratantes no contrato de adesão ficou ainda mais enfatizada com a chegada da contratação pela *internet*. Em 2005, uma empresa norte-americana de *software* denominada PC Pitstop fez promoção bastante inusitada para seus clientes. Ela colocou prêmio de mil dólares escondido em seus termos de uso (*end-user license agreement – EULA*), com a finalidade de testar se realmente os seus clientes tinham atenção para o que estavam adquirindo e liam as condições de venda. Surpreendentemente, foram necessários mais de cinco meses e três mil vendas até que um cliente achasse o prêmio e o reivindicasse. A imensa maioria das pessoas que adquiriam o produto somente "rolavam" o *mouse* e clicavam no botão para concordar sem a dar menor atenção ao conteúdo do contrato.[5]

Com efeito, ante o dinamismo das relações sociais, seja por falta de tempo, de preparação técnica ou mesmo de interesse, a parte aderente acaba por não ler os termos de uso que formarão as cláusulas definidoras do conteúdo do contrato. Por conseguinte, o principal problema apontado na contratação por adesão é a existência de *assimetria de poder negocial*, em especial acerca da diferença informacional entre as partes, quando da formação da relação jurídica, pois somente uma delas (o predisponente) tem real compreensão e possibilidade de determinação do programa contratual.[6]

---

2. ROCHFELD, Judith. *Les grandes notions du Droit Privé*: Thémis. Droit. Paris: Presses universitaires de France, 2011. p. 426.
3. A expressão é de MARTINEZ, Miguel Royo. *Contratos de adhesión*. Madrid: Instituto Nacional de Estudios Jurídicos, 1949. p. 6.
4. Como se verá a frente, a criação do termo "contrato de adesão" é atribuída à Raymond Saleilles, tendo sido amplamente adotada pela doutrina francesa (SALEILLES, Raymond. *De la déclaration de volonté*. Contribution a l'étude de l'acte juridique dans le Code Civil Allemand, nouveau tirage. Paris: LGDJ, 1929. p. 229-230).
5. Fonte: PC PITSTOP. *It pays to read license agreements*. Disponível em: http://techtalk.pcpitstop.com/2012/06/12/it-pays-to-read-license-agreements-7-years-later/. Acesso em: 31 jan. 2022.
6. Sobre o tema, seja concedido remeter à KONDER, Carlos Nelson; SANTOS, Deborah Pereira Pinto dos. O equilíbrio contratual nas locações em shopping center: controle de cláusulas abusivas e a promessa de loja âncora. *Scientia Iuris*, v. 20, n. 3, p. 176-200, Londrina, nov. 2016.

2. O CONTRATO DE ADESÃO E AS CLÁUSULAS CONTRATUAIS GERAIS

Raymond Saleilles costuma ser apontado como o primeiro autor, na doutrina francesa, a cunhar a expressão *contrat d'adhésion*, no sentido de configurar modelo de contratar em que o conteúdo é estabelecido unilateralmente por uma só vontade, cabendo à outra apenas aderir à lei do contrato, sem a possibilidade de interferência nas disposições contratuais.[7] O que é essencial no modo de contratar por adesão, assim, é a ausência de debate prévio entre as partes, com a predeterminação unilateral do conteúdo contratual.[8]

Por sua vez, no direito alemão, prosperou a nomenclatura "condições gerais do contrato" (*Allgemeine Geschäftsbedingungen*),[9] a qual foi adotada pela jurisprudência germânica.[10] Afirma-se que a expressão teria sua origem nos usos do negócio, que continham determinações fundamentais para os negócios jurídicos praticados no mercado.[11] Ao que parece, é de se imaginar que a expressão "condições gerais do contrato" seja anterior à "contrato de adesão", tendo em vista que é em trabalho dedicado ao estudo do direito alemão que Saleilles identificou o fenômeno ao analisar o § 133 do BGB.[12]

Já no direito português,[13] não se adota a denominação "condições gerais do contrato", mas sim "cláusulas contratuais gerais". De acordo com Mário Júlio de Almeida Costa e António Menezes Cordeiro, que elaboraram o Anteprojeto de Lei português, "evitou-se o emprego do termo 'condição', que na literatura jurídica possui um sentido estrito consagrado". Para os autores, seria mais correta e tradicional a expressão "cláusula" "para designar dispositivos inseridos em contratos ou a isso destinados".[14]

---

7. SALEILLES, Raymond. *De la déclaration de volonté*. Contribution a l'étude de l'acte juridique dans le Code Civil Allemand, nouveau tirage. Paris: LGDJ, 1929. p. 229-230.
8. BERLIOZ, Georges. *Le contrat d'adhésion*. 2. ed. Paris: LGDJ, 1976. p. 27-28. (Bibliothèque de Droit Privé, t. 132).
9. Em tradução literal, a expressão significa: "disposições gerais de um negócio jurídico". Cf. MACHADO, Luiz. *Pequeno dicionário jurídico, alemão-português*. Rio de Janeiro: CLC, 1981. p. 76.
10. HELLWEGE, Philipp. Standard contract terms. In: BASEDOW, Jürgen et al. (Org.). *The Max Planck Encyclopaedia of European Private Law*. Oxford: Oxford University Press, 2012. p. 1.589. Raiser foi o autor do primeiro livro dedicado ao tema, utilizando a expressão "condições gerais do contrato" (RAISER, Ludwig. *Das Recht der Allgemeinen Geschäfts-Bedingungen*. Hamburg: Hanseatische Verlagsanstalt, 1935. passim).
11. Cf. DORN, Franz et al. (Org.). *Historisch-kritischer Kommentar zum BGB*. Bd. 2 Teilbd. 2: Schuldrecht: allgemeiner Teil, §§ 241-432. Tübingen: Mohr Siebeck, 2007.p.1.416-1.417. O desenvolvimento doutrinário e jurisprudencial no tratamento das condições gerais culminou com a edição, em 1976, da Lei das Condições Gerais Alemã, *AGB-Gesetz*. Com o diploma legislativo, o termo "condições gerais do contrato" tornou-se um conceito legal. No § 1 (1) da AGB-*Gesetz*, a expressão é definida como todas as condições predispostas para pluralidade de contratos que a parte apresenta à outra no momento da conclusão do negócio, independentemente de o integrarem ou não formalmente. No § 1 (2), exclui-se do conceito as condições negociadas singularmente pelas partes. Em 2002, houve reforma no Código Civil alemão (BGB) na parte do direito das obrigações, que inseriu as normas sobre condições gerais do contrato na codificação (*AGB-Recht*) nos §§ 305-310 do BGB, sem que fossem feitas na disciplina alterações de maior relevância.
12. O autor utiliza a expressão *"qui adhéré aux conditions générales..."* (SALEILLES, Raymond. *De la déclaration de volonté*. Contribution a l'étude de l'acte juridique dans le Code Civil Allemand, nouveau tirage. Paris: LGDJ, 1929. p. 230).
13. Art. 1º do Decreto-Lei 446 de outubro de 1985.
14. COSTA, Mário de Júlio Almeida; CORDEIRO, António Menezes. *Cláusulas contratuais gerais*: anotação ao Decreto-Lei 446/85, de 25 de outubro. Coimbra: Almedina, 1986. p. 18. Parcela da doutrina portuguesa afirma que a expressão "cláusulas contratuais gerais" também é suscetível de críticas, por gerar certo equívoco com

Retoma-se a questão central da relação entre o contrato de adesão e as condições gerais do contrato (ou cláusulas contratuais gerais), a qual possui verdadeira relevância prática. Afirma Joaquim de Sousa Ribeiro que há duas diferentes fases em relação a esta realidade de contratar, que compõem processo integrado por dois momentos sucessivos. No primeiro momento, são elaboradas cláusulas contratuais gerais, para formar o conteúdo do futuro contrato, acentuando a fase preparatória de futuras vinculações contratuais. Já no segundo, há o contrato de adesão, focalizado no ponto terminal de todo o processo.[15]

Além disso, a fórmula "contratos de adesão" é mais ampla, pois abrange todos os casos de imposição unilateral de cláusulas prefixadas, mesmo que tenham sido elaboradas para modelar uma única relação contratual, o que, todavia, será hipótese excepcional.[16] O conteúdo do contrato de adesão não é restrito às condições gerais, já que pode haver cláusulas livremente negociadas inseridas nele.[17] Nada obstante, mantêm relação de interdependência, pois a regra é que o contrato de adesão tenha como conteúdo principal cláusulas contratuais gerais e que estas tenham sua principal utilização naqueles.

No direito brasileiro, mesmo antes de qualquer previsão legislativa, o tema já ensejava estudo doutrinário. Para Orlando Gomes, o termo jurídico "contrato de adesão" pode ser definido como o negócio jurídico bilateral em que "a participação de um dos sujeitos sucede pela aceitação em bloco de uma série de cláusulas formuladas antecipadamente, de modo geral e abstrato, pela outra parte, para constituir o conteúdo normativo e obrigacional de futuras relações concretas". Conforme o autor, a figura jurídica do contrato de adesão apresenta-se sob duas formas diversas: se considerada a perspectiva da formulação das cláusulas por uma das partes, de modo uniforme e abstrato, recebe o nome de condições gerais do contrato; já se encarada no plano da efetividade, é chamada propriamente de contrato de adesão, com a inevitável aceitação das condições unilateralmente formuladas.[18]

O Código de Defesa do Consumidor, no *caput* do art. 54, trouxe conceito legal de contrato de adesão, segundo o qual "é aquele cujas cláusulas tenham sido aprovadas pela autoridade competente ou estabelecidas unilateralmente pelo fornecedor de produtos ou serviços, sem que o consumidor possa discutir ou modificar substancialmente seu conteúdo".[19] Em suma, seja pela consagração histórica, seja pela amplitude do conceito, pretende-se adotar a denominação *contrato de adesão* para definir o fenômeno no qual

---

as chamadas cláusulas gerais. Nesse sentido, cf. RIBEIRO, Joaquim de Sousa. *Cláusulas contratuais gerais e o paradigma do contrato*. Coimbra: Almedina, 1990. p. 130-131.
15. RIBEIRO, Joaquim de Sousa. *Cláusulas contratuais gerais e o paradigma do contrato*. Coimbra: Almedina, 1990. p. 131-134. No mesmo sentido, cf. MONTEIRO, António Pinto. Contratos de adesão e cláusulas contratuais gerais: problemas e soluções. *Revista Trimestral de Direito Civil*, v. 7, p. 7, jul./set. 2001.
16. RIBEIRO, Joaquim de Sousa. O regime dos contratos de adesão: algumas questões decorrentes da transposição da Directiva sobre cláusulas abusivas. *Direito dos contratos*: estudos. Coimbra: Coimbra, 2007. p. 187. A lei portuguesa expressamente estende a proteção aos "contratos de adesão individuais" no art. 1º do DL. 446/85.
17. PINTO, Carlos Alberto da Mota. Contrato de adesão. *Revista Forense*, v. 257, n. 73, p. 35, mar. 1977. Nesse sentido, o próprio Código de Defesa do Consumidor brasileiro estabelece "a inserção de cláusula no formulário não desfigura a natureza do contrato de adesão" (art. 54, § 1º).
18. GOMES, Orlando. *Contrato de adesão*: condições gerais dos contratos. São Paulo: Ed. RT, 1972. p. 3-5.
19. TEPEDINO, Gustavo. As relações de consumo e a nova teoria contratual. *Temas de direito civil*. 4. ed. Rio de Janeiro: Renovar, 2008. t. 1. p. 233, para quem, não obstante o reconhecimento pelo Código Civil de que o ade-

uma das partes estabelece unilateralmente o conteúdo do futuro contrato, o qual é basicamente formado pelas *cláusulas contratuais gerais*, restando à outra aderir ao regramento contratual sem oportunidade de alterá-lo substancialmente ou mesmo de debate prévio.

3. CARACTERÍSTICAS DO CONTRATO DE ADESÃO E DAS CLÁUSULAS CONTRATUAIS GERAIS

Afirma António Pinto Monteiro que o contrato de adesão, em sentido *stricto*, é aquele "celebrado em conformidade com as cláusulas previamente redigidas por uma das partes (ou até por terceiro), sem que a outra parte possa alterá-las", restando-lhe somente "a mera adesão a cláusulas preformuladas por outrem". Nesse sentido, ele apresenta as seguintes características: (i) predeterminação; (ii) unilateralidade; e (iii) rigidez. Acrescenta o autor que, na maior parte das vezes, esse modo de contratar tem seu conteúdo formado pelas cláusulas contratuais gerais e, em consequência, o contrato de adesão, em sentido *lato*, tem como características, além das três antes mencionadas, a (iv) generalidade e (v) abstração.[20]

Independentemente de ter ou não seu conteúdo formado por condições gerais, a primeira característica do contrato de adesão é a predisposição das estipulações contratuais, que são definidas em momento anterior ao da celebração do contrato.[21] Essa determinação antecipada do conteúdo das obrigações traduz-se na ausência de participação do aderente no momento da redação do contrato e tem como consequência o papel passivo que lhe é reservado na sua execução, sendo que ele confia no que foi estipulado pelo predisponente.[22]

A segunda característica do contrato de adesão é a unilateralidade. Neste particular modo de contratar há a predominância exclusiva de uma só vontade, agindo unilateralmente e ditando sua lei à contraparte.[23] Cabe a essa vontade unilateral fixar a economia do contrato e seus elementos, restando ao aderente somente intervir para dar eficácia jurídica àquela vontade unilateral.[24] Por evidente, a unilateralidade da formação do conteúdo do contrato de adesão garante maior poder negocial ao predisponente, ao menos do ponto de vista fático.[25]

---

rente é merecedor de uma tutela especial, à míngua de uma definição na Lei Civil, permanece aplicável aquela prevista na Lei Consumerista.
20. MONTEIRO, António Pinto. Contratos de adesão e cláusulas contratuais gerais: problemas e soluções. *Revista Trimestral de Direito Civil*, v. 7, p. 6-7, jul./set. 2001.
21. PINTO, Carlos Alberto da Mota. Contrato de adesão. *Revista Forense*, v. 257, n. 73, p. 35, mar. 1977.
22. BERLIOZ, Georges. *Le contrat d'adhésion*. 2. ed. Paris: LGDJ, 1976. p. 28. (Bibliothèque de Droit Privé, t. 132).
23. SALEILLES, Raymond. *De la déclaration de volonté*. Contribution a l'étude de l'acte juridique dans le Code Civil Allemand, nouveau tirage. Paris: LGDJ, 1929. p. 229.
24. BERLIOZ, Georges. *Le contrat d'adhésion*. 2. ed. Paris: LGDJ, 1976. p. 27-28. (Bibliothèque de Droit Privé, t.132). Já ressaltava o exercício de verdadeiro "poder regulamentar" pelo predisponente, GOUNOT, Emmanuel. *Le principe de l'autonomie de la volonté en droit privé*: contribution à l'étude de l'individualisme juridique. Paris: Université de Dijon – Faculté de Droit, 1912. p. 227-228.
25. LOKIEC, Pascal. *Contrat et pouvoir*: essai sur les transformations du Droit Privé des rapports contractuels. Paris: LGDJ, 2004. (Bibliothèque de Droit Privé, t. 408). p. 60.

Por sua vez, a terceira característica que completa o conceito *stricto* de contrato de adesão é a rigidez. Cabe a uma das partes a determinação prévia das disposições contratuais, restando à outra "pegar ou largar".[26] A troca de consentimentos é condicionada pela presença de regramento predefinido e rígido, que dificilmente poderá ser alterado no momento da celebração do contrato.[27] A adesão é feita pela parte sem estudo mais aprofundado do conteúdo e, às vezes, sem que tenha até ciência de algumas de suas previsões.[28] Desse modo, é exatamente a impossibilidade de discussão e negociação do conteúdo do contrato que separa o contrato de adesão daquele dito como contrato negociado.[29]

Já o contrato de adesão em sentido *lato*, também denominado de contrato *standard*, possui mais duas características, fruto da incorporação das cláusulas contratuais gerais, quais sejam: a generalidade e a abstração. Pela característica da generalidade, há intenção uniformizadora na contratação com o uso das condições gerais.[30] A contratação por adesão às condições gerais é aquela estandardizada, voltada ao atendimento de exigência de racionalidade na atividade econômica. Com isso, visa-se a alcançar maior segurança e rapidez nas trocas comerciais. O intento do predisponente é de obter, de número múltiplo de aderentes, a aceitação das mesmas cláusulas, de sorte que seja invariável o conteúdo das relações contratuais.[31]

Por fim, como característica do contrato de adesão *lato sensu*, menciona-se a abstração, tomada a expressão no sentido de que, tendo em vista que as cláusulas predispostas possuem o objetivo de serem repetidas no conteúdo de muitas relações concretas, têm de ser formuladas de modo abstrato, pois quem as redige não pensa em dado caso, nem nos possíveis contratantes singulares.[32] É próprio do conteúdo do contrato de adesão, quando formado pelas cláusulas contratuais gerais, enunciar regras de porte geral, aplicáveis de forma impessoal.[33] Essas duas últimas características fizeram com que se aproxime o instituto da própria lei, que também é geral e abstrata, sendo destinada a regular as relações jurídicas que a ela se ajustarem.[34]

Portanto, na acepção definida neste trabalho, o contrato de adesão possui como traços característicos a predisposição, a unilateralidade e a rigidez, uma vez que as estipulações contratuais são estabelecidas prévia e imutavelmente por uma das partes, ainda

---

26. JOSSERAND, Louis. Aperçu général des tendances actuelles de la théorie des contrats. *Revue Trimestrielle de Droit Civil*, v. 36, p. 9, 1937.
27. RODOTÀ, Stefano. *Le fonti di integrazione del contratto*. Milano: Giuffrè, 1970. p. 27.
28. GAUDEMET, Eugène. *Théorie générale des obligations*. Réimpression de l'édiction publiée en 1937. Paris: Sirey, 1965. p. 53.
29. DÍEZ-PICAZO, Luis. Las condiciones generales de la contratación y cláusulas abusivas. *Ensayos jurídicos*: (1953-2011). Cizur Menor: Civitas-Thomson Reuters, 2011. v. 2. p. 2.320.
30. RIBEIRO, Joaquim de Sousa. *Cláusulas contratuais gerais e o paradigma do contrato*. Coimbra: Almedina, 1990. p. 174.
31. GOMES, Orlando. *Contrato de adesão*: condições gerais dos contratos. São Paulo: Ed. RT, 1972. p. 9.
32. GARCIA-AMIGO, Manuel. *Condiciones generales de los contratos (civiles y mercantiles)*. Madrid: Revista de Derecho Privado, 1969. p. 60.
33. BERLIOZ, Georges. *Le contrat d'adhésion*. 2. ed. Paris: LGDJ, 1976. p. 31. (Bibliothèque de Droit Privé, t. 132).
34. A observação é de LÔBO, Paulo Luiz Neto. *Condições gerais dos contratos e cláusulas abusivas*. São Paulo: Saraiva, 1991. p. 26.

que para reger relação jurídica única. Ademais, como a adoção do modelo de contratar por adesão é muito voltada para as relações massificadas, em sentido largo, ele adquire as características da generalidade e da abstração, pois predisposto em múltiplas relações uniformes, cujo conteúdo passa a ser formado pelas cláusulas contratuais gerais.

4. ASSIMETRIA DE PODER NEGOCIAL, VULNERABILIDADE DO ADERENTE E CLÁUSULAS ABUSIVAS

Desde os primeiros estudos doutrinários acerca do contrato de adesão e das cláusulas contratuais gerais, foi levantada, como principal justificativa para a proteção do aderente, a necessidade de se garantir a paridade jurídica e econômica entre os contratantes e de se igualar a disparidade de poder negocial existente.[35] O uso das condições gerais do contrato levanta a questão da necessidade de proteção do aderente pelo ordenamento jurídico, assim como qual o limite de tal proteção, tendo em vista a consequente intervenção no conteúdo de avenças privadas e sua contraposição com o princípio da liberdade contratual.[36]

No contrato de adesão, as estruturas da operação contratual encontram-se gravemente perturbadas. A técnica de contratar é transportada para novo plano, no qual aparece desigualdade flagrante nos papéis exercidos pelas partes. Enquanto uma possui a iniciativa de formulação e pré-redação do conteúdo contratual, com poder de barganha, a outra somente se limita a entrar no que foi estabelecido previamente sem sua participação. Como consequência, a autonomia da parte aderente é reduzida ao mínimo, à escolha entre a conclusão ou não do contrato.[37]

A assimetria de poder negocial, antes de ter relevância jurídica, constitui situação de fato na realidade concreta. Na contratação por adesão, a existência de disparidade de poder negocial se dá em razão da discrepância de *poderes entre as partes para influir no conteúdo do contrato*, manifestando-se especificamente na fase de formação da relação contratual. Sob o prisma jurídico, a assimetria de origem fática se tornará normativamente presumida, por meio da criação de disciplina legal de tutela de um dos contratantes, que antes ocupava posição contratual (apenas fática) de desvantagem.[38]

Diante da presença de assimetria de poder negocial, poderá restar configurada *situação de abusividade contratual*, isto é, abuso em respeito à definição do conteúdo do

---

35. O "problema di garantire la parità giuridica ed economica dei contraenti, e di perequare le disparità di potere esistenti", já era levantado por RAISER, Ludwig. Funzione del contratto e libertà contrattuale. *Il compito di Diritto Privato*: Saggi di Diritto Privato e di Diritto dell'economia di tre decenni. Trad. Marta Graziadei. Milano: Giuffrè, 1990. p. 101.
36. DORN, Franz et al. (Org.). *Historisch-kritischer Kommentar zum BGB*. Bd. 2 Teilbd. 2: Schuldrecht: allgemeiner Teil, §§ 241-432. Tübingen: Mohr Siebeck, 2007. p. 1.414-1.415.
37. Cf. GOUNOT, Emmanuel. *Le principe de l'autonomie de la volonté en droit privé*: contribution à l'étude de l'individualisme juridique. Paris: Université de Dijon – Faculté de Droit, 1912. p. 13-16. JOSSERAND, Louis. Aperçu général des tendances actuelles de la théorie des contrats. *Revue Trimestrielle de Droit Civil*, v. 36, p. 8-9, 1937. RIPERT, Georges. *Les forces créatrices du droit*. Paris: LGDJ, 1955. p. 271.
38. MARTINS-COSTA, Judith. *A boa-fé no direito privado*: critérios para a sua aplicação. 2. ed. São Paulo: Saraiva, 2018, p. 320.

contrato; o ordenamento jurídico deverá responder por meio de normas imperativas de repúdio à tal abusividade. Tais regras jurídicas, por meio da aplicação do remédio da nulidade, configuram medidas que visam a compensar situação de falta de autodeterminação da parte aderente. A correção da abusividade pela ordem jurídica é feita, *prima facie*, no plano da validade, ou seja, "o defeito situa-se no conteúdo contratual que resta expurgado, no todo ou em parte, do mundo jurídico". Em outras palavras, cláusulas contratuais caracterizadoras de abusividade passam a ser vistas como *cláusulas abusivas* e, por consequência, inválidas. Em suma, "o alvo é o conteúdo acordado e não o processo formativo que o pôs em vigor ou a conduta das partes no desenrolar da relação jurídica contratual".[39]

Nesse sentido, há a regra do artigo 424 do Código Civil, segundo a qual "nos contratos de adesão, são nulas as cláusulas que estipulem a renúncia antecipada do aderente a direito resultante da natureza do negócio". Trata-se de norma cuja lógica interventiva na autonomia privada encontra o escopo de "parificar posições de desigualdade estrutural dos contraentes ou futuros contraentes no exercício de direitos",[40] tendo a sua aplicação voltada às relações contratuais formadas por adesão *fora* do mercado de consumo, já que as relações de consumo possuem disciplina própria.[41]

Ademais, no mundo das relações contratuais, a assimetria vincula-se, além da ideia de poder, à de *vulnerabilidade*, a qual não é exclusiva das relações consumeristas.[42] Na contratação por adesão, se a assimetria de poder negocial é constituída em razão do *poder fático* de um dos contratantes de conformar unilateralmente o conteúdo do contrato, conforme seus próprios interesses; por sua vez, o outro contratante – a parte aderente –, estará em posição de *vulnerabilidade*, tendo que se sujeitar ao poder negocial da parte predisponente, passando a fazer jus a proteção jurídica especial.[43]

A situação de vulnerabilidade da parte aderente justifica a intervenção heterônoma nas relações jurídicas contratuais. Isso, porque o contrato de adesão passa ser visto como lugar de poder em que uma parte "forte" submete a outra "fraca" à sua vontade,

---

39. MARTINS-COSTA, Judith. *A boa-fé no direito privado*: critérios para a sua aplicação. 2. ed. São Paulo: Saraiva, 2018, p. 637-638.
40. MARTINS-COSTA, Judith. *A boa-fé no direito privado*: critérios para a sua aplicação. 2. ed. São Paulo: Saraiva, 2018, p. 638.
41. Art. 51, inciso IV do CDC. Os contratos de adesão não são modo de contratar exclusivo das relações de consumo, sendo adotados de forma corrente nos *business to business contracts (b2b)*. Os tipos contratuais mencionados nos primeiros estudos acerca do contrato de adesão, porém, focavam-se, massivamente, em hipóteses de relação de consumo, além do contrato de trabalho. Cf. LITTY, Olivier. *Inégalité des parties et durée du contrat*: étude de quatre contrats d'adhésion usuels, Paris: LGDJ, 1999. passim. (Bibliothèque de Droit Privé, t. 322).
42. Em síntese, como já se manifestou em outra sede: "sob esse novo paradigma, não apenas a manifestação de vontade, mas o próprio ordenamento contribui para a construção do regulamento negocial, e os instrumentos que buscam assegurar a paridade de forças entre as partes contratantes e a superação de determinadas assimetrias cognoscitivas passam a ser aplicáveis, também, aos tipos contratuais que não entram nas relações de consumo" (KONDER, Carlos Nelson; SANTOS, Deborah Pereira Pinto dos. O equilíbrio contratual nas locações em shopping center: controle de cláusulas abusivas e a promessa de loja âncora. *Scientia Iuris*, Londrina, v. 20, n. 3, p. 176-200, nov. 2016).
43. MARTINS-COSTA, Judith. *A boa-fé no direito privado*: critérios para a sua aplicação. 2. ed. São Paulo: Saraiva, 2018. p. 322.

ainda que não haja superioridade econômica do contratante.[44] Assim, legislador e juiz deverão reagir ao desequilíbrio de forças no contrato e tutelar a parte vulnerável, sob o fundamento de que a parte "forte" poderá impor os termos do contrato em seu exclusivo interesse, com a elaboração de cláusulas abusivas.[45]

Como cabe ao predisponente elaborar a totalidade do texto contratual, é possível que tal contratante transfira ao aderente todos os riscos econômicos do negócio que não lhe interessa assumir. A razão, já enfatizada, é a disparidade de poder negocial entre os contratantes, a qual poderá permitir a configuração de situação injusta que reclame o não reconhecimento da juridicidade de certas cláusulas. Assim, entra em cena o art. 424 do CC, o qual dispõe que a natureza do contrato deve ser sempre respeitada nesta modalidade de contratar, sendo norma voltada à proteção do aderente (vulnerável, por presunção legal), para coibir cláusulas abusivas nas relações civis e empresariais.[46]

A norma do art. 424 tem sua atenção voltada para a tutela da parte aderente em momento de fragilidade contratual, fruto da disparidade de poder que existe entre os contratantes e o presumido caráter *impositivo* da cláusula de renúncia predeterminada pela parte predisponente. Enfatize-se que a renúncia é ato abdicativo, a qual causa a redução do patrimônio de quem dispõe do direito de crédito. Para ser válida, a manifestação de vontade do renunciante deve ser absolutamente clara, inequívoca e unívoca, o que não facilmente ocorre na contratação por adesão.

Daí que se, no contrato negociado, a cláusula que implique a renúncia a direito resultante da natureza do contrato será admitida, exatamente por se supor que haja paridade entre as partes quanto ao seu poder de negociação; já no contrato de adesão, ela não será aceitável, por faltar esse poder a uma das partes.[47] O que caracteriza a abusividade da cláusula é a ausência de debate paritário acerca de seu conteúdo entre os contratantes e seu consequente caráter impositivo para a parte aderente. Com efeito, é evidente que alguma desigualdade poderá surgir nas relações negociais, como no caso dos contratos gratuitos. A questão é que tal desigualdade precisa ter sido livre e conscientemente aceita pelas partes, em cláusulas "desejadas, realmente ajustadas, entabuladas na exata conformidade, inclusive, com a natureza do contrato que se consuma".[48]

De acordo com o artigo 424 do CC, serão irrenunciáveis pela parte aderente, nas cláusulas predispostas unilateralmente pelo estipulante – que lhe são apresentadas de modo rígido e invariável no momento de formação da relação jurídica, isto é "antecipadamente" –, aqueles direitos que desnaturem o contrato. Esses direitos, por sua vez, são

---

44. LOKIEC, Pascal. *Contrat et pouvoir*: essai sur les transformations du Droit Privé des rapports contractuels. Paris: LGDJ, 2004. (Bibliothèque de Droit Privé, t. 408). p. 59 e ss.
45. ROCHFELD, Judith. *Les grandes notions du Droit Privé*: Thémis. Droit. Paris: Presses universitaires de France, 2011. p. 439-440.
46. ZANETTI, Cristiano de Sousa. *Direito contratual contemporâneo a liberdade contratual e sua fragmentação*. São Paulo: Método, 2008. p. 230.
47. MIRANDA, Custódio da Piedade Ubaldino. *Comentários ao Código Civil*: dos contratos em geral. Organização de Antônio Junqueira de Azevedo. São Paulo: Saraiva, 2013. v. 5. p. 105-106.
48. GODOY, Claudio Luiz Bueno de. *Função social do contrato*: os novos princípios contratuais. São Paulo: Saraiva, 2007. p. 51.

fruto de regras do direito dispositivo nos contratos típicos, da interpretação integrativa nos contratos atípicos ou ainda dos usos contratuais, cujo conteúdo será determinado em cada relação jurídica concreta, mas são sempre voltados para a preservação da finalidade econômica do contrato.

Assim, os "direitos resultantes da natureza do negócio", irrenunciáveis antecipadamente pelo aderente, são aqueles (i) fundados em regras dispositivas do tipo contratual ou nos usos contratuais (desde que possam ser extraídos de elemento natural do negócio jurídico); que, (ii) ao serem retirados, por meio de *cláusulas não negociadas impostas unilateral e rigidamente*, causam desequilíbrio entre os direitos e deveres que resultam do contrato, afetando a alocação contratual de risco em prejuízo da parte aderente; e (iii) cuja ausência desnatura o contrato, tendo em vista que impede a parte prejudicada de alcançar a finalidade econômica para a qual realizou a contratação, ou seja, interferem significativamente na função econômico-individual do contrato, *i. e.* na causa contratual.[49]

Dessa forma, em visão funcional, o "contrato não pode deixar de desencadear os efeitos instrumentalmente necessários à realização dos interesses que correspondem a sua natureza". Isso, porque ao celebrar determinado contrato, o predisponente não poderá se libertar de deveres próprios e sonegar à contraparte direitos cuja presença é indispensável à prossecução do fim contratual: "o que importa não é, pois, a categoria, em abstrato, do direito, mas o seu papel determinante, dentro da complexa estrutura da relação contratual, da satisfação dos interesses que levaram o aderente a contratar".[50]

Em definitivo, a renúncia antecipada indesejada pelo legislador e tida como abusiva é aquela feita nas cláusulas predispostas elaboradas unilateralmente pelo estipulante, que são apresentadas ao aderente para sua concordância sem que lhe seja oferecido tempo razoável para estudo ou mesmo possibilidade de alteração. Essas disposições

---

49. Sobre o tema, seja concedido remeter à SANTOS, Deborah Pereira Pinto dos. *Renúncia a direitos nos contratos de adesão em relações civis e empresariais*: limites à autonomia negocial nos business to business contracts. Dissertação (Mestrado em Direito Civil) – Faculdade de Direito, Universidade do Estado do Rio de Janeiro, Rio de Janeiro, 2015, o ponto é especialmente desenvolvido no terceiro capítulo. Na jurisprudência, cf. "[...] Tarifa de liquidação antecipada de operações de crédito. [...] 7. A autorização para livre contratação de garantias e encargos, prevista no art. 28 da Lei 10.931/04, não tem o condão de impedir o controle finalístico das cláusulas inseridas em contratos de adesão, que deverão manter a razoabilidade em função do justo interesse visado" (BRASIL. Superior Tribunal de Justiça. REsp 1.409.792/DF. Relator: Ministra Nancy Andrighi. Julgamento: 1º.04.2014. Órgão Julgador: Terceira Turma. Publicação: DJe 07.04.2014). Por sua relevância, extrai-se trecho do voto da relatora: "outrossim, ainda que se cogitasse do afastamento da incidência do CDC à hipótese dos autos, remanesceria a proteção garantida ao contratante aderente pelo Código Civil de 2002. Isso porque é da essência do negócio bancário a constante intermediação financeira e constante fluxo de concessão e captação de dinheiro, de forma que não há como se visualizar fundamento algum para o desinteresse da instituição financeira na liquidação da operação passiva, em que se coloca a disposição da instituição os valores para novas transações e lucros. 19. Assim, tem plena aplicação o art. 424 do CC/02, segundo o qual são nulas as cláusulas que estipulem a renúncia antecipada do aderente a direito resultante da natureza do negócio, *in casu*, à liquidação sem ônus adicional do financiamento contratado. Tratando-se, pois, de contrato de adesão, impõe-se a conclusão pela abusividade, decorrente da desproporcionalidade e, portanto, pelo afastamento da cláusula em que se estipula a cobrança de tarifa por liquidação antecipada de empréstimos e financiamentos bancários".
50. RIBEIRO, Joaquim de Sousa. Os contratos de adesão no novo Código Civil brasileiro: uma visão comparatista. In: CALDERALE, Alfredo (Org.). *Il nuovo Codice Civile brasiliano*. Milano: Giuffrè, 2003. p. 104-105.

contratuais são especialmente gravosas para a parte por implicar a falta de aquisição de direito ínsito ao tipo contratual, a ele aplicável por analogia nos contratos atípicos, ou ainda fruto de expectativa referente à *práxis* negocial.[51]

Por sua vez, se é inadmissível a renúncia objeto de condições gerais ou demais cláusulas predefinidas na contratação por adesão, à luz do previsto no art. 424, por ser "antecipada", nada impede que a parte abra mão do direito por meio de *cláusulas negociadas*, seja no momento de formação do contrato ou até em momento posterior. O que torna a cláusula de renúncia abusiva é somente a falta de negociação, ante seu caráter de "surpresa" e impositivo. Dito de modo diverso, se a cláusula de renúncia a elemento natural do negócio jurídico tiver sido livremente negociada, com evidente conhecimento e concordância dos contratantes consoante os ditames de boa-fé, ela entra na distribuição dos riscos do contrato.[52]

5. RENÚNCIA A DIREITOS NO CONTRATO DE PLANO PRIVADO DE ASSISTÊNCIA À SAÚDE À LUZ DA JURISPRUDÊNCIA DO SUPERIOR TRIBUNAL DE JUSTIÇA

O contrato de plano privado de assistência à saúde configura contrato altamente regulamentado, que se aproxima ao tipo legal de seguro,[53] pois, além das disposições gerais previstas no Código Civil, aplicam-se as normas da Lei Federal 9.656 de 1998 e da Lei Federal 9.961 de 2000.[54] Além disso, o último diploma normativo criou a Agência Nacional de Saúde Suplementar (ANS), que consiste em autarquia federal com poder de regulação, normatização, controle e fiscalização das atividades exercidas por entidades privadas que garantem a assistência suplementar à saúde.[55] De acordo a definição legal, constitui o contrato de plano de saúde:

---

51. RIBEIRO, Joaquim de Sousa. Responsabilidade e garantia em cláusulas gerais (Decreto-Lei 446/1985, de 25 de outubro). *Separata no número especial do Boletim da Faculdade de Direito de Coimbra* – estudos em homenagem ao prof. Doutor António de Arruda Ferrer Correia. Coimbra: Coimbra, 1992. p.39. Nota 61.
52. Para Araken de Assis, "do ponto de vista material, cláusula negociada é tanto a que discrepa da predisposição, no espírito e no conteúdo, quanto a que, embora coincidente, derive de um acordo específico dos figurantes" (ASSIS, Araken de. *Comentários ao Código Civil brasileiro*: do direito das obrigações. In: ARRUDA ALVIM e ALVIM, Thereza (Org.). Rio de Janeiro: Forense, 2007. v. 5. p. 127).
53. A rigor, há dois modelos de contrato de seguro de saúde: o plano privado de assistência saúde e o seguro privado de saúde. No primeiro, o segurado efetua pagamento mensal e sucessivo, recebendo, em contrapartida, o atendimento médico, hospitalar e ambulatorial, quando seja necessário, em regra por meio de rede de atendimento preestabelecida pela seguradora (*rectius*, operadora de plano de assistência à saúde); já no segundo, o segurado faz o pagamento de prêmio e pode livremente escolher o serviço médico, hospitalar ou ambulatorial de sua preferência, conforme seja necessário, cujo custo deverá ser reembolsado pela seguradora, de acordo com as regras estabelecidas no contrato. Na prática, os modelos se confundem, sendo, muitas vezes, adotados modelos híbridos pelos segurados (*e. g.*, contrato que permita o uso da rede credenciada e a contratação de serviços particulares, os quais poderão ser reembolsados conforme as regras contratuais), porém, em razão de ter o custo normalmente bem mais acessível, a maioria dos usuários tendem a optar pelo contrato de plano de saúde, sendo a cobertura oferecida pela rede credenciada da operadora do plano.
54. Além desses diplomas normativos, foi recentemente promulgada a Lei Federal 14.307 de 2022, fruto da conversão em lei da Medida Provisória 1.067 de 2021, que alterou a Lei 9.656/1998, para disciplinar os prazos e o processo administrativo de atualização das coberturas no âmbito da saúde complementar.
55. Art. 1º, *caput*, da Lei Federal 9.961 de 2000 e art. 1º, § 1º, da Lei Federal 9.656 de 1998.

[a] prestação continuada de serviços ou cobertura de custos assistenciais a preço pré ou pós estabelecido, por prazo indeterminado, com a finalidade de garantir, sem limite financeiro, a assistência à saúde, pela faculdade de acesso e atendimento por profissionais ou serviços de saúde, livremente escolhidos, integrantes ou não de rede credenciada, contratada ou referenciada, visando à assistência médica, hospitalar e odontológica, a ser paga integral ou parcialmente à expensas da operadora contratada, mediante reembolso ou pagamento direto ao prestador, por conta e ordem do consumidor.[56]

Em poucas palavras, o contrato de plano privado de assistência à saúde configura negócio jurídico, firmado individual ou coletivamente,[57] pelo qual a operadora privada de assistência à saúde se compromete – por meio de rede credenciada de prestadores ou por meio de outros prestadores que sejam indiretamente custeados (em regra, via reembolso) – a prestar serviços relacionados ao direito à saúde (sejam médicos, odontológicos, hospitalares, clínicos, ambulatoriais etc.) do segurado, quando se mostrem necessários à proteção e à preservação da sua integridade psicofísica.[58] Como contrato eminentemente vinculado ao direito fundamental à saúde, há expressivo controle estatal, ainda que verse sobre interesses privados.

Trata-se de contrato *bilateral*, pois há obrigações recíprocas para a operadora e para o segurado, constituindo tais obrigações no pagamento de mensalidade ou anuidade pelo último (o que não deixa se configurar o prêmio) e na garantia prestada pelo primeiro; *oneroso*, na medida em que são constituídas vantagens patrimoniais para ambas as partes; *consensual*, embora ainda dependa de prova escrita;[59] *aleatório*, tendo em vista que, no momento de celebração do contrato, resta presente a álea jurídica independentemente da existência de risco econômico;[60] e, por fim, *formado por adesão* do usuário-segurado (parte aderente) às cláusulas gerais de contratação previstas na apólice apresentada pela operadora (predisponente).[61] Trata-se de contrato que necessariamente terá natureza massificada, já que, para que haja "a pulverização

---

56. Art. 1º, inciso I, da Lei Federal 9.656 de 1998. Como se verá, apesar de a lei fazer referência ao aderente, no contrato de plano de saúde, como consumidor, nem sempre a parte será consumidor final para fins de aplicação do Código de Defesa do Consumidor.
57. Conforme previsão da Lei Federal 9.656 de 1998, o contrato de plano privado de assistência à saúde poderá ser feito de duas formas: via plano individual, isto é, por contrato direto entre a pessoa física (usuário) e a operadora, podendo ser extensivo aos membros da família do usuário; e via plano coletivo, que poderá ser por adesão formado em grupos como sindicatos e associações ou ainda empresarial.
58. Nesse sentido, pode-se afirmar que a causa do contrato é "satisfazer a uma necessidade eventual do interessado em se cobrir de um risco" (GOMES, Orlando. *Contratos*. 26. ed. Rio de Janeiro: Forense, 2008, p. 516), no caso do contrato de plano privado de assistência à saúde é o risco relacionado à sua integridade psicofísica.
59. A teor do art. 758 do Código Civil, que também é aplicável aos planos privados de assistência à saúde.
60. A álea jurídica pode ser definida como "a incerteza, de ambos os contratantes, por ocasião da celebração do negócio, quanto ao desempenho de prestação de uma parte em favor da outra, a depender da verificação do evento incerto (*rectius*, sinistro)" (TEPEDINO, Gustavo; KONDER, Carlos Nelson; e BANDEIRA, Paula Greco. *Fundamentos do direito civil*: Contratos. Rio de Janeiro: Forense, 2020. v. 3, p. 460).
61. Art. 16 da Lei Federal 9.656 de 1998. Dessa forma, as cláusulas gerais de contratação deverão estar previstas na apólice, a qual representa a corporificação do contrato, com os seus dados essenciais: "a identificação dos sujeitos da relação jurídica, a fixação dos riscos assumidos, a vigência do contrato, a soma segurada, o prêmio e as condições gerais, dentre outros elementos" (TEPEDINO, Gustavo; KONDER, Carlos Nelson; e BANDEIRA, Paula Greco. *Fundamentos do direito civil*: Contratos. Rio de Janeiro: Forense, 2020. v. 3, p. 448).

do risco, ele pressupõe a existência de um grupo de segurados sujeitos às mesmas disposições contratuais".[62]

Em regra, nos contratos de seguro, há a predisposição rígida do conteúdo pelo segurador, o que, por um lado, facilita a conclusão de inúmeros contratos sem que haja a necessidade de negociações preliminares; e, por outro lado, permite a uniformidade de suas cláusulas necessárias igualmente aplicáveis em inúmeras relações jurídicas, verificando-se todas as características de um contrato de adesão, o qual se sujeita, portanto, às regras legais que disciplinam tal modalidade de contratar.[63] Em síntese, "as disposições legais são imperativas, e a intervenção estatal na economia do contrato é cada vez mais ativa".[64]

Especificamente no contrato de plano de assistência privada à saúde, a padronização do conteúdo contratual é expressamente determinada pela Lei Federal 9.656/1998. Esse diploma legislativo instituiu o *plano-referência de assistência à saúde*, o qual deverá contar com cobertura assistencial médico-ambulatorial e hospitalar, inclusive de partos e tratamentos que sejam realizados no Brasil, garantindo-se acesso ao padrão de enfermaria ou ao centro de terapia intensiva, quando seja necessária a internação hospitalar, em relação a todas as doenças que estão listadas na Classificação Estatística Internacional de Doenças e Problemas Relacionados com a Saúde, elaborada pela Organização Mundial de Saúde (OMS).[65]

Dessa forma, em cumprimento à determinação legal, a lista de procedimentos e eventos em saúde, que funciona como *referência básica* para os planos de saúde, é instituída e atualizada periodicamente pela Agência Nacional de Saúde Suplementar.[66] A

---

62. TEPEDINO, Gustavo; BARBOZA, Heloisa Helena; e MORAES, Maria Celina Bodin de. *Código Civil interpretado conforme a Constituição da República*. Rio de Janeiro: Renovar, 2006. v. 2, p. 562.
63. GOMES, Orlando. *Contratos*. 26. ed. Rio de Janeiro: Forense, 2008, p. 519.
64. PEREIRA, Caio Mário da Silva. *Instituições de direito civil*: contratos. 12 ed. rev. e atual. por Regis Fichtner. Rio de Janeiro: Forense, 2007, p. 454.
65. Art. 10, *caput*, da Lei Federal 9.656 de 1998.
66. Segundo o art. 4º, inciso III, da Lei Federal 9.961 de 2000, compete à Agência Nacional de Saúde Suplementar elaborar o rol de procedimentos e eventos em saúde, que constituirão referência básica às operadoras de planos privados de assistência à saúde. Em defesa da taxatividade do rol, conforme esclarecimento prestado pela própria ANS: "[...] 1 – O Rol de Procedimentos e Eventos em Saúde é a lista de consultas, exames, terapias e cirurgias que constitui a cobertura obrigatória para os planos de saúde regulamentados (contratados após 02.01.1999 ou adaptados à Lei 9.656/98). Essa lista possui mais de 3 mil itens que atendem a todas as doenças listadas na Classificação Estatística Internacional de Doenças e Problemas Relacionados com a Saúde), da Organização Mundial da Saúde; 2 – Atualmente, o rol de coberturas obrigatórias elaborado pela ANS e atualizado periodicamente é taxativo por força da Lei 9.961/2000; ou seja, os procedimentos e eventos em saúde existentes nessa lista não podem ser negados pelas operadoras, sob pena de terem a comercialização de planos suspensa ou serem multadas; 3 – O caráter taxativo do rol confere a prerrogativa da ANS de estabelecer as coberturas obrigatórias a serem ofertadas pelos planos de saúde, sem que os consumidores precisem arcar com custos de coberturas adicionais. Assumir que o rol seja meramente exemplificativo significa, no limite, atribuir a cada um dos juízes do Brasil a prerrogativa de determinar a inclusão de cobertura não prevista em contrato ou no rol de cobertura mínima, o que traria o aumento da judicialização no setor de saúde e enorme insegurança ao setor de saúde suplementar, na medida em que seria impossível mensurar adequadamente quais os riscos estariam efetivamente cobertos. O que impacta na definição do preço dos produtos; 4 – Além disso, sem ter as efetivas obrigações dos planos de saúde documentadas, a ANS não teria como adotar com precisão suas ações regulatórias, como a fiscalização do atendimento das coberturas, cobrança de ressarcimento ao sus, definição das

despeito da longa discussão doutrinária e jurisprudencial acerca da taxatividade (ou não) do rol de procedimentos e eventos em saúde, elaborado pela ANS e cuja cobertura é considerada obrigatória para as operadoras,[67] a jurisprudência do Superior Tribunal de Justiça tem reconhecido a abusividade de diversas cláusulas contratuais que restringem direitos resultantes da natureza do negócio nos contratos de plano de assistência privada de saúde. A razão é exatamente sua configuração como contrato de adesão, independentemente de ser formado em relação de consumo.[68]

A ideia central é que, desde que se trate de doença que esteja *acobertada* pelo contrato de plano privado de assistência à saúde, "o médico ou o profissional habilitado – e não o plano de saúde – é quem estabelece, na busca da cura, a orientação terapêutica a ser dada ao usuário acometido de doença coberta". Assim, a abusividade de cláusula excludente ou limitativa de certo tratamento reside exatamente no aspecto de que, pela sua incidência, o paciente fica impedido de receber o único tratamento, no entendimento do profissional especialista, que seja capaz de possibilitar a melhora de sua qualidade de vida ou a cura de doença cuja cobertura é obrigatória pelo plano de acordo com o rol estabelecido pela ANS. Caso negada a cobertura, haveria, ainda que por via transversa, o não atendimento da função econômico-individual do contrato para o usuário-segurado, tendo em vista a exclusão de direito resultante da natureza do negócio.[69]

---

margens de solvência e liquidez das operadoras, e tantas outras ações; 5 – Importante ressaltar que a ANS vem aprimorando sistematicamente o processo de atualização do rol, tornando-o mais ágil e acessível, bem como garantindo extensa participação social e primando pela segurança dos procedimentos e eventos em saúde incorporados, com base no que há de mais moderno em ATS – avaliação de tecnologias em saúde, primando pela saúde baseada em evidências; 6 – Vale destacar ainda que, além da falta de padronização das coberturas, o caráter exemplificativo do rol – por não conferir previsibilidade quanto aos procedimentos e eventos que podem vir a ser utilizados – tenderia a elevar os valores cobrados pelas operadoras aos seus beneficiários, como forma de manter a sustentabilidade de suas carteiras; [...]". Fonte: Esclarecimentos da ANS sobre taxatividade do Rol de Coberturas Obrigatórias. Disponível em: https://www.gov.br/ans/pt-br/assuntos/noticias/sobre-ans/esclarecimentos-da-ans-sobre-taxatividade-do-rol-de-coberturas-obrigatorias. Acesso em: 20 maio 2022.

67. Registre-se que está em julgamento no Superior Tribunal de Justiça, em dois Embargos de Divergência no âmbito da Segunda Seção, quais sejam, o EREsp 1.886.929 e o EREsp 1.889.704, ambos da relatoria do Ministro Luís Felipe Salomão, a questão da taxatividade ou não do rol de cobertura obrigatória estabelecido pela ANS, o que é objeto de longa divergência entre as Turmas da Segunda Seção da Corte Superior. Além disso, foi proposta a ADI 7.088 no Supremo Tribunal Federal, contra o artigo 10, §§ 4º, 7º e 8º, da Lei 9.656/1998, com redação dada pela Lei 14.307/2022, fruto da conversão em lei da Medida Provisória 1.067/2021. Tais normas estabelecem que a amplitude das coberturas dos planos de saúde no âmbito da saúde suplementar, inclusive para procedimentos de alta complexidade como transplantes, deverá ser estabelecida em norma editada pela ANS, cuja atualização deverá ser feita por meio de processo administrativo, com duração máxima de 180 dias, sendo possível a prorrogação máxima por mais 90 dias, contado da data de protocolo do pedido. A discussão é bastante complexa e foge ao âmbito de análise do presente artigo, porém deve ser ressaltado que o reconhecimento da taxatividade do rol de procedimentos e eventos em saúde de cobertura obrigatória, que é definido e atualizado pela ANS, não afasta a possibilidade de aplicação do artigo 424 do Código Civil ao conteúdo desses contratos formados por adesão, mas, ao reverso, torna o controle de cláusulas abusivas no plano privado de assistência à saúde ainda mais relevante, de modo a garantir ao aderente-segurado o cumprimento pela operadora da função econômico-individual do contrato.

68. Nesse sentido, há o Enunciado 608 da Súmula do STJ, segundo o qual "aplica-se o Código de Defesa do Consumidor aos contratos de plano de saúde, salvo os administrados por entidades de autogestão".

69. "[...] 2. Ação ordinária que busca o custeio de tratamento contra obesidade mórbida (grau III) em clínica especializada de emagrecimento, pois o autor não obteve sucesso em outras terapias, tampouco podia se submeter à cirurgia bariátrica em virtude de apneia grave e outras comorbidades, sendo a sua situação de risco de morte.

A Corte Superior também reconhece a abusividade da cláusula contratual que vede a internação domiciliar (*home care*), como tratamento alternativo à internação hospitalar, exatamente por ser "da natureza do negócio firmado", atraindo a incidência do art. 424 do Código Civil: isto é, configura "desdobramento do tratamento hospitalar contratualmente previsto que não pode ser limitado pela operadora do plano de saúde".[70] Mesmo que o tratamento médico em domicílio não tenha sido incluído no rol de procedimentos mínimos ou obrigatórios da ANS, é abusiva a cláusula contratual que importe na vedação da autorização (ainda que excepcional) à internação domiciliar como alternativa à internação hospitalar, por colocar o usuário-segurado em posição de desvantagem exagerada frente à operadora. Isso, porque "há situações em que tal procedimento é altamente necessário para a recuperação do paciente sem comprometer o equilíbrio financeiro do plano considerado coletivamente". Com efeito, não haverá a afetação do equilíbrio contratual desde que o custo do atendimento domiciliar por dia não supere o custo diário em hospital.[71]

[...] 4. A obesidade mórbida é doença crônica de cobertura obrigatória nos planos de saúde (art. 10, caput, da Lei 9.656/1998). Em regra, as operadoras autorizam tratamentos multidisciplinares ambulatoriais ou as indicações cirúrgicas, a exemplo da cirurgia bariátrica (Resolução CFM 1.766/2005 e Resolução CFM 1.942/2010). 5. O tratamento da obesidade mórbida, por sua gravidade e risco à vida do paciente, demanda atendimento especial. Em caso de indicação médica, poderá ocorrer a internação em estabelecimentos médicos, tais como hospitais e clínicas para tratamento médico, assim consideradas pelo Cadastro Nacional de Estabelecimento de Saúde – CNES (art. 8º, parágrafo único, da RN ANS 167/2008). Diferenças existentes entre clínica de emagrecimento e SPA. 6. A restrição ao custeio pelo plano de saúde de tratamento de emagrecimento circunscreve-se somente aos de cunho estético ou rejuvenescedor, sobretudo os realizados em SPA, clínica de repouso ou estância hidromineral (arts. 10, IV, da Lei 9.656/1998 e 20, § 1º, IV, da RN ANS 387/2015), não se confundindo com a terapêutica da obesidade mórbida (como a internação em clínica médica especializada), que está ligada à saúde vital do paciente e não à pura redução de peso almejada para se obter beleza física. [...] 7. Mesmo que o CDC não se aplique às entidades de autogestão, a cláusula contratual de plano de saúde que exclui da cobertura o tratamento para obesidade em clínica de emagrecimento se mostra abusiva com base nos arts. 423 e 424 do CC, já que, da natureza do negócio firmado, há situações em que a internação em tal estabelecimento é altamente necessária para a recuperação do obeso mórbido, ainda mais se os tratamentos ambulatoriais fracassarem e a cirurgia bariátrica não for recomendada. 8. A jurisprudência deste Tribunal Superior é firme no sentido de que o médico ou o profissional habilitado – e não o plano de saúde – é quem estabelece, na busca da cura, a orientação terapêutica a ser dada ao usuário acometido de doença coberta. [...] 9. Havendo indicação médica para tratamento de obesidade mórbida ou severa por meio de internação em clínica de emagrecimento, não cabe à operadora negar a cobertura sob o argumento de que o tratamento não seria adequado ao paciente, ou que não teria previsão contratual, visto que tal terapêutica, como último recurso, é fundamental à sobrevida do usuário, inclusive com a diminuição das complicações e doenças dela decorrentes, não se configurando simples procedimento estético ou emagrecedor. [...]" BRASIL. Superior Tribunal de Justiça. REsp 1.645.762/BA. Relator: Ministro Ricardo Villas Bôas Cueva. Julgamento: 12.12.2017. Órgão Julgador: Terceira Turma. Publicação: DJe 18.12.2017.

70. BRASIL. Superior Tribunal de Justiça. REsp 1.378.707/RJ. Relator: Ministro Paulo de Tarso Sanseverino. Julgamento: 26.05.2015. Órgão Julgador: Terceira Turma. Publicação: DJe 15.06.2015.
71. BRASIL. Superior Tribunal de Justiça. REsp 1.537.301/RJ. Relator: Ministro Ricardo Villas Bôas Cueva. Julgamento: 18.08.2015. Órgão Julgador: Terceira Turma. Publicação: DJe 23.10.2015. Especificamente nos casos de contrato de plano de saúde administrado por entidade de autogestão, afastada a incidência do Código de Defesa do Consumidor, aplica-se o artigo 424 do Código Civil: Cf. "[...] 2. A Segunda Seção desta Corte Superior consagrou entendimento de não se aplicar o Código de Defesa do Consumidor ao contrato de plano de saúde administrado por entidade de autogestão, haja vista a inexistência de relação de consumo (Súmula 608/STJ). 3. É abusiva a cláusula contratual que veda a internação domiciliar como alternativa à internação hospitalar, visto que, da natureza do negócio firmado (arts. 423 e 424 do CC), há situações em que tal procedimento é altamente necessário para a recuperação do paciente sem comprometer o equilíbrio financeiro do plano con-

De igual modo, entende o STJ que, em caso de usuário-segurado padecente de câncer, assegurada a cobertura do tratamento da doença pelo plano de saúde, não é possível a vedação contratual do tipo de tratamento ou ainda a limitação do número de sessões, no caso de quimioterapia: dito diversamente, "se a patologia está coberta, no caso, o câncer, é inviável vedar a quimioterapia pelo simples fato de ser esta uma das alternativas possíveis para a cura da doença".[72] Prevista no contrato a cobertura para o tratamento de quimioterapia, há abusividade na regra contratual que exclua o fornecimento de medicamento que tenha sido ministrado e prescrito pelo médico responsável pelo tratamento do segurado.[73]

6. CONCLUSÃO

A ideia tradicional de contrato não casa com a contratação massificada, uma vez inexistente nela a negociação individualizada das prestações contratuais. Apesar de ser relativamente recente a legislação brasileira acerca do tema, o fenômeno da contratação estandardizada não é invenção jurídica nova. Surgido dentro do contexto de ascensão da burguesia pós-revolução industrial, o contrato de adesão se tornou funcionalmente ajustado às estruturas de produção e distribuição de bens e serviços típicas da moderna vida econômica.

O art. 424 do Código Civil dispõe que a natureza do contrato deve ser sempre respeitada nesta modalidade de contratar, sendo norma voltada para coibir cláusulas abusivas. Certas regras contratuais que, em relações jurídicas negociadas, seriam admitidas pelo direito, como forma de livre alocação de riscos após o debate entre as partes, deixam de sê-lo no contrato de adesão. São as denominadas cláusulas abusivas, as quais tornam o contrato desequilibrado desde o seu nascimento, já que excessivamente gravosas para o aderente, parte vulnerável diante do poder de fato do predisponente na definição do conteúdo contratual.

A renúncia antecipada indesejada pelo legislador é aquela feita no momento de formação do contrato, em que há a adesão pelo aderente às cláusulas contratuais gerais. O escopo da norma é impedir que, por meio dessas cláusulas predispostas, o aderente se veja despojado de direito inerente ao programa contratual. Em síntese, na contratação por adesão, não se admite a retirada antecipada – isto é, nas cláusulas unilateral e rigidamente predeterminadas – de direitos fundados em regra dispositiva do tipo ou

---

siderado coletivamente [...]" (BRASIL. Superior Tribunal de Justiça. AgInt no AREsp 1.185.766/MS. Relator: Ministro Ricardo Villas Bôas Cueva. Julgamento: 12.06.2018. Órgão Julgador: Terceira Turma. Publicação: DJe 18.06.2018). No mesmo sentido: BRASIL. Superior Tribunal de Justiça. AgInt no AREsp 1.331.616/DF. Relator: Ministro Ricardo Villas Bôas Cueva. Julgamento: 18.02.2019. Órgão Julgador: Terceira Turma. Publicação: DJe 21.02.2019. BRASIL. Superior Tribunal de Justiça. AgInt no AREsp 1.450.651/SP. Relator: Ministro Ricardo Villas Bôas Cueva. Julgamento: 16.09.2019. Órgão Julgador: Terceira Turma. Publicação: DJe 18.09.2019.

72. BRASIL. Superior Tribunal de Justiça. AgRg nos EDcl no REsp 1.188.322/SP. Relator: Ministro Massami Uyeda, Julgamento: 14.12.2010. Órgão Julgador: Terceira Turma. Publicação: DJe 03.02.2011.

73. BRASIL. Superior Tribunal de Justiça. EDcl. AREsp 10.044/MS. Relator: Ministra Maria Isabel Gallotti. Julgamento: 16.04.2013. Órgão Julgador: Terceira Turma. Publicação: DJe 22.04.2013.

nos usos contratuais quando atinjam a elemento natural do negócio, exatamente por afetar a própria causa do contrato, tendo em vista a disparidade de poder existente entre os contratantes.

Especificamente nos contratos de plano privado de assistência à saúde, a jurisprudência do Superior Tribunal de Justiça caminha para o reconhecimento da abusividade de cláusulas contratuais que restrinjam direitos resultantes da natureza do negócio para o aderente-usuário. A questão, ainda *sob judice*, acerca da taxatividade do rol de procedimentos e eventos em saúde definido pela ANS não se confunde com a possibilidade de aplicação do artigo 424 do CC ao conteúdo desses contratos, já que serão sempre formados por adesão. Ao reverso, o (*necessário*) reconhecimento da taxatividade da cobertura obrigatória torna ainda mais relevante o controle de cláusulas abusivas que venham a ser inseridas por meio de cláusulas contratuais gerais nas apólices dos planos de saúde. Isso, porque a incidência dessas cláusulas abusivas representaria, por via transversa, o não atendimento da função econômico-individual do contrato para o aderente. Em suma, a negativa de cobertura violaria o intuito legal de se garantir a cobertura obrigatória de saúde privada suplementar (*i. e.* os procedimentos e eventos em saúde existentes nessa lista não podem ser negados pelas operadoras).

NOTAS SOBRE A DISCRIMINAÇÃO NAS RELAÇÕES CONTRATUAIS ENTRE PARTICULARES

Thiago Junqueira

Sumário: 1. Introdução – 2. Aproximação ao estudo da discriminação nas relações contratuais entre particulares – 3. Signos protegidos contra a discriminação – 4. Principais modalidades de discriminação: direta e indireta – 5. Possibilidade de justificação do tratamento diferenciado com base em critérios protegidos – 6. Conclusão.

1. INTRODUÇÃO

No ano de 2020 aconteceu algo até então inusitado: a frase "*como ser antirracista*" foi mais buscada no Google do que a "*como ser um milionário*".[1] Fruto de um novo contexto histórico-social, o episódio narrado apenas reforça a necessidade do estudo não apenas do racismo, mas da discriminação em termos lato nas relações entre privados.

Tem-se como premissa que para se combater algo é preciso bem compreendê-lo antes. Nesse sentido, convém questionar: em termos jurídico-normativo, qual o critério para se qualificar um tratamento distintivo como "discriminatório"? Quais são as principais modalidades de discriminação sob a óptica jurídica? Afinal, como distinguir a diferenciação admissível da discriminação inadmissível?

No presente artigo, serão examinados os contornos gerais do estudo da discriminação, notadamente as suas modalidades, signos protegidos e possibilidade de justificação da diferenciação que os tenham como base. Pretende-se, em suma, mapear os elementos importantes para auxiliar a distinção entre diferenciação admissível e discriminação inadmissível nas relações entre particulares.[2]

2. APROXIMAÇÃO AO ESTUDO DA DISCRIMINAÇÃO NAS RELAÇÕES CONTRATUAIS ENTRE PARTICULARES

Entre as inúmeras concepções dadas à palavra "discriminação", a primeira que costuma vir à mente pode ser resumida no seguinte postulado: "aqueles que deveriam ter sido tratados de maneira igual não o foram". Essa, porém, é apenas uma das facetas

---

1. PESCE, Nicole Lyn. *These were the most Googled questions of 2020*. https://www.marketwatch.com/story/these-were-the-most-googled-questions-of-2020-we-have-many-of-the-answers-2020-12-09. Acesso em: 15 mar. 2022. (Destacou-se).
2. Retoma-se, nesse particular, abordagem prévia feita em JUNQUEIRA, Thiago. *Tratamento de dados pessoais e discriminação algorítmica nos seguros*. São Paulo: Thomson Reuters Brasil, 2020. p. 80 e ss.

do conceito normativo de discriminação, que agasalha, também – e especialmente –, a proibição do tratamento distintivo a partir de certas caraterísticas tidas como merecedoras de particular proteção pelo ordenamento jurídico. Por isso mesmo, o combate à discriminação pode, na prática, fazer com que aqueles que deveriam ou poderiam "ser tratados de forma diferente sejam igualmente tratados".[3] Enquanto a primeira dá substância à vertente negativa da igualdade, a segunda representa o aspecto positivo dela. Dá-se o adjetivo "positivo" por ela promover (ativamente) o tratamento isonômico em situações não necessariamente comparáveis, visando-se ao alcance da igualdade material.

O progresso no estudo da matéria intensificou-se de tal monta nos últimos anos que é possível se vislumbrar um novo ramo do direito, a saber, o "direito da antidiscriminação". Especial controvérsia grassa, como de resto ocorre com os demais direitos fundamentais, a respeito da eficácia do princípio da igualdade na relação entre privados. Se o imperativo da igualdade se encaixa perfeitamente na relação entre cidadão e Estado, quando transposto ao direito privado, acaba por confrontar com a autonomia privada. Sentidos inicialmente no âmbito do direito do trabalho, não se pode negar que, especialmente após a Constituição da República de 1988, os ventos igualitários passaram a mirar o direito civil e, especialmente, o direito do consumidor. A antes ilimitada autonomia privada na escolha do parceiro e, em certa medida, nos termos da contratação, foi sendo progressivamente conformada a outros interesses protegidos pelo ordenamento jurídico.[4]

A definição do grau de eficácia do princípio da igualdade nas relações contratuais entre particulares é tema complexo e está engatinhando no Brasil. Passando ao largo de toda a discussão relativa à amplitude da vinculação dos direitos fundamentais e resumindo conteúdo que daria substância a tratados em poucas palavras, pode afirmar-se que, enquanto nas relações simétricas entre particulares tendem a prevalecer a autonomia privada e a liberdade contratual, com amparo da proteção da igualdade em casos específicos (geralmente, quando há ofensa conjunta à dignidade humana),[5] nas

---

3. KELLER, Benno. Big Data and Insurance: Implications for Innovation, Competition and Privacy. Zurich: The Geneva Association, 2018. p. 11. Apesar do fato de que, hodiernamente, o termo "discriminar" possui uma carga hegemonicamente pejorativa, vale a ressalva de que "num plano estritamente formal, discriminar não é mais do [que] separar, distinguir, diferenciar ou tratar distintamente", de modo que existem "situações de discriminação (ou diferenciação) ilícita (proibida), situações de discriminação lícita (permitida), e, mesmo, situações de discriminação imposta (devida)", cf. PINTO, Paulo Mota. Autonomia privada e discriminação: algumas notas. PORTUGAL (TRIBUNAL CONSTITUCIONAL). *Estudos em homenagem ao Conselheiro José Manuel Cardoso da Costa*. Coimbra: Coimbra Editora, 2005. v. II, p. 320.
4. Mesmo entre os adeptos de um "modelo fraco de eficácia indireta dos direitos fundamentais" nas relações privadas se reconhece que o "Direito Civil, no que se refere ao direito da antidiscriminação, ocupa cada vez mais posição de relevo". RODRIGUES JR., Otavio Luiz. Direito Civil Contemporâneo: Estatuto epistemológico, Constituição e direitos fundamentais. Rio de Janeiro: Forense Universitária, 2019. p. 73.
5. MARTINS, Thiago Penido. *Discriminação nas relações contratuais*. Belo Horizonte: D'Plácido, 2016. p. 263 e 266. Para uma detalhada análise das várias teorias relativas à aplicação dos direitos fundamentais nas relações entre privados, seja consentido remeter-se a: KONDER, Carlos. Direitos fundamentais e relações privadas: o exemplo da distinção por gênero nos planos de previdência complementar. *Interesse Público*, Belo Horizonte, ano 18, n. 99, p. 47-65, set./out. 2016; SARMENTO, Daniel. *Direitos fundamentais e relações privadas*. Rio de Janeiro: Editora Lumen Juris, 2008. p. 107 et seq.; e MENDES, Gilmar Ferreira. Direitos fundamentais: eficácia das garantias constitucionais nas relações privadas. In: MENDES, Gilmar. *Direitos Fundamentais e Controle*

relações de consumo a situação ganha outros contornos. A livre iniciativa do fornecedor não pode servir de escudo a tratamentos que, levando em conta critérios protegidos pelo ordenamento jurídico, sejam desprovidos de justificativa razoável, conforme se demonstrará a seguir.

3. SIGNOS PROTEGIDOS CONTRA A DISCRIMINAÇÃO

Não é qualquer tratamento desigual, ainda que arbitrário, que gerará uma discriminação sob a óptica jurídica. O fator distintivo, especialmente nas relações entre privados, terá de ser protegido pelo ordenamento jurídico para que isso ocorra. Do contrário, o ato poderá até ser desconforme à igualdade e, por via da boa-fé ou do abuso do direito, por exemplo, não passar pelo juízo de merecimento de tutela, mas não haverá estritamente uma discriminação.

O princípio da igualdade é gênero, do qual a proteção antidiscriminatória é espécie,[6] servindo como *meio de prevenção e repressão a diferenciações que tenham propósitos e/ou efeitos socialmente intoleráveis*. Eis o verdadeiro campo operativo da tutela antidiscriminatória.

Um exemplo ajuda a ilustrar: imagine-se que determinado escritório de advocacia abra vagas para novos advogados e eleja, como requisito obrigatório, que o candidato tenha-se graduado em uma determinada Faculdade de Direito. Isso seria discriminatório? A princípio, não, pois, embora não tenha ofertado um tratamento igualitário a todos os possíveis pretendentes ao cargo, o seu método de seleção não envolveu um critério protegido contra a discriminação pelo ordenamento jurídico. Numa palavra, os candidatos que se formaram em outras Faculdades de Direito não sofreram reiterados e difusos episódios de tratamento desvantajoso na sociedade a ponto de se justificar uma intervenção na autonomia de escolha dos critérios de contratação pelo empregador em questão.[7]

Note-se que o escritório partiu de uma generalização – graduados da Faculdade "X" costumam ser bons advogados – para definir o seu método de seleção. Nesse particular,

---

de Constitucionalidade: Estudos de direito constitucional. 4. ed. São Paulo: Saraiva, 2012. p. 135. Cabe, aqui, deixar-se sublinhado que o presente estudo parte da premissa da aplicação direta dos direitos fundamentais nas relações entre privados, nos termos igualmente defendidos por TEPEDINO, Gustavo. A incorporação dos direitos fundamentais pelo ordenamento brasileiro: sua eficácia nas relações jurídicas privadas. In: TEPEDINO, Gustavo. *Temas de Direito Civil*. Rio de Janeiro: Renovar, 2009. t. III.

6. "Discriminação não é a mesma coisa que igualdade. A igualdade é gênero do qual a não discriminação é espécie. A não discriminação é conteúdo da igualdade, é preciso não discriminar para se obter a igualdade". GOEDERT, Rubia Carla. *Contratos de consumo*: a proteção constitucional do consumidor contra a discriminação. Curitiba: Juruá, 2015. p. 104 et seq. Após sublinhar que a jurisprudência do TJUE, em numerosos acórdãos, destacou "o princípio da não discriminação como uma *expressão particular, específica* do princípio da igualdade", Mariana Canotilho crava: "se toda a discriminação implica necessariamente uma ruptura da igualdade, o inverso não é verdadeiro". CANOTILHO, Mariana. Brevíssimos apontamentos sobre a não discriminação no direito da União Europeia. *Julgar*, n. 14, p. 105, maio/ago. 2011 (Destaque no original).

7. Cf. ROBERTS, Jessica L. Protecting Privacy to Prevent Discrimination. *William & Mary Law Review*, Williamsburg, v. 56, issue 6, p. 2110, 2015.

o que o *princípio da não discriminação exige é que a generalização não seja feita com base em critérios protegidos*. Na exemplificação acima, se o critério fosse uma determinada raça ou gênero, para além de atentatório à igualdade, ele seria, *prima facie*, discriminatório.[8]

Por trás de cada critério protegido costuma existir uma longa história de preconceito e estigmatização. Membros, *e.g.*, da raça negra ou do gênero feminino foram subjugados – pela ciência e pela própria legislação – por séculos. O fim de uma oficializada discriminação em desfavor de certos grupos não foi suficiente para se garantir a situação de paridade. Teve-se de ir além: proibindo-se, por um lado, a utilização da caraterística protegida em algumas situações e, por outro, implementando-se algumas ações afirmativas, como as cotas raciais em universidades públicas.

Mas quais seriam essas características protegidas contra a discriminação pelo ordenamento jurídico brasileiro? Antes de se responder a tal indagação, impõe recordar-se não haver, atualmente, no Brasil, uma lei geral de antidiscriminação. Entretanto, existem diversos dispositivos legais esparsos que afetam a matéria, a começar pelos abrigados na Constituição da República, tendo ainda notável relevo o princípio da não discriminação disposto na Lei Geral de Proteção de Dados (Lei 13.709/2018).[9]

Embora a CF brasileira conte com um *catálogo aberto* de "sinais protegidos" – nos termos do inciso IV do art. 3º, "origem, raça, sexo, cor, idade e quaisquer outras formas de discriminação" –,[10] o conceito de discriminação pressupõe uma "significância social".

---

8. O termo *"prima facie"* serve para se enfatizar que a discriminação poderá se confirmar ou não, a depender da análise em concreto. Se, por exemplo, o uso da raça fosse justamente para promover a inclusão de negros no escritório, provavelmente ele seria considerado merecedor de tutela. No que tange ao gênero, vejam-se estes dois exemplos: "Para exercer a função de manequim de roupas íntimas masculinas é evidentemente legítimo considerar apenas a admissão de homens, excluindo-se as candidatas do sexo feminino. (…) Já para exercer a função de agente de aeroporto, com incumbência de revistar as passageiras que se apresentam para embarcar nos voos, somente mulheres poderão ser admitidas. A atividade, por sua natureza, poderia em tese ser realizada tanto por homens como por mulheres. O 'contexto da sua execução', todavia, limita o gênero de quem a pode realizar". MALLET, Estêvão. Igualdade e Discriminação em Direito do Trabalho. São Paulo: LTr, 2013. p. 90.
9. Definido no art. 6º, inc. IX da LGPD como "impossibilidade de realização do tratamento para fins discriminatórios ilícitos ou abusivos", o princípio da não discriminação deve ser alvo de uma interpretação extensiva, conforme afirmou-se em outra sede: "não faz sentido restringir-se a aplicação do princípio aos casos em que os agentes tenham como propósito causar a discriminação ilícita ou abusiva. Em tempos de decisões tomadas por IAs que se desenvolvem mediante autoaprendizagem e, em grande medida, valem-se de correlações pouco explicáveis para extrair inferências, demonstra-se mais do que nunca imperioso realizar-se uma análise funcional da tutela antidiscriminatória fornecida pela Constituição da República". JUNQUEIRA, Thiago. Op. cit. p. 248.
10. Constituição da República – art. 3º: "Constituem objetivos fundamentais da República Federativa do Brasil: [Omissis] IV – promover o bem de todos, sem preconceitos de origem, raça, sexo, cor, idade e quaisquer outras formas de discriminação"; art. 5º: "Todos são iguais perante a lei, sem distinção de qualquer natureza, garantindo-se aos brasileiros e aos estrangeiros residentes no País a inviolabilidade do direito à vida, à liberdade, à igualdade, à segurança e à propriedade, nos termos seguintes: I – homens e mulheres são iguais em direitos e obrigações, nos termos desta Constituição".
    Ainda sobre os "signos protegidos", convém ressaltarem-se algumas normas específicas que acabam por influenciá-los, tais quais: o art. 5º, inc. II, da LGPD, que assim conceitua o dado sensível: "dado pessoal sobre origem racial ou étnica, convicção religiosa, opinião política, filiação a sindicato ou a organização de caráter religioso, filosófico ou político, dado referente à saúde ou à vida sexual, dado genético ou biométrico, quando vinculado a uma pessoa natural"; a Lei 9.656/1998 (Lei dos Planos Privados de Assistência à Saúde), cujo art. 14 dispõe: "Em razão da idade do consumidor, ou da condição de pessoa portadora de deficiência, ninguém pode ser impedido de participar de planos privados de assistência à saúde"; a Lei 10.741/2003 (Estatuto do Idoso), que estabelece o

Recorde-se, nesse particular, a diferença entre o sentido comum e o jurídico do termo discriminação:

> No sentido comum, como referido, "discriminação" designa um estado de fato no qual ocorrem tratamentos injustificadamente diferenciados. No sentido jurídico, 'discriminação' é, além disso, o elemento de uma política, que leva em conta, entre os diversos tratamentos injustificadamente diferenciados, apenas aqueles que possuem significância social. Por isso, os contornos da 'discriminação jurídica' serão condizentes com os elementos constitutivos dessa política, como por exemplo, com os critérios que a legitima e as específicas finalidades perseguidas (p. ex., a acentuar a garantia da dignidade ou a garantir a igualdade de chances). São essas as razões que permitem que se fale com sentido de, por exemplo, uma discriminação contra fumantes, ainda que, juridicamente, o fato de fumar não justifique a incidência de regras antidiscriminatórias.[11]

Jorge Cesa Ferreira da Silva defende, a esse propósito, que o referido traço de "significância social" poderia ser alcançado apelando-se ao critério "preconceito", inserto no referido dispositivo constitucional, e dá como exemplo a orientação sexual, que, apesar de não constar na Carta Magna, tem sido considerado um atributo discriminatório. Em suas palavras:

> Tratando-se de catálogo aberto, é de questionar-se sobre o critério utilizado para complementá-lo. A revisão da doutrina e da jurisprudência não oferece resposta definitiva. Nada obstante, pode-se cogitar da utilização do critério 'preconceito', expressamente referido pelo art. 3º, IV, ao lado da ideia de discriminação, como elemento definidor. Ainda que preconceito e discriminação sejam conceitos só parcialmente conectados, o preconceito é capaz de estabelecer um critério material de escolha, além de ter a vantagem de pressupor a existência de determinado grau de significado social para o específico sinal seja incluído na lista.[12]

Com inspiração no direito norte-americano, Roger Raupp Rios sistematiza e, na sequência, defende a consideração conjunta, embora não cumulativa, dos seguintes fatores para o reconhecimento de um grupo como "merecedor" de proteção contra a discriminação:

> (1) sujeita-se, histórica e intencionalmente, a tratamento desigual por parte da maioria; (2) é vítima de um processo de estigmatização; (3) é objeto de preconceito e hostilidade difusos; (4) recebe tratamento

---

seguinte em seu art. 15, § 3º: "É vedada a discriminação do idoso nos planos de saúde pela cobrança de valores diferenciados em razão da idade"; o Estatuto da Igualdade Racial (art. 6º, § 2º, da Lei 12.288/2010): "(...) o poder público garantirá que o segmento da população negra vinculado aos seguros privados de saúde seja tratado sem discriminação"; a Lei do Cadastro Positivo, que, ao tratar do *credit score*, estabelece a impossibilidade de uso de informações que "não estiverem vinculadas à análise de risco de crédito e aquelas relacionadas à origem social e étnica, à saúde, à informação genética, ao sexo e às convicções políticas, religiosas e filosóficas" (art. 7º-A, inc. I), bem como as "de pessoas que não tenham com o cadastrado relação de parentesco de primeiro grau ou de dependência econômica" (art. 7º-A, inc. II) e aquelas "relacionadas ao exercício regular de direito pelo cadastrado" (art. 7º-A, inc. III).

11. SILVA, Jorge Cesa Ferreira da. A proteção contra discriminação no direito contratual brasileiro. *Revista de Direito Civil Contemporâneo*. v. 1, n. 1, p. 43, São Paulo, out./dez. 2014.
12. SILVA, Jorge Cesa Ferreira da. Ibidem, p. 46 (o autor destaca, ainda, que a ampliação pouco rigorosa do catálogo de "sinais protegidos" poderia resultar no esvaziamento da proteção antidiscriminatória). Em sua tese doutoral, Jorge Cesa Ferreira da Silva assevera: "De uma maneira ampla, pode-se dizer que os grupos protegidos se assemelham por sofrerem restrições permanentes, difusas e substanciais". (*Antidiscriminação e contrato*: a integração entre proteção e autonomia. São Paulo: Thomson Reuters Brasil, 2020. p. 97).

desigual decorrente de estereótipos sobre suas capacidades; (5) constitui parcela minoritária e pouco expressiva, com participação política seriamente prejudicada; (6) tem nas características próprias, imutáveis (ou muito dificilmente modificáveis) e constituintes de sua identidade, o fundamento da diferenciação e (7) apresenta, como causa da discriminação, uma característica irrelevante para sua participação positiva na sociedade.[13]

Sem que se possa aprofundar o debate, impõe realçar-se que, além dos atributos expressamente previstos no precitado art. 3º, inc. IV, da CF, a "orientação sexual" e a "religião" costumam ser elencadas como "categorias suspeitas". Note-se que elas carregam um estigma (marginalização e opressão histórica) e, das duas, uma: não são "controláveis" pelos indivíduos ou são escolhas existenciais com significância social. O ordenamento jurídico protege tais categorias, requerendo um grau de escrutínio mais forte para que as decisões tomadas tendo-as, como suporte, sejam consideradas lícitas.

Essa proteção especial, por vezes, será reconhecida pela via jurisprudencial. Após relembrar que algumas jurisdições, como o Brasil, "enumeram os parâmetros de proteção especial, mas permitem que o judiciário possa estendê-los quando for necessário", Adilson Moreira pergunta e responde:

> Como esses critérios são analisados pelos tribunais? Muitos deles fazem menção à noção de imutabilidade, elemento que designa características que não podem ser modificadas em função de seu caráter biológico. Tratamentos diferenciados e negativos baseados em elementos dessa natureza seriam discriminatórios porque esses traços são benignos, e também porque estão fora do controle do sujeito; eles adquirem relevância social apenas em função das relações assimétricas de poder presentes nas relações sociais. Mais recentemente os tribunais também classificaram como parâmetro de proteção especial aqueles traços que implicam escolhas fundamentais na vida dos indivíduos. O caso paradigmático é a orientação sexual, elemento central da identidade de uma pessoa, embora talvez não possa ser qualificado como imutável como outros elementos, a sua ocultação implica a imposição de um custo pessoal significativo para o indivíduo, motivo pelo qual deve ser protegido. Ter que esconder a orientação sexual para evitar a discriminação seria uma violação da dignidade pessoal que o sistema jurídico não pode permitir.[14]

Frise-se, portanto, parecer ser possível enquadrarem-se em duas principais categorias os sinais protegidos contra a discriminação: i) *características imutáveis ou alheias ao controle dos indivíduos* (*v.g.*, raça, idade, deficiência, origem, dado genético); e ii) *escolhas existenciais que tenham significância social* (por exemplo, religião e orientação sexual). Ainda que não seja rígida ou exaustiva, e que tenha mesmo de se adaptar com o passar do tempo,[15] tal divisão ajuda a compreender – especialmente em países como

---

13. RIOS, Roger Raupp. *Direito da antidiscriminação: discriminação direta, indireta e ações afirmativas*. Porto Alegre: Livraria do Advogado, 2008. p. 55. O autor complementa: "Ainda que não exista uma teoria explicativa da importância relativa de cada um deles, eles devem ser ponderados de acordo com a concretude histórica de cada hipótese, podendo ser objeto de maior ou menor disputa caso a caso". Ibidem, p. 56.
14. MOREIRA, Adilson José. *O que é discriminação?* 2. ed. reimp. Belo Horizonte: Letramento, 2017. p. 72. Para uma análise individualizada dos principais signos protegidos contra a discriminação, seja consentido remeter a: CANOTILHO, José Joaquim Gomes; MOREIRA, Vital. Constituição da República Portuguesa anotada. 4. ed. Coimbra: Coimbra Editora, 2007. v. 1, p. 340 et seq.
15. Consulte-se, sobre esta temática, FREDMAN, Sandra. *Discrimination Law*. 2. ed. Oxford: Oxford University Press, 2011. p. 110-111, que faz uma análise do condicionamento histórico e das diferentes estratégias de defi-

o Brasil, no qual o catálogo de critérios diferenciadores não é fechado – o que se está, em primeiro plano, a proteger com a vedação à discriminação.

Destarte, o ordenamento jurídico busca coibir a tomada de decisões por agentes públicos ou privados, por exemplo, a recusa de determinada contratação ou a sua efetivação em termos distintos, tendo como base um dos sinais referidos, especialmente se da sua utilização resultarem prejuízos para membros que compõem grupos historicamente subjugados. Na esteira do que se examinará subsequentemente, porém, o tratamento diferenciado com base em um fator neutro também poderá vir a ser proibido, caso o seu impacto seja desproporcionalmente adverso a algum grupo protegido e haja a possibilidade de uma adaptação razoável por parte do agente discriminador.

4. PRINCIPAIS MODALIDADES DE DISCRIMINAÇÃO: DIRETA E INDIRETA

Há uma importante clivagem na dogmática da discriminação que, desde logo, precisa ser enfrentada: enquanto a *discriminação direta* se liga ao tratamento desigual a uma pessoa ou a um grupo de pessoas com base em um critério protegido contra a discriminação, a *discriminação indireta* se relaciona com a desigualdade de resultados causada pelo uso de um critério (aparentemente) neutro. Nas mais variadas latitudes, essa distinção se faz sentir (por vezes, mediante diferentes nomenclaturas, como, no direito norte-americano, *disparate treatment* e *disparate impact*), o que recomenda um melhor delineamento dos seus contornos.

A *discriminação direta* pressupõe um tratamento desfavorável que tenha como elemento de comparação uma característica protegida. Há, portanto, a "necessidade de um nexo de causalidade entre o tratamento menos favorável e a característica protegida", que seria preenchido mediante a seguinte indagação:

> (...) teria uma determinada pessoa ou grupo de pessoas sido objecto de tratamento menos favorável se fosse de sexo diferente, de uma raça diferente, de uma idade diferente, ou se estivesse em qualquer situação inversa no âmbito de qualquer das restantes características protegidas? Se a resposta for afirmativa, pode-se estabelecer claramente que o tratamento menos favorável é imputável ao motivo em causa.[16]

De forma geral, atribui-se como um elemento necessário da discriminação direta a *intenção* do agente causador. O cerne da questão, todavia, está no fato de o signo protegido ser diretamente utilizado, sendo a intenção, por vezes, dispensável.[17]

---

nição dos critérios discriminatórios em vários países, designadamente se feita por meio de um rol exaustivo ou exemplificativo.

16. AGÊNCIA DOS DIREITOS FUNDAMENTAIS DA UNIÃO EUROPEIA. *Manual sobre a legislação europeia antidiscriminação*. Luxemburgo: Serviço das Publicações da União Europeia, 2011. p. 29. Entre as características protegidas existentes na "legislação" europeia antidiscriminação, destacam-se: o gênero, a orientação sexual, a deficiência, a idade, a raça, a origem étnica, a origem nacional e a religião ou crença. Consultem-se, por exemplo, os arts. 21 e 23 da Carta dos Direitos Fundamentais da União Europeia (2000/C 364/01) e o art. 10 do Tratado de Lisboa (Tratado sobre o Funcionamento da União Europeia).

17. Veja-se, por exemplo: "A visão popular de que a discriminação direta, ao contrário da discriminação indireta, preocupa-se com preconceito deliberado não é estritamente verdadeira. Embora, sem dúvida, a discriminação

Nessa linha de raciocínio, é preciso que se conclua que uma pessoa ou um grupo de pessoas em situação semelhante teria sido tratada de forma distinta e que o motivo central desse tratamento diverso se remeteria a uma característica protegida ou a um fator indissociável a ela. Quando isso ocorrer, estará consubstanciada uma discriminação *prima facie*. Nem sempre, porém, ela será confirmada e proibida. Na ressalva pertinente de Ingo Sarlet, "o que se verifica é que o ônus argumentativo, portanto, a consistência das razões para justificação do tratamento desigual, deverá ser muito mais elevado".[18]

Na sequência será investigada a possibilidade de justificação de um tratamento que cause uma discriminação *prima facie*, considerando-se as especificidades das relações entre privados, bem como o critério protegido em si, uma vez que o ordenamento jurídico estipula diferentes graus de restrição. Se, num primeiro momento, se entendeu que os particulares não estavam vinculados à proibição da discriminação, a situação começou a se alterar nas últimas décadas, conforme o famoso caso *Air France*, julgado pelo STF, em 1996.[19]

Cabe, de todo modo, pôr-se em evidência, neste momento, a outra modalidade de discriminação. Em obra de referência na matéria, Joaquim Barbosa conceitua assim a *discriminação indireta* (preferindo utilizar a expressão norte-americana "teoria do impacto desproporcional"):

> Tributária numa certa medida do princípio da proporcionalidade, a teoria do impacto desproporcional pode ser singelamente resumida na seguinte formulação: toda e qualquer prática empresarial, política governamental ou semigovernamental, de cunho legislativo ou administrativo, ainda que desprovida de intenção discriminatória no momento de sua concepção, deve ser condenada por violação ao princípio constitucional da igualdade material se, em decorrência de sua execução, resultarem efeitos nocivos de incidência especialmente desproporcional sobre certas categorias ou grupo de pessoas, historicamente vistos como socialmente vulneráveis.[20]

---

direta proíba ações prejudiciais deliberadas, ela tem um escopo mais amplo. Nos EUA, para tratamentos díspares, basta que a regra ou decisão seja tomada com referência a uma classificação suspeita, como raça ou sexo. No Reino Unido, nem é necessário, para prova de discriminação direta, que um motivo para a decisão seja uma característica protegida, como sexo e raça. Desde que a base da decisão esteja 100% correlacionada com um efeito adverso sobre um grupo protegido, a discriminação direta é estabelecida". COLLINS, Hugh; KHAITAN, Tarunabh. Indirect discrimination law: controversies and critical questions. In: COLLINS, Hugh; KHAITAN, Tarunabh (Ed.). *Foundations of Indirect Discrimination Law*. Hart Publishing: Oxford, 2018. p. 21. (Tradução livre).

18. SARLET, Ingo Wolfgang. Direitos fundamentais em espécie. In: SARLET, Ingo Wolfgang; MARINONI, Luiz Guilherme; MITIDIERO, Daniel. *Curso de Direito Constitucional*. 7. ed. São Paulo: Saraiva, 2018. p. 603.
19. Embora não tenha se referido expressamente à vinculação dos direitos fundamentais nas relações particulares, após posicionamentos contrários nas Cortes Superiores (TRT e TST), o STF julgou procedente o recurso interposto por Joseph Halfin, ex-empregado da *Air France* (companhia aérea estrangeira com atividades em território brasileiro), que versava sobre um tratamento discriminatório que teria sofrido por ela. BRASIL. Supremo Tribunal Federal (2. Turma), Recurso Extraordinário n. 161.243-6, Relator: Ministro Carlos Velloso, Brasília, j. 29 out. 1996.
20. GOMES, Joaquim B. Barbosa. *Ação Afirmativa & Princípio Constitucional da Igualdade*: o Direito como Instrumento de Transformação Social – A experiência dos EUA. Rio de Janeiro: Renovar, 2001. p. 181. O autor faz minuciosa análise do surgimento da teoria em questão no âmbito das relações trabalhistas, mais especificamente por meio do caso Griggs vs. Duke Power Co., julgado pela Suprema Corte dos Estados Unidos em 1971.

A configuração, no que aqui interessa, da *discriminação indireta* depende do fato de que o critério utilizado, neutro em sua superfície, acabe por resultar numa situação consideravelmente desfavorável aos indivíduos pertencentes a um grupo minoritário protegido. Embora nem sempre exigido, na verdade é "frequentemente necessário dispor[-se] de dados estatísticos" para o alcance de uma tal conclusão.[21]

Um exemplo famoso de reconhecimento da discriminação indireta com lastro no uso da estatística teve como fato gerador a estipulação de valores distintos – entre funcionários de tempo integral e parcial, contratados para funções públicas – às horas extraordinárias trabalhadas. Os dados estatísticos demonstraram que mais de 80% dos servidores no período parcial eram mulheres e que elas estavam recebendo aquém dos demais funcionários; o que levou o TJUE a considerar a legislação alemã que permitia tal diferenciação ser contrária ao direito comunitário.[22]

Conforme adverte Estevão Mallet, "no Brasil são menos frequentes as referências à discriminação indireta".[23] Nos últimos anos, porém, houve um aumento considerável de estudos sobre essa modalidade discriminatória e, ainda que timidamente, a jurisprudência começou a recepcioná-la.[24] Especialmente após a ratificação da Convenção das Pessoas com Deficiência – que, como se sabe, introduziu na legalidade constitucional um conceito de discriminação que abrange as duas modalidades de discriminação –, bem como da ratificação da Convenção Interamericana contra o Racismo, o reconhecimento e melhor manejo das potencialidades da discriminação indireta no país afiguram-se como medidas essenciais.[25]

Passados em revista a função da proteção antidiscriminatória, os signos protegidos pelo ordenamento jurídico brasileiro e as principais modalidades de discriminação, mister se faz enfrentar a possibilidade de justificação do tratamento baseado em um dos sinais protegidos.[26]

---

21. AGÊNCIA DOS DIREITOS FUNDAMENTAIS DA UNIÃO EUROPEIA. Op. cit., p. 25 e 141 et seq.
22. Acórdão do TJUE de 6 de dezembro de 2007, Processo C-300/06, Ursula Voß *vs.* Land Berlin.
23. MALLET, Estevão. Op. cit., p. 101.
24. CORBO, Wallace. *Discriminação indireta*: conceito, fundamentos e uma proposta de enfrentamento à luz da Constituição de 1988. Lumen Juris: Rio de Janeiro, 2017. p. 111-264, com amplos elementos.
25. Convenção Internacional sobre os Direitos das Pessoas com Deficiência, assinada em Nova Iorque, em 30 de março de 2007, e introduzida, no Brasil, pelo Decreto 6.949, de 25 de agosto de 2009, com *status* de emenda constitucional (art. 5º, § 3º, da CF), art. 2º: "'Discriminação por motivo de deficiência' significa qualquer diferenciação, exclusão ou restrição baseada em deficiência, com o *propósito ou efeito* de impedir ou impossibilitar o reconhecimento, o gozo ou o exercício, em igualdade de oportunidades com as demais pessoas, de todos os direitos humanos e liberdades fundamentais nos âmbitos político, econômico, social, cultural, civil ou qualquer outro. Abrange todas as formas de discriminação, inclusive a recusa de adaptação razoável; 'Adaptação razoável' significa as modificações e os ajustes necessários e adequados que não acarretem ônus desproporcional ou indevido, quando requeridos em cada caso, a fim de assegurar que as pessoas com deficiência possam gozar ou exercer, em igualdade de oportunidades com as demais pessoas, todos os direitos humanos e liberdades fundamentais". (Destacou-se). Na sequência, foi promulgada a Lei 13.146, de 6 de julho de 2015 (cf., no que, aqui, interessa, os arts. 4º e 3º, inc. VI). Acerca da Convenção Interamericana contra o racismo, aprovada em 2013, na Guatemala, e ratificada pelo Brasil em maio de 2021, consulte-se o Decreto 10.932, de 10 de janeiro de 2022.
26. Tendo em vista o espaço limitado para o presente estudo, no que se refere à possibilidade de justificação do tratamento diferenciado que, em tese, dê causa a uma discriminação indireta, confira-se JUNQUEIRA, Thiago. Op. cit., p. 310 e ss.

5. POSSIBILIDADE DE JUSTIFICAÇÃO DO TRATAMENTO DIFERENCIADO COM BASE EM CRITÉRIOS PROTEGIDOS

Conforme se ressaltou anteriormente, a proteção de um atributo não significa que ele nunca poderá ser utilizado como base para um tratamento diferenciado, mas antes que o grau de escrutínio que norteará a sua avaliação de merecimento de tutela será reforçado, seja no âmbito público, seja no que concerne às relações privadas.

Nesse sentido, impõe esclarecer-se que a impossibilidade de utilização de qualquer dos sinais mencionados no art. 3º, inc. IV, da CF para um tratamento diverso levaria ao extremo de se proibir até mesmo a cobrança de valores distintos entre homens e mulheres para o corte de cabelo. Uma interpretação tão alargada do preceito, especialmente no âmbito das relações entre privados, certamente não seria adequada, até porque, consoante se vem alertando, em algumas oportunidades o próprio ordenamento jurídico exigirá tratamento diverso baseado em signos protegidos como forma de se promover a igualdade de oportunidades na sociedade.

O exame da discriminação costuma ser feito com esteio no princípio da proporcionalidade. Destarte, a doutrina constitucionalista frequentemente defende uma análise fincada em um teste de três etapas cumulativas, averiguando-se: i) a adequação; ii) a necessidade; e iii) a proporcionalidade em sentido estrito do ato potencialmente causador de uma discriminação.

Sob o espectro do direito público, Ingo Sarlet esclarece a atuação dos três elementos oriundos do princípio da proporcionalidade da seguinte maneira: i) a *adequação ou conformidade* agiria "no sentido de um controle de viabilidade (isto é, da idoneidade técnica) de que seja em princípio possível alcançar o fim almejado por aquele(s) determinado(s) meio(s)"; ii) a *necessidade ou exigibilidade* verificaria "a opção pelo meio restritivo menos gravoso para o direito objeto de restrição", o que envolveria duas etapas de investigação: "o exame da igualdade de adequação dos meios (a fim de verificar se os meios alternativos promovem igualmente o fim)" e, ainda, em segundo lugar, "o exame do meio menos restritivo (com vista a verificar se os meios alternativos restringem em menor medida os direitos fundamentais afetados)"; e, por fim, iii) a *proporcionalidade em sentido estrito* "exigiria [a manutenção de um equilíbrio (proporção) e, portanto, de uma análise comparativa] entre os meios utilizados e os fins colimados", averiguando-se "o que por muitos tem sido também chamado de razoabilidade ou justa medida, já que mesmo uma medida adequada e necessária poderá ser desproporcional".[27]

Geralmente, tal análise é feita tendo como objeto um ato realizado pelo poder público ou, quando envolve atores privados, um ato realizado pelo empregador no âmbito do direito do trabalho. Observa-se, com efeito, que o reforçado aspecto social

---

27. SARLET, Ingo Wolfgang. Teoria geral dos direitos fundamentais. In: SARLET, Ingo Wolfgang; MARINONI, Luiz Guilherme; MITIDIERO, Daniel. *Curso de Direito Constitucional*. 7. ed. São Paulo: Saraiva, 2018. p. 397.

envolto exige um grau especial de vinculação ao tratamento não discriminatório.[28] Dito isso, é de se perguntar: seria o caso de se estender esse método às relações privadas em geral? Por exemplo, caso fosse utilizar um signo protegido para auxiliar na precificação do contrato, o segurador teria de comprovar que a sua medida é adequada, necessária e proporcional em sentido estrito?

Muito pouco se debateu sobre o tema no Brasil. Enquanto a doutrina consumerista concentra os seus olhos nos contratos em geral e, com supedâneo nos arts. 6º, inc. II, e 39, inc. X, do CDC,[29] bem como, mais recentemente, na LGPD, defende, em regra, a impossibilidade de tratamento diverso de clientes quando há oferta de bens e serviços no mercado; a doutrina especializada em seguros, salvo honrosas exceções, ecoa a necessidade de respeito à "justiça atuarial" e o repasse de custos que seria gerado aos demais consumidores com eventual proibição.

Não obstante, conforme será esclarecido, considere-se questionável a aplicação rigorosa dos três subprincípios da proporcionalidade nas relações contratuais privadas aqui versadas, apenas como exercício de visualização, caso eles fossem adotados, o itinerário seria assim: de partida, afirmar-se-ia que a distinção estatística feita pelo segurador na precificação do seguro costuma ter um fim legítimo (*e.g.*, lucro, equilíbrio econômico-financeiro do contrato, combate ao risco moral e à seleção adversa do risco e igualdade na vertente negativa entre os consumidores).

A etapa da *adequação* envolveria que o critério suspeito utilizado fosse objetivamente justificado por dados estatísticos relevantes e atuais, podendo-se, ainda, postular o exame da presença de uma relação de causalidade ou mera correlação entre o atributo e o incremento do risco contratual. Já a *necessidade* abarcaria o sopesamento dos incentivos e dos impactos sociais, especialmente sob o ângulo da presença ou não de um meio alternativo menos restritivo para o segurador aferir o risco sem utilizar o signo protegido contra a discriminação. Teria relevo, nesta sede, averiguar-se a possibilidade de controle ou não do fator por parte do proponente ou o seu caráter imutável. Por fim, a *proporcionalidade em sentido estrito* conteria o sopesamento entre a intensidade de

---

28. Nesse sentido, confira-se a lição de Daniel Sarmento e Fábio Gomes: "a restrição a um direito do empregado, para ser considerada válida, deve pelo menos contribuir para a promoção de interesse legítimo do empregador (adequação); deve ser o meio mais suave para a promoção, com a mesma intensidade, daquele interesse (necessidade); e, numa relação de custos e benefícios, pautada não pela lógica econômica, mas por parâmetros extraídos da Constituição, a promoção do objetivo visado pelo empregador não pode implicar em sacrifício superior ao direito do empregado (proporcionalidade em sentido estrito). Enfim, toda e qualquer restrição a direito fundamental do trabalhador tem de ser compatível com o princípio da proporcionalidade, cabendo ao Poder Judiciário aferir, caso a caso, a conformidade da medida restritiva com os subprincípios da adequação, necessidade e proporcionalidade em sentido estrito, em que se decompõe dito princípio". SARMENTO, Daniel; GOMES, Fábio Rodrigues. A eficácia dos direitos fundamentais nas relações entre particulares: o caso das relações de trabalho. *Revista do Tribunal Superior do Trabalho*, v. 77, n. 4, p. 95, Brasília, out./dez. 2011.
29. O art. 6º, inc. II, trata do direito básico do consumidor à igualdade nas contratações e o art. 39, inc. X, veda ao fornecedor "elevar sem justa causa o preço de produtos ou serviços". Sublinhe-se, de resto, que, ao regulamentar o CDC, o Decreto 5.903/2006, estabelece a "atribuição de preços distintos para o mesmo item" como uma infração ao direito básico do consumidor à informação (art. 9º, inc. VII).

realização do interesse do segurador e o grau de afetação do interesse do candidato a segurado.

O referido método interpretativo, porém, não se encaixa perfeitamente ao âmbito do direito civil. A aplicação do princípio da necessidade, em particular, é controvertida. Dever-se-ia vincular os agentes privados a agirem de modo a causar o menor ônus possível aos direitos do cocontratante?[30] O ponto central do problema, todavia, encontra-se no fato de que o itinerário procedimental em três etapas que o caracteriza acaba por repropor o método subsuntivo, em uma lógica formal abstrata criticada pela doutrina civilista contemporânea. A questão parece ser mais bem enfrentada por apelo ao princípio da razoabilidade, que, embora tenha identidade funcional com a proporcionalidade (máxime, com a proporcionalidade *stricto sensu*), diferencia-se dela pela origem histórica e, sobretudo, pela ausência da forma procedimental idealizada à sua aplicação.[31]

O afastamento da ponderação em etapas, característica da aplicação do princípio da proporcionalidade, deve ser seguido por um "esforço doutrinário voltado ao desenvolvimento de parâmetros funcionais de razoabilidade que levem em conta as especificidades de cada campo do Direito Civil".[32]

Nesse sentido, e ainda tendo como pano de fundo o exemplo da precificação dos contratos de seguro, o exame de merecimento de tutela da classificação dos riscos pelo segurador privado deve levar em conta aspectos legais, sociais e econômicos em um determinado contexto histórico-cultural. Os parâmetros da objetividade e da razoabilidade do critério atuarial, bem como da necessidade de dados estatísticos fiáveis e atualizados para lhe dar suporte, servem de base à inevitável análise caso a caso, que há de considerar, ainda, vários outros elementos.

Influenciariam o juízo de razoabilidade em tela, pelo menos: a específica modalidade securitária em questão, a característica em si do proponente que se pretende utilizar como fator distintivo[33] (se reforçaria ou não uma desvantagem sistêmica na sociedade, se seria controlável, quais seriam os seus graus de intrusão e de aceitabilidade do público),

---

30. Enfrentando a questão no campo da responsabilidade civil, Anderson Schreiber acentua com precisão: "Afigura-se, por exemplo, frequentemente difícil determinar o meio menos gravoso de realização de um certo interesse, já que os meios são comparáveis sob muitos aspectos e o gravame que deles deriva para outros interesses muitas vezes só pode ser verificado *a posteriori*, em casos concretos. Além disso, questão extremamente relevante para a aplicação do critério no âmbito da responsabilidade civil deriva do fato de que, a princípio, ninguém é obrigado, nas relações privadas, a empregar o meio que, dentre todos os meios possíveis e imagináveis, seja o menos gravoso. Nem com relação à Administração Pública ou ao Poder Legislativo se tem exigido um tal grau de cuidado". SCHREIBER, Anderson. *Novos paradigmas da responsabilidade civil*: da erosão dos filtros da reparação à diluição dos danos. São Paulo: Atlas, 2012. p. 173.
31. TEPEDINO, Gustavo. Teoria da interpretação e relações privadas: a razoabilidade e o papel do juiz na promoção dos valores constitucionais. In: TEPEDINO, Gustavo; MENEZES, Joyceane Bezerra de (Coord.). *Autonomia privada, liberdade existencial e direitos fundamentais*. Belo Horizonte: Fórum, 2019. p. 293-295.
32. Ibidem, p. 296.
33. "Em geral, a discriminação racial tende a ser muito mais restrita nas possibilidades de exceções do que critérios como idade e deficiência, haja vista envolverem estas uma maior possibilidade de incompatibilidade com os fins legítimos enfocados na medida". SILVA, Jorge Cesa Ferreira da. *Antidiscriminação e Contrato*: a integração entre proteção e autonomia. Op. cit., p. 118-119.

se haveria uma conexão lógica persuasiva entre o fator e a alternância na frequência ou magnitude do sinistro, qual seria o seu poder preditivo, o potencial de seleção adversa e as consequências que a sua proibição poderia causar (*v.g.*, a elevação do prêmio a um grupo protegido contra a discriminação) e os fatores alternativos disponíveis para a avaliação do risco.

6. CONCLUSÃO

Apenas quando um tratamento desigual é baseado em critérios protegidos pelo ordenamento jurídico que, em regra, ocorrerá discriminação. Não obstante o catálogo aberto de signos protegidos contra a discriminação no Brasil (art. 3º, inc. IV, da CF), é possível reconduzi-los a duas categorias gerais dotadas de significância social: i) *características imutáveis ou alheias ao controle dos indivíduos* e ii) *escolhas existenciais*. Elas têm em comum a marginalização e a opressão histórica de alguns grupos substancialmente minoritários, de modo a justificarem um grau de escrutínio mais rígido, à luz do princípio da razoabilidade, para que sejam feitas generalizações – e, a partir disso, tomem-se decisões – tendo-as como suporte, tanto no âmbito do direito público, quanto no seio do direito contratual privado.

Ainda que lastreado em um fator neutro, o tratamento diferenciado cujo impacto em um grupo protegido seja especialmente adverso também pode vir a ser considerado proibido. Tal modalidade indireta da discriminação nas relações entre particulares, porém, ainda está dando os seus primeiros passos no Brasil.

Haja vista a escassez de julgados tendo como objeto a aplicação da discriminação indireta e a sua parca literatura no Brasil, o tema necessita de aprofundamento doutrinário e jurisprudencial, preferencialmente acompanhado por intervenções legais. Parece nítido, porém, que em um mundo cada vez mais movido a decisões tomadas por algoritmos sofisticados, a linha divisando a discriminação direta da indireta perderá coloração e será imperioso conjugar-se a tutela da proteção de dados com a prevenção da discriminação.

A VULNERABILIDADE DO LOCATÁRIO NA LOCAÇÃO DE IMÓVEL URBANO

Thiago Ferreira Cardoso Neves

Sumário: 1. Introdução – 2. O contrato de locação de imóvel urbano: breves considerações – 3. A presunção (relativa) de simetria e paridade dos contratos civis e empresariais – 4. A vulnerabilidade do locatário nas relações locatícias urbanas – 5. Conclusão.

1. INTRODUÇÃO

A crise habitacional no Brasil é histórica. Em um país continental, com a quinta maior área territorial do planeta, parece contraditório ocuparmos os primeiros lugares no ranking das nações com os maiores índices de desigualdade social e concentração de renda do mundo,[1] com elevado nível de déficit de moradia.

O crescimento populacional desordenado e não planejado, associado à ausência de políticas públicas habitacionais eficientes, faz com que um enorme contingente da população brasileira viva em condições indignas. O sonho da casa própria é, em verdade, uma utopia.

Nesse cenário, o contrato de locação de imóvel urbano é uma das poucas alternativas viáveis de acesso a um teto para repouso do indivíduo e de sua família, uma vez que a compra de um imóvel não é uma realidade para a maioria da sociedade.

A mesma condição é vista nas pessoas exercentes de atividades econômicas e profissionais, que dependem de um espaço para exercê-las, mas não têm recursos para a aquisição do bem, obrigando-os a recorrer à locação.

São, portanto, incontáveis os casos de indivíduos que dependem da celebração de um contrato de locação para viver com um mínimo de dignidade, seja para fixar no imóvel a sua residência, seja para exercer a atividade necessária ao seu sustento e de sua família.

Nada obstante, as não raras desigualdades existentes entre o locador, proprietário do bem, e o locatário, faz com que a relação comumente se desenvolva em um ambiente de tensão, impedindo a realização, de modo pleno, dessas finalidades.

---

1. Segundo o relatório de riqueza global do banco Credit Suisse, quase 50% da riqueza do Brasil está concentrada nas mãos de 1% da população, só perdendo, entre as grandes economias do mundo, para a Rússia, em que quase 60% das riquezas estão em poder de 1% da população. Já pelo índice Gini, coeficiente que calcula o grau de desigualdade de uma economia e leva em consideração não só as distâncias que separam a renda média do topo, mas, também, as que separam as parcelas do piso mais pobre da média, o Brasil está em primeiro lugar. Informação disponível em: https://www.cnnbrasil.com.br/business/desigualdade-no-brasil-cresceu-de-novo-em-2020-e-foi-a-pior-em-duas-decadas/. Acessado em: 02 maio 2022.

Por essa razão, e com o fim de alcançá-las, faz-se necessário um dirigismo contratual visando equilibrar a balança do vínculo existente entre as partes, o que, em certos casos, não contribui para um relacionamento mais saudável, mas apenas exacerba as inquietações e, muitas vezes, as aflições que as rodeiam.

Essa realidade, que passa despercebida por muitos, justifica a necessidade de aprofundamento da temática da vulnerabilidade do locatário nos contratos de locação de imóvel urbano, com a análise das circunstâncias em que ela estará presente, e das repercussões sociais e jurídicas dessa condição.

2. O CONTRATO DE LOCAÇÃO DE IMÓVEL URBANO: BREVES CONSIDERAÇÕES

O Código Civil de 1916, seguindo a inspiração oitocentista, se estruturava sob valores individuais e patrimonialistas, os quais passaram por profunda crise no decorrer do século XX, notadamente após a 2ª Guerra Mundial, que foi seguida por um amplo processo de reconstitucionalização dos ordenamentos jurídicos ocidentais, os quais passaram a adotar como pilares de seus sistemas jurídicos novos valores sociais e humanistas como a dignidade da pessoa humana e a solidariedade e justiça social.

No entanto, o Código Bevilaqua, em que pese a expansão desse movimento nos países do Ocidente, inclusive no Brasil com o advento da Constituição de 1988, perdurou vigente ainda por longos anos, embora agonizante,[2] pois em absoluto descolamento com a nova realidade jurídica e social, o que levou à sua derrocada e a um movimento de descodificação e de regulação de diversas relações jurídicas por meio de leis esparsas.

Inúmeros são os exemplos que podem ser citados, a revelar o fracasso do Código Civil em permanecer regulando as relações jurídicas de direito privado de um modo geral. Dentre eles temos a legislação inquilinária, cujas relações jurídicas por ela reguladas há muito eram objeto de leis extravagantes. A primeira lei a regulamentar os contratos de locação de imóvel urbano data de 1921, o Decreto 4.403/1921, que tinha, contudo, um caráter meramente subsidiário, na medida em que, segundo seu art. 1º, só se aplicava nos casos de omissão do contrato.

Isso se justificava pelo nítido caráter liberalista do ordenamento jurídico brasileiro vigente à época da edição da lei especial, na medida em que o *Código dos privados*, o Código Civil de 1916, prestigiava e assegurava a mais ampla autonomia privada e a força obrigatória dos contratos, o que na maioria das vezes era prejudicial ao locatário, que diante da iminente necessidade de alugar um imóvel para a sua moradia ou para o exercício de uma atividade econômica, acabava se submetendo aos caprichos e desmandos do locador.

Sem prejuízo, com o passar dos anos foram sendo editadas novas leis que buscavam regular, de modo mais equilibrado, a sempre conflituosa relação jurídica locatícia, até

---

2. Orlando Gomes, já em meados do século XX, identificou essa situação e a chamou de "agonia do Código Civil". GOMES, Orlando. A agonia do Código Civil. *Revista de direito comparado luso-brasileiro*. [S.L.], v. 10, p. 1-9. 1986.

culminarmos com a Lei 8.245/1991, com um nítido caráter social, atendendo a propósitos já positivados no texto constitucional, ou que acabaram por sê-lo, como o direito fundamental à moradia, inserido no art. 6º da Constituição Federal por meio da Emenda Constitucional 26/2000, e a livre-iniciativa, um dos princípios norteadores da ordem econômica, consoante o disposto no art. 170 da Constituição Federal.

Todas essas leis, e em particular a Lei 8.245/1991, sempre tiveram como propósito normatizar o contrato de locação de imóvel urbano, não regulado pela lei civil, formando um microssistema jurídico próprio do inquilinato. A lei atual teve ainda um papel relevantíssimo ao promover a unificação formal dos regimes da locação urbana, na medida em que passou a regular, em um só texto, a locação residencial e a não residencial, trazendo, ainda, regras de direito material e de direito processual, a caracterizá-la inequivocamente como uma lei híbrida.[3]

Então, como mencionado, o legislador se ocupou de regular a locação residencial e a locação não residencial, sendo certo que a locação para temporada, igualmente regulada na Lei 8.245/1991, também tem natureza residencial.

Cada uma delas tem suas características e peculiaridades, e assim se classificam de acordo com a destinação do imóvel. A locação residencial tem como propósito a ocupação do bem pelo locatário, de modo permanente ou temporário, para a sua moradia e de sua família, enquanto a locação não residencial tem um caráter residual, na medida em que abrange toda e qualquer espécie de locação de imóvel urbano que não se destine à moradia do locatário, e em especial aquela voltada ao exercício de atividades econômico-empresariais.

Disso se infere o objeto do contrato de locação de imóvel urbano, que é a cessão da posse do bem, de modo oneroso e não perpétuo, pelo locador ao locatário, para que este o explore mediante a fixação de sua residência, ou para o estabelecimento de uma atividade econômico-profissional.

Nada obstante, e levando-se em consideração a metodologia civil-constitucional, que visa a concretização e efetivação dos princípios e valores constitucionais sobre o direito privado, e em particular o direito civil, e que busca fundamento na unidade da Constituição e a consequente irradiação dos seus preceitos sobre todo o ordenamento jurídico,[4] é preciso compreender que o contrato de locação de imóvel urbano tem, ao fim e ao cabo, o propósito e a finalidade de realizar os direitos e garantias à moradia e à livre iniciativa e, consequentemente, à dignidade da pessoa humana.

---

3. FUX, Luiz. *Locações processo e procedimento*: doutrina, prática e jurisprudência. 5. ed. Niterói: Impetus, 2008, p. 13.
4. A metodologia civil-constitucional impõe que os institutos jurídicos de direito privado passem, necessariamente, por uma análise de sua função, de modo a interpretá-los segundo os valores superiores da Lei Fundamental, quando só assim serão merecedores de tutela. Sobre o tema ver, exemplificativamente, TEPEDINO, Gustavo. Premissas metodológicas para a constitucionalização do direito civil. In: TEPEDINO, Gustavo. *Temas de direito civil*. 4. ed. Rio de Janeiro: Renovar, 2008; MORAES, Maria Celina Bodin. A caminho de um direito civil-constitucional. In: MORAES, Maria Celina Bodin. *Na medida da pessoa humana*: estudos de direito civil-constitucional. Rio de Janeiro: Renovar, 2010; e KONDER, Carlos Nelson. *Causa e tipo: a qualificação dos contratos sob a perspectiva civil-constitucional*. Rio de Janeiro, 2014.

Assim, quando se examina o contrato de locação urbana, é preciso ter em mente que a sua celebração é legitimada pelo atingimento desses fins constitucionais, e em especial a dignidade humana, de modo que se deve assegurar ao locatário o acesso pleno à moradia e ao exercício das atividades econômicas, a depender da espécie de contrato de locação que se celebre.

A *prova dos 9* se extrai da leitura do art. 22, I, da Lei do Inquilinato, segundo o qual é obrigação do locador entregar ao locatário o imóvel em estado de servir ao uso a que se destine. Acrescentaríamos, à disposição, a expressão *de modo pleno*, isto é, o locador deve entregar ao locatário o imóvel em estado a servir, de modo pleno, ao uso a que ele se destine, pois só assim teremos o cumprimento dos fins e valores constitucionais. Com efeito, em uma interpretação conforme à Constituição, apenas dessa forma poderá ser alcançado, de modo pleno e integral, o objeto e a finalidade do contrato de locação de imóvel urbano, sendo ele válido e merecedor de tutela.

Mas essa plenitude muitas vezes não é atingida por uma característica que não raras as vezes está presente nas relações locatícias: o desequilíbrio do vínculo decorrente da vulnerabilidade do locatário perante o locador.

Tal condição, no entanto, não é uma regra presente em todos os contratos de locação, de modo que se deve entender em que casos ela se verifica e deve ser reconhecida. Isso porque, como se demonstrará no tópico a seguir, milita em (des)favor das partes nos contratos civis e empresariais uma presunção de simetria e paridade, como se infere do disposto no art. 421-A do Código Civil, a qual é preciso examinar se é aplicável, ou não, à locação.

Essa compreensão é importantíssima para a adequada interpretação e aplicação das disposições não só da Lei do Inquilinato, como também do Código Civil, que devem se dar visando, fundamentalmente, o atingimento dos fins constitucionais já mencionados, o que é imperativo para o cumprimento da justiça contratual.

3. A PRESUNÇÃO (RELATIVA) DE SIMETRIA E PARIDADE DOS CONTRATOS CIVIS E EMPRESARIAIS

O contrato de locação de imóvel urbano pode ser civil ou empresarial. Esta afirmação peremptória, logo no início do tópico, pode parecer precitada, mas é necessária para a adequada compreensão da questão que diz respeito à vulnerabilidade do locatário e à possibilidade de intervenção judicial nas relações locatícias, assim como aquela, que também trataremos, sobre a incidência, ou não, do Código de Defesa do Consumidor às relações locatícias.

Como vimos anteriormente, o contrato de locação urbana pode ser residencial ou não residencial. O primeiro se volta à ocupação do imóvel, pelo locatário, a fim de que ele fixe sua moradia de modo permanente ou temporário. Já o segundo é destinado, fundamentalmente, ao exercício de atividades econômicas pelo locatário, mas também para atividades sem fins lucrativos que não a moradia, como é o caso daquelas exercidas por associações, cujo contrato não lhes assegurará, em que pese seja não residencial, o regime especial destinado aos contratos para fins empresariais,[5] especialmente o direito potestativo à renovação do contrato.

Assim posto, o contrato de locação residencial tem a natureza, inequivocamente, civil, uma vez que se volta à essa importante finalidade social e existencial, que é o direito à moradia do inquilino. Por outro turno, o contrato de locação não residencial, como visto, volta-se a atividades mercantis e não mercantis, estas últimas dissociadas de fins lucrativos. Com efeito, o contrato de locação não residencial poderá ser civil ou empresarial. Será empresarial quando for celebrado com o propósito de o locatário explorar no imóvel uma atividade econômico-empresarial. De outro modo, será civil quando o imóvel for empregado para atividades não econômicas, mas também dissociadas da moradia, como as ocupações por fundações, associações e profissionais liberais.

A partir dessa conclusão, ao se caracterizar o contrato de locação de imóvel urbano como civil ou empresarial, dúvida que exsurge é aquela que diz respeito à aplicação, ou não, a ele das disposições constantes do art. 421-A do Código Civil.

Segundo o *caput* do art. 421-A do Código Civil, acrescido pela Lei 13.874/2019, "Os contratos civis e empresariais presumem-se paritários e simétricos até a presença de elementos concretos que justifiquem o afastamento dessa presunção, ressalvados os regimes jurídicos previstos em leis especiais".

Estabeleceu o legislador, então, para os contratos civis e empresariais, uma presunção de simetria e paridade, em que uma das principais consequências, nos termos do inciso III do art. 421-A do Código Civil, é a excepcionalidade e limitação da possibilidade de revisão contratual.

Neste momento importa-nos discorrer sobre essa presunção, a fim de que possamos, mais adiante, compreender com exatidão o seu alcance e as suas repercussões sobre o contrato de locação de imóvel urbano.

A simetria, de modo objetivo, significa estarem as partes nas mesmas condições de informação, conhecimento e capacidade de saber, compreender e verificar os riscos da contratação, o objeto do contrato, a sua finalidade e os seus efeitos, a fim de contratar livremente, isenta de vícios.

---

5. Sobre esta questão, é importante destacar que os contratos de locação não residencial se consubstanciam em um gênero, do qual são espécies as locações comerciais e não comerciais. E isso se comprova pelo texto do art. 51 da Lei do Inquilinato, que inaugurando a Seção que trata da locação não residencial, dispõe que "[n]as locações de imóveis destinados ao comércio, o locatário terá direito à renovação do contrato". Então, o legislador trouxe um regramento especial para as locações não residenciais empresariais/comerciais. No mesmo sentido é a lição de Sylvio Capanema de Souza, para quem "[n]o regime jurídico anterior as locações de imóveis urbanos classificavam-se, de acordo com sua destinação, em residenciais, não residenciais e comerciais ou industriais. [...] Na nova lei tudo isso se modificou, e as locações, hoje, dividem-se em residenciais, para temporada e não residenciais. Nesta última categoria agrupam-se as antigas locações não residenciais, propriamente ditas, e as que se destinam ao comércio e à indústria" (SOUZA, Sylvio Capanema. *A lei do inquilinato comentada artigo por artigo*. 12. ed. Rio de Janeiro: Forense, 2020, p. 251-252).

Tem-se, então, um desdobramento da simetria, a qual pode ser, em nosso entender, (i) técnica (ii) jurídica ou científica, (iii) fática ou econômica e (iv) informacional, em paralelo à já conhecida ideia de vulnerabilidade técnica, jurídica ou científica, econômica, e informacional ou básica aplicada aos contratos de consumo.[6]

A simetria técnica é aquela em que ambas as partes têm conhecimento técnico acerca do objeto da contratação. A simetria jurídica ou científica é aquela em que as partes contratantes têm igual conhecimento jurídico, contábil, econômico sobre não o objeto do contrato, mas sobre os aspectos da contratação e suas repercussões jurídicas e econômicas, capacitando-as à adequada avaliação dos riscos. No que toca à simetria econômica, esta quer significar que ambas as partes estão em posição econômica assemelhada, o que não quer dizer que ambas têm idêntica capacidade patrimonial, com os mesmos bens e relações em seu patrimônio jurídico, embora estejam em situação de equilíbrio econômico. Por fim, a simetria informacional está relacionada aos meios de informação e seu simétrico acesso pelas partes, fator este dos mais importantes nas relações negociais atuais, em que há uma multiplicação da informação no meio social.

Presentes os quatro aspectos da simetria, estarão as partes em posição de igualdade, com plena aptidão para, em seguida, discutir as cláusulas do contrato e celebrar o negócio jurídico.

Disso se infere que a simetria se contrapõe, em uma conclusão tautológica, à assimetria, que está umbilicalmente ligada à ideia de vulnerabilidade. A vulnerabilidade está associada à debilidade e, consequentemente, a um desequilíbrio e desigualdade entre as partes da relação jurídica,[7] o que leva, como consequência, a uma assimetria.[8] Por essa razão, é possível afirmar que há uma direta associação entre as hipóteses de (as) simetria e vulnerabilidade.

A partir dessas conclusões podemos entender que a simetria significa uma igualdade de condições informacionais, técnicas e econômicas, que colocam as partes em pé de igualdade na contratação, possibilitando-lhes, assim, discutir de modo pleno as cláusulas contratuais, assim celebrando contratos paritários. A paridade, então, é uma consequência da simetria.

---

6. A vulnerabilidade técnica é aquela em que o consumidor não tem conhecimentos técnicos acerca dos produtos e serviços que adquire; a jurídica se caracteriza pelo não conhecimento jurídico do consumidor acerca de seus direitos e deveres na relação de consumo, bem como das consequências jurídicas dos contratos que celebra e; a vulnerabilidade econômica se verifica na debilidade econômica do consumidor, e notadamente na diferença existente acerca dos recursos, meios e porte econômico do fornecedor (Cf. MIRAGEM, Bruno. *Curso de direito do consumidor*. 5. ed. São Paulo: Ed. RT, 2014, p. 123-124).
7. MARQUES, Claudia Lima. *Contratos no código de defesa do consumidor*: o novo regime das relações contratuais. 7. ed. São Paulo: Ed. RT, 2014, p. 320.
8. A referida noção de vulnerabilidade, aqui mencionada, volta-se à chamada *vulnerabilidade patrimonial*, a qual se limita a uma posição de inferioridade contratual, em que o titular fica, fundamentalmente, vulnerável e suscetível a uma lesão patrimonial, em contraposição à *vulnerabilidade existencial* que se caracteriza pela suscetibilidade do titular da relação ser atingido em sua esfera extrapatrimonial. Para o aprofundamento do tema, ver KONDER, Carlos Nelson. Vulnerabilidade patrimonial e vulnerabilidade existencial: por um sistema diferenciador. *Revista de direito do consumidor*. v. 99, p. 101-123, maio-jun., 2015.

Os contratos paritários e, consequentemente, a paridade contratual é tradicionalmente examinada quando do estudo da classificação dos contratos, contrapondo-se aos contratos de adesão. Segundo essa definição, contratos paritários são aqueles em que se confere às partes a plena e ampla liberdade de discutir e definir as cláusulas da avença, aceitando-as ou não.[9] Tais condições decorrem de uma pressuposição de que as partes ocupam uma posição de igualdade,[10] com plenas condições de compreender o conteúdo da avença e, portanto, estão aptas a discutir amplamente as cláusulas do negócio a ser celebrado.

Com efeito, na paridade, por terem as partes, ao seu alcance, todas as condições e informações necessárias à plena compreensão dos aspectos da contratação (simetria), são dotadas de autonomia para decidir se querem contratar ou não. E, caso optem por fazê-lo, poderão discutir de modo amplo as cláusulas contratuais.

De tudo isso se infere que a paridade é, em verdade, uma consequência lógica da simetria, de modo que, estando as partes em posição de igualdade, em simetria de condições, não se subordinam umas às outras e podem contratar livremente, negociando amplamente as cláusulas da avença, sendo essa a razão pela qual parcela da doutrina os classifica como *contratos igualitários*.[11]

A partir daí, o legislador, seguindo essas premissas, firmou uma presunção de simetria e paridade para os contratos civis e empresariais, a qual decorre, induvidosamente, da experiência prática das relações.

O estabelecimento de presunções legais não decorre do capricho ou da mera mente inventiva do legislador. Muito pelo contrário, elas são juízos de probabilidade frutos da experiência comum, ou seja, em razão de experiências vividas, da verificação da repetição de certos fatos, infere-se que é grande a probabilidade de que aqueles fatos, naquelas condições, venham a se reproduzir.[12] Desse modo, porque em determinadas situações, reiteradamente observadas, o mesmo resultado acontece, estabelece-se uma presunção de que, vindo a ocorrer aquela mesma situação, ter-se-á aquele mesmo resultado.

Nessa esteira, a experiência comum revela que as relações civis, e especialmente as empresariais, são marcadas, em regra, por um equilíbrio entre as partes, isto é, pela presença de simetria e paridade, o que lhes confere maior autonomia na celebração dos negócios jurídicos, ao contrário do que acontece, por exemplo, com os contratos de consumo e de trabalho.

---

9. Cf. MONTEIRO, Washington de Barros. *Curso de direito civil*: direito das obrigações – 2ª parte. 12. ed. São Paulo: Saraiva, 1977, p. 31. No mesmo sentido, Carlos Roberto Gonçalves (GONÇALVES, Carlos Roberto. *Direito civil brasileiro*: contratos e atos unilaterais. v. 3. 18. ed. São Paulo: Saraiva, 2021, p. 39 (*e-book*)) e Alberto Jorge Júnior (JORGE JÚNIOR, Alberto Grosson. *Direito dos contratos*. São Paulo: Saraiva, 2013, p. 24 (*e-book*)).
10. Cf. RODRIGUES, Silvio. *Direito civil*: dos contratos e das declarações unilaterais de vontade. 30. ed. São Paulo: Saraiva, 2007, v. 3, p. 44-45.
11. ANDRADE, Darcy Bessone de Oliveira. *Do contrato*. Rio de Janeiro: Forense, 1960, p. 120.
12. Como leciona Daniel Neves, "A presunção representa o resultado de um processo mental que, partindo de um fato demonstrado como ocorrido, permite a conclusão de que outro fato, ainda que não provado, seja também considerado como existente ou ocorrido" (NEVES, Daniel Amorim Assumpção. *Manual de direito processual civil*: volume único. 8. ed. Salvador: JusPodivm, 2016, p. 654).

De um modo geral, não estando as partes subordinadas a uma imperiosa necessidade de celebrar um contrato de consumo para atendimento de suas necessidades básicas e essenciais, como, por exemplo, para a prestação de serviços de fornecimento de água, luz e gás, ou para o atendimento de necessidades médico-hospitalares, como nos contratos de plano de saúde, ou até mesmo nos contratos de trabalho, em que o empregado precisa do vínculo para a obtenção de renda para a sua subsistência, são elas livres para contratar, podendo escolher a contraparte, o momento oportuno para a celebração do vínculo e as condições da avença.

Assim, histórica e comumente, as relações civis e empresariais costumam ser, de fato, simétricas e paritárias, na medida em que as partes estão em igualdade de condições (ainda que muitas vezes não absoluta, pois é raro que isso ocorra[13]) e, consequentemente, aptas a discutir as cláusulas contratuais, o que lhes assegura o exercício das garantias previstas nos incisos do art. 421-A do Código Civil.

Ocorre, contudo, que nada obstante esta presunção se aplique, de um modo geral, aos contratos civis e empresariais, e que os contratos de locação se caracterizem como tais, as regras de experiência comum não nos permitem submetê-los a essa presunção. E isso porque na maioria dos casos o locatário se caracteriza como vulnerável, o que nos leva à aplicação de regime diverso daquele previsto no Código Civil, e mais propriamente o regime próprio da Lei 8.245/1991, como veremos a partir de agora.

4. A VULNERABILIDADE DO LOCATÁRIO NAS RELAÇÕES LOCATÍCIAS URBANAS

Embora, como vimos, se reconheça que na maioria dos casos exista, de fato, uma simetria e paridade entre as partes dos contratos civis e empresariais, há uma variedade de outros exemplos em que se pode constatar a inexistência dessas características nas relações contratuais, como é o caso, agora por nós examinado, dos contratos de locação de imóvel urbano.

Nesse sentido, e é importante fazermos esse destaque como premissa, a presunção disposta no art. 421-A do Código Civil não é absoluta, e sim relativa. Segundo o texto legal, "Os contratos civis e empresariais presumem-se paritários e simétricos *até a presença de elementos concretos que justifiquem o afastamento dessa presunção, ressalvados os regimes jurídicos previstos em leis especiais*" (grifamos).

Então, e conforme textualmente previsto, os contratos civis e empresariais devem ser entendidos como simétricos e paritários até que as partes comprovem, por elementos concretos, que essas duas características não estão presentes, além da própria submis-

---

13. Como observa Paula Forgioni, a "concepção de contrato paritário liga-se a relações equilibradas, em que certa igualdade das empresas é fator determinante na organização e desenvolvimento das fases do negócio, desde o ajuste inicial, passando pela execução, criação intermediária de obrigações, até sua extinção. Embora a absoluta simetria seja rara, nos contratos paritários a dinâmica do processo de negociação e de execução contratual desenvolve-se sem a marcada preponderância dos interesses de um dos polos" (FORGIONI, Paula A. *Contratos empresariais*: teoria geral e aplicação. São Paulo: Ed. RT, 2015, p. 70).

são a regimes jurídicos especiais. E não são incomuns os casos em que essa presunção é afastada, seja pela concretude dos elementos que demonstrem o contrário, seja por regimes jurídicos estabelecidos por leis especiais, como ocorre nas relações locatícias, em que a legislação inquilinária traz disposições que visam proteger o locatário, a evidenciar a sua vulnerabilidade, além das próprias situações concretas em que se verifica um desequilíbrio na relação.

Como já vimos anteriormente, a ideia de vulnerabilidade está umbilicalmente ligada à de (as)simetria. Mas em que pese ela seja comumente estudada e examinada no âmbito das relações de consumo e de trabalho, a noção de vulnerabilidade não se limita a elas e pode ser percebida nas relações civis de modo amplo e, em alguns casos, também nas empresariais, alcançando, assim, as relações locatícias. É neste ponto em que precisaremos enfrentar a questão da aplicabilidade, ou não, do Código de Defesa do Consumidor aos contratos de locação de imóvel urbano, o que faremos mais adiante. Nada obstante, iniciaremos a nossa análise pela figura do locatário e sua condição de vulnerável.

O locatário é o ocupante do imóvel dado em locação. É o destinatário da posse que lhe foi cedida a fim de que possa residir ou exercer uma atividade, em regra, econômico--empresarial-profissional. Desse modo, a locação de imóvel visa atender necessidades e interesses relevantes da vida de uma pessoa, na medida em que se destina à ocupação do bem para que ela exerça o direito fundamental à moradia ou ao livre exercício de uma atividade econômico-profissional.

Não se trata, portanto, de hipóteses que visem atender a meros caprichos ou a interesses supérfluos do inquilino, mas sim para o exercício de direitos relevantíssimos, voltados, como é possível perceber, à realização da dignidade da pessoa humana.

O que se quer dizer é que na maioria dos casos, e especialmente quando se fala em locação residencial, o contrato é celebrado para atender a uma premente necessidade do locatário, que precisa do imóvel para a moradia sua e de sua família. Além disso, e para um sem-número de outros casos, o contrato também busca atender à necessidade do locatário de ocupar um espaço para o exercício de uma atividade que vise à obtenção de receita para o seu sustento.

Então, o contrato de locação de imóvel urbano comumente tem como propósito atender interesses existenciais e patrimoniais fundamentais da pessoa, a fim de que ela possa viver com condições mínimas de dignidade.

Isso não significa que, a par dessas situações, não existam outras, embora raras, em que um indivíduo abastado opta por não comprar um imóvel e decida morar ou exercer sua atividade em um espaço alugado. Há, também, os casos de locações para temporada, em que o propósito é a ocupação do imóvel para necessidades temporárias do inquilino como trabalho, estudo e lazer. No entanto, e como dito, essas hipóteses são excepcionais.

A regra, portanto, é que a locação seja celebrada por quem efetivamente precise, o que se verifica, especialmente, quando o fim da contratação é a moradia do locatário.

Ora, como sabemos, a crise habitacional no Brasil é alarmante, e a possibilidade de aquisição de um imóvel próprio não é uma realidade para a maioria dos brasileiros. Por isso, o contrato de locação de imóvel urbano tem um importante viés social, sendo muitas vezes a única alternativa para o indivíduo obter uma moradia digna.[14]

Por isso, e tal como ocorre nos contratos de consumo de bens e serviços essenciais, e nos contratos de trabalho, em muitos casos de celebração de contrato de locação de imóvel o locatário não tem escolha, vendo-se obrigado a contratar. É nessas hipóteses que transparece, de modo mais nítido, a sua vulnerabilidade.

Sobre este aspecto, é preciso deixar claro que a caracterização da simetria e da paridade contratual não exige uma absoluta igualdade das partes e das condições de contratar. Muito pelo contrário, o comum é que existam desigualdades entre os sujeitos, uma vez que as pessoas raramente estão em posições econômico, sociais e culturais idênticas.

No entanto, há casos em que essas desigualdades se caracterizam de tal modo que influenciam na contratação. E é nessas condições que se infere a vulnerabilidade do locatário, a reclamar do legislador um tratamento particular, estabelecendo regras que visem protegê-lo, como o faz a lei inquilinaria.

Vejamos, exemplificativamente, a hipótese prevista no art. 4º da Lei 8.245/1991, que trata do direito à resilição do contrato pelas partes durante o prazo de vigência da locação por tempo determinado. O dispositivo em exame prevê que não é lícito ao locador, antes do término do prazo do contrato, retomar o imóvel. Entretanto, assegura ao locatário fazê-lo, embora tenha ele que pagar a multa convencionada ou estabelecida pelo juiz.

O referido regramento é uma clara evidência do tratamento protetivo conferido pelo legislador inquilinário ao locatário, em confronto com a regra prevista no Código de Civil de 1916, vigente à época da edição da Lei 8.245/1991, acerca da possibilidade de resilição das partes nos contratos de locação.

O parágrafo único do art. 1.193 do Código então vigente previa que não era lícito às partes reaver a coisa locada antes do término do prazo do contrato. Todavia, poderia fazê-lo o locador se indenizasse o locatário, assim como também o poderia fazer o locatário desde que pagasse todos os aluguéis vincendos ao locador.

A Lei 8.245/1991 trouxe um outro regramento, nitidamente mais protetivo ao locatário.[15] Primeiro, vedou expressamente que o locador pudesse reaver o imóvel durante o prazo de vigência do contrato de locação. E segundo que continuou a permitir

---

14. SOUZA, Sylvio Capanema de. Locação de bens imóveis urbanos. In: MELO, Marco Aurélio Bezerra de; AZEVEDO, Fábio de Oliveira (Coord.). *Direito imobiliário*: escritos em homenagem ao professor Ricardo Pereira Lira. São Paulo: Atlas, 2015. p. 188.

15. No mesmo sentido, assim explicita o saudoso mestre Sylvio Capanema de Souza: "Fácil é perceber que o sistema adotado pelo Código favorecia o locador, em detrimento do locatário, o que se explica pela tendência individualista que impregnava o nosso direito, no início do século XX. Além do mais, não havia, na época, uma crise habitacional, que recomendasse proteção especial ao locatário, como hoje ocorre. O locador despedia o locatário em pleno curso do contrato e, embora tivesse de indenizá-lo, recuperava o imóvel, que poderia realugar imediatamente, recompondo seu patrimônio" (SOUZA, Sylvio Capanema. *A lei do inquilinato comentada artigo por artigo*. 12. ed. Rio de Janeiro: Forense, 2020, p. 46).

a devolução antecipada do imóvel pelo locatário, mas limitou a multa a ser paga por ele a um montante proporcional ao período de cumprimento do contrato.[16]

O caráter evidentemente social da atual Lei do Inquilinato, então, reconhece a vulnerabilidade do locatário, e estabelece inúmeras regras protetivas visando equilibrar a balança da relação. Em muitos casos limita a autonomia privada das partes, a qual era plena no regime liberalista do Código Civil de 1916, a fim de impedir que o locador, parte mais forte, imponha certas cláusulas ao locatário. Reforça, ainda, a necessidade de cumprimento das finalidades da lei e de suas disposições por meio de uma cláusula geral de nulidade, prevista em seu art. 45, segundo a qual são nulas de pleno direito as disposições contratuais que visem elidir os objetivos da lei.

Com esses exemplos fica evidente o reconhecimento, pelo legislador especial, da condição de vulnerabilidade do locatário, vulnerabilidade essa que pode ser técnica, jurídica, fática ou econômica, e informacional, ou até mesmo todas elas juntas.

Nessa esteira, é comum que o locatário não tenha conhecimento técnico suficiente sobre o objeto do contrato, ou não tenha pleno discernimento sobre os aspectos e repercussões jurídicas da contratação, ou esteja em posição de verdadeiro desequilíbrio econômico frente ao locador, ou ainda não tenha tido acesso às informações necessárias para a celebração do vínculo.

Na prática, as situações mais comuns que evidenciam a vulnerabilidade do locatário são aquelas que dizem respeito ao desequilíbrio econômico das partes (vulnerabilidade econômica), em que o locador, proprietário do imóvel, aproveitando-se da necessidade e da fragilidade do locatário, impinge-lhe ônus excessivos e abusivos; e à falta de conhecimento jurídico acerca do regramento do contrato, particularmente quanto aos direitos e deveres previstos na lei, que muitas vezes são descritos equivocadamente no instrumento, submetendo o locatário a cláusulas leoninas e, consequentemente, a condições abusivas, além da própria inexperiência judicial do locatário.

Em verdade, o desequilíbrio econômico é a causa mais comum de caracterização da vulnerabilidade, isso porque o locador, como regra, é o proprietário do imóvel, e a locação é apenas uma de suas fontes de renda, não tendo, muitas vezes, a necessidade de alugar a coisa para o sustento de suas necessidades básicas e de sua família. Nessas hipóteses o locatário fica à mercê do locador, sendo obrigado a aceitar aquilo que lhe é imposto, porque o locador não tem a mínima disposição de negociar. Ou se aceita as condições impostas e aluga o imóvel, ou não as aceita e fica sem o bem essencial à sua moradia ou ao exercício de sua atividade profissional.

Além disso, a vulnerabilidade econômica impacta nas demais, notadamente na jurídica. Isso porque o locatário economicamente vulnerável não tem condições, por exemplo, de contratar um advogado para analisar o contrato e verificar eventuais abu-

---

16. Art. 4º Durante o prazo estipulado para a duração do contrato, não poderá o locador reaver o imóvel alugado. Com exceção ao que estipula o § 2º do art. 54-A, o locatário, todavia, poderá devolvê-lo, pagando a multa pactuada, proporcional ao período de cumprimento do contrato, ou, na sua falta, a que for judicialmente estipulada.

sividades, enquanto o locador, não raras as vezes, é assistido por um profissional da área jurídica.

Por todas essas razões, é possível afirmar que, embora o Código Civil, ao tratar dos contratos civis e empresariais, tenha estabelecido, como regra, a simetria e a paridade, por força de experiências comuns da vida, esta presunção não se aplica aos contratos de locação de imóvel urbano, seja pelos próprios elementos concretamente verificáveis, seja pelo regime especial estabelecido pela Lei 8.245/1991.

Sem prejuízo, e à despeito de todas essas observações, haverá casos em que as dificuldades do locador serão as mesmas do locatário. Não se ignora que há situações concretas em que o locador tem um único e simples imóvel para alugar, sendo esta a sua única fonte de renda. Em localidades de baixa renda, inclusive, não são incomuns os casos em que o locador e locatário são igualmente paupérrimos. Em tais circunstâncias, a fragilidade do locatário é a mesma do locador, caso em que se exigirá do operador do Direito sensibilidade, de modo a não desequilibrar a balança em benefício do locatário, o que, à toda evidência, contrariará os princípios constitucionais da isonomia e da justiça contratual.

No entanto, ressalvados esses casos excepcionais, deve ser reconhecida a vulnerabilidade do locatário, não sendo possível aplicar as regras previstas no art. 421-A do Código Civil à relação locatícia, e sim, de modo pleno, as disposições da Lei do Inquilinato, admitindo-se a intervenção judicial equilibradora.

Dúvida que exsurge, a partir dessa conclusão, é se diante da vulnerabilidade do locatário seriam aplicáveis as disposições do Código de Defesa do Consumidor ao contrato de locação. E a resposta nos parece ser negativa.

É certo que a noção de vulnerabilidade é latente nas relações de consumo, assim como nas de trabalho. Todavia, esse não é um conceito exclusivo desses ramos do direito.[17] A verificação da vulnerabilidade de uma das partes de uma relação contratual não significa que deverá ser aplicado, necessariamente, o Código de Defesa do Consumidor ou a Consolidação das Leis do Trabalho.

A vulnerabilidade pode estar presente em qualquer relação sem que isso a desnature, como comprova a hipótese dos contratos civis e empresariais. A redação do art. 421-A do Código Civil nos traz a regra de que os contratos civis e empresariais são presumivelmente paritários e simétricos até que se prove o contrário. Mas a prova em contrário não descaracteriza o contrato como civil e empresarial, tornando-o de consumo, por exemplo; ele apenas terá um tratamento diferente daquele que teria se fosse isonômico.

Tal raciocínio se aplica inteiramente às relações locatícias. Primeiro porque o contrato de locação de imóvel urbano se submete a um regime próprio previsto na Lei

---

17. Como observa Carlos Nelson Konder, "Tem se tornado cada vez mais frequente no âmbito do direito civil a referência à categoria da vulnerabilidade. Oriunda dos debates sobre saúde pública, hoje é utilizada no direito civil em suas mais diversas vertentes, do direito de família ao direito do consumidor" (KONDER, Carlos Nelson. Vulnerabilidade patrimonial e vulnerabilidade existencial: por um sistema diferenciador. *Revista de direito do consumidor*. v. 99, p. 101, maio-jun., 2015).

8.245/1991, como se infere de seu art. 1º, segundo o qual a locação de imóvel urbano regula-se pelo disposto nesta lei. Trata-se, como já vimos, de um microssistema próprio, com regras de direito material e de direito processual, as quais tutelam de modo integral a figura do locatário vulnerável. Segundo que o contrato de locação não é um contrato de fornecimento de bens ou serviços, não sendo este o objeto e a causa do contrato, de modo que nem o locador se caracteriza como fornecedor, e tampouco o locatário ostenta a natureza de consumidor, destinatário final de um produto, de modo que não estão presentes os elementos que caracterizam as partes de uma relação de consumo previstos nos arts. 2º e 3º do Código de Defesa do Consumidor.[18]

Sobre esse segundo fundamento, destacamos que nos casos de administradoras de imóvel que fazem a locação do bem, a relação de consumo exsurge não da locação em si, mas sim do serviço prestado de administração, de modo que a relação de consumo se caracteriza pelo vínculo entre o locador e a administradora que lhe presta o serviço, e não pela relação entre locador e locatário, a qual é regulada exclusivamente pela Lei do Inquilinato.[19]

Cumpre-nos destacar, ainda sobre essa questão, que a não incidência do Código de Defesa do Consumidor sobre as relações locatícias nenhum prejuízo traz para o locatário. Isso porque, como já pudemos observar, a Lei do Inquilinato estabelece, de modo exauriente, um regime próprio protetivo do locatário,[20] o qual, à toda evidência, não se traduz em uma tutela a todo custo deste, a ponto de levar a um desequilíbrio em desfavor do locador.

---

18. No mesmo sentido, PERES, Tatiana Bonatti. Comentários ao art. 1º da Lei 8.245/1991. In: SCAVONE JUNIOR, Luiz Antonio. *A lei do inquilinato comentada artigo por artigo*: visão atual da doutrina e jurisprudência. 2. ed. Rio de Janeiro: Forense, 2017, p. 5. Cumpre destacar, contudo, a existência de posicionamento em sentido contrário, entendendo que é possível a aplicação do CDC às relações locatícias como um *plus*, desde que não conflite com a lei do inquilinato, nos casos em que o locador se caracterizar como fornecedor de serviços e o locatário como consumidor. Nesse sentido, VENOSA, Sílvio de Salvo. *Lei de inquilinato comentada: doutrina e prática*. 15. ed. São Paulo: Atlas, 2020, p. 24-30. Igualmente defendendo a aplicação do CDC às relações locatícias, em observância ao diálogo das fontes, mas apenas nos contratos de locação residencial, MARQUES, Claudia Lima. *Contratos no código de defesa do consumidor*: o novo regime das relações contratuais. 7. ed. São Paulo: Ed. RT, 2014, p. 466-472.
19. Nesse sentido é a jurisprudência do STJ. Veja, a propósito, o trecho da seguinte ementa: "Recurso especial. Interesse de agir. Ausência. Ação de rescisão contratual c/c indenizatória por perdas e danos. Contrato de administração imobiliária. Relação jurídica entre locador e administradora. Incidência do CDC. Prazo prescricional. Responsabilidade civil contratual. Regra geral do código civil. Julgamento: CPC/15. [...] 4. Pelo contrato de administração imobiliária, o proprietário confia à administradora a gerência do imóvel visando, em geral, a locação do bem a terceiros, daí exsurgindo, portanto, duas relações jurídicas distintas: a primeira, de prestação de serviços, entre a administradora e o locador; e a segunda, de locação, entre o locador e o locatário, intermediada pela administradora. 5. A administradora atua como mandatária do locador na gestão do imóvel, inclusive – e especialmente – perante o locatário do bem, e, nessa condição, o locador, em regra, figura como destinatário final fático e econômico do serviço prestado pela administradora – como consumidor, portanto. 6. Em algumas situações, pode o locador se apresentar ainda como parte vulnerável – técnica, jurídica, fática e/ou informacional – em relação à administradora, sobretudo por se tratar, usualmente, de um contrato de adesão. REsp 1846331/DF. Relatora Min. Nancy Andrighi. Terceira Turma. DJe 13.03.2020.
20. No mesmo sentido, ver AgRg no Ag 1089413/SP. Relator Min. Napoleão Nunes Maia Filho. Quinta Turma. DJe 28.06.2010.

A superposição de leis visando proteger o locatário nenhum benefício trará para a relação. Ao contrário, acarretará uma distorção do sistema, desequilibrando o vínculo em favor de uma das partes. Ora, as normas que buscam tutelar as partes vulneráveis têm como propósito, em verdade, promover o equilíbrio da relação, por meio da concessão de direitos e garantias que alcem a parte mais fraca ao mesmo patamar da mais forte, e não desequilibrar a balança em favor daquela. Por essa razão, entendemos não ser possível a incidência do Código de Defesa do Consumidor às relações locatícias.

Mas, como dito, a não aplicabilidade do CDC às relações locatícias em nada prejudica o locatário e o reconhecimento da sua condição de vulnerável, a qual independe da sua caracterização como consumidor.

Assim, reconhecido como vulnerável, não haverá simetria e paridade na relação contratual, isto é, ao se reconhecer o locatário como vulnerável, depreende-se que ele não estará nas mesmas condições técnicas, jurídicas, econômicas e informacionais que o locador e, consequentemente, não se terá um contrato paritário em que há a plena possibilidade de se discutir as cláusulas da avença.

Como consequência, não será limitada e excepcional a possibilidade de intervenção judicial para promover o reequilíbrio da relação e reparar as distorções existentes. Nesse sentido, a possibilidade de dirigismo contratual será maior, dada a redução da autonomia privada característica dos contratos assimétricos e não paritários.

Com efeito, cláusulas que prevejam, por exemplo, a renúncia a direitos e que transfiram obrigações originárias do locador para o locatário poderão ser revistas, como no caso comum da transferência ao locatário da obrigação de pagar os impostos e taxas do imóvel, e o prêmio de seguro complementar contra fogo e incêndio, que originalmente são atribuídas ao locador pelo inciso VIII do art. 22 da Lei 8.245/1991.

Ainda sobre a possibilidade de revisão contratual, questão que merece nossa atenção é aquela que diz respeito ao valor do aluguel. Em que pese seja possível, nos contratos assimétricos e não paritários, uma maior intervenção judicial para promover a sua revisão, os aspectos econômicos do contrato de locação possuem uma margem menor de controle externo.

Isso porque, ao contrário do que ocorre na maioria dos outros contratos, os parâmetros para a fixação do valor do aluguel no contrato de locação urbana são objetivamente estabelecidos pelo legislador.

O art. 19 da Lei do Inquilinato, que abre as portas para a ação revisional de aluguel, deixa evidente que o valor da contraprestação a ser paga pelo locatário pela ocupação do imóvel deve observar o preço de mercado.

Isso significa que o valor do aluguel não pode servir aos caprichos do locador, e tampouco à barganha do locatário, exceto se as partes assim acordarem livremente. Mas, uma vez judicializada a questão, o magistrado deverá se ater ao que for definido pelo perito do juízo, objetivamente.

E esta é mais uma garantia de proteção do locatário contra eventuais arbítrios do locador. Este, que na maioria dos casos ostenta a condição de proprietário do bem, muitas vezes invoca o seu direito de propriedade para argumentar que, tendo o domínio sobre a coisa, pode fixar o preço que desejar. Ocorre, contudo, que o caráter social da Lei do Inquilinato impede esse arbítrio, essa conduta que se caracteriza inequivocamente como abuso do direito, na medida em que viola a função social da propriedade locada.

Portanto, quando da fixação do valor do aluguel, estando ele em plena consonância com o mercado, a intervenção judicial não será possível para, visando atender critérios subjetivos (como a dificuldade econômica do locatário ou a necessidade de maior lucro do locador, por exemplo), revisar o valor do aluguel.

Ainda assim, e como vimos, a caracterização da vulnerabilidade do locatário ampliará as hipóteses em que se admitirá a revisão contratual, o que seria apenas excepcional e limitado se o contrato se caracterizasse como simétrico e paritário.

5. CONCLUSÃO

Senhorio e inquilino. Essas antigas e tradicionais expressões bem revelam a relação existente entre locador e locatário. O senhorio, proprietário do imóvel, exerce seu domínio e autoridade sobre o pobre inquilino, que subserviente deve ceder aos caprichos daquele, sob pena de não conseguir alugar a coisa ou até mesmo nela permanecer.

Mas o mundo, felizmente, mudou. O processo de constitucionalização do direito privado lançou novas luzes sobre as relações entre os particulares, impondo a observância e respeito a valores e princípios constitucionalmente assegurados, outrora previstos apenas formalmente em textos constitucionais anteriores, sem qualquer concretude, o que acarretava um sentimento de insinceridade constitucional. Dignidade da pessoa humana, solidariedade social, justiça contratual, função social... É, a realidade não é mesma de outros tempos.

É certo, contudo, que ainda não chegamos ao ponto ideal. Ainda assim seguimos no caminho em busca do oásis, em que os abusos, os excessos e os arbítrios não mais existirão, e aí, então, ideias como a da vulnerabilidade não serão mais necessárias.

Até lá, contudo, é preciso empregá-las, a fim de atender aos valores antes mencionados, inclusive nos contratos de locação, até que sobrevenha aquele momento derradeiro, em que tudo será perfeito, e assim viveremos, finalmente, em uma sociedade justa, livre e solidária.

TITULARIDADE E CONTROLE DAS PATENTES NA SEARA DA SAÚDE

Pedro Marcos Nunes Barbosa

Sumário: 1. Introdução – 2. A essencialidade e os núcleos de interesses dos não titulares – 3. Titularidade e controle – 4. Conclusão.

1. INTRODUÇÃO

Fábio Konder Comparato[1] chamava atenção – a partir da segunda metade do século passado – sobre a disparidade entre os conceitos de titularidade e controle no ambiente do direito e da economia. Se diante da geração de seres humanos em que sobrelevava o predomínio econômico, político e jurídico dos bens físicos de raiz,[2] face aqueles de tipo imaterial; titularidade e controle eram conceitos *equivalentes*. Isto, todavia, não se revela correto no paradigma atual. A sociedade dos dados e dos perfis de consumo[3] no século XXI têm nos direitos intelectuais,[4] informações sensíveis e privacidade alguns de seus principais alicerces em termos de valores e tutela jurídica.

E entre tais continentes e conteúdos, o presente ensaio mira em uma sintética análise dogmática e zetética do instituto das patentes farmacêuticas de tecnologias destinadas aos seres humanos.[5] Neste esteio, houve um interstício de trinta e três anos entre o advento da corrente Ordenação Constitucional e um pronunciamento do Órgão de Cúpula do Poder Judiciário brasileiro em matéria tão sensível quanto a propriedade intelectual. Na Ação Direta de Inconstitucionalidade autuada sob o número 5529,[6] o Pretório Excelso chegou a uma norma através de larga maioria (9 votos a 2), endossando a tese do Requerente (a Procuradoria Geral da República) e de boa parte dos *amici curiae*, que defendia a incompatibilidade de regra da Lei 9.279/96[7] para com a Constituição da República.

---

1. COMPARATO, Fábio Konder. *O poder de controle na sociedade anônima*. São Paulo: Ed. RT, 1976, p. 3.
2. DANTAS, Francisco Clementino de San Tiago. *Programa de Direito Civil III. Direito das Coisas*. Rio de Janeiro: Editora Rio, 1979, p. 124.
3. BARCELLONA, Pietro. *El Individualismo Propietario*. Traduzido por Jesús Ernesto García Rodríguez. Madri: Editorial Trotta, 1996, p. 34.
4. BAUMAN, Zygmunt. *Modernidade líquida*. Rio de Janeiro: Zahar Editora, 2001, p. 173.
5. Tal discernimento não é aleatório, já que as tecnologias farmacêuticas para o ambiente veterinário recebem escopo de propriedade intelectual autônomo, a exemplo da incidência da Lei 10.603/2002.
6. STF, Pleno, Min. Dias Toffoli, ADI 5529, J. 12.05.2021.
7. O texto do parágrafo único do art. 40 da Lei de Propriedade Industrial decretado inválido descrevia: "Parágrafo único. O prazo de vigência não será inferior a 10 (dez) anos para a patente de invenção e a 7 (sete) anos para a patente de modelo de utilidade, a contar da data de concessão, ressalvada a hipótese de o INPI estar impedido de proceder ao exame de mérito do pedido, por pendência judicial comprovada ou por motivo de força maior".

Como funtor normativo, o Supremo Tribunal Federal compreendeu que o dispositivo legal que *flexibilizasse* a previsibilidade do domínio público, ou que gerasse proteção *além* daquela corretamente fixada em Tratado Internacional e no parâmetro brasileiro, seria desvirtuado. Em outras palavras, a proteção às criações intelectuais pode e deve ser feita no Brasil; mas o excesso de tutela em termos temporais[8] gera efeitos deletérios,[9] o que é particularmente sensível em setores tecnológicos como o da saúde humana. Não à toa, quando instado a dirimir a eficácia da decisão de inconstitucionalidade, nova maioria (8 votos a 3) se formou no sentido de *modular* o resultado hermenêutico para todo setor tecnológico que não se espraiasse para a seara da saúde.

O resultado do histórico julgamento do STF em maio de 2021 foi condicionado por uma série de circunstâncias fáticas relevantes, não podendo o intérprete ignorar a própria sensibilização dos magistrados acerca da pandemia que varre o mundo desde 2019, e o Brasil a partir do ano seguinte. Neste escopo, a patente de invenção é uma ferramenta de incentivo econômico[10] para a aceleração de novas criações, em todo e qualquer segmento tecnológico. Contudo, poucas searas da *technè* são mais polêmicas e delicadas do que o contexto sanitário humano, exatamente pela lógica ínsita à escassez artificial como forma de promover lucratividade.[11]

No referido julgado, o principal enfoque abordado pelo colegiado foi mesmo o elemento *cronológico* de uma propriedade resolúvel sobre um bem de produção imaterial. O presente artigo tem como enfoque os elementos *materiais* de tais propriedades resolúveis,[12] dentro da sindicabilidade política e jurídica que se fazem necessárias.

2. A ESSENCIALIDADE E OS NÚCLEOS DE INTERESSES DOS NÃO TITULARES

Pela Teoria da Essencialidade bem descrita por Teresa Negreiros,[13] o grau de autonomia privada do titular do bem é inversamente proporcional aos impactos gerados pela sua escassez diante dos demais núcleos partícipes desta relação. Ou seja, se o Estado deve se abster de adstringir a *liberdade* de quem vende, aluga ou permuta bens frívolos (a exemplo de uma bolsa de alta costura que perpassa pelo auge da moda), pois seus destinatários não terão a vida ceifada em hipótese de insuscetibilidade de acordo entre credor e devedor; quando se cuida de bens imprescindíveis (um medicamento antirretroviral, por exemplo) a liberdade do não titular passa a ser bem cotejada como *causa*

---

8. Isto também é apontado na melhor doutrina francesa: ROUBIER, Paul. *Droits Intellectuels ou Droits de Clientèle.* Paris: Editora Siney, 1935, p. 16.
9. HELLER, Michael A. *The Gridlock Economy: How Too Much Ownership Wrecks Markets, Stops Innovation, and Costs Lives.* Basic Books, New York 2008, p. XVI.
10. ASCARELLI, Tullio. *Teoria della concorrenza e dei Beni immateriali.* 3. ed. Milão: Editore Dottore A. Giuffré, 1960, p. 540.
11. STIGLITZ, Joseph Eugene. *O preço da desigualdade.* 2. ed. Lisboa: Bertrand, 2016, p. 106.
12. PIERANGELI, José Henrique. *Crimes contra a propriedade industrial. Crimes de concorrência desleal.* São Paulo: Ed. RT, 2003, p. 83.
13. NEGREIROS, Teresa. *Teoria do contrato, novos paradigmas.* Rio de Janeiro: Renovar, 2006.

regulatória para delimitação da autonomia do titular.[14] Fato é que o ato de autonomia sempre se espraia em algum grau de alteridade[15] ou externalidade.[16]

No caso do ambiente das patentes de invenção, seis núcleos[17] de interesses emergem de pronto, pois o *corpo místico* tange um bem de produção extremamente "poderoso" em que as titularidades se espraiam para outros "centros gravitacionais".[18] Pelo direito brasileiro, toda invenção patenteável precisa advir de um cérebro humano, ainda que haja vozes no exterior[19] endossando as criações originadas pela dita "inteligência artificial" sem a intervenção de uma pessoa. Tal humano é o (a) inventor, e esta figura fundamental ao ambiente dos direitos intelectuais terá um vínculo eterno e existencial com sua criatura, denominada de autoria. Sem dúvida é possível pensar que o mesmo núcleo de interesse possa gerar uma pluralidade subjetiva, seja na coautoria ou nas hipóteses sucessórias com o falecimento do inventor durante a vigência da exclusividade.

Não obstante, é relativamente raro que o cérebro criativo seja bem munido de vastos recursos econômicos para custear o manejo jurídico de um processo administrativo, longo, caro e complexo com sói tramitar perante o Instituto Nacional da Propriedade Industrial. Entender de uma técnica, a exemplo do ambiente farmacêutico, não é garantia de que tal *gênio* compreenda de burocracia ou da legalidade constitucional estrita. Por tais fatos, a pertinência econômica do direito subjetivo *stricto sensu* (se a patente estiver concedida) ou da legítima expectativa de direito (enquanto o pedido estiver pendente), será atribuída a sujeito distinto do (a) inventor, consubstanciando em valia do (b) titular/proprietário. Tal atribuição de titularidade costuma se dar através dos negócios jurídicos de cessão ou licença, não havendo empecilhos que vários colicenciados explorem a criação do (a) Autor, como sói ocorrer em uma franquia. Há, inclusive, verdadeiras levas de *trabalhadores imateriais*,[20] cujo escopo laboral seja criar sob demanda do empregador/proprietário/titular.

Além das figuras narradas, o (c) Estado é protagonista de tal relação jurídica, já que é responsável pela prestação de serviços públicos pertinentes (INPI), além de regular setores caros à saúde na utência tecnológica (ANVISA). O Estado também atua como adquirente monopsomista[21] dos bens de consumo produzido na duração da vigência de uma patente farmacêutica, especialmente através da unificação das compras públicas através da centralização do SUS. Aliás, além do ente federativo máximo, e das autarquias

---

14. ARAGÃO, Alexandre Santos de. *Direito dos serviços públicos*. 3. ed. Rio de Janeiro: Forense, 2013, p. 234.
15. FACHIN, Luiz Edson. *Teoria Crítica do Direito Civil*. 2. ed. Rio de Janeiro: Ed. Renovar, 2003, p. 145.
16. FORGIONI, Paula A. *Teoria geral dos contratos empresariais*. 2. ed. São Paulo: Ed. RT, 2010, p. 88.
17. Permita-se remeter ao livro de minha autoria: BARBOSA, Pedro Marcos Nunes. *Direito Civil da Propriedade Intelectual*: o caso da usucapião de patentes. 3. ed. Rio de Janeiro: Lumen Juris, 2016. Desde a primeira edição de tal texto sublinho que a linearidade da relação entre titular da patente e os não proprietários é uma falácia.
18. Enxergando os *outros* nas relações jurídicas advindas do direito comercial vide RADBRUCH, Gustav. *Introdução à Ciência do Direito*. 2. ed. São Paulo: WMF Martins Fontes, 2010, p. 93.
19. ABBOTT, Ryan Benjamin. *The reasonable robot*: Artificial Intelligence and the law; Nova Iorque: Cambridge University Press, 2020.
20. LAZZARATO, Maurizio & NEGRI, Antonio. *Trabalho Imaterial*. Rio de Janeiro: Editora DP&A, 2001, p. 27.
21. SALOMÃO, Calixto Filho. *Direito concorrencial*: as estruturas. 2. ed. São Paulo: Malheiros: 2002, p. 157.

mencionadas, é útil observar haver vários outros entes públicos que são afetados por atos de Estado, a exemplo de municípios que são obrigados a realizar inexigibilidade licitatória diante de uma patente mal concedida pelo INPI. É possível, desta forma, imaginar conflitos de interesses intestinos ao núcleo de interesses (c).

Por sua vez, se é falsa a premissa de que toda patente gera uma situação de monopólio, posto ser possível que terceiros inventem outra tecnologia, melhor, diferente, ou mesmo que sirva a elasticidade de tal demanda durante a vigência do privilégio de invenção de outrem. Tais terceiros (d) são os concorrentes,[22] que por vezes preferem nada inventar e aguardar o domínio público ou uma decisão favorável aos seus interesses em processo administrativo de (b) titular perante o (c) INPI. Tal como os (c) Entes estatais, os (d) concorrentes encontram-se em uma situação de contraste e delicado equilíbrio aos desejos do (b) titular, sendo comum a litigância entre eles. Para o próprio sistema da propriedade intelectual pautado na eficiência dinâmica da criação destrutiva de que trata Schumpeter,[23] os (d) concorrentes são fundamentais à qualidade e aperfeiçoamento das criações. Insta destacar que quanto menos concentrado for o mercado relevante, maiores as chances de que a belicosidade de concorrentes para com titulares gere uma externalidade positiva de que apenas patentes legítimas sejam concedidas ou mantidas válidas após escrutínio judicial. Por fim, a lógica de concorrência no ambiente da propriedade intelectual demanda que o (c) Estado não exerça suas funções dando predileção[24] a um concorrente face ao outro, visto que a *par conditio* na disputa[25] é uma exigência de um capitalismo maduro e bem regulado.

Ao lado dos quatro perfis antes descritos, (e) os consumidores – que são cidadãos e administrados – são os destinatários finais das criações suscetíveis de patenteamento. Como tal, têm o interesse em aceder às melhores e mais eficientes tecnologias do estado da arte, na esperança de que os preços praticados não sejam tão distintos do patamar possibilitado na data do domínio público. Em geral, os (e) consumidores são aqueles mais afetados pela assimetria informacional[26] sobre os fatos geradores dos preços, bem como o núcleo de interesses mais sensível nas relações de permuta havida com os fornecedores (b) titulares de tecnologias. De outra monta, é possível imaginar uma relação simbiótica entre (b) e (e) nas situações dos voluntários para pesquisas (grupos de controle) e participes dos testes no desenvolvimento de novas drogas promissoras e eficazes.

Por fim, entre os núcleos de interesses que participam da polarização relacional, aquele que é mais típico ao ambiente de direitos difusos é o derradeiro: (f) o meio-ambiente. Aqui se menciona o meio-ambiente em sua acepção mais ampla, tangenciando

---

22. RODRIGUES, Clovis Costa. *Concorrência desleal.* Rio de Janeiro: Editora Peixoto S.A, 1945, p. 11.
23. SCHUMPETER, Joseph Alois. *Capitalismo, socialismo e democracia.* Rio de Janeiro: Fundo de Cultura, 1961, p. 106.
24. PERELMAN, Chaïm. *Ética e direito.* 2. ed. São Paulo: Martins Fontes, 2005, p. 86.
25. Novamente, seja permitida a remissão a texto de minha autoria: BARBOSA, Pedro Marcos Nunes. *Curso de concorrência desleal.* Rio de Janeiro: Lumen Juris, 2022.
26. SALOMÃO FILHO, Calixto. *Teoria crítico-estruturalista do direito comercial.* São Paulo: Marcial Pons, 2015, p. 31.

questões culturais até a qualidade do bioma terrestre. Muitas das novas tecnologias inventadas não servem apenas para curar, tratar, aperfeiçoar a vida do paciente, mas minimizar o impacto ambiental ao sanar os mesmos. O reconhecimento da relevância de tal categoria como autônoma aos demais núcleos de interesses, mas com eles dialogando, é a existência de procedimentos próprios junto ao INPI, dentro do conceito das chamadas "patentes verdes".[27] Não é difícil imaginar que o desenvolvimento de novo maquinário hospitalar patenteado que polua menos no descarte pela obsolescência possa ser – concomitante – à saúde humana e de todo o planeta. Em outras palavras, tutela-se a saúde das gerações vindouras, em uma daquelas hipóteses de *direitos sem sujeitos*[28] (ou de direitos versando sobre *possíveis sujeitos futuros*, um direito intergeracional).

Logo, é possível uma síntese de tal relação jurídica complexa com o seguinte diagrama:

Quando a regulação do sistema está bem alinhada todos os interesses são observados sem que um sobrepuje o outro. Na utopia, este equilíbrio de núcleos atinge a meta constitucional de que a tutela é feita, legitimada pelo "desenvolvimento econômico, tecnológico e social" de que trata o sufixo do art. 5º, XXIX, da CRFB.

Tal não significa dizer que o ponto de equilíbrio, o denominado "ótimo", seja igual em qualquer seara tecnológica, equivalendo-se a sensibilidade ou a fragilidade de um consumidor de um produto para neoplasia àquele que adquire um veículo automotor

---

27. PINTO, Ana Paula Gomes. *Patentes e mudanças climáticas*: um estudo sobre as políticas públicas prioritárias de tecnologias ambientais no Instituto Nacional da Propriedade Industrial (INPI) e no Escritório Europeu de Patentes (EPO). Tese de Doutorado orientada pelo Prof. Dr. Luiz Otávio Pimentel junto ao Doutorado Profissional do INPI, aprovada em 2017.
28. MONTEIRO, António Pinto. *Teoria Geral do Direito Civil*. 4. ed. Coimbra: Coimbra Editora, 2005, p. 196.

aviado de um chassi de moto pós-moderno. A essencialidade[29] díspar de cada vertente tecnológica criada por (a), titularizada por (b), ambicionada por (d), impactando em (e); pode justificar maior empenho do (c) Estado no primeiro caso face ao segundo.

3. TITULARIDADE E CONTROLE

Dois exemplos de criações intelectuais podem auxiliar o intérprete/leitor a compreender a distância entre os significantes e significados de titularidade e controle. No caso (1), coteje-se o compositor barroco Pachelbel – autor de belíssimas músicas com uma esteticidade ímpar. Entre suas obras, a mais famosa é a cognominada "Canon em Ré Maior". Composta para ser apreciada pela sociedade europeia do século dezessete, a partir século passado ela foi ressignificada e passou a ser espécie de *scéne a faire* da entrada de noivas em casamentos da aristocracia.[30] Jamais fora este o intuito do Autor, mas jovens do século XXI compreendem o poder simbólico de tal forma artística como algo específico ao ritual/status[31] de passagem núbil. Se a autoria é indiscutível ao compositor alemão, o *domínio* sobre como o público interpreta sua obra tende a zero, tal como o controle que é exercido sobre como as sociedades futuras interpretarão os hábitos vigentes no presente também o é.

Por sua vez, imagine-se (2) que uma companhia de origem tedesca crie um veículo automotor visando atender a elite da clientela sul-americana. A proposta não era fazer um genuíno *carro do povo*, mas atingir uma parcela mais exigente do público em termos de conforto, espaço e que não tivesse maiores dificuldades com o preço. Contudo, o carro "batizado" de *Santana* passou a ser de predileção dos taxistas[32] de um determinado país nas décadas de 1980/90, que só conseguiam acessar tal veículo em virtude de benefícios fiscais que mitigam – em muito – o preço de qualquer veículo. A popularização de tal carro perante um público de prestadores de serviço impactou no *projeto* do originador e denotou sua falta de controle aos intermediários e destinatários finais de sua criação/titularidade.

No setor de saúde, é nítida a disparidade entre os conceitos de *titularidade* e *controle* acerca de bens patenteados em quatro perfis distintos. Imagine-se: (i) o caso de um produto que seja realmente inovador e obtenha, sem grandes dificuldades, uma decisão de concessão da patente pelo INPI. Entretanto, a agência reguladora responsável pelo registro sanitário não tenha suas exigências sobre dados de testes satisfeitas e acabe por, inelutavelmente, negar a autorização para comercialização. Veja-se que tal hipótese denota a titularidade do direito de excluir terceiros, mas não o de permitir que o proprietário possa gozar de sua

---

29. PONTES DE MIRANDA, Francisco Cavalcanti. *Tratado de Direito Privado*. 4. ed. São Paulo: Ed. RT, 1983, p. 296.
30. LEVINE, Alexandra S. *How 'canon in D Major' Became the Wedding Song*. Nova Iorque: New York Times, 09.05.2019. Disponível em: https://www.nytimes.com/2019/05/09/fashion/weddings/canon-in-d-major-wedding-song.html.
31. Sobre status e comunicação vide SEARLE, John R. *Mente, Linguagem e Sociedade: filosofia no mundo real*. Trad. F. Rangel, Rio de Janeiro: Rocco, 2000, p. 117.
32. KAZ, Roberto. *Ascensão e queda do Santana*. São Paulo: Revista Piauí, Edição 113, fevereiro de 2016. Disponível em: https://piaui.folha.uol.com.br/materia/ascensao-e-queda-do-santana/.

própria invenção. Não será facultado ao dono da patente controlar sua própria produção, e o tipo de que trata o art. 42 da Lei 9.279/96[33] nada lhe garante neste sentido. A persistir tal situação, é bem provável que um terceiro almeje o registro sanitário não logrado pelo proprietário, e que seja beneficiado por uma licença compulsória.

Uma segunda hipótese (ii), que pode gerar conflitos de interesses entre os polos do Estado, dos consumidores e do titular da patente cuida do segundo uso médico de uma invenção. Contemple-se que o titular da patente obteve registro sanitário junto a ANVISA para um medicamento que serve a hiperplasia benigna da próstata. Em outros países, além de tal *finalidade terapêutica*, as agências sanitárias locais acabaram por também autorizar a comercialização do mesmo medicamento em virtude de seu segundo uso, já que o efeito colateral de tal aplicação é o estímulo a atividade capilar aos portadores de calvície. O Estado brasileiro, em tal caso, poderia ter pouco *controle* sobre sua atividade de poder de polícia ao tentar precatar que médicos e pacientes buscassem a medicação para a segunda finalidade, despida de autorização pertinente. Os desejos dos pacientes (mesmo os menos admiráveis, a exemplo de buscarem um topete vistoso) são mesmo complexos de serem controlados, já que a *eudaemonia* não tem um único caminho conhecido – e a prática paternalista do Estado não costuma ser bem vista.[34] Tal situação, por sinal, poderia gerar algum tipo de comodismo ao titular da patente e do registro sanitário para o *primeiro uso*, visando economizar os investimentos e custos havidos nos testes sanitários necessários a obtenção de uma autorização mais ampla para o comércio.

Como terceiro exemplo mencione-se o caso da (iii) licença compulsória. O Congresso Nacional, atento aos riscos pandêmicos sobre a escassez de fornecedores de tecnologias vacinais, resolveu aprimorar o sistema regulatório já existente sobre as licenças obrigatórias aos titulares de direitos de propriedade industrial (art. 71 da Lei 9.279/96). Tal aprimoramento foi consolidado na Lei 14.200 de 2021. Entre os avanços legiferantes proporcionados, diminuiu-se a burocracia que poderia retardar o uso da ferramenta de direito administrativo em prol de interesses públicos primários e secundários. Contudo, o que era munido de mais qualidade no texto legal foi objeto de vetos pelo (c) chefe do Poder Executivo Federal, com explicitação de que isto poderia melindrar os interesses dos (b) titulares de tecnologia.[35] Em outras palavras, a Presidência da República discordou do Congresso Nacional acerca da importância de maximizar o controle de tecnologias sanitárias durante a pandemia, realizando sobreposição equivocada entre os conceitos de titularidade (intocável ao proprietário) e controle. Não parece que tal premissa tenha

---

33. Lei de Propriedade Industrial: "Art. 42. A patente confere ao seu titular o direito de impedir terceiro, sem o seu consentimento, de produzir, usar, colocar à venda, vender ou importar com estes propósitos: I – produto objeto de patente; II – processo ou produto obtido diretamente por processo patenteado. § 1º Ao titular da patente é assegurado ainda o direito de impedir que terceiros contribuam para que outros pratiquem os atos referidos neste artigo".
34. MILL, John Stuart. *Sobre a Liberdade*. São Paulo: Hedra, 2010, p. 53.
35. Trecho da mensagem do veto: "Contudo, apesar de meritória a intenção do legislador, a proposição legislativa contraria o interesse público, uma vez que pode trazer caos ao sistema patentário nacional, podendo suscitar conflitos com as indústrias farmacêutica e farmoquímica. Destaca-se, ainda, que o *know how* é de titularidade exclusiva da empresa, a qual terá a prerrogativa de licenciá-lo ou não".

sido aleatória, já quem em um recorte de ideologia[36] – neoliberal que foi oferecida como plataforma de campanha do atual Governo Federal –, a lógica de um Estado mínimo[37] seria a trilha da prosperidade brasileira pela máxima autonomia privada.[38] Em tal exercício de *controle* dos atos do Congresso Nacional pelo chefe da União, não houve particular cuidado com os núcleos de interesses distintos daquele ínsito aos (b) titulares.

Um quarto exemplo (iv) cuida da anuência prévia que era exercida pela ANVISA, diante de pedidos de patente que tramitavam perante o INPI (antes previsto na Lei 9.279/96[39]). Exatamente pelos riscos de cooptação[40] corporativa que toda e qualquer autarquia sofre em virtude da influência dos utentes mais fortes do sistema,[41] é boa forma de sindicabilidade estatuir alguma forma de *ombudsman*. Assim, durante a gestão de Fernando Henrique Cardoso[42] foi criada uma forma de duplo controle dos pedidos de patente na seara farmacêutica, de modo a evitar que exclusividades ilegítimas fossem objeto de concessão. Na compreensão correta do STJ,[43] por sinal, bastaria que uma das duas autarquias partícipes deste ato administrativo complexo discordasse do pedido do depositante para que a patente fosse justificadamente denegada. Tal forma de controle gerava patentes mais bem concedidas (seja com um escopo mais estrito ou com uma redação melhor), e por aumentar o rigor em desfavor dos depositantes era objeto de muita crítica pelos desfavorecidos. Contudo, o sistema exitoso em prol das políticas públicas de que trata o art. 196 da CRFB foi revogado por um *jabuti* presente em uma Lei (14.195/2021) editada para tratar de temas outros que não direitos de propriedade industrial. Ou seja, sem real debate[44] temático no Congresso ou junto à Sociedade Civil, extirpou-se medida que maximizava o controle qualitativo no processo administrativo concessório. Tal solução deveras opaca tem um claro favorecimento em prol dos (b) titulares de tecnologia patenteada na seara farmacêutica, sendo maculada de frontal inconstitucionalidade[45] pela carência de um mínimo de devido processo legal substantivo.

---

36. MOREIRA, Vital. *A ordem jurídica do capitalismo*. 3. ed. Coimbra: Editora: Centelha, 1978, p. 40.
37. THOREAU, Henry David. *Desobediência Civil*. Trad. Sérgio Karam. Porto Alegre: L &M, 2011, p. 9.
38. PRATA, Ana. *A tutela constitucional da autonomia privada*. Coimbra: Edições Almeida, 2017, p. 27.
39. Lei da Propriedade Industrial: "Art. 229-C. A concessão de patentes para produtos e processos farmacêuticos dependerá da prévia anuência da Agência Nacional de Vigilância Sanitária – ANVISA".
40. BESANKO, David & DRANOVE, D. & SHANLEY, M & SCHAEFER, S. *A economia da estratégia*. Trad. Christiane Brito. 5. ed. Porto Alegre: Bookman, 2012, p. 533.
41. O renomado professor australiano de propriedade intelectual sugere que alguns escritórios de patente se tornaram "Patent Friendly": DRAHOS, Peter. *The Global Governance of Knowledge*. Patent Offices and their clients. Cambridge: Cambridge Press, 2010.
42. Em outras palavras, longe de uma administração pública voltada à pecha da chamada esquerda.
43. "Desse modo, reconhecendo-se a anuência prévia da Anvisa como pressuposto de validade da concessão de patente de produto ou processo farmacêutico, é certo que o respectivo parecer negativo, em casos nos quais demonstrada a contrariedade às políticas de saúde pública, não pode ser adotado apenas como subsídio à tomada de decisão do INPI. O caráter vinculativo da recusa de anuência é, portanto, indubitável." STJ, 4ª Turma, Min. Salomão, REsp 1.543.826/RJ, J. 25.08.2021.
44. "Legisla-se muito, legisla-se depressa. Não admira que legisle tão mal" CARVALHO, Orlando de. *Direito das empresas*. Coimbra: Ed. Coimbra, 2012, p. 223.
45. SILVEIRA, Newton & BARBOSA, Pedro Marcos Nunes. *Mudanças na Lei da Propriedade Industrial*. Rio de Janeiro: Migalhas, 24.09.2021. Disponível em: https://www.migalhas.com.br/depeso/352148/mudancas-na--lei-da-propriedade-industrial.

4. CONCLUSÃO

O desejo pela maximização do controle por parte de titulares de direitos de propriedade intelectual não é novidade. Quando o advento de redes de comunicação que permitiam o *download* gratuito e de origem ilícita de conteúdo musical, além de sofrer perdas econômicas sensíveis e de necessitar revolucionar as práticas setoriais, boa parte das editoras e gravadoras se socorreu de arquiteturas protetivas (*digital rights management*) visando minimizar a perda de controle. Algo parecido também foi praticado no ambiente do audiovisual, até mesmo para quem comprava *corpus mecanicum* de origem lícita (como CD's e Bluerays) com o advento de "áreas" de limitação de uso (quem comprasse uma mídia em outro continente, teria dificuldades de aceder, licitamente, a utência de seu bem no ambiente residencial).

Com o ambiente de tecnologias padronizadas, a exemplo do que se ocorre nos setores de telecomunicação, os titulares de patentes acabam tendo o controle sobre o uso remunerado e lícito de suas tecnologias diminuído. Isto não é, necessariamente, ruim – seja para o titular, ou para os demais núcleos de interesses partícipes na relação jurídica complexa versando sobre um ativo intelectual. O desafio, entretanto, é chegar um ponto ótimo de equilíbrio no sistema em que algum controle seja exercido pelo titular, mas que os demais centros gravitacionais também possam influenciar e delimitar tal exercício de controle.

Não obstante, quando o contexto tecnológico é o da saúde humana, as alegorias do ambiente das telecomunicações ou do entretenimento são pouco úteis para bem regular o setor. É exatamente pela vulnerabilidade do destinatário final, e pelo protagonismo do Estado na manutenção do equilíbrio e do acesso ao mínimo existencial que a maior parte do *controle* da titularidade não pode restar ao proprietário. Por tal razão, se é necessário aplaudir o Poder Judiciário que tem bem contribuído por um aprimoramento do sistema da propriedade intelectual no contexto das patentes farmacêuticas; o mesmo não pode ser dito no tocante a práxis do Executivo de tolher a bela iniciativa do Congresso com relação as atualizações legais típicas às licenças compulsórias. Ainda, o próprio Poder Legislativo contribuiu ao retrocesso sistemático quando revogou o dispositivo que mantinha um controle externo à ANVISA, no tocante aos processos administrativos cuidando de tecnologias necessárias à saúde humana junto ao INPI.

Sem algum tipo de política pública plurianual de longo prazo tangendo os interesses dos vulneráveis e alguma coordenação entre os três Poderes da República, o sistema da propriedade intelectual tende a permanecer em um movimento pendular sem que haja real progresso aos brasileiros.

USUCAPIÃO FAMILIAR, COMPOSSE E CONDOMÍNIO: UM COTEJO INDISPENSÁVEL

Roberta Mauro Medina Maia

Sumário: 1. Introdução – 2. A usucapião familiar e a compreensão prévia de alguns conceitos relevantes: composse, posse direta e posse indireta – 3. O conceito de abandono fornecido pelo art. 1.276 Do código civil – 4. A usucapião de bens havidos em condomínio – 5. Termo inicial da contagem do prazo de prescrição aquisitiva – 6. Notas conclusivas.

1. INTRODUÇÃO

A Lei 12.424/2011 instituiu em nosso Ordenamento Jurídico mais uma modalidade de usucapião, inserindo, no Código Civil, o art. 1.240-A, assim redigido: "Aquele que exercer, por dois anos ininterruptamente e sem oposição, posse direta, com exclusividade, sobre imóvel urbano de até 250 m² (duzentos e cinquenta metros quadrados) cuja propriedade divida com ex-cônjuge ou ex-companheiro que abandonou o lar, utilizando-o para sua moradia ou de sua família, adquirir-lhe-á o domínio integral, desde que não seja proprietário de outro imóvel urbano ou rural".

Em que pese tenha se passado algum tempo desde a entrada em vigor da referida norma, a sua aplicação segue dando margem a algumas dúvidas, sobretudo por não ter ainda sido enfrentada de modo aprofundado pelas instâncias superiores. O lamentável aumento dos casos de violência doméstica durante a quarentena imposta pelas autoridades públicas em razão pandemia de Covid-19, por acarretar, eventualmente, o afastamento compulsório de agressores da residência comum ou aumentar o número de divórcios, poderá impor ao Poder Judiciário que venha a se debruçar sobre o tema com frequência maior nos próximos anos.

Talvez o ponto de maior dificuldade para a correta interpretação desse dispositivo legal resida no emprego da expressão "abandono do lar", quando o legislador poderia ter feito referência ao "abandono da residência comum". Apesar do acerto dos que enxergam no exíguo prazo de dois anos relevante preocupação legislativa com a preservação dos interesses existenciais de todos os integrantes da família,[1] a expressão "abandono do lar" impôs o risco de se ver ressurgir o questionamento sobre a culpa no desenlace das relações familiares, "em evidente retrocesso na disciplina do tema", conforme já pontuado por abalizada doutrina.[2]

---

1. PEREIRA, Caio Mario da Silva. *Instituições de Direito Civil*. 25. ed. Rio de Janeiro: Forense, 2017, v. IV, p. 134.
2. TEPEDINO, Gustavo, MONTEIRO FILHO, Carlos Edison do Rêgo e RENTERIA, Pablo. *Fundamentos do Direito Privado*. Rio de Janeiro: Forense, 2020, v. 5 (*Direitos Reais*), p. 141.

Diante de tais circunstâncias, o presente artigo destina-se ao enquadramento da usucapião familiar na disciplina proposta pelo legislador codificado para a aquisição do direito de propriedade por meio da usucapião de um modo geral. Para tanto, serão esmiuçados conceitos cuja compreensão prévia é imprescindível ao estudo dessa hipótese mais recente de prescrição aquisitiva, tais como a composse, a caracterização do abandono como espécie de perda do direito de propriedade e a usucapião de bens havidos em condomínio. Por fim, serão tecidas considerações a respeito do termo inicial do prazo de prescrição aquisitiva, considerando-se decisões já proferidas pelo Superior Tribunal de Justiça sobre o tema.

2. A USUCAPIÃO FAMILIAR E A COMPREENSÃO PRÉVIA DE ALGUNS CONCEITOS RELEVANTES: COMPOSSE, POSSE DIRETA E POSSE INDIRETA

Definida como "um dos modos de aquisição do direito de propriedade e de outros direitos reais",[3] a usucapião se consuma por meio do exercício da posse prolongada sobre um bem, com ânimo de dono, mansa e pacificamente e sem qualquer oposição. Premia-se, na lição de Silvio de Salvo Venosa, quem o utiliza de modo reiterado, "em detrimento daquele que deixa escoar o tempo, sem dele utilizar-se ou não se insurgindo que o outro o faça, como se dono fosse".[4]

O mesmo autor se preocupou em explicar a identidade, proposta em sede doutrinária e aparentemente adotada pelo legislador, entre a usucapião e a prescrição aquisitiva: no Direito de Justiniano, a usucapião teria resultado da fusão de dois institutos de mesma índole, mas com esferas diversas de atuação, que seriam a *usucapio* e a *longi temporis praescriptio*. A primeira deriva, na lição do autor, das expressões *capere* (tomar) e de *usus* (uso). Desse modo, a Lei das XII Tábuas estipulava que quem possuísse um imóvel por dois anos tornar-se-ia proprietário, e, tratando-se de modalidade de aquisição do *ius civile*, destinava-se exclusivamente aos cidadãos romanos.[5]

A *praescriptio*, por sua vez, "era modalidade de exceção, meio de defesa, surgido posteriormente à *usucapio*, no Direito clássico".[6] Quem exercesse a posse sobre terreno provincial por certo tempo poderia repelir qualquer ameaça à titularidade da coisa por meio da *longi temporis praescriptio*, cabendo tal prerrogativa tanto aos cidadãos romanos quanto aos estrangeiros. A prescrição se consumaria em dez anos contra presentes (os que residiam na mesma cidade) e em vinte anos entre ausentes (residentes em cidades diversas). Durante o período clássico, os dois institutos coexistiram, sendo que no período pós-clássico introduziu-se a *longissimi temporis praescriptio*, exceção atribuída a quem possuísse a coisa por quarenta anos, sem justa causa. Tal modalidade foi assimilada pelos juristas modernos como usucapião extraordinária e, finda a distinção entre terrenos itálicos e provinciais, os dois institutos foram unificados na codificação

---

3. GOMES, Orlando. *Direitos Reais*. 20. ed. Rio de Janeiro: Forense, 2010, p. 180.
4. VENOSA, Sílvio de Salvo. *Direito Civil*. 18. ed. São Paulo: Atlas, 2018, v. 4 (*Reais*), p. 225.
5. Idem, p. 224.
6. Ibidem, p. 224.

de Justiniano, sob o nome de usucapião. Daí o emprego frequente dessa expressão como sinônimo de prescrição aquisitiva.[7]

E embora alguns considerassem tal opção um equívoco, sobretudo em razão de uma suposta mistura de temas atrelados a campos muito distintos – as obrigações e os direitos reais[8] – o Código Civil de 2002 contribuiu para que a doutrina brasileira empregue, atualmente, as expressões usucapião e prescrição aquisitiva de maneira indistinta.[9] Com efeito, o art. 1.244 estipula estender-se ao possuidor o disposto quanto ao devedor acerca das causas que obstam, suspendem ou interrompem a prescrição, as quais também se aplicam à usucapião.

A usucapião familiar, tema do presente estudo, foi positivada como nova espécie de usucapião especial urbana, cujos requisitos legais são o exercício da posse de área urbana de até duzentos e cinquenta metros quadrados durante cinco anos, ininterruptamente e sem oposição, utilizando-o para sua moradia ou de sua família, contanto que não seja proprietário de outro imóvel urbano ou rural, nos termos originalmente contemplados pelo art. 183 da Constituição Federal.

Exigindo os mesmos requisitos, o art. 1.240 reproduz a previsão constitucional acerca da usucapião especial urbana, que deve ser definida como hipótese de usucapião extraordinária, já que o legislador dispensou, nessa seara, a presença de justo título e boa-fé. Por se tratar de nova espécie do referido instituto, a usucapião familiar não poderá ser pleiteada quando o ex-cônjuge que segue residindo sozinho no imóvel cuja titularidade dividia com o que abandonou o lar for proprietário de outros bens de igual natureza.

Quando de sua inserção no tecido normativo brasileiro, o art. 1.240-A causou certa perplexidade nos estudiosos do direito de família por supostamente resgatar a discussão acerca "da infração aos deveres do casamento ou união estável".[10] Com efeito, a referência ao "abandono do lar" contribui para que o foco seja desviado do que realmente se tem, de concreto, em tais situações: para além do rompimento da relação conjugal, ter-se-á o fim da composse até então exercida por ambos os cônjuges ou companheiros, relativamente ao imóvel onde juntos residiam e cuja propriedade compartilham.

Este instituto reflete, na lição de Orlando Gomes, a "posse em comum da mesma coisa, no mesmo grau".[11] Durante sua vigência, excepciona-se, portanto, a regra geral de exercício da posse em caráter exclusivo – também excepcionada relativamente ao direito de propriedade por se ter aí um condomínio –, sendo esta exercida indistinta e simultaneamente por todos os compossuidores sobre a coisa indivisa, por meio de fra-

---

7. Ibidem, p. 224.
8. É bastante conhecida, em sede doutrinária, a contundente crítica formulada a respeito por GOMES, Orlando. *Direitos Reais*, cit., p. 179-180.
9. Exemplificativamente, v. TEPEDINO, Gustavo, MONTEIRO FILHO, Carlos Edison do Rêgo e RENTERIA, Pablo. *Fundamentos*, v. 5, cit., p. 129.
10. FARIAS, Cristiano Chaves e ROSENVALD, Nelson. *Curso de Direito Civil*. 15. ed. Salvador: JusPodium, 2019, v. 5 – *Reais*, p. 501.
11. GOMES, Orlando. *Direitos reais*. 21. ed. Rio de Janeiro: Forense, 2012, p. 46.

ções ideais. E, enquanto durar a composse, nenhum destes poderá interferir ou impor obstáculos ao exercício, pelos demais, das mesmas faculdades,[12] conforme disposto no art. 1.199 do CC/2002.

Embora a apresente relação histórica com o condomínio, a composse traduz, atualmente, estado de fato no qual se admite "o exercício simultâneo da posse por mais de uma pessoa, com iguais faculdades, sobre a mesma coisa tomada em sua integralidade – e por isso mesmo, tecnicamente reputada *indivisa*".[13] Tal configuração permite que se prescinda, eventualmente, da existência de relação condominial por trás de tal exteriorização, por mais de uma pessoa, simultaneamente, dos poderes inerentes ao domínio. Todavia, no âmbito da espécie de usucapião especial urbana contemplada no art. 1.240-A, a cotitularidade do imóvel pelos até então cônjuges ou companheiros é premissa indispensável à incidência da referida norma. Mantém-se especificamente nessa seara, portanto, o vínculo entre composse e condomínio.

Uma vez que tenha o cônjuge abandonado o lar, nos termos descritos no art. 1.240-A, cessará a composse, tendo início, nesse caso, relação possessória exercida em regime de exclusividade pelo cônjuge ou companheiro que continua a residir no imóvel. Em virtude de tal aspecto, é forçoso concluir que o abandono mencionado pelo legislador se caracterizará apenas nas hipóteses nas quais, uma vez findo o poder físico exercido diretamente sobre o bem, o antigo compossuidor deixar de exercer sobre ele qualquer ato possessório. Para fins de aquisição de sua fração ideal por usucapião pelo possuidor que segue residindo no local, é irrelevante, portanto, se este ex-cônjuge arca com o dever de sustento dos filhos.

No que diz respeito a esse modo originário de aquisição da propriedade, releva saber, somente, se os atos possessórios antes praticados relativamente ao imóvel cessaram em definitivo por parte do cônjuge que deixou o local, pois somente em tal caso a prescrição aquisitiva iniciará seu curso. Aparentemente, seria essa a interpretação mais correta da norma porque, se o antigo compossuidor, embora afastado do lar, seguir arcando com o condomínio, os tributos incidentes sobre o bem ou efetuando despesas destinadas à sua manutenção, o vínculo possessório persiste, tratando-se, agora, de posse desdobrada entre direta e indireta, sendo a primeira exercida por quem diretamente faz uso do imóvel e a segunda por quem, mesmo sem ter contato físico com o imóvel, continua a exercer sobre ele poderes inerentes ao domínio.[14] Seria o caso, *e.g.*, de custear a realização de benfeitorias necessárias, ou decidir sobre a realização daquelas de natureza útil.

Ressalte-se que o desdobramento da posse entre posse direta e indireta é inconfundível com a composse. Relativamente ao primeiro caso, dispõe o art. 1.197 do Código Civil que "A posse direta, de pessoa que tem a coisa em seu poder, temporariamente, em virtude de direito pessoal, ou real, não anula a indireta de quem aquela foi havida,

---

12. PEREIRA, Caio Mario da Silva. PEREIRA, Caio Mario da Silva. *Instituições*, cit., p. 28.
13. TEPEDINO, Gustavo, MONTEIRO FILHO, Carlos Edison do Rêgo e RENTERIA, Pablo. *Fundamentos*, v. 5, cit., p. 38.
14. Idem, p. 40.

podendo o possuidor direto defender a sua posse contra o indireto". Nesse sentido, o possuidor indireto seria o dono ou assemelhado que entrega seu bem a outrem, enquanto o possuidor direto ou imediato é quem "tem o contato, a bem dizer, físico com a coisa".[15] Tal desdobramento da posse, idealizado por Rudolf Von Ihering, foi assim descrito por Caio Mario da Silva Pereira:

> Como temos exposto, a posse, como visibilidade do domínio, traduz a conduta normal externa de pessoa em relação à coisa, numa aparência de comportamento como se fosse proprietário, com o fito de lograr seu aproveitamento econômico. Este, muitas vezes, tem lugar com a utilização da coisa por *outrem*. Ocorre assim, para que a coisa possuída cumpra sua finalidade, um deslocamento a título convencional, e, então, uma outra pessoa, fundada no contrato, tem a sua posse sem afetar a condição jurídica do proprietário, ou do possuidor antecedente. Somente a teoria de Ihering o comporta, pois que basta à determinação da posse que se proceda em relação à coisa como o faz o proprietário (*posse = visibilidade do domínio*), e aquele que a recebe numa destinação econômica usa-a como o faria o proprietário. O que é importante é que este possuidor não anula a condição jurídica do dono, de quem recebe o seu título. E é relevante acentuar, também, que tal desdobramento pressupõe uma certa *relação jurídica* entre o possuidor indireto e o direto.[16]

Transpondo-se a distinção entre tais conceitos para as hipóteses nas quais a usucapião familiar poderá restar consumada, percebe-se, portanto, que a composse não cessará quando o ex-cônjuge que deixa de residir no imóvel continua a ratear as despesas incidentes sobre o mesmo. Também manter-se-ia viva a relação possessória, inviabilizando o decurso da prescrição aquisitiva, se o possuidor que deixou de habitar o imóvel cedesse integralmente a posse direta de sua fração ideal por meio da celebração de contrato de comodato com o ex-cônjuge. Em tais casos, por restar mantida a composse, ainda que desdobrada entre posses exercidas direta e indiretamente, a usucapião familiar não se consumaria.

3. O CONCEITO DE ABANDONO FORNECIDO PELO ART. 1.276 DO CÓDIGO CIVIL

Levando-se em consideração também o sentido jurídico da palavra abandono, vê-se que este é descrito como hipótese de perda do direito de propriedade no art. 1.276, sendo que o § 2º do mesmo dispositivo legal estipula presunção absoluta de sua caracterização quando, além de cessar os atos possessórios, o proprietário deixa de arcar com os ônus fiscais.[17] Quando lido em conjunto com o referido dispositivo legal, é possível extrair do art. 1.240-A que este se destina a regularizar a aquisição do direito de propriedade da fração ideal até então pertencente ao ex-cônjuge, por meio da usucapião: diante da

---

15. VENOSA, Sílvio de Salvo. *Direito Civil*. 18. ed. São Paulo: Atlas, 2018, v. 4 (*Reais*), p. 58.
16. PEREIRA, Caio Mario da Silva. *Instituições*, v. IV, cit., p. 26.
17. Sobre o tema, vale transcrever as observações de Gustavo Tepedino: "Teoricamente, parece simples a configuração do abandono. Na prática, todavia, a questão torna-se complexa, dando azo a controvérsias (v. comentários ao art. 1.275, *supra*). Com o objetivo de definir critério pragmático para a matéria, o § 2º do art. 1.276 estabelece presunção absoluta de abandono diante de dois requisitos objetivos: cessação dos atos de posse e ausência de pagamento dos ônus fiscais relativos ao imóvel" (*Comentários ao Código Civil*, v. 14 – *Direito das Coisas*. São Paulo: Saraiva, 2011, p. 483).

caracterização do abandono, a prescrição aquisitiva se consumará em favor de quem se torna possuidor em regime de exclusividade, com *animus domini* e sem oposição, durante o período de dois anos.

O abandono ocorre quando o proprietário se despoja do bem sem manifestar *expressamente* sua intenção, ao contrário da hipótese de perda da propriedade identificada como renúncia. Trata-se, portanto, de hipótese na qual o titular se afasta do exercício das faculdades inerentes ao domínio: "desviriliza-se da posse, deixa-se de pagar os tributos que incidem sobre a coisa (§ 2º, art. 1.276, CC). Pode-se afirmar, portanto, que o abandono resulta de condutas que o indicam de maneira positiva".[18] A partir disso, observa-se que seria ato de disposição percebido por meio do comportamento do titular, daí autores como Silvio de Salvo Venosa observarem a indispensável presença da voluntariedade para a sua caracterização, pois "o singelo não uso não implica perda da propriedade".[19]

Como se vê, a efetiva caracterização do abandono remete, inclusive, a um dos aspectos mais controvertidos da estrutura originalmente proposta pela doutrina para os direitos reais, que é a impossibilidade de perdê-los pelo não uso. Conforme observava Caio Mario da Silva Pereira, relativamente aos imóveis, o momento em que se opera o abandono é mais difícil de precisar: "Uma pessoa pode, na verdade, deixar de exercer qualquer ato em relação à coisa, sem perda do domínio. Temos dito e repetido que o não uso é uma forma de sua utilização. A casa pode permanecer fechada, o terreno inculto, e nem por isso o dono deixa de sê-lo. Para que se dê o *abandono* do imóvel, como causa da perda do direito, é mister se faça acompanhar da *intenção abdicativa*"[20] (voluntariedade).

Tal perspectiva tem sido rechaçada pela doutrina mais recente, a qual sugere que a inércia do proprietário só mereceria tutela do ordenamento jurídico se e enquanto atendesse à função econômica e social da propriedade.[21] Com efeito, o dogma da imprescritibilidade dos direitos reais ou da impossibilidade de sua extinção pelo não uso já foi posto à prova tanto em sede legislativa (v. art. 1.228, §§ 4º e 5º) quanto em sede jurisprudencial.[22]

De todo modo, em que pese o abandono, na esfera dos bens móveis, possa se caracterizar em um único ato – como jogar um objeto na lata de lixo, por exemplo –, a sua consumação, no âmbito dos bens imóveis, dependerá de condutas reiteradas. Trata-se de comportamento continuado que, independentemente da motivação, afasta o exercício do direito de propriedade de sua função social, podendo acarretar problemas de "ordem

---

18. TEPEDINO, Gustavo, MONTEIRO FILHO, Carlos Edison do Rêgo e RENTERIA, Pablo. *Fundamentos*, v. 5, cit., p. 190.
19. VENOSA, Sílvio de Salvo. *Direito Civil*, v. 4 (*Reais*), cit., p. 287.
20. PEREIRA, Caio Mario da Silva. *Instituições*, v. IV, cit., p. 206. Grifos no original.
21. TEPEDINO, Gustavo, MONTEIRO FILHO, Carlos Edison do Rêgo e RENTERIA, Pablo. Op. cit., p. 193.
22. O acórdão pioneiro é frequentemente citado como "o caso da Favela Pulmann", no qual se reconheceu que a demora do proprietário em exercer o direito de sequela por meio da propositura de ação reivindicatória (TJSP, 8ª Câmara Cível, Ap. Civ 212.726-1, v.u., rel. Des. José Osório de Azevedo Junior, julg. 16.12.1994).

ecológica, estética, sanitária e de segurança".²³ É, portanto, um desuso reiterado, que tem como efeito jurídico a perda do direito de propriedade.

Transpondo tal conceito para o art. 1.240-A do Código Civil, não nos parece razoável concordar com o Enunciado 595 da VII Jornada de Direito Civil, aprovado nos seguintes termos: "O requisito 'abandono do lar' deve ser interpretado na ótica do instituto da usucapião familiar como abandono voluntário da posse do imóvel somado à ausência da tutela da família, não importando em averiguação da culpa pelo fim do casamento ou união estável. Revogado o Enunciado 499". Ora, considerando-se que aqui se tem aqui nova modalidade de usucapião especial urbana, exigir tal "somatório" seria conferir ao instituto caráter coativo que jamais lhe foi atribuído pelo legislador, havendo outras formas – até bastante consistentes – de compelir o devedor de alimentos a adimplir suas obrigações. Ademais, se o intuito é proteger o direito à moradia do cônjuge abandonado e sua família, seria incoerente exigir que, além da cessação dos atos possessórios, o ex-cônjuge devesse, ainda, descumprir seu dever de alimentos para que a prescrição aquisitiva iniciasse seu curso.

Ao contrário do que possa parecer, a previsão, pelo legislador, de prazo bastante exíguo para que quem segue exercendo sozinho a posse adquira a propriedade da fração ideal pertencente ao ex-cônjuge não ostenta caráter punitivo. Na lição de Norberto Bobbio, além da imagem tradicional do Direito como ordenamento protetor-repressivo",²⁴ no Estado contemporâneo "torna-se cada vez mais frequente o uso das técnicas de encorajamento. Tão logo comecemos a nos dar conta do uso dessas técnicas, seremos obrigados a abandonar a imagem tradicional do direito como ordenamento protetor-repressivo. Ao lado desta, uma nova imagem toma forma: a do ordenamento jurídico como ordenamento com função *promocional*".²⁵ Na sequência, o autor explica a diferença entre um e outro:

> Em poucas palavras, é possível distinguir, de modo útil, um ordenamento protetivo-repressivo de um promocional com a afirmação de que, ao primeiro, interessam, sobretudo, os comportamentos socialmente não desejados, sendo seu fim precípuo impedir o máximo possível a sua prática; ao segundo, interessam, principalmente, os comportamentos socialmente desejáveis, sendo seu fim levar a realização destes até mesmo aos recalcitrantes.²⁶

Na usucapião familiar, o foco não é, portanto, punir o cônjuge que abandona a família e o exercício da copropriedade do imóvel, mas sim reconhecer a função social da posse que começa a ser exercida em caráter exclusivo por quem segue residindo no local com a família a partir de então, arcando sozinho com os seus custos. Daí a previsão de prazo tão exíguo para que a prescrição aquisitiva reste consumada: trata-se de um mecanismo de tutela da família, destinado a promover e facilitar a aquisição, pelo

---

23. FARIAS, Cristiano Chaves e ROSENVALD, Nelson. *Curso*, v. V, cit., p. 540.
24. BOBBIO, Norberto. *Da estrutura à função* – novos estudos de teoria do Direito. Trad. Daniela Beccaccia Versiani. Barueri: Manole, 2007, p. 13.
25. Idem, p. 13.
26. Ibidem, p. 15.

cotitular que custeia integralmente as despesas decorrentes do imóvel, da fração ideal pertencente a quem abandonou o bem, deixando de exercer a composse. O que releva, aqui não é, consequentemente, o rompimento do vínculo conjugal, mas sim a ruptura de uma relação condominial, com o descumprimento de deveres que dela decorrem, a serem analisados a seguir.

4. A USUCAPIÃO DE BENS HAVIDOS EM CONDOMÍNIO

Muito embora a mistura de aspectos afetivos e patrimoniais imposta pelo casamento possa, eventualmente, ofuscar a rigorosa aplicação da regra, o art. 1.315 do Código Civil determina que "O condômino é obrigado, na proporção de sua parte, a concorrer para as despesas de conservação ou divisão da coisa, e a suportar os ônus a que estiver sujeita". A divisão da propriedade de casa ou apartamento pelos cônjuges caracteriza hipótese de condomínio ordinário, aplicando-se, à hipótese, a regra contida no artigo acima transcrito, o qual impõe o rateio das despesas com a conservação da coisa comum: "Se elas aproveitam a todos, é justo equitativo que a comunidade contribua para elas, na proporção da parte ideal de cada um".[27]

É exatamente o descumprimento reiterado deste dever que poderá caracterizar o abandono e o fim da composse, dando margem à possibilidade de um dos condôminos usucapir a fração ideal até então atribuída ao outro. No entanto, alguns se opunham à usucapião da coisa comum por considerarem que nenhum dos condôminos poderia exercer a posse com exclusividade se não tivesse sido autorizado implicitamente pelos demais.[28] Por outro lado, tem-se admitido que o condômino se beneficie da usucapião em caráter excepcional, "desde que sua posse exclua efetivamente a dos demais, em exercício possessório que desafia a posse dos consortes, pelo tempo necessário exigido por lei".[29]

Nesse contexto, o art. 1.240-A serviu para pacificar a controvérsia acerca da possibilidade de um dos condôminos vir a usucapir a coisa comum, já rechaçada no passado, conforme se extrai das lições de Caio Mario da Silva Pereira: "em nosso direito, assim antigo quanto moderno, não tem cabida a usucapião entre condôminos; uma vez que não é lícito a um excluir da posse os demais, mostra-se incompatível com esta modalidade aquisitiva a condição condominial, que por natureza exclui a posse *cum animo domini*".[30]

O referido posicionamento já não encontra respaldo jurisprudencial, pois, conforme decidido em mais de uma oportunidade pelo Superior Tribunal de Justiça, "o condômino tem legitimidade para usucapir em nome próprio, desde que exerça a posse por si mesmo, ou seja, desde que comprovados os requisitos legais atinentes à usucapião,

---

27. VIANA, Marco Aurélio S. *Comentários ao novo Código Civil*. Rio de Janeiro: Forense, 2004, v. XVI – Dos Direitos Reais, p. 333.
28. A respeito dos autores que esposavam tal orientação doutrinária, v. TEPEDINO, Gustavo, MONTEIRO FILHO, Carlos Edison do Rêgo e RENTERIA, Pablo. *Fundamentos*, v. 5, p. 120.
29. Idem, p. 120.
30. PEREIRA, Caio Mario da Silva. *Instituições*, v. IV, cit., p. 131.

bem como tenha sido exercida a posse exclusiva com efetivo *animus domini* pelo prazo determinado em lei, sem qualquer oposição dos demais proprietários".[31]

Esta possibilidade é hoje corroborada, em sede legislativa, pelo art. 1.240-A, que versa exatamente sobre a hipótese na qual um dos condôminos assume o exercício da posse em regime de exclusividade. O escopo da norma é, portanto, permitir ao cônjuge que permaneceu no imóvel a aquisição da propriedade da fração ideal pertencente ao outro, após o decurso de apenas dois anos, por ter mantido relação direta e exclusiva com o bem e assumido integralmente as despesas com a sua conservação.

A aquisição do domínio na íntegra não tem, portanto, qualquer caráter de punição imposta ao cônjuge que abandona o lar, independendo "do motivo e das razões que deram causa ao suposto abandono".[32] A atenção do intérprete deve circunscrever-se ao aspecto patrimonial,[33] valendo ressaltar que o termo inicial da contagem do prazo de prescrição aquisitiva não necessariamente será a data em que o cônjuge, condômino e compossuidor deixou de ocupar o imóvel, mas sim o momento em que efetivamente cessaram os atos possessórios por ele praticados. Portanto se, mesmo afastado do lar, este segue arcando com as despesas de IPTU, condomínio ou benfeitorias necessárias, não será possível concluir que seu ex-cônjuge tornou-se possuidor em caráter exclusivo apenas porque continuou sendo o único a ter contato físico com o imóvel.

Hipótese na qual "duas ou mais pessoas, simultaneamente, detêm idênticos direitos e deveres proprietários sobre o mesmo bem",[34] o condomínio pressupõe a atribuição de coisa indivisa a mais de uma pessoa por meio de cotas abstratas, as frações ideais. Por isso, cada condômino possuirá "atributos qualitativamente idênticos sobre a totalidade da coisa", sofrendo, no entanto, limitações na proporção quantitativa na qual concorrem com os demais comunheiros.[35]

Tal instituto, representa, portanto, "modalidade de comunhão específica do direito das coisas",[36] sendo que seu exercício pressupõe a observância de certos deveres, tais como o rateio das despesas com a coisa comum. A cada condômino são atribuídos os direitos dispostos no art. 1.314 do Código Civil de 2002: usar da coisa conforme sua destinação, exercer sobre ela todos os direitos compatíveis com a indivisão, reivindicá-la de terceiro, defender a sua posse e alhear a respectiva parte ideal, ou gravá-la.

---

31. STJ, Terceira Turma, REsp 1631859/SP, Rel. Min. Nancy Andrighi, publ. DJe 29.05.2018. No mesmo sentido, v. STJ, Terceira Turma, AgInt no AREsp 1472974/RS, Rel. Min. Moura Ribeiro, publ. DJe 19.02.2020. O posicionamento da Corte é coerente com o entendimento da própria a respeito da possibilidade de a posse não própria converter-se em posse própria, com *animus domini* (a esse respeito, v., exemplificativamente, STJ, Quarta Turma, REsp 143976/GO, Rel. Min. Barros Monteiro, publ. DJ 14.06.2004, p. 221: "O fato de ser possuidor direto na condição de promitente-comprador de imóvel, em princípio, não impede que este adquira a propriedade do bem por usucapião, uma vez que é possível a transformação do caráter originário daquela posse, de não própria, para própria").
32. PEREIRA, Caio Mario da Silva. *Instituições*, v. IV, p. 134.
33. TEPEDINO, Gustavo, MONTEIRO FILHO, Carlos Edison do Rêgo e RENTERIA, Pablo. *Fundamentos*, v. 5, cit., p. 140.
34. FARIAS, Cristiano Chaves e ROSENVALD, Nelson. *Curso*, v. 5, cit., p. 767.
35. Idem, p. 767.
36. VENOSA, Sílvio de Salvo. *Direito Civil*, v. 4 (*Reais*), cit., p. 362.

Quando um dos condôminos pretende eximir-se da obrigação de arcar com as despesas decorrentes da conservação do imóvel ou de dívidas contraídas em virtude dele, o art. 1.316 lhe dá a alternativa de renunciar à sua parte ideal, sendo que tal renúncia beneficiará o condômino que tenha eventualmente assumido tais despesas e dívidas. Nesse caso, ter-se-á a perda da propriedade da fração ideal por meio de "uma declaração de vontade abdicativa, pela qual demite de si o direito sobre a coisa".[37] Haverá, aqui, manifestação volitiva expressa, sendo que, na esfera dos bens móveis, renúncia e abandono se equivalem.[38]

No entanto, como se viu anteriormente, tal equivalência não terá lugar na seara dos bens imóveis, pois a caracterização do abandono, em tais hipóteses, pressuporá conduta reiterada, que evidencie a intenção de não mais ter a coisa para si. O que releva, a respeito da usucapião familiar, é a intenção de facilitar a regularização da titularidade integral do imóvel por parte do cônjuge que, após o fim da composse, segue arcando sozinho com as despesas com a coisa.

Daí se afirmar, em sede doutrinária que, por cautela, "o cônjuge que deseja evitar a perda da parte que lhe caberia na partilha do imóvel deve providenciar a partilha de bens do casal antes do transcurso do lapso temporal de 2 (dois) anos".[39] O mais importante, no entanto, é a capacidade de demonstrar que a composse persiste mesmo após o fim da convivência comum, devendo o ex-cônjuge comprovar o efetivo rateio nas despesas com a coisa ainda que não mais resida no local, sendo recomendável, também, a celebração de contrato de comodato com quem segue exercendo a posse direta, regularizando assim o uso da fração ideal pertencente a quem se torna possuidor indireto.

5. TERMO INICIAL DA CONTAGEM DO PRAZO DE PRESCRIÇÃO AQUISITIVA

Relativamente ao momento em que se inicia o decurso do prazo para usucapir a fração ideal do ex-cônjuge ou companheiro, é imperioso lembrar que as mesmas causas que obstam, suspendem ou interrompem a prescrição extintiva aplicam-se à prescrição aquisitiva, nos termos do art. 1.244 do CC/2002. Assim, no que concerne à usucapião familiar, deve ser dada especial atenção ao art. 197, I do CC/2002, segundo o qual não corre prescrição entre os cônjuges, na constância da sociedade conjugal. Portanto, relativamente ao tema aqui enfrentado, é oportuno avaliar se, para que a prescrição aquisitiva inicie seu curso, é necessária a ocorrência prévia do divórcio. A questão é relevante porque, no passado, o Superior Tribunal de Justiça já decidiu que a causa impeditiva da prescrição só cessaria com a efetivação do divórcio, como se extrai do trecho de ementa a seguir transcrito:

---

37. PEREIRA, Caio Mario da Silva. *Instituições*, v. IV, p. 206.
38. Idem, p. 206.
39. TEPEDINO, Gustavo, MONTEIRO FILHO, Carlos Edison do Rêgo e RENTERIA, Pablo. *Fundamentos*, v. 5, cit., p. 141.

O que faz com que entre os cônjuges não corra o prazo prescricional é a natureza da relação que os liga entre si. Enquanto esse vínculo perdura, subsiste igualmente a causa impeditiva da prescrição. Na hipótese dos autos, o curso do prazo sequer teve início, porque o ato jurídico – outorga de procuração – levado a efeito com eiva de consentimento, deu-se na constância do casamento, por meio do qual se valeu o ex-marido para esvaziar o patrimônio comum, mediante, transferência fraudulenta de bens.

Conquanto tenham as partes posto fim à sociedade conjugal mediante a separação judicial, ao não postularem sua conversão em divórcio, permitiram que remanescesse íntegro o casamento válido, que 'somente se dissolve pela morte de um dos cônjuges ou pelo divórcio' (art. 2º, parágrafo único, da Lei 6.515, de 1977, reproduzido no art. 1.571, § 1º, do CC/02).

A razão legal da subsistência da causa de impedimento da prescrição, enquanto não dissolvido o vínculo conjugal, reside na possibilidade reconciliatória do casal, que restaria minada ante o dilema do cônjuge detentor de um direito subjetivo patrimonial em face do outro.[40]

A despeito de o entendimento então esposado pelo Superior Tribunal de Justiça ser absolutamente coerente com as normas hoje em vigor, a exigência da efetiva consumação do divórcio para que a prescrição aquisitiva inicie, nesse caso, o seu curso, poderá beneficiar indevidamente o ex-cônjuge e ex-compossuidor, por ser fatalmente postergada a aquisição de sua fração ideal por usucapião. Tal benefício decorrerá do fato de que, caso prevalecesse esse entendimento da Corte, não correria prescrição aquisitiva enquanto o divórcio não fosse consumado, muito embora os atos possessórios – aí incluído o custeio de despesas com a manutenção do imóvel – tivessem cessado, eventualmente, desde o momento em que o antigo compossuidor deixou de residir no local.

E apesar do precedente acima transcrito, o próprio Superior Tribunal de Justiça já entendeu, em mais de uma oportunidade, que "constatada a separação de fato, cessam os deveres conjugais e os efeitos da comunhão de bens".[41] Portanto, no que diz respeito à aplicação do art. 1.240-A, é possível concluir que o prazo de prescrição aquisitiva iniciaria seu curso com a separação de fato, contanto que os atos possessórios até então praticados pelo ex-cônjuge ou ex-companheiro cessem efetivamente, tendo fim a composse.

A esse respeito, vale ressaltar, porém, o fato de o Superior Tribunal de Justiça, em decisão proferida durante o ano de 2020, ter entendido que a causa obstativa que impede o decurso do prazo prescricional entre os cônjuges cessaria com a separação judicial, com o divórcio e também com a separação de fato por longo período, como se pode extrair do acórdão abaixo citado:

> Civil. Processual civil. Usucapião especial urbana. Prescrição extintiva. Escoamento do prazo para dedução de pretensão. Prescrição aquisitiva. Forma de aquisição da propriedade. Distinções. Causa impeditiva de fluência da prescrição. Aplicabilidade às prescrições extintivas e aquisitivas. Constância da sociedade conjugal e fluência do prazo prescricional. Causa impeditiva da prescrição que cessa com a separação judicial, com o divórcio e também com a separação de fato por longo período.

---

40. STJ, Terceira Turma, REsp 1202691/MG, Rel. Min. Nancy Andrighi, publ. DJe 14.04.2011.
41. STJ, Quarta Turma, AgRG no REsp 880229/CE, Rel. Min. Isabel Galotti, julg. 07.03.2013, publ. DJE 20.03.2013. No mesmo sentido, v. o seguinte trecho de Ementa de Acórdão: "Na data em que se concede a separação de corpos, desfazem-se os deveres conjugais, bem como o regime matrimonial de bens; e a essa data retroagem os efeitos da sentença de separação judicial ou divórcio" (STJ, Quarta Turma, REsp 1065209/SP, Rel. Min. João Otávio de Noronha, publ. DJe 16.06.2010, p. 502).

Tratamento isonômico para situações demasiadamente semelhantes. Prescrição aquisitiva configurada. Apuração dos demais requisitos configuradores da usucapião especial urbana. Necessidade de rejulgamento da apelação.

1. Ação distribuída em 31.07.2014. Recurso especial interposto em 31/03/2017 e atribuído à Relatora em 15.09.2017.

2. O propósito recursal consiste em definir se a separação de fato do casal é suficiente para cessar a causa impeditiva da fluência do prazo prescricional previsto no art. 197, I, do CC/2002, e, assim, para deflagrar o cômputo do prazo para a prescrição aquisitiva do imóvel previsto no art. 1.240 do CC/2002.

3. Duas espécies distintas de prescrição são reguladas pelo CC/2002: a extintiva, relacionada ao escoamento do lapso temporal para que se deduza judicialmente pretensão decorrente de violação de direito (arts. 189 e 206) e a aquisitiva, relacionada a forma de aquisição da propriedade pela usucapião (art. 1.238 a 1.244). Precedente.

4. A causa impeditiva de fluência do prazo prescricional prevista no art. 197, I do CC/2002, conquanto topologicamente inserida no capítulo da prescrição extintiva, também se aplica às prescrições aquisitivas, na forma do art. 1.244 do CC/2002.

5. A constância da sociedade conjugal, exigida para a incidência da causa impeditiva da prescrição extintiva ou aquisitiva (art. 197, I, do CC/2002), cessará não apenas nas hipóteses de divórcio ou de separação judicial, mas também na hipótese de separação de fato por longo período, tendo em vista igualmente não subsistem, nessa hipótese, as razões de ordem moral que justificam a existência da referida norma. Precedente.

6. Sendo incontroverso o transcurso do lapso temporal quinquenal entre a separação de fato e o ajuizamento da ação de usucapião, mas não tendo havido a apuração, pelas instâncias ordinárias, acerca da presença dos demais pressupostos configuradores da usucapião, impõe-se a devolução do processo para rejulgamento da apelação, afastada a discussão acerca da prescrição aquisitiva.

7. Recurso especial conhecido e provido, para determinar que seja rejulgada a apelação e examinada a eventual presença dos demais requisitos da usucapião especial urbana.[42]

Partindo-se da leitura do precedente acima, é importante observar que o emprego da expressão "separação de fato por longo período" acaba por prejudicar o ex-cônjuge que segue arcando sozinho com as despesas de manutenção do ativo havido em condomínio tanto quanto o entendimento de que só correria prescrição entre os cônjuges após o divórcio já prejudicava. Quando um dos condôminos deixou o imóvel, pondo fim à convivência afetiva e à composse, não mais arcando com as despesas incidentes sobre o mesmo, seria razoável exigir uma separação de fato que já dure por longo período?

Considerando-se que o prazo de prescrição aquisitiva previsto no art. 1.240-A se consuma em apenas dois anos, a exigência proposta pelo Superior Tribunal de Justiça para que reste superada a causa obstativa do prazo prescricional poderá impor ao ex-cônjuge que segue residindo no imóvel após o fim da composse que arque sozinho com as despesas dele decorrentes para além previsto em lei. A prevalecer a exigência de "longo período" de separação de fato para que a causa obstativa reste superada, a vagueza indiscutível da expressão utilizada pela referida Corte poderá esvaziar a aplicação da norma contida no art. 1.240-A de modo inequívoco.

---

42. STJ, Terceira Turma, REsp 1693732/MG, Rel. Min. Nancy Andrighi, julg. 05.05.2020, publ. DJe 11.05.2020.

Por tal motivo, é forçoso observar a necessidade de se conjugar dois aspectos distintos para que a usucapião familiar reste consumada. Primeiramente, se os deveres conjugais e os efeitos da comunhão cessam com a separação de fato, conforme anteriormente decidido pelo Superior Tribunal de Justiça, admitir que de tal momento em diante resta superada a causa impeditiva do decurso do prazo prescricional é uma questão de coerência. Porém, além disso, para que a usucapião reste consumada, é necessário se verificar, no caso concreto, o efetivo fim da composse, com a assunção, por apenas um dos até então cônjuges, de todas as despesas incidentes sobre o imóvel, e do exercício, em regime de exclusividade, de todos os poderes inerentes ao domínio.

Diante dos casos de violência doméstica, é importante observar, ainda, que quando a mulher se afasta da residência comum por ter sido agredida, o agressor, embora siga residindo com os filhos no imóvel e arque, sozinho, com as despesas dele decorrentes, não poderá fazer jus ao benefício disposto no art. 1.240-A. Enquanto perdurar a ameaça à integridade física da mulher, ex-compossuidora, a hipótese enquadrar-se-á no disposto no art. 1.208 do Código Civil, segundo o qual "Não induzem posse os atos de mera permissão ou tolerância assim como não autorizam a sua aquisição os atos violentos ou clandestinos, senão depois de cessar a violência ou a clandestinidade". Consequentemente, persistindo o risco de agressão, resta pendente o vício da violência, o que atribuirá ao agressor o *status* de detentor – e não possuidor – da fração ideal pertencente à ex-esposa, inviabilizando-se, com isso, a usucapião.

Por fim, é relevante pontuar a desnecessidade de recurso à usucapião familiar nas hipóteses nas quais o imóvel tenha sido adquirido por meio do Programa Minha Casa Minha Vida. Tal conclusão decorre da leitura do art. 35-A da lei que o descreve (Lei n. 11.977/2009), o qual atribui à mulher o título de propriedade do imóvel adquirido no âmbito do PMCMV em caso de dissolução de união estável, separação ou divórcio independentemente do regime de casamento, ressalvando-se apenas os casos que envolvam o uso de recursos do FGTS do cônjuge. Nas demais hipóteses, tratando-se de imóvel urbano de até 250 m², será possível recorrer à usucapião disposta no art. 1.240-A.

É de se lamentar, no entanto, a omissão legislativa a respeito dos imóveis rurais, pois, muito embora, segundo as estatísticas, as mulheres chefiem famílias com mais frequência nos centros urbanos que no campo,[43] não parece razoável negligenciar formações familiares que enfrentam dificuldades semelhantes apenas por uma questão geográfica. Afinal de contas, muito embora nada impeça que a usucapião prevista no art. 1.240-A possa, eventualmente, beneficiar ex-compossuidores do sexo masculino, no curso do século XXI, em muitos lares do país, dentro ou fora do perímetro urbano, o "homem da casa" será a mulher.

---

43. Fonte: http://g1.globo.com/economia/notícia/2014/10/mais-mulheres-sao-chefes-de-familia-e-jovens-optam-por-ser-mae-mais-tarde.html. Acesso em: 16 abr. 2020.

6. NOTAS CONCLUSIVAS

Positivada como nova espécie de usucapião especial urbana, a usucapião familiar recebeu críticas de autores que enxergavam em tal previsão legislativa uma possível retomada de discussões relativas à culpa no fim da relação conjugal. Todavia, não é possível analisar o instituto prescindindo-se das lições fornecidas pelo Livro de Direito das Coisas do Código de 2002, por se tratar, justamente, de mais uma espécie de usucapião.

Com isso, é possível perceber que se tem, aqui, hipótese de prescrição aquisitiva decorrente do fim da composse até então exercida por ambos os cônjuges ou companheiros, pois, a partir do momento em que um deles abandona o imóvel, o outro segue residindo com a família no local e arcando sozinho com despesas que, por força de lei, deveriam ser partilhadas entre os dois condôminos. A usucapião familiar terá, portanto, o condão de extinguir a relação condominial, permitindo a quem segue possuindo o imóvel exclusivamente que se torne o seu único proprietário, adquirindo a titularidade da fração ideal até então pertencente ao outro.

Como se viu, a expressão "abandono do lar" deve ser interpretada de modo sistemático, coerente com as diretrizes fornecidas pelo Código Civil na passagem sobre as causas de perda do direito de propriedade. Assim, é irrelevante se o ex-cônjuge ou companheiro está ou não adimplente com obrigações de caráter alimentar. Para que a prescrição aquisitiva inicie seu curso, basta caracterizar-se o abandono do imóvel, cessando os atos possessórios até então praticados pelo ex-cônjuge ou companheiro, que não mais rateia com o outro condômino as despesas com o bem, em afronta ao art. 1.315 do Código Civil.

Tem-se, portanto, o reconhecimento legislativo de hipótese de aquisição de bem havido em condomínio, já refutada no passado em sede doutrinária e hoje admitida pelo Superior Tribunal de Justiça. Na usucapião familiar, o exíguo prazo de dois anos estipulado para que se consume a prescrição aquisitiva revela a intenção de proteger a entidade familiar, facilitando a aquisição da propriedade integral por aquele que a conduz, arcando sozinho com as despesas do imóvel.

Por fim, discute-se, diante do disposto no art. 197, I do Código Civil, se a causa obstativa do decurso do prazo prescricional restaria superada apenas com a separação de fato ou se o divórcio seria indispensável. O tema foi abordado pelo Superior Tribunal de Justiça em mais de uma oportunidade, ora exigindo-se a consumação do divórcio para tanto, ora admitindo-se que a separação de fato bastaria para pôr fim aos deveres conjugais e à comunhão de bens. Mais recentemente, a mesma Corte decidiu que a separação judicial, o divórcio ou a separação de fato por longo período bastariam, alternativamente, para fazer cessar tal causa obstativa.

No entanto, dada a vagueza da expressão "por longo período", o correto seria entender que, uma vez consumada a separação de fato, findar-se-ia a composse, no intuito de evitar que quem segue arcando sozinho com as despesas decorrentes do imóvel acabe sendo obrigado a fazê-lo por prazo superior aos dois anos previstos no art. 1.240-A. Assim, restando caracterizado o abandono, uma vez cessados os atos possessórios e sendo todas as despesas com o bem assumidas por apenas um dos dois condôminos, restará superada a causa obstativa que impede o decurso da prescrição aquisitiva entre os cônjuges.

O *TRUST* COMO INSTRUMENTO DE PROTEÇÃO ÀS PESSOAS VULNERÁVEIS

Milena Donato Oliva

Sumário: 1. Introdução – 2. O *trust* como importante instrumento protetivo ao lado da tutela – 3. O *trust* e as diretivas antecipadas – 4. O *trust* e as cláusulas de incomunicabilidade, inalienabilidade e impenhorabilidade – 5. Conclusão.

1. INTRODUÇÃO

O estudo das perspectivas contemporâneas de proteção da pessoa humana por meio do *trust* adquire especial relevância em razão da possibilidade de sua incorporação pelo direito brasileiro.[1] O *trust* serviria como mais um instrumento que se somaria aos institutos protetivos já existentes. Nesse contexto, cumpre indagar quais seriam as vantagens da incorporação do *trust* pelo ordenamento pátrio.

Em primeiro lugar, ressalte-se a incrível aptidão do *trust* para desempenhar múltiplas funções.[2] Com efeito, o *trust* traduz esquema geral por meio do qual se mostra possível a segregação patrimonial para a promoção de um fim ou dos interesses de determinadas pessoas, denominadas beneficiários. Dada essa configuração aberta, simples e versátil, o *trust* pode servir à tutela de diversos interesses, sendo mecanismo apto a realizar variadas funções.

No que concerne ao *trust* com beneficiário, verificam-se três figurantes principais, quais sejam: o *settlor*, que institui o *trust*; o *trustee*, o qual recebe do *settlor* a titularidade das situações jurídicas subjetivas ativas para a execução do encargo contido no ato de constituição do *trust*; e o *cestui que trust* (ou beneficiário), que consiste no destinatário do proveito econômico da gestão das situações ativas objeto do *trust*.[3]

---

1. V., mais recentemente, o Projeto de Lei 4.758/2020. Não são recentes, contudo, os esforços de aclimatação do *trust* ao direito brasileiro, restando, todavia, até o presente momento, frustradas todas as tentativas de sua incorporação como instituto geral. Vale destacar, nesta direção, o Projeto de Lei 3.362, de 1957, que buscava instituir o Fideicomisso *inter vivos*; o Projeto de Código das Obrigações, de 1965, que tratava do Contrato de Fidúcia; o Anteprojeto de Código Civil, que previu a possibilidade de separação patrimonial, o que foi mantido pelo Anteprojeto revisto de 1964; o Projeto de Lei 4.809/1998, que também buscou introduzir o Contrato de Fidúcia; e, mais recentemente, o Projeto de Lei do Senado 487/2013, que cuida do Contrato Fiduciário.
2. "Si l'on se demande à quoi sert le trust, on peut presque répondre: 'à tout'!" (LEPAULLE, Pierre. *Traité théorique et pratique des trusts en droit interne, en droit fiscal et en droit international*. Paris: Librairie Arthur Rousseau, 1932, p. 12).
3. Cf. OLIVA, Milena Donato. *Patrimônio Separado*: herança, massa falida, securitização de créditos imobiliários, incorporação imobiliária, fundos de investimento imobiliário, trust. Rio de Janeiro: Renovar, 2009, p. 331-368.

O *trust*, consoante esclarece a Convenção de Haia sobre a Lei Aplicável aos Trusts e sobre o Reconhecimento Deles[4] (assinada em 1º de julho de 1985),[5] tem como principais efeitos os que se seguem: (i) os bens em *trust* constituem patrimônio separado, que não se confunde com o patrimônio pessoal do *trustee*; (ii) a titularidade dos bens em *trust* fica em nome do *trustee*; (iii) o *trustee* tem o poder e o dever, do qual deve prestar contas, de administrar, gerir ou dispor dos bens, de acordo com os termos do *trust* e com os deveres específicos que lhe são impostos pela lei; (iv) os credores pessoais do *trustee* não podem excutir os bens em *trust*; (v) os bens em *trust* não serão arrecadados na hipótese de insolvência ou falência do *trustee*; e (vi) os bens em *trust* não integram o patrimônio da sociedade conjugal nem o espólio do *trustee*.[6]

A titularidade do *trustee*, por conseguinte, se encontra funcionalizada para a obtenção do escopo do *trust*, não já para a satisfação de interesses próprios. Em virtude disto, o regime jurídico aplicável ao *trust* considera não a relação de pertença, mas a função para a qual foi constituído. A principal diferença do *trust* para o negócio fiduciário – admitido no direito brasileiro em razão da liberdade contratual[7] – é a segurança advinda da técnica da segregação patrimonial, a qual depende de criação legal. Por isso que o *trust* apenas pode ser instituído por força de lei. A segregação patrimonial assegura que os bens em *trust* fiquem inteiramente voltados para a realização do fim que ensejou sua criação.[8]

Ao lado da ampla potencialidade funcional, a blindagem patrimonial é importante característica do *trust*, pois o torna expediente extremamente seguro. O *trust*, assim, remete à ideia de flexibilidade e segurança. Flexibilidade porque se adapta às mais di-

---

4. "This Convention is intended to deal with an institution, the trust, which is known in certain Member States of the Conference, most often States of common law, but which is unknown in the majority of the civil law States of the Members of the Conference. In this it differs essentially from the other Hague Conventions which deal on the level of conflict of laws, of conflict of jurisdictions or of recognition and enforcement of judgments, with institutions such as adoption, divorce, sales contracts or maintenance obligations governed to be sure by divergent rules of private international law in different States, but known everywhere. If certain of these Conventions sought to reconcile the countries having the nationality principle and the countries having the principle of domicile, this Convention is more particularly intended to build bridges between countries of common law and countries of civil law" (OVERBECK, Alfred E. von. Disponível em: http://hcch.e-vision.nl/upload/expl30.pdf. Acesso em: 28 jul. 2022). "L'absence de référence à la dualité des droits, à la dualité common law et equity, dans les dispositions d'une convention internationale ayant pour objet de désigner des lois applicables au trust, est bien la démonstration que cette dualité n'est pas considérée comme étant de l'essence du trust. Le fait que la dualité de droits ne soit pas de l'essence du trust est d'un intérêt certain pour tout pays envisageant d'importer le trust dans son système juridique. En effet, ceci signifie que le système juridique souhaitant importer le trust n'a, pour ce faire, pas nécessairement besoin d'être fondé sur un doubel corps de droit qui permettrait la dualité des droits" (BARRIERE, François. *La réception du* trust *au travers de la fiducie*. Groupe Lexis Nexis, 2004, p. 188).
5. A Convenção de Haia, que não foi assinada pelo Brasil, é de extrema importância para a compreensão do *trust* pelos países da *civil law*, porquanto seu objetivo primordial consiste em traduzir os principais efeitos do *trust* em instrumentos que possam ser compreendidos e absorvidos pelos ordenamentos de tradição romano-germânica.
6. Cf. arts. 2º e 11 da Convenção de Haia.
7. OLIVA, Milena Donato. *Do negócio fiduciário à fidúcia*. São Paulo: Atlas, 2014, p. 19-25.
8. Para um maior aprofundamento sobre o tema, seja consentido remeter a OLIVA, Milena Donato. *Patrimônio Separado*: herança, massa falida, securitização de créditos imobiliários, incorporação imobiliária, fundos de investimento imobiliário, trust, cit., p. 339-355; e OLIVA, Milena Donato. *Do negócio fiduciário à fidúcia*, cit., p. 64-67.

versas necessidades e na exata medida destas. Segurança porque os bens em *trust* ficam blindados e apenas se destinam a satisfazer o propósito que justificou sua instituição.

Tais efeitos podem ser incorporados por países da família romano-germânica, como elucida a Convenção de Haia, por intermédio do expediente da separação patrimonial[9] – também conhecido como patrimônio autônomo, segregado, destacado, destinado, afetado ou especial –,[10] com a consagração do negócio de fidúcia,[11] que traduz esquema geral pelo qual os indivíduos podem estipular titularidade fiduciária com patrimônio separado. Em meio aos múltiplos escopos possíveis, o *trust* pode servir de valioso instrumento para proteção dos vulneráveis. No presente texto, será abordado o caso dos menores e daqueles que terão seu discernimento comprometido em virtude de enfermidade futura.[12]

2. O *TRUST* COMO IMPORTANTE INSTRUMENTO PROTETIVO AO LADO DA TUTELA

A preocupação dos pais em relação aos filhos menores vincula-se à possibilidade de virem a faltar e, nessa hipótese, seus filhos, além da perda pessoal, sofrerem percalços na gestão de seus bens e de suas pessoas, em virtude dos procedimentos a que se sujeitarão, a saber, tutela[13] e inventário.

Por isso que os pais buscam formas de garantir, tanto quanto possível, por meio dos instrumentos legais existentes, a continuidade de recursos patrimoniais aos filhos para além de seu falecimento. Para tanto, podem pactuar seguro de vida ou a criação de sociedades familiares, das quais os filhos sejam quotistas, por exemplo. Cuida-se de

---

9. LEPAULLE, Pierre. Traité Théorique et Pratique des Trusts en droit interne, en droit fiscal et en droit internacional. cit., p. 25-26; BARRIÈRE, François. La réception du trust au travers de la fiducie. cit., p. 382; HAYZUS, Jorge Roberto. Fideicomiso. Buenos Aires: Astrea, 2004, p. 32; LUPOI, Maurizio. Il trust nel diritto civile. Trattato *di diritto civile*. Torino: UTET, 2004, p. 242.
10. Acerca da noção de patrimônio separado e de sua utilização pelo legislador pátrio, cf. OLIVA, Milena Donato. *Patrimônio Separado*: herança, massa falida, securitização de créditos imobiliários, incorporação imobiliária, fundos de investimento imobiliário, trust. cit., p. 217-278.
11. O *trust*, nos países que o aclimataram, foi absorvido por meio de categoria negocial ampla denominada fidúcia (ex. França) ou fideicomisso (ex. Argentina). No presente trabalho opta-se pela terminologia fidúcia para que não haja qualquer tipo de confusão com a substituição fideicomissária prevista no direito das sucessões.
12. A vulnerabilidade remete à ideia de debilidade e, por consequência, de necessidade de cuidado para que se assegure ao vulnerável todas as condições necessárias ao livre desenvolvimento da sua personalidade. "Como se constata, a definição de vulnerabilidade compreende, além da ideia de risco, outras, como carência, inferioridade, constrangimento e sofrimento, não episódicos, mas "naturalizados", isto é, como ínsitos à situação da pessoa" (BARBOSA, Heloisa Helena. Proteção dos vulneráveis na Constituição de 1988: uma questão de igualdade. In: CARDOSO NEVES, Thiago Ferreira (coord.), *Direito & Justiça Social*. São Paulo: Atlas, 2013, p. 112). V. tb. BARBOZA, Heloisa Helena; ALMEIDA, Vitor. A tutela das vulnerabilidades na legalidade constitucional. In: TEPEDINO, Gustavo; TEIXEIRA, Ana Carolina Brochado; ALMEIDA, Vitor (Coord.). *Da dogmática à efetividade do direito civil: anais do Congresso Internacional de Direito Civil Constitucional – IV Congresso IBDCIVIL*. Belo Horizonte: Fórum, 2017, p. 39.
13. V. BEVILAQUA, Clovis. *Código Civil dos Estados Unidos do Brasil*. Rio de Janeiro: Francisco Alves, 1960, v. II, p. 310; FACHIN, Luiz Edson. Elementos críticos do direito de família. In: LIRA, Ricardo Pereira (Coord.). Rio de Janeiro: Renovar, 1999, p. 250; DIAS, Maria Berenice. *Manual de Direito das Famílias*. São Paulo: Ed. RT, 2011, p. 609.

sociedades que a rigor têm mero escopo de gestão; servem para organizar e administrar o patrimônio em benefício dos membros da entidade familiar.[14] E os pais podem, ainda, instituir tutor em testamento ou qualquer outro documento autêntico para seus filhos menores.[15]

Nada obstante a importância desses mecanismos, eles deixam a descoberto as preocupações dos pais em relação à forma de gestão dos bens e da pessoa dos filhos. Isso porque o tutor, embora exerça múnus público[16] do qual deve prestar contas, age consoante sua discricionariedade, tomando as decisões que melhor entender para gerir, adequadamente, o patrimônio e zelar pela pessoa que está sob sua responsabilidade.

Os pais, por tal razão, não raras vezes têm dificuldade em confiar em alguém para cuidar integralmente de todos os aspectos relacionados aos seus filhos. Pode ocorrer de haver na família um irmão atencioso e dedicado, mas que é incauto na gestão financeira. De outra parte, é possível que aquele mais centrado nos aspectos patrimoniais não tenha afinidade com crianças ou adolescentes. Difícil congregar num mesmo sujeito todas as legítimas preocupações e anseios dos pais.

Em virtude disso, os pais acabam buscando formas de gestão do patrimônio e mesmo das pessoas de seus filhos que se somem à tutela, de maneira a auxiliar o tutor na sua importante tarefa. Diante da falta do *trust* no Brasil, outros institutos, como os fundos de investimento, acabam sendo utilizados para dar vazão a esses legítimos interesses.[17]

A admissão em termos gerais do *trust* no direito pátrio se mostraria medida salutar para a tutela de relevantes necessidades patrimoniais e existenciais dos menores, em consonância com os valores sociais da livre iniciativa.[18] Seria possível que os menores (ou mesmo os que, capazes, tenham algum tipo de necessidade específica) recebessem proteção moldada às suas concretas necessidades.[19] A circunstância de a propriedade dos bens ficar com o fiduciário, não já com o menor sob a administração do tutor, confere flexibilidade e agilidade na administração do patrimônio, que tem como beneficiário o menor,[20] além de poder contar com gestão profissional e especializada.[21]

---

14. Cf. COSTA CRUZ, Elisa e AZEVEDO, Lilibeth de. Planejamento sucessório. *Diálogos sobre direito civil*. Rio de Janeiro: Renovar, 2012, v. III, p. 554.
15. V. art. 1.729 do Código Civil: "O direito de nomear tutor compete aos pais, em conjunto. Parágrafo único. A nomeação deve constar de testamento ou de qualquer outro documento autêntico".
16. PEREIRA, Caio Mário da Silva. *Instituições de Direito Civil*. Rio de Janeiro: Forense, 2013. v. V, p. 480-481; AZEVEDO, Álvaro Villaça. *Comentários ao código civil*. In: AZEVEDO, Antônio Junqueira de (Coord.). São Paulo: Saraiva, 2003, v. 19, p. 319; FACHIN, Luiz Edson. *Elementos críticos do direito de família*, cit., p. 255; DIAS, Maria Berenice. *Manual de Direito das Famílias*. cit., p. 609-610.
17. Sobre o ponto, seja consentido remeter a OLIVA, Milena Donato e RENTERÍA, Pablo. Fidúcia: a importância da incorporação dos efeitos do trust no direito brasileiro. *Revista Trimestral de Direito Civil*, v. 48, p. 51-56. 2011.
18. Cf. CASAS, Eduardo e SANTAMARÍA, Sanz de. *La Fiducia*. Santa Fe de Bogotá: Temis, 1997, p. 40; LUPOI, Maurizio. *Il trust nel diritto civile*. cit., p. 334-335.
19. V. FERRARI, Chiara e UGOLINI, Sonia. *I trusts in ambito successorio*. In: PRATO, Enrico del; COSTANZA, Maria e MANES, Paola (diretta da). *Donazioni, atti gratuiti, patti di famiglia e trusts successori*. Torino: Zanichelli, 2010, p. 665; PETRULLI, Mario e RUBINO, Francesco. *Il trust*. Matelica: Halley, 2006, p. 199.
20. FERRARI, Chiara e UGOLINI, Sonia. *I trusts in ambito successorio*. cit., p. 666-667.
21. CASAS, Eduardo e SANTAMARÍA, Sanz de. *La Fiducia*. cit., p. 52.

Por meio do *trust*, a gestão patrimonial ficaria a cargo de instituições responsáveis por garantir o padrão de vida dos menores e a preservação dos seus interesses. Os pais poderiam deixar inúmeras diretivas relacionadas a aspectos pessoais dos filhos, bem como aos ativos alienados em fidúcia, prevendo, a título ilustrativo, verba específica para educação, cursos, lazer, esporte, saúde, cultura etc., de maneira a garantir a plena realização da pessoa de seus filhos para além da sua morte.[22]

O fiduciário, ao gerir o patrimônio dos menores para específicas finalidades, acabaria não apenas por auxiliar o tutor em seu mister, como também por fiscalizar sua atuação, verificando se efetuou a matrícula do incapaz em escola do nível indicado pelos pais, se está efetivamente investindo no lazer e na cultura destes, consoante a verba para tanto destinada etc. Da mesma maneira, o tutor também fiscalizaria a gestão patrimonial empreendida pelo fiduciário, tratando-se de mútuo controle proveitoso para os interesses do menor, sem prejuízo do exame judicial. E ainda pode contribuir nessa importante atividade de fiscalização o protutor.[23] Note-se que a lógica de colocar certos bens sob gestão específica independentemente da autoridade parental ou da tutela se encontra no § 2º do art. 1.733 do Código Civil,[24] a denotar que o legislador valorou positivamente a preocupação concernente à gestão de certos bens, que poderia não ser confiada àquele que tem a responsabilidade pelo menor.

A fidúcia, ademais, poderia ser eficiente mecanismo para que os pais pudessem, à luz dos concretos interesses e necessidades de seus filhos, garantir a continuidade da qualidade de vida destes e a plena realização de sua personalidade, independentemente de eventuais mudanças que possam ocorrer com as pessoas dos tutores. O encargo imposto a determinado tutor dura, em regra, apenas dois anos[25] e a tutela termina com a maioridade, ao passo que a fidúcia pode ser avençada para persistir enquanto perdurar a incapacidade ou a especial necessidade que a motivou, garantindo a constância na administração dos bens.

Claro que a necessidade da instituição da fidúcia é tanto maior quanto a falta de pessoas de confiança próximas dos pais que pudessem aceitar o encargo da tutela. De todo modo, mesmo para aqueles que dispõem de alguém de confiança, a importância da fidúcia não pode ser subestimada. A fidúcia, com efeito, não traduz alternativa à tutela, mas consubstancia instrumento adicional, que soma forças aos institutos já existentes de proteção dos menores.

Com o apoio da fidúcia, os pais poderiam garantir aos filhos a manutenção de sua qualidade de vida, bem como oportunidade e acesso à educação de nível predeterminado, cultura e lazer, independentemente de terem na sua família pessoas aptas a de-

---

22. LUPOI, Maurizio. *Il trust nel diritto civile*. cit., p. 335.
23. Art. 1.742, Código Civil: "Para fiscalização dos atos do tutor, pode o juiz nomear um protutor".
24. Art. 1.733, § 2º, Código Civil: "Quem institui um menor herdeiro, ou legatário seu, poderá nomear-lhe curador especial para os bens deixados, ainda que o beneficiário se encontre sob o poder familiar, ou tutela".
25. Art. 1.765, Código Civil: "O tutor é obrigado a servir por espaço de dois anos. Parágrafo único. Pode o tutor continuar no exercício da tutela, além do prazo previsto neste artigo, se o quiser e o juiz julgar conveniente ao menor".

sempenharem com rigor a importante função da tutela e independentemente de o juiz lograr indicar alguém que preencha os requisitos necessários a tanto. Universaliza-se a possibilidade de os pais poderem assegurar o cuidado dos seus filhos para após a sua morte, sem depender de ter uma família estruturada ou conhecidos aptos a tal função. A tutela decorre de imposição legal,[26] mas a fidúcia é fruto do acordo de vontades que vai regulamentar seu escopo, o que garante eficiente gestão do patrimônio dos menores por meio da técnica da titularidade fiduciária agregada ao patrimônio separado.

Além disso, em se tratando de menores abastados financeiramente, a fidúcia poderia evitar que a disputa pela tutela se desse por interesses patrimoniais, na medida em que a gestão dos bens dos menores ficaria em grande parte com instituição independente e profissional. Infelizmente, nas famílias com mais recursos, a briga pela tutela nem sempre se associa ao profundo amor e carinho nutridos pelos menores, mas pelos benefícios indiretos advindos da gestão do seu patrimônio.[27] Embora haja rigorosa fiscalização no que tange aos gastos dos recursos dos menores, há os benefícios indiretos relativos ao controle de seus bens e pessoa. Daí a legítima preocupação dos genitores em manter os interesses de seus filhos plenamente resguardados, ao não ficarem apenas na dependência do discernimento e boa vontade dos tutores.

E isso sem falar na situação conflitante advinda de os tutores poderem ser herdeiros dos menores. O tutor, por exemplo, pode optar, em caso de grave doença que afete o menor, por não investir em certos tratamentos dispendiosos olhando mais para o futuro patrimônio do que para os interesses do menor. Essas situações poderiam ser mais facilmente contornadas por meio da fidúcia.

A fidúcia, ainda, permitiria gestão profissional e especializada do patrimônio, eleita e formulada pelos pais, que pudesse assegurar o tratamento adequado para certos bens. No caso das ações, por exemplo, a atuação rápida pode evitar a perda do patrimônio, em caso de abrupta queda. Estando em nome dos menores, a alienação acaba sendo menos ágil, pois depende de autorização judicial, o que pode comprometer seus interesses, haja vista a peculiar dinamicidade do mercado de ações. A fidúcia, neste particular, apresenta vantagem comparativa, na medida em que as ações são de titularidade do fiduciário, o qual pode livremente aliená-las, desde que no melhor interesse dos menores. Embora o legislador já tenha previsto a possibilidade de gestão especializada, ela apenas ocorre a requerimento do tutor, quando este sentir necessidade,[28] e não afasta o pronunciamento judicial para a alienação dos bens.

Em definitivo, a fidúcia traduz poderoso instrumento na tutela dos mais diversos interesses existenciais e patrimoniais dos menores. Por meio da técnica da titularidade

---

26. Cf. art. 1.736 do Código Civil. Na doutrina, v. BEVILAQUA, Clovis. *Código Civil dos Estados Unidos do Brasil*, v. II. cit., p. 321; AZEVEDO, Álvaro Villaça. *Comentários ao código civil*, v. 19. cit., p. 344; FACHIN, Luiz Edson. *Elementos críticos do direito de família*. cit., p. 252.
27. V. PEREIRA, Caio Mário da Silva, *Instituições de Direito Civil*, v. V. cit., p. 514.
28. Art. 1.743, Código Civil: "Se os bens e interesses administrativos exigirem conhecimentos técnicos, forem complexos, ou realizados em lugares distantes do domicílio do tutor, poderá este, mediante aprovação judicial, delegar a outras pessoas físicas ou jurídicas o exercício parcial da tutela".

fiduciária, assegura-se flexibilidade e rapidez na gestão dos ativos, que são destinados, nos termos definidos pelos pais, para a satisfação de específicas necessidades dos filhos. Mediante o expediente do patrimônio separado, há a blindagem dos riscos relativos às vicissitudes pessoais do fiduciário. Como se vê, a fidúcia proporciona segura e eficiente gestão dos bens dos menores, que não sofre solução de continuidade não obstante os percalços que possam existir com seus pais ou tutores.

Destaque-se que a instituição do *trust*, à evidência, não pode representar fraude ou obstáculo às normas imperativas, devendo respeitar as disposições relativas à legítima e todas as demais pertinentes ao caso concreto. O *trust* é instrumento adicional e não substitutivo, só podendo ser constituído dentro dos parâmetros legais.

3. O *TRUST* E AS DIRETIVAS ANTECIPADAS

Tem-se cada vez mais admitido, a despeito das não poucas dificuldades teóricas,[29] as diretivas antecipadas[30] como forma de assegurar, por ocasião da futura enfermidade que afete a capacidade de manifestação de vontade, legítimas opções existenciais atinentes, por exemplo, a tratamentos médicos.[31] As diretivas antecipadas, ainda, poderiam dispor sobre quem seria o curador[32] ou o representante para específicos atos,[33] bem como sobre a forma de gestão dos bens[34] e outras orientações relacionadas à pessoa e ao patrimônio do futuro enfermo, tornando os cuidados que lhe serão dirigidos adaptados às suas necessidades e legítimos desejos. Cuida-se de respeitar ao máximo as opções de vida de cada um, as quais continuariam vinculantes para aqueles que viessem a ser responsáveis pela pessoa com discernimento comprometido.

Da mesma forma que o testamento prestigia a vontade do *de cujus* manifestada ainda em vida, no caso das diretivas antecipadas valorizam-se as opções existenciais e

---

29. V., sobre as dificuldades concernentes às diretivas antecipadas, a Ação Civil Pública 0001039-86.2013.4.01.3500 que questiona a Resolução 1.995/2012 do Conselho Federal de Medicina.
30. Mostra-se eloquente a Resolução 1.995/2012 do Conselho Federal de Medicina, que dispõe sobre as diretivas antecipadas de vontade. No sentido da admissibilidade das diretivas antecipadas, v. FACHIN, Luiz Edson; RUZYK, Carlos Eduardo Pianovski; FACHIN, Melina Girardi e GONÇALVES, Marcos Alberto Rocha. *O presente do futuro incapaz*. Disponível em: www-antigo.mpmg.mp.br/portal/public/interno/arquivo/id/34114. Acesso em: 28 jul. 2022; SCHREIBER, Anderson. *Direito Civil e Constituição*. São Paulo: Atlas, 2013, p. 343-345; TEIXEIRA, Ana Carolina Brochado. *Saúde, corpo e autonomia privada*. Rio de Janeiro: Renovar, 2010, p. 349-373; MEIRELES, Rose Melo Vencelau. *Autonomia privada e dignidade humana*. Rio de Janeiro: Renovar, 2009, p. 229-240; BORGES, Roxana Cardoso Brasileiro. *Direito de morrer dignamente: eutanásia, ortotanásia, consentimento informado, testamento vital, análise constitucional e penal e direito comparado*. In: SANTOS, Maria Celeste Cordeiro Leite (Org.). *Biodireito*: ciência da vida, os novos desafios. São Paulo: Ed. RT, 2001, p. 295; BOMTEMPO, Tiago Vieira. Diretivas antecipadas: breves considerações. *Revista jurídica Consulex*, n. 364, p. 20-22. 2012.
31. Cf. FACHIN, Luiz Edson; RUZYK, Carlos Eduardo Pianovski; FACHIN, Melina Girardi e GONÇALVES, Marcos Alberto Rocha. *O presente do futuro incapaz*. cit.; TEIXEIRA, Ana Carolina Brochado. *Saúde, corpo e autonomia privada*, cit., p. 361-373; SCHREIBER, Anderson. *Direito Civil e Constituição*. cit., p. 343-345; MEIRELES, Rose Melo Vencelau. *Autonomia privada e dignidade humana*. cit., p. 232.
32. TEIXEIRA, Ana Carolina Brochado. *Saúde, corpo e autonomia privada*. cit., p. 356-357 e p. 361.
33. MEIRELES, Rose Melo Vencelau. *Autonomia privada e dignidade humana*. cit., p. 238-240.
34. TEIXEIRA, Ana Carolina Brochado. *Saúde, corpo e autonomia privada*. cit., p. 361.

patrimoniais efetuadas antes do advento da impossibilidade de decidir ou se comunicar. Independentemente de as mudanças posteriormente ocorridas colocarem em dúvida se o enfermo manteria as diretivas se soubesse do novo contexto, cuida-se ao menos de importante parâmetro a ser considerado. Vale dizer, mesmo que se conclua que, para determinados casos, certas decisões do enfermo não podem ser prestigiadas diante da profunda alteração contextual, não se deve subestimar o importante papel das diretivas antecipadas ao menos para servir de guia em relação ao estilo de vida e às escolhas que faria o enfermo.

Na esteira da valorização da autonomia decisória da pessoa em relação a aspectos que envolvem sua saúde e vida, a possibilidade de criação, em virtude da enfermidade que afete o discernimento, de patrimônio fiduciário gerido por profissional independente, pode permitir, com segurança e flexibilidade, a concretização de decisões constantes em diretivas antecipadas relativas à forma de administrar os bens para a satisfação de necessidades existenciais.[35]

Seria possível, assim, subtrair da discricionariedade do curador determinadas escolhas já efetuadas pela pessoa atualmente impossibilitada de decidir ou se expressar. Com isso, decisões relacionadas ao custo de tratamentos, hospitais, médicos, fisioterapias etc. poderiam fazer parte de diretivas antecipadas, que disciplinariam a forma de gerir o patrimônio para a máxima realização das necessidades psicofísicas do enfermo sob a perspectiva deste. E mais: com a fidúcia, o patrimônio poderia contar com gestão especializada, imparcial e dinâmica, que não se submetesse às rígidas regulamentações aplicáveis à curatela, nem às habilidades do curador.

Dessa forma, a título ilustrativo, uma pessoa poderia constituir um patrimônio separado, respeitando, evidentemente, seus credores, do qual ela seria a única beneficiária. Como diretiva ao fiduciário, em caso de futura enfermidade, haveria orientação específica para distribuição mensal de rendimentos com vistas à cobertura de determinadas despesas, como fisioterapia, médicos, hospitais, clínicas, medicamentos etc. O constituinte poderia mesmo optar por orientar a liquidação do patrimônio, se necessário for, para a melhora da sua qualidade de vida.

Tal negócio constitui expediente voltado não apenas para evitar que o curador tome decisões direcionadas para a preservação do patrimônio (pode haver situação conflituosa, em que curador seja potencial herdeiro do enfermo), como também permite valorizar a vontade do enfermo manifestada quando ele ainda se encontrava em pleno discernimento. A pessoa pode optar pelo seu patrimônio ser gasto todo ele consigo próprio. Desde que respeite suas obrigações legais, eventual dever de alimentos, responsabilidade perante credores etc., afigura-se legítimo que o patrimônio que lhe pertence seja prioritariamente destinado à satisfação de suas necessidades psicofísicas, que auxiliarão na manutenção da sua dignidade. A gestão patrimonial por meio da

---

35. FERRARI, Chiara e UGOLINI, Sonia. *I trusts in ambito successorio*. cit., p. 666; PETRULLI, Mario e RUBINO, Francesco. *Il trust*, cit., p. 201.

fidúcia pode ser um grande instrumento para esse fim, que se soma aos já consagrados expedientes protetivos.[36]

O fiduciário teria o importante papel de gerir o patrimônio do enfermo para a realização das finalidades por este pretendidas e previamente determinadas, às quais deve se ater (não só o fiduciário como também) o curador. Assegura-se gestão proba e ágil, preservando-se o patrimônio e sua aptidão para satisfazer as necessidades existenciais do enfermo. Dessa forma, independentemente de este ter um curador da sua confiança, a fidúcia assegura, com segurança e flexibilidade, seus legítimos anseios relativos à gestão de seus bens e de sua destinação para a realização de suas necessidades existenciais.

4. O *TRUST* E AS CLÁUSULAS DE INCOMUNICABILIDADE, INALIENABILIDADE E IMPENHORABILIDADE

Não raro, o testador ou o doador, embora queiram atribuir determinado ativo a um filho, neto, sobrinho ou a quem desejem ajudar, têm o receio de o agraciado não ter condições de bem administrar o ativo recebido. Embora a maioridade civil seja atingida aos dezoito anos, a maturidade para a gestão de determinados direitos apenas muito tempo depois pode ser alcançada. Daí a preocupação do doador ou testador em garantir que os direitos transmitidos sejam gravados com certas restrições, com vistas a assegurar o escopo último do ato translativo, qual seja, beneficiar, da maneira mais perene possível, o donatário, o herdeiro ou o legatário.

As cláusulas de inalienabilidade, impenhorabilidade e incomunicabilidade traduzem importante instrumento para dar vazão a essas legítimas pretensões, conforme expressamente previsto em lei.[37] Dessa forma, caso haja o receio de o beneficiado alienar o bem e despender o montante recebido com frivolidades, pode-se estipular a inalienabilidade. De outra parte, se houver a apreensão de o beneficiado se endividar a ponto de comprometer o bem, é possível gravá-lo com a cláusula de impenhorabilidade. Além disso, na hipótese de temor em relação à ingerência que o cônjuge possa ter sobre o bem, pode-se prever a incomunicabilidade. Tais cláusulas não podem ter duração maior que a vida do beneficiado. Como se percebe, o direito pátrio admite significativas e duradouras restrições à livre circulação e disposição dos bens, por entender haver interesses merecedores de tutela contemplados por essas cláusulas limitativas.

Tais cláusulas asseguram, tanto quanto possível, a finalidade protetiva almejada pelo doador ou testador com a transmissão do bem.[38] Nada obstante, acarretam inevitáveis

---

36. "Esse expediente pode aliás ser complementar ao instituto da tomada de decisão apoiada ou à própria curatela, pois o *trustee* poderia auxiliar na fiscalização da atuação dos apoiadores ou curadores" (XAVIER, Luciana Pedroso. O *trust* como instrumento de proteção da pessoa com deficiência. In: MENEZES, Joyceane Bezerra de (Coord.). *Direito das pessoas com deficiência psíquica e intelectual nas relações privadas: convenção sobre os direitos das pessoas com deficiência e Lei Brasileira de Inclusão*. Rio de Janeiro: Processo, 2016, p. 706).
37. Cf. arts. 1.848 e 1.911 do Código Civil.
38. "O usufruto, mormente quando gravado com cláusula de incomunicabilidade, impenhorabilidade e inalienabilidade, é absolutamente impenhorável (...) até porque, em casos tais, constitui o usufruto fonte de renda ao seu beneficiário, tipo salário, igualmente impenhorável" (TJRS, Ap. Cív. e Reexame Necessário 70025643131,

engessamento e rigidez, os quais podem ser prejudiciais àquele que se objetivou tutelar. Por isso que as cláusulas de inalienabilidade, impenhorabilidade e incomunicabilidade, embora admitidas pelo direito brasileiro, traduzem expediente visto com desconfiança, vez terem o efeito colateral de dificultar a circulação de riquezas, além de aprisionar o beneficiário em relação a determinado bem, o qual apenas pode ser substituído por meio do processo judicial de sub-rogação.[39]

As cláusulas de inalienabilidade, impenhorabilidade e incomunicabilidade, com efeito, geram aproveitamento estático dos bens, que restam gravados com importantes limitações que dificultam sua adaptação às vicissitudes por que passa o beneficiado ao longo da vida, bem como às alterações de mercado (neste particular, especialmente dramática é a cláusula de inalienabilidade nas ações). O Judiciário, contudo, atento à função protetiva de tais cláusulas, tem buscado valorar, à luz das concretas circunstâncias, a maneira de melhor resguardar os interesses do beneficiado.[40] A despeito de tal

---

2ª CC, Rel. Des. Roque Joaquim Volkweiss, julg. 18.03.2009). "Negócio jurídico. Nulidade. Cessão de direitos sobre imóvel gravado com cláusula de inalienabilidade e impenhorabilidade. Testador que procurou garantir patrimônio não só a seus filhos, mas também aos seus netos. Negócio que somente privilegiou os primeiros, devendo prevalecer a inalienabilidade. Cessionário que não se qualifica terceiro de boa-fé. (...) Nulidade do contrato declarada" (TJSP, Ap. Cív. 0288758-90.1999.8.26.0006, 1ª CDP, Rel. Des. Luiz Antonio de Godoy, julg. 23.08.2011); "Usufruto vitalício é o direito conferido a alguém com o intuito que, até o fim da vida, de forma inalienável e impenhorável, esta pessoa possa usufruir da coisa alheia como se sua fosse, extinguindo-se com a morte do usufrutuário. 3. A doação feita com a cláusula de inalienabilidade, que implica na impenhorabilidade e incomunicabilidade do bem, prevista no artigo 1.911 do Código Civil, tem sua razão precípua na defesa do interesse do beneficiado, a quem fica assegurado o benefício patrimonial vitalício. A rigidez desta cláusula é decorrência lógica de sua própria função preventiva, razão pela qual não se extingue com a morte do doador" (TJDF Ap. Cív. 33.2017.8.07.0000, 2ª Turma Cível, Rel. Des. Sandoval Oliveira, julg. 30.11.2017).

39. Cf. art. 1.848, § 2º do Código Civil: "Mediante autorização judicial e havendo justa causa, podem ser alienados os bens gravados, convertendo-se o produto em outros bens, que ficarão sub-rogados nos ônus dos primeiros".

40. "Se a alienação do imóvel gravado permite uma melhor adequação do patrimônio à sua função social e possibilita ao herdeiro sua sobrevivência e bem-estar, a comercialização do bem vai ao encontro do propósito do testador, que era, em princípio, o de amparar adequadamente o beneficiário das cláusulas de inalienabilidade, impenhorabilidade e incomunicabilidade. A vedação contida no art. 1.676 do CC/16 poderá ser amenizada sempre que for verificada a presença de situação excepcional de necessidade financeira, apta a recomendar a liberação das restrições instituídas pelo testador" (STJ, REsp 1158679/MG, 3ª T., Rel. Min. Nancy Andrighi, julg. 07.04.2011). "O Novo Código Civil adotou sistema menos rígido para o cancelamento dos gravames, sendo possível quando houver justa causa, sejam eles instituídos por testamento ou doação, conforme reza a doutrina. No presente caso as autoras demonstraram estar enfrentando dificuldades financeiras, necessitando desbloquear o valor depositado para sub-rogação. Conclui-se dos autos que nenhum prejuízo advirá da desconstituição dos gravames. A proteção que se busca através das cláusulas de inalienabilidade e impenhorabilidade do imóvel, no intuito de que as autoras tenham residência, se mostra desnecessária uma vez que as mesmas comprovaram possuir imóvel próprio. Por outro lado, a cláusula de incomunicabilidade não tem maior importância no caso concreto uma vez que as apelantes não mantém sociedade conjugal. A conveniência em se desconstituir os gravames é evidente, ao passo que a manutenção dos mesmos mostra-se prejudicial às autoras" (TJRJ, Ap. Cív. 0007003-90.2000.8.19.0037, 9ª CC, Rel. Des. Carlos Santos de Oliveira, julg. 21.10.2008); "Pedido de cancelamento de cláusula de inalienabilidade incidente sobre imóvel recebido pelo recorrente na condição de herdeiro. 2 – Necessidade de interpretação da regra do art. 1576 do CC/16 com ressalvas, devendo ser admitido o cancelamento da cláusula de inalienabilidade nas hipóteses em que a restrição, no lugar de cumprir sua função de garantia de patrimônio aos descendentes, representar lesão aos seus legítimos interesses. (STJ, REsp 1422946/MG, 3ª T., Rel. Min. Nancy Andrighi, Rel. p/ Acórdão Min. Paulo de Tarso Sanseverino, julg. 25.11.2014); "O apelo nobre merece acolhimento a fim de afastar as cláusulas de inalienabilidade e impenhorabilidade, considerando as peculiaridades do caso concreto relativas ao momento da doação – que ocorreu em 1943 –, a avançada idade dos

importante esforço empreendido pelo Judiciário, mantém-se o inconveniente relativo à falta de celeridade na solução dos problemas que essas restrições possam suscitar.

Nesse contexto, a fidúcia desponta como expediente de inquestionável vantagem, por tutelar os mesmos interesses valorados positivamente pelo legislador sem os inconvenientes das cláusulas de inalienabilidade, impenhorabilidade e incomunicabilidade.

De fato, por intermédio da fidúcia seria possível, respeitando-se as mesmas exigências legais aplicáveis às cláusulas de inalienabilidade, impenhorabilidade e incomunicabilidade, garantir um aproveitamento dinâmico dos bens. Ou seja, haveria o alcance da mesma finalidade valorada positivamente pelo legislador sem o mesmo engessamento.[41] A fidúcia permitiria que o objeto da transmissão fosse universalidade patrimonial autônoma cuja gestão ficaria a cargo de entidade diversa do beneficiário. Aliena-se não um bem gravado com as cláusulas de inalienabilidade, incomunicabilidade e impenhorabilidade, mas a atividade de gestão do patrimônio, inteiramente voltada para a promoção dos interesses do beneficiário.

O aproveitamento dos bens, assim, poderia (i) adaptar-se a concretas circunstâncias, que se alteram com o tempo, o que garantiria com mais efetividade o propósito original do testador/doador de resguardar os interesses dos beneficiários, possibilitando-se, a um só tempo, a circulação dos bens e a preservação do patrimônio, voltado a tutelar os beneficiários, e (ii) contemplar mais pessoas com os mesmos bens por intermédio de gestão unitária, independente e imparcial, sem as dificuldades próprias do condomínio, de maneira a otimizar o aproveitamento dos bens. Em uma palavra, a fidúcia conferiria mais liberdade e, por isso, maior adaptabilidade.

O donatário, herdeiro ou legatário, por exemplo, podem, no decorrer de sua vida, ter de morar no exterior ou mudar o tipo de trabalho que empreendem. Um imóvel gravado de inalienabilidade, a depender das circunstâncias, pode se tornar um estorvo, além de gerar dívidas quando o beneficiário não consegue pessoalmente administrar, alugar, constituir mandatário etc.

Com a fidúcia, por outro lado, o beneficiário não teria o encargo de gerir o bem, e, além disso, poderia o fiduciário, se for conveniente para a tutela dos interesses do beneficiário, substituir determinado bem por outros tipos de ativos, garantindo sustento/renda ao beneficiário conforme as suas concretas necessidades. O fiduciário, ademais, pode ser um profissional, de maneira que a gestão seria confiada a sujeito de alta especialização e apto a tomar as melhores decisões.[42]

Dessa forma, haveria, com a fidúcia, novo objeto de transmissão: os benefícios da gestão de uma universalidade patrimonial afetada aos interesses dos donatários, herdeiros ou legatários. Ajusta-se o benefício pretendido à concreta situação,[43] possibi-

---

donatários e a deterioração do imóvel, a qual demonstra que tais restrições contrariam os legítimos interesses dos beneficiários da doação" (STJ, REsp 1321542/SP, Dec. Mon. Rel. Min. Raul Araújo, julg. 09.08.2019).
41. Cf. Exposé des motifs de loi instituant la fiducie, présentée par Philippe Marini, p. 8.
42. GOMES, Orlando. Contrato de Fidúcia ('trust'). *Revista Forense*, v. 211, n. 62, p. 11. 1965.
43. KIPER, Claudio M. e LISOPRAWSKI, Silvio V. *Tratado de Fideicomisso*. Buenos Aires: Depalma, 2004, p. 202.

litando-se, ainda, melhor aproveitamento dos bens integrantes do patrimônio separado, que podem servir a mais de um beneficiário, sem os inconvenientes do condomínio.[44] Opera-se a liberalidade do fiduciante ao beneficiário por meio do fiduciário,[45] responsável pela conservação e gestão dos bens até a liquidação do patrimônio afetado.[46]

Uma vez que, neste caso, a destinação vincula universalidade patrimonial, não já bens específicos, não há necessidade de se efetuar processo judicial para sub-rogação.[47] Cuida-se de sistema que atinge, repita-se à exaustão, as mesmas finalidades das cláusulas de impenhorabilidade, inalienabilidade e incomunicabilidade, sendo, contudo, mais maleável. As dificuldades na sub-rogação e na superação de tais cláusulas limitativas, de fato, podem prejudicar o aproveitamento dos bens e a tutela dos interesses que o doador/testador quis proteger.

A título exemplificativo, ressalte-se o caso dos irmãos e condôminos Sérgio, Ricardo e Roberto que, em 1997, iniciaram procedimento de jurisdição voluntária de sub-rogação de gravames de inalienabilidade, impenhorabilidade e incomunicabilidade existentes sobre imóvel de sua propriedade. Os condôminos ofereceram outros bens para que as cláusulas restritivas fossem transmitidas (sub-rogadas), ficando liberado o imóvel para alienação. Em 1998 foi proferida sentença julgando procedente o pedido nos seguintes termos:

> Isto posto, julgo procedente o pedido e determino a sub-rogação, sobre os imóveis oferecidos pelos requerentes Roberto e Ricardo Freytag de Azevedo Bastian, dos vínculos que recaem sobre o imóvel a ser alienado. Com relação à quota-parte do requerente Sérgio Freytag Bastian, deverá a mesma ser depositada em conta judicial, com rendimentos, até que o mesmo adquira imóvel, no mesmo valor, sobre o qual incidirão os gravames.

Transitada em julgado essa sentença e arquivado o processo, passados mais de dez anos, vem agora Sérgio pedir o desarquivamento do processo e a liberação do dinheiro correspondente à sua quota-parte. Vejam-se que foram dez anos sem aproveitamento econômico do bem (alienado) ou do dinheiro (depositado).[48]

---

44. HAYZUS, Jorge Roberto. *Fideicomiso*. cit., p. 88.
45. CHARLIN, Jacques. La fiducie-libéralité: essai de synthèse en vue d'un contrat. *Les opérations fiduciaires*. Colloque de Luxembourg des 20 et 21 septembre 1984, Paris: Feduci, 1985, p. 135.
46. HAYZUS, Jorge Roberto. *Fideicomiso*. cit., p. 88.
47. A universalidade de direito constitui centro autônomo de imputação objetiva, para além de seus componentes, os quais, por conservarem autonomia jurídica, podem participar de relações que os subtraiam da *universitas iuris* e, por conseguinte, do campo de ação daqueles que têm direitos sobre a universalidade em si considerada. Desse modo, a universalidade tem conteúdo variável, podendo se expandir ou se comprimir sem alteração qualitativa, isto é, a livre mutabilidade de seus componentes não modifica a configuração unitária do todo. Afigura-se inerente à categoria da universalidade, assim, a livre mutação de seus elementos, como decorrência necessária da função desempenhada pelo novo objeto de direito criado pelo legislador, o qual se preserva inalterado a despeito das mudanças em seu conteúdo. A sub-rogação real não se confunde com a mera substituição de componentes inerente a toda universalidade de direito, daí a maior flexibilidade oriunda da técnica da separação patrimonial em comparação com a afetação individual de bens. Cf. SANTORO-PASSARELLI, Francesco. *La Surrogazione Reale*. Roma: Attilio ampaolesi, 1926, p. 34.
48. TJRS, AI 70051694610, 8ª CC, Rel. Des. Rui Portanova, julg. 21.03.2013.

As cláusulas de inalienabilidade, impenhorabilidade e incomunicabilidade trabalham com a pressuposição de que o titular fará, pessoalmente, o aproveitamento do bem e desenvolverá atividades sobre ele. Mas no mundo atual o dono nem sempre é o empreendedor ou o gestor, seja por falta de tempo, de expertise ou de desejo.[49] E mais: a depender do tipo de ativo, a cláusula de inalienabilidade ainda é mais tormentosa, como no caso das ações, cuja oscilação no mercado demanda ágil atuação, nem sempre possível com o processo da sub-rogação.

Daí a técnica da segregação patrimonial ser mais afeta aos novos tempos e à atuação dinâmica que é exigida. O patrimônio separado permite que se assegure aos beneficiários determinada posição ativa sem o mesmo congelamento dos bens e com a possibilidade de a gestão ser efetivamente transferida a um profissional especializado, diferenciando-se, assim, as figuras do beneficiário e do fiduciário.[50]

Não se pretende que a vontade arbitrária do testador ou doador governe os negócios indefinidamente. A ideia é, nos limites legais, tendo como tempo de duração máxima a vida dos beneficiados, habilitar aquele que transmite o bem com instrumento que seja mais versátil e melhor adaptado às concretas necessidades dos agraciados.[51] A fidúcia, advirta-se, não poderia servir para fraudar as disposições cogentes, tais como as relativas à legítima ou à substituição fideicomissária.[52]

Ao propósito, a fidúcia não se confunde com a substituição fideicomissária. Com efeito, a fidúcia não atribui ao fiduciário a propriedade resolúvel dos bens, ao contrário do que ocorre na substituição fideicomissária. Além disso, o fiduciário oriundo do negócio de fidúcia deve exercer sua titularidade no interesse de outrem ou para a realização de um determinado fim. Na substituição fideicomissária, de outra parte, o fiduciário pode extrair proveitos, para si próprio, da titularidade que exerce, apenas devendo conservar a substância do bem, haja vista o caráter resolúvel de sua propriedade. Na substituição fideicomissária, dessa forma, há duas liberalidades sucessivas, a primeira ao fiduciário, a seguinte ao fideicomissário. Na fidúcia, a seu turno, existe uma só liberalidade, feita ao beneficiário por meio do fiduciário.[53]

---

49. "Ação de cancelamento de cláusulas restritivas. Improcedência do pedido. Inconformismo por parte dos autores. Acolhimento. Cláusula testamentária realizada na vigência do CC/1916 – flexibilização das restrições contidas no artigo 1676 reconhecida pela Doutrina e pela Jurisprudência nas hipóteses de não haver justa causa para a introdução das restrições ou, ainda, quando os donatários apresentam razões plausíveis para sua exclusão. Autores que apresentaram justificativas plausíveis para o cancelamento das cláusulas restritivas – além de não subsistir o motivo que levou a sua introdução (garantir moradia à companheira, que atualmente reside em outra cidade e, diante da idade avançada, não tem mais condições de residir e cuidar de imóvel rural), o imóvel não é utilizado por qualquer dos autores, acarretando apenas despesas e cuidados. Sentença reformada. Recurso de apelação provido" (TJSP, Ap. Cív. 1002458-88.2018.8.26.0471, 9ª CDP., Rel. Des. Piva Rodrigues, julg. 19.03.2020).
50. Assemblée Nationale, Rapport fait au nom de la Commission des Lois Constitutionnelles, de la Législation et de l'Administration Générale de la République sur la proposition de loi (n. 3385), adoptée par le Sénat, instituant la fiducie, par Xavier de Roux, p. 7.
51. HAYZUS, Jorge Roberto. *Fideicomiso*. cit., p. 94-95; GRIMALDI, Michel e BARRIÈRE, François. *La fiducie en droit français*. Buenos Aires: Astrea, 2004, p. 256.
52. HAYZUS, Jorge Roberto. *Fideicomiso*. cit., p. 106.
53. GOMES, Orlando. *Contrato de Fidúcia ('trust')*, cit., p. 14; HAYZUS, Jorge Roberto. *Fideicomiso*, cit., p. 102-104; PETRULLI, Mario e RUBINO, Francesco. *Il trust*, cit., p. 182-194; MALUMIÁN, Nicolás, DIPLOTT, Adrián G. e GUTIÉRREZ, Pablo. *Fideicomiso y Securitización. Análisis Legal, Fiscal y Contable*. cit., p. 89.

Por tudo isso, a fidúcia pode ser de extrema valia na proteção dos interesses dos donatários, herdeiros e legatários, porquanto permite (i) a proteção almejada com as cláusulas de impenhorabilidade, inalienabilidade e incomunicabilidade, pois, respectivamente, (a) os bens em fidúcia não podem ser atingidos pelos credores dos beneficiários (que apenas podem excutir os proventos recebidos pelos beneficiários), (b) os beneficiários não têm poder de disposição sobre os bens em fidúcia, vez que de titularidade do fiduciário, e (c) o cônjuge dos beneficiários apenas pode pretender direito sobre os proventos recebidos, não já sobre os bens de propriedade do fiduciário;[54] bem como a (ii) flexibilidade na gestão dos bens, o que afastaria os inconvenientes suscitados com a aposição de tais cláusulas restritivas, haja vista que possibilitaria (a) a adequação dos bens às concretas necessidades dos beneficiários, que podem se alterar ao longo da vida, (b) o benefício a mais de um donatário, herdeiro ou legatário sem os inconvenientes do condomínio, e (c) a preservação do patrimônio de maneira mais efetiva, pois essas cláusulas, dependendo do bem no qual incidem, podem ser deveras prejudiciais, como a cláusula de inalienabilidade em se tratando de ações.

5. CONCLUSÃO

A incorporação dos principais efeitos do *trust* pelo direito brasileiro por intermédio do negócio de fidúcia permitiria potencializar a proteção dos vulneráveis. A fidúcia viabilizaria que a gestão dos bens destinados aos menores e às pessoas com discernimento comprometido ficasse a cargo de instituição especializada, que seria a titular de tais direitos e, por isso mesmo, teria liberdade para administrá-los, desde que em conformidade com as diretrizes previamente estabelecidas.

Com a fidúcia haveria, ainda, a segurança decorrente da blindagem patrimonial, na medida em que os bens destinados à promoção dos beneficiários integrariam patrimônio separado, insuscetível de ser atacado pelo cônjuge, herdeiros ou credores do fiduciário.

Evidentemente que, ao instituir a fidúcia, os pais devem observar as disposições legais relativas à legítima, de modo a não criarem restrições que extrapolem os permissivos legais. O respeito às normas imperativas também deve ser rigorosamente observado na criação da fidúcia para concretizar diretivas antecipadas e para efetivar liberalidades a herdeiros, legatários e donatários.

Em relação às diretivas antecipadas, a fidúcia potencializaria o direito à autodeterminação da pessoa, ao possibilitar a prefixação da gestão patrimonial para o caso de futura enfermidade que comprometa o discernimento ou a possibilidade de comunicação. Seria possível escolher a maneira de o patrimônio ser administrado para a satisfação das necessidades psicofísicas na hipótese de enfermidade superveniente.

No que tange às cláusulas restritivas – impenhorabilidade, incomunicabilidade, inalienabilidade – a fidúcia poderia alcançar o mesmo escopo protetivo sem os incon-

---

54. Os credores pessoais, herdeiros e cônjuge do fiduciário também não podem ter qualquer pretensão, nessa qualidade, ao patrimônio separado objeto da fidúcia.

venientes próprios de tais cláusulas, vez que asseguraria aproveitamento dinâmico dos bens. E quanto à proteção dos menores, a fidúcia seria instrumento que garantiria gestão patrimonial perene e ágil, que não sofreria percalços com as eventuais mudanças de tutor ou com as dificuldades para a obtenção judicial de autorização para a alienação de certos ativos. Além disso, asseguraria gestão profissional à luz das diretivas dos pais, que poderiam orientar a administração patrimonial de acordo com o melhor interesse dos menores, à luz das concretas necessidades destes, das quais os pais são os melhores conhecedores.

Em definitivo, a fidúcia reforçaria a proteção dos vulneráveis, ao possibilitar que a gestão de bens ocorra em atenção às suas específicas necessidades, bem como seja dotada das necessárias agilidade e segurança. Por isso que, aos moldes de outros ordenamentos, o Brasil poderia incorporar os principais efeitos do *trust* a fim de reforçar a proteção de certos interesses merecedores de tutela. Cuidar-se-ia de mais uma ferramenta para a proteção dos interesses dos vulneráveis.

EIXO VII
VULNERABILIDADE DIGITAL E PROTEÇÃO DE DADOS PESSOAIS

VULNERABILIDADE DIGITAL E RESPONSABILIDADE

Nelson Rosenvald

José Luiz de Moura Faleiros Júnior

Sumário: 1. Introdução – 2. *Liability:* a renovação pela multifuncionalidade da responsabilidade civil – 3. *Responsibility*: o sentido moral da responsabilidade – 4. *Accountability*: vetor da atuação dos agentes de tratamento de dados pessoais – 5. A vulnerabilidade digital entre *liability* e *accountability* – 6. *Answerability* (ou *explainability*) – 7. A função promocional da responsabilidade civil como ponto de chegada – 8. Conclusões.

1. INTRODUÇÃO

Em 11 de janeiro de 2003, entrou em vigor o nosso Código Civil. Produto de um empreendimento conduzido por Miguel Reale na década de 1970 – com pontuais alterações até a sua vigência –, o monumento brasileiro ao "cidadão comum" partia de uma ambição antropocêntrica, qual seja, situar o ser humano no ápice do estatuto privado, enaltecendo a sua dignidade e funcionalizando as situações patrimoniais às existenciais, consolidando normativamente as premissas teóricas do direito civil-constitucional.

O personalismo ético influenciou decisivamente a filtragem dos dispositivos do Código Civil de 2002 e microssistemas, submetendo toda atividade econômica aos influxos igualitários e solidaristas de um Estado Democrático de Direito, profundamente comprometido com a transformação de uma sociedade deveras excludente, incapaz de resgatar as promessas iluministas da modernidade.

Na qualidade de fonte do direito das obrigações, a responsabilidade civil foi inserida no Código Reale como *locus* preferencial das disfuncionalidades na atividade econômica e nas relações humanas. A função reparatória exala a filosofia moderna adepta da primazia da liberdade. O sistema de direito privado não interfere previamente no exercício de atos e atividades, permitindo que o mercado se autorregule, de forma a preservar a autonomia privada. A interferência do ordenamento se dá *a posteriori*, no momento patológico do dano, com a fixação de uma indenização apta a corrigir o desequilíbrio econômico subsequente à lesão.

Com efeito, o art. 927 do Código Civil estabelece a regra geral pela qual "aquele que, por ato ilícito (arts. 186 e 187), causar dano a outrem, fica obrigado a repará-lo". O dispositivo sanciona um ilícito por seu valor causal, segundo o qual a liberdade de ação é soberana até o limite do *neminem laedere*. Portanto, não sanciona a conduta, porém um efeito dela, consistente em impor concretamente um dano a outra pessoa, naquilo que é notoriamente conhecido como responsabilidade civil, extracontratual ou aquiliana. A sanção entrará em cena para reagir ao evento e não à conduta em si, ou seja, o que se quer é enfrentar os efeitos decorrentes do ato, através de sua eliminação por força da compensação dos danos. Neutralizam-se os efeitos da violação com a restauração da eficácia do preceito primário.[1]

Vivenciamos um *big bang* de interesses merecedores de tutela, com uma fartura de novas etiquetas, sendo a maior parte objeto de importação jurídica, sem a necessária reflexão sobre a adequação do transplante ao ordenamento jurídico brasileiro. Infelizmente, como coloca Shoshana Zuboff,[2] o intitulado "capitalismo de vigilância" erode as bases antropocêntricas do direito civil, reivindicando de maneira unilateral a experiência humana em matéria-prima gratuita para a tradução em dados comportamentais que são disponibilizados no mercado como produtos de predição que antecipam e modelam comportamentos futuros. A visão kantiana do ser humano como fim em si é desvirtuada por um instrumentarismo, cuja base é a expropriação de nossa personalidade em prol de finalidades alheias.

A realidade digital converte situações existenciais em uma nova propriedade baseada na despossessão da essência daquilo que nos define, através de uma modificação comportamental cujo legado de danos pode custar a nossa própria humanidade. Surge uma nova estirpe de vulnerabilidade (agora dita "digital") e novas situações jurídicas desiguais, que passam a demandar tutela específica.[3]

---

1. Lateralmente à reparação pelo equivalente pecuniário, resultado análogo em termos de sanção, alcançamos com provimentos reintegratórios a base da tutela específica, assim, pelo referido art. 947, "se o devedor não puder cumprir a prestação na espécie ajustada, substituir-se-á pelo seu valor, em moeda corrente". O mesmo desiderato é visado quando há o provimento restituitório no enriquecimento sem causa: "aquele que, sem justa causa, se enriquecer à custa de outrem, será obrigado a restituir o indevidamente auferido, feita a atualização dos valores monetários" (art. 884, CC).
2. ZUBOFF, Shoshana. *A era do capitalismo de vigilância*: a luta por um futuro humano na nova fronteira de poder. Tradução de George Schlesinger. Rio de Janeiro: Intrínseca, 2021, p. 19-23. A autora encarta seis declarações que resumem o capitalismo de vigilância: "Nós reivindicamos a experiência humana com o matéria-prima gratuita para se pegar. Com base nessa reivindicação, podemos ignorar considerações de direitos, interesses, consciência ou entendimento dos indivíduos; com base na nossa reivindicação afirmamos o direito de pegar a experiência do indivíduo para convertê-la em dados comportamentais; nosso direito de pegar, baseado na nossa reivindicação de matéria-prima gratuita, nos confere o direito de possuir os dados comportamentais derivados da experiência humana; nossos direitos de pegar e possuir nos conferem o direito de saber o que o conteúdo dos dados revela; nossos direitos de pegar, possuir e saber nos conferem o direito de decidir como usamos o nosso conhecimento; nosso direitos de pegar, possuir, saber e decidir nos conferem nossos direitos às condições que preservam nossos direitos de pegar, possuir, saber e decidir" (Op. cit., p. 210).
3. Sobre o tema, analisa Virginia Eubanks: "The relationship between inequality and information technology (IT) is far more complex than any picture portraying "haves" and "have-nots" can represent. Working toward an information age that protects human rights and acknowledges human dignity is far more difficult than strategies centered on access and technology distribution allow. One piece of the high-tech equity puzzle that is generally overlooked when we try to imagine "technology for people" is the relationship among technology, citizenship, and social justice. This is unfortunate, as our notions of governance, identity, and political demand making are deeply influenced by IT in a wide variety of institutions, including social service agencies, training programs, schools and colleges, government institutions, community organizations, the workplace, and the

Este momento inédito na história da humanidade poderia nos direcionar inercialmente a interpretarmos o fenômeno pela lente das categorias jurídicas familiares, adaptando a cláusula geral da responsabilidade civil ao novo regime, de forma a normalizar o anormal, tornando invisível aquilo para o qual não há precedentes.

Entretanto, o capitalismo de vigilância não é uma nova tecnologia para o qual podemos simplesmente vestir o figurino da atividade de danosidade elevada, de modo a direcionar a reação jurídica pela via da imputação objetiva da obrigação de indenizar do parágrafo único do art. 944. Em verdade, estamos diante de uma nova forma de mercado para a qual a tecnologia apenas fornece meios apropriados e que não pode ser reconduzida a danos já conhecidos, pois a própria sociedade se torna objeto de extração e controle, e nossa vida é reduzida a dados comportamentais.

Com efeito, em sua escala, escopo e complexidade, a quarta revolução industrial é um marco singular, distinto de tudo aquilo que já foi experimentado pela humanidade. As mudanças são tão profundas que, na perspectiva da história humana, nunca houve um momento tão potencialmente promissor ou perigoso. A preocupação expressada por Klaus Schwab[4] quanto à Quarta Revolução Industrial é que os tomadores de decisão costumam ser levados pelo pensamento tradicional linear (e sem ruptura) ou costumam estar muito absorvidos por preocupações imediatas e não conseguem pensar de forma estratégica sobre as forças de ruptura e inovação que moldam nosso futuro.

A cartografia da titularidade sempre se dedicou à apropriação de espaços livres em pertencimentos privados: de territórios desbravados às matérias primas encontradas na natureza se fez a propriedade tangível; do conhecimento humano se fez a propriedade intangível; dos rastros digitais que um usuário deixa em suas interações na rede, converte-se a privacidade em um superávit comportamental que Frank Pasquale define como "O mercado sombrio de dados pessoais".[5]

Os conceitos possuem vida e história, um padrão de descobertas e de refinamentos. Para alcançarmos um conceito atual de responsabilidade civil, servimo-nos de um ensaio de análise semântica do filósofo Paul Ricouer, no qual examina o emprego contemporâneo do termo *responsabilidade*. Em direito civil, a responsabilidade é ainda definida, em seu sentido clássico, como "obrigação de reparar danos que infringimos

---

home", EUBANKS, Virginia. *Digital dead end*: fighting for social justice in the information age. Cambridge: The MIT Press, 2011, p. 23.

4. SCHWAB, Klaus. A Quarta Revolução Industrial. Trad. Daniel Moreira Miranda. São Paulo: Edipro, 2016, p. 12. O autor anota três razões que sustentam a singularidade da Quarta Revolução Industrial: "Velocidade: ao contrário das revoluções industriais anteriores, esta evolui em um ritmo exponencial e não linear. Esse é o resultado do mundo multifacetado e profundamente interconectado em que vivemos; além disso, as novas tecnologias geram outras mais novas e cada vez mais qualificadas. – Amplitude e profundidade: ela tem a revolução digital como base e combina várias tecnologias, levando a mudanças de paradigma sem precedentes da economia, dos negócios, da sociedade e dos indivíduos. A revolução não está modificando apenas o "o que" e o "como" fazemos as coisas, mas também "quem" somos. Impacto sistêmico: ela envolve a transformação de sistemas inteiros entre países e dentro deles, em empresas, indústrias e em toda sociedade".
5. PASQUALE, Frank. The data market for personal data. *The New York Times*, 16 out. 2014. Disponível em: https://www.nytimes.com/2014/10/17/opinion/the-dark-market-for-personal-data.html Acesso em: 10 abr. 2022.

por nossa culpa e em certos casos determinados pela lei; em direito penal, pela obrigação de suportar o castigo".[6] É responsável todo aquele que está submetido a esta obrigação de reparar ou de sofrer a pena. A crítica surge pelo fato de o conceito ter origem recente – sem inscrição marcada na tradição filosófica –, mas possuir um sentido tão estável desde o século XIX, sempre portando a estrita ideia de uma obrigação. O adjetivo *"responsável"* arrasta em seu séquito uma diversidade de complementos: alguém é responsável pelas consequências de seus atos, mas também é responsável pelos outros, na medida em que estes são postos sob seu encargo ou seus cuidados e, eventualmente, bem além dessa medida. Em última instância, somos responsáveis por tudo e por todos.

Em comum a esses empregos difusos, o termo "responsabilidade", conforme inserido no Código Civil, resume-se ao exato fator de atribuição e qualificação da obrigação de indenizar, para que se proceda à reparação integral de danos patrimoniais e extrapatrimoniais a serem transferidos da esfera da vítima para o patrimônio dos causadores de danos.

Todavia, este é apenas um dos sentidos da responsabilidade, os demais se encontram ocultos sob o signo unívoco da linguagem. Cremos ser importante enfatizar a amplitude do sentido de responsabilidade na língua inglesa. Palavras muitas vezes servem como redomas de compreensão do sentido, sendo que a polissemia da responsabilidade nos auxilia a escapar do monopólio da função compensatória da responsabilidade civil (*liability*), como se ela se resumisse ao pagamento de uma quantia em dinheiro apta a repor o ofendido na situação pré-danosa.

Ao lado dela, colocam-se três outros vocábulos: *responsibility*, *accountability* e *answerability*. Os três podem ser traduzidos em nossa língua de maneira direta com o significado de responsabilidade, mas na verdade diferem do sentido monopolístico que as jurisdições da *civil law* conferem à *liability*, como palco iluminado da responsabilidade civil (artigos 927 a 954 do Código Civil). Em comum, os três vocábulos transcendem a função judicial de desfazimento de prejuízos, conferindo novas camadas à responsabilidade, capazes de responder à complexidade e velocidade dos arranjos sociais.[7]

---

6. RICOEUR, Paul. *O justo*. Trad. Ivone C. Benedetti. São Paulo: Martins Fontes, 2009, v. 1, p. 33-34. Esta obra é composta de dois volumes e sua 1ª edição é datada de 1995. Para Ricoeur, uma notável definição do termo seria aquela concedida pelos jusnaturalistas: imputar uma ação a alguém é atribuí-la a esse alguém como o seu verdadeiro autor, lançá-la por assim dizer à sua conta e torná-lo responsável por ela. É uma noção de imputabilidade como capacidade do agente, da qual Kant se serviu para inovar, moralizando-a, ao definir a imputação "como um juízo de atribuição de uma ação censurável a alguém, como o seu autor verdadeiro". Assim, promove a união de duas ideias: a atribuição de uma ação a um agente e a qualificação moral e geralmente negativa desta ação. Op. cit., p. 33-34.
7. "Liability is not a substitute for accountability, although it can help to enforce or encourage accountability or to reify an agent's duties to encourage that agent to act or remain answerable for outcomes related to that agent's actions by assigning a financial cost to breaches of duties. Treating liability as a substitute for accountability leads to imperfect assessments of both". KROLL. Joshua A. Accountability in Computer Systems. In: DUBBER, Markus; PASQUALE, Frank; DAS, Sunit (Ed.). *The Oxford Handbook of the Ethics of Artificial Intelligence*. Oxford: Oxford University Press, 2020, p. 11.

2. *LIABILITY:* A RENOVAÇÃO PELA MULTIFUNCIONALIDADE DA RESPONSABILIDADE CIVIL

Nas jurisdições do *common law* há um termo que se ajusta perfeitamente ao clássico sentido civilístico da responsabilidade. Trata-se da *"liability"*,[8] ou seja, a eficácia condenatória de uma sentença como resultado da apuração de um nexo causal entre uma conduta e um dano, acrescida por outros elementos conforme o nexo de imputação concreto, tendo em consideração as peculiaridades de cada jurisdição.[9] A *liability* é a parte visível do *iceberg*, manifestando-se *ex post* – após a eclosão do dano –, irradiando o princípio da reparação integral (*full compensation*).

A *liability* não é o epicentro da responsabilidade civil, mas apenas a sua epiderme. Em verdade, trata-se apenas de um *last resort* para aquilo que se pretende da responsabilidade civil no século XXI, destacadamente na tutela das situações existenciais, uma vez que a definição de regramentos próprios não advém de uma observação ontológica (ser), mas de uma expectativa deontológica (dever-ser) da interação entre inovação e regulação em um ecossistema no qual o risco é inerente às atividades exploradas.[10]

Tal como se deu historicamente na Europa continental, forjou-se na Inglaterra, Estados Unidos e demais nações do *common law* a chamada *"compensation culture"*. A compensação de danos ocupa papel central na teoria da responsabilidade civil. É intuitiva e praticamente axiomática a noção do direito de danos como um setor do direito obrigacional cuja função é a de trasladar os danos da vítima para o agente – seja ele o culpado ou o condutor de uma atividade de risco inerente –, por vezes, para um terceiro responsável (pais, curadores, empregadores) ou para seguros públicos e privados que se encarreguem da tarefa compensatória.

Evidentemente, a *liability* não é estática. Ao invés de uma clássica responsabilidade civil de roupagem individualista, reativa e patrimonialista, paulatinamente diferentes demandas sociais cuidaram de repaginar os pressupostos da responsabilidade civil. Senão vejamos: a) a cláusula geral da imputação objetiva de danos, situada no parágrafo único do art. 927 do Código Civil, se conecta com o princípio da solidariedade, impondo obrigação de reparação como impositivo de segurança social em face do risco intrínseco de determinadas atividades; b) o simples exercício de um comportamento antijurídico poderá ser sancionado pela via da tutela inibitória quando as circunstâncias apontem a ameaça a situações existenciais e patrimoniais de terceiros (art. 12, parágrafo único,

---

8. PEEL, Edwin; GOUDKAMP, James. Winfield and Jolowicz on Tort (Classics). 19. ed. Londres: Sweet & Maxwell; Thomson Reuters, 2014. E-book, pos. 1-003. Destacam: Winfield's definition of tort was as follows: "Tortious liability arises from the breach of a duty primarily fixed by law; this duty is towards persons generally and its breach is redressible by an action for unliquidated damages".
9. Pertinente ao tema é a ideia de correlatividade, assim elucidada por Peter Cane: "Much understanding can be gained, not only of tort law but of also of other areas of the civil law of obligations, by analyzing tort law not in terms of the discrete torts which we have inherited from the days of the formulary system but in terms of the concept of correlativity and the ideas of sanctioned conduct, protected interests and sanctions." CANE, Peter. *The anatomy of tort law*. Oxford: Hart Publishing, 1997, p. 27.
10. GELLERT, Raphaël. Understanding data protection as risk regulation. *Journal of Internet Law*, Alphen aan den Rijn, v. 18, n. 1, p. 6-7, maio 2015.

CC). Cuida-se de atuação preventiva, como reação do ordenamento jurídico ao ilícito propriamente dito, independente da consumação do dano; c) pela função precaucional da responsabilidade civil uma atividade ou produto potencialmente lesivo sofrerá restrições se a ponderação de bens indicar a necessidade de antecipação de riscos; d) o nexo causal deixa de estar circunscrito a uma causalidade natural e, em situações merecedoras de tutelas, assume-se como uma causalidade puramente jurídica e diluída, permitindo a responsabilização em hipóteses de vinculação entre um fato e um risco hipotético, ou entre um dano e uma atividade exercida indistintamente por um grupo de agentes, sem que se saiba de onde partiu a lesão; e) o direito civil reputa novos danos como dignos de proteção: para além da aceitação da dicotomia danos patrimoniais/morais, considera a legitimidade de figuras jurídicas mais refinadas – entre eles o dano estético, dano existencial, perda de uma chance –, cada qual com os seus limites perfeitamente destacados.

No cenário jurídico do *common law*, encontramos várias categorias que não compartilham a mesma racionalidade dos *compensatory damages*,[11] tratando-se de condenações pecuniárias convocadas para o exercício de distintas funções, sendo as mais difundidas no direito comparado os *punitive* ou *exemplary damages* e os *restitutionary damages* (também conhecidos como *gain-based damages* ou *disgorgement*).[12]

Em julgado paradigmático de 2017, das Seções Unidas da Corte de Cassação Italiana,[13] considerou-se que "deve ser superado o caráter monofuncional da responsabilidade civil, pois lateralmente à preponderante e primária função compensatória se reconhece também uma natureza polifuncional que se projeta em outras dimensões, dentre as quais as principais são a preventiva e a punitiva, que não são ontologicamente incompatíveis com o ordenamento italiano e, sobretudo, respondem a uma exigência de efetividade da tutela jurídica. a condenação ao pagamento de uma soma superior àquela estritamente necessária a restabelecer o *status quo ante* se configurará somente se houver uma norma *ad hoc*, cuja *fattispecie*, preveja o elemento punitivo".

Cremos que no direito brasileiro do alvorecer do século XXI, a conjunção aponta para o estabelecimento de três funções para a responsabilidade civil: (1) *Função reparatória*: a clássica função de transferência dos danos do patrimônio do lesante ao lesado como forma de reequilíbrio patrimonial; (2) *Função punitiva*: sanção consistente na

---

11. A expressão "*compensatory damages*" é uma tautologia. Na medida em que o termo "*damages*" pode ser analiticamente definido como uma condenação monetária que contrabalança um dano, acrescer o vocábulo "*compensatory*" se revela uma redundância, pois compensar e contrabalançar são considerados sinônimos. No latim, *compensare* significa justamente pesar uma coisa contra outra. Pelo pagamento de uma compensação, o agente restitui aquilo que não deveria ter tomado da vítima.
12. Para além dos *compensatory damages*, no direito inglês existem diferentes denominações de condenações não compensatórias, tal como *nominal damages, contemptuous damages* e, mais recentemente, *vindicatory damages*.
13. Cassazione Civile, Sezioni Unite., Sentenza 05.07.2017, n. 16601. Em artigo dedicado ao comentário da decisão da corte di cassazione, Francesca Benatti assevera que a pena civil, "[n]on si può, tuttavia, ignorare l'esistenza di casi che si distinguono per gravità della condotta e dell'offesa e giustificano una sanzione. Si tratta di ipotesi rare, in cui è applicabile rigorosamente la regola del "se ma solo se" il risarcimento diversamente sarebbe inadeguato. In queste fattispecie, l'ordinamento italiano potrebbe beneficiare di una funzione punitiva della responsabilità civile purché attentamente meditata". BENATTI, Francesca. Benvenuti danni punitivi...o forse no! *Revista de Direito da Cidade*, v. 10, n. 3, p. 1517, Rio de Janeiro, 2018.

aplicação de uma pena civil ao ofensor como forma de desestímulo de comportamentos reprováveis; (3) *Função precaucional*: possui o objetivo de inibir atividades potencialmente danosas.[14] O sistema de responsabilidade civil não pode manter uma neutralidade perante valores juridicamente relevantes em um dado momento histórico e social.[15] Vale dizer, todas as perspectivas de proteção efetiva de direitos merecem destaque, seja pela via material como pela processual, em um sincretismo jurídico capaz de realizar um balanceamento de interesses, através da combinação das funções basilares da responsabilidade civil: *punição, precaução e compensação*.

Certamente há uma *função preventiva* subjacente às três anteriores, porém consideramos a prevenção um princípio do direito de danos e não propriamente uma quarta função. A prevenção detém inegável plasticidade e abertura semântica, consistindo em uma necessária consequência da incidência das três funções anteriores. Isso não impede que se manifeste com autonomia, aliás, objetivo primordial da responsabilidade civil contemporânea. Conforme extrairemos dos vocábulos *responsibility, accountability e answerability*, repensar a responsabilidade civil significa compreender as exigências econômicas e sociais de um determinado ambiente. "Responsabilizar" já significou punir, reprimir, culpar; com o advento da teoria do risco, "responsabilizar" se converteu em reparação de danos. Agora, some-se à finalidade compensatória a ideia de responsabilidade como prevenção de ilícitos.[16]

3. *RESPONSIBILITY:* O SENTIDO MORAL DA RESPONSABILIDADE

Particularmente, interessa-nos a acepção de *"responsibility"*. Trata-se do sentido moral de responsabilidade, voluntariamente aceito e jamais legalmente imposto. É um conceito prospectivo de responsabilidade, no qual ela se converte em instrumento para autogoverno e modelação da vida. Não existem regras oficiais para a *responsibility* e nenhuma autoridade capaz de decidir se uma conduta é ou não responsável, trata-se de uma decisão diária posta a cada pessoa em seu dever de não interferir indevidamente na esfera alheia. A *responsibility* assume um viés preventivo que atua em caráter *ex ante* ao princípio do *neminem laedere*. Enquanto a *liability* se situa no passado – sempre atrelada a uma função compensatória de danos – a *responsibility* é perene, transitando entre o

---

14 O código civil e comercial da Argentina de 2015 ocupa-se explicitamente da temática funcional no art. 1.708: "Funções da responsabilidade. As disposições deste título são aplicáveis à prevenção de danos, a sua reparação e os casos em que seja admissível a sanção pecuniária dissuasiva".

15. Nesse sentido, Claudio Scognamiglio assevera que o ordenamento não pode se mostrar indiferente a respeito da violação de direitos e ao fenômeno de fatos que acarretam graves prejuízos de ordem econômica e social aos sujeitos (SCOGNAMIGLIO, Claudio. Danno morale e funzione deterrente della responsabilità civile. *Responsabilità Civile e Previdenza*, v. 72, n. 12, p. 2773, Milão: Giuffrè, 2007).

16. Na LGPD, o princípio da prevenção (art. 6., VIII) sacramenta o dever de que sejam adotadas medidas para prevenir a ocorrência de danos em razão do tratamento de dados pessoais. Percebe-se a propensão do legislador ao reforço da função preventiva da responsabilidade civil nesse contexto, que é robustecida, ainda, pela necessidade de aferição dos "riscos e resultados" razoavelmente esperados para que não se configure o tratamento irregular (art. 44, II) e da imposição de um dever geral de segurança (art. 46) desdobrado do princípio equivalente (art. 6º, VII), que, se for violado, acarreta responsabilização (art. 44, parágrafo único).

passado, o presente e o futuro. Sempre seremos responsáveis, não apenas perante um certo demandante, mas por toda a humanidade e pelas gerações futuras.[17]

Se, em princípio, *liability* e *responsibility* se apartam, pertencendo a sistemas normativos distintos, naturalmente não podem ser completamente separados pois todo sistema jurídico é fundado em princípios éticos, havendo uma recíproca influência entre eles. Ilustrativamente, mesmo diante de um dano consumado, ao invés da resposta estatal oficial da obrigação de indenizar pode o autor do ilícito buscar alguma forma de restauração que mais se aproxime de uma restituição em espécie, notadamente diante de danos extrapatrimoniais que não são verdadeiramente remediados por dinheiro. Ou seja, a *responsibility* pode também atuar *ex post*, informando como o ofensor deve se comportar após a ocorrência do dano.

A relação entre as ideias jurídicas e morais de responsabilidade sempre foi objeto de discussão. Um positivista estrito aduziria que não há nenhuma relação necessária. Em sentido oposto, outros argumentam que há uma forte congruência entre eles.[18] No meio termo, encontram-se os que admitem que embora possa não haver uma correlação estrita entre as noções legais e morais de responsabilidade, se não houver nenhuma correlação, a lei provavelmente perderá sua legitimidade dentro de uma certa comunidade.

No aspecto teórico, de um lado se colocam as teorias autopoiéticas de Luhmann e Teubner e, de outro, Habermas, que percebe os sistemas como interpenetrativos, preocupando-se com a extensão em que a lei "coloniza" outras partes do "mundo da vida". Para Luhmann,[19] o sistema jurídico é fechado porque trabalha com o binômio "legal" ou "ilegal". Todavia, o sistema jurídico é "cognitivamente aberto"; permitindo que uma noção moral se torna legal, por vezes mantendo o seu significado. Em sua Teoria da Ação Comunicativa, Habermas[20] frisa que a colonização do mundo da vida depende exatamente de como a juridificação opera. Para ele, as questões próximas a moralidade são "instituições jurídicas", sendo possível converter contextos socialmente integrados

---

17. WINIGER, Bénédict. *Responsibility, restoration and fault*. Cambridge: Intersentia, 2018, p. 139: "In general, on might say thar rules of responsibility are applicable to every human action: prior to acting in order to decide what someone may and should do, during the action in relation to how and in which manner something is to be done, and after the action in relation to how behave towards the victim".
18. Peter Cane, visualiza a responsabilidade civil como "a set of rules and principles of personal responsibility" que opera no sentido de estabilizar comportamentos aceitáveis. CANE, Peter. *The anatomy of tort law*. Oxford: Hart Publishing, 1997, p. 15.
19. "Todo esto conduce a Luhmann a concluir que la legitimación de las actuaciones de un sistema habrá de ser producto del propio sistema y no venir dada desde fuera. No podrá ser el consenso o la conformidad con valores morales lo que legitime una decisión jurídica o política, una teoría científica etc. Será el funcionamiento normal de los mecanismos internos de cada uno de estos sistemas el que acarree para sus actuaciones el reconocimiento social necesario". GARCÍA AMADO, Juan Antonio. *La filosofía del derecho de Habermas y Luhmann*. Bogotá: Universidad Externado de Colombia, 2006.
20. HABERMAS, Jürgen. *Direito e democracia*: entre facticidade e validade, v. I. Rio de Janeiro: Edições Tempo Brasileiro, 1997, p. 145. O autor demonstra o equívoco em entender os aspectos da legalidade como limitações da moral, optando pela relação de complementaridade. A constituição da norma jurídica se faz necessária para compensar o déficit da ética tradicional que só se responsabiliza por juízos equitativos. Uma moral dependente de estruturas de personalidade seria limitada em sua eficácia se não pudesse ser institucionalizada por um sistema jurídico que complementa a moral da razão, concedendo eficácia para a ação.

ao meio do direito, o que provoca distúrbios funcionais, pois a juridificação perturba a lógica interna da questão do mundo da vida.

No capitalismo de vigilância, especificamente no campo do tratamento dos dados pessoais, a *responsibility* assume duas vertentes: primeiramente, para os titulares dos dados, a educação digital, no sentido de "...capacitação, integrada a outras práticas educacionais, para o uso seguro, consciente e responsável da internet como ferramenta para o exercício da cidadania" (art. 26 da Lei 12.965/2014). O recado do Marco Civil da Internet é cirúrgico: se uma pessoa não sabe o que acontece com os seus dados, não poderá se proteger.[21] Conceitos como de "anonimização de dados", sequer são dominados por advogados, quanto mais pelo cidadão em geral. Como infere Yuval Noah Harari, "as pessoas comuns talvez não compreendam a inteligência artificial, mas percebem que o futuro as está deixando para trás".[22]

A educação digital extrapola a ideia de acesso à internet, alcançando o sentido de uma autodeterminação informativa, tal como delineado entre os fundamentos da Lei Geral de Proteção de Dados Pessoais (art. 2º, II, Lei 13.709/18), objetivando-se justamente a atribuição, ao titular, da inexorável liberdade para que direcione os sentidos do tratamento atribuído a seu acervo de dados que flui pelas redes. Conforme sinaliza Fabiano Menke,[23] uma das preocupações fundamentais da disciplina da proteção de dados é a de que o indivíduo não seja manipulado por informações que os seus interlocutores (sejam eles entes estatais ou privados) tenham sobre a sua pessoa, sem que ele saiba disso. Nestes casos de conhecimento prévio das informações sobre a outra parte, o detentor da informação invariavelmente se coloca numa posição privilegiada. Ele atalha os caminhos, adquirindo a possibilidade de manipulação e de direcionamento.

---

21. Sobre o referido dispositivo, Renato Opice Blum explica que "(...) pouco adiantará a aprovação de leis para garantir uma segurança maior ao usuário da rede mundial de computadores se ele, antes de iniciar a conexão com um mundo tão rico, tão vasto, tão cheio de informações, mas por vezes perigoso, não for educado digitalmente. Primeiro, é necessário que o usuário, tanto no âmbito pessoal, quanto profissional, e de forma preventiva, seja educado para isso. Por meio de educação voltada para o uso correto da Internet e de suas informações. Esse aprendizado deveria começar na fase escolar e perdurar por toda a vida do ser humano, ante o dinamismo e a abrangência do mundo virtual. Da mesma forma, as escolas devem fazer uso de uma Política de Segurança da Informação, aplicando sistemas eficientes para resguardar o sigilo de suas informações, especialmente de seus alunos. Entretanto, é importante observar que de nada adiantará a escola empresa ter uma estrutura adequada na área de Tecnologia da Informação se os professores, alunos e pais não tiverem consciência da importância de se garantir a segurança da informação." BLUM, Renato Opice. O Marco Civil da Internet e a educação digital no Brasil. In: ABRUSIO, Juliana (Coord.). *Educação digital*. São Paulo: Ed. RT, 2015, p. 189-190.
22. HARARI, Yuval Noah. *21 lições para o século 21*. Trad. Paulo Geiger. São Paulo: Companhia das Letras, 2019, p. 27. "A pessoa comum sente-se cada vez mais irrelevante. Um monte de palavras misteriosas despejadas freneticamente em *Ted Talks, think tanks* governamentais e conferências de alta tecnologia – *blockchain*, engenharia genética, aprendizado de máquina – e as pessoas comuns bem podem suspeitar que nenhuma dessas palavras tem a ver com elas. A narrativa liberal era sobre pessoas comuns. Como ela pode continuar a ser relevante em um mundo de algoritmos em rede?"
23. Segundo Fabiano Menke, "é possível dizer, que dos fundamentos presentes no art. 2º da LGDP, a autodeterminação informativa é aquela que guarda, juntamente com o respeito à privacidade, a relação mais próxima com a disciplina da proteção de dados pessoais. Isso porque consiste no único presente no rol dos incisos do dispositivo que tem a sua origem atrelada a esta matéria, que nos dias de hoje ganhou contornos de autonomia". MENKE, Fabiano. As origens alemãs e o significado da autodeterminação informativa. In: MENKE, Fabiano; DRESCH, Rafael de Freitas Valle (Coord.). *Lei Geral de Proteção de Dados*: aspectos relevantes. Indaiatuba: Foco, 2021, p. 14.

A segunda vertente da *responsibility* se dirige aos agentes de tratamentos, significando a inserção da ética no exercício de sua atividade. Ao tratar do direito fundamental à inclusão digital como aspecto imprescindível para a tutela das informações pessoais, Stefano Rodotà[24] situou as razões determinantes para o escasso exercício desse direito na prática, basicamente: a) o aspecto do procedimento do acesso, relativo aos custos financeiros e de tempo envolvidos, à carência de alfabetização, à falta de informação e ao desnível de poder entre os titulares dos dados pessoais e os agentes que detêm as informações; b) o aspecto do funcionamento do acesso, que diz com a escassa relevância das informações fornecidas quando não se conhece a maneira de atuação do sistema de tratamento; c) o aspecto do âmbito de incidência do acesso, referente ao excesso de vedações a certas categorias de informações.

É no contexto da *responsibility* que se situa, ademais, o já mencionado debate sobre educação digital. Embora boa parte da população mundial ainda não tenha acesso à Internet,[25] a hiperconectividade para aqueles que o têm acarreta diversos impactos.[26] Assim, o que deveria estar na pauta legislativa são políticas públicas dirigidas à oferta de educação digital (e não apenas do mero acesso à Internet), pois "as novas tecnologias proporcionam recursos que podem alavancar muitas das capacidades naturais. Levadas ao extremo podem nos transformar em algo como supergovernos, superempresas, super-homens e supermulheres".[27]

A literacia para uso da *web* é adjetivada, em inglês, pela expressão "*information savvy*" e indica o quanto o ensino hodierno está intimamente ligado ao atendimento das necessidades humanas, definidas por Abraham Maslow,[28] que são perfeitamente enquadráveis no contexto da atual sociedade da informação, impondo o convívio no

---

24. RODOTÀ, Stefano. *A vida na sociedade da vigilância*: a privacidade hoje. Trad. Danilo Doneda e Luciana Cabral Doneda. Rio de Janeiro: Renovar, 2008, p. 68.
25. CARDIN, Adele. Almost Half the World has no Internet Access, Says Study. *The Rio Times*, 29 set. 2019. Disponível em: https://riotimesonline.com/brazil-news/miscellaneous/almost-half-the-world-has-no-internet-access-says-study/. Acesso em: 10 abr. 2022.
26. BAUMAN, Zygmunt; RAUD, Rein. *A individualidade numa época de incertezas*. Trad. Carlos Alberto Medeiros. Rio de Janeiro: Zahar, 2018, p. 120. Comentam: "Numerosas pesquisas têm mostrado que os usuários devotados à internet podem passar, e de fato passam, grande parte de seu tempo, ou mesmo a totalidade de sua vida *on-line*, relacionando-se unicamente com pessoas de mentalidade semelhante. A internet cria uma versão aperfeiçoada dos "condomínios fechados": ao contrário de seu equivalente *off-line*, ela não cobra de seus residentes uma taxa exorbitante, nem precisa de guardas armados e sofisticadas redes de TV em circuito fechado; tudo que necessita é da tecla "deletar"".
27. GIOVA, Giuliano. Educação e cidadania digital: nascer, morrer e renascer no mundo digital, onde deixaram o manual? In: ABRUSIO, Juliana (Coord.). *Educação digital*. São Paulo: Ed. RT, 2015, p. 46.
28. MASLOW, Abraham H. *Motivation and personality*. 2. ed. Nova York: Harper & Row, 1970, p. 21. Anota: "If we examine carefully the average desires that we have in daily life, we find that they have at least one important characteristic, i.e., that they are usually means to an end rather than ends in themselves. We want money so that we may have an automobile. In turn we want an automobile because the neighbors have one and we do not wish to feel inferior to them, so that we can retain our own self-respect and so that We can be loved and respected by others. Usually when a conscious desire is analyzed we find that we can go behind it, so to speak, to other, more fundamental aims of the individual. In other words, we have here a situation that parallels very much the role of symptoms in psychopathology. The symptoms are important, not so much in themselves, but for what they ultimately mean, that is, for what their ultimate goals or effects may be".

ciberespaço, em que a tecnologia atua como um poderoso componente do ambiente de aprimoramento individual.

Insofismavelmente, na medida em que a Internet "aumenta o poder da sociedade civil para atuar mediante cooperação e solidariedade frente aos demais poderes que atuam de forma vertical",[29] a promoção da educação digital desempenha papel essencial para o reforço da citada *responsibility*.

Boa educação quanto ao uso da tecnologia, particularmente da Internet, e também quanto aos riscos propiciados por seu uso indevido, inadvertido ou abusivo, tem o condão de otimizar a utilização de ferramentas comunicacionais. Sem dúvidas, a ampliação das políticas públicas voltadas ao cumprimento do disposto no artigo 26 do MCI visa produzir o desejável resultado de ampliar a manifestação digitalmente segura, eloquente e letrada para o uso da Rede e de suas ferramentas, atendendo a um propósito ainda mais importante: o de produzir a diminuição de usos nocivos dessas ferramentas.

Magda Pischetola registra três tipos de "competências digitais" que se alinham a esse propósito: a) as competências operacionais, que correspondem ao conjunto de habilidades técnicas que permitem ao usuário acessar as aplicações básicas das TICs; b) as competências informacionais, que envolvem a pesquisa, a seleção e a elaboração sobre as informações e os recursos disponíveis na Internet; c) as competências estratégicas, que correspondem às metas específicas orientadas a alcançar outras mais amplas, com o fim de manter ou melhorar sua própria posição social.[30] O desenvolvimento dessas competências (ou '*skills*', para citar o termo utilizado por van Dijk e van Deursen[31]), é uma das chaves para a boa transição à sociedade da informação.

---

29. BENACCHIO, Marcelo; SANTOS, Queila Rocha Carmona dos. A Lei 12.965/14 como instrumento de promoção dos direitos humanos. In: DE LUCCA, Newton; SIMÃO FILHO, Adalberto; LIMA, Cíntia Rosa Pereira de (Coord.). *Direito & Internet III*: Marco Civil da Internet (Lei 12.965/2014). São Paulo: Quartier Latin, 2015, t. I, p. 168.
30. PISCHETOLA, Magda. *Inclusão digital e educação*: a nova cultura da sala de aula. Petrópolis: Vozes, 2016, p. 42. Aprofundando-se no tema, a autora ainda explica: "No nosso entender, as três competências refletem, de fato, três graus de desigualdade. Alcançar a inclusão digital, no sentido que demos ao termo, significa obter todos os níveis de competência cognitiva mencionados (...). Antes da mídia digital, para formar um grupo engajado em uma ação social, cultural ou política, era geralmente necessária uma instituição, com todos os seus processos burocráticos hierarquizados. Hoje, as plataformas digitais permitem que os indivíduos participem de grupos com interesses afins, se organizando espontaneamente, em um sistema de grande flexibilidade estrutural, que lhes oferece a possibilidade de interagir de forma constante. A competência alfabética inclui não apenas a capacidade de ler e escrever, mas o desenvolvimento de novas habilidades de comunicação, categorias de pensamento, linguagem, decorrentes da utilização das TICs e, em especial, do computador e da *web*"
31. VAN DIJK, Jan; VAN DEURSEN, Alexander. *Digital skills*: unlocking the information society. Nova York: Palgrave Macmillan, 2014, p. 1. Anotam: "In the first decade of the twenty-first century, the attention given to the so-called digital divide in developed countries gradually decreased. The common opinion among policy makers and the public at large was that the divide between those with access to computers, the Internet, and other digital media and those without access was closing. In some countries, 90 percent of households were connected to the Internet. Computers, mobile telephony, digital televisions, and many other digital media decreased in price daily while their capacity multiplied. On a massive scale, these media were introduced in all aspects of everyday life. Several applications appeared to be so easy to use that practically every individual with the ability to read and write could use them. Yet, we posit that the digital divide is deepening. The divide of so-called physical access might be closing in certain respects; however, other digital divides have begun to grow. The digital divide as a whole is deepening because the divides of digital skills and unequal daily use of the digital media are increasing".

4. *ACCOUNTABILITY*: VETOR DA ATUAÇÃO DOS AGENTES DE TRATAMENTO DE DADOS PESSOAIS

A "*accountability*", amplia o espectro da responsabilidade civil, mediante a inclusão de parâmetros regulatórios preventivos, que promovem uma interação entre a *liability* do Código Civil com uma regulamentação voltada à governança de dados, seja em caráter *ex ante* ou *ex post*.

No plano *ex ante*, a *accountability* é compreendida como um guia para controladores e operadores, protagonistas do tratamento de dados pessoais, mediante a inserção de regras de boas práticas que estabeleçam procedimentos, normas de segurança e padrões técnicos, tal como se extrai do artigo 50 da LGPD, a despeito de sua citada facultatividade.[32] Assim como em outras legislações, impõe-se o *compliance* como planificação para os riscos de maior impacto negativo.[33]

O termo *compliance* é sabidamente oriundo da Língua Inglesa. Sua origem está na etimologia do verbo "*to comply*", que não possui tradução exata, mas revela a expectativa de uma postura de conformidade e adesão a parâmetros regulatórios que aclaram a interseção entre a tutela da privacidade e o direito da concorrência.[34]

Não por outra razão, ao discorrer sobre os princípios da atividade de tratamento de dados, o art. 6º da Lei 13.709/2018 se refere à "responsabilização e prestação de contas", ou seja, *liability* e *accountability*. Aliás, ao tratar da avaliação de impacto sobre a proteção de dados, em um viés de direitos humanos, a RGPD da União Europeia amplia o espectro do *accountability* para que os *stakeholders* sejam cientificados sobre operações que impactem em vulneração ao livre desenvolvimento da personalidade, causem discriminação, violem a dignidade e o exercício da cidadania. Portanto, assim como no RGPD europeu, de um lado, prima-se pela propagação de uma cultura de conformidade em festejo à governança.[35]

---

32. Note-se o emprego do verbo "poder" (no plural, "poderão", em destaque nosso) contido no *caput* do dispositivo: "Art. 50. Os controladores e operadores, no âmbito de suas competências, pelo tratamento de dados pessoais, individualmente ou por meio de associações, *poderão* formular regras de boas práticas e de governança que estabeleçam as condições de organização, o regime de funcionamento, os procedimentos, incluindo reclamações e petições de titulares, as normas de segurança, os padrões técnicos, as obrigações específicas para os diversos envolvidos no tratamento, as ações educativas, os mecanismos internos de supervisão e de mitigação de riscos e outros aspectos relacionados ao tratamento de dados pessoais".
33. É o caso do regulamento europeu: "The GDPR [Art. 32(2) GDPR; Art. 7(1) Directive 95/46/EC] forces data controllers to mitigate the risk of a potential privacy breach by establishing internal procedures to assess data protection risks of their products and services. Risk assessment provisions encourage data controllers to weigh technical data protection measures against risks faced by data processing activities. These measures must be proportionate to the envisaged risks". TAMÒ-LARRIEUX, Aurelia. *Designing for privacy and its legal framework*: data protection by design and default for the Internet of Things. Cham/Basileia: Springer, 2018, p. 96.
34. STUCKE, Maurice E.; GRUNES, Allen P. *Big Data and competition policy*. Oxford: Oxford University Press, 2016, p. 276.
35. PALMEIRA, Mariana de Moraes. A segurança e as boas práticas no tratamento de dados pessoais. In: MULHOLLAND, Caitlin (Org.). *A LGPD e o novo marco normativo no Brasil*. Porto Alegre: Arquipélago Editorial, 2020, p. 340. Anota: "Tanto a LGPD quanto o GDPR trazem indicações assertivas a respeito das práticas de segurança e de governança, em maior ou menor grau de detalhamento. Um pano de fundo comum nos dois diplomas, a despeito das técnicas legislativas serem diferentes – lei e regulamento, respectivamente –, é a ideia de construção coletiva de uma cultura preventiva de proteção de dados pessoais, onde todos os atores precisam entender e assumir suas responsabilidades".

Já na vertente *ex post*, a *accountability* atua como um guia para o magistrado e outras autoridades, tanto para identificar e quantificar responsabilidades, como para estabelecer os remédios mais adequados. Assim, ao invés do juiz se socorrer da discricionariedade para aferir o risco intrínseco de uma certa atividade por sua elevada danosidade (parágrafo único, art. 927 CC) – o desincentivo ao empreendedorismo é a reação dos agentes econômicos à insegurança jurídica –, estabelecem-se padrões e garantias instrumentais que atuam como parâmetros objetivos para a mensuração do risco em comparação com outras atividades.

No que tange à importância do *compliance* para a expansão da compreensão que se tem sobre a responsabilização na seara administrativa, tem-se que a ausência de previsão legal de um modelo jurídico similar aos *punitive damages*, não impede que em resposta às infrações cometidas por Agentes de Tratamento de Dados, a Autoridade Nacional de Proteção de Dados, sirva-se da *accountability* para a estipulação de sanções de natureza punitiva e quantificação de multas, conforme previsão do artigo 52 da LGPD.

Nessa perspectiva, o artigo 53 da LGPD também deve ser mencionado, pois assim prevê: "A autoridade nacional definirá, por meio de regulamento próprio sobre sanções administrativas a infrações a esta Lei, que deverá ser objeto de consulta pública, as metodologias que orientarão o cálculo do valor-base das sanções de multa." O caráter prospectivo do dispositivo é criticado por parcela da doutrina, que identifica um "vazio regulamentar" em seu conteúdo,[36] embora não se possa deixar de observar tentativa – quiçá um tanto romantizada – de fomento à consensualização a partir da exigência de consulta pública prévia que, de fato, poderá causar embaraços à definição dos desejáveis critérios metodológicos. Não obstante, deve-se lembrar que a incitação normativa à delimitação de critérios metodológicos claros quanto à imposição de multas (que são a espécie sancionatória prevista no contexto específico do artigo 53) indica a desejável vinculação do conteúdo decisório de eventual punição a parâmetros objetivos. Essa sinalização reforça a ideia de que a abertura ao compliance não tem o objetivo de expandir irresponsavelmente os limites para a quantificação de eventual sanção pecuniária a ponto de torná-los demasiadamente abstratos/discricionários, ou simplesmente arbitrários.[37]

Não se pode afastar a possibilidade de que, em reação a perspectiva de uma *liability* acrescida de uma *accountability*, os agentes econômicos respondam ao esforço conjunto de legislação e regulação, mediante a padronização de arranjos contratuais aptos à diluição dos custos dos acidentes.[38] O recurso à gestão contratual dos riscos, pode ser dar mediante a limitação de responsabilidade ou a sua transferência ao usuário ou a

---

36. FERREIRA, Daniel; REIS, Luciano Elias. O "vazio regulamentar" do art. 53 e seus impactos na (in)efetividade da LGPD. In: DAL POZZO, Augusto Neves; MARTINS, Ricardo Marcondes (Coord.). *LGPD & Administração Pública*: uma análise ampla dos impactos. São Paulo: Thomson Reuters Brasil, 2020, p. 684.
37. ROSENVALD, Nelson; FALEIROS JÚNIOR, José Luiz de Moura. Accountability e mitigação da responsabilidade civil na Lei Geral de Proteção de Dados Pessoais. In: FRAZÃO, Ana; CUEVA, Ricardo Villas Bôas (Coord.). *Compliance e políticas de proteção de dados*. São Paulo: Thomson Reuters Brasil, 2021, p. 790-791.
38. Cf. CALABRESI, Guido. *The cost of accidents*: a legal and economic analysis. New Haven: Yale University Press, 1970.

seguradoras.[39] Mas não podemos olvidar da assimetria informativa dos usuários, associada à sua frequente condição de consumidores, para a rígida aferição das cláusulas contratuais gerais.

5. A VULNERABILIDADE DIGITAL ENTRE *LIABILITY* E *ACCOUNTABILITY*

O receio de uma sanção negativa impele o ser humano a adotar condutas cautelosas no sentido de não violar a esfera econômica ou existencial de um terceiro. Desde Roma, o *neminem laedere* traduz a eficaz imposição de um dever geral de abstenção. E por qual razão a responsabilidade civil é e sempre foi assim? A resposta reside no senso comum de moralidade humana. É um fato básico que é mais fácil prejudicar os outros do que beneficiá-los. Nossa responsabilidade é baseada na causalidade, assim, sentimo-nos responsáveis por um resultado, conforme a nossa contribuição ativa para ele. Intuitivamente, cremos que somos muito mais responsáveis pelo mal que causamos por nossos atos do que pelos males cotidianos derivados de nossas omissões.

Por isso, todos os deveres morais e obrigações nos impelem a não ofender a incolumidade de terceiros, sem que existam deveres positivos que estimulem os indivíduos à cooperação. Tudo isso explica a enorme aversão que temos diante de perdas, sem que haja uma inversa atração pelos ganhos sociais de comportamentos beneméritos, que possam irradiar solidariedade.

Nas relações obrigacionais, a boa-fé objetiva desperta "o melhor de nós", no sentido de converter partes antagonistas em parceiros de um projeto contratual, realçando deveres de cooperação, proteção e informação. O prêmio para os que seguem os *standards* de lealdade e confiança é o adimplemento dos deveres preexistentes. Diferentemente, a responsabilidade civil extracontratual é o habitat das pessoas que são estranhas umas às outras. Quando não há um prévio vínculo de fidúcia entre seres humanos, o que encorajaria alguém a transcender o dever moral e jurídico de não ofender a órbita alheia, a ponto de ser empático e se disponibilizar ao engajamento na colaboração recíproca com pessoas de culturas e nações distintas, ou até mesmo para beneficiar as gerações futuras? Será que o nosso senso de justiça sempre será limitado ao pequeno número de pessoas a quem devotamos a nossa afeição ou um dever contratual?

Infelizmente, a cultura brasileira herdou a tradição das virtudes negativas e artificiais da justiça, distanciando-se das virtudes positivas e naturais da ética. Some-se a isso o fato de que incorporamos não apenas o iluminismo francês, mas o sistema de responsabilidade civil dele tributário, que consiste apenas em um arremedo de proteção social para vítimas de acidentes, pois o seu real desiderato foi o de legitimar a liberdade econômica daqueles que realizam atividades que expõem terceiros a riscos de prejuízos e lesões. Consolida-se a função compensatória da responsabilidade civil, mediante uma

---

39. OLIVEIRA, Leonardo David Quintanilha de. Normas antidiscriminatórias no seguro: o difícil equilíbrio entre a eficiência e a justiça. In: GOLDBERG, Ilan; JUNQUEIRA, Thiago (Coord.). *Temas atuais de direito dos seguros*. São Paulo: Thomson Reuters Brasil, 2020, t. I, p. 99-111.

ficção pela qual a neutralização de danos por intermédio de uma indenização é suficiente para restituir as partes a um estado de pacificação.

O art. 944, *caput*, do CC verbaliza essa arraigada mentalidade, positivando a regra de ouro da responsabilidade civil: "A indenização mede-se pela extensão do dano". O princípio da reparação integral foi sintetizado pela doutrina francesa com um adágio: *tout le dommage, mais rien que le dommage* ("todo o dano, mas nada mais do que o dano"). Extrai-se desse enunciado que o princípio da reparação integral possui dupla função: a) piso indenizatório (todo o dano); b) teto indenizatório (não mais que o dano).

Nada obstante, em caráter inovador, o Código Civil trouxe uma exceção ao princípio da *restitutio in integro*. Conforme o parágrafo único, do art. 944, "Se houver excessiva desproporção entre a gravidade da culpa e o dano, poderá o juiz reduzir, equitativamente, a indenização". A mensagem é clara: O valor da indenização não pode ultrapassar a extensão do dano, preservando-se a função de teto do princípio da reparação integral, porém pode ficar aquém, indenizando-se menos do que o montante total dos prejuízos sofridos pelo lesado. Isto se dá quando o agente, agindo com uma mínima negligência causa danos vultosos.[40]

Para a doutrina majoritária, a referida norma só pode ser utilizada na teoria subjetiva da responsabilidade civil,[41] seja pela própria literalidade do dispositivo, como também pelo próprio apelo à orientação sistemática pela qual no nexo de imputação objetiva será expurgada qualquer discussão sobre a culpa. Quer dizer, quando determinada atividade econômica, pela sua própria natureza, independentemente de quem a promova, oferece riscos que a experiência repute excessivos, anormais, provocando danos patrimoniais ou existenciais em escala superior a outros setores do mercado, a orientação dada ao empreendimento pelos seus dirigentes será irrelevante para a avaliação das consequências dos danos, relevando apenas a aferição do nexo de causalidade entre o dano injusto e o exercício da atividade.

Entretanto, se assim for, priva-se de efeito jurídico qualquer ação meritória em sede de teoria objetiva. Quer dizer, o fato de o condutor da atividade propor-se a realizar investimentos em segurança e *compliance* perante os seus funcionários ou terceiros em nada repercutirá positivamente em caso de produção de uma lesão resultante do exercício desta atividade. Daí nasce a questão lógica: se inexiste qualquer estímulo para provocar um comportamento direcionado ao cuidado e à diligência extraordinários, qual será a ênfase de um agente econômico em despender recursos que poderiam ser direcionados

---

40. Nas situações prosaicas da vida, ilustramos com o condutor de uma motocicleta de categoria básica que, por uma distração, colide com luxuoso automóvel, acarretando consideráveis danos patrimoniais. O valor do motociclo não é suficiente para arcar com a totalidade do prejuízo. O exemplo demonstra que o legislador tinha em mente evitar que a "desgraça" fosse transferida do ofendido para ofensor em razão de um mero descuido.
41. Conferir, sobre o dispositivo, ROSENVALD, Nelson; BRAGA NETTO, Felipe. *Código Civil comentado*: artigo por artigo. 2. ed. Salvador JusPodivm, 2021, p. 970-981.

a várias outras finalidades, quando ciente de que isto nada valerá na eventualidade de um julgamento desfavorável em uma lide de responsabilidade civil?[42]

Noutros termos, parece correta a compreensão de que o risco (e não a culpa) é o fundamento essencial para que sejam estabelecidos critérios próprios de imputação advindos do desvio dos parâmetros de segurança estabelecidos pela legislação protetiva e, quando presente o *compliance*, catalisados pela inobservância dos programas de integridade e das políticas de governança de dados, o que representaria uma espécie de responsabilidade objetiva especial. Isto é, superam-se as barreiras da culpa, suplantam-se as escusas técnicas e a ampla incidência de causas excludentes decorrentes do domínio da técnica pelo controle da arquitetura de *software* e se impõe a cooperação como modal de controle e aferição dos limites da responsabilidade civil.[43]

Nesse ecossistema peculiar, a responsabilidade civil não se restringe à mera condição de ferramenta de resguardo. Em verdade, assume as funções de promover e difundir o direito fundamental à proteção de dados.

6. *ANSWERABILITY* (OU *EXPLAINABILITY*)

Finalmente, ingressamos na seara da *answerability*. O termo é traduzido ao pé da letra como "explicabilidade" (*explainability*), impondo-se como mais uma camada da função preventiva da responsabilidade, materializada no dever recíproco de construção da fidúcia a partir do imperativo da transparência (que é princípio expressamente previsto no art. 6º, VI, da LGPD).[44]

Enquanto *liability, responsibility* e *accountability* centram a atenção na pessoa que conduz uma atividade ou exerce comportamento danoso ou potencialmente danoso – os chamados agentes da responsabilidade –, a *answerability* se prende ao outro lado da relação: os destinatários ou "pacientes" de responsabilidade, que podem exigir razões para ações e decisões tomadas por aquele que exerce o controle da atividade. Assim,

---

42. Não se pode deixar de registrar que esta indagação se torna ainda mais veemente quando o empreendedor percebe que os seus concorrentes "arregaçam os braços" ou se limitam a esforços mínimos em termos de cautela, canalizando os recursos excedentes para outras vantagens mercadológicas perante contratantes e consumidores.
43. DRESCH, Rafael de Freitas Valle; FALEIROS JÚNIOR, José Luiz de Moura. Reflexões sobre a responsabilidade civil na Lei Geral de Proteção de Dados (Lei 13.709/2018). In: ROSENVALD, Nelson; DRESCH, Rafael de Freitas Valle; WESENDONCK, Tula (Coord.). *Responsabilidade civil*: novos riscos. Indaiatuba: Foco, 2019, p. 85. "(...) o legislador, ciente dos percalços enfrentados para a efetivação de direitos devidamente regulamentados, adotou a governança como parâmetro expresso – embora não obrigatório – para a delimitação dos contornos do nexo de causalidade em eventos de mau tratamento de dados, abrindo espaço para a discussão acerca da criação de um novo regime de responsabilidade que, ao fim e ao cabo, se realmente existir, não surge atrelado a uma nova dogmática, mas à condensação de aspectos inter-relacionais para a formatação do elemento nuclear da teoria objetiva. Tem-se, em essência, um dever geral de cautela desdobrado da consagração de um regime de imputação baseado na verificação e demonstração do defeito na prestação de serviço relacionado aos processos de coleta, tratamento e armazenagem de dados. Eventual violação, por causar a ruptura de legítimas expectativas do titular dos dados, conduzirá à responsabilização do agente".
44. "Art. 6º. (...) VI – transparência: garantia, aos titulares, de informações claras, precisas e facilmente acessíveis sobre a realização do tratamento e os respectivos agentes de tratamento, observados os segredos comercial e industrial."

inspirada por uma abordagem relacional, a responsabilidade como "explicabilidade" oferece uma justificativa adicional para a tutela da pessoa humana, com enorme valia perante corporações e operadores que terceirizam responsabilidades para algoritmos.[45]

Em uma abordagem relacional dos problemas de responsabilidade, resta induvidoso que não existe apenas um agente de responsabilidade (aquele que atua e quem deve agir com responsabilidade), mas também um paciente que é afetado pela ação do agente e que exige que este aja com responsabilidade no sentido daquilo que é esperado e reclama razões para sua ação. Responsabilidade não é apenas fazer algo e saber o que você está fazendo; é também uma questão comunicativa, talvez até dialógica, pois a sociedade, deseja respeitar os seres humanos não apenas como seres humanos autônomos, mas também sociais.[46]

A *answerability* é um procedimento recíproco de justificação de escolhas que extrapola o direito à informação, facultando-se a compreensão de todo o cenário da operação de tratamento de dados. Não se trata basicamente de saber qual é a IA utilizada e o que ela faz. O desafio está em buscar uma resposta ontológica, lastreada na identificação do cabimento das funções preventiva e precaucional da responsabilidade civil para que seja aferível a expectativa depositada sobre cada participante da atividade, especialmente quanto à previsibilidade de eventuais consequências.[47]

Com efeito, sempre nos pareceu razoável em ordenamentos democráticos que o agente fosse capaz de explicar à vítima por que ele praticou uma ação específica, tomou uma decisão ou recomendou algo. Por exemplo, pode-se pedir a um juiz que fundamente sua decisão ou demandar de um criminoso a explicação de suas ações. Se a regra é que o interessado é uma pessoa capaz de pedir e entender explicações, é também legítimo que pessoas exijam uma explicação em nome de não-humanos ou mesmo em nome de outros humanos carentes de cognição. As decisões e ações humanas precisam ser explicáveis se quiserem ser responsáveis – olhando para o passado e no presente.

No âmbito da proteção de dados pessoais, ela amplia o seu raio, convertendo-se em uma "*ability to appeal*", ou seja, o titular dos dados tem direito a solicitar a revisão de decisões tomadas unicamente com base em tratamento automatizado de dados pessoais que afetem seus interesses, incluídas as decisões destinadas a definir o seu perfil pessoal,

---

45. EUBANKS, Virginia. *Automating inequality*: how high-tech tools profile, police, and punish the poor. Nova York: St. Martin's Press, 2018, p. 12-13.
46. Como sustenta Mark Coeckelbergh, "[b]ut do people need explanations or do they need reasons? Can explanations count as reasons, and, if so, when? Responsibility as answerability can also be formulated in terms of reasons, or more specifically, in terms of giving reasons. And then for reasons the same seems to hold as for explanations in general: assuming that only humans can really give reasons, then responsible AI means that humans should get this task. The development of AI should then support this human task of giving reasons to those who ask or may ask questions about the actions and decisions mediated by the technology". COECKELBERGH, Mark. Artificial intelligence, responsibility attribution, and a relational justification of explainability. *Science and Engineering Ethics*, Cham, v. 26, p. 2051-2068, 2020. Disponível em: https://doi.org/10.1007/s11948-019-00146-8. Acesso em: 10 abr. 2022.
47. BARBOSA, Mafalda Miranda. *Liberdade vs. responsabilidade*: a precaução como fundamento da imputação delitual? Coimbra: Almedina, 2006, p. 352.

profissional, de consumo e de crédito ou os aspectos de sua personalidade (art. 20, Lei 13.709/2018).[48] O indivíduo pode se opor ao seu *profiling*, apaga-lo ou retificá-lo ou contestar decisões automáticas a ele relativas.[49]

Temos aí o chamado "*right to an explanation*", exteriorizado no GDPR com relação a específicas decisões automatizadas,[50] significando que a decisão deve ser explicada de uma forma que o sujeito possa compreender o resultado, o que não requer necessariamente que a "*black box*" seja aberta,[51] mas simplesmente uma explicação contrafactual para que o particular se situe sobre o que deva ser modificado para que uma diferente decisão seja alcançada.[52]

Para se estabelecer a relação de explicabilidade, a premissa é entender quais agentes são responsáveis por quais outros agentes, ou seja, "responsabilidade de quê?" E "responsabilidade para quem?", por quais resultados, e para qual propósito? Se compreendermos quem deve responder, por quê e a quem as respostas se destinam, alcançamos o conceito de supervisão – *oversight* – um componente de governança em que uma autoridade detém poder especial para revisar evidências de atividades e conectá-las às consequências. A supervisão comple-

---

48. Conferir, a esse respeito, CORDEIRO, A. Barreto Menezes. Decisões individuais automatizadas à luz do RGPD e da LGPD. In: BARBOSA, Mafalda Miranda; BRAGA NETTO, Felipe; SILVA, Michael César; FALEIROS JÚNIOR, José Luiz de Moura (Coord.). *Direito digital e inteligência artificial*: diálogos entre Brasil e Europa. Indaiatuba: Foco, 2021, p. 263 et seq.
49. Ilustre-se com a desativação algorítmica automática, comum na Uber e que acontece em todos os países nos quais o serviço tem presença. Os principais casos envolvem acusações de fraude, mas sem que os motoristas fiquem sabendo exatamente o que fizeram para obterem esse resultado, no que seria uma violação à *answerability*.
50. O art. 22(3) GDPR impõe ao controlador o implemento de salvaguardas ao desenhar decisões automatizadas: Art. 22. Decisões individuais automatizadas, incluindo definição de perfis 1. O titular dos dados tem o direito de não ficar sujeito a nenhuma decisão tomada exclusivamente com base no tratamento automatizado, incluindo a definição de perfis, que produza efeitos na sua esfera jurídica ou que o afete significativamente de forma similar. 2. O n. 1 não se aplica se a decisão: a) For necessária para a celebração ou a execução de um contrato entre o titular dos dados e um responsável pelo tratamento; b) For autorizada pelo direito da União ou do Estado-Membro a que o responsável pelo tratamento estiver sujeito, e na qual estejam igualmente previstas medidas adequadas para salvaguardar os direitos e liberdades e os legítimos interesses do titular dos dados; ou c) For baseada no consentimento explícito do titular dos dados. 3. Nos casos a que se referem o n. 2, alíneas a) e c), o responsável pelo tratamento aplica medidas adequadas para salvaguardar os direitos e liberdades e legítimos interesses do titular dos dados, designadamente o direito de, pelo menos, obter intervenção humana por parte do responsável, manifestar o seu ponto de vista e contestar a decisão.
51. É possível reproduzir o comportamento do algoritmo em perícia judicial tecnológica, sem que as empresas de tecnologia necessitem apresentar abertamente o seu código fonte em perícia judicial, a ponto de exibir todo o seu patrimônio intelectual e diferencial de mercado. Neste sentido o Ministério Público/RJ constatou em produções de provas independentes realizadas pelo seu setor pericial as práticas de *geo-piercing* e *geo-blocking* pela empresa Decolar.com, simulando em base de dados fictícia as contratações, como se realizadas em diferentes localidades, para atestar o comportamento dos algoritmos nas compras online a depender de onde reside o consumidor, demonstrando a manipulação da base de dados, sem discutir a programação algorítmica em si, afastando-se a discussão em torno da violação da propriedade intelectual. Sobre o caso, cf. FALEIROS JÚNIOR, José Luiz de Moura; BASAN, Arthur Pinheiro. Discriminação algorítmica, *profiling* e geolocalização: uma análise dos impactos jurídicos do *geo-pricing* e *geo-blocking*. Revista Meritum, v. 16, n. 3, p. 302-320, Belo Horizonte, set./dez. 2021.
52. "A counterfactual explanation could be for an individual whose application for a loan has been denied and wants to know why that the income statements provided by the individual show a yearly income of EUR 50,000, and the loan would be granted with a yearly income of EUR 60,000 or more". MOEREL, Lokke; STORM, Marijn. Automated decisions based on profiling: information, explanation and justification – that is the question. In: AGGARWAL, Nikita; EIDENMÜLLER, Horst; ENRIQUES, Luca et al (Ed.). *Autonomous systems and the law*. Baden-Baden: Nomos, 2019, p. 94.

menta os métodos regulatórios de governança (*accountability*), permitindo verificações e controles em um processo, mesmo quando o comportamento desejável não pudesse ser especificado com antecedência, como uma regra. Ao invés, em caráter *ex post*, uma entidade de supervisão pode separar os comportamentos aceitáveis dos inaceitáveis. Aliás, mesmo quando existem regras, o supervisor pode verificar se o processo agiu de forma consistente dentro delas, sopesando as considerações nas circunstâncias específicas do cenário.[53]

Prioriza-se uma revisão extrajudicial por humanos de decisões produzidas por algoritmos. A *answerability* não significa que se explique todo o processo causal que contribuiu para a ação ou decisão, mas sim que se possa saber o que é relevante.[54] Eventualmente, a *liability* surgirá em um momento posterior, se eventualmente eclodem danos em razão de atos ou atividades danosas que vulneram o *profiling* da pessoa ou alcançam situações existenciais.

Em um sentido ético, o importante não é a explicabilidade quanto às características de sistemas técnicos como a IA. Em verdade, o objetivo principal é explicabilidade como responsabilidade por parte do ser humano desenvolvedor da IA. A explicabilidade técnica, ou seja, o que o sistema de IA pode "dizer" ou "responder", deve ser vista como algo a serviço do requisito ético mais geral de explicabilidade por parte do agente humano que necessita de um sistema com transparência para as respostas que serão dadas às pessoas afetadas pela tecnologia. Vale dizer, a função explícita da tecnologia é fazer o que deve ser feito dentro do objetivo pretendido pelos projetistas e usuários. Para além, entretanto, há uma questão ética de como esse sistema tecnológico impacta a forma como os agentes podem exercer a responsabilidade pela tecnologia e àqueles a quem respondem, sejam eles os destinatários imediatos, como também os seus entes queridos. Uma abordagem relacional abre uma relevante ecologia de relações de responsabilidade.

Por conseguinte, se um agente humano utilizando IA toma uma decisão com base em uma recomendação da IA e não é capaz de explicar por que ele tomou essa decisão, este é um problema de responsabilidade por dois motivos. Primeiro, o agente humano falhou em agir como um agente responsável, porque não sabe o que está fazendo. Em segundo lugar,

---

53. "Answerability includes not just the notion that answers exist, but that individuals or organizations can be made to answer for outcomes of their behavior or of the behavior of tools they make use of... if we want to know that an AI system is performing "ethically", we cannot expect to "implement ethics in the system" as is often suggested. Rather, we must design the system to be functional in context, including contexts of oversight and review." KROLL, Joshua A. Accountability in Computer Systems. In: DUBBER, Markus; PASQUALE, Frank; DAS, Sunit (Ed.). *The Oxford Handbook of the Ethics of Artificial Intelligence*. Oxford: Oxford University Press, 2020, p. 11.
54. Neste sentido, a exposição n. 71 do GDPR: "O titular dos dados deverá ter o direito de não ficar sujeito a uma decisão, que poderá incluir uma medida, que avalie aspectos pessoais que lhe digam respeito, que se baseie exclusivamente no tratamento automatizado e que produza efeitos jurídicos que lhe digam respeito ou o afetem significativamente de modo similar, como a recusa automática de um pedido de crédito por via eletrônica ou práticas de recrutamento eletrônico sem qualquer intervenção humana. Esse tratamento inclui a definição de perfis mediante qualquer forma de tratamento automatizado de dados pessoais para avaliar aspectos pessoais relativos a uma pessoa singular, em especial a análise e previsão de aspectos relacionados com o desempenho profissional, a situação econômica, saúde, preferências ou interesses pessoais, fiabilidade ou comportamento, localização ou deslocações do titular dos dados, quando produza efeitos jurídicos que lhe digam respeito ou a afetem significativamente de forma similar".

o agente humano também deixou de agir com responsabilidade em relação ao paciente afetado pela ação ou decisão, que pode legitimamente exigir uma explicação por ela.

De certa forma, a *answerability* se cruza com a *responsibility,* na medida em que a inovação responsável significa levar em consideração que a "pessoa comum" é relativamente ignorante sobre a tecnologia e suas consequências imprevisíveis, um problema que precisa ser enfrentado pela educação e inclusão digital. O desenvolvimento de tecnologia e a educação em tecnologia devem ser alterados de forma a apoiar melhor os usuários e desenvolvedores de IA na resposta ao "Por quê?". Isso significa que a sociedade merece operadores responsáveis de IA que estejam no controle, capazes e desejosos de comunicar, explicar e dar razões para o que estão fazendo a pacientes morais humanos. Isso inclui a obrigação de obter maior consciência das consequências imprevisíveis, incluindo como lidam com problemas trágicos. Se a IA não for responsável neste sentido, ela irá falhar.

Frank Pasquale,[55] serviu-se do *insight* das 3 leis descritas por Jack Balkin[56] para a sociedade algorítmica, a fim de propor uma quarta lei, capaz de complementar a tríade: "[a] robot must always indicate the identity of its creator, controller, or owner". A vanguarda dos campos de IA, aprendizado de máquina e robótica enfatiza a autonomia – seja de contratos inteligentes, algoritmos de negociação de alta frequência ou robôs futuros. Há uma noção nebulosa de robôs "fora de controle", que escapam ao controle e responsabilidade seu criador. A formulação da 4ª lei, com a exigência de que, com base na explicabilidade, qualquer sistema de IA ou robótica tenha alguém responsável por sua ação, ajuda a reprimir tais ideias.

7. A FUNÇÃO PROMOCIONAL DA RESPONSABILIDADE CIVIL COMO PONTO DE CHEGADA

Seria este o cenário ideal para a propagação da função promocional da responsabilidade civil, marcada pela técnica do encorajamento e a presença das sanções premiais?

---

55. Segundo Frank Pasquale, "[o]ne key element of explainability is a clear sense of the history of a robot—how was it first programmed, to what has it been exposed, and how has this interplay between hardware, software, and the external environment resulted in present behavior. At the core of Balkin's Laws of Robotics is a concern to make certain individuals (whose role parallels to that of the golem-creating rabbi) responsible for their creations. He does not want to create a set of legal obligations for algorithms or robots. Rather, he builds on our centuries-long experience with regulating persons. He observes that regulating the owners and programmers of artificial intelligence will require some monitoring of what they are creating and coding. To guarantee the efficacy of such monitoring, regulators may need to establish some ground rules, or pre- regulation, of the interaction algorithms will have with the wider world". PASQUALE, Frank. *New laws of robotics*. Cambridge: Harvard University Press, 2020. p. 11.
56. "(1) With respect to clients, customers, and end-users, algorithm users are information fiduciaries. (2) With respect to those who are not clients, customers, and end-users, algorithm users have public duties. If they are governments, this follows immediately. If they are private actors, their businesses are affected with a public interest, as constitutional lawyers would have said during the 1930s. (3) The central public duties of algorithm users are not to externalize the costs and harms of their operations. The best analogy for the harms of algorithmic decision making is not intentional discrimination but socially unjustified pollution". BALKIN, Jack M. The three laws of robotics in the age of big data. *Ohio State Law Journal*, Columbus, v. 78, 2016. Disponível em: https://papers.ssrn.com/sol3/papers.cfm?abstract_id=2890965. Acesso em: 10 abr. 2022.

A ideia de 'encorajamento' está ancorada no pensamento de Norberto Bobbio, que sinaliza que, além de compensar, punir e prevenir danos, a responsabilidade civil deve criteriosamente recompensar a virtude e os comportamentos benevolentes de pessoas naturais e jurídicas.[57] Nesse sentido: A técnica de encorajamento é conexa com a predisposição e a atuação das sanções positivas, com função promocional (ou propulsiva), de estímulo a atos inovadores. (...) Ao contrário da sanção negativa, a sanção positiva não é devida. O prêmio pelo mérito não se encontra no nível estrutural da norma, mas psicológico daquele que agirá em busca de recompensa.[58]

Segundo Antonio dos Reis Júnior, assentir com a existência de uma função promocional da responsabilidade civil implica considerar questões de grande relevância e que têm impacto direto no ordenamento jurídico,[59] que passaria a ser, de fato, propulsionado pela reinserção da ética nas rotinas interpessoais.[60]

Imagine-se os impactos da introjeção desse novo modelo estrutural em um novo contexto no qual já se sinaliza, dentre outras contingências, que: (i) os sistemas existentes (já complexos) se tornarão mais interconectados e imersos; (ii) as interações dos componentes intra e intersistêmicas aumentarão; (iii) os serviços existentes serão modificados enquanto surgem as oportunidades para novos serviços; (iv) a percepção humana do meio ambiente e da realidade mudará; (v) a escala e o escopo dos problemas de segurança serão bastante ampliados.[61] Por certo, o artigo 944 do CC pode ser o ponto de partida para aproveitarmos as enormes potencialidades do *compliance*, alargando os horizontes da responsabilidade civil, destacando a sua função promocional.

A técnica de encorajamento é conexa com a predisposição e a atuação das sanções positivas, com função promocional (ou propulsiva), de estímulo a atos inovadores. Ao contrário

---

57. BOBBIO, Norberto. Sulle sanzioni positive. In: VV.AA. *Scritti dedicati ad Alessandro Raselli*. Milão: Giuffrè, 1971, p. 232.
58. ROSENVALD, Nelson. *As funções da responsabilidade civil*: a reparação e a pena civil. São Paulo: Atlas, 2012, p. 111.
59. REIS JÚNIOR, Antonio dos. Por uma função promocional da responsabilidade civil. In: SOUZA, Eduardo Nunes; SILVA, Rodrigo da Guia (Coord.). *Controvérsias atuais em responsabilidade civil*. São Paulo: Almedina, 2018, p. 597.
60. O autor apresenta os seguintes argumentos em prol do acolhimento da referida função: "O modelo tradicional das sanções negativas, adotadas de modo exclusivo, não é capaz de garantir a eficácia do direito em sua plenitude. (...) Assentir com a existência de uma função promocional da responsabilidade civil pressupõe, fundamentalmente, aderir à tese de que (a) a ordem jurídica positiva visa cumprir determinadas finalidades, podendo delas extrair uma teleologia; (b) em razão disso, os institutos e categorias devem ser interpretados de maneira funcionalizada ao cumprimento de tais finalidades; (c) os mecanismos normativos, definidores dos comportamentos desejados, pela via da previsão de reação do direito diante da conduta dos sujeitos, apresentam-se de duas formas: sanções negativas e positivas; (d) a sanção positiva, definida como uma resposta benéfica do ordenamento a um comportamento desejável, que se faz necessário estimular, é admitida no âmbito da responsabilidade civil e extraída do contexto global do sistema; (e) os seus efeitos podem ser revelados mediante uma interpretação teleológica do direito posto, no qual já se pode vislumbrar uma aplicação prática, mesmo sem a existência de uma regulamentação específica; (f) a sua construção dogmática deve gozar de autonomia suficiente para não se confundir com as demais funções já consagradas, ainda que possa ter relação de dependência com uma delas". REIS JÚNIOR, Antonio dos. *Função promocional da responsabilidade civil*: um modelo de estímulos à reparação espontânea dos danos. Indaiatuba: Foco, 2022, p. 196-197.
61. LOSKOT, Pavel. Computational security for the IoT and beyond. *In*: HU, Fei (Ed.). *Security and privacy in Internet of Things (IoTs)*: models, algorithms, and implementations. Boca Raton: CRC Press, 2016, p. 357.

da sanção negativa, a sanção positiva não é devida. O prêmio pelo mérito não se encontra no nível estrutural da norma, mas psicológico daquele que agirá em busca da recompensa. Certamente, as sanções positivas surgirão eventualmente no ordenamento, isto por duas razões: (a) o sistema não possui recursos para premiar todo e qualquer comportamento meritório; (b) o direito não pode ser visto como um mínimo ético, mas um máximo ético. Neste sentido, colhe-se a função de incentivar o adimplemento e não o de reagir ao inadimplemento.

O direito não se presta a um papel conservador e inerte de mera proteção de interesses mediante a repressão de atos proibidos, mas preferencialmente o de promover o encontro entre as normas e as necessárias transformações sociais. Na senda da eficácia promocional de direitos fundamentais, é possível fazer do direito privado *locus* adequado para que algumas normas sirvam não apenas para tutelar, mas também para provocar efeitos benéficos aos valores da solidariedade e da igualdade material.

No plano funcional, as sanções positivas atuam de maneira a provocar nos indivíduos o exercício de sua autonomia para alterar sua forma de comportamento. Se uma sanção pretende maximizar comportamentos conformes e minimizar comportamentos disformes, deverá se servir do instrumento de socialização, que com técnicas variadas investe o indivíduo na condição de membro participante de uma sociedade e de sua cultura.

A socialização – que obviamente se aplica à pessoa jurídica[62] – cria uma disposição para a observância das regras que comandam o grupo. Quando o processo de socialização não funciona para algum indivíduo, em um segundo momento se estabelecerá a técnica de controle social.[63] Quando este processo quer encorajar não apenas comportamentos conforme o direito, mas em "superconformidade", recorrerá às sanções positivas, pela via de prêmios e incentivos que realçarão a desejada *accountability*.

8. CONCLUSÕES

Responsibility, accountability e *answerability* executam exemplarmente as funções preventiva e precaucional da responsabilidade civil, eventualmente complementadas pela função compensatória (*liability*). Ao contrário do que propaga a escola clássica da responsabilidade, distancia-se o efeito preventivo de um mero efeito colateral de uma sentença condenatória a um ressarcimento. Aliás, a multifuncionalidade da responsabilidade civil não se resume a uma discussão acadêmica: a perspectiva plural da sua aplicabilidade à LGPD é um bem-acabado exemplo legislativo da necessidade de ampliarmos a percepção sobre a responsabilidade civil. Não se trata tão somente de um

---

62. Importantíssima, nesse contexto, a reflexão de Newton De Lucca: "Enfim, ao cabo de todas as reflexões desenvolvidas até aqui, parece-me razoável – e, mais do que razoável, prudente – imaginar-se que a ética empresarial só teria condições de prosperar, efetivamente, se fosse semeada num contexto social e numa época em que os valores mais profundos da dignidade do ser humano estivessem consagrados nas convenções sociais com características jurídicas de costume. Ora, no atual mundo globalizado da economia (...), será que somente o Estado, como fonte exclusiva do direito que é, pode resolver os conflitos de interesses existentes, seja pela disciplina expressa das normas escritas, seja pela interpretação e aplicação das chamadas cláusulas gerais?" DE LUCCA, Newton. *Da ética geral à ética empresarial*. São Paulo: Quartier Latin, 2009, p. 414.
63. PÉLISSE, Jérôme. Les usages syndicaux du droit et de la justice. In: COMMAILLE, Jacques; KALUSZYNSKI, Martine (Ed.). *La fonction politique de la justice*. Paris: La Découverte, 2007, p. 165 et seq.

mecanismo de contenção de danos, mas também de contenção de comportamentos. Transpusemos o "direito de danos" e alcançamos uma responsabilidade civil para muito além dos danos.

Evidencia-se, assim, uma renovada perspectiva bilateralizada: a responsabilidade como mecanismo de imputação de danos – foco da análise reparatória – no qual o agente se responsabiliza "perante" a vítima, convive com a responsabilidade "pelo outro", o ser humano.[64]

Em sintonia com o pensamento de Bart van der Sloot, que reconhece a 'privacidade como virtude',[65] agregam-se a pessoa do agente e a indução à conformidade mediante uma regulação de gestão de riscos, em especial com vistas à sua mitigação por parte de um desenvolvedor de tecnologias digitais emergentes que atua como um agente de tratamento de dados pessoais e que deve observar verdadeira plêiade de deveres preventivos dos quais emanam variadas funções da responsabilidade civil (em especial, *accountability* e *answerability*).

Porém, em uma noção de reciprocidade, a mitigação de ilícitos e danos também incumbe a cada um de nós, mediante a paulatina construção de uma autodeterminação responsável que nos alforrie da heteronomia e vitimização (*responsibility*), pois como já inferia Isaiah Berlin, "O paternalismo é a pior forma de opressão".

A tecnologia não é uma força externa, sobre a qual não temos nenhum controle. Com reflete Klaus Schwab – autor da expressão "Quarta Revolução Industrial" – não estamos limitados por uma escolha binária entre "aceitar e viver com ela" ou "rejeitar e viver sem ela".[66] Na verdade, tomamos a dramática mudança tecnológica como um convite para refletirmos sobre quem somos e como vemos o mundo. Quanto mais pensamos sobre como aproveitar a revolução tecnológica, mais analisamos a nós mesmos e os modelos sociais subjacentes que são incorporados e permitidos por essas tecnologias. E mais oportunidades teremos para moldar a revolução de uma forma que melhore o estado do mundo.

---

64. BARBOSA, Mafalda Miranda. A responsabilidade contratual e a responsabilidade patrimonial. In: BARBOSA, Mafalda Miranda; ROSENVALD, Nelson; MUNIZ, Francisco (Coord.). *Pessoa, direito e responsabilidade*. Indaiatuba: Foco, 2020, p. 148.
65. VAN DER SLOOT, Bart. *Privacy as virtue*: moving beyond the individual in the Age of Big Data. Cambridge: Intersentia, 2017, p. 169. Anota: "The goal is something that is shared by most of the members of the organization, or that dominates its operations. The legal principle ensures that each individual has some level of protection against the group and the shared commitment. The danger of too much focus on the shared commitment is obviously that it tends to override individual interests and might undermine procedural fairness".
66. SCHWAB, Klaus. *A Quarta Revolução Industrial*. Trad. Daniel Moreira Miranda. São Paulo: Edipro, 2016, p. 14. Comenta: "É, portanto, crucial que nossa atenção e energia estejam voltadas para a cooperação entre múltiplos stakeholders que envolvam e ultrapassem os limites acadêmicos, sociais, políticos, nacionais e industriais. As interações e as colaborações são necessárias para criarmos narrativas positivas, comuns e cheias de esperança que permitam que indivíduos e grupos de todas as partes do mundo participem e se beneficiem das transformações em curso".

DADOS PESSOAIS SENSÍVEIS E A TUTELA DE DIREITOS FUNDAMENTAIS: UMA ANÁLISE À LUZ DA LEI GERAL DE PROTEÇÃO DE DADOS (LEI 13.709/2018)

Caitlin Mulholland

Sumário: 1. Introdução: três casos exemplares – 2. A lei geral de proteção de dados pessoais brasileira: âmbito de aplicação e princípios. – 3. Tratamento de dados pessoais sensíveis: conceito, restrições e tutela – 4. Os direitos fundamentais e sua aplicação ao direito privado: uma análise baseada no princípio da dignidade da pessoa humana – 5. Do direito à privacidade: proteção da intimidade desde o princípio "the right to be let alone" ao direito de controlar seus próprios dados – 6. A proteção constitucional dos dados sensíveis como exercício democrático de igualdade e não discriminação – 7. Considerações finais.

1. INTRODUÇÃO: TRÊS CASOS EXEMPLARES

Em 2016, uma prestadora de serviços de coleta e doação de sangue na Austrália, a Red Cross Blood Service, sofreu um duro golpe em seu sistema de segurança de dados, quando informações referentes a 550.000 doadores de sangue vieram a público devido à transferência de um arquivo contendo informações desses doadores a um ambiente computacional não seguro, acessível por pessoas sem a devida autorização para manejar aqueles dados. Os dados se referiam a coletas de sangue realizadas entre os anos de 2010 e 2016.

O fato, por si só, já seria grave, considerando a natureza pessoal dos dados que foram disponibilizados publicamente em site na Internet, quais sejam: nome, gênero, endereço e data de nascimento. Contudo, para trazer tons mais dramáticos à situação, dentre as informações contidas na base de dados, uma era especialmente sigilosa, qual seja, a que especificava que determinado doador seria "pessoa com comportamento sexual de risco".[1] Essa categorização era determinada por meio de questionário do tipo "verdadeiro-falso" disponibilizado ao doador no momento da coleta de sangue, em que se perguntava se o mesmo havia participado de atividades sexuais de risco nos últimos 12 meses. Tanto as perguntas realizadas no questionário, como as respostas, compunham a base de dados e estabeleciam a conexão com o doador, individualizado por seu nome e pelas demais informações pessoais. A Red Cross pediu desculpas formais aos doadores e disponibilizou todo um aparato de atendimento às pessoas que tiveram seus dados violados.

---

1. Disponível em: https://www.abc.net.au/news/2016-10-28/red-cross-blood-service-admits-to--data-breach/7974036 Acesso em: 14 nov. 2018.

Em 2017, num segundo caso, no Canadá, uma empresa de produtos sexuais, a Standard Innovation, disponibilizou no mercado de consumo um vibrador denominado We-Vibe 4 Plus que possuía uma característica incomum: o aparelho conectava-se por rede (bluetooth ou wi-fi) ao celular, por meio de um aplicativo, que permitia o seu acesso remoto. O usuário – ou seu/sua companheiro(a) definia por meio do aplicativo preferências relacionadas ao ritmo e tipo da vibração. Contudo, descobriu-se que o aparelho enviava para os servidores da empresa os dados relacionados ao seu uso, inclusive no exato momento em que estava sendo utilizado. Os dados coletados continham informações sobre a temperatura corporal, o ritmo de vibrações, a intensidade das mesmas, tempo de uso, início e término do uso etc. Evidentemente, a justificativa da empresa para a coleta de tais dados era a de que com eles poderia melhorar o produto. No entanto, nem os termos de uso do produto ou do aplicativo indicavam a coleta dos dados, nem existia um sistema de segurança das informações adequado que permitisse a sua guarda eficiente. Os consumidores do vibrador ingressaram com uma ação coletiva contra a empresa, que foi levada a realizar um acordo no valor de US$ 2,9 milhões e obrigou-se a não mais coletar dados sigilosos de seus usuários.[2]

No terceiro caso, na China, em 2014, foi anunciado o que está sendo chamado de sistema de crédito social ("social scoring"), implementado em 2020 no país. Por meio de tal sistema mantido pelo Estado chinês pretende-se verificar a "fidelidade" dos 1,3 bilhão de cidadãos chineses aos princípios e valores do Estado.[3] Por esse sistema será possível categorizar e taxar os comportamentos dos cidadãos como positivos ou negativos (na visão do Estado), indicando uma classificação única e pública daquela pessoa, que servirá para determinar se um cidadão terá direito ao acesso a determinadas políticas públicas, que incluem desde a prestação de serviços médico-hospitalares até a indicação de escolas em que os filhos devem ser matriculados. De acordo com o documento público de planejamento do sistema de crédito social, tal proposta "forjará um ambiente de opinião pública em que manter a confiança é gloriosa. Fortalecerá a sinceridade nos assuntos do governo, a sinceridade comercial, a sinceridade social e a construção da credibilidade judicial". De início, a participação do cidadão chinês em tal sistema é voluntária, mas, em 2020, ela passou a ser obrigatória para todos, inclusive para as pessoas jurídicas que tenham sede na China.

Apesar de cada um dos três casos apresentados se referirem a temas diversos sexualidade, hábitos socioculturais e sistemas de controle social o ponto comum é o tratamento e violação de dados sensíveis, isto é, a utilização ampla e não consentida por terceiros de dados pessoais que tenham características fortemente marcadas pela capacidade de seu uso discriminatório tanto pelo Estado, quanto pelo mercado. Tratam-se, portanto, de situações em que podem estar presentes potenciais violações de direitos fundamentais, dadas as características e a natureza desses dados sensíveis. Para

---

2. O caso está descrito disponível em: https://www.theguardian.com/technology/2017/mar/14/we-vibe-vibrator-tracking-users-sexual-habits. Acesso em: 15 nov. 2018.
3. Veja o relato do sistema, disponível em: https://www.wired.co.uk/article/chinese-governmen-t-social-credit--score-privacy-invasion. Acesso em: 15 nov. 2018.

a compreensão do conceito de dados sensíveis e a motivação de sua tutela, é importante investigar a Lei Geral de Proteção de Dados Pessoais brasileira, seus conceitos, princípios e seu âmbito de aplicação.

2. A LEI GERAL DE PROTEÇÃO DE DADOS PESSOAIS BRASILEIRA: ÂMBITO DE APLICAÇÃO E PRINCÍPIOS.

A Lei Geral de Proteção de Dados Pessoais (LGPD – Lei 13.709/18) dispõe sobre tratamento de dados de pessoas naturais, tanto por meio físico, quanto por meio digital, reconhecendo a finalidade da tutela desses dados/informações para a proteção de direitos, como os da liberdade de expressão e de comunicação, privacidade, honra, imagem, autodeterminação informativa e livre desenvolvimento da personalidade (art. 2º). Ademais, a lei reconhece a efetivação e promoção de Direitos Humanos Fundamentais como justificativa para a tutela dos dados pessoais (art. 2º, VII). Em 2022, foi aprovada a Emenda Constitucional 115, que incluiu no rol do artigo 5º, da CF, a proteção de dados pessoais como direito fundamental (LXXIX).

A lei protege situações que concernem exclusivamente a operações de tratamento de dados, isto é, aquelas "que se referem a coleta, produção, recepção, classificação, utilização, acesso, reprodução, transmissão, distribuição, processamento, arquivamento, armazenamento, eliminação, avaliação ou controle da informação, modificação, comunicação, transferência, difusão ou extração" (art. 5º, X). Percebe-se pelo rol descritivo do que se entende por tratamento de dados, que inúmeras atividades que envolvem dados pessoais sofrerão a limitação e escrutínio da lei.

Há, contudo, algumas exceções relevantes à aplicação da LGPD, enumeradas taxativamente no artigo 4º, quais sejam: (i) tratamento por pessoas naturais para fins particulares e não econômicos; (ii) tratamento para fins exclusivamente jornalísticos, artísticos ou acadêmicos; (iii) tratamento para fins exclusivos de segurança pública, defesa nacional, segurança do Estado ou atividades de investigação e repressão de infrações penais;[4] e (iv) tratamento de dados provenientes de fora do território nacional e que não sejam objeto de comunicação, uso compartilhado de dados com agentes de tratamento brasileiros ou objeto de transferência internacional de dados com outro país que não o de proveniência, desde que o país de proveniência proporcione grau de proteção de dados pessoais adequado ao previsto na LGPD.[5]

---

4. Rodotà revela que "as formas de limitação mais difundidas, que chegam a sacrificar a tutela da privacidade em prol de outros interesses, considerados temporariamente ou não como prevalecentes, são bem conhecidas e em muitos casos estão previstas na própria legislação sobre bancos de dados. Dizem respeito sobretudo a interesses do Estado (segurança interna ou internacional, polícia, justiça) ou a relevantes direitos individuais e coletivos (tradicionalmente, o direito à informação, sobretudo como liberdade de imprensa; e cada vez mais intensamente o direito à saúde, principalmente em sua dimensão coletiva)" (RODOTÀ: 2008, 70).
5. Art. 4º, Lei 13.709/18 – Esta Lei não se aplica ao tratamento de dados pessoais: I – realizado por pessoa natural para fins exclusivamente particulares e não econômicos; II – realizado para fins exclusivamente: a) jornalístico e artísticos; ou b) acadêmicos, aplicando-se a esta hipótese os arts. 7º e 11 desta Lei; III – realizado para fins exclusivos de: a) segurança pública; b) defesa nacional; c) segurança do Estado; ou d) atividades de investigação e repressão de infrações penais; ou IV – provenientes de fora do território nacional e que não sejam objeto de

Em relação à hipótese prevista no item (iii), a LGPD faz remissão à necessidade de aprovação de legislação específica, que deverá prever medidas proporcionais e estritamente necessárias ao atendimento do interesse público, devendo ser respeitados o princípio do devido processo legal e os demais princípios previstos na LGPD. Espera-se que a legislação vindoura seja ainda mais rigorosa na proteção dos dados sensíveis das pessoas que a ela estarão sujeitas, considerando que o tratamento desses dados está relacionado em grande medida aos objetivos de proteção do próprio Estado e dos interesses públicos. Deve-se visar a um tratamento limitado desses dados, para evitar o seu eventual uso para propósitos que não atendam aos fundamentos republicanos do Estado Democrático de Direito.[6]

Em relação aos princípios aplicáveis ao tratamento de dados pessoais, a sua previsão é reconhecida no artigo 6º, da LGPD, com o objetivo de restringir a atividade de tratamento de dados pessoais, exigindo-se que haja o seu cumprimento para que seja reconhecida a licitude da atividade legitimanda. São os seguintes princípios previstos na lei: finalidade, adequação, necessidade, livre acesso, qualidade dos dados, transparência, segurança, prevenção, não discriminação, responsabilização e prestação de contas.[7] Dos princípios previstos, dois são de especial relevância quando do tratamento de dados sensíveis, quais sejam, o princípio da finalidade e o princípio da não discriminação. Pelo princípio da finalidade, os dados devem ser tratados para determinados propósitos, que devem ser informados ao titular de dados previamente, de maneira explícita e sem que seja possível a sua utilização posterior para outra aplicação. Para Doneda, "este

---

comunicação, uso compartilhado de dados com agentes de tratamento brasileiros ou objeto de transferência internacional de dados com outro país que não o de proveniência, desde que o país de proveniência proporcione grau de proteção de dados pessoais adequado ao previsto nesta Lei.

6. É de se reconhecer que o uso de dados pessoais pelo Estado pode gerar a redução das garantias de proteção de direitos fundamentais. Basta relembrar o caso Edward Snowden e National Security Agency (NSA) e o uso indevido de dados coletados pela própria agência com o objetivo de construção de perfis de pessoas que poderiam estar ligadas a atividades de terrorismo, para percebermos os usos potencialmente danosos a uma democracia. Sobre o caso Snowden, veja, por todos, Glenn Greenwald, No Place to Hide: Edward Snowden, the NSA, and the U.S. Surveillance State, Metropolitan Books, 2014.
7. Art. 6º, Lei 13.709/18: As atividades de tratamento de dados pessoais deverão observar a boa-fé e os seguintes princípios: I – finalidade: realização do tratamento para propósitos legítimos, específicos, explícitos e informados ao titular, sem possibilidade de tratamento posterior de forma incompatível com essas finalidades; II – adequação: compatibilidade do tratamento com as finalidades informadas ao titular, de acordo com o contexto do tratamento; III – necessidade: limitação do tratamento ao mínimo necessário para a realização de suas finalidades, com abrangência dos dados pertinentes, proporcionais e não excessivos em relação às finalidades do tratamento de dados; IV – livre acesso: garantia, aos titulares, de consulta facilitada e gratuita sobre a forma e a duração do tratamento, bem como sobre a integralidade de seus dados pessoais; V – qualidade dos dados: garantia, aos titulares, de exatidão, clareza, relevância e atualização dos dados, de acordo com a necessidade e para o cumprimento da finalidade de seu tratamento; VI – transparência: garantia, aos titulares, de informações claras, precisas e facilmente acessíveis sobre a realização do tratamento e os respectivos agentes de tratamento, observados os segredos comercial e industrial; VII – segurança: utilização de medidas técnicas e administrativas aptas a proteger os dados pessoais de acessos não autorizados e de situações acidentais ou ilícitas de destruição, perda, alteração, comunicação ou difusão; VIII – prevenção: adoção de medidas para prevenir a ocorrência de danos em virtude do tratamento de dados pessoais; IX – não discriminação: impossibilidade de realização do tratamento para fins discriminatórios ilícitos ou abusivos; X – responsabilização e prestação de contas: demonstração, pelo agente, da adoção de medidas eficazes e capazes de comprovar a observância e o cumprimento das normas de proteção de dados pessoais e, inclusive, da eficácia dessas medidas.

princípio possui grande relevância prática: com base nele fundamenta-se a restrição da transferência de dados pessoais a terceiros, além do que é possível a estipulação de um critério para valorar a razoabilidade da utilização de determinados dados para uma certa finalidade (fora da qual haveria abusividade)" (DONEDA, 2005, 216). Ainda com base no princípio da finalidade, Maria Celina Bodin de Moraes, em apresentação à obra de Stefano Rodotà, entende que o tratamento de dados e especialmente a sua coleta "não pode ser tomada como uma "rede jogada ao mar para pescar qualquer peixe". Ao contrário, as razões de coleta, principalmente quando se tratarem de "dados sensíveis", devem ser objetivas e limitadas" (MORAES, 2008, p. 9). A medida dessa objetividade e limitação será determinada justamente pela finalidade legítima do tratamento, que fica condicionada "à comunicação preventiva ao interessado sobre como serão usadas as informações coletadas; e para algumas categorias de dados especialmente sensíveis estabelece que a única finalidade admissível é o interesse da pessoa considerada" (RODOTÀ, 2008, p. 87).

Em relação ao princípio da não discriminação, fica vedada a utilização dos dados pessoais para fins discriminatórios ilícitos ou abusivos. O legislador, ao relacionar o uso discriminatório às qualidades de ilicitude e abusividade, parece reconhecer a possibilidade de tratamento distintivo, desde que lícito e não abusivo. Isto é, aparentemente, seria legítimo ao operador de dados realizar tratamentos de segregação, no sentido de diferenciação, sem que, com isso leve a consequências excludentes que poderiam ser consideradas ilícitas. Assim, por exemplo, seria legítimo a um operador de dados que esteja realizando a precificação de um serviço de seguros de automóveis, tratar de maneira diferenciada os dados de mulheres entre 35 e 45 anos e mães, com a finalidade de oferecimento de um valor que reflita os riscos de danos usualmente ocasionados ou sofridos por esse grupo determinado de pessoas. Ou seja, há a possibilidade de tratamentos discriminatórios de dados, desde que não se caracterizem pela ilicitude ou abusividade, o que será determinado segundo critérios definidos tanto pelas regras expressas de direito civil[8] e penal, quanto por princípios como o da boa-fé objetiva.[9] O que se questiona é se esse tratamento segregado – desde que lícito e não abusivo – pode ser realizado também quando considerados os dados pessoais sensíveis, na medida em que eles possuem características personalíssimas, que devem ser tuteladas prioritariamente. Considerando que [...] coletar dados sensíveis e perfis sociais e individuais pode levar à discriminação; logo, a privacidade deve ser vista como "a proteção de escolhas de vida contra qualquer forma de controle público e estigma social" (L. M. Friedman), como a "reivindicação dos limites que protegem o direito de cada indivíduo a não ser simplificado, objetivado, e avaliado fora de contexto" (J. Rosen)" (RODOTÀ, 2008, p. 12).

Necessário se faz, portanto, conceituar dados sensíveis e verificar as restrições impostas na lei para seu tratamento.

---

8. Ver artigos 186 e 187, do Código Civil, que conceituam o ato ilícito.
9. Ver artigo 421, do Código Civil.

3. TRATAMENTO DE DADOS PESSOAIS SENSÍVEIS: CONCEITO, RESTRIÇÕES E TUTELA

Para fins de regulação das atividades de tratamento de dados, a Lei Geral de Proteção de Dados Brasileira (LGPD) categoriza e tutela de forma diferenciada os dados pessoais e os dados pessoais sensíveis. Para os fins da LGPD, dado pessoal é composto por informações relacionadas a pessoa natural identificada ou identificável (artigo 5º, I) e dado pessoal sensível se refere à "origem racial ou étnica, convicção religiosa, opinião política, filiação a sindicato ou a organização de caráter religioso, filosófico ou político, dado referente à saúde ou à vida sexual, dado genético ou biométrico, quando vinculado a uma pessoa natural" (art. 5º, II). Apesar dessa lei específica ter trazido um conceito ampliado de dados pessoais sensíveis, o seu tratamento jurídico já é conhecido da legislação brasileira desde a promulgação da Lei de Cadastro Positivo – Lei 12.414/11 – que em seu artigo 3º, § 3º, II, proíbe anotações em bancos de dados usados para análise de crédito de "informações sensíveis, assim consideradas aquelas pertinentes à origem social e étnica, à saúde, à informação genética, à orientação sexual e às convicções políticas, religiosas e filosóficas". Significa dizer que para fins de análise de concessão de crédito – princípio da finalidade – estão vedadas inclusões nas bases de dados de quaisquer informações de natureza personalíssima e que não se relacione à finalidade almejada com a análise de crédito, com o objetivo de evitar o tratamento discriminatório – princípio da não discriminação.[10]

Este princípio não discriminação é dos mais relevantes, no que diz respeito ao tratamento de dados sensíveis. É esse o ponto fundamental quando diante do uso de dados sensíveis potencialmente lesivo, em decorrência de sua capacidade discriminatória, seja por entes privados – i.e. fornecedoras de produtos e serviços – seja por entes públicos. Alguns casos emblemáticos expõem a enorme dificuldade que se enfrenta relativamente ao tratamento indevido desses dados sensíveis. Cohen relata alguns o tratamento inadequado de dados sensíveis que geram discriminação e segregação abusiva no âmbito das relações de consumo. Segundo a autora, "consumer data can be used for many purposes to which consumers might not so blithely agree: employment decisions and classifications by health insurance providers that exclude or disadvantage genetic or medical "have-nots"; employment or housing decisions based on perceived personality risks; employment or housing decisions based on sexual or religious preferences; and so on" (COHEN, 2000, p. 27).

Em sentido semelhante, Rodotà sustenta que a formação de perfis baseados em dados pessoais sensíveis pode gerar discriminação [...] seja porque dados pessoais, aparentemente não "sensíveis", podem se tornar sensíveis se contribuem para a elaboração

---

10. Em pesquisa realizada em 20.11.2018, utilizando-se como parâmetro de busca termos da Lei 12.414/11, há no Superior Tribunal de Justiça 1 Súmula (550), 2 acórdãos de repetitivos e 10 acórdãos que tratam da temática relacionada ao sistema de "credit scoring". As decisões, de uma maneira geral, reconhecem o direito do consumidor de ter o acesso aos dados que foram utilizados pelas financeiras ou bancos para a negativa do direito ao crédito. Ver por todos, nesse sentido, o julgamento do Recurso Especial 1.304.736/RS, Rel. Ministro Luis Felipe Salomão, Segunda Seção, julgado em 24.02.2016.

de um perfil; seja porque a própria esfera individual pode ser prejudicada quando se pertence a um grupo do qual tenha sido traçado um perfil com conotações negativas" (RODOTÀ; 2008, p. 56). Para o autor italiano, "(...) para garantir plenitude à esfera pública, determinam-se rigorosas condições de circulação destas informações, que recebem um fortíssimo estatuto "privado", que se manifesta sobretudo pela proibição de sua coleta por parte de determinados sujeitos (por exemplo, empregadores) e pela exclusão de legitimidade de certas formas de coleta e circulação" (RODOTÀ: 2008, p. 64). A Lei Geral de Proteção de Dados brasileira segue esta tendência, ao estabelecer limitações específicas para o tratamento de dados sensíveis.

Importa reconhecer que a referida lei recebeu uma forte influência do direito comunitário europeu, desde a Diretiva de Proteção de Dados de 1995 até o Regulamento Geral de Proteção de Dados da União Europeia (GDPR), em vigor a partir de maio de 2018. No que diz respeito ao tratamento de dados sensíveis, a LGPD conceituou de forma semelhante, senão idêntica, ao GDPR, o conceito de dados pessoais sensíveis, sendo certo que a lei brasileira é bastante inspirada no regulamento europeu. Em seu artigo 9(1) e (2), o GDPR estabelece um regime bastante estrito, proibindo, via de regra, o processamento desse tipo de dado pessoal. No entanto, excetua essa proibição em dez circunstâncias, que passam desde a proteção de interesses vitais do indivíduo até razões de substancial interesse público, sem, contudo, exemplificar ou especificar quais seriam essas hipóteses concretamente consideradas.

Como forma de proteger mais intensamente os titulares dos dados sensíveis, o GDPR qualificou de maneira mais restrita o consentimento do titular dos dados sensíveis, passando a exigir que, além de expresso, a manifestação consentida deve ser livre, explícita, inequívoca, informada e específica. Nos "considerandos" do GDPR, a explicação (51) estatui que "merecem proteção específica os dados pessoais que sejam, pela sua natureza, especialmente sensíveis do ponto de vista dos direitos e liberdades fundamentais, dado que o contexto do tratamento desses dados poderá implicar riscos significativos para os direitos e liberdades fundamentais". Ademais, no comentário (71) do GDPR, fica consignado que "(...) o responsável pelo tratamento deverá (...) proteger os dados pessoais de modo a que sejam tidos em conta os potenciais riscos para os interesses e direitos do titular dos dados e de forma a prevenir, por exemplo, efeitos discriminatórios contra pessoas singulares em razão da sua origem racial ou étnica, opinião política, religião ou convicções, filiação sindical, estado genético ou de saúde ou orientação sexual, ou a impedir que as medidas venham a ter tais efeitos".

De início, a LGPD adota uma forte fundamentação no consentimento do titular de dados para admitir o tratamento dos dados pessoais. Significa dizer que será permitido o tratamento de dados pessoais em havendo manifestação livre, informada e inequívoca pela qual o titular concorda com o tratamento de seus dados pessoais para uma finalidade determinada (art. 5º, XII). Em complementação, a LGPD estabelece restrições importantes quando diante do tratamento de dados sensíveis, e em relação ao consentimento, estabelece a necessidade de que ele seja realizado de forma específica e destacada, para finalidades singulares também (artigo 11, I, LGPD). Assim, e de acordo com Rodotà, reconhece-se que o consentimento do titular de dados sensíveis deve ser qualificado, na medida em que estamos diante de um "contratante vulnerável", caracterizado justamente pela ausência de liberdade substancial no momento da determinação da vontade (RODOTÀ, 2008, p. 90).

Contudo, a LGPD permite que haja tratamento de dados sensíveis sem a necessidade de fornecimento de consentimento do titular de dados, quando for indispensável para o tratamento compartilhado de dados necessários à execução, pela administração pública, de políticas públicas previstas em leis ou regulamentos (artigo 11, II, b, LGPD), além de outras hipóteses que se referem, em grande medida, a interesses públicos. Neste último caso, o consentimento do titular dos dados sensíveis, seja genérico, seja específico, ficaria dispensado em decorrência de uma ponderação de interesses realizada pela lei, aprioristicamente, que considera mais relevantes e preponderantes os interesses de natureza pública frente aos interesses do titular, ainda que estes tenham qualidade de Direito Fundamental. No entanto, críticas devem ser feitas a este posicionamento legislativo, especialmente se considerarmos que a proteção do conteúdo dos dados pessoais sensíveis é fundamental para o pleno exercício de Direitos Fundamentais, tais como os da igualdade, liberdade e privacidade.

4. OS DIREITOS FUNDAMENTAIS E SUA APLICAÇÃO AO DIREITO PRIVADO: UMA ANÁLISE BASEADA NO PRINCÍPIO DA DIGNIDADE DA PESSOA HUMANA

Os Direitos Fundamentais, previstos em nossa Constituição Federal de 1988, formam, conforme salienta Ingo Sarlet, "um conjunto complexo e extremamente heterogêneo de posições jurídicas" (SARLET, 2008, p. 118), representados desde os direitos subjetivos de resistência ou oposição perante o Estado, até os direitos ao exercício democrático plural. Conforme ensinamentos de Konrad Hesse, os Direitos Fundamentais cumprem a função de "criar e manter os pressupostos elementares de uma vida na liberdade e na dignidade humana" (HESSE apud BONAVIDES, 2001, p. 514). Para Bonavides, "a vinculação essencial dos direitos fundamentais à liberdade e à dignidade humana, enquanto valores históricos e filosóficos, nos conduzirá sem óbices ao significado de universalidade inerente a esses direitos como ideal da pessoa humana" (BONAVIDES, 2001, p. 516).

O reconhecimento da dignidade humana, alçada constitucionalmente a fundamento do Estado Democrático de Direito, é hoje a base valorativa de sustentação de toda e qualquer situação jurídica de Direito Privado. Sua inclusão no texto constitucional representou a escolha sociocultural-jurídica por uma sociedade solidária e justa, proporcionadora do livre desenvolvimento pessoal de seus cidadãos (MULHOLLAND, 2014, p. 14) Este princípio possui duas acepções: uma no sentido de garantir a todas as pessoas um tratamento humano, não degradante, e, portanto, protetivo da integridade psicofísica de cada um; e outra, no sentido de realizar projetos e propostas que possibilitem a cada pessoa a concretização de sua humanidade, por meio de ações visíveis.

Tendo em vista esta caracterização da pessoa como um fim em si mesmo, toda e qualquer manifestação legislativa deve ter como finalidade a promoção do homem e de seus valores. E é nesta finalidade promocional que se encontra a maior dificuldade por parte do jurista. Se for possível dizer que a dignidade da pessoa humana, por se erigir como fundamento do Estado Democrático de Direito, deve alcançar todas as esferas do ordenamento jurídico – incluído aí os institutos de Direito Privado –, é também possível concluir que a limitação interpretativa do conteúdo deste valor constitucional será difícil de se alcançar. Nesta dificuldade se encontram as barreiras para a aplicação consciente do princípio da dignidade humana, pois "corre-se o risco da generalização, indicando-a como *ratio* jurídica de todo e qualquer direito fundamental" (MORAES, 2003, p. 54). Segundo Maria Celina Bodin de Moraes, "levada ao extremo, essa postura hermenêutica acaba por atribuir ao princípio um grau de abstração tão intenso que torna impossível sua aplicação" (MORAES, 2003, p. 84).

O Direito civil é chamado a dar concretude a este princípio por meio de uma atuação protetiva. É por meio da específica caracterização da pessoa e da consideração de suas qualidades que se dará a verdadeira – no sentido de justa e equitativa – tutela da pessoa em suas relações privadas. Diferentemente do conceito de indivíduo, igual ao outro em todos os seus aspectos e, portanto, devendo ser tratado de maneira igualitária, o conceito de pessoa permite ao ordenamento, por meio de normatização ou de trabalho hermenêutico desempenhado pela doutrina e magistratura, a possibilidade de estabelecer tratamentos desiguais de acordo com a qualidade que cada pessoa desempenha numa relação privada (MULHOLLAND, 2009, p. 67-68).

O princípio da dignidade da pessoa humana será identificado em cada uma das situações reais em que se possa verificar a concretização dos princípios da liberdade, da igualdade, da integridade ou da solidariedade social. Perfaz-se, assim, o princípio em uma cláusula geral de tutela da pessoa, servindo como princípio "prevalente no momento da concretização normativa e [n]a ponderação de princípios" (RUZYK, 2002, p. 131). Significa isto dizer que para toda e qualquer situação em que esteja em jogo ou discussão a situação jurídica existencial, esta deverá prevalecer sobre aquelas patrimoniais se com elas incompatíveis (MULHOLLAND, 2009, p. 69). A análise do princípio da dignidade da pessoa humana se realiza, portanto, e com razão, considerando-se sempre a plena tutela da pessoa, seja considerando aspectos relacionados à sua liberdade, seja à sua identidade e privacidade, como no caso dos dados pessoais.

Uma primeira análise da estrutura constitucional dos Direitos Fundamentais leva ao reconhecimento de que a proteção de dados pessoais – ainda quando não prevista constitucionalmente – poderia ser feito tanto da proteção à intimidade (art. 5º, X), quanto do direito à informação (art. 5º, XIV), ou do direito ao sigilo de comunicações e dados (art. 5º, XII), assim como da garantia individual ao conhecimento e correção de informações sobre si pelo habeas data (art. 5º, LXXII). Para Rodotà, estamos diante da verdadeira reinvenção da proteção de dados – não somente porque ela é expressamente considerada como um direito fundamental autônomo (o autor refere-se à Carta de Direitos Fundamentais da União Europeia),[11] mas também porque se tornou uma ferramenta essencial para o livre desenvolvimento da personalidade. A proteção de dados pode ser vista como a soma de um conjunto de direitos que configuram a cidadania do novo milênio (RODOTÀ, 2008, p. 14).

Com a previsão constitucional no Brasil do direito aos dados pessoais como uma categoria de Direitos Fundamentais, parte-se da ideia de que os dados são elemento constituinte da identidade da pessoa e que devem ser protegidos na medida em que compõem parte fundamental de sua personalidade, que deve ter seu desenvolvimento privilegiado, por meio do reconhecimento de sua dignidade.

5. DO DIREITO À PRIVACIDADE: PROTEÇÃO DA INTIMIDADE DESDE O PRINCÍPIO "THE RIGHT TO BE LET ALONE" AO DIREITO DE CONTROLAR SEUS PRÓPRIOS DADOS

Em nosso ordenamento, o artigo 5º, X, da Constituição Federal,[12] e o artigo 21, do Código Civil,[13] fundamentam a proteção da esfera privada de uma pessoa, referindo-se tanto à vida privada, quanto à intimidade da pessoa humana. O direito à privacidade, e mais especificamente, o direito à intimidade, alude à proteção da esfera privada ou íntima de uma pessoa, sendo esta abrigada contra ingerências externas, alheias e não requisitadas, e tutelada na medida em que não se permite, sem autorização do titular da informação ou dado, a sua divulgação no meio social.

Este conceito habitual de privacidade está, contudo, superado. Se, tradicionalmente, o direito à privacidade (*right to privacy*) está associado ao direito de ser deixado só, contemporaneamente pode-se afirmar que a privacidade evoluiu para incluir em seu conteúdo situações de tutela de dados sensíveis, de seu controle pelo titular e, especialmente, de "respeito à liberdade das escolhas pessoais de caráter existencial" (LEWICKI, 2003, p. 9). Para Stefano Rodotà, "a privacidade pode ser definida mais precisamente, em uma primeira aproximação, como o direito de manter o controle sobre as próprias informações" sendo a esfera privada "aquele conjunto de ações, comportamentos, opiniões, preferências, informações pessoais, sobre os quais o interessado pretende manter um controle exclusivo" (RODOTÀ, 2008, p. 92). Para Solove, "privacy is a fundamental right, essential for freedom, democracy, psychological well-being, individuality, and creativity" (SOLOVE, 2008, p. 5).

---

11. Artigo 8 – Proteção de dados pessoais 1. Todas as pessoas têm direito à proteção dos dados de caráter pessoal que lhes digam respeito. 2. Esses dados devem ser objeto de um tratamento leal, para fins específicos e com o consentimento da pessoa interessada ou com outro fundamento legítimo previsto por lei. Todas as pessoas têm o direito de aceder aos dados coligidos que lhes digam respeito e de obter a respectiva retificação. 3. O cumprimento destas regras fica sujeito a fiscalização por parte de uma autoridade independente.
12. Artigo 5º, X, CF – são invioláveis a intimidade, a vida privada, a honra e a imagem das pessoas, assegurado o direito a indenização pelo dano material ou moral decorrente de sua violação.
13. Art. 21, CC – A vida privada da pessoa natural é inviolável, e o juiz, a requerimento do interessado, adotará as providências necessárias para impedir ou fazer cessar ato contrário a esta norma.

Foi com base naquele primeiro conteúdo que em 1890, os Justices da Supreme Court americana, Warren e Brandeis, determinaram a necessidade de tutela dessa esfera existencial. À época, a interpretação que se dava ao direito à privacidade era restrita e se aplicava a casos em que existia a atuação de terceiros contra aquela esfera. Isto é, a interpretação que se dava a este direito restringia-se a tutelar a esfera privada de uma pessoa, impedindo que outros pudessem nela ingressar sem sua autorização. Associada à ideia de casa, moradia, este princípio foi primeiramente utilizado para proteger a vida privada das pessoas, dentro de seu próprio lar (MULHOLLAND, 2012, p. 2).

A ampliação do conceito de privacy se deu, em grande medida, por conta da evolução das formas de divulgação e apreensão de dados pessoais. Com o advento de novas tecnologias, notadamente o desenvolvimento da biotecnologia e da Internet, o acesso a dados sensíveis e, consequentemente, a sua divulgação, foram facilitados de forma extrema. Como resultado, existe uma expansão das formas potenciais de violação da esfera privada, na medida em que se mostra a facilidade por meio da qual é possível o acesso não autorizado de terceiros a esses dados. Com isso, a tutela da privacidade passa a ser vista não só como o direito de não ser molestado, mas também como o direito de ter controle sobre os dados pessoais e, com isso, impedir a sua circulação indesejada (MULHOLLAND, 2012, p. 3).

Seriam, assim, três as concepções sobre o direito à privacidade acima apresentadas, quais sejam, (i) o direito de ser deixado só, (ii) o direito de ter controle sobre a circulação dos dados pessoais, e (iii) o direito à liberdade das escolhas pessoais de caráter existencial (MULHOLLAND, 2012, p. 3). Assim, "a privacidade deve ser considerada também como o "direito de manter o controle sobre suas próprias informações e de determinar a maneira de construir sua própria esfera particular", reconhecendo-se às pessoas "autodeterminação informativa" (RODOTÀ, 2008, p. 15) e a realização plena de sua liberdade existencial (RODOTÀ, 2008, p. 92).

6. A PROTEÇÃO CONSTITUCIONAL DOS DADOS SENSÍVEIS COMO EXERCÍCIO DEMOCRÁTICO DE IGUALDADE E NÃO DISCRIMINAÇÃO

A proteção de dados pessoais enquanto decorrência da cláusula geral de tutela da pessoa humana e do direito à privacidade é um requisito essencial da democracia. A capacidade de tratamento de dados pessoais das mais diversas ordens vem aumentando exponencialmente, principalmente devido ao advento de tecnologias avançadas de inteligência artificial, com o uso de algoritmos sofisticados e com a possibilidade de aprendizado por máquinas (*machine learning*). Significa dizer que o tratamento de "big data" literalmente, grandes bases de dados por meio de técnicas computacionais cada vez mais desenvolvidas pode levar a análises probabilísticas e resultados que, ao mesmo tempo que atingem os interesses de uma parcela específica da população, retiram a capacidade de autonomia do indivíduo e o seu direito de acesso ao consumo de bens e serviços e a determinadas políticas públicas, por exemplo.

Por isto que a regulação da coleta, uso, tratamento e compartilhamento de dados pela Lei Geral de Proteção de Dados torna-se de suma importância, devendo tais atividades serem realizadas de tal forma a respeitar os princípios previstos na mesma, enfatizando-se, no caso de dados sensíveis, o uso dos mesmos de maneira que atente ao princípio da igualdade e não gere uma discriminação. O princípio da não discriminação deve ser refletido em todas as circunstâncias em que o uso de dados, sejam sensíveis ou não, gere algum tipo de desvalor ou indução a resultados que seriam inequitativos. Esse princípio deve servir como base de sustentação da tutela dos dados sensíveis, especialmente quando estamos diante do exercício democrático e do acesso a direitos sociais, tais como o direito ao trabalho, à saúde e à moradia.

De acordo com Celina Bodin e Chiara de Teffé (2016, p. 21), "uma vez munidas de tais informações (dados pessoais), entidades privadas e governamentais tornam-se capazes de "rotular" e relacionar cada pessoa a um determinado padrão de hábitos e de comportamentos, situação que pode favorecer inclusive graves discriminações, principalmente se analisados dados sensíveis".

Em continuidade, as autoras sustentam que "[…] um acervo suficientemente amplo de informações permite a elaboração de perfis de consumo, o que se, de um lado, pode ser utilizado para incrementar e personalizar a venda de produtos e serviços, de outro, pode aumentar o controle sobre a pessoa, desconsiderando sua autonomia e dificultando a participação do indivíduo no processo decisório relativo ao tratamento de seus dados pessoais, de seu patrimônio informativo.

A título de ilustração, dois casos relatam os malefícios do perfilamento (*profiling*), com uso de dados pessoais que geraram tratamento discriminatório. Os casos ocorreram nos EUA e se referiram à contratação de serviços médicos e de seguridade. No primeiro caso, algumas seguradoras utilizaram dados pessoais relacionados às vítimas de violência doméstica, acessíveis em banco de dados públicos. O resultado do tratamento dos dados levou a uma discriminação negativa, ao sugerir que mulheres vítimas de violência doméstica não poderiam contratar seguros de vida, saúde e invalidez. Em outro caso, relacionado a dados de saúde, "quando uma pessoa tem um derrame, alguns bancos, ao descobrir tal fato, começam a cobrar o pagamento dos empréstimos realizados".[14] Em outro exemplo trazido por Rodotà sobre o uso de dados pessoais sensíveis,

Não há dúvida de que o conhecimento, por parte do empregador ou de uma companhia seguradora, de informações sobre uma pessoa infectada pelo HIV, ou que apresente características genéticas particulares, pode gerar discriminações. Estas podem assumir a forma da demissão, da não admissão, da recusa em estipular um contrato de seguro, da solicitação de um prêmio de seguro especialmente elevado (RODOTÀ, 2008, p. 70).

---

14. Instituto de Tecnologia e Sociedade. Transparência e Governança nos algoritmos: um estudo de caso sobre o setor de birôs de crédito, disponível em: https://itsrio.org/pt/publicacoes/ transparencia-e-governanca-nos--algoritmos-um-estudo-de-caso/. Acesso em: 15 nov. 2018.

A tutela jurídica de dados pessoais como um corolário do direito à privacidade (ou do direito à identidade) nos leva a considerar que a autodeterminação informativa, ou o poder de controle sobre os próprios dados, deve ser a tônica quando buscamos a proteção específica dos dados sensíveis, especialmente se tais dados podem gerar tratamentos desiguais. O reconhecimento do direito fundamental à igualdade no artigo 5º, caput, da Constituição Federal tutela também o direito ao tratamento sem distinções de qualquer natureza. Ao mesmo tempo, dentre os objetivos fundamentais da República Federativa do Brasil, constantes do artigo 3º, da Constituição Federal, está o de "promover o bem de todos, sem preconceitos de origem, raça, sexo, cor, idade e quaisquer outras formas de discriminação". Soma-se ao reconhecimento constitucional da proteção da igualdade e da não discriminação, a previsão na LGPD da impossibilidade do tratamento para fins discriminatórios ilícitos ou abusivos, conforme já esclarecido em outra oportunidade.

7. CONSIDERAÇÕES FINAIS

Nos três casos exemplares relatados na introdução deste artigo, pode-se reconhecer o tratamento de dados sensíveis nas atividades realizadas tanto por pessoas jurídicas privadas, quanto pelo Estado. No primeiro caso Red Cross Blood Services informações relacionadas a hábitos sexuais de doadores de sangue foram coletadas com a finalidade de realização de análise de riscos relacionados à doação e recebimento de sangue, sendo posteriormente divulgadas, devido a uma falha de segurança no tratamento dos dados. No segundo caso Standard Inovation dados sensíveis relacionados ao uso de vibradores sexuais foram utilizados pela empresa sem o consentimento de seus titulares, com a finalidade de oferecer produtos mais adequados no mercado, o que levou a uma ação coletiva bem sucedida. No terceiro caso sistema de *scoring* social na China dados das mais diversas naturezas incluídos dados sensíveis são utilizados para fins de pontuação social dos cidadãos, que permitirá a sua qualificação para acessar determinados serviços públicos desenvolvidos por meio de políticas de Estado.

No primeiro caso, temos uma evidente violação no dever de segurança no tratamento de dados, caracterizando um ato ilícito. Nos dois últimos casos por mais diversos que sejam em fundamentos a falha no tratamento de dados sensíveis surge como decorrência da violação do princípio da finalidade. Para cada uma das aplicações envolvidas no tratamento de dados, há uma finalidade que deve servir como parâmetro ou limitação dessas atividades. Considerando que a finalidade deve ser legítima, lícita e não abusiva, podemos concluir que nestas duas hipóteses exemplares, a finalidade de propósitos foi usurpada, seja porque ilícita (no caso da Standard Inovation), seja porque abusiva (no caso chinês).

Ademais, no caso do Scoring social chinês há ainda a violação do princípio da não discriminação, na medida em que os dados coletados, sejam de natureza sensível ou não, são utilizados para finalidades de tratamento diferenciado, excluindo cidadãos do acesso à efetivação de direitos de natureza fundamental, como a igualdade, liberdade, privacidade, saúde, educação, moradia, e impedindo o pleno exercício democrático que, de fato e concretamente, inexiste na China.

Para Rodotà, é fundamental que haja uma tutela rigorosa dos dados sensíveis, pois esses transformaram-se em conteúdo essencial para a concretização do princípio da igualdade e da não discriminação. Mais ainda, a tutela de dados pessoais sensíveis permite a efetivação, a depender de sua natureza, do direito à saúde (dados genéticos ou sanitários), do direito à liberdade de expressão e de comunicação (dados sobre opiniões pessoais), do direito à liberdade religiosa e de associação (dados sobre convicção religiosa). Assim, para o autor italiano, "(...) a associação entre privacidade e liberdade torna-se cada vez mais forte" (RODOTÀ, 2008, p. 153), reconhecendo, desta maneira, a natureza de direitos fundamentais aos dados pessoais sensíveis.

Considerando que se caminha cada vez mais e com maior intensidade para uma sociedade governada por dados, o ambiente social no qual se concretiza a ideia de privacidade informacional passa a ser qualificado pela proteção dos direitos da pessoa de manter o controle sobre seus dados, por meio de sua autodeterminação informativa (liberdade), visando a não discriminação (igualdade). Portanto, o problema da privacidade hoje é causado pelo conflito consequente da assimetria de poderes existente entre os titulares de dados e aqueles que realizam o tratamento dos dados. Esta assimetria gera um desequilíbrio social que, por sua vez, leva à violação dos princípios da igualdade e da liberdade. Proteger de maneira rigorosa os dados pessoais sensíveis se torna, assim, instrumento para a efetivação da igualdade e da liberdade.

PROTEÇÃO DE DADOS SENSÍVEIS DE PESSOAS LGBTI+: PERSPECTIVAS SOBRE PERSONALIDADE, VULNERABILIDADE E NÃO DISCRIMINAÇÃO

Ramon Silva Costa

Sumário: 1. Introdução – 2. Personalidade digitalizada: proteção à privacidade e aos dados pessoais na sociedade de vigilância – 3. Dados sensíveis: perspectivas para uma abordagem antidiscriminatória – 4. Dados sobre gênero de pessoas trans – 5. Dados sobre sexualidade de pessoas LGBTI+ – 6. Considerações finais.

1. INTRODUÇÃO

O matemático britânico Alan Turing (1912–1954) é reconhecido como um dos maiores nomes da ciência da computação. Entre seus feitos de grande impacto para o avanço tecnológico está a criação do computador. Turing desenvolveu a tecnologia computacional capaz de quebrar os códigos nazistas, contribuindo de forma crucial para a vitória dos aliados na Segunda Guerra Mundial. Uma invenção que provocou modificações históricas, graças à um cientista homossexual que vivia em uma época em que sua orientação sexual era crime no seu país. O cientista foi investigado por falsas suspeitas de ser espião e o governo britânico o vigiou até descobrir que frequentava locais de relacionamento entre homens. Turing foi condenado por sua homossexualidade, afastado de suas funções e penalizado com castração química. Faleceu em 1954 em decorrência de uma intoxicação por cianeto.[1]

Muita coisa mudou desde a condenação de Turing, não sendo a homossexualidade crime no Reino Unido atual. Apesar dos avanços, em outros 69 países,[2] a homossexualidade é crime e em alguns deles pode até ser punida com pena de morte. Além disso, a luta por direitos continua firme no mundo todo. Após décadas do legado de Turing, não foram só as pautas LGBTI+,[3] que conquistaram progressos relevantes e que ainda possuem desafios expressivos, a Tecnologia também. Hoje discutimos os impactos

---

1. COSTA, Ramon. Segurança digital de pessoas LGBTI+: Um projeto da Todxs Brasil e ISOC Brasil por uma sociedade digital diversa e anti-discriminatória. *TODXS Medium*, 19 out. 2021. Disponível em: https://medium.com/todxs.
2. BRASIL, BBC NEWS. Dia do Orgulho Gay: os países onde é ilegal ser homossexual. BBC NEWS, 28 jun. 2021. Disponível em: https://www.bbc.com/portuguese/internacional-57641679.
3. Este trabalho utiliza a sigla LGBTI+ para identificar as pessoas lésbicas, gays, bissexuais, transexuais, intersexuais e outras identidades diversas que não atendem às normas de gênero e sexualidade vinculadas à heterossexualidade e cisgeneridade.

culturais, políticos e econômicos das tecnologias de comunicação e informação (TIC). Debatemos sobre o avanço dos sistemas de Inteligência Artificial (IA) e sobre as capacidades de tratamento de dados pessoais nas mais diversas atividades e setores.

Contudo, torna-se fundamental o debate sobre as consequências do uso indevido das tecnologias digitais nas democracias contemporâneas. É necessário discutir sobre o aumento da vigilância de Estados e empresas sobre nossas vidas, com a implementação de tecnologias de vigilância potencialmente discriminatória, que vão desde câmeras com reconhecimento facial até rastreadores de nossas atividades on-line. Desse modo, é preciso refletir acerca das possibilidades de resistência e defesa das pessoas diante do tratamento abusivo de dados pessoais.

Diante disso, a privacidade de pessoas LGBTI+ continua sendo uma garantia irrevogável para o desenvolvimento pessoal e social dessa população. Nesse campo, a proteção de dados pessoais ergue-se como um dos direitos mais importantes para o desenvolvimento da personalidade e dignidade humana e requer uma atenção especial para grupos historicamente alvos de vigilância e discriminação. O Brasil tem caminhado no processo legal e regulatório do tratamento de dados pessoais, a partir da Lei Geral de Proteção de Dados Pessoais – LGPD (Lei 13.709/2018) e da estruturação da Autoridade Nacional de Proteção de Dados – ANPD, o órgão de controle responsável por implementar a LGPD e desenvolver uma cultura de proteção de dados no país.

Nesse sentido, o presente artigo aborda especificidades acerca da categorização dos dados sensíveis, exemplificados no art. 5º, II, da LGPD e que representam os dados que quando tratados de modo indevido podem gerar discriminação e danos aos titulares. Nesse sentido, a categoria de dados sensíveis contempla informações como identidade de gênero, orientação sexual e práticas sexuais, que podem gerar discriminações específicas para pessoas LGBTI+. Assim, a pesquisa parte de um questionamento: como os dados sobre gênero e sexualidade podem ser interpretados e tratados para uma devida proteção à população LGBTI+? O objetivo é compreender como os dados sobre diversidade de gênero e sexualidade devem ser enquadrados e tratados como sensíveis, levando-se em conta a potencialidade discriminatória e danosa do tratamento indevido de dados referentes às pessoas LGBTI+, população com expressiva vulnerabilidade na sociedade brasileira.

Em termos metodológicos, para fins de produção deste artigo, a pesquisa caracteriza-se pelo método de abordagem hipotético-dedutivo. A pesquisa empreendida é de natureza teórica e objeto exploratório e explicativo relacionado ao tema. Por isso, utiliza-se a técnica de revisão bibliográfica para desenvolvimento da pesquisa a partir de produções na temática, bem como articula uma análise sobre os dispositivos da LGPD pertinentes à discussão proposta.

2. PERSONALIDADE DIGITALIZADA: PROTEÇÃO À PRIVACIDADE E AOS DADOS PESSOAIS NA SOCIEDADE DE VIGILÂNCIA

O legislador brasileiro, por meio da centralidade constitucional dada à dignidade humana, estabeleceu a proteção da personalidade incluindo os processos subjetivos que possam surgir, como a proteção de dados pessoais frente aos desafios de sociedades digitais. Os direitos da personalidade visam tutelar aspectos subjetivos que todas as pessoas possuem e desenvolvem desde o nascimento e referem-se a todas as relações personalíssimas estabelecidas por elas, acompanhando a experiência humana no âmbito de seu desenvolvimento.[4] Desse modo, a proteção de dados pessoais ergue-se como um direito fundamental da personalidade essencial para o desenvolvimento humano e dignidade das pessoas, especialmente frente às inovações tecnológicas que atravessam as relações pessoais e sociais na contemporaneidade.

As plataformas digitais ocupam espaço de protagonismo na digitalização do cotidiano, mas possuem como principal contrapartida os dados pessoais fornecidos pelos usuários. Assim, a personalidade também é digitalizada, pois a partir do momento que entregamos informações pessoais "estamos clicando nossa personalidade" para dentro das redes a todo momento, dizendo para elas como nos sentimos, o que gostamos e revelando nossos desejos de consumo.[5]

Nesse contexto, os dados tornam-se uma fonte valiosa de conhecimento sobre grupos sociais e indivíduos, o que desperta interesses econômicos. Como indica Soshana Zuboff,[6] a sociedade da vigilância tem como vertente o atual "Capitalismo de Vigilância", que utiliza toda experiência humana, incluindo personalidades e emoções que estão contidas em nossos dados pessoais. Os dados são controlados e capitalizados como dados comportamentais para os mais diversos mercados embasados nas informações que nos são retiradas de forma gratuita por meio de nossos rastros digitais deixados nas redes sociais, pelas pesquisas e atividades na internet. Portanto, a economia movida a dados e o "Capitalismo de Vigilância" estão imbricados de forma substancial, pois a extensão e manutenção dos mercados baseados em dados pessoais utiliza-se da expansão da vigilância.[7]

A privacidade enquanto elemento formador da proteção da personalidade recebe novos contornos sociais e de tutela jurídica frente aos desafios de uma sociedade da vigilância. A concepção clássica do *right to privacy* – direito à privacidade, desenvolvida por Warren e Brandeis (1890), como uma ideia de direito a ser deixado só,[8] não responde por completo às demandas para a tutela da pessoa em todas as dimensões de sua personalidade, que são afetadas pelo intenso fluxo de informações dispostas nos meios

---

4. PERLINGIERI, Pietro. *La personalità umana nell'ordinamento giuridico*. Camerino: Jovene, 1972. TEPEDINO, Gustavo. *A tutela da personalidade humana no ordenamento civil constitucional brasileiro*. Rio de Janeiro: Renovar, 2004.
5. SUMPTER, David. *Dominados pelos números*. Rio de Janeiro: Bertrand Brasil, 2019, p. 41.
6. ZUBOFF, Shoshana. *A Era do Capitalismo de Vigilância*: a luta por um futuro humano na nova fronteira do poder. Rio de Janeiro: Intrínseca, 2020, p. 8.
7. COSTA, Ramon S.; OLIVEIRA, Samuel R. Os direitos da personalidade frente à sociedade de vigilância: privacidade, proteção de dados pessoais e consentimento nas redes sociais. *Revista Brasileira de Direito Civil em Perspectiva*, v. 5, n. 2, p. 26, jul./dez. 2019.
8. O *right to be alone* – direito de ser deixado só – foi mencionado pelo magistrado Thomas McIntyre Cooley em seu Treatise of law of torts de 1888. Este conceito foi utilizado na primeira concepção de direito à privacidade trazida pelos juristas Louis Brandeis e Samuel Warren no artigo *The right to privacy*, de 1890, publicado na Harvard Law Review. Tal artigo marca o início da linha evolutiva acerca do direito à privacidade.

tecnológicos. Nesse cenário, a proteção de dados pessoais configura-se como uma tutela ampla da pessoa, não apenas de sua privacidade, pois o objetivo é protegê-la de controles abusivos e ações discriminatórias pelo tratamento de seus dados, com a finalidade de "garantir a integridade de aspectos fundamentais de sua própria liberdade pessoal".[9]

Os dados pessoais constituem elementos substanciais da singularidade humana, por isso são capazes de nos identificar em nossas particularidades e enquanto seres sociais. Disso decorre a importância de elevar a proteção de dados pessoais a um status de direito fundamental da personalidade, o que foi alçado em 2022 pela Emenda Constitucional (EC) 115/2022, que alterou a CF/88 para incluir a proteção de dados pessoais entre os direitos e garantias fundamentais, fixando a competência privativa da União para legislar sobre proteção e tratamento de dados pessoais, tendo sua aplicabilidade imediata por força de norma constitucional.

A proteção de dados como um direito fundamental é um demonstrativo da efetividade de uma interpretação dos direitos civis pelas lentes constitucionais. Esse movimento já é reconhecido como o Direito Civil Constitucional,[10] que é pensado a partir dos fundamentos constitucionais, revertendo a lógica patrimonialista no campo do Direito Privado para uma proteção de valores existenciais, na qual as normas constitucionais refletem sobre todo ordenamento jurídico, fortalecendo seus ideais de defesa da dignidade humana.[11] A constitucionalização do Direito Civil colabora para a dissolução de uma perspectiva jurídica dicotômica entre Direito Público e Direito privado, fator essencial para uma compreensão ampla da proteção à privacidade e aos dados pessoais, que não pode ser limitada aos parâmetros privativos e sim concebida no conjunto de direitos inerentes aos contextos coletivos e privados vivenciados pelas pessoas no desenvolvimento da personalidade e das experiências sociais.

A dignidade humana é um pressuposto constitucional que confere centralidade para a tutela da personalidade em suas múltiplas faces e diferenças, ou seja, emana um sentido de proteção do desenvolvimento da personalidade de todas as pessoas, incluindo suas particularidades.[12] Nesse ponto, a LGPD ao enfatizar a tutela das situações existenciais dos titulares de dados, aproxima-se de uma concepção de proteção de dados pessoais como "direito fundamental autônomo, expressão da liberdade e da dignidade humana, que está intrinsecamente relacionada à impossibilidade de transformar os indivíduos em objeto de vigilância constante".[13]

---

9. DONEDA, Danilo. *Da privacidade à proteção de dados pessoais*. São Paulo: Ed. RT, 2019, p. 23-24.
10. O Direito Civil Constitucional é uma corrente de análise, interpretação e aplicação, que compreende a ampliação do campo de atuação do Direito Civil a partir dos valores constitucionais, elevando um processo de reunificação do sistema jurídico, que valoriza a pessoa humana, suas relações patrimoniais e existenciais, enaltecendo a importância da renovação Direito Civil na contemporaneidade.
11. BODIN DE MORAES, Maria Celina. *Na medida da pessoa humana*: estudos de direito civil-constitucional. Rio de Janeiro: Renovar, 2010.
12. TEIXEIRA, Ana Carolina B. Autonomia existencial. *Revista Brasileira de Direito Civil – RBDCivil*, v. 16, p. 79, Belo Horizonte, abr./jun. 2018.
13. FRAZÃO, Ana. Objetivos e Alcance da Lei Geral de Proteção de Dados. In: TEPEDINO, Gustavo; FRAZÃO, Ana; OLIVA, Milena D. (Coord.). *Lei Geral de Proteção de Dados Pessoais e suas repercussões no Direito Brasileiro*.

A tutela jurídica da personalidade compreende de modo substancial a proteção dos dados pessoais, tendo a própria LGPD estabelecido o livre desenvolvimento da personalidade como um de seus fundamentos em seu art. 2º, VII. Logo, a ideia evolutiva da privacidade inclui a proteção de dados pessoais e seu sentido de autodeterminação informativa, ou seja, de controle do titular sobre suas informações.[14] Isso não significa dizer que a proteção de dados pessoais é uma simples extensão do direito à privacidade, mas evidencia a importância de um entendimento da proteção de dados pessoais como uma garantia que reveste toda a personalidade humana.

O livre desenvolvimento da personalidade pode ser alçado como principal fundamento constitucional para a normatização de um direito fundamental à proteção de dados pessoais, tendo em vista que integra diretamente o princípio da dignidade da pessoa humana e o direito geral de liberdade, que assume a condição de uma cláusula geral de proteção de todas as dimensões da personalidade.[15] Nessa conjuntura, a proteção de dados está estabelecida como um direito fundamental na legislação brasileira e determina um dos aspectos mais importantes de tutela da personalidade na atualidade, por possibilitar garantias legais para a autodeterminação informativa dos titulares de dados pessoais frente à vigilância digital constante.

3. DADOS SENSÍVEIS: PERSPECTIVAS PARA UMA ABORDAGEM ANTIDISCRIMINATÓRIA

A vigilância sobre as pessoas não é um processo novo, mesmo que esteja sendo constantemente renovado e potencializado pelas tecnologias digitais. Em seus estudos sobre a sociedade disciplinar, Michel Foucault[16] já indicava o percurso histórico de uso de ferramentas de conhecimento sobre a sociedade moderna como uma forma de exercer poder e impor controle sobre as populações. O chamado biopoder compreende a sistemática reunião de informações pessoais sobre a saúde e condições gerais de vida dos indivíduos, sendo este sistema uma forma de determinação sobre os corpos, práticas e comportamentos considerados saudáveis, ou não. Esse mecanismo de categorização de pessoas e identidades é responsável pela manutenção de um conjunto de normas sobre corpos e comportamentos humanos.

Nos atuais debates sobre diversidade, a ideia de "normatividade" é utilizada para caracterizar a condição imposta por normas sociais e comportamentais que recaem sobre as pessoas como forma de classificá-las como "adequadas", no sentido de atenderem às expectativas construídas historicamente sobre quais corpos e condutas são legítimos, saudáveis e até mesmo humanizados. Nesse cenário, o racismo, sexismo e lgbtifobia ascendem não apenas como formas de opressão, mas de categorização, discriminação

---

São Paulo: Thomson Reuters Brasil, 2019, p. 100.
14. RODOTÀ, S. *A vida na sociedade da vigilância*: a privacidade hoje. Rio de Janeiro: Renovar, 2008, p. 17.
15. SARLET, Ingo W.; SAAVEDRA, Giovani A. Fundamentos jusfilosóficos e âmbito de proteção do Direito Fundamental à Proteção de Dados Pessoais. *Revista Direito Público-RDP*, v. 17, n. 93, p. 43. Brasília, 2020.
16. FOUCAULT, Michel. *História da Sexualidade 1*: a vontade de saber. 3. ed. São Paulo: Paz e Terra, 2015, p. 151.

e marginalização. Assim, não é difícil imaginar que informações sobre pessoas que historicamente são vigiadas e categorizadas de modo negativo, muitas vezes são tratadas de forma a aumentar a vulnerabilidade dessas populações.

A LGPD traz a categoria de dados sensíveis para identificar os dados pessoais que podem ser tratados de forma potencialmente discriminatória, gerando danos aos titulares. O art. 5º, II, da LGPD define exemplos de dados sensíveis como raça, etnia, religião, opinião política, filiação a sindicato ou a organização de caráter religioso, filosófico ou político, dado referente à saúde ou à vida sexual, e dados genéticos ou biométricos, quando vinculados a uma pessoa natural. A criação da categoria de dados sensíveis parte de um processo de observação pragmática acerca dos distintos efeitos causados pelo tratamento desses dados em relação aos demais. Nessa esteira, observa-se igualmente a necessidade de tutela do princípio da igualdade material, como fundamento para a proteção da pessoa.[17]

A própria seleção sobre quais dados seriam sensíveis demonstra que a circulação de determinadas informações pode acarretar maior potencial lesivo aos seus titulares, em uma determinada configuração social.[18] Dessa maneira, algumas indagações persistem na compreensão dessa categoria de dados pessoais, entre elas: o rol do artigo 5º, II pode ser interpretado como exaustivo, taxativo? Outros dados além dos indicados no art. 5º, II podem ser tidos como sensíveis? Além disso, levando-se em conta as diversas possibilidades de utilização e cruzamento de informações, algum dado pode não ser interpretado como sensível? Diante disso, definir um dado pessoal como sensível envolve uma análise sobre seu uso efetivo, contexto e aplicação concreta.[19]

Nesse contexto, a efetividade da proteção dos cidadãos diante dos possíveis danos à personalidade produzidos por tratamentos indevidos de dados pessoais tem como obstáculo um aspecto inerente a todas as pessoas: a diferença. O Brasil possui grande diversidade étnica, racial, regional cultural e social, muitas vezes traduzida em desigualdades estruturais que nos posiciona de modos distintos no que tange às possibilidades de reconhecimento e disposição de direitos. Dessa forma, é preciso descortinar uma produção universalista da legislação de proteção de dados e entender melhor desafios sociais na construção de uma cultura de proteção de dados pessoais no país.

Partindo desse pressuposto, a compreensão sobre os mecanismos técnicos e legais que devem ser empregados na proteção de dados sensíveis perpassa um entendimento sobre as dinâmicas discriminatórias que são articuladas na sociedade. A articulação sobre estruturas discriminatórias de vigilância com recortes para marcadores sociais como raça, etnia, classe, eixo regional, geração, gênero e sexualidade, deve estar presente na avaliação sobre vulnerabilidades e potencial discriminatório e danoso em tratamentos de dados sensíveis. Acompanhando esse entendimento as pesquisadoras Caitlin

---

17. RODOTÀ, S. *A vida na sociedade da vigilância: a privacidade hoje*. Rio de Janeiro: Renovar, 2008, p. 85.
18. DONEDA, Danilo. *Da privacidade à proteção de dados pessoais*. São Paulo: Ed. RT, 2019, p. 143.
19. TEPEDINO, Gustavo; TEFFE, Chiara. O consentimento na circulação de dados pessoais. *Revista Brasileira de Direito Civil – RBDCivil*, v. 25, p. 104, Belo Horizonte, jul./set. 2020.

Mulholland e Bianca Kremer indicam a necessidade de um olhar para a diversidade em um processo de efetivação da tutela dos dados sensíveis. Isso porque, uma proteção substancial dessa categoria de dados é um instrumento efetivo na defesa de direitos fundamentais no cenário digital. Contudo, o direito também precisa ser mobilizado para a aplicação dos princípios da igualdade e não discriminação, rompendo "com o manto da desigualdade formal, e a perversa utilização de características étnico-raciais, sexuais e de gênero como mecanismos de exclusão".[20]

No entanto, o Brasil ainda está em um processo inicial de implementação e efetivação da LGPD para a criação de uma cultura de proteção de dados no país. A legislação tem pouco tempo de vigências e muitas questões seguem sendo discutidas para a melhor aplicação de seus dispositivos. A ANPD não regulamentou ou especificou interpretações para a categoria de dados sensíveis, mas há um debate relevante sobre a taxatividade ou não dos dados expressos no rol do art. 5º, II da lei. A interpretação taxativa restringe a aplicação direta do regime de dados sensíveis aos dados contemplados no dispositivo. Todavia, o art. 11, § 1º, estipula que a qualquer tratamento de dados pessoais que revele dados pessoais sensíveis e que possa causar dano ao titular será aplicado o regime legal de tratamento de dados sensíveis determinado na lei. Ou seja, dados inicialmente interpretados como não sensíveis podem ser identificados como sensíveis a depender do contexto de tratamento e da potencialidade lesiva de uma forma de uso.

Assim, é importante que os agentes de tratamento de dados tenham em vista as dinâmicas de diversidade e vulnerabilidade presentes nas informações que estão tratando. Tal entendimento se justifica porque a categoria de dados sensíveis compreende os dados pessoais "especialmente suscetíveis de utilização para fins discriminatórios, como estigmatização, exclusão ou segregação", podendo causar violações à dignidade das pessoas, à identidade pessoal e à privacidade.[21] Desse modo, é possível compreender que não há o estabelecimento de um rol taxativo de dados sensíveis na LGPD, pois esses dados são classificados de acordo com o nível de lesividade que apresentam em determinado tratamento.

Sendo assim, a extensão da categoria de dados sensíveis para uma interpretação ampla deve estar ancorada na LGPD, no sentido de observar a configuração de tratamentos ilícitos, discriminatórios e que causam danos aos titulares. Além disso, é preciso observar que é possível que dados sejam tratados de forma discriminatória, no sentido de atribuições distintas a depender das informações, mas isso pode ocorrer de forma lícita e sem causar danos aos titulares, como é o caso de iniciativas de seleção de pessoas com políticas de diversidade, situação na qual informações identitárias são tratadas como forma de benefício para mitigar desigualdades e vulnerabilidades.

---

20. MULHOLLAND, Caitlin; KREMER, Bianca. Responsabilidade civil por danos causados pela violação do princípio da igualdade no tratamento de dados pessoais. In: Rodrigo da Guia Silva; Gustavo Tepedino. (Org.). *O Direito Civil na era da inteligência artificial*. São Paulo: Ed. RT, 2020, p. 580.
21. KONDER, Carlos Nelson. O tratamento de dados sensíveis à luz da Lei 13.709/2018. In: TEPEDINO, Gustavo; FRAZÃO, Ana; OLIVA, Milena (Coord.). *Lei Geral de Proteção de Dados Pessoais e suas repercussões no Direito Brasileiro*. São Paulo: Thomson Reuters Brasil, 2019, p. 455.

A própria LGPD ao indicar o princípio da não discriminação determina como regra a impossibilidade de realização do tratamento para fins discriminatórios ilícitos ou abusivos. Tal princípio possui uma relação direta com a efetividade do regime legal dedicado aos dados sensíveis na legislação, visto que esta categoria de dados exige um maior rigor protetivo para seu tratamento, justamente para impossibilitar tratamentos discriminatórios e danosos ao titular.

Contudo, a discriminação pode ser revelada em distinções lesivas para direitos fundamentais e está presente na sociedade de formas subjetivas e estruturais, por isso nem sempre é um fenômeno facilmente perceptível, sendo necessária a inserção de perspectivas para contextos de diversidade e vulnerabilidade. Por isso, percepções restritas e enviesadas sobre grupos sociais, comportamentos e identidades podem influir distintamente sobre os extratos sociais, fomentando de maneira inconsciente ou consciente preconceitos e estereótipos que não se coadunam com os pressupostos constitucionais, incluindo a proteção de dados pessoais como um direito fundamental da personalidade, que deve ser tutelado de modo que as pessoas não sofram lesões pela disposição de suas informações.

A concepção dada a não discriminação na LGPD pode ser interpretada de acordo com uma perspectiva de direito à antidiscriminação, pois os controladores e operados de tratamento de dados devem atuar de modo que suas ações não impliquem discriminações lesivas aos titulares, ou seja, devem seguir uma postura ativa no combate a qualquer discriminação negativa em suas operações. Assim, a aplicação do regime de dados sensíveis deve observar a complexidade das operações de tratamento, bem como o contexto pessoal e social atribuídos a uma informação, o que está diretamente relacionado a um comprometimento de combate à discriminação e promoção da diversidade e dignidade humana na construção de uma cultura de proteção de dados no Brasil. Partindo dessa percepção, o presente artigo aborda com maior especificidade o cenário de tratamento de dados sensíveis de pessoas LGBTI+, população vítima de violências e mitigação de direitos na sociedade. Os próximos itens do trabalho evidenciam questões relacionadas ao gênero e à sexualidade como forma de acentuar perspectivas para o tratamento e proteção de dados pessoais adequados.

4. DADOS SOBRE GÊNERO DE PESSOAS TRANS

A informação sobre o gênero de uma pessoa pode parecer não sensível quando pensamos a partir de binarismos homem/masculino e mulher/feminino, já tão fortificados na identificação das pessoas na sociedade. Contudo, o gênero é uma identidade diversa, que identifica também pessoas que não estão conformadas em identidades cisgêneras,[22] sendo o caso de pessoas trans, travestis, não binárias e gênero fluído, por

---

22. A cisgeneridade refere-se às pessoas cuja à identidade de gênero corresponde ao gênero que lhes foi atribuído no nascimento.

exemplo. Nesse sentido, uma característica tão subjetiva como a identidade de gênero pode ter múltiplas nuances e diferentes recepções e desenvolvimentos sociais.

Segundo dados levantados pela ANTRA (Associação Nacional de Travestis e Transexuais), em 2021 ocorreram pelo menos 140 assassinatos de pessoas trans no Brasil. Desse total, 81% eram mulheres trans e travestis negras e a maioria trabalhava na prostituição.[23] Esses dados configuram um quadro de amplas vulnerabilidades para essa população no Brasil, não apenas em termos de gênero, mas pelo atravessamento de outras discriminações e violências vinculadas à raça e classe social. Nesse contexto, pensar na proteção de um dado sobre identidade de gênero envolve uma análise crítica sobre os aspectos de vulnerabilidade e discriminação potencialmente vinculados a informações desse tipo.

Mulheres cisgêneras também sofrem com o uso discriminatório e donoso de suas informações, tendo em vista tratamentos de dados pessoais que categorizam negativamente mulheres. É o caso do algoritmo para recrutamento de candidatos da Amazon, que possuía vieses discriminatórios em relação às mulheres e teve seu uso descontinuado.[24] Contudo, quando tratamos da identidade de gênero de pessoas não enquadradas na normatividade cisgênera, estamos diante de dinâmicas mais específicas de discriminação e danos para pessoas que já estão em uma situação expressiva de vulnerabilidade. Seus corpos, práticas e vivências são estigmatizados e marginalizados, o que restringe suas possibilidades de garantia de direitos fundamentais e dignidade humana. Nesse cenário, um tratamento de dados indevido sobre a identidade de gênero da população LGBTI+ leva ao aumento das dinâmicas de opressão operadas contra essa população, seja por atores públicos ou privados.

Um exemplo de tratamento de dados pessoais que pode ocasionar discriminação por vieses de gênero é o uso das tecnologias de reconhecimento facial. Um estudo desenvolvido pelas pesquisadoras Mariah Rafaela Silva e Joana Varon demonstra que o uso de reconhecimento facial no setor público brasileiro pode impactar diretamente nas condições de cidadania e dignidade de pessoas com identidades trans, pois um processo de implementação da tecnologia no país, sem a devida transparência, dificulta uma mensuração acerca dos efeitos danosos para a população trans, levando-se em conta ainda, questões socioeconômicas, raciais e territoriais. Portanto, os dados pessoais sobre identidade de gênero, dados biométricos e outros dados sensíveis tratados e possivelmente cruzados nessas tecnologias podem gerar uma expansão do contexto discriminatório vivenciado por pessoas trans, tendo em vista dificuldades técnicas de identificação relacionadas aos vieses de produção da

---

23. BENEVIDES, Bruna G. *Dossiê assassinatos e violências contra travestis e transexuais brasileiras em 2021*. Brasília: Distrito Drag, ANTRA, 2022.
24. SIROTHEAU, Débora. *Privacidade e direito à proteção de dados pessoais sob perspectiva de gênero*. 3 de março de 2022. Disponível em: https://www.conjur.com.br/2022-mar-03/sirotheau-privacidade-protecao-dados-perspectiva-genero. Acesso em: 28 mar. 2022.

tecnologia, além da possibilidade de tratamento discriminatório das informações referentes a essa população.[25]

A população trans no Brasil vivencia uma realidade de extrema violência e discriminação em razão de sua identidade de gênero. A expectativa de vida para pessoas trans no país é de 35 anos e o Brasil segue há 13 anos como o país com maior número de assassinatos dessa população.[26] Nesse contexto, proteger a autodeterminação informativa de pessoas trans exige o fortalecimento do reconhecimento à sua identidade de gênero. Essa informação deve ser protegida na proporção das dinâmicas de opressão e violência com as quais ela se relaciona na realidade brasileira, pois a positivação dos regimes de proteção de dados ocorreu justamente para resguardar a própria personalidade do ser humano, que é espelhada em suas informações capazes de identificá-la e gerar consequências em suas vivências e subjetividades.

Sendo assim, mesmo que não expressamente presente no art. 5º, II, da LGPD, a identidade de gênero, como informação objetiva ou o conjunto de informações que podem identificar uma pessoa neste aspecto, deve ser interpretada como um dado sensível. Essa interpretação pode ser incluída na perspectiva de que é uma informação pertencente às informações relacionadas à vida sexual, indicadas pela LGPD como dados sensíveis. Além disso, o art. 11, § 1º, também inclui uma possibilidade de interpretação da identidade de gênero como dado sensível ao abrir margens para aplicação do regime de dados sensíveis em tratamentos de dados que revelem informações sensíveis que podem gerar discriminação e danos aos titulares.[27]

Nesse sentido, a maior dificuldade em enquadrar o correto tratamento de dados que revelem informações sobre a identidade de gênero não está na interpretação da LGPD, mas sim na conscientização de controladores e operadores sobre a correta aplicação da legislação, pois devem introduzir debates sobre as especificidades dos dados que tratam, fugindo da generalização da lei e buscando uma proteção efetiva dos titulares a partir de uma compreensão sobre o contexto social e personalidade dessas pessoas.

5. DADOS SOBRE SEXUALIDADE DE PESSOAS LGBTI+

O art. 5º, II, da LGPD traz as informações referentes à vida sexual como exemplo de dados sensíveis. O termo "vida sexual" acaba trazendo uma definição genérica sobre o que exatamente a lei brasileira entende como sensível, mas por outro lado, a amplitude do termo nos permite compreender objetivamente que não se trata apenas de uma

---

25. SILVA, Mariah Rafaela; VARON, Joana. *Reconhecimento facial no setor público e identidades trans*: tecnopolíticas de controle e ameaça à diversidade de gênero em suas interseccionalidades de raça, classe e território. Rio de Janeiro: Codin Rights, 2021. Disponível em: https://codingrights.org/docs/rec-facial-id-trans.pdf. Acesso em: 19 abr. 2021.
26. BENEVIDES, Bruna G. *Dossiê assassinatos e violências contra travestis e transexuais brasileiras em 2021*. Brasília: Distrito Drag, ANTRA, 2022.
27. COSTA, Ramon; GAGLIARDI, Marília; TORRES, Lívia. Gender Identity, Personal Data and Social Networks: An analysis of the categorization of sensitive data from a queer critique. *Revista Direito e Práxis*, Ahead of print, Rio de Janeiro, 2022.

definição da orientação sexual como dado sensível, mas sim de todas as informações da esfera sexual de uma pessoa que a identifique e que potencialmente pode levar a tratamentos discriminatórios e danosos.

A avaliação sobre os aspectos de discriminação e potencial danoso em um tratamento de dados sensíveis relacionados à sexualidade, assim como no caso da identidade de gênero, deve considerar o contexto social e vulnerabilidades dos titulares em relação às suas informações. Segundo dados divulgados pelo Grupo Gay da Bahia (GGB), em 2021, no Brasil ao menos 300 pessoas LGBTI+ assassinadas, sendo o país que mais mata essa população no mundo.[28]

Além disso, a violência contra pessoas LGBTI+ está disposta de forma estrutural na sociedade brasileira e permeia situações como atos de ameaça, humilhação, bullying, preconceitos e estigmas que restringem as possibilidades de exercício de direitos fundamentais e muitas vezes marginaliza essa população em termos de acesso à educação, saúde e trabalho, por exemplo. Nesse contexto, informações sobre a sexualidade das pessoas, quando tratadas de forma indevida, podem funcionar como mecanismos de opressão e discriminação.

Um dos casos mais expressivos de tratamento inadequado de informações sobre a vida sexual de pessoas LGBTI+ está nas irregularidades do tratamento de dados realizado pelo aplicativo (app) de relacionamento Grindr.[29]

Em 2020, a Senacon (Secretaria Nacional do Consumidor) do Ministério da Justiça notificou o Grindr por vender dados pessoais de usuários para outras empresas melhorarem a eficiência dos anúncios publicitários. A ação da Senacon foi motivada pelo relatório Out of Control – Fora de Controle, divulgado pelo Conselho de Consumidores da Noruega, que alerta sobre diversas irregularidades cometidas pelas empresas publicitárias e as redes sociais. Em razão desse relatório, o app Grindr recebeu uma multa 6,5 milhões de euros em 2021.[30]

Em 2018 foi revelado que o Grindr repassou dados pessoais de seus usuários para as empresas Apptimize e Localytics, dentre os dados repassados estavam o status de Vírus da Imunodeficiência Humana (VIH ou HIV, do inglês Human Immunodeficiency Virus), localização, e-mail e telefone das pessoas. A irregularidade foi descoberta por Antoine Pultier, cientista da Organização não governamental norueguesa SINTEF, que conseguiu "quebrar a criptografia" dos dados de forma não tão complexa, revelando a fragilidade da segurança da informação estipulada pela empresa em seu produto e serviços. O dado sobre HIV é munido de extrema sensibilidade, não só por tratar-se

---

28. Mortes violentas de LGBT+ no Brasil: relatório 2021. José Marcelo Domingos de Oliveira; Luiz Mott (Org.). Salvador: Editora Grupo Gay da Bahia, 2022.
29. O Grindr é um app de relacionamento, voltado para o público LGBTI+, conhecido popularmente para contatos entre homens. Veja mais em: https://www.grindr.com/br/about/.
30. RACIOCINE DIGITAL. Grindr recebe outra multa pesada por espionar. 26 dez. 2021. Disponível em: https://www.raciocinedigital.com.br/lgpd-em-noticias/grindr-recebe-outra-multa-pesada-por-espionar.html. Acesso em: 25 mar. 2022.

de um dado sensível referente à saúde dos indivíduos, mas pelo contexto de riscos em que é tratado, em um app como o Grindr, majoritariamente utilizado por homens gays. Isso porque, o próprio movimento político e social de pessoas LGBTI+ foi abalado pela associação entre a AIDS-SIDA (Síndrome da Imunodeficiência Adquirida) e homens homossexuais e pessoas trans e travestis, acentuada pela epidemia da doença que era considerada a "peste gay" nos anos 1980 e meados dos anos 1990, o que ocasionou uma esfera discriminatória e odiosa na sociedade contra essas pessoas. Essa bagagem de estigmas e marginalização reflete até hoje em preconceitos que podem afetar a vida das pessoas nos mais diversos setores, como relacionamentos e busca por empregos.[31]

Vale destacar que os homens homossexuais são as pessoas que mais usam os apps de relacionamento, especialmente em busca de encontros casuais.[32] Contudo, esses apps integram dinâmicas bastante intensivas de tratamento de dados sensíveis, tendo em vista que os algoritmos buscam por combinações que estejam relacionadas ao perfil do usuário nas redes. Cathy O'Neil destaca o papel dos algoritmos na produção e reprodução de discriminações. Isso porque, os modelos algorítmicos utilizados nos apps acabam por moldar a experiência das pessoas, mas são construções humanas limitadas. A autora classifica os algoritmos como possíveis "armas de destruição matemáticas", justamente por serem baseados em escolhas de seres humanos falíveis, o que ocasiona impactos sociais extremamente nocivos, especialmente a discriminação de populações mais vulneráveis.[33]

Nessa conjuntura, as possíveis discriminações danosas no tratamento de dados possuem ressonâncias distintas de acordo com a identidade sexual do titular afetado. Podemos pensar que um conjunto de dados sensíveis de uma pessoa homossexual pode ser utilizado para justificar decisões embasadas em tecnologias irrigadas pela heteronormatividade reproduzida por seus criadores e controladores. Isso significa que a sexualidade, enquanto dado sensível, inevitavelmente tem repercussões diferentes em uma sociedade onde a lgbtifobia é uma realidade expressiva. Essa diferenciação precisa ser destacada quanto tratamos dos dados da vida sexual porque os mecanismos de proteção devem ser proporcionais aos contextos de tratamento e não apenas uma aplicação generalizante de um dispositivo legal, que não contempla a complexidade da diversidade sexual e, consequentemente, não é capaz de entregar uma interpretação atenta a todas as possibilidades de danos que um titular pode sofrer em razão de sua identidade.

6. CONSIDERAÇÕES FINAIS

O direito fundamental à proteção de dados pessoais é uma garantia imprescindível para a efetivação da dignidade e desenvolvimento da personalidade humana. A tutela das

---

31. COSTA, Ramon S. *Entre taps e direitos*: proteção de dados pessoais, privacidade e liberdade no aplicativo Grindr. Dissertação (Mestrado em Direito). Universidade Federal de Juiz de Fora. 185 p. 2020, p. 38.
32. MISKOLCI, Richard. *San Francisco e a nova economia do desejo*. São Paulo: Lua Nova, 2014. p. 272.
33. O'NEIL, Cathy. *Algoritmos de destruição em massa*. Como *o big data* aumenta a desigualdade e ameaça a democracia. São Paulo: Editora Rua do Sabão, 2020.

informações pessoais é um desafio constante perante a inovação tecnológica constante, com métodos expansivos de tratamento de dados pessoais. Contudo as legislações sobre o tema tendem a dispor normas gerais, inexistindo direcionamentos muito específicos em relação às distintas vulnerabilidades e riscos que um titular pode enfrentar em tratamentos indevidos de seus dados.

A LGPD indica uma adequação mais rigorosa quanto aos dados sensíveis, por serem informações mais suscetíveis de gerarem discriminação e danos quando não tratadas de acordo com a lei. Os dados sobre gênero, sexualidade, práticas e comportamentos sexuais constituem um conjunto de dados sensíveis que possuem riscos relacionados a como a sociedade e os controladores de dados absorvem informações sobre diversidade sexual. Nesse sentido, o presente artigo trouxe uma abordagem específica sobre a identidade de gênero e sexualidade da população LGBTI+ como forma de aprofundar aspectos sobre vulnerabilidade e discriminação em tratamento de dados pessoais. Os exemplos abordados foram articulados para o formato de um artigo, sendo apresentada uma discussão parcial sobre um contexto mais complexo e repleto de especificidades sociojurídicas que podem ser mais elaboradas em outras pesquisas. Todavia, restou evidente que as tecnologias reproduzem as conjunturas discriminatórias difundidas na sociedade, tanto entre os desenvolvedores de tecnologia e controladores de dados, quanto na realidade dos titulares de dados. Porém, essa reprodução discriminatória pode ser interrompida e mitigada por meio de mecanismos de inserção de pessoas diversas no debate e produção da tecnologia e seus impactos. Somado a isso, é importante uma via educacional para contestação dos parâmetros normativos que cerceiam direitos fundamentais e restringem a condição humana de pessoas vulneráveis em termos de gênero e sexualidade.

Assim, o presente trabalho traz a defesa da proteção de dados pessoais não discriminatória, o que exige uma interpretação e aplicação da LGPD de modo dinâmico para que contextos de vulnerabilidade e maiores riscos de danos sejam contemplados em processos de adequação de tratamento de dados pessoais da população LGBTI+ no Brasil.

EIXO VIII
VULNERABILIDADES NAS RELAÇÕES FAMILIARES E AS REPERCUSSÕES SOBRE A LEGÍTIMA

A INTRÍNSECA RELAÇÃO ENTRE A MONOPARENTALIDADE FEMININA E VULNERABILIDADE

Fabíola Albuquerque Lobo

Sumário: 1. Introdução – 2. A histórica invisibilidade legal da monoparentalidade – 3. A reconfiguração constitucional da monoparentalidade – 4. A monoparentalidade feminina e a vulnerabilidade – 5. A desigualdade existente entre as famílias monoparentais femininas brancas e as famílias monoparentais femininas negras – 6. Conclusão.

1. INTRODUÇÃO

O princípio da pluralidade das entidades familiares, recepcionado pela Constituição Federal de 1988, reconheceu expressamente que, ao lado do casamento, a união estável e a comunidade formada por qualquer dos pais e seus descendentes (família monoparental também são formas de constituição de família. Salientando que em 2011, o STF[1] reconheceu a equiparação das relações entre pessoas do mesmo sexo às uniões estáveis entre homens e mulheres, com todos os consectários jurídicos próprios.

Nessa toada registramos que estes arranjos familiares referenciados, são meramente enunciativos, ante o reconhecimento de diversos arranjos implícitos, os quais são tutelados igualmente pelas normas constitucionais, particularmente pelo art. 226 da CF/88. No Brasil, oficialmente existem 71,2 milhões de famílias (ou arranjos familiares) representados nas diversas unidades de vivência presentes na sociedade brasileira.[2]

Para além do princípio da pluralidade das entidades familiares, outros princípios constitucionais, a ele se aditaram, a exemplo do princípio da afetividade, da igualdade da filiação, da igualdade entre os cônjuges e da igualdade entre as famílias, independente da configuração. Este conjunto principiológico impactou intensa e positivamente na formação da parentalidade.

O princípio da igualdade entre as entidades familiares é induvidosamente um princípio de cunho revolucionário e libertador. Porém é importante diferençar que o reconhecimento da igualdade entre as entidades familiares é no sentido de afirmar que não há hierarquia entre elas, mas não se confunde com a igualdade de características, pois cada entidade detém peculiaridades próprias, que as distinguem em relação as outras.

---

1. STF – Ação Direta de Inconstitucionalidade (ADI) 4.277 e da Arguição de Preceito Fundamental (ADPF) 132.
2. REDE GLOBO. Fotografia do Brasil. Dados e indicadores nacionais. Globo Sintonia, 2018. http://estatico.redeglobo.globo.com/2018/05/14/Fotografia_rev2.pdf.

A pluralidade das entidades familiares fomenta uma nova configuração de parentesco, ou seja, aquele que se estabelece mediante o vínculo socioafetivo. Sendo assim, os diversos arranjos familiares são constituídos pelos filhos biológicos, quanto pelos filhos socioafetivos. Estes provenientes da adoção, das técnicas de reprodução assistida heteróloga e da posse de estado de filiação.

O reconhecimento jurídico que a parentalidade se forma pelos vínculos biológicos e/ou socioafetivos materializa o princípio da igualdade da filiação. Neste sentido destacamos o julgamento do Recurso Extraordinário 898.060- SC, cujo deslinde resultou não apenas na ratificação da igualdade entre os vínculos, mas na possibilidade de eles coexistirem, conforme a tese de Repercussão Geral 622 fixada nos seguintes termos: "A paternidade socioafetiva, declarada ou não em registro público, não impede o reconhecimento do vínculo de filiação concomitante baseado na origem biológica, com os efeitos jurídicos próprios".

Como se percebe, os princípios da pluralidade e da igualdade das entidades familiares são estruturantes às relações de família e, por lógico aplicáveis à entidade monoparental. E é nesta espécie familiar que a presente análise se debruçará, no sentido de verificar a efetividade ou não do princípio da igualdade na monoparentalidade feminina.

2. A HISTÓRICA INVISIBILIDADE LEGAL DA MONOPARENTALIDADE

Como sabido, a centralidade da codificação civil de 1916, pertinente ao direito de família, gravitava no lócus do casamento, com o desenho da sociedade conjugal delineado numa relação hierárquica, patriarcal e patrimonialista funcionalizada a questões econômicas, casamentos entre famílias (patrimoniais) religiosas e procriacionais. O casamento, além de ser a única forma de constituição de família, legitimava as relações sexuais e, portanto os filhos.

Indiscutivelmente, uma legislação marcada por desigualdades e desvantagens historicamente acumuladas que impunha restrições legais e situavam a mulher numa posição de total desigualdade em relação ao homem. Indiscutivelmente, uma legislação garantista de um plexo de direitos conferidos ao homem[3] na condução da família, mediante a submissão da mulher (poder marital), a um rígido comportamento de conduta, principalmente por sua tendencial incapacidade para o exercício dos direitos, vez que a lei proclamava a incapacidade relativa da mulher casada.[4]

Consequentemente, uma mulher solteira que ousasse gestar um filho, estava fadada a desonra, a discriminação e a vergonha no meio social. Mais grave ainda se fosse uma gravidez fruto de uma relação extramatrimonial. O ônus era muito alto, que a própria lei não permitia que houvesse o reconhecimento dos filhos incestuosos e os adulterinos (CC/16 – art. 358).

---

3. CC/16 – Art. 233 e incisos.
4. Situação alterada somente com o Estatuto da Mulher Casada (Lei 4.121/62).

Ainda de acordo com a lei, a depender da causa da dissolução da sociedade conjugal,[5] decorriam efeitos próprios. Se a monoparentalidade decorresse da viuvez, a mulher continua exercendo o pátrio poder dos filhos, mas enquanto permanecesse nesta situação. Pois, se fosse bínuba (cassasse novamente) perdia o pátrio-poder sobre os filhos do leito anterior".[6]

O desquite provocava a dissolução da sociedade conjugal, sem a quebra do vínculo conjugal. Quer dizer liberava os cônjuges dos deveres de coabitação, porém não se reconhecia a qualquer deles o direito de contrair novas núpcias.

> O vocábulo desquite, cuja etimologia vincula-se à quitação, veiculava um significante de conteúdo moral negativo, especialmente para as mulheres. Uma mulher desquitada era como se não estivesse quite com a sociedade, tamanho o peso do preconceito que recaía sobre as mulheres desquitadas.[7]

Se o desquite fosse na modalidade amigável ou judicial, os efeitos eram diferentes em relação a guarda dos filhos. Naquela respeitava-se o que os cônjuges acordassem (Art. 325 CC/16). Nesta o elemento definidor era a presença ou não de culpa. O cônjuge inocente tinha o direito de ficar com os filhos menores (Art. 326). Na hipótese de culpa recíproca a regulação se dava nos seguintes termos:

> Art. 326. § 1º Se ambos forem culpados, a mãe terá direito de conservar em sua companhia as filhas, enquanto menores, e os filhos até a idade de seis anos.
>
> § 2º Os filhos maiores de seis anos serão entregues à guarda do pai.

Posteriormente, o Estatuto da Mulher Casada (Lei 4121/1962) alterou os parágrafos, acima referidos passando a seguinte redação:

> Art. 326. Sendo desquite judicial, ficarão os filhos menores com o cônjuge inocente.
>
> § 1º Se ambos os cônjuges forem culpados ficarão em poder da mãe os filhos menores, salvo se o juiz verificar que de tal solução possa advir prejuízo de ordem moral para êles.
>
> § 2º Verificado que não devem os filhos permanecer em poder da mãe nem do pai deferirá o juiz a sua guarda a pessoa notoriamente idônea da família de qualquer dos cônjuges ainda que não mantenha relações sociais com o outro a quem, entretanto, será assegurado o direito de visita.

Anos depois foi publicada a Lei do divórcio (Lei 6515/1977), que embora tenha revogado alguns dispositivos codificados, manteve o critério da existência ou não da culpa como determinante para guarda dos filhos menores.

Como se depreende, a monoparentalidade era sinônimo de configuração de segunda classe, marcada por estigmas preconceituosos e repleta de condicionantes para a mulher ter direito a conviver com os filhos. Até conquistar o status de entidade familiar, o caminho foi longo e tortuoso.

---

5. CC/1916 – Art. 315.
6. GOMES, Orlando. Direito de família. 10. ed. Rio de Janeiro: Forense, 1998, p. 171.
7. PEREIRA, Rodrigo da Cunha. *Dicionário de Direito de Família e Sucessões*: ilustrado. São Paulo: Saraiva, 2015, p. 225.

3. A RECONFIGURAÇÃO CONSTITUCIONAL DA MONOPARENTALIDADE

Segundo a Constituição Federal de 1988, a família monoparental é aquela comunidade formada por qualquer dos pais/mães e respectivos filhos.

A monoparentalidade pode ser originária ou derivada. A família monoparental originária é aquela que se constitui sem ter havido nenhuma relação de casamento ou de união estável entre o casal ou pela utilização das técnicas de reprodução assistida pela pessoa solteira, com base no direito ao livre planejamento familiar (Lei 9.263/ 1996). Como se percebe, a formação da relação parental não mais se condiciona ao vínculo de casamento, muito menos impinge ao filho a condição de ilegítimo.[8]

Já a monoparentalidade derivada é decorrente do divórcio, da dissolução de união estável ou de viuvez. Quer dizer é uma situação que se verifica em decorrência da dissolução de uma relação biparental anterior.

> Registram-se, ainda, situações de monoparentalidade transitória provocada pela ausência prolongada de um dos cônjuges/companheiros, em razão de encarceramento, deslocamento para outra localidade por motivo de trabalho, ou enfermidade duradoura com hospitalização por um longo período.[9]

Nos idos de 2003, Eduardo de Oliveira Leite, em obra dedicada à temática, já propugnava quanto a necessidade de o poder público estabelecer política familiar, a fim de controlar e proteger, ou um meio de amenizar as dificuldades da monoparentalidade. Pontuando, nos seguintes termos:

> O problema da monoparentalidade é complexo porque ainda não inserido numa faixa de absoluta transparência jurídica [...]. A família monoparental foi reconhecida pelo Direito Constitucional, mas enquanto o Direito Civil não reconhecer a família monoparental, tende a agravar seu caráter discriminatório no meio social.[10]

Grave é constatar que passados 19 anos, a omissão legislativa relativa à família monoparental permanece. No entanto, os dados apontam para a seguinte realidade:

> Em 10 anos, o Brasil ganhou 1,1 milhão de famílias compostas por mães solteiras, número que continua em crescimento. De acordo com o Instituto Brasileiro de Geografia e Estatística (IBGE), em 2005, o país tinha 10,5 milhões de famílias de mulheres sem cônjuge e com filhos, morando ou não com outros parentes. Já os dados de 2015, os mais recentes do instituto, apontam 11,6 milhões arranjos familiares. Em 2005, o número de mulheres sem cônjuge e com filhos representava o percentual de 25,8 para 26,8. Já o homem sem cônjuge com filho passou de 3,1 para 3,6, no mesmo período.[11]

---

8. CF/88. Art. 227, § 6º Os filhos, havidos ou não da relação do casamento, ou por adoção, terão os mesmos direitos e qualificações, proibidas quaisquer designações discriminatórias relativas à filiação.
9. LACERDA, Carmem Sílvia Maurício de. Famílias monoparentais: Conceito. Composição. Responsabilidade. Famílias no direito contemporâneo: estudos em homenagem a Paulo Luiz Netto Lôbo. In: ALBUQUERQUE, Fabíola Santos; EHRHARDT JR., Marcos e OLIVEIRA, Catarina Almeida de (Coord.). Salvador: JusPodivm, 2010, p. 172.
10. LEITE. Eduardo de Oliveira. *Famílias monoparentais*. 2. ed. São Paulo: Ed. RT, 2003, p. 9 e 10.
11. G1 – *Em 10 anos, Brasil ganha mais de 1 milhão de famílias formadas por mães solteiras*. https://g1.globo.com/economia/noticia/em-10-anos-brasil-ganha-mais-de-1-milhao-de-familias-formadas-por-maes-solteiras.ghtml, 2017.

Em estudo divulgado, com base na análise dos dados levantados pelo IBGE em 2018, as chamadas famílias monoparentais que têm a mulher como responsável pelos filhos de até 14 anos representa aproximadamente 5% do total de arranjos domiciliares do país, correspondendo a mais de 11 milhões no Brasil".[12] Sendo a grande maioria delas negra (7,4 milhões).[13]

Segundo o Conselho Nacional de Justiça em 2019, a partir de dados colhidos do último Censo Escolar revelou que há 5,5 milhões de crianças brasileiras sem o nome do pai na certidão de nascimento.[14] Em complemento, uma recente divulgação (agosto/2020) da Associação Nacional dos Registradores Civis de Pessoas Naturais (Arpen Brasil), a partir dos dados coletados pela Central Nacional de Informações do Registro Civil (CRC Nacional) houve no primeiro semestre de 2020, *1.280.514 nascimentos* de brasileiros registrados em Cartórios de Registro Civil. Deste total, *80.904 têm apenas o nome de suas mães* nas certidões de nascimento, o que corresponde a *6,31%. Percentual inclusive um pouco maior que o do ano anterior.*[15]

Nesta direção apontamos para outro e recorrente problema que é o da gravidez precoce e as consequências advindas. Segundo estudo divulgado pelo Ministério da Saúde

> mais de 20 mil meninas com menos de 15 anos engravidam todos os anos. Na faixa etária de 10 a 14 anos, a maior parte dos registros de gravidez está na região Norte (1,4% do total) e Nordeste (1,1%). Na outra ponta, os menores índices estão na região Sul (0,5%). A paternidade nesses casos é muito pouco exercida. Normalmente essas meninas ficam sozinhas com essas crianças. E essas crianças, muitas vezes, são cuidadas pelas avós, sem contar que ao engravidar, as meninas abandonam os estudos.[16]

Há ainda um outro dado muito interessante, demonstrando o aumento de mulheres que são consideradas referências na família, ou seja, a pessoa responsável pela unidade domiciliar (ou pela família) ou assim considerada pelos outros membros. Segundo o Instituto de Pesquisa Econômica Aplicada (Ipea), quase a metade das casas brasileiras são chefiadas por mulheres, mesmo tendo um cônjuge, mas do total 32% são de mulheres solteiras responsáveis pelo lar com filho.[17]

---

12. BIANCONI, Giulliana. Disponível em: http://www.generonumero.media/mulheres-renda-emergencial/. Acesso em: 27 mar. 2020.
13. VELASCO, Clara e TEIXEIRA, Milena. *Mães negras e solteiras sofrem mais com falta de saneamento e carências nas casas.* https://g1.globo.com/economia/noticia/2020/03/06/maes-negras-e-solteiras-sofrem-mais-com-falta-de-saneamento-e-carencias-nas-casas.ghtml.
14. IBDFAM. Paternidade responsável: mais de 5,5 milhões de crianças brasileiras não têm o nome do pai na certidão de nascimento. (agosto/2019). https://ibdfam.org.br/noticias/7024/Paternidade+respons%C3%A1vel:+mais+de+5,5+milh%C3%B5es+de+crian%C3%A7as+brasileiras+n%C3%A3o+t%C3%AAm+o+nome+do+pai+na+certid%C3%A3o+de+nascimento.
15. ESTADO de MINAS. Mais de 80 mil crianças foram registradas sem o nome do pai em 2020. https://www.em.com.br/app/noticia/gerais/2020/08/09/interna_gerais,1174535/mais-de-80-mil-criancas-foram-registradas-sem-o-nome-do-pai-em-2020.shtml.
16. GOVERNO FEDERAL. Ministério da Saúde. Mais de 20 mil meninas com menos de 15 anos engravidam todos os anos. https://www.gov.br/saude/pt-br/assuntos/noticias/mais-de-20-mil-meninas-com-menos-de-15-anos--engravidam-todos-os-anos. 07.02.2020.
17. CORREIO BRASILIENSE. Mulheres são responsáveis pela renda familiar em quase metade das casas. correiobraziliense.com.br/app/noticia/economia/2020/02/16/internas_economia,828387/mulheres-sao-responsaveis-pela-renda-familiar-em-quase-metade-das-casa.shtml.

Todos os dados acima demonstrados, evidenciam a necessidade de uma atenção mais detida à família monoparental no Brasil. A Constituição Federal/1988 inscreveu o princípio da igualdade no título dos direitos fundamentais, tendo como efeito a sua imediata aplicabilidade.[18]

Entretanto, o desassossego é constatar a distância abissal entre teoria e prática, no que diz respeito a efetividade do mencionado princípio. O qual há de ser compreendido em duas vertentes: o da igualdade formal e o da igualdade material ou substancial.

Neste sentido, as considerações de Paulo Roberto de Oliveira Lima:

> Além da dita igualdade perante a lei há que se reconhecer que o princípio da isonomia com sede constitucional implica na igualdade na própria lei, ou seja, não basta que a lei seja aplicada igualmente para todos, mas é também imprescindível que a lei em si considere todos os homens igualmente, ressalvadas as desigualdades que devem ser sopesadas para o prevalecimento da igualdade material.
>
> O princípio da igualdade perante a lei corresponde à obrigação de aplicar as normas jurídicas gerais aos casos concretos, na conformidade com o que elas estabelecem; enquanto a igualdade na própria lei exige que, nas normas jurídicas, não haja distinções que não sejam autorizadas pela própria Constituição.[19]

Pietro Perlingieri, ao analisar as dimensões do princípio afirma que:

> A igualdade formal seria a expressão de uma revolução praticamente realizada. Os cidadãos têm igual dignidade social e são iguais perante a lei. Enquanto o da igualdade material é uma revolução prometida. É tarefa da República remover os obstáculos de ordem econômica e social que, limitando de fato a liberdade e a igualdade dos cidadãos, impedem o pleno desenvolvimento da pessoa humana.[20]

O autor continua suas reflexões afirmando:

> A igualdade constitucional tende a realizar a igual dignidade social, removendo os obstáculos que limitam a liberdade dos cidadãos, de maneira a realizar a justiça social e distributiva. Igualdade e solidariedade são aspectos de um mesmo valor que o legislador se propõe atuar: o pleno e livre desenvolvimento da pessoa. [...]. O princípio da igualdade é violado seja quando, sem justificações constitucionalmente relevantes, cidadãos em situações iguais recebem um tratamento diverso, seja quando cidadãos em situações diferentes e desproporcionadas recebem um tratamento idêntico.[21]

Transportando estes conceitos para a família monoparental e diante da já referenciada omissão legislativa, torna-se patente que a dimensão do princípio da igualdade material ou substancial carece de efetividade. Ainda se encontra no porvir, ou conforme anunciou Perlingieri encontra-se no plano da "revolução prometida", ao invés da "revolução praticamente realizada".

---

18. CF/88 – Art. 5º, § 1º As normas definidoras dos direitos e garantias fundamentais têm aplicação imediata.
19. LIMA, Paulo Roberto de Oliveira. *Isonomia entre os sexos no sistema jurídico nacional*. São Paulo: Ed. RT, 1993, p. 16 e 17.
20. PERLINGIERI, Pietro. Perfis do *Direito Civil*: Introdução ao Direito Civil Constitucional. 3. ed. Trad. Maria Cristiana de Cicco. Rio de Janeiro: Renovar, 1997. p. 44.
21. PERLINGIERI, Pietro. Perfis do *Direito Civil*: Introdução ao Direito Civil Constitucional. 3. ed. Trad. Maria Cristiana de Cicco. Rio de Janeiro: Renovar, 1997. p. 44 e 48.

4. A MONOPARENTALIDADE FEMININA E A VULNERABILIDADE

Em qualquer das famílias monoparentais femininas a vulnerabilidade é uma constante. Indiscutivelmente a vulnerabilidade importa uma violação aos direitos humanos, diante das persistentes disparidades em participação e oportunidade econômicas. É um movimento na contramão do processo civilizatório que dá azo ao círculo vicioso do discurso machista e sexista em relação ao papel da mulher relegado a um plano secundário, ou numa perspectiva da mulher enquanto objeto de direito e não como sujeito de Direito.

A ativa participação da mulher, com a ocupação de espaços de liderança nos diversos segmentos sociais fomenta o empoderamento feminino, a autonomia e a liberdade, em contrapartida, se a mulher é vilipendiada em sua dignidade e nos demais direitos fundamentais, a luta pela igualdade entre os gêneros passa a ser utópica.

A vulnerabilidade emerge com toda intensidade quando a mulher que precisa cuidar dos filhos sozinha se vê impossibilitada de trabalhar ou estudar. Ela vive numa constante dependência de parentes, vizinhos ou amigos para cuidar dos filhos e, ao mesmo tempo possibilitar a procura de emprego. E quanto maior a dependência, na mesma intensidade afloram a fragilidade e vulnerabilidade sociais.

A título ilustrativo, nos valemos do relato abaixo transcrito:

> S.D.B é mãe de quíntuplas, que conta com a ajuda da família e de amigos para suprir a ausência do pai de suas filhas que paga uma única pensão que não chega à metade do salário-mínimo e para complementar o auxílio baixo do governo do estado, de aproximadamente R$ 1,5 mil, mas que não dá pra passar o mês. Minha mãe me ajudava bastante, mas faleceu há quatro meses. Contamos com apoio de outras pessoas da família e de amigos para nos ajudarem.[22]

5. A DESIGUALDADE EXISTENTE ENTRE AS FAMÍLIAS MONOPARENTAIS FEMININAS BRANCAS E AS FAMÍLIAS MONOPARENTAIS FEMININAS NEGRAS

A desigualdade existente entre mulheres por cor ou raça e os reflexos na monoparentalidade é facilmente comprovada ao descortinarmos o problema na perspectiva de gênero. Não nas questões relativas à desigualdade entre os gêneros, que já é um problema por demais danoso. Porém, uma questão ainda mais sensível, que é a desigualdade dentro do gênero.

Iniciamos trazendo alguns indicativos das condições de vida da população brasileira, para em seguida dimensionar seus impactos nas famílias monoparentais brancas e negras.

A partir dos dados do IBGE, extraídos da pesquisa Desigualdades Sociais por Cor ou Raça no Brasil e tomando como referência os indicadores relativos a mercado de

---

22. G1 – Em 10 anos, Brasil ganha mais de 1 milhão de famílias formadas por mães solteiras. https://g1.globo.com/economia/noticia/em-10-anos-brasil-ganha-mais-de-1-milhao-de-familias-formadas-por-maes-solteiras.ghtml, 2017.

trabalho, distribuição de rendimento e condições de moradia e educação, o resultado obtido é o seguinte:

> A população branca obtém vantagem no tocante aos rendimentos do trabalho. Esse quesito é fundamental na medida em que compõe importante fonte de renda para a aquisição de bens e serviços e para o padrão de consumo alcançado pelos indivíduos e suas famílias.
>
> Destaca-se a vantagem dos homens brancos sobre os demais grupos populacionais, sendo que a maior distância de rendimentos ocorre quando comparados às mulheres pretas ou pardas, que recebem menos da metade do que os homens brancos auferem (44,4%). O segundo grupo de maior vantagem é o da mulher branca, que possui rendimentos superiores não só aos das mulheres pretas ou pardas, como também aos dos homens dessa cor ou raça (razões de 58,6% e 74,1%, respectivamente). Os homens pretos ou pardos, por sua vez, possuem rendimentos superiores somente aos das mulheres dessa mesma cor ou raça (razão de 79,1%, a maior entre as combinações).[23]

Estes percentuais demonstram a discriminação salarial existente entre e dentre os gêneros, de modo que a mulher branca tem um rendimento médio de 70% (R$ 2.379) a mais que o rendimento de uma mulher negra (R$ 1.394), o que torna o rendimento mensal das mulheres negras o mais baixo do Brasil.[24] Este dado econômico serve como parâmetro para apurar o acesso aos serviços essenciais e o padrão de consumo das famílias.

Seguindo a mesma linha de abordagem destacamos também os dados presentes na Síntese de Indicadores Sociais. Neste caso tomando como referência a distribuição do rendimento domiciliar per capita, como forma de avaliar a desigualdade econômica regional e racial, ao mesmo tempo que permite identificar as linhas de pobreza monetária e as populações consideradas pobres no Brasil.

Como a desigualdade econômica no País é muito elevada e como o país não tem uma linha de pobreza monetária oficial, utiliza-se como referencial o percentual do salário-mínimo para categorizar e diferençar pessoas inseridas na faixa da pobreza extrema, das inseridas na faixa da pobreza, o que também serve de baliza para os critérios de elegibilidade e acesso aos benefícios dos programas sociais.

> Em 2019, 11,8% da população brasileira, viviam com até o valor de 1/4 de salário-mínimo per capita mensal (cerca de R$ 250) e quase 30% com até 1/2 salário-mínimo per capita (R$ 499). No cruzamento das informações sobre sexo e cor ou raça das pessoas, foram as mulheres de cor ou raça preta ou parda que se destacaram entre os pobres.[25]

Após as considerações acima vejamos os reflexos que reverberam diretamente na diferença existente entre a monoparentalidade feminina branca e preta.

---

23. IBGE. Desigualdades Sociais por Cor ou Raça no Brasil. Informação Demográfica e Socioeconômica, n. 41, 2019, p. 3 https://biblioteca.ibge.gov.br/visualizacao/livros/liv101681_informativo.pdf.
24. G1. Mães negras e solteiras sofrem mais com falta de saneamento e carências nas casas. https://g1.globo.com/economia/noticia/2020/03/06/maes-negras-e-solteiras-sofrem-mais-com-falta-de-saneamento-e-carencias--nas-casas.ghtml.
25. VIECELI, Cristina Pereira. Mulheres chefes de família e a vulnerabilidade à pobreza. 08.09.2020. Disponível em: https://contee.org.br/mulheres-chefes-de-familia-e-a-vulnerabilidade-a-pobreza/.

O arranjo domiciliar formado por mulheres de cor ou raça preta ou parda responsáveis, sem cônjuge e com presença de filhos menores de 14 anos também foi aquele que concentrou a maior incidência de pobreza.[26] Os que possuem chefia de mulheres pretas ou pardas concentram 23,7% da população extremamente pobre, enquanto dentre as brancas o percentual é de 13,9%.[27]

Este indicativo econômico revela a intrínseca relação entre pobreza monetária e ausência de serviços públicos, ou seja, quanto maior o nível de pobreza, maior a dificuldade de acesso aos serviços essenciais, ao mesmo tempo que significa um aumento na vulnerabilidade.

Ainda na Síntese de Indicadores Sociais, a pesquisa demonstra que, as casas das mães solteiras negras e chefes de família apresentam as maiores inadequações domiciliares, com os piores indicadores em termos de acesso aos serviços essenciais de rede de esgoto, coleta de lixo direta ou indireta, abastecimento de água e aos bens de consumo, além do adensamento excessivo do domicílio (quando mais de três moradores da casa utilizam o mesmo cômodo como dormitório).[28]

Portanto, a realidade do arranjo domiciliar formado por mulheres de cor ou raça preta ou parda responsáveis, sem cônjuge e com presença de filhos menores de 14 anos concentra os piores indicadores sociais/econômicos. Conforme Vilma Reis "a pobreza no Brasil tem cor, e ela é negra. Essas mulheres que chefiam famílias sozinhas vão morar em lugares inadequados porque é o que dá para elas pagarem".[29]

Trazendo estas considerações, para a realidade da família monoparental feminina negra, a vulnerabilidade se revela mais impactante e com toda efervescência, pois a ela adita-se o racismo estrutural, vivamente presente na sociedade brasileira.

Portanto, desigualdade econômica, falta de oportunidades e racismo estrutural caminham de mãos dadas e aprofundam ainda mais o fosso da vulnerabilidade da família monoparental negra.

É certo que a pauta do racismo, não será enfrentada, mas a correlação existente entre os temas é indiscutível.

---

26. IBGE. Síntese de Indicadores Sociais Uma análise das condições de vida da população brasileira 2020. Informação Demográfica e Socioeconômica, n. 43, p. 59 e 67.
    Disponível em: https://biblioteca.ibge.gov.br/visualizacao/livros/liv101760.pdf.
27. VIECELI, Cristina Pereira. Mulheres chefes de família e a vulnerabilidade à pobreza. 08.09.2020. https://contee.org.br/mulheres-chefes-de-familia-e-a-vulnerabilidade-a-pobreza/.
28. As casas das mães solteiras e negras, 40,3 % delas não têm acesso a rede de esgoto, contra 26,7% das brancas, há ausência de coleta de lixo (8,8% contra 3,7%) e de abastecimento de água (13,9% contra 9,4%), além do adensamento excessivo (11,9% contra 7,7%), ´respectivamente.
    IBGE. Síntese de Indicadores Sociais Uma análise das condições de vida da população brasileira 2020. Informação Demográfica e Socioeconômica, n. 43, p. 59 e 67.
    Disponível em: https://biblioteca.ibge.gov.br/visualizacao/livros/liv101760.pdf.
29. G1. Mães negras e solteiras sofrem mais com falta de saneamento e carências nas casas. https://g1.globo.com/economia/noticia/2020/03/06/maes-negras-e-solteiras-sofrem-mais-com-falta-de-saneamento-e-carencias--nas-casas.ghtml.

6. CONCLUSÃO

Como reflexão final temos que, se vivencia no Brasil o descumprimento da promessa de um Estado Democrático de Direito, cujos objetivos perpassam pela construção de uma sociedade livre, justa e solidária, com a erradicação da pobreza e da marginalização e redução das desigualdades sociais e regionais e na promoção do bem de todos, sem preconceitos de origem, raça, sexo, cor, idade e quaisquer outras formas de discriminação.[30]

A inefetividade do princípio da igualdade material é uma realidade que persiste. Desigualdade material e vulnerabilidade correspondem ao verso e anverso de uma mesma realidade, quando relacionadas ao problema de gênero e entre o gênero. a falta de oportunidades concretas garantidoras de igualdade plena de condições torna o arranjo familiar formado por mulheres de cor ou raça preta ou parda responsáveis, sem cônjuge e com presença de filhos menores de 14 anos extremamente vulnerável.

A aplicação dos princípios constitucionais balizados pelo princípio da dignidade tem um papel imprescindível no avanço das conquistas jurídicas e na superação de barreiras em prol da plena altivez das famílias monoparentais femininas, principalmente as negras. Superar as desigualdades materiais e a vulnerabilidade significa acima de tudo promover os direitos humanos.

Concluímos nossas considerações trazendo à lume um pequeno trecho da obra, O direito das mulheres: uma introdução à teoria do direito feminista. Nele há uma passagem, em que a autora faz referência ao que denominou de princípios orientadores das políticas, na perspectiva das mulheres. Estes princípios, por sua vez estão em conformidades com o que ela denominou de valores ideais da "boa sociedade".

Os princípios em comento são justiça e liberdade, "entre os quais se encontram outros conjuntos de valores, desde logo e, sobretudo, a igualdade, a dignidade, a integridade, a autodeterminação e a auto-realização".

A autora, ao estabelecer a trama entre àqueles princípios fez as seguintes considerações:

> Os direitos sociais e econômicos enquanto princípios éticos de distribuição baseados no igual valor e na igualdade trazem a ideia de justiça, mas o resultado de uma distribuição mais justa é também um meio de nos colocar mais próximos do ideal de liberdade. Uma atribuição mais equitativa do direito de cada um ao tempo e ao dinheiro e uma valoração mais igualitária dos diferentes tipos de trabalho são requisitos fundamentais para estabelecer a liberdade individual de acção e expressão. O sistema de distribuição contém hoje uma grande quantidade de barreiras à participação das mulheres, isto é, à sua autodeterminação e à sua participação na tomada de decisões da vida da comunidade. Quando essas barreiras forem derrubadas, a opressão das mulheres diminuirá. Por isso, através da política de igualdade, pode estabelecer-se o fundamento para a libertação – o ideal máximo no objectivo da liberdade.[31]

---

30. CF/88 – Art. 3º, I, III e IV.
31. DAHL, Teve Sting. *O direito das mulheres*: uma introdução à teoria do direito feminista. Fundação Calouste Gulbenkian: Lisboa, 1993.

VULNERABILIDADE, INTELIGÊNCIA ARTIFICIAL E REPRODUÇÃO ASSISTIDA HETERÓLOGA

Guilherme Calmon Nogueira da Gama

Amanda Guedes Ferreira

Sumário: 1. Introdução – 2. Breves considerações sobre a inteligência artificial; 2.1 Inteligência artificial; 2.2 Algoritmos – 3. Reprodução humana assistida; 3.1 Planejamento familiar e reprodução humana assistida como direitos fundamentais; 3.1.1 Planejamento familiar; 3.1.2 Direito à reprodução; 3.2 Técnicas de reprodução humana assistida; 3.2.1 Inseminação artificial; 3.2.2 Criopreservação de gametas e embriões; 3.2.3 Fertilização in vitro – 4. Utilização da inteligência artificial para a seleção de doadores de gametas com fenótipos similares aos do casal que assumirá a parentalidade; 4.1 Questões sensíveis quanto à aplicação da ia na seleção do material genético; 4.1.1 Diferença entre a seleção de gametas com base no comparativo entre os fenótipos e a eugenia; 4.1.2 Obrigação do Estado em custear a reprodução humana assistida com a utilização de Inteligência Artificial e a (não) violação ao princípio da isonomia substancial – 5. Conclusão.

1. INTRODUÇÃO

A inteligência artificial vem ganhando destaque nas últimas décadas, e profissionais de diversas áreas provavelmente já se depararam com discussões sobre a aplicação da mesma para o auxílio na realização de tarefas cotidianas.

Obviamente que na área médica não seria diferente. Pelo contrário, já há robôs que auxiliam na realização de cirurgias, sistemas que identificam doenças de forma rápida e até mesmo inteligência artificial capaz de detectar a probabilidade do desenvolvimento de doenças por meio de análises genéticas que provavelmente não seriam possíveis se não fosse por meio da utilização de tais recursos tecnológicos.

Especificamente quanto ao emprego de técnicas de reprodução humana assistida, também já há a utilização de mecanismos tecnológicos, inclusive quanto aos métodos mais complexos como a fertilização *in vitro*.

Dando um passo adiante, verificaremos como a inteligência artificial, por meio da utilização de algoritmos, pode auxiliar na seleção de doadores que tenham alguma similaridade com o casal que irá exercer a parentalidade da futura criança, preservando o anonimato.

Concluindo pela viabilidade, alguns aspectos jurídicos hão de ser discutidos para que se evite a violação de princípios constitucionais básicos, tais como o da isonomia substancial, da dignidade da pessoa humana e da felicidade. O tema da vulnerabilidade das pessoas envolvidas no emprego da técnica de reprodução assistida, no uso da inteligência artificial, bem como a futura pessoa humana em decorrência da técnica reprodutiva é objeto de preocupação constante no desenvolvimento deste trabalho.

Também há grande preocupação em se evitar a eugenia, sob pena de infringir a ética no tocante à reprodução humana.

Realizar-se-á um estudo multidisciplinar da aplicação da inteligência artificial, por meio de algoritmos, para a realização da aludida escolha do doador, verificando os principais pontos sensíveis vinculados ao Direito quando da realização de tal seleção, especialmente quanto à existência ou não de um direito fundamental à reprodução humana assistida e, consequentemente, a obrigação do Estado em custear tais técnicas.

A metodologia de pesquisa empregada neste trabalho é eminentemente de análise bibliográfica, com investigação que extrapola os limites da dogmática jurídica. E a principal questão a ser respondida consiste em saber se mecanismos de inteligência artificial são admissíveis para sua utilização quanto à identificação de doadores de gametas com fenótipos semelhantes aos do casal que pretende ter acesso à técnica de reprodução assistida heteróloga.

2. BREVES CONSIDERAÇÕES SOBRE A INTELIGÊNCIA ARTIFICIAL

O presente estudo se inicia com a análise de certos conceitos e premissas sobre inteligência artificial e algoritmo, assuntos que estão cada vez mais em voga em nossa sociedade moderna.

2.1 Inteligência artificial

Há milhares de anos a sociedade busca compreender como se exerce essa curiosa tarefa de pensar, no sentido de prever, perceber, compreender e manipular o mundo. Não é por outro motivo que nossa espécie é denominada de *homo sapiens* (homem sábio).

O grande intuito da inteligência artificial é a realização das mesmas tarefas que o homem empreende, mas de forma programada e muito mais lógica.

A definição da inteligência artificial não é tarefa fácil, sendo certo que profissionais da área de tecnologia da informação, como Stuart Russel,[1] agrupam a inteligência artificial em quatro estratégias específicas, centradas nos seres humanos: a) sistemas que pensam como humanos; b) sistemas que agem como humanos; c) sistemas que pensam racionalmente; e d) sistemas que agem racionalmente.

Ensina Russel[2] que as duas primeiras categorias são empíricas, baseadas em experiências e observações, e as duas últimas (mais viáveis) demandam conhecimentos aprofundados em engenharia e matemática.

---

1. RUSSEL, Stuart; NORVIG, Peter. *Inteligência Artificial*. Trad. 3. ed. por Regina Célia Simille de Macedo. Rio de Janeiro: Campos, 2013, p 25.
2. RUSSEL, Stuart; NORVIG, Peter. *Inteligência Artificial*. Trad. 3. ed. por Regina Célia Simille de Macedo. Rio de Janeiro: Campos, 2013, p. 26.

Consequentemente, a inteligência artificial é a utilização de técnicas e métodos específicos com o intuito de viabilizar que computadores se comportem de forma inteligente, ou seja, basicamente fazer a coisa certa ao invés da errada.

'Coisa certa', aqui, deve ser entendida como aquela que acaba maximizando a utilidade esperada, ou seja, que está mais predisposta a atingir um objetivo almejado.

Para tanto, ensina Russel[3] que inúmeras disciplinas contribuíram com técnicas, ideias e pontos de vistas diferentes para a inteligência artificial, tais como a filosofia (ao questionar, por exemplo, de onde o conhecimento emana; se regras formais podem ser utilizadas com o intuito de se obter conclusões válidas, entre outras), a matemática (por meio da lógica e da probabilidade), a economia (com os seguintes questionamentos: como tomar decisões com o intuito de maximizar a recompensa; como tomar essas decisões quando a recompensa está no futuro – teoria da decisão), a neurociência (para entender como o cérebro processa as informações), a psicologia (com o intuito de se identificar como os animais e os seres humanos pensam e agem), a engenharia de computadores (para se aprender como se construir computador eficiente) e a linguística (para aprender como a linguagem irá se relacionar com o pensamento).

A história do surgimento da inteligência artificial é interessante, mas há de se destacar o fato de que foi a partir de 1987 que a IA se tornou uma ciência, já que agora o trabalho que utiliza a inteligência artificial possui metodologias próprias, com método científico, utilizando teorias existentes ao invés de propor teorias totalmente novas.

Nesse ponto, ensina Stuart Russel:[4]

> Para serem aceitas, as hipóteses devem ser submetidas a rigorosos experimentos empíricos, e os resultados devem ser analisados estatisticamente de acordo com sua importância (Cohen, 1995). Agora é possível replicar experimentos a partir da utilização de repositórios compartilhados de código e dados de teste.

Nas últimas décadas ocorreram consideráveis avanços nas aplicações da inteligência artificial, sendo certo que atualmente em todos os campos do conhecimento é possível notar a utilização de técnicas vinculadas a tal tecnologia.

É inegável que a jornada de pesquisa científica que envolve a IA é longa, mas percebe-se que, com o aumento da capacidade de processamento das máquinas, novos esforços virão com o intuito de implementar a inteligência artificial em uma gama altíssima de tarefas.

---

3. RUSSEL, Stuart; NORVIG, Peter. *Inteligência Artificial*. Trad. 3. ed. por Regina Célia Simille de Macedo. Rio de Janeiro: Campos, 2013, p. 28.
4. RUSSEL, Stuart; NORVIG, Peter. *Inteligência Artificial*. Trad. 3. ed. por Regina Célia Simille de Macedo. Rio de Janeiro: Campos, 2013, p. 51.

2.2 Algoritmos

Inicia-se o estudo dos algoritmos com uma passagem do livro "Homo Deus: Uma História do Amanhã",[5] de Yuval Noah Harari, o qual revela, em breves linhas, a importância dos algoritmos atualmente: "o problema crucial não é criar novos empregos. O problema crucial é criar empregos nos quais os humanos tenham melhor desempenho do que os algoritmos".

O algoritmo pode ser definido como um conjunto de regras que devem ser seguidas, por meio de cálculos ou outras operações, com o intuito de se resolver determinados problemas. De forma mais simples, o algoritmo é justamente este conjunto de etapas definidas.

Seu objetivo principal é justamente resolver um problema definido por alguém, e o faz por meio de uma sequência lógica de instruções.

Assim, o algoritmo possui várias etapas sequenciais, e o resultado é obtido após ele realizar todo o processo.

É interessante que os algoritmos existem mesmo antes da invenção dos computadores, já que as pessoas os utilizavam para resolver problemas de forma manual, como foi o caso de Newton e Pascall, ao criarem algoritmos matemáticos.

A invenção dos computadores apenas dinamizou a utilização dos algoritmos, tendo em vista que a realização dos cálculos é muito mais rápida por meio de tais *hardwares*.

Ao seguir as etapas pré-programadas, os algoritmos vão realizando ações lógicas, obtendo uma saída específica para uma entrada, chegando, assim, a solução de problemas, resolvendo cálculos ou até mesmo tomando certas decisões, conforme ensinamentos de Yuval Harari:[6]

> Um algoritmo é um conjunto metódico de passos que pode ser usado na realização de cálculos, na resolução de problemas e na tomada de decisões. Não se trata de um cálculo específico, mas do método empregado quando se fazem cálculos. Por exemplo, quando se quer calcular a média entre dois números, pode-se usar um algoritmo simples. O algoritmo estabelece: "Primeiro passo: obtenha a soma dos dois números. Segundo passo: divida a soma por 2". Com relação aos números 4 e 8, por exemplo, o resultado é 6. Com 117 e 231, o resultado é 174.
>
> Um exemplo mais complexo é dado por uma receita culinária. Um algoritmo para a preparação de uma sopa de legumes pode nos dizer:
>
> 1. Aqueça meia xícara de óleo numa panela.
> 2. Pique quatro cebolas em pedaços bem finos.
> 3. Frite as cebolas até ficarem douradas.
> 4. Corte três batatas em pedaços e acrescente à panela.
> 5. Corte um repolho em fatias e acrescente à panela.

---

5. HARARI, Yuval Noah. *Homo Deus*: uma breve história do amanhã. Trad. Paulo Geiger. São Paulo: Companhia das Letras, 2016, p. 333.
6. HARARI, Yuval Noah. *Homo Deus*: uma breve história do amanhã. Trad. Paulo Geiger. São Paulo: Companhia das Letras, 2016, p. 88.

E assim por diante. Pode-se seguir o mesmo algoritmo dezenas de vezes, usando em cada ocasião vegetais ligeiramente diferentes e obtendo com isso uma sopa ligeiramente diferente. Mas o algoritmo permanece o mesmo.

Ainda diante da analogia, Yuval[7] reforça que a receita não consegue, por si só, fazer uma sopa, sendo imprescindível que uma pessoa realize a leitura da mesma e siga os passos indicados. Por outro lado, é possível se valer de uma máquina, nesse caso, um computador, onde se inclua o mencionado algoritmo e que siga as instruções para a produção da sopa, desde que se forneça os insumos necessários.

Assim, completa Yuval,[8] fazendo uma interessante reflexão para a compreensão do conceito:

> Não existem muitas máquinas de fazer sopa, mas provavelmente você conhece aquelas em que se vendem bebidas. Comumente elas são dotadas de uma entrada de moedas, uma abertura para a saída de copos e algumas fileiras de botões. Na primeira fileira há botões para café, chá e chocolate. Nos botões da seguinte se lê: sem açúcar, uma colher de açúcar, duas colheres de açúcar. A terceira fileira indica: leite, leite de soja, sem leite. Um homem vai até a máquina, introduz uma moeda na entrada e aperta os botões "chá", "uma colher de açúcar" e "leite". A máquina entra em ação, seguindo um conjunto exato de etapas. Ela deixa cair um saquinho de chá num copo, verte água fervendo sobre ele, acrescenta uma colher de açúcar e leite – e pronto! Tem-se um belo copo de chá. Isso é um algoritmo.

Por meio dessa breve exposição, é possível concluir que os algoritmos podem ser utilizados em uma infinidade de aplicações e com finalidades variadas, sendo verdadeiros impulsionadores da inovação tecnológica.

E é exatamente neste ponto que se analisa a possibilidade de se valer de tal tecnologia em prol dos procedimentos de inseminação artificial heteróloga e fertilização *in vitro* heteróloga.

3. REPRODUÇÃO HUMANA ASSISTIDA

3.1 Planejamento familiar e reprodução humana assistida como direitos fundamentais

Para o desenvolvimento dos próximos tópicos torna-se indispensável a análise do planejamento familiar sob uma perspectiva de constitucionalização do Direito Civil, bem como das técnicas de reprodução humana assistida, verificando a presença ou não de direitos fundamentais.

3.1.1 *Planejamento familiar*

Antigamente, inclusive em razão da própria biologia e da sociologia, a mulher tinha como função a procriação e a educação de seus filhos (naturais, diga-se de passagem).

---

7. HARARI, Yuval Noah. *Homo Deus*: uma breve história do amanhã. Trad. Paulo Geiger. São Paulo: Companhia das Letras, 2016, p. 89.
8. HARARI, Yuval Noah. *Homo Deus*: uma breve história do amanhã. Trad. Paulo Geiger. São Paulo: Companhia das Letras, 2016, p. 89.

Nesse sentido pondera Guilherme Calmon Nogueira Gama:[9]

> A maternidade apresentou, no curso da história da civilização, uma forte carga cultural de dominação e de subserviência ao poder masculino. Os movimentos culturais de emancipação da mulher – iniciados ainda no século XIX, mas intensificados na primeira metade do século XX –, com a reivindicação feminina de acesso à cidadania política e social, trouxeram consigo os primeiros questionamentos e demandas na esfera da reprodução humana. Manifestações culturais ocorridas na década de sessenta – durante o século XX – como a pregação de práticas de liberdade no exercício da sexualidade, bem como a descoberta da pílula anticoncepcional, se somaram aos episódios relacionados aos questionamentos femininos a respeito de temas como aborto, parto, concepção e contracepção – diretamente relacionados ao seu corpo.

Entretanto, a sociedade sofreu profundas alterações, ganhando destaque a igualdade substancial entre homens e mulheres, e o reconhecimento de que as mulheres não seriam meros objetos com a finalidade de procriação. O artigo 226, § 7º[10] da Constituição da República Federativa do Brasil de 1988 faz expressa menção ao planejamento familiar como fundamento da dignidade da pessoa humana.

Na sequência, houve a promulgação da Lei 9.263/96, a qual visa a regulamentação do supramencionado parágrafo, estabelecendo regras sobre o planejamento familiar e criando penalidades para o caso de descumprimento.

Estabelece o artigo 2º da supramencionada legislação:

> Art. 2º Para fins desta Lei, entende-se planejamento familiar como o conjunto de ações de regulação da fecundidade que garanta direitos iguais de constituição, limitação ou aumento da prole pela mulher, pelo homem ou pelo casal.

O Código Civil de 2002 também veio reforçar tal entendimento, estabelecendo a igualdade de direitos e deveres entre homem e mulher, inclusive no artigo 1.565.

Tal artigo menciona, em seu § 2º, que o planejamento familiar deve ser realizado pelo casal, sem qualquer intervenção de terceiros ou do próprio Estado, o qual deve, inclusive, disponibilizar recursos (financeiros e educacionais) para que se tenha o exercício de tal direito.

Constata-se, como bem ponderado por Rolf Madaleno,[11] que a decisão de ter ou não filhos (inclusive a quantidade) é única e exclusiva do casal, diferentemente do que ocorre em outros países, como é o exemplo da China, "que restringia a um filho por casa".

---

9. GAMA, Guilherme Calmon Nogueira da. *A nova filiação*: o biodireito e as relações parentais: o estabelecimento da parentalidade-filiação e os efeitos jurídicos da reprodução assistida heteróloga. Rio de Janeiro: Renovar, 2003, p. 443.
10. Art. 226, § 7º CRFB/88 – Fundado nos princípios da dignidade da pessoa humana e da paternidade responsável, o planejamento familiar é livre decisão do casal, competindo ao Estado propiciar recursos educacionais e científicos para o exercício desse direito, vedada qualquer forma coercitiva por parte de instituições oficiais ou privadas.
11. MADALENO, Rolf. *Direito de Família*. 11 ed. Rio de Janeiro: Forense, 2021, p. 195.

Heloísa Helena Barbosa[12] ensina que

> (...) a essência da liberdade de fundar uma família constitui uma manifestação da privacidade determinada pelo livre desenvolvimento da personalidade, com um duplo conteúdo, de positiva participação na criação ou fundação familiar, e de obstáculo às interferências na intimidade que assegura a liberdade de decisão decorrente da referida participação positiva.

Observa-se, dessa forma, que não há mais aquela compreensão de que o casamento tem como finalidade a procriação. Ao contrário, a formação da família se dá de outras formas (como, por exemplo, pelo casamento, pela união estável, pela união homoafetiva, pela união de pessoas com o intuito de mútuo amparo e assistência), e a decisão de ter filhos influenciará apenas no tocante ao aumento da família, e não em sua constituição.

Partindo de tais premissas, constata-se que o Estado tem o dever de atuar diante da presença do direito fundamental ao planejamento familiar. Entretanto, tal atuação não possui conotação intervencionista, mas sim no sentido de informar e educar as pessoas quanto a técnicas e métodos para se ter o efetivo exercício dos direitos reprodutivos.

Ademais, é inegável que o planejamento familiar constitui direito fundamental, mais especificamente à saúde, conforme o já citado artigo 226 da Constituição Federal.

Nesse sentido, também menciona o artigo 9º da Lei 9.263/96:

> Art. 9º Para o exercício do direito ao planejamento familiar, serão oferecidos todos os métodos e técnicas de concepção e contracepção cientificamente aceitos e que não coloquem em risco a vida e a saúde das pessoas, garantida a liberdade de opção.
>
> Parágrafo único. A prescrição a que se refere o caput só poderá ocorrer mediante avaliação e acompanhamento clínico e com informação sobre os seus riscos, vantagens, desvantagens e eficácia.

Portanto, as técnicas de concepção e de fertilização estão abrangidas pelo direito ao planejamento familiar (e, consequentemente, aos direitos reprodutivos dos cidadãos).

3.1.2 Direito à reprodução

A partir do momento em que a pessoa toma ciência da impossibilidade de gerar filhos mediante o método tradicional (relações sexuais) em decorrência de infertilidade, lhe restam basicamente três alternativas para o exercício da parentalidade: critério da socioafetividade, adoção[13] ou recurso à técnica da reprodução humana assistida.

O presente estudo irá realizar um aprofundamento nos tipos de técnicas de reprodução humana assistida; entretanto, no presente momento, é importante a análise se há um direito fundamental garantido à parentalidade decorrente da técnica da reprodução assistida.

---

12. BARBOSA, Heloísa Helena. In: LEITE, Eduardo de Oliveira (Coord.). *Grandes Temas da Atualidade* – Bioética e biodireito; Rio de Janeiro: Forense, 2004, p. 158.
13. A socioafetividade, cuja parentalidade decorre basicamente do afeto e da posse do estado de filho (*tractatus, nominatio* e *reputatio*) e a adoção, regulamentada especialmente no Estatuto da Criança e do Adolescente, apesar ótima alternativa (inclusive socialmente falando), não constituem objetos do presente estudo.

Para tanto, é indispensável traçarmos alguns pontos relativos ao direito à saúde.

Além de se encontrar positivado na Constituição Federal, o direito à saúde também está expresso na Declaração Universal dos Direitos do Homem, assinada pelo Brasil em 1948.

A aludida Declaração menciona, em seu artigo 25, que:

> Toda a pessoa tem direito a um nível de vida suficiente para lhe assegurar e a sua família a saúde e o bem-estar, principalmente quanto a alimentação, ao vestuário, ao alojamento, a assistência médica e ainda quanto aos serviços sociais necessários; e tem direito a segurança no desemprego, na doença, na invalidez, na viuvez, na velhice ou noutros casos de perda de meios de subsistência por circunstâncias independentes da sua vontade.

Ademais, em 1969 o país também aderiu à Convenção Americana de Direitos Humanos, a qual, em seu artigo 4º, expressamente estabelece que "toda pessoa tem direito a que se respeite sua integridade física, psíquica e moral".

Quanto à Constituição da República Federativa do Brasil, é importante observar que, além de reforçar que a saúde é direito de todos, ela também garantiu o acesso igualitário e universal aos tratamentos, o qual há de ser proporcionado por meio do Estado.[14]

Dessa forma, o Brasil garante o acesso de todos à saúde, independentemente de qualquer critério, como condição financeira ou se houve prévia contribuição à Previdência Social, conforme disposto no artigo 194, parágrafo único, incisos I e II,[15] e artigo 196,[16] todos da Constituição Federal.

Ademais, os artigos 198 e 200 da Carta Magna de 1988 definem o Sistema Único de Saúde (SUS), o qual veio a ser regido pela Lei 8080/90, estabelecendo que tanto as ações quanto os serviços públicos de saúde integram tal rede.

Assim, não resta dúvida de que o direito à saúde constitui direito fundamental, estando intimamente ligado ao princípio da dignidade da pessoa humana (um dos fundamentos da República Federativa do Brasil).

Seguindo a análise, há de se averiguar se o direito à procriação também pode ser considerado como direito fundamental.

---

14. Interessante observar que nesse ponto o Brasil deixou de seguir o sistema de países como os Estados Unidos e a Tailândia, os quais fornecem um serviço limitado de saúde, viabilizando à população o acesso apenas mediante algum tipo de contraprestação.
15. Art. 194 CRFB/88. A seguridade social compreende um conjunto integrado de ações de iniciativa dos Poderes Públicos e da sociedade, destinadas a assegurar os direitos relativos à saúde, à previdência e à assistência social.
    Parágrafo único. Compete ao Poder Público, nos termos da lei, organizar a seguridade social, com base nos seguintes objetivos:
    I – universalidade da cobertura e do atendimento;
    II – uniformidade e equivalência dos benefícios e serviços às populações urbanas e rurais;
16. Art. 196. A saúde é direito de todos e dever do Estado, garantido mediante políticas sociais e econômicas que visem à redução do risco de doença e de outros agravos e ao acesso universal e igualitário às ações e serviços para sua promoção, proteção e recuperação.

Conforme tópico anterior, em inúmeras passagens a Constituição menciona o direito ao planejamento familiar, determinando, inclusive, que o SUS deve garantir, em toda a sua rede de serviços, programa de atenção integral à saúde, com atividades básicas como a assistência à concepção e contracepção, conforme artigo 3º[17] da Lei 9.263/96.

Constata-se, dessa forma, que a legislação inegavelmente tutela a saúde reprodutiva de todos; para garantir tal, estabelece no artigo 9º da Lei de Planejamento Familiar, tal como anteriormente referido.

Assim, com o intuito de garantir aos indivíduos o exercício do direito de livre planejamento familiar, o qual, como já mencionado, constitui direito fundamental, o Brasil promove a saúde reprodutiva de todos os seus cidadãos.

Todavia, tal direito não é irrestrito, havendo limites na dignidade da pessoa humana, no melhor interesse da criança (presente ou futura) e na paternidade responsável, o que demonstra que o Direito nacional repele qualquer ato egoístico quando o assunto envolver a reprodução humana assistida.

De qualquer modo, por meio de uma interpretação das legislações atualmente em vigor no país, é possível concluir que a reprodução humana assistida constitui, sim, direito fundamental do cidadão, por integrar o conceito de saúde.

Partindo dessa premissa, o Sistema Único de Saúde somente será obrigado a prestar assistência constitucionalmente amparada à concepção por meio da reprodução humana assistida se houver a comprovação de sua necessária utilização para garantir a saúde reprodutiva do usuário.

Em outras palavras, apenas há direito fundamental e obrigação do Estado de custear qualquer tipo de tratamento de reprodução humana assistida se a pessoa que pleiteia o direito demonstrar que possui doença reprodutiva. Fora dessa hipótese, inexiste possibilidade de exigir do Estado a realização do aludido procedimento.

Assim, apesar da inexistência de legislação específica sobre a obrigatoriedade de o Estado custear a adoção de técnicas de reprodução humana assistida quando a pessoa possuir impotência *generandi* ou *concipiendi*, ou seja, a incapacidade de geração de filhos pelo homem e pela mulher, respectivamente, há nítida obrigação que visa tutelar tanto a saúde reprodutiva, quanto a saúde emocional.

Conclusão em sentido contrário acabaria atingindo os direitos de grande parte da população nacional infértil, já que os tratamentos em clínicas particulares possuem valores elevados, impossibilitando sua realização.

---

17. Art. 3º Lei 9.263/96. O planejamento familiar é parte integrante do conjunto de ações de atenção à mulher, ao homem ou ao casal, dentro de uma visão de atendimento global e integral à saúde.
    Parágrafo único. As instâncias gestoras do Sistema Único de Saúde, em todos os seus níveis, na prestação das ações previstas no *caput*, obrigam-se a garantir, em toda a sua rede de serviços, no que respeita a atenção à mulher, ao homem ou ao casal, programa de atenção integral à saúde, em todos os seus ciclos vitais, que inclua, como atividades básicas, entre outras:
    I – a assistência à concepção e contracepção; (...)

Inclusive, a infertilidade feminina e masculina possui Classificação Estatística Internacional de Doenças e Problemas Relacionados à Saúde (CID) próprios, CID 10-N97 e CID 10-N46 (e suas variações), reforçando que seu tratamento deve ser assegurado pelo Estado, garantindo o direito fundamental ao planejamento familiar e à saúde, seja mental, seja da própria infertilidade.

Assim, fortalecendo a tese ora sustentada, e conforme ensinamentos de Ana Cláudia Kluthcovsky e Fábio Kluthcovsky,[18] a saúde não constitui apenas a inexistência de doenças, mas também engloba o bem estar físico, mental e espiritual, segundo a Organização Mundial da Saúde, em questionário WHOQOL-Bref, elaborado em 1998.

3.2 Técnicas de reprodução humana assistida

O primeiro bebê gerado por meio de fertilização *in vitro* nasceu no ano de 1978, sendo chamado de Louise Brown. Já no Brasil, o primeiro bebê advindo de técnicas de reprodução humana assistida nasceu em 1984, ou seja, há 38 anos.

De lá para cá muitas coisas mudaram, muitas técnicas sofreram evolução e interpretações foram alteradas; o Conselho Federal de Medicina[19] editou inúmeras Resoluções sobre o tema (sendo a última, atualmente em vigor, a de n. 2.294, de 27 de maio de 2021[20]); alguns Projetos de Lei foram propostos;[21] mas ainda inexiste, em nossa legislação, qualquer lei que regulamente diretamente a reprodução humana assistida.

Consequentemente, o parâmetro utilizado no presente trabalho foi a Resolução 2.294/2021, do CFM, a qual constitui ato administrativo normativo com o fito de explicitar e complementar o sentido da lei.[22] Ademais, a Resolução busca atender às necessidades éticas sobre o tema, visando um relacionamento harmônico entre os profissionais, possuindo inegável caráter deontológico.

---

18. KLUTHCOVSKY, Ana Cláudia; KLUTHCOVSKY, Fábio. *O WHOQOL-bref, um instrumento para avaliar qualidade de vida*: uma revisão sistemática. Disponível em: https://www.scielo.br/j/rprs/a/dpfNr9ySHS3JyF8bNmjHQtw/?lang=pt. Acesso em: 09 nov. 2021. Scielo Brasil. O WHOQOL-bref, um instrumento para avaliar qualidade de vida: uma revisão sistemática. Disponível em: https://www.scielo.br/j/rprs/a/dpfNr9ySHS3Jy-F8bNmjHQtw/?lang=pt. Acesso em: 09 nov. 2021.
19. O Conselho Federal de Medicina foi instituído por meio do Decreto-Lei 7.955/45, tendo como fundamento a Lei 3.268/57, e constitui autarquia federal (pessoa jurídica de direito público, integrante da Administração Indireta.
20. Gov.br. Resolução CFM n. 2.294, de 27 de maio de 2021. Disponível em: https://www.in.gov.br/en/web/dou/-/resolucao-cfm-n-2.294-de-27-de-maio-de-2021-325671317 . Acesso em: 10 de novembro de 2021.
21. Como exemplo, há o PL 115/2015, apensado ao PL 4892/2012, que também fora apensado ao PL 1184/2003, o qual encontra-se, até a data da finalização do presente trabalho, aguardando parecer na Comissão de Constituição e Justiça e de Cidadania (CCJC), desde 28 de setembro de 2021. O projeto está disponível em: https://www.camara.leg.br/proposicoesWeb/fichadetramitacao?idProposicao=118275&ord=1. Acesso em: 04 de dezembro de 2021.
22. Apesar da vedação de criação, modificação, alteração ou restrição de direitos por meio de Resoluções, a aludida Resolução do CFM acaba criando diversas normas-regras não fundamentadas em lei, o que inegavelmente viola o princípio da legalidade estabelecido pelo artigo 5º, inciso II, da Constituição Federal. Todavia, em razão da ausência de normas específicas sobre a matéria, e tendo em vista o objetivo central do presente estudo, optamos por deixar de analisar tais questionamentos sobre a Resolução 2.294/2021.

Assim, o planejamento familiar constitui direito fundamental, e possui, segundo Heloisa Helena Barbosa,[23] aspecto positivo (basicamente a reprodução sem sexualidade) e negativo (opção por não ter filhos, com aplicação de métodos de controle de fecundidade).

Diante do aspecto positivo, há as técnicas de reprodução humana assistida, as quais poderão ser utilizadas quando inexistir a denominada procriação natural, ou seja, advinda da prática de relação sexual.[24]

Faz-se uma importante observação: a adoção de quaisquer das técnicas que serão aqui trabalhadas não depende, necessariamente, da existência da doença de infertilidade por parte daquele que deseja o filho. Por mais que tal seja o mais comum, alguns outros fatores podem justificar a adoção do procedimento de reprodução humana assistida, como, por exemplo, o desejo de constituição da família monoparental, protegida pelo artigo 226, § 4º,[25] da Constituição Federal de 1988, ou quando do projeto parental por casais homoafetivos.

Assim, a reprodução humana assistida constitui um conjunto de técnicas e procedimentos que viabilizam a efetivação do planejamento familiar, no tocante à procriação.

Na sequência, segue análise, de forma breve, de cada uma das técnicas mais usuais, ressaltando, desde já, que em verdade não há uma resolução do problema da infertilidade, mas sim uma resolução paliativa, viabilizando que as famílias (inclusive unipessoais) concretizem seus projetos parentais.

3.2.1 Inseminação artificial

A inseminação artificial é o tipo mais antigo de reprodução humana assistida, e consiste na técnica de introdução de espermatozoides no trato genital feminino (interior da vagina), no canal cervical ou diretamente no útero para que haja a fecundação dos óvulos.

Tal método costuma ser indicado para os casos de hipofertilidade, dificuldades de relações sexuais, dentre outras causas.

Quando se está diante de inseminação artificial realizada em pessoas casadas ou que vivem em união estável heteroafetiva ou união homoafetiva,[26] ou seja, com o intuito de se atender o projeto parental de duas pessoas, há uma subdivisão entre inseminação artificial homóloga, onde há a utilização do material genético de ambos os pais, e a

---

23. BARBOSA, Heloísa Helena. In: LEITE, Eduardo de Oliveira (Coord.). *Grandes Temas da Atualidade* – Bioética e biodireito. Rio de Janeiro: Forense, 2004, p. 158.
24. Faz-se aqui uma ressalva. Uma das técnicas de reprodução humana assistida é a denominada coito programado, onde há o acompanhamento do ciclo menstrual da mulher e a programação da prática dos atos sexuais em períodos mais propícios para que se tenha a fecundação do óvulo. Entretanto, todas as demais técnicas independem da prática de atos sexuais.
25. Art. 226, § 4º, CRFB/88. Entende-se, também, como entidade familiar a comunidade formada por qualquer dos pais e seus descendentes.
26. Interessante que com os novos formatos familiares existentes inclui-se a coparentalidade.

inseminação artificial heteróloga, onde se utiliza material genético de terceiro, doador anônimo, sem que isso afaste a parentalidade daquele que não teve seu material genético utilizado por qualquer que seja o motivo.

É interessante pontuar que as pessoas quase sempre associam a reprodução humana assistida com à inseminação artificial, mas, conforme verificado, esta é apenas uma das técnicas disponíveis para a concretização do projeto parental.

3.2.2   Criopreservação de gametas e embriões

A criopreservação consiste na técnica de congelamento de gametas (femininos e masculinos) e/ou embriões com o intuito de mantê-los intactos ante a ação do tempo, viabilizando sua futura utilização.

É um procedimento que vem sendo cada vez mais empregado, tendo em vista que atualmente as famílias estão postergando o desejo de ter filhos, o que acaba gerando problemas reprodutivos que podem impedir a procriação.

Assim, com a utilização da técnica da criopreservação, acaba se garantindo a realização do projeto parental mesmo diante do transcurso temporal.

3.2.3   Fertilização in vitro

Na fertilização *in vitro* (FIV), como o próprio nome já induz, é feita a união entre o espermatozoide e o óvulo, em ambiente laboratorial.

Basicamente retira-se os óvulos do corpo da mulher e os fecundam em laboratório. Após a fecundação, com a formação do embrião, o mesmo é transferido para o útero materno, onde ele poderá se desenvolver. Dentre as técnicas existentes, é a mais complexa.

Tal assim como ocorre com a inseminação artificial, a FIV também pode ser subdividida entre homóloga e heteróloga, sendo homóloga se o sêmen e o óvulo são do casal cujo projeto parental está se concretizando, e heteróloga se ao menos um dos materiais genéticos utilizados for de um terceiro, doador fértil.

No presente trabalho a preocupação é justamente com a fertilização *in vitro* e a inseminação artificial, ambas heterólogas, pois são as que viabilizam que o filho tenha características físicas do doador do material genético, terceiro na relação familiar.

4.   UTILIZAÇÃO DA INTELIGÊNCIA ARTIFICIAL PARA A SELEÇÃO DE DOADORES DE GAMETAS COM FENÓTIPOS SIMILARES AOS DO CASAL QUE ASSUMIRÁ A PARENTALIDADE

Conforme anteriormente exposto, existem vários tipos de procedimentos para se ter a reprodução humana assistida.

Entretanto, no caso da realização de inseminação artificial heteróloga, ou fertilização *in vitro* heteróloga, ou seja, com a utilização de material genético de terceiro, há a preservação do anonimato do doador, em que pese haver, na prática, a identificação de algumas características do mesmo.

Assim, não há possibilidade das famílias que possuem um projeto de parentalidade terem acesso às fotos e informações detalhadas sobre as características do doador do material genético que será utilizado no procedimento.

Entretanto, as clínicas que realizam reprodução humana assistida podem observar, quando da escolha do doador do material genético e havendo o envolvimento do casal, características físicas daquele que não terá seu material genético utilizado, tais como textura dos cabelos, cor dos olhos, cor da pele e até mesmo suas origens (brasileira, italiana, portuguesa, africana etc.).

Tal se dá justamente para viabilizar, sempre que possível, àquele pai ou mãe que não terá seu material genético diretamente envolvido na reprodução humana assistida, enxergar em seu filho semelhanças físicas.

Todavia, apesar dessa preocupação por parte das clínicas de reprodução humana assistida, o preenchimento de formulários no momento da contratação dos serviços, com o intuito de 'facilitar' a escolha do doador, ainda não se revela suficientemente eficaz.

Entretanto, com a utilização das novas tecnologias, especificamente a inteligência artificial, com a escrita de algoritmos específicos, é possível realizar uma seleção de doadores que possuam ainda maior similaridade de fenótipo com o futuro pai ou a futura mãe.

Quando da coleta do material genético doado, fotos (informação visual) – e outras informações ainda que não visuais – dos doadores ficariam armazenadas em banco de dados, devendo os algoritmos, por meio de uma leitura pormenorizada, identificar características detalhadas como formato e cor dos olhos, tamanho dos lábios, formato do nariz, cor e características do cabelo, dimensões do queixo, dentre outras.

Após a contratação dos serviços e a realização de exames iniciais, seja para a inseminação artificial, seja para a fertilização *in vitro*, uma foto do futuro pai (ou mãe) que não terá seu material genético utilizado no procedimento, é enviada para o sistema, onde haverá a leitura das mesmas características supramencionadas, por exemplo.

Na sequência, por meio da utilização da inteligência artificial, o sistema buscará em seu banco de dados os doadores que possuem maior compatibilidade física com o futuro pai ou com a futura mãe, fazendo a escolha do doador por aproximação, dando muito mais transparência e proximidade aos resultados.

Reforça-se que não se estará violando o anonimato do doador, mas, por outro lado, se viabilizará a todos os membros da família que estará sendo ampliada que identifique no filho suas próprias características, fortalecendo, ainda mais, o vínculo que será construído.

O que se propõe, aqui, é tornar o projeto de parentalidade "o mais natural" possível.

4.1 Questões sensíveis quanto à aplicação da ia na seleção do material genético

Foram elencadas as inegáveis vantagens de se ter a utilização da inteligência artificial para a seleção dos gametas que serão utilizados no procedimento da reprodução humana assistida.

Todavia, é evidente que tais inovações tecnológicas ocasionam certos questionamentos no campo da bioética e do biodireito, e a ausência de regulamentação específica quanto a assuntos ligados à reprodução humana assistida acaba gerando certa vulnerabilidade jurídica.

Atualmente há basicamente a incidência da Resolução 2.294/2021 do Conselho Federal de Medicina, a qual, como já mencionado, estabelece normas éticas aos profissionais que irão utilizar as técnicas de reprodução humana assistida, mas que certamente deixa lacunas sobre importantes pontos que continuam sendo debatidos pela doutrina.

Assim, observa-se ao menos dois pontos focais quando da utilização da inteligência artificial para a seleção de material genético de doadores, quais sejam, se há a ocorrência da denominada eugenia; e se o Estado, por meio do SUS, estará obrigado a utilizar a IA ao realizar o tratamento, sob pena de violação ao princípio da isonomia.

4.1.1 Diferença entre a seleção de gametas com base no comparativo entre os fenótipos e a eugenia

Carlos Eduardo de Oliveira Alban e Luísa Giuliani Bernsts (2016, p. 114), ao trabalharem o tema da eugenia sob vários aspectos, desde a literatura, ao mencionar a obra Admirável Mundo Novo, de Huxley, até os pensamentos de Darwin e Galton, informam que:

> Seria por meio do casamento, ou, mais especificamente, através do cruzamento entre os detentores das características melhores, que garantiríamos um progressivo aprimoramento. Desse modo, uma das conclusões da pesquisa era a de que os homens altruístas que saibam que detêm os caracteres superiores (mais aptos) agiriam de maneira caridosa ao povoar o planeta com seus descendentes. Nesse sentido, o caminho que deveria ser trilhado era o de gerar cidadãos mais inteligentes, saudáveis, moralmente justos e de natureza mais temperada (GALTON, 1883, p. 219). Essa visão seria denominada eugenia positiva.

E continuam os autores (2016, p. 117), na busca por demonstrar que a raça humana, no decorrer dos tempos, foi realizando escolhas com o intuito de melhorar a espécie e gerar melhores descendentes:

> Um exemplo histórico desse fenômeno são as constantes práticas, em diferentes agrupamentos humanos, de proibição da relação entre parentes próximos, como o incesto, com receio do surgimento de proles inadequadas como castigos da natureza. Em Esparta, a eugenia se consubstanciou como prática organizada. Examinava-se o recém-nascido e, caso ele fosse julgado disforme, seria lançado do topo de uma montanha em prol de conservar uma suposta boa linhagem dos súditos do Estado. As leis espartanas admitiam o infanticídio por razões eugênicas e os recém-nascidos apenas autorizados a viver se satisfizessem certos pré-requisitos (MELO, Helena Pereira, 2008, p. 20-21).

Verifica-se, assim, que a eugenia[27] significa "bem nascido", e corresponde a uma teoria com base na genética que defende a seleção de seres humanos 'perfeitos', com base em características hereditárias e com o intuito de melhorar as futuras gerações.

A eugenia é subdividida em duas: positiva e negativa.

A eugenia positiva é aquela que incentiva que pessoas saudáveis tenham mais filhos. Por outro lado, a eugenia negativa visa o impedimento de pessoas que possuem certas limitações se reproduzam.

Especificamente em relação à eugenia negativa e à reprodução humana assistida, é importante informar que algumas clínicas vedam a doação de material genético por pessoas que possuam algum tipo de limitação (doenças).

Todavia, dentre várias questões éticas inegavelmente envolvidas, observa-se que é impossível se estabelecer um parâmetro único de variações genéticas almejadas, já que há inegável carga valorativa, e as interpretações culturais interferem sobremaneira em tais conclusões.

Inclusive, Habermas (2004, p. 91) critica as práticas de eugenia (incluindo as de aprimoramento – eugenia positiva), ao informar que as mesmas não poderiam ser "normalizadas de modo legítimo no âmbito de uma sociedade pluralista e democraticamente constituída".

Segundo o filósofo,[28]

> Uma intervenção genética não abre o espaço de comunicação para dirigir-se à criança planejada como uma segunda pessoa e incluí-la num processo de compreensão. A partir da perspectiva do indivíduo em crescimento, não se pode rever uma determinação instrumental como um processo patogênico da socialização por meio da "apropriação crítica". (...) O programa genético é uma realidade muda e, em certo sentido, irreplicável, pois aquele que está insatisfeito com as intenções geneticamente fixadas não pode, como as pessoas nascidas naturalmente, se relacionar com suas aptidões (e deficiências) no decorrer de uma história de vida cuja apropriação foi refletida e cuja continuação foi voluntária, de maneira que reveja sua autocompreensão e encontre uma resposta produtiva para sua situação inicial. De resto, essa situação assemelha-se à do clone, que é privado de um verdadeiro futuro próprio pelo olhar modelador voltado à pessoa e à história de vida de um "irmão gêmeo" tardio.

Assim, há severas críticas para a prática da eugenia, especialmente sob o argumento de que tais intervenções para o aperfeiçoamento acabam prejudicando a liberdade ética, já que o futuro filho é gerado seguindo padrões estabelecidos por terceiros.

Como já mencionado, no Direito brasileiro inexiste qualquer legislação específica sobre o tema, o que acaba gerando dificuldades interpretativas.

Todavia, o Código de Ética Médica[29] dispõe que é vedado ao médico:

---

27. Galton criou tal termo em 1883, segundo ensinamento de Carlos Eduardo Alban e Luísa Bernsts (2016).
28. HABERMAS, Jurgen. *O futuro da Natureza Humana*: A caminho de uma eugenia liberal? São Paulo: Martins Fontes, 2004, p. 86.
29. Conselho Federal de Medicina. *Código de Ética Médica*. Disponível em: https://portal.cfm.org.br/images/stories/biblioteca/codigo%20de%20etica%20medica.pdf. Acesso em: 1º dez. 2021.

Art. 15. Descumprir legislação específica nos casos de transplantes de órgãos ou de tecidos, esterilização, fecundação artificial, abortamento, manipulação ou terapia genética.

§ 1º No caso de procriação medicamente assistida, a fertilização não deve conduzir sistematicamente à ocorrência de embriões supranumerários.

§ 2º O médico não deve realizar a procriação medicamente assistida com nenhum dos seguintes objetivos:

I – criar seres humanos geneticamente modificados;

II – criar embriões para investigação;

III – criar embriões com finalidades de escolha de sexo, eugenia ou para originar híbridos ou quimeras.

Entretanto, é importante observar que a utilização da inteligência artificial conforme se propõe em nada se confunde com a eugenia que tanto se critica (apesar de se reconhecer que tal tema não é pacífico).

No caso da IA, o que se busca é garantir que o futuro filho possua características físicas semelhantes ao de seu pai ou de sua mãe, em que pese este (ou esta) não ter contribuído com seu material genético.

Não se quer, assim, se estabelecer critérios de escolha que fujam do fenótipo familiar. Ao contrário, com a aplicação da inteligência artificial e dos algoritmos será possível restringir qualquer tipo de escolha daquele que quer exercer seu projeto parental que possa violar questões éticas, já que o sistema irá utilizar as fotos para selecionar o doador, de forma automatizada.

Consequentemente, há a superação da primeira discussão que pode vir a surgir quanto ao tema.

4.1.2 Obrigação do Estado em custear a reprodução humana assistida com a utilização de Inteligência Artificial e a (não) violação ao princípio da isonomia substancial

Outro ponto sensível que deve ser mencionado é se a utilização da inteligência artificial para a escolha do doador não acabará gerando a mercantilização da raça humana, ainda mais considerando que, como regra, a adoção de tais procedimentos é realizada por pessoas com condições financeiras mais confortáveis em razão de seu alto custo, o que poderá inviabilizar a adoção de tal processo de seleção por parte da população infértil sem condições financeiras de arcar com tais valores.

Basicamente deve-se analisar se o problema apresentado poderá atingir o princípio da isonomia substancial entre os que têm condições de contratar os serviços de clínicas especializadas, e os que necessitam de auxílio estatal para a efetivação de seu projeto parental.

Como exposto nos tópicos anteriores, a reprodução humana assistida constitui direito fundamental, conclusão possível após se confirmar a existência do direito fundamental ao planejamento familiar e à saúde, em seus desdobramentos mental e reprodutiva, tudo tendo como base, por óbvio, a dignidade da pessoa humana.

Assim, deve o Estado, por meio do Sistema Único de Saúde (ou mediante custeio), realizar o tratamento da infertilidade por meio de uma das técnicas de reprodução humana assistida, sendo certo que a inseminação artificial é a mais comum.

Todavia, não se pode fechar os olhos ao fato de que os custos para a realização de tais tratamentos são elevados, não estando ao alcance da maior parte da população brasileira, e que necessita de profissionais especializados e equipamentos específicos, o que acaba onerando consideravelmente os cofres públicos, sendo certo que inúmeras vezes o Estado busca afastar sua obrigação sob o argumento da incidência do princípio da reserva do possível e do mínimo existencial.

Ingo Sarlet e Mariana Figueiredo[30] ensina que:

> (...) a noção de reserva do possível, a efetividade dos direitos sociais a prestações materiais estaria sob a reserva das capacidades financeiras do Estado, uma vez que seriam direitos fundamentais dependentes de prestações financiadas pelos cofres públicos. (...), passou a traduzir (tanto para a doutrina majoritária, quanto para a jurisprudência constitucional na Alemanha) a ideia de que os direitos sociais a prestações materiais dependem da real disponibilidade de recursos financeiros por parte do Estado, disponibilidade esta que estaria localizada no campo discricionário das decisões governamentais e parlamentares, sintetizadas no orçamento público.

Porém, tal argumento defensivo não deve prosperar, sob pena de verdadeira violação aos direitos fundamentais e às normas-princípios como da dignidade da pessoa humana, da isonomia substancial e da vida (em todos os seus aspectos).

Apesar disso, um problema que pode surgir com a adoção da inteligência artificial para a escolha do doador (com base em seu fenótipo) conforme proposto no presente estudo, possui como ponto focal a majoração do custo para tal tipo de tratamento, já que inegavelmente demandará de sistema computacional próprio, profissionais ainda mais especializados, especialmente nas áreas de tecnologia, e demais recursos físicos e imateriais para viabilizar tal identificação e posterior seleção.

Ou seja, o investimento para a adoção de algoritmos que auxiliem nesse processo de escolha é elevado e certamente será repassado aos pacientes de clínicas particulares, caso optem por tal benefício.

E aí fica o questionamento: diante de tal cenário, o Estado continuaria sendo obrigado a arcar com os custos do tratamento específico, viabilizando ao cidadão inclusive a possibilidade de se ter a adoção da tecnologia – inteligência artificial – para a escolha do doador com base em fenótipo que mais se assemelhe com a sua família, ou a obrigação, neste caso, seria única e exclusivamente de realizar os tratamentos básicos e necessários para viabilizar a concretização do projeto parental?

---

30. SARLET, Ingo Wolfgang; FIGUEIREDO, Mariana Filchtiner. *Algumas considerações sobre o direito fundamental à proteção e promoção da saúde nos 20 anos da Constituição Federal de 1988*, 2008. Disponível em: http://www.stf.jus.br/arquivo/cms/processoAudienciaPublicaSaude/anexo/O_direito_a_saude_nos_20_anos_da_CF_coletanea_TAnia_10_04_09.pdf. Acesso em: 05 dez. 2021, p. 188.

Sob outra perspectiva, aqueles que possuem condições financeiras podem se valer da inteligência artificial para a escolha do doador e garantir que o futuro filho tenha características fenotípicas de ambos os pais.

Por outro lado, os cidadãos que não conseguem arcar com os custos elevados da contratação de clínicas particulares e que demonstrarem a inviabilidade de procriação pelo método tradicional (ato sexual), poderão exigir do Estado o custeio apenas dos procedimentos necessários à realização do projeto parental (técnicas de reprodução humana assistida), mas não da adoção da inteligência artificial ora sugerida, que acabaria elevando o custo do tratamento.

Diante de tal problemática, ao menos inicialmente e diante da proposta do presente estudo (já que o tema exige uma análise mais aprofundada) verifica-se que o Estado poderá, neste ponto específico da utilização de inteligência artificial para a seleção de doador com fenótipo semelhante ao dos receptores, se valer dos princípios da reserva do possível e da razoabilidade para equacionar a eficiência com a eficácia, garantindo direitos à toda a coletividade e afastando a exigência de custeio da tecnologia mais avançada de seleção de doadores.

Ademais, inexiste violação ao princípio da igualdade substancial, uma vez que os direitos fundamentais à vida e à reprodução humana continuarão sendo garantidos pelo Estado, já que a inteligência artificial aplicada da forma ora proposta visa apenas dar mais assertividade à escolha do doador, em nada interferindo na eficácia da aplicação das técnicas de reprodução humana assistida, o que demonstra a incidência do princípio do mínimo existencial.

Assim, conclui-se que o fato de parcela da população poder usufruir de um benefício específico advindo da inteligência artificial não viola o princípio da isonomia pelo fato do Estado, se valendo de princípios como o da reserva do possível, deixar de aplicar a mesma, desde que garanta o acesso a todos os que necessitam, aos tratamentos necessários para viabilizar a procriação e a efetivação do projeto parental.

5. CONCLUSÃO

A sociedade evoluiu, e com ela tivemos o avanço da tecnologia e da medicina, viabilizando inclusive a concretização de projetos familiares que antes seriam impossíveis.

Entretanto, a falta de regulamentações específicas acaba dificultando a adoção de certos procedimentos, o que exige dos operadores do direito interpretações levando em consideração não só questões jurídicas, mas também questões éticas e morais.

Assim, ao mesmo tempo em que são inegáveis os benefícios que a utilização da tecnologia, por meio do emprego da inteligência artificial, pode gerar, há de se ter cautelas quanto às consequências.

O presente estudo visou, assim, analisar a possibilidade e as vantagens de se utilizar algoritmos para aumentar a assertividade na seleção dos doadores de material genético para a realização de inseminação artificial heteróloga, ou fertilização *in vitro* heteróloga, concluindo não só pela viabilidade de se ter a aplicação de tais tecnologias, como também as vantagens práticas, garantindo que os possíveis filhos advindos de um projeto de ampliação familiar possam ter características físicas de todos os seus pais, mesmo sem a utilização de material genético de um deles.

Ademais, restou verificado que não há qualquer similitude entre a eugenia, que é tão criticada pelos estudiosos do tema, e a seleção de doadores, ora trabalhada, o que viabiliza a sua adoção no tocante à ética. Constata-se, assim, que as pessoas, ainda que vulneráveis sob a perspectiva informacional, têm seus direitos e interesses protegidos.

Por fim, o Estado tem a obrigação de custear tratamentos de reprodução humana assistida quando o cidadão possuir algum tipo de infertilidade, visto que o planejamento familiar constitui direito fundamental constitucionalmente assegurado.

Todavia, não há violação ao princípio da isonomia material o não custeio de técnicas que utilizem a inteligência artificial para a seleção do doador, já que o custo da implementação e utilização de tais sistemas acabará elevando o valor do tratamento que, por si só, já é caro, e, em tais casos, aplicar-se-ia a tese da reserva do possível.

Além disso, o fim almejado estaria garantido quando da realização ou custeio do tratamento pelo Estado, e mesmo sem a utilização da inteligência artificial é possível, de forma 'manual', selecionar certas características, como é realizado atualmente, não havendo, a nosso entender, violação aos direitos dos envolvidos (incluindo, aqui, o futuro filho).

Assim sendo, pode-se concluir que a evolução tecnológica possa auxiliar às famílias que desejam (ou necessitam) utilizar procedimentos de reprodução humana assistida, especialmente as técnicas heterólogas, sem que haja a violação de princípios constitucionais amparados, garantindo especialmente a dignidade da pessoa humana, em seu desdobramento princípio da felicidade.

Cada vez mais o Direito se abre para dialogar com outras áreas do conhecimento humano, o que é percebido neste trabalho que associa o sistema jurídico brasileiro aos avanços da tecnologia da informação e da tecnologia reprodutiva. Daí a importância para a abertura dos temas atuais sob a perspectiva de sua análise sob o prisma dos direitos fundamentais – inclusive da segurança jurídica – associados às conquistas científicas.

FILIAÇÃO E MULTIPARENTALIDADE NO DIREITO DE FAMÍLIA BRASILEIRO: RESSIGNIFICAÇÃO A PARTIR DA AFETIVIDADE

Ricardo Calderón

Sumário: 1. Filiação à luz do código civil de 1916 – 2. Posse de estado de filho: afetividade – 3. Leitura jurídica da afetividade – 4. Direito de filiação x direito ao conhecimento da ascendência genética – 5. Multiparentalidade – 6. Registro extrajudicial da filiação socioafetiva – 7. Considerações finais.

1. FILIAÇÃO À LUZ DO CÓDIGO CIVIL DE 1916

A codificação civil brasileira aprovada no início do Século XX refletiu as ideias que prevaleciam na sociedade daquela época, retratando o que se entendia como família no texto codificado. O Código Beviláqua vinculava o reconhecimento da família ao casamento civil; fora dele não era possível vislumbrar alguma outra entidade familiar.[1]

Diversas das suas disposições procuravam demonstrar a prevalência do homem sobre a mulher. Ao primeiro, cabiam as principais funções jurídicas da família; já para a segunda, restava apenas a administração doméstica e outras questões tidas como menores (sob o ponto de vista de então). Para além disso, originariamente o casamento era indissolúvel. Dentre algumas características do direito de família codificado era possível destacar que o texto era precipuamente patriarcal, matrimonial e patrimonial.

O regramento da filiação no Código Civil de 1916 se preocupava mais com a tutela da família enquanto instituição do que com a proteção dos indivíduos enquanto pessoa. Prova disso, a odiosa distinção entre duas grandes categorias de filhos: os legítimos (havidos do casamento) e os ilegítimos (havidos fora do casamento, que subdividiam em naturais e espúrios – incestuosos/adulterinos).[2]

Vigorava fortemente a presunção *pater is est* (pai é o marido da mãe), o que reforçava a prevalência do vínculo formal do matrimônio no estabelecimento dos laços de filiação. Em paralelo, na redação originária do antigo Codex havia vedação para a averiguação de paternidade de possíveis filhos extramatrimoniais, sob o pálido argumento que isso poderia abalar a "família enquanto instituição".[3]

---

1. MATOS, Ana Carla Harmatiuk. *As famílias não fundadas no casamento e a condição feminina*. Rio de Janeiro: Renovar, 2000.
2. MADALENO, Rolf. *Curso de Direito de Família*. 5. ed., rev. atual. ampl. Rio de Janeiro: Forense, 2013.
3. FACHIN, Luiz Edson. *Direito de família*: Elementos críticos à luz do novo Código Civil brasileiro. 2. ed. Rio de Janeiro: Renovar, 2003.

O vínculo de filiação estava fortemente atrelado ao prévio matrimônio e as suas diversas presunções, de modo que possuía uma base estritamente formal. Nas entrelinhas destas dicções se constatava uma intenção de proteção ao vínculo biológico, ainda que de forma indireta.

Havia uma evidente preocupação em se tutelar a linhagem decorrente da descendência genética, tida como prevalecente. Portanto, sob a égide do Código de 1916, na filiação prevaleciam claramente os vínculos decorrentes das presunções legais relacionadas ao matrimônio e aos elos biológicos.

Nesse contexto, praticamente inexistiam espaços para o reconhecimento de vínculos subjetivos que pudessem constituir laços de parentesco (impensável se aventar sobre vínculos de socioafetividade, por exemplo). Essa estrutura imperou durante a primeira metade do Século passado, ainda que atenuada com algumas alterações legislativas pontuais (mas que não alteraram o paradigma formal-biologista da filiação).[4]

Após a Segunda Guerra Mundial houve uma paulatina mudança na forma de se viver em família, percebida inicialmente nos países europeus. Passaram a avolumar relacionamentos de pares na forma da união estável, emergiram casos de rompimentos de casamentos e surgiram, o que hoje denominamos, famílias recompostas. O que estava subjacente a tudo isso era um inequívoco alargamento da subjetividade, com as escolhas afetivas passando a imperar quando do estabelecimento dos vínculos familiares (tanto na conjugalidade, como na parentalidade).

No Brasil, esta realidade passa a ser percebida com maior vigor a partir dos anos 70 e 80, quando tais relacionamentos se apresentaram de forma mais intensa na nossa sociedade. Após a Lei do Divórcio (aprovada em 1977), avolumaram-se as situações de novas uniões e, com isso, se influenciou, até mesmo, os vínculos de filiação, que também passaram a ser decalcados por tratos mais afetivos.

Entretanto, mesmo com essas profundas mudanças na realidade social, quando os liames fáticos claramente indicavam por uma prevalência de elos mais subjetivos, com escolhas afetivas se propagando largamente, a estrutura da filiação e o direito de família clássico seguiam profundamente herméticos, categoriais, formais, quase sem espaços para o reconhecimento de relações precipuamente subjetivas (como a união estável e as relações socioafetivas, que já passavam a se apresentar na realidade concreta, mas eram solenemente ignorados pelo direito legislado).[5] As linhas centrais desenhadas pelo legislador de 1916 ainda eram a viga mestra da legislação jusfamiliar.

Em vista disso, no último quarto do Século XX houve uma profunda clivagem entre uma efervescente realidade social e um direito de família estanque e formal. Enquanto muitos relacionamentos familiares passavam a ser decalcados apenas por elos subjetivos, as categorias jusfamiliares seguiam reconhecendo apenas vínculos objetivos (como as presunções atreladas ao casamento e o elo biológico). Desta forma, muitas das relações

---
4. LÔBO, Paulo Luiz Netto. *Direito Civil* – Famílias. São Paulo: Saraiva, 2008.
5. OLIVEIRA, Guilherme de. *Critério jurídico da paternidade*. Reimp. Coimbra: Almedina, 2003.

familiares presentes na realidade brasileira não possuíam agasalho jurídico o que, aliado a uma aplicação silogística das regras codificadas, acabava por gerar muita injustiça.[6]

Sob a égide do vetusto Código Civil de 1916 quase não havia espaços para elos subjetivos. Como a corrente hermenêutica que campeava era fortemente influenciada por um positivismo normativista, restava árido o terreno para qualquer abertura que permitisse o acolhimento dessas relações afetivas que se mostravam presentes (exemplo disso, a ausência de chancela jurídica para as uniões estáveis).

Esse distanciamento do direito de família clássico para a nova realidade fez com que algumas regras sobre filiação restassem anacrônicas, em descompasso com muitas das aspirações sociais daquela quadra histórica, o que se percebeu intensamente durante as duas últimas décadas do século passado.

2. POSSE DE ESTADO DE FILHO: AFETIVIDADE

Nesse contexto de descompasso entre o direito e a realidade, surgiram alguns corajosos doutrinadores que não se conformaram com o quadro de injustiças que estava a se apresentar e passaram a buscar alternativas para atenuar esta distância. Ante a ausência de reformas legislativas nesse sentido, criativamente passaram a perscrutar outras alternativas.[7]

Um autor que desempenhou papel central nessa cruzada por uma abertura da filiação no direito brasileiro certamente foi Luiz Edson Fachin. Umas das suas primeiras preocupações foi desvelar o quadro de então, que, ao priorizar presunções formais como a *pater ist est*, acabava por afastar o direito da realidade. Defensor da *força construtiva dos fatos sociais*, não fez ouvidos moucos para o conhecido ditado popular "pai é quem cria".

Dentre as premissas que incentivaram tais reflexões estavam as precursoras constatações de João Baptista Vilella, com seu trabalho intitulado a *"Desbiologização da paternidade"* (datado de 1979),[8] no qual o professor mineiro sustentou que o vínculo da paternidade é um dado muito mais cultural e social, do que apenas decorrente de um elo biológico. Estas lições auxiliaram na desconstrução de um dos pilares do regime de filiação que vigorava até então e, assim, abriu espaço para outras possibilidades.

A partir disso, disseminou o que se passou a designar como *posse de estado de filiação*, baseado no conhecido instituto romano. Esta locução procurava permitir o reconhecimento de uma filiação preexistente na realidade concreta, mesmo sem o atendimento dos rigorosos requisitos formais previstos em lei (era a semente que faria germinar um necessário espaço de subjetividade no direito de família brasileiro, no qual floresceria a afetividade). Atualmente, encontramos referências mais constantes

---

6. FACHIN, Luiz Edson. *Da paternidade*: Relação Biológica e Afetiva. Belo Horizonte: Del Rey, 1996.
7. VELOSO, Zeno. *Direito brasileiro da filiação e paternidade*. São Paulo: Malheiros, 1997.
8. VILLELA, João Baptista. A Desbiologização da Paternidade. *Revista da Faculdade de Direito da Universidade Federal de Minas Gerais*, Belo Horizonte, UFMG, ano XXVII, n. 21, maio 1979.

ao denominador socioafetividade, o qual atualiza os conceitos que estavam subjacentes à noção de *posse de estado*.

Tais reflexões questionavam tanto as presunções fictícias da legislação como o 'biologismo' crescente.[9] Colocava-se em xeque a prevalência e os obstáculos que se punham ao questionamento da presunção *pater is est* (adotada pelo sistema brasileiro de 1916), bem como declarava-se insuficiente a mera inclusão do critério biológico no sistema de filiação, conforme suscitado por algumas reformas legislativas que se processavam.

Era necessária uma abertura que comportasse o reconhecimento da paternidade oriunda da *posse de estado de filho*[10] (para a qual concorreriam três critérios: *nomen, tractatus, fama*). Ou seja, uma paternidade consubstanciada pela realidade concreta (portanto, em certo aspecto, também *sociológica*).

Ainda sob a égide do Código de 1916, que não acolhia a *posse de estado* e era rígido no respeito à presunção *pater is est*, afirmava: "percebe-se, de fato, que é saliente o seu valor instrumental, isto é, a posse de estado serve para revelar a face socioafetiva da filiação".[11] Essa leitura auxiliou a percepção do caráter tríplice que envolvia a questão da paternidade: o aspecto biológico, o afetivo e o jurídico, o que viria a contribuir para a difusão da afetividade presente em tais relações a partir da defesa da utilização do critério da *posse de estado*:

> A efetiva relação paterno-filial requer mais que a natural descendência genética e não se basta na explicação jurídica dessa informação biológica. Busca-se, então, a verdadeira paternidade. Assim, para além da paternidade biológica e da paternidade jurídica, à completa integração pai-mãe-filho agrega-se um elemento a mais. Esse outro elemento se revela na afirmação de que a *paternidade se constrói*; não é apenas um dado: ela se faz. O pai já não pode ser apenas aquele que emprestou sua colaboração na geração genética da criança; também pode não ser aquele a quem o ordenamento jurídico presuntivamente atribui a paternidade. Ao dizer que a paternidade se constrói, toma lugar de vulto, na relação paterno-filial, uma verdade socioafetiva, que, no plano jurídico, recupera a noção da posse de estado de filho.[12]

A partir disso, toma corpo uma orientação que sustentava a convivência entre as esferas biológica e afetiva, em decorrência do que era firme na defesa da necessidade de reforma do sistema de filiação com o fito de corresponder às transformações trazidas pela Constituição, e pelas quais passou a própria noção de família: "a construção de um novo

---

9. Conforme já tivemos a oportunidade de sustentar em: CALDERÓN, Ricardo. *Princípio da afetividade no direito de família*. Rio de Janeiro: Forense, 2017.
10. Registre-se que Guilherme de Oliveira também via com bons olhos o reforço na utilização da *posse de estado de filho*, com o objetivo de arrefecer o biologismo crescente e atenuar o rigor das presunções legais: "Usei propositadamente a expressão vaga de «consolidação da família» ou a do «nascimento da verdade sociológica» sem me referir ao meio técnico idôneo para captar essa realidade fulcral na economia do regime – e pensava na *posse de estado*. É um conceito velho, bem conhecido da doutrina e da jurisprudência portuguesa, e que, por este motivo, colheria uma boa aceitação do foro; é, além disso, um conceito maleável, capaz de exprimir subtilmente a realidade da vida familiar e dos interesses que se confrontam." (OLIVEIRA, Guilherme de. *Critério jurídico da paternidade*. Reimp. Coimbra: Almedina, 2003, p. 445).
11. FACHIN, Luiz Edson. *Estabelecimento da filiação e paternidade presumida*. Porto Alegre: Fabris, p. 160.
12. FACHIN, Luiz Edson. *Estabelecimento da filiação e paternidade presumida*. Op. cit., p. 23.

sistema de filiação emerge como imperativa, posto que a alteração da concepção jurídica de família conduz necessariamente à mudança da ordenação jurídica da filiação".[13]

O indicativo da tese pela convivência entre as esferas biológica e afetiva, apontava para a superação do embate entre os defensores de cada uma delas, eis que ambas deveriam conviver em um sistema de filiação coerente com o estágio social alcançado:[14] "é tempo de encontrar, na tese (conceito biologista) e na suposta antítese (conceito socioafetivo), espaço de convivência e também de dissociação".[15]

A alteração de paradigma que se processou na família exigia a revisão de muitas das concepções tidas como sólidas até então, muitas delas no sentido de acolher o vínculo afetivo:

> Na transformação da família e de seu Direito, o transcurso apanha uma "comunidade de sangue" e celebra, ao final deste século, a possibilidade de uma "comunidade de afeto". Novos modos de definir o próprio Direito de Família. Direito esse não imune à família como refúgio afetivo, centro de intercâmbio pessoal e emanador da felicidade possível.[16]

A partir de uma perspectiva civil-constitucional, passou a ser corrente a citação da afetividade como elemento relevante no trato das várias questões do direito de família, não apenas na temática da relação filial. A constitucionalização do direito de família como um todo envolveria, juntamente com a obediência aos princípios constitucionais,[17] uma abertura que veio a viabilizar a leitura jurídica da afetividade.

Nesse trilhar, a afetividade perpassaria vários aspectos da tutela da família, sempre com relevância ímpar, mas sem qualquer pretensão de supremacia ou impositividade.[18] A partir dessas premissas a doutrina brasileira impulsionou o tema, desenhando uma travessia que teve a sua partida no seu reconhecimento (na margem) até sua sustentação como vetor das relações familiares contemporâneas (ao centro).

Esta abertura do direito de família para questões subjetivas como a afetividade permitiu, paulatinamente, uma aproximação das categorias jurídicas com a realidade concreta. A partir de então foi possível perceber, de certo modo, alguma sintonia com o caminho trilhado pela própria sociedade no que refere aos relacionamentos familiares.

Como visto, muitas dessas colaborações doutrinárias serviram de argamassa para a edificação da significação jurídica da afetividade. Assim, resta patente a relevância destas lições na ressignificação da temática da filiação no direito brasileiro, visto que

---

13. FACHIN, Luiz Edson. *Da paternidade*: relação biológica e afetiva. Op. cit., p. 55.
14. FACHIN, Luiz Edson. *Direito de família*. Elementos críticos à luz do novo Código Civil brasileiro. Op. cit., p. 302-321.
15. FACHIN, Luiz Edson. Paternidade e Ascendência Genética. Op. cit., p. 172.
16. FACHIN, Luiz Edson. *Direito de família*: Elementos críticos à luz do novo Código Civil brasileiro. Op. cit., p. 317-318.
17. TEPEDINO, Gustavo. A disciplina civil-constitucional das relações familiares. In: COMAILLE, Jacques et al. *A Nova Família*: problemas e perspectivas. Rio de Janeiro: Renovar, 1997.
18. FACHIN, Luiz Edson. *Direito de família*: Elementos críticos à luz do novo Código Civil brasileiro. Op. cit., p. 323.

estas premissas conferiram a base para o, hoje consagrado, princípio da afetividade no direito de família.[19]

3. LEITURA JURÍDICA DA AFETIVIDADE

A assimilação da *posse de estado de filho* foi a porta de entrada para que a afetividade obtivesse assento no direito de família brasileiro. A imbricação entre as referidas temáticas é evidente, com a última dotada de uma maior amplitude.

A Constituição Federal traz relevantes diretrizes sobre a filiação, o que deve ser observado no acertamento dos casos concretos.[20] Por sua vez, o Código Civil de 2002 também traz uma regulação que acolhe a socioafetividade nas relações de parentalidade.[21]

Atualmente, a afetividade se tornou o novo vetor dos relacionamentos familiares,[22] o que exigiu do Direito a sua consequente tradução jurídica. Uma das exigências que decorrem desse novo contexto é a busca por uma apuração escorreita do sentido jurídico da afetividade, de modo a viabilizar a sua aplicação no acertamento de casos concretos.

As manifestações exteriorizadas de afeto podem ser captadas pelos filtros do Direito, pois fatos jurídicos representativos de uma relação afetiva são assimiláveis no curso de um processo judicial. Por outro lado, é inegável que o afeto em si é efetivamente um sentimento anímico, inapreensível de forma direta pelo atual sistema jurídico, o que desaconselha que os juristas se aventurem na sua apuração abstrata. Consequentemente, resta tratar juridicamente apenas das atividades exteriorizadoras de afeto (afetividade), um conjunto de atos concretos representativos de um dado sentimento afetivo por outrem (esses atos concretos são captáveis pelo Direito, por intermédio dos seus meios usuais

---

19. Conforme detalhamos na obra: CALDERÓN, Ricardo Lucas. *Princípio da afetividade no direito de família*. Rio de Janeiro: Renovar, 2013.
20. CF: art. 226 – "§ 5º Os direitos e deveres referentes à sociedade conjugal são exercidos igualmente pelo homem e pela mulher".
    CF: art. 226 – "§ 7º Fundado nos princípios da dignidade da pessoa humana e da paternidade responsável, o planejamento familiar é livre decisão do casal, competindo ao Estado propiciar recursos educacionais e científicos para o exercício desse direito, vedada qualquer forma coercitiva por parte de instituições oficiais ou privadas".
    CF: "art. 227 – § 6º Os filhos, havidos ou não da relação do casamento, ou por adoção, terão os mesmos direitos e qualificações, proibidas quaisquer designações discriminatórias relativas à filiação".
21. CC: "Art. 1.593. O parentesco é natural ou civil, conforme resulte de consanguinidade ou outra origem".
    CC: "Art. 1.596. Os filhos, havidos ou não da relação de casamento, ou por adoção, terão os mesmos direitos e qualificações, proibidas quaisquer designações discriminatórias relativas à filiação".
    CC: "Art. 1.597. Presumem-se concebidos na constância do casamento os filhos:
    I – nascidos cento e oitenta dias, pelo menos, depois de estabelecida a convivência conjugal;
    II – nascidos nos trezentos dias subsequentes à dissolução da sociedade conjugal, por morte, separação judicial, nulidade e anulação do casamento;
    III – havidos por fecundação artificial homóloga, mesmo que falecido o marido;
    IV – havidos, a qualquer tempo, quando se tratar de embriões excedentários, decorrentes de concepção artificial homóloga;
    V – havidos por inseminação artificial heteróloga, desde que tenha prévia autorização do marido."
22. HIRONAKA, Giselda Maria Fernandes Novaes. Sobre Peixes e Afetos – Um Devaneio Acerca da Ética no Direito. In: PEREIRA, Rodrigo da Cunha (Org.). *Anais do V Congresso Brasileiro de Direito de Família*. São Paulo: IOB Thompson, 2006.

de prova). Finalmente, resta possível sustentar que a socioafetividade se constitui no reconhecimento no meio social de uma dada manifestação de afetividade, percepção por uma dada coletividade de uma relação afetiva (repercussão também captável pelo Direito, pelos seus meios usuais de prova).[23]

Stefano Rodotà descreveu, com a maestria que lhe é peculiar, como o Direito paulatinamente criou barreiras para o reconhecimento jurídico das relações amorosas, afetivas e sentimentais, e como elas o afastaram da realidade dos relacionamentos humanos. Um equívoco que merece ser revisto. Para o mestre italiano, ao ignorar e restringir esse aspecto subjetivo das pessoas, o direito suprime um traço relevantíssimo do ser humano, o que é inapropriado.[24]

Ainda que se parta de uma análise transdisciplinar, é inarredável aportar em uma tradução jurídica da afetividade, que não deve restar atrelada a aspectos subjetivos ou inapreensíveis concretamente. Face o Direito laborar com fatos jurídicos concretos estes devem ser os alicerces que demarcarão a significação jurídica da afetividade.

A leitura jurídica da afetividade deve ser realizada sempre com uma lente objetiva, a partir da persecução de fatos concretos que permitam sua averiguação no plano fático: uma afetividade jurídica objetiva. Corolário disso, a percepção que o princípio da afetividade jurídica possui duas dimensões: a *objetiva*, que é retratada pela presença de eventos representativos de uma expressão de afetividade, ou seja, fatos sociais que indiquem a presença de uma manifestação afetiva; e a *subjetiva*, que refere ao afeto anímico em si, o sentimento propriamente dito. A verificação dessa dimensão subjetiva certamente foge ao Direito e, portanto, será sempre presumida, o que permite dizer que, constatada a presença da *dimensão objetiva* da afetividade, restará desde logo presumida a sua *dimensão subjetiva*. Em outras palavras, "nessas situações, é possível até presumir a presença do sentimento de afeto. Sendo ação, a conduta afetiva é um dever e pode ser imposta pelo Judiciário, presente ou não o sentimento".[25]

As últimas edições da obra clássica de Caio Mário da Silva Pereira aderem a essa proposição de leitura objetiva da afetividade jurídica:

> O princípio jurídico da afetividade, em que pese não estar positivado no texto constitucional, pode ser considerado um princípio jurídico, à medida que seu conceito é construído por meio de uma interpretação sistemática da Constituição Federal (art. 5º, § 2º, CF) princípio é uma das grandes conquistas advindas da família contemporânea, receptáculo de reciprocidade de sentimentos e responsabilidades. (...) o princípio da afetividade possui duas dimensões: uma objetiva e outra subjetiva.[26]

---

23. Conforme já tivemos a oportunidade de sustentar: CALDERÓN, Ricardo Lucas. *Princípio da afetividade no direito de família*. Rio de Janeiro: Renovar, 2013.
24. RODOTÀ, Stefano. *Diritto D'amore*. Bari: Laterza, 2015. p. 7.
25. PEREIRA, Rodrigo da Cunha. *Dicionário de Direito de Família e Sucessões*: ilustrado. São Paulo: Saraiva, 2015. p. 70.
26. PEREIRA, Caio Mário da Silva. *Instituições de Direito Civil. Família*. 22. ed. rev., atual. e ampl. Rio de Janeiro: Forense, 2014. v. 5, p. 65-66.

A partir destes pressupostos é possível sustentar que a socioafetividade representa o reconhecimento no meio social de manifestações afetivas concretas. Em que pese inicialmente possa parecer árduo ao Direito lidar com um tema tão subjetivo, não raro alguns institutos jurídicos igualmente subjetivos são apurados de maneira similar (v.g. a boa-fé). Eventos que podem evidenciar a afetividade são manifestações especiais de cuidado, entreajuda, afeição explícita, carinho, comunhão de vida, convivência mútua, mantença alheia, coabitação, projeto de vida em conjunto, existência ou planejamento de prole comum, proteção recíproca, acumulação patrimonial compartilhada, dentre outros.

O Superior Tribunal de Justiça foi um dos precursores na edificação do sentido de socioafetividade para o Direito de Família brasileiro, visto que acolhe essa categoria há mais de duas décadas, mesmo quando inexistia qualquer lei expressa a respeito dessa temática. Esta categoria foi consolidada em um profícuo diálogo travado entre a literatura jurídica de direito de família (dentre outros: João Baptista Vilella,[27] Luiz Edson Fachin, Zeno Veloso[28] e Paulo Luiz Netto Lobo) e a jurisprudência (em particular, do próprio Superior Tribunal de Justiça).[29]

O conceito de filiação de Paulo Lobo envolve o vínculo decorrente da socioafetividade, expresso mediante a noção da *posse de estado*:

> Filiação é conceito relacional; é a relação de parentesco que se estabelece entre duas pessoas, uma das quais nascida da outra, ou adotada, ou vinculada mediante posse de estado de filiação ou por concepção derivada de inseminação artificial heteróloga.[30]

Impende destacar que os vínculos socioafetivos passam a refletir, até mesmo, nos conceitos jusfamiliares dos doutrinadores brasileiros: como na definição de família, parentesco e filiação. Muitas destas conceituações veiculam claramente elementos atrelados aos elos afetivos.

O avanço da afetividade nas questões familiares é percebido também no direito comparado, como se percebe nas palavras de Pietro Perlingieri:

> O sangue e o afeto são razões autônomas de justificação para o momento constitutivo da família, mas o perfil consensual e a *affectio* constante e espontânea exercem cada vez mais o papel de denominador comum de qualquer núcleo familiar. O merecimento de tutela da família não diz respeito exclusivamente às relações de sangue, mas, sobretudo, àquelas afetivas que se traduzem em comunhão espiritual e de vida.[31]

---

27. VILLELA, João Baptista. A desbiologização da paternidade. *Revista da Faculdade de Direito da Universidade Federal de Minas Gerais*, ano XXVII, n. 21, Belo Horizonte: UFMG, maio 1979.
28. VELOSO, Zeno. *Direito brasileiro da filiação e paternidade*. São Paulo: Malheiros, 1997.
29. LOBO, Paulo Luiz Netto. Socioafetividade no direito de família: a persistente trajetória de um conceito fundamental. *Revista Brasileira de Direito das Famílias e Sucessões*. v. 5. Porto Alegre, Magister; Belo Horizonte, IBDFAM, ago./set. 2008.
30. LÔBO, Paulo Luiz Netto. *Direito Civil* – Famílias. São Paulo: Saraiva, 2008. p. 192.
31. PERLINGIERI, Pietro. *Perfis do Direito Civil*: introdução ao direito civil-constitucional. Trad. Maria Cristina de Cicco. 3. ed. Rio de Janeiro: Renovar, 2002. p. 244.

Atualmente é amplamente reconhecido o princípio da afetividade como diretriz contemporânea a ser observada quando do trato das relações familiares, o que possui respaldo doutrinário e jurisprudencial.

4. DIREITO DE FILIAÇÃO X DIREITO AO CONHECIMENTO DA ASCENDÊNCIA GENÉTICA

Outra projeção relevante é a distinção entre o *direito de filiação* e o *direito de conhecer a ascendência genética*,[32] tese há muito sustentada por diversos autores.[33]

Paulatinamente o direito civil assimila esta distinção, que vem sendo citada em várias obras e, também, aparece veiculada em muitas decisões judiciais. Exemplo disso, as deliberações que indicam na manutenção de uma filiação socioafetiva, mesmo com a comprovação da ausência do vínculo biológico,[34] em total acordo com o sentido civil-constitucional de filiação apurado pelo direito de família contemporâneo, que é uníssono em afirmar que a paternidade não decorre apenas da descendência genética.[35]

Para uma exata compreensão do que se está a discutir, merece destaque a distinção entre parentesco e ascendência genética, sustentada por parte substancial da doutrina jusfamiliarista brasileira.[36] Essa diferenciação se extrai a partir do disposto no artigo 227, § 6º, da CF, no artigo 1.596 do Código Civil, e também é retrato da evolução das relações familiares na própria sociedade. O reconhecimento da socioafetividade como suficiente vínculo parental permite perceber que nem sempre a filiação estará atrelada à descendência genética.[37]

No que concerne aos vínculos paterno-filiais, tal ordem de ideias resultou na edificação da distinção entre o *direito ao conhecimento da origem genética* e o *direito de ver reconhecida uma relação parental* (tidas como distintas por grande parte dos autores e da jurisprudência).[38]

---

32. FACHIN, Luiz Edson. Paternidade e Ascendência Genética. In: LEITE, Eduardo de Oliveira (Coord.) *Grandes temas da atualidade*: DNA como meio de prova da filiação. Rio de Janeiro: Forense, 2002.
33. CALDERON, Ricardo. Socioafetividade na Filiação: Análise da Decisão Proferida pelo STJ no REsp 1.613.641/MG. *Revista Brasileira de Direito Civil*, v. 13, p. 141, 2017.
34. STJ, REsp 1.330.404/RS, Terceira Turma, Rel. Min. Marco Aurélio Bellizze.
35. "A paternidade socioafetiva é a relação paterno-filial que se forma a partir do afeto, do cuidado, do carinho, da atenção e do amor que, ao longo dos anos, se constrói em convivência familiar, em assistência moral e compromisso patrimonial. O sólido relacionamento afetivo paterno-filial vai formando responsabilidades e referenciais, inculcando, pelo exercício da paternagem, elementos fundamentais e preponderantes na formação, construção e definição da identidade da pessoa. E assim, a relação paterno-filial vai sendo reconhecida não só entre os parentes do grupo familiar, mas também entre terceiros (padrinhos, vizinhos e colegas)." PORTANOVA, Rui. *Ações de Filiação e paternidade socioafetiva*. Porto Alegre: Livraria do Advogado, 2016. p. 19.
36. MADALENO, Rolf. *Curso de Direito de Família*. 5. ed., rev. atual. ampl. Rio de Janeiro: Forense, 2013. p. 485.
37. GAMA, Guilherme Calmon Nogueira da. *A nova filiação, o biodireito e as relações parentais, de acordo com o novo Código Civil*. Rio de Janeiro: Renovar, 2003. p. 907.
38. TJ/RS, AC 70031164676, 8ª C.C., Rel. Des. Rui Portanova, DJERS 24.09.2009.

O estado de filiação não está – direta e necessariamente – ligado aos vínculos biológicos. Não raro, os pais jurídicos não são os respectivos ascendentes genéticos. O estado de filiação também pode restar presente por intermédio de um vínculo socioafetivo, registral, adotivo, em decorrência da incidência das presunções legais ou, ainda, pelas hipóteses de reprodução assistida.

Assim, existindo um estado de filiação estabelecido de forma hígida e regular, em regra este não pode ser impugnado judicialmente apenas com base na alegação de ausência de vínculo biológico. Em outras palavras, nem todas as paternidades estão consubstanciadas em vínculos biológicos.[39]

Resulta disso a percepção de que o estado de filiação possui um sentido civil-constitucional plural que não pode ser objeto de uma leitura reducionista, sob pena de se incorrer até mesmo em reprovável inconstitucionalidade.[40] Como visto, os vínculos de filiação podem ser *biológicos, presuntivos, adotivos, registrais ou socioafetivos*. Essa especial relação de parentesco tem seu contorno delineado pelo *direito de família*, e nem sempre está agregada ao elo biológico, como visto. Diante disso, para além de aspectos sanguíneos, o que deve ser objeto de escrutínio são os fatos concretos que efetivamente consubstanciam uma dada relação parental.

Outro sentido teria o que se denomina como direito ao conhecimento à origem genética, típico *direito da personalidade*, que envolve o direito da pessoa – a qualquer tempo – ter ciência da sua ancestralidade biológica, mas sem necessariamente se estenderem daí os efeitos do parentesco.[41] Ou seja, é direito de todos averiguar judicialmente seu ascendente genético, mas não deriva daí, necessariamente, qualquer relação de parentesco, máxime quando esta já estiver estabelecida com outrem. A vinculação biológica pode – ou não – influir na relação de filiação, sempre a depender das peculiaridades do caso concreto.

Conforme assevera Paulo Luiz Netto Lôbo,[42] "pai é quem cria, ascendente quem gera", e prossegue:

> O estado de filiação, que decorre da estabilidade dos laços afetivos construídos no cotidiano de pai e filho, constitui fundamento essencial de atribuição de paternidade e maternidade. Nada tem a ver com o direito de cada pessoa ao conhecimento de sua origem genética. São duas situações distintas, tendo a primeira natureza de direito de família e a segunda, de direito da personalidade. As normas de regência e os efeitos jurídicos não se confundem nem se interpenetram.

---

39. OLIVEIRA, Guilherme de. *Critério jurídico da paternidade*. Reimp. Coimbra: Almedina, 2003.
40. TEPEDINO, Gustavo. A disciplina civil-constitucional das relações familiares. In: COMAILLE, Jacques et al. *A nova família*: problemas e perspectivas. Rio de Janeiro: Renovar, 1997.
41. FACHIN, Luiz Edson. Do direito de família. Do direito pessoal. Das relações de parentesco. Arts. 1.591 a 1.638. In: TEIXEIRA, Sálvio de Figueiredo (Coord.). *Comentários ao Novo Código Civil*. Rio de Janeiro: Forense, 2008. v. XVIII. p. 112-113.
42. LÔBO, Paulo Luiz Netto. Direito ao estado de filiação e direito à origem genética: uma distinção necessária. In: PEREIRA, Rodrigo da Cunha (Org.). *Anais... IV Congresso Brasileiro de Direito de Família*. Belo Horizonte: Del Rey, 2004, p. 523.

Muito mais do que apenas um dado objetivo (biológico), sedimentou-se o entendimento de que a parentalidade se constitui um dado cultural (sociológico),[43] e, consequentemente, ser pai ou mãe nos dias de hoje é uma *função*.[44]

O entendimento prevalecente é o de que sem prova de qualquer vício do consentimento quando do registro da filiação, deve ser mantido o vínculo filial, ainda que ausente a descendência genética.

Na esteira do que se está a afirmar, a averiguação da desconstituição ou não de uma dada paternidade exige muito mais do que a mera comprovação da ausência de descendência biológica, no exato entendimento externado pelo acórdão do STJ ora comentado. Os elos socioafetivos e registrais regularmente constituídos são mais que suficientes para sustentar uma filiação.

5. MULTIPARENTALIDADE

Em meados de 2016, o Supremo Tribunal Federal proferiu uma decisão paradigmática sobre filiação ao deliberar sobre o tema da Repercussão Geral 622, na qual restou acolhida a possibilidade jurídica da multiparentalidade.[45] A dinâmica do Direito fez com que o acolhimento da posse de estado de filho e dos vínculos afetivos trouxesse o seguinte questionamento: seria possível acumular de forma concomitante mais de dois vínculos de paternidade (uma biológica e outra afetiva)? A resposta do STF foi positiva.

> Recurso extraordinário. Repercussão geral reconhecida. Direito civil e constitucional. Conflito entre paternidades socioafetiva e biológica. Paradigma do casamento. Superação pela constituição de 1988. Eixo central do direito de família: deslocamento para o plano constitucional. Sobre princípio da dignidade humana (art. 1º, III, da CRFB). Superação de óbices legais ao pleno desenvolvimento das famílias. Direito à busca da felicidade. Princípio constitucional implícito. Indivíduo como centro do ordenamento jurídico-político. Impossibilidade de redução das realidades familiares a modelos pré-concebidos. Atipicidade constitucional do conceito de entidades familiares. União estável (art. 226, § 3º, CRFB) e família monoparental (art. 226, § 4º, CRFB). Vedação à discriminação e hierarquização entre espécies de filiação (art. 227, § 6º, CRFB). Parentalidade presuntiva, biológica ou afetiva. Necessidade de tutela jurídica ampla. Multiplicidade de vínculos parentais. Reconhecimento concomitante. Possibilidade. Pluriparentalidade. Princípio da paternidade responsável (art. 226, § 7º, CRFB). Recurso a que se nega provimento. Fixação de tese para aplicação a casos semelhantes.
>
> *STF. RE 898060/SC*

Após estudar por muitos anos a temática da afetividade, o destino me conferiu a honra de participar desse emblemático julgamento, quando tive a oportunidade de atuar

---
43. Na esteira das embrionárias lições de João Baptista Villela, no Brasil, e de Guilherme de Oliveira em Portugal; mais recentemente, os autores Luiz Edson Fachin, Paulo Luiz Netto Lôbo e Zeno Veloso (dentre tantos outros) são alguns que argumentam no mesmo sentido na literatura jurídica brasileira.
44. BARBOZA, Heloisa Helena. Entrevista. *Informativo IBDFam*, n. 74, p. 3. maio/jun. 2012.
45. Na oportunidade, tive a honra de representar na tribuna do STF o IBDFAM – Instituto Brasileiro de Direito de Família, *Amicus Curiae* nesse emblemático julgamento. CALDERON, Ricardo. Multiparentalidade acolhida pelo STF: análise da decisão proferida no RE 898060-SC. *Revista IBDFam Família e Sucessões*, v. 22, p. 169-194, 2017.

como advogado nesse caso, tendo inclusive sustentado na tribuna do STF em nome do Instituto Brasileiro de Direito de Família-IBDFAM, *Amicus Curiae* na causa.

Ao acolher a multiparentalidade, o STF aprovou uma relevante tese sobre Direito de Família, delineando o sentido da parentalidade no atual cenário jurídico brasileiro. O tema de Repercussão Geral 622,[46] de Relatoria do Ministro Luiz Fux, envolvia a análise de uma eventual "prevalência da paternidade socioafetiva em detrimento da paternidade biológica".[47] Ao deliberar sobre o mérito da questão, o STF optou por não afirmar nenhuma prevalência entre as referidas modalidades de vínculo parental, apontando para a possibilidade de coexistência de ambas.

A importância do referido caso foi destacada pelo próprio voto do Ministro relator já ao início da sua manifestação, quando afirmou que:

> O caso ora em julgamento, seja qual for o resultado proclamado pelo colegiado, constituirá precedente essencial para a definição do estatuto constitucional das famílias, em especial a densificação conceitual de um dos componentes mais elementares dos direitos da personalidade: a filiação.

Como previsto, a decisão foi realmente emblemática, visto que redefiniu os contornos da filiação no nosso Direito de Família, tanto é que segue reverberando na doutrina e na jurisprudência, com projeções de várias ordens.

O caso paradigma envolvia uma situação na qual se discutia o reconhecimento tardio de uma paternidade biológica não vivenciada, em substituição a uma paternidade socioafetiva registral e concretamente vivenciada. Após deliberar sobre o referido caso concreto aquele tribunal aprovou a seguinte tese:

> A paternidade socioafetiva, declarada ou não em registro público, não impede o reconhecimento do vínculo de filiação concomitante baseado na origem biológica, com os efeitos jurídicos próprios.

Ao apreciar a temática subjacente à referida Repercussão Geral, o plenário do Supremo Tribunal Federal, aprovou a tese acima descrita, que servirá de diretriz para casos semelhantes, inclusive com efeito vinculante. A disposição é explícita em afirmar a possibilidade de cumulação de uma paternidade socioafetiva concomitantemente com outra paternidade biológica, mantendo-se ambas em determinado caso concreto, admitindo a existência jurídica de dois pais, com vínculos de filiação reconhecidos com todos os efeitos jurídicos.

Ao prever expressamente a pluralidade de vínculos familiares, nossa Corte Suprema consagra um importante avanço: o reconhecimento da multiparentalidade. A manifestação de um tribunal superior pela possibilidade de reconhecimento jurídico de ambas

---

46. A sessão que fixou a tese foi realizada no dia 21.09.2016, em deliberação do pleno do STF. O caso que balizou a apreciação do tema foi o RE 898060/SC, no qual o Instituto Brasileiro de Direito de Família-IBDFAM atuou como *Amicus Curiae*.
47. Esse trecho constava no acórdão do plenário virtual que reconheceu a repercussão geral do tema.

as paternidades, socioafetiva e biológica, de forma concomitante, merece destaque, pois deixou novamente o Brasil na vanguarda mundial do Direito de Família.

Outro aspecto digno de nota é que a conclusão do STF foi extraída a partir de uma hermenêutica civil-constitucional, robustecida por princípios e valores constitucionais, o que se mostra adequado e necessário, já que para edificar a solução do caso, o Supremo partiu do problema concreto ao sistema jurídico, a seguir analisou o conjunto de normas do nosso ordenamento a partir da Constituição Federal, perpassando pelas disposições do Código Civil e demais leis pertinentes. Ao final, chegou-se a interessante solução, para a qual inexistia legislação prévia explícita a respeito.

A perspectiva hermenêutica aplicada ao caso permitiu que, mesmo sem lei que preveja expressamente a multiparentalidade no direito brasileiro, o Supremo Tribunal Federal acolhesse essa possibilidade jurídica. Com isso, forneceu aos operadores do Direito mais uma opção ao "cardápio de soluções jurídicas".

Esses novos conflitos familiares refletem alguns dos desafios que as múltiplas relações interpessoais apresentam aos juristas. No complexo, fragmentado e líquido cenário da atualidade, a possibilidade de pluralidade de vínculos parentais é uma realidade fática que exige alguma acomodação.

6. REGISTRO EXTRAJUDICIAL DA FILIAÇÃO SOCIOAFETIVA

Em novembro de 2017, o Conselho Nacional de Justiça aprovou o Provimento 63, pelo qual passou a permitir o registro extrajudicial da filiação socioafetiva, o que é um avanço e pode beneficiar um grande número de pessoas. Até então, em regra as relações socioafetivas exigiam uma ação judicial para que pudessem ter reconhecimento jurídico, ainda que o pleito fosse consensual. O CNJ alterou este regramento em 2019, pelo provimento 83, mantendo a possibilidade destes reconhecimentos para crianças maiores de 12 anos de idade.

A possibilidade de registro de paternidades e maternidade socioafetivas diretamente nos Cartórios de Registro Civil é prova representativa da assimilação da afetividade no direito de família brasileiro. Os vínculos filiais representados pela posse de estado de filho não demandam mais uma ação judicial para a sua formalização, pois quando tal pleito for consensual, e caso atenda os demais requisitos legais dos referidos provimentos, poderá ser concretizado diretamente na serventia cartorial.

Os provimentos permitem inclusive o registro de relações multiparentais consensuais diretamente no cartório, o que está explícito no art. 14 do Prov. 63 (até dois pais e até duas mães).

O movimento de extrajudicialização do direito civil justifica a natureza das medidas implementadas. Estes regramentos são mais um capítulo da trajetória iniciada com o acolhimento da *posse de estado de filho* e bem retratam o dinamismo do direito de família brasileiro.

7. CONSIDERAÇÕES FINAIS

Na temática da filiação, a compreensão do percurso construtivo iniciado com o acolhimento da afetividade certamente auxilia na compreensão de algumas das atuais decisões paradigmáticas do direito de família brasileiro, muitas delas lastreadas pelo amálgama da afetividade.

Algumas dessas conquistas contaram com a contribuição das lições de Luiz Edson Fachin, um dos pioneiros a buscar um maior reconhecimento jurídico para as relações afetivas presentes na realidade concreta.

Nas suas próprias palavras:

> Eis que se impõe um desafio ao Direito Civil contemporâneo: (re)pensar as transformações da família, as novas formas de convivência familiar, o afeto e a solidariedade com pontos nodais de uma estrutura cujo futuro próximo já arrosta no porvir buscando superar o formalismo e reaproximar o Direito da realidade.[48]

---

48. FACHIN, Luiz Edson. *Prefácio* da obra: CALDERON, Ricardo. *Princípio da afetividade no direito de família*. 2. ed. rev. atual. e ampl. Rio de Janeiro: Forense, 2017. p. XVI.

VULNERABILIDADES PELA POLIGAMIA: UM ESTUDO A PARTIR DO PLURALISMO E DAS PRÁTICAS ENTRE INDÍGENAS E "TRISAIS"

Igor Alves Pinto

Bruno Henrique da Silva Chaves

> **Sumário:** 1. Poligamia indígena e a demanda por reconhecimento do estado no caso Waiãpi – 2. A monogamia em debate no CNJ – 3. "É tema praticamente ausente na vida social, (...) Pouco debatido na comunidade jurídica" (Brasil, 2018) – 4. "A diversidade de experiências e a falta de amadurecimento do debate inabilita o 'poliafeto' como instituidor de entidade familiar no atual estágio da sociedade e da compreensão jurisprudencial" (Brasil, 2018) – 5. "Uniões formadas por mais de dois cônjuges sofrem forte repulsa social" (Brasil, 2018) – 6. Futuramente, caso haja o amadurecimento da "união poliafetiva" como entidade familiar na sociedade brasileira, a matéria pode ser disciplinada por lei destinada a tratar das suas especificidades, pois as regras que regulam relacionamentos monogâmicos não são hábeis a regular a vida amorosa "poliafetiva", que é mais complexa e sujeita a conflitos em razão da maior quantidade de vínculos (Brasil, 2018) – 7. Conclusão.

O conceito de vulnerabilidade, como categoria jurídica, tem sido construído com base numa série de legislações esparsas. Além da lei, as demandas sociais por reconhecimento de direitos fazem parte deste percurso. Por essa razão que a teoria política é um ramo importante nesse diálogo com o direito e entende a necessidade de se analisar as políticas identitárias visando entender o papel crítico e transformador que o direito pode assumir (BATISTA, 2018, p. 75[1]). É nessa junção multidisciplinar, com base na prática e na empiria, que nasce a possibilidade de um conceito de vulnerabilidade que dê conta de analisar os problemas da modernidade.

Esse entendimento aponta também para uma reflexão sobre desigualdades. Para se compreender alguém como vulnerável, é preciso perceber o papel que a desigualdade ocupa em certa relação social. Fineman (2008)[2] aponta que a noção de igualdade formal (ou liberal) não dá conta de enxergar as desigualdades formadas pelo caráter econômico e consequentemente pela sua capacidade de negociação em uma relação assimétrica.

Por essa razão, é importante analisar a ideia de vulnerabilidade como uma questão existencial. Como coloca Batista (2018, p. 77), "O potencial de ser atingido, de sofrer

---

1. BATISTA, Neimar. AMORIM, Ana R. T. A vulnerabilidade no direito privado: do conceito às aplicações. *Revista Tuiuti*, dossiê FACJUR, n. 57, c.5. Curitiba, 2018.
2. FINEMAN, Martha. The vulnerable subject: achoring equality in the Human Condition. *Yale Jornal of Law and Feminism*. v. 20, n. 1. Yale, 2008.

uma lesão, é ínsito à natureza humana, e os graus que essa vulnerabilidade se apresenta variam no decorrer do curso de vida do sujeito vulnerável.".

Há uma busca por um ideal de igualdade entre as relações de afeto que formam o que consideramos família. Essa busca, todavia, esbarra em questões afetas ao reconhecimento estatal de forma a dar segurança jurídica aos participantes do núcleo familiar.

Dessa maneira, este artigo pretende fazer uma reflexão sobre a vulnerabilidade causada em razão da existência de pessoas que praticam relações não monogâmicas tendo como ponto de partida para este estudo os indígenas e, em momento seguinte, trazendo dados referentes aos "trisais" de forma a entender como esse conceito atravessa grupos sociais distintos mas que demandam, muitas vezes, as mesmas questões perante o Estado.

1. POLIGAMIA INDÍGENA E A DEMANDA POR RECONHECIMENTO DO ESTADO NO CASO WAIÃPI

A primeira questão relevante ao tratar do tema é fazer uma reflexão crítica sobre a cultura indígena. Assim, a própria ideia de uma cultura única, imutável, sem diferenças regionais, deve cair por terra, visto que um estudo mais minucioso demonstra a complexidade cultural pertencente a este povo e suas diversas tribos. Por essa razão, qualquer concepção totalizante que venha dizer, por exemplo, que a "poligamia faz parte da cultura indígena" deve ser analisada com cuidado.

Embora nossa Constituição tenha estabelecido que um dos seus fundamentos é o pluralismo (como pode ser encontrado no artigo 1º, "V"), questionamos até que ponto este entendimento é colocado em prática no país em função de culturas diversas como a indígena, cigana e quilombola? Considerando que a democracia não é uma ditadura da maioria e sim um espaço para as diferenças existirem, vamos fazer uma reflexão sobre a poligamia neste artigo e o papel que ela ocupa.

O reconhecimento constitucional é um passo importante no caminho de valorizar o multiculturalismo e assim dar espaço ao Estado (e no tema que iremos abordar aqui, o judiciário especificamente) para garantir a manutenção de certos aspectos culturais dos povos indígenas.

O caso a ser destacado fala sobre a relação poligâmica entre os Waiãpi. A tribo é falante da língua Tupi, que ocupa região delimitada pelos rios Oiapoque, Jari e Araguari no Amapá. Além disso, os Waiãpi têm uma regra de casamento preferencial entre primos cruzados. Possuem como costume também a prática do "levirato" em que a viúva se casa preferencialmente com o irmão do marido falecido e o "sororato" em que o viúvo se casa com a irmã da esposa falecida que tem o formato geralmente poligâmico.

Como Araujo (2015[3]) trata do tema

---

3. ARAUJO, Fabiol S., RESENDE, Ana C. Z. *Pensão por morte e poligamia indígena*: redistribuição ou reconhecimento? Aracaju: CONPEDI, 2015.

A obra Povos indígenas no Brasil traz, em seu volume 3 do ano de 1983, uma visão sobre os povos indígenas do Amapá e do norte do Pará. Abordando o modo de vida dos Waiãpi, ressalta a publicação que um dos tipos de uniões que acontecem de acordo com essa regra é o sororato que ocorre "sob a forma de casamento poligâmico e no caso do viúvo que se casa com a irmã de sua finada esposa." (2015, p. 444)

O caso da relação poligâmica do índio Parara Waiãpi ganhou repercussão nacional, quando em março de 2000 ele faleceu deixando três viúvas e quatro filhos. O problema surgiu, quando estes tentaram receber o saldo do FGTS pois lhes foi exigido que fosse indicado qual das esposas deveria receber o valor depositado.

A discussão foi judicializada em 2004 pelo Ministério Público pedindo não só a divisão (popularmente conhecida como "triação", por dividir em três partes) do valor do FGTS como também o pagamento de pensão por morte para as três viúvas. Em razão da demora do tempo para o julgamento do caso, o MP ajuizou novamente ação no Juizado Especial Federal do Amapá. Ao relatar o caso, Araujo (2015, p. 446)[4] traz o seguinte trecho oral transcrito das discussões:

> Dentre os argumentos levados aos debates travados em audiência de conciliação, constaram a antinomia existente entre o valor monogamia inerente ao sistema constitucional e a tradição poligâmica da tribo Waiãpi e a questão relativa ao pagamento integral ou partilhado da pensão por morte entre as três indígenas viúvas, sob o fundamento do equilíbrio financeiro e atuarial da previdência social

É interessante fazer uma reflexão sobre a dificuldade que a família poligâmica encontrou neste caso para ter acesso aos bens. O primeiro processo judicializado demorou 8 anos em uma discussão sobre de quem era a competência para julgar o caso. Em todo esse período, uma família, já em situação de vulnerabilidade, teve dificuldade de se sustentar em razão da falta de amparo do Estado. Somente na segunda ação foi feita a homologação da proposta para liberação do saldo e das pensões. Entretanto, as pensões não foram concedidas individualmente às esposas e sim uma pensão dividida por três sob a justificativa de que se deveria manter o equilíbrio financeiro da Previdência Social.

O curioso neste caso é pensar que, apesar disso, o Estatuto do Índio, em seu artigo 55, estabelece que o regime da previdência vai se aplicar aos índios levando em conta as suas condições culturais. Sendo assim, fica a questão: não seria o caso de adequar os benefícios previdenciários também à cultura poligâmica desta tribo? Em 2016, mais de dez anos depois do caso, o INSS editou Memorando-Circular Conjunto DIRBEN/PFE/INSS de número 16 visando reconhecer o direito indígena pleiteado no caso Waiãpi e evitar futuros problemas de ordem estritamente previdenciária.

Silva (2000, p. 6[5]) acrescenta nessa linha de pensamento que:

---

4. ARAUJO, Fabiol S.; RESENDE, Ana C. Z. *Pensão por morte e poligamia indígena*: redistribuição ou reconhecimento? Aracaju: CONPEDI, 2015.
5. SILVA, Tomaz T. (Org.). *Identidade e diferença* – a perspectiva dos estudos culturais. Petrópolis: Vozes, 2000.

A identidade e a diferença têm que ser ativamente produzidas. Elas não são criaturas do mundo natural ou de um mundo transcendental, mas do mundo cultural e social. Somos nós que as fabricamos, no contexto de relações culturais e sociais. A identidade e a diferença são criações sociais e culturais.

Por essa razão, tratar dos dados como construção social e cultural é uma forma de pensar também a construção de identidades diferentes. Esse processo dialoga com uma perspectiva pluralista e assim dá conta de entender e tratar com cuidado as vulnerabilidades muitas vezes invisibilizadas nesses processos de lutas por direitos e reconhecimento estatal. Após o caso de reconhecimento da união poliafetiva indígena, o debate passou também a ocorrer na esfera civil pelos cartórios e foi parar no Conselho Nacional de Justiça.

Antes de adentrar no debate do CNJ é importante fazer uma diferenciação entre conceitos que comumente são postos como se a mesma coisa fossem. A discussão sobre a questão indígena fala sobre uniões poligâmicas que tratam de questões relativas ao casamento. Conforme Pilão (2012, p. 64[6]) explica sobre a poligamia, "pressupõe assimetria de gênero, ou seja, há um único polígamo em cada relação. Já no Poliamor, é indispensável que a possibilidade de mais de um relacionamento amoroso simultâneo seja tanto de homens quanto de mulheres." Essa diferenciação é vital para entender que os debates se cruzam enquanto reconhecimento estatal na parte prática mas tem pequenas matizes diferenciadas uma vez que permitem configurações familiares diversas e consequentemente algumas diferenças nas demandas perante o Estado.

2. A MONOGAMIA EM DEBATE NO CNJ

Diante dos questionamentos levantados no tópico anterior, torna-se essencial analisar a decisão do CNJ sobre o registro de escrituras públicas poliafetivas. Em 2018, o Conselho proferiu acórdão contrário à possibilidade do registro de escrituras públicas desta natureza, sendo a primeira vez que as uniões poliafetivas foram apreciadas pelo Poder Judiciário, ainda que essa decisão tenha apenas impactos extrajudiciais. Durante o julgamento, surgiram argumentos contrários e a favor dessa referida entidade familiar, evidenciando-se uma disputa sobre o conceito de família que vai delimitar as consequências jurídicas dessas relações não monogâmicas, similares às que se observa entre os Waiãpi.

Naquela ocasião, o CNJ apreciou o Pedido de Providências[7] formulado pela ADFAS, no qual se fez dois pedidos: (1) de maneira cautelar, a proibição da lavratura de escrituras públicas de "uniões poliafetivas" pelas serventias extrajudiciais do Brasil; e (2) no mérito, a regulamentação da questão pela Corregedoria Nacional de Justiça.

Em resumo, os atos expedidos pelo órgão visam à "regularização e uniformização dos serviços, especialmente os da Justiça, com o objetivo de evitar erros e omissões na

---

6. PILÃO, A. C.; GOLDENBERG, M. Poliamor e monogamia: construindo diferenças e hierarquias. *Revista Ártemis*, v. 13, n. 1, [S. l.], 2012.
7. Pedido de Providências 0001459-08.2016.2.00.0000.

observância da lei".[8] Conforme Regimento Interno no CNJ, a elaboração de normativas pode se dar de ofício ou mediante provocação, como é o caso do Pedido de Providências que, no caso em análise, foi formulado para solicitar que o órgão uniformizasse e regulasse a questão do registro das uniões poliafetivas, uma vez que alguns cartórios estavam realizando e outros não.

Nesse contexto, o referido Pedido de Providências foi elaborado no ano de 2016 em desfavor de dois cartórios, o 3º Tabelião de Notas e Protesto de Letras e Títulos de São Vicente (SP) e o Tabelião de Notas e de Protesto de Letras e Títulos da Comarca de Tupã (SP), em razão deles terem lavrado escrituras públicas de "uniões poliafetivas" (BRASIL, 2018, p. 3).[9]

Dentre os fundamentos utilizados pela ADFAS, encontra-se o de que é inconstitucional a lavratura de escrituras públicas de "união poliafetiva" em decorrência da violação "a) dos princípios familiares básicos; b) das regras constitucionais sobre família; c) da dignidade da pessoa humana; d) das leis civis; e e) da moral e dos costumes brasileiros" (BRASIL, 2018, p. 3).[10]

O IBDFAM foi instado a se pronunciar sobre o tema e teve uma importante participação no processo, pois fomentou o debate contrapondo-se ao pedido da ADFAS, posicionando-se de maneira favorável à possibilidade do registro das escrituras públicas.

Já a requerente: "Defende que a expressão 'união poliafetiva' é um engodo na medida em que se procura validar relacionamentos com formação poligâmica e que todas as tentativas de ampliação das entidades familiares para acolhimento da poligamia são contrárias ao § 3º do art. 226 da CF/88" (BRASIL, 2018, p. 3).[11]

Por fim, a requerente, em sua inicial, contesta o argumento de que há uma lacuna legal em relação às uniões poliafetivas, utilizado pelos tabeliães para fundamentar o seu registro, dizendo que a CF/88 limita expressamente a união estável a duas pessoas.

Observa-se, portanto, que se discutiu a constitucionalidade das relações poliamorosas e a possibilidade de se vislumbrar relacionamentos afetivos formados por mais de duas pessoas no Estado brasileiro. Assim como as viúvas do índio Parara Waiãpi não foram reconhecidas como tal pelo Estado e, por isso, não tiveram acesso ao FGTS do *de cujus*, diversos trisais – uniões poliafetivas formadas por três pessoas – vêm enfrentando o mesmo problema que implica na garantia dos direitos advindos dessas relações familiares.

Em relação ao não reconhecimento das uniões poliafetivas pelo CNJ, foi constatado que, para fundamentar a decisão, o Conselho essencialmente se baseou na ideia de que a monogamia é um "elemento estrutural da sociedade". Nota-se que, nesse ponto, a monogamia não foi tratada como um princípio jurídico; apenas foi apontada como um elemento estrutural por fazer parte da cultura. Esse entendimento dialoga com a noção de monogamia trazida por Paulo Nader. Para o autor:

---

8. MEIRELLES, Burle Filho, 2016 apud Tassinari & Fleischman, 2020, p. 210.
9. BRASIL. CNJ. Pedido de Providências 0001459-08.2016.2.00.0000. Plenário. Requerente: Associação de Direito de Família e das Sucessões – ADFAS. Requerido: Terceiro Tabelião de Notas e Protesto de Letras e Títulos de São Vicente – SP e outros. Relator: Min. João Otávio de Noronha, 26 de junho de 2018.
10. Idem, ibidem.
11. Idem, ibidem.

> A exclusividade na união pelo casamento, antes de imperativo legal, é um traço peculiar da civilização, pensamento enraizado na consciência social. Não obstante, o legislador cuidou de impedir às pessoas casadas um novo enlace matrimonial, *ex vi* do art. 1.521, inciso VI, do Código Civil. Além disto, tipifica como delito a prática de bigamia, consoante a previsão do art. 235 do Código Penal (NADER, 2016, p. 94).[12]

Sendo assim, a monogamia, inicialmente, foi apresentada, pelo Ministro, como um elemento estruturante da sociedade, logo, uma manifestação cultural.

Ademais, após discorrer um pouco sobre a trajetória de ampliação do rol de famílias reconhecidas pelo Estado sob o fundamento da afetividade, o relator conclui que as diferentes configurações de família vão sendo reconhecidas conforme os costumes sociais (BRASIL, 2018).[13]

Por um outro lado, ao se manifestar acerca do pedido formulado pela ADFAS, o IBDFAM pontuou que, mesmo fazendo parte da cultura popular e tendo um grande valor moral, a monogamia não poderia ser imposta: "Ainda que significativa parte da população tenha a monogamia como regra ou princípio em decorrência de sua formação religiosa ou moral, não é possível impor tal princípio ou regra como norma estatal" (BRASIL, 2018, p. 5).[14]

Observa-se que a monogamia foi utilizada como argumento pelo seu aspecto cultural, não como se fosse uma norma jurídica, e, por esse motivo, o Instituto defendeu a impossibilidade da sua imposição pelo Estado.

Ao avançar um pouco sua argumentação, o Ministro relator do caso indica que, além de não corresponder às normas morais, o *relacionamento poligâmico* não é chancelado juridicamente no país e não é aceito socialmente. Como fundamento, o relator utiliza o fato da bigamia ser tipificada pelo Código Penal como crime. É curioso este comentário uma vez que o caso Waiãpi teve forte repercussão midiática gerando, dois anos antes do julgamento, mudança no tratamento da questão pelo próprio INSS. A possibilidade a ser enfrentada aqui é, talvez, de que o Ministro não considere os índios como parte do que ele denomina de "sociedade".

Outrossim, foi pontuado na decisão que: "massivamente, a forma de relacionamento conjugal estabelecida nos relacionamentos humanos por todo o mundo é a monogamia, que prevê que o indivíduo tenha apenas um parceiro durante a vida ou um parceiro de cada vez, durante períodos dela" (BRASIL, 2018, p. 8).[15] Mais uma vez, a monogamia foi utilizada como um argumento de cunho cultural e não jurídico, de um modo que suspeitamos que a monogamia tenha sido invocada como um fundamento por ser um costume, logo, uma fonte do Direito.

---

12. NADER, Paulo. *Curso de direito civil*. Rio de Janeiro: Forense, 2016. v. 5: direito de família.
13. BRASIL. CNJ. Pedido de Providências 0001459-08.2016.2.00.0000. Plenário. Requerente: Associação de Direito de Família e das Sucessões – ADFAS. Requerido: Terceiro Tabelião de Notas e Protesto de Letras e Títulos de São Vicente – SP e outros. Relator: Min. João Otávio de Noronha, 26 de junho de 2018.
14. Idem, ibidem.
15. BRASIL. CNJ. Pedido de Providências 0001459-08.2016.2.00.0000. Plenário. Requerente: Associação de Direito de Família e das Sucessões – ADFAS. Requerido: Terceiro Tabelião de Notas e Protesto de Letras e Títulos de São Vicente – SP e outros. Relator: Min. João Otávio de Noronha, 26 de junho de 2018.

Em relação à monogamia ser posta como elemento estrutural da sociedade, cabe observar que é uma expressão que advém desta decisão, logo, é possível perceber como os termos são apenas replicados como se não houvesse a possibilidade de se fazer um debate mais amplo sobre o assunto, utilizando-se de uma bibliografia atual e interdisciplinar.

Há um trecho do voto do relator, também, que chama atenção. Assim fundamenta o Ministro João Otávio: "Todos quadrantes da vida nacional foram regulamentados rigidamente no sentido de se preservar a monogamia. É a cultura de um povo predominantemente cristão" (BRASIL, 2018, p. 18).[16]

Diante do que foi analisado, percebe-se que a monogamia, na decisão do CNJ, foi citada de maneira bastante genérica. Não houve uma citação doutrinária acerca do instituto, uma discussão sobre se a monogamia deve ou não ser encarada como princípio, nada nesse sentido. Simplesmente, o conceito foi dado como posto.

Dessa forma, observou-se uma precariedade muito grande acerca de como o princípio ou a regra da monogamia é tratada pelos operadores de Direito.

Nesse contexto, para melhor analisarmos a vulnerabilidade enfrentada pelos modelos de família que destoam do padrão monogâmico, tivemos a oportunidade de entrevistar 9 trisais de diferentes lugares do Brasil entre agosto de 2021 e janeiro de 2022, os quais possuem perfis de seu relacionamento no *Instagram*, para entender na prática os temas debatidos pelo CNJ.

Nesse sentido, para facilitar a apresentação dos dados identificados, iremos numerar os trisais e indicar algumas informações. O Quadro 1, abaixo, apresenta as informações mais relevantes para a nossa análise:

Quadro 1 – Quadro de identificação dos trisais entrevistados

Trisal	Formato[17]	Local de residência
Trisal 1	MMM	Campinas – SP
Trisal 2	MHM	Salvador – BA
Trisal 3	MHM	Sorocaba – SP
Trisal 4	MHM	Bragança – SP
Trisal 5	MHM	Ceilândia – DF
Trisal 6	MHM	Tangará – RN
Trisal 7	HHH	Interior – MG
Trisal 8	HHH	Brasília – DF
Trisal 9	MHM	Brasília – DF

Fonte: elaborado pelos autores (2022)

---

16. BRASIL. CNJ. Pedido de Providências 0001459-08.2016.2.00.0000. Plenário. Requerente: Associação de Direito de Família e das Sucessões – ADFAS. Requerido: Terceiro Tabelião de Notas e Protesto de Letras e Títulos de São Vicente – SP e outros. Relator: Min. João Otávio de Noronha, 26 de junho de 2018.

17. A sigla "MMM" significa uma formação de 3 mulheres; enquanto a sigla "MHM" significa um trisal composto por duas mulheres e um homem, "HMH", dois homens e uma mulher e "HHH", três homens.

Como mencionado, outros fundamentos foram utilizados durante o debate no CNJ, os quais se relacionam com essa discussão sobre a monogamia e serão analisados a seguir a partir da experiência prática dos trisais; não houve, no entanto, a preocupação com a implicação prática do não reconhecimento dessas uniões pelo Conselho.

3. "É TEMA PRATICAMENTE AUSENTE NA VIDA SOCIAL, (...) POUCO DEBATIDO NA COMUNIDADE JURÍDICA" (BRASIL, 2018)[18]

Em relação a esse fundamento, cabe razão ao relator quando diz sobre o tema ser pouco debatido na comunidade jurídica, pois, de fato, conforme verificado pela pesquisa de jurisprudência que realizamos, foram identificados poucos casos em que a questão das uniões poliafetivas foi assunto central.

Inclusive, em relação a esse fato, constatamos uma situação interessante durante a pesquisa. Durante a conversa com o trisal 9, que possui o maior número de seguidores no *Instagram* dentre os que conversamos, perguntamos se eles já chegaram a judicializar alguma de suas demandas enquanto um trisal. Como resposta, foi dito que, com base numa *live* (transmissão ao vivo) realizada com um perfil especialista em Direito de Família:

> Não existe essa possibilidade porque não existe um caminho jurídico para isso. Eu não posso processar o Estado porque eu não tenho esse direito. Qualquer mudança teria que vir da parte legislativa, então a gente teria que entrar no meio da política, procurar algum deputado, alguém que se alinhasse com a nossa ideia e que lançasse essa proposta no plenário para que ela fosse vista (D., 31 anos, Trisal 9).

Verificou-se assim, que os próprios especialistas no assunto, responsáveis por veicular informação a respeito, desincentivaram a disputa judicial desses casos. Por outro lado, durante a conversa com o trisal 3, foi informado que eles entraram na justiça para fazer a retificação da certidão de nascimento e incluir uma das companheiras como mãe socioafetiva das duas crianças, o único caso de judicialização de alguma demanda referente à poliafetividade que foi relatado durante as entrevistas.

No entanto, em relação ao tema ser "praticamente ausente na vida social", deve-se considerar que o fato da justiça não estar sendo acionada, não significa que essa realidade seja ausente, pois pode haver outros motivos que levam a não judicialização da questão, conforme foi demonstrado.

Além disso, encontramos evidências de que talvez os trisais sejam mais comuns do que se tenha registro, pois ouvimos muitos relatos nas nossas entrevistas de trisais que não se assumem perante a sociedade. O Trisal 9, que possuía, na época das entrevistas, pouco mais de 73 mil seguidores em seu perfil, relatou essa questão durante a nossa conversa:

> Eles acharam mais de 40 (trisais). E assim, esses os que se identificam porque tem muitos que seguem a gente e não se identificam. Que tem vergonha, não quer mostrar pra família, ou que ainda não se assumiram. Tanto que no nosso Instagram a gente até incentiva que se assuma né, porque quanto mais se assumir mais a gente existe na sociedade (S., mulher, Trisal 9).

---

18. Idem, ibidem.

Essa fala pode se contrapor a um outro fundamento trazido pelo relator para o não reconhecimento das uniões poliafetivas. Segundo o Ministro: "Os poucos casos existentes no país não refletem a posição da sociedade acerca do tema; consequentemente, a situação não representa alteração social hábil a modificar o mundo jurídico" (BRASIL, 2018).[19]

Ademais, só o fato de terem sido encontrados, durante o nosso levantamento, pouco menos de 50 perfis abertos de trisais, com o nome de trisal e mais de 100 seguidores,[20] espalhados por diferentes estados do Brasil, em todas as regiões do país, já foi surpreendente. Sendo assim, percebe-se que essa realidade é mais presente do que se imagina.

No entanto, se, com base nesse argumento, o Estado simplesmente ignorar esse fato, ainda que o número de uniões desse formato seja considerado pouco expressivo, essas relações correm o risco de sofrer com uma grande insegurança jurídica, que, além de tudo, envolve a vida e a realidade de crianças, que não podem, de maneira alguma, ser afetadas em decorrência da omissão do poder público em regular a questão. A vulnerabilidade causada por essa falta de reconhecimento dá razão a luta por reconhecimento de direitos perante o judiciário.

4. "A DIVERSIDADE DE EXPERIÊNCIAS E A FALTA DE AMADURECIMENTO DO DEBATE INABILITA O 'POLIAFETO' COMO INSTITUIDOR DE ENTIDADE FAMILIAR NO ATUAL ESTÁGIO DA SOCIEDADE E DA COMPREENSÃO JURISPRUDENCIAL" (BRASIL, 2018)[21]

Conforme a pesquisa que realizamos, no entanto, verificamos que, na prática, é quase inexistente outras configurações de uniões poliafetivas além do trisal, pelo menos entre aquelas onde há um pacto de exclusividade entre os companheiros. Durante nossas buscas pelo Instagram, não identificamos nenhum perfil de "quarteto" ou "quinteto" por exemplo. Apesar disso, essas configurações são possíveis e encontradas entre algumas tribos indígenas no Brasil como no caso Waiãpi.

Além disso, ao perguntar ao Trisal 9, perfil que tem grande número de seguidores, sobre a existência de algum grupo que tenha constituído algum modelo de união poliafetiva diferente do trisal, tivemos como resposta que desconheciam qualquer experiência nesse sentido. Dessa forma, mesmo que tenha sido celebrada duas escrituras públicas de uniões poliafetivas diferentes dos trisais – uma de um "quarteto" e outra de um grupo de cinco pessoas, conforme relatado na sustentação oral da presidente da ADFAS no julgamento do Pedido de Providências –, percebe-se o quão raro é essa diversidade de experiências mencionada (pelo menos dentro dos perfis de *Instagram*).

---

19. BRASIL. CNJ. Pedido de Providências 0001459-08.2016.2.00.0000. Plenário. Requerente: Associação de Direito de Família e das Sucessões – ADFAS. Requerido: Terceiro Tabelião de Notas e Protesto de Letras e Títulos de São Vicente – SP e outros. Relator: Min. João Otávio de Noronha, 26 de junho de 2018.
20. Se desconsiderarmos esses filtros, o número de perfil é maior.
21. BRASIL. CNJ. Pedido de Providências 0001459-08.2016.2.00.0000. Plenário. Requerente: Associação de Direito de Família e das Sucessões – ADFAS. Requerido: Terceiro Tabelião de Notas e Protesto de Letras e Títulos de São Vicente – SP e outros. Relator: Min. João Otávio de Noronha, 26 de junho de 2018.

Ademais, embora se saiba da existência e tenha sido analisada a história de um no documentário "Amores livres",[22] série que aborda diferentes experiências poliamorosas reais, não foram identificados "trisais em v", quais sejam, aqueles onde há uma pessoa que se relaciona sexual e afetivamente com outras duas e essas duas apenas convivem e tem uma relação afetiva, de companheirismo e solidariedade, mas não se relacionam romântica e sexualmente entre si. No documentário, assim como todos os outros trisais que conversamos, a coabitação foi observada.

Dessa forma, observou-se uma afinidade muito grande de experiências e configurações dentre os trisais que entrevistamos, diferenciando-se de maneira mais expressiva apenas em relação ao gênero dos integrantes, o que já foi considerado irrelevante pelo STF quando reconheceu a união estável entre pessoas do mesmo gênero. Assim, pouco importa se o formato do trisal é entre três homens (HHH), três mulheres (MMM), duas mulheres e um homem (MHM) ou dois homens e uma mulher (HMH) há uma grande similaridade de experiências entre os trisais.

Os mesmos teriam uma configuração diferente da comumente encontrada na população indígena em razão da poligamia de algumas tribos. Este modelo, poligâmico, contribui para a formação de arranjos familiares com mais de três pessoas.

Durante o próprio julgamento no CNJ, onde estava se discutindo especificamente a questão das uniões poliafetivas, não foram levantados materiais acadêmicos que indicam a diferença entre as uniões poliafetivas e as uniões paralelas, estas últimas sim rechaçadas pela jurisprudência.

5. "UNIÕES FORMADAS POR MAIS DE DOIS CÔNJUGES SOFREM FORTE REPULSA SOCIAL" (BRASIL, 2018)[23]

Os trisais que entrevistamos realmente relataram muita dificuldade na aceitação das pessoas. Geralmente, os problemas são com as famílias, com a vizinhança, com a comunidade da igreja e alguns comentários feitos por desconhecidos pelo *Instagram*, a maioria de cunho religioso, dizendo que "não é coisa de Deus" e que eles irão para o inferno.

Pelo trisal 1, foi relatado o seguinte:

> As pessoas que têm bastante preconceito sim, tem preconceito na família tem preconceito no trabalho; na internet a gente recebe menos, mas assim, tem também assim as cantadas, as pessoas, vira e mexe, vêm pedindo para serem incluídas também, sabe, muitos confundem isso com algo mais sexual (S., 42 anos, Trisal 1).

Para o trisal 4, a reação negativa da vizinhança impactou tanto a ponto de sentirem a necessidade de mudar de cidade. Como no início do relacionamento moravam em uma cidade pequena no interior de São Paulo, com cerca de 5 mil habitantes, e sendo

---

22. AMORES LIVRES. Direção: João Jardim. Produção: Copacabana Filmes. Brasil: GNT, 2015.
23. BRASIL. CNJ. Pedido de Providências 0001459-08.2016.2.00.0000. Plenário. Requerente: Associação de Direito de Família e das Sucessões – ADFAS. Requerido: Terceiro Tabelião de Notas e Protesto de Letras e Títulos de São Vicente – SP e outros. Relator: Min. João Otávio de Noronha, 26 de junho de 2018.

um dos companheiros funcionários de um comércio, eles eram muito conhecidos. Por isso, começou a haver muita fofoca pela vizinhança e as pessoas começaram a olhá-los de maneira diferente, com um certo preconceito. Então eles decidiram procurar uma cidade um pouco maior, onde ninguém os conhecia, para que tivessem um pouco mais de privacidade e respeito. Nas palavras de um deles:

> Uma vez que a gente entendeu o que a gente estava vivendo, que a gente chegou à conclusão que estávamos apaixonados os três. E a gente vivia numa cidade de 5 mil habitantes. Uma cidade pequena. Ai a R. falou: a gente só não pode viver aqui. Porque aqui é muito disse me disse, muita fofoca. Tava todo mundo olhando pra gente já, a família da P. não aceitou, tava nos olhando diferente. E aí a gente começou a procurar uma casa na cidade vizinha, onde a gente vive hoje (M., 38 anos, Trisal 4).

Eles relataram também que, antes de formarem o trisal, foram da igreja por muitos anos, onde tinham, inclusive, cargos importantes.

> No quesito religião, né, eu e M. nós éramos de uma religião. Eu desde que nasci, mas o M. já fazia mais de 10 anos que estava lá comigo, uns 15 anos. Nós éramos evangélicos da Congregação Cristã do Brasil. O M. tinha cargo na igreja, bom, enfim, eu tinha uma família tradicional lá, meus pais minha, irmã, meus cunhados são todos da igreja (P., mulher, Trisal 4).

Nesse sentido, quando a união deles veio à público, evidentemente enfrentaram uma reação muito negativa da comunidade cristã da qual faziam parte. Segundo eles:

> A igreja rompeu com a gente, não foi a gente que rompeu com a igreja, né. Primeira coisa eles romperam. Então, pessoas, por exemplo, que cruzavam comigo na rua e que vinham me abraçar, me cumprimentar, atravessavam a rua que não queriam nem olhar na minha cara, porque, a partir daquele momento, eu tinha feito um pacto com o demônio. A sensação que eu tinha era que tudo que eu tinha vivido, que eu tinha mostrado, foi aniquilado, e que a partir daquele momento eu tinha mostrado a minha verdadeira face, como se tivesse caído uma máscara. Era assim que as pessoas enxergavam. Como a minha família também era religiosa, aliás, é ainda, isso dificultou bastante a parte da aceitação e eles não conseguem entender (P., mulher, Trisal 4).

Durante a conversa, uma das moças do Trisal 4 disse para a companheira o seguinte: "Seu pai falou que se tivesse traído o M. com outro homem não tinha problema. Mas a homossexualidade ou a bissexualidade isso eles não conseguem". Essa fala demonstra que a dificuldade em aceitar esse tipo de união também perpassa pela LGBTfobia[24] que cria nesse caso uma situação de hipervulnerabilidade.

Além disso, a fala do pai de uma das companheiras do trisal demonstra a hipocrisia social quanto às relações familiares e aos próprios conceitos que são defendidos, pois, na visão da maioria, é muito melhor aceita a traição, que quebra com o dever de fidelidade conforme conceito de Madaleno (2020) – qual seja, uma fidelidade que exige também uma exclusividade sexual além de afetiva –, do que uma união consensual e transparente entre três pessoas.

---

24. LGBTfobia é o termo designado para nomear o preconceito contra lésbicas, gays, bissexuais e pessoas transgênero.

Observou-se também que a repulsa sobre as uniões desse formato advém muito da desinformação e do desconhecimento sobre esse modelo de união. Um dos integrantes do Trisal 4 contou, durante nossa entrevista, que uma vez estava conversando com a ex-cunhada dele, evangélica, e ela se surpreendeu com a sua relação:

> Outro dia eu dei carona para uma ex cunhada, evangélica, aí ela perguntando "ai, Ma, mas como é que faz? Duas mulheres, como é que isso?". E eu comecei a falar de como que é o respeito, de como que é o tratamento, a preocupação, do querer cuidar, de querer zelar, aí quando eu olhei pra ela de novo, ela estava chorando. Aí eu perguntei: "Ué que que aconteceu". Ela: "Eu tive um casamento só com o seu irmão, tudo bonitinho, abençoado pela igreja, e a gente não tinha nada disso" (M, homem, Trisal 4).

Além disso, a fala de uma das companheiras do trisal 1 demonstrou que até alguns dos próprios integrantes do trisal às vezes tem dificuldade de aceitar no início:

> Não... Pra mim não gente, pelo amor de Deus, pra mim é pedir em namoro, pedir em noivado, pedir pros pais pra casar... Imagina que eu ia entrar num trem desses... Demorou pra eu entender, demorou pra eu entender e aceitar tudo isso, né. E ver que cara é normal... Mas é que as pessoas né, a sociedade é muito preconceituosa que a gente fica pensando... como é que eu vou falar isso? Como é que eu vou explicar/viver isso? Mas aí quando você entende que é amor, que é normal, que não tem diferença, sabe, entre um namoro entre duas pessoas e um namoro entre três. Se existir respeito, lealdade. Mas é difícil de entender... A minha cabeça bugou assim, real (T., mulher, Trisal 1).

No entanto, questionamos: o fato de um comportamento ou condição de um indivíduo gerar forte repulsa social significa que ele não deve receber a tutela do Estado? Se assim fosse, o STF haveria reconhecido as uniões estáveis homoafetivas como entidade familiar sob o mesmo fundamento? Conforme disse o Ministro Ayres Britto em seu voto no julgamento da ADI 132 com a ADPF 4.277: "Em suma, estamos a lidar com um tipo de dissenso judicial que reflete o fato histórico de que nada incomoda mais as pessoas do que a preferência sexual alheia, quando tal preferência já não corresponde ao padrão social da heterossexualidade" (BRASIL, 2011). Assim, observa-se que, mesmo enfatizando a questão do preconceito, a referida entidade familiar foi reconhecida como tal.

6. FUTURAMENTE, CASO HAJA O AMADURECIMENTO DA "UNIÃO POLIAFETIVA" COMO ENTIDADE FAMILIAR NA SOCIEDADE BRASILEIRA, A MATÉRIA PODE SER DISCIPLINADA POR LEI DESTINADA A TRATAR DAS SUAS ESPECIFICIDADES, POIS AS REGRAS QUE REGULAM RELACIONAMENTOS MONOGÂMICOS NÃO SÃO HÁBEIS A REGULAR A VIDA AMOROSA "POLIAFETIVA", QUE É MAIS COMPLEXA E SUJEITA A CONFLITOS EM RAZÃO DA MAIOR QUANTIDADE DE VÍNCULOS (BRASIL, 2018)

Conforme já apontamos, o Trisal 9 (2022), assim como o entendimento do CNJ, tinha a percepção de que qualquer mudança sobre a questão poderia se dar apenas por meio do legislativo. No entanto, Maria Berenice Dias aponta entendimento diverso:

> A falta de previsão legislativa não pode servir de justificativa para a Justiça negar a prestação jurisdicional ou deixar de reconhecer a existência de direito merecedor da chancela jurídica. O silêncio do

legislador deve ser suprido pelo magistrado, que cria a lei para o caso que se apresenta a julgamento [...] Aliás, essa é a sua missão maior, constitui a função criadora da Justiça. Por isso, as lacunas precisam ser colmatadas, isto é, preenchidas pelo juiz, que não pode negar proteção nem deixar de assegurar direitos sob a alegação de ausência de lei. [...] Ausência de lei não quer dizer ausência de direito, nem impede que se extraiam efeitos jurídicos de determinada situação fática (DIAS, p. 41).

Dessa forma, somando-se ao fato de que as uniões homoafetivas foram reconhecidas como entidades familiares por meio de uma decisão judicial, parece não haver óbice para o que o mesmo possa ocorrer com as uniões poliafetivas.

No mesmo sentido, o Trisal 5:

O trisal é quando 3 pessoas decidem ter um relacionamento junto e dispostos a viver esse amor a 3 (...) *não é porque tem uma pessoa a mais no nosso relacionamento que a gente não é uma família*. A gente tem filhos, a gente tem cumplicidade, a gente tem bastante conversa, igual uma família tradicional, só que hoje a gente tem uma pessoa a mais que agregou no nosso relacionamento (K., mulher, Trisal 5).

Além disso, conforme verificamos, mais de 30% dos trisais que entrevistamos têm filhos, o que demostra que esses vínculos são sólidos:

Não é porque a gente tem uma pessoa a mais no nosso relacionamento que a gente vai deixar de ser uma família; *a gente tem filhos*, a gente tem cumplicidade, tem bastante conversa, igual uma família tradicional, a diferença é que a gente tem uma pessoa que agregou mais [sic] no nosso relacionamento (Trisal 5).

7. CONCLUSÃO

Sob um aspecto simbólico é importante ter em vista que o não reconhecimento pelo Estado das uniões poliafetivas já existentes geram uma série de questões que criam grande vulnerabilidade para as famílias em questão.

Ser alguém, em uma sociedade que passa por uma crise de produção de sentidos, atravessa, necessariamente, a constituição do que é uma família. E, para além do papel imagético e simbólico dessa construção, existem questões práticas como as enfrentadas no caso Waiãpi: quem pode receber os bens da herança? Quem tem direito à pensão?

Os trisais, em nossas entrevistas e também em uma série de reportagens, apresentam outros debates materiais que evidenciam a vulnerabilidade do seu dia a dia. Como podemos resolver a questão da filiação e do reconhecimento da paternidade em um relacionamento com várias pessoas em que todos se reivindicam e são, na prática, pais e mães? O acesso ao plano de saúde e outros benefícios como clubes e aparelhos culturais, que só são dados a familiares, se resolve como? Além disso, as questões sucessórias e previdenciárias, podem englobar também os trisais ou somente os indígenas podem ter estes direitos reconhecidos?

Para além das perguntas, dos problemas, é importante refletir em última análise sobre como essa vulnerabilidade criada pode ser pensada também como uma nova fronteira para o limite do que é família sob uma percepção pluralista de democracia e direitos fundamentais.

A LEGÍTIMA NO DIREITO BRASILEIRO E SUA NECESSÁRIA REVISÃO

Giselda Maria Fernandes Novaes Hironaka

Mário Gamaliel Guazzeli de Freitas

Sumário: 1. Introdução – 2. Breve notícia histórica – 3. A legítima no código civil de 2002 e suas implicações – 4. A necessária revisão do instituto; 4.1 A legítima deve ser excluída do ordenamento brasileiro?; 4.2 A liberdade do autor da herança e a tutela efetiva da família; 4.2.1 Igualdade substancial entre os filhos; 4.2.2 Manutenção de ascendentes entre os legitimários; 4.2.3 Sucessão necessária do cônjuge e do companheiro – 5. Conclusão.

1. INTRODUÇÃO

O presente ensaio se propõe a analisar a disciplina da legítima no Brasil e a indicar mudanças para que sua regulamentação se afine com os atuais valores sociais. No empenho por revisar o instituto, a doutrina, em geral, aventou várias alternativas, como o reconhecimento de uma ampla liberdade de testar, o encolhimento da quota obrigatória, a limitação do rol dos herdeiros necessários, ou ainda a ampliação das causas de exclusão da herança.

Tal empresa denota que a renovação que houve no Direito de Família deve encontrar ecos no Direito Sucessório, além de expressar uma maior sensibilidade em frente da singularidade das relações humanas em concreto, não mais reduzidas a um modelo abstrato. Ocorre, porém, que o ímpeto reformista da doutrina encontra, algumas vezes, severa resistência na práxis forense. Reconhecemos ser necessária certa cautela para com mudanças abruptas, mas também é preciso observar que o Direito exprime uma realidade social, variável no tempo e no espaço. Por isso, está em constante evolução. Se ele se afasta de tal realidade, já não consegue cumprir com seu desiderato e se torna anacrônico.

Nas páginas seguintes, tentaremos delinear o quadro de criticada neutralidade do Direito Sucessório brasileiro e sugerir algumas revisões que a legítima requer, de modo a reformular seus fundamentos, adequar sua principiologia e erigir diretrizes normativas mais consentâneas com o atual momento. Para tanto, empregaremos o método dialético de pesquisa. Como pano de fundo do trabalho, existe a inquietude pela efetivação de uma solidariedade familiar em concreto, sem com isso descambar para o casuísmo.

2. BREVE NOTÍCIA HISTÓRICA

A legítima "é a porção da herança que o testador não pode dispor por ser, pela lei, reservada aos herdeiros necessários".[1] À clássica lição, poderíamos acrescentar que a reserva legitimária só não pode ser disposta pelo autor da herança a título gratuito, o que concilia o poder que o titular do patrimônio tem sobre ele com a reserva de um patrimônio mínimo.[2] O que permanecer desse acervo no final da vida do sucedido e, como regra, não for um direito personalíssimo será transmitido aos herdeiros imediatamente. O Código Civil em vigor, na linha do que o anterior previa, estabelece que a legítima consiste na metade do patrimônio líquido do morto, em regra, já integrado pelos bens doados em vida aos herdeiros, que, por importarem em adiantamento daquela, devem ser conferidos a fim de igualar a quota dos legitimários, salvo quando dispensados da colação.[3]

Pela legítima, são conciliadas a liberdade de testar e a proteção da família. No entanto, não se trata de uma porção estruturalmente fixa ou estável, uma vez que, tal qual a própria noção de sucessão e herança, varia no tempo e conforme as tradições e costumes de uma determinada sociedade localizada no espaço.

Entre os povos primitivos, por muito tempo, o patrimônio pertencia à família e não ao indivíduo, porque existia para o cumprimento do culto doméstico e hereditário.[4] Já os romanos do período clássico entendiam que, com a morte do ascendente, os filhos não adquiriam a herança, mas sua livre administração, uma vez que, pelas fontes romanas, já eram considerados quase donos, mesmo durante a vida do pai.[5] Com a evolução no sentido da possibilidade de apropriação individual dos bens e da feitura de testamentos, o Tribunal Centunviral criou a legítima como forma de evitar abusos no exercício de tal liberdade pelo autor da herança, e, através da *querela inofficiosi testamenti*, permitiu-se a ruptura de testamentos que não a observassem. Nesse sentido, ascendentes e descendentes podiam reclamar a garantia da quarta parte da porção intestada se não dessem

---

1. OLIVEIRA, Arthur Vasco Itabaiana de. *Tratado de direito das sucessões*. 5. ed. Rio de Janeiro: Freitas Bastos, 1986. p. 314.
2. Para Orlando Gomes, "tutela-se a legítima não somente contra excessivas liberalidades testamentárias, mas, igualmente, contra as liberdades excedentes que se efetuam por negócio *inter vivos*" (GOMES, Orlando. *Sucessões*. 16. ed. Rio de Janeiro: Forense, 2007. p. 81).
3. OLIVEIRA, Arthur Vasco Itabaiana de. *Tratado de direito das sucessões*, cit., p. 314-315.
4. OLIVEIRA, Arthur Vasco Itabaiana de. *Tratado de direito das sucessões*, cit., p. 81.
5. No Direito Romano, "[n]a ordem natural das coisas, a família sobrevivia ao defunto. Os sucessores naturais dos pais eram seus filhos, na consciência social de outrora, como o são em nossos tempos. Daí que, exclusivamente, no direito romano, tal sucessão se restringia exclusivamente aos filhos. Eles eram considerados, conforme atentam as fontes romanas, como quase donos, mesmo em vida de seu pai, na expectativa de receber, futuramente, a herança: *etiam vivo patre quodammodo domini existimantur* (D. 28.2.11). Pelos romanos da época clássica, conservadora das ideias tradicionais dos tempos passados, a sucessão dos filhos era caracterizada, ainda, como toda especial: não como aquisição da herança, mas, sim, como aquisição da livre administração daquela" (MARKY, Thomas. *Curso elementar de direito romano*. 8. ed. São Paulo: Saraiva, 1995. p. 173-174). O mesmo se passava na sociedade grega, como assinalou Pontes de Miranda (PONTES DE MIRANDA, Francisco Cavalcanti. *Tratado de direito privado*: parte especial. São Paulo: Ed. RT, 2012. v. 55. p. 103).

causa, por culpa, à exclusão. Com Justiniano tal percentual foi alterado e passou a variar a depender da quantidade de herdeiros.[6]

Durante toda a Idade Média europeia até a Revolução Francesa, o Direito Sucessório *ab intestato*, desvencilhado da tradição romana, era quase que exclusivamente regido pelo Direito Consuetudinário, com suas variações locais. Entre os visigodos, por exemplo, a legítima dos filhos era de quatro quintos. Por influência da Igreja Católica, que se favorecia dos bens deixados a ela, a quinta parte disponível foi se desenvolvendo nos Direitos Particulares, chegando, em alguns "Fueros", a poder-se dispor da maior parte do patrimônio.[7]

Com a ascensão burguesa, os costumes locais foram sendo combatidos e o princípio da igualdade formal propalado, o que se refletiu no predomínio, até o *Code Civil* de 1804, da sucessão legítima e na instituição do princípio da unidade da sucessão, que não reconhece qualquer diferença na natureza dos bens ou em sua origem para regular sua transmissão.[8] O *Code*, ainda que sem negar as aspirações revolucionárias, mostrou-se mais propício para com a liberdade de testar e foi o grande responsável por difundir a ideia da legítima.

No Brasil, o Direito das Sucessões, tributário da tradição europeia, recebeu influxos do Direito Romano, em que predominavam a sucessão testamentária e a autonomia da vontade, passando pelo Direito Germânico, essencialmente comunitário e organizado visando a proteção da família, e ainda do Direito Canônico, marcado pelo frágil equilíbrio entre as exigências religiosas de proteção ao indivíduo e à família, como mencionado.[9] Desse amálgama de fontes diversas, resultou um conjunto de normas que tentam conciliar princípios divergentes e que regem as diferentes espécies de sucessão.

3. A LEGÍTIMA NO CÓDIGO CIVIL DE 2002 E SUAS IMPLICAÇÕES

O legislador de 2002, seguindo tradição que vem desde a Lei Feliciano Penna (Decreto 1.839/1907), previu que o morto pode dispor, como quiser, de apenas metade da herança se houver herdeiro necessário. O que ultrapassar a quota disponível, não for totalmente abarcado pela disposição de última vontade ou se esta for ineficaz, seja por nulidade ou caducidade, ficará sujeito às normas da sucessão legítima.

Estruturalmente, apesar do silêncio incômodo do legislador,[10] a sucessão legítima se divide em sucessão legítima necessária (ou legitimária) e em sucessão legítima

---

6. MORAES, Walter. *Programa de direito das sucessões*: teoria geral e sucessão legítima. São Paulo: Ed. RT, 1980. p. 117.
7. SÁNCHEZ HERNÁNDEZ, Ángel. Legítima y libertad de testar. In: LLAMAS POMBO, Eugenio (Coord.). *Congreso Internacional de Derecho Civil Octavo Centenario de la Universidad de Salamanca* – Libro de Ponencias. Valencia: Tirant lo Blanch, 2018. p. 1493.
8. TEPEDINO, Gustavo; NEVARES, Ana Luiza Maia; MEIRELES, Rose Melo Vencelau. *Fundamentos do direito civil*: direito das sucessões. 2. ed. Rio de Janeiro: Forense, 2021. v. 7. p. 8-9.
9. AZEVEDO, Antonio Junqueira de. O espírito de compromisso do direito das sucessões perante as exigências individualistas de autonomia da vontade e as supra-individualistas da família. Herdeiro e legatário. *Revista da Faculdade de Direito, Universidade de São Paulo*, v. 95, p. 273-281, [s. l.], 2000.
10. ANTONINI, Mauro. *Sucessão necessária*. 2013. Dissertação (Mestrado em Direito Civil) – Faculdade de Direito, Universidade de São Paulo, São Paulo, 2013.

facultativa, conforme tenham sido vocacionados herdeiros necessários ou somente facultativos.[11] As espécies de herdeiros se diferenciam na medida em que aos necessários garante-se a vocação hereditária e uma porção mínima da herança, independentemente de vontade externada pelo morto em sentido diverso. Os herdeiros necessários apenas ficam despojados de sua quota primacial em caso de renúncia expressa ou pelos motivos taxados em lei aptos a ensejarem indignidade ou deserdação.[12]

Percebe-se, portanto, que, se a sucessão legítima facultativa opera em caráter subsidiário em sua relação com a testamentária, a sucessão legitimária oferece poderoso óbice a esta, porque, existindo herdeiro necessário, a vontade do possível testador fica limitada não só quanto às pessoas que devem ser chamadas para herdar como no que toca à quota que lhes foi reservada, via de regra, insuscetível de clausulação ou de conversão dos bens em outros de espécie diversa (artigos 1.848, *caput*, §§ 1º e 2º, e 2.019).

Como corolário de sua criticada neutralidade em matéria sucessória, o Código previu a transmissão unitária dos bens da herança, independentemente de sua origem ou natureza e da situação em que se encontrem os herdeiros. De forma excepcional, admitiu-se sucessão anômala em relação ao direito real de habitação do cônjuge no art. 1.831.[13] A esta exceção, abalizada doutrina ainda inclui o art. 1.611, § 3º, do Código Civil de 1916, adicionado pela Lei 10.050/2000, que não foi reproduzido no atual e que contemplava, também com o direito real de habitação, o órfão de pai e mãe, portador de deficiência que impossibilitasse para o trabalho.[14] Também pode ser citada a pensão por morte, pertencente aos dependentes previdenciários do morto, não necessariamente indicados no rol do art. 1.829, CC.[15]

---

11. MENEZES LEITÃO, Luís Manuel Teles de. *Direito das sucessões*. Coimbra: Almedina, 2021. p. 293.
12. SCHREIBER, Anderson; VIÉGAS, Francisco de Assis. Por uma releitura funcional da legítima no direito brasileiro. *Revista de Direito Civil Contemporâneo*, São Paulo, v. 6, n. 19, p. 211-250, abr./jun. 2019.
13. Na sistemática instituída com o Código de 2002, o cônjuge sobrevivente tem direito real de habitação independentemente do regime de bens do casamento, e tal direito se extingue apenas quando da morte de seu titular, não estando mais sujeito à condição resolutiva do Código anterior, que o extinguia caso o beneficiário constituísse novo casamento. Um ponto importante em relação a este dispositivo, contudo, é que, embora não mencione o companheiro, doutrina e jurisprudência não controvertem acerca da extensão do direito a ele (SCHREIBER, Anderson; TARTUCE, Flávio; SIMÃO, José Fernando; MELO, Marco Aurélio Bezerra de; DELGADO, Mário Luiz. *Código Civil comentado*: doutrina e jurisprudência. Rio de Janeiro: Forense, 2019). É nesse sentido o entendimento consolidado no Enunciado 117 da I Jornada de Direito Civil: "O direito real de habitação deve ser estendido ao companheiro, seja por não ter sido revogada a previsão da Lei n. 9.278/96, seja em razão da interpretação analógica do art. 1.831, informado pelo art. 6º, *caput*, da CF/88".
14. TEPEDINO, Gustavo; NEVARES, Ana Luiza Maia; MEIRELES, Rose Melo Vencelau. *Fundamentos do direito civil*: direito das sucessões, cit., p. 12.
15. Completando o quadro, Rolf Madaleno cita os "casos de valores consistentes em saldo de salários, saldos das contas individuais do Fundo de Garantia por Tempo de Serviço (FGTS) e do Fundo de Participação PIS-PASEP, além de restituições relativas ao Imposto sobre Renda e demais tributos recolhidos por pessoa física, saldos de contas bancárias até certo limite, de cadernetas de poupança e de contas de fundos de investimento, desde que não existam, na sucessão, outros bens sujeitos a inventário e cujos valores e rubricas são atribuídos aos dependentes do falecido, que são os filhos e cônjuge ou convivente que dele dependiam economicamente e que assim figuram como dependentes perante a Previdência Social, e não a todos os herdeiros como irmanamente sucede no inventário. Também não integra o cálculo da herança a indenização por seguro de vida realizado pelo autor da herança se ele designou o beneficiário para receber a indenização, salvo tenha se olvidado da indicação, ou

4. A NECESSÁRIA REVISÃO DO INSTITUTO

A legítima é uma opção política, que se justifica dentro de um determinado contexto social, jurídico, cultural e que deve caminhar *pari passu* com as mudanças que o deformam.[16] Se a sociedade muda, a justificativa até então empregada para sustentar a previsão de um instituto jurídico pode perder seu substrato ou restar desatualizada.

Historicamente, a legítima é tomada como a expressão de uma solidariedade familiar e intergeracional, atenta à proteção da família,[17] de tal forma que seu fundamento estaria assentado na presunção de qual seria a vontade do morto, "se tivesse disposto de seus bens pela afeição e amor que se supõe existirem entre ele e seus conjuntos, e em que se funda a vontade de beneficiar".[18] Criticada tal teoria por suas premissas individualistas, fundamenta-se, atualmente, a sucessão legítima no conceito de interesse superior da família, tomada como instrumento de realização pessoal de cada um de seus membros.[19] Há, portanto, inquestionável vínculo entre o Direito de Família e o Direito das Sucessões.

A noção de família que informa certo ordenamento jurídico influencia a regulamentação do fenômeno sucessório, de modo que é temerário que a noção de família tenha evoluído enquanto normas e princípios que regem a sucessão tenham permanecido estáticos, fossilizados em uma estrutura conceitualista.[20] Mergulhado na historicidade do todo social, o Direito deve ser entendido na interface com os demais fenômenos desse todo. Já foi dito que:

> [A família] é uma entidade histórica, ancestral como a história, interligada com os rumos e desvios da história, ela mesma, mutável na exata medida em que mudam as estruturas e a arquitetura da própria história através dos tempos. Sabe-se, enfim, que a família é, por assim dizer, a história e que a história da família se confunde com a história da própria humanidade.[21]

Nossa disciplina sucessória, todavia, foi concebida para uma sociedade que entendia a família de forma diversa daquela hoje aceita. No sistema do Código de 1916, o

---

se por alguma razão esta indicação não prevaleceu" (MADALENO, Rolf. *Sucessão legítima*. 2. ed. Rio de Janeiro: Forense, 2020).

16. TEIXEIRA, Daniele Chaves; COLOMBO, Maici Barboza dos Santos. Faz sentido a permanência do princípio da intangibilidade da legítima no ordenamento jurídico brasileiro? In: TEIXEIRA, Daniele Chaves (Coord.). *Arquitetura do planejamento sucessório*. Belo Horizonte: Fórum, 2019. p. 126.
17. SÁNCHEZ HERNÁNDEZ, Ángel. Legítima y libertad de testar, cit., p. 1497.
18. OLIVEIRA, Arthur Vasco Itabaiana de. *Tratado de direito das sucessões*, cit., p. 313.
19. TEPEDINO, Gustavo; NEVARES, Ana Luiza Maia; MEIRELES, Rose Melo Vencelau. *Fundamentos do direito civil*: direito das sucessões, cit., p. 6-7.
20. MADALENO, Rolf. *Sucessão legítima*, cit. "[A restrição da liberdade de testar é tradição no Direito brasileiro, que remonta às Ordenações Filipinas]. Contudo, em contextos sociais tão acentuadamente distintos, torna-se relevante identificar as rupturas que ocorreram na função da legítima ao longo do tempo, a fim de se superar o excesso de abstração da lei, por meio da adequação do instituto à experiência social contemporânea" (TEIXEIRA, Daniele Chaves; COLOMBO, Maici Barboza dos Santos. Faz sentido a permanência do princípio da intangibilidade da legítima no ordenamento jurídico brasileiro?, cit., p. 130).
21. HIRONAKA, Giselda Maria Fernandes Novaes. Família e casamento em evolução. Disponível em: https://ibdfam.org.br/artigos/14/Fam%C3%ADlia+e+casamento+em+evolu%C3%A7%C3%A3o#:~:text=N%-C3%A3o%20se%20inicia%20qualquer%20locu%C3%A7%C3%A3o,pr%C3%B3pria%20hist%C3%B3ria%20atrav%C3%A9s%20dos%20tempos. Acesso em: 11 abr. 2022.

foco estava na manutenção do vínculo conjugal, em favor da coesão formal da família. A sociedade da segunda metade do século XX e início do XXI, por seu turno, assistiu a profundas mudanças na ideia de família, que levaram a conceituá-la com base nos laços de afetividade e a funcionalizá-la em favor do pleno desenvolvimento de seus membros.[22]

Nesse sentido, as formas de interação social, os novos papéis econômicos desempenhados por ambos os sexos, a tutela da pessoa e sua dignidade, a vida mais longeva, o desenho institucional da família especialmente a partir da Constituição de 1988, a conscientização acerca dos vulneráveis, a proteção a situações existenciais, a percepção da efemeridade das relações de casamento e união estável, o número crescente de famílias recompostas, em suma, a nova perspectiva funcional da família e de seus integrantes revela, de certa maneira, que a previsão da legítima da forma como consta em nosso Código não segue aderida à experiência social de nossos dias e deve ser revisada.

Esse processo revisional é facilitado se analisamos a legítima a partir de uma dúplice perspectiva: sob a perspectiva objetiva, estuda-se o princípio da intangibilidade da herança em sua dimensão qualitativa e quantitativa;[23] sob a perspectiva subjetiva, verifica-se quem são os herdeiros necessários e quais as suas necessidades concretas.

4.1 A LEGÍTIMA DEVE SER EXCLUÍDA DO ORDENAMENTO BRASILEIRO?

Embora se reconheça a necessidade de uma revisão no sistema sucessório brasileiro, o ponto de partida ainda é a legítima. A exclusão do instituto seria contrária aos interesses sociais, que o aceitam plenamente e consideram inviável uma ilimitada liberdade de testar, com o que estamos de acordo. Some-se a isso que o princípio da intangibilidade da legítima sempre esteve adaptado ao nosso ordenamento.[24]

Não nos parece, contudo, que a manutenção de uma reserva indisponível ao autor da herança deva ser, forçosamente, defendida com base na solidariedade familiar ou por atender à função social da herança. A legítima, sem dúvida, é um instrumento de proteção da família, mas não é o único, nem necessariamente o mais eficaz.[25] A própria

---

22. "A regulamentação legal da família volta-se, anteriormente [à Constituição de 1988], para a máxima proteção da paz doméstica, considerando-se a família fundada no casamento como um bem em si mesmo, enaltecida como instituição essencial. Hoje, ao revés, não se pode ter dúvida quanto à funcionalização da família para o desenvolvimento da personalidade de seus membros, devendo a comunidade familiar ser preservada (apenas) como instrumento de tutela da dignidade da pessoa humana" (TEPEDINO, Gustavo; TEIXEIRA, Ana Carolina Brochado. *Fundamentos do direito civil*: direito de família. 2. ed. Rio de Janeiro: Forense, 2021. v. 6. p. 8).
23. "A tutela quantitativa da legítima proíbe o autor da sucessão de privar total ou parcialmente o herdeiro legitimário do valor que lhe assiste a título de legítima. [...] A tutela quantitativa da legítima é assegurada pelo instituto da redução de liberdades por inoficiosidade" (MENEZES LEITÃO, Luís Manuel Teles de. *Direito das sucessões*, cit., p. 301). Pela tutela qualitativa, o autor da sucessão fica proibido de "impor encargos sobre a legítima ou designar os bens que a devem preencher contra a vontade do herdeiro" (MENEZES LEITÃO, Luís Manuel Teles de. *Direito das sucessões*, cit., p. 308).
24. TEPEDINO, Gustavo; NEVARES, Ana Luiza Maia; MEIRELES, Rose Melo Vencelau. *Fundamentos do direito civil*: direito das sucessões, cit., p. 24.
25. A preservação da legítima não é um imperativo necessário para a concretização da solidariedade familiar. Com base neste princípio, vários autores defenderam-na, dizendo que ela tutelaria a função social da propriedade, ou que render-se ao arbítrio do indivíduo sacrificaria a obrigação do testador de sustentar seus familiares, ou

dinâmica das novas famílias poderia colocar em xeque a coerência da propalada função de proteção da família pela legítima. Assim, não são outros os fundamentos de sua manutenção em nosso sistema jurídico senão o costume e a opção política.[26]

Do ponto de vista objetivo, tanto no direito nacional como no alienígena, têm sido aventadas mudanças na disciplina do princípio da intangibilidade da legítima. Em seu aspecto quantitativo, ao lado de propostas que pregam a exclusão da legítima, com o que não estamos de acordo, já se advogou o aumento da quota disponível, concedendo ao morto maior liberdade sobre seus bens,[27] ou a ampliação das hipóteses de deserdação.[28] No aspecto qualitativo, discute-se a possibilidade de conversão dos bens que compõem a legítima subjetiva,[29] ou o estabelecimento de substituição fideicomissária sobre ela em favor de descendente incapaz,[30] ou ainda a celebração de pactos sucessórios,[31] seja entre cônjuges ou companheiros, seja em relações de parentesco em linha reta.

4.2 A liberdade do autor da herança e a tutela efetiva da família

Ademais da perspectiva objetiva, uma revisão completa da legítima exige repensar o rol dos herdeiros necessários. Atualmente, fazem jus à legítima descendentes, ascendentes e cônjuge. Quanto ao companheiro, ainda pende declaração uniformizadora do Supremo Tribunal Federal, porém, nos Tribunais inferiores, bem como na doutrina, prevalece o entendimento de que, a despeito do silêncio do legislador, ele também é herdeiro necessário. Independentemente disso, fato é que o critério da vocação é apenas o abstrato vínculo familiar, sem se questionar a real necessidade do herdeiro, sua relação afetiva com o autor da herança, sua condição psicofísica de pessoa capaz ou incapaz, se o título decorre de parentesco ou da viuvez, sem nem mesmo considerar as

---

ainda que a liberdade de testar estimularia a intriga no seio familiar (HIRONAKA, Giselda Maria Fernandes Novaes. Os herdeiros legitimários no direito civil contemporâneo: ampliação da liberdade de testar e proteção dos vulneráveis. In: TEPEDINO, Gustavo; MENEZES, Joyceane Bezerra de (Org.). *Autonomia privada, liberdade existencial e direitos fundamentais*. Belo Horizonte: Fórum, 2019. p. 491-501). Não concordamos com tais justificativas e acreditamos que, apesar de muitas vezes partirem de premissas corretas, não alcançam conclusões adequadas. A história também nos ajuda a desmistificar a ideia da solidariedade familiar como fundamento da legítima. Já foi dito que "[i]ndividualizando-se a propriedade e fortalecendo-se os laços de afeição, mais estritamente ligados nas famílias, a transmissão da propriedade de pais a filhos tornou-se *um hábito*, entrando, mesmo, tão profundamente nos costumes, que certas legislações antigas reconheceram nos filhos *um direito* à herança dos pais" (OLIVEIRA, Arthur Vasco Itabaiana de. *Tratado de direito das sucessões*, cit., p. 24-25).

26. TEIXEIRA, Daniele Chaves; COLOMBO, Maici Barboza dos Santos. Faz sentido a permanência do princípio da intangibilidade da legítima no ordenamento jurídico brasileiro?, cit., p. 133.
27. HIRONAKA, Giselda Maria Fernandes Novaes. Os herdeiros legitimários no direito civil contemporâneo, cit., p. 491-501.
28. MADALENO, Rolf. *Sucessão legítima*, cit.
29. A legítima subjetiva "corresponde à parte da herança de que o testador não pode dispor gratuitamente, relativa a cada um dos herdeiros legitimários" (MENEZES LEITÃO, Luís Manuel Teles de. *Direito das sucessões*, cit., p. 296). A respeito da possibilidade conversão dos bens da legítima, vide MADALENO, Rolf. *Sucessão legítima*, cit.
30. ALCINI, Jacopo. La riforma della legittima in Italia ed in Spagna. In: LLAMAS POMBO, Eugenio (Coord.). *Congreso Internacional de Derecho Civil Octavo Centenario de la Universidad de Salamanca* – Libro de Ponencias. Valencia: Tirant lo Blanch, 2018. p. 1326-1327.
31. ALCINI, Jacopo. La riforma della legittima in Italia ed in Spagna, cit., p. 1326-1327.

diferenças entre as classes de herdeiros ou os novos modelos e novos valores que regem a dinâmica familiar.[32]

Se bem que a qualidade de herdeiro necessário não garante a participação no acervo hereditário, haja vista a ordem do art. 1.829,[33] aos vocacionados é devolvido todo o patrimônio deixado pelo morto, excetuados certos direitos e obrigações de caráter personalíssimo e abatidas as dívidas.[34] O princípio da unidade da sucessão garante a igualdade formal entre os sucessores,[35] mas, a partir do momento em que se denuncia a neutralidade do Direito Sucessório, a indiferença quanto aos bens transmitidos e quanto aos herdeiros contemplados deve ser repensada.[36] Nos tópicos seguintes, trataremos das propostas de revisão do rol dos legitimários.

4.2.1 Igualdade substancial entre os filhos

Uma das maiores críticas ao princípio da unidade da sucessão é a insuficiência que conserva para promover a igualdade material entre os descendentes, pois o patrimônio é transferido a todos indistinta e equitativamente, sem considerar as reais necessidades de cada um. O perfil dos descendentes já não é o mesmo se comparado ao da sociedade do início do século XX. Não é incomum que os filhos herdem, hoje, em idade avançada, com um patrimônio próprio já construído. Com isso, certas premissas devem ser relativizadas, como a da função de proteção desempenhada pela legítima.

Cogitou-se que, se o autor da herança tivesse maior liberdade de testar, poder-se-ia obter uma distribuição mais equitativa do patrimônio e demover as distorções que o atual sistema cria, pois, assim, o falecido poderia beneficiar um filho mais necessitado que o outro, por exemplo, só devendo observar os limites da quota indisponível.[37] Outros defenderam que a legítima fosse restrita a vulneráveis econômicos ou dependentes.[38] Foi sugerida também a ampliação das hipóteses de exclusão do herdeiro necessário, a fim de incluir no rol taxativo os filhos ausentes na relação familiar e que praticaram abandono afetivo.[39]

---

32. TEIXEIRA, Daniele Chaves; COLOMBO, Maici Barboza dos Santos. Faz sentido a permanência do princípio da intangibilidade da legítima no ordenamento jurídico brasileiro?, cit., p. 133; MADALENO, Rolf. *Sucessão legítima*, cit.
33. MALUF, Carlos Alberto Dabus; MALUF, Adriana Caldas do Rego Freitas Dabus. *Curso de direito das sucessões*. 2. ed. São Paulo: Saraiva, 2018. p. 243.
34. Em regra, posições jurídicas extrapatrimoniais não se transmitem. Há, contudo, algumas exceções no Direito de Família, como a ação de contestação de paternidade ou a ação investigatória de paternidade se iniciadas antes do falecimento do titular, ou ainda os poderes, transferidos por testamento ao tutor, de representação, assistência e administração sobre os filhos (MORAES, Walter. *Programa de direitos das sucessões*, cit., p. 69-70).
35. O princípio da unidade da sucessão é corolário do art. 2.017 do Código Civil e do art. 648, I, do Código de Processo Civil.
36. TEPEDINO, Gustavo; NEVARES, Ana Luiza Maia; MEIRELES, Rose Melo Vencelau. *Fundamentos do direito civil*: direito das sucessões, cit., p. 10-13.
37. HIRONAKA, Giselda Maria Fernandes Novaes. Os herdeiros legitimários no direito civil contemporâneo, cit., p. 491-501.
38. BORGES, Roxana Cardoso Brasileiro; DANTAS, Renata Marques Lima. Direito das sucessões e a proteção dos vulneráveis econômicos. *Revista Brasileira de Direito Civil – RBDCivil*, v. 11, p. 73-91, Belo Horizonte, jan./mar. 2017.
39. MADALENO, Rolf. *Sucessão legítima*, cit. No Direito espanhol, segue a mesma orientação Ángel Sánchez Hernández (SÁNCHEZ HERNÁNDEZ, Ángel. Legítima y libertad de testar, cit., p. 1497).

Embora tais alternativas sejam críveis, a complexidade das novas estruturas familiares exige certa cautela. Não há dúvida de que o excesso de abstração da presunção de afeto que fundamenta a legítima com base no vínculo de parentesco, indiferentemente às necessidades dos herdeiros, muitas vezes se impõe sobre a vontade real do falecido e sobre o interesse concreto da família.[40] Pode ocorrer, no entanto, que o testador com filhos de vários relacionamentos tenha perdido o contato com algum(ns) dele(s) ou mantenha poucas ou más relações com ele(s), de modo que restringir a legítima a situações de necessidade e vulnerabilidade econômica, e ampliar a cota disponível, eventualmente, poderia desfavorecê-los.[41] A despeito das distorções que a vontade em testamento pode gerar, pensamos que não cabe à lei fazê-lo.

Nesse sentido, reconsiderando as propostas aventadas, pensamos que, em se atualizando o instituto, no que toca aos descendentes, a legítima deveria ser garantida somente aos descendentes vulneráveis economicamente, entendidos como aqueles que não têm meios de assegurar, sozinhos, as condições materiais necessárias para sua sobrevivência. A lição de Roxana Borges e Renata Dantas é esclarecedora:

> Em que pese serem reconhecidas diversas situações de vulnerabilidade, cada uma possui aspectos próprios que se ensejam tutela própria. A pessoa com deficiência, por exemplo, pode ser vulnerável por ter um "impedimento de longo prazo de natureza física, mental, intelectual ou sensorial [...]" e ser especialmente vulnerável em situações de risco, emergência ou estado de calamidade pública (Lei 13.146/2015, arts. 2º e 10). E pode ser que tal deficiência não implique vulnerabilidade econômica.[42]

Limitar, por outro lado, a transmissão patrimonial *mortis causa* quando o destinatário dos bens for maior, capaz e apto a promover sua própria mantença não se sustenta e não condiz com os valores sociais em voga, de modo que, nesse caso, deveria haver maior liberdade de testar, justamente porque a transmissão compulsória de bens não enseja a efetiva proteção da família.

4.2.2 Manutenção de ascendentes entre os legitimários

Com respeito aos ascendentes, chegou-se mesmo a questionar a manutenção no rol dos legitimários, porque, habitualmente, já teriam alcançado sua estabilidade patrimonial, não teriam participado da construção do acervo e poderiam lograr mais benefícios do que o consorte que participou.[43]

A proposta parece-nos consistir em voz isolada. Não pensamos que seja crível afastar, descuidadamente, os ascendentes do rol dos herdeiros necessários, principalmente quando se tratar de vulneráveis econômicos. Sendo este o caso, seja por questões morais,

---

40. TEIXEIRA, Daniele Chaves; COLOMBO, Maici Barboza dos Santos. Faz sentido a permanência do princípio da intangibilidade da legítima no ordenamento jurídico brasileiro?, cit., p. 137.
41. Algo próximo foi defendido no contexto do Direito espanhol. *Vide* SÁNCHEZ HERNÁNDEZ, Ángel. Legítima y libertad de testar, cit., p. 1499-1500.
42. BORGES, Roxana Cardoso Brasileiro; DANTAS, Renata Marques Lima. Direito das sucessões e a proteção dos vulneráveis econômicos, cit., p. 84.
43. MADALENO, Rolf. *Sucessão legítima*, cit.

seja pela solidariedade intergeracional, seja porque o Estatuto do Idoso determina ser dever da família assegurar-lhe uma vida digna (art. 3º, Lei 10.741/2003), seja porque, no extremo, o acervo pode ir para o Estado em vez de prover a família, os ascendentes devem continuar figurando como herdeiros forçosos.

Por outro lado, caso não se trate de ascendentes economicamente vulneráveis, pensamos não subsistir razão para se manter a legítima incólume, de modo que deve ser reconhecida ao autor da herança maior liberdade de testar. Caso não o faça, caberá ao sistema da sucessão legítima facultativa vocacionar os herdeiros legítimos para titularizar as posições jurídicas transmissíveis deixadas pelo morto.

4.2.3 Sucessão necessária do cônjuge e do companheiro

Duas grandes inovações do Código Civil de 2002 foram a inclusão do cônjuge no rol dos herdeiros necessários, iniciativa proposta já no Projeto Clóvis Beviláqua, mas não aprovada, e a previsão de sua concorrência sucessória em propriedade plena com as demais classes de herdeiros. Embora o legislador tenha sido omisso acerca da situação do companheiro, tem-se entendido que ele também é um legitimário,[44] posição reforçada com a declaração de inconstitucionalidade do art. 1.790 e com a equiparação de seu regime sucessório com o do cônjuge nos autos do RE 878.694/MG.[45]

O Código em vigor confere ao cônjuge a possibilidade de vindicar a legítima, desde que observada, *a priori*, a exigência da manutenção da sociedade conjugal ao tempo da morte do outro cônjuge (art. 1.830, CC). Se conservada, o sobrevivente poderá herdar concorrendo com descendentes ou ascendentes, ou isolado na falta deles. Se chamado como herdeiro único ou como concorrente de ascendentes, o cônjuge será sempre herdeiro necessário. Concorrendo com descendentes, poderá ser afastado a depender do regime matrimonial de bens.[46] Essa peculiaridade conduziu a doutrina a diferenciar o *status* de herdeiro necessário de descendentes e ascendentes daquele ostentado pelo cônjuge.[47] O mesmo raciocínio é válido para a sucessão do companheiro.

Não nos parece, contudo, que o cônjuge ou o companheiro devam continuar figurando como herdeiros necessários pela simples existência de um vínculo afetivo ao tempo da morte do autor da herança. Consideramos que o morto ainda poderá contemplá-lo por meio de testamento ou por outras formas de se realizar liberalidades, mas a feição

---

44. HIRONAKA, Giselda Maria Fernandes Novaes. Concorrência do companheiro e do cônjuge, na sucessão dos descendentes: destaque para dois pontos de irrealização da experiência jurídica à face da previsão contida na regra estampada na nova Legislação Civil Pátria, o Código Civil de 2002. *Revista da Esmape*, v. 9, n. 20, p. 295-339, Recife, jul./dez. 2004; HIRONAKA, Giselda Maria Fernandes Novaes. Viver e morrer com dignidade: no que diferem e no que se assemelham a sucessão do cônjuge e a do companheiro à luz da doutrina e dos pronunciamentos dos tribunais? *Pensar – Revista de Ciências Jurídicas*, v. 21, n. 1, p. 200-212, Fortaleza, jan./abr. 2016.
45. RE 878.694/MG, STF, relator Ministro Roberto Barroso, DJ 10.05.2017.
46. RODRIGUES, Silvio. *Direito civil*: direito das sucessões. 25. ed. São Paulo: Saraiva, 2002. v. 7. p. 98.
47. Enquanto os primeiros possuem essa qualidade *ad infinitum*, o cônjuge, quando concorre com descendentes, o faz circunstancialmente, ou seja, sob dependência do regime de bens que escolhera para reger seu matrimônio (COMEL, Wilson J. Cônjuge sobrevivente, herdeiro concorrente. *Revista dos Tribunais*, v. 93, n. 820, p. 50-60, São Paulo, fev. 2004).

atual dos relacionamentos parece censurar que um não parente, que não participou da construção do patrimônio, seja beneficiado pela lei em detrimento dos descendentes ou dos ascendentes.

A reserva da quota legitimária em favor do cônjuge ou do companheiro parece se justificar apenas na hipótese contrária, ou seja, se o supérstite contribuiu efetivamente para que aquele acervo fosse amealhado, contribuição essa que não precisa ter sido, necessariamente, em pecúnia. Questões humanitárias também poderiam recomendar destinar-se porção da herança ao supérstite que demonstrasse insuficiência de recursos ou de patrimônio para sua própria subsistência e que não tivesse meios de prove-la.[48]

5. CONCLUSÃO

Considerando o quadro descrito e as necessidades apontadas, a primeira e mais lógica conclusão é que, por ora, a despeito de toda crítica que possa ser endereçada à manutenção de uma reserva legitimária no ordenamento, sua previsão ainda se justifica. De todo modo, a comunidade jurídica percebeu que a legítima precisa ser revisada a fim de corresponder à realidade atual, que parece demandar a efetivação de um modelo que concede ao autor da herança maior liberdade para testar e provisionar interesses concretos da família.

Um modelo assim, amparado por regras que previnam contra o uso antissocial dos instrumentos jurídicos e que garantam que herdeiros vulneráveis serão devidamente assistidos, poderá resultar até mesmo em um incremento da solidariedade familiar. Assim, a legislação sucessória não deve tratar com desdém, mas com especial atenção, herdeiros incapazes, idosos e cônjuges ou companheiros que se encontrarem em situação de vulnerabilidade econômica ou dependência em relação ao autor da herança. Não estando presentes, deve-se atender à liberdade do testador, por não se vislumbrar quem necessite de proteção patrimonial.

---

48. Tramita no Congresso Nacional o Projeto de Lei 3.799/2019, desenvolvido originalmente pelo IBDFAM, que objetiva reformular as regras sucessórias e superar o anacronismo de nosso Código na matéria. Afinado com discussões de vanguarda, o PL deixa de considerar o cônjuge ou o companheiro como herdeiro necessário (art. 1.845), ainda que mantenha a concorrência sucessória sobre alguns bens, em previsão de duvidável técnica (art. 1.829, parágrafo único). Além disso, indica a possibilidade de que o sobrevivente com recursos insuficientes para sua própria subsistência tenha direito à constituição de renda (art. 1.850, § 1º).

LEGÍTIMA, LIBERDADE TESTAMENTÁRIA E VULNERABILIDADES[1]

Vanessa Ribeiro Corrêa Sampaio Souza

Vitor Almeida

Sumário: 1. A construção do direito civil brasileiro: discussões, objetivos e valores. Breve apresentação – 2. O direito das sucessões no código civil de 2002: fundamentos e diretrizes – 3. A função da legítima e sua revisitação à luz da vulnerabilidade – 4. Considerações finais.

> "La fortune est immobile comme le foyer et tombeau auxquels elle est attachée: c'est l'homme qui passe"
>
> Fustel de Coulanges

1. A CONSTRUÇÃO DO DIREITO CIVIL BRASILEIRO: DISCUSSÕES, OBJETIVOS E VALORES. BREVE APRESENTAÇÃO

O primeiro Código Civil brasileiro consolidou a aliança que há muito se vinha estabelecendo entre propriedade e família, sobretudo por força da supremacia de interesses políticos e econômicos das elites da época (século XIX), situadas entre o comércio e a produção agrária.

A tão esperada criação de um Código Civil deu-se de forma lenta, totalizando noventa e quatro anos, algo um tanto paradoxal se for considerada a primeira promessa, feita em 1823, que elegia o código como uma das prioridades do novo país.[2] Para comprovar o afirmado, o art. 179, n. XVIII, da Constituição de 1824, já determinava a criação de um Código Civil.[3]

Parte-se do pressuposto da vigência das Ordenações Filipinas (de 1603) no território colonial, com auxílio posterior da Lei da Boa Razão, de 18 de agosto de 1769. O objetivo desta última era apresentar novos critérios de interpretação e integração das lacunas normativas,[4] o que garantiu longevidade às Ordenações após a independên-

---

1. Texto adaptado do original publicado na *Revista de Ciências Jurídicas* – Pensar, disponível em https://periodicos.unifor.br/rpen/article/view/11484.
2. GRINBERG, Keila. *Código civil e cidadania.* 3. ed., Rio de Janeiro: Jorge Zahar Editor, 2001, p. 32-33.
3. BRASIL. Constituição de 1824. Disponível em: http://www.planalto.gov.br/ccivil_03/constituicao/constituicao24.htm. Acesso em: 09 abr. 2022.
4. FONSECA, Ricardo Marcelo. A cultura jurídica brasileira e a questão da codificação civil no século XIX. In: NEDER, Gizlene (Org.). *História e direito*: jogos de encontros e transdisciplinaridade. Rio de Janeiro: Editora Revan, 2007.

cia (Lei de 20 de outubro de 1823), até que se organizasse o Código ou a matéria civil fosse especialmente alterada. A partir de 1822, leis esparsas foram criadas para regular algumas relações privadas, fazendo com que a cultura jurídica brasileira começasse, ainda que de maneira bastante lenta e peculiar, a adotar um perfil próprio e adequado às necessidades e valores internos.

Em termos mais amplos, a implantação do império no Brasil não significou uma mudança estrutural, pois a classe política permanecia constituída por famílias detentoras de grandes propriedades territoriais e, portanto, acostumadas ao monopólio de mando.[5] Assim, enquanto na antiga metrópole já se apresentavam ideias vinculadas ao pensamento liberal (o Código Civil português foi promulgado em 1867), no Brasil, a velha legislação foi adaptada aos costumes nacionais e aos interesses da elite agrária, ao mesmo tempo em que as leis genuinamente brasileiras eram fruto de uma mediação dos interesses das elites. Em que pese a Constituição de 1824 tenha apresentado um perfil bastante liberal, a garantir, por exemplo, a plenitude do direito de propriedade, até 1888 foi mantida a escravidão africana, aqui implantada pelos portugueses.

Quando das discussões para a elaboração do código, era perceptível que a elite letrada representava e defendia os interesses de uma sociedade baseada em alianças entre os fazendeiros (interessados na exportação de matérias-primas) e os comerciantes (que importavam produtos para o comércio interno). O tratamento jurídico de institutos como a propriedade, a família e a herança incorporaram os valores da classe senhorial que, por óbvio, não alcançava a grande massa da população, que permanecia alheia ao processo produtivo.[6] Mesmo entre as elites agrárias e mercantis não havia um consenso amplo, eis que fazendeiros e burguesia de imediato possuíam interesses coincidentes, mas cada classe, no fundo, se aproveitava de estruturas próprias cuja manutenção se baseava em ideologias diversas. A demonstrar tal fato, é possível afirmar que o liberalismo agradava à burguesia, mas não aos fazendeiros escravocratas e, assim, o Código Civil se mostrou como resultante de um esquema de concessões/ganhos entre essas classes.[7]

A falta de consenso sobre alguns temas, tais como a escravidão, a subjetividade dos escravos, o impacto e a possível assimilação de posturas adotadas na Europa e as discussões sobre a unificação do direito privado, contribuíram para a demora na finalização de nossa "constituição do direito privado", termo atribuído ao código civil por ser legislação que deveria tratar de todos os assuntos pertinentes ao sujeito de direitos em suas relações privadas.[8]

---

5. GOMES, Orlando. *Raízes históricas e sociológicas do código civil brasileiro*. 2. ed. São Paulo: Martins Fontes, 2006, p. 18.
6. Idem, ibidem, p. 22.
7. FONSECA, Ricardo Marcelo. A cultura jurídica brasileira e a questão da codificação civil no século XIX. In: NEDER, Gizlene (Org.). *História e direito*: jogos de encontros e transdisciplinaridade. Rio de Janeiro: Editora Revan, 2007, p. 123.
8. TEPEDINO, Gustavo. Premissas metodológicas para a constitucionalização do direito civil. *Temas de direito civil*, 4. ed. Rio de Janeiro: Renovar, 2008.

O modelo proprietário adotado baseou-se em poderes exclusivistas, cujo respeito se impôs a todos da sociedade, haja vista sua natureza de direito absoluto. Afigurava-se ainda como modelo abstrato, de modo a compatibilizar-se com a igualdade formal e a liberdade de seus titulares, que atuavam sob a regência de situações jurídicas formais predeterminadas, tais como o contratante, o proprietário e o chefe de família, alheios a quaisquer circunstâncias ou detalhes de natureza pessoal.

Importância central foi conferida às famílias proprietárias, reduto da esfera privada onde se apresentava a manifestação do poder masculino, sempre com o apoio de uma legislação que desconsiderava as mulheres e outros integrantes do grupo, por exemplo, as crianças. A relevância social, política e econômica da família deveria ser sustentada por casamentos endogâmicos ou com parceiros comerciais do marido/pai e já no Brasil colonial essa realidade se fez presente, tendo persistido até o fim do século XIX e início do século XX.[9] Nesse contexto, tornava-se de extrema seriedade o tratamento jurídico da sucessão hereditária como forma de transmissão patrimonial, com o objetivo de se estabelecer a menor dissipação possível dos bens familiares após a morte de seus integrantes.

2. O DIREITO DAS SUCESSÕES NO CÓDIGO CIVIL DE 2002: FUNDAMENTOS E DIRETRIZES

O direito sucessório brasileiro atual tem enfrentado tormentosos debates, especialmente no que concerne à excessiva rigidez da sucessão legítima e a limitação da liberdade de testar. Não obstante a atualização feita às vésperas de sua aprovação, para sua compatibilização com a então ordem jurídica instaurada a partir da Constituição da República de 1988,[10] o Código Civil deu tratamento sucessório diferenciado às famílias não constituídas pelo casamento, situação que perdurou por mais de uma década, em clara diferenciação desarrazoada em relação às uniões estáveis. Somente por ocasião do julgamento do RE 878694, o Supremo Tribunal Federal equiparou os regimes jurídicos sucessórios do casamento e da união estável, inclusive as homoafetivas.

A rigor, a disciplina da sucessão *causa mortis* no direito brasileiro manteve-se atrasada em relação às profundas transformações no âmbito do direito das famílias, especialmente no que concerne ao reconhecimento de novas entidades familiares, com arranjos plurais e fluidos nem sempre captados pelo legislador, mas com forte repercussão sucessória, tais como as famílias recompostas e, por conseguinte, a filiação híbrida. Observa-se, assim, que o Código Civil de 2002 manteve uma tutela sucessória engessada em face das múltiplas formas familiares, além de extremamente atada a uma visão *patrimonializada* da família, voltada ainda à sua compreensão como unidade produtiva e de preservação dos bens no interior da linhagem de parentesco, em clara distanciamento dos valores albergados pela Constituição de 1988.

---

9. KUZNESOF, Elizabeth Anne. A família na sociedade brasileira: parentesco, clientelismo e estrutura social (São Paulo, 1700-1980). *Revista brasileira de história*, n. 17, v. 09, p. 45 e 55. São Paulo: Anpuh, set./88-fev./89.
10. MOREIRA, Carlos Roberto Barbosa. Princípios constitucionais e o direito das sucessões. *Revista Trimestral de Direito Civil*, ano 8, v. 29, jan./mar., 2007.

Ademais, a Lei Civil vigente reforçou ainda mais a sucessão legítima, com a ampliação do rol de herdeiros necessários, incluindo o cônjuge e o companheiro, notadamente em razão de serem ainda considerados herdeiros concorrentes com os demais, nos termos do art. 1.829, I e II. Sem dúvida, a inclusão do cônjuge/companheiro como herdeiro necessário e a concorrência sucessória[11] têm descortinado discussão relevante sobre as restrições à liberdade de testar, sobretudo em razão dos muros aparentemente intocáveis da legítima, que encerra severa limitação à autonomia privada sem fundamento que o ampare no atual desenho constitucional.

Entretanto, por outro lado, manteve a supletividade da sucessão legítima (art. 1.788, CC/02) e a repetição de mais de uma centena de dispositivos destinados à sucessão testamentária (arts. 1.886 a 1.990), com institutos que se encontram em desuso, a exemplo do fideicomisso. Tal cenário revela uma tentativa do legislador em equilibrar a liberdade do testador, como consectário da autonomia privada, e o interesse social em amparar os integrantes da família por meio da sucessão legítima, ancorada na solidariedade familiar. Despiciendo afirmar, portanto, que o caráter supletivo da sucessão legítima não corresponde à realidade das sucessões abertas em nosso país e talvez nem mais resista à uma análise sistemática das normas que regem o direito sucessório com a proeminência garantida à sucessão *ab intestato*.

Os próprios fundamentos que justificam a transmissão da propriedade a título *causa mortis* são revisitados com o intuito de compreender sua manutenção na contemporaneidade,[12] eis que com a reconfiguração da instituição familiar em sua função e composições, e a fluidez da dinâmica do tráfego negocial – suas justificativas pretéritas – não mais parecem persistir. Há ainda que assinalar que o direito de propriedade se apresenta como uma das principais garantias para a manutenção e defesa do direito sucessório, embora se reconheça o perfil burguês e individualista presente na codificação, e que, por conseguinte, não passa incólume de críticas a partir de uma leitura constitucional dos seus fins.[13] Inevitável concluir que propriedade e família são os pilares centrais que sustentam a sucessão hereditária, do que deriva a repercussão imediata de suas transformações, "tornando inevitável a necessidade de revisão do fenômeno sucessório, que deve atender a uma propriedade funcionalizada e complexa nos seus variados conteúdos e a uma família que tem como centro de tutela a pessoa de cada um de seus membros".[14]

Em que pese tal discussão, o direito à herança é assegurado pela Constituição da República (art. 5º, XXX), que se apresenta como um direito individual que integra o rol

---

11. O legislador civil de 2002 introduziu na ordem de vocação hereditária o direito do cônjuge sobrevivente de concorrer com os descendentes exclusivos ou comuns, a depender do regime de bens escolhido, ou com os ascendentes do falecido.
12. CATALAN, Marcos Jorge. Direito das sucessões: por que e para quem? Reflexões a partir da realidade brasileira. *Revista Trimestral de Direito Civil*, v. 44, p. 137-138, 2011.
13. Idem, ibidem, p. 138-139.
14. NEVARES, Ana Luiza Maia. *A Função Promocional do Testamento*. Rio de Janeiro: Renovar, 2009, p. 10.

dos direitos e garantias fundamentais, que se exerce nos termos da lei infraconstitucional, no caso o Código Civil.[15]

A garantia fundamental do direito à herança apenas foi prevista expressamente na Constituição de 1988, não tendo referência semelhante em Constituições anteriores. Paulo Lôbo leciona que o "direito à herança não se confunde com direito a suceder alguém, porque antes da morte não há qualquer direito a suceder. [...] Antes da morte, há mera expectativa de direito".[16] No entanto, não há consenso em relação ao sentido e ao alcance do enunciado constitucional, eis que, para alguns, serve como vedação à apropriação pelo Estado dos bens do finado, enquanto para outros, atua como garantia dos herdeiros que a lei indica como reservatários.

Assim, a primeira doutrina alerta que o objetivo dessa garantia é "impedir que a sucessão *mortis causa* seja suprimida do ordenamento jurídico, com a consequente apropriação pelo Estado dos bens do indivíduo, após a sua morte".[17] Nessa linha, os bens integrantes da herança deverão ser transmitidos aos sucessores do falecido, segundo as prescrições da lei civil, e somente diante da ausência de herdeiros legais e testamentários caberão ao ente público na qualidade de herança vacante (art. 1.820, CC/02).

Por outro lado, há quem sustente que embora a Constituição não defina quem seja herdeiro, o legislador infraconstitucional está "limitado ao fim social da norma [...], que é a proteção das pessoas naturais que tenham com o autor da herança relações estreitas de família ou de parentesco".[18] Os demais herdeiros, nessa linha de raciocínio, teriam tutela "restritamente infraconstitucional e desde que não afetem a preferência atribuída pela Constituição aos qualificados como herdeiros".

Em verdade, tal garantia constitucional constitui uma "limitação à autonomia do titular de bens, que deles pode dispor em vida ou *mortis causa* (por meio de testamento), desde que respeite o direito à herança, vale dizer, a parte que a lei reserva para os herdeiros que indica". Heloisa Helena Barboza afirma que o art. 5º, XXX atua como "fundamento constitucional do *direito à legítima*, [...] a qual deve ser preservada para os sucessores indicados na lei, considerados herdeiros necessários e a quem pertence, de pleno direito, a metade dos bens da herança, que constituem a legítima (art. 1.846, CC)".[19]

De fato, nada obsta a compreensão atual de que a Constituição ao garantir o direito à herança tenha não somente o intento de vedar a aquisição de bens pelo Estado, mas também tenha por objetivo impor que parcela do patrimônio deixado pelo falecido,

---

15. Cabe mencionar que a Constituição de 1988 também traz antiga norma de direito internacional em matéria de sucessões: "Art. 5º, XXXI – a sucessão de bens de estrangeiros situados no País será regulada pela lei brasileira em benefício do cônjuge ou dos filhos brasileiros, sempre que não lhes seja mais favorável a lei pessoal do 'de cujus'".
16. LÔBO, Paulo. *Direito civil*: sucessões. São Paulo: Saraiva, 2013, p. 39.
17. NEVARES, Ana Luiza Maia. *A Função Promocional do Testamento*. Rio de Janeiro: Renovar, 2009, p. 08.
18. LÔBO, Paulo. Op. cit., p. 39.
19. BARBOZA, Heloisa Helena. A disciplina jurídica da partilha em vida: validade e efeitos. *Civilistica.com*. Rio de Janeiro, a. 5, n. 1, 2016. Disponível em: http://civilistica.com/wp-content/uploads/2016/07/Barboza-civilistica.com-a.5.n.1.2016.pdf. Acesso em: 03 ago. 2019, p. 21.

por lei, tenha como destinatários determinados integrantes da família. No entanto, não parece consentâneo com os valores albergados na Constituição que tal rol contemple de forma abstrata os herdeiros a partir dos vínculos formados por parentesco ou uniões conjugais, sem se ater concretamente aos sucessores e suas vulnerabilidades. Por isso, reduzir a legítima a determinados herdeiros considerados vulneráveis não afrontaria o aludido dispositivo constitucional. Além do mais, o Supremo Tribunal Federal ao analisar Medida Cautelar em Ação Direta de Inconstitucionalidade 1.715 MC/DF, de relatoria do Min. Maurício Corrêa, já se manifestou no sentido de que a "Constituição garante o direito de herança, mas a forma como esse direito se exerce é matéria regulada por normas de direito privado".

O legislador manteve a tradição do Direito brasileiro, ao optar por proteger a legítima, na qual convivem a sucessão por lei e a que se dá por disposição de última vontade (art. 1.786, CC). Há, assim, liberdade de dispor limitada (arts. 1845 e 1846), na medida em que não se pode, a qualquer título, atingir a parte da legítima, que é intangível nos atuais moldes legais. Por tal motivo, é válida a dispensa de colação, desde que as liberalidades se contenham no âmbito da parte disponível do doador (art. 2005, CC).

Uma das críticas que o direito sucessório tem sofrido nos últimos tempos recai sobre a sua neutralidade, na medida em que a transição percebida no direito civil contemporâneo de centralizar a pessoa concretamente considerada, em sua nudez existencial, e não mais o sujeito abstrato, virtual, não parece ter alcançado em especial o direito sucessório, que permanece com o foco voltado para a transmissão em si dos bens do falecido e a presunção da solidariedade familiar a partir da ordem de vocação hereditária estabelecida por lei.[20] Um sistema sucessório que aparenta segurança jurídica e estabilidade, mas que, no fundo, desconsidera valores fundamentais do nosso ordenamento jurídico, além da própria vontade do testador. O direito brasileiro contemporâneo, na linha da tábua axiológica fundada na dignidade humana, não mais tutela a família ensimesmada, mas a pessoa concretamente considerada.

Nessa direção, é preciso analisar o fenômeno sucessório como instrumento não só de transmissão de bens do falecido com o fito de manutenção do patrimônio no interior da estirpe familiar, mas também como vetor de promoção dos interesses merecedores de tutela do titular dos bens, e proteção dos familiares vulneráveis que, por força da efetiva solidariedade social, devem ser amparados. Com isso, o direito sucessório contemporâneo atravessa especial momento para redimensionar os limites da própria autonomia testamentária, não somente em perspectiva quantitativa, mas igualmente qualitativa, que procure funcionalizar a liberdade de testar com os valores do ordenamento,[21] o que de forma acanhada o legislador civil de 2002 já o fez com a necessidade de demonstrar a justa causa para clausular restritivamente os bens da legítima (art. 1848). A partir dessas premissas, indispensável revisitar a função da legítima de modo a encontrar sua real vocação no contexto da atual legalidade constitucional.

---

20. NEVARES, Ana Luiza Maia. *A função promocional do testamento*. Rio de Janeiro: Renovar, 2009, p. 08, p. 23.
21. NEVARES, Ana Luiza Maia. *A função promocional do testamento*. Rio de Janeiro: Renovar, 2009, p. 330.

3. A FUNÇÃO DA LEGÍTIMA E SUA REVISITAÇÃO À LUZ DA VULNERABILIDADE

Os atuais valores informativos da família, insculpidos pelo constituinte, e a fluidez e celeridade da dinâmica do tráfego patrimonial têm provocado severas transformações do fenômeno sucessório. Fortemente apegado ao conservadorismo da instituição familiar e ao formalismo para a transmissão da propriedade *post mortem*, o direito das sucessões, nos termos codificados, não mais atende aos reclamos contemporâneos de agilidade na sucessão do patrimônio e maior autonomia na disposição dos bens.

Pilar central do direito sucessório, a chamada *legítima*, também denominada de *reserva* ou *reserva legal*, consiste na parte da herança que o testador não pode dispor, eis que a lei reserva tal porção aos chamados herdeiros necessários de forma intangível. A teor do artigo 1.845 do CC, são herdeiros necessários os descendentes, os ascendentes e o cônjuge. A doutrina aponta que a escolha feita pelo legislador vai "desde a vontade presumida do autor da herança até o controle indireto do direito de propriedade".[22]

Diante desse panorama, eclodem duas premissas fundamentais na análise do itinerário interpretativo percorrido no intento de revisitar a legítima: por um lado, a solidariedade intrafamiliar e, por outro, a autonomia privada dos titulares de bens em dispor da maneira que lhes convém seu patrimônio após a morte. Um duelo de envergadura constitucional que nem sempre é fácil de ponderar em sede normativa por descortinar um direito sucessório neutro e distante dos valores constitucionais. Diante disso, indispensável revisitar a função e os limites da legítima no direito brasileiro.

Importante notar que, a intocabilidade da parte legítima ou indisponível, reservando ao testador apenas a parte disponível, inverte a primazia legal da sucessão testamentária, conferindo-lhe papel secundário, e, por conseguinte, eleva a sucessão legítima ao foco das discussões. Tradicionalmente, afirma-se que a sucessão legítima se fundamenta na "vontade presumida do defunto" com base nos seus vínculos familiares,[23] ancorando-se "nos vínculos de sangue, que fazem presumir qual seria a vontade do *de cujus*, se tivesse disposto de seus bens, pela afeição (sic) e amor que se supõe (sic) existirem entre ele (sic) e seus conjunctos (sic), e em que se funda a vontade de beneficiar".[24] Constata-se, portanto, que a sucessão legítima é amparada nos laços familiares, com nítido intuito de conservar o patrimônio dentro dessa unidade.

A definição das pessoas indicadas na ordem de vocação hereditária e o rol dos herdeiros necessários depende da adequada compreensão da concepção de família, uma vez que as transformações no âmbito familiar impactam diretamente na escolha dos sucessores.

---

22. BARBOZA, Heloisa Helena. A disciplina jurídica da partilha em vida: validade e efeitos. *Civilistica.com*. Rio de Janeiro, a. 5, n. 1, 2016. Disponível em: http://civilistica.com/wp-content/uploads/2016/07/Barboza-civilistica.com-a.5.n.1.2016.pdf. Acesso em: 03 ago. 2019, p. 21.
23. MAXIMILIANO, Carlos. *Direito das Sucessões*. Rio de Janeiro: Livraria Editora Freitas Bastos, 1937, 1. v., p. 152-153.
24. OLIVEIRA, Arthur Vasco Itabaiana de. *Tratado de Direito das Sucessões*. 5 ed., rev. e atual., Rio de Janeiro: Freitas Bastos, 1986, p. 405.

Ana Luiza Maia Nevares defende que "é preciso que as regras da sucessão legal observem a pessoa do sucessor, em suas variadas e diversas necessidades, interesses, exigências, qualidades individuais, condições econômicas e posições sociais, não havendo discriminação quanto à entidade familiar à qual pertence o chamado à sucessão", de modo a realizar plenamente a solidariedade constitucional no campo do direito sucessório.[25]

Inquestionável que, em tempos mais recentes, os nobres objetivos da legítima tem sido severamente questionados. A lei sucessória não oferece solução satisfatória para muitas das situações familiares-patrimoniais hoje existentes, e sua observância, em alguns casos, pode gerar injustiças e mesmo desamparo para algumas pessoas. O testamento não mais atende, por si só, a vontade do testador, em virtude dos requisitos de forma e restrições de conteúdo que lhe são impostas, apesar da ampliação expressa para abarcar fins não patrimoniais (art. 1.857, § 2º, CC/02). Mas, a rigor, a sombra da legítima, que restringe a liberdade de testar à quota disponível do patrimônio deixado pelo falecido é constante e imperativa. Diante da multiplicidade de demandas da sociedade atual confrontam-se a vontade do legislador, apegado a fórmulas antigas, e a autonomia privada, que exige cada vez maior respeito e espaço. Com isso, ganha terreno os debates acerca do chamado planejamento sucessório, que consiste num conjunto de instrumentos para o gerenciamento da transmissão do patrimônio, de modo a melhor atender aos interesses de seu titular e seus sucessores,[26] mas que esbarra inevitavelmente na intangibilidade da legítima.[27]

Não é exagero afirmar que o franco debate sobre a autonomia no tocante à plena disponibilidade patrimonial com efeitos sucessórios tem sido preterido sobretudo pelo legislador. Segundo Heloisa Helena Barboza, a "preservação da legítima, nos moldes em que foi configurada em fins do século XIX, é sombra que se ergue e obscurece a análise da questão à luz dos princípios constitucionais, que parecem ser os únicos argumentos capazes de duelar com o tabu da reserva legal".[28]

Sem dúvida, os princípios constitucionais parecem hoje não mais amparar e *legitimar* o instituto da legítima nos moldes estanques e quantitativos como foi erigida no Brasil do início do século passado. Um adequado balanceamento entre a liberdade e a solidariedade no campo sucessório não parece sustentar uma porção de metade da herança para os integrantes da família de acordo com a ordem de vocação hereditária de forma inafastável e sem justificativa razoável para a restrição da autonomia do titular dos bens.

A rigor, a legítima é assegurada como um direito dos herdeiros necessários, independentemente da quantidade de herdeiros enquadrados no rol legalmente previsto.

---

25. NEVARES, Ana Luiza Maia. Fundamentos da Sucessão Legítima. In: TEIXEIRA, Ana Carolina Brochado; RIBEIRO, Gustavo Pereira Leite (Org.). *Manual de Direito das Famílias e das Sucessões*. 3. ed. Rio de Janeiro: Editora Processo, 2017, p. 662.
26. TEIXEIRA, Daniele Chaves. *Planejamento sucessório: pressupostos e limites*. Belo Horizonte: Fórum, 2019.
27. CORTIANO JUNIOR, Eroulths; RAMOS, André Luiz Arnt. Liberdade testamentária *versus* sucessão forçada: anotações preliminares sobre o direito sucessório brasileiro. *Revista de Estudos Jurídicos e Sociais*, v. 4, n. 4, p. 68, Cascavel, PR, 2015.
28. BARBOZA, Heloisa Helena. Op. cit., p. 16.

Cabe destacar que o próprio legislador sinaliza que alguns herdeiros necessários precisam mais da quota recebida pela sucessão legítima do que outros, deixando, por exemplo, uma parte maior da herança ou da porção legítima ao cônjuge (1.832, CC). O direito à legítima é de tal forma assegurado pela lei, que o testador não pode privar os herdeiros necessários, salvo pela deserdação.[29] Por conseguinte, duas consequências são constatadas. Em primeiro lugar, o herdeiro necessário não perderá o direito à legítima mesmo se o testador lhe deixar a sua metade disponível. E, em segundo lugar, qualquer disposição ofensiva à legítima é reduzida aos limites da metade disponível.[30]

Giselda Maria Fernandes Novaes Hironaka[31] defende, com propriedade, que "é tempo de rever a proteção obrigatória da legítima e a vedação, trazida por ela, de disposição integral do patrimônio do falecido por meio de testamento", salvo nos casos de herdeiros vulneráveis, a quem o falecido, caso tivesse vivo, teria o dever de prestar alimentos ou de sustentar, de modo a assegurar um patrimônio mínimo e uma vida digna a essas pessoas. As duas linhas principais de argumentos atuais de índole constitucional para a preservação da legítima residiriam na solidariedade familiar e na função social da propriedade, mas ambas são rechaçadas na medida em que nem sempre o parente mais próximo, de fato, teve vínculo afetivo robusto com o finado e apresenta situação de vulnerabilidade a atrair o dever de amparo e sustento, e nem necessariamente o herdeiro reservatário melhor conformará o uso da propriedade aos fins socialmente perseguidos, ou seja, tal análise se dá no efetivo exercício das faculdades proprietárias e não na transmissão forçada do patrimônio para determinadas pessoas previamente indicadas na lei.[32]

Desse modo, a legítima não pode ser encarada como um instituto desvinculado dos fins propostos pela Constituição, uma vez que encerra forte restrição à autonomia privada. O fundamento da solidariedade formalmente apontado para definir as pessoas protegidas pela legítima não mais se sustenta diante da necessidade de aferir de maneira efetiva e substancial o imperativo da solidariedade familiar aos vulneráveis. Nesse sentido, a doutrina contemporânea defende o estabelecimento de critérios funcionais para a identificação dos herdeiros necessários, ao invés da abstrata ordem de vocação hereditária estabelecida pelo legislador para proteger as pessoas ali definidas por meio de reserva patrimonial fundada nos graus e classes de parentesco. Anderson Schreiber e Francisco de Assis Viégas afirmam que "diante da inspiração solidarista que deve nortear a funcionalização da legítima, a restrição à disposição dos bens em benefício de pessoas predeterminadas deve encontrar seu fundamento na necessidade econômica de tais pessoas".[33]

---

29. OLIVEIRA, Arthur Vasco Itabaiana de. *Tratado de Direito das Sucessões*. 5 ed., rev. e atual., Rio de Janeiro: Freitas Bastos, 1986, p. 316.
30. Idem, ibidem.
31. HIRONAKA, Giselda Maria Fernandes Novaes. Op. cit., p. 499.
32. HIRONAKA, Giselda Maria Fernandes Novaes. Op. cit., p. 496-499.
33. SCHREIBER, Anderson; VIÉGAS, Francisco de Assis. Por uma releitura funcional da legítima no direito brasileiro. *Revista de Direito Civil Contemporâneo*, v. 19, ano 6, p. 240-241, São Paulo: Ed. RT abr./jun. 2019.

Na mesma linha, Roxana Cardoso Brasileiro Borges e Renata Marques Lima Dantas propõem a flexibilização da legítima, nos seus atuais moldes, a partir de uma efetiva e concreta solidariedade em relação à existência de pessoas economicamente vulneráveis, seja dentre os herdeiros legítimos ou mesmo fora desse rol legal. Assim, indispensável verificar a existência de vulnerabilidade econômica, que, em terreno sucessório, se refere às pessoas impossibilitadas de obter sustento próprio, seja em decorrência de idade ou de deficiência, ou seja, toda aquela que não consegue, por si mesma, assegurar as condições materiais necessárias à proteção de sua dignidade.[34] Desse modo, afirmam as autoras que "deve se preferir a autonomia privada exercida solidariamente, afastando-se a transmissão obrigatória de metade da herança apenas por motivo de relações familiares".[35] Nessa linha de raciocínio, concluem que "não havendo pessoas em situação de vulnerabilidade econômica dentre os herdeiros legítimos, a autonomia privada, traduzida na liberdade de testar, deve ser a mais ampla possível, afastando-se a patrimonialidade dos vínculos familiares".[36]

A doutrina tem proposto que determinados integrantes da família considerados vulneráveis devem ser mantidos como herdeiros necessários numa renovação da legítima à luz da efetiva solidariedade intrafamiliar, "fundada em assistência aos efetivamente necessitados".[37] Nesse quadro, indiscutível que crianças e adolescentes, por força de orientação constitucional (art. 227) e prescrições da Lei 8.069/90,[38] exigem da família o dever de amparo e assistência aos infantes, que são pessoas em desenvolvimento e, portanto, merecem tutela prioritária. Além disso, há presunção de dependência econômica dos filhos menores em relação aos pais.[39] Os filhos com deficiência devem ser protegidos pela legítima somente nos casos de incapacidade reconhecida pela lei ou de demonstração de dependência econômica. Qualquer entendimento contrário viola as disposições da Convenção Internacional da Pessoa com Deficiência e a Lei Brasileira de Inclusão (Lei 13.146/2015),[40] que visam a emancipação e inclusão social. Presumir que qualquer pessoa com deficiência, nos termos do art. 2º do EPD, apresenta necessidade econômica a ponto de atrair a solidariedade familiar para fins da legítima pode incorrer em odiosa discriminação, que desconsidera o modelo social da deficiência hoje adotado.

---

34. BORGES, Roxana Cardoso Brasileiro; DANTAS, Renata Marques Lima. Direito das sucessões e a proteção dos vulneráveis econômicos. *Revista Brasileira de Direito Civil* – RBDCivil, v. 11, p. 83-84, Belo Horizonte, jan./mar. 2017.
35. Idem, ibidem, p. 91.
36. BORGES, Roxana Cardoso Brasileiro; DANTAS, Renata Marques Lima. Direito das sucessões e a proteção dos vulneráveis econômicos. *Revista Brasileira de Direito Civil* – RBDCivil, v. 11, p. 91, Belo Horizonte, jan./mar. 2017.
37. SCHREIBER, Anderson; VIÉGAS, Francisco de Assis. Op. cit., p. 242-243.
38. Dispõe sobre o Estatuto da Criança e do Adolescente. "Art. 4º É dever da família, da comunidade, da sociedade em geral e do poder público assegurar, com absoluta prioridade, a efetivação dos direitos referentes à vida, à saúde, à alimentação, à educação, ao esporte, ao lazer, à profissionalização, à cultura, à dignidade, ao respeito, à liberdade e à convivência familiar e comunitária".
39. SCHREIBER, Anderson; VIÉGAS, Francisco de Assis. Op. cit., p. 243.
40. Também expressamente designada de Estatuto da Pessoa com Deficiência (EPD).

As pessoas idosas igualmente merecem proteção especial do legislador constituinte e infraconstitucional (Lei 10.741/2003), que prevê o dever de garantir ao idoso os direitos fundamentais, com especial regra de solidariedade alimentar (art. 12), o que demonstra uma reforçada necessidade em tais casos. Na hipótese de pessoas idosas, a manutenção da legítima tutela tanto a solidariedade quanto a autonomia, eis que a reserva de parcela do patrimônio garante meios de subsistência para realizar suas escolhas e manifestar sua vontade sobre o destino dos bens deixados nos casos em que se constata o direito à herança e não somente o instituto da meação. Assim, se evita o possível controle das escolhas existenciais da pessoa por seus filhos ou enteados, motivados pela dependência material.

Por fim, a questão mais sensível diz respeito ao cônjuge e ao companheiro. Sem dúvida, boa parte das críticas dirigidas à legítima atualmente são fruto da sua inclusão como herdeiro necessário. Desse modo, mantê-los no rol, ainda que presente o critério da dependência econômica, parece não atender aos mais profundos reclamos de uma maior autonomia privada para fins sucessórios. Pelo contrário, acaba por atrair, ainda que por analogia, regra dos alimentos entre ex-cônjuges e companheiros, fundada hoje na transitoriedade, para o fenômeno sucessório, que transmite em definitivo a propriedade após a morte. No caso de cônjuges e companheiros em idade avançada e em situação de vulnerabilidade, a proteção à pessoa idosa, acima referida, já supre tal tutela, uma vez que igualmente se basearia na maior dificuldade de inserção no mercado de trabalho e na relação de dependência comumente encontrada nessas situações. Nesse sentido, parece mais salutar, de fato, excluir cônjuges jovens e capazes do manto da legítima, mesmo porque o direito de família dispõe de instrumentos para sua proteção por meio da livre escolha do regime de bens, que já garante a meação a depender da opção realizada. Trata-se de conceder plena liberdade para a construção da vida patrimonial em comum a pessoas capazes. A única exceção que deve ser cogitada, reafirme-se, é o cônjuge/companheiro que se torna incapaz ou é pessoa idosa.[41]

Como se vê, indiscutível que a doutrina contemporânea tem enfrentado o dogma da intangibilidade da legítima, uma vez que não mais se encontram fundamentos razoáveis para a forte restrição da autonomia privada testamentária com base numa postura paternalista e apegada aos valores familiares oitocentistas de teor patrimonialista e de perpetuação proprietária. A proteção da legítima somente encontra amparo na promoção de uma vida digna de herdeiros economicamente dependentes, vulneráveis dentro da dinâmica familiar e que o princípio da solidariedade duele com a liberdade de testar somente a ponto de restringi-la legitimamente.

4. CONSIDERAÇÕES FINAIS

O direito sucessório brasileiro manteve-se afastado do movimento personalista operado pelo direito civil contemporâneo, em especial o itinerário percorrido pela metodologia civil-constitucional, que, a um só tempo, centralizou a pessoa humana na

---

41. SCHREIBER, Anderson; VIÉGAS, Francisco de Assis. Op. cit., p. 244.

ordem jurídica, na qualidade de merecedora de proteção especial e unitária, dotada de dignidade que lhe é intrínseca, bem como posicionou as situações existenciais em destaque em relação ao patrimônio, funcionalizando as relações patrimoniais à proeminência do ser. A busca pela pessoa humana concretamente considerada, em meio à teia social envolvida, com suas vulnerabilidades, não alcançou na mesma intensidade das demais áreas do direito civil o campo sucessório, que permaneceu neutro e aparentemente infenso às mutações dos arranjos familiares, notadamente aos valores do cuidado e do afeto, que ressignificaram a tutela das famílias.

A preocupação abstrata da ordem de vocação hereditária por meio da destinação do patrimônio *post-mortem* com base na estática e tradicional estrutura da família reproduz antiga e ultrapassada visão do ambiente familiar como mecanismo de concentração e produção de riquezas, distante da atual compreensão do núcleo familiar como instrumento para a promoção da dignidade dos seus membros. Em direção finalística, as entidades familiares merecem tutela jurídica e especial proteção do Estado na medida em que efetivamente promovem a realização da personalidade de seus componentes.

É paradoxal a ampliação das escolhas nos arranjos familiares em contraposição a hostilidade à autonomia no direito sucessório, insularizado em regras estáticas e arredio à maior liberdade da pessoa em dispor dos seus bens após a morte. A legítima, portanto, se transforma no símbolo da postura paternalista e neutra do direito sucessório, que distante dos valores amalgamados pela Constituição, reserva metade dos bens do falecido para os herdeiros necessários, em severa e desarrazoada restrição à autonomia testamentária. Não se propõe, com isso, a extinção da legítima, mas uma interpretação que a preserve tão somente em benefício de possíveis herdeiros vulneráveis, tais como crianças, adolescentes ou pessoas com deficiência, por exemplo, que não consigam, por trabalho próprio, suprir suas necessidades de subsistência. A conservação da legítima desprendida de uma análise valorativa calcada no balanceamento entre liberdade individual e solidariedade familiar, em especial da tutela dos vulneráveis, descola-se das transformações do direito das famílias, preservando uma entidade familiar abstrata. Desse modo, a manutenção da legítima se justifica somente no caso de herdeiros economicamente vulneráveis e deferida no percentual de 50% do patrimônio nos termos atualmente em vigor.

Por isso, uma releitura da legítima a partir dos vetores constitucionais, sem prejuízo de uma eventual reforma legislativa, é de todo indispensável na medida em que sua vocação originária não mais se realiza na contemporaneidade, menosprezando a autonomia privada e nem sempre alcançando os mais necessitados, ou seja, os herdeiros vulneráveis. Do modo estático e rígido como se encontra hoje nos moldes legais, a legítima é refratária aos princípios constitucionais, o que impede uma valoração casuística e acaba por criar distorções na sucessão *post mortem*. A partir de tal constatação, imperiosa sua revisitação na busca pela genuína função e correspondente aplicação justa, desapegada de presunções abstratas e voltada à concreta e real necessidade dos herdeiros vulneráveis. O itinerário proposto, portanto, humaniza o gélido e estanque direito sucessório e defende a vocação da legítima como instrumento de proteção e promoção dos interesses dos sucessores em situação de vulnerabilidade. Diante desse cenário, afigura-se relevante a manutenção da legítima em nosso ordenamento desde que voltada para a proteção de herdeiros vulneráveis, o que concretiza o princípio da solidariedade familiar e permite a restrição à autonomia do testador em termos compatíveis com o ordenamento civil-constitucional brasileiro.

ANOTAÇÕES